刘建华 编著

靠谱志愿

AI时代的志愿填报与高考规划指南

中国广播影视出版社

图书在版编目（CIP）数据

靠谱志愿：AI时代的志愿填报与高考规划指南 / 刘建华编著 . -- 北京：中国广播影视出版社，2025. 1.

ISBN 978-7-5043-9324-1

Ⅰ. G647.32

中国国家版本馆 CIP 数据核字第 2024JS0795 号

靠谱志愿：AI 时代的志愿填报与高考规划指南

刘建华　编著

责任编辑	王丽丹　孙政昊
装帧设计	焦莽莽
责任校对	马延郡　张　哲　龚　晨

出版发行	中国广播影视出版社
电　　话	010-86093580　010-86093583
社　　址	北京市西城区真武庙二条 9 号
邮　　编	100045
网　　址	www.crtp.com.cn
电子信箱	crtp8@sina.com

经　　销	全国各地新华书店
印　　刷	鸿博昊天科技有限公司

开　　本	880 毫米 ×1230 毫米　1/16
字　　数	608（千）字
印　　张	25
版　　次	2025 年 1 月第 1 版　2025 年 1 月第 1 次印刷

书　　号	ISBN 978-7-5043-9324-1
定　　价	98.00 元

序言

不谋一时者，不足谋一世。

规划，是人一生都要面对的课题。于高中生而言，此时的规划，对接下来的人生走向意义重大。

本书以高考志愿填报（以下简称"高报"）为切口，借助"高报"这一人生重大抉择课题，带领受众深入了解国内高等教育现状、各院校实力、专业开设及排名、未来就业方向、历年录取情况、个人填报技巧等内容。借助翔实扎实的数据，帮助高中生朋友比对自我情况，择优选擢心仪院校与专业。

除此以外，本书更大的特点在于"基于高考志愿填报的升学规划"。目前，大多数学生及家长对高考升学的认知，多集中于"普通批次裸分升学"，对诸如"强基""单招""国家专项计划""地方专项计划""竞赛""综评"等多元化的升学通道了解不多。为此，本书加入了相关内容，帮助学生及家长补上这一课。

优质高考志愿的填报，建立在对国内众多院校、专业、录取情况等熟知的基础上，依托大脑记忆与信息检索为代表的传统填报方式，不足以适应当前多变的信息时代需求。基于此，以靠谱 AI 为代表的人工智能高考志愿填报系统应运而生。通过大数据、人工智能介入，可以帮助使用者快速找到所需信息，根据考生成绩与需求，精准匹配出理想院校与专业。这是未来高考志愿填报的趋势。本书通过翔实案例，向大家演示了"如何应用 AI 工具帮助人们完成高考志愿填报"的内容，相关章节值得高中生及家长参考。

志愿填报是高中生涯的最后一站，是对高中学习成果的总结。大家都很清楚：任何一个好志愿的产生，均与考生的成绩紧密相关。考得好，才能填得好，是亘古不变的真理。所以，对尚未完成学业的高中生而言，如何拓展个人能力边界，提高各科学习成绩，理应比临门一脚的"志愿填报"更值得大家去花心思琢磨与投入。于是，本书特别邀请一批清华、北大优秀学子，由他们来分享高中的各科学习经验、学法秘诀、备考经验等，以此激发高中生的学习动力，开拓视野，提高能力，提升各科成绩。

本书编撰得到众多人的支持，在此表示诚挚感谢。感谢中国广播影视出版社编辑团队，没有你们的不倦修改和完善，就不会有本书的顺利面世。感谢诸多同事的付出，主笔王伦先生统揽本书各章节，刘飞华、范永珺、王大明、张鑫、都若琪、马森等同事，分别负责本书不同章节的编撰，亦有重大贡献。感谢钟于、刘嘉文、秦鹭萌、陈子悦、户显恩、王伟杰、蒋一丁、戴利宇、付梓娉、韩子华等一众清北学子，真诚分享自我所学，在为高中生传授经验的同时，也为本书问世增添了一抹厚重与期盼。

功名不早著，竹帛将何宣。桃李务青春，谁能贳白日。最后，借李白《长歌行》中的诗句，与全国高中生朋友共勉，我自风华正茂，恰好一往无前。

目 录

第一章

考得好就行了吗？

一到每年 6 月，广袤的神州大地就会被"高考"所"占领"。

古语有云：久旱逢甘霖，他乡遇故知。洞房花烛夜，金榜题名时。此谓人生四喜。流淌在国人血液当中的那份"题名""高中"的执念，在"高考"的大背景下被放大。

每年 6 月的 6、7、8 日（高考日，谐音为：录取吧）一过，高考志愿填报季正式开启。此时，用"着急"这个词来形容考生与家长的心情再恰当不过。即便在出分前、等分期间，大部分的考生与家长早已按捺不住了。他们有通过猜分、估分等方式进行模拟志愿填报的，有委托亲戚朋友进行院校专业咨询的，还有聘请专业老师进行学业规划、专业填报的。大家心有执念：高考的分数是有限的，但志愿填报的院校与专业组合是无限的，一定要把有限的高考分数与无限的填报可能紧密联系起来！于是，众人翘首企盼：可否在可预见的、有限的分数内，帮孩子选个好学校，录个好专业呢？！

国人自古有"成人之美"的传统，我们当然希望每一位考生都能考上心仪的院校，可以攻读自己热爱的专业，以不枉十二年寒窗苦读，也算终有成就，既得圆满。

考得好，是每个考生的企盼，更是万千家长的期待。同时，基于"同分段"竞争下的高考录取游戏法则，大家也要关注志愿填报。所谓"七分考三分报"，高考录取的结果，除了考查考生在考场上的答题能力和水平，更考量出分后大家在志愿填报这一环节是否能做到高效、精准。

两个案例看端倪

案例一

2024 年广东考生傅同学（物理选科）

该生高考成绩如下：

语文	108
数学	125
英语	131
物理	89
化学	78
生物	84
总分	615
位次	13281
录取院校	中央财经大学 （经济与贸易类专业）

通过靠谱 AI 志愿填报系统（见下页图 1-1），不难发现：2023 年中央财经大学经济与贸易类专业在广东省物理选科的录取位次为 11762 名，按照傅同学 2024 年的位次排名，能被该专业录取的概率很小（靠谱 AI 显示不足 10%），该生和家长听取了靠谱专业填报师的建议，以"冲"的姿态勇于挑战，最终实现"低

图 1-1　2023 年中央财经大学经济与贸易专业广东省物理选科录取位次

分高录"的结果，超出录取位次 1419 名，"低分高录"幅度高达 12%。

案例二

2024 年江西考生李同学（物理选科）

该生高考成绩如下：

语文	116
数学	121
英语	145
物理	81
化学	96
生物	87
总分	646
位次	1254
录取院校	西安交通大学（智能过程与装备专业）

　　家长未进行仔细的数据分析，也没有严谨对比、计算同分段人数与相同志愿扩招减招的变量，并在对专业不甚了解的情况下填报了志愿，结果被西安交通大学的智能过程与装备专业录取，相较于 2023 年该专业在江西理科的录取位次 2607 名，"浪费"了 1353 名。2024 年江西省物理选科 1254 名位次，若通过靠谱 AI 志愿系统的"一键填报"功能进行填报，可录取到中国科学院大学的数学与应用数学、物理学或化学专业，也可录取到浙江大学、南京大学、同济大学、北京理工大学等"985"大学的热门工科专业。

第二章

好志愿的几个参考维度

2.1 不浪费分数

很多家长都是在高考分数出来之后才研究怎样报考。但是分数出来后，填报志愿的时间只有 1 周左右。到时候面对本科 816 个专业、专科 744 个专业以及 3000 所左右的院校，如何能保证科学地进行填报？怎样能够保证不浪费分数呢？

高考后，合理填报志愿至关重要，因为每一分都凝聚了同学们的辛勤努力。为了确保不浪费分数，我们应该在正式提交志愿前，广泛搜集信息并咨询专家的意见，选择一所与分数相匹配的大学，这样就能充分利用努力成果。每一分都不应该被忽视，因为它们代表了同学们的付出。通过精心规划和明智选择，可以避免遗憾，确保分数得到应有的回报。

下面的一些填报技巧和原则，可以帮助考生避免浪费分数。

1. 了解高考成绩和排名

在高考出分（每年的 6 月 23 日左右）后，考生可以登录各省（区、市）考试院官网查询分数及位次，也可以拨打该考试院的电话查询。同时，靠谱 AI 也会在第一时间更新各地的一分一段表，各位考生和家长可以对照一分一段表了解自己的排名位次。

2. 确定目标院校和专业

高考志愿填报的关键是如何高效利用分数以确保被理想大学录取，同时避免因志愿填报不当而错失机会。除了要谨慎选择专业，确保志愿的合理分布和梯度，提高录取概率，避免滑档，也是填报志愿时需要特别关注的。

目前常用的一些参考方法如下。

（1）**参考往年的录取分数**。每年的高考难易程度不同，往年的录取分数直接参考意义较小。

（2）**线差法**。线差法的"线"是指批次录取控制分数线，也叫省控线，如本科线、专科线等。线差法就是比较考生线差与院校线差来填报志愿的方法。其中，考生线差是高考成绩与省控线的差值。线差法适合各个层次的分数段，无论是高分段考生，还是低分段考生，均可以使用。但线差法是一种相对简单的分数换算方法，没有考虑招生计划的变动、批次合并等情况，预测不够精确。

（3）**位次法**。位次法是依据考生的高考成绩在科类中的排名来挑选志愿院校的方法。在平行志愿录取体系中，高校通常按照成绩排名由高至低进行招生。因此，考生可以参照自己的排名与目标院校过往录取的排名情况来决定志愿选择，这样的参考更具价值。位次法在层次靠前的考生中更适用，但并不适合所有层次的考生，名次越靠后，这种方法的准确度越低。

（4）**其他位次法**。如等效位次法——将考生的高考成绩转换成百分位数排名，随后依据这一排名进行等效位次的计算。此方法相较上面的方法有所进步，但也不能解决根本问题。

（5）**录取概率**。最可靠的方法还是需要综合考虑多种因素，基于大数据的科学分析，计算出某个成绩对应某高校特定专业的录取概率。

靠谱 AI 的研发团队基于过去 3 年 500 万条招生计划、录取信息、院校、专业信息以及就业相关信息，在对招生政策、招生计划、院校、专业、个人职业规划等因素进行系统分析的基础上，从影响高考录取分数线的各种变量中，抽取出关键变量，建立数学模型，并利用大数据分析、计算出不同成绩对应的各学校各专业的录取概率（见图 2-1）。登录系统就可以查看每个院校及专业的录取概率和位次，再结合学校的招生计划以及院校专业介绍信息，就能很快判断该院校及专业是否适合填报。

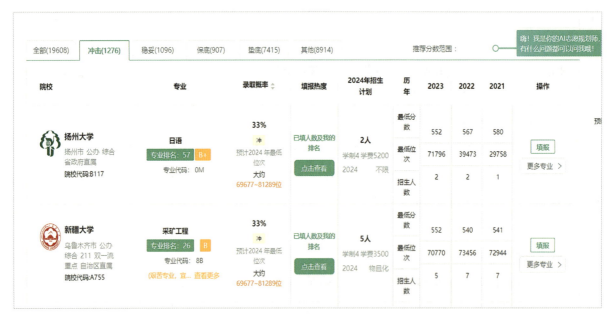

图 2-1　靠谱 AI 官网"小志"页面

3. 明确自己未来的职业规划

这一步一般需要借助一些专业测评工具，或者咨询职业生涯规划专家，通过测评和咨询，深入了解自己的兴趣、性格、能力等，明确自己未来想要从事的职业方向，从而确定自己的大学专业。

4. 了解目标院校及专业

确定了自己的专业志向之后，下一步是深入了解我们心仪的学府及其专业课程。探索该学校的招生概况：它每年招收多少学生？毕业生的就业前景如何？更重要的是，听听那些已经走过这条路的学长、学姐的真实评价。他们的经验之谈，往往能为你提供宝贵的一手资料。

此外，仔细研读学校的招生简章和录取政策也是至关重要的。这不仅能让你了解学校的招生要求，还能确保你符合申请条件。

5. 确定填报志愿的顺序

在现行的平行志愿填报体系中，为确保既能冲刺理想院校和专业，又能有稳妥的保底选择，避免脱档，关键在于合理规划志愿的录取概率分布。这需要按照"冲稳保垫"的策略合理选择各个档次的志愿数量，并科学地对所选院校及其包含的专业进行排序。

按照上述流程，假设在填报时，你可以填报 10 所高校志愿，每所院校可以选择 6 个专业，在共涉及 60 个专业选项的情况下，只要确保有 5~6 个专业的录取概率超过 90%，就能将脱档风险降至几乎可以忽略的水平。实际上，你很可能会被那些录取概率在 50% 左右的专业录取，这些专业往往是你心仪的选择。

2.2 专业与职业的高度匹配

在高考填报志愿过程中，如何选择大学与专业是许多家长和学生关注的重要问题。除了专业发展前景、城市和学校等因素，职业兴趣与专业的匹配度同样关键，但其常常被忽视。许多学生对自己的职业兴趣缺乏了解，导致志愿填报较为盲目。成功的人不一定是最优秀的人，但一定是找到适合自己位置的人。专业与个人兴趣的匹配不仅影响学业成绩，甚至关系到职场发展和人生幸福。因此，务必重视专业与兴趣的契合度。

每个人的个性特质各异，而不同职业因工作性质、环境、条件和方式的不同，对个人能力、知识、技能和性格的要求也截然不同。因此，考生在选择职业时，应寻找与个人特质相契合的领域。

专业对口是入职匹配的核心。高专业对口率意味着毕业生所学与工作内容高度相关，这不仅反映了学校教育与社会需求的紧密对接，也是学校教育质量的体现。毕业生若能从事与专业相符、兴趣相投的工作，更容易获得职业满足感，保持职业稳定性，并促进个人成长与发展。

根据舒伯的职业生涯发展理论，高中生正处于生涯发展的探索阶段，此时培养的技能将使职业偏好更加明确和具体。以中国药科大学为例，学生选择药学专业，往往意味着未来将在药学教育、医药监管、研发、生产、销售及服务等领域发展，为医药行业作出贡献。因此，明智的专业选择对未来的职业发展至关重要。

若对自己的兴趣和能力尚存疑惑，不妨参与一些专业测试以获得启发。霍兰德职业兴趣测试便是其中的佼佼者，它通过研究型、艺术型、社会型、企业型、常规型和实际型六种职业兴趣类型，帮助你找到适合自己的路径。此外，MBTI、价值观、职业倾向等性格、职业测试也是不错的选择，它们可以相互补充，帮助你更全面地认识自己，找到真正适合自己的职业方向。

以靠谱 AI 测评系统为例，靠谱 AI 从五大维度（兴趣、能力、性格、价值观、职业倾向）进行职业测评（见图 2-2）。

通过霍兰德职业兴趣测试、MBTI、价值观及职业倾向测评，学生可以更清晰地了解自己的职业兴趣及能力特点，为后续专业选择奠定坚实的基础。

2.3 院校、专业、城市的综合考量

在专业、学校与所在城市的选择上，不同分数段、不同目标的考生需要考量的因素不同，考生需根据

图 2-2　靠谱 AI 官网职业测评界面

自身的未来发展蓝图来权衡这三者的优先级。

若目标是留学，学校的国际声誉和资源是首选，其次是专业和城市；若计划考研深造，专业的实力和研究方向应放在首位，学校和城市则次之；若着眼于就业，城市的经济活力和就业市场则最为关键，一线城市通常意味着更多的机遇，不同城市的产业结构决定了未来寻找相关工作的难易程度。

考生的性格特点和分数段也是决策时的重要考量。对性格外向、成绩优异的考生，若专业选择尚不明确，建议优先考虑学校，因为学校的平台效应、校友网络和资源支持对个人发展有着深远影响；而对那些性格内向、对特定领域有浓厚兴趣的高分考生，选择自己热爱的专业，可能会更有助于未来的学术探索和职业发展；对成绩中等的考生，专业选择的重要性可能超过学校，尤其是对那些有志于继续深造的学生；至于成绩较低的考生，选择一个经济发达、就业机会丰富的城市，可能会为他们提供更多的成长空间和可能性。在一线城市，即使是普通院校的毕业生，也有机会接触到更多的职业发展机会。因此，考生在填报志愿时，应综合考虑个人情况，做出最适合自己的选择。

此外，家庭经济条件也是一个需要考量的因素。例如，医学专业虽然前景广阔，但培养周期长，经济回报较慢，对家庭经济基础较弱的学生来说，可能会面临较大的经济压力和生活挑战。这时候，就需要考生和家长在规划未来时，既要考虑个人兴趣、职业前景和家庭经济状况，合理选择适合自己的院校、专业、城市，同时也要积极寻求各种可能的资助和资源，以确保教育之路不会因为经济问题而受阻。

2.4 低分高录

每年高考结束后，网络上就会流传一些关于低分高录的虚假信息，声称通过支付一定费用，就能让未达到一本线的考生被一本院校录取，或者让专科分数线的考生被本科院校录取。这些信息都是诈骗行为，考生和家长应提高警惕，避免上当受骗。

　　实际上，在高考录取过程中，确实存在一些合法且合理的策略，可以帮助考生在分数不是非常理想的情况下，提高被心仪院校录取的可能性。下面结合实际报考中的案例跟大家介绍低分高录的几种情形。

　　以山东 2024 年高考投档数据为例，我们来看下低分高录的情况。

表 2-1　山东 2024 年部分院校的投档专业最高分与最低分

院校名称	投档最高分	投档最低分	分差
青岛大学	631	511	120
济南大学	583	479	104
渤海大学	554	473	81
山东大学	662	576	86

　　从上面的表中，我们可以看出，这些大学的专业投档分相差很大，最高专业的投档分与最低专业的投档分差均在 80 分以上，甚至有些能够达到 120 分，就连山东大学这样的国家重点高校，专业间的分差竟然也达到 86 分。那么，到底哪些专业录取分数较低呢？

表 2-2　山东 2024 年部分院校的投档分较高 / 较低的专业

院校名称	专业名称	最低分
山东大学	临床医学（齐鲁医学堂创新实验班）（不招收色弱、色盲考生）	662
山东大学	土木类（非西藏生源定向西藏就业）（工程力学，土木、水利与海洋工程）（在校期间享受免缴学费和国家补助的优惠待遇，毕业后到西藏工作不少于 5 年）	576
青岛大学	临床医学（5+3 一体化，沈福彭班）（色弱、色盲限报）	631
青岛大学	非织造材料与工程（面向青岛地区招生）	518
青岛大学	服装设计与工程（地方专项计划）	519
青岛大学	生物技术（中外合作办学）（色弱、色盲限报，美国德雷克大学）	511
济南大学	计算机科学与技术（图灵班）	583
济南大学	烹饪与营养教育（济南走读）（舜耕校区，考生无从事食品行业所限制的传染性疾病和其他疾病）	489
济南大学	环境工程（中外合作办学）（与英国格拉斯哥加利多尼亚大学合作）	479
渤海大学	会计学	554
渤海大学	食品科学与工程（中外合作办学）	473

　　通过对这些院校的各专业投档分进行详细的分析，结合实际填报过程中的真实案例，我们发现低分高录主要有以下 4 种情况。

1. 地方专项计划

地方专项计划是指地方高校定向招收实施区域的农村学生的专项计划。对符合高校专项报考条件的考生来说，青岛大学的服装设计与工程专业提供了一个相对低分的录取机会。根据 2024 年的数据，该校投档最高分为 631 分，而服装设计与工程专业的投档分为 519 分。这表明，如果考生符合专项计划的报考条件，那么，他们就有机会以相对较低的分数进入这所大学学习这个专业。

这种报考机会对农村和脱贫地区的学生来说尤其宝贵，因为它不仅提供了一个较低的录取门槛，而且也意味着他们能够进入一所可能提供更好教育资源和未来发展机会的大学。因此，对这部分考生来说，充分利用这一专项计划的优势，可能会对他们未来的学术和职业发展产生积极影响。

2. 定向招生

定向招生又称"定向招生，定向就业"。具体来说，定向生毕业后要到艰苦环境和艰苦行业去工作，相应地，高校在招生录取时有一定的优惠政策。如山东大学的非西藏生源定向西藏就业的专业投档分为 576 分，而普通类专业的投档最高分为 662 分，相差 86 分。对想要上名校的考生来说，定向专业不失为一个好的选择。

3. 中外合作办学

中外合作办学是指中国教育机构与外国教育机构依法在中国境内合作举办以中国公民为主要招生对象的教育教学活动。如济南大学的普通类专业投档最高分为 583 分，而环境工程（中外合作办学）（与英国格拉斯哥加利多尼亚大学合作）投档最低分仅为 479 分，相差 104 分。

目前，中外合作办学的报考虽存在一定波动，但这也意味着机遇。对符合高校中外合作办学专业报考条件的考生来说，这样的报考机会尤为宝贵。在选择中外合作办学时，考生和家长应关注和考虑以下因素。

（1）教育质量与资源。中外合作办学项目通常结合了国内外的教育资源，提供了国际化的教育环境和先进的教学方法，有助于学生拓宽视野并提升学术水平。因此，需要了解合作院校的背景、学术实力和资源，以及合作专业的特点和学生评价。

（2）经济考量。中外合作办学的学费普遍较高，考生和家长需要根据自身的经济状况来决定是否选择此类项目。同时，也应考虑是否有奖学金、助学金等经济支持的可能性。

（3）语言能力。由于很多中外合作办学项目采用英文授课，对学生的英语水平有较高要求。考生需要确保自己具备良好的外语基础，以适应教学和学习的要求。

（4）就业前景。中外合作办学项目的学生往往具备较强的国际竞争力，无论是在国内还是国际就业市场上都有一定的优势。了解不同专业的就业率和职业发展方向，了解哪些专业在国内外就业市场上需求量大，这些有助于考生实现长期职业目标。

（5）个人兴趣和职业规划。考生应结合自己的兴趣和未来职业规划来选择专业和学校，确保所选项目与个人目标相匹配。

（6）项目认证与学位。了解项目是否能够提供国内外都认可的学位证书，以及是否能够通过教育部的认证，这对未来的就业和进一步深造都至关重要。

（7）综合评价。除了高考成绩，很多中外合作办学项目还会进行综合评价测试，考生需要关注这些测试的内容和要求，做好相应的准备。

最后，考生和家长在做出决定前，应充分了解中外合作办学项目的具体信息，包括培养模式、课程设置、师资力量等，以确保选择的项目能够满足学生的学术和职业发展需求。

4. 新增院校或专业

新增院校或专业，顾名思义，就是往年没有在这个省招生，今年开始在这个省招生的院校或专业。以靠谱 AI 曾经填报过的一位考生的志愿为例：小林高考分数 550 分，不知道怎样填报志愿，来到靠谱 AI 咨询志愿填报。靠谱 AI 的高考志愿填报专家给他提供了专业建议。专家发现中国石油大学（北京）克拉玛依校区今年新设了一个专业，该专业第一年在该省招生，当时专家敏锐地觉察到这可能是一个低分高录的机会。经过与小林家庭的沟通，专家了解到小林对石油工程充满热情，并考虑了他的职业规划。在专家的建议下，小林决定填报这个新专业。最终，录取结果出炉，小林以 550 分的成绩被中国石油大学（北京）克拉玛依校区录取，远低于该校往年 600 分左右的平均录取分数线。小林的明智选择，让他顺利实现了升学梦想。

第三章

院校及专业介绍

截至 2024 年 6 月 20 日，全国高等学校共计 3117 所，其中，普通高等学校 2868 所，含本科学校 1308 所、高职（专科）学校 1560 所；成人高等学校 249 所（未包含港澳台地区高等学校）。

中国大陆的高等教育体系分为本科和专科两个层次。本科教育通常为期 4 年，按要求完成学业任务可获得学士学位。专科教育则根据专业不同，学制可能是 3 年、2 年或 5 年，但专科毕业生不授予学位。

学位是标志被授予者达到相应学业要求、学术水平或者专业水平的学术称号。中国实行学位制度，学位分为学士、硕士、博士，包括学术学位、专业学位等类型，按照学科门类、专业学位类别等授予。学士学位是高等教育本科阶段授予的学位名称。它表明学位申请人在本学科或专业领域较好地掌握基础理论、专门知识和基本技能，具有从事学术研究或承担专业实践工作的初步能力。

中国的高校根据办学层次、体制、隶属关系和办学水平进行分类。

1. 办学层次：分为本科院校和专科院校。

2. 办学体制：包括公办和民办高校，以及新体制独立学院。

3. 隶属关系：分为教育部直属、中央其他部门所属、省（区、市）所属和行业所属高校。

4. 办学水平：有"985 工程"和"211 工程"等国家重点建设大学以及一般大学。

考生在选择学校时，除了考虑办学层次和体制，还应关注学校的隶属关系和办学水平。此外，研究型、教学研究型和教学型大学的分类为考生提供了更加多样化的选择。考生还需要注意，本省和外省高校在招生规模上可能存在差异，应根据自身情况做出选择。

3.1 部分本科高校

3.1.1 "985" 院校

"985 工程"是党和国家在世纪之交作出的重大决策，旨在推动中国高等教育的发展，培育具有世界先进水平的一流大学。这一宏伟蓝图的诞生，源自 1998 年 5 月 4 日，时任中共中央总书记江泽民在北京大学建校 100 周年大会上的重要宣告，他强调了在中国实现现代化的进程中，拥有若干所世界顶尖大学的重要性。

随后，教育部积极响应这一号召，在《面向 21 世纪教育振兴行动计划》中，明确将北京大学、清华大学等高等学府列为重点支持对象，旨在通过集中资源、优化布局，推动这些学校向世界一流大学和高水平大学迈进。这一工程以江泽民同志在北京大学百年校庆的讲话时间（1998 年 5 月）命名，即"985 工程"。

首批加入"985 工程"建设的高校共有 9 所，它们被称为"九校联盟"，包括北京大学、清华大学、中国科学技术大学、南京大学、复旦大学、上海交通大学、西安交通大学、浙江大学和哈尔滨工业大学。这些学校在各自领域内享有盛誉，是中国高等教育的重要支柱。随着时间的推移，"985 工程"不断壮大，最终涵盖了全国范围内的 39 所顶尖高校。

表 3-1　"985"院校名单及相关信息

院校名称、类型及所属地区	软科排名[1] 及 QS 世界排名[2]	双一流建设学科	优势专业
北京大学（综合类）北京	软科排名：2 QS 世界排名：17	自主确定	艺术史论、图书馆学、城市管理、行政管理、药学、环境科学、核化工与核燃料工程、智能科学与技术、电子信息科学与技术、理论与应用力学、统计学、应用心理学、生态学、生物信息学、空间科学与技术、人文地理与城乡规划、自然地理与资源环境、核物理、信息与计算科学、数学与应用数学、外国语言与外国历史、文物保护技术、文物与博物馆学、考古学、世界史、历史学、葡萄牙语、越南语、希伯来语、乌尔都语、泰语、蒙古语、缅甸语、印地语、印度尼西亚语、菲律宾语、朝鲜语、波斯语、日语、阿拉伯语、西班牙语、德语、俄语、应用语言学、古典文献学、汉语言、科学社会主义、人类学、社会工作、政治学与行政学、保险学、财政学、宗教学、护理学、医学影像技术、医学检验技术、口腔医学、临床医学、基础医学、计算机科学与技术、微电子科学与工程、应用统计学、心理学、生物技术、生物科学、地球化学、行星科学、地球物理学、地理科学、化学生物学、汉语言文学、马克思主义理论、社会学、政治学、经济学与哲学、国际政治、国际经济与贸易、资源与环境经济学、经济学、哲学、市场营销、软件工程、材料化学、地理信息科学、应用化学、化学、应用物理学、物理学、法学、金融学、会计学、数据科学与大数据技术、新闻学、英语、公共事业管理、人力资源管理、环境工程、广告学、工商管理、电子信息工程、财务管理
清华大学（综合类）北京	软科排名：1 QS 世界排名：25	自主确定	陶瓷艺术设计、艺术与科技、工艺美术、服装与服饰设计、产品设计、环境设计、视觉传达设计、艺术设计学、雕塑、绘画、工业工程、工商管理、工程管理、信息管理与信息系统、风景园林、建筑学、环境工程、核工程与核技术、航空航天工程、化学工程与工业生物工程、土木、水利与海洋工程、建筑环境与能源应用工程、软件工程、计算机科学与技术、智能工程与创意设计、自动化、人工智能、微电子科学与工程、高分子材料与工程、材料科学与工程、车辆工程、机械工程、工程力学、生物科学、化学生物学、数理基础科学、政治学、经济学与哲学、经济与金融、艺术史论、生物医学工程、给排水科学与工程、电子信息科学与技术、电气工程及其自动化、能源与动力工程、测控技术与仪器、理论与应用力学、应用物理学、城乡规划、土木工程、物理学、数学与应用数学、历史学、经济学、数字媒体艺术、化学、英语、信息与计算科学、法学、汉语言文学
复旦大学（综合类）上海	软科排名：5 QS 世界排名：50	哲学、应用经济学、政治学、马克思主义理论、中国语言文学、外国语言文学、中国史、数学、物理学、化学、生物学、生态学、材料科学与工程、环境科学与工程、基础医学、临床医学、公共卫生与预防医学、中西医结合、药学、集成电路科学与工程	公共事业管理、预防医学、基础医学、保密技术、广告学、国际政治、哲学、管理科学、法医学、材料物理、生态学、生物科学、能源化学、物理学、数学与应用数学、文物与博物馆学、传播学、广播电视学、新闻学、朝鲜语、政治学与行政学、药学、信息与计算科学、历史学、翻译、汉语言文学、社会工作、经济学、临床医学、电子信息科学与技术、高分子材料与工程、金融学、旅游管理、护理学、数据科学与大数据技术、日语、英语、国际经济与贸易、市场营销、软件工程、财务管理、信息管理与信息系统

续表

院校名称、类型及所属地区	软科排名[1]及QS世界排名[2]	双一流建设学科	优势专业
上海交通大学（综合类）上海	软科排名：4 QS世界排名：51	数学、物理学、化学、生物学、机械工程、材料科学与工程、电子科学与技术、信息与通信工程、控制科学与工程、计算机科学与技术、土木工程、化学工程与技术、船舶与海洋工程、基础医学、临床医学、口腔医学、药学、工商管理	文化产业管理、听力与言语康复学、医学检验技术、食品卫生与营养学、儿科学、生物医学科学、植物科学与技术、生物工程、环境科学与工程、船舶与海洋工程、电子与计算机工程、信息安全、人工智能、信息工程、智慧能源工程、工业设计、生物技术、传播学、工业工程、大数据管理与应用、临床药学、电子科学与技术、储能科学与工程、材料科学与工程、机械工程、临床医学、自动化、能源与动力工程、视觉传达设计、护理学、会计学、工商管理、软件工程、生物科学、人力资源管理、物理学、行政管理、数学与应用数学、英语、法学、计算机科学与技术、日语、土木工程、电气工程及其自动化
浙江大学（综合类）浙江	软科排名：3 QS世界排名：44	化学、生物学、生态学、机械工程、光学工程、材料科学与工程、动力工程及工程热物理、电气工程、控制科学与工程、计算机科学与技术、土木工程、农业工程、环境科学与工程、软件工程、园艺学、植物保护、基础医学、临床医学、药学、管理科学与工程、农林经济管理	土地资源管理、劳动与社会保障、农业资源与环境、应用生物科学、茶学、农业工程、土木、水利与交通工程、光电信息科学与工程、能源与环境系统工程、翻译、艺术与科技、生物育种科学、食品科学与工程、环境科学、海洋工程与技术、电子与计算机工程、自动化、高分子材料与工程、过程装备与控制工程、西班牙语、古典文献学、化学工程与工艺、土木工程、信息安全、工业设计、行政管理、工商管理、软件工程、计算机科学与技术、机器人工程、电气工程及其自动化、化学、信息管理与信息系统、药学、生物工程、人工智能、数学与应用数学、日语、环境工程、信息与计算科学、电子信息工程、英语、汉语言文学、国际经济与贸易
中国科学技术大学（理工类）安徽	软科排名：7 QS世界排名：137	数学、物理学、化学、天文学、地球物理学、生物学、科学技术史、材料科学与工程、计算机科学与技术、核科学与技术、安全科学与工程	管理科学、安全工程、数据科学与大数据技术、材料物理、地球化学、行星科学、地球物理学、化学、量子信息科学、应用物理学、物理学、环境科学与工程、信息安全、材料化学、空间科学与技术、天文学、信息与计算科学、生物技术、数学与应用数学、生物科学、计算机科学与技术、人工智能、电子信息工程
中国人民大学（综合类）北京	软科排名：18 QS世界排名：556	哲学、理论经济学、应用经济学、法学、政治学、社会学、马克思主义理论、新闻传播学、中国史、统计学、工商管理、农林经济管理、公共管理、图书情报与档案管理	信息资源管理、档案学、农村区域发展、农林经济管理、劳动关系、人力资源管理、财务管理、市场营销、工商管理、应用统计学、统计学、数据计算及应用、国际新闻与传播、新闻学、马克思主义理论、中国共产党历史、社会学、法学、贸易经济、信用管理、金融工程、金融学、数字经济、能源经济、资源与环境经济学、国民经济管理、经济学、城市管理、土地资源管理、劳动与社会保障、行政管理、会计学、广告学、社会工作、外交学、国际经济与贸易、保险学、税收学、财政学、经济统计学、宗教学、广播电视学、数据科学与大数据技术、应用心理学、汉语言文学
南京大学（综合类）江苏	软科排名：6 QS世界排名：141	哲学、理论经济学、中国语言文学、外国语言文学、物理学、化学、天文学、大气科学、地质学、生物学、材料科学与工程、计算机科学与技术、化学工程与技术、矿业工程、环境科学与工程、图书情报与档案管理	地质学、应用气象学、大气科学、天文学、声学、编辑出版学、法语、档案学、智能科学与技术、软件工程、化学、日语、德语、俄语、英语、电子商务、劳动与社会保障、环境科学、人工智能、电子信息科学与技术、数字经济、市场营销、城乡规划、环境工程、广播电视学、汉语言文学、社会工作、物理学、信息与计算科学、广告学、行政管理、财务管理、计算机科学与技术、应用心理学、汉语国际教育、工商管理、信息管理与信息系统、经济学、会计学、国际经济与贸易、法学

续表

院校名称、类型及所属地区	软科排名[1]及QS世界排名[2]	双一流建设学科	优势专业
中国人民解放军国防科技大学（军事类）湖南	—	信息与通信工程、计算机科学与技术、航空宇航科学与技术、软件工程、管理科学与工程	系统科学、软件工程、计算机科学与技术、信息与通信工程、航空宇航科学与技术、光学工程、网络空间安全、电子科学与技术
北京航空航天大学（理工类）北京	软科排名：12 QS世界排名：473	力学、仪器科学与技术、材料科学与工程、控制科学与工程、计算机科学与技术、交通运输工程、航空宇航科学与技术、软件工程	无人驾驶航空器系统工程、飞行器适航技术、飞行器质量与可靠性、飞行器环境与生命保障工程、飞行器动力工程、飞行器设计与工程、虚拟现实技术、机器人工程、电磁场与无线技术、纳米材料与技术、信息对抗技术、飞行器控制与信息工程、智能感知工程、微机电系统工程、核物理、能源经济、自动化、电子信息工程、测控技术与仪器、信息与计算科学、翻译、通信工程、工程管理、计算机科学与技术、软件工程、数学与应用数学、英语
北京师范大学（师范类）北京	软科排名：19 QS世界排名：272	哲学、教育学、心理学、中国语言文学、外国语言文学、中国史、数学、地理学、系统科学、生态学、环境科学与工程、戏剧与影视学	资源环境科学、环境生态工程、心理学、地理科学、系统科学与工程、历史学、中国语言与文化、汉语言文学、学前教育、教育技术学、教育学、思想政治教育、戏剧影视文学、人文地理与城乡规划、自然地理与资源环境、特殊教育、书法学、公共事业管理、应用统计学、体育教育、日语、国际经济与贸易、数学与应用数学、英语
北京理工大学（理工类）北京	软科排名：14 QS世界排名：340	物理学、材料科学与工程、控制科学与工程、兵器科学与技术	智能无人系统技术、信息对抗技术、装甲车辆工程、特种能源技术与工程、弹药工程与爆炸技术、武器发射工程、信息管理与信息系统、武器系统与工程、密码科学与技术、车辆工程、机械电子工程、量子信息科学、安全工程、智能制造工程、产品设计、光电信息科学与工程、自动化、通信工程、电子信息工程、机器人工程、环境设计、计算机科学与技术、软件工程、数据科学与大数据技术
哈尔滨工业大学（理工类）黑龙江	软科排名：16 QS世界排名：256	力学、机械工程、材料科学与工程、控制科学与工程、计算机科学与技术、土木工程、航空宇航科学与技术、环境科学与工程	智能装备与系统、智能测控工程、能源互联网工程、光电信息材料与器件、智能材料与结构、焊接技术与工程、复合材料与工程、材料化学、智能感知工程、测控技术与仪器、增材制造工程、智能车辆工程、机械电子工程、计算金融、飞行器环境与生命保障工程、飞行器制造工程、交通设备与控制工程、建筑电气与智能化、数据科学与大数据技术、机器人工程、海洋信息工程、电子信息工程、智能制造工程、材料成型及控制工程、工程力学、大数据管理与应用、环境工程、智能建造、建筑环境与能源应用工程、物联网工程、计算机科学与技术、新能源材料与器件、材料科学与工程、机械设计制造及其自动化、通信工程、数字媒体艺术、建筑学、光电信息科学与工程、土木工程、软件工程、电气工程及其自动化、自动化、应用化学、工程管理、信息管理与信息系统、人工智能、环境设计
西安交通大学（综合类）陕西	软科排名：10 QS世界排名：291	力学、机械工程、材料科学与工程、动力工程及工程热物理、电气工程、控制科学与工程、管理科学与工程、工商管理	智慧建筑与建造、给排水科学与工程、数字媒体技术、电子商务、大数据管理与应用、物联网工程、储能科学与工程、新能源科学与工程、能源与动力工程、智能制造工程、过程装备与控制工程、网络与新媒体、国际经贸规则、核工程与核技术、能源互联网工程、工业工程、电子科学与技术、电气工程及其自动化、车辆工程、工业设计、自动化、财务管理、会计学、信息与计算科学、工商管理、市场营销、计算机科学与技术

续表

院校名称、类型及所属地区	软科排名[1]及 QS 世界排名[2]	双一流建设学科	优势专业
武汉大学（综合类）湖北	软科排名：9 QS 世界排名：194	理论经济学、法学、马克思主义理论、化学、地球物理学、生物学、土木工程、水利工程、测绘科学与技术、口腔医学、图书情报与档案管理	印刷工程、导航工程、遥感科学与技术、测绘工程、智慧水利、水利水电工程、电波传播与天线、国际法、图书馆学、生物制药、水文与水资源工程、空间信息与数字技术、地理信息科学、编辑出版学、思想政治教育、中国共产党历史、人力资源管理、广告学、汉语国际教育、大数据管理与应用、生物技术、法学、经济学、公共事业管理、信息管理与信息系统、新闻学、电子商务、市场营销、汉语言文学、土木工程、国际经济与贸易、计算机科学与技术
同济大学（综合类）上海	软科排名：17 QS 世界排名：216	生物学、建筑学、土木工程、测绘科学与技术、环境科学与工程、城乡规划学、风景园林学、设计学	康复物理治疗、城市设计、历史建筑保护工程、城乡规划、智能建造、建筑电气与智能化、土木工程、环境设计、视觉传达设计、文化产业管理、风景园林、环境工程、交通工程、测绘工程、建筑环境与能源应用工程、生物信息学、产品设计、物流管理、建筑学、给排水科学与工程、数据科学与大数据技术、工程管理、环境科学、汽车服务工程、工业设计、车辆工程、机械电子工程、信息管理与信息系统、日语、机械设计制造及其自动化、计算机科学与技术、软件工程、英语
南开大学（综合类）天津	软科排名：21 QS 世界排名：384	应用经济学、世界史、数学、化学、统计学、材料科学与工程	会展经济与管理、资源循环科学与工程、分子科学与工程、精算学、商务经济学、旅游管理、人力资源管理、世界史、国际经济与贸易、金融科技、数字经济、金融工程、财务管理、工商管理、思想政治教育、经济学、汉语国际教育、会计学、数学与应用数学、英语
华中科技大学（综合类）湖北	软科排名：8 QS 世界排名：275	机械工程、光学工程、材料科学与工程、动力工程及工程热物理、电气工程、计算机科学与技术、基础医学、临床医学、公共卫生与预防医学	计算金融、医学影像学、密码科学与技术、电子封装技术、电气工程及其自动化、材料成型及控制工程、机械设计制造及其自动化、物流管理、公共事业管理、麻醉学、集成电路设计与集成系统、光电信息科学与工程、新能源科学与工程、数字媒体艺术、工程管理、医学检验技术、大数据管理与应用、能源与动力工程、行政管理、电子信息工程、新闻学、自动化、通信工程、人工智能、计算机科学与技术、数据科学与大数据技术、市场营销
中山大学（综合类）广东	软科排名：11 QS 世界排名：323	哲学、数学、化学、生物学、生态学、材料科学与工程、电子科学与技术、基础医学、临床医学、药学、工商管理	精神医学、麻醉学、交通设备与控制工程、矿物加工工程、铁道工程、新能源材料与器件、粉体材料科学与工程、数字出版、采矿工程、遥感科学与技术、冶金工程、测绘工程、数据科学与大数据技术、工程管理、机械设计制造及其自动化、计算机科学与技术
东南大学（综合类）江苏	软科排名：13 QS 世界排名：454	数学、材料科学与工程、冶金工程、矿业工程、交通运输工程	物流管理、生物医学工程、智慧交通、道路桥梁与渡河工程、城市地下空间工程、海洋信息工程、电子科学与技术、工程管理、智能医学工程、城乡规划、建筑学、智能建造、土木工程、信息工程、智能车辆工程、风景园林、机器人工程、测控技术与仪器、电气工程及其自动化、人工智能、计算机科学与技术
西北工业大学（理工类）陕西	软科排名：23	机械工程、材料科学与工程、航空宇航科学与技术	探测制导与控制技术、飞行器控制与信息工程、飞行器制造工程、海洋工程与技术、柔性电子学、微机电系统工程、飞行器动力工程、飞行器设计与工程、航空航天工程、保密技术、水声工程、复合材料与工程、增材制造工程、物联网工程、机械电子工程、材料成型及控制工程、机械设计制造及其自动化、产品设计、数据科学与大数据技术、软件工程、通信工程、计算机科学与技术

续表

院校名称、类型及所属地区	软科排名[1]及 QS 世界排名[2]	双一流建设学科	优势专业
华东师范大学（师范类）上海	软科排名：29 QS 世界排名：511	教育学、生态学、统计学	教育康复学、特殊教育、播音与主持艺术、应用心理学、社会体育指导与管理、运动训练、美术学、人文地理与城乡规划、地理科学、汉语国际教育、体育教育、学前教育、教育技术学、统计学、历史学、思想政治教育、社会工作、数据科学与大数据技术、汉语言文学、视觉传达设计、环境设计、英语
四川大学（综合类）四川	软科排名：15 QS 世界排名：355	数学、化学、材料科学与工程、基础医学、口腔医学、护理学	卫生检验与检疫、口腔医学技术、眼视光学、医学影像技术、法医学、临床药学、口腔医学、轻化工程、医学信息工程、信息资源管理、康复治疗学、制药工程、新能源材料与器件、考古学、护理学、高分子材料与工程、美术学、药学、网络与新媒体、汉语国际教育、化学工程与工艺、应用化学、汉语言文学、人力资源管理、物联网工程、旅游管理、市场营销、英语
电子科技大学（理工类）四川	软科排名：31 QS 世界排名：486	电子科学与技术、信息与通信工程	网络空间安全、集成电路设计与集成系统、电子信息工程、物联网工程、网络工程、电磁场与无线技术、数理基础科学、光电信息科学与工程、通信工程、电子科学与技术、电子信息科学与技术、软件工程、人工智能、计算机科学与技术、数据科学与大数据技术
天津大学（理工类）天津	软科排名：20 QS 世界排名：285	化学、材料科学与工程、动力工程及工程热物理、化学工程与技术、管理科学与工程	物流工程、保密管理、智能医学工程、合成生物学、精细化工、制药工程、化学工程与工艺、功能材料、智能电网信息工程、海洋技术、分子科学与工程、应用化学、信息管理与信息系统、生物工程、测控技术与仪器、材料成型及控制工程、材料科学与工程、工程管理、智能制造工程、机械设计制造及其自动化、建筑学、环境工程、通信工程、电气工程及其自动化、电子信息工程
厦门大学（综合类）福建	软科排名：24 QS 世界排名：392	教育学、化学、海洋科学、生物学、生态学、统计学	酒店管理、审计学、国际商务、能源化学、经济统计学、海洋科学、人力资源管理、会计学、统计学、旅游管理、生物技术、财务管理、化学、金融工程、电子商务、生物科学、国际经济与贸易、工商管理、法学、英语
华南理工大学（理工类）广东	软科排名：30 QS 世界排名：392	化学、材料科学与工程、轻工技术与工程、食品科学与工程	商务英语、轻化工程、水务工程、功能材料、食品质量与安全、建筑学、网络工程、应用化学、食品科学与工程、机械电子工程、旅游管理
大连理工大学（理工类）辽宁	软科排名：28 QS 世界排名：491	力学、机械工程、化学工程与技术	海洋资源开发技术、能源化学工程、金属材料工程、应用化学、精细化工、化学工程与工业生物工程、资源循环科学与工程、化学工程与工艺、港口航道与海岸工程、机械设计制造及其自动化、生物工程、数字媒体技术、制药工程、网络工程、材料成型及控制工程、智能制造工程、工程管理、物流管理、土木工程、电子商务、软件工程、计算机科学与技术
山东大学（综合类）山东	软科排名：22 QS 世界排名：360	中国语言文学、化学、临床医学、数学	生物医药数据科学、智能建造与智慧交通、供应链管理、生物医学科学、能源与环境系统工程、汉语国际教育、科学社会主义、国际组织与全球治理、机器人工程、产品设计、数学与应用数学、汉语言文学、机械设计制造及其自动化、英语、数据科学与大数据技术、国际经济与贸易
重庆大学（综合类）重庆	软科排名：33 QS 世界排名：561	机械工程、电气工程、土木工程	冶金工程、无机非金属材料工程、纳米材料与技术、材料科学与工程、矿物加工工程、物流工程、采矿工程、材料物理

续表

院校名称、类型及所属地区	软科排名[1]及QS世界排名[2]	双一流建设学科	优势专业
中南大学（综合类）湖南	软科排名：25 QS世界排名：452	数学、材料科学与工程、冶金工程、矿业工程、交通运输工程	精神医学、麻醉学、交通设备与控制工程、矿物加工工程、铁道工程、新能源材料与器件、粉体材料科学与工程、数字出版、采矿工程、遥感科学与技术、冶金工程、测绘工程、数据科学与大数据技术、工程管理、机械设计制造及其自动化、计算机科学与技术
吉林大学（综合类）吉林	软科排名：26 QS世界排名：502	考古学、数学、物理学、化学、生物学、材料科学与工程	地下水科学与工程、汽车服务工程、放射医学、农业机械化及其自动化、地质工程、康复治疗学、思想政治教育、应用化学、物流管理、物联网工程、法学
湖南大学（综合类）湖南	软科排名：32 QS世界排名：494	化学、机械工程、电气工程	工业设计、数字媒体技术、车辆工程、金融学、土木工程、机械设计制造及其自动化、电子商务、电气工程及其自动化、国际经济与贸易、市场营销、物联网工程
兰州大学（综合类）甘肃	软科排名：38	化学、大气科学、生态学、草学	草业科学、辐射防护与核安全、公共事业管理、民族学、人文地理与城乡规划、自然地理与资源环境、药物制剂、生态学
中国海洋大学（综合类）山东	软科排名：57	海洋科学、水产	海洋科学、海洋技术、海洋资源与环境、水产养殖学、海洋渔业科学与技术、海洋资源开发技术、食品科学与工程、食品营养与健康
中国农业大学（综合类）北京	软科排名：27 QS世界排名：534	生物学、农业工程、食品科学与工程、作物学、农业资源与环境、植物保护、畜牧学、兽医学、草学	兽医公共卫生、中兽医学、动物医学、土地科学与技术、生物质科学与工程、生物育种科学、种子科学与工程、农学、食品营养与健康、葡萄与葡萄酒工程、农业智能装备工程、土地整治工程、农业水利工程、农业建筑环境与能源工程、农业机械化及其自动化、农村区域发展、草业科学、动物科学、植物保护、酿酒工程、食品质量与安全、资源环境科学、农业工程、食品科学与工程、生物技术
中央民族大学（民族类）北京	—	民族学	民族学、中国少数民族语言文学、舞蹈学、舞蹈表演、音乐教育、音乐表演、汉语国际教育、美术学
东北大学（理工类）辽宁	软科排名：39	冶金工程、控制科学与工程	健康服务与管理、工业智能、智能采矿工程、机器人工程、自动化、采矿工程、矿物加工工程、冶金工程
西北农林科技大学（农林类）陕西	软科排名：73	植物保护、畜牧学	智慧牧业科学与工程、设施农业科学与工程、植物保护、智慧林业、水土保持与荒漠化防治、智慧农业、葡萄与葡萄酒工程、农业智能装备工程、农业水利工程

注：表中排名数据参考软科官网发布的中国大学排名、QS中国官网发布的世界大学排名。

[1]上海软科.2024中国大学排名[EB/OL].（2024）[2024-11-13].https://www.shanghairanking.cn/rankings/bcur/2024.

[2]TOPUNIVERSITIES.QS世界大学排名2024.https://www.qschina.cn/university-rankings/world-university-rankings/2024.

3.1.2 "211" 院校

"211工程"作为中国高等教育史上的一座重要里程碑，自1995年11月获得国务院批准后正式启动，其深远意义不言而喻。这一工程面向21世纪，旨在重点建设100所左右的高等学校及一批重点学科，以推动中国高等教育质量的全面提升。它不仅是国家"科教兴国"战略的重大举措，更是中华民族在世纪之交为应对国内外形势变化而作出的重大教育决策。

随着工程的深入实施，一系列关键性文件相继出台，为"211 工程"的顺利推进提供了有力保障。从《"211 工程"总体建设规划》的颁布到《关于"十五"期间加强"211 工程"项目建设的若干意见》的发布，再到《"211 工程"建设实施管理办法》的实施，每一步都凝聚着国家对高等教育事业的高度重视和殷切期望。

然而，随着时代的发展和教育改革的不断深化，"211 工程"和"985 工程"等原有重点建设项目逐渐完成了其历史使命。为了进一步优化高等教育资源配置，提升学科建设水平，国家决定将这些项目统筹为"双一流"建设。这一决策不仅体现了国家对高等教育发展的新思路和新要求，更为中国高等教育事业的未来发展指明了方向。

在此过程中，"211 工程"和"985 工程"取得的成就和经验无疑为"双一流"建设提供了宝贵的借鉴和参考。同时，随着"双一流"建设的深入推进，中国的高等教育事业必将迎来更加辉煌的未来。

表 3-2   "211"院校名单及相关信息

院校名称、类型及所属地区	排名	优势学科	优势专业
郑州大学（综合类）河南	软科排名：50 QS 世界排名：621-630	化学、材料科学与工程、临床医学	药物制剂、康复治疗学、水利水电工程、道路桥梁与渡河工程、社会体育指导与管理、公共事业管理、医学影像技术、音乐表演
云南大学（综合类）云南	软科排名：70	民族学、生态学	民族学、僧伽罗语、旅游管理、生态学、公共事业管理、广播电视学、社会工作、数字媒体技术
新疆大学（综合类）新疆	软科排名：129	马克思主义理论、化学、计算机科学与技术	中国少数民族语言文学、网络工程、广告学、思想政治教育、数据科学与大数据技术、软件工程、计算机科学与技术、纺织工程
上海财经大学（财经类）上海	QS 世界排名：1201-1400	应用经济学	会计学、财务管理、房地产开发与管理、投资学、工商管理、经济统计学、电子商务、市场营销、金融学、国际经济与贸易
北京邮电大学（理工类）北京	软科排名：63 QS 世界排名：851-900	信息与通信工程、计算机科学与技术	邮政工程、电信工程及管理、数字媒体技术、通信工程、智能交互设计、网络工程、物联网工程、电子信息工程、数据科学与大数据技术、计算机科学与技术
中央财经大学（财经类）北京	—	应用经济学	供应链管理、体育经济与管理、金融科技、投资学、税收学、资产评估、贸易经济、精算学、金融工程、金融学、国民经济管理、国际商务、电子商务、大数据管理与应用、市场营销、会计学、财务管理、国际经济与贸易
对外经济贸易大学（财经类）北京	QS 世界排名：1201-1400	应用经济学	创业管理、国际经济与贸易、金融数学、电子商务、国际商务、市场营销、商务英语、经济与金融、文化产业管理、财务管理、投资学、金融工程、物流管理、数字经济、人力资源管理、金融学

续表

院校名称、类型及所属地区	排名	优势学科	优势专业
上海外国语大学（语言类）上海	QS 世界排名：1001~1200	外国语言文学	意大利语、语言学、乌兹别克语、哈萨克语、乌克兰语、匈牙利语、希腊语、土耳其语、葡萄牙语、罗马尼亚语、捷克语、斯瓦希里语、泰语、柬埔寨语、波斯语、商务英语、翻译、日语、法语、英语
西安电子科技大学（理工类）陕西	软科排名：40	信息与通信工程、计算机科学与技术	空间信息与数字技术、网络工程、通信工程、网络空间安全、电波传播与天线、电子封装技术、电子信息工程、智能科学与技术、电子科学与技术、人工智能、数字媒体技术、物联网工程、数据科学与大数据技术、计算机科学与技术
中国政法大学（政法类）北京	QS 世界排名：1201~1400	法学	法学、网络与新媒体、政治学与行政学、国际商务、公共事业管理、思想政治教育、应用心理学、社会工作
北京外国语大学（语言类）北京	QS 世界排名：1001~1200	外国语言文学	乌兹别克语、哈萨克语、乌克兰语、尼泊尔语、孟加拉语、普什图语、意大利语、匈牙利语、希腊语、土耳其语、塞尔维亚语、罗马尼亚语、捷克语、波兰语、保加利亚语、斯瓦希里语、僧伽罗语、马来语、老挝语、柬埔寨语、英语、外国语言与外国历史、翻译、越南语、希伯来语、乌尔都语、蒙古语、缅甸语、印地语、印度尼西亚语、菲律宾语、阿拉伯语、法语、俄语、日语
中国人民解放军空军军医大学（军事类）陕西	—	临床医学	—
北京交通大学（理工类）北京	软科排名：41 QS 世界排名：901~950	系统科学	智能运输工程、交通工程、交通运输、轨道交通信号与控制、智能交互设计、数据科学、智能装备与系统、智慧能源工程、系统科学与工程、物流管理、物联网工程、通信工程
南京航空航天大学（理工类）江苏	软科排名：36 QS 世界排名：801~850	力学、控制科学与工程、航空宇航科学与技术	飞行技术、无人驾驶航空器系统工程、飞行器适航技术、物联网工程、飞行器制造工程、新能源材料与器件、大数据管理与应用、机器人工程
南京理工大学（理工类）江苏	软科排名：37 QS 世界排名：600	兵器科学与技术	武器系统与工程、武器发射工程、弹药工程与爆炸技术、特种能源技术与工程、探测制导与控制技术、轨道交通信号与控制、智能电网信息工程、光电信息科学与工程
上海大学（综合类）上海	软科排名：56 QS 世界排名：514	机械工程	会展、电影制作、金属材料工程、动画、数字媒体技术、广播电视编导、社会工作、美术学
西南财经大学（财经类）四川	—	应用经济学	审计学、信用管理、物流管理、金融学、财务管理、电子商务、人力资源管理、会计学、旅游管理、国际经济与贸易、市场营销
北京科技大学（理工类）北京	软科排名：35 QS 世界排名：436	科学技术史、材料科学与工程、冶金工程、矿业工程	冶金工程、无机非金属材料工程、纳米材料与技术、材料科学与工程、矿物加工工程、物流工程、采矿工程、材料物理
华东理工大学（理工类）上海	软科排名：44 QS 世界排名：681~690	化学、材料科学与工程、化学工程与技术	生物工程、制药工程、化学工程与工艺、应用化学、资源循环科学与工程、油气储运工程、无机非金属材料工程、过程装备与控制工程

续表

院校名称、类型及所属地区	排名	优势学科	优势专业
中国传媒大学（艺术类）北京	—	新闻传播学、戏剧与影视学	新媒体艺术、数字媒体艺术、漫画、动画、播音与主持艺术、广播电视学、摄影、影视摄影与制作、录音艺术、戏剧影视美术设计、戏剧影视导演、广播电视编导、艺术管理、广播电视工程、国际新闻与传播、数字出版、网络与新媒体、尼泊尔语、孟加拉语、普什图语、广告学、新闻学、环境设计
中国人民解放军海军军医大学（军事类）上海	—	基础医学	—
北京工业大学（理工类）北京	软科排名：66 QS 世界排名：801-850	土木工程	焊接技术与工程、资源循环科学与工程、工艺美术、交通工程、新能源科学与工程、智能建造、建筑环境与能源应用工程、给排水科学与工程
中南财经政法大学（财经类）湖北	—	法学	劳动关系、工程造价、法学、经济与金融、贸易经济、知识产权、金融数学、投资学
河海大学（理工类）江苏	软科排名：65 QS 世界排名：1201-1400	水利工程、环境科学与工程	水文与水资源工程、港口航道与海岸工程、水务工程、智慧水利、水利水电工程、土木工程、应急管理、农业水利工程
天津医科大学（医药类）天津	—	临床医学	医学影像技术、眼视光学、眼视光医学、医学影像学、药物制剂、麻醉学、康复治疗学、智能医学工程
苏州大学（综合类）江苏	软科排名：43 QS 世界排名：681-690	材料科学与工程	放射医学、智能测控工程、视觉传达设计、金属材料工程、服装设计与工程、运动康复、艺术设计学、功能材料
东华大学（理工类）上海	软科排名：76 QS 世界排名：901-950	材料科学与工程、纺织科学与工程	服装设计与工程、非织造材料与工程、纺织工程、服装与服饰设计、产品设计、环境设计、视觉传达设计、数字媒体艺术
西南交通大学（综合类）四川	软科排名：59	交通运输工程	智慧交通、铁道工程、轨道交通信号与控制、工程造价、电气工程及其自动化、机械设计制造及其自动化、物流工程、交通运输
华中师范大学（师范类）湖北	软科排名：58	政治学、教育学、中国语言文学	融合教育、财务会计教育、科学教育、学前教育、汉语言文学、英语、特殊教育、教育技术学
暨南大学（综合类）广东	软科排名：51 QS 世界排名：631-640	药学	应急管理、华文教育、酒店管理、国际事务与国际关系、网络与新媒体、新闻学、旅游管理、财务管理、会计学、市场营销
华北电力大学（北京）（理工类）北京	软科排名：75	电气工程	氢能科学与工程、智能电网信息工程、新能源科学与工程、工程造价、电气工程及其自动化、能源与动力工程、储能科学与工程、供应链管理
南京师范大学（师范类）江苏	软科排名：52 QS 世界排名：1001-1200	地理学	能源服务工程、地理信息科学、学前教育、合成生物学、跨媒体艺术、小学教育、广播电视编导、网络与新媒体

续表

院校名称、类型及所属地区	排名	优势学科	优势专业
哈尔滨工程大学（理工类）黑龙江	软科排名：45 QS世界排名：1001-1200	船舶与海洋工程	智慧海洋技术、水声工程、海洋机器人、辐射防护与核安全、核化工与核燃料工程、船舶与海洋工程、机器人工程、大数据管理与应用
武汉理工大学（理工类）湖北	软科排名：52 QS世界排名：851-900	材料科学与工程	海事管理、无机非金属材料工程、创业管理、物流工程、航海技术、汽车服务工程、轮机工程、视觉传达设计
陕西师范大学（师范类）陕西	软科排名：62	中国语言文学	秘书学、学前教育、播音与主持艺术、汉语言文学、教育技术学、特殊教育、心理学、地理科学
华南师范大学（师范类）广东	软科排名：79	物理学	教育技术学、小学教育、应用心理学、社会体育指导与管理、学前教育、科学教育、心理学、文化产业管理
合肥工业大学（理工类）安徽	软科排名：83	管理科学与工程	电气工程与智能控制、粉体材料科学与工程、信息管理与信息系统、物流管理、金属材料工程、大数据管理与应用、食品质量与安全、新能源材料与器件
北京化工大学（理工类）北京	软科排名：68 QS世界排名：721-730	化学工程与技术	氢能科学与工程、能源化学工程、化学工程与工艺、功能材料、制药工程、生物工程、应用化学、过程装备与控制工程
中央音乐学院（艺术类）北京	—	音乐与舞蹈学	音乐学、音乐表演、作曲与作曲技术理论
西南大学（综合类）重庆	软科排名：69 QS世界排名：1001-1200	教育学、生物学	蚕学、中兽医学、生物质科学与工程、学前教育、农业资源与环境、特殊教育、教育学、环境科学与工程
江南大学（综合类）江苏	软科排名：55 QS世界排名：1001-1200	轻工技术与工程、食品科学与工程	公共艺术、酿酒工程、食品质量与安全、食品科学与工程、包装工程、数字媒体艺术、产品设计、食品营养与健康、纺织工程、环境设计、视觉传达设计、服装与服饰设计
东北师范大学（师范类）吉林	软科排名：46	马克思主义理论、教育学、世界史、化学、统计学、材料科学与工程	小学教育、教育学、舞蹈编导、思想政治教育、商务英语、学前教育、音乐学、教育技术学
安徽大学（综合类）安徽	软科排名：95	材料科学与工程	互联网金融、知识产权、网络工程、新能源材料与器件、网络与新媒体、材料化学、广播电视学、数字经济
西北大学（综合类）陕西	软科排名：67 QS世界排名：1001-1200	考古学、地质学	文物保护技术、文物与博物馆学、广播电视编导、劳动与社会保障、网络与新媒体、应用统计学、历史学、材料化学
福州大学（理工类）福建	软科排名：81	化学	物流工程、工艺美术、制药工程、化学、物流管理、数字媒体艺术、数字媒体技术、化学工程与工艺
河北工业大学（理工类）河北	软科排名：109	电气工程	金属材料工程、道路桥梁与渡河工程、机械电子工程、制药工程、电气工程及其自动化、智能制造工程、车辆工程、生物工程

续表

院校名称、类型及所属地区	排名	优势学科	优势专业
北京林业大学（农林类）北京	软科排名：84	风景园林学、林学	物业管理、草坪科学与工程、经济林、森林保护、园林、林学、水土保持与荒漠化防治、野生动物与自然保护区管理、家具设计与工程、林产化工、木材科学与工程、风景园林
湖南师范大学（师范类）湖南	软科排名：86	外国语言文学	应用电子技术教育、机械工艺技术、音乐学、英语、文化产业管理、舞蹈学、酒店管理、会展经济与管理
中国药科大学（医药类）江苏	—	中药学	医疗产品管理、中药资源与开发、海洋药学、药物化学、药物分析、药事管理、药物制剂、生物制药、生物医药数据科学、中药制药、药学、制药工程
北京中医药大学（医药类）北京	QS 世界排名：1001–1200	中医学、中西医结合、中药学	中药制药、中药学、中西医临床医学、中医骨伤科学、中医学、针灸推拿学、药事管理、康复治疗学
中国地质大学（武汉）（理工类）湖北	软科排名：61 QS 世界排名：801–850	地质学、地质资源与地质工程	资源环境大数据工程、资源勘查工程、勘查技术与工程、地质工程、宝石及材料工艺学、地球信息科学与技术、地下水科学与工程、地理空间信息工程、地质学
南京农业大学（农林类）江苏	软科排名：49 QS 世界排名：781–790	作物学、农业资源与环境	动物药学、智慧农业、农业电气化、农林经济管理、草坪科学与工程、农业资源与环境、设施农业科学与工程、种子科学与工程、园艺、农学、文化遗产、食品质量与安全
中国矿业大学（北京）（理工类）北京	软科排名：71	矿业工程、安全科学与工程	应急技术与管理、碳储科学与工程、采矿工程、安全工程、城市地下空间工程、测绘工程、土木工程、智能采矿工程
长安大学（理工类）陕西	软科排名：92	交通运输工程	地理空间信息工程、土地整治工程、交通运输、工程造价、道路桥梁与渡河工程、汽车服务工程、遥感科学与技术、测绘工程
中国矿业大学（徐州）（综合类）江苏	软科排名：54 QS 世界排名：781–790	矿业工程、安全科学与工程	职业卫生工程、采矿工程、智能采矿工程、地球信息科学与技术、应急管理、消防工程、矿物加工工程、安全工程
中国石油大学（北京）（理工类）北京	软科排名：48 QS 世界排名：711–720	地质资源与地质工程、石油与天然气工程	石油工程、海洋油气工程、油气储运工程、安全工程、能源化学工程、化学工程与工艺、应用化学、信息管理与信息系统
中国石油大学（华东）（理工类）山东	软科排名：60	地质资源与地质工程、石油与天然气工程	环保设备工程、海洋油气工程、油气储运工程、化工安全工程、石油工程、勘查技术与工程、资源勘查工程、能源化学工程
海南大学（综合类）海南	软科排名：104	作物学	法学、思想政治教育、数据科学与大数据技术、工商管理、电子信息工程、生物医学工程、种子科学与工程、数学与应用数学
大连海事大学（理工类）辽宁	软科排名：111	交通运输工程	船舶电子电气工程、轮机工程、航海技术、交通管理、海事管理、物流工程、交通运输、网络工程

续表

院校名称、类型及所属地区	排名	优势学科	优势专业
南昌大学（综合类）江西	软科排名：71	材料科学与工程	公共关系学、食品科学与工程、食品质量与安全、康复治疗学、播音与主持艺术、广播电视学、会展经济与管理、材料成型及控制工程
华中农业大学（农林类）湖北	软科排名：47 QS世界排名：851-900	生物学、园艺学、畜牧学、兽医学、农林经济管理	水族科学与技术、动物科学、园艺、植物科学与技术、动物医学、应用生物科学、农学、种子科学与工程
中国地质大学（北京）（理工类）北京	软科排名：74	地质学、地质资源与地质工程	防灾减灾科学与工程、智能地球探测、地球信息科学与技术、宝石及材料工艺学、勘查技术与工程、资源勘查工程、地质工程、土地资源管理
辽宁大学（综合类）辽宁	软科排名：131	应用经济学	纪检监察、数字经济、国际经济与贸易、经济学、法学、市场营销、环境生态工程、经济统计学
太原理工大学（理工类）山西	软科排名：108	化学工程与技术	区块链工程、机械电子工程、机械设计制造及其自动化、制药工程、化学工程与工艺、材料成型及控制工程、应用化学、电气工程及其自动化
贵州大学（综合类）贵州	软科排名：95	植物保护	烟草、植物保护、舞蹈表演、文化产业管理、表演、社会工作、城乡规划、音乐表演
北京体育大学（体育类）北京	—	体育学	智能体育工程、冰雪运动、体能训练、休闲体育、运动人体科学、运动训练、体育教育、运动康复、武术与民族传统体育
延边大学（综合类）吉林	软科排名：165	外国语言文学	航空服务艺术与管理、朝鲜语、舞蹈表演、小学教育、音乐学、日语、英语、中国少数民族语言文学
广西大学（综合类）广西	软科排名：90	土木工程	矿物资源工程、包装工程、轻化工程、泰语、智能建造、园林、公共事业管理、土木工程
东北林业大学（农林类）黑龙江	软科排名：113	林业工程、林学	森林工程、木材科学与工程、野生动物与自然保护区管理、森林保护、林产化工、园林、林学、风景园林
四川农业大学（农林类）四川	软科排名：134	作物学	动植物检疫、动物科学、智慧农业、农业资源与环境、农学、园林、食品质量与安全、工程造价
内蒙古大学（综合类）内蒙古	软科排名：116	生物学	中国少数民族语言文学、纪检监察、汉语国际教育、汉语言文学、网络工程、民族学、编辑出版学、环境生态工程
东北农业大学（农林类）黑龙江	软科排名：121	畜牧学	乳品工程、农业建筑环境与能源工程、粮食工程、动物科学、园艺、食品科学与工程、食品质量与安全、应用生物科学
宁夏大学（综合类）宁夏	软科排名：128	化学工程与技术	小学教育、化学工程与工艺、网络工程、学前教育、英语、葡萄与葡萄酒工程、草业科学、阿拉伯语
青海大学（综合类）青海	软科排名：173	生态学	藏医学、草业科学、水利水电工程、生态学、动物科学、环境生态工程、园林、园艺

续表

院校名称、类型及所属地区	排名	优势学科	优势专业
石河子大学（综合类）新疆	软科排名：136	化学工程与技术	化学工程与工艺、学前教育、葡萄与葡萄酒工程、农业水利工程、农业机械化及其自动化、设施农业科学与工程、智慧农业、农学
西藏大学（综合类）西藏	软科排名：192	生态学	音乐学、中国少数民族语言文学、舞蹈表演、学前教育、美术学、音乐表演、公共事业管理、汉语言文学

注 1. 表中排名数据参考软科官网发布的中国大学排名、QS 中国官网发布的世界大学排名。
　　2. 表中未包括属于"985"院校的"211"院校。

3.1.3 "双一流"院校

世界一流大学和一流学科（Double First-Class Initiative），简称"双一流"，是中国高等教育领域的一项重大战略决策。它是继"211 工程"和"985 工程"之后的又一国家战略，旨在提升中国高等教育的综合实力和国际竞争力，为实现"两个一百年"奋斗目标和中华民族伟大复兴的中国梦提供有力支撑。

2017 年 1 月，经国务院批准，教育部、财政部、国家发展改革委联合印发了《统筹推进世界一流大学和一流学科建设实施办法（暂行）》。同年 9 月 21 日，三部门又联合发布了《关于公布世界一流大学和一流学科建设高校及建设学科名单的通知》。2019 年 11 月 28 日，教育部官网发表声明称，已将"211工程"和"985 工程"等重点建设项目统筹为"双一流"建设。

2022 年 2 月 14 日，教育部、财政部、国家发展改革委公布了《第二轮"双一流"建设高校及建设学科名单》，同时公布了给予公开警示（含撤销）的首轮建设学科名单。此次公布的名单中，共有 147 所高校入选"双一流"建设高校。此外，名单还公布了各高校的建设学科，涵盖数学、物理、化学、生物学等基础学科，以及工程类学科和哲学社会科学学科等多个领域。

表3-3 "双一流"院校名单及相关信息

院校名称、类型及所属地区	排名	双一流建设学科	优势专业
北京大学（综合类）北京	软科排名：2 QS世界排名：17	自主确定	艺术史论、图书馆学、城市管理、行政管理、药学、环境科学、核化工与核燃料工程、智能科学与技术、电子信息科学与技术、理论与应用力学、统计学、应用心理学、生态学、生物信息学、空间科学与技术、人文地理与城乡规划、自然地理与资源环境、核物理、信息与计算科学、数学与应用数学、外国语言与外国历史、文物保护技术、文物与博物馆学、考古学、世界史、历史学、葡萄牙语、越南语、希伯来语、乌尔都语、泰语、蒙古语、缅甸语、印地语、印度尼西亚语、菲律宾语、朝鲜语、波斯语、日语、阿拉伯语、西班牙语、德语、俄语、应用语言学、古典文献学、汉语言、科学社会主义、人类学、社会工作、政治学与行政学、保险学、财政学、宗教学、护理学、医学影像技术、医学检验技术、口腔医学、临床医学、基础医学、计算机科学与技术、微电子科学与工程、应用统计学、心理学、生物技术、生物科学、地球化学、行星科学、地球物理学、地理科学、化学生物学、汉语言文学、马克思主义理论、社会学、政治学、经济学与哲学、国际政治、国际经济与贸易、资源与环境经济学、经济学、哲学、市场营销、软件工程、材料化学、地理信息科学、应用化学、化学、应用物理学、物理学、法学、金融学、会计学、数据科学与大数据技术、新闻学、英语、公共事业管理、人力资源管理、环境工程、广告学、工商管理、电子信息工程、财务管理
清华大学（综合类）北京	软科排名：1 QS世界排名：25	自主确定	陶瓷艺术设计、艺术与科技、工艺美术、服装与服饰设计、产品设计、环境设计、视觉传达设计、艺术设计学、雕塑、绘画、工业工程、工商管理、工程管理、信息管理与信息系统、风景园林、建筑学、环境工程、核工程与核技术、航空航天工程、化学工程与工业生物工程、土木、水利与海洋工程、建筑环境与能源应用工程、软件工程、计算机科学与技术、智能工程与创意设计、自动化、人工智能、微电子科学与工程、高分子材料与工程、材料科学与工程、车辆工程、机械工程、工程力学、生物科学、化学生物学、数理基础科学、政治学、经济学与哲学、经济与金融、艺术史论、生物医学工程、给排水科学与工程、电子信息科学与技术、电气工程及其自动化、能源与动力工程、测控技术与仪器、理论与应用力学、应用物理学、城乡规划、土木工程、物理学、数学与应用数学、历史学、经济学、数字媒体艺术、化学、英语、信息与计算科学、法学、汉语言文学
复旦大学（综合类）上海	软科排名：5 QS世界排名：50	哲学、应用经济学、政治学、马克思主义理论、中国语言文学、外国语言文学、中国史、数学、物理学、化学、生物学、生态学、材料科学与工程、环境科学与工程、基础医学、临床医学、公共卫生与预防医学、中西医结合、药学、集成电路科学与工程	公共事业管理、预防医学、基础医学、保密技术、广告学、国际政治、哲学、管理科学、法医学、材料物理、生态学、生物科学、能源化学、物理学、数学与应用数学、文物与博物馆学、传播学、广播电视学、新闻学、朝鲜语、政治学与行政学、药学、信息与计算科学、历史学、翻译、汉语言文学、社会工作、经济学、临床医学、电子信息科学与技术、高分子材料与工程、金融学、旅游管理、护理学、数据科学与大数据技术、日语、英语、国际经济与贸易、市场营销、软件工程、财务管理、信息管理与信息系统

续表

院校名称、类型及所属地区	排名	双一流建设学科	优势专业
上海交通大学（综合类）上海	软科排名：4 QS 世界排名：51	数学、物理学、化学、生物学、机械工程、材料科学与工程、电子科学与技术、信息与通信工程、控制科学与工程、计算机科学与技术、土木工程、化学工程与技术、船舶与海洋工程、基础医学、临床医学、口腔医学、药学、工商管理	文化产业管理、听力与言语康复学、医学检验技术、食品卫生与营养学、儿科学、生物医学科学、植物科学与技术、生物工程、环境科学与工程、船舶与海洋工程、电子与计算机工程、信息安全、人工智能、信息工程、智慧能源工程、工业设计、生物技术、传播学、工业工程、大数据管理与应用、临床药学、电子科学与技术、储能科学与工程、材料科学与工程、机械工程、临床医学、自动化、能源与动力工程、视觉传达设计、护理学、会计学、工商管理、软件工程、生物科学、人力资源管理、物理学、行政管理、数学与应用数学、英语、法学、计算机科学与技术、日语、土木工程、电气工程及其自动化
浙江大学（综合类）浙江	软科排名：3 QS 世界排名：44	化学、生物学、生态学、机械工程、光学工程、材料科学与工程、动力工程及工程热物理、电气工程、控制科学与工程、计算机科学与技术、土木工程、农业工程、环境科学与工程、软件工程、园艺学、植物保护、基础医学、临床医学、药学、管理科学与工程、农林经济管理	土地资源管理、劳动与社会保障、农业资源与环境、应用生物科学、茶学、农业工程、土木、水利与交通工程、光电信息科学与工程、能源与环境系统工程、翻译、艺术与科技、生物育种科学、食品科学与工程、环境科学、海洋工程与技术、电子与计算机工程、自动化、高分子材料与工程、过程装备与控制工程、西班牙语、古典文献学、化学工程与工艺、土木工程、信息安全、工业设计、行政管理、工商管理、软件工程、计算机科学与技术、机器人工程、电气工程及其自动化、化学、信息管理与信息系统、药学、生物工程、人工智能、数学与应用数学、日语、环境工程、信息与计算科学、电子信息工程、英语、汉语言文学、国际经济与贸易
中国科学技术大学（理工类）安徽	软科排名：7 QS 世界排名：137	数学、物理学、化学、天文学、地球物理学、生物学、科学技术史、材料科学与工程、计算机科学与技术、核科学与技术、安全科学与工程	管理科学、安全工程、数据科学与大数据技术、材料物理、地球化学、行星科学、地球物理学、化学、量子信息科学、应用物理学、物理学、环境科学与工程、信息安全、材料化学、空间科学与技术、天文学、信息与计算科学、生物技术、数学与应用数学、生物科学、计算机科学与技术、人工智能、电子信息工程
中国人民大学（综合类）北京	软科排名：18 QS 世界排名：556	哲学、理论经济学、应用经济学、法学、政治学、社会学、马克思主义理论、新闻传播学、中国史、统计学、工商管理、农林经济管理、公共管理、图书情报与档案管理	信息资源管理、档案学、农村区域发展、农林经济管理、劳动关系、人力资源管理、财务管理、市场营销、工商管理、应用统计学、统计学、数据计算及应用、国际新闻与传播、新闻学、马克思主义理论、中国共产党历史、社会学、法学、贸易经济、信用管理、金融工程、金融学、数字经济、能源经济、资源与环境经济学、国民经济管理、经济学、城市管理、土地资源管理、劳动与社会保障、行政管理、会计学、广告学、社会工作、外交学、国际经济与贸易、保险学、税收学、财政学、经济统计学、宗教学、广播电视学、数据科学与大数据技术、应用心理学、汉语言文学
南京大学（综合类）江苏	软科排名：6 QS 世界排名：141	哲学、理论经济学、中国语言文学、外国语言文学、物理学、化学、天文学、大气科学、地质学、生物学、材料科学与工程、计算机科学与技术、化学工程与技术、矿业工程、环境科学与工程、图书情报与档案管理	地质学、应用气象学、大气科学、天文学、声学、编辑出版学、法语、档案学、智能科学与技术、软件工程、化学、日语、德语、俄语、英语、电子商务、劳动与社会保障、环境科学、人工智能、电子信息科学与技术、数字经济、市场营销、城乡规划、环境工程、广播电视学、汉语言文学、社会工作、物理学、信息与计算科学、广告学、行政管理、计算机科学与技术、应用心理学、汉语国际教育、工商管理、信息管理与信息系统、经济学、会计学、国际经济与贸易、法学

续表

院校名称、类型及所属地区	排名	双一流建设学科	优势专业
中国人民解放军国防科技大学（军事类）湖南	—	信息与通信工程、计算机科学与技术、航空宇航科学与技术、软件工程、管理科学与工程	系统科学、软件工程、计算机科学与技术、信息与通信工程、航空宇航科学与技术、光学工程、网络空间安全、电子科学与技术
北京航空航天大学（理工类）北京	软科排名：12 QS 世界排名：473	力学、仪器科学与技术、材料科学与工程、控制科学与工程、计算机科学与技术、交通运输工程、航空宇航科学与技术、软件工程	无人驾驶航空器系统工程、飞行器适航技术、飞行器质量与可靠性、飞行器环境与生命保障工程、飞行器动力工程、飞行器设计与工程、虚拟现实技术、机器人工程、电磁场与无线技术、纳米材料与技术、信息对抗技术、飞行器控制与信息工程、智能感知工程、微机电系统工程、核物理、能源经济、自动化、电子信息工程、测控技术与仪器、信息与计算科学、翻译、通信工程、工程管理、计算机科学与技术、软件工程、数学与应用数学、英语
北京师范大学（师范类）北京	软科排名：19 QS 世界排名：272	哲学、教育学、心理学、中国语言文学、外国语言文学、中国史、数学、地理学、系统科学、生态学、环境科学与工程、戏剧与影视学	资源环境科学、环境生态工程、心理学、地理科学、系统科学与工程、历史学、中国语言与文化、汉语言文学、学前教育、教育技术学、教育学、思想政治教育、戏剧影视文学、人文地理与城乡规划、自然地理与资源环境、特殊教育、书法学、公共事业管理、应用统计学、体育教育、日语、国际经济与贸易、数学与应用数学、英语
北京理工大学（理工类）北京	软科排名：14 QS 世界排名：340	物理学、材料科学与工程、控制科学与工程、兵器科学与技术	智能无人系统技术、信息对抗技术、装甲车辆工程、特种能源技术与工程、弹药工程与爆炸技术、武器发射工程、信息管理与信息系统、武器系统与工程、密码科学与技术、车辆工程、机械电子工程、量子信息科学、安全工程、智能制造工程、产品设计、光电信息科学与工程、自动化、通信工程、电子信息工程、机器人工程、环境设计、计算机科学与技术、软件工程、数据科学与大数据技术
哈尔滨工业大学（理工类）黑龙江	软科排名：16 QS 世界排名：256	力学、机械工程、材料科学与工程、控制科学与工程、计算机科学与技术、土木工程、航空宇航科学与技术、环境科学与工程	智能装备与系统、智能测控工程、能源互联网工程、光电信息材料与器件、智能材料与结构、焊接技术与工程、复合材料与工程、材料化学、智能感知工程、测控技术与仪器、增材制造工程、智能车辆工程、机械电子工程、计算金融、飞行器环境与生命保障工程、飞行器制造工程、交通设备与控制工程、建筑电气与智能化、数据科学与大数据技术、机器人工程、海洋信息工程、电子信息工程、智能制造工程、材料成型及控制工程、工程力学、大数据管理与应用、环境工程、智能建造、建筑环境与能源应用工程、物联网工程、计算机科学与技术、新能源材料与器件、材料科学与工程、机械设计制造及其自动化、通信工程、数字媒体艺术、建筑学、光电信息科学与工程、土木工程、软件工程、电气工程及其自动化、自动化、应用化学、工程管理、信息管理与信息系统、人工智能、环境设计
西安交通大学（综合类）陕西	软科排名：10 QS 世界排名：291	力学、机械工程、材料科学与工程、动力工程及工程热物理、电气工程、控制科学与工程、管理科学与工程、工商管理	智慧建筑与建造、给排水科学与工程、数字媒体技术、电子商务、大数据管理与应用、物联网工程、储能科学与工程、新能源科学与工程、能源与动力工程、智能制造工程、过程装备与控制工程、网络与新媒体、国际经贸规则、核工程与核技术、能源互联网工程、工业工程、电子科学与技术、电气工程及其自动化、车辆工程、工业设计、自动化、财务管理、会计学、信息与计算科学、工商管理、市场营销、计算机科学与技术

续表

院校名称、类型及所属地区	排名	双一流建设学科	优势专业
武汉大学（综合类）湖北	软科排名：9 QS 世界排名：194	理论经济学、法学、马克思主义理论、化学、地球物理学、生物学、土木工程、水利工程、测绘科学与技术、口腔医学、图书情报与档案管理	印刷工程、导航工程、遥感科学与技术、测绘工程、智慧水利、水利水电工程、电波传播与天线、国际法、图书馆学、生物制药、水文与水资源工程、空间信息与数字技术、地理信息科学、编辑出版学、思想政治教育、中国共产党历史、人力资源管理、广告学、汉语国际教育、大数据管理与应用、生物技术、法学、经济学、公共事业管理、信息管理与信息系统、新闻学、电子商务、市场营销、汉语言文学、土木工程、国际经济与贸易、计算机科学与技术
同济大学（综合类）上海	软科排名：17 QS 世界排名：216	生物学、建筑学、土木工程、测绘科学与技术、环境科学与工程、城乡规划学、风景园林学、设计学	康复物理治疗、城市设计、历史建筑保护工程、城乡规划、智能建造、建筑电气与智能化、土木工程、环境设计、视觉传达设计、文化产业管理、风景园林、环境工程、交通工程、测绘工程、建筑环境与能源应用工程、生物信息学、产品设计、物流管理、建筑学、给排水科学与工程、数据科学与大数据技术、工程管理、环境科学、汽车服务工程、工业设计、车辆工程、机械电子工程、信息管理与信息系统、日语、机械设计制造及其自动化、计算机科学与技术、软件工程、英语
南开大学（综合类）天津	软科排名：21 QS 世界排名：384	应用经济学、世界史、数学、化学、统计学、材料科学与工程	会展经济与管理、资源循环科学与工程、分子科学与工程、精算学、商务经济学、旅游管理、人力资源管理、世界史、国际经济与贸易、金融科技、数字经济、金融工程、财务管理、工商管理、思想政治教育、经济学、汉语国际教育、会计学、数学与应用数学、英语
华中科技大学（综合类）湖北	软科排名：8 QS 世界排名：275	机械工程、光学工程、材料科学与工程、动力工程及工程热物理、电气工程、计算机科学与技术、基础医学、临床医学、公共卫生与预防医学	计算金融、医学影像学、密码科学与技术、电子封装技术、电气工程及其自动化、材料成型及控制工程、机械设计制造及其自动化、物流管理、公共事业管理、麻醉学、集成电路设计与集成系统、光电信息科学与工程、新能源科学与工程、数字媒体艺术、工程管理、医学检验技术、大数据管理与应用、能源与动力工程、行政管理、电子信息工程、新闻学、自动化、通信工程、人工智能、计算机科学与技术、数据科学与大数据技术、市场营销
中山大学（综合类）广东	软科排名：11 QS 世界排名：323	哲学、数学、化学、生物学、生态学、材料科学与工程、电子科学与技术、基础医学、临床医学、药学、工商管理	精神医学、麻醉学、交通设备与控制工程、矿物加工工程、铁道工程、新能源材料与器件、粉体材料科学与工程、数字出版、采矿工程、遥感科学与技术、冶金工程、测绘工程、数据科学与大数据技术、工程管理、机械设计制造及其自动化、计算机科学与技术
东南大学（综合类）江苏	软科排名：13 QS 世界排名：454	数学、材料科学与工程、冶金工程、矿业工程、交通运输工程	物流管理、生物医学工程、智慧交通、道路桥梁与渡河工程、城市地下空间工程、海洋信息工程、电子科学与技术、工程管理、智能医学工程、城乡规划、建筑学、智能建造、土木工程、信息工程、智能车辆工程、风景园林、机器人工程、测控技术与仪器、电气工程及其自动化、人工智能、计算机科学与技术
西北工业大学（理工类）陕西	软科排名：23	机械工程、材料科学与工程、航空宇航科学与技术	探测制导与控制技术、飞行器控制与信息工程、飞行器制造工程、海洋工程与技术、柔性电子学、微机电系统工程、飞行器动力工程、飞行器设计与工程、航空航天工程、保密技术、水声工程、复合材料与工程、增材制造工程、物联网工程、机械电子工程、材料成型及控制工程、机械设计制造及其自动化、产品设计、数据科学与大数据技术、软件工程、通信工程、计算机科学与技术

续表

院校名称、类型及所属地区	排名	双一流建设学科	优势专业
华东师范大学（师范类）上海	软科排名：29 QS 世界排名：511	教育学、生态学、统计学	教育康复学、特殊教育、播音与主持艺术、应用心理学、社会体育指导与管理、运动训练、美术学、人文地理与城乡规划、地理科学、汉语国际教育、体育教育、学前教育、教育技术学、统计学、历史学、思想政治教育、社会工作、数据科学与大数据技术、汉语言文学、视觉传达设计、环境设计、英语
四川大学（综合类）四川	软科排名：15 QS 世界排名：355	数学、化学、材料科学与工程、基础医学、口腔医学、护理学	卫生检验与检疫、口腔医学技术、眼视光学、医学影像技术、法医学、临床药学、口腔医学、轻化工程、医学信息工程、信息资源管理、康复治疗学、制药工程、新能源材料与器件、考古学、护理学、高分子材料与工程、美术学、药学、网络与新媒体、汉语国际教育、化学工程与工艺、应用化学、汉语言文学、人力资源管理、物联网工程、旅游管理、市场营销、英语
电子科技大学（理工类）四川	软科排名：31 QS 世界排名：486	电子科学与技术、信息与通信工程	网络空间安全、集成电路设计与集成系统、电子信息工程、物联网工程、网络工程、电磁场与无线技术、数理基础科学、光电信息科学与工程、通信工程、电子科学与技术、电子信息科学与技术、软件工程、人工智能、计算机科学与技术、数据科学与大数据技术
天津大学（理工类）天津	软科排名：20 QS 世界排名：285	化学、材料科学与工程、动力工程及工程热物理、化学工程与技术、管理科学与工程	物流工程、保密管理、智能医学工程、合成生物学、精细化工、制药工程、化学工程与工艺、功能材料、智能电网信息工程、海洋技术、分子科学与工程、应用化学、信息管理与信息系统、生物工程、测控技术与仪器、材料成型及控制工程、材料科学与工程、工程管理、智能制造工程、机械设计制造及其自动化、建筑学、环境工程、通信工程、电气工程及其自动化、电子信息工程
厦门大学（综合类）福建	软科排名：24 QS 世界排名：392	教育学、化学、海洋科学、生物学、生态学、统计学	酒店管理、审计学、国际商务、能源化学、经济统计学、海洋科学、人力资源管理、会计学、统计学、旅游管理、生物技术、财务管理、化学、金融工程、电子商务、生物科学、国际经济与贸易、工商管理、法学、英语
华南理工大学（理工类）广东	软科排名：30 QS 世界排名：392	化学、材料科学与工程、轻工技术与工程、食品科学与工程	商务英语、轻化工程、水务工程、功能材料、食品质量与安全、建筑学、网络工程、应用化学、食品科学与工程、机械电子工程、旅游管理
大连理工大学（理工类）辽宁	软科排名：28 QS 世界排名：491	力学、机械工程、化学工程与技术	海洋资源开发技术、能源化学工程、金属材料工程、应用化学、精细化工、化学工程与工业生物工程、资源循环科学与工程、化学工程与工艺、港口航道与海岸工程、机械设计制造及其自动化、生物工程、数字媒体技术、制药工程、网络工程、材料成型及控制工程、智能制造工程、工程管理、物流管理、土木工程、电子商务、软件工程、计算机科学与技术
山东大学（综合类）山东	软科排名：22 QS 世界排名：360	中国语言文学、化学、临床医学、数学	生物医药数据科学、智能建造与智慧交通、供应链管理、生物医学科学、能源与环境系统工程、汉语国际教育、科学社会主义、国际组织与全球治理、机器人工程、产品设计、数学与应用数学、汉语言文学、机械设计制造及其自动化、英语、数据科学与大数据技术、国际经济与贸易
重庆大学（综合类）重庆	软科排名：33 QS 世界排名：561	机械工程、电气工程、土木工程	冶金工程、无机非金属材料工程、纳米材料与技术、材料科学与工程、矿物加工工程、物流工程、采矿工程、材料物理

续表

院校名称、类型及所属地区	排名	双一流建设学科	优势专业
中南大学（综合类）湖南	软科排名：25 QS 世界排名：452	数学、材料科学与工程、冶金工程、矿业工程、交通运输工程	精神医学、麻醉学、交通设备与控制工程、矿物加工工程、铁道工程、新能源材料与器件、粉体材料科学与工程、数字出版、采矿工程、遥感科学与技术、冶金工程、测绘工程、数据科学与大数据技术、工程管理、机械设计制造及其自动化、计算机科学与技术
吉林大学（综合类）吉林	软科排名：26 QS 世界排名：502	考古学、数学、物理学、化学、生物学、材料科学与工程	地下水科学与工程、汽车服务工程、放射医学、农业机械化及其自动化、地质工程、康复治疗学、思想政治教育、应用化学、物流管理、物联网工程、法学
湖南大学（综合类）湖南	软科排名：32 QS 世界排名：494	化学、机械工程、电气工程	工业设计、数字媒体技术、车辆工程、金融学、土木工程、机械设计制造及其自动化、电子商务、电气工程及其自动化、国际经济与贸易、市场营销、物联网工程
兰州大学（综合类）甘肃	软科排名：38	化学、大气科学、生态学、草学	草业科学、辐射防护与核安全、公共事业管理、民族学、人文地理与城乡规划、自然地理与资源环境、药物制剂、生态学
中国海洋大学（综合类）山东	软科排名：57	海洋科学、水产	海洋科学、海洋技术、海洋资源与环境、水产养殖学、海洋渔业科学与技术、海洋资源开发技术、食品科学与工程、食品营养与健康
中国农业大学（综合类）北京	软科排名：27 QS 世界排名：534	生物学、农业工程、食品科学与工程、作物学、农业资源与环境、植物保护、畜牧学、兽医学、草学	兽医公共卫生、中兽医学、动物医学、土地科学与技术、生物质科学与工程、生物育种科学、种子科学与工程、农学、食品营养与健康、葡萄与葡萄酒工程、农业智能装备工程、土地整治工程、农业水利工程、农业建筑环境与能源工程、农业机械化及其自动化、农村区域发展、草业科学、动物科学、植物保护、酿酒工程、食品质量与安全、资源环境科学、农业工程、食品科学与工程、生物技术
中央民族大学（民族类）北京	—	民族学	民族学、中国少数民族语言文学、舞蹈学、舞蹈表演、音乐教育、音乐表演、汉语国际教育、美术学
东北大学（理工类）辽宁	软科排名：39	冶金工程、控制科学与工程	健康服务与管理、工业智能、智能采矿工程、机器人工程、自动化、采矿工程、矿物加工工程、冶金工程
西北农林科技大学（农林类）陕西	软科排名：73	植物保护、畜牧学	智慧牧业科学与工程、设施农业科学与工程、植物保护、智慧林业、水土保持与荒漠化防治、智慧农业、葡萄与葡萄酒工程、农业智能装备工程、农业水利工程
郑州大学（综合类）河南	软科排名：50 QS 世界排名：621-630	化学、材料科学与工程、临床医学	药物制剂、康复治疗学、水利水电工程、道路桥梁与渡河工程、社会体育指导与管理、公共事业管理、医学影像技术、音乐表演
云南大学（综合类）云南	软科排名：70	民族学、生态学	民族学、僧伽罗语、旅游管理、生态学、公共事业管理、广播电视学、社会工作、数字媒体技术
新疆大学（综合类）新疆	软科排名：129	马克思主义理论、化学、计算机科学与技术	中国少数民族语言文学、网络工程、广告学、思想政治教育、数据科学与大数据技术、软件工程、计算机科学与技术、纺织工程
上海财经大学（财经类）上海	QS 世界排名：1201-1400	应用经济学	会计学、财务管理、房地产开发与管理、投资学、工商管理、经济统计学、电子商务、市场营销、金融学、国际经济与贸易

续表

院校名称、类型及所属地区	排名	双一流建设学科	优势专业
北京邮电大学（理工类）北京	软科排名：63 QS世界排名：851-900	信息与通信工程、计算机科学与技术	邮政工程、电信工程及管理、数字媒体技术、通信工程、智能交互设计、网络工程、物联网工程、电子信息工程、数据科学与大数据技术、计算机科学与技术
中央财经大学（财经类）北京	—	应用经济学	供应链管理、体育经济与管理、金融科技、投资学、税收学、资产评估、贸易经济、精算学、金融工程、金融学、国民经济管理、国际商务、电子商务、大数据管理与应用、市场营销、会计学、财务管理、国际经济与贸易
对外经济贸易大学（财经类）北京	QS世界排名：1201-1400	应用经济学	创业管理、国际经济与贸易、金融数学、电子商务、国际商务、市场营销、商务英语、经济与金融、文化产业管理、财务管理、投资学、金融工程、物流管理、数字经济、人力资源管理、金融学
上海外国语大学（语言类）上海	QS世界排名：1001-1200	外国语言文学	意大利语、语言学、乌兹别克语、哈萨克语、乌克兰语、匈牙利语、希腊语、土耳其语、葡萄牙语、罗马尼亚语、捷克语、斯瓦希里语、泰语、柬埔寨语、波斯语、商务英语、翻译、日语、法语、英语
西安电子科技大学（理工类）陕西	软科排名：40	信息与通信工程、计算机科学与技术	空间信息与数字技术、网络工程、通信工程、网络空间安全、电波传播与天线、电子封装技术、电子信息工程、智能科学与技术、电子科学与技术、人工智能、数字媒体技术、物联网工程、数据科学与大数据技术、计算机科学与技术
中国政法大学（政法类）北京	QS世界排名：1201-1400	法学	法学、网络与新媒体、政治学与行政学、国际商务、公共事业管理、思想政治教育、应用心理学、社会工作
北京外国语大学（语言类）北京	QS世界排名：1001-1200	外国语言文学	乌兹别克语、哈萨克语、乌克兰语、尼泊尔语、孟加拉语、普什图语、意大利语、匈牙利语、希腊语、土耳其语、塞尔维亚语、罗马尼亚语、捷克语、波兰语、保加利亚语、斯瓦希里语、僧伽罗语、马来语、老挝语、柬埔寨语、英语、外国语言与外国历史、翻译、越南语、希伯来语、乌尔都语、蒙古语、缅甸语、印地语、印度尼西亚语、菲律宾语、阿拉伯语、法语、俄语、日语
中国人民解放军空军军医大学（军事类）陕西	—	临床医学	—
北京交通大学（理工类）北京	软科排名：41 QS世界排名：901-950	系统科学	智能运输工程、交通工程、交通运输、轨道交通信号与控制、智能交互设计、数据科学、智能装备与系统、智慧能源工程、系统科学与工程、物流管理、物联网工程、通信工程
南京航空航天大学（理工类）江苏	软科排名：36 QS世界排名：801-850	力学、控制科学与工程、航空宇航科学与技术	飞行技术、无人驾驶航空器系统工程、飞行器适航技术、物联网工程、飞行器制造工程、新能源材料与器件、大数据管理与应用、机器人工程
南京理工大学（理工类）江苏	软科排名：37 QS世界排名：600	兵器科学与技术	武器系统与工程、武器发射工程、弹药工程与爆炸技术、特种能源技术与工程、探测制导与控制技术、轨道交通信号与控制、智能电网信息工程、光电信息科学与工程
上海大学（综合类）上海	软科排名：56 QS世界排名：514	机械工程	会展、电影制作、金属材料工程、动画、数字媒体技术、广播电视编导、社会工作、美术学

续表

院校名称、类型及所属地区	排名	双一流建设学科	优势专业
西南财经大学（财经类）四川	—	应用经济学	审计学、信用管理、物流管理、金融学、财务管理、电子商务、人力资源管理、会计学、旅游管理、国际经济与贸易、市场营销
北京科技大学（理工类）北京	软科排名：35 QS 世界排名：436	科学技术史、材料科学与工程、冶金工程、矿业工程	冶金工程、无机非金属材料工程、纳米材料与技术、材料科学与工程、矿物加工工程、物流工程、采矿工程、材料物理
华东理工大学（理工类）上海	软科排名：44 QS 世界排名：681-690	化学、材料科学与工程、化学工程与技术	生物工程、制药工程、化学工程与工艺、应用化学、资源循环科学与工程、油气储运工程、无机非金属材料工程、过程装备与控制工程
中国传媒大学（艺术类）北京		新闻传播学、戏剧与影视学	新媒体艺术、数字媒体艺术、漫画、动画、播音与主持艺术、广播电视学、摄影、影视摄影与制作、录音艺术、戏剧影视美术设计、戏剧影视导演、广播电视编导、艺术管理、广播电视工程、国际新闻与传播、数字出版、网络与新媒体、尼泊尔语、孟加拉语、普什图语、广告学、新闻学、环境设计
中国人民解放军海军军医大学（军事类）上海	—	基础医学	—
北京工业大学（理工类）北京	软科排名：66 QS 世界排名：801-850	土木工程	焊接技术与工程、资源循环科学与工程、工艺美术、交通工程、新能源科学与工程、智能建造、建筑环境与能源应用工程、给排水科学与工程
中南财经政法大学（财经类）湖北	—	法学	劳动关系、工程造价、法学、经济与金融、贸易经济、知识产权、金融数学、投资学
河海大学（理工类）江苏	软科排名：65 QS 世界排名：1201-1400	水利工程、环境科学与工程	水文与水资源工程、港口航道与海岸工程、水务工程、智慧水利、水利水电工程、土木工程、应急管理、农业水利工程
天津医科大学（医药类）天津	—	临床医学	医学影像技术、眼视光学、眼视光医学、医学影像学、药物制剂、麻醉学、康复治疗学、智能医学工程
苏州大学（综合类）江苏	软科排名：43 QS 世界排名：681-690	材料科学与工程	放射医学、智能测控工程、视觉传达设计、金属材料工程、服装设计与工程、运动康复、艺术设计学、功能材料
东华大学（理工类）上海	软科排名：76 QS 世界排名：901-950	材料科学与工程、纺织科学与工程	服装设计与工程、非织造材料与工程、纺织工程、服装与服饰设计、产品设计、环境设计、视觉传达设计、数字媒体艺术
西南交通大学（理工类）四川	软科排名：59	交通运输工程	智慧交通、铁道工程、轨道交通信号与控制、工程造价、电气工程及其自动化、机械设计制造及其自动化、物流工程、交通运输
华中师范大学（师范类）湖北	软科排名：58	政治学、教育学、中国语言文学	融合教育、财务会计教育、科学教育、学前教育、汉语言文学、英语、特殊教育、教育技术学

续表

院校名称、类型及所属地区	排名	双一流建设学科	优势专业
暨南大学（综合类）广东	软科排名：51 QS 世界排名：631–640	药学	应急管理、华文教育、酒店管理、国际事务与国际关系、网络与新媒体、新闻学、旅游管理、财务管理、会计学、市场营销
华北电力大学（北京）（理工类）北京	软科排名：75	电气工程	氢能科学与工程、智能电网信息工程、新能源科学与工程、工程造价、电气工程及其自动化、能源与动力工程、储能科学与工程、供应链管理
南京师范大学（师范类）江苏	软科排名：52 QS 世界排名：1001–1200	地理学	能源服务工程、地理信息科学、学前教育、合成生物学、跨媒体艺术、小学教育、广播电视编导、网络与新媒体
哈尔滨工程大学（理工类）黑龙江	软科排名：45 QS 世界排名：1001–1200	船舶与海洋工程	智慧海洋技术、水声工程、海洋机器人、辐射防护与核安全、核化工与核燃料工程、船舶与海洋工程、机器人工程、大数据管理与应用
武汉理工大学（理工类）湖北	软科排名：52 QS 世界排名：851–900	材料科学与工程	海事管理、无机非金属材料工程、创业管理、物流工程、航海技术、汽车服务工程、轮机工程、视觉传达设计
陕西师范大学（师范类）陕西	软科排名：62	中国语言文学	秘书学、学前教育、播音与主持艺术、汉语言文学、教育技术学、特殊教育、心理学、地理科学
华南师范大学（师范类）广东	软科排名：79	物理学	教育技术学、小学教育、应用心理学、社会体育指导与管理、学前教育、科学教育、心理学、文化产业管理
合肥工业大学（理工类）安徽	软科排名：83	管理科学与工程	电气工程与智能控制、粉体材料科学与工程、信息管理与信息系统、物流管理、金属材料工程、大数据管理与应用、食品质量与安全、新能源材料与器件
北京化工大学（理工类）北京	软科排名：68 QS 世界排名：721–730	化学工程与技术	氢能科学与工程、能源化学工程、化学工程与工艺、功能材料、制药工程、生物工程、应用化学、过程装备与控制工程
中央音乐学院（艺术类）北京	—	音乐与舞蹈学	音乐学、音乐表演、作曲与作曲技术理论
西南大学（综合类）重庆	软科排名：69 QS 世界排名：1001–1200	教育学、生物学	蚕学、中兽医学、生物质科学与工程、学前教育、农业资源与环境、特殊教育、教育学、环境科学与工程
江南大学（综合类）江苏	软科排名：55 QS 世界排名：1001–1200	轻工技术与工程、食品科学与工程	公共艺术、酿酒工程、食品质量与安全、食品科学与工程、包装工程、数字媒体艺术、产品设计、食品营养与健康、纺织工程、环境设计、视觉传达设计、服装与服饰设计
东北师范大学（师范类）吉林	软科排名：46	马克思主义理论、教育学、世界史、化学、统计学、材料科学与工程	小学教育、教育学、舞蹈编导、思想政治教育、商务英语、学前教育、音乐学、教育技术学
安徽大学（综合类）安徽	软科排名：95	材料科学与工程	互联网金融、知识产权、网络工程、新能源材料与器件、网络与新媒体、材料化学、广播电视学、数字经济

续表

院校名称、类型及所属地区	排名	双一流建设学科	优势专业
西北大学（综合类）陕西	软科排名：67 QS 世界排名：1001–1200	考古学、地质学	文物保护技术、文物与博物馆学、广播电视编导、劳动与社会保障、网络与新媒体、应用统计学、历史学、材料化学
福州大学（理工类）福建	软科排名：81	化学	物流工程、工艺美术、制药工程、化学、物流管理、数字媒体艺术、数字媒体技术、化学工程与工艺
河北工业大学（理工类）河北	软科排名：109	电气工程	金属材料工程、道路桥梁与渡河工程、机械电子工程、制药工程、电气工程及其自动化、智能制造工程、车辆工程、生物工程
北京林业大学（农林类）北京	软科排名：84	风景园林学、林学	物业管理、草坪科学与工程、经济林、森林保护、园林、林学、水土保持与荒漠化防治、野生动物与自然保护区管理、家具设计与工程、林产化工、木材科学与工程、风景园林
湖南师范大学（师范类）湖南	软科排名：86	外国语言文学	应用电子技术教育、机械工艺技术、音乐学、英语、文化产业管理、舞蹈学、酒店管理、会展经济与管理
中国药科大学（医药类）江苏	—	中药学	医疗产品管理、中药资源与开发、海洋药学、药物化学、药物分析、药事管理、药物制剂、生物制药、生物医药数据科学、中药制药、药学、制药工程
北京中医药大学（医药类）北京	QS 世界排名：1001–1200	中医学、中西医结合、中药学	中药制药、中药学、中西医临床医学、中医骨伤科学、中医学、针灸推拿学、药事管理、康复治疗学
中国地质大学（武汉）（理工类）湖北	软科排名：61 QS 世界排名：801–850	地质学、地质资源与地质工程	资源环境大数据工程、资源勘查工程、勘查技术与工程、地质工程、宝石及材料工艺学、地球信息科学与技术、地下水科学与工程、地理空间信息工程、地质学
南京农业大学（农林类）江苏	软科排名：49 QS 世界排名：781–790	作物学、农业资源与环境	动物药学、智慧农业、农业电气化、农林经济管理、草坪科学与工程、农业资源与环境、设施农业科学与工程、种子科学与工程、园艺、农学、文化遗产、食品质量与安全
中国矿业大学（北京）（理工类）北京	软科排名：71	矿业工程、安全科学与工程	应急技术与管理、碳储科学与工程、采矿工程、安全工程、城市地下空间工程、测绘工程、土木工程、智能采矿工程
长安大学（理工类）陕西	软科排名：92	交通运输工程	地理空间信息工程、土地整治工程、交通运输、工程造价、道路桥梁与渡河工程、汽车服务工程、遥感科学与技术、测绘工程
中国矿业大学（徐州）（综合类）江苏	软科排名：54 QS 世界排名：781–790	矿业工程、安全科学与工程	职业卫生工程、采矿工程、智能采矿工程、地球信息科学与技术、应急管理、消防工程、矿物加工工程、安全工程
中国石油大学（北京）（理工类）北京	软科排名：48 QS 世界排名：711–720	地质资源与地质工程、石油与天然气工程	石油工程、海洋油气工程、油气储运工程、安全工程、能源化学工程、化学工程与工艺、应用化学、信息管理与信息系统

续表

院校名称、类型及所属地区	排名	双一流建设学科	优势专业
中国石油大学（华东）（理工类）山东	软科排名：60	地质资源与地质工程、石油与天然气工程	环保设备工程、海洋油气工程、油气储运工程、化工安全工程、石油工程、勘查技术与工程、资源勘查工程、能源化学工程
海南大学（综合类）海南	软科排名：104	作物学	法学、思想政治教育、数据科学与大数据技术、工商管理、电子信息工程、生物医学工程、种子科学与工程、数学与应用数学
大连海事大学（理工类）辽宁	软科排名：111	交通运输工程	船舶电子电气工程、轮机工程、航海技术、交通管理、海事管理、物流工程、交通运输、网络工程
南昌大学（综合类）江西	软科排名：71	材料科学与工程	公共关系学、食品科学与工程、食品质量与安全、康复治疗学、播音与主持艺术、广播电视学、会展经济与管理、材料成型及控制工程
华中农业大学（农林类）湖北	软科排名：47 QS世界排名：851-900	生物学、园艺学、畜牧学、兽医学、农林经济管理	水族科学与技术、动物科学、园艺、植物科学与技术、动物医学、应用生物科学、农学、种子科学与工程
中国地质大学（北京）（理工类）北京	软科排名：74	地质学、地质资源与地质工程	防灾减灾科学与工程、智能地球探测、地球信息科学与技术、宝石及材料工艺学、勘查技术与工程、资源勘查工程、地质工程、土地资源管理
辽宁大学（综合类）辽宁	软科排名：131	应用经济学	纪检监察、数字经济、国际经济与贸易、经济学、法学、市场营销、环境生态工程、经济统计学
太原理工大学（理工类）山西	软科排名：108	化学工程与技术	区块链工程、机械电子工程、机械设计制造及其自动化、制药工程、化学工程与工艺、材料成型及控制工程、应用化学、电气工程及其自动化
贵州大学（综合类）贵州	软科排名：95	植物保护	烟草、植物保护、舞蹈表演、文化产业管理、表演、社会工作、城乡规划、音乐表演
北京体育大学（体育类）北京	—	体育学	智能体育工程、冰雪运动、体能训练、休闲体育、运动人体科学、运动训练、体育教育、运动康复、武术与民族传统体育
延边大学（综合类）吉林	软科排名：165	外国语言文学	航空服务艺术与管理、朝鲜语、舞蹈表演、小学教育、音乐学、日语、英语、中国少数民族语言文学
广西大学（综合类）广西	软科排名：90	土木工程	矿物资源工程、包装工程、轻化工程、泰语、智能建造、园林、公共事业管理、土木工程
东北林业大学（农林类）黑龙江	软科排名：113	林业工程、林学	森林工程、木材科学与工程、野生动物与自然保护区管理、森林保护、林产化工、园林、林学、风景园林
四川农业大学（农林类）四川	软科排名：134	作物学	动植物检疫、动物科学、智慧农业、农业资源与环境、农学、园林、食品质量与安全、工程造价

续表

院校名称、类型及所属地区	排名	双一流建设学科	优势专业
内蒙古大学（综合类）内蒙古	软科排名：116	生物学	中国少数民族语言文学、纪检监察、汉语国际教育、汉语言文学、网络工程、民族学、编辑出版学、环境生态工程
东北农业大学（农林类）黑龙江	软科排名：121	畜牧学	乳品工程、农业建筑环境与能源工程、粮食工程、动物科学、园艺、食品科学与工程、食品质量与安全、应用生物科学
宁夏大学（综合类）宁夏	软科排名：128	化学工程与技术	小学教育、化学工程与工艺、网络工程、学前教育、英语、葡萄与葡萄酒工程、草业科学、阿拉伯语
青海大学（综合类）青海	软科排名：173	生态学	藏医学、草业科学、水利水电工程、生态学、动物科学、环境生态工程、园林、园艺
石河子大学（综合类）新疆	软科排名：136	化学工程与技术	化学工程与工艺、学前教育、葡萄与葡萄酒工程、农业水利工程、农业机械化及其自动化、设施农业科学与工程、智慧农业、农学
西藏大学（综合类）西藏	软科排名：192	生态学	音乐学、中国少数民族语言文学、舞蹈表演、学前教育、美术学、音乐表演、公共事业管理、汉语言文学
北京协和医学院（医药类）北京	—	生物学、生物医学工程、临床医学、公共卫生与预防医学、药学	护理学、临床医学
成都理工大学（理工类）四川	软科排名：154	地质资源与地质工程	表演、工程造价、地球信息科学与技术、勘查技术与工程、资源勘查工程、地质工程、油气储运工程、环境科学与工程
成都中医药大学（医药类）四川	—	中药学	藏医学、藏药学、中医康复学、中医儿科学、中药学、中药资源与开发、针灸推拿学、中医学
广州医科大学（医药类）广东	—	临床医学	康复作业治疗、精神医学、儿科学、麻醉学、医学检验技术、康复治疗学、医学影像学、临床医学
广州中医药大学（医药类）广东	—	中医学	中医养生学、中医骨伤科学、中医学、针灸推拿学、中西医临床医学、中药学、健康服务与管理、康复治疗学
河南大学（综合类）河南	软科排名：99	生物学	表演、动画、文化产业管理、教育技术学、广播电视编导、人文地理与城乡规划、学前教育、地理科学
华南农业大学（农林类）广东	软科排名：94	作物学	动物药学、智慧牧业科学与工程、蚕学、农业机械化及其自动化、设施农业科学与工程、种子科学与工程、动物医学、农学
南方科技大学（理工类）广东	软科排名：34	数学	金融数学、光电信息材料与器件、生物信息学、材料科学与工程、生物技术、生物科学、物理学、化学

续表

院校名称、类型及所属地区	排名	双一流建设学科	优势专业
南京林业大学（农林类）江苏	软科排名：93	林业工程	智慧林业、森林保护、园林、林学、森林工程、家具设计与工程、视觉传达设计、环境设计
南京信息工程大学（理工类）江苏	软科排名：103	大气科学	应用气象学、大气科学、医学信息工程、测绘工程、网络工程、应用统计学、物联网工程、电子信息工程
南京医科大学（医药类）江苏	—	公共卫生与预防医学	生物统计学、医疗保险、卫生检验与检疫、眼视光学、预防医学、医学影像技术、康复治疗学、口腔医学
南京邮电大学（综合类）江苏	软科排名：85	电子科学与技术	广播电视工程、柔性电子学、邮政工程、网络工程、通信工程、电子信息工程、数字媒体技术、电子科学与技术
南京中医药大学（医药类）江苏	—	中药学	中医儿科学、养老服务管理、中药资源与开发、助产学、中医学、健康服务与管理、中药学、药物制剂
宁波大学（综合类）浙江	软科排名：78	力学	音乐学、水产养殖学、小学教育、体育教育、运动训练、电子信息科学与技术、学前教育、应用心理学
山西大学（综合类）山西	软科排名：101	哲学、物理学	智慧建筑与建造、物理学、学前教育、数据科学与大数据技术、计算机科学与技术、资源循环科学与工程、环境生态工程、舞蹈编导
上海海洋大学（农林类）上海	软科排名：145	水产	水生动物医学、海洋渔业科学与技术、水产养殖学、水族科学与技术、食品科学与工程、食品质量与安全、海洋资源与环境、海洋技术
上海科技大学（理工类）上海	—	材料科学与工程	生物技术、生物科学、电子信息工程、计算机科学与技术、材料科学与工程、生物医学工程、物理学、化学
上海体育大学（体育类）上海	—	体育学	体育旅游、运动康复、武术与民族传统体育、社会体育指导与管理、体育教育、体能训练、运动人体科学、运动训练
上海音乐学院（艺术类）上海	—	音乐与舞蹈学	作曲与作曲技术理论、音乐教育、音乐学、音乐表演、录音艺术、数字媒体艺术、音乐剧、艺术管理
上海中医药大学（医药类）上海	—	中医学、中药学	针灸推拿学、中药学、中医学、中西医临床医学、康复治疗学、康复物理治疗、食品卫生与营养学、药学
首都师范大学（师范类）北京	软科排名：91	数学	文化遗产、秘书学、小学教育、舞蹈学、书法学、美术学、地理科学、绘画
天津工业大学（理工类）天津	软科排名：138	纺织科学与工程	纺织工程、服装设计与工程、动画、机械电子工程、广播电视编导、物联网工程、电子信息工程、非织造材料与工程

续表

院校名称、类型及所属地区	排名	双一流建设学科	优势专业
天津中医药大学（医药类）天津	—	中药学	中医康复学、中医养生学、中药资源与开发、针灸推拿学、中药学、中医学、中药制药、中医骨伤科学
外交学院（语言类）北京	—	政治学	国际组织与全球治理、国际事务与国际关系、外交学、翻译、英语、法语、法学、日语
西南石油大学（理工类）四川	软科排名：130	石油与天然气工程	油气储运工程、工程造价、酒店管理、机械电子工程、海洋油气工程、石油工程、电气工程与智能控制、勘查技术与工程
湘潭大学（综合类）湖南	软科排名：102	数学	信用风险管理与法律防控、知识产权、新能源材料与器件、动画、信息与计算科学、制药工程、思想政治教育、旅游管理
中国科学院大学（综合类）北京	—	化学、材料科学与工程	—
中国美术学院（艺术类）杭州	—	美术学	纤维艺术、文物保护与修复、跨媒体艺术、书法学、工艺美术、艺术设计学、中国画、美术学
中国人民公安大学（政法类）北京	—	公安学	安全防范工程、国内安全保卫、侦查学、公安视听技术、反恐警务、公安管理学、治安学、法学
中国音乐学院（艺术类）北京	—	音乐与舞蹈学	音乐教育、音乐表演、音乐学、作曲与作曲技术理论
中央美术学院（艺术类）北京	—	美术学、设计学	美术教育、实验艺术、中国画、摄影、雕塑、美术学、艺术管理、公共艺术、绘画、数字媒体艺术、视觉传达设计
中央戏剧学院（艺术类）北京	—	戏剧与影视学	音乐剧、戏剧教育、戏剧影视导演、表演、播音与主持艺术、戏剧学、戏剧影视美术设计、戏剧影视文学

注：表中排名数据参考软科官网发布的中国大学排名、QS 中国官网发布的世界大学排名。

3.1.4 各类型本科院校

大学按照学科范围及办学特色大概可分为以下 13 类：综合类、理工类、师范类、农林类、政法类、医药类、财经类、民族类、语言类、艺术类、体育类、军事类和旅游类。

通常情况下，大学的名称就能反映出其特色，如北京理工大学、北京林业大学、北京师范大学、中央财经大学、中国政法大学等，这些学校的特色专业往往得到学校的特别重视，无论是在师资配备还是教育经费方面，都会得到更多的支持。而综合类大学通常拥有十个以上的学科门类，如北京大学、清华大学、复旦大学等，它们提供广泛的学科选择，旨在培养多领域的专业人才。

下面将按类型分别介绍部分学校及其优势专业。

（一）财经类

表 3-4　"财经类"重点院校

序号	院校名称	省份	院校荣誉优势	双一流建设学科，优势学科	优势专业
1	上海财经大学	上海	211、双一流	应用经济学	会计学、财务管理、房地产开发与管理、投资学、工商管理、经济统计学、电子商务、市场营销、金融学、国际经济与贸易
2	中央财经大学	北京	211、双一流	应用经济学	供应链管理、体育经济与管理、金融科技、投资学、税收学、资产评估、贸易经济、精算学、金融工程、金融学、国民经济管理、国际商务、电子商务、大数据管理与应用、市场营销、会计学、财务管理、国际经济与贸易
3	对外经济贸易大学	北京	211、双一流	应用经济学	创业管理、国际经济与贸易、金融数学、电子商务、国际商务、市场营销、商务英语、经济与金融、文化产业管理、财务管理、投资学、金融工程、物流管理、数字经济、人力资源管理、金融学
4	中南财经政法大学	湖北	211、双一流	法学	劳动关系、工程造价、法学、经济与金融、贸易经济、知识产权、金融数学、投资学
5	西南财经大学	四川	211、双一流	应用经济学	审计学、信用管理、物流管理、金融学、财务管理、电子商务、人力资源管理、会计学、旅游管理、国际经济与贸易、市场营销
6	东北财经大学	辽宁	—	工商管理、应用经济学、统计学、理论经济学、管理科学与工程、公共管理	资产评估、酒店管理、物流管理、会计学、财务管理、房地产开发与管理、审计学、投资学
7	浙江工商大学	浙江	—	统计学、马克思主义理论、工商管理、食品科学与工程、应用经济学、外国语言文学、设计学、法学	酒店管理、应用统计学、审计学、电子商务、食品质量与安全、国际商务、投资学、商务英语
8	首都经济贸易大学	北京	—	应用经济学、工商管理、理论经济学、统计学、法学、管理科学与工程、马克思主义理论	资产评估、投资学、金融工程、经济统计学、人力资源管理、电子商务、商务英语、市场营销
9	江西财经大学	江西	—	统计学、应用经济学、工商管理、理论经济学、管理科学与工程、公共管理、马克思主义理论、法学	虚拟现实技术、房地产开发与管理、应用统计学、国际商务、金融科技、税收学、数字经济、经济统计学
10	北京工商大学	北京	—	食品科学与工程、应用经济学、工商管理、统计学、法学	化妆品技术与工程、香料香精技术与工程、酿酒工程、食品质量与安全、应用统计学、食品科学与工程、数字经济、金融工程
11	山东财经大学	山东	—	管理科学与工程、应用经济学、工商管理、理论经济学、外国语言文学、统计学、公共管理、数学	国际经济发展合作、跨境电子商务、体育经济与管理、资产评估、文化产业管理、审计学、国际商务、投资学

续表

序号	院校名称	省份	院校荣誉优势	双一流建设学科，优势学科	优势专业
12	南京财经大学	江苏	—	应用经济学、食品科学与工程、统计学、公共管理、工商管理、理论经济学、软件工程、管理科学与工程	质量管理工程、资产评估、金融数学、审计学、房地产开发与管理、数字经济、投资学、经济统计学
13	安徽财经大学	安徽	—	统计学、应用经济学、工商管理、理论经济学、法学、公共管理	互联网金融、投资学、应用统计学、工程造价、国际商务、审计学、数字经济、金融工程
14	浙江财经大学	浙江	—	应用经济学、统计学、工商管理、公共管理、法学、城乡规划学、理论经济学、中国语言文学	资产评估、审计学、应用统计学、供应链管理、金融科技、投资学、数字经济、金融工程
15	上海对外经贸大学	上海	—	应用经济学、工商管理、理论经济学、法学、外国语言文学、统计学	国际经贸规则、国际经济发展合作、会展经济与管理、资产评估、审计学、商务英语、应用统计学、文化产业管理
16	南京审计大学	江苏	—	应用经济学、工商管理、理论经济学、统计学、法学、公共管理、管理科学与工程	工程审计、审计学、信用管理、投资学、工程造价、物流管理、财务管理、电子商务
17	重庆工商大学	重庆	—	应用经济学、工商管理、马克思主义理论、统计学、管理科学与工程	审计学、投资学、酒店管理、物流管理、财务管理、国际经济与贸易、电子商务、市场营销
18	山西财经大学	山西	—	工商管理、公共管理、应用经济学、统计学、管理科学与工程、马克思主义理论、理论经济学	体育经济与管理、资产评估、审计学、应用统计学、工程造价、财务管理、市场营销、资源与环境经济学
19	天津财经大学	天津	—	应用经济学、工商管理、法学、马克思主义理论	国际商务、审计学、数字经济、金融工程、商务英语、旅游管理、人力资源管理、财务管理
20	湖南工商大学	湖南	—	应用经济学、工商管理、设计学、法学、管理科学与工程、马克思主义理论	跨境电子商务、酒店管理、审计学、商务英语、物流管理、视觉传达设计、财务管理、环境设计

（二）师范类

表 3-5   "师范类"重点院校

序号	院校名称及所属地区	院校荣誉优势	院校软科排名	双一流建设学科，优势学科	优势专业
1	北京师范大学（北京）	985、211、双一流	19	哲学、教育学、心理学、中国语言文学、外国语言文学、中国史、数学、地理学、系统科学、生态学、环境科学与工程、戏剧与影视学	资源环境科学、环境生态工程、心理学、地理科学、系统科学与工程、历史学、中国语言与文化、汉语言文学、学前教育、教育技术学、教育学、思想政治教育、戏剧影视文学、人文地理与城乡规划、自然地理与资源环境、特殊教育、书法学、公共事业管理、应用统计学、体育教育、日语、国际经济与贸易、数学与应用数学、英语

续表

序号	院校名称及所属地区	院校荣誉优势	院校软科排名	双一流建设学科，优势学科	优势专业
2	华东师范大学（上海）	985、211、双一流	29	教育学、生态学、统计学	教育康复学、特殊教育、播音与主持艺术、应用心理学、社会体育指导与管理、运动训练、美术学、人文地理与城乡规划、地理科学、汉语国际教育、体育教育、学前教育、教育技术学、统计学、历史学、思想政治教育、社会工作、数据科学与大数据技术、汉语言文学、视觉传达设计、环境设计、英语
3	东北师范大学（吉林）	211、双一流	46	马克思主义理论、教育学、世界史、化学、统计学、材料科学与工程	小学教育、教育学、舞蹈编导、思想政治教育、商务英语、学前教育、音乐学、教育技术学
4	华中师范大学（湖北）	211、双一流	58	政治学、教育学、中国语言文学	融合教育、财务会计教育、科学教育、学前教育、汉语言文学、英语、特殊教育、教育技术学
5	南京师范大学（江苏）	211、双一流	52	地理学	能源服务工程、地理信息科学、学前教育、合成生物学、跨媒体艺术、小学教育、广播电视编导、网络与新媒体
6	陕西师范大学（陕西）	211、双一流	62	中国语言文学	秘书学、学前教育、播音与主持艺术、汉语言文学、教育技术学、特殊教育、心理学、地理科学
7	华南师范大学（广东）	211、双一流	79	物理学	教育技术学、小学教育、应用心理学、社会体育指导与管理、学前教育、科学教育、心理学、文化产业管理
8	湖南师范大学（湖南）	211、双一流	86	外国语言文学	应用电子技术教育、机械工艺技术、音乐学、英语、文化产业管理、舞蹈学、酒店管理、会展经济与管理
9	福建师范大学（福建）	—	—	音乐与舞蹈学、马克思主义理论、体育学、地理学、生态学、中国语言文学、美术学、教育学	数据科学、舞蹈学、体育教育、音乐学、广播电视编导、社会体育指导与管理、自然地理与资源环境、地理科学
10	山东师范大学（山东）	—	—	马克思主义理论、心理学、教育学、中国语言文学、化学、数学、戏剧与影视学、物理学	航空服务艺术与管理、广播电视编导、秘书学、戏剧影视文学、应用心理学、舞蹈学、思想政治教育、学前教育
11	首都师范大学（北京）	双一流	91	数学	文化遗产、秘书学、小学教育、舞蹈学、书法学、美术学、地理科学、绘画
12	浙江师范大学（浙江）	—	—	教育学、美术学、中国语言文学、数学、心理学、马克思主义理论、音乐与舞蹈学、外国语言文学	财务会计教育、科学教育、汽车维修工程教育、机电技术教育、特殊教育、小学教育、动画、教育技术学
13	上海师范大学（上海）	—	—	世界史、教育学、中国语言文学、马克思主义理论、心理学、美术学、中国史、戏剧与影视学	食品安全与检测、小学教育、科学教育、广播电视编导、舞蹈学、戏剧影视文学、学前教育、汽车服务工程

续表

序号	院校名称及所属地区	院校荣誉优势	院校软科排名	双一流建设学科，优势学科	优势专业
14	江西师范大学（江西）	—	—	马克思主义理论、心理学、教育学、地理学、音乐与舞蹈学、中国语言文学、化学、设计学	小学教育、思想政治教育、学前教育、舞蹈学、商务英语、音乐表演、应用心理学、音乐学
15	杭州师范大学（浙江）	—	—	外国语言文学、艺术学理论、心理学、教育学、中国语言文学、公共管理、数学、中国史	健康服务与管理、小学教育、动画、教育技术学、学前教育、应用心理学、公共事业管理、英语

注：表中排名数据参考软科官网发布的中国大学排名。

（三）医药类

表 3-6　"医药类"重点院校

序号	院校名称及所属地区	院校荣誉优势	双一流建设学科，优势学科	优势专业
1	北京协和医学院（北京）	双一流	生物学、生物医学工程、临床医学、公共卫生与预防医学、药学	护理学、临床医学
2	首都医科大学（北京）	—	护理学、临床医学、口腔医学、公共卫生与预防医学、基础医学、药学、生物学、中药学	康复治疗学、医学实验技术、假肢矫形工程、助产学、康复作业治疗、康复物理治疗、听力与言语康复学、儿科学
3	南方医科大学（广东）	—	基础医学、公共卫生与预防医学、中西医结合、护理学、临床医学、生物医学工程、药学、生物学	助产学、生物统计学、假肢矫形工程、食品卫生与营养学、健康服务与管理、康复治疗学、医学影像学、中西医临床医学
4	南京医科大学（江苏）	双一流	公共卫生与预防医学	生物统计学、医疗保险、卫生检验与检疫、眼视光学、预防医学、医学影像技术、康复治疗学、口腔医学
5	天津医科大学（天津）	211、双一流	临床医学	医学影像技术、眼视光学、眼视光医学、医学影像学、药物制剂、麻醉学、康复治疗学、智能医学工程
6	中国医科大学（辽宁）	—	公共卫生与预防医学、基础医学、临床医学、生物医学工程、药学、口腔医学、生物学	眼视光学、医学影像技术、药物制剂、康复治疗学、医学检验技术、临床医学、法医学、麻醉学
7	温州医科大学（浙江）	—	药学、临床医学、中药学、基础医学、公共管理、生物学、口腔医学	眼视光医学、生物制药、卫生检验与检疫、健康服务与管理、康复治疗学、助产学、医学检验技术、药学
8	哈尔滨医科大学（黑龙江）	—	公共卫生与预防医学、临床医学、药学、公共管理、口腔医学、护理学、基础医学、生物学	麻醉学、健康服务与管理、医学影像学、预防医学、助产学、临床医学、护理学、药学
9	上海中医药大学（上海）	双一流	中医学、中药学	针灸推拿学、中药学、中医学、中西医临床医学、康复治疗学、康复物理治疗、食品卫生与营养学、药学
10	中国药科大学（江苏）	211、双一流	中药学	医疗产品管理、中药资源与开发、海洋药学、药物化学、药物分析、药事管理、药物制剂、生物制药、生物医药数据科学、中药制药、药学、制药工程

续表

序号	院校名称及所属地区	院校荣誉优势	双一流建设学科，优势学科	优势专业
11	广州医科大学（广东）	双一流	临床医学	康复作业治疗、精神医学、儿科学、麻醉学、医学检验技术、康复治疗学、医学影像学、临床医学
12	北京中医药大学（北京）	211、双一流	中医学、中西医结合、中药学	中药制药、中药学、中西医临床医学、中医骨伤科学、中医学、针灸推拿学、药事管理、康复治疗学
13	重庆医科大学（重庆）	—	护理学、生物医学工程、口腔医学、临床医学、基础医学、药学、生物学	口腔医学技术、医学实验技术、医学检验技术、医学影像技术、护理学、口腔医学、听力与言语康复学、精神医学
14	南京中医药大学（江苏）	—	中药学、中医学、中西医结合、护理学、药学、基础医学、公共管理	中医儿科学、养老服务管理、中药资源与开发、助产学、中医学、健康服务与管理、中药学、药物制剂
15	大连医科大学（辽宁）	—	中西医临床医学、医学影像技术、医学检验技术、护理学、眼视光医学、麻醉学、卫生检验与检疫、医学影像学	中西医临床医学、医学影像技术、医学检验技术、护理学、眼视光医学、麻醉学、卫生检验与检疫、医学影像学

（四）政法类

表 3-7 "政法类"重点院校

序号	院校名称及所属地区	院校荣誉优势	双一流建设学科，优势学科	优势专业
1	中国政法大学（北京）	211、双一流	法学	法学、网络与新媒体、政治学与行政学、国际商务、公共事业管理、思想政治教育、应用心理学、社会工作
2	华东政法大学（上海）	—	法学、政治学、公共管理、外国语言文学	知识产权、法学、网络与新媒体、政治学与行政学、文化产业管理、劳动与社会保障、翻译、公共事业管理
3	西南政法大学（重庆）	—	法学、马克思主义理论、新闻传播学、工商管理、应用经济学	知识产权、电子商务及法律、法学、审计学、网络与新媒体、广播电视学、市场营销、侦查学
4	中国人民公安大学（北京）	双一流	公安学	安全防范工程、国内安全保卫、侦查学、公安视听技术、反恐警务、公安管理学、治安学、法学
5	西北政法大学（陕西）	—	法学、新闻传播学	电子商务及法律、跨境电子商务、法学、侦查学、编辑出版学、政治学与行政学、审计学、网络与新媒体
6	中国劳动关系学院（北京）	—	—	酒店管理、社会工作、人力资源管理、财务管理、劳动关系、应急技术与管理、戏剧影视文学、劳动与社会保障
7	北京警察学院（北京）	—	—	网络安全与执法、涉外警务
8	上海政法学院（上海）	—	—	社区矫正、监狱学、经济与金融、知识产权、法学、电子商务及法律、审计学、广播电视学

续表

序号	院校名称及所属地区	院校荣誉优势	双一流建设学科，优势学科	优势专业
9	中国人民警察大学（河北）	—	安全科学与工程	消防工程、公安政治工作、警务指挥与战术、边防管理、食品药品环境犯罪侦查技术、数据警务技术、公安情报学、电子信息工程
10	江苏警官学院（江苏）	—	—	刑事科学技术、安全防范工程、交通管理工程、经济犯罪侦查、侦查学、治安学、数据警务技术、公安管理学
11	四川警察学院（四川）	—	—	交通管理工程、公安管理学、侦查学、禁毒学、治安学、食品药品环境犯罪侦查技术、安全防范工程、刑事科学技术
12	云南警官学院（云南）	—	—	反恐警务、禁毒学、国内安全保卫、刑事科学技术、网络安全与执法、计算机科学与技术
13	南京警察学院（江苏）	—	—	食品药品环境犯罪侦查技术、数据警务技术、公安情报学、警务指挥与战术、警犬技术、公安管理学、网络安全与执法、治安学
14	重庆警察学院（重庆）	—	—	公安政治工作、禁毒学、交通管理工程
15	中国刑事警察学院（辽宁）	—	—	网络安全与执法、公安视听技术、警犬技术、刑事科学技术、涉外警务、公安情报学、经济犯罪侦查、禁毒学
16	河南警察学院（河南）	—	—	经济犯罪侦查、交通管理工程、警务指挥与战术、网络安全与执法、治安学、刑事科学技术、侦查学
17	浙江警察学院（浙江）	—	—	交通管理工程、涉外警务、治安学、警务指挥与战术、经济犯罪侦查、网络安全与执法、刑事科学技术
18	甘肃政法大学（甘肃）	—	法学	国际经贸规则、知识产权、公共事业管理、法学、财务管理、市场营销、网络空间安全、信息安全
19	福建警察学院（福建）	—	—	刑事科学技术、警务指挥与战术、食品药品环境犯罪侦查技术、监狱学、经济犯罪侦查、侦查学、治安学
20	山东政法学院（山东）	—	—	监狱学、数字出版、网络与新媒体、审计学、商务英语、国际经贸规则、编辑出版学、知识产权

（五）体育类

表 3-8　"体育类"重点院校

序号	院校名称及所属地区	院校荣誉优势	双一流建设学科，优势学科	优势专业
1	上海体育大学（上海）	双一流	体育学	体育旅游、运动康复、武术与民族传统体育、社会体育指导与管理、体育教育、体能训练、运动人体科学、运动训练
2	北京体育大学（北京）	211、双一流	体育学	智能体育工程、冰雪运动、体能训练、休闲体育、运动人体科学、运动训练、体育教育、运动康复、武术与民族传统体育
3	首都体育学院（北京）	—	体育学	电子竞技运动与管理、体育旅游、冰雪运动、体能训练、休闲体育、社会体育指导与管理、运动训练、体育教育
4	武汉体育学院（湖北）	—	—	流行舞蹈、智能体育工程、运动训练、体育教育、休闲体育、运动康复、武术与民族传统体育、社会体育指导与管理

续表

序号	院校名称及所属地区	院校荣誉优势	双一流建设学科，优势学科	优势专业
5	南京体育学院（江苏）	—	—	武术与民族传统体育、休闲体育、运动康复、运动训练、社会体育指导与管理、体育教育、运动人体科学、体能训练
6	沈阳体育学院（辽宁）	—	体育学	社会体育指导与管理、休闲体育、运动训练、体育教育、武术与民族传统体育、运动康复、运动人体科学、体育经济与管理
7	哈尔滨体育学院（黑龙江）	—	—	社会体育指导与管理、冰雪运动、运动康复、舞蹈表演、运动训练、体育教育、武术与民族传统体育
8	成都体育学院（四川）	—	体育学	社会体育指导与管理、运动康复、武术与民族传统体育、休闲体育、运动训练、体育教育、体能训练、运动人体科学
9	天津体育学院（天津）	—	体育学	运动康复、社会体育指导与管理、体育教育、运动训练、舞蹈学、体育经济与管理、武术与民族传统体育、特殊教育
10	山东体育学院（山东）	—	体育学	休闲体育、社会体育指导与管理、体育教育、体育经济与管理、运动康复、武术与民族传统体育、运动训练、舞蹈表演

（六）语言类

表3-9　"语言类"重点院校

序号	院校名称及所属地区	院校荣誉优势	双一流建设学科，优势学科	优势专业
1	上海外国语大学（上海）	211、双一流	外国语言文学	意大利语、语言学、乌兹别克语、哈萨克语、乌克兰语、匈牙利语、希腊语、土耳其语、葡萄牙语、罗马尼亚语、捷克语、斯瓦希里语、泰语、柬埔寨语、波斯语、商务英语、翻译、日语、法语、英语
2	北京外国语大学（北京）	211、双一流	外国语言文学	乌兹别克语、哈萨克语、乌克兰语、尼泊尔语、孟加拉语、普什图语、意大利语、匈牙利语、希腊语、土耳其语、塞尔维亚语、罗马尼亚语、捷克语、波兰语、保加利亚语、斯瓦希里语、僧伽罗语、马来语、老挝语、柬埔寨语、英语、外国语言与外国历史、翻译、越南语、希伯来语、乌尔都语、蒙古语、缅甸语、印地语、印度尼西亚语、菲律宾语、阿拉伯语、法语、俄语、日语
3	外交学院（北京）	双一流	政治学	国际组织与全球治理、国际事务与国际关系、外交学、翻译、英语、法语、法学、日语
4	广东外语外贸大学（广东）	—	外国语言文学、法学、应用经济学、工商管理、新闻传播学、政治学、理论经济学、中国语言文学	塞尔维亚语、波兰语、马来语、老挝语、柬埔寨语、商务英语、翻译、日语、英语
5	北京语言大学（北京）	—	中国语言文学、外国语言文学	汉语国际教育、语言学、阿拉伯语、健康服务与管理、翻译、法语、汉语言文学、商务英语
6	北京第二外国语学院（北京）	—	外国语言文学、工商管理	保加利亚语、酒店管理、旅游管理、商务英语、会展经济与管理、翻译、日语、财务管理

续表

序号	院校名称及所属地区	院校荣誉优势	双一流建设学科，优势学科	优势专业
7	浙江传媒学院（浙江）	—	—	电影制作、影视摄影与制作、摄影、播音与主持艺术、网络与新媒体、广播电视工程、公共关系学、戏剧影视美术设计
8	西安外国语大学（陕西）	—	外国语言文学	跨境电子商务、商务英语、翻译、酒店管理、日语、英语、葡萄牙语、泰语
9	大连外国语大学（辽宁）	—	—	俄语、商务英语、翻译、日语、英语、葡萄牙语、泰语、跨境电子商务
10	四川外国语大学（重庆）	—	外国语言文学、新闻传播学	商务英语、翻译、英语、日语、缅甸语、越南语、泰语、阿拉伯语
11	天津外国语大学（天津）	—	外国语言文学	商务英语、日语、英语、泰语、朝鲜语、翻译、俄语、国际商务
12	浙江外国语学院（浙江）	—	—	商务英语、跨境电子商务、科学教育、会展经济与管理、朝鲜语、国际商务、小学教育、翻译
13	中华女子学院（北京）	—	—	播音与主持艺术、养老服务管理、服装与服饰设计、学前教育、数字媒体技术、社会工作、网络与新媒体、表演
14	湖南女子学院（湖南）	—	—	家政学、舞蹈编导、播音与主持艺术、服装与服饰设计、视觉传达设计、航空服务艺术与管理、数字经济、酒店管理

（七）民族类

表 3-10 "民族类"重点院校

序号	院校名称及所属地区	双一流建设学科，优势学科	优势专业
1	中央民族大学（北京）	民族学	民族学、中国少数民族语言文学、舞蹈学、舞蹈表演、音乐教育、音乐表演、汉语国际教育、美术学
2	中南民族大学（湖北）	民族学、马克思主义理论、教育学、中国语言文学、应用经济学、中药学、法学、公共管理	商务英语、民族学、药物分析、医学信息工程、文物与博物馆学、轨道交通信号与控制、教育学、社会体育指导与管理
3	西南民族大学（四川）	民族学、哲学、中国语言文学、法学、生态学、马克思主义理论	中国少数民族语言文学、民族学、舞蹈表演、摄影、绘画、朝鲜语、建筑学、城乡规划
4	西藏民族大学（陕西）	马克思主义理论、民族学	艺术教育、休闲体育、秘书学、广播电视学、审计学、体育教育、文化产业管理、数字经济
5	广西民族大学（广西）	民族学、中国语言文学、法学、科学技术史、政治学、外国语言文学、数学	中国少数民族语言文学、民族学、泰语、知识产权、数字经济、翻译、播音与主持艺术、音乐表演
6	贵州民族大学（贵州）	社会学、民族学、中国语言文学、法学	航空服务艺术与管理、舞蹈表演、播音与主持艺术、音乐表演、社会工作、产品设计、舞蹈学、网络与新媒体
7	北方民族大学（宁夏）	民族学、材料科学与工程、数学、计算机科学与技术、马克思主义理论	航空服务艺术与管理、动画、音乐表演、智能科学与技术、网络工程、旅游管理、电子商务、汉语言文学

续表

序号	院校名称及所属地区	双一流建设学科，优势学科	优势专业
8	大连民族大学（辽宁）	生物工程	区块链工程、航空服务艺术与管理、生物工程、产品设计、网络工程、物联网工程、日语、视觉传达设计
9	青海民族大学（青海）	民族学、中国语言文学、哲学	秘书学、网络工程、学前教育、旅游管理、旅游地学与规划工程、中国少数民族语言文学、经济与金融、工艺美术
10	西北民族大学（甘肃）	中国语言文学、美术学	文物保护技术、中国少数民族语言文学、舞蹈表演、舞蹈学、绘画、音乐表演、数字媒体技术、广播电视编导

（八）军事类

表 3-11 "军事类"重点院校

序号	院校名称及所属地区	院校荣誉优势	双一流建设学科，优势学科	优势专业
1	中国人民解放军国防科技大学（湖南）	985、211、双一流	航空航天工程、遥感技术、仪器科学、通信工程、计算机科学与工程、电力电子工程、交通运输工程、地理学	系统科学、软件工程、计算机科学与技术、信息与通信工程、航空宇航科学与技术、光学工程、网络空间安全、电子科学与技术
2	中国人民解放军陆军军医大学（重庆）	—	基础医学、临床医学、生物学、生物医学工程、公共卫生与预防医学、护理学、药学、特种医学	临床医学、医学检验、病理检验、预防医学、法医学、高原军事医学
3	中国人民解放军海军军医大学（上海）	双一流	特种医学、药学、公共卫生与预防医学、临床医学、基础医学、生物学、中西医结合、护理学	—
4	中国人民解放军空军军医大学（陕西）	211、双一流	口腔医学、临床医学、基础医学、特种医学、公共卫生与预防医学、生物学、生物医学工程、药学	—
5	中国人民解放军海军工程大学（湖北）	—	电气工程、船舶与海洋工程、兵器科学与技术、动力工程及工程热物理	电子对抗指挥与工程、舰船动力工程、核动力工程、军用水声工程、舰船消磁工程等
6	中国人民解放军空军工程大学（陕西）	—	航空宇航科学与技术、控制科学与工程、信息与通信工程、电子科学与技术	—
7	中国人民解放军火箭军工程大学（陕西）	—	兵器科学与技术、控制科学与工程	—
8	中国人民解放军空军航空大学（吉林）	—	—	航空飞行与指挥、飞行指挥与控制、军事情报、仿真工程、摄影测量与遥感、航空侦察设备、航空救生

续表

序号	院校名称及所属地区	院校荣誉优势	双一流建设学科，优势学科	优势专业
9	中国人民武装警察部队工程大学（陕西）	—	军事通信学、军事装备学	机械工程、通信工程（武警执勤分队指挥）、通信工程（武警通信技术与指挥）、计算机科学与技术、信息安全、作战指挥、军事大数据工程（武警执勤分队指挥）、军事大数据工程（作战数据保障）、指挥信息系统工程

（九）理工类

表 3-12   "理工类"重点院校

序号	院校名称及所属地区	院校荣誉优势	院校排名	双一流建设学科，优势学科	优势专业
1	天津大学（天津）	985、211、双一流	软科排名：20 QS 世界排名：285	化学、材料科学与工程、动力工程及工程热物理、化学工程与技术、管理科学与工程	物流工程、保密管理、智能医学工程、合成生物学、精细化工、制药工程、化学工程与工艺、功能材料、智能电网信息工程、海洋技术、分子科学与工程、应用化学、信息管理与信息系统、生物工程、测控技术与仪器、材料成型及控制工程、材料科学与工程、工程管理、智能制造工程、机械设计制造及其自动化、建筑学、环境工程、通信工程、电气工程及其自动化、电子信息工程
2	中国科学技术大学（安徽）	985、211、双一流	软科排名：7 QS 世界排名：137	数学、物理学、化学、天文学、地球物理学、生物学、科学技术史、材料科学与工程、计算机科学与技术、核科学与技术、安全科学与工程	管理科学、安全工程、数据科学与大数据技术、材料物理、地球化学、行星科学、地球物理学、化学、量子信息科学、应用物理学、物理学、环境科学与工程、信息安全、材料化学、空间科学与技术、天文学、信息与计算科学、生物技术、数学与应用数学、生物科学、计算机科学与技术、人工智能、电子信息工程
3	哈尔滨工业大学（黑龙江）	985、211、双一流	软科排名：16 QS 世界排名：256	力学、机械工程、材料科学与工程、控制科学与工程、计算机科学与技术、土木工程、航空宇航科学与技术、环境科学与工程	智能装备与系统、智能测控工程、能源互联网工程、光电信息材料与器件、智能材料与结构、焊接技术与工程、复合材料与工程、材料化学、智能感知工程、测控技术与仪器、增材制造工程、智能车辆工程、机械电子工程、计算金融、飞行器环境与生命保障工程、飞行器制造工程、交通设备与控制工程、建筑电气与智能化、数据科学与大数据技术、机器人工程、海洋信息工程、电子信息工程、智能制造工程、材料成型及控制工程、工程力学、大数据管理与应用、环境工程、智能建造、建筑环境与能源应用工程、物联网工程、计算机科学与技术、新能源材料与器件、材料科学与工程、机械设计制造及其自动化、通信工程、数字媒体艺术、建筑学、光电信息科学与工程、土木工程、软件工程、电气工程及其自动化、自动化、应用化学、工程管理、信息管理与信息系统、人工智能、环境设计

续表

序号	院校名称及所属地区	院校荣誉优势	院校排名	双一流建设学科，优势学科	优势专业
4	北京航空航天大学（北京）	985、211、双一流	软科排名：12 QS世界排名：473	力学、仪器科学与技术、材料科学与工程、控制科学与工程、计算机科学与技术、交通运输工程、航空宇航科学与技术、软件工程	无人驾驶航空器系统工程、飞行器适航技术、飞行器质量与可靠性、飞行器环境与生命保障工程、飞行器动力工程、飞行器设计与工程、虚拟现实技术、机器人工程、电磁场与无线技术、纳米材料与技术、信息对抗技术、飞行器控制与信息工程、智能感知工程、微机电系统工程、核物理、能源经济、自动化、电子信息工程、测控技术与仪器、信息与计算科学、翻译、通信工程、工程管理、计算机科学与技术、软件工程、数学与应用数学、英语
5	大连理工大学（辽宁）	985、211、双一流	软科排名：28 QS世界排名：491	力学、机械工程、化学工程与技术	海洋资源开发技术、能源化学工程、金属材料工程、应用化学、精细化工、化学工程与工业生物工程、资源循环科学与工程、化学工程与工艺、港口航道与海岸工程、机械设计制造及其自动化、生物工程、数字媒体技术、制药工程、网络工程、材料成型及控制工程、智能制造工程、工程管理、物流管理、土木工程、电子商务、软件工程、计算机科学与技术
6	东北大学（辽宁）	985、211、双一流	软科排名：39	冶金工程、控制科学与工程	健康服务与管理、工业智能、智能采矿工程、机器人工程、自动化、采矿工程、矿物加工工程、冶金工程
7	华南理工大学（广东）	985、211、双一流	软科排名：30 QS世界排名：392	化学、材料科学与工程、轻工技术与工程、食品科学与工程	商务英语、轻化工程、水务工程、功能材料、食品质量与安全、建筑学、网络工程、应用化学、食品科学与工程、机械电子工程、旅游管理
8	北京理工大学（北京）	985、211、双一流	软科排名：14 QS世界排名：340	物理学、材料科学与工程、控制科学与工程、兵器科学与技术	智能无人系统技术、信息对抗技术、装甲车辆工程、特种能源技术与工程、弹药工程与爆炸技术、武器发射工程、信息管理与信息系统、武器系统与工程、密码科学与技术、车辆工程、机械电子工程、量子信息科学、安全工程、智能制造工程、产品设计、光电信息科学与工程、自动化、通信工程、电子信息工程、机器人工程、环境设计、计算机科学与技术、软件工程、数据科学与大数据技术
9	西北工业大学（陕西）	985、211、双一流	软科排名：23	机械工程、材料科学与工程、航空宇航科学与技术	探测制导与控制技术、飞行器控制与信息工程、飞行器制造工程、海洋工程与技术、柔性电子学、微机电系统工程、飞行器动力工程、飞行器设计与工程、航空航天工程、保密技术、水声工程、复合材料与工程、增材制造工程、物联网工程、机械电子工程、材料成型及控制工程、机械设计制造及其自动化、产品设计、数据科学与大数据技术、软件工程、通信工程、计算机科学与技术
10	电子科技大学（四川）	985、211、双一流	软科排名：31 QS世界排名：486	电子科学与技术、信息与通信工程	网络空间安全、集成电路设计与集成系统、电子信息工程、物联网工程、网络工程、电磁场与无线技术、数理基础科学、光电信息科学与工程、通信工程、电子科学与技术、电子信息科学与技术、软件工程、人工智能、计算机科学与技术、数据科学与大数据技术

续表

序号	院校名称及所属地区	院校荣誉优势	院校排名	双一流建设学科，优势学科	优势专业
11	武汉理工大学（湖北）	211、双一流	软科排名：52 QS 世界排名：851—900	材料科学与工程	海事管理、无机非金属材料工程、创业管理、物流工程、航海技术、汽车服务工程、轮机工程、视觉传达设计
12	北京交通大学（北京）	212、双一流	软科排名：41 QS 世界排名：901—950	系统科学	智能运输工程、交通工程、交通运输、轨道交通信号与控制、智能交互设计、数据科学、智能装备与系统、智慧能源工程、系统科学与工程、物流管理、物联网工程、通信工程
13	河海大学（江苏）	214、双一流	软科排名：65 QS 世界排名：1201—1400	水利工程、环境科学与工程	水文与水资源工程、港口航道与海岸工程、水务工程、智慧水利、水利水电工程、土木工程、应急管理、农业水利工程
14	南京理工大学（江苏）	215、双一流	软科排名：37 QS 世界排名：600	兵器科学与技术	武器系统与工程、武器发射工程、弹药工程与爆炸技术、特种能源技术与工程、探测制导与控制技术、轨道交通信号与控制、智能电网信息工程、光电信息科学与工程
15	西安电子科技大学（陕西）	216、双一流	软科排名：40	信息与通信工程、计算机科学与技术	空间信息与数字技术、网络工程、通信工程、网络空间安全、电波传播与天线、电子封装技术、电子信息工程、智能科学与技术、电子科学与技术、人工智能、数字媒体技术、物联网工程、数据科学与大数据技术、计算机科学与技术

（十）艺术类

表 3-13　"艺术类"重点院校

序号	院校名称及所属地区	院校荣誉优势	双一流建设学科，优势学科	优势专业
1	清华大学美术学院（北京）	985、211、双一流	—	艺术设计、工业设计
2	中国传媒大学（北京）	211、双一流	新闻传播学、戏剧与影视学	新媒体艺术、数字媒体艺术、漫画、动画、播音与主持艺术、广播电视学、摄影、影视摄影与制作、录音艺术、戏剧影视美术设计、戏剧影视导演、广播电视编导、艺术管理、广播电视工程、国际新闻与传播、数字出版、网络与新媒体、尼泊尔语、孟加拉语、普什图语、广告学、新闻学、环境设计
3	中央音乐学院（北京）	211、双一流	音乐与舞蹈学	音乐学、音乐表演、作曲与作曲技术理论
4	中央戏剧学院（北京）	双一流	戏剧与影视学	音乐剧、戏剧教育、戏剧影视导演、表演、播音与主持艺术、戏剧学、戏剧影视美术设计、戏剧影视文学
5	中国音乐学院（北京）	双一流	音乐与舞蹈学	音乐教育、音乐表演、音乐学、作曲与作曲技术理论
6	上海戏剧学院（上海）	—	戏剧与影视学、艺术学理论	戏剧影视美术设计、广播电视编导、戏剧影视文学、戏剧学、戏剧教育、表演、播音与主持艺术、艺术管理
7	中央美术学院（北京）	双一流	美术学、设计学	美术教育、实验艺术、中国画、摄影、雕塑、美术学、艺术管理、公共艺术、绘画、数字媒体艺术、视觉传达设计

续表

序号	院校名称及所属地区	院校荣誉优势	双一流建设学科，优势学科	优势专业
8	北京电影学院（北京）	—	戏剧与影视学、艺术学理论	影视技术、影视摄影与制作、录音艺术、电影学、动画、表演、漫画、广播电视编导
9	中国美术学院（浙江）	双一流	美术学	纤维艺术、文物保护与修复、跨媒体艺术、书法学、工艺美术、艺术设计学、中国画、美术学
10	武汉音乐学院（湖北）	—	音乐与舞蹈学	音乐治疗、流行音乐、音乐表演、舞蹈表演、舞蹈编导、音乐学、音乐教育、作曲与作曲技术理论
11	中国戏曲学院（北京）	—	戏剧与影视学	表演、戏剧影视美术设计、戏剧影视文学、动画、戏剧影视导演、录音艺术、文化产业管理、音乐表演
12	上海音乐学院（上海）	双一流	音乐与舞蹈学	作曲与作曲技术理论、音乐教育、音乐学、音乐表演、录音艺术、数字媒体艺术、音乐剧、艺术管理
13	西安美术学院（陕西）	—	—	中国画、绘画、雕塑、视觉传达设计、环境设计、美术学、服装与服饰设计、动画、工艺美术、艺术与科技、实验艺术、摄影、产品设计、公共艺术、书法学、艺术史论、戏剧影视美术设计、影视摄影与制作、艺术设计学、数字媒体艺术
14	四川美术学院（重庆）	—	—	动画、绘画、艺术设计、雕塑、工业设计
15	广州美术学院（广东）	—	—	艺术设计、绘画、雕塑、工业设计、中国画、书法学、实验艺术、动画、工艺美术、美术学
16	鲁迅美术学院（辽宁）	—	—	中国画、绘画、雕塑、产品设计、视觉传达设计、动画
17	湖北美术学院（湖北）	—	—	绘画、雕塑、艺术设计、视觉传达设计、环境设计、产品设计、服装与服饰设计
18	天津美术学院（天津）	—	—	绘画、雕塑、艺术设计、工业设计（产品设计）、动画艺术

（十一）综合类

表 3-14　"综合类"重点院校

序号	院校名称及所属地区	院校荣誉优势	院校排名	双一流建设学科，优势学科	优势专业
1	北京大学（北京）	985、211、双一流	软科排名：2 QS世界排名：17	自主确定	艺术史论、图书馆学、城市管理、行政管理、药学、环境科学、核化工与核燃料工程、智能科学与技术、电子信息科学与技术、理论与应用力学、统计学、应用心理学、生态学、生物信息学、空间科学与技术、人文地理与城乡规划、自然地理与资源环境、核物理、信息与计算科学、数学与应用数学、外国语言与外国历史、文物保护技术、文物与博物馆学、考古学、世界史、历史学、葡萄牙语、越南语、希伯来语、乌尔都语、泰语、蒙古语、缅甸语、印地语、印度尼西亚语、菲律宾语、朝鲜语、波斯语、日语、阿拉伯语、西班牙语、德语、俄语、应用语言学、古典文献学、汉语言、科学社会主义、人类学、社会工作、政治学与行政学、保险学、财政学、宗教学、护理学、医学影像技术、医学检验技术、口腔医学、临床医学、基础医学、计算机科学与技术、微电子科学与工程、应用统计学、心理学、生物技术、生物科学、地球化学、行星科学、地球物理学、地理科学、化学生物学、汉语言文学、马克思主义理论、社会学、政治学、经济学与哲学、国际政治、国际经济与贸易、资源与环境经济学、经济学、哲学、市场营销、软件工程、材料化学、地理信息科学、应用化学、化学、应用物理学、物理学、法学、金融学、会计学、数据科学与大数据技术、新闻学、英语、公共事业管理、人力资源管理、环境工程、广告学、工商管理、电子信息工程、财务管理
2	清华大学（北京）	985、211、双一流	软科排名：1 QS世界排名：25	自主确定	陶瓷艺术设计、艺术与科技、工艺美术、服装与服饰设计、产品设计、环境设计、视觉传达设计、艺术设计学、雕塑、绘画、工业工程、工商管理、工程管理、信息管理与信息系统、风景园林、建筑学、环境工程、核工程与核技术、航空航天工程、化学工程与工业生物工程、土木、水利与海洋工程、建筑环境与能源应用工程、软件工程、计算机科学与技术、智能工程与创意设计、自动化、人工智能、微电子科学与工程、高分子材料与工程、材料科学与工程、车辆工程、机械工程、工程力学、生物科学、化学生物学、数理基础科学、政治学、经济学与哲学、经济与金融、艺术史论、生物医学工程、给排水科学与工程、电子信息科学与技术、电气工程及其自动化、能源与动力工程、测控技术与仪器、理论与应用力学、应用物理学、城乡规划、土木工程、物理学、数学与应用数学、历史学、经济学、数字媒体艺术、化学、英语、信息与计算科学、法学、汉语言文学

序号	院校名称及所属地区	院校荣誉优势	院校排名	双一流建设学科，优势学科	优势专业
3	浙江大学（浙江）	985、211、双一流	软科排名：3 QS世界排名：44	化学、生物学、生态学、机械工程、光学工程、材料科学与工程、动力工程及工程热物理、电气工程、控制科学与工程、计算机科学与技术、土木工程、农业工程、环境科学与工程、软件工程、园艺学、植物保护、基础医学、临床医学、药学、管理科学与工程、农林经济管理	土地资源管理、劳动与社会保障、农业资源与环境、应用生物科学、茶学、农业工程、土木、水利与交通工程、光电信息科学与工程、能源与环境系统工程、翻译、艺术与科技、生物育种科学、食品科学与工程、环境科学、海洋工程与技术、电子与计算机工程、自动化、高分子材料与工程、过程装备与控制工程、西班牙语、古典文献学、化学工程与工艺、土木工程、信息安全、工业设计、行政管理、工商管理、软件工程、计算机科学与技术、机器人工程、电气工程及其自动化、化学、信息管理与信息系统、药学、生物工程、人工智能、数学与应用数学、日语、环境工程、信息与计算科学、电子信息工程、英语、汉语言文学、国际经济与贸易
4	复旦大学（上海）	985、211、双一流	软科排名：5 QS世界排名：50	哲学、应用经济学、政治学、马克思主义理论、中国语言文学、外国语言文学、中国史、数学、物理学、化学、生物学、生态学、材料科学与工程、环境科学与工程、基础医学、临床医学、公共卫生与预防医学、中西医结合、药学、集成电路科学与工程	公共事业管理、预防医学、基础医学、保密技术、广告学、国际政治、哲学、管理科学、法医学、材料物理、生态学、生物科学、能源化学、物理学、数学与应用数学、文物与博物馆学、传播学、广播电视学、新闻学、朝鲜语、政治学与行政学、药学、信息与计算科学、历史学、翻译、汉语言文学、社会工作、经济学、临床医学、电子信息科学与技术、高分子材料与工程、金融学、旅游管理、护理学、数据科学与大数据技术、日语、英语、国际经济与贸易、市场营销、软件工程、财务管理、信息管理与信息系统
5	中国人民大学（北京）	985、211、双一流	软科排名：18 QS世界排名：556	哲学、理论经济学、应用经济学、法学、政治学、社会学、马克思主义理论、新闻传播学、中国史、统计学、工商管理、农林经济管理、公共管理、图书情报与档案管理	信息资源管理、档案学、农村区域发展、农林经济管理、劳动关系、人力资源管理、财务管理、市场营销、工商管理、应用统计学、统计学、数据计算及应用、国际新闻与传播、新闻学、马克思主义理论、中国共产党历史、社会学、法学、贸易经济、信用管理、金融工程、金融学、数字经济、能源经济、资源与环境经济学、国民经济管理、经济学、城市管理、土地资源管理、劳动与社会保障、行政管理、会计学、广告学、社会工作、外交学、国际经济与贸易、保险学、税收学、财政学、经济统计学、宗教学、广播电视学、数据科学与大数据技术、应用心理学、汉语言文学
6	上海交通大学（上海）	985、211、双一流	软科排名：4 QS世界排名：51	数学、物理学、化学、生物学、机械工程、材料科学与工程、电子科学与技术、信息与通信工程、控制科学与工程、计算机科学与技术、土木工程、化学工程与技术、船舶与海洋工程、基础医学、临床医学、口腔医学、药学、工商管理	文化产业管理、听力与言语康复学、医学检验技术、食品卫生与营养学、儿科学、生物医学科学、植物科学与技术、生物工程、环境科学与工程、船舶与海洋工程、电子与计算机工程、信息安全、人工智能、信息工程、智慧能源工程、工业设计、生物技术、传播学、工业工程、大数据管理与应用、临床药学、电子科学与技术、储能科学与工程、材料科学与工程、机械工程、临床医学、自动化、能源与动力工程、视觉传达设计、护理学、会计学、工商管理、软件工程、生物科学、人力资源管理、物理学、行政管理、数学与应用数学、英语、法学、计算机科学与技术、日语、土木工程、电气工程及其自动化

续表

序号	院校名称及所属地区	院校荣誉优势	院校排名	双一流建设学科，优势学科	优势专业
7	武汉大学（湖北）	985、211、双一流	软科排名：9 QS 世界排名：194	理论经济学、法学、马克思主义理论、化学、地球物理学、生物学、土木工程、水利工程、测绘科学与技术、口腔医学、图书情报与档案管理	印刷工程、导航工程、遥感科学与技术、测绘工程、智慧水利、水利水电工程、电波传播与天线、国际法、图书馆学、生物制药、水文与水资源工程、空间信息与数字技术、地理信息科学、编辑出版学、思想政治教育、中国共产党历史、人力资源管理、广告学、汉语国际教育、大数据管理与应用、生物技术、法学、经济学、公共事业管理、信息管理与信息系统、新闻学、电子商务、市场营销、汉语言文学、土木工程、国际经济与贸易、计算机科学与技术
8	中国科学院大学（北京）	双一流	—	化学、材料科学与工程	—
9	南京大学（江苏）	985、211、双一流	软科排名：6 QS 世界排名：141	哲学、理论经济学、中国语言文学、外国语言文学、物理学、化学、天文学、大气科学、地质学、生物学、材料科学与工程、计算机科学与技术、化学工程与技术、矿业工程、环境科学与工程、图书情报与档案管理	地质学、应用气象学、大气科学、天文学、声学、编辑出版学、法语、档案学、智能科学与技术、软件工程、化学、日语、德语、俄语、英语、电子商务、劳动与社会保障、环境科学、人工智能、电子信息科学与技术、数字经济、市场营销、城乡规划、环境工程、广播电视学、汉语言文学、社会工作、物理学、信息与计算科学、广告学、行政管理、财务管理、计算机科学与技术、应用心理学、汉语国际教育、工商管理、信息管理与信息系统、经济学、会计学、国际经济与贸易、法学
10	中山大学（广东）	985、211、双一流	软科排名：11 QS 世界排名：323	哲学、数学、化学、生物学、生态学、材料科学与工程、电子科学与技术、基础医学、临床医学、药学、工商管理	精神医学、麻醉学、交通设备与控制工程、矿物加工工程、铁道工程、新能源材料与器件、粉体材料科学与工程、数字出版、采矿工程、遥感科学与技术、冶金工程、测绘工程、数据科学与大数据技术、工程管理、机械设计制造及其自动化、计算机科学与技术
11	吉林大学（吉林）	985、211、双一流	软科排名：26 QS 世界排名：502	考古学、数学、物理学、化学、生物学、材料科学与工程	地下水科学与工程、汽车服务工程、放射医学、农业机械化及其自动化、地质工程、康复治疗学、思想政治教育、应用化学、物流管理、物联网工程、法学
12	华中科技大学（湖北）	985、211、双一流	软科排名：8 QS 世界排名：275	机械工程、光学工程、材料科学与工程、动力工程及工程热物理、电气工程、计算机科学与技术、基础医学、临床医学、公共卫生与预防医学	计算金融、医学影像学、密码科学与技术、电子封装技术、电气工程及其自动化、材料成型及控制工程、机械设计制造及其自动化、物流管理、公共事业管理、麻醉学、集成电路设计与集成系统、光电信息科学与工程、新能源科学与工程、数字媒体艺术、工程管理、医学检验技术、大数据管理与应用、能源与动力工程、行政管理、电子信息工程、新闻学、自动化、通信工程、人工智能、计算机科学与技术、数据科学与大数据技术、市场营销

续表

序号	院校名称及所属地区	院校荣誉优势	院校排名	双一流建设学科，优势学科	优势专业
13	四川大学（四川）	985、211、双一流	软科排名：15 QS世界排名：355	数学、化学、材料科学与工程、基础医学、口腔医学、护理学	卫生检验与检疫、口腔医学技术、眼视光学、医学影像技术、法学、临床药学、口腔医学、轻化工程、医学信息工程、信息资源管理、康复治疗学、制药工程、新能源材料与器件、考古学、护理学、高分子材料与工程、美术学、药学、网络与新媒体、汉语国际教育、化学工程与工艺、应用化学、汉语言文学、人力资源管理、物联网工程、旅游管理、市场营销、英语
14	中国社会科学院大学（北京）	—	—	—	哲学、汉语言文学、社会学、历史学、政治学与行政学、思想政治教育、财务管理、国际经济与贸易、广播电视学、新闻学、英语、法学、经济学、国际事务与国际关系、马克思政治论、法语
15	南开大学（天津）	985、211、双一流	软科排名：21 QS世界排名：384	应用经济学、世界史、数学、化学、统计学、材料科学与工程	会展经济与管理、资源循环科学与工程、分子科学与工程、精算学、商务经济学、旅游管理、人力资源管理、世界史、国际经济与贸易、金融科技、数字经济、金融工程、财务管理、工商管理、思想政治教育、经济学、汉语国际教育、会计学、数学与应用数学、英语
16	西安交通大学（陕西）	985、211、双一流	软科排名：10 QS世界排名：291	力学、机械工程、材料科学与工程、动力工程及工程热物理、电气工程、控制科学与工程、管理科学与工程、工商管理	智慧建筑与建造、给排水科学与工程、数字媒体技术、电子商务、大数据管理与应用、物联网工程、储能科学与工程、新能源科学与工程、能源与动力工程、智能制造工程、过程装备与控制工程、网络与新媒体、国际经贸规则、核工程与核技术、能源互联网工程、工业工程、电子科学与技术、电气工程及其自动化、车辆工程、工业设计、自动化、财务管理、会计学、信息与计算科学、工商管理、市场营销、计算机科学与技术
17	中南大学（湖南）	985、211、双一流	软科排名：25 QS世界排名：452	数学、材料科学与工程、冶金工程、矿业工程、交通运输工程	精神医学、麻醉学、交通设备与控制工程、矿物加工工程、铁道工程、新能源材料与器件、粉体材料科学与工程、数字出版、采矿工程、遥感科学与技术、冶金工程、测绘工程、数据科学与大数据技术、工程管理、机械设计制造及其自动化、计算机科学与技术
18	山东大学（山东）	985、211、双一流	软科排名：22 QS世界排名：360	中国语言文学、化学、临床医学、数学	生物医药数据科学、智能建造与智慧交通、供应链管理、生物医学科学、能源与环境系统工程、汉语国际教育、科学社会主义、国际组织与全球治理、机器人工程、产品设计、数学与应用数学、汉语言文学、机械设计制造及其自动化、英语、数据科学与大数据技术、国际经济与贸易

注：表中排名数据参考软科官网发布的中国大学排名、QS中国官网发布的世界大学排名。

（十二）农林类

表 3-15   "农林类"重点院校

序号	院校名称及所属地区	院校荣誉优势	院校软科排名	双一流建设学科，优势学科	优势专业
1	南京农业大学（江苏）	211、双一流	49	作物学、农业资源与环境	动物药学、智慧农业、农业电气化、农林经济管理、草坪科学与工程、农业资源与环境、设施农业科学与工程、种子科学与工程、园艺、农学、文化遗产、食品质量与安全
2	华中农业大学（湖北）	211、双一流	47	生物学、园艺学、畜牧学、兽医学、农林经济管理	水族科学与技术、动物科学、园艺、植物科学与技术、动物医学、应用生物科学、农学、种子科学与工程
3	西北农林科技大学（陕西）	985、211、双一流	73	植物保护、畜牧学	智慧农业科学与工程、设施农业科学与工程、植物保护、智慧林业、水土保持与荒漠化防治、智慧农业、葡萄与葡萄酒工程、农业智能装备工程、农业水利工程
4	华南农业大学（广东）	双一流	94	作物学	动物药学、智慧牧业科学与工程、蚕学、农业机械化及其自动化、设施农业科学与工程、种子科学与工程、动物医学、农学
5	北京林业大学（北京）	211、双一流	84	风景园林学、林学	物业管理、草坪科学与工程、经济林、森林保护、园林、林学、水土保持与荒漠化防治、野生动物与自然保护区管理、家具设计与工程、林产化工、木材科学与工程、风景园林
6	东北林业大学（黑龙江）	211、双一流	113	林业工程、林学	森林工程、木材科学与工程、野生动物与自然保护区管理、森林保护、林产化工、园林、林学、风景园林
7	福建农林大学（福建）	—	—	林学、植物保护、农林经济管理、食品科学与工程、生态学、生物学、农业资源与环境、作物学	园林、食品质量与安全、食品科学与工程、产品设计、商务经济学、水土保持与荒漠化防治、智慧林业、农村区域发展
8	东北农业大学（黑龙江）	211、双一流	121	畜牧学	乳品工程、农业建筑环境与能源工程、粮食工程、动物科学、园艺、食品科学与工程、食品质量与安全、应用生物科学
9	山东农业大学（山东）	—	—	农业资源与环境、作物学、园艺学、植物保护、兽医学、食品科学与工程、生物学、畜牧学	应用生物科学、植物科学与技术、农业资源与环境、设施农业科学与工程、植物保护、农学、动物医学、种子科学与工程
10	四川农业大学（四川）	211、双一流	134	作物学	动植物检疫、动物科学、智慧农业、农业资源与环境、农学、园林、食品质量与安全、工程造价
11	湖南农业大学（湖南）	—	—	公共管理、园艺学、农业资源与环境、畜牧学、植物保护、兽医学、农林经济管理、作物学	茶学、园艺、公共事业管理、动植物检疫、动物药学、智慧农业、酿酒工程、农村区域发展
12	河南农业大学（河南）	—	—	作物学、兽医学、畜牧学、食品科学与工程、林学、农业资源与环境、农业工程、农林经济管理	烟草、饲料工程、动植物检疫、园林、汽车服务工程、智慧牧业科学与工程、兽医公共卫生、农业建筑环境与能源工程
13	南京林业大学（江苏）	双一流	93	林业工程	智慧林业、森林保护、园林、林学、森林工程、家具设计与工程、视觉传达设计、环境设计

续表

序号	院校名称及所属地区	院校荣誉优势	院校软科排名	双一流建设学科，优势学科	优势专业
14	河北农业大学（河北）	—	—	林学、园艺学、作物学、植物保护、农业资源与环境、马克思主义理论	种子科学与工程、农学、园艺、园林、食品质量与安全、食品科学与工程、物联网工程、机械设计制造及其自动化

注：表中排名数据参考软科官网发布的中国大学排名。

3.1.5　各领域强势院校

中国大学的专业设置涵盖了自然科学、社会科学、艺术创作、科技研发的各个领域，为学生提供了丰富的选择和发展空间，下面介绍部分领域的翘楚院校。

"C9 联盟"

1998 年，教育部启动了"面向 21 世纪教育振兴行动计划"，旨在推动部分高校成为世界一流大学和高水平大学，这一计划被称为"985 工程"。"985 工程"涵盖了 39 所大学，它们在综合实力、学科教育和科研方面均处于国内领先地位。

首批建设的 985 大学有 9 所：清华大学、北京大学、复旦大学、上海交通大学、中国科学技术大学、浙江大学、南京大学、西安交通大学和哈尔滨工业大学。这 9 所大学因卓越的学术地位和影响力，被称为"C9 联盟"。"C9 联盟"也被称为中国的"常春藤联盟"，代表着中国高等教育的卓越和创新。

"华东五校"

"华东五校"包括复旦大学、上海交通大学、浙江大学、南京大学和中国科学技术大学，是中国东部沿海地区，特别是长三角经济圈的五所顶尖高等学府。这些大学不仅在全国范围内享有很高的声誉，而且在国际上也具有显著的影响力。

它们被认为是继北京大学和清华大学之后，中国最顶尖的高等教育机构。这些大学均位于长三角地区的直辖市或省会城市，是首批入选"985 工程"和"211 工程"的高校，并且都是"C9 联盟"的成员。

"国防七子"

"国防七子"是指原国防科工委（现工业和信息化部）直接管理的七所重点大学，它们在国防科技教育领域具有重要地位。这些大学在航空、航天、航海、兵器以及核能等国防科技领域拥有显著优势和特色。它们按工业和信息化部官网的排序如下。

①北京航空航天大学：以航天和航空学科见长。

②北京理工大学：以兵器和航天学科见长。

③哈尔滨工业大学：在航空和航天领域有深厚的研究实力。

④西北工业大学：在航空、航天、航海、兵器等多个国防科技领域具有优势。

⑤哈尔滨工程大学：在航海、核能、航空、航天、兵器等方面有突出表现。

⑥南京航空航天大学：以航空、航天、民航学科为特色。

⑦南京理工大学：以兵器学科闻名。

这些大学不仅为国家的国防科技事业培养了大量优秀人才，而且在推动相关领域的科学研究和技术进步方面作出了重要贡献。

"机械五虎"

"机械五虎"是指清华大学、上海交通大学、华中科技大学、西安交通大学和哈尔滨工业大学五所高校。它们被誉为我国机械专业领域的顶尖学府，代表着我国机械科研实力的最高水平。

这五所高校不仅在机械领域有着卓越的造诣，其综合实力也非常强大。它们均入选了"985 工程""211 工程"和"双一流"建设高校名单，其中清华大学、上海交通大学、华中科技大学和哈尔滨工业大学更是全国顶级的 985 高校。在全国高校排名中，这五所学校几乎稳定位列前十。

清华大学的精密机械与仪器专业是其优势学科之一，该专业涵盖精密机械、电子技术、光学、自动控制和计算机技术等多个交叉学科领域。其研究方向包括仪器的智能化、微型化、集成化和网络化等，旨在培养具备创新能力和实践能力的高素质人才。

上海交通大学在船舶与海洋工程、振动工程等领域有着深厚的学术积淀。该校的机械工程学科历史悠久，培养了众多行业内的领军人物。学校拥有一批国家级重点实验室和工程研究中心，为科研和人才培养提供了有力支撑。

华中科技大学在通用机械和数控技术方面处于国内领先地位。学校拥有多个国家级重点实验室和技术研究中心，致力于推动机械工程领域的技术创新和产业发展。该校的科研成果在国家工业发展中发挥了重要作用。

西安交通大学在重大装备研发方面取得了突出成就。其机械工程专业的研究成果广泛应用于国家重大工程项目中，为国家的经济建设和国防安全作出了重要贡献。

哈尔滨工业大学在机器人技术和航天工程领域拥有世界级的研发能力。学校多次参与国家的重要航天任务，培养了大量该领域的专业人才。其机械工程学科在航空航天领域的研究和应用方面具有独特的优势。

"机械四小龙"

"机械四小龙"是指原机械工业部直属的四所老牌机械强校，分别是合肥工业大学、湖南大学、吉林工业大学（现并入吉林大学）和燕山大学。目前，这四所大学都是工业和信息化部（国家国防科技工业局）、教育部与省级地方政府共建的高校。

与"机械五虎"相比，"机械四小龙"的名气可能没有那么大，学校的综合实力也没有那么强，全国排名也没有那么靠前。但是，它们在机械领域的底蕴同样深厚。吉林大学和湖南大学是"985 工程"、"211 工程"、"双一流"高校；合肥工业大学是"211 工程"、"双一流"高校；燕山大学虽然是一所"双非"院校，但其机械专业的招生分数并不低，大多在 600 分以上，而且该校机械专业的毕业生在企业中的认可度很高。

"五院四系"

"五院四系"是指中国政法大学、西南政法大学、华东政法大学、中南财经政法大学、西北政法大学这五所政法院校以及北京大学、中国人民大学、武汉大学、吉林大学这四所大学的法律系。"五院四系"在中华人民共和国成立初期就已经建立，它们在法学教育和研究方面有着悠久的历史和深厚的底蕴。这 9

所高校的法律学科在中国法学界具有举足轻重的地位，为中国的法治建设和法学研究作出了重要贡献。

在中国高等法学教育界，有一种说法：只有从"五院四系"走出来的人，才算是真正意义上的"法学科班生"。这也反映了"五院四系"在法学教育领域的重要地位和影响力。

"五院四系"在很大程度上代表了中国法学研究和高等法学教育的最高水平，堪称法学类院校中的"泰山北斗"。它们培养了大量优秀的法律人才，为中国的法治建设和社会发展提供了有力的支持。

"两电一邮"

"两电一邮"指中国信息技术领域的三所知名高校，分别是电子科技大学、西安电子科技大学和北京邮电大学。这三所大学因其在电子通信类专业方面的卓越教育质量和毕业生在信息通信技术行业的强大竞争力而闻名。

电子科技大学位于成都市，简称"成电"或"电子科大"，是由教育部直属，并与工业和信息化部、四川省和成都市共建的高等学府。它位列国家"985 工程"、"211 工程"、"双一流"建设高校，也是一所完整覆盖电子类学科以电子信息科学技术为核心的研究型大学。电子科学与技术、信息与通信工程专业都是 A+ 学科，实力全国第一档，也是电子科技大学最好的两个学科。

西安电子科技大学位于西安市，简称"西电"，是由教育部直属的高等学府，"211 工程"、"双一流"建设高校。这所大学以工科为主，多学科协调发展，是电子和信息技术领域的重要高等教育机构。学校的王牌专业有电子科学与技术、信息与通信工程、计算机科学与技术。其中电子科学与技术专业是 A+ 水平，和电子科技大学实力比肩，都是国内最好的专业之一。信息与通信工程学科实力也很出色，与清华大学、上海交通大学、国防科技大学实力相当，都是 A 类学科。

北京邮电大学位于北京市，简称"北邮"，也是由教育部直属，与工业和信息化部共建的全国重点大学。它位列国家"985 工程优势学科创新平台"、"211 工程"、"双一流"建设高校，是中国第一所邮电高等学府，以通信工程、电子信息工程等专业的教育质量著称。

"两财一贸"

"两财一贸"指我国在财经外贸领域具有较高声誉的三所高校，"两财"指的是上海财经大学和中央财经大学，"一贸"指的是对外经济贸易大学。

上海财经大学，简称"上财"，位于上海，是中国一流的财经类大学，以商科最为著名。它是"双一流"世界一流学科 A 类高校。上海财经大学在经济管理学科领域实力强劲。在第四轮学科评估中，应用经济学、工商管理获评 A，统计学获评 A–，理论经济学、马克思主义理论、法学等学科也有较好表现。拥有会计学、金融学、财政学、统计学、工商管理、国际经济与贸易等国家级特色专业。

中央财经大学位于北京，是国家"211 工程"、"双一流"建设高校。中央财经大学的应用经济学学科实力突出，在第四轮学科评估中与北京大学、中国人民大学并列第一，评估结果为 A+，工商管理一级学科评估结果为 A–。拥有金融学、会计学、财政学、保险学、统计学、市场营销学、税务学、信息管理与信息系统等国家级特色专业。

对外经济贸易大学位于北京，是中华人民共和国第一所培养对外贸易专门人才的高等学府。它是国家"211

工程"和"双一流"建设高校，在国际经济与贸易、法学（国际经济法）、金融学、工商管理、外语（商务外语）等专业具有优势。在第四轮学科评估中，应用经济学、工商管理评估结果为 A，法学与外国语言文学评估结果为 A-。

三所高校均位于中国金融行业的"大动脉"地区，为学生提供了良好的实践和学习环境，都以卓越的教学质量、深厚的学术底蕴和广阔的就业前景著称，成为无数学子心驰神往的学术殿堂。

"E9 联盟"

"E9 联盟"，即卓越大学联盟（Excellence 9），是由北京理工大学、重庆大学、大连理工大学、东南大学、哈尔滨工业大学、华南理工大学、天津大学、同济大学和西北工业大学组成的高校联盟。这些高校都是国内具有理工特色的顶尖大学，以工科为主，实力强劲。

"E9 联盟"成立于 2011 年（也有说法认为成立于 2010 年），其成立旨在追求卓越、协同创新，共同培养拔尖创新人才。联盟成员高校都是中国著名的工科大学，各自在优势领域有着卓越的成就，共同构成了中国工科教育的"梦之队"。

"E9 联盟"内的高校实现了教学资源的共享。学生可以在自主报名、自由选择学校的基础上，以国内游学的形式在联盟各高校之间进行交流学习。从双边互换开始，现已逐步实现"进一门入九校"，即在联盟内任何一所高校就读的学生都可以同时享受到九校的优质教育资源。

"E9 联盟"不仅注重国内高校间的合作与交流，还积极开展国际合作与交流。例如，与日本国立六大学联盟续签了合作协议，与澳大利亚科技大学联盟签署合作协议，成立中澳工科大学联盟等。这些国际合作与交流活动有助于提升"E9 联盟"在国际上的影响力和竞争力。

"E9 联盟"的成立是中国高等教育发展的一个重要里程碑，它标志着中国工科教育进入了新的发展阶段。联盟内的合作与交流不仅提升了各成员高校的教学和科研水平，还为中国工科教育的发展注入了新的活力和动力。同时，"E9 联盟"也为中国培养了大量拔尖创新人才，为国家的经济和社会发展作出了重要贡献。

3.1.6 各省市重点院校

在中国，各地区的重点高校犹如一颗颗璀璨的明珠，汇聚了最优秀的师资队伍和最具潜力的学生。这里，是知识的殿堂，是智慧的源泉，更是梦想启航的地方。下面将介绍中国各省、区、市（暂未统计港澳台地区）的部分重点院校（按音序排列）。

（一）安徽

表 3-16 安徽重点院校

排名	院校名称	类型	院校荣誉优势	核心专业
1	中国科学技术大学	理工	985、211、双一流	管理科学、安全工程、数据科学与大数据技术、材料物理、地球化学、行星科学、地球物理学、化学、量子信息科学、应用物理学、物理学、环境科学与工程、信息安全、材料化学、空间科学与技术、天文学、信息与计算科学、生物技术、数学与应用数学、生物科学、计算机科学与技术、人工智能、电子信息工程
2	合肥工业大学	理工	211、双一流	电气工程与智能控制、粉体材料科学与工程、信息管理与信息系统、物流管理、金属材料工程、大数据管理与应用、食品质量与安全、新能源材料与器件
3	安徽大学	综合	211、双一流	互联网金融、知识产权、网络工程、新能源材料与器件、网络与新媒体、材料化学、广播电视学、数字经济
4	安徽师范大学	师范	保研资格	舞蹈表演、秘书学、休闲体育、小学教育、学前教育、音乐表演、音乐学、体育教育
5	安徽医科大学	医药	保研资格	妇幼保健医学、医疗保险、养老服务管理、卫生检验与检疫、食品卫生与营养学、药物制剂、医学信息工程、健康服务与管理
6	安徽农业大学	农林	保研资格	茶学、农业资源与环境、园艺、智慧农业、园林、农学、动物医学、物流工程
7	安徽工业大学	理工	保研资格	互联网金融、经济与金融、工程造价、工业智能、焊接技术与工程、冶金工程、复合材料与工程、物流工程
8	安徽理工大学	理工	保研资格	工程造价、导航工程、区块链工程、应急技术与管理、采矿工程、矿物加工工程、安全工程、智能建造
9	安徽财经大学	财经	保研资格	互联网金融、投资学、应用统计学、工程造价、国际商务、审计学、数字经济、金融工程
10	安徽中医药大学	医药	保研资格	医疗保险、针灸推拿学、中药学、药物制剂、生物制药、康复治疗学、制药工程、药学
11	安徽工程大学	理工	—	新能源汽车工程、互联网金融、环境设计、视觉传达设计、服装与服饰设计、物联网工程、区块链工程、服装设计与工程
12	安徽建筑大学	理工	—	建筑电气与智能化、动画、房地产开发与管理、道路桥梁与渡河工程、资产评估、工程造价、建筑学、智能建造
13	蚌埠医科大学	医药	保研资格	健康服务与管理、医学检验技术、护理学、物联网工程、药物分析、食品卫生与营养学、助产学、运动康复
14	安庆师范大学	师范	—	表演、应用电子技术教育、虚拟现实技术、科学教育、秘书学、数字媒体技术、小学教育、广播电视学
15	合肥大学	理工	—	酒店管理、动画、网络工程、小学教育、产品设计、网络与新媒体、物流管理、旅游管理

注：表中排名数据参考软科官网发布的中国大学排名。

（二）北京

表 3-17　北京重点院校

排名	院校名称	类型	院校荣誉优势	核心专业
1	清华大学	综合	985、211、双一流	陶瓷艺术设计、艺术与科技、工艺美术、服装与服饰设计、产品设计、环境设计、视觉传达设计、艺术设计学、雕塑、绘画、工业工程、工商管理、工程管理、信息管理与信息系统、风景园林、建筑学、环境工程、核工程与核技术、航空航天工程、化学工程与工业生物工程、土木、水利与海洋工程、建筑环境与能源应用工程、软件工程、计算机科学与技术、智能工程与创意设计、自动化、人工智能、微电子科学与工程、高分子材料与工程、材料科学与工程、车辆工程、机械工程、工程力学、生物科学、化学生物学、数理基础科学、政治学、经济学与哲学、经济与金融、艺术史论、生物医学工程、给排水科学与工程、电子信息科学与技术、电气工程及其自动化、能源与动力工程、测控技术与仪器、理论与应用力学、应用物理学、城乡规划、土木工程、物理学、数学与应用数学、历史学、经济学、数字媒体艺术、化学、英语、信息与计算科学、法学、汉语言文学
2	北京大学	综合	985、211、双一流	艺术史论、图书馆学、城市管理、行政管理、药学、环境科学、核化工与核燃料工程、智能科学与技术、电子信息科学与技术、理论与应用力学、统计学、应用心理学、生态学、生物信息学、空间科学与技术、人文地理与城乡规划、自然地理与资源环境、核物理、信息与计算科学、数学与应用数学、外国语言与外国历史、文物保护技术、文物与博物馆学、考古学、世界史、历史学、葡萄牙语、越南语、希伯来语、乌尔都语、泰语、蒙古语、缅甸语、印地语、印度尼西亚语、菲律宾语、朝鲜语、波斯语、日语、阿拉伯语、西班牙语、德语、俄语、应用语言学、古典文献学、汉语言、科学社会主义、人类学、社会工作、政治学与行政学、保险学、财政学、宗教学、护理学、医学影像技术、医学检验技术、口腔医学、临床医学、基础医学、计算机科学与技术、微电子科学与工程、应用统计学、心理学、生物技术、生物科学、地球化学、行星科学、地球物理学、地理科学、化学生物学、汉语言文学、马克思主义理论、社会学、政治学、经济学与哲学、国际政治、国际经济与贸易、资源与环境经济学、经济学、哲学、市场营销、软件工程、材料化学、地理信息科学、应用化学、化学、应用物理学、物理学、法学、金融学、会计学、数据科学与大数据技术、新闻学、英语、公共事业管理、人力资源管理、环境工程、广告学、工商管理、电子信息工程、财务管理
3	中国人民大学	综合	985、211、双一流	信息资源管理、档案学、农村区域发展、农林经济管理、劳动关系、人力资源管理、财务管理、市场营销、工商管理、应用统计学、统计学、数据计算及应用、国际新闻与传播、新闻学、马克思主义理论、中国共产党历史、社会学、法学、贸易经济、信用管理、金融工程、金融学、数字经济、能源经济、资源与环境经济学、国民经济管理、经济学、城市管理、土地资源管理、劳动与社会保障、行政管理、会计学、广告学、社会工作、外交学、国际经济与贸易、保险学、税收学、财政学、经济统计学、宗教学、广播电视学、数据科学与大数据技术、应用心理学、汉语言文学
4	北京航空航天大学	理工	985、211、双一流	无人驾驶航空器系统工程、飞行器适航技术、飞行器质量与可靠性、飞行器环境与生命保障工程、飞行器动力工程、飞行器设计与工程、虚拟现实技术、机器人工程、电磁场与无线技术、纳米材料与技术、信息对抗技术、飞行器控制与信息工程、智能感知工程、微机电系统工程、核物理、能源经济、自动化、电子信息工程、测控技术与仪器、信息与计算科学、翻译、通信工程、工程管理、计算机科学与技术、软件工程、数学与应用数学、英语
5	北京师范大学	师范	985、211、双一流	资源环境科学、环境生态工程、心理学、地理科学、系统科学与工程、历史学、中国语言与文化、汉语言文学、学前教育、教育技术学、教育学、思想政治教育、戏剧影视文学、人文地理与城乡规划、自然地理与资源环境、特殊教育、书法学、公共事业管理、应用统计学、体育教育、日语、国际经济与贸易、数学与应用数学、英语

续表

排名	院校名称	类型	院校荣誉优势	核心专业
6	北京理工大学	理工	985、211、双一流	智能无人系统技术、信息对抗技术、装甲车辆工程、特种能源技术与工程、弹药工程与爆炸技术、武器发射工程、信息管理与信息系统、武器系统与工程、密码科学与技术、车辆工程、机械电子工程、量子信息科学、安全工程、智能制造工程、产品设计、光电信息科学与工程、自动化、通信工程、电子信息工程、机器人工程、环境设计、计算机科学与技术、软件工程、数据科学与大数据技术
7	中国农业大学	农林	985、211、双一流	兽医公共卫生、中兽医学、动物医学、土地科学与技术、生物质科学与工程、生物育种科学、种子科学与工程、农学、食品营养与健康、葡萄与葡萄酒工程、农业智能装备工程、土地整治工程、农业水利工程、农业建筑环境与能源工程、农业机械化及其自动化、农村区域发展、草业科学、动物科学、植物保护、酿酒工程、食品质量与安全、资源环境科学、农业工程、食品科学与工程、生物技术
8	中央财经大学	财经	211、双一流	供应链管理、体育经济与管理、金融科技、投资学、税收学、资产评估、贸易经济、精算学、金融工程、金融学、国民经济管理、国际商务、电子商务、大数据管理与应用、市场营销、会计学、财务管理、国际经济与贸易
9	北京协和医学院	医药	双一流	护理学、临床医学
10	中国政法大学	政法	211、双一流	法学、网络与新媒体、政治学与行政学、国际商务、公共事业管理、思想政治教育、应用心理学、社会工作
11	北京交通大学	理工	211、双一流	智能运输工程、交通工程、交通运输、轨道交通信号与控制、智能交互设计、数据科学、智能装备与系统、智慧能源工程、系统科学与工程、物流管理、物联网工程、通信工程
12	对外经济贸易大学	财经	211、双一流	创业管理、国际经济与贸易、金融数学、电子商务、国际商务、市场营销、商务英语、经济与金融、文化产业管理、财务管理、投资学、金融工程、物流管理、数字经济、人力资源管理、金融学
13	北京科技大学	理工	211、双一流	冶金工程、无机非金属材料工程、纳米材料与技术、材料科学与工程、矿物加工工程、物流工程、采矿工程、材料物理
14	北京邮电大学	理工	211、双一流	邮政工程、电信工程及管理、数字媒体技术、通信工程、智能交互设计、网络工程、物联网工程、电子信息工程、数据科学与大数据技术、计算机科学与技术
15	北京外国语大学	语言	211、双一流	乌兹别克语、哈萨克语、乌克兰语、尼泊尔语、孟加拉语、普什图语、意大利语、匈牙利语、希腊语、土耳其语、塞尔维亚语、罗马尼亚语、捷克语、波兰语、保加利亚语、斯瓦希里语、僧伽罗语、马来语、老挝语、柬埔寨语、英语、外国语言与外国历史、翻译、越南语、希伯来语、乌尔都语、蒙古语、缅甸语、印地语、印度尼西亚语、菲律宾语、阿拉伯语、法语、俄语、日语
16	首都医科大学	医药	保研资格	康复治疗学、医学实验技术、假肢矫形工程、助产学、康复作业治疗、康复物理治疗、听力与言语康复学、儿科学、精神医学
17	中国石油大学（北京）	理工	211、双一流	石油工程、海洋油气工程、油气储运工程、安全工程、能源化学工程、化学工程与工艺、应用化学、信息管理与信息系统
18	华北电力大学（北京）	理工	211、双一流	氢能科学与工程、智能电网信息工程、新能源科学与工程、工程造价、电气工程及其自动化、能源与动力工程、储能科学与工程、供应链管理
19	中国地质大学（北京）	理工	211、双一流	防灾减灾科学与工程、智能地球探测、地球信息科学与技术、宝石及材料工艺学、勘查技术与工程、资源勘查工程、地质工程、土地资源管理

续表

排名	院校名称	类型	院校荣誉优势	核心专业
20	中国传媒大学	综合	211、双一流	新媒体艺术、数字媒体艺术、漫画、动画、播音与主持艺术、广播电视学、摄影、影视摄影与制作、录音艺术、戏剧影视美术设计、戏剧影视导演、广播电视编导、艺术管理、广播电视工程、国际新闻与传播、数字出版、网络与新媒体、尼泊尔语、孟加拉语、普什图语、广告学、新闻学、环境设计
21	中国矿业大学（北京）	理工	211、双一流	应急技术与管理、碳储科学与工程、采矿工程、安全工程、城市地下空间工程、测绘工程、土木工程、智能采矿工程
22	中央民族大学	民族	985、211、双一流	民族学、中国少数民族语言文学、舞蹈学、舞蹈表演、音乐教育、音乐表演、汉语国际教育、美术学
23	外交学院	语言	双一流	国际组织与全球治理、国际事务与国际关系、外交学、翻译、英语、法语、法学、日语
24	北京化工大学	理工	211、双一流	氢能科学与工程、能源化学工程、化学工程与工艺、功能材料、制药工程、生物工程、应用化学、过程装备与控制工程
25	北京工业大学	理工	211、双一流	焊接技术与工程、资源循环科学与工程、工艺美术、交通工程、新能源科学与工程、智能建造、建筑环境与能源应用工程、给排水科学与工程

注：表中排名数据参考软科官网发布的中国大学排名。

（三）重庆

表 3-18　重庆重点院校

排名	院校名称	类型	院校荣誉优势	核心专业
1	重庆大学	综合	985、211、双一流	工程造价、房地产开发与管理、碳储科学与工程、环境生态工程、城市地下空间工程、机械电子工程、智能制造工程、土木工程、电气工程及其自动化、市场营销工程管理、机械设计制造及其自动化、财务管理、电子信息工程
2	西南大学	综合	211、双一流	蚕学、中兽医学、生物质科学与工程、学前教育、农业资源与环境、特殊教育、教育学、环境科学与工程
3	重庆医科大学	医药	—	口腔医学技术、医学实验技术、医学检验技术、医学影像技术、护理学、口腔医学、听力与言语康复学、精神医学
4	安徽医科大学	医药	保研资格	妇幼保健医学、医疗保险、养老服务管理、卫生检验与检疫、食品卫生与营养学、药物制剂、医学信息工程、健康服务与管理
5	西南政法大学	政法	保研资格	知识产权、电子商务及法律、法学、审计学、网络与新媒体、广播电视学、市场营销、侦查学
6	重庆邮电大学	理工	保研资格	工业智能、医学信息工程、数据计算及应用、网络工程、智能科学与技术、通信工程、数字媒体技术、物联网工程
7	重庆交通大学	理工	保研资格	道路桥梁与渡河工程、工程造价、土木工程、旅游管理、航海技术、智慧交通、港口航道与海岸工程、水利水电工程
8	重庆师范大学	师范	保研资格	教育康复学、航空服务艺术与管理、秘书学、小学教育、学前教育、数学与应用数学、科学教育、特殊教育

续表

排名	院校名称	类型	院校荣誉优势	核心专业
9	重庆理工大学	理工	保研资格	汽车服务工程、机械电子工程、财务管理、市场营销、电子商务及法律、智能车辆工程、焊接技术与工程、审计学
10	重庆工商大学	财经	—	审计学、投资学、酒店管理、物流管理、财务管理、国际经济与贸易、电子商务、市场营销
11	四川外国语大学	语言	—	商务英语、翻译、英语、日语、缅甸语、越南语、泰语、阿拉伯语
12	四川美术学院	艺术	保研资格	艺术教育、动画、绘画、戏剧影视美术设计、雕塑、公共艺术、工艺美术、艺术与科技
13	重庆科技大学	理工	—	供应链管理、汽车服务工程、酒店管理、工程造价、机械电子工程、电气工程及其自动化、物联网工程、国际经济与贸易
14	重庆三峡学院	综合	—	汽车服务工程、酒店管理、小学教育、汉语言文学、电子信息工程、道路桥梁与渡河工程、园艺、文化产业管理
15	重庆文理学院	综合	—	工程审计、旅游管理与服务教育、园林、会展经济与管理、物流工程、广播电视编导、工程造价、电子信息科学与技术
16	重庆中医药学院	医药	—	—
17	长江师范学院	师范	—	工程造价、小学教育、音乐学、体育教育、网络与新媒体、旅游管理、财务管理、物流工程

注：表中排名数据参考软科官网发布的中国大学排名。

（四）福建

表 3-19　福建重点院校

排名	院校名称	类型	院校荣誉优势	核心专业
1	厦门大学	综合	985、211、双一流	酒店管理、审计学、国际商务、能源化学、经济统计学、海洋科学、人力资源管理、会计学、统计学、旅游管理、生物技术、财务管理、化学、金融工程、电子商务、生物科学、国际经济与贸易、工商管理、法学、英语
2	福州大学	理工	211、双一流	物流工程、工艺美术、制药工程、化学、物流管理、数字媒体艺术、数字媒体技术、化学工程与工艺
3	福建师范大学	师范	保研资格	数据科学、舞蹈学、体育教育、音乐学、广播电视编导、社会体育指导与管理、自然地理与资源环境、地理科学
4	华侨大学	综合	保研资格	应用语言学、华文教育、酒店管理、会展经济与管理、旅游管理、市场营销、建筑学、人力资源管理
5	福建农林大学	农林	保研资格	园林、食品质量与安全、食品科学与工程、产品设计、商务经济学、水土保持与荒漠化防治、智慧林业、农村区域发展
6	福建医科大学	医药	保研资格	助产学、护理学、医学影像技术、康复治疗学、医疗保险、卫生检验与检疫、眼视光学、麻醉学
7	集美大学	综合	保研资格	水生动物医学、水产养殖学、社会体育指导与管理、食品科学与工程、音乐学、船舶电子电气工程、航海技术、轮机工程

续表

排名	院校名称	类型	院校荣誉优势	核心专业
8	福建中医药大学	医药	保研资格	中西医临床医学、中医学、针灸推拿学、康复治疗学、中药学、护理学、康复物理治疗、医学影像技术
9	闽江学院	理工	—	服装设计与工程、服装与服饰设计、物流工程、酒店管理、广告学、网络与新媒体、电子商务、纺织工程
10	福建理工大学	理工	—	工程造价、互联网金融、电气工程与智能控制、建筑电气与智能化、道路桥梁与渡河工程、给排水科学与工程、城乡规划、审计学
11	闽南师范大学	师范	—	科学教育、小学教育、学前教育、思想政治教育、汉语国际教育、体育教育、美术学、网络工程
12	厦门理工学院	理工	—	汽车服务工程、网络与新媒体、文化产业管理、国际商务、投资学、车辆工程、建筑学、物流管理
13	泉州师范学院	师范	—	音乐学、书法学、汽车服务工程、社会体育指导与管理、小学教育、学前教育、体育教育、电子商务
14	龙岩学院	综合	—	投资学、工程造价、学前教育、商务英语、网络与新媒体、市场营销、汉语言文学、软件工程
15	三明学院	综合	—	旅游管理与服务教育、动画、美术学、音乐学、产品设计、智能建造与智慧交通、数字经济、工程造价

注：表中排名数据参考软科官网发布的中国大学排名。

（五）甘肃

表 3-20　甘肃重点院校

排名	院校名称	类型	院校荣誉优势	核心专业
1	兰州大学	综合	985、211、双一流	草业科学、辐射防护与核安全、公共事业管理、民族学、人文地理与城乡规划、自然地理与资源环境、药物制剂、生态学
2	西北师范大学	师范	保研资格	航空服务艺术与管理、广播电视编导、秘书学、学前教育、应用心理学、美术学、舞蹈教育、特殊教育
3	兰州理工大学	理工	保研资格	机械电子工程、视觉传达设计、土木工程、机械设计制造及其自动化、焊接技术与工程、道路桥梁与渡河工程、功能材料、无机非金属材料工程
4	兰州交通大学	理工	保研资格	测绘工程、工程造价、土木工程、电气工程及其自动化、轨道交通信号与控制、道路桥梁与渡河工程、建筑电气与智能化、遥感科学与技术
5	甘肃农业大学	农林	保研资格	智慧牧业科学与工程、草业科学、动物医学、食品质量与安全、兽医公共卫生、植物科学与技术、种子科学与工程、设施农业科学与工程
6	西北民族大学	民族	保研资格	文物保护技术、中国少数民族语言文学、舞蹈表演、舞蹈学、绘画、音乐表演、数字媒体技术、广播电视编导
7	甘肃政法大学	政法	—	国际经贸规则、知识产权、公共事业管理、法学、财务管理、市场营销、网络空间安全、信息安全

续表

排名	院校名称	类型	院校荣誉优势	核心专业
8	兰州财经大学	财经	—	互联网金融、跨境电子商务、信用管理、资产评估、投资学、税收学、审计学、数字经济
9	甘肃中医药大学	医药	保研资格	中草药栽培与鉴定、康复治疗学、藏药学、医疗保险、中药资源与开发、针灸推拿学、中西医临床医学、中医学
10	天水师范学院	师范	—	跨境电子商务、汽车服务工程、社会体育指导与管理、戏剧影视文学、工艺美术、酒店管理、工程造价、网络工程
11	河西学院	综合	—	音乐表演、养老服务管理、艺术设计学、公共艺术、酒店管理、护理学、数字媒体艺术、网络工程
12	兰州城市学院	综合	—	汽车服务工程、审计学、广播电视编导、播音与主持艺术、工艺美术、城市管理、酒店管理、音乐学
13	兰州工业学院	理工	—	新能源汽车工程、网络工程、视觉传达设计、轨道交通信号与控制、汽车服务工程、工程造价、机械电子工程、物流管理
14	陇东学院	师范	—	土木工程
15	甘肃医学院	医药	—	助产学、医学影像技术、康复治疗学、医学检验技术、护理学

注：表中排名数据参考软科官网发布的中国大学排名。

（六）广东

表 3-21　广东重点院校

排名	院校名称	类型	院校荣誉优势	核心专业
1	中山大学	综合	985、211、双一流	精神医学、麻醉学、交通设备与控制工程、矿物加工工程、铁道工程、新能源材料与器件、粉体材料科学与工程、数字出版、采矿工程、遥感科学与技术、冶金工程、测绘工程、数据科学与大数据技术、工程管理、机械设计制造及其自动化、计算机科学与技术
2	华南理工大学	理工	985、211、双一流	商务英语、轻化工程、水务工程、功能材料、食品质量与安全、建筑学、网络工程、应用化学、食品科学与工程、机械电子工程、旅游管理
3	南方科技大学	理工	双一流	金融数学、光电信息材料与器件、生物信息学、材料科学与工程、生物技术、生物科学、物理学、化学
4	暨南大学	综合	211、双一流	应急管理、华文教育、酒店管理、国际事务与国际关系、网络与新媒体、新闻学、旅游管理、财务管理、会计学、市场营销
5	深圳大学	综合	保研资格	网络与新媒体、供应链管理、休闲体育、广告学、智能建造、建筑学、城乡规划、新闻学
6	华南师范大学	师范	211、双一流	教育技术学、小学教育、应用心理学、社会体育指导与管理、学前教育、科学教育、心理学、文化产业管理
7	南方医科大学	医药	保研资格	助产学、生物统计学、假肢矫形工程、食品卫生与营养学、健康服务与管理、康复治疗学、医学影像学、中西医临床医学

续表

排名	院校名称	类型	院校荣誉优势	核心专业
8	华南农业大学	农林	双一流	动物药学、智慧牧业科学与工程、蚕学、农业机械化及其自动化、设施农业科学与工程、种子科学与工程、动物医学、农学
9	广东工业大学	理工	保研资格	环境设计、机械电子工程、产品设计、视觉传达设计、服装与服饰设计、环境生态工程、数字媒体艺术、工程造价
10	广州医科大学	医药	双一流	康复作业治疗、精神医学、儿科学、麻醉学、医学检验技术、康复治疗学、医学影像学、临床医学
11	广州大学	综合	保研资格	人文地理与城乡规划、网络与新媒体、建筑环境与能源应用工程、给排水科学与工程、物流管理、地理科学、网络工程、广播电视学
12	汕头大学	综合	保研资格	电子信息工程、视觉传达设计、英语、城市管理、泰语、公共艺术、助学学、智能建造
13	广州中医药大学	医药	双一流	中医养生学、中医骨伤科学、中医学、针灸推拿学、中西医临床医学、中药学、健康服务与管理、康复治疗学
14	广东外语外贸大学	语言	保研资格	塞尔维亚语、波兰语、马来语、老挝语、柬埔寨语、商务英语、翻译、日语、英语
15	广东财经大学	财经	—	跨境电子商务、会展经济与管理、酒店管理、投资学、审计学、国际商务、文化产业管理、商务英语
16	广东海洋大学	农林	保研资格	水产养殖学、经济与金融、秘书学、休闲体育、食品质量与安全、食品科学与工程、网络与新媒体、物联网工程
17	佛山大学	理工	—	光源与照明、机械电子工程、网络工程、数学与应用数学、土木工程、机械设计制造及其自动化、物联网工程、动物科学
18	广州美术学院	艺术	—	实验艺术、文物保护与修复、纤维艺术、美术教育、智能工程与创意设计、绘画、美术学、视觉传达设计
19	东莞理工学院	理工	—	网络工程、经济与金融、道路桥梁与渡河工程、文化产业管理、广播电视学、小学教育、社会工作、机械电子工程
20	广东医科大学	医药	—	化妆品科学与技术、口腔医学技术、健康服务与管理、医疗保险、药物分析、医学实验技术、卫生检验与检疫、眼视光学

注：表中排名数据参考软科官网发布的中国大学排名。

（七）广西

表 3-22　广西重点院校

排名	院校名称	类型	院校荣誉优势	核心专业
1	广西大学	综合	211、双一流	矿物资源工程、包装工程、轻化工程、泰语、智能建造、园林、公共事业管理、土木工程
2	广西师范大学	师范	保研资格	科学教育、小学教育、学前教育、教育技术学、健康服务与管理、酒店管理、思想政治教育、社会体育指导与管理
3	广西医科大学	医药	保研资格	健康服务与管理、养老服务管理、麻醉学、医学影像学、医学信息工程、卫生检验与检疫、助产学、口腔医学

续表

排名	院校名称	类型	院校荣誉优势	核心专业
4	桂林电子科技大学	理工	保研资格	数字媒体技术、网络工程、物联网工程、产品设计、电子信息工程、通信工程、计算机科学与技术、数据科学与大数据技术
5	桂林理工大学	理工	保研资格	珠宝首饰设计与工艺、土木、水利与交通工程、宝石及材料工艺学、新媒体艺术、建筑电气与智能化、无机非金属材料工程、酒店管理、测绘工程
6	广西民族大学	民族	—	中国少数民族语言文学、民族学、泰语、知识产权、数字经济、翻译、播音与主持艺术、音乐表演
7	南宁师范大学	师范	—	房地产开发与管理、自然地理与资源环境、人文地理与城乡规划、地理科学、秘书学、小学教育、教育技术学、地理信息科学
8	广西科技大学	理工	—	社会体育指导与管理、机械电子工程、工程管理、土木工程、环境设计、财务管理、新媒体技术、机械工程
9	广西中医药大学	医药	保研资格	中医学、助产学、中药学、康复治疗学、护理学、中医康复学、针灸推拿学、中西医临床医学
10	广西艺术学院	艺术	保研资格	音乐表演、舞蹈表演、广播电视编导、音乐学、视觉传达设计、环境设计、流行音乐、音乐教育
11	北部湾大学	综合	—	产品设计、视觉传达设计、航海技术、音乐学、物流管理、国际经济与贸易、财务管理
12	桂林医学院	医药	—	养老服务管理、卫生检验与检疫、助产学、健康服务与管理、康复治疗学、药学、食品卫生与营养学、智能医学工程
13	广西财经学院	财经	—	工程造价、审计学、商务英语、国际经济与贸易、市场营销、视觉传达设计、商务经济学、房地产开发与管理
14	右江民族医学院	医药	—	健康服务与管理、医学影像技术、医学检验技术、康复治疗学、护理学、市场营销
15	玉林师范学院	师范	—	互联网金融、体育教育、环境设计、园林、酒店管理、小学教育、学前教育、音乐学

注：表中排名数据参考软科官网发布的中国大学排名。

（八）贵州

表 3-23　贵州重点院校

排名	院校名称	类型	院校荣誉优势	核心专业
1	贵州大学	综合	211、双一流	烟草、植物保护、舞蹈表演、文化产业管理、表演、社会工作、城乡规划、音乐表演
2	贵州师范大学	师范	保研资格	工程造价、科学教育、自然地理与资源环境、人文地理与城乡规划、地理科学、书法学、酒店管理、文化产业管理
3	贵州财经大学	财经	—	审计学、财务管理、资源与环境经济学、体育经济与管理、税收学、金融科技、酒店管理、投资学
4	贵州医科大学	医药	保研资格	健康服务与管理、食品卫生与营养学、药物制剂、医学检验技术、医学影像技术、康复治疗学、药学、社会体育指导与管理

续表

排名	院校名称	类型	院校荣誉优势	核心专业
5	贵州民族大学	民族	—	航空服务艺术与管理、舞蹈表演、播音与主持艺术、音乐表演、社会工作、产品设计、舞蹈学、网络与新媒体
6	遵义医科大学	医药	保研资格	助产学、口腔医学技术、运动康复、药物制剂、口腔医学、医学影像技术、护理学、康复治疗学
7	贵州师范学院	师范	—	艺术教育、文化产业管理、广播电视学、音乐学、美术学、学前教育、产品设计、物联网工程
8	贵阳学院	综合	—	汽车服务工程、数字经济、小学教育、学前教育、科学教育、园林、舞蹈学、电子信息科学与技术
9	贵州中医药大学	医药	保研资格	中草药栽培与鉴定、中药学、护理学、养老服务管理、中药制药、中药资源与开发、针灸推拿学、中医学
10	铜仁学院	综合	—	学前教育、美术学、体育教育、商务英语、视觉传达设计、农村区域发展、信息工程、秘书学
11	遵义师范学院	师范	—	电子信息科学与技术、酒店管理、工程造价、体育教育、食品营养与检验教育、环境科学与工程、科学教育、秘书学
12	贵州理工学院	理工	—	工程造价、飞行器制造工程、休闲体育、投资学、交通运输、机械电子工程、网络工程、工程管理
13	黔南民族师范学院	师范	—	航空服务艺术与管理、美术学、学前教育、音乐学、秘书学、舞蹈学、文化产业管理、播音与主持艺术

注：表中排名数据参考软科官网发布的中国大学排名。

（九）海南

表 3-24　海南重点院校

排名	院校名称	类型	院校荣誉优势	核心专业
1	海南大学	综合	211、双一流	法学、思想政治教育、数据科学与大数据技术、工商管理、电子信息工程、生物医学工程、种子科学与工程、数学与应用数学
2	海南师范大学	师范	保研资格	小学教育、环境设计、特殊教育、酒店管理、教育学、教育技术学、社会体育指导与管理、书法学
3	海南医科大学	医药	—	医学影像技术、健康服务与管理、医学检验技术、临床医学、康复治疗学、护理学、市场营销、医学信息工程
4	海南热带海洋学院	综合	—	休闲体育、舞蹈编导、会展经济与管理、秘书学、酒店管理、电子信息科学与技术、数字媒体技术、音乐表演
5	琼台师范学院	师范	—	酒店管理、科学教育、网络与新媒体、学前教育、财务管理

注：表中排名数据参考软科官网发布的中国大学排名。

（十）河北

表 3-25 河北重点院校

排名	院校名称	类型	院校荣誉优势	核心专业
1	燕山大学	理工	保研资格	经济与金融、过程装备与控制工程、机械设计制造及其自动化、车辆工程、材料成型及控制工程、智能制造工程、机器人工程、产品设计
2	河北大学	综合	保研资格	播音与主持艺术、汉语国际教育、广告学、学前教育、社会工作、汉语言文学、国际经济与贸易、法学
3	河北师范大学	师范	保研资格	旅游管理与服务教育、家政学、航空服务艺术与管理、科学教育、舞蹈表演、音乐表演、小学教育、学前教育
4	河北医科大学	医药	保研资格	妇幼保健医学、卫生检验与检疫、医学影像技术、康复治疗学、药物分析、食品卫生与营养学、中西医临床医学、助产学
5	河北农业大学	农林	保研资格	种子科学与工程、农学、园艺、园林、食品质量与安全、食品科学与工程、物联网工程、机械设计制造及其自动化
6	石家庄铁道大学	理工	保研资格	交通运输、土木工程、智慧交通、轨道交通信号与控制、城市地下空间工程、交通工程、智能建造、建筑环境与能源应用工程
7	华北理工大学	综合	保研资格	冶金工程、助产学、物流工程、康复治疗学、护理学、应用心理学、公共事业管理、机械设计制造及其自动化
8	河北科技大学	理工	保研资格	影视摄影与制作、物流工程、药物制剂、服装与服饰设计、制药工程、食品质量与安全、翻译、动画
9	河北工程大学	理工	保研资格	水利水电工程、休闲体育、工程管理、土木工程、电子信息工程、数据科学与大数据技术、环境设计、计算机科学与技术
10	河北经贸大学	财经	—	酒店管理、审计学、财务管理、资产评估、贸易经济、会展经济与管理、投资学、金融科技
11	河北地质大学	理工	—	采购管理、旅游地学与规划工程、珠宝首饰设计与工艺、宝石及材料工艺学、工程造价、审计学、旅游管理、电子商务
12	中国人民警察大学	政法	—	消防工程、公安政治工作、警务指挥与战术、边防管理、食品药品环境犯罪侦查技术、数据警务技术、公安情报学、电子信息工程
13	中央司法警官学院	政法	—	司法警察学、监狱学、侦查学、行政管理、法学
14	河北科技师范学院	师范	—	运动康复、工程造价、小学教育、学前教育、植物科学与技术、酿酒工程、科学教育、园艺
15	河北北方学院	综合	—	经济与金融、秘书学、酒店管理、学前教育、食品质量与安全、商务英语、财务管理、环境设计

注：表中排名数据参考软科官网发布的中国大学排名。

（十一）河南

表 3-26　河南重点院校

排名	院校名称	类型	院校荣誉优势	核心专业
1	郑州大学	综合	211、双一流	药物制剂、康复治疗学、水利水电工程、道路桥梁与渡河工程、社会体育指导与管理、公共事业管理、医学影像技术、音乐表演
2	河南大学	综合	双一流	表演、动画、文化产业管理、教育技术学、广播电视编导、人文地理与城乡规划、学前教育、地理科学
3	河南师范大学	师范	保研资格	酒店管理、学前教育、音乐学、英语、功能材料、水产养殖学、投资学、舞蹈编导
4	河南农业大学	农林	保研资格	烟草、饲料工程、动植物检疫、园林、汽车服务工程、智慧牧业科学与工程、兽医公共卫生、农业建筑环境与能源工程
5	河南科技大学	综合	保研资格	机械电子工程、机械设计制造及其自动化、农业电气化、动植物检疫、智能车辆工程、农业机械化及其自动化、功能材料、金属材料工程
6	华北水利水电大学	理工	保研资格	智能地球探测、工程造价、港口航道与海岸工程、水利水电工程、水文与水资源工程、轨道交通信号与控制、道路桥梁与渡河工程、人文地理与城乡规划
7	河南理工大学	理工	保研资格	智能材料与结构、应急技术与管理、采矿工程、矿物加工工程、轨道交通信号与控制、遥感科学与技术、测绘工程、安全工程
8	河南工业大学	理工	保研资格	粮食工程、供应链管理、食品质量与安全、食品科学与工程、工程造价、产品设计、数字媒体艺术、播音与主持艺术
9	河南财经政法大学	财经	保研资格	工程造价、市场营销、财务管理、体育经济与管理、电子商务及法律、信用管理、贸易经济、房地产开发与管理
10	郑州轻工业大学	理工	—	数字媒体艺术、产品设计、视觉传达设计、化妆品技术与工程、建筑电气与智能化、智能电网信息工程、轨道交通信号与控制、食品营养与健康
11	河南中医药大学	医药	保研资格	中药资源与开发、中医康复学、中药制药、针灸推拿学、中药学、中医学、药物制剂、医学影像技术
12	中原工学院	理工	—	服装设计与工程、广播电视编导、服装与服饰设计、工程造价、网络工程、机械电子工程、网络与新媒体、环境设计
13	信阳师范大学	师范	—	文化产业管理、酒店管理、小学教育、音乐学、学前教育、数学与应用数学、汉语言文学、心理学
14	河南科技学院	师范	—	烹饪与营养教育、农学、园艺、工艺美术、金融科技、舞蹈学、风景园林、食品质量与安全
15	新乡医学院	医药	—	智能影像工程、医学信息工程、助产学、卫生检验与检疫、健康服务与管理、心理学、康复治疗学、医学影像技术

注：表中排名数据参考软科官网发布的中国大学排名。

（十二）黑龙江

表 3-27　黑龙江重点院校

排名	院校名称	类型	院校荣誉优势	核心专业
1	哈尔滨工业大学	理工	985、211、双一流	智能装备与系统、智能测控工程、能源互联网工程、光电信息材料与器件、智能材料与结构、焊接技术与工程、复合材料与工程、材料化学、智能感知工程、测控技术与仪器、增材制造工程、智能车辆工程、机械电子工程、计算金融、飞行器环境与生命保障工程、飞行器制造工程、交通设备与控制工程、建筑电气与智能化、数据科学与大数据技术、机器人工程、海洋信息工程、电子信息工程、智能制造工程、材料成型及控制工程、工程力学、大数据管理与应用、环境工程、智能建造、建筑环境与能源应用工程、物联网工程、计算机科学与技术、新能源材料与器件、材料科学与工程、机械设计制造及其自动化、通信工程、数字媒体艺术、建筑学、光电信息科学与工程、土木工程、软件工程、电气工程及其自动化、自动化、应用化学、工程管理、信息管理与信息系统、人工智能、环境设计
2	哈尔滨工程大学	理工	211、双一流	智慧海洋技术、水声工程、海洋机器人、辐射防护与核安全、核化工与核燃料工程、船舶与海洋工程、机器人工程、大数据管理与应用
3	哈尔滨医科大学	医药	保研资格	麻醉学、健康服务与管理、医学影像学、预防医学、助产学、临床医学、护理学、药学
4	东北林业大学	农林	211、双一流	森林工程、木材科学与工程、野生动物与自然保护区管理、森林保护、林产化工、园林、林学、风景园林
5	东北农业大学	农林	211、双一流	乳品工程、农业建筑环境与能源工程、粮食工程、动物科学、园艺、食品科学与工程、食品质量与安全、应用生物科学
6	黑龙江大学	综合	保研资格	商务英语、俄语、翻译、日语、英语、法学、汉语言文学、中国少数民族语言文学
7	哈尔滨理工大学	理工	保研资格	电气工程与智能控制、跨境电子商务、机械电子工程、电气工程及其自动化、机械设计制造及其自动化、无机非金属材料工程、金属材料工程、集成电路设计与集成系统
8	黑龙江中医药大学	医药	保研资格	中药学、中医康复学、中药资源与开发、针灸推拿学、中医学、药物制剂、康复治疗学、制药工程
9	哈尔滨师范大学	师范	保研资格	播音与主持艺术、动画、广播电视编导、运动康复、秘书学、摄影、朝鲜语、俄语
10	东北石油大学	理工	保研资格	石油工程、油气储运工程、工程造价、机器人工程、化学工程与工艺、社会工作、自动化、电气工程及其自动化
11	黑龙江八一农垦大学	农林	保研资格	食品质量与安全、食品科学与工程、飞行技术、粮食工程、农业电气化、动物药学、食品营养与健康、动物医学
12	佳木斯大学	综合	保研资格	物业管理、工艺美术、康复治疗学、材料成型及控制工程、音乐表演、护理学、制药工程、小学教育
13	黑龙江科技大学	理工	保研资格	机械工艺技术、电气工程与智能控制、机械电子工程、商务英语、财务管理、电气工程及其自动化、市场营销、会计学
14	哈尔滨商业大学	财经	保研资格	商务经济学、烹饪与营养教育、家政学、体育经济与管理、审计学、投资学、会展经济与管理、数字经济
15	齐齐哈尔大学	综合	保研资格	舞蹈编导、服装与服饰设计、音乐表演、酒店管理、视觉传达设计、物联网工程、环境设计、财务管理

注：表中排名数据参考软科官网发布的中国大学排名。

（十三）湖北

表 3-28   湖北重点院校

排名	院校名称	类型	院校荣誉优势	核心专业
1	武汉大学	综合	985、211、双一流	印刷工程、导航工程、遥感科学与技术、测绘工程、智慧水利、水利水电工程、电波传播与天线、国际法、图书馆学、生物制药、水文与水资源工程、空间信息与数字技术、地理信息科学、编辑出版学、思想政治教育、中国共产党历史、人力资源管理、广告学、汉语国际教育、大数据管理与应用、生物技术、法学、经济学、公共事业管理、信息管理与信息系统、新闻学、电子商务、市场营销、汉语言文学、土木工程、国际经济与贸易、计算机科学与技术
2	华中科技大学	综合	985、211、双一流	计算金融、医学影像学、密码科学与技术、电子封装技术、电气工程及其自动化、材料成型及控制工程、机械设计制造及其自动化、物流管理、公共事业管理、麻醉学、集成电路设计与集成系统、光电信息科学与工程、新能源科学与工程、数字媒体艺术、工程管理、医学检验技术、大数据管理与应用、能源与动力工程、行政管理、电子信息工程、新闻学、自动化、通信工程、人工智能、计算机科学与技术、数据科学与大数据技术、市场营销
3	武汉理工大学	理工	211、双一流	海事管理、无机非金属材料工程、创业管理、物流工程、航海技术、汽车服务工程、轮机工程、视觉传达设计
4	华中师范大学	师范	211、双一流	融合教育、财务会计教育、科学教育、学前教育、汉语言文学、英语、特殊教育、教育技术学
5	中国地质大学（武汉）	理工	211、双一流	资源环境大数据工程、资源勘查工程、勘查技术与工程、地质工程、宝石及材料工艺学、地球信息科学与技术、地下水科学与工程、地理空间信息工程、地质学
6	华中农业大学	农林	211、双一流	水族科学与技术、动物科学、园艺、植物科学与技术、动物医学、应用生物科学、农学、种子科学与工程
7	中南财经政法大学	财经	211、双一流	劳动关系、工程造价、法学、经济与金融、贸易经济、知识产权、金融数学、投资学
8	武汉科技大学	理工	保研资格	金属材料工程、无机非金属材料工程、机械电子工程、网络工程、机器人工程、环境设计、矿物加工工程、冶金工程
9	湖北大学	综合	保研资格	食品安全与检测、社会体育指导与管理、旅游管理、广告学、数字媒体艺术、体育教育、汉语言文学、市场营销
10	三峡大学	综合	保研资格	电气工程及其自动化、旅游管理、智慧水利、智能电网信息工程、港口航道与海岸工程、水利水电工程、水文与水资源工程、供应链管理
11	中南民族大学	民族	保研资格	商务英语、民族学、药物分析、医学信息工程、文物与博物馆学、轨道交通信号与控制、教育学、社会体育指导与管理
12	湖北工业大学	理工	保研资格	产品设计、数字媒体艺术、商务英语、视觉传达设计、土木工程、环境设计、数据科学与大数据技术、轻化工程
13	长江大学	综合	保研资格	资源环境大数据工程、商务英语、数据计算及应用、油气储运工程、勘查技术与工程、资源勘查工程、农学、园林
14	武汉工程大学	理工	保研资格	制药工程、化学工程与工艺、应急技术与管理、能源化学工程、资源循环科学与工程、无机非金属材料工程、药物制剂、知识产权
15	武汉纺织大学	理工	—	服装与服饰设计、工程造价、数字媒体艺术、环境设计、视觉传达设计、纺织工程、非织造材料与工程、服装设计与工程

注：表中排名数据参考软科官网发布的中国大学排名。

（十四）湖南

表 3-29　湖南重点院校

排名	院校名称	类型	院校荣誉优势	核心专业
1	中南大学	综合	985、211、双一流	精神医学、麻醉学、交通设备与控制工程、矿物加工工程、铁道工程、新能源材料与器件、粉体材料科学与工程、数字出版、采矿工程、遥感科学与技术、冶金工程、测绘工程、数据科学与大数据技术、工程管理、机械设计制造及其自动化、计算机科学与技术
2	湖南大学	综合	985、211、双一流	工业设计、数字媒体技术、车辆工程、金融学、土木工程、机械设计制造及其自动化、电子商务、电气工程及其自动化、国际经济与贸易、市场营销、物联网工程
3	湖南师范大学	师范	211、双一流	应用电子技术教育、机械工艺技术、音乐学、英语、文化产业管理、舞蹈学、酒店管理、会展经济与管理
4	湘潭大学	综合	双一流	信用风险管理与法律防控、知识产权、新能源材料与器件、动画、信息与计算科学、制药工程、思想政治教育、旅游管理
5	湖南农业大学	农林	保研资格	茶学、园艺、公共事业管理、动植物检疫、动物药学、智慧农业、酿酒工程、农村区域发展
6	长沙理工大学	理工	保研资格	道路桥梁与渡河工程、轨道交通信号与控制、汽车服务工程、交通工程、物流工程、交通运输、给排水科学与工程、网络工程
7	南华大学	综合	保研资格	矿物资源工程、卫生检验与检疫、建筑电气与智能化、道路桥梁与渡河工程、物流工程、医学检验技术、护理学、安全工程
8	湖南科技大学	综合	保研资格	智能材料与结构、产品设计、机械设计制造及其自动化、英语、应急技术与管理、舞蹈表演、数字经济、测绘工程
9	中南林业科技大学	农林	保研资格	经济林、园林、环境设计、产品设计、视觉传达设计、智慧林业、森林保护、水土保持与荒漠化防治
10	湖南中医药大学	医药	保研资格	中医儿科学、中医康复学、针灸推拿学、中西医临床医学、中药资源与开发、中医学、中药学、运动康复
11	吉首大学	综合	保研资格	体育教育、网络与新媒体、武术与民族传统体育、航空服务艺术与管理、舞蹈学、商务英语、音乐学、数字媒体艺术
12	湖南工业大学	理工	—	包装设计、产品设计、数字媒体艺术、视觉传达设计、社会体育指导与管理、环境设计、艺术设计学、包装工程
13	湖南理工学院	理工	—	秘书学、广告学、机械电子工程、美术学、思想政治教育、网络与新媒体、视觉传达设计、电子信息工程
14	衡阳师范学院	师范	—	学前教育、地理科学、人文地理与城乡规划、商务英语、体育教育、音乐学、旅游管理、物联网工程
15	长沙学院	理工	—	动画、物业管理、广播电视编导、播音与主持艺术、工程造价、音乐学、物流管理、旅游管理

注：表中排名数据参考软科官网发布的中国大学排名。

（十五）吉林

表 3-30 吉林重点院校

排名	院校名称	类型	院校荣誉优势	核心专业
1	吉林大学	综合	985、211、双一流	地下水科学与工程、汽车服务工程、放射医学、农业机械化及其自动化、地质工程、康复治疗学、思想政治教育、应用化学、物流管理、物联网工程、法学
2	东北师范大学	师范	211、双一流	小学教育、教育学、舞蹈编导、思想政治教育、商务英语、学前教育、音乐学、教育技术学
3	长春理工大学	理工	保研资格	机械电子工程、光电信息科学与工程、机械设计制造及其自动化、无机非金属材料工程、过程装备与控制工程、电子信息科学与技术、测控技术与仪器、材料化学
4	延边大学	综合	211、双一流	航空服务艺术与管理、朝鲜语、舞蹈表演、小学教育、音乐学、日语、英语、中国少数民族语言文学
5	吉林农业大学	农林	保研资格	菌物科学与工程、家政学、粮食工程、酿酒工程、动物医学、园艺、食品科学与工程、食品质量与安全
6	东北电力大学	理工	保研资格	电气工程及其自动化、化学工程与工业生物工程、智能电网信息工程、储能科学与工程、新能源科学与工程、能源与动力工程、建筑环境与能源应用工程、给排水科学与工程
7	长春工业大学	理工	保研资格	服装与服饰设计、机械电子工程、数字媒体技术、广播电视编导、材料成型及控制工程、智能制造工程、电子商务、自动化
8	长春中医药大学	医药	保研资格	中医骨伤科学、针灸推拿学、中医学、中药学、护理学、中医儿科学、药事管理、中医康复学
9	北华大学	综合	—	园林、美术学、绘画、小学教育、学前教育、电气工程及其自动化、英语、林学
10	吉林师范大学	师范	保研资格	小学教育、地理科学、美术学、物理学、社会体育指导与管理、学前教育、英语、编辑出版学
11	吉林财经大学	财经	保研资格	跨境电子商务、养老服务管理、资产评估、税收学、国际商务、审计学、金融科技、应用统计学
12	吉林建筑大学	理工	—	建筑电气与智能化、道路桥梁与渡河工程、智能建造、给排水科学与工程、建筑学、工程造价、环境设计、土木工程
13	长春师范大学	师范	—	人文教育、音乐教育、科学教育、航空服务艺术与管理、跨境电子商务、经济与金融、地理科学、小学教育
14	长春大学	综合	—	网络工程、绘画、机械工程、舞蹈表演、俄语、音乐表演、食品质量与安全、车辆工程
15	吉林艺术学院	艺术	—	工艺美术、表演、数字媒体艺术、服装与服饰设计、产品设计、视觉传达设计、环境设计、新媒体艺术

注：表中排名数据参考软科官网发布的中国大学排名。

（十六）江苏

表 3-31　江苏重点院校

排名	院校名称	类型	院校荣誉优势	核心专业
1	南京大学	综合	985、211、双一流	地质学、应用气象学、大气科学、天文学、声学、编辑出版学、法语、档案学、智能科学与技术、软件工程、化学、日语、德语、俄语、英语、电子商务、劳动与社会保障、环境科学、人工智能、电子信息科学与技术、数字经济、市场营销、城乡规划、环境工程、广播电视学、汉语言文学、社会工作、物理学、信息与计算科学、广告学、行政管理、财务管理、计算机科学与技术、应用心理学、汉语国际教育、工商管理、信息管理与信息系统、经济学、会计学、国际经济与贸易、法学
2	东南大学	综合	985、211、双一流	物流管理、生物医学工程、智慧交通、道路桥梁与渡河工程、城市地下空间工程、海洋信息工程、电子科学与技术、工程管理、智能医学工程、城乡规划、建筑学、智能建造、土木工程、信息工程、智能车辆工程、风景园林、机器人工程、测控技术与仪器、电气工程及其自动化、人工智能、计算机科学与技术
3	南京航空航天大学	理工	211、双一流	飞行技术、无人驾驶航空器系统工程、飞行器适航技术、物联网工程、飞行器制造工程、新能源材料与器件、大数据管理与应用、机器人工程
4	南京理工大学	理工	211、双一流	武器系统与工程、武器发射工程、弹药工程与爆炸技术、特种能源技术与工程、探测制导与控制技术、轨道交通信号与控制、智能电网信息工程、光电信息科学与工程
5	南京农业大学	农林	211、双一流	动物药学、智慧农业、农业电气化、农林经济管理、草坪科学与工程、农业资源与环境、设施农业科学与工程、种子科学与工程、园艺、农学、文化遗产、食品质量与安全
6	河海大学	理工	211、双一流	水文与水资源工程、港口航道与海岸工程、水务工程、智慧水利、水利水电工程、土木工程、应急管理、农业水利工程
7	苏州大学	综合	211、双一流	放射医学、智能测控工程、视觉传达设计、金属材料工程、服装设计与工程、运动康复、艺术设计学、功能材料
8	中国矿业大学（徐州）	理工	211、双一流	职业卫生工程、采矿工程、智能采矿工程、地球信息科学与技术、应急管理、消防工程、矿物加工工程、安全工程
9	南京师范大学	师范	211、双一流	能源服务工程、地理信息科学、学前教育、合成生物学、跨媒体艺术、小学教育、广播电视编导、网络与新媒体
10	南京医科大学	医药	双一流	生物统计学、医疗保险、卫生检验与检疫、眼视光学、预防医学、医学影像技术、康复治疗学、口腔医学
11	江南大学	综合	211、双一流	公共艺术、酿酒工程、食品质量与安全、食品科学与工程、包装工程、数字媒体艺术、产品设计、食品营养与健康、纺织工程、环境设计、视觉传达设计、服装与服饰设计
12	扬州大学	综合	保研资格	实验动物学、动植物检疫、烹饪与营养教育、兽医公共卫生、秘书学、动物医学、动物科学、园艺
13	南京邮电大学	理工	双一流	广播电视工程、柔性电子学、邮政工程、网络工程、通信工程、电子信息工程、数字媒体技术、电子科学与技术
14	南京信息工程大学	综合	双一流	应用气象学、大气科学、医学信息工程、测绘工程、网络工程、应用统计学、物联网工程、电子信息工程

续表

排名	院校名称	类型	院校荣誉优势	核心专业
15	南京工业大学	理工	保研资格	水质科学与技术、防灾减灾科学与工程、应急装备技术与工程、化工安全工程、职业卫生工程、化学工程与工艺、应急技术与管理、建筑电气与智能化

注：表中排名数据参考软科官网发布的中国大学排名。

（十七）江西

表 3-32　江西重点院校

排名	院校名称	类型	院校荣誉优势	核心专业
1	南昌大学	综合	211、双一流	公共关系学、食品科学与工程、食品质量与安全、康复治疗学、播音与主持艺术、广播电视学、会展经济与管理、材料成型及控制工程
2	江西财经大学	财经	保研资格	虚拟现实技术、房地产开发与管理、应用统计学、国际商务、金融科技、税收学、数字经济、经济统计学
3	江西师范大学	师范	保研资格	小学教育、思想政治教育、学前教育、舞蹈学、商务英语、音乐表演、应用心理学、音乐学
4	华东交通大学	理工	保研资格	虚拟现实技术、轨道交通信号与控制、建筑电气与智能化、铁道工程、交通工程、交通运输、物流工程、给排水科学与工程
5	江西农业大学	农林	保研资格	农艺教育、园林、动植物检疫、智慧农业、动物科学、林学、动物医学、土地资源管理
6	江西理工大学	理工	保研资格	虚拟现实技术、工程造价、冶金工程、应急管理、采矿工程、金属材料工程、测绘工程、机械工程
7	南昌航空大学	理工	保研资格	焊接技术与工程、增材制造工程、飞行器制造工程、复合材料与工程、航空服务艺术与管理、金属材料工程、材料化学、测控技术与仪器
8	东华理工大学	理工	—	旅游地学与规划工程、勘查技术与工程、自然地理与资源环境、测绘工程、网络工程、数字经济、环境工程、应用化学
9	景德镇陶瓷大学	理工	—	陶瓷艺术设计、包装设计、艺术教育、产品设计、环境设计、视觉传达设计、公共艺术、雕塑
10	江西中医药大学	医药	保研资格	中药学、中药制药、中药资源与开发、中医学、健康服务与管理、药物制剂、药学、中医养生学
11	赣南师范大学	师范	—	舞蹈学、商务英语、音乐学、美术学、体育教育、小学教育、思想政治教育、学前教育
12	江西科技师范大学	师范	—	虚拟现实技术、学前教育、酒店管理、体育教育、社会体育指导与管理、美术学、音乐学、服装与服饰设计
13	南昌工程学院	理工	—	水利水电工程、园林、工程造价、审计学、环境设计、港口航道与海岸工程、应急管理、编辑出版学
14	井冈山大学	综合	—	思想政治教育、音乐学、经济与金融、材料化学、康复治疗学、小学教育、电子信息科学与技术、物理学
15	赣南医科大学	医药	—	康复治疗学、医学影像技术、健康服务与管理、护理学、应用心理学、公共事业管理、物联网工程

注：表中排名数据参考软科官网发布的中国大学排名。

（十八）辽宁

表 3-33　辽宁重点院校

排名	院校名称	类型	院校荣誉优势	核心专业
1	大连理工大学	理工	985、211、双一流	海洋资源开发技术、能源化学工程、金属材料工程、应用化学、精细化工、化学工程与工业生物工程、资源循环科学与工程、化学工程与工艺、港口航道与海岸工程、机械设计制造及其自动化、生物工程、数字媒体技术、制药工程、网络工程、材料成型及控制工程、智能制造工程、工程管理、物流管理、土木工程、电子商务、软件工程、计算机科学与技术
2	东北大学	理工	985、211、双一流	健康服务与管理、工业智能、智能采矿工程、机器人工程、自动化、采矿工程、矿物加工工程、冶金工程
3	大连海事大学	理工	211、双一流	船舶电子电气工程、轮机工程、航海技术、交通管理、海事管理、物流工程、交通运输、网络工程
4	东北财经大学	财经	保研资格	资产评估、酒店管理、物流管理、会计学、财务管理、房地产开发与管理、审计学、投资学
5	中国医科大学	医药	保研资格	眼视光学、医学影像技术、药物制剂、康复治疗学、医学检验技术、临床医学、法医学、麻醉学
6	辽宁大学	综合	211、双一流	纪检监察、数字经济、国际经济与贸易、经济学、法学、市场营销、环境生态工程、经济统计学
7	大连医科大学	医药	保研资格	中西医临床医学、医学影像技术、医学检验技术、护理学、眼视光医学、麻醉学、卫生检验与检疫、医学影像学
8	沈阳农业大学	农林	保研资格	园艺、园林、食品质量与安全、中草药栽培与鉴定、水土保持与荒漠化防治、农业资源与环境、设施农业科学与工程、农业水利工程
9	辽宁师范大学	师范	保研资格	动画、特殊教育、心理学、广播电视编导、教育学、播音与主持艺术、数字媒体技术、应用心理学
10	沈阳工业大学	理工	保研资格	电气工程与智能控制、电气工程及其自动化、互联网金融、焊接技术与工程、建筑电气与智能化、智能建造、物流工程、材料成型及控制工程
11	辽宁工程技术大学	理工	保研资格	电气工程与智能控制、应急技术与管理、采矿工程、道路桥梁与渡河工程、测绘工程、安全工程、智能建造、给排水科学与工程
12	沈阳药科大学	医药	保研资格	药事管理、药物分析、药物化学、医疗产品管理、药物制剂、生物制药、中药学、药学
13	沈阳建筑大学	理工	保研资格	工程造价、建筑学、建筑电气与智能化、房地产开发与管理、城市管理、道路桥梁与渡河工程、环境生态工程、无机非金属材料工程
14	沈阳航空航天大学	理工	保研资格	飞行器质量与可靠性、跨境电子商务、网络工程、飞行器制造工程、焊接技术与工程、航空服务艺术与管理、交通运输、机械电子工程
15	大连工业大学	理工	保研资格	光源与照明、生物质能源与材料、食品质量与安全、跨境电子商务、食品科学与工程、服装与服饰设计、环境设计、视觉传达设计

注：表中排名数据参考软科官网发布的中国大学排名。

（十九）内蒙古

表 3-34　内蒙古重点院校

排名	院校名称	类型	院校荣誉优势	核心专业
1	内蒙古大学	综合	211、双一流	中国少数民族语言文学、纪检监察、汉语国际教育、汉语言文学、网络工程、民族学、编辑出版学、环境生态工程
2	内蒙古农业大学	农林	保研资格	食品营养与检验教育、智能运输工程、马业科学、农业电气化、水利水电工程、动物科学、园林、食品质量与安全
3	内蒙古师范大学	师范	保研资格	数字人文、数字媒体艺术、美术学、视觉传达设计、航空服务艺术与管理、秘书学、工艺美术、书法学
4	内蒙古工业大学	理工	保研资格	环境设计、建筑学、城乡规划、机械电子工程、服装与服饰设计、电子信息工程、网络工程、物联网工程
5	内蒙古科技大学	综合	保研资格	产品设计、工程造价、土木工程、机械设计制造及其自动化、冶金工程、建筑电气与智能化、环境生态工程、秘书学
6	内蒙古民族大学	综合	—	航空服务艺术与管理、社会体育指导与管理、汉语言文学、中国少数民族语言文学、运动训练、历史学、数字媒体技术、广播电视编导
7	内蒙古医科大学	医药	—	助产学、药物制剂、健康服务与管理、中药学、康复治疗学、临床医学、药学、护理学
8	内蒙古财经大学	财经	—	物业管理、创业管理、资产评估、投资学、供应链管理、会展经济与管理、金融科技、税收学
9	内蒙古艺术学院	艺术	—	舞蹈编导、舞蹈表演、音乐表演、舞蹈学、表演、服装与服饰设计、动画、绘画
10	赤峰学院	综合	—	口腔医学技术、工艺美术、舞蹈表演、广播电视编导、音乐表演、音乐学、小学教育、电子商务
11	呼伦贝尔学院	综合	—	摄影、俄语、数字媒体技术、美术学、网络工程、学前教育、旅游管理
12	呼和浩特民族学院	民族	—	数字经济、翻译、学前教育、网络工程、数据科学与大数据技术
13	集宁师范学院	师范	—	美术学
14	鄂尔多斯应用技术学院	理工	—	汽车服务工程、电子信息科学与技术、工程造价
15	河套学院	综合	—	农学、动物科学、护理学、财务管理、数学与应用数学、农业水利工程、学前教育、汉语言文学、应用化学、电气工程及其自动化

注：表中排名数据参考软科官网发布的中国大学排名。

（二十）宁夏

表 3-35　宁夏重点院校

排名	院校名称	类型	院校荣誉优势	核心专业
1	宁夏大学	综合	211、双一流	小学教育、化学工程与工艺、网络工程、学前教育、英语、葡萄与葡萄酒工程、草业科学、阿拉伯语
2	宁夏医科大学	医药	—	医学影像学、康复治疗学、医学检验技术、预防医学、临床医学、电子信息科学与技术、护理学、公共事业管理
3	北方民族大学	民族	—	航空服务艺术与管理、动画、音乐表演、智能科学与技术、网络工程、旅游管理、电子商务、汉语言文学
4	宁夏师范大学	师范	—	秘书学、绘画、小学教育、美术学、物理学、网络工程、音乐学、体育教育

注：表中排名数据参考软科官网发布的中国大学排名。

（二十一）青海

表 3-36　青海重点院校

排名	院校名称	类型	院校荣誉优势	核心专业
1	青海大学	综合	211、双一流	藏医学、草业科学、水利水电工程、生态学、动物科学、环境生态工程、园林、园艺
2	青海师范大学	师范	保研资格	中国少数民族语言文学、自然地理与资源环境、舞蹈学、地理科学、小学教育、酒店管理、学前教育、音乐表演
3	青海民族大学	民族	保研资格	秘书学、网络工程、学前教育、旅游管理、旅游地学与规划工程、中国少数民族语言文学、经济与金融、工艺美术

注：表中排名数据参考软科官网发布的中国大学排名。

（二十二）山东

表 3-37　山东重点院校

排名	院校名称	类型	院校荣誉优势	核心专业
1	山东大学	综合	985、211、双一流	生物医药数据科学、智能建造与智慧交通、供应链管理、生物医学科学、能源与环境系统工程、汉语国际教育、科学社会主义、国际组织与全球治理、机器人工程、产品设计、数学与应用数学、汉语言文学、机械设计制造及其自动化、英语、数据科学与大数据技术、国际经济与贸易
2	中国海洋大学	综合	985、211、双一流	海洋科学、海洋技术、海洋资源与环境、水产养殖学、海洋渔业科学与技术、海洋资源开发技术、食品科学与工程、食品营养与健康
3	中国石油大学（华东）	理工	211、双一流	环保设备工程、海洋油气工程、油气储运工程、化工安全工程、石油工程、勘查技术与工程、资源勘查工程、能源化学工程

续表

排名	院校名称	类型	院校荣誉优势	核心专业
4	山东师范大学	师范	保研资格	航空服务艺术与管理、广播电视编导、秘书学、戏剧影视文学、应用心理学、舞蹈学、思想政治教育、学前教育
5	山东农业大学	农林	保研资格	应用生物科学、植物科学与技术、农业资源与环境、设施农业科学与工程、植物保护、农学、动物医学、种子科学与工程
6	山东科技大学	综合	保研资格	应急装备技术与工程、电气工程与智能控制、测绘工程、安全工程、机械电子工程、机器人工程、网络工程、数字媒体技术
7	青岛大学	综合	保研资格	标准化工程、小学教育、学前教育、旅游管理、电子信息工程、电气工程及其自动化、软件工程、视觉传达设计
8	济南大学	综合	保研资格	烹饪与营养教育、网络工程、社会工作、环境设计、计算机科学与技术、标准化工程、复合材料与工程、应急管理
9	山东财经大学	财经	保研资格	国际经济发展合作、跨境电子商务、体育经济与管理、资产评估、文化产业管理、审计学、国际商务、投资学
10	青岛科技大学	理工	保研资格	功能材料、复合材料与工程、金属材料工程、无机非金属材料工程、储能科学与工程、材料化学、新能源科学与工程、制药工程
11	曲阜师范大学	师范	保研资格	航空服务艺术与管理、学前教育、应用统计学、小学教育、体育教育、休闲体育、教育学、书法学
12	齐鲁工业大学	理工	—	区块链工程、新媒体技术、产品设计、物联网工程、视觉传达设计、环境设计、宝石及材料工艺学、酿酒工程
13	山东理工大学	理工	保研资格	新能源汽车工程、农业智能装备工程、农业机械化及其自动化、交通运输、机械电子工程、测绘工程、数字媒体技术、车辆工程
14	青岛理工大学	理工	保研资格	工程审计、建筑电气与智能化、工程造价、建筑学、土木工程、机械设计制造及其自动化、产品设计、环境设计
15	烟台大学	综合	—	知识产权、生物制药、休闲体育、投资学、电子信息科学与技术、制药工程、食品质量与安全、智能科学与技术

注：表中排名数据参考软科官网发布的中国大学排名。

（二十三）山西

表 3-38　山西重点院校

排名	院校名称	类型	院校荣誉优势	核心专业
1	太原理工大学	理工	211、双一流	区块链工程、机械电子工程、机械设计制造及其自动化、制药工程、化学工程与工艺、材料成型及控制工程、应用化学、电气工程及其自动化
2	山西大学	综合	双一流	智慧建筑与建造、物理学、学前教育、数据科学与大数据技术、计算机科学与技术、资源循环科学与工程、环境生态工程、舞蹈编导
3	中北大学	理工	保研资格	智能无人系统技术、装甲车辆工程、新能源汽车工程、测控技术与仪器、物联网工程、电子信息工程、武器发射工程、武器系统与工程
4	山西医科大学	医药	保研资格	助产学、护理学、医学实验技术、眼视光学、卫生检验与检疫、运动康复、医学影像技术、预防医学

续表

排名	院校名称	类型	院校荣誉优势	核心专业
5	山西师范大学	师范	保研资格	广播电视编导、航空服务艺术与管理、戏剧影视文学、社会体育指导与管理、体育教育、学前教育、表演、小学教育
6	山西财经大学	财经	保研资格	体育经济与管理、资产评估、审计学、应用统计学、工程造价、财务管理、市场营销、资源与环境经济学
7	山西农业大学	农林	保研资格	动植物检疫、农业资源与环境、智慧农业、动物医学、园艺、食品质量与安全、食品科学与工程、网络工程
8	太原科技大学	理工	保研资格	机械电子工程、材料成型及控制工程、车辆工程、智能科学与技术、机械设计制造及其自动化、工业设计、社会体育指导与管理、机器人工程
9	山西中医药大学	医药	保研资格	康复治疗学、中医康复学、针灸推拿学、中医学、健康服务与管理、中药学、运动康复、生物制药
10	山西大同大学	综合	—	舞蹈学、数字媒体技术、网络工程、视觉传达设计、文物保护技术、食品营养与健康、秘书学、国际商务
11	太原师范学院	师范	—	人文教育、舞蹈编导、人文地理与城乡规划、音乐表演、学前教育、动画、美术学、音乐学
12	长治医学院	医药	—	医学影像技术、健康服务与管理、康复治疗学、护理学、药学、信息管理与信息系统
13	太原工业学院	理工	—	休闲体育、跨境电子商务、汽车服务工程、智能车辆工程、数字媒体技术、视觉传达设计、机械设计制造及其自动化、物联网工程
14	运城学院	师范	—	音乐学、产品设计、资产评估、秘书学、酒店管理、数字媒体技术、播音与主持艺术、小学教育
15	忻州师范学院	师范	—	艺术教育、秘书学、审计学、电子信息科学与技术、网络工程、汉语言文学

注：表中排名数据参考软科官网发布的中国大学排名。

（二十四）陕西

表 3-39　陕西重点院校

排名	院校名称	类型	院校荣誉优势	核心专业
1	西安交通大学	综合	985、211、双一流	智慧建筑与建造、给排水科学与工程、数字媒体技术、电子商务、大数据管理与应用、物联网工程、储能科学与工程、新能源科学与工程、能源与动力工程、智能制造工程、过程装备与控制工程、网络与新媒体、国际经贸规则、核工程与核技术、能源互联网工程、工业工程、电子科学与技术、电气工程及其自动化、车辆工程、工业设计、自动化、财务管理、会计学、信息与计算科学、工商管理、市场营销、计算机科学与技术

续表

排名	院校名称	类型	院校荣誉优势	核心专业
2	西北工业大学	理工	985、211、双一流	探测制导与控制技术、飞行器控制与信息工程、飞行器制造工程、海洋工程与技术、柔性电子学、微机电系统工程、飞行器动力工程、飞行器设计与工程、航空航天工程、保密技术、水声工程、复合材料与工程、增材制造工程、物联网工程、机械电子工程、材料成型及控制工程、机械设计制造及其自动化、产品设计、数据科学与大数据技术、软件工程、通信工程、计算机科学与技术
3	西安电子科技大学	理工	211、双一流	空间信息与数字技术、网络工程、通信工程、网络空间安全、电波传播与天线、电子封装技术、电子信息工程、智能科学与技术、电子科学与技术、人工智能、数字媒体技术、物联网工程、数据科学与大数据技术、计算机科学与技术
4	西北农林科技大学	农林	985、211、双一流	智慧牧业科学与工程、设施农业科学与工程、植物保护、智慧林业、水土保持与荒漠化防治、智慧农业、葡萄与葡萄酒工程、农业智能装备工程、农业水利工程
5	西北大学	综合	211、双一流	文物保护技术、文物与博物馆学、广播电视编导、劳动与社会保障、网络与新媒体、应用统计学、历史学、材料化学
6	陕西师范大学	师范	211、双一流	秘书学、学前教育、播音与主持艺术、汉语言文学、教育技术学、特殊教育、心理学、地理科学
7	长安大学	理工	211、双一流	地理空间信息工程、土地整治工程、交通运输、工程造价、道路桥梁与渡河工程、汽车服务工程、遥感科学与技术、测绘工程
8	西安理工大学	理工	保研资格	印刷工程、电气工程与智能控制、水文与水资源工程、水利水电工程、网络工程、机械设计制造及其自动化、材料成型及控制工程、数字媒体技术
9	西安建筑科技大学	理工	保研资格	城市设计、建筑电气与智能化、建筑学、给排水科学与工程、城乡规划、文化产业管理、风景园林、土木工程
10	陕西科技大学	理工	保研资格	生物质能源与材料、乳品工程、包装工程、食品质量与安全、视觉传达设计、动画、环境设计、印刷工程
11	西安科技大学	理工	保研资格	应急技术与管理、安全工程、机械电子工程、机械设计制造及其自动化、消防工程、采矿工程、矿物加工工程、地质工程
12	西北政法大学	政法	保研资格	电子商务及法律、跨境电子商务、法学、侦查学、编辑出版学、政治学与行政学、审计学、网络与新媒体
13	西安邮电大学	理工	保研资格	电信工程及管理、网络工程、通信工程、物联网工程、数字媒体艺术、物流管理、电子信息工程、计算机科学与技术
14	西安工业大学	理工	保研资格	书法学、机械电子工程、机械设计制造及其自动化、武器系统与工程、金属材料工程、材料化学、智能制造工程、工业工程
15	西安工程大学	理工	保研资格	服装与服饰设计、环境设计、视觉传达设计、纺织工程、服装设计与工程、表演、智能科学与技术、动画

注：表中排名数据参考软科官网发布的中国大学排名。

（二十五）上海

表 3-40　上海重点院校

排名	院校名称	类型	院校荣誉优势	核心专业
1	复旦大学	综合	985、211、双一流	公共事业管理、预防医学、基础医学、保密技术、广告学、国际政治、哲学、管理科学、法医学、材料物理、生态学、生物科学、能源化学、物理学、数学与应用数学、文物与博物馆学、传播学、广播电视学、新闻学、朝鲜语、汉语言、政治学与行政学、药学、信息与计算科学、历史学、翻译、汉语言文学、社会工作、经济学、临床医学、电子信息科学与技术、高分子材料与工程、金融学、旅游管理、护理学、数据科学与大数据技术、日语、英语、国际经济与贸易、市场营销、软件工程、财务管理、信息管理与信息系统
2	上海交通大学	综合	985、211、双一流	文化产业管理、听力与言语康复学、医学检验技术、食品卫生与营养学、儿科学、生物医学科学、植物科学与技术、生物工程、环境科学与工程、船舶与海洋工程、电子与计算机工程、信息安全、人工智能、信息工程、智慧能源工程、工业设计、生物技术、传播学、工业工程、大数据管理与应用、临床药学、电子科学与技术、储能科学与工程、材料科学与工程、机械工程、临床医学、自动化、能源与动力工程、视觉传达设计、护理学、会计学、工商管理、软件工程、生物科学、人力资源管理、物理学、行政管理、数学与应用数学、英语、法学、计算机科学与技术、日语、土木工程、电气工程及其自动化
3	同济大学	理工	985、211、双一流	康复物理治疗、城市设计、历史建筑保护工程、城乡规划、智能建造、建筑电气与智能化、土木工程、环境设计、视觉传达设计、文化产业管理、风景园林、环境工程、交通工程、测绘工程、建筑环境与能源应用工程、生物信息学、产品设计、物流管理、建筑学、给排水科学与工程、数据科学与大数据技术、工程管理、环境科学、汽车服务工程、工业设计、车辆工程、机械电子工程、信息管理与信息系统、日语、机械设计制造及其自动化、计算机科学与技术、软件工程、英语
4	华东师范大学	师范	985、211、双一流	教育康复学、特殊教育、播音与主持艺术、应用心理学、社会体育指导与管理、运动训练、美术学、人文地理与城乡规划、地理科学、汉语国际教育、体育教育、学前教育、教育技术学、统计学、历史学、思想政治教育、社会工作、数据科学与大数据技术、汉语言文学、视觉传达设计、环境设计、英语
5	上海财经大学	财经	211、双一流	会计学、财务管理、房地产开发与管理、投资学、工商管理、经济统计学、电子商务、市场营销、金融学、国际经济与贸易
6	华东理工大学	理工	211、双一流	生物工程、制药工程、化学工程与工艺、应用化学、资源循环科学与工程、油气储运工程、无机非金属材料工程、过程装备与控制工程
7	上海外国语大学	语言	211、双一流	意大利语、语言学、乌兹别克语、哈萨克语、乌克兰语、匈牙利语、希腊语、土耳其语、葡萄牙语、罗马尼亚语、捷克语、斯瓦希里语、泰语、柬埔寨语、波斯语、商务英语、翻译、日语、法语、英语
8	东华大学	理工	211、双一流	服装设计与工程、非织造材料与工程、纺织工程、服装与服饰设计、产品设计、环境设计、视觉传达设计、数字媒体艺术
9	上海大学	综合	211、双一流	会展、电影制作、金属材料工程、动画、数字媒体技术、广播电视编导、社会工作、美术学
10	华东政法大学	政法	保研资格	知识产权、法学、网络与新媒体、政治学与行政学、文化产业管理、劳动与社会保障、翻译、公共事业管理
11	上海师范大学	师范	保研资格	食品安全与检测、小学教育、科学教育、广播电视编导、舞蹈学、戏剧影视文学、学前教育、汽车服务工程
12	上海理工大学	理工	保研资格	康复工程、新媒体技术、新能源科学与工程、食品质量与安全、食品科学与工程、测控技术与仪器、车辆工程、机械设计制造及其自动化

续表

排名	院校名称	类型	院校荣誉优势	核心专业
13	上海中医药大学	医药	双一流	针灸推拿学、中药学、中医学、中西医临床医学、康复治疗学、康复物理治疗、食品卫生与营养学、药学
14	上海体育大学	体育	双一流	体育旅游、运动康复、武术与民族传统体育、社会体育指导与管理、体育教育、体能训练、运动人体科学、运动训练
15	上海海洋大学	农林	双一流	水生动物医学、海洋渔业科学与技术、水产养殖学、水族科学与技术、食品科学与工程、食品质量与安全、海洋资源与环境、海洋技术

注：表中排名数据参考软科官网发布的中国大学排名。

（二十六）四川

表 3-41   四川重点院校

排名	院校名称	类型	院校荣誉优势	核心专业
1	四川大学	综合	985、211、双一流	卫生检验与检疫、口腔医学技术、眼视光学、医学影像技术、法医学、临床药学、口腔医学、轻化工程、医学信息工程、信息资源管理、康复治疗学、制药工程、新能源材料与器件、考古学、护理学、高分子材料与工程、美术学、药学、网络与新媒体、汉语国际教育、化学工程与工艺、应用化学、汉语言文学、人力资源管理、物联网工程、旅游管理、市场营销、英语
2	电子科技大学	理工	985、211、双一流	网络空间安全、集成电路设计与集成系统、电子信息工程、物联网工程、网络工程、电磁场与无线技术、数理基础科学、光电信息科学与工程、通信工程、电子科学与技术、电子信息科学与技术、软件工程、人工智能、计算机科学与技术、数据科学与大数据技术
3	西南交通大学	理工	211、双一流	智慧交通、铁道工程、轨道交通信号与控制、工程造价、电气工程及其自动化、机械设计制造及其自动化、物流工程、交通运输
4	西南财经大学	财经	211、双一流	审计学、信用管理、物流管理、金融学、财务管理、电子商务、人力资源管理、会计学、旅游管理、国际经济与贸易、市场营销
5	四川农业大学	农林	211、双一流	动植物检疫、动物科学、智慧农业、农业资源与环境、农学、园林、食品质量与安全、工程造价
6	西南石油大学	理工	双一流	油气储运工程、工程造价、酒店管理、机械电子工程、海洋油气工程、石油工程、电气工程与智能控制、勘查技术与工程
7	成都理工大学	理工	双一流	表演、工程造价、地球信息科学与技术、勘查技术与工程、资源勘查工程、地质工程、油气储运工程、环境科学与工程
8	成都中医药大学	医药	双一流	藏医学、藏药学、中医康复学、中医儿科学、中药学、中药资源与开发、针灸推拿学、中医学
9	四川师范大学	师范	保研资格	秘书学、播音与主持艺术、学前教育、广播电视编导、小学教育、服装与服饰设计、美术学、酒店管理
10	西南民族大学	民族	保研资格	中国少数民族语言文学、民族学、舞蹈表演、摄影、绘画、朝鲜语、建筑学、城乡规划
11	西南科技大学	理工	保研资格	功能材料、知识产权、广播电视学、社会体育指导与管理、建筑环境与能源应用工程、材料科学与工程、材料成型及控制工程、物流管理

续表

排名	院校名称	类型	院校荣誉优势	核心专业
12	西华师范大学	师范	保研资格	秘书学、科学教育、健康服务与管理、园林、小学教育、地理科学、体育教育、学前教育
13	成都信息工程大学	理工	—	区块链工程、网络工程、数字媒体技术、电子信息工程、通信工程、物联网工程、供应链管理、网络空间安全
14	成都大学	综合	—	动画、口腔医学技术、会展经济与管理、药物制剂、休闲体育、酒店管理、工程造价、数字媒体技术
15	西华大学	综合	保研资格	流行舞蹈、新能源汽车工程、汽车服务工程、工程造价、增材制造工程、无人驾驶航空器系统工程、酿酒工程、焊接技术与工程

注：表中排名数据参考软科官网发布的中国大学排名。

（二十七）天津

表 3-42　天津重点院校

排名	院校名称	类型	院校荣誉优势	核心专业
1	南开大学	综合	985、211、双一流	会展经济与管理、资源循环科学与工程、分子科学与工程、精算学、商务经济学、旅游管理、人力资源管理、世界史、国际经济与贸易、金融科技、数字经济、金融工程、财务管理、工商管理、思想政治教育、经济学、汉语国际教育、会计学、数学与应用数学、英语
2	天津大学	理工	985、211、双一流	物流工程、保密管理、智能医学工程、合成生物学、精细化工、制药工程、化学工程与工艺、功能材料、智能电网信息工程、海洋技术、分子科学与工程、应用化学、信息管理与信息系统、生物工程、测控技术与仪器、材料成型及控制工程、材料科学与工程、工程管理、智能制造工程、机械设计制造及其自动化、建筑学、环境工程、通信工程、电气工程及其自动化、电子信息工程
3	天津医科大学	医药	211、双一流	医学影像技术、眼视光学、眼视光医学、医学影像学、药物制剂、麻醉学、康复治疗学、智能医学工程
4	河北工业大学	理工	211、双一流	金属材料工程、道路桥梁与渡河工程、机械电子工程、制药工程、电气工程及其自动化、智能制造工程、车辆工程、生物工程
5	天津师范大学	师范	保研资格	应用心理学、小学教育、教育技术学、学前教育、美术学、汉语国际教育、汉语言文学、视觉传达设计
6	天津工业大学	理工	双一流	纺织工程、服装设计与工程、动画、机械电子工程、广播电视编导、物联网工程、电子信息工程、非织造材料与工程
7	天津中医药大学	医药	双一流	中医康复学、中医养生学、中药资源与开发、针灸推拿学、中药学、中医学、中药制药、中医骨伤科学
8	天津财经大学	财经	保研资格	国际商务、审计学、数字经济、金融工程、商务英语、旅游管理、人力资源管理、财务管理
9	天津科技大学	理工	保研资格	包装工程、食品科学与工程、食品质量与安全、轻化工程、食品营养与健康、物流工程、生物工程、服装与服饰设计
10	天津理工大学	理工	保研资格	工程造价、网络工程、机械电子工程、产品设计、数据科学与大数据技术、环境设计、功能材料、新能源材料与器件

续表

排名	院校名称	类型	院校荣誉优势	核心专业
11	天津外国语大学	语言	保研资格	商务英语、日语、英语、泰语、朝鲜语、翻译、俄语、国际商务
12	中国民航大学	理工	保研资格	飞行技术、电子信息工程、通信工程、飞行器适航技术、无人驾驶航空器系统工程、交通管理、飞行器制造工程、智慧交通
13	天津体育学院	体育	保研资格	运动康复、社会体育指导与管理、体育教育、运动训练、舞蹈学、体育经济与管理、武术与民族传统体育、特殊教育
14	天津职业技术师范大学	师范	—	机电技术教育、新能源汽车工程、汽车服务工程、财务会计教育、航空服务艺术与管理、教育学、交通运输、动画
15	天津商业大学	财经	保研资格	应用统计学、酒店管理、宝石及材料工艺学、包装工程、会展经济与管理、新能源科学与工程、能源与动力工程、食品质量与安全

注：表中排名数据参考软科官网发布的中国大学排名。

（二十八）西藏

表 3-43　西藏重点院校

排名	院校名称	类型	院校荣誉优势	核心专业
1	西藏大学	综合	211、双一流	音乐学、中国少数民族语言文学、舞蹈表演、学前教育、美术学、音乐表演、公共事业管理、汉语言文学
2	西藏农牧学院	农林	—	电气工程及其自动化
3	西藏藏医药大学	医药	—	藏药学、中药制药、护理学、市场营销

注：表中排名数据参考软科官网发布的中国大学排名。

（二十九）新疆

表 3-44　新疆重点院校

排名	院校名称	类型	院校荣誉优势	核心专业
1	新疆大学	综合	211、双一流	中国少数民族语言文学、网络工程、广告学、思想政治教育、数据科学与大数据技术、软件工程、计算机科学与技术、纺织工程
2	石河子大学	综合	211、双一流	化学工程与工艺、学前教育、葡萄与葡萄酒工程、农业水利工程、农业机械化及其自动化、设施农业科学与工程、智慧农业、农学
3	新疆医科大学	医药	保研资格	健康服务与管理、医学影像技术、口腔医学、医学检验技术、康复治疗学、临床医学、护理学、药学
4	新疆师范大学	师范	保研资格	舞蹈学、运动训练、表演、学前教育、小学教育、体育教育、美术学、音乐学
5	新疆农业大学	农林	保研资格	草业科学、农业水利工程、城市管理、水利水电工程、动物科学、公共事业管理、物联网工程、国际经济与贸易
6	塔里木大学	综合	—	园艺、保密管理、应用生物科学、投资学、生物技术、网络工程、旅游管理

续表

排名	院校名称	类型	院校荣誉优势	核心专业
7	新疆财经大学	财经	保研资格	审计学、国际商务、金融科技、税收学、会展经济与管理、酒店管理、数字经济、经济统计学
8	喀什大学	师范	—	艺术设计学、酒店管理、学前教育、思想政治教育、网络工程
9	伊犁师范大学	师范	—	跨境电子商务、广播电视学、数字经济、小学教育、音乐学、网络与新媒体、学前教育、旅游管理
10	新疆艺术学院	艺术	—	舞蹈编导、音乐表演、舞蹈学、影视摄影与制作、舞蹈表演、广播电视编导、表演、动画
11	新疆警察学院	政法	—	反恐警务
12	新疆工程学院	理工	—	电气工程与智能控制
13	新疆政法学院	政法	—	法学、国家安全学、反恐警务、网络空间安全、数据科学与大数据技术、跨境电子商务
14	新疆第二医学院	医药	—	临床医学、口腔医学、中西医临床医学、麻醉学、护理学、药学、医学影像技术、医学检验技术、卫生检验与检疫、信息管理与信息系统、公共事业管理、预防医学、康复治疗学、智能医学工程
15	昌吉学院	综合	—	网络与新媒体、家政学

注：表中排名数据参考软科官网发布的中国大学排名。

（三十）云南

表 3-45　云南重点院校

排名	院校名称	类型	院校荣誉优势	核心专业
1	云南大学	综合	211、双一流	民族学、僧伽罗语、旅游管理、生态学、公共事业管理、广播电视学、社会工作、数字媒体技术
2	昆明理工大学	理工	保研资格	汽车维修工程教育、焊接技术与工程、汽车服务工程、冶金工程、工程造价、酒店管理、物联网工程、电气工程及其自动化
3	云南师范大学	师范	保研资格	航空服务艺术与管理、社会体育指导与管理、小学教育、学前教育、体育教育、越南语、泰语、特殊教育
4	云南财经大学	财经	保研资格	互联网金融、应用统计学、酒店管理、审计学、会展经济与管理、资产评估、房地产开发与管理、供应链管理
5	昆明医科大学	医药	保研资格	康复物理治疗、口腔医学、预防医学、临床医学、医学检验技术、药学、护理学、公共事业管理
6	云南农业大学	农林	保研资格	动植物检疫、植物保护、茶学、园艺、工程造价、园林、食品质量与安全、社会体育指导与管理
7	云南民族大学	民族	保研资格	社区矫正、民族学、中国少数民族语言文学、秘书学、经济与金融、工艺美术、社会工作、舞蹈学
8	西南林业大学	农林	保研资格	木材科学与工程、应用生物科学、园林、汽车服务工程、风景园林、环境设计、森林工程、家具设计与工程

续表

排名	院校名称	类型	院校荣誉优势	核心专业
9	大理大学	综合	—	酒店管理、小学教育、康复治疗学、学前教育、护理学、旅游管理、公共关系学、资源与环境经济学
10	云南中医药大学	医药	—	中药学、康复治疗学、护理学、中草药栽培与鉴定、中药资源与开发、针灸推拿学、中医学、医学信息工程

注：表中排名数据参考软科官网发布的中国大学排名。

（三十一）浙江

表 3-46　浙江重点院校

排名	院校名称	类型	院校荣誉优势	核心专业
1	浙江大学	综合	985、211、双一流	土地资源管理、劳动与社会保障、农业资源与环境、应用生物科学、茶学、农业工程、土木、水利与交通工程、光电信息科学与工程、能源与环境系统工程、翻译、艺术与科技、生物育种科学、食品科学与工程、环境科学、海洋工程与技术、电子与计算机工程、自动化、高分子材料与工程、过程装备与控制工程、西班牙语、古典文献学、化学工程与工艺、土木工程、信息安全、工业设计、行政管理、工商管理、软件工程、计算机科学与技术、机器人工程、电气工程及其自动化、化学、信息管理与信息系统、药学、生物工程、人工智能、数学与应用数学、日语、环境工程、信息与计算科学、电子信息工程、英语、汉语言文学、国际经济与贸易
2	宁波大学	综合	双一流	音乐学、水产养殖学、小学教育、体育教育、运动训练、电子信息科学与技术、学前教育、应用心理学
3	浙江工业大学	理工	保研资格	物流工程、能源化学工程、网络工程、生物制药、制药工程、化学工程与工艺、数字媒体技术、生物工程
4	杭州电子科技大学	理工	保研资格	医学信息工程、网络工程、智能科学与技术、数字媒体技术、审计学、电子信息工程、通信工程、自动化
5	浙江师范大学	师范	保研资格	财务会计教育、科学教育、汽车维修工程教育、机电技术教育、特殊教育、小学教育、动画、教育技术学
6	温州医科大学	医药	保研资格	眼视光医学、生物制药、卫生检验与检疫、健康服务与管理、康复治疗学、助产学、医学检验技术、药学
7	浙江理工大学	理工	保研资格	非织造材料与工程、服装设计与工程、服装与服饰设计、环境设计、纺织工程、机械电子工程、表演、产品设计
8	浙江工商大学	财经	保研资格	酒店管理、应用统计学、审计学、电子商务、食品质量与安全、国际商务、投资学、商务英语
9	杭州师范大学	师范	保研资格	健康服务与管理、小学教育、动画、教育技术学、学前教育、应用心理学、公共事业管理、英语
10	浙江中医药大学	医药	保研资格	中草药栽培与鉴定、助产学、中医学、中药学、健康服务与管理、护理学、中医康复学、听力与言语康复学
11	浙江财经大学	财经	—	资产评估、审计学、应用统计学、供应链管理、金融科技、投资学、数字经济、金融工程

续表

排名	院校名称	类型	院校荣誉优势	核心专业
12	中国美术学院	艺术	双一流	纤维艺术、文物保护与修复、跨媒体艺术、书法学、工艺美术、艺术设计学、中国画、美术学
13	浙江农林大学	农林	—	园林、林学、园艺、风景园林、数字媒体艺术、视觉传达设计、智慧农业、农业资源与环境
14	中国计量大学	理工	—	标准化工程、质量管理工程、声学、知识产权、测控技术与仪器、机械电子工程、动植物检疫、智能感知工程
15	温州大学	综合	—	网络工程、音乐学、体育教育、小学教育、学前教育、电气工程及其自动化、数据科学与大数据技术、汉语言文学

注：表中排名数据参考软科官网发布的中国大学排名。

3.2 本科专业建设基本情况

教育部 2024 年最新公布的本科专业目录中，包括哲学、经济学、法学、教育学、文学、历史学、理学、工学、农学、医学、管理学、艺术学等 12 个学科门类，93 个专业类，816 个专业。

部分本科专业介绍

学科门类是对具有一定关联学科的归类，是授予学位的学科类别，其设置应符合学科发展和人才培养的需要，并兼顾教育统计分类的惯例。学科门类和一级学科均是由国务院学位委员会会同教育部制定。2019 年 7 月，国务院学位委员会印发《学士学位授权与授予管理办法》，其第三章"学位授予"第十一条规定：学士学位应按学科门类或专业学位类别授予。授予学士学位的学科门类应符合学位授予学科专业目录的规定。本科专业目录中规定可授予多个学科门类学位的专业，学士学位授予单位应按教育部批准或备案设置专业时规定的学科门类授予学士学位。

2011 年 3 月，国务院学位委员会和教育部颁布修订的《学位授予和人才培养学科目录（2011 年）》规定，中国分为哲学、经济学、法学、教育学、文学、历史学、理学、工学、农学、医学、军事学、管理学、艺术学共计 13 个学科门类，基本覆盖国民经济和社会发展的各个领域。

2021 年 1 月 14 日，国务院学位委员会、教育部印发通知，决定设置"交叉学科"门类（门类代码为"14"）、"集成电路科学与工程"一级学科（学科代码为"1401"）和"国家安全学"一级学科（学科代码为"1402"）。"交叉学科"成为中国第 14 个学科门类。

下面将按门类分别介绍部分专业。

（一）哲学（门类代码：01）

哲学类（专业类代码：0101）

哲学（专业代码：010101）

（学制：四年　授予学位：哲学学士）

"你是谁？你从哪里来？你要到哪里去？"相信很多人都听过这三个终极问题。哲学就是研究这类问题的学科。学习哲学，有助于我们在更高的高度、更深的层次上思考各种问题，从而为人们认识世界和改造世界提供方法论和思想武器。因此，有人说，哲学是一门"可以让人变得聪明的学问"。哲学专业具体学哪些课程？主要培养什么样的人才？

专业简介： 哲学是人文科学领域内的基础学科，是对基本和普遍问题的研究。在希腊文中，哲学是"爱智慧"的意思。学哲学，就是学习智慧。哲学的爱智，无论是对自然的惊讶，还是认识自己，都不仅是一种对知识的追求，更重要的是一种对生活意义的关切，对生活境界的陶冶。哲学，是使人崇高起来的学问。哲学的爱智，还是一种反思的、批判的思想活动，它是追究各种知识的根据，思考历史进步的尺度，询问真善美的标准，探索生活信念的前提。

培养目标： 哲学专业是培养具有一定马克思主义哲学理论素养和系统的专业基础知识，能运用科学的世界观和方法论分析当代世界与中国现实问题的应用型、复合型高级专门人才的学科。

能力（业务）培养要求： 具有一定的哲学理论思维能力、创新能力、口头与文字表达能力、社会活动能力和科研能力，具有较高外语水平的理论研究人才以及能在国家机关、文教事业、新闻出版、企业等部门从事实际工作。

基础课程： 哲学概论、马克思主义哲学原理、中国哲学史、西方哲学史、科学技术哲学、伦理学、宗教学、美学、逻辑学、心理学、中外哲学原著导读等。

发展历史： 1912 年，北京大学设立了"文科哲学门"，标志着中国最早的哲学系的诞生，哲学社会科学体系开始逐步建立。

1950 年正式成立的中国人民大学，以及 1955 年成立的中国科学院哲学社会科学部，都为中国社会主义哲学社会科学的教学与研究奠定了坚实基础。

20 世纪 90 年代，面对社会对哲学人才日益增长的需求，各高校纷纷对哲学课程体系进行了深入的调整与改革，以期培养出更多符合时代要求的哲学人才。

1998 年，教育部发布的《普通高等学校本科专业目录》中，哲学与伦理学两个专业被整合为单一的哲学专业，并统一了专业代码，明确了其在哲学类学科中的位置。此后，无论是 2012 年版还是 2020 年版的目录，哲学专业的分类与代码均保持不变，彰显了其在中国高等教育体系中的重要地位。

考研方向： 哲学、马克思主义哲学、中国哲学、外国哲学。

就业： 该专业毕业生可在国家机关、文教事业、新闻媒体、公司企业等部门从事行政、宣传、管理、教学、科研工作，适合公务员岗位及升学考研。

开设本专业的典型院校： 复旦大学、北京大学、南京大学、清华大学。

（二）经济学（门类代码：02）

1. 经济学类（专业类代码：0201）

经济学（专业代码：020101）

（学制：四年　授予学位：经济学学士）

很多人认为经济学就是教人如何赚钱的学科，毕业后主要去银行、证券公司等机构工作。这种看法存在很大的片面性。经济学并不只是关注小的商品买卖，还着眼于宏观方向，分析各种经济现象、经济运行的本质。它研究的是经济运行发展的规律，以及经济规律是如何影响社会发展和人们生活的。

"经济"离我们的生活很近，日常的吃穿住行都离不开它；然而"经济"又离我们的生活很远，人们很难看清它的真实面目。那经济学到底是学什么的呢？

专业简介： 经济学，作为一门深邃而广泛的学科，致力于剖析人类社会在不同历史阶段中纷繁复杂的经济活动与经济关系，并揭示其内在的发展规律。它聚焦于资源的稀缺性这一普遍现象，以及如何在有限资源的约束下，实现资源的高效、合理分配与利用。

在经济学的广阔天地里，我们深入探索市场机制的奥秘，研究政策工具的多样性，以及制度安排在资源配置中的关键作用。我们的目标是通过这些手段的综合运用，达到优化资源配置的终极目标，从而最大限度地满足人们多样化的需求与欲望。

经济学的视野，既微观又宏观。它关注个人与企业在面对经济决策时的理性选择，也审视国家乃至全球经济体系的宏观调控策略。在这一过程中，经济学不仅为我们提供了理解现实经济现象的工具，更为我们指明了改善经济环境、促进社会发展的方向。

培养目标： 该专业旨在培养具备比较扎实的经济学理论基础，熟悉现代经济学理论，比较熟练地掌握现代经济分析方法，知识面较宽，具有向经济学相关领域扩展渗透的能力，能在综合经济管理部门、政策研究部门、金融机构和企业从事经济分析、预测、规划和经济管理工作的高级专门人才。

能力（业务）培养要求： 该专业要求学生系统掌握经济学基本理论和相关的基础专业知识，了解市场经济的运行机制，熟悉国家的经济方针、政策和法规，了解中外经济发展的历史和现状；了解经济学的学术动态；具有运用数量分析方法和现代技术手段进行社会经济调查、经济分析和实际操作的能力；具有较强的文字和口头表达能力，能熟练掌握一门外语。

基础课程： 微观经济学、宏观经济学、计量经济学、国际经济学、货币银行学、财政学、国际金融、国际贸易、线性代数、高等数学、概率论与数理统计等。

发展历史： 在京师大学堂创立之初，经济类课程便已被纳入其教育版图，标志着中国经济学教育的萌芽。1912年，北京大学设立了中国首个经济类科系——商学社，为中国经济学的发展播下了希望的种子。

中华人民共和国的成立，为中国经济学教育翻开了崭新的一页。彼时，我们主要借鉴苏联经验，依照其模式构建专业与课程体系，致力于培养具备马克思主义思想素养与经济理论知识的专业人才。

1998年，教育部颁布了《普通高等学校本科专业目录》，其中经济类专业被明确划分为经济学与管理学两大独立学科门类，经济学专业则归属于经济学门类之下。这一举措，不仅理顺了经济类专业的学科体系，更为其未来的发展指明了方向。

在教育部 2020 年颁布的《普通高等学校本科专业目录》中，经济学专业依然以其独特的魅力与重要性屹立于经济学类之林，专业代码 020101 成为其鲜明的身份标识。中国经济学的发展历程，是一段充满挑战与机遇、传承与创新的辉煌篇章。

考研方向：理论经济学、西方经济学、应用经济学、产业经济学。

就业：经济学专业毕业生主要在金融类机构从事证券分析、投资理财、风险评估、抵押贷款、理赔服务、信托服务、资产清算等方面的工作。与其他经济学科专业一样，该领域的就业市场往往更青睐持有专业资格证书的求职者。因此，获得相关资格认证能够显著提升就业竞争力和职业发展水平。

开设本专业的典型院校：中国人民大学、北京大学、复旦大学、清华大学、武汉大学。

2. 金融学类（专业类代码：0203）

（1）金融学（专业代码：020301K）

（学制：四年　授予学位：经济学学士）

提起金融学，大家能想到哪些呢？货币、银行、股票、贷款等。其实，金融学涵盖的内容非常广泛，它是一门与我们日常生活紧密联系的学科。我们常听到的股票、基金、保险、贷款等，都是金融学在实际生活中的应用。说到这里，大家是不是想要了解金融学到底学什么？

专业简介：金融专业是以融通货币和货币资金的经济活动为研究对象，具体研究个人、机构、政府如何获取、支出和管理资金以及其他金融资产的学科专业，是从经济学中分化出来的。中国所说的金融学指两部分内容：第一部分是货币银行学；第二部分是国际金融，研究的是国际收支、汇率等问题。

培养目标：本专业旨在培养具有金融学理论知识和业务技能，能胜任银行、证券、投资、保险等金融机构及其他经济管理部门和企业的相关工作，并具有国际视野和领导才能的高级专门人才。

能力（业务）培养要求：通过学习金融的基本理论和基本知识，经过相关业务的基本训练，具有金融领域实际工作的基本能力；需要掌握本专业基础知识、一门外语及其他相关领域知识；具有较高的知识获取能力、实践应用能力、创新创业能力等。

基础课程：西方经济学、国际金融学、货币银行学、金融市场学、世界经济概论、金融工程学、国际保险、信托与租赁、公司金融、证券投资学、商业银行经营与管理、金融统计分析、国际结算、国际经济法、国际贸易理论与实务、金融专业英语等。

发展历史：金融学在中国的历史可谓源远流长。先秦时期，中国人便已开始记录、评价货币金融的种种现象。

在近代，许多国人走出国门，赴欧美深造，其中不乏接受西方经济学系统教育的学者。他们学成归来后，积极传播西方金融学的知识，为这一学科在中国的普及与发展作出了巨大贡献。

中华人民共和国成立后，中国开始全面采用苏联的大学体制，金融学也随之进行了深刻的变革，系科、专业、课程设置均遵循苏联的模式进行。

进入 21 世纪，中国金融学面临着前所未有的发展机遇与挑战。它随着中国经济的快速发展以及金融领域的深刻变革而发展。

2012 年，在教育部发布的《普通高等学校本科专业目录新旧专业对照表》中，金融学专业由经济学类（部分）（0201）调整至金融学类（0203），专业代码由 020104 变更为 020301K，属国家控制布点专业。

2020 年 2 月，在教育部发布的《普通高等学校本科专业目录》中，金融学专业属金融学类，专业代码仍为 020301K，属国家控制布点专业。

考研方向：应用经济学、金融学、国际商务。

就业：金融学专业的就业方向主要是银行、证券、信托投资公司、金融控股集团、资产管理公司、金融租赁、担保公司、保险公司等金融机构。毕业生可以在这些机构中从事金融产品的设计、定价、销售、风险管理、客户服务等多种工作。此外，随着金融市场的不断发展和金融创新的不断涌现，金融学专业毕业生的就业方向也在不断拓展，如互联网金融、金融科技等新兴领域也成为金融学专业毕业生的就业热点。

开设本专业的典型院校：中国人民大学、中央财经大学、北京大学、上海财经大学。

（2）保险学（专业代码：020303）

（学制：四年　授予学位：经济学学士）

提到保险学，大家第一印象很可能是"卖保险的"，甚至很多人还会说："保险有什么好学的，不就是销售吗？"这些都是对保险的刻板印象。保险专业不仅是销售保险，它还涵盖风险管理、金融分析、法律知识等多个领域，是一门综合性很强的学科。

专业简介：保险学，作为中国普通高等学校的一门本科专业，其教育目标紧密贴合经济社会发展的实际需求。该专业致力于培养一批既具备强烈社会责任感与高尚道德修养，又精通经济学、管理学及金融学核心理论的复合型人才。在保险学的广阔领域中，学生们将深入掌握保险学的基本知识，并锤炼出卓越的数据分析能力、精算技能以及风险管理能力。

此外，保险学专业还注重培养学生的实务操作技能，涵盖保险产品营销、核保、理赔、投资等多个关键环节。通过系统的学习与实践，学生们将能够熟练运用这些技能，为未来的职业生涯奠定坚实的基础。更为重要的是，保险学专业还鼓励学生培养开拓创新的精神与国际化视野，以适应快速变化的行业环境与全球化的挑战。毕业后，学生们将能够胜任保险监管机构、保险公司、商业银行、企业风险管理部门及经济管理部门等多种机构的相关工作，成为推动行业进步与发展的重要力量。

培养目标：保险学专业旨在培养适应保险业现代化、国际化发展要求，具有保险学、保险业务与管理、金融投资等方面的理论知识与业务技能，能够从事商业性保险业务的营销、经营管理、社会保险基金运作与管理、保险监管等实际工作以及科学研究工作的高级保险人才。

能力（业务）培养要求：通过理论教学，学生能够系统掌握保险学科的基本知识、基础理论和保险业务技能，获得经济、管理、财务、金融等方面的理论知识；通过实践教学，培养学生保险综合业务能力以及证券、投资基本技能。

基础课程：微观经济学、宏观经济学、国际经济学、货币银行学、金融市场学、计量经济学、会计学、统计学、财政学、管理学、保险学、经济法、保险公司经营管理、保险学原理、保险精算、财产保险原理与实务、人寿保险原理与实务社会保险、人寿与健康保险、财产和责任保险、保险公司财务管理、利息理论、寿险精算、非寿险精算、公司金融等。

考研方向：应用经济学、金融学、金融、应用统计。

就业：保险学专业的毕业生可以在保险公司、保险经纪公司、银行、证券公司、投资公司等金融机构从事保险产品的设计、定价、销售、风险管理、客户服务等工作。此外，保险学专业的毕业生还可以在政府部门、监管机构、会计师事务所、律师事务所等机构从事与保险相关的政策制定、监管、审计、法律事务等工作。总的来说，保险学专业的就业方向较为广泛，涉及多个领域和行业。

开设本专业的典型院校：北京大学、中国人民大学、复旦大学、南开大学。

（3）投资学（专业代码：020304）

（学制：四年　授予学位：经济学学士）

投资与我们的生活息息相关，小到买卖一只股票，大到国家外汇管理，都离不开投资学的理论。那投资学究竟学哪些内容？主要课程又包括哪些呢？

专业简介：研究如何把个人、机构的有限资源分配到诸如股票、国债、不动产等（金融）资产上，以获得合理的现金流量和风险 / 收益率。其核心就是以效用最大化准则为指导，获得个人财富配置的最优均衡解。该专业具有融实务投资、金融投资和人力资本投资于一体，微观与宏观相结合，国内与国际相交叉，财经管理、法律和理工知识相渗透，重点培养学生从事各类投资活动的决策和管理能力等特点。

培养目标：本专业旨在培养具有扎实、系统的经济学、管理学理论及分析方法，熟悉国内外经济形势及投资管理运作，视野深刻、全面，具有较高的解决问题的能力和技能，面向企业、金融机构、政府机关、相关事业单位从事投资管理及相关业务的高素质复合型专门人才。

能力（业务）培养要求：本专业要求学生有扎实的投资学专业基础理论知识，具有较宽的专业知识面，掌握财经、法律、管理的基本知识和技能，具备定性分析和定量分析及外国语言阅读交流的基本能力。

基础课程：经济学、管理学、投资学、公司理财、会计学、投资银行理论与实务、期权与期货、创业投资、私募股权基金、固定收益证券、国际投资与跨国经营、投资估价、金融建模、个人理财规划、投资经济学、项目评估、项目融资、计量经济学、管理运筹学等。

考研方向：应用经济学、金融学、金融、国际商务。

就业：投资学专业就业方向较为广泛，涵盖金融机构、保险经纪公司、投资公司、咨询公司、投资管理公司及政府机构等。主要岗位包括投资、金融分析、资产管理、风险控制、战略规划、基金管理等。毕业生需持续学习、提升能力，以适应行业的高要求。

开设本专业的典型院校：中央财经大学、上海财经大学、对外经济贸易大学、西南财经大学。

（4）精算学（专业代码：020308T）

（学制：四年　授予学位：理学、经济学学士）

提起精算师，相信不是专业人士，很少有人听说过他们。相对人们常见的会计师、审计师、律师等，精算师是一个小众职业。由于薪资高、人才需求大，它被外界称为"金领中的金领"。那怎样成为一名精算师呢？这就需要专业的学习，也就是精算学专业。

专业简介： 精算学主要研究数学、统计学、经济学、金融学等方面的基本知识和技能，利用回归分析、统计模型等现代数学方法和股票、期货、外汇等多种金融工具，对货物和服务交易、金融交易等经济活动进行预测、财务分析、估价和管理等。例如：财政收支计划的测算、投资活动的分析等。该专业对数学的要求较高。

培养目标： 培养具有扎实的经济学、管理学和数学理论基础，掌握风险管理与保险的基本知识，熟悉最新的精算与风险管理理论和方法，具备从事精算及风险管理工作技能的高素质人才。

能力（业务）培养要求： 本专业学生主要学习数学和应用数学的基础理论、基本方法，受到数学模型、计算机和数学软件方面的基本训练，在数学理论和应用方面都受到良好的教育，具有较好的科学素养和较强的创新意识，初步具备科学研究、教学、解决实际问题及开发软件等方面的基本能力和较强的更新知识的能力。

基础课程： 微观经济学、宏观经济学、货币银行学、会计学、统计学概论、概率论与数理统计、保险原理、金融数学、寿险精算、精算模型、非寿险精算、精算管理、随机过程、回归分析、统计软件、时间序列分析。

考研方向： 西方经济学、应用经济学、金融学、金融。

就业： 精算学就业方向较为广泛，涵盖保险、金融、咨询、政府、教育、数据分析及投资等。以保险行业为核心，毕业生可从事产品设计、定价、风险管理等工作。毕业生在金融行业的工作内容涉及风险管理、资产定价等；在咨询行业提供风险评估、养老金设计等服务；在政府部门参与政策制定、市场监管等工作；在教育教学机构参与教育与研究，培养人才，推动学科发展。此外，数据分析与投资领域也很愿意招收精算学专业的毕业生。总的来说，该专业就业前景较为广阔，需求不断增加。

开设本专业的典型院校： 南开大学、中央财经大学、对外经济贸易大学、湖南大学。

3. 经济与贸易类（专业类代码：0204）

国际经济与贸易（专业代码：020401）

（学制：四年　授予学位：经济学学士）

美国加息对全球有什么影响？人民币为什么不贬值？为什么美国采取种种措施限制中国产品的涌入？为什么要反倾销和反对贸易保护主义？这些都是国际经济与贸易专业要研究的内容。

专业简介： 国际经济与贸易专业，作为一门融合了经济学精髓与国际贸易实践的学科，其核心在于探究经济学的基本原理，并深入剖析国际贸易的广阔领域。学子们在这里不仅能掌握国际贸易的基本知识，更能洞悉现代国际经济与贸易环境的瞬息万变，紧跟时代发展的脉搏。在学习过程中，学生们将熟悉并精通国际通行的贸易规则、法律与惯例，这些将是他们未来在国际商海中乘风破浪的坚实后盾。同时，他们还将掌握最新的国际贸易业务运作方式，以及一系列基本操作技能，确保在复杂多变的国际贸易环境中游刃有余。

尤为值得一提的是，国际经济与贸易专业的学生将具备出色的英语交流能力，这将是他们与全球合作伙伴无缝对接、开展深度合作的关键。他们将学会如何与外国人进行有效的商务谈判，如何巧妙地签订合同，以及如何携手共建跨国企业，共同开创美好的未来。

培养目标：本专业旨在培养德、智、体、美、劳全面发展的人才，较系统地掌握马克思主义经济学基本原理和国际经济、国际贸易的基本理论，掌握国际贸易的基本知识与基本技能，了解主要国家与地区的社会经济情况，具有国际贸易业务操作能力，能在涉外经济贸易部门、外资企业及政府机构从事实际业务、管理、调研和宣传策划工作的高素质复合型涉外经贸人才。

能力（业务）培养要求：本专业培养的学生应掌握马克思主义经济基本理论及基础知识技能，具有理论分析和实务操作的基本能力，具备较强的外语能力。

基础课程：政治经济学、西方经济学、国际经济学、计量经济学、世界经济概论、国际贸易理论与实务、国际金融、国际结算、货币银行学、财政学、会计学、统计学。

考研方向：应用经济学、国际贸易学、金融、国际商务。

就业：国际经济与贸易专业就业方向多样，包括：外贸企业——从事外贸业务、国际市场营销等，需具备国际贸易理论基础和实践技能；政府机构——在对外贸易经济管理部门工作，参与外贸政策制定与执行等；金融机构——从事国际金融业务、国际投资等，需国际金融、投资知识；教育与科研——在高校、科研单位从事教学及科研工作；其他——工商企业多元化工作、公务员、销售代表与营销顾问等。

开设本专业的典型院校：对外经济贸易大学、北京大学、南开大学、中国人民大学、上海财经大学。

（三）法学（门类代码：03）

1. 法学类（专业类代码：0301）

法学（专业代码：030101K）

（学制：四年　授予学位：法学学士）

在影视作品中，律师常常以一种职场精英的形象出现，他们以雄辩的口才和敏锐的逻辑捍卫法律，保护当事人的权益。许多人因此怀揣着成为律师的梦想。要实现这一梦想，必须深入学习法律知识。

其实，法学专业的研究范围非常广泛，其本身也强调专业的社会实践性。在工作中，与用人单位签订合同、房屋买卖、与他人的经济纠纷，甚至在继承遗产时都需要用到法学的知识。法律在社会生活的各个方面都起到重要的作用。

专业简介：法学，又称法律学、法律科学，是以法律、法律现象以及其规律性为研究内容的学科，它是研究与法相关问题的专门学问，是关于法律问题的知识和理论体系。法学是世界各国高等学校普遍开设的大类，也是中国大学的十大学科体系之一，包括法学、政治学、公安学、社会学四个部分。

法学专业的学习是一项全面挑战，它要求学生在掌握法律知识的同时，培养出严密的逻辑思维、严谨的工作态度、坚定的正义感以及出色的社会交往能力。这些素质共同构成了法律专业人士的核心能力，使他们能够在法律实践中有效地维护正义、解决问题，并与社会各界建立良好的沟通与合作。

培养目标：法学专业旨在培养系统掌握法学知识，熟悉我国法律和党的相关政策，能在国家机关、企事业单位和社会团体，特别是能在立法机关、行政机关、检察机关、审判机关、仲裁机构和法律服务机构从事法律工作的高级专门人才。

能力（业务）培养要求：本专业培养的学生需要具备法学的基本理论和基本知识，受到法学思维和法律实务的基本训练，具有运用法学理论、方法分析问题和运用法律管理事务与解决问题的基本能力。

基础课程：法理学、中国法制史、宪法、行政法与行政诉讼法、民法、商法、知识产权法、经济法、刑法、民事诉讼法、刑事诉讼法、国际法、国际私法、国际经济法。

发展历史：1950 年，中国第一所正规的高等法学教育机构——中国人民大学法律系正式成立。1954年 5 月，教育部精心筹划并成功召开了全国政法教育会议，这一盛会进一步推动了法学教育的蓬勃发展。在随后的两年间，一系列法学系及学院如雨后春笋般涌现，中国法学教育体系初步形成。而后的岁月里，法学教育格局进一步丰富与完善，形成了"五院四系"的宏伟蓝图，它们共同书写着中国法学教育的辉煌篇章。

2012 年 9 月，在教育部印发的《普通高等学校本科专业目录》中，法学学科门类为法学、专业代码为 030101K。

考研方向：法学、宪法学与行政法学、刑法学、民商法学。

就业：法学专业就业方向较为广泛，涵盖律师、司法机关、公务员、企业法务、法学研究教育、非营利组织及其他相关领域。毕业生可从事法律咨询、案件审理、法律事务处理、合同起草、法律风险评估、教学科研、法律援助等多样工作。

开设本专业的典型院校：中国人民大学、中国政法大学、北京大学、西南政法大学。

2. 社会学类（专业类代码：0303）

社会工作（专业代码：030302）

（学制：四年　授予学位：法学学士）

提起社会工作，人们脑海中想到的可能是居委会大妈、小区的治安维护员等。其实，社会工作是一门以社会福利计划和社会服务为研究对象的应用型专业，旨在运用现代科学的知识，研究社会问题的规律及解决方法。简单来讲，社会工作就是学习如何帮助人和解决社会问题。

专业简介：社会工作专业是以政府为主体，社会力量广泛参与的，以社会工作、社会学、心理学等主干学科为基础，物业管理、医学、法学等为辅助学科，以助人自助为核心理念，以个案工作、小组工作、社区工作为直接工作方法的学科。旨在为案主（client）提供专业服务，帮助案主解决在与环境互动过程中所产生的各种问题，助其重塑自信，协助解决困境，重新融入社会。社会工作专业注重培养学生的实践技能和科研能力，要求学生掌握社会科学研究方法——设计研究、数据分析、理论评估和报告撰写等，同时紧跟技术发展。如果你天生乐观、充满爱心、乐于助人，并对参与社会服务充满热情，那么社会工作专业将是一个理想的选择。

培养目标：本专业旨在培养具有基本的社会工作理论和知识，较熟练的社会调查研究技能和社会工作能力，能在民政、劳动、社会保障和卫生部门，以及工会、青年、妇女等社会组织及其他社会福利、服务和公益团体等机构从事社会保障、社会政策研究、社会行政管理、社区发展与管理、社会服务、评估与操作等工作的高级专门人才。

能力（业务）培养要求：本专业学生主要学习社会工作的基本理论，树立社会工作的价值理想，学习和掌握开展社会工作的技能与方法，使学生具备进行社会调查研究的方法与技能，掌握理论分析、实证研究、社会实践等多方面的基本能力。

基础课程：社会学概论、社会工作概论、社会统计学、社会调查研究方法、个案工作、小组工作、社区工作、社会工作专业伦理、社会工作行政、社会工作实务、人类行为与环境、社会心理学、普通心理学、异常心理学等。

考研方向：应用心理学、公共管理、社会学。

就业：主要面向公办社会救助机构、公办社会福利机构、民间社会服务组织及街道、社区等单位，从事城乡社区工作、流浪乞讨人员救助管理与服务、城乡社区低保管理、医疗救助、灾害救助管理与服务等工作。

开设本专业的典型院校：北京大学、中国人民大学、复旦大学、南京大学。

（四）教育学（门类代码：04）

教育学类（专业类代码：0401）

（1）教育学（专业代码：040101）

（学制：四年　授予学位：教育学学士）

提到教育学，很多人想到的是：这个专业就是培养教师的，毕业后要从事教师职业。其实，这是一个误区。教育学并不是培养教师的专业，大部分中小学机构招聘教师时，招聘的是与课程相对应的本科专业学生。如语文老师要求中文系毕业，英语老师要求英语系毕业，而不是招聘教育学专业的毕业生。教育学是研究"培养什么样的人才、采用什么样的方法进行教育"的一门学问。

专业简介：教育学，作为普通高等学校的一门本科专业，隶属于教育学类，旨在培养具备深厚教育理论基础与实践能力的复合型人才。这些人才不仅需要具备良好的思想道德品质，还需拥有较高的教育理论素养和实际操作能力，以胜任中小学、教育科学研究机构及各级教育行政部门等多个领域的教学、研究及管理工作。

在教育学的学习旅程中，学生们将深入探索教育科学的基本理论与知识，接受系统的教育科学研究训练，从而掌握教育教学工作的核心技能。这一专业不仅关注学校教育，还广泛涉及家庭教育、社会教育等多个层面的教育现象与问题，展现出其全面的研究视野。

教育学的研究方法独特而多元，它巧妙地融合了哲学、政治学、社会学、经济学、病理学、生理学、卫生学及心理学等多学科的知识与智慧，对教育现象、教育规律进行深刻剖析与综合研究。通过这一跨学科的研究模式，教育学能够揭示教育的内在规律，论证教育原理，阐述教育方法，并为教育实践提供有力的指导与支持。

总之，教育学专业致力于培养具有深厚理论功底与实践能力的教育人才，为推动我国教育事业的持续发展贡献智慧与力量。

培养目标： 本专业旨在培养具有良好思想道德品质、较高教育理论素养和较强教育实际工作能力的中、高等师范院校师资、中小学校教育科研人员、教育科学研究单位研究人员、各级教育行政管理人员和其他教育工作者。

能力（业务）培养要求： 本专业学生主要学习教育科学的基本理论和基本知识，受到教育科学研究的基本训练，掌握从事教育相关工作的基本技能。

基础课程： 普通心理学、教育心理学、中国教育史、外国教育史、教育通论、教学论、德育原理、教育社会学、教育统计测量评价、教育哲学、中小学语文或数学教学法等。

发展历史： 教育学的起点是 1902 年京师大学堂师范馆设置的"教育学"课程。在 1902 年前后，中国就已经有武昌师范学堂、保定师范学堂、成都师范学堂、贵州师范学堂、全闽师范学堂、三江师范学堂等设立教育学课程的师范学校。

进入 20 世纪 60 年代，中国教育学界开始更加积极地构建自己的理论体系。改革开放以后，随着思想解放和对外开放的深入发展，中国教育学迎来了蓬勃发展的春天。在这一时期，教育学研究成果层出不穷，各类教育学著作如雨后春笋般涌现，为中国教育事业的持续发展提供了有力的理论支撑。

在教育部 1998 年、2012 年、2020 年发布的《普通高等学校本科专业目录》中，教育学专业的学科门类为教育学，专业代码为 040101，为教育学类专业。

考研方向： 教育学、教育学原理、课程与教学论、高等教育学。

就业： 教育学专业学生可以从事的行业既包括各类院校、社区服务组织、咨询组织、文化组织，还包括司法系统、国家级协会、委员会、研究与开发中心、政府教育部门，甚至是金融机构和传媒行业也同样适合教育学专业的学生就业。主要从事教育教学、教育行政、文字编辑等方面的工作。

开设本专业的典型院校： 北京师范大学、东北师范大学、浙江大学、西南大学。

（2）学前教育（专业代码：040106）

（学制：四年　授予学位：教育学学士）

对"80 后""90 后"的年轻父母来说，如何教育孩子已经成为一个热门话题。学前教育就是针对 0~6（或 0~7）岁儿童的教育，这一阶段的教育对儿童的成长至关重要。过去，有些人可能认为幼儿园教师的工作仅仅是看护孩子，但实际上，成为一名优秀的幼儿教师需要具备多方面的素质和技能。

专业简介：学前教育，作为普通高等学校中的一门重要本科专业，隶属于教育学类，旨在培养拥有高尚思想道德品质与坚实的学前教育专业知识的复合型人才。这些人才将在保教机构、教育行政部门及相关领域发挥关键作用。从事保教、研究及管理工作，为学前教育的发展贡献力量。

学前教育专业不仅深入研究 0~6（或 0~7）岁儿童身心发展的奥秘与教育策略，还关注学前教育服务人员的专业素养成长路径，致力于构建各类学前教育组织与活动的蓝图。同时，学前教育专业还着眼于不同区域内学前教育事业的蓬勃发展，探索其背后的基本规律，以期为孩子们营造一个更加适宜的成长环境。

这一专业致力于创造一个充满爱与关怀的学前教育环境，让孩子们在快乐中学习，在探索中成长。通过学前教育专业的精心培育与引导，孩子们将能够健康、快乐地迎接未来的机遇与挑战。

培养目标：本专业旨在培养具备学前教育专业知识，能在托幼机构从事保教和研究工作的教师、学前教育行政人员以及其他有关机构的教学、研究人才。

能力（业务）培养要求：该专业学生主要学习学前教育方面的基本理论和基本知识，受到幼儿教育技能的基本训练，具有在托幼机构进行保育、教育和研究的基本能力。

基础课程：普通心理学、人体解剖生理学、教育社会学、声乐、舞蹈、美术、学前教育学、幼儿心理学、幼儿教育心理学、幼儿保健学、幼儿教育研究方法等。

发展历史：1998 年，教育部发布的《普通高等学校本科专业目录》中，幼儿教育专业正式更名为学前教育，专业代码也随之变更。这一变化，不仅体现了国家对学前教育专业地位的重新定位，也预示着该专业即将迎来更加广阔的发展空间。

进入 21 世纪，学前教育领域不断迎来新的政策支持与规范引导。2012 年，教育部发布的《幼儿园教师专业标准（试行）》为幼儿园教师的专业发展提供了明确的方向与要求。同年，《普通高等学校本科专业目录》的发布，再次对学前教育专业的代码进行了调整，进一步规范了该专业的设置与管理。

时至今日，学前教育在中国的发展已取得了显著成就。据统计，2021 年，全国开设学前教育专业的本、专科高校数量已达到 1095 所，毕业生人数更是高达 26.5 万人。这一数据不仅彰显了学前教育专业的蓬勃发展态势，更为持续补充幼儿园师资提供了强有力的支撑。展望未来，中国学前教育将继续在探索与创新的道路上不断前行，为培养更多优秀的学前教育人才贡献力量。

考研方向：教育学、教育学原理、学前教育学、教育管理。

就业：学前教育专业就业方向较广，涵盖教师、教育管理、产品开发、咨询顾问、心理指导、出版物策划、特殊教育教师、政府及事业单位工作等。毕业生可从事幼儿教学、教育管理、产品研发、教育咨询、心理辅导、编辑出版、特殊儿童教育及自主创业等。随着社会对学前教育的重视，毕业生还可选择深造或从事研究工作。

开设本专业的典型院校：北京师范大学、南京师范大学、华东师范大学、陕西师范大学。

（3）小学教育（专业代码：040107）

（学制：四年　授予学位：教育学学士）

小学教育是基础教育的重要组成部分，它在人的一生中扮演着至关重要的角色，就像建筑中坚实的地基一样，为后续的学习和发展打下基础。小学教育不仅包括语文、数学、英语等学科知识的学习，还涵盖了科学、道德与法治教育等多个方面。作为启蒙教育的关键阶段，小学教育对孩子的全面发展具有深远的影响。它不仅传授基础知识，还培养孩子的思考能力、创造力和社交技能。这些能力对孩子未来的学术成就和职业发展都是不可或缺的。

专业简介：小学教育，作为普通高等学校的一门重要本科专业，隶属于教育学类，旨在培养全能型教育人才。这些人才不仅需要具备高尚的思想道德品质，还需掌握扎实的学科知识，并练就卓越的教育教学能力。他们的使命是踏入小学教育的殿堂，肩负起教育、教学及管理的多重职责，为孩子们的成长铺设坚实的基石。

小学教育专业，注重培养学生的综合素养与实践能力。在这里，学生们将深入探索教育的真谛，掌握小学教育的核心理论与教学技巧。同时，他们还将接受严格的专业训练，以提升自身的教育教学能力，确保在未来的工作岗位上能够游刃有余地应对各种挑战。

值得一提的是，小学教育专业的学生还将具备广阔的职业发展前景。他们可以在小学教育领域深耕细作，成为教学骨干或管理人才；也可以跨足其他相关领域，如教育咨询、教育研究等，为教育事业的持续发展贡献自己的力量。

总之，小学教育专业致力于培养德才兼备、学识渊博、能力出众的小学教育人才。他们将以满腔的热情与坚定的信念，投身于小学教育的伟大事业中，为孩子们的成长撑起一片蓝天。

培养目标：本专业旨在培养德、智、体、美、劳全面发展，具有良好职业道德和人文素养，掌握小学素质教育的基础理论知识和技能，适应基础教育改革与发展需要，具备小学教育教学能力和教学研究能力，从事小学教育工作的教师。

能力（业务）培养要求：小学教育教学应坚持以马克思主义为指导，以政治、经济和文化建设发展需求为基本原则，以中国高等教育定位和特点为参考框架，同时以行业标准和社会需求为导向，培养具有坚定正确的政治方向、高尚的道德品质、良好的科学与人文素养，具有国际视野，系统掌握教育科学和该专业所必需的基础知识、基本理论、基本技能和方法，具有较强的创新创业精神和教育创业实践能力与管理能力，能够在各级各类教育及管理机构胜任教育、教学、管理与研究工作的高级专门人才。

基础课程：教育学、心理学、逻辑学、教学设计、德育原理、教育社会学、班主任工作、教育哲学、心理卫生与心理辅导、汉语基础、中国历代文学作品选、写作、儿童文学等。

发展历史：自中华人民共和国成立至 20 世纪 90 年代，中国小学教师的培养工作主要由普通中等师范学校负责。1997 年，教育部提出将小学教育专业纳入普通高等教育范畴，并组织了相关课题研究组。1998 年，南京晓庄学院率先尝试开设本科层次的小学教育专业。2012 年 9 月，教育部发布《普通高等学校本科专业目录》，小学教育专业代码由 6040105W 变更为 040107。2020 年 2 月，在教育部发布的《普通高等学校本科专业目录》中，小学教育专业信息保持不变。

考研方向： 教育学、教育学原理、课程与教学论、教育管理。

就业： 小学教育专业就业方向多样，包括小学教师、教育咨询师、课程顾问、教育技术师、行政后勤、教育研究与开发等。毕业生可从事学科教学、学业规划、课程设计、教学辅助、行政管理及教育研究等工作。此外，还可在教育评估、社区教育等领域就业，或选择自主创业。

随着教育行业的发展，中小学教师的学历要求逐渐提高，现在许多地区要求本科甚至硕士学历。这对教育专业的毕业生来说既是挑战也是机遇。面对激烈的就业竞争，学生们需要在学习期间积累实习经验，提高知识储备，锻炼好自己的专业教学能力，以提升就业竞争力。

开设本专业的典型院校： 东北师范大学、华南师范大学、首都师范大学、南京师范大学、杭州师范大学。

（五）文学（门类代码：05）

1. 中国语言文学类（专业类代码：0501）

汉语言文学（专业代码：050101）

（学制：四年　授予学位：文学学士）

提起汉语言文学，人们首先想到的是作家或诗人。其实，学习汉语言文学当然要阅读大量的文学作品，但并不一定要从事作家或诗人的工作。汉语言文学专业作为中国大学史上最早开设的专业之一，目前大致可以分为师范类和非师范类两大类，它们在培养方式和方向上有所不同，但专业课程上是相近的。

专业简介： 汉语言文学专业是中国大学史上最早开设的专业之一，产生于19世纪末。该专业学习和研究的课程一般分为三类：一是必修的大学公共课程，二是必修的专业基础课程，三是各个学校还会根据本校教师的治学专长，开设一些选修课。

汉语言文学专业，作为一门充满魅力的学科，它呼唤着那些怀揣深厚文化底蕴与敏锐形象思维能力的学子。若你热爱写作，擅长以笔为剑，剖析世间万象；若你对文学创作怀有满腔热忱，渴望在文字的世界里自由翱翔，那么，汉语言文学专业无疑是你的理想之选。

在这里，你将踏上一段全面而系统的学习之旅，深入探索中外经典文学作品的浩瀚海洋。这些作品，如同璀璨星辰，不仅以其独特的规范结构和优雅语言照亮你的文学之路，更在潜移默化中塑造了你的写作技巧与文字表达能力。你将学会如何以文字为媒介，传达思想，抒发情感，让每一个字、每一句话都充满力量与美感。

培养目标： 汉语言文学专业培养具有汉语言文学基本理论、基础知识和基本技能，能在新闻出版、科研机构和机关企事业单位从事文学评论、汉语言文学教学与研究，以及文化、宣传工作的汉语言文学专门人才。

能力（业务）培养要求： 该专业学生主要学习汉语和中国文学方面的基本知识，受到有关理论、发展历史、研究现状等方面的系统教育和业务能力的基本训练。

基础课程： 语言学概论、古代汉语、现代汉语、汉语史、语言学史、文学概论、中国古代文学史、中国现代文学史、马克思主义文论、比较文学、中国古典文献学、外国文学史、民间文学等。

发展历史：中华人民共和国成立后，随着教育事业的全面改革与发展，汉语言文学专业迎来了新的春天。各高校的中国语言文学系统一更名为"中文系"，这一变化不仅体现了国家对汉语言文学专业的重视，也促进了该专业在全国范围内的规范化发展。

在随后的几十年里，汉语言文学专业经历了多次专业目录的调整与规范。从 1986 年的《全国普通高等学校专业设置及毕业生使用方向介绍》到 1998 年教育部发布的《普通高等学校本科专业目录》，汉语言文学专业始终保持着其独特的学科地位与学术价值。特别是在 1998 年的专业合并中，原汉语言文学、中国文学、汉语言文学教育、汉语言教育等专业被整合为统一的汉语言文学专业，进一步提升了该专业的综合实力与影响力。

时至今日，在教育部最新发布的《普通高等学校本科专业目录》中，汉语言文学专业依然保持着其文学门类、中国语言文学类的学科属性与专业代码（050101），并授予文学学士学位。这一专业不仅培养了大量优秀的文学人才，也为传承与弘扬中华优秀传统文化作出了重要贡献。

考研方向：学科教学（语文）、汉语国际教育、中国语言文学、文艺学。

就业：汉语言文学专业就业方向较为广泛，涵盖教育、媒体与出版、文案与创意、文化艺术及其他领域。教育领域可从事基础教育、高等教育及教育培训；媒体与出版领域包括编辑、记者及新媒体运营；文案与创意涉及广告策划与文案撰写；文化艺术领域有活动策划、文学评论及剧本创作。此外，翻译、公务员、自由职业等也是重要就业方向。毕业生可根据自身兴趣和能力选择职业道路，就业前景较广阔。

开设本专业的典型院校：北京师范大学、北京大学、复旦大学、南京大学、浙江大学。

2. 外国语言文学类（专业类代码：0502）

英语（专业代码：050201）

（学制：四年　授予学位：文学学士）

英语是一个广为人知的专业，几乎每个人都能轻松地说出几个英语单词。然而，英语本科专业的学习内容和深度远比日常交流要复杂得多，它涉及语言的深入研究、文化的理解以及专业技能的培养。

专业简介：英语专业，作为普通高等学校中一颗璀璨的明珠，隶属于外国语言文学类，其四年的修业年限不仅是一段知识的探索之旅，更是通往文学殿堂的坚实阶梯。在英语专业的学习过程中，学生将打下坚实的学科基础，涵盖外国语言学、外国文学、翻译学等多个领域，同时涉足国别与区域研究、比较文学与跨文化研究等跨学科内容，充分展现其综合性和广阔性。

英语专业的学习，不仅是语言技能的精进，更是文化素养的全面提升。学生们将深入探索英语的魅力，感受不同文化的碰撞与融合，培养跨文化交际的能力。同时，英语专业还积极与其他相关专业相结合，形成复合型专业，以满足社会多元化发展的需求。这种跨学科的融合，不仅拓宽了学生的视野，也增强了他们的就业竞争力。

在英语专业的学习旅程中，学生们将逐渐成长为具备深厚语言功底、广泛文化素养和跨文化交际能力的复合型人才。他们将以自信的姿态走向世界舞台，成为连接不同文化和民族的桥梁，为推动全球化进程贡献自己的力量。

培养目标：英语专业是培养具有扎实的英语语言基础和比较广泛的科学文化知识，能在外事、经贸、文化、新闻出版、教育、科研、旅游等部门从事翻译、研究、教学、管理工作的英语高级专门人才。

能力（业务）培养要求：英语专业学生主要学习英语语言、文学，英、美等英语国家历史、政治、经济、外交、社会文化等方面的基本理论和基本知识，受到英语听、说、读、写、译等方面的良好技巧训练，掌握一定的科研方法，具有从事翻译、研究、教学、管理工作的业务水平及较好的素质与能力。

基础课程：英语精读、英语泛读、英语听力、英语语法、英语口语、英语写作、综合英语、英汉翻译、汉英翻译、语言学概论、英美文学、英语国家文化等。

考研方向：马克思主义理论、法律（非法学）、学科教学（英语）、外国语言文学。

就业：英语专业（教育方向）——毕业生适合在中小学、幼儿园，以及其他类型、层次的英语培训机构从事英语教学工作和教育管理工作；在各类各级公司、企业从事一般性翻译或外贸工作。英语专业（国际商务管理方向）——毕业生适合在贸易公司、涉外机构、外商投资企业、跨国公司、金融国贸等单位从事文秘、翻译、业务人员或行政管理人员等工作，同时也可在各级政府涉外部门、各类外向型企业或公司以及银行、保险、海关、边防及科研等部门工作。英语专业（翻译方向）——毕业生可在涉外机构、外资企业、银行、保险、海关、边防、新闻出版、教育、科研、旅游等部门从事翻译、研究、教学和管理等工作，同时也可以选择留学、考研或国外就业。英语专业（旅游方向）——毕业生可在旅行社旅游管理咨询公司、旅游电子商务企业、旅游规划策划机构、旅游营销策划企业、旅游管理景区等从事英文导游、旅游公司导游服务工作、外联销售工作、旅行社基层经营管理工作，各涉外单位的翻译、文秘等工作。毕业生也可担任涉外宾馆接待及管理人员、外企高级文员、外向型企业一般管理员。

开设本专业的典型院校：北京外国语大学、南京大学、上海外国语大学、清华大学、北京大学。

3. 新闻传播学类（专业类代码：0503）

新闻学（专业代码：050301）

（学制：四年　授予学位：文学学士）

提起新闻学，人们首先想到的就是记者。记者在国外被称为"无冕之王"。如果你对时事政治感兴趣，对一些热点事件较为敏感，同时还有不错的文字功底，性格外向，擅长交际，那么可以考虑报考新闻学专业。

专业简介：新闻学是研究新闻事业和新闻工作规律的学科。新闻学是以人类社会客观存在的新闻现象作为自己的研究对象，研究的重点是新闻事业和人类社会的关系，探索新闻事业的产生、发展的特殊规律和新闻工作的基本要求的一门学科。它研究的内容是新闻理论、新闻史和新闻业务。

培养目标：新闻学专业培养的是具备系统的新闻理论知识与技能、宽广的文化与科学知识，熟悉我国新闻、宣传政策法规，能在新闻、出版与宣传部门从事编辑、记者与管理等工作的新闻学高级专门人才。

能力（业务）培养要求：该专业学生主要学习马克思主义基本原理、新闻学基本理论和基础知识，受到新闻业务的基本训练，具有社会活动和科研的基本能力。

基础课程： 新闻学概论、中国新闻事业史、外国新闻事业史、新闻采访与写作、新闻编辑与评论、马列新闻论著选读、中国历代文学作品选读、大众传播学、新闻法规与新闻职业道德、新闻摄影、广播电视学、新闻事业管理、广告学与公共关系学等。

发展历史： 新闻学，作为一门承载着信息传播与社会责任的重要学科，其在中国的发展历程可谓波澜壮阔。自 1918 年北京大学成立新闻学研究会起，新闻学便正式踏入中国教育的殿堂，开启了其辉煌的学术旅程。

随后，复旦大学等高等学府也相继投身新闻教育的浪潮，通过开设新闻学课程、设立新闻系乃至独立的新闻学院，为新闻学的发展注入了源源不断的活力。20 世纪 80 年代，河南大学等高校更是在文学院内探索新闻教育的多元化路径，开设了编辑出版、播音主持和广告学等专业，进一步丰富了新闻学的内涵与外延。

在国家层面，新闻学的地位也日益凸显。1987 年，新闻学被正式列为中国社会科学和人文科学的学科项目之一；1998 年，更是被批准为一级学科，实现了从学科地位到专业设置的全面升级。与此同时，原新闻学、国际新闻、体育新闻等专业也经过调整与优化，合并为统一的新闻学专业，为新闻教育的规范化发展奠定了坚实基础。

进入 21 世纪，新闻学更是迎来了前所未有的发展机遇。随着中国新闻事业的蓬勃发展，高校新闻院系如雨后春笋般涌现，为新闻人才的培养提供了广阔舞台。在这一时期，北京大学、清华大学等国内顶尖高校纷纷获批设置新闻学专业，进一步推动了新闻学教育的高质量发展。

考研方向： 新闻与传播、新闻学、新闻传播学、传播学。

就业： 新闻学就业方向较为广泛，涵盖新闻业、公关业、广告业、教育与研究及其他领域。新闻业包括传统媒体与新媒体；公关业涉及公共关系策划与品牌传播；广告业有广告策划与文案撰写；教育与研究可从事教学与科研；其他领域包括媒体管理与运营、创业与自媒体。毕业生可根据兴趣与职业规划选择职业道路，并需不断学习与提升以适应市场需求。

开设本专业的典型院校： 中国人民大学、复旦大学、中国传媒大学、北京大学。

（六）历史学（门类代码：06）

历史学类（专业类代码：0601）

（1）历史学（专业代码：060101）

（学制：四年　授予学位：历史学学士）

随着《万历十五年》《明朝那些事儿》《新宋》等历史题材书籍的畅销，以及《百家讲坛》等节目中历史话题的热议，人们对历史的兴趣日益浓厚。大家开始意识到，历史学不仅是对过去的回顾，更是对现实的深刻洞察和对未来的启迪。古人言"以铜为镜，可以正衣冠；以史为镜，可以知兴替；以人为镜，可以明得失"。由此可见，历史在人类发展史上起着重大的学习和借鉴作用。

专业简介：历史学是人类对自己的历史进行筛选和组合的知识形式。历史学，是静态时间中的动态空间概念。历史学由历史、科学、哲学、人性学及其时间空间五部分有机组合而成。广义的"历史学"是对"史"进行同时合训而产生的"史有二义"的统一体。包括：完全独立于人们的意识之外的人类过往社会的客观存在及其发展过程；历史学家对这种客观存在和过程及其规律的描述和探索的精神生产实践及其创造出来的产品。狭义上的史学专指后者，是一种精神生产实践及其创造的属于观念形态的东西的统一体。

历史学主要研究和分析人类发展演变的轨迹、不同地域社会时期的文化生活、不同民族的起源兴衰以及先人所遗留下来的古籍、文献、历法、制度等，不断学习总结前人成功的经验，为人们今天的生产生活提供借鉴。

培养目标：历史学专业培养具有一定的马克思主义基本理论素养和系统的专业基本知识，进一步培养具有潜力的史学专门人才，以及能在国家机关、文教事业、新闻出版、文博档案及各类企事业单位从事实际工作的应用型、复合型高级专门人才。

能力（业务）培养要求：该专业学生主要学习历史科学的基本理论和基本知识，受到中国历史和世界历史发展的基本史实及史学研究的基本训练，具有从事专业工作所需的基本能力。

基础课程：中国通史、世界通史、史学导论、中国史、西方史学史、考古学通论、历史地理学、古代汉语、中外历史文化原典导读与选读、中国断代史等。

考研方向：中国史、学科教学（历史）、世界史、文物与博物馆。

就业：历史学专业就业方向较为广泛，涵盖教育、文化与文博、媒体与出版、政府部门及其他领域。教育领域可从事中小学及高校教师、研究员；文化与文博领域包括博物馆、纪念馆及文物保护工作；媒体与出版领域涉及编辑、记者及新媒体内容运营；政府部门可从事公务员、事业单位及国际组织工作；其他领域包括旅游、文化产业及文化公司项目策划等。历史学是一门基础学科，与专业相关的职业需求相对较少，与专业相关的就业方向较少，建议学生在大学期间除了掌握专业知识外，还需要提升自己的综合能力，如外语、计算机等方面的能力，以提升就业竞争力。

开设本专业的典型院校：北京大学、北京师范大学、复旦大学、清华大学。

（2）考古学（专业代码：060103）

（学制：四年　授予学位：历史学学士）

随着《国家宝藏》等文化遗产类节目的走红，公众考古逐渐受到大众的关注。然而，每年六七月，许多考生和家长对考古学专业仍了解较少，经常问出"学考古将来能做什么？""这个专业转专业容易吗？""女孩子学考古会不会太辛苦？"等问题。在回答这些问题之前，我们需要了解考古专业的真正内容。

对于不熟悉考古的人来说，他们可能会将考古与挖掘古墓或《盗墓笔记》《鬼吹灯》等小说情节联系起来。

实际上，考古是一门普通的职业，它涉及与土壤打交道，从土壤中探索历史。尽管它看似平凡，但其特殊之处在于能够揭示历史的新篇章。

专业简介：考古学，即考究古代的学科，属于人文科学，在中国是历史学的分支，而在其他国家则多从属于人类学。考古学旨在根据古代人类各种活动遗留下来的物质资料，以研究人类古代社会的历史。

大多数古代文物都深埋在地下，必须经过专业的调查和挖掘才能被收集和研究，因此考古学专业还需要具备一定的测量、绘图以及机械操作的技能，同时野外挖掘条件相对艰苦，报考该专业的考生需要做好吃苦耐劳的准备。

培养目标：考古学专业培养具备考古学基础知识与基本技能，进一步培养有潜能的高层次专门人才和能在考古、文物、博物馆等事业单位及国家机关从事研究、教学、管理等实际工作的考古学高级专门人才。

能力（业务）培养要求：学生主要学习考古学的基本理论、方法与技能，了解考古学的多学科交叉发展趋势和世界考古学发展概况，熟悉中国考古学的发展历史、研究现状；在中国历史、世界历史、博物馆学、文物学理论、文化人类学、民族学、古代汉语、史料学、地理学、第四纪环境学、古人类学等方面受到基本训练。

基础课程：中国通史、世界上古史、中国考古学史、考古学导论、旧石器时代考古、新石器时代考古、夏商周考古、战国秦汉考古、三国两晋南北朝考古、隋唐考古、宋元明考古、田野考古等。

发展历史：民国之前，已有人提议在学堂开设考古学科目。1912 年 9 月，民国政府发布的《高等师范学校规程》第五条"本科各部习之科目"中，在历史地理部下出现考古学课程的名称。

1913 年 1 月，"中华民国"教育部公布的《大学规程》第七条大学文科科目历史学门下出现考古学课程。同年 3 月，"中华民国"教育部公布的《高等师范学校课程标准》中，在本科历史地理部下再次出现考古学科目。

1998 年，在教育部发布的《普通高等学校本科专业目录新旧专业对照表》中，考古学专业代码由 060104 变更为 060103。

2020 年 2 月，在教育部发布的《普通高等学校本科专业目录》中，考古学专业属于历史学类，专业代码为 060103。同年，上海大学获批设立考古学专业。

2022 年 5 月，山西省文物局会同省教育厅、省财政厅、省人社厅、省委编办等部门联合印发了《文物全科人才免费定向培养实施办法》；同年，文物全科人才培养计划正式实施。从 2022 年起，山西连续 5 年面向全省 117 个县（市、区）定向培养 600 名文物全科人才，委托山西大学培养。

2023 年 4 月，浙江大学获批设立考古学专业。浙江大学的考古学学科完成了一条从本科、硕士、博士到博士后的考古人才培养"学业链"。

考研方向：考古学、文物与博物馆、中国史、科学技术史。

就业：考古学的就业方向较为广泛，涵盖博物馆、文化遗产保护、考古勘探与发掘、教育科研、文物鉴定与拍卖、文化旅游与媒体及其他领域。毕业生可从事文物保护、展览策划、考古发掘、教学科研、文物鉴定拍卖、文化旅游服务及自由职业等。随着国家对文化保护和历史传承的重视，考古学专业的就业前景将更加广阔。

开设本专业的典型院校：北京大学、首都师范大学、河南大学。

（七）理学（门类代码：07）

1. 数学类（专业类代码：0701）

数学与应用数学（专业代码：070101）

（学制：四年　授予学位：理学学士）

提到数学，大家都不会陌生。数学是一门古老的学科，早在公元前 3000 年左右，就已经出现算术、代数和几何等数学概念与知识，他们被应用于天文、税收以及建筑等领域。数学与应用数学，从名称上看，分为两个方面，一个是纯数学，另一个是关于数学的应用。

专业简介：数学与应用数学是一个学科专业，一方面是纯粹数学，另一方面是应用数学。在现代，数学不再只是一个解决问题的工具，亦成为时代文化的重要组成部分，一些数学概念、语言已渗透到日常生活中，一些数学原理已成为人们必备的知识。数学类专业对学生的数学基础和思维能力有很高的要求，要求学生掌握扎实的数学基础，同时对学生的逻辑推理、空间想象能力等也有较高的要求。

培养目标：数学与应用数学专业培养掌握数学科学的基本理论与基本方法，具备运用数学知识、使用计算机解决实际问题的能力，受到科学研究的初步训练，能在科技、教育和经济部门从事研究、教学工作或在生产经营及管理部门从事实际应用、开发研究和管理工作的高级专门人才。

能力（业务）培养要求：本专业学生主要学习数学和应用数学的基础理论、基本方法，受到数学模型、计算机和数学软件方面的基本训练，在数学理论和应用方面都受到了良好的教育，具有较好的科学素养和较强的创新意识，初步具备科学研究、教学、解决实际问题及开发软件等方面的基本能力和较强地更新知识的能力。

基础课程：分析学、代数学、几何学、概率论、物理学、数学模型、数学实验、计算机基础、数值方法、数学史，以及根据应用方向选择的基本课程等。

发展历史：1984 年，教育部对高等学校本科专业进行了规范，正式发布了《高等学校工科本科专业目录》，应用数学专业正式设立，属应用理科及力学类专业。

1986 年，在《全国普通高等学校专业设置及毕业生使用方向介绍》中，原工科中的应用数学、计算数学、工程数学、运筹学、信息论专业调整为应用数学专业，并设置了归属理科的数学专业和应用数学专业。

1989 年发布的《普通高等学校本科专业目录及简介（理工、农林、医药）》中，数学（理科 0101）专业和应用数学（理科 0103）专业属理科专业，应用数学（工科 2101）专业属工科专业。

1993 年，在教委高等教育司编写出版的《普通高等学校本科专业目录和专业简介》中，原数学（理科 0101）、数理逻辑（理科特 05）专业合并为数学（070101）专业，原应用数学（理科 0103）、经济数学（理科试 02）、经济应用数学（理科另 01）、应用数学（工科 2102）等专业合并为应用数学（070102）专业，均属数学类专业，学科门类为理学。

1998 年，教育部发布了《普通高等学校本科专业目录》，将原数学、应用数学、统计与概率（部分）、数学教育专业合并为数学与应用数学专业，专业代码为 070101，属数学类专业。

教育部于 2012 年发布的《普通高等学校本科专业目录》和 2020 年发布的《普通高等学校本科专业目

录》中，数学与应用数学专业为理学门类专业，专业代码为070101，属数学类专业，授予理学学士学位。

考研方向：学科教学（数学）、数学、应用数学、基础数学。

就业：数学与应用数学就业方向较为广泛，涵盖教育、IT、金融、科研管理及其他领域。教育领域可从事数学教学及教育管理；IT行业包括数据分析、软件开发及三维动画制作；金融行业有金融数学分析师和风险管理师；科研管理领域可从事科研及管理工作；其他领域如信号处理、通信、视频、图像、音频算法工程师等也提供了广阔就业机会。毕业生可根据兴趣及职业规划选择职业道路。

开设本专业的典型院校：北京大学、复旦大学、中国科学技术大学、清华大学。

2. 物理学类（专业类代码：0702）

物理学（专业代码：070201）

（学制：四年　授予学位：理学学士）

人们耳熟能详的牛顿、爱因斯坦这些大名鼎鼎的科学家，做的都是物理方面的研究。力、"相对论"、能量方程，也成为大家常说的名词。这些都是关于物理学方面的知识。物理学是研究物质的结构、性质、运动形态及其与能量相互作用的一门学科。

专业简介：物理学是研究物质运动一般规律和物质基本结构的学科。作为自然科学的带头学科，物理学研究大至宇宙，小至基本粒子等一切物质最基本的运动形式和规律，因此成为其他各自然科学学科的研究基础。它的理论结构充分地运用数学作为自己的工作语言，以实验作为检验理论正确性的唯一标准，它是当今最精密的自然科学学科之一。

培养目标：物理学专业培养掌握物理学的基本理论与方法，具有良好的数学基础和实验技能，能在物理学或相关的科学技术领域中从事科研、教学、技术和相关管理工作的高级专门人才。

能力（业务）培养要求：该专业学生主要学习物质运动的基本规律，运用物理知识和方法进行科学研究和技术开发训练，获得基础研究或应用基础研究的初步训练，具备良好的科学素养和一定的科学研究与应用开发能力。

基础课程：高等数学、力学、热学、光学、电磁学、原子物理学、数学物理方法、理论力学、热力学与统计物理、电动力学、量子力学、固体物理学、结构和物性、计算物理学入门等。

发展历史：1910—1949年，可以称为中国现代物理学的萌芽时期。中华人民共和国成立后，中国现代物理学有了初步的发展。

1986年，在《全国普通高等学校专业设置及毕业生使用方向介绍》中，设置了师范类物理学、理科物理学。

1989年，在《普通高等学校本科专业目录及简介》中，物理学（理科0201）、原子核物理学及核技术（理科0203）属于理科地理学类。

1993年，在《普通高等学校本科专业目录和专业简介》中，设置了物理学（070201）、原子核物理学及核技术（070203）、物理学教育（070204）和海洋物理学（071002）专业。

1998 年 7 月 6 日，教育部发布了《普通高等学校本科专业目录》，将原物理学（070201）、原子核物理学及核技术（部分）（070203）、物理学教育（070204）、海洋物理学（部分）（071002）合并为物理学专业，专业代码为 070201，属物理类专业。

在教育部于 2012 年发布的《普通高等学校本科专业目录》和 2020 年发布的《普通高等学校本科专业目录》中，物理学专业为理学门类专业，专业代码为 070201，属物理学类专业，授予理学学士学位。

考研方向：学科教学（物理）、凝聚态物理、物理学、光学。

就业：物理学就业方向较为广泛，涵盖科研教学、工业技术、金融数据分析、医疗器械、科学传播及其他领域。科研教学可从事基础与应用研究、教学；工业技术应用于半导体、光电子、能源等多个领域；金融数据分析从事量化分析、风险评估；医疗器械研发与应用；科学传播与科普；还可涉足信息技术、计算机科学、环境科学等领域。毕业生可根据自身兴趣和能力选择职业道路。物理学专业比较强调理论方面的研究，大学课程的内容与实际就业存在一定的距离，为了提升就业竞争力，在校期间需要多增加实习实践经历或者选修一些实操方面的课程。

开设本专业的典型院校：中国科学技术大学、复旦大学、北京大学、清华大学。

3. 化学类（专业类代码：0703）

化学（专业代码：070301）

（学制：四年　授予学位：理学学士）

提起化学，人们的第一反应都是做实验，整天待在实验室里，与各种"瓶瓶罐罐"打交道。其实，这个认识比较片面。化学作为建立在实验基础上的学科，虽然实验很重要，但同时理论也不可或缺。在当今时代，化学已经渗透到我们生活的方方面面，小到制作我们衣服用的纤维，大到航天飞机、火箭用的燃料，都与化学密不可分。

专业简介：化学是自然科学的一种，在分子、原子层次上研究物质的组成、性质、结构与变化规律，是创造新物质的科学。世界由物质组成，化学则是人类用以认识和改造物质世界的主要方法和手段之一。它是一门历史悠久而富有活力的学科，它的成就是社会文明的重要标志，化学中存在着化学变化和物理变化两种变化形式。

培养目标：化学专业培养具备化学的基础知识、基本理论和基本技能，能在化学及与化学相关的科学技术和其他领域从事科研、教学技术及相关管理工作的高级专门人才。

能力（业务）培养要求：本专业学生主要学习化学方面的基础知识、基本理论、基本技能以及相关的工程技术知识，受到基础研究和应用基础研究方面的科学思维和科学实验训练，具有较好的科学素养，具备运用所学知识和实验技能进行应用研究、技术开发和科技管理的基本技能。

基础课程：无机化学、分析化学（含仪器分析）、有机化学、物理化学（含结构化学）、化学工程基础等。

发展历史：1986 年，在《全国普通高等学校专业设置及毕业生使用方向介绍》中，设置师范类化学专业和理科化学专业。

1989年，在《普通高等学校本科专业目录及简介》（理工、农林、医药）中，化学（理科 0301）属理科化学类。

1993年，在《普通高等学校本科专业目录和专业简介》中，设置化学（070301）专业和化学教育（070303）专业。

1998年，教育部发布了《普通高等学校本科专业目录》，将原化学（070301）、化学教育（070303）、化学物理（070304W）合并为化学专业，专业代码为070301，属化学类专业。

在教育部于 2012 年发布的《普通高等学校本科专业目录》和 2020 年发布的《普通高等学校本科专业目录》中，化学专业为理学门类专业，专业代码为070301，属化学类专业，授予理学学士学位。

考研方向： 化学、学科教学（化学）、有机化学、物理化学。

就业： 化学专业就业方向较为广泛，涵盖化工、医药、教育、科研、环保能源及其他领域。化工行业可从事工艺设计、生产与质量控制；医药行业参与新药研发与生产质量控制；教育行业从事化学教学；科研领域进行科研与技术开发；环保与能源领域从事环保治理与能源开发；生物工程、材料科学及数字化自动化等领域也有广泛就业机会。毕业生需持续学习，提升技能，适应市场需求。

化学专业作为一门基础学科，虽然在本科毕业时可能面临就业市场的挑战，不如工科毕业生那样能直接进入工业生产领域，但继续深造后，其就业前景将显著改善。随着专业知识的深化和研究能力的增强，化学专业的毕业生可以在多个领域找到合适的工作机会。

开设本专业的典型院校： 中国科学技术大学、南京大学、北京大学、浙江大学、清华大学。

4. 地理科学类（专业类代码：0705）

地理科学（专业代码：070501）

（学制：四年　授予学位：理学学士）

对地理，大家都不陌生。我们经常说的平原、丘陵、高原等都是地理学的概念。地理科学不仅是研究地形、地貌、地质的学科，也是研究地理环境中的自然要素与人文要素相互作用的学科。

专业简介： 地理科学专业是一门从各种角度对地质、地表形态等地理特征进行深入研究，同时也研究地域与人们生活关联的一门学问。研究大致分为两大领域，即以地形、地质、气候、海洋等自然环境为对象的自然地理学和以人口、城市、交通、文化等为对象的人文地理学。除此之外，还要进行大量地理应用方面的研究，学习者会接触到有关地质、勘探、地图绘制、地理信息系统、城乡规划等多方面的知识。

地理科学专业作为一门理学学科，对学生的数学基础和逻辑推理能力有较高要求。学生需要具备扎实的数学知识，以便于理解和应用地理信息系统（GIS）、空间分析等技术。此外，地理科学强调实地考察和数据收集，因此野外实习和采样是该专业不可或缺的一部分，这要求学生能够适应户外工作条件，包括可能的恶劣天气和地形。对女生来说，学习地理科学可能会面临一些额外的挑战，报考时需要做好心理准备。

培养目标： 本专业旨在培养地理科学的基本理论、基本知识和基本技能，能在科研机构、学校、企业从事科研、教学、管理、规划与开发及在行政部门从事管理工作的高级专门人才。

能力（业务）培养要求：学生主要学习地理科学的基本理论和方法，接受地理科学思维和地理科学技能的训练，同时兼顾环境科学理论与方法的培养，并通过教育理论课程和教学实践环节，形成良好的教师素养，获得从事地理教学、地理教学研究、地理科学研究、地理实际应用及环境教育等各种基本能力。

基础课程：地图与遥感、自然地理学、人文地理学、经济地理学、城乡规划、中国地理、世界地理、地理信息系统、地理教学论、区域分析与规划、环境保护与可持续发展等。

发展历史：1986 年，在《全国普通高等学校专业设置及毕业生使用方向介绍》中，设置师范类地理学、理科地学地理学、自然地理、经济地理、地貌学与第四纪地质学。

1989 年，在《普通高等学校本科专业目录及简介》中，自然地理（理科 0701）、地貌学与第四纪地质学（理科 0702）属于理科地理学类。

1993 年，在《普通高等学校本科专业目录和专业简介》中，设置地理学（070701）、地貌学与第四纪地质学（070702）、地理学教育（070706）。

1998 年，教育部发布了《普通高等学校本科专业目录》，将原地理学（070701）、地貌学与第四纪地质学（070702）、地理学教育（070706）合并为地理科学专业，专业代码为 070701，属地理科学类专业。

在教育部于 2012 年颁布的《普通高等学校本科专业目录》和 2020 年颁布的《普通高等学校本科专业目录》中，地理科学专业为理学门类专业，专业代码为 070501，属地理科学类专业，授予理学学士学位。

考研方向：学科教学（地理）、自然地理学、人文地理学、地理学。

就业：地理科学就业方向较为广泛，涵盖教育、政府、科研、规划及 GIS 等领域。教育方向可从事中小学及大学地理教学；政府部门涉及自然资源、环境保护、城乡规划及公安工作；科研单位进行地理与环境科学研究；规划设计院及企事业单位从事规划设计与资源管理工作；GIS 及测绘领域推动技术应用与发展。

开设本专业的典型院校：北京师范大学、北京大学、华东师范大学、南京大学、南京师范大学。

5. 生物科学类（专业类代码：0710）

生物科学（专业代码：071001）

（学制：四年　授予学位：理学学士）

生物科学与人们的关系是非常紧密的。比如通过基因工程，使作物更高产；通过生物制药为人类的身体健康提供保障等。生物科学是一门探索生命奥秘的学科，它涵盖了从分子和细胞层面的微观世界到种群和生态系统的宏观现象。这门学科致力于揭示生命的本质、起源、发展、进化以及衰亡的规律，从而帮助我们更好地理解人类自身以及我们所处的自然世界。

专业简介：生物科学是一门以实验为基础，研究生命活动规律的科学。一般大学都设在生命科学院内，与生物技术、生物工程是兄弟专业。其专业涉及面相当广，包括植物学、动物学、微生物学、神经学、生理学、组织学、解剖学等。生物科学（和生物学不同），研究生物的结构、生理行为和生物起源、进化与遗传发育等，经历实验生物科学、分子生物学和系统生物科学等发展时期。

培养目标：生物科学专业培养具备生物科学的基本理论、基本知识和较强的实验技能，能在科研机构、高等学校及企事业单位等从事科学研究、教学工作及管理工作的生物科学高级专门人才。

能力（业务）培养要求：学生主要学习生物科学方面的基本理论、基本知识，受到基础研究和应用基础研究方面的科学思维和科学实验训练，具有较好的科学素养及一定的教学、科研能力。

基础课程：动物生物学、植物生物学、微生物学、生物化学、细胞生物学、遗传学、发育生物学、神经生物学、分子生物学、生态学等。

发展历史：1998年，在《普通高等学校本科专业目录新旧专业对照表》中，将生物学（070401）、生物化学（部分）（070402）、微生物学（部分）（070403）、微生物学（部分）（070405）、生物科学与技术（部分）（070406W）、病毒学（070408W）、海洋生物学（部分）（071004）合并为生物科学（070401），属生物科学类专业。

2012年，在教育部发布的《普通高等学校本科专业目录新旧专业对照表》中，将生物科学（070401）、生物化学与分子生物学（070407W）、生物化学与分子生物学（070411S）、生物安全（070412S）、生物科学与生物技术（部分）（070405W）合并为生物科学（071001），属生物科学类专业。

考研方向：微生物、生物化学与分子生物学、植物学、细胞生物学、生理学。

就业：生物科学专业的学生毕业后可以到科研机构或高等学校从事科学研究或教学工作，也可以到工业、医药、食品、农、林、牧、渔、环保、园林等行业的企业、事业和行政管理部门从事与生物技术有关的应用研究、技术开发、生产管理和行政管理等工作。

开设本专业的典型院校：清华大学、北京大学、上海交通大学、中国科学技术大学、南京大学、武汉大学、中国农业大学、华中农业大学、复旦大学、浙江大学、厦门大学、四川大学、中山大学、南开大学、华中科技大学、山东大学、北京师范大学、兰州大学、西南大学、吉林大学。

6. 心理学类（专业类代码：0711）

（1）心理学（专业代码：071101）

（学制：四年　授予学位：教育学、理学学士）

提起心理学，人们想到的基本都是"帮我测一测我的性格特点""你能猜猜我在想什么吗？"，甚至有些人认为，心理学就是给人算命的。这些都反映了人们对心理学的固有认知。

专业简介：心理学是一门研究人类的心理现象、精神功能和行为的科学，既是一门理论学科，也是一门应用学科，包括基础心理学与应用心理学两大领域。心理学研究涉及知觉、认知、情绪、人格、行为、人际关系、社会关系等许多领域，也与日常生活的许多领域——家庭、教育、健康、社会等发生关联。心理学一方面尝试用大脑运作来解释个体基本的行为与心理机能，同时也尝试解释个体心理机能在社会行为与社会动力中的角色；它也与神经科学、医学、生物学等科学有关，因为这些科学所探讨的生理作用会影响个体的心智。心理学家从事基础研究的目的是描述、解释、预测和影响行为。应用心理学家还有第五个目的——提高人类生活的质量。这些目标构成了心理学事业的基础。

培养目标：心理学专业培养具备心理学的基本理论、基本知识、基本技能，能在科研部门、高等和中等学校、企事业单位等从事心理学科学研究、教学工作和管理工作的高级专门人才。

能力（业务）培养要求：该专业主要学习心理学方面的基本理论和基本知识，接受心理学科学思维和科学实验的基本训练，具有良好的科学素养和进行心理学实验和心理测量的基本能力。

基础课程：普通心理学、实验心理学、心理统计、心理测量、生理心理学、人格心理学、社会心理学、认知心理学、发展心理学等。

发展历史：1993年，在《普通高等学校本科专业目录新旧专业对照表》中，心理学（071501）由心理学（理科1401）和心理学教育（师范0005）合并而来。

2012年，在教育部发布的《普通高等学校本科专业目录新旧专业对照表》中，心理学专业代码由071501调整为071101。

2020年2月，在教育部发布的《普通高等学校本科专业目录》中，心理学专业隶属于理学、心理学类，专业代码：071101。

考研方向：心理健康教育、发展与教育心理学、应用心理学、应用心理。

就业：心理学就业方向多样，涵盖教育与研究、心理咨询与治疗、企事业单位管理、人力资源管理及网络平台咨询等。教育与研究可从事心理学教学及科研工作；心理咨询与治疗在医疗、公安等领域发挥作用；企事业单位管理助力企业心理建设与市场调研；人力资源管理应用心理学原理进行人才管理；网络平台咨询顺应互联网趋势，提供在线心理咨询。毕业生可根据兴趣与特长选择职业道路。

开设本专业的典型院校：北京师范大学、北京大学、华南师范学院、华东师范学院、清华大学。

（2）应用心理学（专业代码：071102）

（学制：四年　授予学位：教育学、理学学士）

专业简介：应用心理学是心理学专业中迅速发展的一个重要学科分支，它研究心理学基本原理在各种实际领域的应用，包括工业、工程、组织管理、市场消费、社会生活、医疗保健、体育运动以及军事、司法、环境等各个领域。随着经济、科技、社会和文化迅速发展，应用心理学有着日益广阔的前景。

培养目标：应用心理学专业培养具备心理学的基本理论、基本知识、基本技能，能在教育、工程设计部门、工商企业、医疗、司法、行政管理等部门从事教学、管理、咨询与治疗、技术开发等工作的高级专门人才。

能力（业务）培养要求：该专业学生主要学习心理学方面的基本理论和基本知识，受到心理学科学思维和科学实验的基本训练，具有良好的科学素养。具备进行心理学实验和心理测量的基本能力和将心理学理论、技术应用于某一相关领域，解决实际问题的能力。

基础课程：普通心理学、实验心理学、心理统计、学习心理学、社会心理学、心理测量、工业心理学、教育心理学、临床心理学等。

发展历史：1987 年，在《普通高等学校理科本科基本专业目录及简介》中，心理学类目在原有心理学专业的基础上增设工业心理学专业，专业代码为 1402，是中国应用心理学专业的前身。

1993 年，在《普通高等学校本科专业目录新旧专业对照表》中，应用心理学（071502）由工业心理学（理科 1402）和运动心理学（体育 0603）合并而来。

2012 年，在《普通高等学校本科专业目录新旧专业对照表》中，应用心理学专业代码由 071502 调整为 071102。

2020 年 2 月，在《普通高等学校本科专业目录》中，应用心理学专业隶属于理学、心理学类，专业代码：071102。

考研方向：应用心理学、发展与教育心理学、应用心理、基础心理学。

就业：应用心理学就业方向较为广泛，涵盖心理咨询与治疗、教育、企业管理、市场调研、社会工作等。心理咨询与治疗助力心理健康；教育领域负责心理辅导与教育；企业管理提升员工满意度与效率；市场调研提供精准信息；社会工作关注弱势群体。毕业生可根据兴趣与特长选择职业道路，就业前景广阔。

心理学类专业在很多人的想象中就是心理医生，但实际上它的应用领域非常广泛，它可以融入各行各业，如学校、教育部门、医疗保健机构、司法部门、传媒、企业人力资源部进行心理咨询、心理训练、心理研究、人员选拔与测评，或者利用心理学专业知识从事市场营销、广告策划、游戏策划等工作。

开设本专业的典型院校：北京大学、华东师范大学、华南师范大学、天津师范大学。

（八）工学（门类代码：08）

1. 机械类（专业类代码：0802）

（1）机械工程（专业代码：080201）

（学制：四年　授予学位：工学学士）

提起机械，人们的第一印象就是工厂里的机器和工人。机械类专业作为工科中的常见专业，与我们日常的生活紧密相关。我们日常生活中使用的螺丝钉、洗衣机、电冰箱，国防、航天中的飞机、大炮、火箭，这些都离不开机械专业的支持。

专业简介：机械工程专业是一门普通高等学校本科专业，属机械类专业。2012 年，机械工程专业正式出现在《普通高等学校本科专业目录》中。机械工程专业培养适应中国特色社会主义现代化建设需要，德、智、体、美、劳全面发展，掌握机械设计与制造、生产管理、设备维护、质量控制等基本理论和专业知识、具有较强的专业实践和创新能力，能从事产品开发与制造、质量检测、设备管理与维护、运行管理、技术推广与营销等工作的专业人才。

培养目标：该专业培养具备机械设计、制造、机电工程及自动化基础知识与应用能力，能在科研院所、企业、高新技术公司利用计算机辅助设计、制造及技术分析，从事各种机械、机电产品及系统、设备、装置的研究、设计、制造、控制、编程，数控设备的开发、计算机辅助编程，工业机器人及精密机电装置、智能机械、微机械、动力机械等高新技术产品与系统的设计、制造、开发、应用研究，以及从事技术管理的高级工程技术人才。

能力（业务）培养要求：该专业学生主要学习机械设计、制造、电工电子技术、计算机技术、信息处理技术及自动化的基础理论，受到现代机械工程师的基本训练，具有从事机械、机电产品的设计、制造及系统的技术分析与生产组织管理、设备控制的基本能力。

基础课程：机械工程制图、电工与电子技术应用、机电设备自动检测、机械结构分析、液压系统应用与维护、机械制造技术、数控设备操作与维护、机械系统安装与调试、设备电气控制与修理、现代设备管理、机电设备故障诊断与维修等。

发展历史：1998 年，在《普通高等学校本科专业目录》中，工科本科引导性专业目录下机械工程及自动化（080305Y）为机械工程专业的前身。

2012 年，在《普通高等学校本科专业目录新旧专业对照表》中，机械工程专业由机械工程及自动化（080305Y）和工程机械（080313S）合并而来（专业代码后带"S"的表示在少数高校试点的目录外专业）。

2020 年，在《普通高等学校本科专业目录》中，机械工程专业隶属于工学、机械类（0802），专业代码为 080201。

考研方向：机械工程、机械设计及理论、机械制造及其自动化、机械电子工程、车辆工程。

就业：机械工程专业就业方向较为广泛，涵盖设计、制造、维护、研发、工业工程、测试、汽车、能源及交通运输等领域。毕业生可从事机械设计、制造、维护、研发等工程师岗位，提升生产效率、优化生产流程。随着科技进步，智能制造、机器人技术、3D 打印等新兴领域也为毕业生提供更多机会。总之，机械工程专业毕业生在就业市场具有竞争力，可多领域发展。

开设本专业的典型院校：清华大学、上海交通大学、西安交通大学、浙江大学、北京理工大学。

（2）机械设计制造及其自动化（专业代码：080202）

（学制：四年　授予学位：工学学士）

专业简介：机械设计制造及其自动化是研究各种工业机械装备及机电产品从设计、制造、运行控制到生产过程的企业管理的综合技术学科。本专业任务是运用先进制造技术的理论与方法解决现代工程领域中的复杂技术问题，以实现产品智能化的设计与制造。该专业已成为装备制造业、汽车工业、材料工业、机电产品等工业技术的龙头，机电一体化技术在各领域发挥着日益重要的作用。

培养目标：机械设计制造及其自动化专业培养具备机械设计制造基础知识与应用能力，能在工业生产第一线从事机械制造领域内的设计制造、科技开发、应用研究、运行管理和经营销售等方面工作的高级工程技术人才。

能力（业务）培养要求：该专业学生主要学习机械设计与制造的基础理论，学习微电子技术、计算机技术和信息处理技术的基本知识，受到现代机械工程师的基本训练，具备进行机械产品设计、制造及设备控制、生产组织管理的基本能力。

基础课程：工程图学、理论力学、材料力学、机械原理、机械设计基础、气动与液压技术、电工与电子技术、微型计算机原理及应用、机械工程材料、机械 CAD/CAM、数控技术、机电一体化设计等。

发展历史：1998 年，在《普通高等学校本科专业目录新旧专业对照表》中，机械设计制造及其自动化（080301）由机械制造工艺与设备（080301）、机械设计及制造（部分）(080306)、汽车与拖拉机（080309）、机车车辆工程（080310）、流体传动及控制（部分）（080312）、真空技术及设备（080314）、机械电子工程（080315）、设备工程与管理（080317）和林业与木工机械（081502）合并而来。

2012 年，在《普通高等学校本科专业目录新旧专业对照表》中，机械设计制造及其自动化（080202）由原机械设计制造及其自动化（080301）、制造自动化与测控技术（080309S）、制造工程（080311S）、体育装备工程（080312S）和交通建设与装备（部分）（081210S）合并而来。

2020 年，在《普通高等学校本科专业目录》中，机械设计制造及其自动化专业隶属于工学、机械类（0802），专业代码：080202。

考研方向：机械工程、机械制造及其自动化、机械电子工程。

就业：机械设计制造及其自动化专业就业方向较为广泛，包括：机械设计——创新设计机械设备、零部件和系统；制造工艺——制定高效制造工艺规程；自动化技术应用——应用 PLC、工业机器人等自动化技术；工艺工装设计与制造——设计生产用工艺装备；设备维护与维修——负责设备维护、故障诊断和维修；数控技术——编程、操作和维护高精度数控设备；产品开发与研发——参与新产品或技术研发；生产管理与质量管理——生产计划、调度、质量控制等；销售与技术服务——提供产品销售及售后服务；其他相关领域——如航空航天、电子材料等也有就业机会。

开设本专业的典型院校：华中科技大学、大连理工大学、哈尔滨工业大学、西北工业大学、天津大学。

2. 材料类（专业类代码：0804）

材料科学与工程（专业代码：080401）

（学制：四年　授予学位：工学学士）

我们日常生活中的各种物品都是由不同材料组成的。虽然材料的种类、形态各有不同，但大致可以分为结构材料和功能材料两类。前者如钢铁、铜、铝和水泥等，后者如半导体、超导体、发光材料、液晶材料等。材料科学与工程就是研究用哪些物质，以什么样的工艺方法来合成具有我们期望功能的材料的一门专业。

专业简介：材料科学与工程属于工学里材料类之中的一个一级学科，是研究材料成分、结构、加工工艺与其性能和应用的学科。主要专业方向有金属材料、无机非金属材料、高分子材料、耐磨材料、表面强化、材料加工工程等。

培养目标：材料科学与工程专业培养具备包括金属材料、无机非金属材料、高分子材料等材料领域的科学与工程方面较宽的基础知识，能在各种材料的制备、加工成型、材料结构与性能等领域从事科学研究与教学、技术开发、工艺和设备设计、技术改造及经营管理等方面工作，适应社会主义市场经济发展的高层次、材料科学研究者和高素质全面发展的科学研究与工程技术人才。

能力（业务）培养要求： 学生主要学习材料科学与工程的基础理论，学习与掌握材料的制备、组成、组织结构与性能之间关系的基本规律。掌握材料设计和制备工艺设计、提高材料的性能和产品的质量、开发分析与检测技能的基本训练。掌握材料设计和制备工艺设计、提高材料的性能和产品的质量、开发研究新材料和新工艺方面的基本能力。

基础课程： 物理化学、材料物理化学、量子与统计力学、固体物理、材料学导论、材料科学基础、材料物理、材料化学、材料力学、材料工艺与设备、钢的热处理等。

考研方向： 材料科学与工程、材料工程、材料学、材料加工工程、材料物理与化学。

就业： 材料科学与工程专业就业方向较为广泛，涵盖：传统工业——材料研发与生产，工艺设计与生产管理；新材料产业——纳米、生物、新能源、智能材料等研发与应用；电子信息——电子元器件、集成电路、通信设备等材料研发与应用；能源与环保——新能源、节能、环保材料研发与应用；航空航天与国防——高性能材料研发与应用，国防科技研发；教育与科研——深造后从事教学或科研工作；其他领域——汽车制造、生物医药、质量管理、销售与技术服务等。毕业生可根据兴趣、能力和社会需求选择就业方向。

开设本专业的典型院校： 清华大学、上海交通大学、哈尔滨工业大学、天津大学、北京科技大学。

3. 能源动力类（专业类代码：0805）

能源与动力工程（专业代码：080501）

（学制：四年　授予学位：工学学士）

提起能源与动力工程专业，人们想到的就是"烧锅炉的""听说就业不怎么样"。那到底这个专业学哪些课程，就业前景如何呢？

专业简介： 能源与动力工程致力于传统能源的利用及新能源的开发和如何更高效地利用能源。能源既包括水、煤、石油等传统能源，也包括核能、风能、生物能等新能源，以及未来将广泛应用的氢能。动力方面则包括内燃机、锅炉、航空发动机、制冷及相关测试技术。2012 年教育部在《普通高等学校本科专业目录》中调整热能与动力工程为能源与动力工程。考虑学生在深厚基础上的专业发展，将热能与动力工程专业分成以下四个专业方向：工程热物理过程及其自动控制、动力机械及其自动化、流体机械及其自动控制、电厂热能工程及其自动化。

能源与动力工程专业涵盖了能源工程、动力工程以及两者之间的相互转化。这个专业的核心在于研究如何高效地转换、传输和利用能源，以提升能源使用效率，减少能源消耗，并降低环境污染。它涉及的技术包括但不限于内燃机、锅炉、航空发动机、空调制冷等，以及相关的测试技术。

这个专业与我们的日常生活紧密相联，比如通过电厂锅炉的清洁燃烧技术，我们能够使用更环保的能源，减少污染。能源与动力工程专业致力于推动经济的可持续发展，确保能源供应的稳定性，同时保护我们的环境。

培养目标： 该专业主要培养能源转换与利用热力环境保护领域扎实的理论基础，较强的实践、适应和创新能力，较高的道德素质和文化素质的高级人才，以满足社会对该能源动力学科领域的科研、设计、教学、工程技术、经营管理等各方面的人才需求。

能力（业务）培养要求：该专业学生主要学习动力工程及工程热物理的基础理论，学习各种能量转换及有效利用的理论和技术，受到现代动力工程师的基本训练，具有进行动力机械与热工设备设计、运行、实验研究的基本能力。

基础课程：工程力学、机械设计基础、机械制图、电工与电子技术、工程热力学、流体力学、传热学、控制理论、测试技术、燃烧学等。

发展历史：20 世纪 50 年代，热能与动力工程专业悄然萌芽并初步确立了其学科框架。这一综合性极强的专业领域内，涵盖了锅炉技术、电厂热能利用、内燃机原理、涡轮机设计、风机与压缩机技术、制冷与低温工程、供热通风与空调系统等数十个细分专业方向，它们如同繁星点点，共同照亮了工业产品生产领域的未来之路。

在这一时期，高等教育机构紧密围绕工业产品生产的实际需求，确立了人才培养的明确目标。热能与动力工程专业的设立与发展，正是这一教育理念的生动体现。它不仅为国家培养了大量具备扎实理论基础与丰富实践经验的工程技术人才，还逐步形成了以工业产品生产为导向的高等教育人才培养体系，为后续的工业化进程奠定了坚实的人才基础。

1993 年，国家教委发布《普通高等学校本科专业目录》，将几十个小专业压缩为 9 个专业，即热能工程、热能工程与动力机械、热力发动机、制冷及低温工程、流体机械与流体工程、水利水电动力工程、工程热物理、能源工程、冷冻与冷藏。

1998 年，教育部发布新的《普通高等学校本科专业目录》，将以上 9 个专业合并，设置热能与动力工程专业。

2012 年，教育部将新的能源与动力工程（080501）专业取代旧的热能与动力工程（080501）、能源工程及自动化（080505S）、能源动力系统及自动化（080506S）和能源与资源工程（部分）（080110S）4 个专业。

2020 年，教育部发布《普通高等学校本科专业目录》，能源与动力工程专业为工学门类专业，专业代码为 080501，属于能源动力类专业，授予工学学士学位，学制为 4 年。

考研方向：动力工程及工程热物理、动力工程、热能工程、工程热物理。

就业：能源与动力工程专业的就业方向较为广泛，包括：热能方向——电力行业、冶金行业的热能设备设计、运行与管理；动力方向——内燃机、涡轮机、动力机械与热工设备的设计、制造与维护；制冷方向——空调、压缩机、制冷设备的设计、安装与维护；新能源技术与工程——太阳能、风能、生物质能等新能源的研发、利用与管理，燃料电池与电动汽车的研发与设计；电力系统与自动化——电力系统的规划、设计、运行与管理；节能减排与环境保护——节能减排技术的研发、推广与应用；科研与教学——继续深造或从事科研、教学工作。薪酬因地区、行业、企业而异，新能源与节能环保领域薪酬有望提升。职业发展可通过技能提升与经验积累，逐步晋升至更高职位。

开设本专业的典型院校：西安交通大学、清华大学、上海交通大学、华中科技大学。

4. 电气类（专业类代码：0806）

电气工程及其自动化（专业代码：080601）

（学制：四年　授予学位：工学学士）

电气工程及其自动化专业是电气信息领域的热门选择，其研究范围极为广泛，从家庭中电灯开关的安全设计，到国家电网的高效指挥与调度，都体现了这一专业的重要性。它不仅关系到我们的日常用电，还对工业生产、农业机械化以及航空和国防等关键领域有着深远的影响。通过自动化技术的应用，该专业致力于提高电气系统的可靠性、效率和智能化水平，确保能源的有效利用和电力供应的稳定性。

专业简介：在教育部 2012 年发布的《普通高等学校本科专业目录》中，电气工程及其自动化属于工学中的电气类。专业目录调整后，以前电气信息类中的部分专业合并为电气工程及其自动化专业。这一专业所涉及的范围较广，不同的大学在课程设置上都有各自的侧重点，传统的电气工程专业主要培养的是在电能的发、送、配、用四个阶段的设计、安装和维护人才。简单地说，就是培养电气工程师的专业。如发电机的维护、变压器的安装检测、输电线路的设计、安装后的调试，这些都是电气工程师的工作内容。

培养目标：培养具有工科基础理论知识和以电能生产、传输与利用为核心的相关专业知识，能够利用所学知识解决工程问题和构建工程系统，具有良好的社会道德和职业道德以及适应社会发展的综合素养，可以从事与电气工程有关的规划设计、电气设备制造、发电厂和电网建设、系统调试与运行、信息处理、保护与系统控制、状态监测、维护检修、环境保护、经济管理、质量保障、市场交易等领域工作，具备科学研究、技术开发与组织管理能力的高素质专门人才。

能力（业务）培养要求：该专业学生主要学习电工技术、电子技术、信息控制、计算机技术等方面较宽广的工程技术基础和一定的专业知识。该专业主要特点是强弱电相结合、电工技术与电子技术相结合、软件与硬件相结合、元件与系统相结合，学生受到电工电子、信息控制及计算机技术方面的基本训练，具有解决电气工程技术分析与控制技术问题的基本能力。

基础课程：电气工程、控制科学与工程、计算机科学与技术、电路理论、信息电子技术、电力电子技术、自动控制原理、微机原理与应用、电气工程基础、电机学、电器学、电力系统分析、电机设计、高低压电器、电机控制、智能化电器原理与应用、电力系统继电保护、电力系统综合自动化、建筑供配电等。

发展历史：自 1908 年起，中国电气工程高等教育便踏上了辉煌的发展历程。当时，在上海高等实业学堂（现上海交通大学）唐文治校长的领导下，高瞻远瞩地增设了铁路专科与电机专科，这一举措不仅标志着中国电气工程高等教育的诞生，也孕育了最早的电机专业。随着电力技术的迅猛发展和社会分工的不断细化，1913 年，电机科更名为电气机械科，并在 1917 年设立了无线电门，进一步拓宽了电气工程领域的教育与研究。

与此同时，国内其他高校也纷纷响应时代的召唤，相继设立了电机科或电机工程系。同济医工学堂（现同济大学）、公立工业专门学校（现浙江大学）、中央大学（现南京大学）等名校均在这一时期设立了电机科或电机工程系，为培养电气工程领域的专业人才奠定了坚实基础。这些早期的电机科或工程系，经过岁月的洗礼与历史的变迁，现已发展成为各自高校中颇具影响力的电气工程学院或系。

改革开放以来，中国电气工程高等教育更是迎来了前所未有的发展机遇。1977 年恢复高考制度后，大部分高校的"电机工程系"或"电力工程系"纷纷更名为"电气工程系"，以更好地适应时代发展的需要。到了 20 世纪 90 年代后期，随着教育改革的不断深入和学科体系的不断完善，"电气工程系"又逐渐演变为"电气工程学院"，进一步提升了电气工程领域的学科地位与影响力。

在教育部的大力推动下，中国电气工程高等教育的专业设置也不断得到优化与调整。1993 年发布的《普通高等学校本科专业目录》，将工学门类中与电有关的专业细分为电工类和电子与信息类两个分支；而 1998 年发布的《普通高等学校本科专业目录》则将电工类和电子与信息类合并为电气信息类，并对原有专业进行了整合与缩减。这一系列举措不仅简化了专业设置、避免了重复建设，还有助于提高电气工程领域的教育质量与科研水平。

2020 年，教育部发布了《普通高等学校本科专业目录》，电气工程及其自动化专业为工学门类专业，专业代码为 080601，属电气类专业，授予工学学士学位。

考研方向：电气工程、电力电子与电力传动、电力系统及其自动化、控制工程。

就业：电气工程及其自动化专业就业方向较为广泛，涵盖：电力行业——电力系统设计与运行，发电厂工作；制造业——电气设备制造，自动化生产线设计与调试；建筑业——建筑电气设计，智能化建筑系统集成与管理；交通运输业——轨道交通电气设备维护，智能交通系统研发；科研与设计——科研机构工作，设计服务；其他方向——教育与培训、销售与技术支持、创业与自由职业。毕业生可根据兴趣和能力选择就业方向，就业前景广阔。

开设本专业的典型院校：华中科技大学、清华大学、西安交通大学、浙江大学、重庆大学。

5. 电子信息类（专业类代码：0807）

（1）电子信息工程（专业代码：080701）

（学制：四年　授予学位：理学、工学学士）

我们日常生活中通过电话与朋友们聊天，电脑、手机是如何传递我们声音和图像的？这些都与电子信息工程的研究有着密切的关系。电子信息工程专业的研究内容非常广泛，课程内容非常丰富，有同学开玩笑说："电子信息工程专业是学计算机系的计算机，物理系的物理，数学系的数学。"

专业简介：电子信息工程是一门应用计算机等现代化技术进行电子信息控制和信息处理的学科，主要研究信息的获取与处理，电子设备与信息系统的设计、开发、应用和集成。电子信息工程已经涵盖了社会的诸多方面。电子信息工程专业是集现代电子技术、信息技术、通信技术于一体的专业。电子信息工程专业主要是学习基本电路知识，并掌握用计算机等处理信息的方法。随着社会信息化的深入，各行业大都需要电子信息工程专业的人才，而且薪资较高。学生毕业后可以从事电子设备和信息系统的设计、应用开发以及技术管理等工作。

培养目标：电子信息工程专业培养具备电子技术和信息系统的基础知识，能从事各类电子设备和信息系统的研究、设计、制造、应用和开发的高等工程技术人才。

能力（业务）培养要求：电子信息工程专业是一个电子和信息工程方面的专业。该专业学生主要学习信号的获取与处理、电厂设备信息系统等方面的专业知识，受到电子与信息工程实践的基本训练，具备设计、开发、应用和集成电子设备与信息系统的基本能力。

基础课程：电路理论系列课程、计算机技术系列课程、数量类系列课程、信息理论与编码、信号与系统、数字信号处理、信息安全导论、电磁场理论、自动控制原理、感测技术等。

发展历史：1953 年，中国人民解放军军事工程学院创立了雷达专业和指挥仪专业，这两个专业后来成为电子信息工程专业的前身。1985 年，随着学科的发展，雷达专业被调整为电子工程专业，而指挥仪专业则转变为系统工程专业。1996 年，系统工程专业进一步调整为信息工程专业。1998 年，教育部发布了《普通高等学校本科专业目录新旧专业对照表》，在此表中，电子信息工程（080603）专业是由电子工程（080703）、应用电子技术（080704）、信息工程（080705）、电磁场与微波技术（080706）、广播电视工程（080715W）、电子信息工程（080716W）、无线电技术与信息系统（080720W）、电子与信息技术（080723W）、摄影测量与遥感（部分）（081003）以及公共安全图像技术（082009）这十个专业合并而成的。

2012 年，在教育部发布的《普通高等学校本科专业目录新旧专业对照表》中，电子信息工程专业代码由 080603 调整为 080701。

2020 年 2 月，在《普通高等学校本科专业目录》中，电子信息工程专业隶属于工学、电子信息类，专业代码为 080701。

考研方向：电子与通信工程、信息与通信工程、信号与信息处理、通信与信息系统。

就业：电子信息工程专业的就业方向较为广泛，涵盖：技术研发与设计——电子设备与信息系统设计、软件开发与编程、算法与系统研究；生产与质量管理——生产管理、测试与验证；通信与网络技术——通信工程、网络技术；新兴领域——物联网与大数据、人工智能与机器学习；其他方向——销售与技术支持、教育与科研。毕业生可根据兴趣和能力选择就业方向，随着技术发展，新领域和机会不断涌现。

开设本专业的典型院校：电子科技大学、哈尔滨工业大学、西安电子科技大学、北京航空航天大学。

（2）电子科学与技术（专业代码：080702）

（学制：四年 授予学位：理学、工学学士）

"电子科学与技术" "电子信息工程" "电子信息科学与技术" 听起来名字都差不多，那他们到底都是学哪些内容的？

专业简介：本专业为电子科学与技术专业领域，特别是微电子与光电子电路、器件、集成电路的设计与制造技术领域，培养具有扎实的理论基础，宽广的知识面，能够用系统的观点分析、综合和处理科学技术问题，进行科学研究、技术开发和应用研究的高级工程技术人才。本专业主要培养学生宽广的知识面、良好的学习能力、较强的解决问题的能力以及微电子与集成电路的设计与制造技术领域较扎实的理论基础，接受微电子实践的基本训练，使学生具备从事超大规模集成电路设计、开发、调测和工程应用的基本能力。

培养目标：本专业旨在培养具备物理电子、光电子、微电子与电路系统领域内宽广的理论基础、实验能力和专业知识，能在该领域内从事各种电子元器件、集成电路乃至集成电子系统和光电子系统的设计、制造和相应的新产品、新技术、新工艺的研究、开发等方面的高级工程技术人才。

能力（业务）培养要求：本专业学生主要学习数学、基础物理、物理电子、光电子、微电子学领域的基本理论和基本知识，受到相关的信息电子实验技术、计算机技术等方面的基本训练，掌握各种电子器件、工艺、零件，及系统的设计、研究与开发的基本能力。

基础课程：电子线路、计算机语言、微型计算机原理、电动力学、量子力学、理论物理、固体物理、半导体物理、物理电子与电子学以及微电子学等方面的专业课程。

发展历史：1985年，根据教育部发布的专业目录，激光专业与红外光谱学合并，更名为光电子技术专业，电子元器件与材料专业更名为电子材料与元器件专业。

1998年，在《普通高等学校本科专业目录》中，原电子材料与元器件、微电子技术、物理电子技术、物理电子和光电子技术、光电子技术专业合并为电子科学与技术专业，专业代码为080606。

2012年，教育部发布了《普通高等学校本科专业目录》，将原电子科学与技术和真空电子技术专业合并为电子科学与技术专业，专业代码变更为080702，属电子信息类专业。

2020年，教育部发布了《普通高等学校本科专业目录》，电子科学与技术专业为工学门类专业，专业代码080702，属电子信息类专业，授予工学或理学学士学位。

专业发展趋势：中国电子科学与技术产业将有明显的发展空间，自主研发的高科技含量产品将进入市场，形成自主研发和来料加工共存的局面；中国大、中、小企业的分布和产品结构趋于合理，出口产品将稳步增加；高技术含量产品将向民用化发展，必然促进产品的内需和产量。随着社会需求逐步扩大，电子科学与技术专业总体就业前景被看好。

考研方向：光学工程、电子科学与技术、微电子学与固体电子学、信息与通信工程。

就业：电子科学与技术专业就业方向较为广泛，包括：集成电路设计与制造、电子器件与系统研发、制造和测试；通信与网络系统设计、开发和维护；计算机硬件与软件开发、消费电子产品设计、研发和生产、汽车电子系统开发、医疗电子设备研发、航空航天与国防电子技术支持；科研与教育工作、其他行业电子技术相关职位；新技术如AI、物联网、量子计算等领域对人才需求也在增加。

开设本专业的典型院校：东南大学、上海交通大学、电子科技大学、西安电子科技大学。

（3）通信工程（专业代码：080703）

（学制：四年　授予学位：工学学士）

通信技术已经成为我们生活中不可或缺的一部分。随着科技的进步，我们的沟通方式经历了从古代的飞鸽传书和烽火信号，到现代电脑和智能手机的革命性变化。这种演变使人与人之间的联系更加紧密和便捷。

通信工程专业正是研究这些变化背后的科学与技术。它涉及信号处理、数据传输、网络架构以及信息安全等多个领域。通过学习通信工程专业，学生将掌握现代通信系统的设计、开发和优化技能，为未来在通信技术领域的工作打下坚实的基础。让我们一起探索这个专业的丰富内容和它如何塑造我们的沟通方式。

专业简介：该专业具有理工融合的特点，主要涉及电子科学与技术、信息与通信工程和光学工程学科领域的基础理论、工程设计及系统实现技术，并以数学、物理和信息论为基础，以电子、光子、信息及与之相关的元器件、电子系统、信息网络为研究对象，应用领域广泛，发展迅速，是推动信息产业发展和提升传统产业的主干专业。

培养目标：培养适应社会与经济发展需要，具有道德文化素养、社会责任感、创新精神和创业意识，掌握必备的数学、自然科学基础知识和相应专业知识，具备良好的学习能力、实践能力、专业能力和一定的创新创业能力，身心健康，可从事电子信息及相关领域中系统、设备和器件的研究、设计、开发、制造、应用、维护、管理等工作的高素质专门人才。

能力（业务）培养要求：

①具有在电子信息领域从事科学研究、工程开发与设计所需要的数学和自然科学基础知识；

②掌握通信工程相关的基本理论与技术，具有基本的计算机理论、应用与开发能力；具有系统的与通信工程专业相关的工程实践或科研训练经历，了解生产工艺、设备与制造系统，了解该专业的发展现状和趋势；

③能够熟练使用常用电子仪器仪表，初步具备设计与实施电子信息领域工程实验的能力，并能够对实验结果进行分析；具有分析、提出方案并解决电子信息领域理论或工程实际问题的基本能力，可参与相关系统的设计、运行与维护；

④具有创新精神和创业意识，掌握基本的创新创业方法；初步具备电子信息领域中综合类实践、实验独立设计、分析和调试能力以及进行产品开发与设计、技术改造与创新、工程设计与分析等解决实际工程问题的能力；在设计或研究过程中能够综合考虑经济、环境、法律、安全、健康、伦理等制约因素；

⑤掌握文献检索、资料查询及运用现代信息技术获取相关信息的基本方法，具备科技论文写作的基本能力；

⑥了解与通信工程专业相关行业的生产、设计、研究、开发，环境保护和可持续发展等方面的技术标准、方针、政策、法律法规以及经济管理知识，能正确认识电子信息技术对客观世界和社会的影响，具有良好的质量、安全、效益、环保、职业健康和服务意识；

⑦具有一定的组织管理能力、表达能力和人际交往能力以及良好的团队协作精神；

⑧掌握一门外语，能阅读专业外文资料，具有一定的国际视野和跨文化交流与合作能力；

⑨养成良好的学习习惯，对终身学习有正确认识，具有不断学习和适应发展的能力。

基础课程：电路理论与应用的系列课程、计算机技术系列课程、信号与系统、电磁场理论、数字系统与逻辑设计、数字信号处理、通信原理等。学科和专业类基础知识须涵盖电路与电子技术、计算机系统与应用、信号与系统、电磁场与波等知识领域的核心内容。

发展历史：1986 年，教育部在《全国普通高等学校专业设置及毕业生使用方向介绍》的目录中，将通信类单独设立为一个学科门类，并对原有的相关专业进行了统一调整，均划归为通信工程专业。这一举措不仅促进了通信工程专业内部的整合与优化，也为其未来的发展注入了新的活力。

20 世纪 90 年代初期，随着电子信息技术的迅猛发展，教育部再次对普通高等学校本科专业目录进行了调整。1993 年发布的目录，将工学门类中与电有关的专业明确分为电工类和电子与信息类两个分支，通信工程专业被划归为电子与信息类专业，并赋予了新的专业代码 080712。这一调整进一步明确了通信工程专业的学科属性和发展方向。

而到了 1998 年，教育部再次对《普通高等学校本科专业目录》进行了修订与发布。在这一次调整中，电工类和电子与信息类两个分支被合并成为电气信息类，通信工程专业也随之成为电气信息类中的一个重要专业方向，并赋予了新的专业代码 080604。同时，原通信工程和计算机通信两个专业也被统称为通信工程专业，实现了专业名称的进一步规范与统一。

2012 年，在《普通高等学校本科专业目录》中，原通信工程专业和信息与通信工程专业合并为通信工程专业，属电子信息类专业，专业代码变更为 080703。

2020 年，在《普通高等学校本科专业目录》中，通信工程专业为工学门类专业，专业代码为080703，属电子信息类专业，授予工学学士学位。

专业发展趋势：21 世纪以来，通信技术飞速发展，向数字化、宽带化、智能化、个人化的综合业务数字化技术方向发展。通信技术和掌握通信技术的高级专业人才对数字化、信息化工作的顺利发展有着极其重要的保障作用，各行各业也需要越来越多的通信工程专业本科生作为数字化、信息化生产管理的基本力量。

考研方向：可报考信息与通信工程学术学位硕士研究生和博士研究生，以及电子信息专业学位硕士研究生。

就业：学生毕业后适合到通信类公司从事科研、技术开发、经营及管理工作，可入职移动应用产品经理、增值产品开发工程师、数字信号处理工程师、通信技术工程师、有线传输工程师、无线通信工程师、电信交换工程师、数据通信工程师、移动通信工程师、电信网络工程师等岗位。

开设本专业的典型院校：西安电子科技大学、北京邮电大学、电子科技大学、哈尔滨工业大学。

（4）集成电路设计与集成系统（专业代码：080710T）

（学制：四年　授予学位：工学学士）

集成电路设计与集成系统听起来可能有些深奥，但它们实际上构成了现代电子产品的核心。这些技术通过精密的工艺流程，将晶体管、电阻、电容等电子元件集成到一块半导体芯片上，并封装在保护壳内，实现复杂的电路功能。

我们日常使用的智能手机、笔记本电脑、电视机和数码相机等设备，其核心部件都是由集成电路构成，并与其他组件集成在一起。以手机为例，与几十年前的"大哥大"相比，现代手机体积更小、重量更轻、功能更强大，这得益于集成电路与集成系统技术的飞速发展。

随着技术的不断进步，电子设备和数码产品正变得越来越便携、高效和智能，这都离不开集成电路设计与集成系统的贡献。

专业简介： 集成电路设计与集成系统专业是 2003 年教育部针对国内对集成电路设计和系统设计人才大量需求的现状而最新设立的本科专业之一。集成电路设计和应用是多学科交叉高新技术密集的学科，是现代电子信息科技的核心技术，是国家综合实力的重要标志。它通过理论与实践相结合的培养模式，以培养既具有坚实的理论基础，又具有丰富的集成电路开发、电子系统集成和工程管理能力的复合型和应用型高级集成电路和电子系统集成人才为目标，重视本专业的发展前沿和相关专业知识的拓展，注重培养学生的动手能力。

培养目标： 集成电路设计与集成系统专业培养适应社会与经济发展需要，具有道德文化素养、社会责任感、创新精神和创业意识，掌握必备的数学、自然科学基础知识和相应专业知识，具备良好的学习能力、实践能力、专业能力和一定的创新创业能力，身心健康，可从事电子信息及相关领域中系统、设备和器件的研究、设计、开发、制造、应用、维护、管理等工作的高素质专门人才。

能力（业务）培养要求： 该专业培养的学生不仅对微电子材料及其工艺技术有所了解，而且更具有电路与系统，电磁场与微波技术、电磁兼容技术以及系统封装设计，多芯片组件设计和微电子工艺技术，电子设计等多方面的知识。本专业毕业生应熟练掌握一门外语，有较强的分析、解决理论及实际问题和计算机应用能力，能在集成电路设计与集成系统及相关领域从事科研、教学、科技开发、生产管理和行政管理等工作。

基础课程： 学科和专业类基础知识主要涵盖电路与电子技术、计算机系统与应用、信号与系统、电磁场与波等知识领域的核心内容。除上述学科与专业类基础知识外，还包括专业基础知识，如通信原理、数字信号处理、通信电路与系统、信息理论基础、信息网络、工程图学等知识领域的核心内容。

考研方向： 微电子学与固体电子学、物理电子学、电路与系统、集成电路工程、通信与信息系统。

就业： 集成电路设计与集成系统专业可以在高新技术企业、国防军工企业从事微电子工艺、集成电路设计、电子系统集成相关领域从事有关工程技术的研究、设计、技术开发、管理以及设备维护等工作；能在科研院所、高等院校从事半导体物理、半导体器件、集成电路设计等领域的科研、教学工作。

开设本专业的典型院校： 电子科技大学、华中科技大学、西安电子科技大学、北京航空航天大学等。

（5）人工智能（专业代码：080717T）

（学制：四年　授予学位：工学学士）

人工智能（Artificial Intelligence，缩写为 AI），随着 ChatGPT 的火爆，相信大家对这个概念都比较熟悉了。现在 AI 已经能够按照人们的要求生成文字、图片、视频，AI 的强大功能越来越多地被应用于各行各业中，也正在影响着人们的生活。

专业简介： 人工智能是一门以计算机科学为基础，融合计算机、心理学、哲学等多学科的交叉学科和新兴学科。它专注于研究、开发用于模拟、延伸和扩展人的智能的理论、方法、技术及应用系统，旨在探索智能的本质，并创造出能以类似人类智能方式反应的智能机器。该领域的研究涵盖机器人、语言识别、图像识别、自然语言处理和专家系统等多个方面。

培养目标： 以培养掌握人工智能理论与工程技术的专门人才为目标，学习机器学习的理论和方法、深度学习框架、工具与实践平台、自然语言处理技术、语音处理与识别技术、视觉智能处理技术、国际人工智能专业领域最前沿的理论方法，培养人工智能专业技能和素养，构建解决科研和实际工程问题的专业思维、专业方法和专业嗅觉。

能力（业务）培养要求： 人工智能是计算机科学的一个分支，它试图了解智能的实质，并生产出一种新的能以人类智能相似的方式做出反应的智能机器，该领域的研究包括机器人、语言识别、图像识别、自然语言处理和专家系统等。探索实践适合中国高等人工智能人才培养的教学内容和教学方法，培养中国人工智能产业的应用型人才。

基础课程： 人工智能、社会与人文、人工智能哲学基础与伦理、先进机器人控制、认知机器人、机器人规划与学习、仿生机器人、群体智能与自主系统、无人驾驶技术与系统实现、游戏设计与开发、计算机图形学、虚拟现实与增强现实、人工智能的现代方法 I、问题表达与求解、人工智能的现代方法 II、机器学习、自然语言处理、计算机视觉等

发展历史： 近年来，中国高等教育领域在人工智能专业的发展上取得了显著进步。2019 年 3 月 21 日，教育部正式发布了《教育部关于公布 2018 年度普通高等学校本科专业备案和审批结果的通知》，这一里程碑式的文件标志着中国高等教育在人工智能领域迈出了坚实的一步。经过严格的申报、公示、审核等程序，并充分听取了普通高等学校专业设置与教学指导委员会的评议结果及有关部门的意见后，全国范围内共有 35 所高校脱颖而出，荣获了首批人工智能新专业建设资格。这一举措不仅彰显了国家对人工智能领域的高度重视，也为未来培养更多高素质的人工智能专业人才奠定了坚实基础。

2020 年 2 月 21 日，教育部发布了《教育部关于公布 2019 年度普通高等学校本科专业备案和审批结果的通知》。在这一通知中，"人工智能"专业无疑成为新增备案本科专业的"明星"，其新增数量之多，进一步印证了该领域在高等教育中的热门程度与广阔前景。此外，"智能制造工程""智能建造""智能医学工程""智能感知工程"等智能领域的相关专业也纷纷"崭露头角"，成为高校新增备案和新增审批本科专业名单中的热门之选。这些专业的涌现不仅丰富了高等教育的学科体系，也为国家培养跨学科、复合型的人工智能专业人才提供了更多可能性。

专业发展趋势： 人工智能技术已经渗透到各个行业，包括医疗、金融、教育、交通、零售等。随着人工智能技术的不断发展，未来人工智能将会在更多的领域得到应用，从而创造更多的就业机会。

考研方向： 信息与通信工程、控制科学与工程、计算机科学与技术、计算机应用技术。

就业： 人工智能专业就业方向较为广泛，涵盖：人工智能工程师——设计、开发 AI 系统；数据科学家——数据分析与机器学习，支持企业决策；机器学习工程师——优化机器学习算法；自然语言处理工程师——研发 NLP 技术；计算机视觉工程师——图像与视频分析；算法工程师——设计与优化算法；智

能系统研发工程师——智能系统集成与应用；人工智能产品经理——AI 产品开发与推广；研究科学家——前沿 AI 技术研究与创新；教育与培训——培养 AI 专业人才；此外，金融、医疗、交通、制造业等领域也有大量 AI 相关职位。

开设本专业的典型院校：清华大学、上海交通大学、南京大学、西安电子科技大学。

6. 自动化类（专业类代码：0808）

（1）自动化（专业代码：080801）

（学制：四年　授予学位：工学学士）

自动化技术的历史源远流长，其起源可追溯至 2000 多年前的汉朝，当时的指南车便是早期的自动化装置之一。然而，自动化技术的真正兴起是在 18 世纪，尤其是 1788 年左右蒸汽机的发明，标志着自动化装置的诞生。

自动化指的是机器或设备在无须人工干预的情况下，按照预设的程序或指令自动执行操作或控制任务，以实现"稳定、精确、快速"的工作目标。这项技术的应用，不仅能够将人类从繁重的体力劳动、部分脑力劳动以及危险或恶劣的工作环境中解放出来，还能扩展人类的能力，显著提升生产效率。

随着自动化技术的发展，它已经成为现代工业和日常生活的重要组成部分，不断推动着社会的进步和创新。

专业简介：自动化（Automation）是指机器设备、系统或过程（生产、管理过程）在没有人或较少人的直接参与下，按照人的要求，经过自动检测、信息处理、分析判断、操纵控制，实现预期的目标的过程。自动化技术广泛用于工业、农业、军事、科学研究、交通运输、商业、医疗、服务和家庭等方面。采用自动化技术不仅可以把人从繁重的体力劳动、部分脑力劳动以及恶劣、危险的工作环境中解放出来，而且能拓展人的能力，极大地提高劳动生产率，增强人类认识世界和改造世界的能力。因此，自动化是工业、农业、国防和科学技术现代化的重要条件和显著标志。

培养目标：自动化专业培养具有良好的道德与修养，遵守法律法规，具有社会和环境意识，掌握必备的数学与自然科学基础知识和自动化领域相关的基本理论、基本方法及基本技能，具备良好的科学思维能力和解决自动化领域工程问题能力，能在团队中有效发挥作用，综合素质良好，能通过继续教育或其他的终身学习途径拓展自己的能力，了解和紧跟学科专业发展，胜任自动控制系统研究、设计开发、部署与应用等工作，在相关领域具有就业竞争力的高素质专门技术人才。

能力（业务）培养要求：掌握从事自动化领域工作所需要的数学、物理等自然科学知识，以及电子电气、计算机与通信、仪器仪表等技术基础知识，具有初步的工程管理、节约资源、环境保护、社会、法律等人文与社会科学的基本知识。掌握专业领域中检测、建模、控制和优化的基本原理和策略，掌握在专业领域中信息处理与网络技术的基本原理和方法，了解自动化领域的前沿和发展动态。了解工程控制系统分析与设计的一般方法，具有选择恰当技术、资源和现代工具解决一般工程系统中控制问题的基本专业能力，具有独立从事某一实际工程控制系统的运行、管理与维护的基本能力。具有对自动化系统或产品中的技术进行分析、改进、优化与设计的能力。具有创新意识和对自动化新产品、新工艺、新技术和新设备进行研究、开发和设计的初步能力。了解自动化类专业领域的技术标准、相关行业的法规，具有职业道德和社会责任。

基础课程：自动化专业包括自动控制原理、现代控制理论、优化方法、检测技术与仪表、计算机硬件与软件技术、微机原理、系统优化、系统设计与仿真、传感器与执行机构、智能信息处理等专业知识，并包括其发展历史和现状。不同专业课程须覆盖相应的知识领域。专业设置方向有关的内容，各高校可根据自身特色，适当选取和补充。

发展历史：1998 年，教育部发布《普通高等学校本科专业目录新旧专业对照表》，将原流体传动及控制（部分）（080312）、电气技术（部分）（080605）、工业自动化（080604）、自动化（080607W）、自动控制（080711）、飞行器制导与控制（部分）（081806）合并为自动化专业，专业代码为 080602，属电气信息类，为工学门类专业。

2012 年，教育部发布《普通高等学校本科专业目录》、制定《普通高等学校本科专业目录新旧专业对照表》，将原自动化（080602）拆开分别转设为自动化（基本专业，080801）与轨道交通信号与控制（特设专业，080802T），均属自动化类，为工学门类。

2020 年，教育部发布《普通高等学校本科专业目录》，自动化专业为工学门类专业，专业代码为 080801，属自动化类专业，授予工学学士学位，学制为四年。

专业发展趋势：自动化专业致力于培养适应社会主义现代化建设和未来社会与科技发展需要的，德、智、体、美、劳全面和谐发展与健康个性相统一，富有良知和社会责任感，具有创新精神、实践能力和国际视野，具有自动控制学科的基本理论，掌握自动控制、系统工程、智能系统、运动控制、工业过程控制、电力电子技术、电子与计算机技术、信息处理等工程技术基础和专业知识，具有设计、开发和综合各种自动化装置与系统，以及复杂系统管理和决策能力的宽口径复合型工程技术人才。

考研方向：控制科学与工程、控制理论与控制工程、电子信息控制工程。

就业：自动化专业就业方向较为广泛，包括：工业自动化——设计、开发、维护自动化生产系统；机器人技术——研发、编程、应用机器人；过程控制——监测、控制、优化工业过程；电气自动化——电气系统设计、安装、调试及设备维护；智能控制——研究、开发智能控制算法；自动化仪表与检测——仪表选型、安装、调试及检测系统设计；嵌入式系统——开发嵌入式软硬件；智能家居与物联网——设计、开发智能家居与物联网系统；航空航天与国防——提供自动化技术支持；科研与教育——从事自动化领域的研究与教学；其他领域——能源、交通、医疗等行业的技术应用，新技术如 AI、大数据等领域对自动化人才需求增加。

开设本专业的典型院校：清华大学、浙江大学、北京航空航天大学、上海交通大学、北京理工大学。

（2）机器人工程（专业代码：080803T）

（学制：四年　授予学位：工学学士）

科幻电影中的机器人形象，如《我，机器人》中的桑尼、《机器人总动员》中的瓦力，以及《超能陆战队》中的大白，都给观众留下了深刻的印象。这些机器人虽然看似遥不可及，但随着人工智能时代的到来，它们正逐渐成为现实。那机器人工程到底学什么？未来的就业前景如何？

专业简介：本专业培养掌握机器人工程所需的机械设计、先进制造、自动控制、传感检测、工业机器人技术等的基础理论和基础知识，具备工业机器人系统集成、生产制造、调试维护和创新应用等工程的能力，能从事工业机器人系统集成、调试与维护、程序开发和售后服务等方面工作的高素质应用型技术人才。

培养目标：机器人工程专业培养具有良好的道德与修养，遵守法律法规，具有社会和环境意识，掌握必备的数学与自然科学基础知识和自动化领域相关的基本理论、基本方法及基本技能，具备良好的科学思维能力和解决自动化领域工程问题的能力，能在团队中有效发挥作用，综合素质良好，能通过继续教育或其他终身学习途径拓展自己的能力，了解和紧跟学科专业发展，胜任自动控制系统研究、设计开发、部署与应用等工作，在相关领域具有就业竞争力的高素质专门技术人才。

能力（业务）培养要求：掌握从事自动化领域工作所需要的数学、物理等自然科学知识，以及电子电气、计算机与通信、仪器仪表等技术基础知识，具有初步的工程管理、节约资源、环境保护、社会、法律等人文与社会科学的基本知识。掌握专业领域中检测、建模、控制和优化的基本原理和策略，掌握在专业领域中信息处理与网络技术的基本原理和方法，了解自动化领域的前沿和发展动态。了解工程控制系统分析与设计的一般方法，具有选择恰当技术、资源和现代工具解决一般工程系统中控制问题的基本专业能力，具有独立从事某一实际工程控制系统的运行、管理与维护的基本能力。具有对自动化系统或产品中的技术进行分析、改进、优化与设计的能力。具有创新意识和对自动化新产品、新工艺、新技术和新设备进行研究、开发和设计的初步能力。了解机器人工程专业领域的技术标准、相关行业的法规，具有职业道德和社会责任。具有适应发展的能力以及对终身学习的正确认识和学习能力。具有较强的交流沟通、环境适应和团队合作的能力。具有一定的国际视野，至少掌握一门外语，能熟练阅读机器人工程专业外文文献资料，可进行跨文化沟通和交流。

基础课程：机器人工程专业包括自动控制原理、现代控制理论、优化方法、检测技术与仪表、计算机硬件与软件技术、微机原理、系统优化、系统设计与仿真、传感器与执行机构、智能信息处理等专业知识，并包括其发展历史和现状。不同专业课程须覆盖相应的知识领域。

专业发展趋势：机器人既是先进制造业的关键支撑装备，也是改善人类生活方式的重要切入点。无论是在制造环境下应用的工业机器人，还是在非制造环境下应用的服务机器人，其研发及产业化应用是衡量一个国家科技创新、高端制造发展水平的重要标志。随着智能化改造升级的需求日益凸显，机器人市场进入高速增长期，在世界范围内尤其是中国，对机器人工程专业的人才需求都是极其迫切的，这个行业存在巨大的人才缺口，毕业学生的就业和深造前景十分广阔。

考研方向：机械工程、机器人工程、材料与化工、力学。

就业：毕业生主要到机器人产业从事机器人生产、开发、应用设计工作，到电力、钢铁、化工、冶金等领域的大、中型企业从事机器人应用、设计工作，也能从事机器人相关领域中机器人运用、设计、操作、维护、销售、技术服务等相关工作。

开设本专业的典型院校：北京航空航天大学、哈尔滨工业大学、东南大学、浙江大学。

7. 计算机类（专业类代码：0809）

（1）计算机科学与技术（专业代码：080901）

（学制：四年 授予学位：理学、工学学士）

提起计算机，大家都不陌生。现代社会，电脑已经成为人们学习、生活、工作和娱乐的必备工具。在咖啡厅、图书馆、公园甚至在公交车上，使用笔记本电脑处理事务，通过计算机对相片进行后期处理，用手机听音乐、看电影、上网、玩趣味游戏等活动随处可见，这些活动中需要的技术都属于计算机科学与技术专业的研究范畴。

专业简介：2012 年 9 月，教育部将新的计算机科学与技术专业取代旧的计算机科学与技术和仿真科学与技术两个专业。计算机科学与技术是一个计算机系统与网络兼顾的计算机学科宽口径专业，旨在培养具有良好的科学素养，具有自主学习意识和创新意识，科学型和工程型相结合的计算机专业高水平工程技术人才。

培养目标：培养具有良好的道德与修养，遵守法律法规，具有社会和环境意识，掌握数学与自然科学基础知识以及与计算系统相关的基本理论、基本知识、基本技能和基本方法，具备包括计算思维在内的科学思维能力和设计计算解决方案、实现基于计算原理的系统的能力，能清晰表达，在团队中有效发挥作用，综合素质良好，能通过继续教育或其他的终身学习途径拓展自己的能力，了解和紧跟学科专业发展，在计算系统研究、开发、部署与应用等相关领域具有就业竞争力的高素质专门技术人才。

能力（业务）培养要求：掌握从事本专业工作所需的数学（特别是离散数学）、自然科学知识，以及经济学与管理学知识。系统掌握专业基础理论知识和专业知识，经历系统的专业实践，理解计算学科的基本概念、知识结构、典型方法，建立数字化、算法、模块化与层次化等核心专业意识。掌握计算学科的基本思维方法和研究方法，具有良好的科学素养和强烈的工程意识或研究探索意识，并具备综合运用所掌握的知识、方法和技术解决复杂的实际问题及对结果进行分析的能力。具有终身学习意识，能够运用现代信息技术获取相关信息和新技术、新知识，持续提高自己的能力。了解计算学科的发展现状和趋势，具有创新意识，并具有技术创新和产品创新的初步能力。了解与该专业相关的职业和行业的重要法律、法规及方针与政策，理解工程技术与信息技术应用相关的伦理基本要求，在系统设计过程中能够综合考虑经济、环境、法律、安全、健康、伦理等制约因素。具有组织管理能力、表达能力、独立工作能力、人际交往能力和团队合作能力。具有初步的外语应用能力，能阅读该专业的外文材料，具有国际视野和跨文化交流、竞争与合作能力。

基础课程：电路原理、模拟电子技术、数字逻辑、数值分析、计算机原理、微型计算机技术、计算机系统结构、计算机网络、高级语言、汇编语言、数据结构、操作系统、数据库原理、编译原理、图形学、人工智能、计算方法、离散数学、概率统计、线性代数以及算法设计与分析、人机交互、面向对象等。

发展历史：计算机科学与技术专业，这一引领科技浪潮的学科，其人才培养的序幕早在 20 世纪 50 年代的美国便已悄然拉开。随着时代的车轮滚滚向前，至 20 世纪 60 年代，该专业教育已稳健步入科学研究的康庄大道，其教学内容与课程体系更是在学术团体的智慧引领下，采纳了诸多前沿且具指导意义的参考方案，为后来的发展奠定了坚实基础。

自 20 世纪中期以来，计算机科学与技术专业的种子也在包括中国在内的众多国家生根发芽。这些国家纷纷以美国为镜，借鉴其先进的教学计划，结合自身国情，逐步构建起具有本土特色的计算机科学与技术教育体系。

在中国这片充满活力的土地上，计算机科学与技术专业的发展更是日新月异。1995 年，教育部启动了高等理科面向 21 世纪教学内容与课程体系改革研究计划，并特别将计算机科学与技术类专业的课程体系改革列为重中之重。在这一历史性的时刻，复旦大学等九所顶尖学府携手并肩，共同组成了项目组，深入研究、精心规划，最终提出了分类、分层次培养计算机科学与技术专业学生的创新思路。这一举措不仅为中国计算机科学与技术专业的未来发展指明了方向，也为培养更多高素质、专业化的计算机人才奠定了坚实的基础。

1998 年，教育部发布了《普通高等学校本科专业目录》。在这一目录中，计算机科学与技术专业（080605）取代了原有的计算机及应用（080709）、计算机软件（080710）、计算机科学教育（080714）、软件工程（080717W）、计算机器件及设备（080719W）和计算机科学与技术（080722W）等专业，标志着我国计算机科学与技术专业教育的一个新的里程碑。20 世纪 90 年代末，国家又启动了 35 所重点大学示范性软件学院的建设工程，力图探索计算机科学与技术专业软件应用人才的培养目标和方式。

2012 年 9 月，教育部将新的计算机科学与技术（080901）专业取代旧的计算机科学与技术（080605）和仿真科学与技术（080638S）两个专业。

专业发展趋势：审视中国计算机科学与技术专业的整体发展脉络，不难发现，该领域毕业生的就业前景持续向好，薪资水平亦稳居高位。这一积极态势不仅彰显了中国在信息技术领域的蓬勃活力，也预示着计算机专业人才在未来市场中的巨大潜力。

展望未来，随着数字化转型的加速推进和新兴技术的不断涌现，中国对计算机专业人才的需求将持续攀升。在此背景下，计算机科学与技术专业的毕业生们无疑将迎来更加广阔的发展舞台和更加丰厚的职业回报。他们将以扎实的专业技能和敏锐的创新意识，投身于这场由信息技术引领的变革之中，共同书写中国计算机科学与技术的辉煌篇章。

考研方向：计算机应用技术、软件工程、信息安全工程、网络工程以及与计算机应用技术相关的其他所有学科和专业。

就业：该专业毕业生就业面较宽、就业前景可观，能够在网络通信类科研院所、政府机构、银行、电力企业、计算机网络公司、通信公司等各类企事业单位从事计算机网络的科学研究、系统设计、系统防护、系统管理与维护和应用计算机科学与技术学科的系统开发、设计和系统集成等工作。

开设本专业的典型院校：清华大学、北京大学、哈尔滨工业大学、浙江大学、中国科学技术大学。

（2）软件工程（专业代码：080902）

（学制：四年　授予学位：工学学士）

人们工作中用到的电子邮件，生活中的买菜软件、娱乐软件等，这些都属于软件工程专业的实际应用。现代生活中，各行各业中都有计算机软件的身影。这些软件极大地促进了社会经济的发展，帮助人们提高了工作效率和生活质量。那作为生产这些软件的软件工程专业需要学习哪些内容呢？

专业简介： 软件工程专业是一门研究用工程化方法构建和维护有效的、实用的和高质量的软件的学科。它涉及程序设计语言、数据库、软件开发工具、系统平台、标准、设计模式等方面。在现代社会中，软件应用于多个方面。典型的软件比如电子邮件、嵌入式系统、人机界面、办公套件、操作系统、编译器、数据库、游戏等。同时，各个行业几乎都有计算机软件的应用，比如工业、农业、银行、航空、政府部门等。

这些应用促进了经济和社会的发展，使得人们的工作更加高效，同时提高了生活质量。

培养目标： 本专业是培养适应计算机应用学科的发展，特别是软件产业的发展，具备计算机软件的基础理论、基本知识和基本技能，具有用软件工程的思想、方法和技术来分析、设计和实现计算机软件系统的能力，毕业后能在IT行业、科研机构、企事业单位中从事计算机应用软件系统的开发和研制的高级软件工程技术人才。

能力（业务）培养要求： 本专业主要学习软件工程方法、软件系统开发、系统分析与设计、软件开发管理、软件测试、软件质量保证等知识，要求重点掌握软件需求分析、开发、项目管理和软件测试等一系列相关专业知识。

基础课程： 高等数学、线性代数、高等代数、电子技术基础、离散数学、计算机引论、数据结构、C++程序设计、汇编语言程序设计、算法设计与分析、计算机组成原理与体系结构、数据库系统、计算机网络、软件工程、软件测试技术、软件需求与项目管理、软件设计实例分析等。

考研方向： 计算机科学与技术、软件工程、网络空间安全、电子信息。

就业： JAVA初级程序员、JAVA计算程序员、JAVA工程师、J2EE系统工程师、.Net开发工程师等；移动终端开发——专注于移动端APP的开发，主要包括iOS终端开发和Android终端开发（随着5G标准的落地应用，未来移动终端的开发场景也会进一步得到拓展，比如与物联网的深度结合等）；其他方向——简单的管理信息系统开发和维护人员、网页制作和客户端脚本程序编写人员、初级数据库管理和维护人员、数据库开发工程师、系统分析设计工程师、软件项目配置管理员、文档编写工程师等。

开设本专业的典型院校： 清华大学、南京大学、北京大学、浙江大学、上海交通大学。

（3）网络工程（专业代码：080903）

（学制：四年　授予学位：工学学士）

在数字化时代，网上炒股、购物、浏览信息、观看电影、体育赛事直播等活动已成为我们日常生活的一部分。网络的普及和便利性使其成为现代生活的核心。为了支持和优化这些网络服务，需要专业的技术人才来开发、维护和创新网络技术，这就是网络工程专业的重要性所在。

专业简介：2012 年，网络工程专业正式出现于《普通高等学校本科专业目录》中。 网络工程专业致力于贯彻落实党的教育方针，坚守立德树人的核心理念。该专业旨在培养满足创新型国家发展需求的计算机通信与网络领域的创新型人才。这些人才不仅具备厚实的基础知识，还拥有强大的工程实践能力，同时展现出卓越的组织能力和广阔的国际视野。在人才培养观上，网络工程专业坚持"基础厚、口径宽、能力强、素质高、复合型"的原则。这意味着学生将掌握工科公共基础知识，并系统地掌握计算机、通信与网络的基本理论、工程技术原理和方法。

培养目标：培养具有良好的道德与修养，遵守法律法规，具有社会和环境意识，掌握数学与自然科学基础知识以及与计算系统相关的基本理论、基本知识、基本技能和基本方法，具备包括计算思维在内的科学思维能力和设计计算解决方案、实现基于计算原理的系统的能力，能清晰表达，在团队中有效发挥作用，综合素质良好，能通过继续教育或其他的终身学习途径拓展自己的能力，了解和紧跟学科专业发展，在计算系统研究、开发、部署与应用等相关领域具有就业竞争力的高素质专门技术人才。

能力（业务）培养要求：该专业学生主要学习计算机、通信以及网络方面的基础理论、设计原理，掌握计算机通信和网络技术，接受网络工程实践的基本训练，具备从事计算机网络设备、系统的研究、设计、开发、工程应用和管理维护的基本能力。

基础课程：电路与电子学、数字逻辑电路、数据结构、编译原理、操作系统、数据库系统、汇编语言程序设计、计算机组成原理、微机系统与接口技术、通信原理、通信系统、现代交换原理、TCP/IP 原理与技术、计算机网络组网原理、网络编程技术等。

发展历史：2002 年，天津工业大学等高校在教育部备案开设网络工程专业，专业代码为 080613W。2004 年，华北科技学院等高校在教育部备案增设网络工程专业。

2012 年，在教育部发布的《普通高等学校本科专业目录新旧专业对照表》中，网络工程专业代码由 080613W 调整为 080903。

2020 年 2 月，在教育部发布的《普通高等学校本科专业目录》中，网络工程专业隶属于工学、计算机类，专业代码为 080903。

考研方向：计算机科学与技术、软件工程、网络空间安全、电子信息。

就业：本专业学生毕业后可以从事各级各类企事业单位的企业办公自动化处理、计算机安装与维护、网页制作、计算机网络和专业服务器的维护管理和开发、动态商务网站开发与管理、软件测试与开发及计算机相关设备的商品贸易等方面的有关工作。在网络公司、电信运营商、系统集成商、教育机构、银行以及相关企事业单位的网络技术部门，从事网络规划师、网络工程师、售前技术工程师、售后技术工程师、网络管理员等岗位的技术工作。

开设本专业的典型院校：西安电子科技大学、电子科技大学、北京邮电大学、华南理工大学。

（4）数据科学与大数据技术（专业代码：080910T）

（学制：四年　授予学位：理学、工学学士）

尽管许多人对大数据这个概念还感到有些陌生，但不可否认的是，我们已然身处大数据时代。举个例子，当你发现淘宝的"猜你喜欢"功能总能准确推荐你正想要的商品，或者当当网推荐的书籍恰好符合你的兴趣，再或者你的邮箱里收到了与你生活紧密相关的广告邮件，这些都是大数据在背后发挥着作用。数据科学与大数据技术主要学习哪些课程？又培养什么样的人才呢？

专业简介：数据科学与大数据技术主要研究计算机科学和大数据处理技术等相关的知识和技能，从大数据应用的三个主要层面（即数据管理、系统开发、海量数据分析与挖掘）出发，对实际问题进行分析和解决。例如：今日头条通过算法匹配个人更偏爱的信息内容，淘宝根据消费者日常购买行为等数据进行商品推荐，电子地图根据过往交通情况数据为车辆规划最优路线等。

培养目标：旨在培养具有良好的科学素养和社会责任感与使命感，具有宽广的国际视野，具有从事数据科学与大数据相关的软硬件及网络的研究、设计、开发以及综合应用的高级工程技术人才。

能力（业务）培养要求：掌握从事专业工作所需的数学（特别是离散数学）、自然科学知识，以及经济学与管理学知识。系统掌握专业基础理论知识和专业知识，经历系统的专业实践，理解计算学科的基本概念、知识结构、典型方法，建立数字化、算法、模块化与层次化等核心专业意识。掌握计算学科的基本思维方法和研究方法，具有良好的科学素养和强烈的工程意识或研究探索意识，并具备综合运用所掌握的知识、方法和技术解决复杂的实际问题及对结果进行分析的能力。具有终身学习意识，能够运用现代信息技术获取相关信息和新技术、新知识，持续提高自己的能力。了解计算学科的发展现状和趋势，具有创新意识，并具有技术创新和产品创新的初步能力。了解与专业相关的职业和行业的重要法律、法规及方针与政策，理解工程技术与信息技术应用相关的伦理基本要求，在系统设计过程中能够综合考虑经济、环境、法律、安全、健康、伦理等制约因素。具有组织管理能力、表达能力、独立工作能力、人际交往能力和团队合作能力。具有初步的外语应用能力，能阅读该专业的外文材料，具有国际视野和跨文化交流、竞争与合作能力。

基础课程：数学分析、高等代数、普通物理、数学与信息科学概论、数据结构、数据科学导论、程序设计导论、程序设计实践、离散数学、概率与统计、算法分析与设计、数据计算智能、数据库系统概论、计算机系统基础、并行体系结构与编程、非结构化大数据分析等。

发展历史：自2012年起，以时任中国科学院院长白春礼为代表的顶尖学者纷纷发声，呼吁中国应紧跟时代步伐，制定国家大数据战略，并在多个关键领域进行顶层设计。这一倡议迅速得到了社会各界的积极响应与支持。次年，全国人大代表更是在两会期间提出了加快实施大数据国家战略的建议，为大数据在中国的全面发展注入了新的动力与活力。

随着大数据产业的蓬勃发展，教育部也敏锐地捕捉到了这一时代脉搏。为了培养更多适应未来社会需求的大数据专业人才，教育部积极调整高等教育布局，推动大数据教育体系的建立与完善。2016年，北京大学、对外经济贸易大学、中南大学等三所知名高校率先获批开设"数据科学与大数据专业"，这一特设专业的设立不仅填补了国内大数据教育领域的空白，更为大数据人才的培养提供了有力保障。

进入 2020 年，教育部更是将数据科学与大数据技术专业正式纳入《普通高等学校本科专业目录》，并授予理学或工学学士学位。这一举措不仅标志着大数据教育在中国高等教育体系中占据了举足轻重的地位，更为大数据产业的持续健康发展提供了坚实的人才支撑与智力保障。

2020 年，教育部发布了《普通高等学校本科专业目录》，数据科学与大数据技术专业为工学门类专业，专业代码为 080910T，属计算机类专业，授予理学或工学学士学位。

专业发展趋势： 随着大数据、物联网、5G 等技术应用的不断发展，社会对该职业从业人员的需求日益增长。预计 2025 年前大数据人才需求仍将保持 30%~40% 的增速，需求总量在 2000 万人左右。

考研方向： 应用统计、数学统计学、计算机科学与技术。

就业： 企业提供的大数据岗位按照工作内容要求，可以分为以下几类：①初级分析类，包括业务数据分析师、商务数据分析师等。②挖掘算法类，包括数据挖掘工程师、机器学习工程师、深度学习工程师、算法工程师、AI 工程师、数据科学家等。③开发运维类，包括大数据开发工程师、大数据架构工程师、大数据运维工程师、数据可视化工程师、数据采集工程师、数据库管理员等。④产品运营类，包括数据运营经理、数据产品经理、数据项目经理、大数据销售等。

开设本专业的典型院校： 中国科学技术大学、哈尔滨工业大学、同济大学、北京大学、中国人民大学。

（5）虚拟现实技术（专业代码：080916T）

（学制：四年　授予学位：工学学士）

虚拟现实技术（VR）已经渗透到我们生活的方方面面，它不仅是一个科技概念，更是一个日益融入我们日常生活的工具。从家居设计到游戏娱乐，从教育学习到医学治疗，VR 技术以其沉浸式体验和交互性，让我们能够以全新的方式体验和互动。

在家居领域，VR 技术能够帮助消费者在购买家具前，通过 3D 装修效果图预览家具摆放在家中的实景，这种体验既直观又实用。而在游戏和娱乐方面，VR 技术则为用户带来了前所未有的沉浸式体验，让用户仿佛置身于一个全新的虚拟世界。

随着技术的发展，VR 的应用范围还在不断扩大。它正在成为连接现实与虚拟世界的重要桥梁，让我们能够在虚拟空间中体验到现实世界中无法实现的事情。无论是探索遥远的星系，还是在历史场景中行走，VR 技术都在让我们的梦想成为可能。

专业简介： 虚拟现实技术本科专业在为学生讲述虚拟现实核心知识的同时，结合大量实例与应用，让学生深入理解虚拟现实设计理念以及开发流程，最终使学生具备扎实的核心素质与强大的自主研发能力。培养熟悉策划、设计、开发、管理等制作流程，具备独立制作、研发产品能力的虚拟现实综合应用型人才。在理论学习的基础上，拓展学生视野和认知深度，激发学生对虚拟现实技术的热爱和思考，引导学生在虚拟现实领域的深度发展和探索。在具体课程设计上，侧重虚拟现实程序架构、虚拟现实产品设计等产品研发技能的培养，学生完成课程学习后，具备独立进行虚拟现实产品的研发与制作能力。毕业后五年左右，能通过工作实践、自我学习和继续深造等方式成长为虚拟现实领域研究、应用开发等方面的技术骨干或项目管理人才。

培养目标： 本专业旨在培养德、智、体、美、劳全面发展，具有良好职业道德和人文素养，掌握虚拟现实、增强现实技术相关专业理论知识，具备虚拟现实、增强现实项目交互功能设计与开发、三维模型与动画制作、软硬件平台设备搭建和调试等能力，从事虚拟现实、增强现实项目设计、开发、调试等工作的高素质技术技能人才。

基础课程： 三维建模、内容制作技术、程序驱动（动画呈现）等三个方面的核心课程。包含的课程有：中国设计艺术史、3D 动画、C# 程序设计、计算机图形学、虚拟现实引擎高级、摄影摄像技术、云计算与大数据技术、人机工程学、数字图像处理、软件工程、操作系统、智能计算系统、影视剪辑、游戏创意与策划、园林艺术概论、工业设计原理等。

就业： 学生毕业后能够面向虚拟现实、增强现实、动漫游戏、网络传媒、软件开发等高新技术行业，高校、政府、文化传播等企事业单位从事虚拟现实项目设计、项目交互功能开发、项目管理、模型和动画制作、软硬件平台搭建和维护等方面的研发和管理工作。

开设本专业的典型院校： 北京航空航天大学、江西财经大学、华东交通大学、江西理工大学、沈阳理工大学。

（6）区块链工程（专业代码：080917T）

（学制：四年　授予学位：工学学士）

提起区块链工程专业，大家可能比较陌生。但是说到比特币，很多人可能都听说过。其实，比特币就是区块链的一个应用。它是集数学、密码学、互联网和计算机编程等多种技术于一体、实践性和创新性很强的交叉学科。

专业简介： 区块链工程是国家战略发展急需的新兴专业。本专业以新时代中国特色社会主义建设需求为指引，旨在培养应对社会经济和社会信息化的发展，培养德、智、体、美、劳全面发展，掌握计算机科学与技术基础知识、区块链技术基本理论和区块链项目开发方法，具备较强的团队协作、沟通表达、需求分析与识别、分析和解决问题以及终身学习等能力，能够从事区块链应用架构设计与实现、区块链系统研发和区块链运维、测试等工作，具有较强工程实践能力，且具有创新意识、创业精神的应用型人才。

培养目标： 本专业针对社会经济和社会信息化的发展，面向区块链产业对区块链技术人才的需求，培养德、智、体、美、劳全面发展，掌握计算机科学与技术基础知识、区块链技术基本理论和区块链项目开发方法，具有区块链系统设计与实现能力、区块链项目管理与实施能力和在企业和社会环境下构思、设计、实施、运行系统的能力，具备较强的团队协作、沟通表达和信息搜索分析的职业素质，具备在未来成为区块链行业骨干，在区块链项目系统设计开发、区块链项目管理、区块链系统服务等领域发挥创新纽带作用的应用型高级专门人才。

基础课程：程序设计、数据结构、操作系统原理、计算机网络、数据库原理及应用、区块链原理、数据挖掘与分析、密码学基础原理、信息安全与数字身份、共识机制与算法、P2P 网络技术、区块链技术与应用、分布式计算与存储、脚本与智能合约、区块链应用开发实践、区块链金融、区块链与数字经济。

就业：区块链工程就业方向较为广泛，包括：区块链开发工程师——设计、开发、维护区块链应用；区块链架构师——构建系统架构，确保安全性、可扩展性和性能；区块链安全专家——专注于系统安全，防范攻击；区块链产品经理——规划、管理产品开发和推广；区块链研究员——推动技术创新与发展；区块链顾问——为企业提供技术咨询与战略制定；金融科技——应用于银行、证券、保险等领域；供应链管理——提升透明度、可追溯性和效率；物联网——结合区块链确保数据安全传输；其他领域——医疗、政务、能源等创新应用。

开设本专业的典型院校：齐鲁工业大学、太原理工大学、成都信息工程大学、苏州科技大学、安徽理工大学。

8. 化工与制药类（专业类代码：0813）

化学工程与工艺（专业代码：081301）

（学制：四年　授予学位：工学学士）

化工技术的应用源远流长，它并非仅是现代工业的结晶，而是自古以来就与人类文明的发展紧密相连。早在中国古代，我们的祖先就通过化工技术创造了造纸术、火药和陶瓷烧制等杰出成就，这些技术不仅推动了社会进步，也极大地丰富了人类的物质和精神生活。

进入 20 世纪，化工技术更是带来了翻天覆地的变化，其中塑料的发明就是化工技术的重要里程碑。塑料的出现极大地扩展了材料的应用范围，从日常生活用品到工业制造，再到高科技领域，塑料的应用几乎无处不在。到现在，我们的日常生活几乎都离不开化工产品，化学工业已经成为国民经济重要的基础性产业。

专业简介：化学工程与工艺就是研究化学工业生产过程中的共同规律，并用化学方法改变物质组成或性质来生产化学产品的一门工程学科。该专业具有两大特色：一是工程特色显著，对化学反应、化工单元操作、化工过程与设备、工艺过程系统模拟优化等知识贯穿结合，使学生具有设计、优化与管理能力；二是专业口径宽、覆盖面广，使学生具有从事科学研究、产品开发的能力，在精细化学品、涂料及应用、高分子化工与工艺等方面有研发和应用能力。

化学工程与工艺专业是一门以化学原理为核心的学科，它要求学生具备扎实的化学知识基础，并热爱化学实验。此外，报考该专业还要求考生无色盲、色弱及不能有嗅觉、听觉方面的问题。

培养目标：化学工程与工艺专业培养具有高度社会责任感和良好的职业道德、良好的人文和科学素养以及健康的身心素质，具备化学、化学工程与技术及相关学科的基础知识、基本理论和基本技能，具有创新创业意识和较强的实践能力，能够在化工、资源、能源、冶金、环保、材料以及生物、医药、食品、信息与国防及相关领域从事生产运行与技术管理、工程设计、技术开发、科学研究、教育教学等工作的人才。

能力（业务）培养要求：该专业学生主要学习化学工程学与化学工艺学等方面的基本理论和基本知识，受到化学与化工实验技能、工程实践、计算机应用、科学研究与工程设计方法的基本训练，具有对现有企业的生产过程进行模拟优化、革新改造，对新过程进行开发设计和对新产品进行研制的基本能力。

基础课程：高分子化学、化学反应工程、环境保护与绿色技术、化工工艺、有机化学、分析化学、无机化学、高分子物理学、化工传递过程、化工技术经济。部分高校按以下专业方向培养：煤化工、化工工艺、化工贸易、精细化工、石油化工、化学能源工程、药物制备工程、过程装备与控制、过程装备及控制工程、能源变换材料及工程。

发展历史：1997年，在《1996/1997年度经国家教委备案或批准设置的普通高等学校本科专业名单》中，增设化学工程与工艺专业，专业代码为081214W，修业年限为四年。

1998年，教育部发布《普通高等学校本科专业目录新旧专业对照表》，将原化学工程（081201）、化工工艺（081202）、高分子化工（081203）、精细化工（081204）、生物化工（部分）（081205）、工业分析（081206）、电化学工程（081207）、工业催化（081208）、化学工程与工艺（081214W）、高分子材料及化工（部分）（081215W）、生物化学工程（部分）（081216W）合并为化学工程与工艺专业，专业代码为081101，属化工与制药类，为工学门类专业。

2012年，教育部发布《普通高等学校本科专业目录》、制定《普通高等学校本科专业目录新旧专业对照表》，将原化学工程与工艺（081101）及化工与制药（部分）（081103W）合并为化学工程与工艺专业，为工学门类专业，专业代码为081301，属化工与制药类专业。

2020年，教育部发布《普通高等学校本科专业目录》，化学工程与工艺专业为工学门类专业，专业代码为081301，属化工与制药类专业，授予工学学士学位，学制为四年。

考研方向：化学、物理化学、化学工程与技术、化学工程。

就业：化学工程与工艺专业就业方向较为广泛，涵盖：化工企业——工艺设计、生产管理、质量控制、技术研发；石油化工——石油炼制、产品生产和研发；制药行业——药物合成、制剂研发、工艺优化；材料科学——新型材料研发；环境保护——废水、废气、固废处理；能源领域——能源开发、转化和利用；食品工业——加工、保鲜、质量检测；科研与教育——研究与教学；工程设计——化工工程项目设计与规划；质量检测与分析——化学产品检测与分析；销售与市场——化工产品销售与推广；其他领域——农业、电子、纺织等行业应用。

开设本专业的典型院校：天津大学、大连理工大学、浙江大学、华东理工大学、北京化工大学、四川大学。

9. 航空航天类（专业类代码：0820）

航空航天工程（专业代码：082001）

（学制：四年　授予学位：工学学士）

中华民族自古以来就怀揣着探索宇宙的梦想。从古代的"万户飞天"传说，到现代"神舟"系列载人航天飞船的成功发射，中国人的飞天梦想一步步变为现实。随着航空航天技术的不断突破和创新，我们不仅实现了在天空中自由翱翔，还能够探索遥远的太空。

各种航空航天器的发明和应用，如卫星、宇宙飞船、空间站等，极大地拓展了人类的视野，让我们得以揭开宇宙的神秘面纱。这些技术的发展不仅满足了人类对未知世界的好奇心，也为科学研究、通信、导航、气象预报等领域带来了革命性的变化。

专业简介：航空航天工程学是航空工程学与航天工程学的总称，涉及航空飞行器与航天飞行器有关的工程领域。它包含固体力学、流体力学（特别是空气动力学）、航天动力学、天体力学、热力学、导航、航空电子、自动控制、电机工程学、机械工程、通信工程、材料科学和制造等领域。航空航天工程主要是从事研究、设计与开发飞行器、导弹、航天站、登月交通工具等工程学科。

培养目标：航空航天工程专业是一个专门化学科，培养具有扎实的数学、物理、力学、计算机等基础理论，掌握航空航天领域的多学科知识，具有良好的综合能力和创新意识的高级人才。

能力（业务）培养要求：该专业的学生应掌握数学、物理、动力学与控制、空气动力学、材料与结构、工程热力学、控制系统原理、飞行器总体设计、航空电子系统、飞行器制造工艺及设计、实验等方面的基础理论和专业知识，具有飞行器总体、结构与系统设计分析的能力。

基础课程：空气动力学、飞行器结构力学、航空航天概论、机械设计基础、电路与电子学、自动控制原理、工程热力学、飞行器总体设计、飞行器结构设计、传热学、燃烧学、流体力学、材料力学、结构强度、材料与制造工艺、航空发动机、飞行控制、通信与导航、风洞试验、可靠性与质量控制、安全救生、环境控制、航空仪表、航空宇航制造工程、航空航天动力装置、电子对抗技术、隐身技术、飞机维修等。

考研方向：力学、控制科学与工程、航空宇航科学与技术、飞行器设计。

就业：本科生毕业后能在航空航天领域的设计研究所、制造公司、民航公司、军队及其他相关企业从事航空和航天飞行器设计与研究、飞行器系统工程等方面的研发工作，或者在高等院校、政府部门和军队从事与本专业有关的教育和技术管理工作。

开设本专业的典型院校：清华大学、西北工业大学、北京航空航天大学、上海交通大学、南京航空航天大学。

（九）农学（门类代码：09）

植物生产类（专业类代码：0901）

（1）农学（专业代码：090101）

（学制：四年　授予学位：农学学士）

作为一个农业大国，我们对农业都不会感到陌生。但提起农学，人们马上能联想到的可能就是种庄稼。其实这是对农学的误解，农学专业的研究范围非常广泛，从种子繁殖、栽培、储藏一直到目前热门的分子生物学、基因工程等，这些都属于农学的研究范畴。民以食为天，怎样吃才能吃得健康、吃得安全，是老百姓最关心的话题。

专业简介：农学（农业科学）是研究与农作物生产相关领域的科学，包括作物生长发育规律及其与外界环境条件的关系、病虫害防治、土壤与营养、种植制度、遗传育种等领域。因涉及农业环境、作物和畜牧生产、农业工程和农业经济等多种科学而具有综合性。林业科学和水产科学有时也包括在广义的农业科学范畴之内。

培养目标：农学专业培养具备作物生产、作物遗传育种以及种子生产与经营管理等方面的基本理论、基本知识和基本技能，能在农业及其他相关的部门或单位从事与农学有关的技术与设计、推广与开发、经营与管理、教学与科研等工作的高级科学技术人才。

能力（业务）培养要求：该专业学生主要学习农业生物科学、农业生态科学、作物生长发育和遗传规律等方面的基本理论和基本知识，受到作物生产和作物新品种选育等方面的基本训练，具有作物育种、作物栽培与耕作、种子生产与检验等方面的基本能力。

基础课程：植物生理与生物化学、应用概率统计、遗传学、田间试验设计、农业生态学、作物栽培与耕作学、育种学、种子学、农业经济管理、农业推广学、植物病虫害学。

发展历史：1998 年，教育部发布《普通高等学校本科专业目录》，农学专业位列其中，与园艺、植物保护、茶学三个专业共同组成植物生产类专业，其中农学专业代码为 090101。

2012 年，教育部发布《普通高等学校本科专业目录》，农学专业与部分农产品储运与加工教育专业组成新的农学专业，并与园艺、植物保护、植物科学与技术、种子科学与工程、设施农业科学与工程共同组成植物生产类专业，其中农学专业代码为 090101。

2018 年，教育部发布《本科专业类教学质量国家标准》，农学专业属农学植物生产类专业，授予农学学士学位。

2020 年，教育部发布《普通高等学校本科专业目录》，植物生产类专业由农学、园艺、植物保护、植物科学与技术、种子科学与工程、设施农业科学与工程共六个专业调整为农学、园艺、植物保护、植物科学与技术、种子科学与工程、设施农业科学与工程、茶学、烟草、应用生物科学、农艺教育、园艺教育、智慧农业、菌物科学与工程、农药化肥共十四个专业。其中农学专业为农学门类专业，专业代码为090101，属植物生产类专业，授予农学学士学位，修业年限为四年。

考研方向：生物学、作物学、作物栽培学与耕作学、作物遗传育种。

就业：农学专业学生毕业后可在农业及其他相关的部门或单位从事与农学有关的技术与设计、推广与开发、经营与管理、教学与科研等工作。此外，自主创业也是农学专业毕业生的一种就业方向。该专业毕业生可以运用所学知识自主创业，如创建高效农场、特色农庄、精品果园或专业苗圃等，实现农业的科学化和现代化经营。

开设本专业的典型院校：中国农业大学、南京农业大学、华中农业大学、浙江大学、西北农林科技大学。

（2）园艺（专业代码：090102）

（学制：四年　授予学位：农学学士）

随着人们生活品质的不断提升，园艺作物在我们的生活中扮演着越来越重要的角色。从节日里互赠的花束，到家中或办公室摆放的绿植，再到街道两旁郁郁葱葱的树木，这些都是园艺学的成果。

园艺学不仅研究果树和蔬菜的栽培与繁殖，还致力于提升作物品质，旨在丰富我们的营养摄入，同时美化和改善我们的居住环境。在饮食方面，园艺为我们提供了多样化的营养丰富的水果和蔬菜；在社交活动中，园艺通过设计精美的花篮、鲜花和盆栽等，成为人们情感交流的载体；在居住环境的美化上，园艺通过种植观赏性的植物和打造精致的园林景观，不仅美化了城市广场，也提升了居民区的生活品质。

专业简介： 园艺，即园地栽培，果树、蔬菜和观赏植物的栽培、繁育技术和生产经营方法。可相应地分为果树园艺、蔬菜园艺和观赏园艺。园艺一词，原指在围篱保护的园圃内进行的植物栽培。现代园艺虽早已打破了这种局限，但仍是比其他作物种植更为集约的栽培经营方式。园艺业是农业中种植业的组成部分。园艺生产对于丰富人类营养和美化、改造人类生存环境有重要意义。该专业同时属于农业类、农学类专业。

培养目标： 园艺专业培养具备生物学和园艺学的基本理论、基本知识和基本技能，能在农业、商贸、园林管理等领域和部门从事与园艺学科有关的技术与设计、推广与开发、经营与管理、教学与科研等工作的高级科学技术人才。

能力（业务）培养要求： 本专业学生主要学习生物学和园艺学的基本理论和基本知识，受到园艺植物科研、生产、管理方面的基本训练，具有园艺植物生产、技术开发和推广、园艺企业经营管理方面的基本能力。

基础课程： 植物学、植物生理与生物化学、应用概率统计、遗传学、土壤学、农业生态学、园艺植物育种学、园艺植物栽培学、园艺植物病虫害防治学、园艺产品贮藏加工及营销学。

考研方向： 果树学、蔬菜学、园艺学、植物学、植物保护。

就业： 毕业后能在农业、林业、园林等企事业单位（部门）从事园艺植物栽培、遗传育种和良种繁育、设施栽培与工厂化育苗、科技园区与观光园规划设计及园艺产品贮藏、加工与运销等方面的技术与推广、经营与管理、教学与科研等工作。

开设本专业的典型院校： 华中农业大学、南京农业大学、浙江大学、西北农林科技大学。

（十）医学（门类代码：10）

1. 基础医学类（专业类代码：1001）

基础医学（专业代码：100101K）

（学制：五年　授予学位：医学学士）

肿瘤、癌症、心血管病及艾滋病等一直威胁着人类的健康，它们是怎样产生的？怎么防治？超级细菌又是怎么回事？如何采取应对措施？等等，这些都属于基础医学的研究范畴。基础医学研究疾病是如何产生的，疾病发生发展的机制，以及如何预防和治疗。

专业简介：基础医学，属于基础学科，是现代医学的基础。基础医学是研究人的生命和疾病现象的本质及其规律的自然科学，为其他所有应用医学所遵循。

培养目标：本专业旨在培养具备自然科学、生命科学和医学科学基本理论知识和实验技能，能够在高等医学院校和医学科研机构等部门从事基础医学各学科的教学、科学研究及基础与临床相结合的医学实验研究工作的医学高级专门人才。

能力（业务）培养要求：本专业学生主要学习现代自然科学和生命科学、基础医学各学科的基本理论，掌握临床医学的基本知识，受到基础医学各学科实验技能的基本训练，重点掌握几类基本的生物医学实验技术。

基础课程：人体解剖学、组织胚胎学、细胞生物学、生理学、神经生理学、生物化学与分子生物学、医学遗传学、微生物学与免疫学、病理学、药理学、临床医学。

发展历史：1998年，教育部发布《普通高等学校本科专业目录》，基础医学专业位列其中，属基础医学类专业，专业代码为：100101*（专业代码后带"*"表示目录内需一般控制设置的专业）。

2012年，教育部发布《普通高等学校本科专业目录》，基础医学专业代码由100101变更为100101K。

2018年，教育部发布《本科专业类教学质量国家标准》，基础医学专业授予医学学士学位。

2020年，教育部发布《普通高等学校本科专业目录》，基础医学专业与生物医学专业、生物医学科学专业共同组成基础医学类专业，其中基础医学专业代码为100101K，授予医学学士学位，学制为五年。

考研方向：基础医学、病理学与病理生理学、神经生物学、免疫学、内科学。

就业：基础医学专业毕业生通常适合从事科研或教育工作，但这些领域往往要求较高的学历背景，尤其是博士学位以及在权威期刊发表文章或海外留学的经历。因此，许多本科生和硕士生可能会选择成为实验室技术研究员，负责实验操作、试剂管理等任务，或转向医药行业从事研究、技术支持、医学咨询、销售等职位。此外，他们还可以在广告、市场调研、互联网企业等领域寻找机会，或尝试加入政府机构如卫生部门、药监局等。

开设本专业的典型院校：北京协和医学院、复旦大学、北京大学、华中科技大学、浙江大学、中山大学。

2. 临床医学类（专业类代码：1002）

临床医学（专业代码：100201K）

（学制：五年 授予学位：医学学士）

对于许多有志于医学领域的考生来说，临床医学专业是实现成为医生梦想的理想选择。这个专业专注于培养具备临床诊疗技能的专业人才，学生在学习过程中将深入掌握疾病的病因、病理、诊断和治疗方法。

临床医学专业的学生在完成学业后，大多数将投身于医院的临床工作，成为内科、外科、妇产科、儿科等各科室的医生。他们将在一线为患者提供专业的医疗服务，成为患者健康的重要守护者。

那为了成为一名合格的医生，临床医学专业的学生都需要学习哪些课程？经过什么样的培养？

专业简介：临床医学，作为一门深奥而至关重要的科学，致力于探索疾病的根源、精确诊断、有效治疗及预后评估，旨在不断提升临床治疗的效能，为人类的健康福祉保驾护航。其核心精髓在于"亲临病床"，意味着它紧密围绕患者的具体病情，综合运用多学科知识，深入剖析疾病的成因、发病机制及病理演变过程，从而做出精准的诊断。在此基础上，临床医学通过制定个性化的预防和治疗方案，力求最大限度地遏制疾病的发展、缓解患者的痛苦、恢复患者的健康状态，并致力于保护劳动力资源，促进社会整体的健康发展。它不仅是一门理论与实践紧密结合的学科，更是一门充满人文关怀、直接服务于患者的科学。

培养目标：临床医学专业是一门实践性很强的应用科学专业，致力于培养具备基础医学、临床医学的基本理论和医疗预防的基本技能；能在医疗卫生单位、医学科研等部门从事医疗及预防、医学科研等方面的医学高级专门人才。

能力（业务）培养要求：临床医学专业学生主要学习医学方面的基础理论和基本知识，人类疾病的诊断、治疗、预防方面的基本训练。具有对人类疾病的病因、发病机制做出分类鉴别的能力。

基础课程：人体解剖学、组织学与胚胎学、生物化学、神经生物学、生理学、医学微生物学、医学免疫学、病理学、药理学、人体形态学实验、医学生物学实验、医学机能学实验、病原生物学与免疫学实验、诊断学、内科学、外科学、妇产科学、儿科学、循证医学、卫生法学、医学伦理学、医学心理学、医患沟通与技巧、英语、高等数学、医用物理学、化学等。

发展历史：1987 年，国家教委将《高等医学教育本科专业目录》进行修订，将医学专业和医疗专业统称为临床医学专业。

1998 年，经世界卫生组织和世界医学协会批准，世界医学教育联合会建立了"医学教育国际标准"项目。

2001 年 6 月，世界医学教育联合会执行委员会通过并发布了《世界医学教育联合会本科医学教育全球标准》。

2001 年 7 月，世界卫生组织西太平洋地区办事处制定的区域性医学教育标准《世界卫生组织西太平洋地区本科医学教育质量保障指南》出版。

2002 年，教育部召开医学教育标准国际研讨会，研究国际医学教育标准，部署国际标准"本土化"的研究工作。

2012 年 9 月，教育部将新的临床医学（100201K）专业取代旧的临床医学（100301）专业。

2020 年，教育部发布《普通高等学校本科专业目录》，临床医学专业为医学门类专业，专业代码为100201K，属于临床医学类专业，授予医学学士学位，学制为五年。

考研方向：内科学、外科学、急诊医学、临床医学、肿瘤学、眼科学、老年医学、神经病学、神经病与精神卫生学、麻醉学。

就业：临床医学专业的毕业生毕业后主要从事内科医生、外科医生、儿科医生、综合门诊/全科医生、放射科医师、眼科医生/验光师等工作。当然，如果不打算从事医生工作的话，毕业生还可以选择到医药公司做医药代表或者报考卫生部门的公务员。

开设本专业的典型院校：北京协和医学院、北京大学、上海交通大学、复旦大学、四川大学、浙江大学。

3. 口腔医学类（专业类代码：1003）

口腔医学（专业代码：100301K）

（学制：五年　授予学位：医学学士）

提起口腔医学，人们首先想到的就是牙医。口腔医学就是通常所说的"牙科"，是由牙科学发展而来的。经过几百年的发展，该专业已经不再单纯只研究牙齿方面的疾病了，还包括整个口腔的疾病、面部软组织、颌面诸骨、颞下颌关节、唾液腺以及颈部某些疾病的防治，如红斑、白斑、口腔溃疡、口腔肿瘤、颌面部畸形矫正等。

专业简介： 口腔医学专业培养具备医学基础理论和临床医学知识，掌握口腔医学的基本理论和临床操作技能，能通过国家执业医师资格考试，在医疗机构从事口腔常见病、多发病诊治和预防工作的口腔医学专门人才；要求学生具有较广泛的人文、社会科学知识，较宽厚的自然科学基础，较坚实和较系统的基础医学和临床医学理论，扎实的口腔医学理论知识，一定的预防医学知识，同时具有较强的自学能力；熟练掌握一门外国语，并能较熟练阅读该专业的外文资料；具有较强的临床分析和思维能力，能独立诊治口腔医学领域内的常见病和多发病，基本达到《口腔医学住院医师规范化培训试行办法》中规定第一阶段培训结束时要求的临床工作水平；能结合口腔临床实际，学习并掌握临床科学研究的基本方法。

培养目标： 口腔医学教育的目的是培养具有良好职业素质的口腔医生，学生毕业时能够在上级医师的指导与监督下，从事安全有效的口腔医疗实践；具有终身学习和进一步深造的扎实基础；具有良好的团队合作意识。口腔医学专业毕业生作为未来的口腔医学从业人员，能否在日新月异的医学进步环境中保持口腔医学业务水平的持续更新，取决于口腔医学毕业生在校期间是否掌握了科学的方法，是否获得了终身学习的能力。

能力（业务）培养要求： 本专业学生主要学习口腔医学的基本理论和基本知识，受到口腔及颌面部疾病的诊断、治疗、预防方面的训练，具有口腔常见病、多发病的诊疗、修复和预防保健的基本能力。

基础课程： 人体解剖学、组织学与胚胎学、生物化学、细胞生物学、生理学、医学微生物学、医学免疫学、病理学、病理生理学、药理学、人体形态学实验、医学生物学实验、医学机能学实验、病原生物学与免疫学实验、诊断学、外科学、内科学、耳鼻咽喉头颈外科学、口腔解剖生理学、口腔组织病理学、口腔颌面医学影像诊断学、牙体牙髓病学、牙周病学、口腔黏膜病学、儿童口腔医学、口腔颌面外科学、口腔修复学、口腔正畸学、预防口腔医学；卫生法学、医学伦理学、医学心理学、医患沟通与技巧、英语、高等数学、医用物理学、化学等。

发展历史： 1998 年，教育部发布《普通高等学校本科专业目录》，口腔医学专业位列其中，属口腔医学类专业，专业代码为 100401。

2012 年，教育部发布《普通高等学校本科专业目录》，口腔医学专业代码由 100401 变更为 100301K。

2018 年，教育部发布《本科专业类教学质量国家标准》，口腔医学专业授予医学学士学位。

2020 年，教育部发布《普通高等学校本科专业目录》，口腔医学专业为医学门类专业，专业代码为 100301K，属于口腔医学类专业，授予医学学士学位，学制为五年。

考研方向：口腔医学、口腔临床医学、口腔基础医学。

就业：口腔医学专业毕业生拥有较为广泛的职业选择，他们可以在大型医院的口腔科担任专业医师，也可以开设私人诊所为患者提供个性化服务。此外，他们还可以在美容院参与面部整形和美容项目。除了临床工作，毕业生还可以投身医学教育、科研或临床实践等领域，发挥其专业技能。

开设本专业的典型院校：四川大学、北京大学、上海交通大学、武汉大学、中山大学。

4. 中医学类（专业类代码：1005）

中医学（专业代码：100501K）

（学制：五年 授予学位：医学学士）

提起中医学，大家并不陌生，人们经常提到的如号脉、煎药、相生相克等，都属于中医学的内容。中医学作为一门传统医学科学，是以脏腑经络为基础来阐述人体的病因，以辩证论为原则进行疾病的预防、诊断和治疗的专业。

专业简介：中医学是研究人体生理病理、疾病诊断与防治以及摄生康复的一门医学学科，至今已有数千年的历史。中医学是"以中医药理论与实践经验为主体，研究人类生命活动中健康与疾病转化规律及其预防、诊断、治疗、康复和保健的综合性科学"。中医学属于在阴阳五行理论指导下、从动态整体角度研究人体生理、病理、药理及其与自然环境关系、寻求防治疾病最有效方法的学问。

培养目标：本专业旨在培养具备中医药理论基础、中医学专业知识和专业实践技能，能在各级中医院、中医科研机构及各级综合性医院等部门从事中医临床医疗工作和科学研究工作的医学高级专门人才。

能力（业务）培养要求：本专业学生主要学习中医药学基本理论知识和中医临床医疗技能，具备一定自然科学和现代医学的知识，受到中医临床技能和现代医学临床基本技能的训练，具有中医各科疾病的临床诊疗和科研工作的基本能力。

基础课程：医古文、英语、中医基础理论、中医诊断学、中药学、方剂学、内经选读、伤寒论选读、金匮要略选读、温病学、中医内科学、中医外科学、中医妇科学、中医儿科学、针灸学、人体解剖学、组织学与胚胎学、生理学、生物化学、病理学、药理学、检体诊断学、实验诊断学、影像诊断学、西医内科学、西医外科学等。

发展历史：1962 年，中国中医学专业迎来了其本科教育史上的首批毕业生，这一里程碑事件标志着中医学高等教育正式步入正轨。此后，为了进一步提升中医学本科教育的质量与水平，国家中医药管理局人事教育司于 1989 年 10 月 5 日至 7 日在上海组织了一场意义深远的工作会议。此次会议汇聚了来自北京、上海、广州、成都、南京、辽宁、陕西、山东、湖南、湖北等十所中医学院的教务处长，他们围绕制定中医学本科专业主要课程的基本要求展开了深入研讨，明确了原则、范围与格式，并细致安排了后续的工作分工与进度。

1998 年，在教育部发布的《普通高等学校本科专业目录》中，中医学（100501）、中医五官科学（100502）、中医骨伤科学（100503）、中医外科学（100504*）、中医养生康复学（100505*）和中医文献学（100508*）

这 6 个专业调整为中医学专业，专业代码为 100501。

2007 年 3 月，教育部高等学校中医学教学指导委员会正式成立，受教育部委托，于当年 4 月开始起草《中医学本科教育标准》。这是中国中医药高等教育史上第一个本科教育标准。

2007 年，《中国本科中医学教育标准》发布，包括中医学本科毕业生应达到的基本要求（34 项）和办学标准（11 个领域 47 项）两个部分。当年，全国开设本科中医学专业的高等院校有 60 所。

2012 年，教育部印发《普通高等学校本科专业目录》，将中医学专业代码变更为 100501K。当年，全国开设中医学本科专业的高校有 61 所。

2018 年，《中医学类教学质量国家标准》发布，包括 10 个领域的办学标准，分为 44 项保证标准和 23 项发展标准。

专业发展趋势："发展中医药事业、中西医并重"，是中国政府在医疗界制定的基本方针。中医药具有坚实而广泛的群众基础，社会对中医学人才的需求是长期存在的。但是，与西医类医学专业相比，中医学专业的毕业生在就业方面确实比较困难。大中城市的医院即使需要中医人才，也是倾向于从社会上招聘富有经验的老中医。

在中国以外（如东南亚），中医受到越来越多国家的重视，一些国家对中医人才的需求将大大增加，出国就业也是中医学专业毕业生的一条出路。

考研方向：中医内科学、中西医结合临床、中医学、中医骨伤科学。

就业：中医学专业毕业生的就业方向主要集中在医疗保健领域，其中医院（包括中医院和西医院的中医科室）是他们的首选工作场所。此外，他们还可以在中药制药企业从事生产和检验工作，或在出版社和杂志社从事中医药学的出版工作。

对于追求学术提升的毕业生，攻读硕士或博士学位，深化专业知识并积累实践经验是一条可行的路径。有创业精神的毕业生可以利用所学知识开设诊所、养生馆、特色治疗中心或社区医疗服务中心。而对于技术能力强的毕业生，加入科研机构从事科研、制剂和产品开发也是一个不错的选择。

开设本专业的典型院校：北京中医药大学、上海中医药大学、广州中医药大学、南京中医药大学。

（十一）管理学（门类代码：12）

1. 工商管理类（专业类代码：1202）

（1）工商管理（专业代码：120201K）

（学制：四年　授予学位：管理学学士）

一提到工商管理，许多毕业生都觉得这个专业所涉及的内容广泛且繁杂，学习的各种理论难以付诸实践，导致在求职时处境十分尴尬。那工商管理具体学习哪些内容呢？

专业简介：工商管理专业是研究工商企业经济管理基本理论和一般方法的学科，主要包括企业的经营战略制定和内部行为管理两个方面。工商管理专业的应用性很强，它的目标是依据管理学、经济学的基本理论，通过运用现代管理的方法和手段来进行有效的企业管理和经营决策，保证企业的生存和发展。工商管理是面向商业企业的管理，内容涉及企业经营管理的各个流程，因此本专业在课程设置上综合了很多学科的知识，如法律、市场营销、财务、会计等。工商管理更多要求学生有一定的统揽全局、人际沟通、分析及解决问题的能力。

培养目标： 工商管理本科专业培养践行社会主义核心价值观，具有社会责任感、公共意识和创新精神，适应国家经济建设需要，具有人文精神与科学素养，掌握现代经济管理理论及管理方法，具有国际视野、本土情怀、创新意识、团队精神和沟通技能，能够在企事业单位、行政部门等机构从事经济管理工作的应用型、复合型、创新型人才。

能力（业务）培养要求： 该专业学生主要学习管理学、经济学和企业管理的基本理论和基本知识，受到企业管理方法与技巧方面的基本训练，具有分析和解决企业管理问题的基本能力。

基础课程： 高等数学、线性代数、概率论与数理统计、管理学原理、微观经济学、宏观经济学、技术经济学、管理信息系统、统计学、会计学、中级会计实务、财务管理、运筹学、市场营销、经济法、现代公司制概论、经营管理、公司金融、人力资源管理、企业战略管理等。

发展历史： 1998 年，教育部修订的《普通高等学校本科专业目录》将原工商管理（部分）（020118）、企业管理（020201）、国际企业管理（020202）、房地产经营管理（部分）（020208）、工商管理（0020214W）、投资经济（部分）（020117）、管理工程（082201）、技术经济（082202）、邮政通信管理（0082211W）、林业经济管理（部分）（090602）合并为工商管理专业，专业代码为 110201，属工商管理类，为管理学门类专业。

2007 年，中国有 356 所高校开设了工商管理专业，是当时高校开设数量最多的十大专业之一。

考研方向： 工商管理、企业管理、公共管理。

就业： 工商管理专业就业方向较为广泛，包括：企业管理——运营管理、战略规划、人力资源管理；市场营销——市场调研、推广、销售管理；人力资源管理——规划、招聘、培训、绩效管理；财务管理——财务决策、预算编制、财务分析；投资与金融——金融机构工作、投资分析、风险管理；创业与创新——自主创业或参与创业项目；咨询服务——管理、战略、财务咨询；政府与公共部门——政策制定、公共事务管理；国际贸易与商务——国际贸易、跨国公司管理、商务拓展；其他领域——物流管理、信息管理、房地产等。

工商管理专业强调的是实践技能的培养，它与纯理论研究型学科有所不同。真正的管理才能往往源于实际工作经验而非仅仅依靠书本知识。建议学生在大学期间通过实习推销商品、参与市场调研和预测等实习实践活动，不断增强自身的管理能力，提高就业竞争力。

开设本专业的典型院校： 清华大学、中国人民大学、上海财经大学、浙江大学、上海交通大学。

（2）市场营销（专业代码：120202）

（学制：四年　授予学位：管理学学士）

提起市场营销，人们的第一印象就是销售、推销员、促销员等。其实市场营销并不等于销售。市场营销由市场调研、市场需求预测、选择目标市场、产品开发、定价、分销、促销及售后服务等一系列活动构成，促销、广告和人员推销只是市场营销活动的一部分。

专业简介：市场营销又称为市场学、市场行销或行销学。简称"营销"，我国台湾常称作"行销"，是指个人或集体通过交易其创造的产品或价值，以获得所需之物，实现双赢或多赢的过程。

市场营销的核心在于识别和塑造消费者或企业客户的需求与欲望，并将这些需求转化为对企业产品或服务的实际需求。这一过程涉及深入了解顾客需求、分析市场潜力、精准定位目标市场、制定策略性的营销计划。具体如下。

①产品开发：根据市场需求设计和开发产品。

②定价策略：根据市场调研和成本分析确定价格。

③分销渠道：选择合适的销售渠道以便于产品到达消费者手中。

④促销活动：运用各种促销手段吸引顾客注意和购买。

⑤品牌战略：建立和维护品牌形象，增强品牌忠诚度。

⑥整合营销传播：协调各种营销工具和信息，以统一的形象和信息与消费者沟通。

通过这些策略，企业不仅能够满足顾客需求，还能在市场中获得竞争优势，实现生存和发展。

培养目标：培养践行社会主义核心价值观，具有社会责任感、公共意识和创新精神，适应国家经济建设需要，具有人文精神与科学素养，掌握现代经济管理理论及管理方法，具有国际视野、本土情怀、创新意识、团队精神和沟通技能，能够在企事业单位、行政部门等机构从事经济管理工作的应用型、复合型、创新型人才。

能力（业务）培养要求：本专业学生主要学习市场营销及工商管理方面的基本理论和基本知识，受到营销方法与技巧方面的基本训练，具有分析和解决营销问题的基本能力。

基础课程：管理学、微观经济学、宏观经济学、管理信息系统、统计学、运筹学、会计学、财务管理、市场营销、经济法、消费者行为学、消费心理学、国际市场营销、市场调查、基础会计、金融概论、企业销售策划、商业银行实务、人力资源管理学、市场调查与预测、分销渠道管理、银行营销、服务营销、客户关系管理、定价管理、现代推销技术、营销创新、广告理论与实务、财政与税收、公共关系学、广告沟通、促销管理以及商务礼仪和商务谈判等。

发展历史：市场营销专业在我国高等教育体系中的发展历程，可以追溯到 1987 年。当年 10 月，国家教委发布《普通高等学校社会科学本科专业目录》，市场营销专业被增设为试办专业，隶属于经济、管理学类专业。这一举措标志着市场营销专业在我国高等教育中的初步确立。

随着时间的推移，市场营销专业的地位逐渐得到巩固和提升。1993 年，在《普通高校本科学科专业目录》中，市场营销专业的归属得到了调整，成为经济学门类下的工商管理类专业。这一变化反映了市场营销专业与经济学的紧密联系，以及其在工商管理领域中的重要地位。

进入 21 世纪，市场营销专业的发展步入了新的阶段。2000 年，教育部发布了《全国普通高等学校工商管理类核心课程教学基本要求》，其中对市场营销学课程的性质、地位以及教学方面的要求作了详细说明，为高校提供了重要的参考依据。这一举措有力地推动了市场营销专业教学的规范化和标准化。

2010 年，市场营销专业的发展又迎来了新的里程碑。当年 4 月，全国 80 多所举办市场营销专业的院校代表在杭州齐聚一堂，召开了"全国高校市场营销专业本科教学培养方案研讨会"。这次会议对以独立学院为代表的应用型本科院校的市场营销专业人才培养模式进行了深入的讨论和探索。同年，高等教育出版社还出版了《全国普通高等学校本科工商管理类专业育人指南》一书，为高校提供了培养营销人才的宝贵建议。这些举措无疑为市场营销专业的发展注入新的活力和动力。

2012 年，在教育部发布的《普通高等学校本科专业目录》中，市场营销专业代码由 110202 变更为 120202，并将专业培养目标由"培养工商管理学科高级专门人才"调整为"培养的是能够从事多种机构工作的应用型、复合型专业人才"。

考研方向：工商管理、企业管理。

就业：市场营销专业就业方向较为广泛，涵盖：市场营销部门——市场调研、品牌推广、广告策划、销售促进；销售岗位——客户开发、销售谈判、订单管理；市场策划与推广——制定策略、策划并执行营销活动；数字营销——SEO、社交媒体营销、内容营销等；品牌管理——品牌定位、建设与维护；市场分析与研究——数据收集与分析、支持企业决策；客户关系管理——建立与维护客户关系、提升满意度与忠诚度；营销咨询——为企业提供营销咨询服务；创业与自主营销——自主创业或个体营销活动；其他领域——广告、公关、零售、服务业等应用。

大部分用人单位在招聘销售岗位的人才时更注重能力，这也就意味着，市场营销专业的学生就业优势并不明显。另外，市场营销是一个需要经常与人打交道的行业，要求学生具备一定的人际沟通能力和创新能力，所以性格外向、思维活跃、富有激情的同学比较适合报考市场营销专业。

开设本专业的典型院校：中国人民大学、对外经济贸易大学、北京大学、南京大学、上海财经大学、重庆大学

（3）会计学（专业代码：120203K）

（学制：四年　授予学位：管理学学士）

提起会计学专业，大家都不陌生。作为一个专业技术性很强的专业，会计学以其收入稳定、就业机会多，一直受到广大考生家长的青睐。那会计学专业主要学什么？是一个算账的专业吗？

专业简介：会计学是在研究财务活动和成本资料的收集、分类、综合、分析和解释的基础上形成协助决策的信息系统，以有效地管理经济的一门应用学科，可以说它是社会学科的组成部分，也是一门重要的管理学科。会计学的研究对象是资金的运动。

会计不是简单的算账工作，它在现代企业管理中扮演着核算和监督经济活动的关键角色。会计工作为企业的生产和管理提供了必要的数据支持，是企业决策的重要依据。会计工作的几个关键作用如下。

①生产和成本控制：会计通过记录原材料和零部件的采购成本，帮助企业计算生产成本和确定盈利点。

②业绩评估：会计数据是评估员工业绩和企业整体业绩的重要指标，尤其在年终考核时。

③决策支持：会计提供的财务报告帮助管理者分析历史数据，制定未来的生产计划和销售策略。

④企业间比较：会计标准化的财务报告使得不同企业之间的业绩和经营成果可以进行有效比较。

会计数据的准确性和及时性对企业的战略规划和日常运营至关重要。

培养目标：会计学本科专业培养适应社会主义市场经济建设需要，具备人文素养、科学精神和诚信品质，掌握会计、管理、经济、法律和计算机应用的知识，具有实践能力和沟通技巧，能够在工商企业、金融企业、中介机构、政府机构、事业单位及其他相关部门胜任会计及相关工作的应用型、复合型、外向型和创新型专门人才。会计学作为应用学科，应用型是人才培养的基本要求。应用型人才培养要求学生形成会计专业能力框架，具备会计业务处理和会计事务管理等实践能力。复合型人才培养要求学生将跨学科、跨专业的知识融会贯通，培养学生多学科交融的知识视野和思维素质。外向型人才培养要求学生掌握国际前沿的学科理论知识与方法，了解国际经贸规则及会计准则，具有国际视野、跨文化沟通能力和国际竞争力。创新型人才培养要求学生通过初步的学术训练，具有一定的学术研究能力，或社会实践中的创新意识和创新能力。

能力（业务）培养要求：该专业学生主要学习会计、审计和工商管理方面的基本理论和基本知识，受到会计方法与技巧方面的基本训练，具有分析和解决会计问题的基本能力。

基础课程：管理学、微观经济学、宏观经济学、管理信息系统、统计学、会计学、财务管理、市场营销、经济法、财务会计、成本会计、管理会计、审计学、中级财务会计、高级财务会计、财务管理等。

发展历史：1998 年，在教育部发布的《普通高等学校本科专业目录新旧专业对照表》中，会计学（110203）由审计学（020115）和会计学（020203）合并而成，在《普通高等学校本科专业目录》中属工商管理类（部分）（1102）专业。

2012 年，在教育部发布的《普通高等学校本科专业目录新旧专业对照表》中，会计学专业代码由110203 变更为 120203K，由工商管理类（部分）（1102）调整为工商管理类（1202），属国家控制布点专业。

2020 年，在教育部发布的《普通高等学校本科专业目录》中，会计学专业代码仍为 120203K，属工商管理类专业，国家控制布点专业。

考研方向：会计、工商管理。

就业：会计学就业方向较为广泛，涵盖：企业会计——财务核算、报表编制、税务申报；审计——财务报表审计，确保真实性与合规性；税务——税务筹划、申报与审计；财务分析——提供决策支持，制定财务策略；财务管理——资金管理、预算编制、成本控制；金融机构——会计核算、风险管理、财务分析；政府与事业单位——财务会计、审计、预算管理；教育与研究——会计教育与科研；内部审计——内控与风险管理监督评估；其他领域——财务咨询、资产评估、法务会计等。

会计行业比较重视从业人员的经验与证书，建议学生在大学期间多考取一些相关证书或提前准备，如会计从业资格、注册会计师（CPA）、ICPA（国际注册会计师）、ACCA（特许公认会计师认证）等。

开设本专业的典型院校：上海财经大学、中央财经大学、中国人民大学、厦门大学、北京大学。

2. 电子商务类（专业类代码：1208）

电子商务（专业代码：120801）

（学制：四年 授予学位：工学、经济学、管理学学士）

一说到电子商务，很多人会想到淘宝、天猫、京东等购物平台。诚然，这些都属于电子商务的一部分。但它不是仅局限于我们熟知的购物平台，而是涵盖了所有通过互联网进行的商品交易活动。电子商务以其无纸化交易、成本低廉、交易速度快、操作便捷的优势，成为国际贸易和日常零售中的重要贸易形式。

专业简介： 电子商务专业设有网站（网店）运营、跨境电子商务等专业方向，主要对应销售人员、商务咨询服务人员等职业类别。该专业培养掌握现代经营管理、计算机及网络等方面的基础理论知识，具备网络营销、电商平台运营、网站编辑与网页美工、电子商务交易、电子商务物流配送等工作技能，服务于企事业单位的电子商务、网络营销、物流管理等生产和管理第一线的高素质高技能应用型专门人才。

培养目标： 电子商务专业培养具备管理、经济、法律及网络技术、计算机技术、市场营销、电子商务技术以及电子商务管理等方面的知识和基本技能，能在各类企事业单位、金融机构及政府部门从事实际业务管理、策划、调研、咨询，以及研究工作的专门人才。

能力（业务）培养要求： 本专业学生需具有良好的思想品德、社会公德和职业道德；具有扎实深厚的经济、管理和贸易理论基础；经过电子商务专业实验、实训和实战项目训练，具有较强的网络商务策划和项目管理能力，尤其在跨境电子商务相关的数据分析、运营推广和产品设计开发等方面。

基础课程： 计算机网络原理、电子商务概论、网络营销基础与实践、电子商务与国际贸易、电子商务信函写作、电子商务营销写作实务、营销策划、网页配色、网页设计、数据结构、Java 语言、Web 标准与网站重构、Flash Action Script 动画设计、UI 设计、电子商务网站建设等。

考研方向： 管理科学与工程、工商管理、企业管理、公共管理、国际商务。

就业： 电子商务专业就业方向较为广泛，包括：电子商务企业——运营管理、市场推广、客户服务、数据分析；互联网公司——产品策划、运营与推广；传统企业——电商转型、渠道开拓与管理；数字营销——SEO、社交媒体、内容营销、广告投放；数据分析——电商数据分析，优化运营策略；供应链管理——规划、采购、物流，提升效率；客户关系管理——维护客户关系，提升客户满意度与忠诚度；电商创业——自主创业，开展电商业务；国际贸易——跨境电商，国际市场拓展；其他领域——金融科技、物流管理、新媒体等应用。

开设本专业的典型院校： 西安交通大学、对外经济贸易大学、南京大学、上海财经大学、中央财经大学。

（十二）艺术学（门类代码：13）

1. 音乐与舞蹈学类（专业类代码：1302）

（1）音乐学（专业代码：130202）

（学制：四年、五年 授予学位：艺术学学士）

音乐是一种以声音为媒介的艺术形式，它通过有组织的旋律、节奏以及和声来创造听觉上的美感，以此传递情感和反映社会生活的各种面貌。人们对音乐的研究历史悠久，早在 19 世纪，音乐学作为一门独立的学科已经开始形成。1863 年，德国音乐理论家克吕桑德编纂的《音乐学年鉴》标志着音乐学学科的正式诞生。

专业简介：音乐学是研究音乐的所有理论学科的总称；音乐学在不同时期的研究对象和侧重点是不同的，音乐学除了基本的研究对象，还研究历史和现在的一切个人和民族的音乐行为，即音乐的生理行为、创造行为、表演行为、审美行为、接受行为和学习行为。

音乐学是一门综合性学科，它涵盖了音乐理论、历史、文化、心理等多个方面的研究。这个专业通过分析音乐的各种现象来揭示其内在的本质和规律，研究包括音乐美学、音乐史、音乐民族学、音乐心理学、音乐教育学等意识形态领域，以及音乐声学、律学、乐器学等物质材料领域。此外，还包括旋律学、和声学、对位法、曲式学等音乐形态和构成的研究，以及表演理论、指挥法等表演实践领域。音乐学专业不仅关注音乐的结构和形式，也探讨音乐与社会、历史的关系。

培养目标：该专业培养具有一定的马克思主义基本理论素养和系统的专业基本知识，具备一定音乐实践技能和教学能力，能在中高等专业或普通院校、社会文艺团体、艺术研究单位和文化机关、出版及广播影视部门从事教学、研究、编辑、评论、管理等方面工作的高级专门人才。

能力（业务）培养要求：音乐学专业学生主要学习音乐史论、音乐教育等方面的基本理论和基础知识，接受音乐理论与实践方面的基本训练，具有音乐研究、教学等方面的基本能力。

基础课程：音乐史、音乐学理论、中外民族民间音乐、教育学、美学、作曲技术理论、钢琴或其他乐器演奏等。

考研方向：音乐与舞蹈学、音乐、学科教学（音乐）、艺术学理论。

就业：音乐学就业方向多样，包括：音乐教育——学校、培训机构教学；音乐表演——乐器演奏、声乐演唱，乐团、乐队或个人演出；音乐创作与编曲——为影视、广告、游戏创作音乐；音乐制作——录音、混音、母带处理，音乐专辑制作；音乐产业管理——音乐公司、唱片公司、演出经纪公司管理运营；音乐评论与研究——撰写评论和研究文章；文化艺术管理——文化机构、艺术团体管理工作；音乐治疗——利用音乐改善身心健康；音乐技术与工程——音频工程、软件研发、设备维护；自主创业——音乐工作室、培训机构、制作公司等。

开设本专业的典型院校：中央音乐学院、上海音乐学院、四川音乐学院、中国音乐学院、西安音乐学院。

（2）舞蹈学（专业代码：130205）

（学制：四年　授予学位：艺术学学士）

舞蹈是一种源远流长的艺术形式，它与人类的生活紧密相连，是人类社会生活的一种反映和表达。作为一种独特的艺术，舞蹈以其特有的方式——通过身体的运动和姿态来传递情感和故事。与其他艺术形式相比，它以舞者的身体作为主要的表现工具，而舞蹈动作本身则是其核心的表现手段。

专业简介：舞蹈学是对舞蹈艺术作全面、系统、历史的研究的一门学科。舞蹈学包括舞蹈理论、舞蹈历史和舞蹈鉴赏三个主要部分，目的是培养舞蹈艺术人才。它重点研究舞蹈艺术和社会现实生活的关系、舞蹈艺术的特征、舞蹈艺术的发展规律等问题。舞蹈和其他艺术一样，都是反映人类社会生活的一种社会意识形态；舞蹈和其他艺术的主要区别在于艺术表现工具和表现手段的不同。

培养目标：舞蹈学专业培养具备从事中外舞蹈史和舞蹈理论的研究、舞蹈教学以及编辑等工作的高等专门人才。本专业培养能在学校、艺术团体、艺术（文化）馆、青少年宫等单位从事朝鲜民族舞蹈、中国民间舞、芭蕾舞的教学、创作、辅导工作的德、智、体、美、劳全面发展的高级舞蹈艺术人才和复合型专门应用人才。

能力（业务）培养要求：该专业学生主要学习马克思主义理论的基本知识，熟悉我国的文艺方针政策；系统地掌握舞蹈历史文化知识和舞蹈基本理论，了解相关学科的知识，有较强的审美感和创造性思维，有从事该专业教学和初步的科研能力；掌握分析和研究舞蹈作品的方法，具有较强的理论写作能力。

基础课程：舞蹈写作教程、舞蹈形态学、中国舞蹈史、中国民间舞蹈文化、世界芭蕾史纲、欧美现代舞史、舞蹈专业英语、舞蹈文献检索与利用、中国舞蹈意象论、中外舞蹈思想教程、舞蹈解剖学等。

考研方向：音乐与舞蹈学、学科教学（音乐）、舞蹈、体育教学。

就业：舞蹈学就业方向多样，涵盖：舞蹈表演——专业演员，舞蹈团、剧院或独立演出；舞蹈教育——学校、培训机构教学，培养舞蹈技能；舞蹈编导——创作编排舞蹈作品，提供创意与指导；艺术管理——艺术机构、剧院、文化公司管理运营；舞蹈治疗——利用舞蹈改善身心健康，医疗机构、康复中心工作；社区文化工作——组织策划社区文化活动，推广舞蹈；文化艺术研究——舞蹈历史、文化、理论研究；舞蹈评论与媒体——撰写评论，参与舞蹈媒体工作；自主创业——舞蹈工作室、学校或相关创业项目；其他领域——影视、广告、时尚等舞蹈相关工作。

开设本专业的典型院校：北京舞蹈学院、中央民族大学、福建师范大学、首都师范大学。

2. 戏剧与影视学类（专业类代码：1303）

（1）表演（专业代码：130301）

（学制：四年　授予学位：艺术学学士）

表演艺术包括戏剧、话剧、小品、相声、舞蹈、歌唱、演奏和杂技等多种形式，是人们熟知的一种艺术表达方式。在影视作品中，明星的光鲜形象令人向往，激发了许多人成为明星的梦想。那到底什么样的人适合表演？表演专业又主要学习什么？

专业简介：表演，著作权法术语，指演奏乐曲、上演剧本、朗诵诗词等直接或借助技术设备以声音、表情、动作公开再现作品。表演专业属于一级艺术学科。

表演艺术源远流长，从人类早期模仿狩猎和劳动的动作开始，就已初现端倪。随着文明的发展，世界各地涌现出了丰富多样的表演形式，如古希腊戏剧、京剧等，它们各自承载着独特的文化和民族特色。表演艺术已经深入人类生活的方方面面，不仅丰富了我们的精神世界，还提升了审美情趣，为日常生活增添了和谐与快乐。

无论是悲剧、喜剧还是正剧，表演艺术让人在欣赏中体验美的享受。演员们通过角色扮演、乐曲演奏、剧本演绎和诗词朗诵，利用各种技术手段或直接通过声音、表情和动作来展现故事情节和人物性格，传递艺术的魅力和娱乐性。表演艺术不囿于特定场所，它强调的是表演者与观众之间的即时互动和情感交流。

培养目标：表演专业旨在培养具有一定的基本理论素养，并掌握表演艺术的基本理论和基本技巧，能够在戏剧、戏曲、电影、电视和舞蹈等表演中独立完成不同人物形象创作的高级专门人才。

能力（业务）培养要求：该专业学生主要学习戏剧、戏曲、影视、舞蹈、音乐等方面的表演艺术基本知识、基本理论和基本技能，受到有关理论、发展历史、研究现状等系统教育和从事专业工作所需业务能力的基本训练。

基础课程：表演基础理论、表演基本技能、表演剧目、艺术理论、文学修养课程、戏剧学、电影学等。

考研方向：体育教育训练学、体育教学、舞蹈、戏剧与影视学。

就业：毕业生可在影视剧组、专业剧团、各大电视台、影视制作公司、演艺经纪公司从事表演创作工作；也可在大、中、小学，以及培训机构等从事戏剧与影视表演教学工作。

开设本专业的典型院校：中央戏剧学院、北京电影学院、上海戏剧学院、中国戏曲学院。

（2）播音与主持艺术（专业代码：130309）

（学制：四年　授予学位：艺术学学士）

提到播音与主持艺术，我们通常会想到那些在广播和电视上与观众互动的播音员和节目主持人。这项艺术不仅是一种创造性的表达，也是广播电视节目中不可或缺的一环。作为广播电视与观众沟通的桥梁，播音与主持艺术位于媒体传播的最前线，是联结节目内容与公众的关键环节。什么样的人适合播音与主持艺术专业？这个专业又会学习哪些课程？

专业简介：播音与主持艺术在我国是一个新兴专业，随着文化产业的飞速发展，播音主持职业将成为未来就业领域的热点和亮点。目前，全国播音主持专业院校有600所以上。

播音与主持艺术专业致力于为广播电视及其他媒体机构培养专业人才。它以哲学、美学、艺术学、中国语言文学、新闻传播学和中国播音学等多学科知识为基础，涉及的研究内容如下。

①播音基础：包括正确的发声技巧，如停顿、连贯、重音、语气、声音的多样性和节奏控制。

②稿件准备：关注稿件内容的理解和准备过程中的关键点。

③情景再现：这是一种技术，要求播音员和主持人基于语言内容，通过想象力构建连续的活动画面，激发相应的情感和态度。

④内在语：探讨在文字语言中未明确表达的语句关系和本质，包括其分类、作用和优化方法。

⑤话题播读：涉及话题的引入、衔接、转换和结束的技巧，以及临场应变的策略。

⑥节目播读要求：针对不同类型的节目，如新闻评论、文艺、综艺娱乐、社科教育和财经等，提供具体的播读指导。

该专业旨在培养学生的语言表达能力、临场应变能力和节目主持技巧，以适应多样化的媒体工作环境。

培养目标： 播音与主持艺术专业培养具备广播电视新闻传播、语言文学、播音学以及艺术、美学等多学科知识与能力，能在广播电台、电视台及其他单位从事广播电视播音与节目主持工作的复合型应用语言学高级专门人才。

能力（业务）培养要求： 本专业学生主要学习中国语言文学、广播电视新闻传播学、中国播音学的基本理论和基本知识，受到普通话语音、播音发声、播音表达的基本训练，掌握广播电视播音与节目主持的基本能力。

基础课程： 播音发声、播音创作基础、广播播音主持、电视播音主持、文艺作品演播学概论、新闻学概论、新闻采编、广播电视节目制作。

发展历史： 1998 年，教育部发布《普通高等学校本科专业目录》，新的播音与主持艺术专业（050419*）取代原播音专业（050305*）。

2012 年，教育部发布《普通高等学校本科专业目录》，艺术学成为独立一级学科，播音与主持艺术专业属于艺术学科下戏剧与影视学类的专业，专业代码由 050419* 变更为 130309。

考研方向： 广播电视、戏剧与影视学、新闻与传播、传播学。

就业： 播音与主持艺术就业方向多样，包括：广播电视媒体——播音、主持、新闻报道、节目制作；网络媒体——网络电视台、视频网站等；影视制作公司——配音、旁白录制；文化传媒公司——活动主持、艺人经纪、宣传推广；企业宣传部门——内部宣传，主持会议、活动，制作宣传片；教育培训机构——教师，传授专业知识和技能；自主创业——创办播音与主持工作室；其他领域——政府部门、事业单位、旅游行业等。

开设本专业的典型院校： 中国传媒大学、华东师范大学、中央戏剧学院、上海戏剧学院。

（3）动画（专业代码：130310）

（学制：四年　授予学位：艺术学学士）

动画对我们来说不陌生。《七龙珠》《灌篮高手》《功夫熊猫》《葫芦娃》《哪吒闹海》等经典动画都伴随着我们一起成长。动画专业也成为年轻人青睐的热门专业。该专业具体学习哪些内容？

专业简介： 本专业培养了解国内外动漫行业发展现状与未来趋势，熟悉传统动画及数字动画制作流程，具备较高艺术修养和创作能力，熟练掌握动画创意设计及制作技法，从事动画创意策划、美术设计、动画导演、动画表演与动作设计、实验动画创作的高端复合型人才。

动画是通过连续播放一系列静止画面来创造运动幻觉的艺术形式。它涉及将人物、物体的表情、动作和变化分解成多个画面，然后通过摄影机拍摄，形成连续的视觉变化。动画的原理与电影和电视相同，都是基于人眼的视觉暂留效应。

无论是通过电脑制作、手绘还是模型的细微调整，只要采用逐帧拍摄技术，并将单帧画面连续播放，通常每秒不少于 12 帧，就能在观众眼中产生流畅的动画效果。这种技术使得动画能够以多种形式呈现，为观众带来丰富多彩的视觉体验。

培养目标：本专业旨在培养德、智、体、美、劳全面发展，具有良好职业道德和人文素养，掌握影视动画基本知识和技能，具备影视动画制作与设计、审美修养和创意表达能力，从事二维动画制作、三维动画制作、动漫数字化技术制作、动画美术设计工作的高素质技术技能人才。

基础课程：速写基础、构成基础、动画技法、动画分镜、中外动画游戏史、中外艺术史、动画编剧与剧本创作、动画造型设计、动画场景设计、动画后期制作、动画配音、中外经典动画欣赏、动画音效、动画视听语言、三维建模基础、三维角色动画、三维特效、数字动画制作、无纸动画创作、游戏角色概念设计、游戏场景概念设计、游戏创作等。

考研方向：艺术设计、设计学、美术学、美术。

就业：动画专业就业方向较为广泛，涵盖：动画制作公司——动画电影、电视、网络动画制作；游戏公司——游戏角色、场景、动画制作；广告公司——广告、宣传动画制作；影视特效公司——电影、电视剧特效制作；VR/AR 公司——VR/AR 内容开发，动画与交互设计；教育培训机构——动画专业教师；自主创业——创办动画工作室或公司；其他领域——漫画、插画、平面设计、网页设计等。

开设本专业的典型院校：中国传媒大学、北京电影学院、南京艺术学院、上海大学、四川美术学院。

3. 美术学类（专业类代码：1304）

（1）美术学（专业代码：130401）

（学制：四年　授予学位：艺术学学士）

专业简介：美术学专业培养热爱美术事业，面向现代化、面向世界、面向未来的高级美术人才。培养具有扎实的绘画理论基础和纯熟的绘画技巧，有较强的创新思维能力，掌握基本的美术史知识，有较高的艺术素养，有较强的与人沟通和合作能力，具有独立分析问题和解决问题的能力，熟练掌握一门外语，并能掌握计算机和现代信息技术的美术专业的专门人才。

培养目标：该专业为美术史论、美术教育领域培养教学和科研，美术评论和编辑、艺术管理和博物馆等方面的高级专门人才，学生毕业后能从事美术教育、美术研究、文博艺术管理、新闻出版等方面的工作。

能力（业务）培养要求：美术学专业教学以马克思主义史学与文艺学原理作为指导思想，主要学习美术史论、美术教育等方面的基本理论、基础知识和专业技能，以及与之相关的文史哲知识，培养学生史与论相结合、理论与实践相结合的良好学习习惯。

基础课程：中外美术史、美术概论、中外画论概要、古文字学与古代汉语、美术考古学基础、书画鉴定概论、美术与摄影基础等。

发展历史：1998 年，在教育部发布的《普通高等学校本科专业目录新旧专业对照表》中，美术学专业（050406）由美术学（050415）与美术教育（050446）合并而成，属于艺术类专业（0504）。

2012 年，在教育部发布的《普通高等学校本科专业目录新旧专业对照表》中，美术学专业代码由050406 变更为 130401，属美术学类专业（1304）。

2020 年，在教育部发布的《普通高等学校本科专业目录》中，美术学专业属于美术学类专业，专业代码为 130401，授予艺术学学士学位。

考研方向：美术学、美术、学科教学（美术）、艺术学理论。

就业：美术学就业方向较为多样，包括：美术教育——学校、培训机构教学；艺术创作——绘画、雕塑、摄影等；设计领域——平面设计、室内设计、服装设计等；文化艺术机构——美术馆、博物馆工作；出版行业——美术编辑、插画绘制等；影视动画——美术设计与制作；广告行业——创意设计、视觉传达；自主创业——个人工作室，艺术创作与设计服务；艺术市场——艺术品鉴定、拍卖等；其他领域——建筑、景观、游戏、新媒体等。

开设本专业的典型院校：中央美术学院、中国美术学院、华东师范大学、四川大学、广州美术学院。

（十三）交叉学科（门类代码：14）

交叉学科是不同学科间相互交织、融合与渗透后所产生的新兴学科领域。它不仅涵盖了自然科学与人文社会科学之间的跨界融合，也包括自然科学和人文社会科学内部不同分支学科的相互交叉，以及技术科学与人文社会科学内部不同分支学科的融合。

回顾近代科学的发展历程，特别是那些具有里程碑意义的科学发现，以及国计民生中重大社会问题的解决，无一不体现了不同学科间的交叉与渗透。这种跨学科的合作已经成为推动科学进步的关键力量。

在学科分类的大家庭中，交叉学科于 2021 年正式成为第 14 个学科门类，与哲学、经济学、法学等传统学科并列。这一变化反映了交叉学科在现代科学研究中的重要性日益凸显。

与此同时，国家自然科学基金委也紧跟时代步伐，在数学物理科学部等 8 个传统学部之外，增设了交叉科学部。这一创新举措不仅推动了交叉科学的繁荣发展，也体现了科技发展创新理念和学科发展交叉趋势的顺应。

美国国家科学院在《促进跨学科研究》报告中强调，真正的跨学科研究不仅是两门学科的简单结合，更是思想和方法的深度整合与综合。这种深度的交叉融合已经成为当前科技创新的重要源泉，也是科学时代不可或缺的研究范式。

交叉学科作为未来科学发展的必然趋势，正以其独特的魅力和无限的潜力，引领着科技创新的浪潮。

生物医学工程

学科概况：生物医学工程，这一新兴的边缘学科，融合了工程学、物理学、生物学以及医学的精髓。

它深入探索人体系统在不同层次上的状态变化，并运用先进的工程技术手段来精准调控这些变化。其核心目标直指医学领域的种种挑战，旨在为人类健康保驾护航，全面服务于疾病的预防、诊断、治疗及康复等各个环节。

在这一广阔的学科领域中，生物信息、化学生物学等分支熠熠生辉。它们专注于生物科学、计算机信息技术以及仪器分析化学的交叉研究，不断拓展着学科的前沿边界。尤为值得一提的是，微流控芯片技术的崛起，为医疗诊断、药物筛选以及个性化、转化医学等领域开辟了新的技术视野。这一技术不仅提升了生物医学工程的创新能力，更为疾病的精准治疗提供了强有力的支持。

化学生物学、计算生物学以及微流控技术生物芯片等，共同构成了系统生物技术的核心要素。它们与系统生物工程相辅相成，共同预示着未来学科发展的统一趋势。在这个充满无限可能的新时代，生物医学工程将继续引领科技创新的浪潮，为人类健康事业贡献更多的智慧与力量。

发展历程：生物医学工程，自 20 世纪 50 年代崭露头角以来，便与医学工程和生物技术紧密相联，其迅猛的发展态势更是使之成为全球各国竞相角逐的关键领域。

生物医学工程学的成长轨迹，与众多学科一样，深受科技、社会、经济等多重因素的深刻影响。这一术语最早在美国诞生，并伴随着国际医学电子学联合会在 1958 年的成立而逐渐为人所知。

生物医学工程学不仅承载着巨大的社会效益，更蕴含着丰富的经济效益，其发展前景之广阔，令人瞩目。生物医学工程学的蓬勃发展，离不开电子学、微电子学、现代计算机技术、化学、高分子化学、力学、近代物理学、光学、射线技术、精密机械以及众多近代高技术的坚实支撑。在与医学的紧密结合中，它汲取了这些领域的精髓，并与世界高技术的发展保持着紧密的联系。同时，生物医学工程学也广泛采纳了包括航天技术、微电子技术等在内的几乎所有高技术成果，从而不断推动自身向着更高、更远的目标迈进。

培养目标：本专业旨在培养具备生命科学、电子技术、计算机技术及信息科学有关的基础理论知识以及医学与工程技术相结合的科学研究能力，能在生物医学工程领域、医学仪器以及其他电子技术、计算机技术、信息产业等部门从事研究、开发、教学及管理的高级工程技术人才。

培养要求：本专业学生主要学习生命科学、电子技术、计算机技术和信息科学的基本理论和基本知识，受到电子技术、信号检测与处理、计算机技术在医学中的应用的基本训练，具备生物医学工程领域的研究和开发的基本能力。

（十四）军事学（门类代码：11）

军事学又称军事科学，是指以军事科学自身为研究对象，主要研究军事科学的本质特征、体系、结构、功能、分类、发展历史、发展规律及其与科研、作战、训练、管理之间的相互关系等的一门学科。

军事科学是正在发展和完善中的新兴学科，其研究内容十分广泛，并已初步形成了一个学科群。通常可分为理论军事科学学和应用军事科学学。前者包括军事科学分类学、军事科学体系学、军事科学结构学、军事科学历史学等；后者包括军事领导科学学、军事科学管理学、军事科学系统工程学等。

一级学科（1101）军事思想及军事历史，包含 2 个二级学科：军事思想 110101、军事历史 110102。

一级学科（1102）战略学，包含 4 个二级学科：110201 军事战略学、110202 战争动员学、110203 军种战略学、110204 国防动员学。

一级学科（1103）战役学，包含 2 个二级学科：110301 联合战役学、110302 军种战役学。

一级学科（1104）战术学，包含 2 个二级学科：110401 合同战术学、110402 兵种战术学。

一级学科（1105）军队指挥学，包含 7 个二级学科：110501 作战指挥学、110502 军事运筹学、110503 军事通信学、110504 军事情报学、110505 密码学、110506 军事教育训练学、110507 非战争军事行动。

一级学科（1106）军事管理学，包含 3 个二级学科：110601 军事组织编制学、110602 军队管理学、110603 军事法制学。

一级学科（1107）军队政治工作学，包含 4 个二级学科：110701 军队政治工作学原理、110702 部队政治工作学、110703 政治机关工作学、110704 军事任务政治工作。

一级学科（1108）军事后勤学，包含 3 个二级学科：110801 军事后勤学、110802 后方专业勤务、110803 军事装备学。

一级学科（1109）军事装备学，包含 5 个二级学科：110901 军事装备论证学、110902 军事装备实验学、110903 军事装备采购学、110904 军事装备保障学、110905 军事装备管理学。

一级学科（1110）军队训练学，包含 3 个二级学科：111001 联合训练学、111002 军兵种训练学、111003 军事教育学。

1. 军事思想

军事思想是对战争与国防基本问题及其相关高层次系统的理性认识，它通常涵盖战争观、战争问题方法论、战争指导思想以及建军指导思想等核心内容。不同的时代、阶级、国家和人物，因其独特的背景与需求，形成了各具特色的军事思想。作为马克思主义军事科学的关键构成部分，军事思想深刻揭示了战争的本质和基本规律，系统研究了武装力量的建设及其运用的一般原则，并集中体现了从整体上对军事问题的深入理论探索。

军事思想源于丰富的军事实践，同时又为军事实践提供理论指导，并随着战争形态和军事实践的发展而不断演进。其研究方向广泛而深入，包括但不限于毛泽东军事思想的发展问题、中国古代军事思想的挖掘与研究、当代军事思想的最新发展动态、中西方军事思想的比较与借鉴。

对有志于深入研究军事思想的学生来说，以下院校无疑是理想的学术殿堂：国防科学技术大学、解放军理工大学、解放军信息工程大学、后勤工程学院以及解放军汽车管理学院。这些学府不仅拥有深厚的学术底蕴，还紧密结合实际，为培养具有前瞻性和创新精神的军事人才提供了广阔的平台。

2. 军事历史

军事历史是一门深入探究历史上战争与军队发生、发展进程及其内在规律的学科。从学科维度来看，它涵盖了战争史、军队建设史、军事思想史以及军事技术（兵器）史等多个重要分支。若以时代为划分标准，则包括古代军事史、近代军事史和现代军事史，展现了不同历史时期军事发展的独特面貌。而从地域角度审视，军事历史又可分为中国军事史和外国军事史等，体现了不同地域文化背景下的军事特色。

世界各大军事强国均将军事历史作为军事院校的核心课程，并设立专门的研究机构，旨在总结经验、培养具有深厚历史素养的军事人才。这一学科不仅承载着记录过去、启迪未来的重任，更是推动军事理论与实践不断创新发展的重要基石。

在研究方向上，本学科聚焦于中国人民解放军军战史以及战后世界局部战争等关键领域，通过深入研究，揭示战争背后的深层次原因、影响及启示。

对有志于投身军事历史研究的学生而言，中国人民解放军国防大学、防化指挥工程学院、空军指挥学院、中国人民解放军军事科学院、石家庄陆军指挥学院以及解放军南京政治学院等高等学府无疑是理想的学术殿堂。

3. 联合战役学

联合战役学是一门专注于研究联合战役及其指导规律的学科，其核心研究内容涵盖联合战役的本质、类型、特点、基本原则以及组织实施的方法等多个方面。作为一门新兴的学科，联合战役学在战役学理论的指导下不断发展，同时其独特的理论成果也对战役学的整体进步产生积极的影响。它与军种战役学之间存在着密切的相互关系，既对军种战役学具有一定的指导作用，又不断吸收和融合军种战役学的理论成果，从而丰富和完善自身的内容体系。

在研究方向上，联合战役学涵盖了联合作战基本理论、联合作战空间信息支援、航天力量运用与协同、联合作战空间活动建模与仿真等多个前沿领域，旨在通过深入研究，推动联合战役学的理论创新与实践应用。

对有志于投身联合战役学研究的学生而言，中国人民解放军国防大学、装备指挥技术学院、中国人民解放军军事科学院、解放军电子工程学院、通信指挥学院以及第二炮兵指挥学院等高等军事学府无疑是理想的学术殿堂。

4. 军事装备学

军事装备学是一门专注于研究军事装备建设、发展、运用、管理以及技术保障的综合性学科。该学科深入探讨军事装备的发展如何对军事思想、作战方式和手段，以及军队组织结构产生重大变革影响。它与军事学其他相关学科紧密相连，相互影响，相互促进，共同推动学科体系的完善与发展。同时，军事装备学还与社会科学和自然科学中的众多学科保持着不同程度的联系，展现出其跨学科的独特魅力。

在研究方向上，军事装备学涵盖了武器装备规划与发展战略、装备体系建模与分析、装备综合保障与信息化技术、装备安全性工程以及装备寿命周期管理与决策等多个前沿领域。这些研究方向旨在通过深入探索和创新，推动军事装备学的理论与实践不断迈向新的高度。

对有志于投身军事装备学研究的学生而言，军事交通学院、军械工程学院、中国人民解放军空军航空大学、解放军理工大学以及解放军电子工程学院等高等军事学府无疑是理想的学术殿堂。

5. 军种战役学

军种战役学是一门专注于研究各军种战役及其指导规律的学科，它涵盖了陆军战役学、海军战役学、空军战役学以及第二炮兵战役学等多个重要分支。该学科的主要研究内容包括军种战役的本质、特点、基本原则以及组织实施的方法等，旨在深入探究各军种战役的内在规律和制胜机理。

在研究方向上，军种战役学聚焦于多个前沿领域，如陆军战役基础理论、集团军登陆战役以及集团军边境战役等。这些研究方向旨在通过深入研究，推动军种战役学的理论创新与实践应用，为提升各军种的战役筹划与实施能力提供有力支撑。

对有志于投身军种战役学研究的学生而言，中国人民解放军国防大学、空军指挥学院、石家庄陆军指挥学院、南京陆军指挥学院、中国人民解放军海军指挥学院以及第二炮兵指挥学院等高等军事学府无疑是理想的学术殿堂。

3.3 高职院校建设基本情况

高等职业院校是中国高等教育体系中不可或缺的一部分，专注于培养具备高技能和应用型能力的专门人才，以满足生产、建设、服务和管理一线的需求。

高职教育在中国经济社会发展中扮演着关键角色，它不仅为社会输送了大量高级技能型和应用型人才，而且在高等教育体系中占据着重要地位。随着人工智能和自动化技术的快速发展，高职教育的重要性日益凸显。

我国政府大力推动高等职业教育，以支持社会经济发展和高等教育的普及化。随着经济的快速增长，高职教育在规模上也实现了显著扩张。在此过程中，政府提出了高职教育人才培养模式的转型，确立了培养高级应用型人才的教学目标。这种转型强调了实践知识的重要性，强化了学生的实际操作能力，以培养更符合社会需求的实用型人才。

此外，高职院校与企业的紧密联系也得到了加强，这不仅扩大了公众接受高等教育的机会，还推动了教育公平和社会的和谐发展。职业教育作为国家教育事业的重要组成部分，在法律上得到了认可，并被视为国家发展的三大战略重点之一。

3.3.1 国家示范性高等职业院校

国家示范性高等职业院校建设计划是为了提升高等职业院校的办学水平，教育部与财政部在"十一五"期间安排 20 亿元重点建设全国百所高等职业院校。

2006 年 11 月 3 日，教育部和财政部正式启动了"国家示范性高等职业院校建设计划"。2010 年 11 月 23 日，教育部和财政部联合下发了《关于进一步推进"国家示范性高等职业院校建设计划"实施工作的通知》，在原有已建设 100 所国家示范性高等职业院校的基础上，新增 100 所国家骨干高职院校，至此，国家示范性（骨干）高等职业院校共计 200 所。

国家示范性高等职业院校在办学实力、教学质量、管理水平、办学效益和辐射能力等方面得到较大提高，特别是在深化教育教学改革、创新人才培养模式、建设高水平专兼结合专业教学团队、提高社会服务能力和创建办学特色等方面取得明显进展。发挥示范院校的示范作用，带动高等职业教育加快改革与发展，逐步形成结构合理、功能完善、质量优良的高等职业教育体系，更好地为经济建设和社会发展服务。

表 3-47　"国家示范性高等职业院校"名单[①]

省份	学校	推荐专业
北京市（4所）	北京农业职业学院	畜牧兽医、园艺技术、园林技术
	北京财贸职业学院	大数据与会计、酒店管理与数字化运营、现代物流管理
	北京工业职业技术学院	机电一体化技术、工程造价、工程测量技术
	北京电子科技职业学院	计算机应用技术、城市轨道交通机电技术、计算机网络技术

续表

省份	学校	推荐专业
上海市（4所）	上海工艺美术职业学院	环境艺术设计、广告艺术设计、游戏艺术设计
	上海旅游高等专科学校	酒店管理与数字化运营、旅游管理、旅游英语
	上海健康医学院	医疗器械维护与管理、医学影像技术、护理
	上海公安学院	治安管理
天津市（4所）	天津市职业大学	眼视光技术、工程造价、应用化工技术
	天津医学高等专科学校	护理、口腔医学、针灸推拿
	天津电子信息职业技术学院	计算机网络技术、软件技术、计算机应用技术
	天津中德应用技术大学	数控技术、电气自动化技术、机电一体化技术
重庆市（3所）	重庆工业职业技术学院	模具设计与制造、机械设计与制造、工程造价
	重庆工程职业技术学院	工程测量技术、道路桥梁工程技术、矿山地质
	重庆电子科技职业大学	工程造价、软件技术、计算机网络技术
河北省（4所）	河北科技工程职业技术大学	环境工程技术
	河北石油职业技术大学	机械制造及自动化、油气储运技术
	石家庄铁路职业技术学院	铁道工程技术、道路桥梁工程技术、工程测量技术
	河北工业职业技术大学	健康管理、工业机器人技术
山西省（2所）	山西工程职业学院	电气自动化技术、计算机网络技术、建筑工程技术
	山西省财政税务专科学校	大数据与会计、大数据与财务管理、资产评估与管理
内蒙古自治区（2所）	包头职业技术学院	机电一体化技术、电力系统自动化技术、电气自动化技术
	内蒙古建筑职业技术学院	工程造价、建筑工程技术、道路桥梁工程技术
辽宁省（4所）	沈阳职业技术学院	机械设计与制造、供用电技术、城市轨道交通机电技术
	大连职业技术学院	学前教育、智慧健康养老服务与管理、机械设计与制造
	辽宁农业职业技术学院	畜牧兽医、动物医学、园林工程技术
	辽宁省交通高等专科学校	道路桥梁工程技术、工程测量技术、建筑工程技术
吉林省（3所）	长春职业技术学院	软件技术、机电一体化技术、数控技术
	吉林工业职业技术学院	应用化工技术、智能焊接技术、石油化工技术
	长春汽车职业技术大学	机电一体化技术、新能源汽车技术、工业机器人技术
黑龙江省（4所）	大庆职业学院	石油化工技术、石油工程技术、计算机网络技术
	黑龙江建筑职业技术学院	建筑工程技术、工程造价、建筑设计
	黑龙江农业工程职业学院	动物医学、现代物流管理、园林技术
	黑龙江农业经济职业学院	畜牧兽医、作物生产与经营管理、机电一体化技术

续表

省份	学校	推荐专业
江苏省（7所）	无锡职业技术学院	机电一体化技术、数控技术、物联网应用技术
	南京工业职业技术大学	电气自动化技术、机电一体化技术、工程造价
	江苏农林职业技术学院	园林技术、畜牧兽医、园艺技术
	常州信息职业技术学院	软件技术、电子信息工程技术、电气自动化技术
	江苏工程职业技术学院	工程造价、现代纺织技术、计算机应用技术
	江苏建筑职业技术学院	建筑工程技术、工程造价、道路桥梁工程技术
	苏州工业园区职业技术学院	工程造价、建筑装饰工程技术、机电一体化技术
浙江省（6所）	宁波职业技术学院	大数据与会计、机电一体化技术、模具设计与制造
	浙江金融职业学院	大数据与会计、财富管理、国际金融
	温州职业技术学院	大数据与会计、机械设计与制造、建筑设计
	金华职业技术大学	护理、临床医学、助产
	浙江警官职业学院	刑事执行、安全防范技术、法律事务
	浙江机电职业技术大学	机电一体化技术、电气自动化技术、数控技术
安徽省（3所）	芜湖职业技术学院	电气自动化技术、机械设计与制造、机电一体化技术
	安徽职业技术学院	计算机应用技术、机电一体化技术、道路桥梁工程技术
	安徽水利水电职业技术学院	水利水电建筑工程、水利工程、建筑工程技术
福建省（2所）	漳州职业技术学院	工程造价、建筑工程技术、旅游管理
	福建船政交通职业学院	道路桥梁工程技术、航海技术、轮机工程技术
江西省（1所）	江西职业技术大学	船舶工程技术、数控技术、电气自动化技术
山东省（6所）	威海职业学院	工程造价、建筑工程技术、计算机应用技术
	淄博职业学院	工程造价、护理、大数据与会计
	日照职业技术学院	工程造价、建筑工程技术、水产养殖技术
	青岛职业技术学院	机电一体化技术、电气自动化技术、软件技术
	山东科技职业学院	机电一体化技术、建筑工程技术、建筑装饰工程技术
	山东商业职业技术学院	制冷与空调技术、软件技术、市场营销
河南省（4所）	商丘职业技术学院	建筑工程技术、计算机应用技术、机电一体化技术
	河南职业技术学院	机电一体化技术、工程造价、数控技术
	黄河水利职业技术学院	水利水电建筑工程、工程测量技术、道路桥梁工程技术
	平顶山工业职业技术学院	机电一体化技术、电气自动化技术、机械设计与制造

续表

省份	学校	推荐专业
湖北省（4所）	武汉职业技术学院	空中乘务、机电一体化技术、电子信息工程技术
	湖北职业技术学院	口腔医学、临床医学、护理
	武汉船舶职业技术学院	船舶工程技术、轮机工程技术、机械设计与制造
	武汉铁路职业技术学院	铁道机车运用与维护、铁道交通运营管理、城市轨道交通运营管理
湖南省（5所）	永州职业技术学院	护理、临床医学、医学影像技术
	长沙民政职业技术学院	现代殡葬技术与管理、民政服务与管理、人力资源管理
	湖南铁道职业技术学院	铁道供电技术、城市轨道交通机电技术、电气自动化技术
	湖南交通职业技术学院	道路桥梁工程技术、工程造价、建筑工程技术
	湖南工业职业技术学院	数控技术、电气自动化技术、机电一体化技术
广东省（4所）	深圳职业技术大学	计算机网络技术、工程造价、港口与航运管理
	广州番禺职业技术学院	商务英语、计算机应用技术、工程造价
	广州民航职业技术学院	飞机机电设备维修、空中乘务、飞机结构修理
	广东轻工职业技术大学	艺术设计、广告艺术设计、软件技术
广西壮族自治区（2所）	南宁职业技术大学	工程造价、建筑设计、关务与外贸服务
	柳州职业技术大学	机电一体化技术、电气自动化技术、机械设计与制造
四川省（6所）	绵阳职业技术学院	建筑工程技术、材料工程技术、道路桥梁工程技术
	成都航空职业技术学院	数控技术、工程造价、建筑工程技术
	四川交通职业技术学院	道路桥梁工程技术、工程造价、建筑工程技术
	四川工程职业技术大学	数控技术、智能焊接技术、电气自动化技术
	四川电力职业技术学院	电力系统继电保护技术、发电厂及电力系统、供用电技术
	四川建筑职业技术学院	工程造价、建筑工程技术、道路桥梁工程技术
云南省（2所）	云南交通职业技术学院	道路桥梁工程技术、工程造价、工程测量技术
	昆明冶金高等专科学校	测绘工程技术、电气自动化技术、工程造价
贵州省（1所）	贵州交通职业大学	道路桥梁工程技术、工程造价、建筑工程技术
陕西省（3所）	杨凌职业技术学院	水利水电建筑工程、道路桥梁工程技术、建筑工程技术
	西安航空职业技术学院	机械设计与制造、空中乘务、机电一体化技术
	陕西工业职业技术学院	电气自动化技术、机电一体化技术、数控技术
甘肃省（2所）	兰州石化职业技术大学	石油化工生产技术、炼油技术、化工设备维修技术、生产过程动化技术、煤化工生产技术、应用化工技术（化学工程与艺术）、工艺分析技术（油品分析）、精细化工技术、应用英语、电子商务
	甘肃林业职业技术大学	林业技术、道路桥梁工程技术、工程测量技术
海南省（1所）	海南职业技术学院	工程造价、大数据与会计、园林技术

续表

省份	学校	推荐专业
宁夏回族自治区（2 所）	宁夏职业技术学院	机电一体化技术、畜牧兽医、电气自动化技术
	宁夏财经职业技术学院	大数据与会计、大数据与财务管理、计算机应用技术
青海省（1 所）	青海农牧科技职业学院	畜牧兽医、动物防疫与检疫、园林技术
西藏自治区（1 所）	西藏职业技术学院	计算机网络技术、计算机应用技术、畜牧兽医
新疆维吾尔自治区（3 所）	新疆农业职业技术大学	畜牧兽医、种子生产与经营、建筑工程技术
	克拉玛依职业技术学院	计算机应用技术、石油化工技术、钻井技术
	新疆石河子职业技术学院	建筑工程技术、工程造价、机电一体化技术

①百度百科 . 国家示范性高职院校 .https://baike.baidu.com/item/%E5%9B%BD%E5%AE%B6%E7%A4%BA%E8%8C%83%E6%80%A7%E9%AB%98%E7%AD%89%E8%81%8C%E4%B8%9A%E9%99%A2%E6%A0%A1/2831624?fr=ge_ala. 原有 100 所，当前实际存在 97 所。

3.3.2 "国家示范性高等职业院校建设计划" 骨干高职院校

2006 年，教育部与财政部为贯彻《国务院关于大力发展职业教育的决定》精神，启动了"国家示范性高等职业院校建设计划"，按照"地方为主、中央引导、突出重点、协调发展"的原则，遴选了 100 所高职院校进行重点建设。示范建设院校在探索校企合作办学体制机制、工学结合人才培养模式、单独招生试点、增强社会服务能力、跨区域共享优质教育资源等方面成效显著，引领了全国高职院校的改革与发展方向。

为落实《国家中长期教育改革和发展规划纲要（2010—2020 年）》，创新高等职业教育办学体制机制，深化教育教学改革，提高人才培养质量和办学水平，全面提升服务经济社会发展的能力，满足我国走新型工业化道路、实现经济发展方式转变、产业结构优化升级、建设人力资源强国的战略需求，根据《教育部 财政部关于实施国家示范性高等职业院校建设计划加快高等职业教育改革与发展的意见》，教育部、财政部决定继续推进"国家示范性高等职业院校建设计划"实施工作，增加国家重点建设院校数量，新增 100 所左右骨干高职建设院校，加快高等职业教育改革与发展，全面提高人才培养质量和办学水平，更好地发挥高职院校在培养高素质高级技能型专门人才、促进就业、改善民生、构建终身教育体系和建设学习型社会等方面的重要作用。

表 3-48 "国家示范性高等职业院校建设计划"骨干高职院校立项建设单位及重点建设专业表①

省份	院校编号	院校名称	重点建设专业	专业编号	启动建设年度
北京市	10-01	北京信息职业技术学院	软件技术	10-01-01	2010 年
			电子信息工程技术	10-01-02	
			机电一体化技术	10-01-03	
	11-01	北京劳动保障职业学院	劳动与社会保障	11-01-01	2011 年
			人力资源管理	11-01-02	
			城市管理与监察	11-01-03	
			城市轨道交通控制	11-01-04	
天津市	10-02	天津交通职业学院	物流管理	10-02-01	2010 年
			汽车整形技术	10-02-02	
			汽车检测与维修技术	10-02-03	
	11-02	天津轻工职业技术学院	模具设计与制造	11-02-01	2011 年
			数控设备应用与维护	11-02-02	
			环境艺术设计	11-02-03	
	12-01	天津现代职业技术学院	食品生物技术	12-01-01	2012 年
			环境监测与治理技术	12-01-02	
			精密机械技术	12-01-03	
河北省	10-03	邯郸职业技术学院	建筑工程技术	10-03-01	2010 年
			机电一体化技术	10-03-02	
			装潢设计	10-03-03	
	10-04	河北化工医药职业技术学院	生化制药技术	10-04-01	2010 年
			精细化学品生产技术	10-04-02	
			化工设备与机械	10-04-03	
			工业分析与检验	10-04-04	
	11-03	唐山工业职业技术学院	动车组技术	11-03-01	2011 年
			港口物流管理	11-03-02	
			陶瓷艺术设计	11-03-03	
			数控技术	11-03-04	
			机电设备维修与管理	11-03-05	

续表

省份	院校编号	院校名称	重点建设专业	专业编号	启动建设年度
河北省	12-02	秦皇岛职业技术学院	酒店管理	12-02-01	2012 年
			物流管理	12-02-02	
			数控技术	12-02-03	
			计算机应用技术	12-02-04	
山西省	10-05	山西煤炭职业技术学院	煤矿开采技术	10-05-01	2010 年
			矿井通风与安全	10-05-02	
			矿山机电	10-05-03	
			矿山测量	10-05-04	
			煤炭深加工与利用	10-05-05	
	11-04	山西建筑职业技术学院	建筑工程技术	11-04-01	2011 年
			建筑装饰工程技术	11-04-02	
			建筑电气工程技术	11-04-03	
			供热通风与空调工程技术	11-04-04	
			工程造价	11-04-05	
	12-03	山西职业技术学院	材料工程技术	12-03-01	2012 年
			电气自动化技术	12-03-02	
			机电设备维修与管理	12-03-03	
			数控设备应用与维护	12-03-04	
内蒙古自治区	10-06	内蒙古化工职业学院	煤炭深加工与利用	10-06-01	2010 年
			工业分析与检验	10-06-02	
			化工设备维修技术	10-06-03	
			材料工程技术	10-06-04	
	11-05	内蒙古机电职业技术学院	机电一体化技术	11-05-01	2011 年
			电力系统自动化	11-05-02	
			电厂热能动力装置	11-05-03	
			冶金技术	11-05-04	
辽宁省	10-07	辽宁石化职业技术学院	石油化工生产技术	10-07-01	2010 年
			炼油技术	10-07-02	
			化工设备维修技术	10-07-03	
			生产过程自动化技术	10-07-04	

续表

省份	院校编号	院校名称	重点建设专业	专业编号	启动建设年度
辽宁省	11-06	渤海船舶职业学院	船舶工程技术	11-06-01	2011年
			船舶动力装置技术	11-06-02	
			船舶电气技术	11-06-03	
	12-04	辽宁职业学院	汽车制造与装配技术	12-04-01	2012年
			高尔夫俱乐部商务管理	12-04-02	
			畜牧兽医	12-04-03	
			园艺技术	12-04-04	
吉林省	10-08	吉林交通职业技术学院	工程机械运用与维护	10-08-01	2010年
			汽车电子技术	10-08-02	
			工程测量技术	10-08-03	
			物流管理	10-08-04	
黑龙江省	10-09	哈尔滨铁道职业技术学院	高速铁道技术	10-09-01	2010年
			城市轨道交通工程技术	10-09-02	
			土木工程检测技术	10-09-03	
			工程造价	10-09-04	
			道路桥梁工程技术	10-09-05	
	11-07	黑龙江工商职业技术学院	城市热能应用技术	11-07-01	2011年
			电气自动化技术	11-07-02	
			物流管理	11-07-03	
	12-05	哈尔滨职业技术学院	电气自动化技术	12-05-01	2012年
			道路桥梁工程技术	12-05-02	
			模具设计与制造	12-05-03	
			焊接技术与自动化	12-05-04	
上海市	10-10	上海医疗器械高等专科学校	医用电子仪器与维护	10-10-01	2010年
			药剂设备制造与维护	10-10-02	
			医学影像设备管理与维护	10-10-03	
	11-08	上海电子信息职业技术学院	应用电子技术	11-08-01	2011年
			通信技术	11-08-02	
			计算机网络技术	11-08-03	

续表

省份	院校编号	院校名称	重点建设专业	专业编号	启动建设年度
上海市	12-06	上海出版印刷高等专科学校	印刷技术	12-06-01	2012 年
			印刷图文信息处理	12-06-02	
			出版与电脑编辑技术	12-06-03	
			艺术设计	12-06-04	
江苏省	10-11	江苏农牧科技职业学院	畜牧兽医	10-11-01	2010 年
			动物防疫与检疫	10-11-02	
			兽药生产与营销	10-11-03	
			食品营养与检测	10-11-04	
	10-12	南通航运职业技术学院	航海技术	10-12-01	2010 年
			轮机工程技术	10-12-02	
			船舶工程技术	10-12-03	
			港口物流设备与自动控制	10-12-04	
	11-09	常州机电职业技术学院	数控设备应用与维护	11-09-01	2011 年
			模具设计与制造	11-09-02	
			农业机械应用技术	11-09-03	
			电气自动化技术	11-09-04	
	11-10	苏州工艺美术职业技术学院	装饰艺术设计	11-10-01	2011 年
			室内设计技术	11-10-02	
			广告媒体技术	11-10-03	
	11-11	南京科技职业学院	精细化学品生产技术	11-11-01	2011 年
			化工装备技术	11-11-02	
			生产过程自动化技术	11-11-03	
			环境监测与治理技术	11-11-04	
			物流管理	11-11-05	
	12-07	南京信息职业技术学院	通信技术	12-07-01	2012 年
			软件技术	12-07-02	
			光电子技术	12-07-03	
			物联网工程技术	12-07-04	

续表

省份	院校编号	院校名称	重点建设专业	专业编号	启动建设年度
江苏省	12-08	江苏经贸职业技术学院	电子商务	12-08-01	2012年
			物流管理	12-08-02	
			连锁经营管理	12-08-03	
			老年服务与管理	12-08-04	
	12-09	江苏食品药品职业技术学院	食品加工技术	12-09-01	2012年
			生物技术及应用	12-09-02	
			烹饪工艺与营养	12-09-03	
			市场营销	12-09-04	
浙江省	10-13	浙江经济职业技术学院	物流管理	10-13-01	2010年
			汽车检测与维修技术	10-13-02	
			计算机信息管理	10-13-03	
			电子商务	10-13-04	
	10-14	浙江旅游职业学院	酒店管理	10-14-01	2010年
			导游	10-14-02	
			景区开发与管理	10-14-03	
			会展策划与管理	10-14-04	
	11-12	浙江交通职业技术学院	航海技术	11-12-01	2011年
			轮机工程技术	11-12-02	
			道路桥梁工程技术	11-12-03	
			汽车运用技术	11-12-04	
	12-10	杭州职业技术学院	数控技术	12-10-01	2012年
			服装设计	12-10-02	
			精细化学品生产	12-10-03	
	12-11	浙江建设职业技术学院	建筑工程技术	12-11-01	2012年
			建筑经济管理	12-11-02	
			园林工程技术	12-11-03	
			楼宇智能化工程	12-11-04	
安徽省	10-15	安徽机电职业技术学院	机械设计与制造	10-15-01	2010年
			焊接技术及自动化	10-15-02	
			数控技术	10-15-03	

续表

省份	院校编号	院校名称	重点建设专业	专业编号	启动建设年度
安徽省	10-16	安徽电气工程职业技术学院	发电厂及电力系统	10-16-01	2010 年
			电厂热能动力装置	10-16-02	
			电气自动化技术	10-16-03	
	11-13	安徽商贸职业技术学院	物流管理	11-13-01	2011 年
			市场营销	11-13-02	
			计算机信息管理	11-13-03	
			动画设计	11-13-04	
	12-12	安徽交通职业技术学院	道路桥梁工程技术	12-12-01	2012 年
			汽车运用与维修	12-12-02	
			交通安全与智能控制	12-12-03	
			物流管理	12-12-04	
	12-13	阜阳职业技术学院	微生物技术及应用	12-13-01	2012 年
			园艺技术	12-13-02	
			数控技术	12-13-03	
			机电一体化技术	12-13-04	
福建省	10-17	福建信息职业技术学院	电子信息工程技术	10-17-01	2010 年
			计算机网络技术	10-17-02	
			电子商务	10-17-03	
	10-18	福建林业职业技术学院	林业技术	10-18-01	2010 年
			园林技术	10-18-02	
			木材加工技术	10-18-03	
			计算机应用技术	10-18-04	
	11-14	泉州医学高等专科学校	生物制药技术	11-14-01	2011 年
			护理	11-14-02	
	12-14	闽西职业技术学院	数控技术	12-14-01	2012 年
			旅游管理	12-14-02	
			应用电子技术	12-14-03	
			建筑工程技术	12-14-04	

续表

省份	院校编号	院校名称	重点建设专业	专业编号	启动建设年度
江西省	10-19	江西现代职业技术学院	材料工程技术	10-19-01	2010 年
			工业分析与检验	10-19-02	
			建筑工程技术	10-19-03	
	10-20	江西财经职业学院	物流管理	10-20-01	2010 年
			金融保险	10-20-02	
			旅游管理	10-20-03	
	11-15	江西应用技术职业学院	国土资源调查	11-15-01	2011 年
			水文与工程地质	11-15-02	
			工程测量技术	11-15-03	
			工业分析与检验	11-15-04	
	12-15	江西交通职业技术学院	汽车运用技术	12-15-01	2012 年
			道路桥梁工程技术	12-15-02	
			物流管理	12-15-03	
			交通安全与智能控制	12-15-04	
山东省	10-21	滨州职业学院	现代纺织技术	10-21-01	2010 年
			机电一体化技术	10-21-02	
			生物技术及应用	10-21-03	
			计算机网络技术	10-21-04	
	10-22	烟台职业学院	食品检测及管理	10-22-01	2010 年
			汽车检测与维修技术	10-22-02	
			模具设计与制造	10-22-03	
			软件技术	10-22-04	
	11-16	山东职业学院	铁道机车车辆	11-16-01	2011 年
			铁道工程技术	11-16-02	
			电气化铁道技术	11-16-03	
			机电一体化技术	11-16-04	
	11-17	东营职业学院	石油化工生产技术	11-17-01	2011 年
			机械制造与自动化	11-17-02	
			物流管理	11-17-03	

续表

省份	院校编号	院校名称	重点建设专业	专业编号	启动建设年度
山东省	12-16	山东畜牧兽医职业学院	畜牧兽医	12-16-01	2012 年
			动物防疫与检疫	12-16-02	
			兽药生产与营销	12-16-03	
			饲料与动物营养	12-16-04	
	12-17	青岛港湾职业技术学院	港口机械应用技术	12-17-01	2012 年
			港口电气技术	12-17-02	
			港口业务管理	12-17-03	
			轮机工程技术	12-17-04	
	12-18	济南职业学院	机电一体化技术	12-18-01	2012 年
			应用电子技术	12-18-02	
			软件技术	12-18-03	
河南省	10-23	河南工业职业技术学院	电气自动化技术	10-23-01	2010 年
			建筑装饰工程技术	10-23-02	
			数控技术	10-23-03	
			电子信息工程技术	10-23-04	
			物流管理	10-23-05	
	10-24	河南农业职业学院	畜牧兽医	10-24-01	2010 年
			食品加工	10-24-02	
			种子生产	10-24-03	
			园艺技术	10-24-04	
			园林技术	10-24-05	
	11-18	郑州铁路职业技术学院	高速铁道工程技术	11-18-01	2011 年
			铁道机车车辆制造与维护	11-18-02	
			电气化铁道技术	11-18-03	
			城市轨道交通控制	11-18-04	
			城市轨道交通运营管理	11-18-05	
			铁道工程技术	11-18-06	

续表

省份	院校编号	院校名称	重点建设专业	专业编号	启动建设年度
湖北省	10-25	襄阳职业技术学院	数控技术	10-25-01	2010 年
			汽车检测与维修技术	10-25-02	
			畜牧兽医	10-25-03	
			护理	10-25-04	
	10-26	黄冈职业技术学院	建筑工程技术	10-26-01	2010 年
			畜牧兽医	10-26-02	
			园林技术	10-26-03	
			汽车检测与维修技术	10-26-04	
	11-19	湖北工业职业技术学院	汽车检测与维修技术	11-19-01	2011 年
			模具设计与制造	11-19-02	
			旅游管理	11-19-03	
			艺术设计	11-19-04	
湖北省	11-20	鄂州职业大学	机械设计与制造	11-20-01	2011 年
			建筑工程技术	11-20-02	
			应用电子技术	11-20-03	
			护理	11-20-04	
	12-19	武汉软件工程职业学院	软件技术	12-19-01	2012 年
			激光加工技术	12-19-02	
			模具设计与制造	12-19-03	
			物流管理	12-19-04	
湖南省	10-27	湖南大众传媒职业技术学院	主持与播音	10-27-01	2010 年
			电视节目制作	10-27-02	
			影视动画	10-27-03	
			出版与发行	10-27-04	
			影视表演	10-27-05	
	10-28	湖南科技职业学院	陶瓷艺术设计	10-28-01	2010 年
			皮革制品设计与工艺	10-28-02	
			高分子材料加工技术	10-28-03	
			软件技术	10-28-04	

续表

省份	院校编号	院校名称	重点建设专业	专业编号	启动建设年度
湖南省	11-21	湖南工艺美术职业学院	湘绣设计与工艺	11-21-01	2011 年
			服装设计与加工	11-21-02	
			装潢艺术设计	11-21-03	
			环境艺术设计	11-21-04	
	12-20	娄底职业技术学院	机电一体化技术	12-20-01	2012 年
			煤矿开采技术	12-20-02	
			畜牧兽医	12-20-03	
广东省	10-29	顺德职业技术学院	家具设计与制造	10-29-01	2010 年
			制冷与冷藏技术	10-29-02	
			智能家电	10-29-03	
			涂料技术	10-29-04	
	10-30	广东交通职业技术学院	城市轨道交通工程技术	10-30-01	2010 年
			汽车检测与维修技术	10-30-02	
			交通安全与智能控制	10-30-03	
			国际航运业务管理	10-30-04	
	11-22	广东水利电力职业技术学院	水利水电建筑工程	11-22-01	2011 年
			电厂设备运行与维护	11-22-02	
			水政水资源管理	11-22-03	
			供用电技术	11-22-04	
	11-23	广州铁路职业技术学院	城市轨道交通工程技术	11-23-01	2011 年
			电气化铁道技术	11-23-02	
			城市轨道交通运营管理	11-23-03	
			数控技术	11-23-04	
	12-21	广东科学技术职业学院	软件技术	12-21-01	2012 年
			电子商务	12-21-02	
			产品造型设计	12-21-03	
			汽车整形技术	12-21-04	
			应用电子技术	12-21-05	

续表

省份	院校编号	院校名称	重点建设专业	专业编号	启动建设年度
广东省	12-22	中山火炬职业技术学院	包装技术与设计	12-22-01	2012 年
			应用电子技术	12-22-02	
			机械设计与制造	12-22-03	
			生物制药技术	12-22-04	
	12-30	深圳信息职业技术学院	软件技术	12-30-01	2012 年
			计算机应用技术	12-30-02	
			电子商务	12-30-03	
			通信技术	12-30-04	
广西壮族自治区	10-31	广西机电职业技术学院	焊接技术及自动化	10-31-01	2010 年
			应用电子技术	10-31-02	
			电气自动化技术	10-31-03	
	11-24	广西职业技术学院	园艺技术	11-24-01	2011 年
			生物技术及应用	11-24-02	
			物流管理	11-24-03	
			电气自动化技术	11-24-04	
	12-23	广西水利电力职业技术学院	水利水电建筑工程	12-23-01	2012 年
			发电厂及电力系统	12-23-02	
			机电一体化技术	12-23-03	
			建筑工程技术	12-23-04	
海南省	10-32	海南经贸职业技术学院	旅游管理	10-32-01	2010 年
			物流管理	10-32-02	
重庆市	10-33	重庆电力高等专科学校	发电厂及电力系统	10-33-01	2010 年
			电厂热能动力装置	10-33-02	
			供用电技术	10-33-03	
			工业热工控制技术	10-33-04	
			电力系统继电保护与自动化	10-33-05	
	11-25	重庆城市管理职业学院	社会工作	11-25-01	2011 年
			社区康复	11-25-02	
			物流管理	11-25-03	
			物联网技术与应用	11-25-04	

续表

省份	院校编号	院校名称	重点建设专业	专业编号	启动建设年度
重庆市	12-24	重庆工商职业学院	影视动画	12-24-01	2012 年
			环境艺术设计	12-24-02	
			软件技术	12-24-03	
			市场营销	12-24-04	
四川省	10-34	成都纺织高等专科学校	现代纺织技术	10-34-01	2010 年
			染整技术	10-34-02	
			服装设计	10-34-03	
	11-26	四川邮电职业技术学院	通信技术	11-26-01	2011 年
			移动通信技术	11-26-02	
			网络系统管理	11-26-03	
			光纤通信	11-26-04	
	12-25	成都职业技术学院	软件技术	12-25-01	2012 年
			酒店管理	12-25-02	
			电子商务	12-25-03	
	12-26	宜宾职业技术学院	生物技术及应用	12-26-01	2012 年
			机电一体化技术	12-26-02	
			物流管理	12-26-03	
	12-27	四川机电职业技术学院	冶金技术	12-27-01	2012 年
			电气自动化技术	12-27-02	
			材料成型与控制技术	12-27-03	
贵州省	10-35	铜仁职业技术学院	药物制剂技术	10-35-01	2010 年
			畜牧兽医	10-35-02	
			设施农业技术	10-35-03	
云南省	10-36	云南机电职业技术学院	数控技术	10-36-01	2010 年
			电气自动化技术	10-36-02	
			焊接技术及自动化	10-36-03	
陕西省	10-37	陕西国防工业职业技术学院	机械制造与自动化	10-37-01	2010 年
			精细化学品生产技术	10-37-02	
			应用电子技术	10-37-03	
			机电一体化技术	10-37-04	

续表

省份	院校编号	院校名称	重点建设专业	专业编号	启动建设年度
陕西省	11-27	陕西铁路工程职业技术学院	铁道工程技术	11-27-01	2011 年
			地下工程与隧道工程技术	11-27-02	
			材料工程技术	11-27-03	
			建筑工程技术	11-27-04	
	12-28	陕西职业技术学院	旅游管理	12-28-01	2012 年
			电子商务	12-28-02	
			建筑工程技术	12-28-03	
			计算机应用技术	12-28-04	
甘肃省	10-38	酒泉职业技术学院	旅游管理	10-38-01	2010 年
			机电一体化	10-38-02	
			种子生产与经营	10-38-03	
			水利工程	10-38-04	
	11-28	兰州资源环境职业技术学院	大气探测技术	11-28-01	2011 年
			煤矿开采技术	11-28-02	
			矿山地质	11-28-03	
			矿山机电	11-28-04	
	12-29	武威职业学院	机电一体化技术	12-29-01	2012 年
			光伏发电技术及应用	12-29-02	
			旅游管理	12-29-03	
			设施农业技术	12-29-04	
青海省	11-29	青海交通职业技术学院	道路桥梁工程技术	11-29-01	2011 年
			汽车运用技术	11-29-02	
			工程造价	11-29-03	
宁夏回族自治区	10-39	宁夏工商职业技术学院	清真烹饪工艺与营养	10-39-01	2010 年
			物流管理	10-39-02	
			应用化工技术	10-39-03	

续表

省份	院校编号	院校名称	重点建设专业	专业编号	启动建设年度
新疆维吾尔自治区	10-40	新疆轻工职业技术学院	食品加工技术	10-40-01	2010 年
			应用化工技术	10-40-02	
			生产过程自动化技术	10-40-03	
	11-30	乌鲁木齐职业大学	工艺品设计与制作	11-30-01	2011 年
			印刷技术	11-30-02	
			会展策划与管理	11-30-03	
			物流管理	11-30-04	

①中华人民共和国教育部. 教育部 财政部关于确定"国家示范性高等职业院校建设计划"骨干高职院校立项建设单位的通知[EB/OL].（2010-11-23）[2024-11-13].http://www.moe.gov.cn/srcsite/A07/moe_737/s3876_qt/201011/t20101123_112718.html.

3.3.3 中国特色高水平高职学校和专业建设计划

中国特色高水平高职学校和专业建设计划（简称"双高计划"）是党中央、国务院为建设一批引领改革、支撑发展、中国特色、世界水平的高等职业学校和骨干专业（群）的重大决策建设工程，也是推进中国教育现代化的重要决策，被称为"高职双一流"。"双高计划"旨在打造技术技能人才培养高地和技术技能创新服务平台，引领职业教育服务国家战略、融入区域发展、促进产业升级。

2019 年 1 月 24 日，国务院印发《国家职业教育改革实施方案》，提出将启动实施中国特色高水平高等职业学校和专业建设计划，由教育部和财政部共同研究制定并联合实施，"双高计划"正式启动。同年 4 月 1 日，教育部、财政部发布《关于实施中国特色高水平高职学校和专业建设计划的意见》。同年 4 月 4 日，全国深化职业教育改革电视电话会议在北京召开，时任中共中央政治局常委、国务院总理李克强作出批示并指出：着力培育发展一批高水平职业院校和品牌专业。

2019 年 12 月 10 日，教育部、财政部公布《中国特色高水平高职学校和专业建设计划建设单位名单》，正式公布中国特色高水平高职学校和专业建设高校及建设专业名单，首批"双高计划"建设名单共计 197 所，其中高水平学校建设单位 56 所（A 档 10 所、B 档 20 所、C 档 26 所），高水平专业群建设单位 141 所（A 档 26 所、B 档 59 所、C 档 56 所）。

表 3-49　中国特色高水平高职学校和专业建设计划建设单位名单①

第一类			
高水平学校建设单位（A 档）			
北京电子科技职业学院	无锡职业技术学院	山东商业职业技术学院	陕西工业职业技术学院
天津市职业大学	金华职业技术大学	黄河水利职业技术学院	—
江苏农林职业技术学院	浙江机电职业技术大学	深圳职业技术大学	—

续表

第二类			
高水平学校建设单位（B档）			
北京工业职业技术学院	江苏农牧科技职业学院	日照职业技术学院	深圳信息职业技术学院
天津医学高等专科学校	南京信息职业技术学院	淄博职业学院	顺德职业技术学院
河北工业职业技术大学	杭州职业技术学院	长沙民政职业技术学院	重庆电子科技职业大学
辽宁省交通高等专科学校	宁波职业技术学院	广东轻工职业技术大学	重庆工业职业技术学院
常州信息职业技术学院	浙江金融职业学院	广州番禺职业技术学院	杨凌职业技术学院

第三类			
高水平学校建设单位（C档）	高水平专业群建设单位（A档）	高水平专业群建设单位（B档）	
北京财贸职业学院	北京农业职业学院	北京劳动保障职业学院	山东交通职业学院
天津轻工职业技术学院	北京信息职业技术学院	天津交通职业学院	威海职业学院
山西省财政税务专科学校	天津电子信息职业技术学院	石家庄铁路职业技术学院	潍坊职业学院
内蒙古机电职业技术学院	天津现代职业技术学院	唐山工业职业技术大学	烟台职业学院
长春汽车职业技术大学	河北科技工程职业技术大学	山西机电职业技术学院	河南工业职业技术学院
哈尔滨职业技术学院	山西工程职业学院	山西职业技术学院	河南农业职业学院
上海工艺美术职业学院	辽宁农业职业技术学院	内蒙古化工职业学院	河南职业技术学院
常州机电职业技术学院	长春职业技术学院	黑龙江职业学院	许昌职业技术学院
江苏经贸职业技术学院	黑龙江农业经济职业学院	黑龙江农业工程职业学院	郑州铁路职业技术学院
温州职业技术学院	黑龙江建筑职业技术学院	常州工程职业技术学院	武汉铁路职业技术学院
芜湖职业技术学院	江苏建筑职业技术学院	江苏工程职业技术学院	襄阳职业技术学院
福建船政交通职业学院	浙江建设职业技术学院	江苏海事职业技术学院	湖南化工职业技术学院
江西职业技术大学	安徽机电职业技术学院	江苏食品药品职业技术学院	长沙航空职业技术学院
滨州职业学院	安徽商贸职业技术学院	江苏航运职业技术学院	广东科学技术职业学院
武汉船舶职业技术学院	福建信息职业技术学院	苏州工艺美术职业技术学院	广东水利电力职业技术学院
湖南铁道职业技术学院	江西应用技术职业学院	苏州农业职业技术学院	广州铁路职业技术学院
南宁职业技术大学	山东科技职业学院	浙江交通职业技术学院	广西职业技术学院
海南经贸职业技术学院	黄冈职业技术学院	浙江经济职业技术学院	柳州职业技术大学
四川工程职业技术大学	武汉职业技术学院	浙江经贸职业技术学院	重庆电力高等专科学校
贵州交通职业大学	湖南工业职业技术学院	浙江旅游职业学院	重庆工程职业技术学院
昆明冶金高等专科学校	湖南工艺美术职业学院	安徽水利水电职业技术学院	重庆工商职业学院
陕西铁路工程职业技术学院	湖南汽车工程职业大学	福州职业技术学院	成都纺织高等专科学校
西安航空职业技术学院	重庆城市管理职业学院	黎明职业大学	成都职业技术学院

续表

第三类			
高水平学校建设单位（C 档）	高水平专业群建设单位（A 档）	高水平专业群建设单位（B 档）	
兰州资源环境职业技术大学	成都航空职业技术学院	漳州职业技术学院	四川建筑职业技术学院
宁夏职业技术学院	四川交通职业技术学院	江西财经职业学院	铜仁职业技术学院
新疆农业职业技术大学	兰州石化职业技术大学	江西环境工程职业学院	陕西国防工业职业技术学院
—	—	江西交通职业技术学院	陕西职业技术学院
—	—	济南职业学院	酒泉职业技术学院
—	—	青岛职业技术学院	宁夏工商职业技术学院
—	—	山东畜牧兽医职业学院	—

第四类			
高水平专业群建设单位（C 档）			
北京交通运输职业学院	吉林铁道职业技术学院	青岛酒店管理职业技术学院	中山火炬职业技术学院
天津渤海职业技术学院	哈尔滨铁道职业技术学院	山东职业学院	广西建设职业技术学院
沧州医学高等专科学校	南京铁道职业技术学院	湖北交通职业技术学院	重庆航天职业技术学院
河北石油职业技术大学	南通职业大学	湖北职业技术学院	重庆三峡医药高等专科学校
河北化工医药职业技术学院	苏州工业职业技术学院	武汉电力职业技术学院	重庆三峡职业学院
秦皇岛职业技术学院	无锡商业职业技术学院	湖南交通职业技术学院	重庆医药高等专科学校
石家庄邮电职业技术学院	徐州工业职业技术学院	湖南生物机电职业技术学院	成都农业科技职业学院
石家庄职业技术学院	浙江工贸职业技术学院	岳阳职业技术学院	四川邮电职业技术学院
内蒙古建筑职业技术学院	浙江警官职业学院	长沙商贸旅游职业技术学院	贵州轻工职业技术学院
渤海船舶职业学院	浙江商业职业技术学院	东莞职业技术学院	昆明工业职业技术学院
辽宁机电职业技术学院	浙江艺术职业学院	广东工贸职业技术学院	云南机电职业技术学院
辽宁经济职业技术学院	安徽医学高等专科学校	广东机电职业技术学院	陕西能源职业技术学院
沈阳职业技术学院	江西外语外贸职业学院	广东食品药品职业学院	咸阳职业技术学院
吉林交通职业技术学院	东营职业学院	广州民航职业技术学院	新疆轻工职业技术学院

①中华人民共和国教育部 . 教育部 财政部关于公布中国特色高水平高职学校和专业建设计划建设单位名单的通知 [EB/OL]（ 2019–12–13 ）[2024–11–13].http://www.moe.gov.cn/srcsite/A07/moe_737/s3876_qt/201912/t20191213_411947.html.

表3-50　中国特色高水平高职学校和专业建设计划首批建设专业单位[①]

学校名称	专业群名称
高水平学校建设单位（A档）	
北京电子科技职业学院	汽车制造与装配技术、药品生物技术
天津市职业大学	眼视光技术、包装工程技术
江苏农林职业技术学院	现代农业技术、园林技术
无锡职业技术学院	数控技术、物联网应用技术
金华职业技术大学	机械制造与自动化、学前教育
浙江机电职业技术大学	机械制造与自动化、智能控制技术
山东商业职业技术学院	市场营销、云计算技术与应用
黄河水利职业技术学院	水利水电建筑工程、测绘地理信息技术
深圳职业技术大学	通信技术、电子信息工程技术
陕西工业职业技术学院	机械制造与自动化、材料成型与控制技术
高水平学校建设单位（B档）	
北京工业职业技术学院	机电一体化技术、工程测量技术
天津医学高等专科学校	护理、药学
河北工业职业技术大学	黑色冶金技术、电气自动化技术
辽宁省交通高等专科学校	道路桥梁工程技术、汽车运用与维修技术
常州信息职业技术学院	软件技术、信息安全与管理
江苏农牧科技职业学院	畜牧兽医、食品药品监督管理
南京信息职业技术学院	通信技术、电子产品质量检测
杭州职业技术学院	电梯工程技术、服装设计与工艺
宁波职业技术学院	应用化工技术、模具设计与制造
浙江金融职业学院	金融管理、国际贸易实务
日照职业技术学院	水产养殖技术、建筑工程技术
淄博职业学院	电气自动化技术、新能源汽车技术
长沙民政职业技术学院	现代殡葬技术与管理、老年服务与管理
广东轻工职业技术大学	精细化工技术、产品艺术设计
广州番禺职业技术学院	艺术设计、珠宝首饰技术与管理
深圳信息职业技术学院	软件技术、移动通信技术
顺德职业技术学院	家具设计与制造、制冷与空调技术
重庆电子科技职业大学	物联网应用技术、信息安全与管理
重庆工业职业技术学院	模具设计与制造、汽车检测与维修技术

续表

学校名称	专业群名称
杨凌职业技术学院	农业生物技术、水利工程
高水平学校建设单位（C档）	
北京财贸职业学院	会计、连锁经营管理
天津轻工职业技术学院	模具设计与制造、光伏发电技术与应用
山西省财政税务专科学校	会计、市场营销
内蒙古机电职业技术学院	电力系统自动化技术、机械制造与自动化
长春汽车职业技术大学	汽车制造与装配技术、新能源汽车技术
哈尔滨职业技术学院	机电一体化技术、电子商务
上海工艺美术职业学院	工艺美术品设计、产品艺术设计
常州机电职业技术学院	工业机器人技术、模具设计与制造
江苏经贸职业技术学院	电子商务、老年服务与管理
温州职业技术学院	鞋类设计与工艺、电机与电器技术
芜湖职业技术学院	机电一体化技术、食品营养与检测
福建船政交通职业学院	航海技术、安全技术与管理
江西职业技术大学	船舶工程技术、物联网应用技术
滨州职业学院	护理、机械制造与自动化
武汉船舶职业技术学院	船舶工程技术、轮机工程技术
湖南铁道职业技术学院	铁道机车车辆制造与维护、铁道机车
南宁职业技术大学	建筑室内设计、软件技术
海南经贸职业技术学院	旅游管理、国际经济与贸易
四川工程职业技术大学	数控技术、焊接技术与自动化
贵州交通职业大学	道路桥梁工程技术、汽车运用与维修技术
昆明冶金高等专科学校	有色冶金技术、测绘工程技术
陕西铁路工程职业技术学院	高速铁道工程技术、城市轨道交通工程技术
西安航空职业技术学院	飞机机电设备维修、无人机应用技术
兰州资源环境职业技术大学	应用气象技术、金属精密成型技术
宁夏职业技术学院	畜牧兽医、机电一体化技术
新疆农业职业技术大学	种子生产与经营、畜牧兽医
高水平专业群建设单位（A档）	
北京农业职业学院	园艺技术
北京信息职业技术学院	信息安全与管理

续表

学校名称	专业群名称
天津电子信息职业技术学院	软件技术
天津现代职业技术学院	无人机应用技术
河北科技工程职业技术大学	汽车检测与维修技术
山西工程职业学院	黑色冶金技术
辽宁农业职业技术学院	园艺技术
长春职业技术学院	计算机网络技术
黑龙江农业经济职业学院	作物生产技术
黑龙江建筑职业技术学院	市政工程技术
江苏建筑职业技术学院	建筑装饰工程技术
浙江建设职业技术学院	工程造价
安徽机电职业技术学院	工业机器人技术
安徽商贸职业技术学院	电子商务
福建信息职业技术学院	物联网应用技术
江西应用技术职业学院	国土资源调查与管理
山东科技职业学院	服装设计与工艺
黄冈职业技术学院	建筑钢结构工程技术
武汉职业技术学院	光电技术应用
湖南工业职业技术学院	数控技术
湖南工艺美术职业学院	刺绣设计与工艺
湖南汽车工程职业大学	汽车智能技术
重庆城市管理职业学院	老年服务与管理
成都航空职业技术学院	飞行器制造技术
四川交通职业技术学院	道路桥梁工程技术
兰州石化职业技术大学	石油化工技术
高水平专业群建设单位（B档）	
北京劳动保障职业学院	老年服务与管理
天津交通职业学院	物流管理
石家庄铁路职业技术学院	铁道工程技术
唐山工业职业技术大学	动车组检修技术
山西机电职业技术学院	数控技术
山西职业技术学院	大数据技术与应用

续表

学校名称	专业群名称
内蒙古化工职业学院	煤化工技术
黑龙江职业学院	数控技术
黑龙江农业工程职业学院	农业装备应用技术
常州工程职业技术学院	应用化工技术
江苏工程职业技术学院	现代纺织技术
江苏海事职业技术学院	航海技术
江苏食品药品职业技术学院	食品加工技术
江苏航运职业技术学院	航海技术
苏州工艺美术职业技术学院	工艺美术品设计
苏州农业职业技术学院	园林工程技术
浙江交通职业技术学院	道路桥梁工程技术
浙江经济职业技术学院	物流管理
浙江经贸职业技术学院	电子商务
浙江旅游职业学院	导游
安徽水利水电职业技术学院	水利水电建筑工程
福州职业技术学院	软件技术
黎明职业大学	高分子材料加工技术
漳州职业技术学院	食品加工技术
江西财经职业学院	会计
江西环境工程职业学院	林业技术
江西交通职业技术学院	道路桥梁工程技术
济南职业学院	机电一体化技术
青岛职业技术学院	服装与服饰设计
山东畜牧兽医职业学院	畜牧兽医
山东交通职业学院	汽车运用与维修技术
威海职业学院	建筑工程技术
潍坊职业学院	电气自动化技术
烟台职业学院	模具设计与制造
河南工业职业技术学院	机电一体化技术
河南农业职业学院	种子生产与经营
河南职业技术学院	数控技术

续表

学校名称	专业群名称
许昌职业技术学院	机电一体化技术
郑州铁路职业技术学院	铁道机车
武汉铁路职业技术学院	动车组检修技术
襄阳职业技术学院	特殊教育
长沙航空职业技术学院	飞行器维修技术
湖南化工职业技术学院	应用化工技术
广东科学技术职业学院	软件技术
广东水利电力职业技术学院	水利水电建筑工程
广州铁路职业技术学院	铁道供电技术
广西职业技术学院	茶树栽培与茶叶加工
柳州职业技术大学	机电设备维修与管理
重庆电力高等专科学校	发电厂及电力系统
重庆工程职业技术学院	机电一体化技术
重庆工商职业学院	物联网应用技术
成都纺织高等专科学校	服装设计与工艺
成都职业技术学院	软件技术
四川建筑职业技术学院	建筑工程技术
铜仁职业技术学院	畜牧兽医
陕西国防工业职业技术学院	机电一体化技术
陕西职业技术学院	旅游管理
酒泉职业技术学院	风力发电工程技术
宁夏工商职业技术学院	应用化工技术
高水平专业群建设单位（C档）	
北京交通运输职业学院	城市轨道交通运营管理
天津渤海职业技术学院	环境工程技术
沧州医学高等专科学校	临床医学
河北石油职业技术大学	石油工程技术
河北化工医药职业技术学院	药品生产技术
秦皇岛职业技术学院	审计
石家庄邮电职业技术学院	邮政通信管理
石家庄职业技术学院	建筑工程技术

续表

学校名称	专业群名称
内蒙古建筑职业技术学院	供热通风与空调工程技术
渤海船舶职业学院	船舶工程技术
辽宁机电职业技术学院	工业过程自动化技术
辽宁经济职业技术学院	物流管理
沈阳职业技术学院	机械设计与制造
吉林交通职业技术学院	道路桥梁工程技术
吉林铁道职业技术学院	铁道机车
哈尔滨铁道职业技术学院	城市轨道交通工程技术
南京铁道职业技术学院	铁道交通运营管理
南通职业大学	建筑工程技术
苏州工业职业技术学院	智能控制技术
无锡商业职业技术学院	市场营销
徐州工业职业技术学院	高分子材料工程技术
浙江工贸职业技术学院	光电制造与应用技术
浙江警官职业学院	刑事执行
浙江商业职业技术学院	电子商务
浙江艺术职业学院	戏曲表演
安徽医学高等专科学校	护理
江西外语外贸职业学院	电子商务
东营职业学院	石油化工技术
青岛酒店管理职业技术学院	酒店管理
山东职业学院	城市轨道交通车辆技术
湖北交通职业技术学院	新能源汽车技术
湖北职业技术学院	护理
武汉电力职业技术学院	发电厂及电力系统
长沙商贸旅游职业技术学院	餐饮管理
湖南交通职业技术学院	道路桥梁工程技术
湖南生物机电职业技术学院	种子生产与经营
岳阳职业技术学院	护理
东莞职业技术学院	电子信息工程技术
广东工贸职业技术学院	测绘地理信息技术

续表

学校名称	专业群名称
广东机电职业技术学院	数控技术
广东食品药品职业学院	中药学
广州民航职业技术学院	飞机机电设备维修
中山火炬职业技术学院	包装策划与设计
广西建设职业技术学院	建筑工程技术
重庆航天职业技术学院	智能控制技术
重庆三峡医药高等专科学校	中药学
重庆三峡职业学院	畜牧兽医
重庆医药高等专科学校	药学
成都农业科技职业学院	休闲农业
四川邮电职业技术学院	通信技术
贵州轻工职业技术学院	大数据技术与应用
昆明工业职业技术学院	物流管理
云南机电职业技术学院	机电一体化技术
陕西能源职业技术学院	煤矿开采技术
咸阳职业技术学院	学前教育
新疆轻工职业技术学院	应用化工技术

①中华人民共和国教育部.教育部 财政部关于公布中国特色高水平高职学校和专业建设计划建设单位名单的通知[EB/OL].（2019-12-13）[2024-11-13].http://www.moe.gov.cn/srcsite/A07/moe_737/s3876_qt/201912/t20191213_411947.html

3.3.4 各类型高职院校

高职院校的分类标准主要基于学校的性质和类型。根据教育部的要求，高职院校分为公办和民办两类。与本科院校类似，高职院校亦可以进一步细分为综合类、理工类、师范类、农林类、医药类、财经类、政法类、体育类、艺术类等9个类型。下面将按类型介绍部分院校。

（一）财经类

表3-51　"财经类"重点院校

序号	院校名称	省域	推荐专业
1	山东商业职业技术学院	山东	制冷与空调技术、软件技术、市场营销
2	浙江金融职业学院	浙江	大数据与会计、财富管理、国际金融
3	江苏经贸职业技术学院	江苏	大数据与会计、关务与外贸服务、财务会计类
4	浙江经济职业技术学院	浙江	大数据与会计、关务与外贸服务、市场营销

续表

序号	院校名称	省域	推荐专业
5	无锡商业职业技术学院	江苏	大数据与会计、制冷与空调技术、物联网应用技术
6	浙江商业职业技术学院	浙江	大数据与会计、供热通风与空调工程技术、计算机网络技术
7	安徽商贸职业技术学院	安徽	大数据与会计、市场营销、计算机应用技术
8	北京财贸职业学院	北京	大数据与会计、酒店管理与数字化运营、现代物流管理
9	山西省财政税务专科学校	山西	大数据与会计、大数据与财务管理、资产评估与管理

（二）理工类

表 3-52 "理工类"重点院校

序号	院校名称	省域	推荐专业
1	重庆电子科技职业大学	重庆	工程造价、软件技术、计算机网络技术
2	广东轻工职业技术大学	广东	艺术设计、广告艺术设计、软件技术
3	陕西工业职业技术学院	陕西	电气自动化技术、机电一体化技术、数控技术
4	黄河水利职业技术学院	河南	水利水电建筑工程、工程测量技术、道路桥梁工程技术
5	无锡职业技术学院	江苏	机电一体化技术、数控技术、物联网应用技术
6	重庆工业职业技术学院	重庆	模具设计与制造、机械设计与制造、工程造价
7	北京电子科技职业学院	北京	计算机应用技术、城市轨道交通机电技术、计算机网络技术
8	浙江机电职业技术大学	浙江	机电一体化技术、电气自动化技术、数控技术
9	南京信息职业技术学院	江苏	电子信息工程技术、机电一体化技术、现代移动通信技术
10	常州机电职业技术学院	江苏	模具设计与制造、供用电技术、数控技术

（三）农林类

表 3-53 "农林类"重点院校

序号	院校名称	省域	推荐专业
1	江苏农林职业技术学院	江苏	园林技术、畜牧兽医、园艺技术
2	江苏农牧科技职业学院	江苏	动物医学、畜牧兽医、动物防疫与检疫
3	新疆农业职业技术大学	新疆	畜牧兽医、种子生产与经营、建筑工程技术
4	苏州农业职业技术学院	江苏	园林技术、园艺技术、园林工程技术
5	山东畜牧兽医职业学院	山东	畜牧兽医、动物防疫与检疫、食品智能加工技术
6	广西职业技术学院	广西	畜牧兽医、计算机网络技术、人力资源管理
7	河南农业职业学院	河南	畜牧兽医、园林技术、种子生产与经营
8	黑龙江农业工程职业学院	黑龙江	动物医学、现代物流管理、园林技术

续表

序号	院校名称	省域	推荐专业
9	黑龙江农业经济职业学院	黑龙江	畜牧兽医、作物生产与经营管理、机电一体化技术
10	辽宁农业职业技术学院	辽宁	畜牧兽医、动物医学、园林工程技术

（四）师范类

表 3-54 "师范类"重点院校

序号	院校名称	省域	推荐专业
1	闽江师范高等专科学校	福建	学前教育、行政管理、导游
2	桂林师范高等专科学校	广西	小学教育、音乐教育、中文
3	广西幼儿师范高等专科学校	广西	学前教育、体育教育、音乐教育
4	焦作师范高等专科学校	河南	小学教育、小学语文教育、心理咨询
5	淄博师范高等专科学校	山东	学前教育、小学语文教育、小学数学教育
6	宝鸡职业技术学院	陕西	学前教育、护理、机械设计与制造、会计电算化、机电一体化技术、康复治疗技术、针灸推拿、临床医学
7	连云港师范高等专科学校	江苏	学前教育、体育教育、小学教育
8	合肥幼儿师范高等专科学校	安徽	学前教育、音乐教育、小学英语教育
9	徐州幼儿师范高等专科学校	江苏	学前教育、早期教育、特殊教育
10	泉州幼儿师范高等专科学校	福建	学前教育、艺术教育、音乐教育

（五）体育类

表 3-55 "体育类"重点院校

序号	院校名称	省域	推荐专业	备注
1	浙江体育职业技术学院	浙江	社会体育	
2	北京体育职业学院	北京	运动训练、竞技体育、社会体育、体育保健、体育服务与管理	
3	海南体育职业技术学院	海南	运动训练	
4	广州体育职业技术学院	广东	运动训练、体育保健与康复、社会体育	
5	嵩山少林武术职业学院	河南	软件技术、中文、市场营销	民办
6	广西体育高等专科学校	广西	体育教育、运动训练、民族传统体育	
7	内蒙古体育职业学院	内蒙古	体育教育、体育类、运动训练	
8	广东体育职业技术学院	广东	体育保健与康复、体育教育、社会体育	
9	宁夏体育职业学院	宁夏	体育教育、运动训练、社会体育	
10	湖南体育职业学院	湖南	体育教育、运动训练、社会体育	
11	福建体育职业技术学院	福建	运动训练、社会体育、体育保健与康复	

续表

序号	院校名称	省域	推荐专业	备注
12	山西体育职业学院	山西	运动训练、社会体育、体育保健与康复	
13	黑龙江冰雪体育职业学院	黑龙江	运动训练、康复治疗技术、护理	
14	四川体育职业学院	四川	体育艺术表演、国际标准舞、运动训练、体育运营与管理、体育教育、社会体育、体育保健与康复	
15	云南体育运动职业技术学院	云南	体育教育、运动训练、体育保健与康复	

（六）医药类

表 3-56 "医药类"重点院校

序号	院校名称	省域	推荐专业
1	天津医学高等专科学校	天津	护理、口腔医学、针灸推拿
2	重庆医药高等专科学校	重庆	护理、临床医学、药学
3	重庆三峡医药高等专科学校	重庆	临床医学、护理、中医学
4	江苏医药职业学院	江苏	护理、医学影像技术、临床医学
5	安徽医学高等专科学校	安徽	口腔医学、护理、临床医学
6	苏州卫生职业技术学院	江苏	护理、药学、医学检验技术
7	沧州医学高等专科学校	河北	口腔医学、护理、临床医学
8	南阳医学高等专科学校	河南	临床医学、中医学、护理
9	山东药品食品职业学院	山东	中药学、药品经营与管理、药学
10	漯河医学高等专科学校	河南	口腔医学、护理、临床医学

（七）艺术类

表 3-57 "艺术类"重点院校

序号	院校名称	省域	推荐专业
1	湖南工艺美术职业学院	湖南	环境艺术设计、广告艺术设计、工业设计
2	上海工艺美术职业学院	上海	环境艺术设计、广告艺术设计、游戏艺术设计
3	苏州工艺美术职业技术学院	江苏	环境艺术设计、室内艺术设计、艺术设计
4	浙江艺术职业学院	浙江	舞蹈表演、表演艺术、影视多媒体技术
5	湖南大众传媒职业技术学院	湖南	播音与主持、新闻采编与制作、环境艺术设计
6	广东省外语艺术职业学院	广东	商务英语、学前教育、音乐教育
7	无锡工艺职业技术学院	江苏	电线电缆制造技术、环境艺术设计、陶瓷设计与工艺
8	江西陶瓷工艺美术职业技术学院	江西	陶瓷设计与工艺、材料工程技术、环境艺术设计

续表

序号	院校名称	省域	推荐专业
9	山西艺术职业学院	山西	舞蹈表演、歌舞表演、播音与主持
10	湖南艺术职业学院	湖南	音乐剧表演、舞蹈表演、摄影摄像技术

（八）政法类

表 3-58　"政法类"重点院校

序号	院校名称	省域	推荐专业
1	浙江警官职业学院	浙江	刑事执行、安全防范技术、法律事务
2	北京政法职业学院	北京	法律文秘、建筑消防技术、法律事务
3	河北政法职业学院	河北	法律事务、人力资源管理、大数据与会计
4	青海警官职业学院	青海	刑事侦查、治安管理、法律事务
5	黑龙江公安警官职业学院	黑龙江	治安管理
6	四川司法警官职业学院	四川	刑事侦查技术、法律事务、刑事执行
7	广东司法警官职业学院	广东	刑事执行、法律事务、司法警务
8	安徽警官职业学院	安徽	法律事务、刑事执行、司法警务
9	内蒙古警察职业学院	内蒙古	刑事侦查、治安管理、道路交通管理
10	海南政法职业学院	海南	治安管理、法律事务、道路交通管理

（九）综合类

表 3-59　"综合类"重点院校

序号	院校名称	省域	推荐专业
1	金华职业技术大学	浙江	护理、临床医学、助产
2	深圳信息职业技术学院	广东	城市轨道交通运营管理、软件技术、关务与外贸服务
3	淄博职业学院	山东	工程造价、护理、大数据与会计
4	长沙民政职业技术学院	湖南	现代殡葬技术与管理、民政服务与管理、人力资源管理
5	宁波职业技术学院	浙江	大数据与会计、机电一体化技术、模具设计与制造
6	广州番禺职业技术学院	广东	商务英语、计算机应用技术、工程造价
7	天津职业大学	天津	眼视光技术、工程造价、应用化工技术
8	日照职业技术学院	山东	工程造价、建筑工程技术、水产养殖技术
9	顺德职业技术学院	广东	制冷与空调技术、护理、计算机网络技术
10	杭州职业技术学院	浙江	园艺技术、大数据与会计、软件技术

3.4 高职（专科）专业建设基本情况

高职（专科）专业目录涵盖了农林牧渔、资源环境与安全、能源动力与材料、土木建筑、水利、装备制造、生物与化工、轻工纺织、食品药品与粮食、交通运输、电子与信息、医药卫生、财经商贸、旅游、文化艺术、新闻传播、教育与体育、公安与司法、公共管理等 19 个大类，97 个专业类，包含了 771 个专业。接下来，我们将按照大类来介绍部分专业的学习内容及就业情况。

部分高职（专科）专业介绍

（一）农林牧渔大类（门类代码：41）

1. 林业类（专业类代码：4102）

园林技术（专业代码：410202）

专业简介： 园林技术是一门普通高等学校专科专业，属林业类专业，基本修业年限为三年。2015 年，教育部将园林技术、城市园林两个专业合并为园林技术一个专业。该专业培养具备园林技术的基础知识与技术技能，能从事园林植物栽培与养护工作的高级技术应用型专门人才。

培养目标： 该专业培养德、智、体、美、劳全面发展，具有良好职业道德和人文素养，掌握园林植物、园林工程及管理基本知识，具备园林植物识别、园林植物繁育、园林植物病虫害防治、园林植物养护、园林绿地小地形测绘、常见中小型绿地规划设计、招投标文件的制作、小规模园林绿化工程施工等专业能力，从事园林植物栽培与养护、城乡园林规划设计、园林工程施工与管理等工作的高素质技术技能人才。

能力（业务）培养要求： 具备对新知识、新技能的学习能力和创新创业能力；具备园林绿地养护的能力；掌握园林规划设计的知识，具备常见中小型绿地规划设计能力；了解园林植物知识，具备园林植物的繁殖与管理能力；了解园林工程知识，具备园林工程施工与管理的能力。

基础课程： 园林植物栽培技术、园林植物保护、园林植物造景、园林规划设计、园林建筑设计、园林工程、园林工程项目管理等。

接续本科专业： 园林、风景园林。

就业： 园林技术专业的就业方向较为广泛，涵盖了多个领域和行业。以下是主要的就业方向。

（1）园林设计与规划

园林景观设计：从事城市公园、居住区等绿地的规划与设计。

环境艺术设计：参与景观设计、环境规划，提供艺术化的环境设计方案。

（2）园林施工与管理

园林工程施工：负责园林工程的实际施工，包括植物种植、景观构筑。

园林养护管理：从事园林植物的日常养护、病虫害防治等工作。

（3）植物繁育与养护

园艺植物生产：从事园艺植物的繁殖、栽培、管理等工作。

观赏植物种植与保护：负责花卉、绿化苗木的种植、保护等工作。

（4）教育与科研

园林教育与科研：在高等院校或科研机构从事园林技术的教学与科研工作。

（5）其他方向

农业管理：从事农业生产计划、管理等工作。

园艺技术服务与推广：从事园艺技术的推广与应用。

园艺产品营销：从事园艺产品的营销和服务工作。

开设本专业的典型院校：北京农业职业学院、上海农林职业技术学院

2. 畜牧业类（专业类代码：4103）

动物医学（专业代码：410301）

专业简介：动物医学主要研究动物生理学、动物病理学、动物药理学、动物临床医学、动物检疫技术等方面的基本知识和技能，进行动物疾病的预防与诊治、传染病的检验等。例如：猫、狗等宠物动物疾病的预防、诊断与治疗，狂犬病等传染病的检验与治疗，猪肉、牛肉等食用肉类的检验检疫等。

培养目标：本专业旨在培养德、智、体、美、劳全面发展，具有良好职业道德和人文素养，掌握动物（宠物）疾病诊断、预防和控制基本知识，具备常见动物疾病的预防、诊断、治疗能力，从事动物疾病诊断与防治、畜牧场防疫、动物检疫检验、畜禽生产与经营管理、饲料和兽药生产与经营、农业技术推广等工作的高素质技术技能人才。

基础课程：动物解剖、动物生理、动物微生物及免疫、动物病理、动物药理、兽医临床诊疗技术、动物防疫与检疫技术、中兽医、动物内科病、动物外科与产科。

接续本科专业：动物医学

就业：动物医学的就业方向较为广泛，主要包括以下五个方面。

（1）政府机构：如出入境检验检疫局、农业局等，负责动物疾病的防控、检疫、卫生监督等工作。

（2）科研机构：在生物公司、兽药厂等，从事动物性食品和畜产品的检验、兽医生物药品的研制与开发。

（3）畜牧业企业：如大型养殖场、饲料厂等，从事动物育种、繁殖、疾病防治、卫生防疫等技术和管理岗位。

（4）实验动物中心：负责实验动物的饲养、管理、疾病防治及科研工作。

（5）宠物医疗：在宠物医院或诊所从事宠物疾病的诊疗、预防接种、宠物保健等工作。

开设本专业的典型院校：广西农业职业技术大学、成都农业科技职业学院、廊坊职业技术学院

（二）资源环境与安全大类（门类代码：42）

1. 测绘地理信息类（专业类代码：4203）

测绘工程技术（专业代码：420302）

专业简介：测绘工程技术主要研究现代空间测量、数字摄影测量与遥感、地理信息系统与地图学等方面的基本知识和技能，进行工程测量、地形测量、地理信息数据建库及应用等。例如：地籍与房产测量，高速铁路精密工程测量、变形监测，城乡规划中土地测量、地图绘制等。

培养目标：本专业旨在培养德、智、体、美、劳全面发展，具有良好职业道德和人文素养，掌握测绘工程技术的基本知识，具备地面测量、空间测量能力，从事国家基础测绘、大地测量、数字测图、工程测量、地理信息数据生产和测绘管理等工作的高素质技术技能人才。

基础课程：测绘基础、数字测图、测量误差与数据处理、工程测量、控制测量、地籍与房产测量、GNSS 测量技术、测绘 CAD 等。

接续本科专业：测绘工程、遥感科学与技术、地理信息科学

就业：测绘工程技术的就业方向较为广泛。

（1）测绘部门：从事国家基础测绘建设、地图与地理信息系统设计等工作，涉及地理空间数据的采集、处理、分析和应用。

（2）工程建设领域：参与各类工程勘测、施工与营运的测量工作，如大比例尺数字化测图、变形监测等。

（3）地理信息系统（GIS）领域：负责地理数据的采集、处理、分析和管理，广泛应用于多个领域。

（4）遥感领域：利用卫星技术进行数据采集和分析，从事环境保护、灾害预防等工作。

（5）导航与管理领域：参与陆海空运载工具的导航与管理工作，如利用卫星导航系统进行定位和管理。

（6）软件开发领域：从事测绘相关软件和设备的研发工作。

（7）科研和教学单位：进行测绘工程的科学研究或教学工作。

（8）房地产和土地管理部门：参与房地产项目的测绘、土地规划和管理等工作。

（9）城市规划和设计单位：为城市规划设计提供地理信息和测量数据支持。

开设本专业的典型院校：武汉铁路职业技术学院、石家庄铁路职业技术学院、安徽水利水电职业技术学院

2. 环境保护类（专业类代码：4208）

环境工程技术（专业代码：420802）

专业简介：环境工程技术主要研究环境监测与评价、废水、废气治理等方面的基本知识和技能，进行环境监测、污染控制、环境管理等。例如：河流污染状况监测、污水治理、环境质量、污染状况评价，噪音控制及工程设计等。

培养目标：本专业旨在培养德、智、体、美、劳全面发展，具有良好职业道德和人文素养，掌握环境工程工艺设计、施工管理、设备安装、工艺调试、环保设施运营管理、环境工程监理基本知识，具备环境监测、环境影响评价及环境管理能力，从事环境保护领域水污染治理、大气污染治理、固体废物处理处置

以及物理污染治理等工作的高素质技术技能人才。

接续本科专业： 环境工程、环境科学、环境科学与工程、环境生态工程、环保设备工程、资源环境科学、给排水科学与工程

就业： 环境工程技术就业方向较为广泛。

（1）政府部门及公共事业：环保局、公用事业，从事环境管理、规划、监测与政策制定。

（2）环保及工程企业：设计院、工程公司负责环境工程设计与实施；研究院、固废企业参与科研与技术开发。

（3）工矿企业：从事环境管理与治理，确保合规排放。

开设本专业的典型院校： 兰州石化职业技术大学、河北科技工程职业技术大学、河南工业职业技术学院

（三）能源动力与材料大类（门类代码：43）

1.非金属材料类（专业类代码：4306）

材料工程技术（专业代码：430601）

专业简介： 材料工程技术主要研究材料学、机械学、工程力学、材料加工工艺与设备等方面的基本知识和技能，掌握材料的制备、组成、组织结构与性能之间的关系与基本规律，进行材料的制备、加工、塑型、性能检测等。例如：材料的锻造与铸造，机电设备、汽车、飞机的零件的生产加工，零件模具的设计与塑性成型等。

培养目标： 本专业旨在培养德、智、体、美、劳全面发展，具有良好职业道德和人文素养，掌握高分子材料制造与改性的基本知识，具备高分子材料制造与改性设备的操作与管理、原材料与产品性能测试、分析能力，从事高分子材料生产、技术、管理、分析等工作的高素质技术技能人才。

基础课程： 工程力学、工程材料及热处理、机械设计基础、金属塑性成型基础、金属表面处理技术、金属材料检测技术、锻压设备、锻造工艺与锻模设计、冲压工艺与冲模、模具CAD/CAM。

接续本科专业： 材料科学与工程、冶金工程、无机非金属材料工程、高分子材料与工程

就业： 材料工程技术专业就业方向较为广泛，涵盖：新材料研发与应用——在新兴领域如电子技术、半导体等研发新材料；传统材料行业——在钢铁、石油化工等行业从事材料设计与生产；技术管理与开发——在企事业单位负责技术管理、设备维护等工作；政府部门与科研机构——从事行政管理、质量监督或科研教学工作；细分领域岗位——如材料工程师、工艺工程师等；交叉领域——与生物医学、电子信息等领域结合，提供更多就业机会；新兴领域——在新能源汽车、绿色环保等领域有广阔的就业前景。

开设本专业的典型院校： 内蒙古化工职业学院、黄河水利职业技术学院、江西现代职业技术学院

2. 建筑材料类（专业类代码：4307）

建筑材料工程技术（专业代码：430701）

专业简介：建筑材料工程技术主要研究化学、建筑材料与新型建材、建材检测与分析、建筑施工技术等方面的基本知识和技能，进行建筑材料的生产、质量控制、检测分析以及建筑施工管理等。常见的建筑材料有木材、水泥、混凝土、砖瓦、玻璃、油漆、瓷砖等。

培养目标：方向一——建筑材料工程技术（水泥生产技术）。本专业培养德、智、体、美、劳全面发展，具有良好职业道德和人文素养，掌握必要的水泥生产基本理论知识，具备较强的水泥生产相应岗位实际操作能力，从事水泥化学分析和性能检测及生料制备、熟料煅烧、水泥制成等中控操作，水泥厂生产巡检、技术改造设计和生产技术管理等工作的高素质技术技能人才。

方向二——建筑材料工程技术（玻璃生产技术方向）。本专业培养德、智、体、美、劳全面发展，具有良好职业道德和人文素养，掌握必要的玻璃生产基本理论知识，具备较强的玻璃生产企业各岗位实际操作能力，从事玻璃化学分析和性能检测及玻璃配合料制备、玻璃熔制、玻璃成型与退火、玻璃深加工，玻璃厂生产巡检、技术改造设计和生产技术管理等工作的高素质技术技能人才。

方向三——建筑材料工程技术（陶瓷生产技术方向）。本专业培养德、智、体、美、劳全面发展，具有良好职业道德和人文素养，掌握必要的陶瓷生产基本知识，具备陶瓷生产企业岗位实际操作能力和职业素质，从事陶瓷化学分析和性能检测、坯釉料制备、坯料成型、陶瓷烧结，陶瓷装饰、工艺设计和生产技术管理等工作的高素质技术技能人才。

方向四——建筑材料工程技术（混凝土生产技术方向）。本专业培养德、智、体、美、劳全面发展，具有良好职业道德和人文素养，掌握必要的混凝土基本知识，具备较强的混凝土生产各岗位实际操作能力，从事混凝土原材料化学分析和物理性能检测、混凝土配料方案的设计和调整、混凝土生产、混凝土性能检测，混凝土的施工与组织、工程预决算、外加剂的生产和应用等工作的高素质技术技能人才。

基础课程：有机化学、道路建筑材料、建筑材料与检测、混凝土外加剂、建筑工程概论、建筑装饰材料与检测、建筑保温材料、新型建筑材料与节能技术、建筑材料产品质量检验技术、建筑材料供应与管理。

接续本科专业：材料科学与工程

就业：建筑材料工程技术专业就业方向多样，涵盖：施工及检测单位——在公路、建筑等行业担任施工员、质检员，负责材料质量检测与控制；土建行业单位——从事施工检测、试验等技术工作，参与基础设施建设与维护；建筑材料生产企业——从事生产工艺管理、质量控制，确保新型建筑材料质量；建设工程检测中心——负责材料检测、分析和技术管理，保障工程质量；建筑施工及装饰工程管理——参与施工管理、质量监督及装饰工程设计与管理；建材研究设计院所——从事材料研究、设计和技术支持，推动建材科技进步；其他相关领域——在节能材料研发、环保技术应用等领域也有广阔的就业前景。

开设本专业的典型院校：石家庄铁路职业技术学院、四川建筑职业技术学院、黑龙江建筑职业技术学院

（四）土木建筑大类（门类代码：44）

1. 建筑设计类（专业类代码：4401）

风景园林设计（专业代码：440105）

专业简介： 风景园林设计主要研究美术学、色彩学、CAD、园林景观设计、园林工程预算等方面的基本知识和技能，进行园林景观设计、园林效果图绘制、园林工程管理等。例如：公园、植物园、风景游览区等风景园林的植物搭配与景观设计，园林 3D 效果图的绘制、城市绿地的规划设计等。

培养目标： 本专业旨在培养德、智、体、美、劳全面发展，具有良好职业道德和人文素养，掌握风景园林规划与设计、城市各类绿地规划设计、园林工程施工设计、园林工程项目管理基本知识，具备空间思维、语言表达，以及独立进行城市绿地、园林、园林建筑的设计、效果图表现、施工图设计和计算机辅助设计能力，从事风景园林方案及施工图设计等工作的高素质技术技能人才。

基础课程： 园林树木花卉学、园林规划与设计、园林建筑设计、园林工程设计、园林工程计价、园林工程施工。

就业方向： 风景园林设计专业就业方向多元，包括：风景园林设计师——从事公园、景区等设计；景观方案与施工图设计师——制定和优化方案，转化为施工图纸；施工与监理——组织、指导园林工程施工；园林工程管理——负责项目组织、协调、预算、进度控制等；城市规划师——参与城市绿化和景观设计规划；景观咨询师——提供景观规划、设计、施工等咨询服务；高校教师——培养景观设计人才；研究员——研究园林生态系统等领域，提供理论和技术支持。

接续本科专业： 风景园林、环境设计、城乡规划、建筑学

开设本专业的典型院校： 威海职业学院、河南工业职业技术学院、芜湖职业技术学院

2. 建设工程管理类（专业类代码：4405）

工程造价（专业代码：440501）

专业简介： 工程造价主要研究工程经济学、建筑工程成本概预算、工程项目管理等方面的基本知识和技能，进行建筑工程的概预算、招投标、造价控制等。例如：建筑工程造价的前期概预算与后期核算，建筑工程的招标与投标以及招投标文件的编制，建筑工程的造价控制与施工现场的成本管理等。

培养目标： 本专业旨在培养德、智、体、美、劳全面发展，具有良好职业道德和人文素养，掌握工程造价基本知识，具备确定工程造价、工程造价管理能力，从事工程设计概算编制、工程施工图预算编制、工程量清单编制、投标报价编制、工程结算编制等工作的高素质技术技能人才。

基础课程： 工程造价原理、工程概预算、工程清单计价、工程结算、工程造价管理等。

接续本科专业： 工程造价、工程管理、土木工程、房地产开发与管理

就业： 工程造价专业就业方向较为广泛，涵盖：施工单位——从事施工管理、造价咨询、招投标文件编制；政府部门及事业单位——从事工程造价管理和监督工作；咨询公司——从事造价咨询、招投标代理、工程监理；建筑工程企业——从事预算、招投标、合同管理、成本控制；建筑设计院——从事建筑工程项

目的预算、设计、招投标；建筑监理机构——从事建筑工程项目的监理、成本控制；造价员 / 造价师——从造价员起步，积累经验后成为造价师，独立承担大型工程造价管理。

开设本专业的典型院校：北京科技职业学院、武汉职业技术学院、天津市职业大学

（五）水利大类（门类代码：45）

水利工程与管理类（专业类代码：4502）

（1）水利水电工程技术（专业代码：450203）

专业简介：水利水电工程技术主要研究水利工程测量、水利工程制图与识图、水利工程施工等方面的基础知识和技能，在水利水电工程技术领域进行工程施工技术应用和组织管理、施工质量监控、安全管理、概预算编制、工程投标等。例如：水利项目的招投标、工程监理、质量监控等。

培养目标：本专业旨在培养德、智、体、美、劳全面发展，具有良好职业道德和人文素养，掌握水工建筑物、水利工程施工与检测技术、水利工程施工组织与管理等基本知识，具备水利水电工程施工技术、建筑工程施工技术、建筑材料试验检测、土工材料试验检测、混凝土无损检测技术等能力，从事水利水电工程施工、工程质量检测及其他土木类建筑工程施工、工程质量检测等工作的高素质技术技能人才。

基础课程：水工混凝土结构、水利工程测量、建筑材料试验检测、土工材料试验检测、水工建筑物、混凝土无损检测技术、水利水电工程施工技术、水利水电工程施工项目管理、水利水电工程造价等。

接续本科专业：水利水电工程、农业水利工程、工程管理

就业：水利水电工程技术就业方向多样，包括：工程类企业——施工与管理：从事施工、工程管理、设计、勘测等工作；项目管理：晋升为项目经理，负责整体规划、进度、成本和质量管理。政府及事业单位——水利规划与管理：在水利部门从事规划、管理、开发等工作；工程监理：在监理单位确保工程质量和安全。教育与科研机构——教学与科研：在高校、科研机构从事教学和科研工作。环保与水处理领域——水污染治理与监测：从事水污染治理、水质监测、水处理等工作。

开设本专业的典型院校：安徽水利水电职业技术学院、重庆水利电力职业技术学院、湖北水利水电职业技术学院

（2）治河与航道工程技术（专业代码：450207）

专业简介：港口航道与治河工程主要研究港口、航道、治河等水运工程建设方面的基础知识和技能，在港口航道与治河工程领域进行工程的招投标管理、水文地质勘查、水运工程监理等。

培养目标：本专业旨在培养德、智、体、美、劳全面发展，具有良好职业道德和人文素养，掌握港口工程、航道工程、河务工程建设与管理等基本知识，具备港口工程、航道工程、河务工程施工技术、组织管理及招投标能力，从事港口工程、航道工程、河务工程建设管理等工作的高素质技术技能人才。

基础课程：港航水工建筑物、河床演变与河道整治、航道工程、水运工程施工、港航与河务工程概预算、港航与河务工程监理、港航工程管理与河道治理技术、河道防洪抢险技术等。

就业： 治河与航道工程技术专业就业方向较为广泛，包括：水利水电建筑工程领域——中小河流治理设计：规划、设计治理方案；施工与管理：担任施工管理、质量监督等职位；河道防洪抢险：制定抢险方案、组织抢险队伍。治河类企业——河道疏浚：相关技术或管理工作；生态恢复：设计、施工和管理等工作；水质监测：水质监测、数据分析等工作。相关咨询与设计单位——工程咨询：提供技术支持和决策建议；工程设计：绘制工程图纸、制定设计方案。

开设本专业的典型院校： 黄河水利职业技术学院、山东水利职业学院、广东水利电力职业技术学院

（六）装备制造大类（门类代码：46）

机械设计制造类（专业类代码：4601）

（1）机械制造及自动化（专业代码：460104）

培养目标： 本专业旨在培养德、智、体、美、劳全面发展，具有良好职业道德和人文素养，掌握常用零件的制造工艺编制、工装设计与选择、普通和数控加工、质量检测及机电设备应用等基本知识，具备机械加工工艺编制、数控编程与加工、机械产品安装与调试等能力，从事较简单产品的机械加工工艺编制、机械产品加工、机电设备安装调试生产线维护、生产现场管理等工作的高素质技术技能人才。

基础课程： 机械制图、机械设计基础、电气技术基础、机械制造技术、产品三维造型与结构设计、数控加工工艺与编程、电气控制与 PLC 技术、液压与气压传动技术等。

接续本科专业： 机电一体化

就业： 机械制造及自动化专业就业方向较为广泛，包括：机械设计与制造——设计、制造机械零部件、装备，参与生产计划、工艺优化等管理，开发、维护自动化系统；工艺工装设计与制造——设计、制造工艺工装，提升生产效率和产品质量；设备维护与维修——维护、维修机械、电气等控制设备，进行故障排除；数控机床与智能设备操作——操作数控机床、加工中心等高智能设备，实现精密加工；机械 CAD/CAM 技术应用——运用 CAD/CAM 技术进行产品设计、仿真分析和加工制造；现场技术管理与支持——在工业生产一线从事维修、保养和管理等技术支持工作；销售与服务——销售机械产品，提供售后维修和技术支持；教育与科研——在高等学校、科研机构从事教学、科研和行政管理工作。

开设本专业的典型院校： 成都工业职业技术学院、赣州职业技术学院、武汉职业技术学院

（2）模具设计与制造（专业代码：460113）

专业简介： 模具设计与制造主要研究机械设计、三维建模、测量技术、模具材料及热处理等方面的基础知识和技能，在模具设计与制造领域进行模具设计、机械产品开发、数控编程、项目管理等。常见的有塑料模具、橡胶模具、冲压模具、压铸模具、铸造模具、锻造模具、合金模具、拉丝模具、玻璃模具、陶瓷模具、汽车模具等。

培养目标： 本专业旨在培养德、智、体、美、劳全面发展，具有良好职业道德和人文素养，熟悉先进的模具 CAD/CAM 软件应用、模具生产企业生产流程与管理等基本知识，具备较强现代模具制造设备操作

技能和管理等能力，从事产品成型工艺制定与模具设计、模具制造工艺编制、现代模具制造设备的使用与维护、模具装配与调试、项目管理等工作的高素质技术技能人才。

基础课程：机械制图、机械设计基础、模具 CAD 技术、测量技术、冲压工艺与模具设计、塑料成型工艺与模具设计、模具制造工艺、快速成型技术等。

接续本科专业：材料成型及控制工程、机械设计制造及其自动化

就业：模具设计与制造专业就业方向多样，主要包括：模具设计与开发——模具设计师：设计模具结构、零部件，使用 AutoCAD、SolidWorks 等软件；产品结构设计师：设计和优化产品结构。模具制造与加工——模具制造人员：制作、调试和检测模具；CAM 设计师：规划模具加工路径，提高加工效率。项目管理——模具项目工程师：负责整体规划、进度和成本控制。数控机床操作与维护——数控机床操作员：操作机床加工模具零件；设备维护人员：保养数控机床。产品开发与造型设计——产品开发工程师：参与新产品开发，与模具设计师合作；造型设计师：设计产品外观。模具销售与技术服务：负责模具产品销售和技术支持。

开设本专业的典型院校：青岛港湾职业技术学院、武汉职业技术学院、天津市职业大学

（七）生物与化工大类（门类代码：47）

化工技术类（专业类代码：4702）

应用化工技术（专业代码：470201）

专业简介：应用化工技术主要研究化学、化工原理、化学工艺学、化工生产过程和设备等方面的基本知识和技能，面向化工、石油、冶金、能源等行业进行生产运行、技术开发、工程设计、检验分析等。例如：食用香精、增塑剂、涂料、电池的生产制造，天然气和煤炭的加工，添加剂、油漆等化工产品的质量检验与分析等。

培养目标：本专业旨在培养德、智、体、美、劳全面发展，具有良好职业道德和人文素养，掌握化学基础、化工单元操作、化学反应过程及设备、化工产品生产、化工常用设备与控制、化工安全与环保等基本知识，具备典型化工生产单元操作、化工工艺运行与控制、生产工艺管理等能力，从事化工生产操作与控制等工作的高素质技术技能人才。

基础课程：基础化学、化工识图与制图、化工单元操作技术、化学反应技术、化工产品生产技术、化工电气与过程控制、化工安全与环境保护等。

接续本科专业：化学工程与工艺

就业：应用化工技术专业就业方向较为广泛，包括：化工企业——从事生产、研发、质量控制、设备维护等工作；制药和食品领域——参与药品和食品的研发、生产和质量控制；能源领域——从事化石能源的提炼加工及新型能源的开发利用；环保部门——从事环境监测、污染治理、废物处理等工作；科研机构和教育机构——进行化工技术研究或在教育机构任教；销售和贸易——在化工产品的销售和市场推广领域发挥专业优势；质量监督部门——从事化工产品的质量监督和检验工作。

开设本专业的典型院校：陕西能源职业技术学院、宝鸡职业技术学院、淄博职业学院

（八）轻工纺织大类（门类代码：48）

1. 轻化工类（专业类代码：4801）

珠宝首饰技术与管理（专业代码：480106）

专业简介： 珠宝首饰技术与管理主要研究珠宝鉴定基础、首饰设计与錾花、首饰设计与镶嵌等方面的基础知识和技能，在珠宝首饰技术与管理领域进行珠宝首饰加工、珠宝评估、宝石仪器操作等。

基础课程： 贵金属首饰材料、首饰制作工艺、首饰CAD、首饰生产质量检验及缺陷分析、首饰企业管理、宝玉石加工、珠宝玉石鉴定、晶体化学

就业： 珠宝首饰技术与管理专业就业方向较为广泛，包括：珠宝设计与制作——从事首饰设计、CAD起版，将创意转化为产品；珠宝生产与管理——在制造企业担任生产管理员、技术开发工程师，管理生产过程；珠宝鉴定与评估——成为珠宝鉴定师，提供鉴定与评估服务；珠宝营销与零售——在零售企业从事销售与营销，推动产品销售；珠宝品牌管理——参与珠宝品牌的策划、定位、推广等环节；自主创业——开设珠宝设计工作室、定制店，提供个性化服务。

开设本专业的典型院校： 滇西应用技术大学、上海工商职业技术学院、海南职业技术学院

2. 纺织服装类（专业类代码：4804）

服装设计与工艺（专业代码：480402）

专业简介： 服装设计与工艺主要学习服装设计，服装工艺服装生产管理等方面的基本知识和基本技能，熟练地掌握服装造型与结构设计原理，并能够通过计算机辅助设计工具，完成服装款式及工艺制作。

培养目标： 本专业旨在培养德、智、体、美、劳全面发展，具有良好职业道德和人文素养，掌握服装产品制版、服装产品制作、服装跟单等基本知识，具备较强的服装产品制版、服装产品制作及服装生产管理等能力，从事服装制版、服装制作、服装跟单、服装生产管理等工作的高素质技术技能人才。

基础课程： 服装设计、服装平面结构设计、服装工业制板、服装立体裁剪、服装CAD、服装工艺、服装生产管理、服装跟单、设计素描、服装色彩与图案设计、服装缝制工艺基础、时装画手绘与电脑表现、服装工程学

接续本科专业： 服装设计与工程、服装设计与工艺教育

就业： 服装设计与工艺专业就业方向较为广泛，包括：服装设计与制作类——服装设计师：设计新服装系列；助理设计师：协助设计师完成任务；服装纸样师：将设计转化为样板；样衣师：制作样衣，确保版型和质量；服装生产与管理类——生产管理员：管理生产流程，监督质量和进度；跟单员：跟踪生产进度和质量；质量检验人员：检验和控制服装质量。贸易与营销类——采购员：选择材料和面料，制定采购计划；品牌管理人员：策划、推广、营销服装品牌；零售管理人员：管理服装零售店的日常运营；互联网与电子商务类——在电商平台、互联网企业从事设计、营销、客户服务等工作。其他相关领域——从事平面设计、排版设计、面料研发、媒体编辑等工作。自主创业——创立服装品牌或工作室。毕业生可根据兴趣和特长选择合适的职业发展方向。

开设本专业的典型院校：武汉职业技术学院、苏州市职业大学、山东科技职业学院

（九）食品药品与粮食大类（门类代码：49）

1. 食品类（专业类代码：4901）

食品质量与安全（专业代码：490102）

专业简介：食品质量与安全主要研究食品质量控制与管理、食品检测和分析等方面的基本知识和技能，进行食品生产和质量控制、食品质量监督与管理、食品安全检测分析等。例如：香肠、面包等食品的营养成分检测、安全检查，畜牧、农产品的化工、监测与储运，食品的科学研究等。

培养目标：本专业旨在培养德、智、体、美、劳全面发展，具有良好职业道德和人文素养，掌握食品生产管理、质量管理、食品安全检测及控制、食品安全标准与法规等基本知识，具备食品质量安全管理、检测管理、食品安全评价等能力，在食品生产企业、食品流通行业及相关领域，从事食品质量安全检测、食品质量安全监管、食品安全管理与认证等工作的高素质技术技能人才。

基础课程：食品感官检验、食品理化检验、食品微生物与检验、食品质量管理、食品安全控制、食品法律法规与标准、食品生产技术等。

接续本科专业：食品质量与安全

就业：食品质量与安全专业就业方向较为广泛，包括：食品生产企业——从事生产工艺控制、质量管理、产品研发等工作，如质量监督员、检验员等；食品检验检测机构——进行食品样品检验、质量分析、安全评估等工作，确保食品符合标准；食品安全监管部门——在政府相关部门从事食品安全监管、执法、政策研究等工作；科研和教育机构——从事食品科学研究、教学和技术开发等工作；咨询和培训机构——为企业提供食品质量与安全咨询服务或从事培训工作；其他领域——在餐饮、健康医疗、健身俱乐部等领域工作，或在国际组织和非政府组织中从事食品安全相关工作。

开设本专业的典型院校：漯河医学高等专科学校、内蒙古化工职业学院、山东科技职业学院

2. 药品与医疗器械类（专业类代码：4902）

药品经营与管理（专业代码：490208）

专业简介：药品经营与管理主要研究管理学、营销学、药事管理法规等方面的基本知识和技能，进行药指导、药学服务、药品销售与质量管理、药房经营管理等。例如：胶囊、冲剂等各类药品的规范储存与管理，新药研制、药品生产、经营流通、贮存保管、临床使用和进出口药品等各个环节的监督管理等。

培养目标：本专业旨在培养德、智、体、美、劳全面发展，具有良好职业道德和人文素养，掌握医药、管理、市场营销、物流、电子商务等基本知识，具备药品营销策划、管理协调、药品服务能力，从事药品采购、药品营销、药品销售服务、药品经营质量管理、药品物流管理、零售药店管理、医药电子商务等工作的高素质技术技能人才。

基础课程：生药学、药理学、医药商品学、基础化学、药物经济学、药品市场营销学、药事管理与法

规、方剂与中成药、药品经营质量管理、药物制剂技术。

接续本科专业：市场营销、工商管理、药事管理、物流管理、电子商务

就业：药品经营与管理专业就业方向多样，包括：药品销售与营销——在制药企业、销售公司从事药品销售、推广工作，需具备良好的沟通和销售技巧；药品采购与供应链管理——负责药品采购、库存管理、物流配送，市场调研和供应商选择是关键；药品监管与质量管理——在药品监管部门、药企从事药品注册、审批、检验等工作，要求严谨和专业素养；医药信息管理与营销策划——为药企提供市场分析、营销策划支持，或在媒体、公关公司从事医药广告策划；社区药店经营管理——负责社区药店的经营管理工作，需药学知识、沟通能力和管理意识；医药电商运营——在医药电商企业从事药品网上销售、运营、推广，需了解电商运营和网络营销；其他相关领域——在医疗设备、医疗器械等行业从事销售、管理等工作，也需专业知识和技能。

开设本专业的典型院校：武汉职业技术学院、重庆医药高等专科学校、山东医学高等专科学校

（十）交通运输大类（门类代码：50）

1.航空运输类（专业类代码：5004）

空中乘务（专业代码：500405）

专业简介：空中乘务主要研究民航服务、航空急救、民航法规、社交礼仪与沟通技巧、化妆及形象设计等方面的基本知识和技能，进行空中服务等。例如：乘客飞机餐的供应，机上安全设备的指导使用，飞机起降时座舱内的安全确认，乘客突发疾病的急救，紧急情况下乘客跳机的组织等。

培养目标：本专业旨在培养德、智、体、美、劳全面发展，具有良好职业道德和人文素养，掌握民航服务礼仪、客舱应急、乘务空防安全等基本知识，具备服务意识和安全意识，具备客舱服务与安全管理能力，从事民航服务与安全管理工作的高素质技术技能人才。

基础课程：民航概论、民航服务礼仪、客舱服务、客舱应急、乘务英语、乘务言语与沟通、乘务化妆、乘务形体训练、乘务空防安全、客舱服务心理、医疗常识与急救、飞机客舱设备与系统、民航地面服务、航线地理等。

接续本科专业：旅游管理与服务教育、旅游管理、酒店管理、交通运输

就业：空中乘务专业就业方向较为广泛，包括：航空公司岗位乘务员——负责航班客舱服务；地勤人员——协调地面服务；行政及管理人员——参与航空公司运营与管理；机场岗位安检员——负责机场安全检查；VIP服务人员——为头等舱或VIP客户提供服务。

开设本专业的典型院校：郑州城市职业学院、南通职业大学

2.城市轨道交通类（专业类代码：5006）

城市轨道交通工程技术（专业代码：500601）

专业简介：城市轨道交通工程技术主要研究工程力学、工程机械、筑路材料、城市轨道交通工程等

方面的基本知识和技能，进行城市轨道交通工程的勘测、施工、测试、检修、维护等。例如：地铁线路的勘测设计，地下铁路、城市轻轨工程的施工，轨道交通线路的安全测试和日常维护，轨道和道岔的维护与检修等。

培养目标：本专业旨在培养德、智、体、美、劳全面发展，具有良好职业道德和人文素养，掌握城市轨道交通工程测量、地铁建筑结构、地铁轨道线路等基本知识，具备城市轨道交通建设施工技术、轨道交通线路维修与抢修能力，从事城市轨道交通工程施工建设、线路检修作业、焊接机修等工作的高素质技术技能人才。

基础课程：城市轨道交通工程测量、地铁建筑结构、地铁轨道线路、土力学及地基基础、城市轨道交通施工作业技术、轨道无缝线路、地铁道岔轨道线路检修、超声波探伤原理与仪器使用等。

接续本科专业：土木工程、城市地下空间工程

就业：城市轨道交通工程技术专业就业方向多样，包括：设计与规划——在轨道交通设计院负责线路、车站设计；施工与监理——参与城市轨道交通基础设施建设与监理；运营管理——在运营公司从事行车调度、车站管理等职位；设备维护——负责轨道交通设备的安装、调试、维护和升级；安全管理——从事安全监督、风险评估等工作，确保系统安全运行；技术研发——研究机构或企业研发部门从事新技术、新材料研发；咨询与评估——提供专业咨询公司的项目可行性研究、社会影响评估服务；教育与培训——在高等院校或培训机构担任教师或培训师。

开设本专业的典型院校：重庆交通职业学院、武汉铁路职业技术学院、湖南交通职业技术学院

（十一）电子与信息大类（门类代码：51）

1. 计算机类（专业类代码：5102）

计算机网络技术（专业代码：510202）

专业简介：计算机网络技术是一门普通高等学校专科专业，属计算机类专业，基本修业年限为三年。该专业培养德、智、体、美、劳全面发展，掌握扎实的科学文化基础和计算机网络、程序设计、网络操作系统、数据库、网络安全、云计算及相关法律法规等知识，具备网络搭建、服务器配置、云平台配置、网络安全软硬件配置、网络应用开发等能力，具有工匠精神和信息素养，能够从事网络技术支持、网络系统运维、网络系统集成、网络应用开发等工作的高素质技术技能人才。

培养目标：本专业旨在培养德、智、体、美、劳全面发展，具有良好职业道德和人文素养，掌握计算机网络技术相关专业知识，具备计算机网络设计、施工、管理、运维等能力和 Web 应用开发能力，从事网络工程、网络管理、网站建设、网络应用开发等工作的高素质技术技能人才。

基础课程：网络组建与维护、路由与交换技术、网络操作系统、网站设计与开发、综合布线技术、网络互联技术、网络管理与安全、虚拟化技术等。

接续本科专业：计算机科学与技术、网络工程

就业：计算机网络技术专业就业方向较为广泛，包括：（1）网络工程。①网络工程师：负责网络

架构设计、设备配置与维护。②网络运维工程师：维护网络设备，保障网络运行。③网络架构师：规划、设计与实施大型网络项目。（2）信息安全。①网络安全工程师：实施网络安全策略。②信息安全专员：专注信息系统安全防护。（3）云计算与大数据。①云计算工程师：设计、部署与管理云计算平台。②大数据分析师：利用大数据进行数据分析，支持企业决策。（4）系统集成与技术支持。①系统集成工程师：实现系统无缝连接和高效运作。②技术支持工程师：为客户提供技术支持和解决方案。

开设本专业的典型院校：北京工业职业技术学院、石家庄工程职业技术大学

2. 通信类（专业类代码：5103）

现代通信技术（专业代码：510301）

培养目标：本专业旨在培养德、智、体、美、劳全面发展，具有良好职业道德和人文素养，具有遵守规范、安全生产、勇于创新等素质，掌握电路技术、通信原理、交换技术、传输理论、接入技术和项目管理知识，具备通信设备安装和调测、通信网络的组建与开通、通信系统的运行与维护、通信工程实施与项目管理能力，从事设备调试、技术服务、网络运营、系统维护、工程实施与管理工作的高素质技术技能人才。

基础课程：电子技术、现代通信技术及应用通信原理、接入网设备安装与维护、数据网组建与维护、交换设备运行与维护、移动通信系统分析与测试、光传输网络组建与维护、通信工程项目管理等。

就业：主要面向通信行业，在通信设备安装与测试、通信网络组建与维护、通信系统运行与管理、通信产品技术服务、通信工程施工与管理等岗位群，从事电信服务、通信设备安装、通信产品检修、通信系统运维、通信系统技术支持、通信项目实施、通信工程管理等工作。

开设本专业的典型院校：武汉职业技术学院、天津市职业大学、宝鸡职业技术学院

（十二）医药卫生大类（门类代码：52）

1. 临床医学类（专业类代码：5201）

（1）临床医学（专业代码：520101K）

专业简介：临床医学是一门普通高等学校专科专业，属临床医学类专业，基本修业年限为三年。

培养目标：该专业培养德、智、体、美、劳全面发展，具有良好职业道德和人文素养，掌握基础医学和临床医学基础理论、基本知识和基本技能，具备常见病、多发病诊治和预防能力，以及危、急、重症的初步判断和处理能力，从事基层医疗卫生服务工作的高素质实用型医学专门人才。

基础课程：人体解剖学、生理学、病理学、药理学、诊断学、内科学、外科学、妇产科学、儿科学、预防医学、全科医学等。

接续本科专业：临床医学

就业方向：临床医学专业就业方向较为广泛，包括：临床医生——在医院、诊所等医疗机构工作，负责疾病预防、诊断和治疗，可选择不同科室发展；医学教育与科研——在医学院校、科研机构担任教师或研究员，教授医学知识，参与医学研究；医疗管理——在医院、卫生局等部门担任管理职位，负责医疗资

源规划、组织和协调；医学顾问与咨询——在医疗保险、医疗器械、药品等公司担任医学顾问或咨询师；公共卫生与预防医学——在疾病预防控制中心等机构工作，参与公共卫生政策制定和实施；医药研发与临床试验——参与新药研发、临床试验等工作，需具备医学知识和实验技能。

开设本专业的典型院校：天津医学高等专科学校、廊坊卫生职业学院、江苏医药职业学院

（2）口腔医学（专业代码：520102K）

专业简介：口腔医学主要研究基础医学和口腔医学的基本理论和临床操作技能，在县、乡基层医院或社区卫生服务中心进行口腔常见病、多发病的诊治、修复和预防保健等。例如：龋齿、牙周炎、牙龈肿痛等口腔常见病的诊断与治疗，牙齿部分缺损与部分牙齿缺失的修复与修补，小儿蛀牙的预防与检查等。

培养目标：本专业旨在培养德、智、体、美、劳全面发展，具有良好职业道德和人文素养，掌握基本的医学基础理论和临床医学知识，具备口腔执业助理医师的理论与技能要求，从事口腔常见病和多发病的诊治、修复及预防工作的高素质实用型医学专门人才。

基础课程：口腔解剖生理学、口腔组织病理学、口腔内科学、口腔修复学、口腔颌面外科学。

接续本科专业：口腔医学

就业：口腔医学专业毕业生拥有广泛的职业选择，他们可以在大型医院的口腔科担任专业医师，也可以开设私人诊所为患者提供个性化服务。此外，他们还可以在美容院参与面部整形和美容项目。除了临床工作，毕业生还可以投身医学教育、科研或临床实践等领域，发挥其专业技能。

开设本专业的典型院校：重庆医药高等专科学校、山东医学高等专科学校、苏州卫生职业技术学院

2. 护理类（专业类代码：5202）

护理（专业代码：520201）

专业简介：护理是一门普通高等学校专科专业，属护理类专业，基本修业年限为三年。

培养目标：本专业旨在培养德、智、体、美、劳全面发展，具有良好职业道德和人文素养，掌握护理专业基础理论、基本知识和基本技能，具备现代护理理念和自我发展潜力，在各级医疗、预防、保健机构从事临床护理、社区护理和健康保健等工作的高素质实用型护理专门人才。

基础课程：正常人体结构与功能、疾病学基础、药理基础与用药护理、健康评估、基本护理技术、成人护理（内科、外科）、母婴护理、儿童护理、老年护理、急救护理等。

接续本科专业：护理学

就业：护理专业就业方向多元，主要包括：（1）医疗机构。①临床护理：在医院、诊所从事病房、手术室、急诊等护理工作。②护理管理：担任护士长等职务，负责护理人员管理。（2）社区与公共卫生。①社区护理：在社区卫生服务中心从事健康教育等工作。②公共卫生项目：在国际组织从事国际援助等工作。（3）教育与科研。①护理教育：在医学院校从事教学工作。②护理科研：参与护理科学研究，推动学科发展。（4）其他相关领域。①康复护理：在康复中心为残疾人提供护理服务。②老年护理：

在养老院为老年人提供专业护理。③医药企业：从事产品推广、市场调研等工作。

开设本专业的典型院校：金华职业技术大学、北京卫生职业学院

（十三）财经商贸大类（门类代码：53）

1. 经济贸易类（专业类代码：5305）

国际经济与贸易（专业代码：530501）

专业简介：国际经济与贸易主要研究经济学的基本原理和国际贸易基本知识，了解现代国际经济与贸易环境和发展现状，熟悉通行的国际贸易规则、法律与惯例，通晓最新的国际贸易业务运作方式与基本操作技能，能够无障碍地进行英语交流。例如：精通进出口贸易的操作流程、熟练填制外贸单证、能够利用外贸函电进行往来业务磋商。

培养目标：本专业旨在培养德、智、体、美、劳全面发展，具有良好职业道德和人文素养，掌握国际贸易的基本理论、政策、商品进出口业务的一般运营与管理、国际市场营销的基本理论和方法等基础知识，具备良好的交流沟通、交易磋商、市场开发、熟练的外语应用、进出口业务具体操作与管理、通过互联网处理业务的能力，从事进出口业务的运营与管理的高素质技术技能人才。

基础课程：管理学概论、经济法基础、国际贸易理论与实务、货币银行学、国际金融学、国际商法、国际市场营销、国际结算与单证实务、报关实务。

接续本科专业：国际经济与贸易

就业：国际经济与贸易专业就业方向多样，包括：外贸企业——从事外贸业务、国际市场营销等，需具备国际贸易理论基础和实践技能；政府机构——在对外贸易经济管理部门工作，参与外贸政策制定与执行等；金融机构——从事国际金融业务、国际投资等，需国际金融、投资知识；教育与科研——在高校、科研单位从事教学及科研工作；其他——工商企业多元化工作、公务员、销售代表与营销顾问等。

开设本专业的典型院校：广西国际商务职业技术学院、日照职业技术学院、无锡职业技术学院

2. 电子商务类（专业类代码：5307）

电子商务（专业代码：530701）

专业简介：电子商务专业是一门普通高等学校专科专业，属电子商务类专业，基本修业年限为三年，设有网站（网店）运营、跨境电子商务等专业方向，主要对应销售人员、商务咨询服务人员等职业类别。

培养目标：该专业培养掌握现代经营管理、计算机及网络等方面的基础理论知识，具备网络营销、电商平台运营、网站编辑与网页美工、电子商务交易、电子商务物流配送等工作技能，服务于企事业单位的电子商务、网络营销、物流管理等生产和管理第一线的高素质高技能应用型专门人才。

接续本科专业：电子商务、市场营销

就业：主要面向电子商务应用企业，在网站（网店）运营管理、网络客户服务管理、网络信息编辑等岗位群，从事商品信息采集与处理、网店装修、商品采购与销售管理、营销活动策划与推广、网络客户服

务、数据分析应用等工作。

开设本专业的典型院校： 北京电子科技职业学院、枣庄职业学院、金华职业技术学院

（十四）旅游大类（门类代码：54）

旅游类（专业类代码：5401）

（1）旅游管理（专业代码：540101）

专业简介： 旅游管理是中国普通高等学校专科专业，修业年限为三年，主要研究旅游管理和旅游服务等方面的基本知识和技能。

培养目标： 本专业旨在培养掌握现代旅游管理基础理论、专门知识和专业技能，具有国际视野、管理能力、服务意识、创新精神，能够从事与旅游业相关的经营、管理、策划、规划、咨询、培训、教育等工作的应用型专业人才。

基础课程： 旅游概论、旅游心理学、旅游经济学、旅游市场营销、中国旅游地理、旅游法、旅游资源规划与开发、旅游产品策划与开发、旅游电子商务、旅游网络营销、电子商务网站建设与管理、旅游企业运营与管理等。

接续本科专业： 旅游管理

就业： 旅游管理专业就业方向较为广泛，包括：酒店管理——前台接待、客房服务、餐厅服务、管理等职位；旅行社管理——旅游线路策划、产品经理、咨询师、导游等岗位；旅游规划与设计——政府部门、旅游发展机构或咨询公司的规划、设计和项目管理工作；旅游投资与开发——参与旅游项目的投资评估、开发和运营管理；景区管理——景区规划、票务、导游服务、安全管理等岗位；旅游电子商务——在线旅游平台的运营、推广和客户服务；旅游市场营销——市场调研、产品策划、推广和促销等工作；旅游公共关系——品牌宣传、危机公关和媒体关系等。

开设本专业的典型院校： 北京科技职业学院、广西国际商务职业技术学院、成都职业技术学院

（2）酒店管理与数字化运营（专业代码：540106）

专业简介： 酒店管理与数字化运营主要研究旅游管理学、酒店运行与管理等方面的基本知识和技能，进行酒店运作、管理与服务等。例如：宴会设计和菜单制作，客房销售、对客服务、清洁保养等方面的工作程序和标准制定，酒店各个工作环节的计划、组织、指挥、控制和协调等。

培养目标： 本专业旨在培养德、智、体、美、劳全面发展，具有良好职业道德和人文素养，掌握酒店服务与经营管理的基础知识，具备良好的语言沟通、酒店经营管理和团队合作能力，从事现代酒店业或高端服务业的一线服务和基层督导管理工作的高素质技术技能人才。

基础课程： 管理学、酒店服务心理学、酒店服务礼仪、基础会计、酒店人力资源管理、旅游营销、酒店营销与策划、现代饭店管理、酒店客房管理、宴会设计与管理。

就业： 酒店管理与数字化运营专业就业方向较为广泛，包括：管理岗位——基层管理至中高层管理，

如前厅、客房、餐饮、营销、人力资源等；前台与接待——提供客户服务；数字营销——利用数字渠道推广酒店品牌和产品；电子商务运营——负责在线销售和渠道管理；预订系统与CRM——开发管理预订系统，处理客户关系；数据分析师——分析酒店运营数据，支持决策。

开设本专业的典型院校：河南职业技术学院、武汉职业技术学院、北京科技职业学院

（十五）文化艺术大类（门类代码：55）

1. 艺术设计类（专业类代码：5501）

（1）视觉传达设计（专业代码：550102）

专业简介：视觉传播设计与制作主要研究视传专业的理论知识和技能，具有美术创作基本功，懂得装潢基本知识，掌握多媒体应用技术，熟练运用多种图像处理、绘画、工程制图等应用软件进行平面、三维艺术创作，能够运用计算机技术进行创意设计、施工设计。例如：对装修的客户进行室内装饰设计、施工图绘制和效果图制作。

培养目标：本专业旨在培养德、智、体、美、劳全面发展，具有良好职业道德、人文素养和艺术素养，熟悉视觉传播设计与制作基本理论知识，具备较强的视觉传播设计与制作能力，从事视觉传播设计、视觉传播策划、视觉传播制作以及管理工作的高素质技术技能人才。

基础课程：造型基础、设计概论、构成设计、图形创意设计、Photoshop、CorelDraw、网页多媒体设计与制作、广告创意设计、书籍装帧设计、产品包装设计、标志与VI设计、展示设计、商业摄影。

就业：视觉传达设计专业就业方向较为广泛，包括：（1）广告与设计公司。①平面设计师：负责海报、广告等设计②创意总监：领导设计团队，制定创意方向。（2）媒体与传播类公司。①美术编辑：负责节目视觉设计和版面编排。②多媒体设计师：利用多媒体元素进行设计，如视频、动画等。（3）出版与印刷行业。①刊物设计师：从事书籍、期刊的版面设计。②包装设计师：设计产品包装。（4）互联网行业。① UI/UX 设计师：专注于用户界面和用户体验设计。②网页设计师：设计和创建网站页面。

开设本专业的典型院校：日照职业技术学院、天津市职业大学、重庆工程职业技术学院

（2）服装与服饰设计（专业代码：550105）

专业简介：服装与服饰设计主要研究服装艺术的基本理论及绘画、电脑设计、制版、跟单等相关专业知识，掌握服装工业制版与推版技术，能准确分析订单，熟悉成衣的工艺制作、生产流程以及质量控制、服装设备管理等，有较强的服装造型设计、服装版型设计和服装精做能力。例如：对服装进行设计，勾画草图。

培养目标：本专业旨在培养德、智、体、美、劳全面发展，具有良好职业道德和人文素养，掌握系统的服装与服饰设计专业知识与职业技能，了解国际、国内服装与服饰行业标准及运作规范，适应服饰行业及区域经济发展需求，具备信息处理、综合研究、时尚把握和制作能力，从事服装与服饰设计、服装制版与推板、生产管理等一线工作的高素质技术技能人才。

基础课程：色彩构成、立体构成、化妆与造型（彩妆）、立体裁剪、服装设计、扎染、服饰美学、服饰配饰、服装史。

接续本科专业：服装与服饰设计

就业：服装与服饰设计专业就业方向较为广泛，包括：（1）服装设计类。①服装设计师：设计时装、礼服等。②服饰设计师：设计鞋子、包包等配饰。③面料设计师：创新面料图案、色彩等。（2）形象设计与造型。①时尚造型师：打造整体形象设计。②搭配师：提供服装搭配方案。（3）市场与营销。①时尚买手：采购服装和配饰，预测市场趋势。②销售：在品牌公司、商场等地从事销售工作。（4）教育与培训。设计教师：传授设计知识，培养设计师。

开设本专业的典型院校：南通职业大学

（十六）新闻传播大类（门类代码：56）

1. 新闻出版类（专业类代码：5601）

网络新闻与传播（专业代码：560102）

专业简介：网络新闻与传播主要研究网络新闻传播的发展规律及相关知识，使学生系统掌握网络新闻传播技能，尤其是新媒体运营策划、舆情监测、危机公关、活动推广等能力以及平面、视频、网页、H5 等新媒体设计技能，从事新闻采编、网络运营与推广、媒体设计与制作等相关工作。

基础课程：大众传播学、新闻采访与写作、演讲与口才、音视频编辑技术、网络新闻与编辑实务、Photoshop 图像处理、Flash、网页设计、办公自动化、中文速录、新闻采访与写作实训、演讲与口才实训、音视频编辑实训、网络新闻与编辑实务实训、办公自动化实训、顶岗实习。

接续本科专业：新闻学、传播学、网络与新媒体、数字媒体技术

就业：网络新闻与传播专业就业方向较为广泛，主要包括：（1）新闻采编与发布。①网络编辑：更新、优化和管理网站新闻内容。②多媒体记者：使用多种媒体形式进行新闻报道。（2）新媒体运营与推广。①新媒体运营：策划、发布、推广内容，与用户互动。②网络营销与广告：在网络平台开展市场营销和广告活动。（3）网站建设与管理。①网站策划员：规划、设计和建设网站。②网站优化师：通过 SEO 提升网站排名。

开设本专业的典型院校：苏州市职业大学、焦作师范高等专科学校、广州城市职业学院

2. 广播影视类（专业类代码：5602）

播音与主持（专业代码：560201）

专业简介：播音与主持是一门普通高等学校专科专业，属广播影视类专业，基本修业年限为三年，原名主持与播音，2015 年教育部将其更名为播音与主持。该专业培养具备播音与主持的基本知识与技术技能，能从事广播电视播音与节目主持工作的高级技术应用型专门人才。

接续本科专业：播音与主持艺术

就业：主要面向传媒行业，在广播电视台、影视制作公司、网络媒体、文化传播公司及其他企事业单位，从事广播电视播音主持、出镜记者、庆典策划与主持、配音、推广普通话等工作。

开设本专业的典型院校：北京艺术传媒职业学院、山东传媒职业学院、武汉职业技术学院

（十七）教育与体育大类（门类代码：57）

1. 教育类（专业类代码：5701）

学前教育（专业代码：570102K）

专业简介：学前教育主要研究学前教育学、幼儿心理学、幼儿园课程的设计与实施、幼儿教育研究方法等学科的基本理论和基本知识，以及哲学、心理学、教育心理学、社会学、教育统计、政治经济学、伦理学和计算机等各种相关学科的知识。受到幼儿教育技能的基本训练，具备在托幼机构进行保育、教育和研究的基本能力。

培养目标：本专业旨在培养德、智、体、美、劳全面发展，具有良好职业道德和人文素养，掌握较系统的专业知识与专业技能，具备较强保育能力、活动设计与组织能力、实践反思与自我发展能力，善于沟通与合作，从事学前教育工作的教师。

基础课程：学前儿童卫生与保健、学前儿童发展心理学、学前教育学、中外学前教育史、学前教育科研方法与务实、幼儿园管理、幼儿文学、幼儿游戏理论与实践、学前儿童语言教育、学前儿童艺术教育。

接续本科专业：学前教育

就业：学前教育专业就业方向涵盖教师、教育管理、产品开发、咨询顾问、心理指导、出版物策划、特殊教育教师、政府及事业单位工作等。毕业生可从事幼儿教学、教育管理、产品研发、教育咨询、心理辅导、编辑出版、特殊儿童教育及自主创业等。随着社会对学前教育的重视，就业前景广阔，毕业生还可选择深造或从事研究工作。

开设本专业的典型院校：北京科技职业学院、河南职业技术学院、焦作师范高等专科学校

2. 语言类（专业类代码：5702）

商务英语（专业代码：570201）

专业简介：商务英语主要研究英语语言涉外经贸、商务、管理等方面的基本理论和基础知识，接受听、说、读、写、译等方面的强化训练，掌握扎实的商贸商务知识，熟悉国际商务操作规程，了解国内外时事政治和社会文化，具有进行商务交际、涉外谈判和经营管理的能力。例如：对项目文档的中英文进行互译，完成与外部客户的合作项目。

培养目标：本专业旨在培养德、智、体、美、劳全面发展，具有良好职业道德和人文素养，掌握国际商务的基本理论知识和业务流程，具备较强的英语应用能力，从事国际市场营销、商务单证缮制、涉外客户服务等工作的高素质技术技能人才。

基础课程：商务英语、综合英语、商务英语会话、商务函电、英汉翻译、英语视听说、国际贸易实务、

商务单证、市场营销。

接续本科专业： 商务英语、英语

就业： 商务英语专业就业方向主要包括：（1）国际贸易公司：从事进出口贸易、国际采购、物流等工作。（2）外贸企业：担任外贸业务员、跟单员、助理等职位。（3）跨国公司：从事市场营销、品牌推广、国际业务拓展等工作。（4）国际组织：参与跨国合作项目、国际会议等工作。（5）外资银行：从事国际业务、贸易融资、外汇交易等工作。（6）金融机构：参与跨境金融项目、客户服务等工作。（7）从事商务英语培训、口译等工作。担任英语教师或从事研究工作。（8）翻译公司：从事商务翻译、编辑等工作。（9）出版社：参与涉外图书的编辑和出版。

开设本专业的典型院校： 广西国际商务职业技术学院、北京科技职业学院、武汉职业技术学院

（十八）公安与司法大类（门类代码：58）

法律实务类（专业类代码：5804）

（1）法律事务（专业代码：580401）

专业简介： 法律事务主要研究法学、秘书学、管理学等方面的基本知识和基本技能，具备法律服务、司法文秘、司法行政辅助管理等工作能力。法律事务可以说是司法助理、法律文秘两个专业的总和，三个专业交叉内容比较多。

培养目标： 本专业旨在培养德、智、体、美、劳全面发展，具有良好的政治思想和职业道德素质，掌握法律基础理论知识，熟悉法官、检察官、律师以及基层司法行政工作的基本流程，具备一定的案件事务处理能力和沟通协调能力，从事法官助理、检察官助理、律师助理以及基层司法助理员工作的高素质应用型人才。

基础课程： 民法原理与实务、刑法原理与实务、行政法律原理与实务、民事诉讼法原理与实务、刑事诉讼法原理与实务、人民调解实务、法律文书写作训练、法律论辩训练等。

接续本科专业： 法学

就业： 法律事务专业就业方向较为广泛，主要包括：政法机关——在公安、检察院、法院等担任执行员、书记员等，从事法律工作；法律服务机构——在公证处、律所等机构担任助理、接待员等，提供法律服务；风险管理——负责金融机构及企事业单位的风险管理；合同管理——负责合同的起草、审查、管理等；法律顾问——在企事业单位内部提供法律咨询，参与决策。

开设本专业的典型院校： 苏州市职业大学、安徽警官职业学院、广东司法警官职业学院

（2）法律文秘（专业代码：580402）

专业简介： 法律文秘专业主要学习法学、法律文书学、秘书原理与实务等方面的基本知识和基本技能，既需要掌握基本的法律知识，又需要掌握写作、档案规整等文书类工作，需要具备较强的实践操作能力和公共关系处理能力。

培养目标：本专业旨在培养德、智、体、美、劳全面发展，具有爱岗敬业、忠于职守、诚实守信等职业素质，掌握法律基础知识和文秘专业知识，具备办公室日常事务处理、文书拟写与档案管理、信息收集与处理能力，从事秘书、涉法事务管理、速记等工作的高素质应用型人才。

基础课程：法理学、民法学、民事诉讼法学、刑法与刑事诉讼法学、行政法与行政诉讼法学、商法学、合同法学、法律文书学、应用文写作、秘书原理与实务、电子政务、文书与档案管理学。

接续本科专业：法学、秘书学

就业：法律文秘专业就业方向较为广泛，主要包括：（1）司法机关与法律服务部门。①法院与检察院：担任书记员，负责案件材料整理、记录。②律师事务所：担任律师助理，协助处理案件，与客户沟通。（2）企事业单位。①文秘与行政：从事文秘、文职、综合管理等岗位，负责日常行政管理、文件处理。②法务部门：担任法务秘书或助理，负责法律事务、合同管理等工作。（3）基层法律服务部门。在基层单位从事法律服务工作，为居民提供法律咨询和帮助。

开设本专业的典型院校：四川司法警官职业学院、武汉警官职业学院、北京工业职业技术学院

（十九）公共管理与服务大类（门类代码：59）

1. 文秘类（专业类代码：5904）

现代文秘（专业代码：590401）

培养目标：本专业旨在培养德、智、体、美、劳全面发展，具有良好职业道德和人文素养，掌握扎实的文秘基本知识，具备熟练的办文、办会、办事和人际沟通、办公设备使用能力，从事文秘事务处理等工作的高素质技术技能人才。

基础课程：公文写作、文件管理、档案管理、企业管理学、普通心理学、商务英语、实用英语写作、公共关系学、人力资源管理、秘书实务等。

就业：现代文秘专业就业方向较为广泛，主要包括：（1）政府机关及事业单位。公务员及行政助理：参加公务员考试，负责文件起草、会议组织等工作。（2）企业。①文秘与办公室管理：从事文秘写作、文件处理、办公室事务协调等工作。②市场营销与公关：参与市场调研、品牌推广、活动策划与执行。（3）教育机构。教师与培训师：担任文秘类课程教师或培训师，传授文秘专业知识。

开设本专业的典型院校：宜宾职业技术学院、阳江职业技术学院、江苏经贸职业技术学院

2. 公共管理类（专业类代码：5902）

行政管理（专业代码：590206）

专业简介：行政管理主要研究行政学、政治学、管理学、法学等方面的基本理论和基本知识，受到行政学理论研究、公共政策分析、社会调查与统计、外语、公文写作和办公自动化等方面的基本训练，具有分析和解决行政管理方面实际问题的能力。

培养目标：本专业旨在培养德、智、体、美、劳全面发展，具有良好职业道德和人文素养，熟练掌握

行政管理专业基础知识，具备较强的组织、沟通能力和行政事务管理能力，从事行政管理工作的高素质技术技能人才。

基础课程：社会学、政治学、行政学、行政组织学、市政学、公共政策、信息管理、人力资源开发与管理、行政管理学、公务员制度、行政法实务、管理心理学、应用文写作。

接续本科专业：行政管理

就业：行政管理专业就业方向较为广泛，主要包括：（1）政府机关及事业单位。公务员及行政人员：参加公务员考试，担任行政助理、专员等职位，参与政策制定及日常行政管理。（2）企业。①行政与人事管理：担任行政、人事专员等职务，负责行政管理、人力资源管理等工作。②业务与营销管理：参与市场调研、品牌推广、营销策划等工作。（3）咨询服务业。咨询顾问：为各类组织提供行政管理、人力资源等方面的咨询服务。（4）非政府组织与非营利组织。公益项目管理：负责机构运营、项目策划与实施，为公益事业贡献力量。（5）教育领域。教育行政与管理：担任行政助理、学务主任等职，负责学生管理、课程安排等工作。

开设本专业的典型院校：安徽警官职业学院、广东理工职业学院、广东行政职业学院

第四章

如何填出一个好志愿

4.1 做测评，定专业

职业测评并非简单的测试，它是开启未来职业大门的关键钥匙，它能深入剖析我们的性格特质、优势技能以及潜在兴趣等许多方面。通过专业的测评工具，我们可以清晰地了解自己适合哪些专业领域，不适合哪些方向。这能有效避免我们仅凭一时热情或盲目跟风选择专业，从而降低未来陷入职业迷茫和困境的风险。

职业测评还能帮助我们挖掘自身的潜在能力，提前规划职业发展路径。它为我们提供了一个客观的自我认知平台，让我们在众多专业和职业选项中，精准定位最符合自身特点和发展需求的志愿，为未来的职业生涯奠定坚实基础。

以靠谱 AI 测评系统为例，靠谱 AI 从五大维度（兴趣、能力、性格、价值观、职业倾向）进行职业测评，以下将逐一剖析这五大维度与职业选择之间的联系。

4.1.1 霍兰德职业兴趣测评

霍兰德职业兴趣测评是由美国职业指导专家约翰·霍兰德（John Holland）根据大量的职业咨询经验及其职业类型理论编制的测评工具。

1. 理论基础

霍兰德认为个人职业兴趣特性与职业之间存在内在的对应关系。研究认为，大多数人都能被归为六种人格类型中的一种，即研究型（I）、艺术型（A）、社会型（S）、企业型（E）、常规型（C）、实际型（R）。这六种类型按照一个固定的顺序可排成一个六边形（RIASEC）。

同时，职业环境也存在六种类型，当个人选择与自己职业兴趣一致的职业环境时，更容易做出满意的职业决策和职业投入，进而使职业更稳定；反之，则会导致决策困难或不满意决策。

2. 六种人格类型的特点

研究型（I）：思想家而非实干家，抽象思维能力强，求知欲强，肯动脑，善思考，不愿动手。喜欢独立的和富有创造性的工作。知识渊博，有学识才能，不善于领导他人。考虑问题理性，做事喜欢精确，喜欢逻辑分析和推理，不断探讨未知的领域。适合做科学研究人员、教师、工程师、电脑编程人员等。

艺术型（A）：有创造力，乐于创造新颖、与众不同的成果，渴望表现自己的个性，实现自身的价值。做事理想化，追求完美，不注重实际。具有一定的艺术才能和个性。善于表达、怀旧、心态较为复杂。适合艺术方面（如演员、导演、艺术设计师等）、音乐方面（如歌唱家、作曲家等）、文学方面（如小说家、诗人等）的职业。

社会型（S）：喜欢与人交往、不断结交新的朋友、善言谈、愿意教导别人。关心社会问题、渴望发挥自己的社会作用。寻求广泛的人际关系，比较看重社会义务和社会道德。适合做教育工作者、社会工作者、咨询人员等。

企业型（E）：追求权力、权威和物质财富，具有领导才能。喜欢竞争、敢冒风险、有野心、有抱负。为人务实，习惯以利益得失、权利、地位、金钱等来衡量做事的价值，做事有较强的目的性。适合做项目经理、销售人员、营销管理人员、企业领导等。

常规型（C）：尊重权威和规章制度，喜欢按计划办事，细心、有条理，习惯接受他人的指挥和领导，自己不谋求领导职务。喜欢关注实际和细节，通常较为谨慎和保守，缺乏创造性，不喜欢冒险和竞争，富有自我牺牲精神。适合做秘书、办公室人员、会计、行政助理等。

实际型（R）：愿意使用工具从事操作性工作，动手能力强，做事手脚灵活，动作协调。偏好于具体任务，不善言辞，做事保守，较为谦虚。缺乏社交能力，通常喜欢独立做事。适合的职业如技术性职业（如计算机硬件人员、摄影师、制图员等）、技能性职业（如木匠、厨师、技工等）。

3. 测评的作用和意义

对个人而言：帮助个人了解自己的职业兴趣倾向，明确自己适合的职业方向，从而在职业选择、职业规划时更加有的放矢，减少盲目性，提高职业满意度和成就感。可以作为个人自我认知的一个工具，加深对自己性格、兴趣、能力等方面的了解，发现自己的优势和不足，以便更好地发挥优势、弥补不足。

对企业而言：在招聘过程中，企业可以通过霍兰德职业兴趣测评了解应聘者的兴趣类型，将其与岗位需求相匹配，提高招聘的准确性和效率，降低人员流失率。该测评有助于企业制订个性化的员工培训和发展计划，根据员工的兴趣和优势进行培养和提升，提高员工的工作积极性和绩效。

4. 测评的应用领域

广泛应用于教育培训、高考志愿填报、大学生职业规划、企业人才招聘和人力资源管理等领域。对高中生来说，借助该测评可以探索自己的兴趣倾向，有利于选择适合的大学专业；对大学生和职场人士，该测评可用于职业规划和求职应聘。

总的来说，霍兰德职业兴趣测评是一种简单、实用且具有较高信度和效度的职业测评工具，对个人和企业都具有重要的参考价值。但需要注意的是，测评结果只是一种参考，不能完全决定个人的职业选择，还需要结合个人的实际情况、能力、经验等因素进行综合考虑。

4.1.2 多元智能测评

多元智能理论是美国哈佛大学教育研究院的发展心理学家霍华德·加德纳（Howard Gardner）在 1983 年提出的。

1. 理论基础

该理论认为人的智能是多元化的，主要包括以下九种智能。

语言智能：指有效地运用口头语言及文字的能力，即听说读写能力。表现为个人能够顺利而高效地用语言描述事件、表达思想并与人交流。

具有语言智能优势的人，如作家、诗人、记者、演说家等，对语言的敏感度高，善于运用语言表达自己的想法和感受，也能很好地理解他人的语言表达。

逻辑数学智能：从事与数字有关工作的人特别需要这种有效运用数字和推理的智能。它包括对逻辑的方式和关系、陈述和主张、功能及其他相关的抽象概念的敏感性。

数学家、科学家、工程师等通常在这方面表现出色，他们擅长进行逻辑思考、分析问题、解决数学难题和进行科学推理。

空间智能：强调人对色彩、线条、形状、形式、空间及它们之间关系的敏感性很高，感受、辨别、记忆、改变物体的空间关系并借此表达思想和情感的能力比较强。

从事画家、建筑师、设计师、航海家等职业的人往往具有较高的空间智能，他们能够准确地感知和创造空间形式，在空间想象和布局方面有独特的才能。

身体运动智能：善于运用整个身体来表达想法和感觉，以及运用双手灵巧地生产或改造事物的能力。

运动员、舞蹈家、外科医生、手工艺人等在身体运动智能方面较为突出，他们具备良好的身体协调性、运动技巧和动手能力。

音乐智能：人能够敏锐地感知音调、旋律、节奏、音色等，表现为个人对音乐节奏、音调、音色和旋律的敏感以及通过作曲、演奏和歌唱等表达音乐的能力。

音乐家、歌手、音乐制作人等拥有较高的音乐智能，他们可以通过音乐表达情感、创造艺术作品，对音乐元素有着深刻的理解和感悟。

人际智能：指能够有效地理解别人和与人交往的能力。包括察觉并区分他人的情绪、意向、动机及感觉的能力，能够有效地理解他人和与他人沟通、合作、协调关系等。

从事教师、心理咨询师、销售人员、政治家等职业的人通常具有较高的人际智能，他们善于与人沟通、建立良好的人际关系、理解他人的需求和感受。

自我认知智能：指自我认识和善于自知之明并据此做出适当行为的能力。包括了解自己的优缺点、情绪、动机、兴趣和愿望等，并能够有效地管理自己的情绪、行为和思维。

哲学家、心理学家、作家等可能在自我认知智能方面表现较为突出，他们善于反思自己的内心世界，探索人生的意义和价值。

自然观察智能：指善于观察自然界中的各种事物，对物体进行辨认和分类的能力。包括对自然环境中的动植物、天文地理等现象的观察、识别和分类，以及对自然规律的理解和运用。

生物学家、天文学家、地质学家、园艺师等职业的人往往具有较高的自然观察智能，他们对自然世界充满好奇，能够敏锐地观察和理解自然现象。

存在智能：指人们表现出的对生命、死亡和终极现实提出问题，并思考这些问题的倾向性。

哲学家等可能在存在智能方面表现较为突出，他们善于思考人类存在的价值和意义，探索人生的终极问题。

2. 理论意义

（1）对教育的影响

多元智能理论挑战了传统的以语言和数学智能为核心的教育观念，促使教育者认识到每个学生都有不同的智能优势和学习方式。教育者可以根据学生的智能特点，采用多样化的教学方法和评价方式，激发学生的学习兴趣和潜能，促进学生的全面发展。例如，在教学中可以采用小组合作学习、项目式学习等方式，让学生在不同的学习活动中发挥自己的优势智能，同时也有机会发展其他智能。

（2）对个人发展的启示

多元智能理论帮助个人了解自己的智能优势和劣势，从而更好地选择适合自己的职业和发展方向。个人可以通过发展自己的优势智能，提高自己在特定领域的竞争力；同时，也可以通过学习和训练，发展自己的弱势智能，提升自己的综合素质。例如，一个具有较高音乐智能的人可以选择从事音乐相关的职业，同时也可以通过学习逻辑数学智能，提高自己分析和解决问题的能力。

（3）对社会的意义

多元智能理论强调了人类智能的多样性和广泛性，有助于打破传统的人才评价标准，促进社会对不同类型人才的认可和尊重。社会可以根据不同的智能需求，培养和选拔各种类型的人才，实现人才的多元化发展，为社会的进步和发展提供更多的动力和支持。

总之，多元智能理论为我们提供了一个全新的视角来认识人类智能，对教育、个人发展和社会进步都具有重要意义。

4.1.3 MBTI 性格测评

1. 理论基础

MBTI 的理论基础源自心理学家卡尔·荣格（Carl Jung）的心理类型理论。荣格认为，人的心理可以分为不同的类型，这些类型在感知和判断世界的方式上存在差异。MBTI 在荣格理论的基础上，进一步将人的心理类型分为四个维度，每个维度有两种倾向，从而形成了 16 种不同的人格类型。

2. 四个维度

表 4-1　MBTI 性格测评维度

E-I 维度：这个维度描述一个人获取能量的方式	
外向 extroversion（E）：注意力和能量主要指向外部世界的人和事，从社交互动中获得能量。	内向 introversion（I）：精力和注意力集中于自己的内部世界，从对思想、回忆和情感反思、个人独处中获得能量。
S-N 维度：这个维度涉及人接受信息的方式	
感觉 sensing（S）：用自己的五感来获取信息。喜欢收集实实在在的、确实出现的具体信息。对于周围所发生的事件观察入微，特别关注现实。	直觉 intuition（N）：通过想象、无意识等超感觉的方式来获取信息。关注事件的全貌，注重事实之间的关联，试图抓住事件的模式，善于发现新的可能性。
T-F 维度：这个维度涉及人处理信息、做决策的方式	
思考 thinking（T）：通过分析某一行动或选择的逻辑后果来做出决定。会将自己从情境中分离出来，对事件的正反两方面进行客观分析。从分析和确认事件中的错误以及解决问题中获得活力。目标是要找到一个能应用于所有相似情境的标准或原则。	情感 feeling（F）：喜欢考虑对自己和他人来说什么是重要的。会以他人所处的情境进行思考并试图理解别人的感受，然后在此基础上根据自己的价值判断做出决定。从对他人表示赞赏和支持中获得活力。目标是营造和谐的氛围，把每一个人都当作一个独一无二的个体来对待。

续表

J–P 维度：这个维度涉及对外部世界的态度，即人的行动方式

| 判断 judging（J）：喜欢将事情管理得井井有条，喜欢过有规则、有计划、有秩序的生活。倾向于做出决定之后，按照计划和日程安排办事对他们来说很重要，从完成任务中获得能量。 | 知觉 perceiving（P）：喜欢灵活自然的生活方式，更愿意体验和理解而不是控制生活。详细的计划或最后的决定会使他们感到束缚。对新的信息和选择始终保持开放态度。足智多谋，善于调节自己以适应当前场合的需要，并从中获得能量。 |

3. 16 种人格类型

ISTJ（检查员型）：严肃、安静、可靠，实际且注重事实。具有很强的责任感，做事有始有终。注重细节，喜欢遵循已有的规则和程序，是传统和秩序的维护者。在工作中认真负责，能够准确地执行任务，适合从事会计、审计、档案管理等职业。

ISFJ（照顾者型）：忠诚、有奉献精神和同情心，善于照顾他人。关注细节，做事认真，喜欢为他人提供实际的帮助。为人谦逊，不喜欢出风头，是可靠的团队成员。适合从事护士、教师助理、行政助理等职业。

INFJ（提倡者型）：富有洞察力和创造力，理想主义者。能够深刻理解他人的情感和需求，善于给予他人支持和鼓励。具有强烈的使命感，致力于为社会作出积极的贡献。适合从事心理咨询师、作家、社会工作者等职业。

INTJ（建筑师型）：独立、理性、有战略眼光。善于分析问题、制订长远的计划。具有很强的创造力和创新精神，对知识有强烈的渴望。在工作中果断自信，能够独立完成复杂的任务。适合从事科学家、工程师、企业战略规划师等职业。

ISTP（鉴赏家型）：冷静、务实、善于观察。具有很强的动手能力和解决实际问题的能力。喜欢探索新事物，享受冒险和刺激。不喜欢受约束，善于随机应变。适合从事机械师、消防员、特工等职业。

ISFP（探险家型）：温和、敏感、富有艺术气质。注重个人感受，喜欢追求美好的事物。具有很强的审美能力和创造力，善于用艺术的方式表达自己。在人际关系中友好和善，不喜欢冲突。适合从事艺术家、设计师、摄影师等职业。

INFP（调停者型）：理想主义、富有同情心、善解人意。对自己的价值观非常忠诚，致力于追求内心的和谐与美好。具有很强的创造力和想象力，善于用文字或艺术表达自己的情感。适合从事作家、编辑、心理咨询师等职业。

INTP（逻辑学家型）：聪明、理性、善于思考。对知识有强烈的好奇心，喜欢探索理论和抽象的概念。具有很强的逻辑分析能力，能够独立解决复杂的问题。在人际关系中比较内向，不善于表达情感。适合从事科学家、哲学家、程序员等职业。

ESTP（企业家型）：充满活力、善于社交、实际。具有很强的适应能力和应变能力，喜欢行动和冒险。善于与人沟通，能够迅速建立人际关系。在工作中注重实际效果，敢于尝试新的方法。适合从事销售、企业家、运动员等职业。

ESFP（表演者型）：热情、外向、富有表现力。喜欢成为关注的焦点，善于与人互动和娱乐他人。具有很强的观察力和感知能力，能够敏锐地察觉到他人的情绪变化。适合从事演员、歌手、主持人等职业。

ENFP（竞选者型）：充满热情、富有创造力、善于社交。具有很强的想象力和创新精神，喜欢提出新的想法和方案。善于激励他人，能够营造积极的氛围。在工作中富有活力，不喜欢受约束。适合从事市场营销、广告、公共关系等职业。

ENTP（辩论家型）：聪明、好奇、富有创造力。善于辩论和挑战传统观念，具有很强的逻辑分析能力和创新思维。喜欢探索新的领域和机会，敢于冒险和尝试。在人际关系中善于沟通和说服他人。适合从事律师、企业家、记者等职业。

ESTJ（总经理型）：实际、果断、有组织能力。注重传统和秩序，喜欢按照规则和计划行事。具有很强的领导能力和决策能力，能够有效地管理团队和组织。在工作中认真负责，注重效率和结果。适合从事企业管理者、军官、法官等职业。

ESFJ（执政官型）：热情、友好、善于照顾他人。注重人际关系，喜欢与人合作和交流。具有很强的组织能力和协调能力，能够有效地管理家庭和社区。在工作中认真负责，注重细节和实际效果。适合从事教师、护士、客户服务代表等职业。

ENFJ（主人公型）：热情、富有同情心、有领导能力。善于理解他人的情感和需求，能够给予他人支持和鼓励。具有很强的组织能力和领导才能，能够有效地激励团队成员。在工作中充满活力，致力于为他人和社会作出贡献。适合从事教师、心理咨询师、企业领导者等职业。

ENTJ（指挥官型）：果断、理性、有领导能力。具有很强的战略眼光和决策能力，能够有效地管理团队和组织。善于分析问题，制订长远的计划。在人际关系中自信独立，不喜欢受情感因素的影响。适合从事企业领导者、政治家、律师等职业。

4. 作用和意义

（1）了解个人优势和劣势

通过 MBTI 测试结果，你可以清晰地认识到自己的性格特点和偏好。例如，如果你是一个 INTJ 类型的人，可能具有强大的分析能力、战略思维和独立工作的能力。了解这些优势可以帮助你在职业选择中寻找能够充分发挥这些优势的领域。

同时，也能认识到自己的劣势，如可能在人际交往中过于直接，或者在处理细节问题上缺乏耐心等。这可以促使你在职业生涯中努力改进这些不足之处，或者选择那些能够弥补你劣势的工作环境和团队。

（2）探索适合的职业领域

不同的 MBTI 类型在职业偏好上有一定的倾向。例如，ISTJ 类型的人通常适合从事会计、审计、数据录入等注重细节、有明确规则和流程的工作；而 ENFP 类型的人则可能在市场营销、广告、公共关系等需要创造力和人际交往能力的领域中表现出色。

根据自己的 MBTI 类型，可以对不同的职业领域进行针对性的探索，了解这些领域的工作内容、技能要求和发展前景，从而找到与自己性格相匹配的职业方向。

4.1.4 价值观与职业倾向

在职业测评中，价值观测评是一种重要的工具，它有助于个人了解自己在职业选择中所看重的核心价值，价值观在很大程度上影响着个人的职业倾向和职业发展方向。

1. 价值观测评的定义和目的

价值观测评通过一系列问题或情境来测量个人在职业中所重视的价值观念。其目的在于帮助个人明确自己的职业价值观，即那些对个人来说在工作中最重要的因素，如成就感、收入、工作环境、社会贡献等。通过了解自己的职业价值观，个人可以更有针对性地选择适合自己的职业，提高职业满意度和幸福感。

2. 职业倾向测评

我们将职业倾向分为三大类：创新思维、领导力和管理能力；团队合作、稳定执行和适度创新；细致工作、独立操作和遵循既定流程。

（1）创新思维、领导力和管理能力

优势：能够在动态变化的职场环境中脱颖而出，为组织带来新的发展机遇和竞争优势。有机会获得较高的职位和薪酬回报，并且能够实现个人的职业抱负。

发展前景：随着经济的发展和行业的变革，具有创新、领导和管理能力的人才需求持续增长。可以在不同行业和领域中发挥重要作用，推动企业和社会的进步。

（2）团队合作、稳定执行和适度创新

优势：能够保证工作的高效、稳定进行，为组织提供可靠的支持。在团队中容易与他人协作，共同实现目标。适度创新也能为工作带来新的活力。

发展前景：在各个行业中都是不可或缺的力量，随着企业对团队协作和执行力的重视，这类人才的需求也较为稳定。同时，适度创新的要求也会促使个人不断提升自己。

（3）细致工作、独立操作和遵循既定流程

优势：能够确保工作的准确性和规范性，为组织提供可靠的基础工作支持。适合喜欢专注于具体任务、注重细节的人。

发展前景：一些对准确性和流程规范性要求高的行业始终需要这类人。随着技术的发展，可能会借助自动化工具提高工作效率，但对人工细致检查和操作的需求仍会存在。

总之，职业选择是一个复杂的过程，价值观在其中起着至关重要的作用。通过深入了解自己的价值观，并将其与职业选择相结合，个人可以做出更加符合自己内心需求的职业决策，从而在职业生涯中获得更大的满足感和成就感。

以靠谱 AI 测评系统使用为例，下面详细介绍如何使用测评系统进行测评。

4.1.5 心理测评使用指引

1. 进入靠谱 AI 官网（https://chats.kaopuai.com），界面弹出登录窗口。填写手机号和验证码（若初次登录，系统将自动创建账户），信息输入完成后，点击"登录"选项，进入主界面。

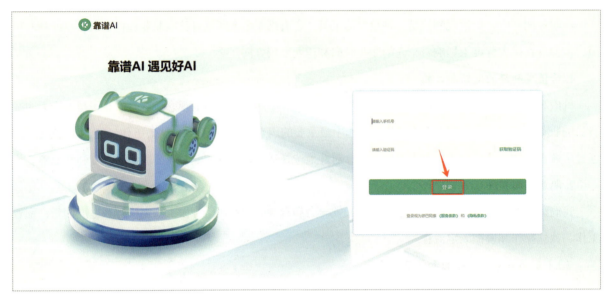

图 4-1　靠谱 AI 官网登录页面

2. 进入主界面后，点击个人头像板块，进入个人中心。

图 4-2　靠谱 AI 官网内页

3. 进入个人中心后，点击"职业测评"，进入职业测评的试题界面。

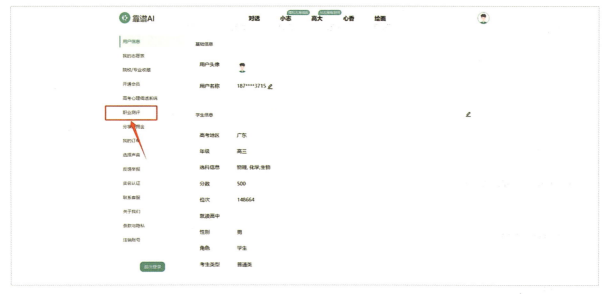

图 4-3 "个人中心"页面

4. 在试题界面点击"进入测评"，开始五个维度的职业测评。

图 4-4 "职业测评"页面

5.进入测评后，可以按试题顺序依次作答，页面右端可以看到试题作答情况。

图 4-5   "兴趣测评"页面

6.试题全部作答完成后，答题情况侧题号全部标绿，点击"提交"便可生成职业测评报告。

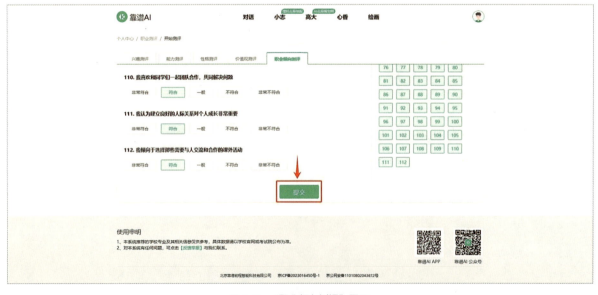

图 4-6   "职业倾向测评"页面

7. 若想保存测评结果，点击"下载"便可保存为专属个人的职业测评报告。

图 4-7　"职业测评报告下载"页面

8. 测评报告

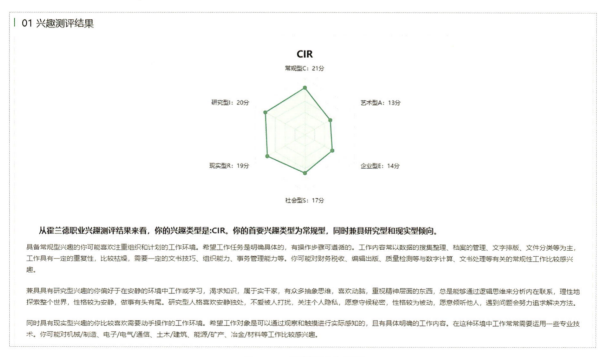

图 4-8　"测评报告"页面

考生可以查看测评报告，了解自己的职业兴趣以及擅长的方面，为进一步的志愿填报和未来职业规划做好准备。

4.2 根据专业定院校

在经过测评系统精准定位到与个人兴趣和能力相匹配的专业后，同学们需要进一步明确自己的意向专业，并在此基础上进行适当调整，这样便能清晰地规划未来的学习方向。接下来，确定理想的大学时，可以遵循以下步骤。

1. 筛选目标院校

首先，根据所选专业，查找并列出那些开设该专业的大学名单。这一阶段，可以通过教育考试院公布的最新招生计划或在靠谱 AI 志愿填报系统查找确定。

2. 评估录取分数线

结合自己的高考成绩（无论是实际分数还是预估分数），参照目标院校及专业的历年录取分数线，初步划定一个合理的院校范围。这一步有助于了解自己在申请过程中的竞争力，同时避免过高的期望导致的挫败感。

3. 综合考量

在确定了目标院校范围之后，还需要从多个维度对这些大学进行深入分析和比较。包括但不限于：

（1）**高校类型与排名**。考虑大学的性质（如综合性大学、理工类大学等）、在全国乃至全球的学术排名以及在相关专业领域的地位。

（2）**就业情况**。了解大学毕业生的就业率、就业质量以及校友网络，这对职业发展有着重要影响。

（3）**校园环境与文化**。考察学校的地理位置、校园设施、学习氛围、社团活动等，以确保能够在一个适合个人发展的环境中学习。

（4）**家庭因素**。考虑到家庭的经济状况、地理位置偏好等因素，确保选择的大学不仅符合学业需求，也符合家庭的整体规划。

4. 最终决策

综合以上所有因素，结合个人的兴趣、职业规划以及家庭条件，做出最终的选择。这一过程可能需要反复权衡和讨论，最终的目标是找到一个既能满足学术追求，又能适应个人生活和家庭需求的理想大学。

通过上述步骤，学生能够更加系统和科学地进行高考报考，不仅选择了适合自己的专业，还找到了心仪的大学，为未来的学习和职业生涯打下坚实的基础。

4.3 模拟填报

下面以靠谱 AI 高考志愿填报系统使用为例，说明如何进行模拟填报。

（一）自主填报

步骤一　考生信息录入

1. 进入靠谱 AI 官网（https://chats.kaopuai.com），界面弹出登录窗口。填写手机号和验证码（若初次登录，系统将自动创建账户），信息输入完成后，点击"登录"选项，进入主界面。

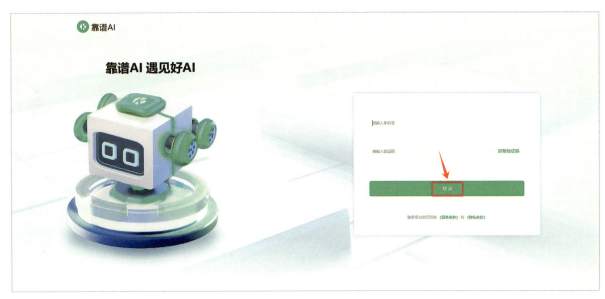

图 4-9　靠谱 AI 官网登录页面

2. 进入主界面后，点击"小志"，开始模拟填报志愿。

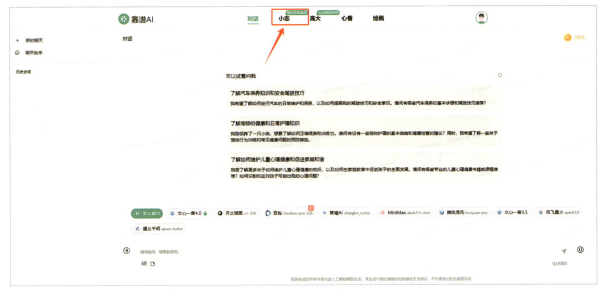

图 4-10　靠谱 AI 官网内页

3. 点击"模拟填志愿"选项，完善考生相关信息。

图 4-11　"小志"页面

4. 有红色标记的信息为必填项，根据考生实际情况如实填写；必填信息填写完成后，点击"保存信息"存档考生信息。

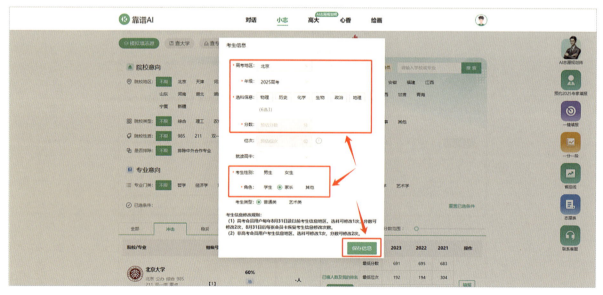

图 4-12　"考生信息"页面

步骤二　数据检索

高考填报志愿涉及地区、院校和专业三个关键因素。

1. 在地区选择方面，可以选择这两个指标作为判断依据，即地区的发展水平与资源以及地区的文化氛围与生活环境。

　　像北京、上海、广州、深圳以及各省会城市等发达地区，教育资源丰富，有更多的顶尖高校和优秀师资。这些城市经济发达，能为学生提供现代化的教育教学设施和更多的实践机会。另外，发达地区的企业众多，就业机会丰富，学生毕业后更容易找到理想的工作，薪资水平也相对较高。

　　不同地区有不同的风土人情和文化背景，选择到不同的地区读书可以体验不同的生活方式和思维方式，拓宽自己的眼界，增强自己的包容性。城市的交通、治安、环境等因素也需要考虑，学生需要根据自己的生活习惯和需求来选择适合自己的城市。

　　2. 在院校选择上，考生可以根据多种方法进行筛选。

　　一是根据大学类别来选学校，比如根据大学类别快速找到报考大学范围，可以在综合类、财经类、理工类、医药类等多种类型中选择自己想去的学校类型，再根据高考成绩选择心仪的大学。

　　二是根据院校性质进行选择，可以在"985"、"211""双一流"、公办、民办等选项中进行选择。

　　3. 在专业选择方面，可以先选择专业门类，再选择专业大类，从而选择自己的意向专业。

　　4. 对院校、专业的选择，靠谱 AI 还提供排除选项，可排除民办院校、中外合作专业、校企合作专业等，以供考生选择。

图 4-13　"模拟填志愿"页面

步骤三　"冲稳保垫"的数据优化

1. 数量优化——"冲稳保垫"志愿填报数量优化

　　"冲稳保垫"是高考志愿填报中的一种常用策略，旨在通过合理的梯度安排，提高录取的概率和满意度。以下是对"冲稳保垫"策略的具体定义和解释。

冲志愿

　　定义："冲"即冲刺，指的是考生根据自己的高考分数和位次，选择录取希望相对较小，但自己非常向往或觉得有一定可能性被录取的高校或专业。这些高校或专业的历年录取线可能略高于考生的分数或位次，但考生仍然可以尝试报考，以期在录取过程中获得更好的机会。

策略：在填报志愿时，考生可以将"冲"的志愿放在前面，作为自己的首选或目标志愿。但需要注意的是，由于"冲"的志愿录取希望较小，因此考生需要做好心理准备，并准备好备选方案。

稳志愿

定义："稳"即稳妥，指的是考生根据自己的高考分数和位次，选择录取希望较大，且与自己的兴趣、能力相匹配的高校或专业。这些高校或专业的历年录取线与考生的分数或位次相当或略低，考生报考后录取的可能性较大。

策略：在填报志愿时，考生可以将"稳"的志愿放在中间位置，作为自己的主要选择。这些志愿既能满足考生的需求，又能确保有较高的录取概率。

保志愿

定义："保"即保底，指的是考生为了确保自己能够被某所高校或专业录取，而选择的一些录取希望非常大的高校或专业。这些高校或专业的历年录取线远低于考生的分数或位次，考生报考后几乎可以确定被录取。

策略：在填报志愿时，考生需要将"保"的志愿放在后面位置，作为自己的安全垫。这些志愿虽然可能不是考生的首选或最优选择，但能够确保考生在高考录取中不会落空。

垫志愿

定义："垫"即垫底，通常是指考生为了提高自己的录取概率，而选择的一些录取希望极大但可能不是最优选择的高校或专业。这些高校或专业往往作为考生志愿的最后一道防线，以确保考生能够顺利被高校录取。

策略：高考报考过程充满不确定性，"垫"志愿对考生来说也是不可或缺的一部分。考生通过"垫"可以极大地降低滑档风险。需要注意的是，"垫"的志愿应该是考生能够接受的学校和专业，应避免因为盲目垫底而去到自己不愿意去的学校或专业。

具体每个类型的志愿数量该如何选择？考生需依据考试院公布的志愿数量，并结合自身的风险偏好来进行合理抉择。

通常情况下，建议"冲"志愿数量占全部志愿数量的比例不超过20%。此类志愿数量不宜过多，也不宜过少，应保持在合理范围内，以尽量提升自己被更高层次院校录取的概率。

"稳"志愿所对应的院校，其往年录取分数和位次通常与考生的分数相当。一般建议将这部分志愿的比例控制在50%左右。这一类型的志愿最为关键，多数同学基本都是被这一阶段的志愿所录取。因此，建议考生重点关注这一阶段的院校和专业，谨慎选择，以确保能进入心仪的院校和专业。

"保"志愿，建议占20%左右。这一阶段的院校及专业通常略低于考生的期望，建议考生结合院校及专业的实际情况，挑选性价比高的院校及专业填报。

"垫"志愿建议占10%左右。这一阶段的志愿同样非常重要。建议考生在这一阶段选择自己能够接受的院校和专业，避免因意外情况掉到这一阶段时，心理落差过大。

综上所述，"冲稳保垫"策略是高考志愿填报中的一种重要方法，通过合理的梯度安排和选择，可以提高考生的录取概率和满意度。每个考生的情况各不相同，在实际填报时还需要根据自己的实际情况进行灵活调整。

2. 精准度优化

在明确了"冲稳保垫"志愿的数量后，接下来需针对院校和专业展开精准度优化。精准度优化的流程如下。

（1）依据招生简章，筛除不适合或无法报考的专业。考生在报考时需要查看自己想要报考的院校或专业，其对应的招生章程中有没有特殊要求，以及自己是否符合填报要求，避免因为特殊要求造成滑档的风险。例如，国防科技大学的招生简章中对考生的政治背景以及身体条件均有明确的要求。

第十四条　报考我校无军籍地方本科生的考生，除符合教育部颁发的《普通高等学校招生工作规定》及《普通高等学校招生体检工作指导意见》的要求外，还须符合以下条件：考生须为普通高中应届毕业生；政治面貌为中共党员或共青团员；家庭及主要社会关系历史清楚，无重大问题；身心健康，无严重急慢性疾病，无传染病，面部与身体各部位无明显缺陷，双眼矫正视力在4.8以上，无色盲、斜视、对眼等眼疾，听觉、嗅觉及发音系统正常（身体条件以高考体检表为准）。

（2）参照一分一段表及往年录取分数，对院校和专业予以优化，按"冲稳保垫"志愿筛选适宜的院校及专业。

（3）针对新增的院校及专业，结合院校专业特性以及同类型院校专业录取状况，挑选合适的院校及专业。

3. 排序优化

在完成前面的步骤后，考生已经筛选出了心仪的院校和专业。接下来，如何科学地对这些院校及专业志愿进行排序就显得尤为重要。除分数之外，还有以下4项参考因素。

（1）院校性质：可以按照"985"、"211"或"双一流"、公办院校、民办院校等院校性质进行排序。

（2）专业性质：根据高校的重点专业建设情况，如国家级特色专业、省级特色专业、"双一流"建设专业等进行排序。

（3）院校及专业排名：结合院校及专业排名数据，对专业志愿进行排序。

（4）录取规则：不同大学的录取规则通常有分数优先、专业优先、专业级差这三种。在不同的录取规则下，专业排序的方法也有所不同。

①在分数优先的录取规则下，六个专业可以按照喜好度进行排序。在这六个专业中，至少要有一个专业的录取概率相对较高。（具体可以填报的专业数量以考试院公布的招生政策规定为准）

②在专业优先的录取规则下，第一个专业的录取概率要相对较高。而从第二个专业到第六个专业，我们首先要考虑的是该专业是否有录取名额，即招生计划人数，而不是录取分数。

③在专业级差的录取规则下，专业的排序则要复杂一些。由于专业的位置不同，考生的线上分数会发生变化，录取概率也会随之改变，因此需要进行动态分析。

以下是以靠谱AI为例,根据"冲稳保垫"策略填报志愿的示例。

1.根据考生信息,小志生成了"冲稳保垫"四种填报策略,考生对有兴趣或者想了解的学校,点击"可填"选项,出现具体的专业名称。

图4-14 "模拟填报—院校推荐"页面

2.根据考生情况选择适合的专业,点击"填报"选项,填报完成后,点击"保存志愿",将信息保存到考生专有的志愿表中。

图4-15 "模拟填报—院校招生信息"页面

3. 点击"志愿表"可以查看考生手动填报的学校以及专业。

图 4–16　"小志"页面

步骤四　方案定稿及导出

检查志愿表，确保信息无误后，点击"导出"，志愿表以 Excel 表格的形式保存到电脑。

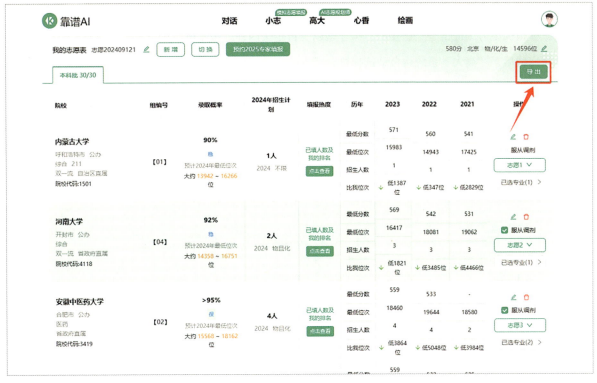

图 4–17　"我的志愿表"页面

步骤五　方案复核

1. 联系高考志愿填报专家，对院校专业方案进行复核，确保志愿填报的合理性，避免因不了解院校专业情况或招生政策等造成误报、滑档等情况。

图 4-18　"小志"页面

2. 查看考试院公布的当年招生计划，进一步核对院校代码、专业代码以及招生专业的特殊要求，确保填报的志愿专业代码正确，符合特殊要求。

（二）AI 辅助填报

步骤一　一键填报

在填写完成考生信息后，点击"一键填报"选项，进入一键填报页面。考生可以选择院校类型、性质等选项，填报类型分为冲击型、稳妥型、保守型以及自定义四种。考生可以根据意愿，选择相应的填报类型，选择完成后，"高大"系统将自动选择符合考生的志愿信息。

图 4-19　"一键填报"入口

图 4-20　"一键填报"设置页面

步骤二　精准度优化

点击"高大"，进入 AI 志愿规划师。

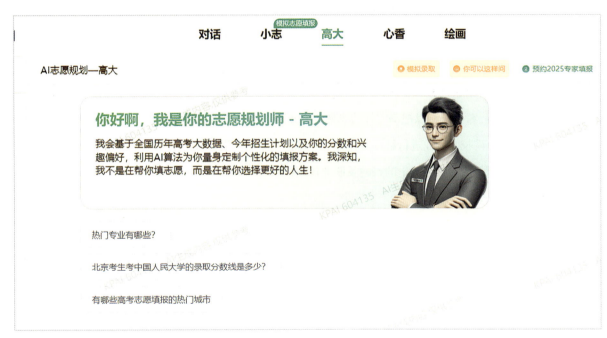

图 4-21　"高大"页面

考生可以通过询问高大，了解院校或专业的情况，或对比两个院校的具体专业，通过进一步了解院校及专业的情况对志愿进行精准度优化。

例如，询问高大：北京邮电大学和北京工业大学哪个好？

图 4-22　"高大"页面

　　考生有任何关于高考方面的问题都可以咨询高大。通过询问高大具体的院校或专业信息，进一步确定选择的院校或专业是否适合自己，从而对志愿进行调整，使填报志愿中的院校及专业均是符合自己兴趣及未来职业规划的。

步骤三　AI 规划师解读院校及专业

　　在上一步完成后，考生还可以把确定好的志愿方案提交给高大，AI 规划师会对整个志愿方案进行解读，对志愿方案中的每个院校及专业进行解读，让考生对志愿方案中的院校及专业都有大概的了解，从而确保填报的志愿都是有理可依，符合学生的兴趣及职业规划的。

步骤四　方案导出

　　检查无误后，点击"导出"便可导出 AI 填报的志愿。

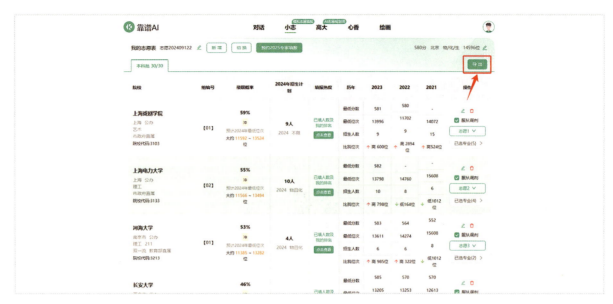

图 4-23　"我的志愿表"页面

步骤五　方案复核

1.联系高考志愿填报专家，对院校专业方案进行复核，确保志愿填报的合理性，避免因不了解院校专业情况或招生政策等造成误报、滑档等情况。

图 4-24　"小志"页面

2.查看考试院公布的当年招生计划，进一步核对院校代码、专业代码以及招生专业的特殊要求，确保填报的志愿专业代码正确，符合特殊要求。

4.4 正式填报

4.4.1 登录填报系统

在规定的时间内，登录所在省份的高考志愿填报系统。一般来说，各地教育考试院会在官方网站上公布填报系统的入口链接。考生需要按照要求输入自己的考生号、密码、验证码等信息，进入填报系统。

例如：江苏省 2025 年普通高考考生服务平台（如下图所示）。

图 4-25   江苏省教育考试院官网页面

4.4.2 填写志愿信息

按照系统的提示，以靠谱 AI 生成的志愿表为参照，依次填写各个批次的志愿信息，包括高校代码、专业代码、是否服从调剂等。要仔细核对信息，确保准确无误。

注意志愿的提交方式和时间限制。有些省份的填报系统可能要求考生在填写完各批次志愿后立即提交，而有些省份则允许考生在规定的时间内随时修改和提交志愿。考生要密切关注系统的提示信息，避免因错过提交时间而导致志愿无效。

4.4.3 确认志愿信息

在完成志愿填写后，要认真核对志愿信息，确保没有错误和遗漏。可以多次查看志愿表，检查高校代码、专业代码是否正确，是否服从调剂等选项是否符合自己的意愿。

确认无误后，点击"确认提交"按钮。提交后，系统会提示"志愿提交成功"，此时志愿信息将不能再进行修改。如果考生在提交后发现志愿信息有误，可以在规定的时间内申请修改志愿，但一般修改次数有限，考生要谨慎操作。

第五章

名词解释与参考工具

5.1 名词解释

（一）填报常识

5.1.1 高考以及填报志愿日程

下图以 2024 年高考为例，因地区及高考模式的不同而有所差异。

高考	出分	本科批填报	专科批填报	本专科批录取
通常于 6 月 7 日开始。第一天上午考语文，下午考数学；第二天上午考文科综合或理科综合，下午考外语，外语听力测试一般在外语笔试前进行。	2024 年高考出分时间因省份而异，大多集中在 6 月 23 日至 6 月 26 日。	成绩出来之后，各省的志愿填报系统就陆续对学生开放了，本科志愿填报时间大多集中在 6 月 26 日到 6 月底，包括艺术、体育、专项计划、定向计划等。	专科志愿填报的时间大多集中在 7 月初到 8 月初，填报的内容具体参考各省级教育考试院官网。	高校录取新生工作由省教育考试院组织实施，大多实行计算机远程网上录取。录取工作大概安排在 7 月上旬至 8 月中旬，具体时间参考各省教育考试院相关政策。

图 5-1　高考及志愿填报日程

以上信息仅供参考，具体日程安排还需以各省级教育考试院当年发布的官方通知为准。

5.1.2 招生章程

高校招生章程是高校根据我国相关教育法规和教育部要求制订的重要文件，它不仅是高校开展招生工作的基本依据，也是高校向社会公布招生信息的必要形式。招生章程的内容必须合法、真实、准确，且表述规范，以确保招生信息的透明度和公信力。在制订过程中，高校需严格遵守国家有关法律和招生政策规定，确保招生章程的合法性和有效性。招生章程完成后，需经过主管部门的审核备案，通过后才能正式向社会公布。在此过程中，任何擅自更改招生章程的行为都是不允许的。

此外，学校法定代表人作为学校的代表，对招生章程及有关宣传材料的真实性负有重要责任。他们必须确保这些材料能够真实反映学校的招生政策、专业设置和录取标准，避免误导考生和家长。

在阅读高校招生章程时，考生和家长应当细致入微，不仅关注学校的性质层次、办学类型及收费标准等基本信息，还需深入探究诸多关键细节。这其中包括调档比例、退档情况、加分政策、单科成绩要求、身体条件限制、专业级差设置、外语语种要求以及特定专业的报考规定等。这些信息直接关系到考生的录取机会和未来的专业学习，因此不容忽视。

值得注意的是，高校招生章程中往往会使用一系列专业术语，如"调档比例"和"专业级差"等，这些术语对非专业人士而言可能较为陌生。考生和家长在遇到这些术语时，应积极采取行动，通过查阅相关资料、向高校招生办咨询或利用其他可靠渠道，来准确掌握这些术语的具体含义和相关规定。

5.1.3 院校专业组

院校专业组指的是某一高校对考生选考科目要求相同的专业的组合。具体来说,一所院校可以设置一个或多个院校专业组,每个院校专业组内包含数量不等的专业,且这些专业的选考科目要求必须相同。

在志愿填报时,考生可以根据自己的意愿选择某院校的某个专业组作为志愿单位。这种模式下,专业调剂通常也限于同一专业组内进行。院校专业组的设置旨在让考生更加明确自己的选考科目与心仪专业的对应关系,同时也增加了志愿填报的灵活性和针对性。

此外,院校专业组的设置也体现了高校在招生录取过程中的自主权,高校可以根据自身的专业特色和人才培养需要来设置不同的院校专业组。对考生而言,了解并熟悉院校专业组的设置和填报规则,有助于考生更加精准地定位自己的报考目标,提高志愿填报的成功率。

5.1.4 批次线

批次线,即批次录取控制分数线,又称省控线,是考生填报志愿的关键参考。具体来说,批次线是由省级招生考试机构根据当年全省考生的高考成绩和招生计划,将考生从高分到低分排序后,按一定比例划定的不同批次(如:一本、二本;本科、专科等)的最低投档分数标准。只有高考成绩达到或超过批次线的考生,其档案才有可能被投档到相应批次的高校,进而有机会被高校选择录取。

5.1.5 投档线

投档线,又称调档线,是省级招生考试机构以招生院校为单位,按招生院校同一科类招生计划数的一定比例(如105%或120%),在对第一志愿投档过程(平行志愿的第一轮正式投档)中自然形成的投档给院校的最低投档分数。省教育考试院根据普通高校在本省的招生计划数和投档比例计算出应投档数,按相应规则投档后,向院校所投考生档案的最低投档分数就是学校的投档线。

5.1.6 一分一段表

一分一段表是指将全省同科类考生的成绩从高到低排列,再按每一分一段,统计"本段人数",从本段向上一直到最高分段的所有"本段人数"相加,则为"累计人数"。

这个表格可以让考生清晰地了解到自己在全省考生中的排名和位置,以及与自己分数相同的考生人数。它是考生填报志愿时的重要参考工具,有助于考生更准确地评估自己的竞争力,制订合理的志愿填报策略。

表 5-1 北京市 2024 年高考考生分数分布

分数	本段人数	累计人数
700 以上	117	117
699	15	132
698	16	148
697	17	165
696	18	183

续表

分数	本段人数	累计人数
695	19	202
694	23	225
693	26	251
692	27	278
691	49	327
690	27	354
689	30	384
688	39	423
……	……	……

例如，表 5-1 所示为北京教育考试院公布的 2024 年高考考生分数分布，显示了每个相同分数的考生人数以及累计人数。如某考生高考分数为 690 分，那从上表中可以看出该分数段一共有 27 位考生，该考生的位次为 328~354。

5.1.7 提前批

提前批是指在普通批次录取之前进行的一个特殊录取批次。它主要针对一些有特殊要求或特殊政策的院校及专业，如军事、公安、司法、航海、公费师范生、免费医学生等。这些院校或专业因其特殊性，需要在普通批次之前完成招生工作，以确保选拔到最适合的学生。提前批的设置相当于给了考生多一次志愿填报的机会，且不占用普通批平行志愿的名额。考生需根据自身条件和兴趣合理选择填报提前批志愿。

5.1.8 顺序志愿

顺序志愿是指在同一个录取批次中，考生填报的多个院校（专业组）志愿有明确的先后顺序，如第一志愿、第二志愿等，每个志愿仅包含一所院校（专业组）。其投档原则遵循"志愿优先"，即根据考生填报的志愿顺序进行投档，若第一志愿院校录取满额，则考虑第二志愿，以此类推。对同一志愿院校的考生，学校会按照考生的分数从高到低的顺序进行排序投档。这意味着，在相同的志愿下，分数较高的考生将具有更高的录取机会。因此，考生在选择和填报志愿时，需要充分了解自己的成绩水平和目标院校的录取情况，合理安排志愿顺序，以增加自己的录取机会。

如图 5-2 所示，依据顺序志愿的投档原则，系统会首先根据考生所填报的第一志愿进行分组，将选报同一志愿院校的考生归为一队。随后，对每一队考生，系统会根据各院校事先确定的录取原则和调档比例，从高分到低分进行排序并依次投档。

图 5-2   顺序志愿

5.1.9 平行志愿

平行志愿是指考生可以在指定的批次同时填报若干个平行院校（专业组）志愿。录取时，依据"分数优先、遵循志愿"的原则进行投档。平行志愿降低了填报志愿的风险，考生可以同时填报多所院校，这些院校之间没有先后之分。

如图 5-3 所示，在遵循上述原则的情况下，系统会首先对同一科类且分数线上未被录取的考生进行总分排序，高分考生将优先获得投档机会。这一过程中，所有符合条件的考生将被排入一个队列，依据分数高低依次进行投档。当轮到某位考生投档时，系统会按照该考生填报的院校顺序进行检索，一旦找到符合条件且仍有计划余额的院校，便会立即进行投档。这一流程确保了投档的公平性和高效性。

相较于顺序志愿填报方式，平行志愿在降低志愿填报风险方面确实展现出了其独特的优势。即便如此，在填报平行志愿时，考生也应保持高度的警惕性和谨慎性。在填报志愿前，务必认真研读各高校的招生章程和录取规则，确保自己符合填报专业的各项指标要求，同时选择"服从调剂"选项，只有这样才能最大限度地降低被退档的风险，确保自己的志愿填报之路更加平稳顺利。

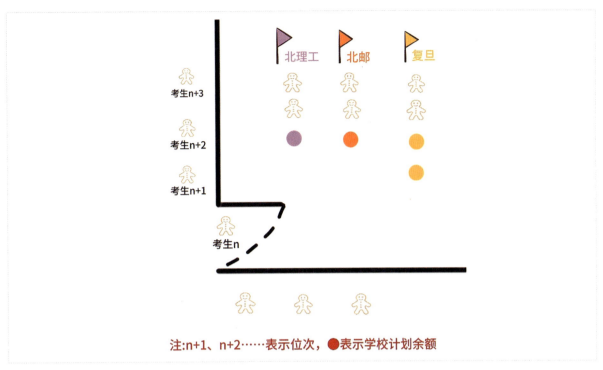

注:n+1、n+2……表示位次，●表示学校计划余额

图 5-3　平行志愿

5.1.10 顺序志愿与平行志愿的区别

在平行志愿模式下，投档比例原则上被严格控制在 105% 以内，以确保投档过程的合理性和高效性。系统会对同一科类且批次线上未被录取的考生，按照其总分从高到低进行排序，并实行一次性投档。具体而言，系统会遵循考生所填报的志愿院校顺序，将考生档案投递至排序靠前且仍有计划余额的高校。在这一过程中，"分数优先"的原则得到了充分体现，即系统会根据考生的总分高低进行排序并依次投档，一旦某考生的档案被成功投出，系统将不再继续检索该生的其他志愿。

在顺序志愿模式下，投档比例原则上控制在 120% 以内，这一设置旨在更全面地考虑和满足考生的志愿需求。顺序志愿将考生的高考志愿视为录取投档的首要因素，致力于最大限度地实现考生的志愿选择。在投档过程中，系统会对选报同一志愿院校的考生进行分组，并按照院校事先确定的调档比例，从高分到低分进行排序和投档。若第一志愿的录取结束后，仍有部分高校未能完成招生计划，系统则会继续进行第二志愿的投档录取工作，以确保每一位符合条件的考生都能获得公平的录取机会。

5.1.11 缺档

缺档是指高校在招生过程中，由于考生报考意愿不足、分数未达到要求或专业冷门等原因，导致招生计划中的名额未能招满，出现空缺的情况。这种现象不仅影响高校招生计划的完成，还可能影响考生的录取机会，并导致教学资源的浪费。为应对缺档的问题，高校通常会采取征集志愿、调整招生计划以及加强招生宣传等措施，以最大限度地减少缺档现象的发生，实现高校与考生的双赢。

5.1.12 征集志愿

征集志愿是一种针对高校招生中本批次第一次填报的志愿录取未满额情况的补充录取方式。在每批次的第一次填报的志愿录取完成后，如果某些院校还存在招生缺额，省级教育考试院会及时公布这些院校的缺额计划。此时，未被录取的考生可以根据公布的缺额计划，在当地招生办填报征集志愿。

征集志愿的填报过程与普通高考志愿相似，主要区别在于它是在第一次填报的志愿录取结束之后进行的，为那些在第一轮录取中未能如愿录取的考生们提供了第二次填报的机会。值得注意的是，征集志愿也采用平行志愿的录取模式。这意味着考生在填报时可以根据自己的实际情况和兴趣爱好，选择多个院校进行填报，提高被录取的可能性。

填报征集志愿时，考生需要及时关注省级教育考试院公布的余缺信息，并务必在规定时间内登录省招办志愿填报网站完成填报。同时考生应按规定选报院校志愿，考虑是否要服从调剂，以确保符合院校和专业的报考要求。此外，考生在选报征集志愿时，应避免"扎堆"现象，理性分析高校录取分数的变动因素。最后，考生应谨慎选择余下的专业，确保自己能够接受，因为一旦被录取便无法退档调换。

5.1.13 专业级差

专业级差是高校在录取考生时，对已投档但未能被第一专业志愿录取的考生，在考虑其后续专业志愿时，根据学校招生章程中规定的分值，对考生的原始分数进行减分处理的一种录取规则。这种规则意味着考生在填报非第一专业志愿时，其录取机会可能会因为减分而降低。

例如，如果某高校规定专业级差为"2，1，1，1，1"，则意味着考生如果第一专业志愿未能录取，其第二专业志愿的录取将减去 2 分，第三专业志愿再减去 1 分，依此类推。这样的规则可能导致考生在填报志愿时需要更加谨慎，以确保自己的分数在减去级差分后仍然具有竞争力。

不过，近年来一些高校已经开始取消专业级差，如上海财经大学和北京交通大学在 2020 年就宣布全面取消了专业级差，这样做有利于考生根据自己的兴趣和分数自由选择专业，减少了填报志愿时的风险。

考生在填报志愿时，应详细阅读目标高校的招生章程，了解其是否实行专业级差以及具体的级差分值，以便更合理地规划自己的专业志愿。同时，考生也可以关注高校的最新招生政策，因为一些高校可能会根据教育改革的要求调整录取规则。

5.1.14 专业调剂

专业调剂是指在高考录取过程中，当考生的分数未达到其所选志愿或者专业的录取标准时，由招生院校根据考生的成绩、专业志愿以及其他相关条件，将其调剂到其他专业进行录取的一种机制。

专业调剂能够在很大程度上避免退档风险，建议考生在填报志愿时选择服从调剂。目前大部分学校都有"入学转专业"的政策，进校后在第二年还有机会学习你喜欢的专业。

5.1.15 退档

退档是指在高考录取过程中，考生虽然达到了报考院校的调档分数线，但由于未达到该院校的最低录取分数线或不符合院校规定的其他录取条件，其电子档案被退回至省招办，即表示该考生未被录取。退档的原因可能包括院校投档比例问题、考生不满足专业要求、身体条件不符合要求以及单科成绩过低等。退档后，考生可以选择参加本批次的征集志愿或参与下一批次的录取。

（二）选考常识

5.1.16 选考科目要求

选考科目要求是新高考改革中的一个重要内容，它用来指导学生在高中阶段选择哪些科目作为高考的选考科目，这些要求通常由各高校根据专业培养的需要来设定，以便学生在高考中选择的科目能够满足未来专业学习的基础要求。

在新高考改革中，不同的省份可能采取不同的选考科目模式，例如"3+3"模式或"3+1+2"模式。在"3+3"模式中，学生在语文、数学、外语三门必考科目之外，还需要从物理、化学、生物、政治、历史、地理等科目中选择三门作为选考科目。而在"3+1+2"模式中，学生必须在物理和历史中选择一门作为首选科目，然后再从化学、生物、政治、地理中选择两门作为再选科目。

高校会根据各专业的培养需求，指定要求学生报考某些专业时必须选考特定科目。例如，一些理工科专业可能要求学生必须选考物理和化学，而一些文科专业可能要求学生选考历史或政治。学生在高中阶段选择选考科目时，需要参考自己未来想要报考的高校和专业的具体要求，以确保符合未来的学习需求。

选考科目要求的公布通常由各省级教育考试院或高校招生办公室负责，学生和家长可以通过官方网站或相关公告来获取这些信息。这些要求对学生至关重要，应确保他们的选科既能满足个人的兴趣和特长，又能满足未来专业发展的需要，因此需要仔细研究这些要求并做出明智的决策。

5.1.17 "3+3"模式

"3+3"模式是中国新高考改革中的一种选科模式，它允许学生在语文、数学、外语三门必考科目之外，从物理、化学、生物、政治、历史、地理等科目中自主选择三门作为高考选考科目。这种模式旨在取消传统的文理分科，给予学生更多的选择权，以促进学生全面而有个性地发展。

目前，实施"3+3"模式的省份主要有浙江、上海、北京、天津、山东、海南等。这些省份的学生在高考时，除了参加语文、数学、外语的统一考试，还需要参加自己选择的三门选考科目的考试。不同的省份可能会有一些细微的差别，如浙江省还将技术科目作为选考科目之一。

"3+3"模式的实施愿景包括构建本硕衔接的课程体系、制订科学合理的选拔措施、汇集优质的教育教学资源、加强教育实践的基地建设、创新"3+3"的学位政策等方面，以期在试行中不断改善与充实，培养更多优秀的人才。

需要注意的是，不同省份可能会根据自己的实际情况对"3+3"模式进行适当的调整和优化，以适应当地的教育环境和学生需求。

5.1.18 "3+1+2"模式

"3+1+2"模式是中国新高考改革中的一种选科模式，它为学生提供了更多的选择权，同时也对选科进行了适当的限制，以确保学生能够根据自己的兴趣和未来发展方向进行合理选择。

目前施行的省份为：河北、辽宁、江苏、福建、湖北、湖南、广东、重庆、黑龙江、甘肃、吉林、安徽、江西、贵州、广西。2025年，山西、内蒙古、河南、四川、云南、陕西、青海、宁夏也将采取"3+1+2"模式。

具体来说，"3+1+2"模式中"3"是语文、数学、外语三门必考科目，这三门科目使用全国卷，以原始成绩计入考生总成绩，每门科目的满分为150分；"1"是首选科目，学生需要在物理和历史两门科目中选择一门作为首选科目，由各省自主命题，以原始成绩计入考生总成绩，满分为100分；"2"是再选科目，学生需要在化学、生物、地理、政治4门科目中选择两门作为再选科目，选考由各省命题，通过等级赋分的方式，将赋分后的成绩计入考生总成绩，每门科目满分为100分。

这种模式下，考生的总成绩由统一高考科目成绩和学业水平考试选考科目成绩构成，满分为750分。其中，语文、数学、外语3门使用原始成绩计入总成绩，首选科目（物理或历史）也使用原始成绩计入总成绩，再选科目则按等级赋分后计入总成绩。

"3+1+2"模式的实施，增加了考生和院校双向选择的机会，考生志愿将采取"专业（类）+学校"的组合方式，理论上有12种组合供考生选择。这种模式既保证了公平性，也可以缩小学科难度不同造成的分数差异，有利于高校科学选拔人才，同时也有利于学生全面且个性地发展。

（三）高校常识

5.1.19 学分制

学分制是一种教育管理制度，它起源于美国，并在全球范围内得到了广泛应用。学分制以学分为计算学生学习量的单位，学生需要按照培养计划的要求，修满规定的最低学分数才能顺利毕业。

学分制的特点在于其灵活性和个性化。它允许学生根据自己的兴趣、能力和职业规划，自主选择课程和学习进度。同时，学分制也强调学习的连续性和系统性，要求学生在规定的时间内完成学业，确保所修课程之间的有机联系和相互衔接。

在应用方面，学分制已经成为现代高等教育的重要组成部分。许多高校都采用了学分制的管理制度，更好地满足了学生的个性化需求，提高了对学生的教育质量。通过学分制，学生可以更加自主地规划自己的学习生涯，同时也能够在更广阔的知识领域中进行探索和学习。

5.1.20 学分互认

学分互认是指不同教育机构对学生所修课程的学分进行相互承认和转换的制度。这种制度促进了教育资源的共享和优化配置，提高了教育质量和效率。

关于学分互认，首先，不同教育机构之间需要达成一定的协议或合作关系，明确相互承认和转换学分的具体条件和标准；其次，学生需要在规定的时间内完成所修课程的学习，并达到相应的学分要求；最后，教育机构之间需要进行学分转换的审核和确认工作，确保所转换的学分符合相关规定和标准。

学分互认制度不仅有助于打破不同教育机构之间的壁垒，促进教育资源的共享和优化配置，也能够为学生提供更加灵活和多样化的学习路径，增强他们的学习动力和兴趣。此外，学分互认制度还有助于提高教育质量和效率，推动教育体系不断完善和发展。

5.1.21 教务处

教务处是高等学校中关键的行政管理部门，主要负责制订和执行教学计划、安排课程与考试、管理学生学籍和成绩、监督教学质量以及提供教师教学支持等，以确保教学活动的顺利进行和教育质量的持续提升。

5.1.22 学生处

学生处是高校中负责学生事务的专门机构，主要职能包括学生思想政治教育、学生日常管理、奖（助）学金发放、学生心理健康辅导、学生就业指导与服务、学生活动策划与组织等，旨在促进学生的全面成长和发展，维护学生的合法权益，营造良好的校园文化氛围。

5.1.23 招生办公室

招生办公室是高等学校内专门负责招生工作的部门，其主要职责包括制订招生计划、组织招生宣传、实施招生考试、进行考生选拔和录取以及提供招生咨询等服务。招生办公室的设立旨在吸引全国各地优秀的生源，并确保招生工作的公平、公正和公开。

5.2 参考工具

5.2.1 各省（区、市）教育考试院官网网址

表 5-2　各省（区、市）教育考试院官网网址

地区	名称	网址
安徽	安徽省教育招生考试院	https://www.ahzsks.cn/index.htm
北京	北京教育考试院	https://www.bjeea.cn/
重庆	重庆市教育考试院	https://www.cqksy.cn/
福建	福建省教育考试院	https://www.eeafj.cn/
甘肃	甘肃省教育考试院	https://www.ganseea.cn/
广东	广东省教育考试院	https://eea.gd.gov.cn/
广西	广西招生考试院	https://www.gxeea.cn/
贵州	贵州省招生考试院	https://zsksy.guizhou.gov.cn/
海南	海南省考试局	https://ea.hainan.gov.cn/
河北	河北教育考试院	http://www.hebeea.edu.cn/
河南	河南省教育考试院	https://news.haeea.cn/
黑龙江	黑龙江省招生考试信息港	https://www.lzk.hl.cn/
湖北	湖北省教育考试院	http://www.hbea.edu.cn/
湖南	湖南省教育考试院	https://jyt.hunan.gov.cn/jyt/sjyt/hnsjyksy/
吉林	吉林省教育考试院	http://www.jleea.edu.cn/
江苏	江苏省教育考试院	https://www.jseea.cn/
江西	江西省教育考试院	http://www.jxeea.cn/

续表

地区	名称	网址
辽宁	辽宁招生考试之窗	https://www.lnzsks.com/
内蒙古	内蒙古招生考试信息网	https://www.nm.zsks.cn/
宁夏	宁夏教育考试院	https://www.nxjyks.cn/
青海	青海省教育考试院	https://www.qhjyks.com/
山东	山东省教育招生考试院	https://www.sdzk.cn/
山西	山西招生考试网	http://www.sxkszx.cn/
陕西	陕西招生考试信息网	https://www.sneac.com/
上海	上海招考热线	https://www.shmeea.edu.cn/
四川	四川省教育考试院	https://www.sceea.cn/
天津	天津招考资讯网	http://www.zhaokao.net/
西藏	西藏自治区教育考试院	http://zsks.edu.xizang.gov.cn/
新疆	新疆教育考试院	https://www.xjzk.gov.cn/
云南	云南省招生考试院	https://www.ynzs.cn/
浙江	浙江省教育考试院	https://www.zjzs.net/

5.2.2 靠谱 AI 网站或靠谱 AI APP

网址：https://chats.kaopuai.com/

图 5-4　靠谱 AI 官网页面

APP：可以从手机应用商店搜索"靠谱 AI"，下载即可。

图 5-5　靠谱 AI 官方二维码

第六章

高考多元录取与规划

6.1 学科竞赛（数学、物理、化学、生物和信息学）

我们常说的五大学科竞赛分别是数学、物理、化学、生物和信息学这五门学科的奥林匹克竞赛。竞赛分为市级、省级、国家级和国际级四个级别。

表 6-1 五大学科竞赛赛事情况

五大学科竞赛赛事情况					
学科	省赛名称	决赛名称	备注（简称）	难度	认可度
数学	全国高中数学联赛	全国中学生数学奥林匹克竞赛	CMO	★★★★★	★★★★★
物理	全国中学生物理竞赛（省级赛区）	全国中学生物理奥林匹克竞赛决赛	CPhO	★★★★★	★★★★☆
化学	全国化学奥林匹克（初赛）	全国中学生化学奥林匹克竞赛	CChO	★★★☆	★★★☆
生物	全国中学生生物联赛	全国中学生生物奥林匹克竞赛决赛	CBO	★★	★★☆
信息学	全国青少年信息学奥林匹克联赛（NOIP） 全国青少年信息学奥林匹克竞赛（NOI） 全国青少年信息学奥林匹克竞赛冬令营（WC） 国际信息学奥林匹克中国队选拔（CTS）			★★	★～★★★

参加学科竞赛不但有助于考生进入清华大学、北京大学等名校，同时对平时学习也有积极的作用。每个人的精力有限，特长不同，建议同学们结合自己的兴趣特长合理选择学科竞赛，以期取得优异的成绩。

（一）数学竞赛

省赛	联赛	全国赛	国家集训队	IMO 国际数学奥赛
1. 考核优秀中学生，部分优秀初三学生也可破格参加； 2. 各省考试时间不同。	1. 联赛分为一试和二试； 2. 一般在 9 月中旬第一个星期日举行； 3. 评选出省级一等奖、二等奖、三等奖。	1. 又被称作冬令营，一般在每年 12 月举行； 2. 评选出国家级一等奖、二等奖、三等奖； 3. 选出 60 人进入国家集训队。	参加国家集训队，最终选出 6 名选手组成国家队，代表国家参加 IMO 国际数学奥赛。	1. 全世界选手在一个指定的地方参赛； 2. 评选出国际金牌、国际银牌、国际铜牌。

图 6-1 数学竞赛

数学竞赛，被誉为学科竞赛的皇冠，它不仅是历史悠久、竞争激烈的，更是成熟度与认可度的代表。在这片充满挑战的领域，能够荣获省级一等奖及以上荣誉的学生，无疑都拥有深厚的数学功底和丰富的竞赛经验。即便天赋异禀，要在数学竞赛中崭露头角，也需付出巨大的努力。然而，正是这样的努力，使得数学竞赛的成绩在高校强基计划（自主招生）中备受青睐，其含金量不言而喻。

对于渴望投身数学竞赛的学子而言，拥有扎实的竞赛基础、熟悉竞赛的思维模式、数学成绩优异、目标远大且学有余力，是他们共同的特质。更重要的是，他们对数学抱有浓厚的兴趣，乐于钻研，勇于探索。

同学们不用担心投入的精力会白白浪费，数学竞赛的学习对日常课程同样大有裨益。它为解决常规难题提供了全新的视角，让人在思考中受益匪浅。

数学竞赛的优势显而易见。首先，它的认可度极高，含金量十足。在强基计划、综合评价、少年班等高校自主选拔中，数学竞赛的全国一等奖、二等奖等奖项都能发挥重要作用。其次，数学竞赛与高中课程的知识结构高度契合，其收益广泛。竞赛不仅考查学生的数学思维和解题能力，还能显著提升学生的数学素养，即便未能在竞赛中取得卓越成绩，对学生的高考和其他理科科目的学习也有着积极影响。

然而，数学竞赛也存在一定的劣势。它对天赋的要求极高，门槛不低。数学竞赛常被形容为"天才的游戏"，这反映了它对参赛者天赋的高要求。数学学科的抽象性使得学习难度大增，竞赛成绩很大程度上取决于个人的天赋，而努力虽能发挥天赋，却难以弥补天赋上的差距。同时，它竞争激烈，堪称"卷王"科目。作为历史悠久的学科竞赛，数学竞赛每年吸引了众多参赛者。尽管每年产生的国家金牌、银牌人数众多，但在庞大的参赛基数下，竞争依然异常激烈。加之数学竞赛的普及，许多家长从小培养孩子的竞赛能力，因此，若非天赋异禀，高中才开始接触数学竞赛的学生，要想超越那些基础扎实的对手，难度可想而知。

（二）物理竞赛

预赛	复赛	决赛	国家集训队	IPhO 国际物理奥赛
1. 每年 9 月上旬考试； 2. 参加 3 小时笔试。	1. 每年 9 月下旬考试； 2. 笔试 160 分，3 小时，统一命题； 3. 实验 40 分，3 小时，地方命题。	1. 每年 10 月底考试； 2. 笔试 140 分，3 小时，统一命题； 3. 实验 60 分，3 小时，统一命题。	选出 50 人进入国家集训队，再选出最终选手，代表国家参加 IPhO 国际物理奥赛。	评选出国际金牌、国际银牌、国际铜牌。

图 6-2　物理竞赛

物理竞赛，其难度可与数学竞赛相提并论，但又不像数学那样对基础知识有严苛的要求。在物理的领域里，即便是高二才开始涉足的同学，也有可能在专业的指导与训练下，摘得省级一等奖乃至全国奖牌。虽然物理竞赛的激烈程度不及数学，但其在高校强基计划（自主招生）中的认可度与数学竞赛不相上下。

对那些在物理学科表中现卓越或对物理充满热情的同学们，建议投身于物理竞赛的海洋。即便未能获奖，其所培养的竞赛思维对于日常物理学习也有着不可估量的价值。

物理竞赛含金量高，广泛认可。在五大学科竞赛中，物理竞赛的认可度仅次于数学竞赛。清华、北大等国内顶尖高校的强基计划、数学英才班、物理卓越计划等自主招生项目，物理竞赛的成绩都是重要的考量因素。在初审和面试环节，省级一等奖及以上的奖项都能为考生增色不少。物理竞赛的认可度与数学竞赛不相上下，但其学科难度相对较低，竞争也不如数学竞赛那般激烈。因此，对于热爱物理的学子而言，投身物理竞赛是一条性价比较高的通往名校之路。

物理竞赛与高考考纲的契合度不高，难度较大。虽然物理竞赛的难度相对于数学竞赛有所降低，但其本身的难度依然不容小觑。物理竞赛中，许多内容超出了高考的知识体系，同时，它也是唯一明确要求考生熟练掌握并运用微积分等高等数学工具的竞赛。因此，学习物理竞赛对数学能力的要求同样很高。没有足够的能力和天赋，要想在物理竞赛中取得优异成绩绝非易事。由于数学与物理竞赛的关联度极高，许多学生在早期同时学习这两门竞赛，到了高中阶段，他们会根据自己的兴趣和能力，选择一个方向进行深入钻研。

（三）化学竞赛

预赛	初赛	决赛	国家集训队	IChO 国际化学奥赛
1. 每年7—8月举行，决出一、二、三等奖； 2. 一等奖可获得参加省赛的机会。	即省赛，每年8月底至9月初举行，决出省级一、二、三等奖。	每年11月底至12月初考试，决出金、银、铜牌。	选出50人进入国家集训队，再选出最终选手，代表国家参加IChO国际化学奥赛。	评选出国际金牌、国际银牌、国际铜牌。

图 6-3　化学竞赛

化学竞赛，虽然在思维挑战上略逊于物理，但是对同学们的记忆能力有较高的要求。

对于那些未曾涉足化学竞赛的学子，专业训练的洗礼同样能够开启通往成功的大门。在化学的竞技场上，竞争的激烈程度相对温和，为那些渴望通过竞赛之路迈向名校的学子们提供了一片较为宁静的天地。

在强基计划（自主招生）的舞台上，化学竞赛的奖项或许不如数学物理那般耀眼，但它依然能够赢得众多高校的青睐。对那些在数学物理的逻辑迷宫中稍显迷茫，却又怀揣着冲击名校梦想的学子，化学竞赛无疑是一条理想的捷径。

化学竞赛的优势在于它的门槛相对较低，易于上手。它更多地考查学生对化学知识的广度，而非深度。知识的储备如同宝藏，越是丰富，越能在竞赛中脱颖而出。对那些在数学物理领域未能大放异彩，却又渴望在竞赛中一展身手的学子，化学竞赛无疑是一个明智的选择。

然而，化学竞赛也有其不足之处。首先，它的含金量和认可度相对较低。在高校的自主选拔中，化学竞赛的奖项往往需要达到国家级的荣誉才能发挥其应有的作用。此外，在强基计划、少年班等选拔环节，化学竞赛生往往不如数学、物理竞赛生那样占据优势。其次，化学竞赛对课内学习的帮助有限。由于它追求的是知识的广度，学生们往往会投入大量时间学习课本之外的内容，而这些内容往往以记忆为主，对思维能力和解决问题能力的提高帮助较少。

（四）生物竞赛

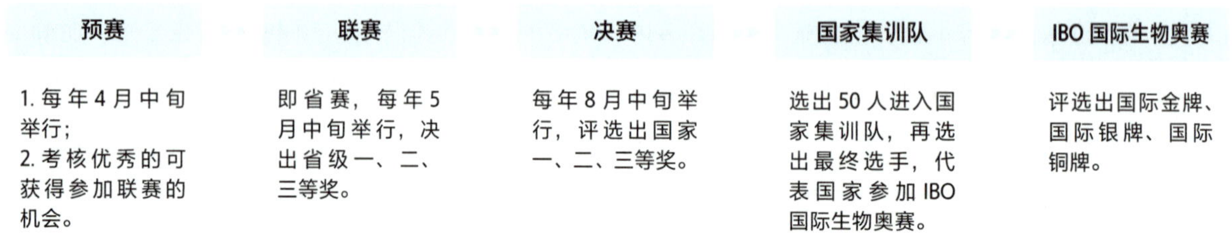

预赛	联赛	决赛	国家集训队	IBO 国际生物奥赛
1. 每年 4 月中旬举行； 2. 考核优秀的可获得参加联赛的机会。	即省赛，每年 5 月中旬举行，决出省级一、二、三等奖。	每年 8 月中旬举行，评选出国家一、二、三等奖。	选出 50 人进入国家集训队，再选出最终选手，代表国家参加 IBO 国际生物奥赛。	评选出国际金牌、国际银牌、国际铜牌。

图 6-4　生物竞赛

生物竞赛与化学竞赛在某些方面有着相似之处，它们并不过分依赖于竞赛者的基础或思维能力，但生物竞赛同样要求参赛者掌握大量大学级别的知识，并需记忆众多的知识点。

对那些热爱生物学、渴望通过自主招生进入顶尖高校的学生来说，参与生物竞赛无疑是一条值得尝试的道路。

生物竞赛被戏称为"全国中学生背书大赛"，其难度在五大学科竞赛中相对较低。参赛者无需深厚的学科基础，只需勤奋背诵，便有机会获得奖项。

尽管生物竞赛的优势显而易见，但其劣势也同样明显。与化学竞赛相似，生物竞赛在名校强基计划（自主招生）中的认可度相对较低。若想通过生物竞赛保送至名校，通常只有进入国家集训队这一途径。在高校自主选拔中，生物竞赛通常只认可国家级奖项。虽然生物竞赛对天赋的要求不高，但知识点繁多且复杂，需要参赛者具备耐心和记忆技巧。单纯依靠死记硬背来冲击国家级奖项是不现实的，毕竟这是一场高水平的竞赛，高手之间的较量绝非易事。因此，在决定投身生物竞赛之前，务必深思熟虑，确保自己能够进行大量的记忆和背诵，切勿因难度较低而盲目选择。

（五）信息学竞赛

初赛	联赛	决赛	国家集训队	IOI 国际信息学奥赛
1. 每年 10 月中旬举行； 2. 考查通用和实用的计算机科学知识。	1. 每年 11 月中旬举行； 2. 上机考试：程序设计。	1. 次年 7 月举行； 2. 一试、二试均为程序设计。	选出 50 人进入国家集训队，再选出最终选手，代表国家参加 IOI 国际信息学奥赛。	评选出国际金牌、国际银牌、国际铜牌。

图 6-5　信息学竞赛

信息学竞赛是一项独特而富有挑战性的学科竞赛，它不仅要求参赛者具备扎实的数学思维能力，还要求他们熟练掌握计算机语言并能够灵活运用于实际编程之中。

参与信息学竞赛的学生需要频繁进行上机操作，熟练掌握编程语言，深入学习算法和数学建模等知识。这些要求使得信息学竞赛的学习门槛相对较高，但相应地，竞争也不如其他学科那般激烈。

信息学竞赛的含金量极高，对学生的长远发展大有裨益。作为五大学科竞赛中较为特殊的一个，信息学竞赛虽然发展时间较短，但其考试形式为机考，要求参赛者不仅要熟悉编程语言，还需掌握算法和数学建模等技能，这对参赛者的空间思维和模拟想象力提出了较高要求。尽管难度不算最高，但其含金量不容小觑，尤其是在那些以计算机、电子信息为特色的院校中，信息学竞赛的认可度非常高。信息学与当前热门的计算机专业紧密相关，学习信息学竞赛对未来的就业和发展具有显著的促进作用。因此，对于那些对 IT 和科技行业充满热情的同学来说，投身于信息学竞赛无疑是一个明智的选择。

信息学的知识体系与高中课本知识完全独立。因此，对学生而言，在高中学习任务繁重的背景下，如何合理安排时间，学习一门与高中课程内容迥异的学科，并在课内外的时间和精力上取得平衡，显得尤为重要。同时，由于信息学竞赛的特殊赛程，有意参与的学生必须提前做好充分准备。通常，学生应在高中一年级或二年级时就开始参加省级考试，以免错过参加国家级比赛的机会。

6.2 外语竞赛

在高考的赛道上，竞赛成绩常常成为学生在高校自主选拔战场上的有力武器。然而，许多人误以为竞赛成绩是自主选拔的唯一敲门砖，甚至有人坚信"无竞赛奖项便无缘自招"或"手握某奖项即能稳入某大学"。这些观点都是片面的。

同样，也有人认为，对外语类院校的自主选拔，英语成绩是关键，竞赛奖项则无关紧要。实际上，大多数外语类高校在自主招生初审时，依然将竞赛成绩视为重要的考量因素。因此，对于英语竞赛，我们既不能过分夸大其作用，也不应完全忽视其价值。

（一）全国创新英语大赛

"全国创新英语大赛"是由《高校招生》杂志社携手北京大学、清华大学、北京师范大学等众多顶尖学府共同发起的一项赛事。在各省招生机构、高校和中学的积极支持下，该大赛已为高校输送了近千名英语特长生。这些学生借助大赛提供的平台，享受到了高考加分、降分录取等优惠政策，顺利进入了他们梦寐以求的名牌大学。大赛不仅在中学生中掀起了参与热潮，激发了他们对英语写作的热情，更成为一项备受期待和喜爱的传统赛事。凭借其权威性和公正性，大赛赢得了高校、中学以及社会各界的广泛认可。

该比赛可个人报名，考生进入"创新英语"官网 http://www.engshow.cn/ 点击"个人报名"，按照系统提示填写个人信息即可。初赛报名时间一般在每年 11 月至寒假，考生可留意官网通知。

比赛分为初评（基准测评）、正评（素养测评）、总评（综合测评）三个阶段。

一、初评（基准测评）

重点考查参评者的英语综合写作能力和创新能力，结合真实情境，运用读、看、写等能力及策略有效理解和表达意义，达成适切目标及合宜内容。

时间安排：一般在每年的 12 月和次年的 3 月，分两个场次，考生任意选择一个场次参加即可。

二、正评（素养测评）

基于创新英语多维能力模型，重点考核参评者在多元复合情境中高效沟通、学习与创新的能力。

形式及内容

正评由线上机答 + 口试两部分组成。

1.线上机答: 涵盖语言能力、学习能力、跨文化沟通与交流、审辨性思维、创新能力、问题解决等方面。

2.口试: 按要求录制并提交口试作品视频，要求在使用语言的过程中体现英语的语言意识和语感。

时间安排：分两个场次，一般在每年的 1 月和 4 月。

三、总评（综合测评）

总评要求参评者在复杂新情境中进行系统性思考与规划，运用跨学科知识，通过立体、多元的理解和表达，创新性解决问题。

1.总评时间：一般在每年的 7 月底。

2.总评形式及内容：具体形式及内容以官网通知为准。

（二）21 世纪英语演讲

"21 世纪杯"全国中学生、小学生英语演讲比赛于 2002 年创办，面向全国在校中、小学生举行，每年约有 50 万名中小学生报名参赛。经过层层选拔脱颖而出的优秀选手皆为各校精英，将代表自己省市中小学生英语演讲的最高水平参加全国总决赛，竞争十分激烈。

这是一个相对来说难度比较大，甚至是最大的英语竞赛，对大量的普通高中生来说获奖难度比较大。大量的外国语中学的学生或出国的学生（也就是在高考 / 自招的竞争中并不会遇到的学生）同样会选择参赛。

一、组织机构

主办单位：中国日报社

承办单位：二十一世纪英语教育传媒

活动设组委会、评委会和项目组。组委会负责制订项目管理总则及章程，统筹协调和宏观指导项目管理工作。评委会履行学术评审职能。项目组在组委会、评委会的指导下，具体履行相关项目职能，并通过书面或协议方式约定权利义务。

二、活动宗旨

发展素质教育，推进中国青少年学生的国际交流能力。活动以"让世界倾听你的声音"为口号，坚持公益、自愿参与的原则。

三、组别设置

赛事分为国内国际两大板块，国内赛事分青年组和大学组；国际赛事面向 16~22 岁青年学生举办。

四、日程设置

校园赛 / 地区初赛：每年 1~3 月

地区复赛：每年 3~4 月

地区半决赛 / 决赛：每年 4~5 月

全国半决赛 / 总决赛：每年 7~8 月

国际赛：每年 8 月

五、评判标准

赛事分为三部分：已备演讲、即席演讲和现场问答。

评判标准如下：已备演讲占 30%，即席演讲占 40%，现场问答占 30%。其中各部分评分中，内容占 45%，要求紧扣主题、结构清晰、论证合理、逻辑严谨、内容生动且具有创意；语言表达占 35%，要求用词恰当，发音准确，语调标准，吐字清晰，停顿得当，表达流畅，富有感染力；综合印象占 20%，要求仪态大方，举止得体，表现力强，能灵活有效地利用眼神、表情及肢体语言与评委和观众交流（部分组别略有差别）。

六、全国组委会联络方式

电话：4009902121-4

邮箱：speech@i21st.cn

（三）"外研社杯"全国中学生外语素养大赛

"外研社杯"全国中学生外语素养大赛是面向全国高中学生举办的公益赛事。大赛由北京外国语大学主办、外语教学与研究出版社承办，立体考查学生的综合语言运用能力、学习能力、思辨能力、创新能力和国际理解力，同时也得到部分高校认可，是自主招生这条路的加分项。

一、组织机构

主办单位：北京外国语大学

学术指导单位：全国基础外语教育研究培训中心

承办单位：外语教学与研究出版社

协办单位：北京银行

技术支持单位：外研在线

指定参赛平台：外研 U 学 APP

特别赞助单位：北京外研通教育科技有限公司

二、大赛理念

靠近我，靠近全世界

三、大赛宗旨

引领外语学习，开启思辨智慧

增进国际理解，点亮世界舞台

四、参赛对象

高中在校学生（不含职业高中学生）

五、比赛时间

初赛：每年 7~10 月

地区复赛：每年 10~12 月

地区决赛：每年 12 月 ~ 次年 1 月

全国总决赛（基础赛）：次年 1 月

六、报名方式

手机下载指定参赛平台"外研 U 学"APP（家庭版），登录大赛专区，进行大赛报名。请关注大赛官网、官方微信号及各赛区通知。

七、参赛费用

大赛坚持公益性，组委会在赛事各环节不得向学校、学生收取成本费、工本费、活动费、报名费、食宿费和其他各种名目的费用，完全做到"零收费"。

八、注意事项

1. 请各单位严格按照大赛组委会的有关规定参加比赛，积极配合和支持组委会的工作，做好线上及线下比赛安排、选手组织、安全保卫等工作，加强对竞赛管理政策的宣传，防止参赛造假行为。

2. 参赛选手在报名参赛时须同意《诚信承诺条款》，承诺参赛作品和成果符合科研诚信和学术规范，如有出现弄虚作假、他人代替等参赛造假行为，一经查实组委会将严肃处理，取消其比赛成绩并将相关人员的违规行为进行公示，绝不姑息。

3. 大赛由北京银行协办，设有北京银行分支机构的城市为北京银行赛区，参赛选手可通过当地北京银行了解更多大赛资讯。

4. 初赛、地区复赛环节，参赛选手将获得大赛承办单位颁发的电子证书。大赛地区决赛和全国总决赛的获奖选手、获奖学校、获奖指导教师可获得由大赛主办单位颁发的权威比赛证书。大赛组委会对赛事证书进行统筹管理，地区决赛证书和全国总决赛证书的发放流程将由组委会安排。

5. 在大赛地区决赛和全国总决赛期间，组委会将根据《中华人民共和国传染病防治法》《学校卫生工作条例》等文件要求，落实疾病卫生管理工作各项要求与措施，以保证大赛期间师生健康。

6. 相关具体事宜可致电组委会秘书处或登录大赛官网、大赛指定参赛平台"外研U学"APP、大赛官方微信号查询。

九、联系方式

大赛官网：http://events.fltrp.com

大赛组委会秘书处：王老师、吴老师

联系电话：010-81920062

电子邮箱：wanghui@fltrp.com、wurr@fltrp.com

投诉电话：010-81920065

（四）全国中学生英语能力竞赛"NEPCS"

NEPCS 是全国规模最大的英语学科竞赛，是我国基础外语教育的重要奖励机制之一，是面向全国中学生举办的综合性英语能力竞赛。NEPCS 中获得的奖励证书是优异教学业绩和学业成绩的有力证明，是学生出国留学、申请国际高等学府录取的重要佐证、自主招生录取及中学校长实名推荐高校录取的重要依据。

参赛对象：全体城乡普通中学的初、高中各年级学生；初赛人数不限，决赛人数为初赛总人数的 2%，决赛名单由初赛产生，未参加初赛的学生不得参加决赛。

报名时间：提倡"重在参与"的奥林匹克精神，坚持"自愿参加"的原则，以学校为单位组织报名工作。初赛报名时间为每年 7 月到 10 月底，各省报名时间不一，具体请咨询中学老师。

竞赛分初赛、决赛和全国总决赛三个阶段。初赛为笔试，满分 150 分，其中听力 30 分，由各校自行组织；决赛除笔试外加赛口试 30 分，由竞赛组委会组织。

如果你的梦想是进入上海外国语大学、北京外国语大学或北京语言大学等外语类顶尖学府，那么英语单科成绩的排名将是你的重中之重，其重要性甚至超过了竞赛成绩。尽管如此，拥有竞赛奖项无疑是锦上添花，毕竟"多多益善"总是硬道理。

对目标是综合性大学（如中山大学、厦门大学、南开大学等）的学生来说，英语竞赛成绩是自主招生过程中不可或缺的敲门砖。幸运的是，英语竞赛的难度相对适中，只要付出努力，便有望取得佳绩。以创新英语竞赛为例，跻身五百强的学生通常能够通过这些大学的自主招生初审；而获得国家级一等奖的学生则有机会通过北京师范大学、华东师范大学、中南大学等高校的初审。

对那些以区域性外语类院校为目标的学生（如湖南大学、南京理工大学、东北大学、中国海洋大学等），在英语竞赛中获得任何级别的奖项——无论是创新英语的赛区奖，还是全国中学生英语能力竞赛（NEPCS）的任何等级奖项——都足以帮助你顺利通过初审。

6.3 高职单招

高职单招是普通高等职业教育单独考试招生的简称，是指经批准的高等学校在当年参加普通高考报名的考生范围内，自主进行命题、自行组织考试、自主确定录取标准和录取名单的一种普通高考招生形式，招收专科层次学生，也属于统招范畴，一般是省内高校招省内考生，少量省外高校在全国招生。

参加招生录取的学校主要是一些独立设置的全日制普通高职院校，除少量招收本科师资班外，其余的招生计划均为普通专科。单招本是为广大中专学校、职业高中和技工学校毕业生（简称三校生）设计的一种招考方式，现在普通高中毕业生也可报考，其志愿填报和专业课加试都有特殊要求。学生一旦通过高职单招并被职业院校录取，就不再需要参加随后的职教高考（春季高考）或普通高考。

在具备普通高考报名资格，以及符合招生院校要求情况下就可以报考，但是从高职单招名称就可以看出，主要是高职院校招收专科层次学生，但也有部分本科院校的专科专业也参与单招，当然也是招收专科层次学生，毕业证也是专科层次。

高职单招的考试采取"3+X"，"3"是指语文、数学、外语，"X"是指综合专业课一科或专业基础课、职业技能课两科。具体考试时间由各省教育考试院或招生办公室确定，并通过官方网站发布。此外，不同省份、不同高职院校的单招考试时间可能会有所不同。因此，建议考生密切关注所在省份教育考试院或招生办公室的官方通知，以及所报考高职院校的招生简章，以便及时了解最新的考试时间安排。

高职单招是省内的统招考试，各个省份出的考卷不一样，所以高职学生只能报自己省内的高职院校而不能报省外的。

高职单招俗称小高考，高职单招报名、考试、录取在高考报名之前。参加单招后还想继续参加高考有三种情形：

1. 参加单招考试，未被录取，可继续参加高考；

2. 参加单招考试，被录取，若参加高考，则没有资格参加投档且不可报名其他学校；

3. 参加单招考试，被录取，但不想去，可联系学校，在拟录阶段申请退档，可继续参加高考。

高职单招和普通高考有什么区别？

1. 考试时间不同：高职单招一般为每年 3~4 月，在普通高考前，普通高考一般在每年 6 月 7~8 日（部分高考改革省份，9~10 日还有科目考试）。

2. 考试、评卷、成绩公布、志愿填报、录取方式不同：高职单招在考试前先报志愿，一般只能报一个学校，然后招生院校组织考试、评卷、公布成绩，并决定是否录取。高职单招一般采用单独招生模式，每个高职院校的考试和录取，没有统一的分数标准，不同专业有不同的考试方法和标准，这与你想申请的院校和专业有关；普通高考为各省教育部门统一组织考试、评卷、公布成绩，公布成绩后，填报志愿，志愿一般可以填多个院校多个专业，并由省级招办进行志愿投档到各院校，由院校决定是否录取。

3. 高职单招分为 13 大类而不是文理科。分别是：商贸管理类、财经类、政法类、师范教育类、文秘类、工艺美术类、旅游类、机械类、计算机类、电子电气类、建筑类、农学类、医学类。

4. 学历和毕业待遇相同：高职单招录取的考生在入学后及毕业后的各项待遇与参加普通高考入学的同层次学生一样，没有区别，都是统招学历，不过部分省份、部分院校在转专业方面可能有限制或有要求。

5. 高职单招，学生只能申请一所学校，只有一次机会。与我们熟悉的普通高考不同，在考试后，学生可以根据分数选择申请几所学校，并根据成绩决定入学。一般在每年的三四月份，学生将根据学校和专业在高职院校参加考试。需要注意的是，一般情况下，全省高职单招安排在同一天，正常情况下，您只能选择一所学校参加考试。因此，选择是非常重要的，它可能直接决定你是否可以一次成功地被录取。

6. 高职单招一般适合文化成绩水平较低的同学。高职单招给了读大学的机会。

6.4 强基计划

2020 年 1 月，教育部发布《关于在部分高校开展基础学科招生改革试点工作的意见》，决定自 2020 年起，在部分高校开展基础学科招生改革试点，也称强基计划。那么，什么是强基计划？强基计划的试点高校有哪些？高考强基计划该怎么解读呢？

强基计划主要选拔有志于服务国家重大战略需求且综合素质优秀或基础学科拔尖的学生，重点在数学、物理、化学、生物、力学、基础医学、育种及历史、哲学、古文字学等相关专业招生。

强基计划的试点高校名单：

表 6-2　强基计划的试点高校名单

北京大学	清华大学	中国人民大学
北京航空航天大学	北京理工大学	中国农业大学
北京师范大学	中央民族大学	南开大学
天津大学	大连理工大学	吉林大学
哈尔滨工业大学	复旦大学	同济大学
上海交通大学	华东师范大学	南京大学
东南大学	浙江大学	中国科学技术大学
厦门大学	山东大学	中国海洋大学
武汉大学	华中科技大学	中南大学
中山大学	华南理工大学	四川大学
重庆大学	电子科技大学	西安交通大学
西北工业大学	兰州大学	国防科技大学
东北大学	湖南大学	西北农林科技大学

强基计划报考流程：

3月底至4月，简章公布，网上报名。

6月，考生参加统一高考。

高考后至7月4日，各省（区、市）提供高考成绩；高校确定考核名单并组织考核。

7月5日前，高校折算综合成绩，择优录取。

（日程安排如有变动，请以高校公布的最新信息为准）

强基计划的录取方式是怎样的？

强基计划在保证公平公正的前提下，探索建立多维度考核评价考生的招生模式。

一是高校依据考生的高考成绩，按在各省（区、市）强基计划招生名额的一定倍数确定参加高校考核的考生名单。考生参加统一高考和高校考核后，高校将考生高考成绩、高校综合考核结果及综合素质评价情况等按比例合成考生综合成绩（其中高考成绩所占比例不得低于85%），根据考生填报志愿，按综合成绩由高到低顺序录取。

二是对极少数在相关学科领域具有突出才能和表现的考生，高校制订破格入围高校考核的条件和破格录取的办法、标准，并提前向社会公布。考生参加统一高考后，由高校组织相关学科领域专家对考生进行严格考核，达到录取标准的，经高校招生工作领导小组审定，报生源所在地省级高校招生委员会核准后予以破格录取。破格录取考生的高考成绩原则上不得低于各省（区、市）本科一批录取最低控制分数线（合并录取批次省份应单独划定相应分数线）。

6.5 数学、物理特色班

数学特色班

数学特色班旨在培养具有坚实数学基础、优秀的数学素养，具有探索创新能力，了解数学发展前沿，具备成为优秀数学家潜质的数学拔尖人才。

数学特色班与普通班的区别

1. 个性化教学：数学特色班可能会根据学生的兴趣和能力进行分层教学，提供个性化的学习路径和指导。

2. 优秀师资：这些班级通常由经验丰富的教师授课，有些学校甚至会邀请数学领域的专家和教授来进行授课或讲座。

3. 国际视野：部分数学特色班还会注重培养学生的国际视野，通过国际交流和学习，让学生了解数学在世界范围内的发展和应用。

以北京大学"数学英才班"为例，简要介绍一下数学特色班的录取流程。

一、招生对象

身心健康、品学兼优，有志于从事数学研究的普通高中在校学生，原则上招收高中二年级以上学生，且满足以下条件之一者：

1. 中国数学奥林匹克竞赛全国决赛一等奖获得者；

2. 有数学特长，并在国内外数学专业相关学习实践活动中取得优异成绩者。

二、选拔程序

1. 初审：北京大学本科招生专家委员会将组织专家严格、公正、客观、全面地进行初步审核评价，初步审核评价结果分为：优秀、通过、不通过三个档次。初步审核评价结果为"优秀"的学生可直接进入面试环节，"通过"的学生获得笔试、面试资格，"不通过"的学生不再参加后续的环节。

2. 考核方式：笔试、面试，重点考核学生的综合能力和学习潜力。

3. 考核时间：具体时间另行通知。

4. 入选资格认定：北京大学本科招生专家委员会根据考生的初审结果、笔试和面试成绩等考核评价情况，择优认定"数学英才班"入选资格。

5. 名单公示：获得我校"数学英才班"入选资格的考生，按教育部相关规定进行公示。

三、录取政策

获得入选资格的考生，根据北京大学通知在所在省份进行高考补报名，高考成绩须达到当地本科第一批次录取控制分数线（已获得保送资格的按保送程序录取）。我校将入选资格考生名单报生源所在省级招生考试机构备案审批，办理正式录取手续。

注：1. 对合并本科批次的省份，"本科第一批次录取控制分数线"按相关省级教育行政部门或招生考试机构确定的有关特殊类型招生控制线执行；2. 高考改革省份获得入选资格的考生高考成绩要求另行通知。

物理特色班

物理特色班是指在高等教育机构中，为了培养物理学领域的优秀人才而设立的特殊班级。这些班级往往拥有独特的教育资源、教学方法和培养计划，旨在为学生提供更深入、更专业的物理教育。这些特色班的共同特点是强调学生的个性化发展、创新能力和科研潜力的培养，以及提供丰富的科研和实践机会。通过这些特色班，学生可以获得更深入的物理知识，参与前沿的科学研究，为未来的学术或职业生涯打下坚实的基础。

以北京大学"物理学科卓越人才培养计划"招生为例，简要介绍物理特色班的招生规则。

一、选拔对象及报名条件

1. 身心健康、品学兼优，对物理学科怀有强烈兴趣，表现出突出的物理学潜质和特长，有志于从事物理科学研究的优秀中学生；

2. 国内主要招收初中三年级至高中三年级的学生；

3. 海外主要招收九年级至十二年级或具有同等学力的学生。

二、选拔程序

1. 初审：根据考生网上填写和上传的报名材料，北京大学将组织专家就考生的学科特长、学业表现、发展潜质等方面严格、公正、客观、全面地进行初审。初审结果分为：优异、优秀、良好、通过、不通过。

初审"优异"的考生，可获得"物理卓越营"入营考查资格；初审"优秀"的考生，可获得直接进入面试测试环节的资格；初审"良好"的考生，可获得直接进入学科专业能力测试环节的资格；初审结果为"通过"的考生，可获得进入学科基础能力测试环节的资格；初审结果为"不通过"的考生不再参加后续环节。

2.考查测试：包括学科基础能力测试、学科专业能力测试、面试和体质测试。

（1）学科基础能力测试：初审"通过"的考生须参加学科基础能力测试。成绩优异者进入学科专业能力测试环节。

（2）学科专业能力测试：主要考查学生的物理逻辑思维和综合运用物理知识的能力。成绩优异者进入面试和体质测试环节。

（3）面试：主要考查学生的综合素质。

（4）体质测试：主要测试学生的身高体重指数、肺活量、坐位体前屈、立定跳远、仰卧起坐，无故不参加者取消入选资格。

3."物理卓越营"入营资格认定：北京大学将根据初审的评定结果和考查测试成绩，确定"物理卓越营"入营资格名单，并按相关规定进行公示。获得入营资格的考生按要求进行确认，领取《北京大学"物理卓越营"入营资格证明》。

4.物理卓越营：确认入营资格的考生按要求到北京大学参加2个月左右的"物理卓越营"。"物理卓越营"将通过理论、实验课程学习和大学适应性考查等对考生进行深入的综合评价。

5.录取：北京大学将根据"物理卓越营"的综合评价报告确定"物理卓越计划"录取名单。获得"物理卓越计划"录取资格的国内学生无须参加高考，由我校报所在省（自治区、直辖市）招生考试机构，按相关规定办理录取手续，具体手续另行通知。

6.6 高水平运动队

一、招生录取流程

1.报名：考生参加各省统一高考报名，并在规定时间内申请高校运动队招生项目。

2.测试：考生在规定时间内参加专业测试。

3.专业合格名单公示：高考前，高校确定并公示专业考试合格名单，明确高考文化课成绩录取要求。

4.高考：报名考生均须参加全国统一高考。

5.入围名单公示：高校在文化课达标的合格考生范围内，依据专业测试成绩，择优确定入围名单。

6.填报志愿：入围考生按本省要求填报运动队志愿。

7.投档录取：高校根据入围考生填报的志愿和体育专业测试成绩择优录取，一般在相应普通本科批次开始前进行。

二、高水平运动队的报考条件

1.考生应参加高考报名，且获得国家一级运动员（含）以上技术等级称号。

考生所持本人运动员技术等级证书中的运动项目应与报考高校的运动项目一致（原则上运动小项也应

对应一致，田径项目须严格对应）。

2. 在满足报考条件的同时，高水平运动队的招生对象不限年龄。

2027 年起，符合生源省份高考报名条件，获得国家一级运动员（含）以上技术等级称号且近三年在体育总局、教育部规定的全国性比赛中获得前八名者方可以报考高校运动队。

报考高水平运动队需要参加的考试：

高水平运动队采取"文化考试 + 专业测试"相结合的考试评价方式。2024 年起，高水平运动队考生文化考试成绩全部使用全国统一高考文化课考试成绩。所有项目专业测试全部实施全国统考，与运动训练、武术与民族传统体育专业招生的体育专项考试统一组织，统一采用体育总局相关体育专项考试方法与评分标准进行评分。高校不再组织相关项目的校考，不得以文化测试、体能测试、资格审查等名义变相组织校考和提前筛选。

三、高水平运动员享受的政策优惠及变化

1. 2024 年起，部分"双一流"建设高校对考生的高考成绩要求须达到生源省份普通类本科批次录取控制分数线；其他高校对考生的高考成绩要求须达到生源省份普通类本科批次录取控制分数线的 80%。

2. 对于体育专业成绩突出、具有特殊培养潜质的考生，高校可探索建立文化课成绩破格录取机制。破格录取办法须经学校党委常委会审议并报所在地省级教育行政部门备案，提前在学校高水平运动队考试招生办法中向社会公布。破格录取考生名单须经学校招生工作领导小组审议并报生源所在地省级招委会核准后在学校招生网站进行公示。

3. 2024 年起，高水平运动队录取学生中，高考文化课成绩不低于招生高校相关专业在生源省份录取分数线下 20 分的，可申请就读相应的普通专业；其余学生限定就读体育学类专业。

4. 2024 年起，文化考试成绩全部使用全国统一高考成绩，取消了原部分高校对一级运动员可使用体育单招文化考试成绩进行录取的政策。

四、高校高水平运动队招生与体育单招的区别

普通高校高水平运动队招生和体育单招都属于高校特殊类型考试招生，是高校招生工作的一部分。高校高水平运动队与体育单招在报考条件、招生院校、考试方式、录取政策、专业选择上都有所不同。

1. 报考条件不同

报考高水平运动队的考生竞技水平要达到比较高的程度。考生要经过报名、测试、高考等几个环节的严格筛选，才能被高校顺利录取。报考高水平运动队的考生要符合生源省份高考报名条件并获得国家一级运动员（含）以上技术等级称号。

体育单招是部分体育专业单独招生的简称，是指经教育部、国家体育总局批准的部分高校对运动训练、武术与民族传统体育专业实行的单独考试招生。报考体育单招的考生需符合生源省份高考报名条件；具备运动训练、武术与民族传统体育专业招生项目的二级（含）以上运动员技术等级称号。

2. 招生院校不同

高水平运动队招生高校和招生项目需经教育部核准备案。

3. 考试方式不同

高水平运动队采取"文化考试＋专业测试"相结合的考试评价方式。2024 年起，高水平运动队考生文化考试成绩全部使用全国统一高考文化课考试成绩。所有项目专业测试全部实施全国统考，与运动训练、武术与民族传统体育专业招生的体育专项考试统一组织，统一采用体育总局相关体育专项考试方法与评分标准进行评分，高校不再组织相关项目的校考。

运动训练、武术与民族传统体育专业招生实行文化考试和体育专项考试相结合的办法进行。文化考试由教育部教育考试院组织命题和印制试卷；省级招生考试机构负责试卷接收和组织本省生源的文化考试。体育专项考试采用全国统考和分区统考方式进行，由体育总局委托有关院校组织实施。

4. 录取优惠政策不同

高水平运动队的录取政策是：部分"双一流"建设高校对考生的高考成绩要求须达到生源省份普通类本科批次录取控制分数线；其他高校对考生的高考成绩要求须达到生源省份普通类本科批次录取控制分数线的 80%。

而体育单招录取时，在文化成绩不低于 180 分、体育专项成绩不低于 40 分的基础上，各招生院校根据本校实际情况综合确定本校文化成绩和体育专项成绩录取控制线。具备一级运动员技术等级称号的考生，可在院校文化成绩最低录取控制线下降 30 分录取；具备运动健将技术等级称号的考生，可在院校文化成绩最低录取控制线下降 50 分录取。在达到院校文化和体育专项成绩最低录取控制线的基础上，院校根据考生的文化成绩（折合百分制后）和体育专项成绩按 3:7 的比例计算考生录取综合分（综合分计算规则以各省教育考试院当年公布的最新标准为准）。

5. 专业选择不同

高水平运动队高考文化课成绩不低于高校相关专业在生源省份录取分数线下 20 分的考生，可录取至对应的普通专业；体育单招报考的只有运动训练、武术与民族传统体育专业。考生若已报名运动训练、武术与民族传统体育专业志愿并被录取，不再参加普通高考及高校高水平运动队的录取。

表 6-3　部分具有高水平运动队招生资格的院校

院校名称	所在地区	教育部批准招生项目	院校名称	所在地区	教育部批准招生项目
中国科学技术大学	安徽	羽毛球	南京信息工程大学	江苏	排球、乒乓球、跆拳道
合肥工业大学	安徽	篮球、手球、足球	江苏师范大学	江苏	田径、足球
安徽大学	安徽	羽毛球、篮球	南通大学	江苏	田径、击剑、乒乓球
安徽师范大学	安徽	田径、武术、足球	南京财经大学	江苏	田径、篮球、羽毛球
安徽工业大学	安徽	田径、篮球、橄榄球	苏州科技大学	江苏	羽毛球
安徽建筑大学	安徽	乒乓球、击剑	南昌大学	江西	田径、篮球、排球、足球、网球

续表

院校名称	所在地区	教育部批准招生项目	院校名称	所在地区	教育部批准招生项目
安徽工程大学	安徽	武术	江西师范大学	江西	田径、足球、健美操、篮球
合肥大学	安徽	击剑	江西财经大学	江西	网球
北京大学	北京	田径、篮球、足球、乒乓球、羽毛球、健美操、游泳	华东交通大学	江西	田径、篮球、网球、武术、足球
清华大学	北京	田径、篮球、排球、游泳、射击、健美操、击剑、足球	南昌航空大学	江西	羽毛球
中国人民大学	北京	田径、篮球、排球、足球、网球、武术	赣南师范大学	江西	田径
北京师范大学	北京	田径、篮球、足球、排球、健美操	江西科技师范大学	江西	健美操
北京航空航天大学	北京	田径、排球、足球、羽毛球	井冈山大学	江西	篮球、足球
北京理工大学	北京	田径、足球、武术	大连理工大学	辽宁	田径、篮球
中国农业大学	北京	田径、足球、橄榄球	东北大学	辽宁	田径、篮球、羽毛球、冰雪
北京交通大学	北京	田径、篮球、排球、羽毛球、跆拳道	辽宁大学	辽宁	篮球
北京科技大学	北京	田径、篮球、足球、羽毛球、跆拳道	东北财经大学	辽宁	田径、篮球、足球
北京邮电大学	北京	乒乓球、武术	大连大学	辽宁	田径、游泳
北京化工大学	北京	篮球、网球、健美操	辽宁师范大学	辽宁	田径
北京外国语大学	北京	游泳	沈阳工业大学	辽宁	足球
中国政法大学	北京	排球、乒乓球、羽毛球、足球	沈阳建筑大学	辽宁	游泳、网球
首都师范大学	北京	健美操、定向越野	沈阳师范大学	辽宁	乒乓球、武术
中央民族大学	北京	网球、排球、足球	大连交通大学	辽宁	乒乓球
北京工业大学	北京	篮球、足球、排球、游泳、羽毛球	辽宁石油化工大学	辽宁	羽毛球、击剑
对外经济贸易大学	北京	篮球	沈阳理工大学	辽宁	足球
北京林业大学	北京	田径、足球	沈阳化工大学	辽宁	排球、网球
中央财经大学	北京	室内排球、沙滩排球	大连艺术学院	辽宁	田径、健美操
华北电力大学	北京	田径、篮球	内蒙古大学	内蒙古	足球、田径
北京中医药大学	北京	武术、健美操、女子足球	内蒙古农业大学	内蒙古	田径、篮球、足球
中国地质大学（北京）	北京	田径、攀岩、跆拳道	内蒙古师范大学	内蒙古	田径、足球、摔跤、柔道

续表

院校名称	所在地区	教育部批准招生项目	院校名称	所在地区	教育部批准招生项目
首都经济贸易大学	北京	篮球、游泳	内蒙古工业大学	内蒙古	排球、足球
北京联合大学	北京	足球、健美操	内蒙古科技大学	内蒙古	田径、篮球、排球、足球
北方工业大学	北京	棒球、垒球	呼伦贝尔学院	内蒙古	冰雪
北京石油化工学院	北京	田径	内蒙古科技大学包头医学院	内蒙古	排球、足球
厦门大学	福建	足球、篮球、棒球、武术、健美操	宁夏大学	宁夏	田径、篮球、足球
福建师范大学	福建	田径、篮球、游泳、排球、足球	北方民族大学	宁夏	武术
福州大学	福建	游泳、篮球、足球	青海师范大学	青海	田径、篮球
华侨大学	福建	田径、篮球、足球、游泳、羽毛球	青海民族大学	青海	篮球
集美大学	福建	田径、游泳、武术、足球	山东大学	山东	田径、排球、篮球、足球、游泳
厦门理工学院	福建	篮球、健美操	中国海洋大学	山东	田径、排球
甘肃政法大学	甘肃	足球	中国石油大学（华东）	山东	田径、篮球、排球、乒乓球、网球
兰州大学	甘肃	田径、排球、武术、足球	齐鲁工业大学	山东	足球
西北师范大学	甘肃	田径、足球、健美操	山东师范大学	山东	田径、排球、乒乓球、健美操、足球
兰州交通大学	甘肃	田径、乒乓球	山东农业大学	山东	田径、篮球、武术
西北民族大学	甘肃	田径、足球、武术	青岛大学	山东	田径、足球、健美操
中山大学	广东	田径、排球、游泳、击剑、足球	山东科技大学	山东	篮球、田径
华南理工大学	广东	田径、篮球、游泳、乒乓球、足球	青岛科技大学	山东	足球、橄榄球
深圳大学	广东	乒乓球、定向越野	济南大学	山东	足球、网球
暨南大学	广东	田径、游泳、羽毛球、网球、武术	山东理工大学	山东	田径、篮球、足球
华南师范大学	广东	田径、游泳、乒乓球、羽毛球、武术	曲阜师范大学	山东	田径、足球
华南农业大学	广东	羽毛球、足球、跆拳道	山东财经大学	山东	排球、足球、乒乓球
广州大学	广东	篮球、足球	青岛理工大学	山东	足球
广东工业大学	广东	篮球、足球、乒乓球、网球	鲁东大学	山东	田径、篮球
汕头大学	广东	篮球	聊城大学	山东	田径

续表

院校名称	所在地区	教育部批准招生项目	院校名称	所在地区	教育部批准招生项目
广东财经大学	广东	田径、游泳	山东中医药大学	山东	乒乓球、武术
韩山师范学院	广东	田径、足球	山西大学	山西	田径、篮球、健美操、足球
广西大学	广西	篮球、游泳、乒乓球、羽毛球、健美操	太原理工大学	山西	田径、篮球、足球
广西师范大学	广西	田径、篮球、足球	中北大学	山西	排球、跆拳道、足球
桂林电子科技大学	广西	网球	山西师范大学	山西	田径、篮球、健美操、足球
广西民族大学	广西	足球、龙舟	山西财经大学	山西	田径、篮球、足球
南宁师范大学	广西	田径、篮球	山西医科大学	山西	健美操
广西中医药大学	广西	羽毛球、武术	山西大同大学	山西	田径
贵州大学	贵州	田径、篮球、乒乓球、足球	太原师范学院	山西	游泳、足球
贵州师范大学	贵州	足球	西安交通大学	陕西	田径、篮球、足球、游泳、乒乓球
海南大学	海南	田径、篮球、排球、足球	西北工业大学	陕西	田径、篮球、排球、乒乓球、羽毛球
海南师范大学	海南	田径、篮球、排球、足球	西安电子科技大学	陕西	游泳、健美操
海南热带海洋学院	海南	排球	西北农林科技大学	陕西	网球
燕山大学	河北	排球	长安大学	陕西	足球、游泳、健美操
河北师范大学	河北	足球、排球、健美操	陕西师范大学	陕西	田径、足球
河北农业大学	河北	田径、排球	西安建筑科技大学	陕西	田径、足球、网球、健美操
河北地质大学	河北	足球、攀岩	西安理工大学	陕西	田径、游泳
河北工程大学	河北	田径、篮球、健美操	西安工业大学	陕西	篮球、足球、田径
河北传媒学院	河北	足球、健美操	西安邮电大学	陕西	田径
郑州大学	河南	田径、篮球、乒乓球、网球、足球	西安财经大学	陕西	足球
河南大学	河南	田径、篮球、武术、网球、足球	复旦大学	上海	田径、排球、游泳、武术、射击、足球
河南师范大学	河南	排球、足球	上海交通大学	上海	田径、篮球、游泳、乒乓球、网球、羽毛球、赛艇
河南理工大学	河南	篮球、武术、乒乓球、足球	同济大学	上海	田径、足球、游泳、羽毛球、手球、健美操
河南财经政法大学	河南	田径、武术、健美操、足球	华东师范大学	上海	田径、篮球、排球

续表

院校名称	所在地区	教育部批准招生项目	院校名称	所在地区	教育部批准招生项目
哈尔滨工业大学	黑龙江	田径、游泳、乒乓球、冰雪、篮球	华东理工大学	上海	田径、篮球、乒乓球、网球、武术、足球
哈尔滨工程大学	黑龙江	田径、篮球、排球、乒乓球、冰雪	上海大学	上海	田径、排球、网球、武术、足球
东北林业大学	黑龙江	田径、篮球、游泳、武术、冰雪	上海财经大学	上海	游泳、网球、棋牌
黑龙江大学	黑龙江	田径、乒乓球、射击、足球	上海外国语大学	上海	棒球、棋牌、排球
东北农业大学	黑龙江	田径、足球	东华大学	上海	田径、足球、手球、射击
哈尔滨师范大学	黑龙江	田径、武术、健美操、冰雪、足球	上海理工大学	上海	田径、足球
哈尔滨理工大学	黑龙江	游泳、乒乓球、健美操、冰雪	上海中医药大学	上海	排球、武术
东北石油大学	黑龙江	田径	华东政法大学	上海	棒球、垒球、足球
哈尔滨商业大学	黑龙江	篮球、游泳、网球	上海海事大学	上海	游泳、武术、龙舟、足球
齐齐哈尔大学	黑龙江	田径、冰雪	上海海洋大学	上海	田径
武汉大学	湖北	田径、排球、乒乓球、羽毛球、足球	上海工程技术大学	上海	足球、篮球
华中科技大学	湖北	田径、篮球、乒乓球、足球、武术	上海电力大学	上海	手球、击剑
武汉理工大学	湖北	田径、篮球、网球、武术、跆拳道	上海立信会计金融学院	上海	击剑
华中师范大学	湖北	田径、羽毛球、健美操、篮球、游泳	四川大学	四川	田径、排球、足球、游泳、网球
华中农业大学	湖北	羽毛球、田径	电子科技大学	四川	田径、篮球、足球、游泳、网球
中国地质大学（武汉）	湖北	田径、游泳、羽毛球、攀岩、篮球	西南交通大学	四川	田径、篮球、排球、健美操
中南财经政法大学	湖北	田径、篮球、足球、乒乓球	西南财经大学	四川	篮球、健美操、网球、足球
武汉科技大学	湖北	田径、篮球、足球	四川师范大学	四川	篮球、定向越野、足球
湖北大学	湖北	田径、足球、武术、乒乓球	西南石油大学	四川	网球
三峡大学	湖北	武术、足球、篮球	成都中医药大学	四川	武术
湖北工业大学	湖北	篮球、乒乓球	西华大学	四川	健美操、跆拳道、乒乓球
武汉轻工大学	湖北	篮球、足球、羽毛球	西华师范大学	四川	射击

续表

院校名称	所在地区	教育部批准招生项目	院校名称	所在地区	教育部批准招生项目
武汉工程大学	湖北	健美操	电子科技大学成都学院	四川	足球
湖北中医药大学	湖北	武术、足球	天津大学	天津	田径、篮球、游泳
湖北经济学院	湖北	田径、排球	南开大学	天津	田径、排球、棋牌
国防科技大学	湖南	田径、篮球、足球	天津师范大学	天津	田径、足球、龙舟、棋牌
中南大学	湖南	田径、篮球、排球、射击、足球	天津医科大学	天津	游泳、龙舟
湖南大学	湖南	田径、篮球、足球	天津工业大学	天津	田径、排球、游泳、健美操、龙舟
湖南师范大学	湖南	田径、篮球、排球、乒乓球、足球	天津科技大学	天津	乒乓球、健美操、龙舟
湘潭大学	湖南	田径、篮球、羽毛球	天津理工大学	天津	排球、武术、跆拳道、柔道
长沙理工大学	湖南	田径、足球	天津财经大学	天津	田径、篮球、定向越野
湖南农业大学	湖南	足球	天津外国语大学	天津	网球、击剑、龙舟
中南林业科技大学	湖南	田径、排球	中国民航大学	天津	篮球、柔道
南华大学	湖南	排球	天津商业大学	天津	游泳
湖南工业大学	湖南	田径、篮球、足球	天津城建大学	天津	足球
湖南人文科技学院	湖南	足球	新疆大学	新疆	田径、篮球、足球
湘南学院	湖南	篮球、足球	石河子大学	新疆	跆拳道、足球、篮球
吉林大学	吉林	田径、篮球、排球、足球、乒乓球	新疆师范大学	新疆	田径、足球、乒乓球、健美操
东北师范大学	吉林	田径、篮球	新疆农业大学	新疆	排球
延边大学	吉林	足球、跆拳道	新疆财经大学	新疆	田径、篮球、足球
东北电力大学	吉林	龙舟、冰雪、足球、田径	云南大学	云南	田径、足球
吉林农业大学	吉林	篮球、跆拳道、定向越野、足球	昆明理工大学	云南	排球、足球、网球
北华大学	吉林	龙舟、冰雪、足球	云南师范大学	云南	游泳、网球、足球、排球
吉林化工学院	吉林	足球	云南农业大学	云南	篮球、足球、武术
长春师范大学	吉林	排球、足球、冰雪	云南财经大学	云南	篮球、网球、足球
长春工程学院	吉林	篮球、足球	浙江大学	浙江	田径、篮球、网球、排球、足球
南京大学	江苏	田径、篮球、排球、足球	宁波大学	浙江	篮球、足球、乒乓球
东南大学	江苏	田径、排球、游泳、乒乓球、射击、羽毛球	浙江工业大学	浙江	田径、定向越野、足球

续表

院校名称	所在地区	教育部批准招生项目	院校名称	所在地区	教育部批准招生项目
河海大学	江苏	足球、健美操、乒乓球	浙江师范大学	浙江	田径、篮球
南京农业大学	江苏	排球、武术、网球、足球	浙江工商大学	浙江	篮球、游泳
南京理工大学	江苏	田径、篮球、足球	浙江理工大学	浙江	田径、篮球
南京师范大学	江苏	田径、网球、足球	浙江财经大学	浙江	游泳、乒乓球、足球
中国矿业大学（徐州）	江苏	田径、篮球、游泳、网球、足球	浙江中医药大学	浙江	武术
南京航空航天大学	江苏	田径、篮球、足球、乒乓球	重庆大学	重庆	田径、篮球、网球、足球
苏州大学	江苏	田径、游泳、篮球、足球	西南大学	重庆	足球、游泳、网球
江南大学	江苏	棒球、足球	西南政法大学	重庆	田径、排球
扬州大学	江苏	田径、乒乓球、武术、篮球	重庆邮电大学	重庆	乒乓球
南京工业大学	江苏	田径、乒乓球、棒球、垒球	重庆师范大学	重庆	田径、篮球
江苏大学	江苏	排球、足球	重庆工商大学	重庆	排球
南京邮电大学	江苏	篮球、足球	重庆科技大学	重庆	女子足球
中国药科大学	江苏	排球、健美操	重庆文理学院	重庆	篮球

6.7 少年班

报考少年班的考生，必须是经招生院校资格审查及预选合格，获得《合格证》的考生。省级教育考试院将按照招生院校提供的合格考生名单通知各地考试院（招生办）组织少年班考生单独报名，少年班考生不能提前参加高考报名。考生报名时须持《合格证》、户口簿和第二代居民身份证到学籍所在县（区、市）考试院（招生办）报名。

少年班考生院校志愿只能填报其少年班资格审查的院校。

（一）中国科学技术大学少年班

中国科学技术大学少年班自 1978 年成立以来，已成为中国高等教育中少年班培养模式的标杆。历经数十年的发展，该班成功培育了大量杰出的科学家，为中国的科技进步做出了显著贡献。

招生对象：招收 15 周岁以下的高二及以下考生。

选拔程序

1. 初审与高考报名

我校组织专家组，根据考生的报名材料，结合兴趣志向、学业水平、综合素质等进行初审。初审通过的考生须于规定时间内登录我校网上缴费系统（http://cwjf.ustc.edu.cn/payment/）支付报名费用 120 元整（皖价费〔2009〕60号）。我校根据各省招生考试机构的要求，制作高考报名证，并邮寄至考生个人地址，考生凭高考报名证在当地规定时间内办理全国统一高考报名手续。

2. 初试

初审通过的考生须参加初试，科目为数学、物理，重点考查相关学科基础、逻辑思维能力。

3. 参加高考

初审通过的考生严格按照相关规定参加普通高校招生全国统一考试。我校对考生的高考科类要求如下。

高考综合改革省份：须选考物理、化学，其他科目不限；其他省份：理工类。

考生高考试卷由所在省份招生考试机构评阅并向我校提供成绩，考生此次所有的相关成绩仅供中国科大少年班选拔使用，若考生未被录取，成绩不进入考生相关记录。

4. 复试

我校以高考成绩、初试成绩为依据确定复试人选，复试科目为数学、物理及非智力因素测试。

5. 录取

我校结合高考成绩、初试成绩和复试成绩确定录取名单。

重要日程

1. 网上报名：每年 11 月下旬左右。

2. 接收材料：每年 12 月初。

3. 公布初审结果：每年 12 月中旬。

4. 网上缴费：每年 12 月中旬前。

5. 初试与复试时间：次年 1 月初。

（二）中国科学技术大学"少年班及创新试点班"

招生对象：招收 15 周岁以下的高二考生；少数特别优秀的高一年级及以下的学生可破格选拔。

选拔程序

1. 入围考试

材料评审通过的考生须参加入围考试，科目为数学、物理，重点考查相关学科基础、逻辑思维能力。

考生在数学、物理、化学、生物、信息学全国中学生学科奥林匹克竞赛中获得省级赛区一等奖及以上的，入围考试成绩加 10 分。上述考生应于规定时间内，在网上报名系统提交竞赛获奖证明，具体办法另行通知，未在规定时间内提交获奖证明或提交获奖证明不符合条件的，不予加分。考生同时获得多个符合条件的奖项，不可累计加分。我校根据入围考试成绩，分别划定少年班及创新试点班入围考试分数线，确定通过入围考试的考生名单。

考生在数学、物理、化学、生物、信息学全国中学生学科奥林匹克竞赛中获得国家决赛二等奖及以上，参加入围考试并通过我校招生工作领导小组审核，可直接通过入围考试。

2. 少年创新科学营

我校为通过入围考试的考生组织少年创新科学营，全面系统地考查学生的知识基础、学习能力及综合素质。科学营分以下两个阶段。

（1）第一阶段：开展科学前沿报告及生涯导航讲座，进行数理基础知识测试，科目为数学、物理，形式为笔试，通过测试者进入第二阶段；

（2）第二阶段：开设短期大学先修课程，组织科学与社会研讨，安排学习能力测试和非智力因素测试。学习能力测试形式为笔试，非智力因素测试包括面试和体质测试。

我校根据考生的综合测试成绩（基础知识、学习能力、非智力因素）确定入选资格考生名单。入选资格考生的录取资格档次分为 A 档、B 档和 C 档。

通过入围考试的少年班考生全程参加科学营，增设学习能力测试、科技阅读及写作，我校根据上述考生的综合测试成绩单独确定入选资格考生。

在数学、物理、化学、生物、信息学全国中学生学科奥林匹克竞赛中获得国家决赛二等奖及以上的考生，全程参加科学营，增设学习能力测试、科技阅读及写作，我校根据上述考生的综合测试成绩单独确定入选资格考生。

3. 报名及参加高考

我校为所有少年班及创新试点班入选资格考生制作高考报名证（入选资格证书），考生凭高考报名证（入选资格证书），根据当地招生考试机构有关要求办理高考补报名，具体办法另行通知，并按照要求参加普通高校招生全国统一考试。

我校对考生的高考科类要求如下。

高考综合改革省份：须选考物理、化学，其他科目不限；其他省份：理工类。

考生高考试卷由所在省份招生考试机构评阅并向我校提供成绩，考生所有的相关成绩仅供中国科学技术大学少年班及创新试点班选拔使用，若考生未被录取，成绩不记入考生相关记录。

4. 录取

我校少年班及创新试点班入选资格考生高考成绩达到相应录取资格档次的要求，且按规定完成确认程序后，即选入我校少年班及创新试点班拟录取名单，可由我校单独录取。

A 档：高考成绩达到所在省份特殊类型招生控制分数线（对于尚未开展高考综合改革的省份，参照该省本科一批次理科录取控制分数线）；

B 档：高考成绩达到所在省份我校本科批次投档分数线下 40 分且在当地特殊类型招生控制分数线之上（对于尚未开展高考综合改革的省份，参照该省本科一批次理科录取控制分数线）；

C 档：高考成绩达到所在省份我校本科批次投档分数线且在当地特殊类型招生控制分数线之上（对于尚未开展高考综合改革的省份，参照该省本科一批次理科录取控制分数线），在不超过招生计划的前提下，择优选入。

入选数学、物理、化学、生物、信息学奥林匹克国家集训队的考生，参加我校少年创新科学营，成为我校少年班及创新试点班入选资格考生的，无须参加高考，经我校招生工作领导小组审核通过，可选入我校少年班及创新试点班拟录取名单。

我校招生工作领导小组按招生计划审定少年班及创新试点班拟录取名单，并报各省级招办审核，办理录取手续。

重要日程

1.网上报名：每年1月。

2.接收材料：每年1月下旬。

3.公布材料评审结果：每年2月初。

4.网上缴费：每年2月上旬。

5.入围考试：每年春季，具体时间另行通知。

6.少年创新科学营：每年春季，具体时间另行通知。

7.录取资格确认：每年6月底。

（三）清华大学"丘成桐数学科学领军人才培养（计划）"（简称"数学领军计划"）

项目介绍

"数学领军计划"每年招生规模不超过100人，录取至清华大学数学与应用数学专业（八年制），依托清华大学求真书院进行培养，采用"3+2+3"培养模式，从本科连续培养至博士研究生阶段。"3+2+3"阶段学习期间不得转入其他专业。

选拔对象

1.崇尚科学、身心健康、成绩优秀、表现出突出数学潜质和特长并有志于终身从事科学研究的全球中学生；

2.面向内地主要招收高中一年级和高中二年级学生，特别优秀的初中三年级及高中三年级学生亦可申请；

3.面向境外主要招收十年级、十一年级学生，特别优秀的九年级及十二年级学生亦可申请。

选拔程序

1.初评：专家组对学生所提交材料进行逐一审查，重点对数学特长、学术能力、平时表现、创新潜质等方面进行综合评审，初评结果将在报名系统内公布。初评结果分为：优秀、通过、不通过三档。曾入选数学和物理奥林匹克国家集训队成员，并经专家组考查表现优异者可获评"优秀"评级，优秀评级可直接获得入围认定；初评"通过"的学生可参加测试环节；初评"不通过"的学生不能参加后续环节。

2.专业测试：专业测试环节包括学科能力测试（包括数学一试和数学二试）、心理测试和面试。其中，数学一试包括中学数学全部内容、微积分、线性代数、群与群作用的基本概念；数学二试为非固定形式的开放性内容。

3.体质测试：体质测试项目包括身高、体重、肺活量、台阶运动试验、坐位体前屈、立定跳远，无故不参加者将取消其认定资格。

4. 入围认定：评价委员会将综合材料评审及测试环节的结果综合评定给出入围认定建议，宁缺毋滥，严格标准。认定结果由我校招生工作领导小组讨论通过后在报名系统内公布，并按相关要求进行公示，公示无异议后认定结果生效。

5. 确认：获得入围认定的学生应按要求进行确认并领取《清华大学"丘成桐数学科学领军人才培养计划"入围认定证明》。

6. 预科培养：获得"丘成桐数学科学领军人才培养计划"入围认定的学生，原则上需于春季学期到校接受预科培养。预科期间将考查学生对大学学习的适应能力，考查合格方可办理录取手续。如因奥林匹克国家队选拔等原因无法参加预科培养者，经我校同意后可直接办理录取手续，预科环节所缺学习内容需在入校后由指定的相应课程替代完成。

日程安排

1. 每年 8 月中旬网上报名。

2. 每年 8 月下旬，考生通过报名系统查询初审结果及测试安排。

3. 每年 8 月底至 9 月初，第一批次相关测试环节。

4. 每年 9 月下旬，公布入围认定结果，寄送入围认定证明。

5. 次年 3 月至 6 月，入校接受预科培养。

（四）清华大学"丘成桐数学英才班"

招生对象：符合每年统一高考报名条件的普通高中三年级毕业生，以及普通高中二年级在校学生。

选拔程序

1. 初评：专家组对学生数学特长、平时表现、学术研究、创新潜质等方面进行综合评审，初评结果将在报名系统内公布。初评结果分为：优秀、通过、不通过三档。初评"优秀"评级可直接获得入围认定；初评"通过"的学生可参加测试环节；初评"不通过"的学生不能参加后续环节。

2. 考核：初评"通过"的学生须参加考核环节，考核形式以面试为主，着重考查学生对于数学学科的兴趣及天赋。

3. 认定：考核环节表现优异者将获得"丘成桐数学英才班"入围认定，认定结果由我校招生工作领导小组讨论通过后在报名系统内公布，并按相关要求进行公示，公示无异议后认定结果生效。

4. 确认：获得入围认定的学生应按要求及时进行确认并领取《清华大学"丘成桐数学英才班"入围认定证明》。

日程安排

每年的 12 月下旬，网上报名（我校将根据奥赛决赛举办时间适当调整报名及后续环节时间，具体请关注我校本科招生网）。

每年 1 月上旬，考生通过报名系统查询初审结果。

每年 1 月中旬，考核及认定。

每年 1 月底前，公布入围认定结果，寄送入围认定证明。

（五）北京大学"数学英才班"

招生对象

身心健康、品学兼优，有志于从事数学研究的普通高中二、三年级在校学生（特别优秀者可适当放宽），且满足以下条件之一者：

1. 中国数学奥林匹克竞赛全国决赛一等奖获得者；

2. 有数学特长，并在国内外数学专业相关学习实践活动中取得优异成绩者。

选拔程序

1. 初审：北京大学本科招生专家委员会将组织专家严格、公正、客观、全面地对学生报名材料进行初步审核评价，初步审核评价结果分为：优秀、通过、不通过三个档次。初步审核评价结果为"优秀"的学生可直接进入面试环节，"通过"的学生获得笔试、面试资格，"不通过"的学生不再参加后续的环节。

2. 考核方式：笔试、面试，重点考核学生的综合能力和学习潜力。

3. 考核时间：每年 12 月（具体以测试通知为准）。

4. 入选资格认定：北京大学本科招生专家委员会根据考生的初审结果、笔试和面试成绩等考核评价情况，择优认定"数学英才班"入选资格。

5. 名单公示：获得我校"数学英才班"入选资格的考生，按教育部相关规定进行公示。

重要日程

1. 网上报名：预计每年 11 月中旬。

2. 考核时间：每年 12 月（具体以测试通知为准）。

3. 考核结果公布：每年 12 月下旬。

4. 录取时间：以当地省级招生考试机构安排为准。

（六）北京大学"物理学科卓越人才培养计划"

选拔对象及报名条件

1. 身心健康、品学兼优，对物理学科怀有强烈兴趣，表现出突出的物理学潜质和特长，有志于从事物理科学研究的优秀中学生；

2. 国内主要招收初中三年级至高中三年级的学生；

3. 海外主要招收九年级至十二年级或具有同等学力的学生。

选拔程序

1. 初审：根据考生网上填写和上传的报名材料，我校将组织专家就考生的学科特长、学业表现、发展潜质等方面严格、公正、客观、全面地进行初审。初审结果分为：优秀、通过、不通过三个档次。物理奥林匹克国家集训队成员、数学奥林匹克国家集训队成员，经专家组初审表现优异者，可获初审"优秀"评定，同时获得"物理卓越营"入营资格；初审结果为"通过"的考生可参加考查测试环节；初审结果为"不通过"的考生不再参加后续环节。

2. 考查测试：包括学科基础能力测试、学科专业能力测试、面试和体质测试。

3. "物理卓越营"入营资格认定：北京大学将根据初审的评定结果和考查测试成绩，确定"物理卓越营"入营资格名单，并按相关规定进行公示。获得入营资格的考生按要求进行确认，领取《北京大学"物理卓越营"入营资格证明》。

4. 物理卓越营：确认入营资格的考生按要求到北京大学参加 2 个月左右的"物理卓越营"。"物理卓越营"将通过理论、实验课程学习和大学适应性考查等对考生进行深入的综合评价。

5. 录取：北京大学将根据"物理卓越营"的综合评价报告确定"物理卓越计划"录取名单。获得"物理卓越计划"录取资格的国内学生无须参加高考，由我校报所在省（自治区、直辖市）招生考试机构，按相关规定办理录取手续，具体手续另行通知。

重要日程

1. 网上报名截止时间：每年 2 月中旬。

2. 初审结果查询及准考证打印：每年 2 月底 ~3 月初。

3. 考查测试：每年 3 月。

4. 入营资格认定：每年 3 月下旬。

5. 物理卓越营：每年 4~5 月。

6. 录取：通过"物理卓越营"综合评价后办理录取手续，具体时间以与当地省级招生考试机构协商为准。

（七）西安交通大学少年班

经教育部批准，西安交通大学从 1985 年开始招收"少年班"大学生。其目的是不拘一格选拔智力超常、德智体美劳全面发展、综合素质优秀的少年，实施创新教育与素质教育相结合的创新人才培养模式。

培养特色

1. "预科—本科—硕士"贯通培养。其中，预科两年（第一年委托西安交通大学附属中学、江苏省苏州中学、天津南开中学、浙江省杭州高级中学培养，第二年起在大学培养），本科四年，硕士两年，实行"预科 + 基础通识 + 宽口径专业 + 创新能力"的培养模式。

2. 因材施教，全面发展。按照"人格养成，因材施教，脚踏实地，仰望星空"的育人理念，针对超常少年的特点，采取身体和心理协调发展、智力与非智力因素协调发展、知识与能力协调发展的培养方法，打造扎实的数理基础，加强实践创新能力培养，培养成为具有创新精神和良好科学素养的高端人才。

招生特色

1. 自主命题。由学校委托第三方命题。

2. 独立招生。根据"兴趣使然，学业优秀，心理健康，体能达标"的综合评价体系，按我校少年班招生选拔方案，择优录取，独立招生。

3. 一考免三考。入选我校"少年班"的学生，可以免去中考直接被录取为我校"少年班"大学生；在预科期间学习成绩合格者，可以免去高考直接进入我校本科学习，且根据预科阶段的学习成绩和综合考评选择大学专业；在大学本科学习期间达到学校相关管理规定要求和条件者，可以免去研究生入学考试，直接保送为我校硕士研究生（或长学制博士研究生）。详见《西安交通大学少年班学生管理规定》。

报名与资格审查

1. 招生地区：面向全国招生。

2. 招生对象：智力超常，德智体美劳全面发展，身心健康，应届初中毕业生。

3. 招生人数：200 名左右。

4. 报名时间：每年 11~12 月（网上报名）。

5. 报名与资格审查程序：

（1）以中学或委托地市招办为报名单位，不接受社会和中介机构报名。

（2）中学负责产生推荐学生名单，审查学生户籍信息和初中阶段学籍材料，并将推荐学生名单及相关材料在中学公示一周，公示信息包括姓名、出生年月、户籍、学籍、历次期末考试排名等。

（3）报名单位负责在西安交通大学本科招生网（http://zs.xjtu.edu.cn/）网上报名模块注册账号（可以使用已有账号），按规定采集学生相关信息及数码照片，统一组织学生进行网上报名。我办不接受纸质报名材料。

（4）我校将组织专家对申请材料进行审查，通过者将获得我校少年班招生单独考试资格，届时名单将在我校本科招生网上公示。

（5）报名单位根据我校本科招生网提示，按要求在网上缴纳报名费和打印准考证。

（八）东南大学少年班

招生对象

成绩优异、智力出众、具有专才和特长、身体健康、具有良好的心理素质和较强生活自理能力的 15 周岁以下在校高二（含）以下的理科学生。

选拔程序

1. 网上报名：登录"东南大学招生报名管理"系统（http://bkzs.seu.edu.cn/bkzs/sys/zsbmglappseu/login/index.do）进行报名，具体报名方法详见附件。时间为每年的 10 月下旬。

2. 资格初审：东南大学对报名考生进行初审，对通过初审资格的考生发放准考证，考生凭准考证到所在市（区、县）进行高考报名。

3. 参加高考：初审通过且完成高考报名的考生在生源地参加高考，考试科目与生源地高考（理工类）科目相同。高考综合改革省市（不含上海市和浙江省）的考生选考科目须包含物理科目，其他选考科目不作要求。上海市和浙江省考生的高考科目要求为语文、数学、外语三门，其中外语测试时间统一要求为 6 月。

未按照要求参加高考的，一律取消后续选拔资格。

4. 学校测试：

（1）考生高考成绩达到合格线方可参加东南大学举办的少年班测试。合格线为考生所在省当年东南大学理工类所在批次最低录取控制线；高考改革省市（不含上海市和浙江省）考生语文、数学、外语和物理四门课成绩计入高考总分，上海市和浙江省考生语文、数学、外语三门课成绩计入高考总分，合格线为所在省市划定的特殊类型招生最低录取控制参考线乘以计入高考总分科目总分占高考总分的比重。

（2）学校测试采用笔试和面试的形式。笔试主要考查学生的数理基础和语言能力，含数学、物理、英语；面试主要考查学生逻辑思辨、创新精神、沟通交流、心理素质等方面的能力。学校测试成绩由笔试和面试成绩组成，其中笔试成绩占比 60%，面试成绩占比 40%。

（3）测试时间每年 7 月初，具体安排将在"东南大学本科招生网"另行通知。学校测试方案可能将视本地疫情防控情况作出相应调整，届时会再进行通知。

录取原则及专业选择

1. 根据考生综合成绩择优录取。综合成绩 = 高考成绩（折算成 100 分）×70%+ 学校测试成绩（折算成 100 分）×30%。

2. 考生按照 AB 志愿分别填报两个学院及其包含专业，学校按照"平行志愿、分数优先"的原则根据招生计划确定录取学院及专业。

3. 考生体检标准按照教育部、卫生部、中国残疾人联合会制订的《普通高等学校招生体检工作指导意见》和有关规定及东南大学按要求制订的补充规定执行。

（九）西湖大学创新班

招生对象及报考条件

遵守宪法和法律，品德优良、志向远大、学业优秀、热爱科学、具有创新潜质和科研潜力，符合毕业当年浙江省普通高等学校招生全国统一考试报名条件，且符合下列三类条件之一的高二年级及以上学生均可报考。

1. 普通高中应届毕业生，综合素质评价均为 B 等及以上，通过各科目高中学业水平考试，A 等科目数达到 8 科及以上，物理、化学两科必须为 A 且为选考科目。

2. 已通过物理、化学、生物、思想政治、历史、地理 6 科学业水平考试的高二学生，且学业水平考试 A 等科目数达到 4 科及以上，物理、化学两科必须为 A。

3. 在全国高中数学联赛、全国中学生物理竞赛、中国化学奥林匹克（初赛）、全国中学生生物学联赛、全国青少年信息学奥林匹克联赛中获得省级赛区一等奖及以上奖项。其中高三学生选考科目须包含物理和化学。

招生专业、计划与学费

西湖大学创新班招生计划不超过 60 人。入学后，前两年进行通识教育和大类培养，后两年进行专业教育，学生在大学二年级第二学期末可自主选择专业（生物科学、物理学、化学、电子信息工程、材料科学与工程）。在校期间原则上实行全员海外交流，学生自大学二年级第一学期开始前往海外一流高校进行一学期或一学年的交流学习。

西湖大学创新班国内学生学费人民币 6000 元 / 人·学年。海外学习期间相关费用由学生自行承担，学校将为家庭经济困难的学生提供经费支持。

选拔程序

1. 学校初试

网络报名截止后，学校对报名成功的考生申请材料进行审核，符合学校报考条件的考生将参加学校组织的初试。初试科目为数学、物理和化学，考试形式为笔试。学校根据初试成绩原则上按不超过招生计划数的 5 倍确定入围复试名单。初试总分相同情况下，则看考生初试 3 科单科成绩，排序为数学、物理、化学。

取得入围复试资格的考生须按规定进行报考志愿确认，未按规定完成确认者视为放弃复试资格。

确认参加复试的高二考生凭学校提供的《入围复试证明》，在规定时间内办理全国统一高考报名手续。

2. 统一高考

考生须参加浙江省普通高校招生全国统一考试，高考选考科目必须包含物理和化学，另一门不限。高二考生的考试成绩仅对当年报考"西湖大学创新班"招生有效，若未被我校录取，本次考试所有科目成绩均不记入学生相关记录。

3. 学校复试

高考结束后成绩公布前，确认参加复试的考生到校参加综合测试，由"综合素质测试""学习能力测试""专家面试"和"小组讨论"四部分组成。

复试合格名单将在西湖大学本科招生网上公示，并报浙江省教育考试院备案。考生和家长可通过西湖大学本科招生网、西湖大学本科生招生报名系统查询相关信息。

4. 录取

学校按照复试成绩从高到低依序确定拟录取名单，高考总分达到浙江省特殊类型控制线方可录取。录取名单报浙江省教育考试院审核备案后发放录取通知书。

录取考生不再参加其他高校的志愿填报和录取。未被录取的高二考生继续进行高中阶段课程学习，未被录取的高三考生可正常参加浙江省后续批次志愿填报和录取。

时间安排

1. 网络报名：每年 3~4 月初；

2. 审核结果查询：每年 4 月中旬；

3. 学校初试：每年 4 月中下旬；

4. 初试结果查询：每年 4 月下旬；

5. 复试确认：每年 4 月中下旬 ~5 月初；

6. 学校复试：每年 6 月中旬（具体以测试通知为准）；

7. 复试结果查询：每年 6 月下旬；

8. 录取结果查询：根据高考成绩公布时间确定。

6.8 综合评价

高校综合评价招生是一种选拔机制，它不仅重视学生的高考成绩，还全面考虑学生的综合素质。这一过程涉及五个关键方面：学生的高考成绩、高校的评估结果、高中学业水平测试成绩、综合素质评价，以及高校根据自身培养目标设定的特殊要求。只有当考生的高考成绩达到一定标准时，才会被纳入综合评价的范畴，并根据这些多维度的评价标准进行选拔，以确保录取过程的公正性和选拔的全面性。

目前，实施综合评价招生的高校主要集中在浙江省、上海市、江苏省、山东省和广东省。对于这些地区以外的考生，可选择参与综合评价招生的高校数量通常在 3 所至 10 所之间。这种招生方式旨在更全面地评估学生的潜力和适应性，以适应高等教育的多元化需求。

招生范围

综合评价招生主要分为两大类：一类是部分高校面向全国或多个省份进行招生，另一类则仅限于高校所在地区的考生。目前，浙江、上海、江苏、山东、广东等省、市已经实施了综合评价招生模式。值得注意的是：一些大学，如中国科学院大学和南方科技大学，采用综合评价的方式，向全国大多数省份开放招生，每年都有新的高校加入这一招生模式的试点。

参与综合评价招生的院校既包括清华大学、北京大学、浙江大学、国防科技大学等顶尖学府，也涵盖了一些在本省内进行招生的省属高校。在同一个省份内，参与综合评价招生的高校涵盖不同层次，旨在满足不同水平学生的需求，从而确保优秀学生和中等水平学生都有机会通过这一途径获得高等教育的机会。这种招生方式有助于高校更全面地评估和选拔学生，同时也为学生提供了更多样化的选择。

报考综合评价对高考录取有什么优势？

综合评价入选的考生，高校将根据考生的高考成绩、校测成绩、学考成绩按照一定比例测算形成的综合成绩进行录取。

综合评价都适合什么样的考生？

根据往年情况，符合以下条件之一者都可以考虑报考：

（1）综合成绩突出；

（2）全面发展、综合素质优秀；

（3）获得权威竞赛奖项（理科、文科、科创）；

（4）外语优秀；

（5）省级表彰——三好学生；

（6）思想道德奖励或有一些项目、研究型学习的经历。

综合评价初审看哪些成绩？

初审时要提交高一、高二、高三上学期期中、期末成绩，高三模拟考试成绩（各科成绩、各科满分、文理分科年级排名）。

综合评价报名需要哪些报名材料?

综合评价报名材料主要为以下 9 大类:

1. 报名申请表;

2. 自荐信 / 个人陈述;

3. 高中阶段文化课成绩;

4. 高中学业水平测试成绩;

5. 模考成绩;

6. 推荐信;

7. 高中阶段获奖证书及证明材料;

8. 其他可证明材料;

9. 高校特殊要求提供的材料。

综合评价的录取

各省情况不同,一般在本科一批次之前录取完成。如果本省没有单独设置相应批次,则可能在本科提前批录取,具体以各省考试院发布的志愿填报安排为准。

6.9 艺体生

艺术类专业招生

高考报名	专业考试	高考	填报志愿	录取
参加各省(区、市)统一报名。	1. 省(区、市)级考试,每年的 11~12 月份; 2. 戏曲类省级联考,每年的 12 月~次年 2 月份; 3. 高校校考,每年的 1 月份左右。	参加全国文化课统一考试。	按省(区、市)招办公布的要求填报。	等待录取通知书发放。

图 6-6　艺术类考试流程

一、艺术类专业报名条件

考生须符合所在省(区、市)当年普通高考报名条件(具体要求请登录各省、区、市教育考试院网站参阅招生考试报名要求),并参加高考报名;同时具备相关院校艺术类专业招生要求的有关条件(具体要求请登录各院校网站参阅招生简章)。

二、艺术类招生专业

艺术类招生专业的范围:2024 年《普通高等学校本科专业目录》中"艺术学"门类下设各专业,以及《职业教育专业目录(2021 年)》中高等职业教育本科和专科专业"艺术设计类""表演艺术类"

下设各专业和"民族文化艺术类""广播影视类"等部分专业，统称为艺术类专业。

艺术类专业按照考试形式分为两类：

第一类是不组织专业考试的专业，包括艺术史论、艺术管理、非物质文化遗产保护、戏剧学、电影学、戏剧影视文学、广播电视编导、影视技术等艺术类专业。不组织专业考试的艺术类专业安排在该省（区、市）相应普通本科、高职（专科）批次录取并执行相应批次录取规则。

第二类是可组织专业考试的专业，包括音乐类、舞蹈类、表（导）演类、播音与主持类、美术与设计类、书法类、戏曲类等艺术类专业。

有关高校也可根据人才培养实际对考生专业考试成绩提出要求。对考生专业考试成绩提出要求的，实行"文化素质＋专业能力"的考试评价方式。文化素质使用高考文化课考试成绩，专业能力使用省级统考成绩或高校校考成绩。组织专业考试的艺术类专业安排在各省（区、市）相应艺术类本科、高职（专科）批次录取并执行相应批次录取规则。

三、艺术类专业考试

艺术类专业考试分为省（区、市）级统考、省际联考和高校校考。省（区、市）级统考、省际联考由省（区、市）教育考试院统一组织实施，高校校考（以下简称"校考"）由招生院校组织实施。所有报考艺术类专业的考生均须按要求参加相应的专业考试。

（一）省（区、市）级统考

省（区、市）统考包括美术与设计类、书法类、音乐类、舞蹈类、播音与主持类、表（导）演类。考生所报考艺术类专业属省（区、市）级统考涵盖范围内专业的，必须参加相应的艺术类专业省（区、市）级统考。

（二）戏曲类实行省际联考

戏曲类专业省际联考在全国 12 所院校举行。戏曲类本科专业招生高校：中国戏曲学院、中央戏剧学院、上海戏剧学院、山东艺术学院、浙江音乐学院、吉林艺术学院、辽宁大学、兰州文理学院、沈阳师范大学、内蒙古艺术学院、武汉音乐学院、河南大学河南戏剧艺术学院（排名不分先后）。

根据教育部有关规定，实行省际联考的戏曲类本科专业包括音乐表演（戏曲音乐）、作曲与作曲技术理论（戏曲音乐）、表演（戏曲表演）、戏剧影视导演（戏曲导演）等。允许考生兼考不同专业或剧种方向。根据戏曲类专业招生院校的招收剧种情况，不同专业（剧种）考试安排在不同的考点。

各高校考试考点安排：

中国戏曲学院：戏曲导演，戏曲作曲，戏曲表演（京剧、昆曲、豫剧、蒲剧），戏曲音乐（京剧、昆曲、豫剧、蒲剧）。

浙江音乐学院：戏曲表演（越剧）、戏曲音乐（越剧）。

吉林艺术学院：戏曲表演（吉剧）、戏曲音乐（吉剧）。

辽宁大学：戏曲表演（东北地方戏）。

兰州文理学院：戏曲表演（秦腔、陇剧）、戏曲音乐（秦腔、陇剧）。

内蒙古艺术学院：戏曲表演（二人台表演）。

戏曲类专业录取分为以下两类。

本科录取：在考生高考文化课成绩达到生源所在省（区、市）规定要求的基础上，依据考生省际联考专业成绩择优录取。

专科录取：高职（专科）相关戏曲类专业考试招生工作办法请考生咨询所在省（区、市）教育招生考试机构。

（三）校考

少数专业特色鲜明、人才培养质量较高的艺术院校，经省（区、市）级教育行政部门批准可在省（区、市）级统考基础上组织个别专业校考。校考专业考试招生办法经学校所在地省（区、市）级教育行政部门审核后报送教育部。

高校要在向社会公布的艺术类专业考试招生办法中明确考生须参加所在地省（区、市）级统考的科类。原则上高校同一艺术类专业应对应一个省（区、市）级统考科类要求，且在各招生省（区、市）保持一致。

可以组织校考的艺术类院校主要分为两类：一类是独立设置的本科艺术院校；另一类是参照独立设置艺术院校招生的院校及专业。具体名单如下所示。

独立设置的本科艺术院校：中央戏剧学院、中央美术学院、中央音乐学院、中国音乐学院、北京电影学院、北京舞蹈学院、中国戏曲学院、天津音乐学院、天津美术学院、鲁迅美术学院、沈阳音乐学院、吉林艺术学院、上海音乐学院、上海戏剧学院、南京艺术学院、中国美术学院、景德镇陶瓷大学、山东艺术学院、山东工艺美术学院、武汉音乐学院、广州美术学院、星海音乐学院、广西艺术学院、四川美术学院、云南艺术学院、西安音乐学院、新疆艺术学院、湖北美术学院等。

参照独立设置艺术院校招生的院校及专业：清华大学（下属美术学院）、中国传媒大学、北京服装学院、天津工业大学、哈尔滨音乐学院、东华大学、上海视觉艺术学院、上海大学（下属上海美术学院、上海电影学院、上海音乐学院）、江南大学等9所高校艺术类本科专业。北京印刷学院（限视觉传达设计、数字媒体艺术、动画、绘画4个本科专业）、内蒙古艺术学院（原内蒙古大学艺术学院，限音乐表演、表演、音乐学3个具有蒙古族特色的本科专业）、苏州大学（限视觉传达设计、环境设计、产品设计、服装与服饰设计4个专业）、浙江传媒学院（限播音与主持艺术、广播电视编导、摄影、录音艺术、影视摄影与制作5个专业）、浙江理工大学（限服装与服饰设计、视觉传达设计、环境设计、产品设计、数字媒体艺术5个专业）、浙江音乐学院（限音乐学、音乐表演、作曲与作曲技术理论、舞蹈表演、舞蹈学、舞蹈编导、表演、艺术与科技8个专业）、武汉设计工程学院（下属成龙影视传媒学院，限表演、播音与主持艺术、戏剧影视美术设计3个专业）等7所高校部分艺术类本科专业。

以上院校（专业）名单如有变动，以教育部最新公布的名单为准。

考生报考时，须登录所报考招生院校网站，详细了解专业考试时间及地点、科目及分值、录取规则等，并按要求参加相关考试。

四、艺术类招生录取办法

报考艺术类专业的考生，均须参加全国普通高校招生文化课统一考试。艺术类专业依据考生高考文化成绩、专业考试成绩，参考综合素质评价进行招生录取。分为四类情况。

（1）高校不使用专业考试成绩的专业，直接依据考生高考文化课成绩、参考考生综合素质评价，择优录取。

（2）使用省（区、市）级统考成绩作为专业考试成绩的艺术类专业，在考生高考文化课成绩和省级统考成绩均达到省（区、市）艺术类专业录取最低控制分数线基础上，依据考生高考文化课成绩和省（区、市）级统考成绩按比例合成的综合成绩进行平行志愿择优录取。其中高考文化课成绩所占比例原则上不低于 50%，具体综合分计算规则以各省（区、市）教育考试院公布的计算规则为准。例如：以某省综合分计算规则为例，艺术类各科类综合分计算规则如下。

播音与主持类综合分为［（高考文化分 ÷ 文化满分）×70%+（专业分 ÷ 专业满分）×30%］×750；美术与设计类、书法类、音乐类、舞蹈类、表（导）演类综合分为［（高考文化分 ÷ 文化满分）×50%+（专业分 ÷ 专业满分）×50%］×750。

（3）少数组织校考的高校艺术类专业，在考生高考文化课成绩达到所在省（区、市）普通类专业批次录取控制分数线、省级统考成绩合格且达到学校划定的成绩要求的基础上，依据考生志愿、校考成绩择优录取。鼓励校考高校结合专业培养要求，进一步提高考生高考文化课成绩录取要求。对于在相关专业领域具有突出才能和表现的考生，高校可探索高考文化课成绩破格录取，具体办法由招生高校提前向社会公布。

（4）实行省际联考的戏曲类专业高校使用省际联考成绩作为考生专业考试成绩。在考生高考文化课成绩达到所在省（区、市）戏曲类专业高考文化课录取控制分数线的基础上，依据考生志愿和省际联考成绩择优录取（具体录取规则以各省、区、市考试院公布的录取规则为准）。

五、艺术类专业招生报考有关知识

1. 艺术类考生能兼报普通类专业吗？

艺术类考生可以同时填报艺术类和普通类志愿（具体志愿设置以省、区、市考试院当年的规定为准）。

2. 报考艺术类院校，对身体条件有什么要求？

首先，考生要参照《普通高等学校招生体检工作指导意见》（以下简称《指导意见》）及高考体检结论，了解限报专业。

《指导意见》中明确规定：色盲的考生不能报考美术学、绘画、艺术设计、摄影、动画等专业。此外，听力不合格的考生不宜就读音乐学、录音艺术等专业；嗅觉迟钝、口吃、步态异常、驼背，面部有疤痕，患血管瘤、黑色素痣、白癜风的考生，不宜就读音乐表演、表演等专业。

《指导意见》中"不宜就读的专业"，主要是指考生的身体条件虽能坚持专业学习，但今后可能会影响考生在该专业的就业和发展。考生可根据自身情况自主、慎重地选报。如果高校对此有具体要求，会在招生章程中进行规定，如果招生章程未明确注明，学校是不能以此为理由退档的。

其次，招生院校还会对某些专业提出更多的要求，例如身高等。考生在报考时，要认真阅读当年的招生简章或者咨询高校。

3.艺术类专业招生和高水平艺术团招生有哪些区别？

第一，艺术类专业招生和高水平艺术团招生是两种不同的招生类型。

第二，报考专业不同。艺术类专业招生中，考生报考的是普通高等艺术院校或普通高等院校的艺术类专业（如动画、美术、表演等）。高水平艺术团（即以前的"艺术特长生"）招生中，考生报考的是高校的普通专业（如经济学、计算机科学与技术等）。

第三，考核方式不同。报考艺术类专业，考生须通过艺术专业考试，专业考试包括省（区、市）统考（含省际联考）和校考两种形式。报考高水平艺术团，考生需要参加省招办组织的统测和学校组织的校测。艺术类专业考试和高水平艺术团测试的内容、形式、评分标准等都有不同。

第四，录取标准不同。取得艺术专业考试合格证的艺术类考生要参加高考，按艺术类院校的录取标准录取。取得高校的高水平艺术团资格的考生，也要参加高考，并享受相应高校降分录取的优惠政策，但仍需达到学校所在批次录取控制分数线。

第五，全国只有53所高校招收高水平艺术团，且招生计划只占学校当年总计划的1%。艺术类招生高校和招生计划相对较多。

六、艺术类考生报考院校分类

艺术类考生可以报考的院校主要分为八大类。

第一类：艺术学院，包括音乐学院、电影学院、舞蹈学院、传媒学院、戏剧学院、美术学院等

教育部直属的艺术院校全国只有3所——中央音乐学院、中央戏剧学院、中央美术学院。

除此以外，表演、舞蹈、播音、戏曲专业的顶级学校还有北京电影学院、北京舞蹈学院、中国传媒大学、中国戏曲学院。

这些顶尖的艺术学府常被视为艺术精英的汇聚之地。面对这样的院校，一些考生可能因自我评估不足而选择放弃报考，而另一些则可能因在地方上取得的优异成绩而自信满满。这里我们提醒广大考生，报考这些顶级艺术院校需要冷静和理性。它们的选拔标准远非仅凭几次地方比赛的获奖或业余考级的最高等级所能比拟。这些院校的考试不仅专业性和难度很高，而且专业分类精细，这是它们与其他院校的主要区别。

这些学府旨在培养未来的艺术家，因此，它们更适合那些已经具备扎实艺术基础、深厚艺术修养，并且有志于全身心投入艺术行业，或已经进行过系统性专业备考的学生。此外，这些院校的报考人数通常也是最多的，竞争尤为激烈。因此，考生在报考时，应充分评估自己的实力和准备情况，做出明智的选择。

第二类："985""211"类重点综合大学

这类型的代表高校，如中国人民大学、厦门大学、山东大学等，虽然在艺术领域并非其传统强项，但它们作为综合性学府，为艺术专业的发展提供了独特的优势。这些学府的学生群体通常具备多元化的才能，被视为未来的复合型精英。学校通常设有留学生院和研究生院，提供丰富的学科课程，以满足不同学生的需求和兴趣。

这些大学尤其适合那些在文化课方面表现优异，且对未来职业规划有更广泛考量的考生。对那些不打算完全投身于纯粹的艺术创作，而是希望在艺术管理、艺术教育或其他与艺术相关的领域发展的学生，这些综合性大学提供了一个理想的平台。在这里，他们不仅能够深化艺术专业知识，还能拓宽视野，培养跨学科的能力和素养。

第三类：师范大学

代表性院校如山东师范大学、上海师范大学等，往往以本省学子为主要招生对象，对省外学生的名额则相对有限。这些院校以师范教育为特色，同时开设了多样化的学科方向。部分师范专业毕业生在完成学业后，便能直接获得中等教师资格证书，为未来的教育事业打下坚实基础。

师范类院校注重理论与实践的结合，因此对艺术类高考生的文化课程要求较高，如北京师范大学便是其中的佼佼者。这些学校通常是那些在专业技能与文化素养上均有卓越表现的考生的首选之地，它们对学生的专业素养和文化知识提出了双重要求，以培养出全面发展的教育人才。

第四类：普通高等院校

代表性院校如延边大学、中山大学、东华大学等，它们与师范大学一样，对文化课程和专业技能都给予了同等的重视。然而，每所院校在特定专业领域上各有千秋，特色鲜明。

遍布全国各地的这些院校，因其在学术领域的卓越表现，通常被归类为重点本科院校，吸引了众多学术素养高的学生。因此，这些院校的学生群体普遍具有较高的学术水平和专业能力。

对专业技能出众的考生，建议在报考时，应充分考虑自身的实际情况，将这些院校作为稳妥的选择之一。在制定报考策略时，不妨将几所这样的院校列入考虑范围，以确保有更多机会进入理想的学术殿堂。

第五类：各类艺术学院、师范大学的下属分校

代表性院校如首都师范大学科德学院、中国传媒大学南广学院等，这些学院不仅注重专业技能的培养，同时也强调文化课程的学习，因此对艺术类高考生的文化课程要求也相对较高。例如，首都师范大学科德学院就以其艺术与科技、经济与管理、教育与人工智能等多学科交叉融合发展而著称，旨在培养具有国际视野、创新精神和较强实践能力的应用型人才。

对那些专业水平较高的考生，建议在报考时可以考虑将这些学院作为保底选择，以增加被录取的机会。这样的策略可以帮助考生在确保有学可上的同时，也有机会追求自己心仪的专业和院校。

第六类：民办艺术学院

代表性院校如北京现代音乐学院和北京演艺专修学院等，它们在艺术教育领域各具特色，为有志于踏上艺术道路的学生提供了多样化的选择。这些学院通常提供包括音乐、舞蹈、戏剧、影视等在内的专业课程，旨在培养学生的专业技能和艺术素养。

这些学院的专业设置和教学模式，为学生提供了一个全面发展的平台，使他们能够在专业技能和艺术修养上都得到提升，为未来的艺术生涯打下坚实的基础。

第七类：艺术职业学院

在专科院校中，北京戏曲艺术职业学院等以其专业水平高而著称，它们为专业技能突出的学生提供了良好的教育平台。这些院校通常对文化课的要求相对较低，但对专业的要求很高，适合那些专业实力较强而文化课成绩相对较弱的学生报考。这些学院的毕业生在完成学业后，有机会通过专升本考试进入更高层次的学府继续深造，这样的成功案例在这些院校中比比皆是。

对有意报考这类院校的学生，建议在专业技能上多下功夫，同时也要关注文化课的学习，以提高自己的综合素质。另外，可以关注学院的招生信息和专业介绍，了解报考要求和培养目标，为自己的艺术之路做好规划。

第八类：普通专科院校艺术专业

在众多普通专科院校中也开设了一些艺术类专业。这类专业适合那些专业技能与文化课成绩相对较薄弱的学生，往往对学生的文化成绩和专业成绩要求相对较少，希望走艺术路线的学生，不妨考虑下这类专业。同学们在这些专业中不仅能学习理论知识，更能通过实践培养艺术技能和审美素养。

体育类专业招生

一、体育类专业

2024年《普通高等学校本科专业目录》中教育学下设"体育学类"各专业，其中包括体育教育、运动训练、社会体育指导与管理、武术与民族传统体育、运动人体科学、运动康复、休闲体育、体能训练、冰雪运动、电子竞技运动与管理、智能体育工程、体育旅游、运动能力开发等。

二、测试对象及要求

（一）符合省（区、市）当年高考报名条件，并具备体育类专业报考条件的考生。

（二）报考体育类专业的考生，除符合《指导意见》规定的要求以外，一般男子身高不得低于1.70米、女子身高不得低于1.60米，否则院校可能不予录取。具体要求及条件，考生应登录相关招生院校网站查询该校招生章程。

（三）报考体育教育、社会体育指导与管理、警察体育和军事体育（含兼报）等专业的考生，须分别参加省（区、市）里统一组织的体育类专业测试和普通高考文化课考试。

（四）报考体育生物科学、运动心理、体育管理、体育保健康复、体育新闻等专业的考生，不参加体育类专业测试，只参加普通高考文化课考试及招生院校要求组织的面试。面试办法及时间由招生院校确定，考生可登录相关招生院校网站查询。

三、考试

体育类专业招生考试分为专业考试和文化考试。

专业考试项目：100米跑、800米跑、立定三级跳远和原地推铅球［具体考试科目和分数以各省（区、市）考试院公布的标准为准，考生须登录各省（区、市）考试院查看体育类招生规则］。

文化考试：报考体育类专业的考生还须参加普通高考文化课考试。

在考生高考文化课成绩和体育类专业测试成绩均达到省（区、市）体育类专业录取最低控制分数线的基础上，依据考生高考文化课成绩和体育类专业测试成绩按比例合成的综合成绩进行平行志愿择优录取。综合分为"（高考文化分 ÷7.5）＋体育专业测试分"（具体分数和录取规则以各省、区、市考试院公布的标准为准）。

四、报考注意事项

参加体育专业考试的考生，在报名时术科加试项上必须填报"体育考试"。

五、体育单招

（一）招生项目

运动训练专业所设项目包括冬季项目和夏季项目，2024 年项目保持不变。

冬季项目：速度滑冰、短道速滑、花样滑冰、冰球、冰壶、越野滑雪、高山滑雪、跳台滑雪、自由式滑雪（空中技巧、雪上技巧）、单板滑雪（平行大回转、U 型场地）、冬季两项。

夏季项目：射击、射箭、场地自行车、公路自行车、山地自行车、BMX 小轮车、击剑、现代五项、铁人三项、马术、帆船、赛艇、皮划艇静水、皮划艇激流回旋、冲浪、蹼泳、滑水、摩托艇、举重、摔跤（自由式、古典式）、柔道、拳击、跆拳道、空手道、田径、游泳、公开水域游泳、跳水、水球、花样游泳、体操、艺术体操、蹦床、技巧、手球、曲棍球、棒球、垒球、足球（十一人制）、篮球*、排球、沙滩排球、乒乓球、羽毛球、网球、橄榄球*、高尔夫球、围棋、象棋、国际象棋、登山、攀岩。

武术与民族传统体育专业所设项目：武术套路、武术散打、中国式摔跤。

（*注：篮球项目考生使用篮球或三人篮球运动员技术等级证书均可报名，按照篮球项目考试方法与评分标准参加篮球专项考试。橄榄球项目考生使用七人制或十五人制橄榄球运动员技术等级证书均可报名，按照七人制橄榄球考试方法与评分标准参加橄榄球专项考试。）

（二）体育单招报考条件

符合 2024 年普通高等学校招生考试报名条件。具备运动训练、武术与民族传统体育专业招生项目的二级（含）以上运动员技术等级称号。考生必须报名参加生源所在地省级招生考试机构组织的普通高考（具体按各省级招生考试机构要求执行）。

体育单招报名：考生依据招生院校招生简章要求，统一在"中国运动文化教育网"（https://www.ydyeducation.com/）或"体教联盟 APP"中"普通高等学校运动训练、武术与民族传统体育专业招生系统"进行注册（验证考生报名资格）并报名。

具体报名时间：冬季项目注册时间为每年 12 月；报名时间为每年 12 月下旬。夏季项目（含武术与民族传统体育专业项目）注册时间为每年 2~3 月；报名时间为每年 3 月。

表 6-4　运动训练专业招生高校

院校名称	院校名称	院校名称
北京体育大学	华东交通大学	张家口学院
上海体育大学	南昌大学	内蒙古大学
武汉体育学院	江西师范大学	湖南人文科技学院
西安体育学院	井冈山大学	广西大学

续表

院校名称	院校名称	院校名称
成都体育学院	赣南师范大学	西藏民族大学
沈阳体育学院	宜春学院	同济大学
首都体育学院	中国海洋大学	暨南大学
天津体育学院	山东理工大学	河北工程大学
河北体育学院	烟台大学	廊坊师范学院
吉林体育学院	聊城大学	华中科技大学
哈尔滨体育学院	曲阜师范大学	重庆文理学院
南京体育学院	河南大学	邯郸学院
山东体育学院	郑州大学	南京工业大学
广州体育学院	河南师范大学	武汉体育学院体育科技学院
北京师范大学	洛阳师范学院	西安电子科技大学
河北师范大学	南阳师范学院	华侨大学
山西大学	黄河科技学院	太原理工大学
中北大学	华中师范大学	齐齐哈尔大学
山西师范大学	江汉大学	巢湖学院
内蒙古师范大学	中南大学	湖南科技大学
内蒙古民族大学	湖南师范大学	昆明理工大学
辽宁师范大学	湖南工业大学	东北大学
沈阳师范大学	衡阳师范学院	河海大学
大连大学	华南理工大学	东北电力大学
大连理工大学	华南师范大学	江西财经大学
辽宁工程技术大学	深圳大学	湖北师范大学
吉林大学	嘉应学院	武汉商学院
东北师范大学	广西师范大学	广东工业大学
吉林师范大学	海南师范大学	广州商学院
延边大学	西南大学	长江师范学院
北华大学	重庆师范大学	宁夏师范学院
长春师范大学	西华师范大学	上海交通大学
哈尔滨师范大学	贵州师范大学	华东理工大学
华东师范大学	云南师范大学	武汉理工大学
苏州大学	陕西师范大学	四川大学

续表

院校名称	院校名称	院校名称
中国矿业大学	陕西理工大学	山西财经大学
江苏师范大学	西北师范大学	上海师范大学
浙江大学	天水师范学院	淮北师范大学
宁波大学	青海师范大学	湖北工业大学
安徽师范大学	青海民族大学	三峡大学
合肥师范学院	宁夏大学	广西民族大学
福建师范大学	新疆师范大学	重庆城市科技学院
集美大学	石河子大学	贵州医科大学

表 6-5　武术与民族传统体育专业招生院校

院校名称	院校名称	院校名称
北京体育大学	哈尔滨师范大学	广西师范大学
上海体育大学	苏州大学	海南师范大学
武汉体育学院	扬州大学	贵州师范大学
西安体育学院	江苏师范大学	云南师范大学
成都体育学院	浙江大学	云南民族大学
沈阳体育学院	杭州师范大学	西北师范大学
首都体育学院	阜阳师范大学	宁夏大学
天津体育学院	集美大学	青海师范大学
河北体育学院	江西师范大学	青海民族大学
吉林体育学院	山东师范大学	山西大学
哈尔滨体育学院	鲁东大学	西华师范大学
南京体育学院	菏泽学院	三亚学院
山东体育学院	河南大学	呼和浩特民族学院
广州体育学院	郑州大学	邯郸学院
河北师范大学	河南理工大学	沧州师范学院
山西师范大学	洛阳师范学院	武汉体育学院体育科技学院
晋中学院	商丘师范学院	湖南工业大学
内蒙古民族大学	黄河科技学院	长江师范学院
沈阳师范大学	湖南师范大学	长治学院
东北师范大学	吉首大学	河南师范大学

6.10 公费师范生

截至 2023 年，我国 6 所教育部直属师范大学已累计招收公费师范生达 15 万名，其中超过 90% 的毕业生履行了任教承诺，特别是约 90% 的毕业生选择在中西部地区从事教育工作，显著提升了当地基础教育的师资质量。面对高等教育的普及和基础教育的深化改革，中小学尤其是中西部地区的学校在招聘教师时，越来越多地将研究生学历作为重要条件。然而，我国中小学教师中研究生学历的比例与国际上相比仍有提升空间，中西部地区与东部地区相比差距更为显著。

为了进一步优化师资结构，自 2024 年起，国家在 6 所教育部直属师范大学推出了本研衔接的师范生公费教育项目，这一改革旨在进一步提升师范生的培养质量，为中西部地区培养和输送更多具有研究生学历的中小学教师，以期缩小与国际先进水平的差距，并促进区域间的教育均衡发展。

1. 实施本研衔接师范生公费教育的学校

面向 6 所教育部直属师范大学的师范专业学生实行，6 所学校包括北京师范大学、华东师范大学、东北师范大学、华中师范大学、陕西师范大学、西南大学。

2. 本研衔接师范生如何选拔录取？

部属师范大学在招收公费师范生时，采取提前批次录取方式，专注于评估学生的综合素质、职业兴趣以及教育潜力。通过这一选拔机制，旨在吸引并选拔出既有教育热情又具备教学能力的高中毕业生，加入公费师范生项目，为培养未来的教育人才奠定基础。

3. 公费师范生可以转专业吗？

一旦被录取为公费师范生，学生通常不得转换专业。但在获得其生源地省级教育行政部门的批准后，学生可以根据所在学校的相关规定和流程，在公费师范生项目内进行一次专业调整。

4. 非公费师范生，入学后还能转为公费师范生吗？

非公费师范生转为公费师范生是可以的。部属师范大学遵循国家政策，制定了详细的规程，用以管理公费师范生在校期间的加入与退出事宜。对于有志从事教育事业且满足条件的非公费师范生，在入学后的两年内，经过生源省份的教育行政部门核准，他们有机会根据教育部及学校设定的公费师范生招生计划，依照学校的相关规定转为公费师范生。转变身份后，学生需与学校签订协议，学校将按规定退还已缴纳的学费和住宿费，并补发生活补助费。

5. 录取后，发现不适合从教怎么办？

对于录取后经评估认为不适合从事教育工作的公费师范生，在入学第一年，他们应依照相关规定返还已获得的公费教育资助。随后，学生所在学校将依据其当年的高考成绩，协助其转入符合录取标准的非师范类专业继续学习。

6. 本研衔接师范生公费教育采取怎样的培养模式？

部属师范大学统一规划并执行公费师范生为期四年的本科教育和两年的硕士研究生教育培养计划，并通过分流淘汰机制确保教育质量。那些顺利完成学校规定的本科和硕士阶段课程，并满足学位授予条件的学生，将分别获得相应的学士和硕士学位。

7. 本研衔接师范生公费教育如何推免？

学校依据学生在本科前三年的学业成绩和在校综合表现进行评估，以确定其是否适合免试推荐攻读研究生。通过综合考核并获得推荐免试资格的学生，若满足学校的硕士研究生录取条件，将被免试录取为本校全日制教育硕士专业学位研究生。这些学生可以在本科第四年开始提前修读硕士课程。相关的推免名额将从学校总体推免名额中统一分配。若学生中途退出公费师范生项目，则将失去申请推荐免试研究生的资格。

8. 公费师范生如何履约任教？

公费师范生在部属师范大学和生源地省级教育行政部门的共同参与下，将签订《本研衔接师范生公费教育协议》，以明确各方的权利与责任。按照协议规定，公费师范生在完成学业后，通常需返回其生源省份的指定地区（市、州、盟）的中小学从事教学工作，并至少服务 6 年以上。对于被分配到城镇学校的公费师范生，他们还应当在农村义务教育学校提供至少一年的服务。国家倡导并鼓励公费师范生致力于长期的教育事业，以实现终身教学的理想。

6.11 军校、警校

很多人小时候都梦想成为一名军人或警察，那在高考时如何加入军校警校呢？军校警校的招生又有哪些特殊要求呢？

报名条件：考生年龄不低于 17 周岁、不超过 20 周岁（截至报考当年 8 月 31 日），普通高中应届、往届毕业生均可报考。

军队院校招生

招生录取流程

第一步：填报志愿

军队院校的招生工作遵循提前批次的录取流程，这一过程在普通本科院校的第一批次录取之前完成。具体的录取时间表由各省的教育考试机构负责公布。对于未能在军队院校录取的考生，将有机会继续参与普通高等院校的录取流程。

第二步：政治考核

主要了解考生的家庭情况、社会关系和现实表现等。政治考核由省军区招生办公室组织，县级人民武装部会同县级招生办公室、考生户口所在地派出所和所在中学具体实施，原则上在高考结束后展开。考核结论由县级人民武装部通知考生所在中学，结论为不合格的考生不参加面试和体格检查。对考核结论有异议的，县级人民武装部应组织复议。

第三步：面试

面试环节由省军区招生办公室负责执行，同时省级高校招生办公室加以协助。面试通常在政治考核完成后进行（面试环节考查项目如图 6-7 所示）。

图 6-7　面试环节考查项目

面试结果会在面试结束后立即通知考生。如果考生对面试结果持有异议并提出复议请求，面试复议小组将对情况进行复议，并将复议结果及时通知考生。复议结果将作为最终决定。

第四步：体格检查

体检工作由指定的军队医院根据体格检查标准及相关规则进行。体检通常安排在面试结束后进行。

体检按照新修订的《军队院校招收学员体格检查标准》执行。主检医师根据招生专业对考生体格要求作出体检结论，签名负责。体检结论分为"指挥专业合格、装甲专业合格、测绘专业合格、雷达专业合格、水面舰艇专业合格、潜艇专业合格、潜水专业合格、空降专业合格、特战作战专业合格、防化专业合格、医疗专业合格、油料专业合格、舞蹈专业合格、音乐专业合格、其他专业合格"15种单项体格检查结论和"不合格"结论。

体检结果将在检查后立即通知考生。对于无法当场得出结论的项目，将及时通知考生。如果考生对体检结果有异议并申请复检，体检机构将重新组织检查，并将复检结果通知考生。复检结果将作为最终的体检结论。

第五步：投档录取

在政治考核、面试和体格检查均合格的考生中，将根据考生的志愿填报、分数以及院校的招生计划，分别按照性别和体检合格类别进行投档。在投档过程中，烈士的子女、因公牺牲军人的子女以及现役军人的子女，在符合投档比例的前提下，将享有优先录取的权利。

第六步：复查复试

考生按院校录取通知书的要求报到后，需参加政治复审和体格检查。合格者取得学籍和军籍，不合格者按有关规定处理。

军队院校根据《军队院校招收普通高中毕业生工作办法》的要求，在新生入学3个月内，进行政治、文化、身体的全面复查。

经复查合格者，即取得学籍和军籍，不合格者按有关规定处理。合格者由军校办理登记注册手续，成为军校正式学员。同时，军校颁发《参军证明书》一式两份，分别寄给原户口所在地的县（区、市）人民武装部和学员亲属，作为军属证件。从入学时间起开始计算军龄。

表 6-6　军队招生院校

隶属	院校名称		主校区所在	合并组建情况
军委直属院校	国防科技大学		湖南长沙	以国防科技大学、国际关系学院、国防信息学院、西安通信学院、电子工程学院，以及解放军理工大学气象海洋学院为基础合并重建。
军兵种院校	陆军	陆军工程大学	江苏南京	以解放军理工大学和军械工程学院为基础组建。
		陆军步兵学院	江西南昌	由原南昌陆军学院、石家庄机械化步兵学院合并组建而成。
		陆军装甲兵学院	北京	原装甲兵工程学院。
		陆军炮兵防空兵学院	安徽合肥	原陆军军官学院、南京炮兵学院、防空兵学院、沈阳炮兵学院合并。
		陆军特种作战学院	广西桂林	以特种作战学院、桂林综合训练基地(原桂林陆军学院)为基础组建。
		陆军边海防学院	陕西西安	由中国人民解放军边防学院、乌鲁木齐民族干部学院、昆明民族干部培训学院合并改建而成。
		陆军防化学院	北京	原解放军防化学院。
		陆军军医大学（第三军医大学）	重庆	以第三军医大学、白求恩医务士官学校为基础，纳入西部战区陆军综合训练基地军医训练大队(新疆呼图壁)、解放军第八医院(西藏日喀则)、解放军第二六〇医院(河北石家庄)，组建陆军军医大学。
		陆军军事交通学院	天津	原军事交通学院、陆军镇江船艇学院合并。
		陆军勤务学院	重庆	以后勤工程学院和军事经济学院为基础组建。
	海军	海军工程大学	湖北武汉	原海军工程学院、海军电子工程学院、海军后勤学院合并组建。
		海军大连舰艇学院	辽宁大连	
		海军潜艇学院	山东青岛	
		海军航空大学	山东烟台	由海军航空兵学院和海军航空工程学院重组而成。
		海军军医大学（第二军医大学）	上海	2017 年学校转隶海军，组建海军军医大学，对外仍称第二军医大学。
	空军	空军工程大学	陕西西安	
		空军航空大学	吉林长春	
		空军预警学院	湖北武汉	
		空军军医大学（第四军医大学）	陕西西安	
	火箭军	火箭军工程大学	陕西西安	原第二炮兵工程学院。
	战略支援部队	航天工程大学	北京	以原装备学院为基础重建。
		信息工程大学	河南郑州	原信息工程大学、解放军外国语学院合并。

续表

隶属	院校名称	主校区所在	合并组建情况
武警部队院校	武警工程大学	陕西西安	
	武警警官学院	四川成都	
	武警特种警察学院	北京	
	武警海警学院	浙江	

公安院校招生

公安院校公安类专业，列为提前批录取。招生专业分为公安学类和公安技术类，对考生选考科目要求如下。

公安学类：要求必须选考思想政治。

公安技术类：要求必须同时选考物理和化学。

报考公安院校提前批录取专业的考生必须参加由省公安厅会同各公安院校组织实施的政审、面试和体能测试。

政审、面试和体能测试工作由省公安厅会同各公安院校组织实施，政审、面试和体能测试在公布高考分数后于 6 月底开始，具体时间和测试地点由各县（区、市）考试院（招生办）通知考生。

政审、面试和体能测试不合格的考生不予录取。

（一）体检要求

体检的项目和标准参照《公务员录用体检通用标准（试行）》（人社部发〔2016〕140 号）、《公务员录用体检特殊标准（试行）》（人社部发〔2010〕82 号）有关规定执行。同时，还应符合下列条件。

1. 身高：男性 170 厘米及以上，女性 160 厘米及以上。

2. 体重指数（单位：千克/米^2）：男性在 17.3 至 27.3 之间（含本数，计算时四舍五入保留小数点后一位，下同），女性在 17.1 至 25.7 之间。

3. 视力：任何一眼裸眼视力均为 4.8 及以上。

4. 色觉：无色盲，无色弱。

5. 外观：无少白头，无胸廓畸形，无脊柱侧弯、驼背，膝内翻股骨内髁间距离不超过 7 厘米，膝外翻胫骨内踝间距离不超过 7 厘米，无足底弓完全消失的扁平足，身体无影响功能的瘢痕，面颈部无瘢痕，无下肢静脉曲张，无腋臭，共同性内、外斜视不超过 15 度，无唇、腭裂或唇裂术后有明显瘢痕。

省公安厅协调和监督承担体检工作的医疗机构在参考省教育招生考试院提供的考生高考体检材料，对考生申报的患病经历（由考生在体检现场填写）等情况进行审查的基础上，组织对考生身高、体重、外观、血压、听力、嗅觉、视力和色觉等重点项目进行现场检查，综合作出体检结论。

（二）体能测评要求

体能测评的项目和标准参照《国家学生体质健康标准（2014 年修订）》有关规定执行，具体如下：

1. 50 米跑。可测次数：1 次，合格标准：男性 ≤ 9.2 秒，女性 ≤ 10.4 秒。

2. 立定跳远。可测次数：3 次，合格标准：男性 ≥ 2.05 米，女性 ≥ 1.5 米。

3. 1000 米跑（男）/800 米跑（女）。可测次数：1 次，合格标准：男性 ≤ 4 分 35 秒，女性 ≤ 4 分 36 秒。

4. 引体向上（男）/ 仰卧起坐（女）。可测次数：1 次，合格标准：男性 ≥ 9 次 / 分钟，女性 ≥ 25 次 / 分钟。

以上 4 个项目须全部进行测评。其中，有 3 个及以上达标的，体能测评结论为合格。

司法院校招生

西南政法大学的侦查学等专业，中央司法警官学院各专业，吉林司法警官职业学院等院校司法类专业，列为提前批录取。

报考司法院校提前批录取专业的考生必须按照教育部、司法部的有关规定，参加省司法厅组织的司法政审、面试和体能测试。

政审、面试和体能测试工作由省司法厅负责，省教育考试院协助组织实施。政审、面试和体能测试在公布高考分数后于 6 月下旬进行，具体时间和测试地点由各市、州、县（区、市）考试院（招生办）通知考生。

政审、面试和体能测试不合格的考生不予录取。

6.12 三大招飞（空军、海军、民航）

很多人都有一个飞天梦，梦想在蓝天上自由翱翔。三大招飞能够满足你的飞行梦。关于三大招飞，你是否满怀好奇与期待？三大招飞的对象有哪些？选拔流程是什么样的？培养模式是什么样的？

空军招飞

一、招飞对象

1. 普通高中毕业生：招生性别以当年公布的简章为准，年龄不小于 17 周岁、不超过 20 周岁。

2. 军校应届本科毕业生：招生性别以当年公布的简章为准，年龄不超过 24 周岁。

二、高中生招生的基本条件

1. 政治条件：思想进步，历史清白，忠诚老实，遵纪守法，现实表现好，学生自愿报考，家长支持。

2. 身体条件：身高在 165 厘米 ~185 厘米之间；体重不低于标准体重的 80%，不高于标准体重的 130%[标准体重（kg）= 身高（cm）–110]；按空军招飞标准 "C" 形视力表双眼裸眼视力均为 0.8 以上，未做过视力矫治手术；未佩戴过角膜塑形镜；无色盲、色弱、斜视等。

3. 心理条件：对飞行有较强的兴趣和愿望，思维敏捷、反应灵活、动作协调、学习能力强，性格活泼开朗、情绪稳定，有敢为精神。

4. 文化条件：普通高中毕业生须为理科或选考组合含物理的考生（高考改革省份的选科以空军后期正式发布的简章为准），外语语种为英语或俄语，预期高考成绩达到本省（区、市）统招一本线（特殊类型控制分数线）。

三、招飞流程

图 6-8　空军招飞流程

四、培养模式

1. 军事高等教育模式

在空军航空大学及飞行学院接受为期四年的系统培养，学员将接受本科基础教育和教练机飞行训练。在培训期间，学员除了享有军校学员的标准待遇，还将获得飞行津贴、空勤伙食补助以及特种装具等额外福利。完成培训要求的学员将被授予大学本科学历和学士学位，并晋升为空军少尉军衔。

对那些因健康或技术原因不适合继续飞行训练的学员，将有机会转入其他军队院校，学习航空管制、航空兵参谋等地面专业，以完成四年的总学制。这样的安排确保了每位学员都能在适合自己的领域内发挥潜力，为未来的军事航空事业作出贡献。

2. "3+1" 军地联合培养模式

在北京大学、清华大学、北京航空航天大学进行为期三年的学习，随后在空军航空大学完成一年的深造。

选拔流程：依据教育部、公安部、中央军委政治工作部共同制订的联合培养计划，空军将从高中应届毕业生中选拔飞行学员预选对象。这些预选学员将在空军航空大学接受军事政治训练和体验飞行。选拔过程将综合考虑学员的高考成绩和体验飞行表现，以确保选拔出最优秀的学员。选拔成功的学员将于每年 9 月上旬进入北京大学、清华大学、北京航空航天大学进行联合培养。

待遇说明：参与联合培养的飞行学员将注册为空军航空大学和合作地方高校的"双学籍"本科生。在地方高校学习期间，学员将享有军队院校飞行学员的相关待遇。完成学业并通过毕业考核的学员，将获得由空军航空大学和地方高校共同颁发的本科毕业证书，并根据规定获得相应的学士学位。

通过这种联合培养模式，学员不仅能够获得扎实的学术基础，还能在军事航空领域获得专业的训练和实践经验，为未来的军事航空事业打下坚实的基础。

五、常识问答

1. 空军招飞属于军校招生吗？

是的。空军招飞属于全国普通高校招生体系，是军队院校招生工作的重要组成部分，招收的飞行学员入空军航空大学或清华大学、北京大学、北京航空航天大学"双学籍"飞行员班学习。

2. 如何报考空军飞行员？

符合报考条件的学生可在学校报名，也可进行网上报名，具体报名办法以考生所在省当年公布的报名方式和报名流程为准。

3. 参加初选前是否可以吃早餐，初选检测哪些内容？

可以吃早餐。为了方便学生参选，初选由空军在各地市设置初选站进行检测，主要包括：外科（身高、体重、坐高、臂长、体型）、眼科（视力、色觉、外眼）、耳鼻喉科（耳、鼻、口腔）等。

4. 医院体检健康是否表明招飞体检一定会合格？

招飞体检注重评估飞行员在特殊飞行条件下的身体适应性，其标准较常规体检更为严格。即使常规体检显示健康，也不一定能通过招飞体检。同样，招飞体检不合格并不意味着存在需要治疗的健康问题。

5. 面部痤疮或身上的瘢痕是否符合体检标准？

痤疮或瘢痕的评估将根据其位置和大小进行。通常，只要它们不妨碍身体功能、不影响外观和军容，就满足招飞的医学标准。对其他特殊情况，需在初选阶段由专业医生进行详细检查和评估。

6. 只有某一项不合格，其他科都检测合格，是否能通过招飞体检？

招飞医学选拔遵循单科淘汰制，即任何一项检查不合格即视为整体不合格。然而，为了更科学地评估学生的健康状况，主检医师会对不合格项目进行细致审查。如果认为该不合格项不影响学生的总体健康，学生将被允许继续完成剩余的医学选拔项目。最终，医学选拔专家组将通过集体讨论，综合考虑所有因素，给出学生的最终医学选拔结果。

7. 空军招收飞行学员为什么要进行心理选拔？

飞行是一项将智力与体力紧密结合的特殊职业。飞行员需独立操作价值不菲、集成尖端科技的现代化飞机，执行三维空间中的作战和训练任务。在这一过程中，他们面临设备操作的复杂性、动作的严格时限、程序的规范要求以及决策的独立性。因此，飞行员的心理意志对其职业成长和飞行安全具有决定性的影响。

8. 做过近视激光手术后，视力恢复正常是否符合招飞条件？

空军招飞体检标准明确指出，因高空高速飞行环境下角膜手术影响的不确定性，凡有眼屈光矫正手术或角膜塑形治疗史者均不符合资格。体检中包含专门项目以准确检测和评估此类情况。

9. 招飞体检对视力有何要求，常见的E字表与招飞用的C字表有何差别？

空军招飞体检要求使用C字表测试视力，合格标准为双眼裸视不低于0.8。C字表因减少主观影响且结果更精确，在招飞中广泛使用。换算为E字表，大致5.0的视力等同于C字表的0.8。

10. 报考空军飞行学员，如果未被录取，会影响报考其他普通高校吗？

不会。空军航空大学录取为提前批单独录取（在提前批录取之前），不影响其他高校录取。

11. 清华、北大和北航"双学籍"飞行员班是怎么回事？

新生入校后，空军航空大学组织军政基础集中训练和体验飞行，并根据联合培养计划筛选高考成绩优异、体验飞行合格的学员，于9月上旬送到北京大学、清华大学、北京航空航天大学联合培养。

12. 参加空军招飞是否收取报名、检测费用？

空军招飞不收取任何报名和检测费用，复选、定选期间免费安排学生食宿，并按规定报销路费。

六、空军招飞局联系方式

电话：010-66983433

网址：https://www.kjzfw.mil.cn/

海军招飞

一、招飞对象

普通高中应、往届毕业生。

二、高中生招生的基本条件

（一）自然条件

1. 高中生为高中（应、往届）毕业男生，具有海军招飞开招地区学籍和户籍，文理科均可，年龄 16~19 周岁（截至当年 9 月 1 日）；

2. 军校生为军队学历教育院校应届本科毕业男性学员，年龄不超过 24 周岁（截至当年 8 月 31 日）。

（二）政治条件

1. 热爱党、热爱祖国、热爱人民、热爱社会主义；

2. 思想进步、品德优良、遵纪守法、历史清白、现实表现好；

3. 志愿献身军队飞行事业；

4. 家庭成员及关系密切的亲属，拥护党的路线、方针、政策，思想进步，历史清楚，无重大问题；

5. 本人参加海军招飞意愿强烈，自愿报考且态度坚定，家长（监护人）支持。

（三）身体条件

1. 身高 165~185 厘米之间，体型匀称；

2. 体重在 52 公斤以上（未满 18 周岁体重在 50 公斤以上），身体质量指数符合标准；

3. 静息血压值不超过 138~88mmHg，不低于 100~60mmHg，脉压差不小于 30mmHg，脉搏 56~100 次 / 分；

4. 用 C 字视力表检查，双眼裸眼远视力不低于 0.8（相当于 E 字表 1.0），无色盲、色弱、斜视，未做过视力矫正术（如准分子手术、角膜塑形镜矫治等）；

5. 无口吃，无文身，听力、嗅觉正常。

（四）心品条件

1. 对飞行有较强的兴趣和愿望；

2. 心胸宽广，性格开朗；

3. 大胆果断，意志力坚强；

4. 情绪稳定，控制力强；

5. 理解、记忆等智力水平较高；

6. 思维敏捷，反应灵活，四肢协调，方位判断准确，模仿能力强。

（五）文化条件

1. 高中生成绩优秀，预计高考成绩能够达到本省（市）一本录取线（外语限考英语），数学、英语单科成绩不能过低；

2. 军校生能够按期毕业并获得学士学位。

三、招飞流程

海军招飞流程如图 6-9 所示。

图 6-9   海军招飞流程

四、常识问答

1. 海军招收飞行学员的检测考核有哪些内容？

报考海军飞行学员的考生需要参加体格检查、心理选拔、政治考核、文化考试。

（1）体格检查

目前招飞体检主要有眼科（视力、外眼、隐斜、眼底）、外科、内科、神经精神科、耳鼻喉（转椅、电测听）、心电图、化验、B 超、X 光、脑电图等项目。

（2）心理选拔

"基本认知能力检测平台"。检测时考生在规定时间内按要求完成测试题目，由计算机自动采集答案并评分，主要检查考生的感觉、知觉、记忆、注意、思维等方面的基本认知能力水平，时间约为 90 分钟。

"飞行特殊能力检测平台"。检测时考生使用与计算机连接的右手驾驶杆、左手油门杆和脚蹬完成指定任务，计算机根据任务完成情况自动评定成绩。本项检测采取个体检测的方式，单次耗时约 30 分钟。

"专家职能面试检测平台"。检测时由具备丰富飞行教学和飞行指挥经验，并懂心理学理论的飞行专家组成面试组，对每名参检考生进行群体活动观察、个体活动观察和心理会谈三部分内容测试，最后得出综合评估结果和面试成绩，全程约 90 分钟。

"舰载飞行潜质检测平台"。检测分为仪器检测和专家评定两部分内容，仪器检测为考生佩戴心电监测和腕表，通过操纵左手油门杆按键、右手驾驶杆和蹬力舵，完成指定的任务，计算机根据任务完成情况自动评定成绩，单次耗时约 20 分钟；专家评定包括仪器检测观察、竞技活动观察和无领导团队考查等项目，由专家对舰载飞行潜质进行综合评定。

（3）政治考核

全面了解、准确掌握招飞对象及其家庭成员、主要社会关系成员、与本人关系密切的其他亲属的政治思想、现实表现、主要经历、社会交往等情况，确保招收的飞行学员政治合格。政治考核含信息申报、谈话考核、发函调查和走访调查等环节，由海军联合教育部门、公安机关共同组织实施。

（4）文化考试

文化考试分为文化测试（文化摸底）和全国统考两个环节。文化测试由海军招飞部门组织命题和阅卷评分；全国统考即为高考，高考成绩须达到本科一批录取线（特殊类型招生控制线），外语限英语；内蒙古自治区考生须参加普通（汉授）高考。

注：内容整理自海军招飞网，若有变化，请以海军招飞网最新信息为准。

2. 海军飞行学员的培养模式是怎样的？

海军飞行学员主要在海军航空大学接受全日制本科学历教育，高考成绩优异且符合相关条件者，推荐至北京大学、清华大学和北京航空航天大学进行"双学籍"军地联合培养。入校 3 个月考查期合格后取得学籍和军籍，前 3 年进行本科基础教育，第 4 年起按照"初级教练机训练、中高级教练机训练、主战机型改装训练"流程，进行为期 3 至 4 年的航空理论学习和飞行训练。其间，因身体或技术等原因不适合继续飞行的，改训其他专业。

3. 招飞体检合格学生应如何进行自我保健？

即使招飞体检合格了，同学们也要注意自我保健：一要保护视力，注意用眼卫生，避免疲劳用眼，避免在光线过暗处读书；二要保护听力，避免长时间使用耳机；三要注意饮食卫生，预防传染性疾病；四要防止意外伤害，避免剧烈或对抗性体育运动，远离烟花爆竹等。

4. 往届生或借读生需要哪个学校推荐？

都需要学籍所在学校填写推荐意见并盖章。

5. 关于政治考核信息填报问题的统一答复

（1）填报时，如发现学校名称不正确或相应派出所不存在时，可先选择下拉菜单内已有其他派出所保存，并致电海军招飞办申请修改或添加，后续再及时更正。联系电话：010-66959262。

（2）所有初检合格学生均要按时间节点在网上填报政治考核信息，包括现场发放表格的学生，具体要求请关注海军招飞网快讯。

五、海军招飞办联系方式

电话：010-66959261/66959262

邮编：100071

地址：北京市丰台区东大街 5 号

海军招飞网：http://www.hjzf.mil.cn/

民航招飞

1. 什么是民航招飞？

民航招飞是指普通高校飞行技术专业（本科）通过高考招收飞行学生。

2. 谁能参加民航招飞？

欢迎广大热爱并有志从事祖国民航事业的普通高中毕业生参加民航招飞，但还需要符合高考报考条件、招飞体检鉴定标准和民用航空背景调查要求等。

3. 谁来实施民航招飞？

招飞院校负责实施民航招飞。如果您被这些招飞院校中的一所录取为本校飞行技术专业新生，表示您将成为该校的普通全日制本科在校学生，将在该校参加理论学习，并由学校或公司安排参加飞行训练，毕业时将获得该校本科文凭。目前，经教育部批准的开设飞行技术专业（本科），并已在民航招飞系统开通账号的招飞院校有中国民用航空飞行学院、北京航空航天大学、南京航空航天大学、中国民航大学、滨州学院、沈阳航空航天大学、上海工程技术大学、南昌航空大学、黑龙江八一农垦大学、安阳工学院、烟台南山学院、常州工学院、南昌理工学院、山东交通学院、郑州航空工业管理学院、北京理工大学珠海学院、南京航空航天大学金城学院、昆明理工大学、西安航空学院、太原理工大学。请注意：各招飞院校当年招飞的地区可能不同，具体请咨询当地考试院或联系各招飞院校。

4. 民航招飞包括哪些环节？

当您在招飞系统注册报名后，将按照通知要求，陆续参加预选初检、民航招飞体检鉴定、飞行职业心理学检测、确认有效招飞申请，参加民用航空背景调查等选拔流程（如图 6-10 所示）。您还需要参加高考，并根据您在招飞系统上的有效招飞申请，正式填报飞行技术专业高考志愿。对高考成绩达到招飞录取分数线以上的考生，按学生高考志愿和高考成绩，由招飞院校根据招生计划，择优录取。当您入校报到后，还需要参加招飞体检入校复查，合格者方可注册获得学籍，并继续参加飞行技术专业的学习与训练。目前，招飞系统将记录您的个人信息，以及您参加预选初检、体检鉴定、心理学检测、背景调查的选拔情况，并最终形成您的有效招飞申请。

5. 什么是招飞申请组合？如何填报招飞申请组合？

考生可选择填报的"招飞院校＋送培单位"申请组合形式和数量，由在当地安排招飞计划的招飞院校，以及参与合作招飞的送培单位数量确定。例如在考生的生源地招飞的有院校 A、B，送培单位有 A、B、C、D［C、D 为送培单位（合作）］，则考生可填报的申请组合为"A+A""A+C""A+D""B+B""B+C""B+D"

中的若干或全部。招飞申请组合在考生有效申请达到 2 个之前，或心理测试复测不合格之前均可增加。请注意：同样的申请组合能且仅能填报一次，如考生之前填报了某一申请组合，无论该申请组合在哪一阶段、是否合格、是否成为有效招飞申请，都不能再次添加同一申请组合。考生可以取消处于报名状态（未进行初检）的申请组合，但显示"合格""不合格""审核中"的申请组合不得取消。

6. 在实行划片招飞的省份如何填报招飞申请组合？

实行划片招飞的省份，省内不同地、州、市、县的考生所能报考的招飞院校可能有所不同。招飞系统目前针对生源地生成的招飞院校及送培单位列表以省为单位，无法精确到地、州、市、县，请务必自行确定可报考的招飞院校和送培单位。请考生在填报申请组合前，查询所在生源地考试院公布的划片信息，也可提前联系招飞主管询问，务必在填报前了解清楚自己能报哪些招飞院校和送培单位。

7. 飞行职业心理学检测（心理测试）需要注意什么事项？

招飞心理测试一般与体检同步进行，如考生初次参加心理测试通过，则不需要再参加，所有志愿组合的心理测试结果全部共享合格。如心理测试不通过，经招飞单位同意，考生还有一次复测机会。复测合格，则所有申请组合的心理测试全部共享合格；复测不合格，说明不适合从事飞行职业，考生的所有招飞选拔所有流程终止，所有招飞申请组合均不合格，也无法增加其他申请组合。

8. 如何根据有效招飞申请填报高考志愿？

有效招飞申请是考生填报招飞院校飞行技术专业高考志愿的依据。如果考生所填报飞行技术专业高考志愿中的招飞院校不在有效招飞申请范围内，招飞院校不予录取。招飞系统中的 2 个有效招飞申请没有先后、主次之分，具有同等效力。这意味着，如果考生有 2 个有效招飞申请，包含 2 所不同的招飞院校，那么能否被录取、被这两所院校中的哪所录取，取决于考生在高考飞行技术专业志愿中填报的是这两所院校中的哪所、填报的顺序以及高考成绩。

9. 自费生是什么意思？

飞行技术专业有别于其他专业，在学习期间，除了在学校完成理论学习，还要到民航局认定的飞行训练机构进行飞行实际训练，获得相应执照。因飞行训练实际成本费用高昂，我国民航飞行员培养一般采用由送培单位（航空公司等）支付学生飞行训练费用。自费生指有关招飞院校和送培单位协商确定，招收学生的飞行训练相关费用，由学生自行承担。具体自费方式可通过有关招飞院校的招飞简章和协议文本了解，也可向有关招飞院校咨询。

10. 有问题联系谁？

一般情况下，考生仅需要及时注册系统、准确填报信息、根据意愿填报招飞申请组合，并及时查询信息即可。各项安排也会有招飞主管根据考生注册的手机号主动与考生联系。特殊情况下，如果考生仍有疑问，或有其他任何问题，可根据招飞系统登录页上的"联系方式"一栏，查询到当地有关招飞院校和送培单位的招飞主管联系方式，随时联系他们。

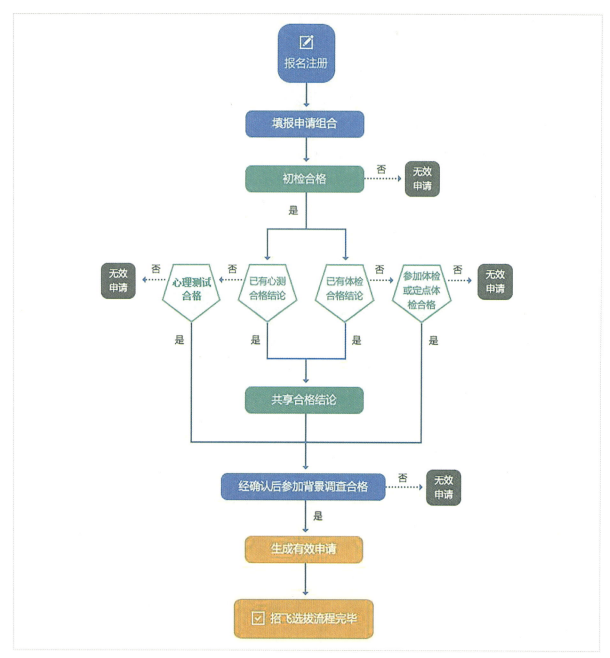

图 6-10   民航招飞流程

6.13 航海类

一、航海类院校招生

航海类院校招生属于提前批招生，招生专业主要包括航海技术、轮机工程和船舶电子电气工程。航海类专业主要设置于海事类院校，一般在提前批中进行填报。

二、招生条件

考生身体健康状况要求，必须符合教育部、卫生部、中国残疾人联合会印发的《普通高等学校招生体检工作指导意见》相关规定。

根据《海船船员健康检查要求》，还包括体检特殊要求：无色盲（弱）、无复视。

其中航海技术专业要求身高1.65米及以上，双眼裸视力均能达到4.7(0.5)及以上，且矫正视力均能达4.9（0.8）及以上；轮机工程（海上方向）、船舶电子电气工程专业要求身高1.60米及以上，双眼裸视力均能达到4.6（0.4）及以上，且矫正视力均能达到4.8（0.6）及以上。其他要求参照交通运输部行业标准《海船船员健康检查要求》。

航海类专业由于工作性质特殊，不适宜女生报考。

三、招生流程

1. 考试、填报志愿

参加每年6月7日至8日的普通高等学校招生全国统一考试。

2. 体检

体能测试主要考跑步、俯卧撑、立定跳远、仰卧起坐等。体检方面，除了《海船船员健康检查要求》，还包括体检特殊要求：无色盲（弱）、无复视。

3. 录取、报到

凡体能测试、体检成绩合格，学校按照报考考生的综合成绩从高分到低分实行全面考核、择优录取。

四、招生院校

目前国内开设航海类专业的高校较之过去开始增多，但是只有具有优势专业的大连海事大学、上海海事大学、集美大学和武汉理工大学等几所专业发展历史悠久、积淀深厚的高校的就业情况良好。

五、就业方向

航运企业、船员服务和劳务外派机构、港航企业、海事机构等企业单位，从事船舶驾驶、航运业务管理、海事管理、航运安全管理、船员教育和培训等工作。

六、薪酬待遇

中国（上海）国际海员薪酬如表6-7所示。

表6-7 中国（上海）国际海员薪酬

（单位：美元）

职务	集装箱船	干散货船	油轮	化学品船
船长	9482	9356	11860	10761
大副	7509	7104	9091	8581
二副	4520	4323	5132	5024
三副	4206	4045	4783	4727
轮机长	9152	8946	11192	9890
大管轮	7526	7099	9106	8503
二管轮	4520	4318	5138	5024

续表

职务	集装箱船	干散货船	油轮	化学品船
电机员	4739	4324	5296	4905
三管轮	4184	4045	4804	4729
水手长	2147	1979	2634	2520
机工长	2147	1976	2634	2520
水手	1709	1524	1803	1779
机工	1709	1524	1803	1779
大厨	2090	1930	2368	2191
服务生	980	720	1098	1025

注：

1. 薪酬水平包括月基本工资、业绩工资、社保、航行津贴等与海上航行有关的津贴和补贴。

2. 数据来自上海航运交易所。

七、证书要求

一般院校毕业生需要自己考取相关证书，特别是航海类大证，但是大连海事大学、上海海事大学、武汉理工大学、集美大学4所学校通过了航海类教学质量评估，其毕业生不需要进行大证考试，拿到毕业证即可申请二副、二管轮、电子电气适任考试（先见习，然后通过实习评估，通过后即可发证），并认可学校的科目理论成绩。

6.14 三大专项（国家、高校、地方专项）

国家专项计划

1. 什么是国家专项计划？

国家专项计划是招生学校为中央部门高校和各省（区、市）所属重点高校，定向招收集中连片特殊困难县、国家级扶贫开发重点县以及新疆南疆四地州学生的一种扶贫计划。

2. 国家专项计划的报考条件是什么？

国家专项计划的报考条件：（1）符合当年高考报名条件；（2）本人具有我省国家专项计划实施区域当地连续三年以上户籍，其父亲或母亲或法定监护人具有当地户籍；（3）本人具有户籍所在县高中连续三年学籍并实际就读。

高校专项计划

1. 什么是高校专项计划？

高校专项计划是定向招收边远、脱贫、民族等地区县（含县级市）以下高中勤奋好学、成绩优良的农

续表

村学生。该专项计划是国家为畅通农村和脱贫地区学子纵向流动而开辟的渠道之一。

2. 高校专项计划的招生流程

（1）4 月 25 日前：有关高校公布招生简章，考生完成报名申请。

（2）5 月 20 日前：省市完成考生基本条件审核并公示通过审核名单。

（3）5 月底前：高校完成考生其他条件审核并公示通过审核名单。

（4）6 月 7 日至 8 日：考生参加全国统一高考。

（5）高考后至出分前：部分试点高校组织考核。

（6）高考出分前：高校确定并公示资格名单。

（7）高考出分后：考生单独填报志愿，高校完成录取并公示。

高校专项计划名单如表 6-8 所示。

表 6-8　高校专项计划名单

教育部直属	教育部直属	教育部直属	其他高校
北京大学	复旦大学	武汉大学	北京航空航天大学
清华大学	同济大学	华中科技大学	北京理工大学
中国人民大学	上海交通大学	中国地质大学（武汉）	哈尔滨工业大学
北京交通大学	华东理工大学	武汉理工大学	哈尔滨工程大学
北京科技大学	东华大学	华中农业大学	南京航空航天大学
北京化工大学	华东师范大学	华中师范大学	南京理工大学
北京邮电大学	上海外国语大学	中南财经政法大学	西北工业大学
中国农业大学	上海财经大学	湖南大学	大连海事大学
中国政法大学	南京大学	中南大学	中国科学技术大学
华北电力大学	东南大学	中山大学	北京工业大学
北京林业大学	中国矿业大学	华南理工大学	黑龙江大学
北京中医药大学	河海大学	重庆大学	上海大学
北京师范大学	江南大学	西南大学	苏州大学
北京外国语大学	南京农业大学	四川大学	南京师范大学
北京语言大学	中国药科大学	西南交通大学	福州大学
中国传媒大学	浙江大学	电子科技大学	郑州大学
中央财经大学	合肥工业大学	西南财经大学	湖南师范大学
对外经济贸易大学	厦门大学	西安交通大学	广西大学
中国矿业大学（北京）	山东大学	西安电子科技大学	西南政法大学
中国石油大学（北京）	中国海洋大学	长安大学	四川农业大学

续表

教育部直属	教育部直属	教育部直属	其他高校
中国地质大学（北京）	中国石油大学（华东）	西北农林科技大学	贵州大学
南开大学	大连理工大学	陕西师范大学	云南大学
天津大学	东北大学	兰州大学	西北大学
吉林大学	东北师范大学	东北林业大学	——

3. 具备什么样的条件可以报考高校专项计划？

答：高校专项计划报考学生须同时具备下列三项基本条件：（1）符合当年统一高考报名条件；（2）本人及父亲或母亲或法定监护人户籍地在实施区域的农村，本人具有当地连续 3 年以上户籍；（3）本人具有户籍所在县高中连续 3 年学籍并实际就读。有关高校会在此基础上提出其他报考要求并在招生简章中明确，确保优惠政策惠及农村学生。

4. 怎样了解高校专项计划的实施区域？

答：高校专项计划（农村学生单独招生）实施区域由有关省（区、市）根据教育部文件要求，结合本地实际情况确定。考生可根据各省（区、市）招办发布的相关规定，查看具体实施区域。

5. 高校专项计划如何录取？

答：入选高校专项计划资格的考生均须参加高考，单报志愿，依据考生高考成绩和填报志愿进行录取。录取分数原则上不低于有关高校普通类招生所在批次录取控制分数线。高校专项计划录取办法由有关高校确定并在招生简章中明确，志愿填报方式、填报时间等以当地省级招生考试机构规定为准。

6. 报考高校专项计划还需要注意什么？

答：往年被专项计划录取后放弃入学资格或退学的考生，不再具有专项计划报考资格。

地方专项计划

1. 什么是地方专项计划？

地方专项计划是指地方高校定向招收实施区域的农村学生的专项计划。一般只为省属重点大学，在国家专项批次之后。地方专项计划定向招收各省市实施区域的农村学生，招生计划一般不会少于本校一批次招生规模的 3%。

2. 报名要求

（1）高考报名时具有国贫专项计划中当地省份所属困难县户口且连续满六年。具有户口所在县高中三年学籍（在户口所在县实际就读，并在户口所在县参加高中毕业会考）。

（2）各省份结合实际情况报名条件各有不同，上述条件或有出入仅供参考，详细情况请咨询当地教育部门。

（3）专项计划实行动态管理，由国家进行总体规划和统一部署，集中组织部分高等教育资源，紧密结合贫困地区经济社会发展对相关专业人才的重点需求，定向招收贫困地区考生。

3. 三大专项计划的区别

国家专项计划由全国重点高校实施，对全国范围内的学生开放。地方专项计划则由地方重点高校负责，主要招收本省（区、市）的学生。

高校专项计划主要针对农村地区成绩优异的学生，参与该计划的院校包括教育部直属高校及其他自主招生试点高校。考生需通过招生院校的考核，这一计划可视为自主招生的延伸。

录取批次方面，国家专项计划通常在本科提前批次录取，高校专项计划则在自主招生批次录取，而地方专项计划的录取一般安排在前两者之后（部分省份可能在本科一批之后）。

6.15 免费医学生和定向师范生

（一）免费医学生

1. 什么是免费医学生？

自 2010 年起，教育部联合其他部委推出了农村订单定向医学生免费培养政策，旨在为乡镇卫生院及以下医疗机构培养全科医疗人才。到 2020 年，该政策已投资 16 亿元，支持 113 所医学院校在中西部 22 个省份培养了超过 6.3 万名免费医学生，专业包括临床医学和中医学等。

2. 报考条件、招考流程是怎样的？

免费医学生主要招收农村生源，申请者需满足以下条件：符合高考报名条件，本人及父母或监护人户籍在农村且本人户籍满 3 年，身体健康状况需符合相关体检规定。对以县为单位的定向招生，还需满足户籍地在定岗单位所在县的要求。

有意报考的考生在高考报名后需按省市要求提交资格申报资料，经审核通过后参加高考并在提前批次填报志愿。被录取后，需在获得入学通知书前与培养高校及定向就业地的卫生和人社部门签署服务 6 年的协议方可入校学习。招生报考流程如图 6-11 所示。

图 6-11 招生报考流程图

3. 招生专业

培养专业主要是临床医学、中医学（含民族医学）等，进校后不能转专业。一般来说临床医学专业只招录理科生，中医学专业只招录文科生。各省根据本地具体情况确定招生专业及其定向培养具体高校，并在免费医学生招生规定中公布。

4. 免费医学生享有的保障

（1）免费医学生在校学习期间，享有"两免一补"，即免除学费，免缴住宿费，并补助生活费政策，生活费补助标准由实施省份卫生健康委会同省财政厅结合实际确定。

（2）免费医学生毕业后，根据入学前签订的就业协议到定向县级卫生计生行政部门报到，县级卫生计生行政部门会同县级人力资源和社会保障部门负责落实免费医学生工作岗位，并指导辖区内农村基层医疗卫生机构与之签订聘用合同，简化相关手续，实行合同管理。免费医学生在服务期内，经县级卫生计生行政部门同意，可在县域行政范围内的农村基层医疗卫生机构之间流动。

（3）对按协议到农村基层医疗卫生机构工作的免费医学生，县级人力资源社会保障、财政、卫生健康等行政部门及其所在的农村基层医疗卫生机构按照国家政策，落实有关工资福利和社会保障待遇，并结合实际提供必要的工作生活条件和周转住房。用人单位按规定为其职工申请办理社会保险登记并申报缴纳社会保险费。

（二）定向师范生

1. 什么是定向师范生？

定向师范生是一项由各地政府制订的政策，旨在解决农村地区基础教育教师资源紧缺的现状。这一政策主要通过"三定向"来实现，即"定向招生、定向培养、定向就业"。

2. 定向师范生报考需要满足的条件

（1）参加全国普通高校招生统考，达到当地部属师范大学录取分数线；

（2）符合教育部高校招生规定，热爱教育，愿意毕业后长期教书；

（3）身体健康，符合《指导意见》。

3. 公费师范生和定向师范生的区别？

（1）院校层次

公费师范生项目最初由六所教育部直属的"211 工程"重点师范大学承担，包括"985 工程"的北京师范大学和华东师范大学，以及华中师范大学、陕西师范大学、东北师范大学和西南大学。随后，部分省属重点本科院校如江西师范大学、福建师范大学、闽南师范大学等也加入了培养公费师范生的行列。

定向师范生则通常由考生所在省份的师范类院校招生，具体政策可能包括"本县报本县"等要求，旨在培养毕业后回户籍所在地乡村学校任教的教师。这类项目主要面向家庭经济条件有限但有志于教育事业的学生，尤其是精准扶贫户和革命老区考生等，通常由省属二本院校负责招生和培养。

（2）费用补贴

公费师范生享受"两免一补"政策，即免除学费和住宿费，同时国家每月提供 600 元生活补助。此外，他们还可能获得地方政府的额外补贴。

定向师范生的补贴则依据合同由当地财政提供，补贴金额和来源因地区经济状况而异。某些省份的政策可能是毕业后在岗满三年，由政府一次性退还学费，具体细节依据各省的招生政策而定。

（3）就业去向

公费师范生在入学时签订协议，承诺毕业后在本省中小学任教至少六年，并确保有编制和岗位。他们通常需先在农村学校任教两年，之后可能在城镇学校工作。实际上，许多公费师范生毕业生有机会在县城的重点高中任教。

定向师范生则专为偏远农村学校培养，他们在师范院校学习期间保留原户籍，毕业后需返回户籍所在地任教，以解决农村特别是艰苦地区的教师短缺问题。

在当前就业市场竞争激烈的环境中，无论是公费师范生还是定向师范生，对于有教育热情或家庭经济状况有限的学生来说，都是理想的选择。选择哪种类型的师范生，往往取决于个人成绩和录取分数线的差异。

6.16 中国港澳招生

中国香港和澳门，这两个地区不仅是中西方文化交汇的枢纽，也汇聚了众多优质的教育资源。对许多有志于深造的高考学生及其家长而言，选择到香港或澳门的大学学习，无疑是一个颇具吸引力的选项。对于有意申请港澳高校的学生和家长，掌握招生政策、准备申请材料、留意报名时限以及参与相关活动是至关重要的。那么，哪些港澳高校对内地学生开放招生呢？在申请过程中，又有哪些关键点需要特别留意？

（一）目前，可面向内地招收本科及以上学生的香港、澳门高校有哪些？

截至目前，可面向内地招收本科及以上学生的香港高校有 15 所：香港中文大学、香港城市大学、香港大学、香港科技大学、香港理工大学、香港浸会大学、岭南大学、香港教育大学、香港树仁大学、香港都会大学、香港演艺学院、香港珠海学院、香港恒生大学、东华学院、香港高等教育科技学院。

可面向内地招收本科及以上学生的澳门高校有 6 所：澳门大学、澳门理工大学、澳门科技大学、澳门旅游大学、澳门镜湖护理学院、澳门城市大学。

（二）考生怎样报考香港澳门的高校？

报考香港、澳门高校的考生必须参加当年普通高等学校全国统一招生考试，即高考。

1. 香港高校——统招与独立招生

香港中文大学、香港城市大学参加提前批次录取，考生统一填报高考志愿，即使在提前批次未被录取，仍可以参加后续批次的录取，进入其他内地高校。香港珠海学院 2023 年起加入高考统招，在相关省份普通类本科批次录取。

香港大学、香港科技大学、香港理工大学、香港浸会大学、岭南大学、香港教育大学、香港树仁大学、香港都会大学、香港演艺学院、香港恒生大学、东华学院、香港高等教育科技学院 12 所高校采用独立招生方式，考生按照港校的要求提交入学申请，参加学校组织的面试，由学校根据考生高考成绩和面试表现等其他要求录取考生。

需要注意的是：凡被香港 12 所单招院校录取并经本人向录取院校确认就读的考生，不再参加内地高校的统一录取。

2. 澳门高校——独立招生

澳门大学、澳门理工大学、澳门科技大学、澳门旅游大学、澳门镜湖护理学院、澳门城市大学等 6 所高校也采用独立招生方式。在报名时间内，学生到指定网页报名缴费，可登录澳门高校网站查看各学校具体招生要求。

3. 香港高校录取时考查哪些因素?

总体来看,香港高校在录取过程中,将综合考查申请人(考生)的整体素质及以下因素:申请人(考生)的高考成绩及英语成绩;申请人(考生)的面试表现(如获面试资格);申请人(考生)的综合素质等;具体到每所院校,可能会有所差异,申请人(考生)需要咨询目标院校。

4. 澳门高校的录取分数线是多少?

报考澳门高校的考生,高考成绩一般须达到所属省(区、市)的本科第一批次录取分数线,个别院校参考本科第二批次录取分数线,择优录取。艺术类专业则综合考虑考生艺术专业成绩和高考文化成绩,择优录取。详情请参阅有关院校的招生简章或网页。

5. 报考香港、澳门高校的费用有哪些?

报考港澳高校的费用主要是学费、住宿费及日常生活费。例如,香港大学非本地学生学费为每年18.2万元港币,住宿费每年17290元至37940元港币,生活费约为每年5万元港币;澳门理工大学学费每年95000澳门元,住宿费每年20000澳门元;其他港澳高校略有不同,详细情况请参照所申请院校官网。

6. 考生能被澳门高校和内地高校同时录取吗?

可以。澳门高校招收内地学生为独立报名,并不纳入内地招生计划内,报读澳门高校意味着考生有更多的升学选择。如果考生同时被澳门高校及内地高效录取,考生可自行决定在澳门或在内地就读。

7. 考生申请香港澳门高校从哪些渠道获取信息?

(1)香港、澳门高校网站

内地的学生和家长可以直接查询香港、澳门高校的网站,获取该校招生的各项信息。如香港中文大学本科招生,专门设有"内地高考"网页,详细介绍相关本科课程结构、申请详情等,还设有内地号码热线供咨询所需;澳门大学设有"学在澳大"栏目,发布申请时间及重要资讯等。

(2)省教育考试院(招办)

省教育考试院(招办)会在报考阶段公布港澳高校在本省招生的动态,请考生及时关注各省级招办公布的相关信息。

6.17 定向培养军士招生

定向培养军士招生是一种依托普通高等院校选拔高中毕业生,并为他们提供专业培训,以培养军队所需的高素质技术型军士人才的招生模式。该模式旨在加速培养符合军队现代化建设需求的专业技能军士,为国防和军队的长远发展储备关键人力资源。

1. 报名条件

报考定向培养军士的考生须为当年参加普通高等学校招生全国统一考试的普通高中毕业生,年龄不超过20周岁(截至报考当年8月31日),未婚,其政治和身体条件按照征集义务兵的规定执行。考生须通过政审、体检、面试等考核。

2. 招生计划和流程

定向培养军士的招生计划由国家核定的高校执行，每年都会针对全国各省（区、市）下达相应的招生计划。招生流程通常包括招生宣传、联合培养、淘汰、毕业和入伍等多个环节。报考的学生需要在规定的时间内填报志愿，并通过体格检查和政治考核才能被录取。

3. 招生院校和专业

定向培养军士在提前批次录取，专业为专科层次。定向培养军士的招生院校主要是各大普通高等学校，包括一些地方高校和军事院校。招生专业通常是技术和军事相关的专业，如轮机工程技术、现代通信技术、智能控制技术、航海技术、汽车检测与维修技术等。

4. 录取和待遇

定向培养军士的录取属于提前批次录取，未被录取的考生不影响其他正常批次的志愿填报及录取。录取后的学生将在学校完成 3 年的学习，毕业后取得大专学历。完成学业后，学生将根据部队的需求直接进入部队服役，并授予和享受相应的军衔和待遇。

5. 注意事项

有意向报考定向培养军士的学生需要注意查看各省份的具体招生计划和专业要求，同时也要关注各省的高考成绩分数线和志愿填报时间。政治考核是一个重要的环节，考生需要确保自己及其家庭成员的政治背景符合要求。

6.18 其他特殊类型招生（乡村振兴人才"订单式"培养计划）

以吉林省省属高校乡村振兴人才"订单式"培养计划为例介绍该类招生条件要求。

（1）依托部分省属高等院校，为全省各县（区、市）培养涉农专业本科生，优先满足边境县、乡人才需求。乡村振兴"订单生"实行服务期制度，毕业后须到设岗单位工作不少于 5 年。

（2）凡具有吉林省农村户籍且具备当年普通高考报名资格的应届毕业生、社会考生均可报考。乡村振兴"订单生"的培养期学费由省人才开发基金承担。

（3）乡村振兴人才"订单式"培养计划招生纳入我省普通高校提前批次录取。录取控制分数线执行我省普通本科录取最低控制分数线，按顺序志愿投档，生源不足时，实行网上征集志愿。

（4）录取过程中，由录取高校负责通知学生与高校、设岗县（区、市）人社部门签订三方教育就业协议，明确各方权利和义务，发放入学通知书。未按规定签订协议者，取消本志愿录取资格。

6.19 普通批次录取

高考普通批次录取通常指的是在特殊类型招生批次之外，对本科和专科层次的志愿进行的录取工作。随着新高考改革的推进，除新疆和西藏两个地区仍然保留本科一批和本科二批的划分外，其他省（区、市）的本科录取已经统一为单一的本科批次。这一变化旨在简化招生流程，提高录取效率，同时为考生提供更加公平和透明的录取环境。

高考平行志愿录取的投档规则主要考虑考生填报志愿的优先级，录取分数线以及考生的总分和文化课成绩等因素。考生应该根据自己的实际情况，合理安排志愿顺序，并在填报志愿时选择适合自己的学校和专业。

6.20 征集志愿录取

什么是征集志愿？

在普通本科和专科的平行志愿投档录取过程中，考生将根据分数高低依次被投档。对于未完成招生计划的院校，不会进行额外的平行投档。一旦相应批次的第一阶段录取结束，未满额的招生计划将向社会公布，并启动第一轮"征集志愿"以补充录取。在这一阶段，仅对达到录取控制分数线的考生，按照成绩从高到低进行一轮平行投档，不进行额外的补充投档。

第一轮"征集志愿"补充录取完成后，若仍有院校未完成招生计划，剩余名额将在第二阶段录取（即第一轮"征集志愿"补充录取）结束后再次公布。这时，将启动第二轮"征集志愿"补充录取，其投档次数将根据招生计划的缺额数量和考生分布情况综合决定。

征集志愿的填报技巧：

1. 首先，考生需要确认自己是否已经被录取。如果考生的成绩达到了特定批次的录取分数线，并且已经提交了该批次的志愿，但最终未被录取，那么考生就有资格参加该批次的征集志愿环节。这一过程为未被初次录取的考生提供了额外的机会，以确保他们能够有机会进入心仪的院校。

2. 考生应迅速查询并填报缺额院校及其专业。征集志愿填报通常时间紧迫，一旦各批次开始征集，省级教育考试院会及时在官网发布参与征集的院校、专业及招生计划，并明确填报的起止时间。考生和家长需密切关注，确保在规定时间内完成志愿填报。逾期未报，将视为自动放弃征集机会。

3. 在选择学校和专业时，考生应根据自身实力做出合理选择，避免盲目追求热门高校。尽管一些参与征集志愿的优质学校颇具吸引力，但如果考生的分数不具备竞争力，录取机会将十分渺茫。特别是对于参与本科一批次征集志愿的考生，许多人因冲击名校而未能如愿。因此，建议考生在填报志愿时，综合考虑个人成绩、兴趣和职业规划，选择与自己实力相匹配的院校和专业。

4. 在填报志愿时，考生要注意拉开志愿梯度，同时注意结合体检结果、高校招生章程选择合适的学校和专业。

第七章

高考备考
——清北学子经验分享

7.1 语文备考经验

轻松突破 100+：我的语文备考经验分享

钟于（北京大学中文系）

【学子简介】

钟于，北京大学中文系大四在读，高考语文 141 分，荣获北京大学三好学生、北京大学优秀学生干部、北京市优秀大学生。

【分享正文】

从小学到初中再到高中，我的语文成绩一直名列前茅，作文也常被老师当作范文供同学们学习。这背后既源于我对文学的热爱，也得益于我在学习过程中自己摸索出了一套高效的学习方法。高中毕业后，我一直投身为学弟学妹们答疑解惑的一线，也在不同的学生身上看到了常见的学习误区。下面我将向大家分享高中语文学习的一些策略和应试技巧，希望能对大家有所助益。

学习策略——正确地记录、利用笔记

记笔记绝对不是照着教辅资料照葫芦画瓢，一股脑儿地誊抄，而应当边记边思考，针对不同的知识内容采用不同的记笔记方法。对老师对教材内文章的解读、赏析，我们需要在课本上进行同步勾画，并在对应段落旁进行批注，尤其关注老师分析的切入点，学习、模仿分析的思路比转写笔记更重要。而如果老师在讲解做题的技巧，或是系统性地梳理知识点，我们则需要用单独的笔记本进行记录。这一类的笔记应试性更强，是需要我们反复温习，常看常新的内容。

那如何做到常看常新呢？这需要我们把笔记本和平时做题时产生的错题结合起来。例如，在做小说阅读时没有发现某种手法，那么一定要在笔记本上找到对应概念的笔记，并在旁边标注，这样的手法在阅读

文本里会如何具体地呈现，看到什么样的文本或什么细节要提醒自己联想到该种手法。如此一来，笔记本既有理论知识，又有实际案例与个性化的错题，它的丰富程度和实用性会大大提升。

此外，我们在记录、利用笔记时，一定要清楚地认识到我们记笔记是为了更好地吸收和转化知识点，千万不能把学习目的本末倒置。有同学为了追求笔记的美观和工整度，会精心准备多种颜色的中性笔和荧光笔，记笔记时考虑色彩搭配，落笔前十分小心，生怕自己的莽撞会破坏了手中的"艺术品"，最后还会为笔记装点上在精品文具店挑选出的胶带、贴纸。且不谈这样一通操作下来，到底有多少内容记到了心里，光是完成这一系列步骤就已经占用了大量的时间。高中学习节奏本就紧张，我们应当尽可能地提高自己的学习效率。也有不少同学会得意于自己厚厚的笔记本、摘抄集，看着本册被自己一笔一画填满，成就感油然而生。对这些费尽心力写下的学习宝典，却将它们束之高阁，很少翻看，学习的最后变成了一场大型的自我感动。

学习策略——高效地积累

"不积跬步，无以至千里"，语文学科尤其注重长期的积累。高中阶段语文积累主要分为两个方面：一是文言基础的积累，二是作文素材的积累。

文言基础主要包括实词、虚词和句式。初高中教材中的文言文已经涵盖了绝大部分最基础的知识，因此，如果对文言文阅读束手无策，大部分文本都无法翻译理解，那么你需要做的就只有一件事，重新学一遍课内文言文。尤其是在新高考直接考查课内实词、虚词的大形势下，课内文言文的重要性不言而喻。对课内文言基础知识，切忌割裂地学习，而应当有意识地对学过的文言实词进行归纳总结。尽管市面上有大量的教辅资料在帮助我们完成这件事，但是"好记性不如烂笔头"，看他人总结的产物远没有自己动手梳理一遍印象深刻。此外，我们不要轻易放过日常作业、考试中出现的文言文，做到了就尽可能地把它"吃干抹尽"，"榨干"它所有的价值。遇到新的或者熟悉但不能快速准确说出意思的字词，一定要积累下来，并且尽可能积累完整的句子，以便后续复习时能够在语境中记忆。

作文素材积累需要我们单独准备一个活页本，以主题为单位进行积累。这一个作文素材积累本需要包括三个大的板块：可塑性强的素材、易模仿的语言和有深度的观点。首先是可塑性强的素材。我们所遇到的人物或事件的素材一定都可以适用于多个主题。因此，我们在积累时一定不要依赖于积累材料，简单地把某一个素材和一个特定的主题绑定在一起。积累过程中一定要发挥自己的主观能动性，尽自己所能从多个角度思考这个素材适用的主题。例如巴黎奥运会上中国健儿奋勇夺冠的素材，我们就可以将之与奋斗、青春、坚持、梦想、勇气、爱国、体育精神、大国自信等作文常考母题关联起来，达到记一个素材用多个主题的事半功倍的效果。其次是易模仿的语言。文采与理性兼备的议论语言往往都有一些共性，比如相同的句式结构、相似的表达角度、更准确生动的词语，而这些我们统统都能够借鉴模仿。要想提升自己的议论文语言，最高效的一个办法就是在积累好句的过程中进行仿句练习，就像小学时做的仿句题一样，用相同结构写不同主题，或是像备考英语作文一样，收集整理高级词语库并有意识地进行替换。最后是有深度的观点。"有深度"的评判标准也很简单，只要是你想不到就算有深度。积累他人的观点有助于提升我们自己的写作思维，在见识他人的观点的过程中逐渐丰富自己对事物的认知，我们才能逐渐变成一个有观点、有表达的写作者。

应试技巧——所有的"主观题"都是"客观题"

高考语文试卷的主观题分值比重远高于客观题，而对主观题，大多数同学常常会有一种无力感。具体表现在：文章的大致情节可以读懂，题目的设问也感觉很熟悉，答题过程中也尽可能地套用答题模板，但是最后六分的题目只能拿到四分，高不成低不就，一直无法突破自己的瓶颈。其实主观题拿不到高分，很大程度上源于我们答题没有章法。主观题虽然名为主观题，但是它们都有客观的评分标准和答题要点。如果我们仅仅因为是"主观"题便依着自己的性子进行个性化的表达，那么这样一个偏离命题者思维的答案注定是无法拿到高分的。因此，主观题提分的第一步是找到它的"客观"之处。

主观题的第一个"客观"体现在考查的知识点是客观的。真正的学子答完试题一定是心中有数、胸有成竹的，就和写完数学试卷一样，他能清楚地知道自己的答案能从阅卷老师手中拿到多少分。原因就在于，他可以准确地判断出每道题所考查的知识点究竟是什么。因此，我们需要培养读懂题目的能力，即能精准地抓取题干中的关键词，明确题目要求，定位与之相关的知识点。这既要求我们有信息提取的能力，也要求我们对基础知识掌握得足够熟练。以小说为例，题目问"作者塑造主人公形象时运用了哪些表现手法？请结合文本分析"，那么我们需要关注"人物形象""表现手法""结合文本"这样的关键词，并在大脑中迅速展开"塑造人物形象的方法"的知识框架，结合文本看看正面、侧面分别有怎样的描写，再明确具体的表现手法，然后整理答题语言。

主观题的第二个"客观"体现在答题要点是客观的。语文学科主观题一定要分点作答，并且将要点序号化。一方面，分点作答能体现出答案的层次性。不少同学的答案语言非常冗长，且有不少语义重复的部分。纵使辛辛苦苦地写了一大长串，也只能拿到那一个得分点的分数。因此，分点作答可以帮助我们理清答题的思路，将我们的答案分类整理，并提醒我们洗练语言。另一方面，分点作答便于阅卷老师寻找答案。"与人方便，与己方便"，工整度和美观度更高的卷面，清晰度和流畅度更高的答案，会更加便利阅卷老师的批改，正确答案更容易被阅卷老师找到。

应试技巧——以"不变"应"万变"

走向高考考场，需要同学们拿出以不变应万变的勇气与底气。这一份"不变"是不变的心态，即怀着一颗平常心参加考试。高考考场上没有那么多的超常发挥，反而有不少同学因为紧张焦虑而自乱阵脚，这时稳定展现出自己的真实水平就已经是一种超常发挥了。我们需要把高考当作平时的测验，相信平时的千锤百炼已经让我们拥有了可以笑对考试的信心与实力。大家不妨在拿到试卷后微笑着默念："你一定可以做到！这份试卷并不困难，只要胆大心细就一定可以拿到高分！"积极的心理暗示往往会带来令人意想不到的效果，越是重要的时刻，我们越需要积极的心理暗示来稳定心态，既不因畏惧高考而仰视，也不因狂妄自大而俯视，用最平和的心态来平视高考，才可能笑到最后。

这一份"不变"也是不改变已经形成的做题习惯。高考是在固定的时间内完成固定的题目，因此我们不要改变做题的顺序，也不要因题目的难易程度改变做题的时间。一定要牢记，超时就跳过，想不出来就不要死磕到底，切不可因小失大，以致后面本可以拿到分的题没有时间完成或者思考不充分。一切都遵循日常训练的节奏，因为在高考考场上，任何一个微小的改变都可能对心态造成巨大的波动，我们求稳不求新，方能行稳致远，稳中求胜。

7.2 数学备考经验

我和数学斗智斗勇的一段宝贵经历

刘嘉文（北京大学国际政治专业）

【学子简介】

刘嘉文，2020 年重庆考生，高考成绩 673 分（其中语文 141 分，数学 141 分，英语 145 分，文综 246 分），北京大学本硕连读，目前在读研一。本科获奖经历：北京大学三好学生、北京大学三等奖学金、廖凯原奖学金、未来奖学金等。

【分享正文】

写下这篇文章时，我已经研究生一年级，与高中生活已经隔开了一个完整的本科。然而，我与高中数学斗智斗勇的经历仍在我脑海中清晰放映。希望我的文章能够对大家有帮助。

在我读高中时，还是文理分科，没有自由选科一说。高一下学期，出于分数和兴趣的考量，我选择了文科，并顺利进入了文科实验班。对文科生来说，数学就是最大的敌人。那时候我们还没有"得语文者得天下"这个意识，只知道，文科生如果数学好，就会有很大的优势，甚至可以拉开几十分的差距。随着高一下分班后的第一次月考中 100 分出头的数学成绩的"一声炮响"，我正式拉开了"逆袭"的序幕——从被别人拉开几十分到反超别人几十分。

说是逆袭，其实更像是厚积薄发。

高一下到高二下这三个学期，我几乎把有空的时间都给了数学。一分努力，一分回报，我的数学成绩也从 100 分出头慢慢爬坡到 130 分并稳定在 130 分以上。高二下学期，经历了一段圆锥曲线和导数的压轴题魔鬼训练后，我开始能够考上 140 分。

经过高三的一轮复习后，在全市的第一次诊断考试中，我考了数学满分。虽然最后高考数学因为马虎算错了概率统计没有考到很理想的分数，但对比高一下学期的第一次月考成绩，也算是给了自己高中时期付出的努力一份交代。

回看我高中时期这段数学学习经历，有一些经验值得和大家分享。

首先，我在高一下给自己制订了一份"大战略"——高一、高二主攻大三科，高三拔高小三科。其实，我在高一上已经展现出了一些小三科上的学习天赋。刚上高中时，我一直认为自己应该选理科，因为主流观念还是认为理科更好就业，且身边的朋友也坚定要选择理科，所以高一上学期我花了很多心思学物理、化学，政治、历史、地理这三科就只是在课上听讲，课后完成作业，考前临时抱佛脚。然而，高一上学期的几次月考和期中、期末考试成绩中，我的政、史、地小三科都很不错（文综分数可以排到年级前几名），花费了很多时间学习的物理却只有 80 分出头（那时候满分是 110）。出于总成绩的考量，我最后选择了读文。果不其然，分科后的第一次月考我的小三科也仍然保持着平均分 90 分以上，所以那时，我大胆判断主三科是我高一、高二需要重点攻下的项目，而小三科先按部就班跟着老师，只需要额外配套一本课本练习册，保证有充足的刷题量即可。

在这样一份大战略下，我给自己制订了主三科总分 400 的目标，这意味着语文 120+ 分，数学 140+ 分，英语 140+ 分，我的语文基本能考 110 分左右，英语是我的强项科目，能稳定在 145 分左右，所以最大的敌人就是数学了。

其次，我分析了自己在数学学科上的薄弱点，逐步摸索到适合自己的学习方法。在主攻数学、重视语文、稳定英语、按部就班学习文综的大战略下，我将绝大多数的时间都花在了数学上。学习数学是场持久战，需要了解自己的薄弱点并一一攻克，更需要将整个高中数学体系脉络联通，搭建起属于自己的数学知识网络。通过大考小测试卷的分析，我发现我的基础知识总是存在漏洞，中难题做题思路不够清晰，难题上思维欠缺（很大原因是我做题少，见识少）。但我有一个优点是运算能力还不错，一是算得快，笔基本上能跟着脑子动；二是算得准，会的题基本不会出错。

了解了自己的优缺点后，我尝试了各种学习方法。对我来说，有质量的题海战术是最有效的。

第一，题不在多而在于精。我从小写作业就特别快，在高中时我也保持了高效的做题和利用碎片化时间完成作业的习惯，所以基本上晚自习之前我就能把作业写完，最晚不会超过第二节晚自习。所以那时候我有很多时间去刷课外题。高中时期的我基本上拥有市面上的各种资料——必刷题、一遍过、金考卷、天利三十八套、衡水金卷、小题狂做、五三……但我并不是都做。当我发现自己对某一类题思路不清晰、做不出来时，我就去翻课外资料，寻找同样考法的题，把这一类题目收集起来，研究出一个共通的解题思路。在这样精准的练习下，我逐步理顺了自己的做题思路。

第二，攻克难题贵在坚持。高二的圆锥曲线和导数是高考的两道压轴题，也是我初学时最为薄弱的板块，在数学老师的每日督促和我内心的不服气之下，我开启了每日两道压轴题的打卡。我也记不得坚持了多久，只是多了好几本厚厚的装满 A4 纸的抽杆夹。在这样的坚持下，我逐渐摸索出了各种压轴题题型的规律，见到新题也能很快想到一些解题思路。

第三，通过复盘题目查缺补漏，夯实基础。做完题目不整理等于白做，我把对我而言有启发的，能反应我知识缺漏的，涉及数学思想的题目都分类整理到了我的好题本上。每次考前我都会翻看我的好题本，这就是我的考试宝典。

第四，坚持限时训练，绝不死磕。我是一个非常注重高效的人，所以我的作业和刷题都会限时完成。在限定的时间里，我会尽可能完成足够多的题目，所以遇到难题实在想不出来时我会先跳过，如果别的题做完了还有时间，我会返回来再想。其实这和考试的道理是一样的，考高分就是在有限的时间内完成足够多的题目并且能够拿到分，如果在平时的作业和刷题中都坚持限时训练，那么在考试中就会更得心应手。

不管是什么策略，都贵在坚持。数学是一门非常考查综合能力和思维的学科，可以说是牵一发而动全身，缺了哪一个板块都不能考到理想的分数，所以我们要有充足的耐心去攻下它。

说到心态调整，我认为情绪发泄出来就不用压抑了。吃是我的舒适区，遇到压力我就想吃一顿好的。吃饱之后碳水上头，倒头大睡后起来，时间已然成了治愈挫折的良药。同时，成就感一直是我坚持的动力来源之一。一点小进步可以让我开心很久。

高考数学没有大家想象的那么难。事实上，你平时怎么考，高考就怎么考，没什么区别。所以大家要重视平时的大考小考，摸索出一套适合自己的考试策略，高考不过就是一场稍微重要一点的考试，平常心对待就好。

最后，我想告诉大家的是，每个人都有每个人的学习经验，摸索到最适合自己的学习方法并长久地坚持下去，一定会有回报。要相信，中学阶段是努力与回报一定会成正比的阶段。

7.3 英语备考经验

高考英语通关指南

秦鹭萌（北京大学元培学院）

【学子简介】

秦鹭萌，现就读于北京大学元培学院。来自北京，毕业于人大附中，高考总分699分，其中英语147分（满分150分）。获奖经历：北京大学三好学生。

【分享正文】

一、学习策略

1. 日积月累

英语学科的本质是一门外语，学习语言最为重要的就是打好"词汇"这个基础。如果词汇的基础没有打好，就想要准确地理解由无数个词构成的英语对话、文章，无疑是天方夜谭。无论是在我自己初高中的学习时，还是现在督导学弟学妹的过程中，我都将词语的积累作为英语学习的重中之重。

如何一以贯之、持之以恒地落实单词背诵的任务？很多学生都对英语词语感到非常头疼，较为普遍的问题是记过一两遍的单词，过段时间就会忘记了。这个问题实际上不难解决，而且我认为解决的唯一方法就是"重复"。艾宾浩斯遗忘曲线想必大家都有所耳闻，基于该科学道理，对普通人类的记忆力而言，对特定学习对象的学习过程如果只进行一遍、不再重复，那么遗忘是必然的结果。所以，背诵单词没有任何捷径，"聪明人要用笨办法"，我推荐给所有人的方法就是拿一个手掌大小的积累本，记下来自己不熟悉的单词或短语，并在每一天利用碎片时间翻阅、记忆。而且，在积累时我也有三点建议，可以让记忆的效率变得更高。

第一，词块记忆法，也就是对每一个生词赋予一个仅由几个单词构成的短语，形成一个该单词使用的范例。这样做的好处是不仅能够更快速地记住单词（因为形成了具体的能够放在语境中的例子），同时也能记住这个单词的用法。例如，我高中时在背诵3500词时，遇到"ample"（adj. 充足的）这个词，在牛

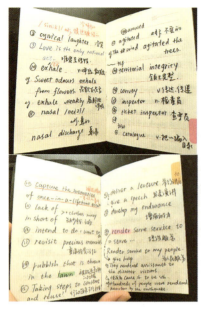

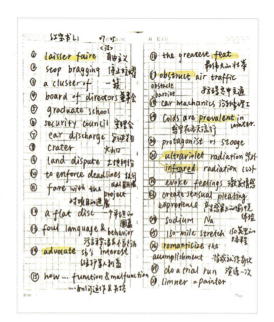

高中时期的积累本　　　　　　　　　　　高中时期的积累本

津词典中查到了例句中 "ample supply of water" 这个用法，就将这个词组记了下来，而不断地重复复习也让我永远记住了这个单词以及这个词组，对这个单词的理解就多了一个语境，更能得心应手地运用这个单词。

第二，近义词集体记忆法，也就是在记一些形容词、动词时，可以留意思考一下这个词是否有已经了解过的近义词。比如记忆 abandon（v. 放弃、遗弃）时，可以联想 give up、quit、forsake、derelict 等词，记忆 essential（adj. 重要的）时，可以联想 crucial、important、key、significant、vital、momentous 等意思相近的词，把它们作为一个"家族"去记忆，这样不仅有利于解决单个单词记不住的问题，也可以在写作时进行同义替换，丰富语言表达。

第三，形成个性化易混淆词库，在发现自己觉得某几个词特别像、分不清时，一定要及时记录下来，着重记忆。比如有学生 royal 和 loyal 分不清，就可以把它们写在一起，每天重点翻看，强化自己的记忆。

2. 塑造英语环境

学一门语言最好的方法实际上是将自己置身于相应的语言环境。根据这一原则，即使我们没有在英语国家生活的条件，也可以尽可能给自己塑造一个英语的"微环境"。我们可以将喜欢的娱乐活动替换成英文：如果你喜欢听音乐，不妨关注一下欧美近期流行的歌曲；如果你喜欢追剧或看电影，不妨挑几部经典的美剧或好莱坞大片作为学习之外的调剂；如果你是个篮球迷，不妨多关注美国 NBA 的赛事，并在关注时努力找些英文媒体的解说和报道……兴趣是最好的老师，当你找到自己喜欢的方式，就能自然而然地有欲望去接触，进而熟悉、运用这门语言。最重要的是，在接触的过程中一定要有学习的意识。换言之，在关注内容的同时，也要有意识地留意遇到的生词、短语，落实好上文提到的最重要的英语学习策略——"积累"，如此将两个策略结合起来，英语学习必然能够事半功倍。

随处可见的英语学习素材

除此之外，即使我们生活在中国，细心观察就能发现生活中的各个角落里都有英语的影子：公共交通工具上的标志、各类产品（尤其是进口产品）的说明书等，也都是学习英语的素材和资源。所以，生活中不缺少英语，只是缺少善于发现英语的眼睛。而且，非常鼓励想要锻炼自己听力和口语的同学，找到一个"英语对话搭子"，约定日常的交流尽可能使用英语，这样也能增加自己使用英语的机会、塑造自己的语言"微环境"。

二、应试技巧

本部分我将按照英语试卷的题型分别给出一些答题技巧和应试方法，供各位读者参考。

1. 完形填空

完形填空考前需要注意多花时间在熟词生义的积累上，比如 change 有"零钱"的含义、coin 有"创造"的含义等，这些都可以在平时有意识地去积累。

此外，鉴于完形填空不仅考查阅读理解的能力，还同样考查大家对上下文的把握，所以做题时建议使用"箭头标注法"，每一道通过上下文判断得出的题目，都应当用箭头将答题依据标注出来，来提醒自己关注上下文的关系。

2. 阅读

首先，阅读的答题顺序上，我推荐大家运用"平行阅读法"。这种方法，具体而言就是需要先看第一道题目的问题和选项，带着这个题目再从文章开头开始阅读，读到找到这道题的选项依据、选出答案之后，再看下一道题目，并再接着刚才停止阅读的地方开始阅读文章，直到找到这道题的答案，以此类推。高考题以及大家平时做的所有练习题基本上题目从前到后的顺序都能和文章的顺序对应上，这种方法是我多年实践下来最有效率的一种做英语阅读题的方法。

其次，阅读板块可以分为细节题、目的题、主旨题和标题题等，我想要强调的是细节题务必做到"有依有据"，在解所有考查细节的题目时，都应当养成在文章中用横线明确标注出选项出处和判断依据的习

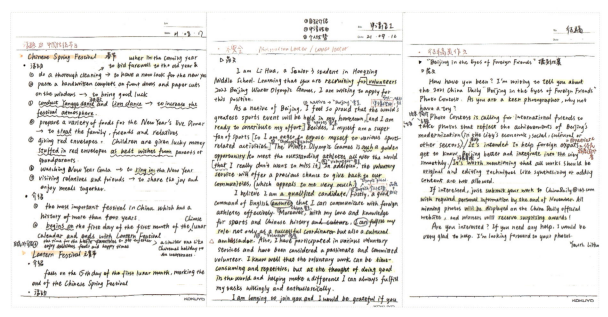

高中时期的积累本

惯。贯彻落实这个习惯将会对提高细节题正确率有相当好的效果。

对作者写作目的题和主旨大意题，我认为最重要的是要把自己带入作者的角色中去，思考一下"如果我是作者，我写这个部分或这篇文章是为了什么"。读文章不仅要"read the lines"，也就是理解词句表达的字面意思，还要"read between the lines"，也就是结合上下文的语境理解每一个句子，更要"read beyond the lines"，做到跳脱出词句本身，思考这样的词句产生的作者意图，甚至结合时代背景对文章进行综合理解。

3. 写作

在平时学习时，要注意分门别类整理句式、语言和写作素材，而到了考前复习时，最重要的事情就是对这些平时整理的素材进行集中记忆和背诵。

英语考试前重点复习的内容其实就是上文提到的积累本、作文素材本和错题本（对除作文之外的其他板块所有错过的题目都进行集中的整理和反思），做好作文素材本，就能打下英语写作的基石。

4. 听力

提升听力最好的方法就是多听。而对高考听力来说，如果这一板块较为薄弱，可以进行针对性的听力训练：拿到一篇高考听力，最开始不看原文听一遍并做题；第二遍看着听力原文文本判断自己到底在哪里卡住没听到，并进行标注，第三遍不看听力原文，而是跟着听力音频的速度错位一两秒做"影子跟读"，跟读几遍直到能够完整地跟读下来为止。这不仅能够提高听力，也能锻炼口语。

5. 制作个性化的考前提醒

我推荐大家对包括英语在内的每一个科目制作"考前提醒"，在每次考试复习时将此次考试全流程需要提醒自己的注意事项集中记录在一张纸上，比如语法填空应当注意三单、阅读时应当注意"字里行间"和"字面之外"的含义等。

我的高考考前提醒节选（电子版/纸质版皆可）

相信不少同学都有过在考场上前面的题目做得比较慢导致写不完作文，或作文时间非常紧张的经历，这种时间分配问题实际上是可以通过在考前提醒中提醒自己做题顺序来解决的。在写考前提醒的过程中，我们可以思考考试时每道题最多能够分配多长时间，比如明确写出"做完阅读 D 篇应该还剩下至少 45 分钟"；更具体而言，也可以对每一部分的做题时长都设定一个"底线时间"，以此来规范自己的做题节奏，防止前面题目难度大而导致的时间安排混乱的问题。

三、心态调整

我们都应该端正面对练习与考试的心态：高考前做的每一道练习题、经历的每一场考试，都是"发现和弥补漏洞"的机会。有了这样的觉悟，面对高考前犯的每一次错就都能够坦然、从容甚至开心愉快地应对，对分数、排名都淡然处之——因为你明白，高考前暴露而又得以弥补的漏洞越多，你的知识经验网就越密，高考考场上这张网就越能够自如地抵挡一切迎面而来的困难。如果自始至终都抱着"发现漏洞弥补漏洞"的心态，就不再会被局限在"分数""排名"之中，保持一个积极良好的状态。

犹记得一模后，面对自己几近"千疮百孔"的知识体系，起初崩溃了好一阵子。但后来又想到其实一模并不是终点，于是捡起碎了一地的心，立刻拿起试卷进行反思和复盘，决定要在高考前把所有发现的漏洞都补上。这种积极的、不卑不亢的心态使我在一模"滑铁卢"之后仍能葆有充分的斗志和动力去完成好每一项学习任务，实现了二模、三模和高考的稳定发挥，最终如愿以偿，考进北大。

四、高考答题经验

我最重要的经验就是两点：稳住做题节奏、稳住考场心态。

首先，心态问题上文提到过，高考是最重要的一次考试，因而前面的所有考试都是为了高考来发现漏洞、弥补漏洞；但是真正到了高考的考场，我们也不能给自己过大的心理压力，抱着"尽人事听天命"的心态，因为之前做了所有能做的"弥补漏洞"的努力，所以应当信心满满地去迎接所有挑战。并且，要知道，高考不过是人生道路上一个小小的节点，一场考试不会真正改变一个人的命运，只有持续努力的态度和积极向上的人生心态才会。

其次，答题节奏很重要，而且不能只在高考前进行自己做题节奏的规划，而应当在高考前的每一次考试的实践之中逐渐形成适合自己的答题节奏。印象中，我的英语考试流程大概是：考前 5 分钟审应用文、语法填空题目；开考后，按照语法填空→完形填空→阅读理解 ABCD →涂卡→七选五→阅读表达→应用文这个顺序进行作答，这是我高三一整年考试都在贯彻的答题节奏，所以在高考时操作起来非常得心应手。当然，每个省份的高考题型不同，大家可以根据具体情况灵活参考。而且，因为英语学科选择题很多，大家一定要养成及时涂卡（选择题全部涂卡后再写作文）、检查涂卡的好习惯，避免在不该丢分的地方丢分。

最后，送给大家几句英文名言（藏头 English），为大家保驾护航！

Every dog has his day, and every man has his hour.

Nothing is difficult to a man who will try!

Good beginning is half done.

Let things take their course.

If you don't aim high, you will never hit high.

Strike while the iron is hot.

He can who believe he can.

祝愿所有读到这里的同学都能早日取得自己理想的英语成绩！

7.4 物理备考经验

物理学习策略与高考实战技巧

陈子悦（北京大学物理学院 2021 级本科生）

【学子简介】

陈子悦，北京大学物理学院 2021 级本科生。2021 年参加湖南省高考并取得了 684 分的成绩，其中理三科：物理 90 分、化学 97 分、生物 98 分。高中毕业于湖南省长郡中学，曾取得物理竞赛湖南省一等奖，最终高考裸分考入北京大学物理学院。

陈子悦在高考后参加过一些高考经验的交流与分享，对物理学科的学习有一定的辅导经验。

【分享正文】

刷题策略（练习策略）

物理绝对是一门需要大量刷题的科目，但绝对不是盲目的题海战术，在备考的不同阶段有不同的刷题策略。

可以将用来刷题的资料分为三大类。适合初学者的同步教辅资料，这类资料会深入课本的每一章每一节，仔细地挖掘知识点，但题目所包含的知识点较为单一；用于复习阶段的分专题的教辅资料，这类资料包含的题目难度有明显的提升，解题需用到的知识点也更多；用于适应考试节奏或查漏补缺的模拟卷，综合性强，要带着明确的目的去做。

当然，并不是一定要额外购买教辅资料，因为学校在各阶段发放的练习册或复习资料也能起到同样的效果。但无论是哪一种教辅资料，一本合格的教辅一定要满足一个条件，那就是要配备有完整清晰的解题思路。

对高一、高二还没上完新课的同学来说，可以选择一本同步的教辅跟随老师上课进度进行刷题或根据自身情况适当进行超前学习。这是刷题的第一阶段，本阶段的主要目标是对高中物理所涉及的内容有一个整体的把握。因为是同步教辅，对每一章每一节可能涉及的知识点和题型都有详细的讲解，这些知识点在分专题和套卷类教辅中可能有所不全，但高考又有可能会涉及，所以与教材同步的刷题过程是必不可少的，假如跳过这一步很有可能会遗漏某些知识点。

对上完新课的同学，下一步就是开始分专题的训练，这一步将帮助同学们将看似零碎的知识点有效地结合到一起，加深对物理学科的理解。比如匀速直线运动、圆周运动和抛体运动都是运动学的内容，牛顿第二定律和能量动量方法都是处理动力学问题的方法。虽然在刚开始专题练习时会感到难度大增，但啃下来后对某个板块的内容会大有裨益。

最后是套卷的练习。它有三个目的：查漏补缺、练习整体做题节奏和做题技巧。因为套卷的综合性很强，覆盖面很广，一般通过一两套练习就可以快速找到自己知识体系的漏洞。

可以先不限制时间来做考试试卷，如果发现自己不会的题目是由于思路不清晰、知识点掌握不牢导致的，这就是查到漏洞了，接下来可以暂停套卷的练习，开始补上这个漏洞，也就是针对这个知识点回到第一、第二阶段的刷题。千万不要盲目地在做套卷时发现一堆问题而不解决，也要积极克服畏难情绪，就算花上一整天来啃一块硬骨头，反复思考、琢磨某一类自己不熟练的题目直到掌握也比反复做自己已经会的题目更有价值。

如果在不限制时间来做试卷的过程中发现除了个别难题实在没有思路或计算过于复杂而没有足够的精力去完成计算，那就可以进入练习整体做题节奏和做题技巧的阶段。

因为物理考试的时间比较紧迫，所以做到"这题我会"是远远不够的。

节奏是一方面，比如选择题最后一道难题或者实验题的最后一空，抑或是多选题没选全，当这些题目严重影响我们做题节奏（挤占之后题目的时间）时，要有战略性放弃的勇气。

技巧是另一方面，而技巧又可以分为两种。一种是计算技巧，比如在演算时保留字母代数，合并同类项，通分技巧和量纲（单位）观察等，可以大大加速我们列出式子后演算的速度。另一种是小结论的记忆，比如碰撞前后物体的速度，碰撞过程中恢复系数的应用和圆周运动中各种临界速度。

虽然这些结论在考试时进行推导也并不困难，但一个小结论就能省下几十秒乃至几分钟，再加上这些常用的结论几乎每一套卷子上都会出现不止一次，积少成多，为什么要拒绝用平日里的几分钟来交换紧迫的物理考试中的几分钟呢？

拿我自身举例子，在物理竞赛成绩不尽理想回归高考后，为了挤出时间去复习其他的科目，我理所当然地减少了在物理学科上投入的时间——或者说，完全不在物理上投入时间。结果就是平时的物理考试动辄只有六七十分，但在进行一定的套卷练习后，我认真地背诵了一些曾经不屑一顾的二级结论，也慢慢找到了高考物理卷子的做题节奏，在试卷难度有增无减的情况下连着很多次取得物理模考满分。难道说我不会做高考题吗？肯定会做，拿不到高分就是因为缺少针对整套试卷的练习。

对那些卡在七八十分而且感觉自己题目都"会做"的同学，加强套卷练习一定是你们突破分数瓶颈的不二法门。

U0583471

清末民初的
「问题」与「主义」

何卓恩 —— 著

九 州 出 版 社 JIUZHOUPRESS｜全国百佳图书出版单位

图书在版编目（CIP）数据

清末民初的"问题"与"主义" / 何卓恩著.
北京 ： 九州出版社， 2025. 5. -- ISBN 978-7-5225
-3795-5

Ⅰ. B250.5

中国国家版本馆CIP数据核字第20255JW690号

清末民初的"问题"与"主义"

作　　者	何卓恩　著
责任编辑	周弘博
出版发行	九州出版社
地　　址	北京市西城区阜外大街甲 35 号 (100037)
发行电话	(010)68992190/3/5/6
网　　址	www.jiuzhoupress.com
印　　刷	鑫艺佳利（天津）印刷有限公司
开　　本	880 毫米 ×1230 毫米　32 开
印　　张	21
字　　数	507 千字
版　　次	2025 年 8 月第 1 版
印　　次	2025 年 8 月第 1 次印刷
书　　号	ISBN 978-7-5225-3795-5
定　　价	95.00 元

自　序

　　历史学的任务，要在廓清历史迷雾、复原历史真相，但这还不够，历史学还有探索历史走向的责任，司马太史"究天人之际，通古今之变，成一家之言"的理想并不真会因为近代学术分工而解构。

　　人类生命在互动中形成群体，在群体中扩张理性，在理性中建构和发展文明，这便是人类历史的进程。这个过程充满了各种复杂的变量。其中影响深剧的，可以用四个"li"来描述：利、力、礼、理。"利"是经济性的，物质利益和物质利益的最大化，是人类历史最原始的动能，也是最稳固的驱动杆；"力"主要指政治层面上的社会阶层、人群组织及其共同体权势竞争格局，是影响历史走向最直接的力量；"礼"泛指特定的传统价值观和社会文化基础,是制约社会竞争和历史运动的看不见的手;"理"即身处社会运动前沿的思想者集合各方信息经过慎密思考提出的社会变革新设想,开拓未来、引导社会运动走向的新型思想理论,是社会历史革故鼎新的明灯。哲学家对这些因素的作用有不同的评估,提出过经济决定论、政治决定论(英雄决定论、阶级决定论)、文化决定论、思想决定论等各种历史决定论。

历史学家不会轻易苟同任何一种单因素历史决定论,而从具体、生动的历史情境中,洞察到历史的动态合力机制。历史是利、力、礼、理共同作用的结果,这种共同作用既包括这些不同因素的联动,也包括这些因素各自内部不同选项的博弈。不同的阶段利、力、礼、理及其各自内部成分之作用的轻重主次各有不同,形成社会运动的交响曲。唯其如此,对不同时段、不同族群、不同阶层的历史,进行多向度的考察,都有价值;分别从经济、政治、文化、思想的视角去观察历史运动的影响因素,也十分必要。其中思想视角的历史观察,就是所谓思想史研究。思想史研究观察历史运动中的思想因素,却并不否认其他因素的历史动能。

近代中国思想史当然以研究"近代中国"的"思想"(思想界、思想文本、社会思潮)为范围。所谓"近代中国",可以有各种不同的界定,民国时期曾经划界在1840—1911年间,新中国成立后很长时间设定为1840—1919年,都带有浓厚的党派色彩。随着社会史的兴起和史学观念的发展,学界对于近代中国的上限和下限都进行了延伸性探索,出现了嘉道年间、明清之际、宋代等不同的上限说,1949年、迄今为止、民族复兴实现等不同的下限说。目前比较通行的界域是1840—1949年间,学者根据学术需要上下各自有所延展,也为学界所接受。

近代中国思想研究属于历史研究的范畴，当然不可能将"中华民族复兴"这个将来完成时纳入研究，也尽量不将"迄今为止"中的现在进行时作为观察重点，而是主要着眼于有一定时间距离（比如五十年左右）的思想现象。"近代中国思想"如同很多重要概念一样，有广义和狭义之分。广义的"近代中国思想"实际上就是"在近代中国存在的思想"，包括传统中国思想在近代的延伸和近代中国新出现的思想，它的边界与"近代中国"相同。而狭义的"近代中国思想"则特指"中国的近代思想"，即近代中国新出现的应对新的时代问题的思想，这种新思想的出现有其客观标准，即思想界的时代觉悟和思想的问题取向。应该说，狭义的"近代中国思想"才真正代表中国思想史的近代篇章。

近代中国思想界意识到时代的巨变，并不是从1840年鸦片战争开始，更不是在此之前的任何时期。所以从思想史的角度看，尽管明清之际甚至宋代就有了某些"近代性"的思想要素，却并不真正构成近代思想。近代思想发生于近代，却迟缓于近代政治，因为"存在"总是先于"意识"。近代政治，特别是国际政治，可以说在1793年英国马嘎尔尼使团来华为乾隆祝寿请求平等通商遇阻时就开始了，只不过中间有一个酝酿期，到了1840年清廷查禁英商非法鸦片贸易而爆发激烈冲突，从此进入中国"求平等而不得"的列强欺凌时代。但这个时候，固然出现了魏源"以夷攻夷""以夷款夷""师夷长技以制夷"的应对策略，中国有文化的精英阶层还普遍没有觉察到这是一个不同于以往历朝历代的新时代，没有去系统思考如何生存于这个列强激烈竞争的世界。直到二十年之后，中外战端又起，真实的"世界"才被政学两界精英所发现，这便是19世纪60年代开始出现的"数千年未有之奇变"论。与之相联系,正面应对新时代的新思想开始批量出炉。这便是近代中国思想的发端。

近代中国思想发端以后,便一发不可收,沿着今人称为"世界化""现代化"的方向向前推演。这个过程中,世界也在发生着巨大的变化,这种变化也影响到近代中国思想的变迁。大体来说,近代中国思想的演变轨迹可以描述为:从"常""变"之争到"主义"之辩。

所谓"常""变"之争,主要指"数千年未有之奇变"觉悟的出现,到五四学生运动发生,这之间大致六十年内中国思想界展开的数次守常与求变的意见纷争。这包括1860—1895年间洋务思想的出现,及洋务派与清流派之间发生的要不要"师夷长技"的论争;1895—1915年间君主立宪、革命共和思想的成潮,及君宪派与洋务派之间发生的要不要变政改制的论争,革命派与君宪派之间发生的如何变政、改何种制的论争;1915—1919年间新文化思潮的勃兴,及西化派与新传统派之间发生的革故鼎新还是推陈出新的思想论争。用梁启超的话说,这三个阶段,代表了中国思想界的从"器物上的觉悟",到"制度上的觉悟",再到"文化上的觉悟"。虽然有由浅入深的推进,基本走向上却是一致的,这便是"惟泰西是效"。

所谓"主义"之辩,主要指五四学生运动之后,各种社会政治势力各举"主义"大旗,谋求对中国政治和社会进行系统而全面改造,而形成"百家争鸣"之局。其中最为显著的"主义"竞争,发生在1919—1978年之间,大致也是六十年,包括1919—1927年间开放性的"主义"争鸣;1927—1949年间以民族主义为核心的三民主义意识形态下各种"主义"的起伏与合纵连横;

1949—1978 年间以共产主义为目标的社会主义意识形态对其他
"主义"的全面斗争。这三个阶段中，居于主导地位的走向是"超
越西方"，所不同的，有的是道德理想主义的超越，有的是政治
理想主义的超越，有的是政治理想主义与道德理想主义结合在一
起的超越。这显然与中国思想界对欧战的观察和反思有关，也与
欧战后世界的分裂分不开。在这种新的世界格局和新的思想潮流
下，继续秉持"惟泰西是效"的思想逐渐被边缘化，而共产主义
因其最强大的超越性，越来越居于主导地位。

　　当然，这不是说共产主义意识形态的全面胜利就是"主义"
之辩的终点。思想的演变正如历史的发展，充满各种复杂性。共
产主义在中国的全面胜利与教条化趋势同时存在，导致中国社会
主义革命和建设遇到很多脱离实际的困难，1978 年底中国共产党
十一届三中全会号召全国人民"解放思想，实事求是，团结一致
向前看"，开启了改革开放的历史进程。在思想理论上，迈开了
从教条化马克思主义到中国特色社会主义转型的步伐。中国特色
社会主义展现了极大的思想张力，将民族主义的"富强""爱国"
等价值、自由主义的"自由""民主""法治""文明"等价值，
文化保守主义的"和谐""敬业""诚信""友善"等价值，经过
社会主义内涵的赋予，与社会主义本有的"公正""平等"等价
值融合在一起，形成足以"团结一致向前看"的思想魅力。同时，
通过"社会主义初级阶段"理论论述，在社会文化层面，重新允
许"新儒家""新左派""新自由主义"等多元思想形态在不干扰
主流意识形态的前提下自由存在。另一方面，在尚未实现完全统
一的台湾地区，并没有经历共产主义思想的洗礼，其民族主义为
核心的三民主义持续发生主导作用凡三十年，随后向民权主义为

核心转变；而其社会层面则始终伴随着自由主义，以及与自由主义结合的其他社会思潮的争竞。

从"常""变"之争一甲子到"主义"之辩的一甲子，思想冲撞最激烈的时候大约是 19 世纪 90 年代中后期到 20 世纪 20 年代中后期的三十年之间，也就是学界常说的"清末民初"，或者"中国思想的转型时期"。这个时期包括关乎变法与革命、新文化与旧文化的诸多"常""变"问题，也包括各种彻底改造中国"主义"的形成和自由鸣放，是近代中国思想流变的关键区段，极具观察价值。本书所讨论的便是发生在这个区间的思想史。

本书的内容，实际上是我个人从事近代中国思想史教学和研究以来所关心的一些议题，大多数在相关学术会议讨论过。也有个别议题是与我的老师或我的学生共同探讨的。用"问题"与"主义"来概括这些内容，固然借用了五四运动时期那场著名论争的用语，实际上并不意味着要对那场已经讨论很透彻的论争进行重新认识，而是强调五四运动之前"惟泰西是效"下思想努力的具体性，和五四运动之后"超越西方"思想设计的全局性。

何卓恩
2025 年于武昌

目　录

1

绪 论

世界一体化时代之开辟与中西文化冲突
——中国近代文化运动的研究方法探讨 *

自从先秦诸子确立中华文化的基本取向，尤其是汉代开始采取罢黜百家、独尊儒术的文化政策以来，中国文化的基本结构一直保持高度的稳定性，中国历代学人所关注的问题也未发生大的变更。这期间，中外文化也有比较多的接触，但在鸦片战争以前，中国文化没有受到过真正的挑战。

1840 年的鸦片战争改变了中国历史，也改变了中华文化的正常延续。此后的中国学人，在一种与先人全然不同的时境下，开始对中华民族和中华文化的未来作出新的思考。由于社会生活布景的复杂化，中国近代文化运动呈现出极大的复杂性。

一、中国近代文化运动的复杂性

问题的复杂性。鸦片战争以后，一系列被强加的不平等条约，

---

* 本文原载《武汉交通科技大学学报》哲学社会科学版 2000 年第 1 期。

以及它们引起的各种连锁反应，使中华民族的尊严、利益、社会生活秩序遭受严重损害和侵扰，把中国人民逼向了痛苦的深渊。这就给知识分子提出了很多的根本性的问题。诸如，强敌当前，当务之急是保种（以民族为根），还是保教（以民族传统为根）？是图存（救亡）为先，还是图兴（强国富民）为先？如此深刻的文化冲突，究竟是中西（民族差异）问题，还是古今（时代差异）问题？

方案的复杂性。着眼于不同的问题，自然会产生不同的结论，提出不同的救世方案。在近代中国文化运动中，救世方案的数量几乎等于思想者的数量。任何可能提出的命题，无一遗漏地被现实地提了出来。从大的方面来说，这些方案涉及中华文化是转轨（全面转轨还是部分转轨，转向哪里，怎样转，各有主张），还是不转轨（守成还是开新，有所不同）？解决中国文化问题需要革命（谁来革命，怎样革命，革谁的命，各有主张），还是不需要革命（维持传统体制还是改良，有所不同）？对待外来者是仇之灭之，还是容之师之？以什么救国（农业、工业、商业、教育、科学，还是军事，各有主张）？以什么立国（实业、民权，还是道德，各有主张）？需要强有力的政府（人治政府还是法治政府有所不同），还是不需要政府（无政府主义内部主张也不尽相同）？

参与主体的复杂性。关心中国命运和中国文化前途的，当然不只是知识分子。但由于知识分子社会职能的特殊性，以及他们"为天地立德、为生民立命"的高度社会责任感，近代中国文化运动的参与主体无疑是知识分子。不过近代中国知识分子在结构上存在很大的差异。首先是新旧之分。五四运动以前，文化运动以旧式士大夫为主，之后以新式知识分子为主。旧式士大夫又有在朝、在野之别，在野者比在朝者显得激进，比如在朝的洋务派就显然比在野的早期改良派保守。新式知识分子也有"土""洋"之别，"土"者一般更多地考虑到"国情"（注意"中国化"），"洋"者一般更多地执着于"样板"（或以英美为师，或以德日为师，或以苏俄为师，追求"原汁原味"）。

运动方式的复杂性。中国近代文化运动展开的方式也很复杂。由于文化冲突与民族生存危机相伴，这就决定了不可能有一个充分学理化的、心平气和的文化运动过程。总的说来，展开的方式是文与武交替，学理与功利并存。五四前的中国社会，发生过洋务派与顽固派的论争、维新派与洋务派的论争、革命派与维新派的论争，但没有一场论争从学理上，从深入民心的深度上和广度上，真正地解决了中国文化的前途问题。每次论争都是主导者方面稍占优势便为时势所迫不得不仓促"行动"。而行动的失败，又总是以累加的形式把问题留给了后继的思想者。民初新文化运动是一次相当自觉、相当激进的文化运动，运动健将们从一开始就力图把这次运动开展为纯粹的思想运动，这实在难能可贵。可是运动的结果，仍然是未获全功而收兵。帝国主义和军阀政权终于还是迫使他们走上了"行动"的，也就是革命的路。此后的三十年，虽文化之争从未断绝，然总体说来，批判的武器已经让位于武器的批判。

二、研究和评判的一般方法

中国近代文化运动，形态上虽纷繁复杂，本质上却可以归结为中西文化之冲突。研究和评判中国近代文化运动，最重要的是要确立一个合理观察中西文化的视角。

就世界范围而言，关于文化性质的认知，尚在深入探讨之中。到目前为止，主导我国文化学研究的基本认知可以表达为：文化既有时代性，又有民族性。在不同的场合，"时代性"有时被替代为"历时性""普世性"，"民族性"有时被替代为"共时性""独特性"。应该说，清醒地认识到文化有双重性，这是我们认识上的一大飞跃，不仅有利于纠正那种跷跷板式的极端思维方式，而且，对于我国近代以来纷繁复杂的文化理论模式，也具有一定的批判力。无疑，"文化＝时代性＋民族性"公式在批评"文化＝民族性"或"文化＝时代性"的单向度文化理念中显示了逻辑上的优越性。

但是，这一公式的合理性，还远未达到可以得心应手地解读近代中国思想史的程度，因为它存在两大局限。

针对性局限。从近代文化运动的实际展开之情形看，绝大多数学人和实践家，不是没有体悟到文化的双重性质，然而，他们的结论却可以是决然对立的。梁漱溟和胡适就是典型的例子。一般人认为，梁漱溟与胡适是两种极端认识的代表者。一个只承认文化的民族性，而根本否认文化的时代性；一个只承认文化的时代性，而根本否认文化的民族性。其实，事实并非如此。梁漱溟一面说不同的意欲向度发生不同的文化，一面讲人类文化有依次更替的三个时期，而且把两者联系起来，言之成理。胡适在把中西文化描述成古今文化的同时，也承认它们是"两种不同的文化"。可见，问题在于时代性和民族性的内涵怎么理解？时代性和民族性的关系怎么处理？因此单纯以这一公式看问题，不可能深刻、准确地揭示近代文化现象和文化思潮的本质。

学理性局限。这种算术相加的范式，没有令人信服地从学理上说明时代性和民族性是如何统一的。何以中国没有自动步入现代社会？中国能否按照自身逻辑步入现代社会？何以世界上林林总总的民族文化现在都几乎在同一个时段追求着"现代化"的目标？这个"现代社会""现代化"真义何在？"现代社会""现代化"是否就绝对优于这些民族自己的传统生活方式？诸如此类一些较深层次的问题，它很难回答。总之，这一公式不足以完满地诠释中国历史和世界历史之关联，对于相对主义和进化主义的文化理论，既不能证实，也不能证伪。

文化运动的价值分析需要文化定理，但文化定理的框架只有与具体的历史丰富性相结合才会具有生命力。包括保存国粹、全盘西化等在内的众多文化论调，是近代中国和世界历史特殊变迁的产物，离开了具体的"历史特性"，任何批评都只能"隔靴搔痒"，唯其从历史特性着眼，才能中肯地作出评价。这个历史特性就是"世界一体化时代"的出现。

三、世界一体化视角——逻辑与历史相结合的方法

中国近代社会的出现不是一个个别的历史事件，也不是中国历史自身发展的结果，它深深地植根于世界历史的变迁。我们把18世纪后世界历史发生重大变迁的这个时代称为"世界一体化时代"。

文化视野之"世界一体化"，不完全等同于政治理念或经济理念之"世界一体化"，前者是广义的，后者是狭义的。

15世纪以前的历史，是民族的历史 15世纪新航路开辟以后，世界历史才真正开始。在民族史时代，文化的时代性以民族性为

依托，表现为民族文化的时代性。各民族文化进化的快慢有别，方向也不尽相同，在漫长的岁月里彼此独立，自行发展，中西文化的不同，性质上属于"文化差异"。18世纪启蒙运动使以个人功利主义为基本取向的西方文化走出中世纪，进入自己的现代历史。工业化的成长使西方民族很快走上了殖民主义的道路，经过一系列血与火的过程，原来彼此孤立的民族生活遂被"捆"在了一起。也就是说，西方民族"由于一切生产工具的迅速改进，由于交通的极其便利"，通过征服和廉价的商品输出，"按照自己的面貌，为自己创造出一个世界"（马克思语）。血与火的惨烈，一方面激发了被压迫民族对西洋人的仇恨和对西方文化的敌意，另一方面又结束了各民族按自身逻辑发展的状态，迫使这些民族不得不放弃原有生活方式的延续性，主动以西人为师，接受西方"新文化"，走"师夷制夷"的路子。这时，中西文化的不同，在性质上开始发生变化，由"差异"转化为"差距"。所以，世界一体化时代的开辟实际上是文化民族性与时代性统一的一种特殊历史形态。

世界一体化时代有它自己的运作规律和自己的特性。首先它是不可逆的。它只会从外在的阶段不断深入到内在的阶段，而决不会回到民族分割生存的时代。一厢情愿"保存国粹"，幻想回到过去是徒劳的。今天，"地球村"概念的出现已经提醒人们，世界一体化的内在期即将到来。

其次它是不平衡的。它使本来各具特色、无所谓优劣的民族文化，分化成不平等的主流文化（迄今为止，西方文化居主流地位）和非主流文化。"落后"民族受强势民族打压（前期是极其野蛮的打压），方方面面处于劣势，传统方式反抗的努力每每悲壮地破产。

再次它是充满变数的。同是主流文化，也可能分解成多种文化模式。20世纪初出现了三种各具特色的西方文化模式：英美式、德意式、苏俄式，它们之间既体现一致，又体现斗争。非主流的各种文化也都在变化，既有成功的变化，又有失败的变化。

最后它是机会均等的。一旦整合传统，与主流文化接轨，"落后"的民族也会成为"先进"，在世界舞台上发挥重要作用，并取得共创新文化的资格。

分析中国近代思想和文化运动，不能脱离世界一体化时代出现这个根本的语境。只有以这一语境为窗口，从世界一体化时代的内在特性出发，才能将文化进化论和文化相对主义内在地统一起来，将文化的民族性与时代性、逻辑性与历史性有机地结合起来，对中国近代思想和文化运动展开深入的研究。

四、世界一体化视角研究中国近代文化运动的几个基本启示

关于中国近代文化运动的性质定位：由"差异"语境到"差距"语境的调适。

在中国学术界，关于中国近代文化运动的性质，历来存在不同的认识。有的人认为，近代中国文化问题实际上是文化的时代性问题，即中西"差距"问题。有的人认为，近代中国文化问题仍然是文化的民族性问题，即中西"差异"问题。还有一些人既认同差异说，又认同差距说，但却不能具体地说明二者的结合点。世界一体化视角的研究揭示出，在世界一体化趋势出现以前，中西文化之间只是差异，而之后，以鸦片战争为标志，差异开始转

换为差距。中国近代文化运动实际上是由"差异"语境到"差距"语境的调适。这种调试充满思想的痛苦。

关于中国近代文化运动的价值定位：要把握历史的方向性。对两种极端思潮各打五十大板的做法看似公允，实则昧于历史感。

自中西文化大撞击以来，学界对于文化出路的主张林林总总，差别殊异，但大而化之，不出三个大的类型：守故、折衷、西化。三大类型各执一词，争论不休，终不能形成一统局面。直到现在，这种状况还在反复重演：20世纪80年代中期兴起的"文化热"，90年代中期出现的"人文思潮"，三大类型的主张都各有伸张。

百家争鸣乃是思想学术活动的正常生态，不过作为思想文化史的研究，总需要有一个合理的价值标准。仅依靠表面上不偏不倚的态度，形式上对保守复古和全盘西化各打五十大板的办法是不够的，这种中庸之道也许适合传统时代，却不能承袭于近代特殊历史条件下的文化运动研究。世界一体化时代的性质和特点，注定了中国近代历史就是一个适应世界变局的历史，接纳世界主流文化乃大势所趋。所以，同样是极端思潮，西化论与守故论，在价值定位上不可同日而语。

关于中国近代文化运动的主体定位：不能简单地张贴阶级标签。

中国的知识分子素怀经天纬地、经世济民之志，为了实现由"差异"语境到"差距"语境的调适，他们在思想的宇宙里上下求索；而为了振邦于危难、救民于水火，他们又满腔热血地投入现实的政治和社会运动。

近代中国思想运动和社会运动这两条主线彼此交织、相互影响：知识界的文化主张不免或明或暗、或多或少地反映出一定政治力量的要求，而政治统治又往往借助一系列的政策去体现知识界提出的某种文化主张。同时，作为文化运动主体的知识分子，往往又可能成为或兼作社会运动的主体，而受到某种政治力量的阶级性影响。然而，不能据此简单地张贴阶级标签。文化运动有其相对独立性，它虽可反映政治力量的特点，却并不必然地与特定的政治力量形成固定的对应关系。因为文化主张切入的是民族，而不是政治力量。同一政治力量在不同的时境下可能选择不同的文化主张，相应的，不同政治力量也有可能采取同一倾向的文化态度。文化论争在不同政治力量统治时期以近似的形式反复再现，表明单纯的政治分析不可能替代文化分析，因而，进行相对独立的文化运动的研究十分必要。着眼于世界一体化视角，可以看出，对绝大多数知识分子而言，责任感是共同的，差异在于思维方式。

关于中国近代文化运动的客体定位：武器的批判不能代替批判的武器。

世界一体化过程是文明性与野蛮性的统一。文明性决定社会变迁须从根本处（文化）着手；野蛮性决定社会变迁中问题、方案和文化运动方式异常复杂。

中国文化运动的发生不可谓不早，开展的次数不可谓不多，论争不可谓不激烈，但屡屡无功而返。究其原因，都是由于世界一体化过程的野蛮性所致——有时直接来自外部的野蛮侵犯，有时来自国内反动政府慑于列强淫威的倒行逆施。这就使文化运动的深远主题常常被挽救民族危亡的急切主题所打断。革命成为近代历史的主旋律，而文化转型的课题却始终没有真正得到解决。

革命只是解决文化问题的前提，不会自动解决全部文化问题。这就是在社会革命取得完全胜利后，文化问题又再度浮现出来的是西学东渐、洋土结合，孕育出一批又一批回应大时代大变动的思想家。

当然，中国思想界亡国灭种危机意识是逐步加深的，梁启超曾经将中国向西方学习的历程分为三阶段：第一期"先从器物上感觉不足"，所以有了洋务运动；第二期"是制度上感觉不足"，所以有了戊戌变法；第三期"便是从文化根本上感觉不足"，所以便有了新文化运动。[①] 物质、法度、精神三重文明危机实际上在中西激烈碰撞发生时，已经同时呈现了，但中国思想界觉悟到这种呈现却经历了一个漫长过程，而且不同的思想者的认识深度也存在个人差异。在这一过程中，总体上应对的智慧呈现出从"常""变"之争到"主义"之辩的趋势。

社会历史中的"常"是指由来已久的事物和社会所习惯的事物形态，"变"则是对既有事务和形态的更易和调整。常久生变，变定成常，常中有变，变中含常，二者呈现出动态和互蕴的关系。"常"与"变"辩证，在中国古已有之，《管子·侈靡》即有："故法而守常，尊礼而变俗"之句。中国传统社会多次发生改革运动，都与"常""变"之争相伴随。近代遭遇外来列强的强烈冲击，如何应对前所未有的局面，面对前所未见的知识、制度和道德信仰体系，也自然出现守常与通变的争议和常变互蕴的历史面貌。

一、第一轮"常""变"之争

近代第一轮"常""变"之争，发生在 19 世纪 60—70 年代。当时的中国，已经与西方列强发生两次战争，并相继战败和

---

① 梁启超：《五十年中国进化概论》，《饮冰室合集》文集十四，中华书局1989 年影印本。

被迫签订屈辱条约。过去西方列强要求与中国平等通商，遭到中国严词拒绝，现在中国通商门户大开，中国反求平等而不可得，且列强的在华特权有愈演愈烈之势，威胁到国家的生存。奕䜣、曾国藩、李鸿章等一些亲身感触过西方列强坚船利炮的中国官员和士大夫，认为唯有学习西方国家的"长技"，才能应对外侮，于是呼吁朝廷在新创立的外语学校京师同文馆内添设算学馆教授西方的天文、算学，又呼吁学习西方技术建立中国海防体系和开煤矿、造铁路。这些主张立即引起坚持传统治国之道的官员和士大夫的强烈反对，发生思想论争。

"守常"的一方提出，"洋人之所长在机器，中国之所贵在人心"，"布置一切防夷事宜，非不简器，但修我陆战之备，不必争利海中也；非不练兵，但固我士卒之心，结以忠义，不必洋人机巧也"。[①] 学习西人之术是"奇技淫巧以坏我人心"。[②] 对于中国来说，"立国之道，尚礼义不尚权谋；根本之图，在人心不在技艺"，[③]"延聘夷人教习正途一事，上亏国体，下失人心"。[④] 他们视任何形式的改革为"用夷变夏"，认为用夷变夏则大逆不道。

"通变"的一方提出，洋人的坚船利炮皆出自天文、算学、格致，为了自强御敌，"务期天文、算学均能洞彻根源，斯道成于上即艺成于下，数年以来必有成效"，"华人之智巧聪明不在西

---

①　中国史学会主编：《洋务运动》第 1 册，上海人民出版社 2000 年版，第 121—122 页。

②　管同：《禁用洋货议》，《皇朝经世文编》卷二十六，《近代中国史料丛刊》第 74 辑，新北：文海出版社 1966—1982 年版，第 967 页。

③　倭仁：《同治六年二月二十五日大学士倭仁折》，《中国近代史资料丛刊》之《洋务运动》二，上海人民出版社 1961 年版，第 30 页。

④　贾桢等：《筹办夷务始末"同治朝"》卷四十八，中华书局 1979 年版，第 10 页。

人之下，举凡算学、格致之理，制器尚象之法，钩河摘洛之方，倘能专精务实，尽得其妙，则中国自强之道在此矣"。① 仅喊"以忠信为甲胄，礼义为干橹"的口号，决不"足以制敌之命"。②

这轮论争中，守常者固然手握"真理"，但由于朝廷支持洋务自强，他们不得不勉为迁就。而之所以能够勉为迁就，也因为这一点小变革尚在"器"的层面发生，不深涉制度和道德信仰，而在后一层次，两派观点并无差别。最早主张"师夷长技以制夷"的思想家魏源，在提出师夷长技的同时就指出，"势变道不变"，③"乾尊坤卑，天地定位，……是以君令臣必共，父命子必宗，妇唱夫必从"。④奕䜣等人的通变主张，不过是魏源思想的应用，其守制卫道的信念亦未有动摇。守常派反对师事洋人、效仿西法，说到底也是他们感到这样会导致中国传统礼义道德崩溃，如于凌辰说，"制洋器，造洋船，即不能不学洋学，学洋学即不能不以洋学之精否为人才之用舍。……窃恐天下皆将谓国家以礼义廉耻为无用，以洋学为难能，而人心因之解体"。⑤王家璧警告："以章句取士，正崇重尧舜周孔之道，欲人诵经史，明大义，以敦君臣父子之伦也。人若不明大义，虽机警多智，可以富国强兵，或恐不利社稷。"⑥既然洋务派并不打算动摇固有之礼制和伦教，他

①　贾桢等:《筹办夷务始末"同治朝"》卷四十六，中华书局1979年版，第3页。

②　贾桢等:《筹办夷务始末"同治朝"》卷四十七，中华书局1979年版，第24—25页。

③　魏源:《默觚》下"治篇五"，中华书局1976年版。

④　魏源:《默觚》上"学篇十一"，中华书局1976年版。

⑤　《光绪元年二月二十七日通政使于凌辰奏折》，《中国近代史资料丛刊》之《洋务运动》一，上海人民出版社1961年版，第121页。

⑥　《光绪元年二月二十七日大理寺少卿王家璧奏折附片》，《中国近代史资料丛刊》之《洋务运动》一，上海人民出版社1961年版，第129页。

们也就不必太过计较。

变“器”的进程推进到 90 年代，在坚船利炮方面已有相当的成就，建成了东亚最大的舰队和最大的兵工厂，甚至在民用工业方面也卓有成效。然而，这些成就并没有阻遏西方列强的进一步入侵，甚至连后起的日本也加入侵华的行列。1894 年甲午战争中国惨败于日本，宣告了器物层次通变的无效。部分敏锐的士人观察到，造成中国惨败的，不是武器，而是制度，军事制度、行政制度、教育制度，乃至于政治制度和礼制，要求对这些制度进行变革。于是发生近代中国第二轮“常”“变”之争。

二、第二轮“常”“变”之争

自海通以来，中国在抵御西洋列强的战争中屡战屡败，但却并未从根本上动摇士大夫对国本的自信；甲午一战，“泱泱大国”在其步西洋后尘未久的“蕞尔岛夷”日本面前，第一大舰队全军覆没，陆地战场也溃不成军，被迫割地赔款，受尽屈辱，这就极大地刺激了士大夫对固有制度和文化的自信力，“唤起吾国四千余年之大梦”。[①] 面对战后东西洋列强瓜分日迫，亡国灭种即在眼前的大危机，康有为、梁启超、严复、谭嗣同等志士大声疾呼维新更法，变制图强。他们主张“变事而不变法，变法而不变人，则与不变同耳”，“守旧不可，必当变法；缓变不可，必当速变；小变不可，必当全变”。[②] 认为只有学习西方君民共主的立宪制度，同时废科举、兴新学、易旧俗，使民力、民智、民德都得

---

① 梁启超：《戊戌政变记》，《饮冰室合集》专集一，中华书局 1989 年影印版，第 113 页。

② 梁启超：《戊戌政变记》，《饮冰室合集》专集一，中华书局 1989 年影印版，第 85 页。

到提升，才能保种保国。这一主张直接触及故有"国体"，自然引起传统士大夫，包括过去洋务通变派在内的共同反对。大学士徐桐、军机大臣刚毅、吏部主事叶德辉，以及湖南岳麓书院山长王先谦等人，力主"祖宗之法不可变"，纲常伦理"千古不易"。后期洋务派翘楚张之洞著成《劝学篇》，将引进西学的范围限定在"用"的范畴，制度、伦教等固有之"体"则不可动摇，以此为底线，对维新派变制言论力加攻击。

卫道派的打击没有阻遏维新思潮的扩展，戊戌政变却导致百日维新的夭亡。体制内政改受阻，体制外革命的变制路径便乘势而出。革命者试图通过推翻现有政权的方式，铲除传统王朝政治，建立民权为基础的新型共和制度。这一新路径思维的迅速蔓延，伴随着清政府无计可施中仓促再启新政的进退失据，终于结出了辛亥革命结束帝制、创立民国这样远远超出维新派君民共主预期的硕果。

三、第三轮"常""变"之争

一元复始，万象更新，按理中国应该从此走向"既治不可复乱、既盛不可复衰"之境。但民国初年的事实却反而呈现出今不如昔的衰乱之象。一批维新弄潮者失望了，感到国家沦入"阳九百六之运"，"人欲极肆之秋"，[①] 国事日就葛藤，一蟹不如一蟹，且接着发生二次革命、护国战争、府院之争、张勋复辟、约法之争、军阀混战、南北战争，各派争权夺利，喋血勾连，无休无止。他们认为这是变之太"过"的结果，于是主张向古道旧制回归；另一批士人则认为咎非"过"而在"不及"，痛切地感觉到

---

① 严复：《与熊纯如书》（1916），王庆成、叶文心、林载爵编《严复合集》第4册，台北：辜公亮文教基金会1998年版，第870页。

救中国，建共和，首先得进行思想革命，决然举起"民主""科学"两面大旗，将变器、变制推进到变道，并声言："要拥护那德先生，便不得不反对孔教、礼法、贞节、旧伦理、旧政治；要拥护那赛先生，便不得不反对旧艺术、旧宗教；要拥护德先生又要拥护赛先生，便不得不反对国粹和旧文学。"[①] 这就不可避免与意图维护传统文化的人士发生严重冲突，而呈现出思想文化层面的大激战。是为近代中国第三轮"常""变"之争。

变道的诉求和文化路向的论战，在变制诉求最强烈的戊戌变法阶段已经出现，但当时的基本方向仍然是"西法不可不讲，圣贤义理之学术尤不可忘"，[②] 庚子国变发生，变道的诉求大为增强，向西方求义理的风气才出现，通过留日学子，"西学从东方涌来"，一时间"新名词、新术语，裹着新思想、新观念、新学问，狂风暴雨，排空而来，铺天盖地，无处不在，搅得出版界、教育界、新闻界、学术界沸沸扬扬，面貌大变"。[③] 只由于当时社会矛盾集中在如何对待清王朝上，新思想的引入也大多服务于政治目的，面向民众的新思想普及不太受重视，直到民国建立，民主共和制度屡屡遭受破坏，知识界才掀起大规模面向公众的新文化运动，且以破常求变的激烈形式展开：一面是力倡"民主、科学"，一面是愤然"打孔家店"。

今天看来，站在新文化派对立面的，并不都是顽固派，他们警惕和反对激进倒孔，并非无理，而这场矫枉过正的思想革命，更非字字珠玑。然从其所达成的"解放思想"之效果看，则确实

---

①　陈独秀：《本志罪案之答辩书》，《新青年》6 卷 1 号。

②　《翁同龢日记》第 6 册，中华书局 2006 年版，第 3132 页。

③　熊月之：《西学东渐与晚清社会》，上海人民出版社 1994 年版，第 677 页。

第一章　变器与变道

戊戌变法新论 *

发生在一百一十年前的戊戌百日维新，是在传统秩序之下谋求现代转型的悲壮尝试。它的事实真相、性质、过程得失、失败原因、历史功过，历来争讼不断。这种局面的形成，一方面与史料的发掘、论者的认识方法有关，另一方面也多少受到论者各自的立场与意识形态话语的影响。在六君子喋血神州、康梁亡命天涯、光绪帝幽闭瀛台之后一个多世纪的今天，越来越需要超越成见，真正采取实事求是的态度，客观看待这个历史事件，正视其所留下的历史遗产。这里仅结合梁启超的《戊戌政变记》，略谈三点看法。

一、重组权力关系的政治改革是最艰困的变革

戊戌变法无论从动机或内容的演变来说，都属于政治改革的范畴，这与单纯的经济变革相比，难度固然要大很多；即使与深

---

* 本文与罗福惠教授合作，曾载于《探索与争鸣》2008 年第 6 期。

21

"虽分割之后，亦当有小朝廷，吾终不失为小朝廷之大臣"。①

西太后作为实际的当国者，对于民族危机，应该说也是有所感受的，不然，我们就无法解释为什么她支持"自强求富"的洋务运动。事实上，当光绪帝表达变法之意后，太后并不反对。据费行简《慈禧太后传信录》载，太后曾对光绪帝说："变法乃素志，同治初即纳曾国藩议，派子弟出洋留学，造船制械，以图富强也"，"苟可致富强者，儿自为之，吾不内制也"。②时任京官、与奕劻和荣禄关系密切的陈夔龙在他的《梦蕉亭杂记》中也说西后"无仇新法之意"。③但是她的"不反对"，有其心理预设，她初以为维新变法不会损害动摇其权势基础（尤其是后党权臣的权力及整个朝廷对太后的忠诚），才不反对变法。然而，"凡改革之事，必除旧与布新两者之用力相等，然后可有效也"，④"而除旧弊之一事，最易犯众忌而触众怒"，⑤当改革所除旧弊触犯到权贵的权势时，他们势必利用帝、后之间的权力矛盾，以及太后的自私和无知，而将改革的力量抵消甚至扑灭。果然，废科举、革兵制、并衙门、裁冗员、开言路、举人才、立商会、公预算等举措，几乎处处"犯众忌而触众怒"，与以西后为总后台的权贵阶层"为

———————

① 梁启超：《戊戌政变记》，《饮冰室合集》专集一，中华书局 1989 年影印版，第 69 页。

② 费行简：《慈禧太后传信录》，中国史学会主编《戊戌变法》（一），上海人民出版社 1957 年版，第 464 页。

③ 陈夔龙：《梦蕉亭杂记》，中国史学会主编《戊戌变法》（一），上海人民出版社 1957 年版，第 481 页。

④ 梁启超：《戊戌政变记》，《饮冰室合集》专集一，中华书局 1989 年影印版，第 81 页。

⑤ 梁启超：《戊戌政变记》，《饮冰室合集》专集一，中华书局 1989 年影印版，第 84 页。

敌"。西太后的权力基础受到挑战，"利害切身"。[①] 于是她对于民族危机的那点脆弱感受，就显得不重要了，这次政治改革也就注定难逃厄运。

触犯权贵而夭折的改革，自古有之；戊戌变法之难，触犯权贵仅其一，还有更甚于古人者，那就是它的近代性、民主性。康有为变法纲领的最终目的，系图实现虚君共和、立宪政治，正所谓"师夷长技以制夷"的纵深推进，政治制度的近代转型。这一政治转型所产生的冲击，不仅及于西太后和她庇荫下的权势集团，而且威胁到王朝专制制度本身。热心改革的光绪帝固然在变法之初有"吾变法但欲爱民耳，苟能救民，君权之替不替何计焉"的"爱民忘位"之德，[②] 一旦民权真正要替代君权，他是否能够贯彻始终亦未可知。何况像严复那样最具有世界观念的新思想人物，也不主张在当下取消君权。而事实也证明，在一个专制传统深厚的东方国度，实现从专制到民主的转变，绝非一个运动式的变革足以完成。辛亥革命以暴力手段挂上了共和国家的招牌，仍然有一再的复辟出现，即使后来建立的南京国民政府，亦只在训政的旗号下行专制政治之实而已。

因此，戊戌维新运动的目标，实在是需要漫长努力方可达成的使命。它需要国民思想的更新、社会行为方式的改变、中产阶级的崛起和公民社会的成长、政治家群体的涌现等等条件的成熟，对其失败责之过深，不仅有失史家的公道，还表明评论者始终未脱改革或革命可以"一蹴而就"的速效幻想。

①　陈夔龙：《梦蕉亭杂记》，中国史学会主编《戊戌变法》（一），上海人民出版社 1957 年版，第 481 页。

②　梁启超：《戊戌政变记》，《饮冰室合集》专集一，中华书局 1989 年影印版，第 156—157 页。

二、植入性改革须进行内生性转换

对于戊戌变法的失败不责之过深，并不意味着要谅解守旧派的颟顸，忽略维新派的失误。

政治改革虽然最难，但并不等于说变法就完全不可为。问题在于能否制定正确的战略和政策，有效拆解既得权势集团的阻力。恰好在战略和政策上，戊戌变法为后来的变革者留下了深刻的教训。

战略上应对权势集团的阻遏，简单的方式为以雷霆万钧霹雳手段迎头痛击，或打倒一片，或杀一儆百；而稳健的方式则是采取温和手段稳定多数，同时着力培植新生势力，最大限度地争取同情和支持，并以各个击破手段逐步分化瓦解旧有权势集团。

戊戌变法的推动力量是具有法理意义的国家元首和一批手无寸铁的书生，在具体操作上，大致是以康有为为首的书生们提出改革方案，光绪帝下诏推行。由于太后"归政"空有其名，整个改革没有现实力量保驾护航，第一种方式是完全不适合的。然而，维新派恰巧采取了这种简单方式。对此，梁启超《戊戌政变记》的解释是，只有急变全变才能救国，"前此之所谓改革者，所谓温和主义者，其成效固已可睹矣！夫此诸事者，则三十年来名臣曾国藩、文祥、沈葆桢、李鸿章、张之洞之徒，所竭力而始成之者也，然其效乃若此。然则不变其本，不易其俗，不定其规模，不筹其全局，而依然若前此之枝枝节节以变之，则虽使各省得许多督抚皆若李鸿章张之洞之才之识，又假以十年无事，听之使若李鸿章张之洞之所为，则于中国之弱之亡能稍有救乎？"①"当积弊疲玩之既久，不有雷霆万钧霹雳手段，何能唤起而拯救之？"②这显然是以必要性的理由去回答可能性的问题，而忽略了如何有效拆解权势阻力的难题。

对有效拆解权势阻力难题的严重忽视，还体现在变法的政策设计上。社会变革异彩纷呈，然就诱因而论，不出两大类型：内生性变革和植入性变革。前者是社会内部矛盾运动发展的结果，后者则为应对外部压力的一种反应。历史上成功的改革，大都建基于内在社会矛盾运动。中国历史上的商鞅等人的变法，之所以能够取得成果，除了有政治强人保驾护航，更主要的是他们的变革方案反映了社会内在的现实需要，废井田、开阡陌，奖励耕织，统一度量衡，励军功，实行二十等爵制取代世卿世禄制，都是当时社会最急迫需要解决的问题，改革者有的放矢就能推开。西方历史上废除世袭贵族的垄断权利、禁止以公民人身作抵押的债务、制定新法典取代酷法的梭伦改革亦然。这样一些改革都是内发性的，因时而为，假以适当的方式，便能取得成功。

历史上也有成功的植入性变革，在近代的非西方社会尤其典型。康有为推重的沙皇彼得的改革、日本的明治维新，都可以归属于这种类型。植入性变革在外部世界的变化、民族危机的压力下发动，而且"以强敌为师资"、从异域文明中引进救世药方。它虽然不是来自社会本体，却往往又是非常必要的。但必要转换成可能，仍需要一个内化过程。简单地说，植入性的变革只有经

①　梁启超：《戊戌政变记》，《饮冰室合集》专集一，中华书局1989年影印版，第83页。

②　梁启超：《戊戌政变记》，《饮冰室合集》专集一，中华书局1989年影印版，第85页。

过内发性转换（如变国运问题为民生问题），才能产生真正的生命力。如果它仅仅停留在外部性层次，不与本土社会演变的内在实际需要结合起来，便很难真正与本土社会产生共鸣，从而得到落实。

以明治维新为例，这场改革发生在日本遇到了西洋的强行叩关之时。改革者取法的也是西洋的文化和制度，但这种"外取"经历了一个"内联"的过程，甚至可以说，"外取"只是"内发"的延长而已。首先，维新是在倒幕的基础上实现的，而倒幕完全是社会内部矛盾发展的结果。在明治维新之前，日本已经接连爆发无数次农民和市民暴动，而在西方军舰迫使幕府开港通商后，民族矛盾又凸现出来，争取民族独立的斗争与推翻封建幕府的斗争遂结合在一起。其次，维新的内容也反映了解决日本社会矛盾的努力。废藩置县、废除封建身份制度和取消武士特权、土地改革、减免租税，都是基于固有的显著社会矛盾而采取的政策，改革者只是将这些矛盾的解决朝向"四民平等"、发展资本主义、富国强兵的方向作了延伸。正是基于社会内部矛盾，改革才不断激发出内在的生命力，逼使不适合于时代的权势集团步步退缩，乃至摧而毁之。

戊戌变法也是在"瓜分豆剖渐露机芽"、民族危机迫在眉睫的情势下仓促上阵的向敌人学习的运动，"自光绪十四年，康有为以布衣伏阙上书，极呈外国相逼、中国危险之状，并发俄人蚕食东方之阴谋，称道日本变法致强之故事，请厘革积弊，修明内政，取法泰西，实行改革。"[①]这场改革具有明显的植入性。然而，康梁等革新人物在改革政策的内发性转换方面却用功甚少。

---

① 梁启超：《戊戌政变记》，《饮冰室合集》专集一，中华书局 1989 年影印版，第 1 页。

康梁一直认为改革阻力主要在观念的守旧上，"方今之病，在笃守旧法而不知变"，[①] 忽视了权力再分配本身可能构成的阻力，浪漫地认为"若诏旨一下，天下雷动，士气奋跃，海内耸然"。[②] "雷厉风行，力推新政，三月而政体略举，期年而规模有成。"[③] 其所推新政，则不过是日本明治维新的翻版。"以俄国大彼得之心为心法，以日本明治之政为法政。"[④]康氏以编年的形式著成《日本变政考》，对明治维新的经过、内容和经验作了详细的介绍、评说和总结，指出明治维新其条理虽多，"其大端则不外于：大誓群臣以定国是；立制度局以议宪法；超擢草茅以备顾问；纡尊降贵以通下情；多派游学以通新学；改朔易服以易人心数者"，"故更新之法，不能舍日本而有异道。我朝变法，但采鉴于日本，一切已足"。[⑤]理由是"日本地势近我，政俗同我，成效最速，条理尤详。取而用之，尤易措手。"以为进呈该书，"皇上劳精厉意讲之于上，枢译诸大臣各授一册讲之于下，权衡在握，实行自易"。[⑥]而该书的确对光绪帝产生了极大的影响，百日维新中发布的许多上谕都直接、间接来自其中。

康有为历次上书，皆主张克隆日人经验，他没有看到日本明

①　康有为：《上皇帝书》，转引自《戊戌政变记》，中华书局 1989 年版，第 11 页

②　康有为：《上皇帝书》，转引自《戊戌政变记》，中华书局 1989 年版，第 7 页。

③　康有为：《上皇帝书》，转引自《戊戌政变记》，中华书局 1989 年版，第 8 页。

④　康有为：《上皇帝书》，转引自《戊戌政变记》，中华书局 1989 年版，第 8 页。

⑤　康有为：《日本变政考》，紫禁城出版社 1998 年版，跋。

⑥　康有为：《上皇帝书》，转引自《戊戌政变记》，中华书局 1989 年版，第 9 页。

身的困难、维新派战略和政策上的失误等因素之外，更有客观社会条件的限制。改革成功与否，"天时""地利"也相当关键。戊戌变法启动之际，不仅缺乏国际友好力量的支援，缺乏国内"民力""民智""民德"的支撑，甚至连一个起码的有权威的中央政府亦不可得。自太平天国运动冲击以后，握有军政、财政权的地方势力膨胀起来，整个中央政府的威望受到重创，地方实力派各行其是，在政治如此衰败的情况下即使能够争取西太后的支持，要使法令畅行于地方，也不太容易，这在晚清新政中就看得很清楚。但历史是发展的，当时不具备的条件，随着时势的推移，或将渐备、或可创造。一旦社会条件逐步具备，社会变革所需要的思想家、鼓动家、政治家逐渐成熟，通过精思善谋，和平的政治改革未始不能成功。

百日维新流产后，失望的知识界越来越多地转向了革命，甚至连变法运动中最著名的宣传家梁启超也一度倾向暴力推翻旧体制。以1903年为界标，革命派逐步取得对于改良派的绝对优势，短短几年，接连发动数次暴动，乃至1911年最终颠覆清王朝，终止了晚清为之已晚的新政运动。但是，我们不得不承认，民初订立的代表共和国家性质的法律章程，许多都来自这个被它所终止的新政。而另一方面，革命作为手段，在显示果断完成"破旧立新"的优势的同时，本身的缺点也渐次呈现出来。其中之一，便是对革命的路径依赖。蔡元培曾经针对学生运动说过一句话，"他们既然尝到了权力的滋味，以后他们的欲望恐怕难以满足了"，[①] 这句话实际上也适用于革命。辛亥革命之后，又出现二次革命、国民革命、土地革命等一系列暴力革命，新民主主义革

---

① 蒋梦麟：《西潮》，台北：文国书局1994年版，第121页。

命、社会主义革命胜利后，还发生极不正常的"无产阶级专政下的继续革命"，不断的革命对于前次革命所造成的国家的和平建设环境毕竟是有伤害的，而革命的理想主义，往往对于前次革命不满足，又激发出更新一轮的革命。

张灏在新的世纪之交，曾著文提出"不要忘掉二十世纪"，[①]要求痛切反思 20 世纪革命不断激进的历史，这个要求确实值得史家正视。革命是非常武器，万不得已才可采用，运用完了就要收兵归营；将革命常态化，社会便变态化了。20 世纪 80 年代以来，大陆的现代化改革顺利推进，所取得的成就举世瞩目，台湾地区的政治转型也和平实现，这都是各种革命盛行的时代所难以比拟的，足以印证这个认识。

---

① 张灏:《时代的探索》，台北：联经出版事业股份有限公司、"中研院"2004 年版，第 31 页。

中国的狂潮，许多进步的湖南士绅都抱着"振支那者惟湖南，士民勃勃有生气，而可侠可仁者惟湖南"的信念，认为应先保湖南，再保南方，再保中国，"保湖南的独立"，使南中国可以不亡，遂组织此会，意在"群联通力"，发愤自强。梁启超在《谭嗣同传》中说，"设会之意，将合南部诸省志士，联为一气，相与讲爱国之理，求救亡之法，而先从湖南一省办起"。[①] 此前谭嗣同在南京已经筹办过金陵测量学会等学会，他在湖南成立南学会的主张，得到了陈宝箴的支持，也得到了黄遵宪、徐仁铸等人的响应。此议筹备于 1897 年（光绪二十三年）冬，正式开会则在 1898 年 2 月。21 日，以巡抚部院孝廉堂为会所，南学会正式成立，并举办首场讲学，巡抚陈宝箴、按察使黄遵宪等都亲莅讲演，《湘报》报道了当时的《开讲盛仪》：

　　本年湘士大夫创设南学会，假孝廉堂为会所，每月以房虚星昴之日为讲期。二月初一日为南学会开讲第一期，陈大中丞、徐学使、黄廉访咸会官绅士民集者三百余人。堂上设讲座，下排横桌听讲者环坐焉。初会时舄履交错，士大夫周旋问答，言笑晏晏，在所不免。钟十二下，主讲诸公就坐，会者毕坐堂上。铃声作，执事者唱毋哗，咸屏息敬听。首皮鹿门学长开讲，继之者黄廉访、乔茂萱，比部谭复生观察，最后陈大中丞宣讲。讲毕，堂上铃声作，众皆起，鱼贯趋出。于是，士大夫啧啧称美，以为贤长官用平等之仪，讲会学之旨，情比于家人，义笃于师友，此事为生平所未见，不图今日见三代盛仪也。闻湘省之风者，可以兴起矣。[②]

----

　　① 梁启超：《戊戌政变记·谭嗣同传》，《饮冰室合集》专集一，中华书局 1989 年影印版，第 107 页。

　　② 《开讲盛仪》，《湘报》第 1 号，第 2 页。

南学会专以"开浚知识，恢张能力，扩充公益"为主义，长沙设总会，各府厅州县设分会。"好义爱国"的官、绅、士、庶，均可入会，据称，全省各地入会者先后达一千多人。成员分议事会友、讲论会友、通信会友三类：按照章程，议事会友"皆以品学兼著、名望孚洽者充之"，负责议定会中事务章程，基本成员以学会创议人士为主，谭嗣同实际上是议事会友之长；讲论会友由学问深邃、长于辩说者组成，负责"定期集讲，随时问难"，讲期每月四次，会长由皮锡瑞任之；通讯会友是南学会所联系的基层成员，他们可于开会之日，齐集听讲，其有疑义新理，可以纸笔互相问难，远道的可以信函联络，"随时酬答"。

关于学会的性质，实际上至今认识并不统一。从当事人事前、事中对学会的阐述看，南学会的性质，至少可能有议会、讲习会、研究会三种设想。

其一，办成议会。

学会可以既"学"且"议"，以学会之名，行议会之实。谭嗣同对此最有期待。他写成《壮飞楼治事十篇》刊载于《湘报》，十篇中大部分都谈到办学会的作用、目的和意义，其中表达学会议事设想的就有《通情》《平权》《法律》三篇。

《通情》篇说，事之所以不治，病在"有为之隔者"也。君与臣隔，大臣与小臣隔，官与绅隔，绅与士隔，士与民隔，而官与官、绅与绅、士与士、民与民，又无不自相为隔。言治者有鉴于此，已觉悟到"通情"之必要。于是努力"通之自上，通之自下；通之以言词歌泣，通之以笙簧酒醴"，然而通情的效果甚微。效果不显的原因，主要是欲通情而未得其道，没有常设的通情机构以为之经常的联系，难免鸟合兽散。倘若农、工、商、矿、医、天文地理、格致图算、声光化电各有常设的学会，并结合成为一个总学会，则通情不难。具体办法为：

> 今请于行省设总学会，督抚、学政，身入会以为之倡；府厅州县设分学会，其地方官、学校官，身入会以为之倡。分学会受成于总学会。或其地僻陋不知学，亦不妨姑设一会，徐为讲求。凡会悉以其地之绅士领之，分学会各举其绅士入总学会，总学会校其贤智才辨之品第以为之差。官欲举某事，兴某学，先与学会议之，议定而后行。议不合，择其说多者从之。民欲举某事，兴某学，先上于分学会，分学会上总学会，总学会可则行之。官询察疾苦，虽远弗阂也；民陈诉利弊，虽微弗遏也。一以关捩于学会焉。有大事则上下一心，合群策群力以举之。疏者以亲，滞者以达，塞者以流，离者以合，幽者以明，羸者以强。又多出报章，导之使言，毋令少有壅蔽。大吏罔敢骄横，小吏罔敢欺诈，兴利除弊，罔不率此。官民上下，若师之于徒，兄之于弟，虽求其情之不通，不可得也。于是无议院之名，而有议院之实。①

《平权》篇进一步阐述议事通情所必备的条件，认为议事主体的平等非常重要。指出："平权，平其议事之权而已"，②"宓子单父之治，师事者若而人，友交者若而人，即学会通情平权之谓

---

① 谭嗣同：《壮飞楼治事篇·通情》，《谭嗣同全集》，中华书局1981年版，第438页。

② 谭嗣同：《壮飞楼治事篇·平权》，《谭嗣同全集》，中华书局1981年版，第439页。

也"，^① 平等亡，公理晦，而一切残酷蒙蔽之祸，斯萌芽而浩瀚矣。学会议事平权，则可以克服官尊如鬼神之弊，达到通情的目的。

《法律》篇则从变法过渡时期制定整饬吏治法度的角度，谈到学会的议事职能问题。如作者设想，在不可能悉取旧法而废之的现实状况下，莫如令总学会厘定一简要有定之法。由总学会颁其式于分学会，分学会复上其事于总学会。有不便，可随时议改，务臻美善。

可以看出，谭嗣同所设想的学会，主要的功能在于使官民通情。官民通情之所以可能，乃在于学会提供了官民平权议事的机会；官民通情的结果，则可以形成法规制度，改良社会。官民通情，平权，立法，都是现代民主国家民意机关的基本功能，本与学会无涉，但在中国政体未变的情况下，作为维新志士的谭嗣同，很希望以一种学会的形式来发挥民意机关的实际作用，使"无议院之名，而有议院之实"。他在《上陈右铭抚部书》中更明言："湘省请立南学会，既蒙公优许矣，国会即于是植基，而议院亦且隐寓焉。"^②

主张学会即议会的，不限于谭嗣同一人。黄遵宪、陈宝箴等人也愿意作如此想。据皮锡瑞《师伏堂日记》1897 年 12 月 14 日记："谭复生等禀请开学会，黄公度即以为议院，中丞已牌示，以孝廉堂为公所，开化可谓勇也。"所谓"勇"，绝不是说批准成立一个普通学术之会，而主要的是这个学会在诸公心目中，实在带有议会的性质。皮锡瑞另一则日记就说："实是议院，而不便明

---

① 谭嗣同:《壮飞楼治事篇·平权》,《谭嗣同全集》, 中华书局 1981 年版,第 439 页。

② 谭嗣同:《上陈右铭抚部书》,《谭嗣同全集》, 中华书局 1981 年版, 第278 页。

言，故以讲学为名。"①

其二，把学会办成讲习会。

在谭嗣同等创会诸人的心目中，南学会虽应是"无议院之名，而有议院之实"的议事机构，毕竟"不便明言"，而不得不"以讲学为名"。于是，学会表面上必然被当作讲习会来操作。其实，学会作为讲习会的功能，一开始就受到创会诸人重视，并不限于表面上的应付。创会诸人重视学会的讲习功能，主要着眼于开民智、育人才，因为"开辟风气莫如多购西书，陶冶人才莫如多开学会"已成为维新时期知识人士中一种较为普遍的思想共识。

事实上，以南学会作为讲学开智的组织，确是当时较普遍的想法。时任湖南时务学堂总教习的梁启超，在上陈宝箴的《论湖南应办之事》中说：

> 今之策中国者，必曰兴民权。兴民权斯固然矣，然民权非可以旦夕而成也。权者生于智者也，有一分之智，即有一分之权；有六七分之智，即有六七分之权；有十分之智，即有十分之权。……是故权之与智，相倚者也，昔之欲抑民权，必以塞民智为第一义；今日欲伸民权，必以广民智为第一义。②

时务学堂之设，不失为广民智的良好途径，"然于广之之道，则犹未尽也"。因为学堂人数毕竟有限，"学堂学生，只有百二十人，即使一人有一人之用，其为成也亦仅矣"。所以，学堂之外，还

---

① 皮锡瑞:《师伏堂未刊日记》1898年2月15日记事，《湖南历史资料》1958年第4期，第92页。

② 梁启超:《论湖南应办之事》，《饮冰室合集》文集三，中华书局1989年影印版，第41页。

应有学会之设。"欲兴民权，宜先兴绅权；欲兴绅权，宜以学会为之起点。""先由学会绅董各举所知品行端方、才识开敏之绅士，每州、县各数人，咸集省中入南学会。会中广集书籍、图器，定有讲期，定有功课，长官时时临莅以鼓励之；多延通人，为之会长，发明中国危亡之故，西方强盛之由，考政治之本原，讲办事之条理。"这样，民智、绅智、官智才会广开，"一切之根本"才有保证。

这层意思谭嗣同也有表达。他撰《湘报后叙》就说：

假民自新之权以新吾民者，厥有三要：一曰创学堂，改书院，以造英年之髦士，以智成材之宿儒也。然而学堂书院之容积犹有限量……二曰学会。学会成，则向之不得入学堂书院而肄业焉者，乃赖以萃而讲焉。然而学会设于会城，会城以外无由致其观听……三曰报纸。报纸出，则不得观者观，不得听者听。①

这里，养育人才，讲究学问，传播知识"联为一气"，逐层辐射，而南学会便处于与时务学堂和《湘报》配合、开门讲习学问的环节，它和学堂、报刊三者合一，都以开民智为主要目的。

陈宝箴、皮锡瑞、戴德诚等人亦有类似见解。戴德诚《变学刍议》有言："学会学堂非他，乃士大夫蒿目时艰，思出其心力以造成群力而通于国力者也。"②皮锡瑞在南学会初次开讲的讲义中讲道："湖南官绅共议开南学会，为开通民智，培植人才起见。"③陈宝箴则指出：

———————

① 谭嗣同：《湘报后叙》，《湘报》第11号，第82页。

② 戴德诚：《变学刍议》，《湘报》第8号，第57页。

③ 《皮鹿门学长第一次讲义》，《湘报》第2号，第13页。

今日官绅倡设学会，诸君子来与斯会者，必皆有志于学者也。古三代时，自士农工商至于妇人女子，莫不有学；逮至春秋战国，古制渐湮，民愚而世乱，故孟子曰："上无礼，下无学，贼民兴丧无日矣。"孔孟以救世之心，行教学之事，弟子三千人，后车数十乘，聚于一堂之上，相与讲习、讨论，以补学校之阙。《论语》首先言学，继之以有朋自远方来，盖不学则无以开智、慧明义理；独学无友，则孤陋寡闻。今日学会之设，义盖本此。①

其三，把学会办成研究会。

陈宝箴论学会之义，既说到"不学则无以开智、慧明义理"，又说到"独学无友，则孤陋寡闻"。前者就讲习而言，后者就研究而论。学会活动体现到学术交流和切磋这一层，可谓最近"学会"的本质。学会本来就属于学术社团范畴，主旨不外学人之间就领域内问题开展经常性学术探讨，南学会既以学会名之，当然会有所关注。谭嗣同的《壮飞楼治事十篇·学会》，并没有忽略这个"本义"，他说："今有孤翔之鸟。则命之曰穷鸟；今有独处之士，宁不谓之穷士乎。何也？不讲论，则其智不启也；不观摩，则其业不进也；不熏习，则其德不固也；不比较，则其力不奋也；不通力合作，则其所造有限，而为程无尽也。"②又说："士会于庠而士气扬，农会于疆而农业昌，工会于场而工事良，商会于四方而商利孔长。各以其学而学，即互以其会而会。力小，会二三人；力大，会千万人。人人可以自致，处处可以见功，夫何惮而久不

① 《陈右铭大中丞讲义》，《湘报》第1号，第2页。
② 谭嗣同：《壮飞楼治事篇·学会》，《谭嗣同全集》，中华书局1981年版，第437页。

为也？会成而学成。"① 不过，在同人中，关注切磋学术、发展学术最多的要算南学会会长皮锡瑞。他在开宗明义的讲演中申明：

> 学问之道，贵在讲习切磋。义理愈讲愈精微，愈无渗漏。一人之耳目，不能遍及，合众人之耳目，则推之弥广矣；一人之心思不能洞彻，合众人之心思，则达之愈深矣。独学无友，孤陋寡闻。②

皮氏认为设立学会，推崇讲学之风，既是一种开智之举，也不失为学者间切磋学术之道。因为"学之宗旨，宜开广恢廓，不宜拘执狭隘"。他回顾了中国历史上立会讲学与学术发展密切关联的情况，指出汉宋大儒，无不讲学。清初纪昀谓但宜著书，不宜讲学，始禁学者立会立社。乾嘉以后，遂以讲学为讳，以致人才日陋，学术日衰。接着他又联系到中国学术内涵的演变，说明打破门户、反复辩论的必要性和学术救国的紧迫性。他说：

> 孔子之道，大而能博；圣人之学，无所不包。自圣人不作，道术遂为天下裂，有汉学、有宋学。讲汉学者，有西汉今文之学，有东汉古文之学；讲宋学者，有程、朱之学，有陆、王之学；近日又以专讲中学者为旧学，兼讲西学者为新学。要之，无论何项学问，皆贵自有心得，不必徒争门户，是己非人。意有不同，反复辩论，彼此参详，以折衷于一是。若学派宗旨不可强合，亦各尊所闻，各行所知而已，不妨有异同，不必争门户。学术与政术

① 谭嗣同：《壮飞楼治事篇·学会》，《谭嗣同全集》，中华书局1981年版，第437页。

② 皮锡瑞：《师伏堂未刊日记》1898年2月14日记事，《湖南历史资料》1958年第4期，第90页。

相通，期于切实有用。讲汉学者，过于琐细无用；讲宋学者，失于空虚亦无用。今当务其大者远者，不能不驰域外之观，急宜讲求古今事变、中外形势，方为有体有用之学。

在南学会第一次讲学中，皮锡瑞语重而心长地希望听讲会众，能够领会南学会切磋学术的雅意：

> 今开立南学会，愿与诸公讲明大义，共求切磋之益。学非一端所能尽，亦非一说所能赅。先在读书穷理，务其大者远者，将圣贤义蕴了然于胸中，古今事变、中外形势，亦须讲明切究，方为有体有用之学。惟望将来人材辈出，风气大开，使我湖南再出曾文正、左文襄、罗忠节之伟人，才不辜负创立南学会之盛举。①

关于南学会功能、性质，既然有多种设想，实际运作中便可能出现多种趋向。倘若条件允许，自会多管齐下，多头偕进；如果环境乖逆，则可能有轻有重，乃至只专心一事。从《湘报》的报道和皮锡瑞日记记载来看，南学会自成立到消失，并没有能够尽如预期地多管齐下。首先是议会功能的实现遇到困难。梁启超曾云，南学会是"全省新政之命脉，虽名为学会，实为地方议会之规模"，②究其实，"地方议会之规模"不无疑问。尽管这方面的具体情形，现今已难索究，但《湘报》"南学会问答"专栏还是可以透露出这方面的不成功。

---

① 《皮鹿门学长第一次讲义》，《湘报》第 2 号，第 14 页。
② 梁启超：《戊戌政变记·湖南广东情形》，《饮冰室合集》专集一，中华书局 1989 年影印版，第 137 页。

问答之一：

长沙会友徐幻鲲曾抱怨说：

今夫南学会之设，大无益于湘省也。且徒言学会所讲者，不过天文地理，俗儒常谈，闻之者昏昏欲睡，讲者徒费唇舌，不若舍此学而言士农工商，以有裨于国家。今第举其大意而言之，则亦何益哉！废此学而改议院，以广招徕，庶我中国有挽回，人人尚义勿尚利。讲学会者，何勿于此中研究，惟湘省实力图之？

南学会答复道：

议院有别。各国有上下议院，公议政事，此是国制，下不敢干（预）；若府县市町村会议员选举，本学会已略仿其意。章程载会友之别有三：一曰议事会友，一曰讲论会友，一曰通信会友。议事会友皆以品学兼著、名望孚洽者充之。现在议事会友，即属之创事诸人，俟规模大定，再于诸会友中随时公举。今置院议政，虽国无此例，然本会官绅合办，各大宪亲临会讲，乡校之议未尝不采取于其中。今必欲改学会为议院，必国家先立上下院而后可，今可行乎？凡办事有条理，发言亦然，躁进无序，大雅所讥。①

问答之二：

长沙会友陈光孚提出：

西人治国之道最重议院，今中国官自为官，民自为民，士自为士，工自为工，农自为农，商自为商。故今日谓中国为四万万

①《南学会问答》，《湘报》第 11 号，第 86 页。

人之国亦无不可，然则欲议一政，必致筑室道谋，莫知或从。今学会之设，意在化官为士，一气相通，以热力相感，为开民智之大源，似不妨以湖南应兴之政，应革之弊，令听讲所至之人议之。一日不能尽者，数日以伸之，斯可取西人议院之益也。

南学会答复道：

学会者，开民智也；议院者，民智已开之后之事也，界限不可不清也，且其权操之国家。国家即能议行，苟民智不开，议者何人？若以今日之学会而议事，恐有不明此义之人，或以词讼来求，或以私仇来诉，叫嚣纷扰，流弊无穷，不幸而官民水火，彼此异同，则学会何益，议院何益？查泰西议院，立法之权、行法之权分而为二。立法者，议员也；行法者，君主与民主也。盖就一国而言之也。今国家既无议院以总其成，设湖南议有某事，须秉承国家请办者，或饬部批驳，则此议院为虚设矣！今以阁下聪明好学，能见及此故足钦佩，而其不如阁下者，目不睹古今图籍，耳不闻师友高论，虽欲问津，不知所从。此种人类滔滔者，天下皆是也。学会者，所以发人之猛省，指人之门径，联合群力以通夫国力也。人人知学问，知办事之方，则何事之不可成也？①

上述两则问答显示，南学会前期并没有放弃议事之旨，但已对"必国家先立上下院而后可"有深切感触；后来对于"今国家既无议院以总其成"感触益深，乃至几于放弃议事之旨，而专志于"发人之猛省，指人之门径，联合群力以通夫国力"的讲习启

---

① 《南学会问答》，《湘报》第 15 号，第 118 页。

蒙事业了。

如果此说成立，则南学会"议事"不成，关键在于国家体制所限。这不能不说是一件无奈的事。本来，创会诸人信誓旦旦要使南学会"无议会之名，而有议会之实"，希望先行突破地方体制来逐渐重建国家体制，未曾想到国家体制的僵化实际上使得地方体制变迁寸步难行。

当然，若说南学会"议事"不成，全因国家体制所限，那也未必尽然。因为创会诸君事先并非不知国家体制的僵化，但仍然提出了学会议事设想，他们提出此一设想，正是为了突破国家体制的局限，希望从地方做起，由点到面，渐及于全国。为此，他们应该有了克服国家体制阻力的足够心理准备。为什么竟不见他们有体制突围的具体步骤呢？看来必有诸多不便明言的内因。其中，议事与研学功能的冲突，可能就是南学会议事难行的多种内部原因之一。

议事与研学功能之间，确实存在相互掣肘的关系。议事以"事"为中心，权之者以利害；研学以"学"为中心，权之者以是非。二者本非可以同日操持，硬要兼顾则必然引起内部协调困难。那些主张以切磋研究为主旨的会友，很可能对学会议事采取不合作态度。事实正是这样，讲论学长皮锡瑞在日记中就多次表达对于学会议事功能的不满，抱怨"谭复生《治事篇·十篇》已毕，论极平正，然明说一切皆归入学会，人必疑学会之权太重"。[①] 皮锡瑞所质疑的"权太重"，显然不是说学会作为研究会或作为讲习会时权太重，而是说作为议会，学会权太重了，有些

---

① 皮锡瑞《师伏堂未刊日记》，1898 年 4 月 18 日记事，《湖南历史资料》1959 年第 1 期，第 93 页。

越俎代庖。皮锡瑞的日记中还记载，南学会讲学人李维格也反感开议院，认为"天下未至太平，不能立民主，开议院中国断不可学"。[①] 内部存在反对声音，对主张议事的创会诸君当然是一个牵制，加上地方保守势力王先谦、叶德辉等人的强势攻击，使当初赞成学会议事的一些开明地方官，如陈宝箴、徐仁铸、黄遵宪等，逐渐妥协。在种种原因结合下，南学会创会诸君的议会设想终成泡影。

不赞成学会议事的讲论学长皮锡瑞，力主学会切磋学术，他讲演的内容，许多属于学术研究的范畴，他还非常注重在答问中与会友讨论学术。但总起来看，在实际开展中，南学会平等切磋研究的成分也不突出，研究会的功能体现得并不充分。究其缘由，可能与创会诸公其意本不在学而在政有关。皮锡瑞的一则日记似乎可以作为佐证：2月15日，"下午汪受明至，谈及开讲事，云需自立章程。予以为诸公意，盖不在讲学，实在议院，而不便明言，姑以讲堂为名，以我不多事，借此坐镇。其名官绅士庶入听，其实不愿人入听也"。皮锡瑞的不满，主要是为"自立章程"一事而发，皮氏认为，所谓"自立章程"，不过是限制参与讲学论道而已。他并因此揣测，诸公之所以对讲学热心不够，是因为心在议院，而他们借重自己主持讲学，不过是作表面文章。既然学术研讨本来不是南学会主要宗旨，纵然皮氏个人多么关心学术，也是孤掌难鸣的事。

这样说来，南学会两大预期功能之间的内在冲突，对二者的落实，确实有着相互掣肘的影响。学会诸要人共识最多的，在于

---

① 皮锡瑞《师伏堂未刊日记》，1898年3月29日记事，《湖南历史资料》1958年第4期，第119页。

讲习启蒙。主张办议会者，需要启蒙大众积极关心时政，积极参与维新；主张研究学术者，亦需要宣讲布道。① 于是，南学会比较显著的成就体现在宣讲启蒙方面。

南学会"欲将一切规制及兴利除弊诸事讲求"，为此组织频繁的讲学活动。按照原定计划，讲学以学术、政教、天文、舆地四门为主，分别由皮锡瑞、黄遵宪、谭嗣同、邹代钧主讲。当然，实际进行中，讲学内容安排比较灵活，并没有局限于当初的计划。自2月21日至6月18日，南学会有明确记载的讲学，共计十三场，讲学至少45人次，其中皮锡瑞最多，为十二次，几乎每场必讲。其次是黄遵宪八次，其他讲者有谭嗣同五次，陈宝箴四次，熊希龄三次，李维格三次，曾广钧二次，戴德诚二次，邹代钧只讲一次。讲一次的还有乔茂萱、杨葵园、徐仁铸、欧阳节吾、左子异等。

---

① 皮锡瑞："今时事岌岌，旅顺大连湾已插俄旗，闻英法皆有变局，中国四百兆人将有灭种灭教之惧。……正应急起为之如救焚拯溺。其最急者，一曰保种，一曰保教。何以谓之保种？……今红种黑种为白种人剪灭殆尽，……红种黑种皆野蛮不知学问，虽性情犷悍，能以力强，不能以智强，故虽竭力与白种争，终为白种之所剪灭。强以智不以力，如徒以力强而已：牛马有力而为人服役，虎豹尤强而为人擒获。其所以为人服役、为人擒获者，由无智也。……保种必先开智，开智方能自强。……我黄种之人聪明才力不在白种之下，……然中国虽有此智慧，未能讲求开通。智者自智，愚者自愚。其智者足与白种抗衡，其愚者亦与红种黑种相去不远。若不急开民智，恐不免为红种黑种之续。……何以谓之保教？中国从孔子教，历二千年，……借此维系世道人心，……虽其间有道教、有释教与孔教并称为三，……然中国终以孔教为正。今二氏之教衰微极矣，而天主耶稣教乃起于数万里外，入中国与孔教争胜，……至今日乃真一发千钧之危矣。今欲保教，急须讲明孔教义理，……如不先明孔教宗旨，徒逞血气打教士，毁教堂，使彼气焰益张，何足以张吾教。保种宜开智，保教尤宜开智，未闻有以力强者也。"《皮鹿门学长南学会第六次讲义》，《湘报》第44号，第355页。

南学会讲演活动一览 [①]

场次	时间：光绪二十四年（1898）	讲学人
一	二月初一（公历 2 月 21 日）	皮锡瑞、黄遵宪、乔茂萱、谭嗣同、陈宝箴
二	二月初七（公历 2 月 27 日）	皮锡瑞、黄遵宪、谭嗣同、杨葵园、邹代钧
三	二月十四（公历 3 月 6 日）	皮锡瑞、徐仁铸、黄遵宪
四	二月二十一（公历 3 月 13 日）	皮锡瑞、欧阳节吾、熊希龄、陈宝箴、黄遵宪
五	二月二十八（公历 3 月 20 日）	皮锡瑞、谭嗣同、李维格、黄遵宪
六	三月初六（公历 3 月 27 日）	皮锡瑞、黄遵宪、李维格
七	三月十三（公历 4 月 3 日）	皮锡瑞、黄遵宪、陈宝箴
八	三月二十日（公历 4 月 10 日）	皮锡瑞、戴德诚、熊希龄
九	闰三月初四（公历 4 月 24 日）	皮锡瑞、李维格、谭嗣同
十	闰三月十一（公历 5 月 1 日）	皮锡瑞、陈宝箴、戴德诚
十一	闰三月二十五（公历 5 月 15 日）	皮锡瑞、黄遵宪、曾广钧、左子异
十二	四月初十（公历 5 月 29 日）	皮锡瑞、熊希龄
十三	四月三十日（公历 6 月 18 日）	谭嗣同、曾广钧等

这些讲学活动，有些是比较纯粹的学术讨论，多数则是宣传启蒙性的，以开风气为大端。这一点，不少听讲会友也有同感。

---

① 此表数据主要来源为《湘报》《师伏堂未刊日记》，主要参考资料包括：汤志钧《戊戌变法史》，人民出版社 1984 年版，第 278—282 页；李玉：《长沙的近代化启动》，湖南教育出版社 2000 年版，第 59—60 页；吴仰湘《南学会若干史实考辨》，《近代史研究》2001 年第 2 期，第 281—284 页。其中以吴仰湘考证最详，唯对谭嗣同多计一次。

湘阴范源廉会友就提出，要"仿省学会"继续大力发扬学会开风气的功能。"学会所以合群力，牖民智，诚救时上策，急宜设法推行者也。蒙有愚见，敢敬陈之：府厅州县，莫不有书院，则讲堂具焉；书院莫不有山长，则主讲者在焉；莫不有肄业生，则听讲者集焉。规模概仿省学会，官绅一体，咸与于会，开诚布公，各抒所见。专门之学不易讲听者，亦难骤知也；暂宜发明学问实际时事大局，以启暗聋之闻见，热士夫之血力，使知痛除积习，为讲求实学之基。其讲义问答，由各会绅董按次函录，寄省湘报馆，择其精当者，照登报纸，则风气逐处渐开。穷乡僻壤无患新学不兴，农工商贾皆知学会有益。……"对此，学会答复亦简短明快，曰"所言极是"。[1]

当然，为了有效集群、开智，谭嗣同、唐才常等还在长沙及全省各州府县遍设南学会及其分会藏书楼，总几近百数。《湘报》经常刊登南学会告白，称"现在各种中西书籍均已购备齐全，有来阅书者，请至本会掣取凭单，如因终日阅书需购饮食者，可由本会斋夫备饭，每餐酌收饭资"。此外，幻灯也成了集群、开智的形式之一，皮锡瑞一面说"此事本近戏，势不能如讲学之整肃也"，一面感叹它"人气实不可当"。

总之，南学会虽为学会，但由于维新志士们的着力点主要并不在学术，加上学会坚持时间很短，学术发展欲见成效实为艰难。南学会在中国学术发展史上的地位或许不及在中国政治运动史上的地位；不过，这不是说南学会学术就不值一提，相反，在当时学术青黄不接的形势下，南学会通过讲学和布道，对新兴学术的诞生毕竟有着筚路蓝缕之功。从长江流域乃至整个中国学术的近

---

① 《南学会问答》，《湘报》第 33 号，第 260 页。

代转型来看，说南学会居于开拓的阶段，实不为过。

二、南学会之"学"

南学会虽然重点在启蒙开智上落实，讲论内容毕竟离不开学术。在那些学术讲论中，立足于学战强国，对于中国传统学术的革新，不无一些重要的意见宣示。

观察南学会的学术取向，可以有两个途径：一是南学会历次讲论；一是南学会友，尤其是主讲人在南学会前后的学术成就。讲论之学表达他们的学术主张，学术成就则体现他们的努力程度，二者在时间上并不一定重合，精神却本来就是贯通的。这里主要讨论一下讲论之学，会员之学拟另文分述。

关于南学会的讲论，目前的研究，一般认为旨在反对仇外打教，鼓吹变法改制。①从政治面看，这当然是相当准确的。不过，在当时"兵战不如商战，商战不如学战"的时代氛围下，我们似乎也不难看到，南学会诸公确实具有通过挽救学术、推进学术，进而推动开智、谋求革新的深远动机。南学会讲论的重点在学术、政教、天文、舆地四门，兼及生理、开矿诸学，其中"学术"（特指中国传统经术）乃重中之重。今文经学名家皮锡瑞所主讲的学术，一反"讲章八股之士"的迂腐气息，力倡经世致用，更积极以西学补中学，求其会通之道。

皮锡瑞历次讲学主题

1. 论立学会讲学宗旨

---

① 汤志钧：《戊戌变法史》，人民出版社 1984 年版，第四章第三节；吴仰湘《皮锡瑞南学会讲学内容述论》，《江西社会科学》2002 年第 5 期；陈忠纯《论南学会的讲学活动及维新思想》，《徐州师范大学学报》哲学社会科学版第 30 卷第 4 期；李玉：《长沙的近代化启动》，湖南教育出版社 2000 年版，第二章第二节。

2. 论讲学之益

3. 论朱陆异同

4. 论学者不可诟病道学

5. 论交涉公理

6. 论保种保教均必先开民智

7. 申辩孔门四科之旨

8. 论孔子创教有改制之事

9. 论不变者道必变者法

10. 论胜朝昭代之兴亡原因

11. 论变法为天地之气运使然

12. 论洋人来华通商传教当暗求抵拒之法

皮锡瑞所讲之学，可归三类：一为讲学、开智之必要；二为孔学的基本内涵；三为孔学的现实发挥。三者背后，贯穿着一条共同的宗旨，那就是引进新兴学术资源，实现传统学术改良。他认为孔学本为德行、言语、政事、文学无不讲求的四科之学，"后儒动言圣门重心性，轻事功，不当说富强。'富强是霸术，不是王道'，此等议论最为害事。其实圣门学术何尝如此迂阔！今国势积弱，民穷财尽，正应亟讲富强富国，如农学、商学、矿务制造，强兵，如体操、兵操、枪炮准头、舆地测量，皆可使足民，可使有勇。学问此，在圣门为政事科，不得以为西学而斥之也"。① "墨守讲章八股之士，乃谓孔教尽在讲章八股之内，此外皆西学，非孔教，不知八股文止是文学之一种，何足以尽孔教？西人能举其教所未备者，取孔教义理而增入之，以自广其教，而中国人乃举孔教所本有者，误认为西人学问而屏弃之，以自狭其

———————
① 《皮鹿门学长南学会第七次讲义》，《湘报》第37号，第291页。

教。其所见之广狭悬绝如此，无怪彼教盛而吾教衰矣。"①

这段出自皮氏第七次讲演的文字，包含着四个层面的含义：

首先，中国学术已经严重狭隘化。本来道学（孔学）无不讲求，是涵盖德行、言语、政事、文学的四科之学，可是随着科举制度的流毒日深，迄于今日，竟沦落成"讲章八股"之学，如此学术如何能"尽孔教"，如何能经世致用？

其次，西学本源于中学。西方列强之所以强，乃因有富国强兵之学，实际上，所有这些学问，皆为孔门固有，而归属于其四科之一的政事科。西人当我华学术日益狭隘化之时，能"举其教所未备者，取孔教义理而增入之，以自扩其教"，遂有了今日的实学发达。

再次，要引纳西学，充实中学。皮锡瑞辨别四科之旨，虽说将富国强兵之学通通纳入孔学中的政事科，落脚处却是"不得以为西学而斥之"，即当此国家艰难之际，学术救国，应该克服自我设限，坦然引纳西国实学，充实中学，恢复孔教的本来面目。

最后，中西结合，以通致新，不可专讲西学。皮氏认为孔学既有四科，而西方实学不过其中一科，所以引纳实学，不可尽弃中学。

此四义，皮氏在讲演和答问中反复提到，兹略举数例：

皮氏在第四次讲论中，将独钟中学与单讲西学的偏狭主张视为两大患，主张学术应中西兼讲。论曰：

今之学者有两大患。浅陋之士，墨守讲章八股，以为孔孟程朱之道，具在讲章八股之中，此外别无所谓学，安得更有中学、

---

① 《皮鹿门学长南学会第七次讲义》，《湘报》第 37 号，第 291 页。

西学？故不但见人讲西学，群怪聚骂，即见人讲汉学宋学，亦骇为闻所未闻。而才俊之士，习闻此种议论，厌薄已极，只想力反其说，不考学术根本，亦以为孔孟程朱之道，不过如讲章八股所云，今讲章八股既不足学，则孔孟程朱亦不足法，专讲西学方有实用。不知西学虽有实用，亦必先通中学。不先通中学，则圣贤义理不能了然于心，中国政教得失、古今变革，亦不能考其故。此等人讲西学，无论未必能精，即通专门之学，不过一艺之长。又下则略通语言文字，只可为通事买办。此种人才，又何足用京师大学堂所定章程"以中学为主，西学为辅"，"中学为体，西学为用"？湖南时务学堂兼讲中西之学，最为通达。①

在第十一次讲论中，皮氏强调学贵通变，论曰：

《考工记》曰："作车以行陆，作舟以行水。"此皆圣人之所作也。古时未有舟车，而圣人创造舟车以利物，则舟车不可废而不用；然则古时未有轮舟轮车，而西人创造轮舟轮车以利物，则轮舟轮车亦安可废而不用乎！

又曰：

今五大洲通而为一，乃古来未有之奇变。天地之气运一变至此，人何能与天地相抗？能迎其机而自变者，其国必昌；不能迎其机而变者，其国必亡。②

---

① 《皮鹿门学长南学会第四次讲义》，《湘报》第 21 号，第 163 页。
② 《皮鹿门学长南学会第十一次讲义》，《湘报》第 72 号，第 636—637 页。

第十二次讲论，特别重视实学的提倡，论曰：

> 今我不讲商务，彼所以要通商；我不宣圣教，彼所以要传教。推之，我不亟行轮船，彼必来开码头；我不急通火车，彼必来建铁路；我不急兴保卫，彼必来设捕房；与其待彼来办权柄，一切属人，何如及早举行，将来犹可自固。

针对列强不断加深的经济和文化侵略，认定：

> 今惟有不明与之争，而暗与之抵拒，讲求商务，开通利源，推广学会，宣明圣教。中外各国教宗各异，中国自应专以孔教为尊。惟尊孔教，宜多读古书，兼通时务，不得专以科举帖括为孔教。至于商学、工学、及农家种植之学，则当采用西法，购置机器，不宜专执故见，自失本地之利。……欲保利权，必用新法，不必存中外畛域之见。①

皮锡瑞还屡屡发挥切磋的精神，主持多次与会友的对话活动。一次答问中再次提到中西会通、更新学术、振衰保教的必要性，他说：

> 孟子曰，孔子圣之时者也；司马德操曰，识时务者在乎俊杰。使孔孟程朱生此时，不能舍西学不讲。中国自有教旨学派二千年来，信从已久，岂能尽弃其学，全学西人？西学近乎格物致知，孔孟程朱虽不曾见此等专门之学，而其理已俱在格致之内。中学西学源流虽别，而能多读中西之书，比附其义，以观其会通，则

_____

① 《皮鹿门学长南学会第十二次讲义》，《湘报》第79号，第706页。

亦未尝不可相通。兼讲西学以补中学可也，尽弃中学专用西学不可也。学会所以广开民智，联合学派，意主开通，不主闭塞，而学派有汉学，有宋学，有程朱之学、陆王之学，今又别出中学、西学、旧学、新学，互相攻击有如仇雠。现在孔教衰微，亟宜破除门户，同心合志，共保其教，岂可同室操戈！①

皮氏对于吸纳西学、更新学术的鼓吹，产生了相当广泛的影响力。《浏阳群萌学会公致南学会书》中就明确说：

吾华旧学率沦于虚，皮鹿门学长辨别四科之旨，令人警省。且泰西格致之学，若轮船、铁路、电线，大率起于百年以来，是皆统一地球之朕兆，而西人先我发之。况其时正当吾华考据风行之日，吾日以虚文梏其士，而彼日以实用昌其徒，骎骎乎有凌轹五洲之势，不独挟以傲我钳我也。支那人士脑气最灵，资乃先导，深入其阻，未必不青胜于蓝也。②

皮锡瑞的上述见解，并非只是皮氏个人意见。衡诸其他讲学人在南学会上的讲论，不难发现，皮氏所表达的实在是一种共同意见，只不过这些意见的表达方式和重点不同而已。

比如，另一主讲人谭嗣同，第一回开讲，就拿世界上一些贫弱小国因振兴实学而强做例子，大声疾呼国人勉为实学。他说，日本、土耳其都曾是亚洲弱国，皆因振兴实学而强，即使宇内"第三等国"暹罗，"今其国君游历泰西各国，共倡实学，各国爱之、重之，国势因此更见兴盛，且将升为第二等国矣。我中国以

① 《南学会问答》，《湘报》第83号，第747页。
② 《浏阳群萌学会公致南学会书》，《湘报》第69号，第605页。

57

十八省之大，乃不能比一暹罗，其耻又何如也！诸君素怀忠君爱国之忱，谅必同深此耻，故愿与诸君讲明今日危急情形，共相勉为实学，以救此至危急之局"。①按照事先的计划，谭嗣同分工主讲天文，与邹代钧分工讲舆地，这本身都是最典型的实学之一。

谭嗣同毕竟不是天文学家，他讲天文的次数有限，而且最多讲解一点西人天地日月之学的常识。单就天文学而论，客观说，谭嗣同并没有特别值得一提的地方。可是，哲学家讲天文，本身却不能不说别有意义。因为这是"上学而下达"，将实学充实于道学的最好说明。

在"上学而下达"之外，谭嗣同也特别注意"下学而上达"。在进行天文知识启蒙的同时，他特别注意进行学术方向上的概括和引申。在南学会第二次讲学会上，他就大大发挥了一番类似皮锡瑞的见解。他先说孔学中本来就包含着各种利用厚生之学，"绝大素王之学术，开于孔子，而战国诸儒各衍其一派，著书立说，遂使后来无论何种新学，何种新理，俱不能出其范围"。儒家本只是孔教中之一门，孔教本身道大能博，无所不包。后世专以儒家为儒，其余有用之学俱摈诸儒外，遂使吾儒之量反形狭隘，而周秦诸子之蓬蓬勃勃为孔门支派者，一概视为异端，以自诬其教主。殊不知当时学派原称极盛。

如商学则有《管子》《盐铁论》之类，兵学则有孙、吴、司马穰苴之类，农学则有商鞅之类，工学则有公输子之类，刑名学则有邓析之类，任侠而兼格致则有墨子之类，性理则有庄、列、淮南之类，交涉则有苏、张之类，法律则有申、韩之类，辩学则

---

① 《谭复生观察南学会第一次讲义》，《湘报》第3号，第19页。

有公孙龙、惠施之类，盖举近来所谓新学新理者，无一不萌芽于是。以此见吾圣教之精微博大，为古今中外所不能越。

接着，他又结合当代西方实学发展的面貌，认为这是"天子失官，学在四夷"，是子孙弃之、外人业之的祖宗遗产，希望积极主动地大通其隔阂，大破其藩篱，将其"取而还之中国"，纳入中国固有学术体系之中。[①]

南学会第五次讲学，谭嗣同再次发挥，要求学人力破中外之见，以师人之长，自成其学。

诸君既知地圆，便从此可破中外之见矣！地既是圆的，试问何处是中？……中者，据我所处之地而言。我既处于此国，即不得不以此国为中，而外此国者即为外。然则，在美、法、英、德、日、俄各国之人，亦必以其国为中，非其国即为外。是中外亦通共之词，不得援此以骄人也。

鄙人今日所以反覆戒一"骄"字者，因为学会上所重的是"学人一骄便不能为学"，是以第一要去"骄"字。不骄方能师人之长，而自成其学。有学而国乃可以不亡矣！[②]

皮氏、谭氏为了接引西学的便利，都发表了西学中源说。皮氏的西学中源说比较抽象粗略，认为出自孔学一科；谭氏则相对具体，他先将诸子学纳入孔学，再说明西学源自诸子学。南学会政教主讲人黄遵宪在其《日本国志》中，更明确将中国诸子学中的墨学作为西学的发源，指出："余考泰西之学，其源盖出于墨

---

① 《谭复生观察南学会第二次讲义》，《湘报》第 7 号，第 51 页。
② 《谭复生观察南学会第五次讲义》，《湘报》第 20 号，第 157—185 页。

子。其谓人人有自主权利，则墨子之尚同也；其谓爱汝邻如己，则墨子之兼爱也；其谓独尊上帝保汝灵魂，则墨子之尊天明鬼也；至于机器之精，攻守之能，则墨子备攻备突，削鸢能飞之余绪也；而格致之学，无不引其端于《墨子》经上下篇。"在黄遵宪看来，墨学传到西方事实上完全可能，因为当孟子时，天下之言半归于墨，而其教衍而为七，门人邓陵、禽滑之徒且蔓延于天下。墨学入于泰西的过程、演变虽不可考，"而泰西之贤智推衍其说，至于今日，而地球万国行墨之道也，十居其七"则是一个事实。既如此，逮今而骎骎有东来之意，便不足为奇了。①

西学中源、诸子属孔之说，当然十分牵强，违反常识，如今看来立论不确，主观附会的意味很浓。不过，在当时"新学与旧学相水火"②的气氛中，要提倡新学，上述诸说却有值得同情的合理性。要知道，新学与旧学相水火，新学处在遭排挤的地位，旧学一方面衰败偏狭，一方面顽固自守，正如陈宝箴言：

盖中国自康乾以来承平日久，士大夫不务为实学，徒以虚美相高，竞尚考据词章之习，争新斗巧，以博虚誉。下焉者又为八比试律、小楷卷折所困，不知天壤间更有何事，更有何学。即有讲义理者，又或徒骛道学之名，其矫情饰貌以欺世者固无论矣，即研穷心性、辨晰毫芒，亦徒口头语耳。求其实，能明体以达用者，千百中无一二焉。习俗移人，贤者不免，人材消乏，以驯至于今日之中国。③

---

① 黄遵宪:《日本国志》，上海古籍出版社2001年版，第332页。
② 樊锥:《开诚篇》，《湘报》第3号，第19页。
③ 《陈右铭大中丞讲义》，《湘报》第1号，第3页。

在旧学顽固自守的背景下，新学常常被描述为谋求私利、哗众取宠之门径。南学会成立后，第一个成立南学分会（邵阳分会），且被举为分会会长的樊锥，在湘报著《开诚篇》，力辟"世之老师宿儒、正人君子，犹或有非之（指新学——引者）者，则以其为美名、为私利、为取宠、为自秽而已"，表示"今夫吾之所以不能不新而不忍不新者，非独为一人之美名也，非独为一人之私利也，非一哄之市而专以嚣风气取宠也，非纵横其词淫放其说而俨然以六国之处士自秽也。然以此沸腾之而不能辞、不忍辞者，则何也？其意不过止于存中国、保教种，勿使数千年神圣之区一旦殄灭以澌尽，蹈波兰、印度、阿、非之覆辙而已。"兴新学不过是要充实中学，"以期相济于通同"，因为"吾之道必犹有所未尽也，则吾之学必犹有所未足也"，"学其所学，政其所政，较吾人之所谓学，所谓政，必尤进而愈上，综而愈实，信而愈效，挈而愈备焉。是真足以策吾新也，补吾新也，益吾新也，完吾新也"。[①]

当然，南学会讲论之学，从学术角度看，除了鼓吹实学，还有对今文经学的提倡。他们认为《春秋公羊传》为孔子真传，其主旨是倡改制、兴民权。皮锡瑞在南学会演讲学术，就多次宣传春秋公羊学，他说："《春秋》一经为圣人经世之书，更须先通大义微言，方知孔子创教，实有素王改制之事。"[②]谭嗣同、唐才常等也先后发表过相同的看法。由于今文经学与古文经学之争，只是中国传统学术内部的意见分歧，本身不涉及学术转型，这里不作细致讨论。

---

① 樊锥：《开诚篇》，《湘报》第 3 号，第 17—18 页。
② 《皮鹿门学长南学会第八次讲义》，《湘报》第 35 号，第 276 页。

三、从南学会看戊戌时期长江文化团体的学术特征

综上所述，作为戊戌时期长江流域重要学术团体的南学会及其成员的学术活动，体现了如下学术特征：

1. 学术服务于政治

当时维新派最大的政治，就是变法改制，保种、保国。南学会讲究学术，从最初动机说，诚为"议会"运动的副产品；而其"开智""育才"的功能论，又实为维新运动之奠基。南学会主要成员的学术活动，无一不以鼓吹变法改制为目标，甚或还有程度不同的为政治而学术的倾向。他们个人介入维新运动也很深，谭嗣同成为戊戌六君子之一；黄遵宪虽幸免于难，戊戌政变后也被弹劾；即使介入实际变法活动不多的皮锡瑞，也因为宣讲改制说，被保守派攻击为洪水猛兽，戊戌政变后遭革职，逐回原籍由地方官严加管束。

2. 以开风气为主旨，以贴近西学为方向

道咸以来，受到西方文化冲击，中国传统学术的完整形态逐渐开始动摇。由"中体中用"演变到"中体西用"，再由"中体西用"迈进到"不中不西""即体即用"，接下来"西体中用"的主张有之，"西体西用""全盘西化"的主张亦有之。这是一条师夷制夷、开风气、近西学之路的方向。南学会所处的就是由"中体西用"迈进到"不中不西""即体即用"的阶段。当时的"流行语，则有所谓'中学为体，西学为用'者，张之洞最乐道之，而举国以为至言。盖当时之人，绝不承认欧美人除能制造、能测量、能驾驶、能操练之外，更有其他学问"。[1] 张之洞《劝学篇》

---

[1] 梁启超：《清代学术概论》，《饮冰室合集》专集三十四，中华书局1989年影印版，第71页。

别内外，定主辅、明上下，一方面表示愿意"择西学之可以补我缺者用之"，开守本纳新之言路，另一方面尊传统学术为体，不容改变。李鸿章、张之洞等人的洋务运动虽有译书局之设，而所译者多为科技书，"数十年中，思想界无丝毫变化"，"学问饥饿"的情势没有改观，亟待新一代学人出现。"康有为、梁启超、谭嗣同辈，即生育于此种'学问饥荒'之环境中，冥思枯索，欲以构成一种'不中不西即中即西'之新学派，而已为时代所不容。盖固有之旧思想，既深根固蒂，而外来之新思想，又来源浅觳，汲而易竭，其支绌灭裂，固宜然矣。"① 南学会同人治学境界上与康、梁近似，趋向上都贴近西学，惟具体到个人，因为知识背景和社会环境的差异，贴近西学的程度有别而已：其沉稳者，犹不脱中体西用的影子；其激进者，已可见西体中用，乃至全盘西化之端倪；而多数则居两极之间。一些稳健的维新士子有时虽也沿用"中体西用"论式，其实，他们的中体西用与洋务人物不同，有人将他们的论式比喻为"明修栈道，暗度陈仓"。②

3. 纳新于旧，新旧一体，并不割裂

既然处在"不中不西""即体即用"的阶段，南学会虽对西学心向往之，并不乏冲决网罗的精神，却终不至于与传统决裂。列文森（J.R.Levenson）在《历史与价值：当代中国思想选择的张力》及《儒家中国及其现代命运》中对近代中国思想史上维新派文人有过深入的分析，他说这批人已经意识到对中国现存价值结构进行改革的必要，但在情感上他们仍然承受不了一种非中国

---

① 梁启超：《清代学术概论》，《饮冰室合集》专集三十四，中华书局 1989 年影印版，第 71 页。

② 昌切：《清末民初的思想主脉》，东方出版社 1999 年版，第 155 页。

化的价值体系在生活中成为普遍观念的中心，因此不免呈现出一种精神上的紧张与困境，学术上有深刻的传统印记。政治上有托古改制，学术上有托古求新。南学会之学术托古，从骨子里说，乃以今范古，融西于中。他们一方面"以中化西"，一方面"以西化中"，在中西学术的对流中，谋求学术再生。正如梁启超所说："故吾愿发明西人法律之学，以文明我中国；又愿发明吾圣人法律之学，以文明我地球。"①

当然，当时的学术团体并非仅只南学会，这些学术特征也并非为南学会所独有。戊戌时期长江流域学术团体数量多，分布广。其中汤志钧《戊戌变法史》辑录之比较著名者，上游有四川成都的蜀学会，中游有两湖地区的中国公会（武昌）、质学会（武昌）、舆地学会（武昌）、学战会（长沙）、积益学会（长沙）、法律学会（长沙）、公法学会（长沙）、群萌学会（浏阳）、任学会（衡州）、舆算学会（郴州）、致用学会（龙南）、明达学会（常德），下游有上海强学会、上海农学会、新学会（上海）、算学会（上海）、蒙学公会（上海）、译书公会（上海）、医学善会（上海）、中国女学会（上海）、苏学会（苏州）、测量学会（江宁）、劝学会（江宁）、蒙学会（江宁）、匡时学会（扬州）、兴儒会（瑞安）、兴浙会（杭州）等，② 兹择要简介如下：

成都蜀学会：宋育仁等发起成立，"约集同人，联为此会，期以通经致用为主，以扶圣教而济时艰"，"此会以经训为主，与祖尚西人、专门西学者有别；至格物穷理，无分中外，临讲务求

---

① 梁启超：《论中国宜讲法律之学》，《湘报》第 5 号，第 33 页。
② 参见汤志钧《戊戌变法史》第三章第二、四节，第四章第三节，人民出版社 1984 年版。

折衷至当，不得是彼非此"，"学会原为发扬圣道，讲求实学，圣门分科，……约分伦理、政事、格致为三大门"。[①]

中国公会：汪康年 1895 年发起成立。"讲求实用为主"，"专讲求中国之所以贫弱，西国之所以富强"，以为"中国之贫弱，由于政法之不明；政法之不明，由于学术之不讲"。[②]

质学会：1897 年成立。"斯会大旨，意在劝学，务崇质实。"拟分经学、史学、法律、方言、算学、图学、天文学、地学、农学、矿学、工学、商学、兵学、格致学十四科。前六科为体，各门均应兼习；后八科为用，可以各专一门。[③]

上海强学会：康有为 1895 年发起成立，"专为中国自强而立"，"此会专为联人心，讲学术，以保卫中国"，"入会诸子，原为讲求学问，圣门分科，听性相近。今为分别门类，皆以孔子经学为本"。[④]虽标榜尊奉孔子，所尊之孔子已不同于传统道学之孔子，而是"托古改制"之孔子了。

上海农学会：罗振玉、蒋伯斧、徐树兰、朱祖荣等 1896 年发起成立，"采用西法，兴天地自然之利，植国家富强之原"，使"中国士夫咸知以化学考地质，改土壤，求光热，以机器资灌溉，精制造之法之理"。[⑤]

蒙学公会：叶瀚、汪康年等 1897 年发起成立，"连天下心志，使归于群，相与宣明圣教，开通锢蔽"。[⑥]

---

①　《蜀学会章程》，《蜀学报》第 1 期，1A—2A。
②　汪康年：《中国公会章程》，汪诒年《汪穰卿先生传记》卷二，第 4—7 页，1938 年杭州汪氏排印本，转引汤志钧《戊戌变法史》152 页。
③　《武昌质学会章程》，《知新报》第 25 册，7B—8B。
④　《上海强学会章程》，《强学报》第 1 号，5A—6A。
⑤　《务农会章》，《知新报》第 13 册，4B—5A。
⑥　《蒙学公会公启》，《时务报》第 42 册，1A。

译书公会：恽积勋、恽毓麟、陶湘等 1897 年发起成立，"本公会志在开民智，广见闻，故以广译东西切用书籍、报章为主，辅以同人论说"。①

苏学会：章钰、孔昭晋等 1897 年发起成立，意在"多购书籍，以增智慧，定期讲习，以证见闻，不开标榜之门，力屏门户之见，远师亭林有耻博文之宗旨，近法校邠采西益中之通论"。②三原则：一、因时制宜，互相讲习，振起人才；二、中学为主，西学为辅，中学为体，西学为用，"以中学包罗西学，不能以西学凌驾中学"；三、"专以学问相砥砺"，不议朝政。③

积益学会：张礽、饶霱等 1898 年发起成立，"讲求有用之学"，"现设经济科六门为主"。④

学战会：黄蕚、何廷藻等 1898 年发起成立，"以联通群力，振兴新学为主"，"遵照经济特科六事，勉为济世实学"。⑤

公法学会：毕永年等 1898 年发起成立，"专讲公法之学，凡自中外通商以来所立约章，以及因应诸务，何者大弊，何者小疵，何者议增，何者议改，皆须细意讲求"。⑥

法律学会：施文焱、李延豫等 1898 年发起成立，"专集同人讲读律令"，"志在讲求法律，贯穿公理，浏览群书，洞悉时务。"⑦

舆算学会："专习舆算之学，以亟先务"。⑧

---

① 《译书公会启事》，《译书公会报》全二册，中华书局 2007 年版，"影印说明"。
② 《苏学会公启》，《时务报》第 33 册，25A。
③ 《苏学会简明章程》，《国闻报》光绪二十四年七月二十九日、三十日。
④ 《积益学会章程》，《湘报》第 105 号，第 972 页。
⑤ 《学战会章程》，《湘报》第 59 号，第 508 页。
⑥ 《公法学会章程》，《湘报》第 48 号，第 397 页。
⑦ 《法律学会章程》，《湘报》第 60 号，第 517—518 页。
⑧ 《彬州开办舆算学会章程》，《湘报》第 12 号，第 93 页。

致用学会："延算学师教授本会子弟"。①

明达学会："本中国义理之学，参泰西富强之术"，延聘中西学教习，讲习舆算经史。②

可见，当时长江全流域多数学术团体，章程中均非常重视拓新学术，普遍而各有侧重地体现了南学会所呈现的学术特征。

① 《龙南致用学会申定章程》，《湘报》第 103 号，第 954 页。
② 《明达学会章程》，《湘学报》第 30 册，6A。

国学保存会与中国学术的革故鼎新 *

清末民初的学术流变，既有学术内涵的变化，又有学术建制的革新。透过转型中轴期（1895—1920）学术团体的兴替和教育机构的演变，比较能够客观地观察到其间学术流变的基本理路。不过，就笔者迄今有限所及，着眼于这一视角的研究还不算多。[①]本文将仅以清末长江流域的国学保存会为个案，尝试性地探讨在学术内涵现代化方面，学术社团所充当的角色。

一、从国学保存会观察清末长江学术

社团在近代中国的兴起，代表了知识分子的群体思想趋向。虽说中国古代即有"以文会友"的结社传统，但由于历代专制政权的打压，空间十分有限，明朝后期实行党禁后，更是一蹶不振。直到晚清西人势力闯入，引发民族危机，才出现近代中国第一代社团。为了"益智""合群"，挽狂澜于将倒，甲午战争后，成立学会保国保种成为精英分子的共识。他们认识到西方国家之所以

* 本文曾载于《华中师范大学学报》哲学社会科学版 2003 年第 3 期，原题为《国学保存会与中国传统学术的革故鼎新》。

① 关于学术制度化方面，不少学者已有注意，例如台湾青年学者刘龙心对晚清学堂的研究就颇有见地（《学术与制度：学科体制与现代中国史学的建立》，台北远流出版公司 2002 年版）。学术社团方面的研究，桑兵等先生的著作有所论及（如桑兵《清末新知界界的社团与活动》，生活·读书·新知三联书店 1995 年版；《晚清民国的国学研究》，上海古籍出版社 2001 年版；罗福惠《辛亥时期的精英文化研究》，华中师范大学出版社 2001 年版；郑师渠《晚清国粹派：文化思想研究》，北京师范大学出版社 2000 年版）。本文参考和充分借鉴了这些学者的研究成果，特此致谢。

强大，就是因为有集众人之力组建的众多学会，最大限度地开发了民智，法、德、意皆有学会而兴国，[1] 所以"今欲振中国，在广人才；欲广人才，在兴学会"。[2]

1896 年，汪康年拟定了一个《中国学会章程》，建议清廷颁行，以便提倡"布衣议论国是"。与此同时，强学会、南学会等一批近代社团应运而生。这批社团固然重心在政治改良方面，学术文化方面也颇有起色。除了政治性社团非常注重学术发展，还有一些较纯粹的学术社团，如质学会（武昌）、算学会（浏阳）、苏学会（苏州）、测量会（南京）等。事实上，谭嗣同、梁启超、章太炎诸人，从一开始就将学会主要界定为学术组织，只是这种学术最终服务于社会进步的现实需要而已。例如谭嗣同说："大哉学会乎！""学会成而学成，近之中国，远之五洲……菁华会萃，终朝可定，于是无变法之名而有变法之实。"[3] 梁启超说："西人之为学也，有一学即有一会。"[4] 章太炎也说："中国之积弱，惟不能合群以张吾学。"[5]

随着魏晋以后中国文化重心的南移，长江流域逐渐取代黄河流域成为中国学术渊薮，传统文化底蕴相当丰厚，加上近代又是受欧风美雨洗礼较早的地区，所以中西文化交汇得天独厚（黄河

①　梁启超：《南学会叙》，《时务报》1897 年第 51 期，第 1 页。

②　梁启超：《变法通义·论学会》，《梁启超选集》，上海人民出版社 1984 年版，第 19 页。

③　谭嗣同：《壮飞楼治事篇第三·学会》，《谭嗣同全集》，中华书局 1981 年版，第 437 页。

④　梁启超：《变法通义·论学会》，《梁启超选集》，上海人民出版社 1984 年版，第 19 页。

⑤　章太炎：《论学会大有益于黄人亟宜保护》，《时务报》1897 年第 19 期，第 4 页。

流域虽传统文化底蕴仍然富足，接触西方文化却不及长江和珠江流域；珠江流域在接触西学方面占据先机，传统文化底蕴却逊于长江和黄河流域。内地其他地区也不具备"中西兼学"的优势），学术社团的发展从而也独占鳌头，尤其在中西学术交汇焦点地区的江浙一带，更是活跃异常。

据张玉法《清季的立宪团体》《清季的革命团体》所列举的各地学会统计，立宪团体中，政治类 21 个，长江流域就占 11 个。政治中心北京虽有 9 个，其中大部分却是包括长江流域旅京人士在内组建的地方性社团，如蜀学会、保浙会、保川会等。教育、译书、学术类社团 40 个，长江流域更是占到 31 个。革命团体中，政治类 58 个，其中 21 个设在国外，设在国内的 37 个，长江流域占 23 个，而国外革命组织也以长江流域尤其江浙人士居多。革命团体中教育、译书、学术类组织共列 5 个，基本都在长江流域。当然，张玉法先生的列举，正如不少论者指出的，尚不十分完善，据此立论不一定精确，但大体上能看出概貌。

清末的学术社团，以 1903 年为界，大致可分为两段。前一时期，从政治倾向上看，以维新立宪为主，从学术倾向上看，以引进西学为主；后一阶段，多数社团政治上主张革命，学术上主张古学复兴（也有少数革命团体主张全面欧化，如"新世纪"派等）。这种态势在长江流域学术社团发展中，体现得更为充分。为什么会有这样的变化？对于政治倾向的转变，学界已有比较深入的研究，毋庸赘述；学术立场的转变，可以提出的理由有两方面：

外部原因是学术服从政治的需要。庚子之变后，人们渐渐感觉到，要起衰振弊，单纯输入欧西新学远远不够，必须还要唤起国人的自信心。这一点在革命潮流兴起后尤其突出。革命是要付出代价的，代价是否值得，首先要看这个国家是否值得拯救，祖国文明的可爱无疑是革命救国的重要理论依据之一。同时，一部分革命派在反思民族危机时，感受到了民族存亡与文化存亡的一致性，相信文化危机是更本质、更深刻的民族危机。无怪乎除《新世纪》等少数革命派外，几乎所有革命报刊都有"发思古之幽情"，重新肯定旧学价值的倾向。在这种时境下，"国粹"一词成为风行一时的时髦用语。此外，当时维新派政治上已经蜕化为保皇派，反对推翻清朝，出于反满革命的需要，经过强化传统的"华夷之辨"来推进革命，也是一个重要原因。

内部原因是学术反省。维新派在思想文化上的建树在于，一方面将人们对西学的认识由"西艺"推进到"西政"，另一方面也打破了扬中抑西的传统，主张以新学、西学反对旧学、中学。这固然为西学在中国的广泛传播开辟了道路，但也被时人视为"欧化"的先河。[①]南学会的樊锥，就提出中国要"一革从前，搜索无剩，唯泰西是效"。[②]在此种"崇洋"学风之下，传统文化在人们心目中地位自然每况愈下。这样，那些国学功底深厚且兼通西学的博学之士，自然希望改变这种学风。国学保存会成立之前夕，黄节在谈到国粹学社之缘起时，就有"海上学社林立，顾未有言国粹者"的抱怨，[③]以他们对中国传统学术的热爱和信心，大

---

① 董寿慈：《论欧化主义》（《环球中国学生报》1907 年第 4 期）便有"甲午变后，识时俊杰，风发飙起，东向而求学，诚是为欧化之先河"。其实，维新派内心同样看重传统国学，主张复兴国粹，只是工作的重心放在新学接引方面罢了。当新学渐成主流的五四时期，包括梁启超在内的维新派纷纷归依东方文化派便是明证。

② 樊锥：《樊锥集》"开成篇三"，中华书局 1984 年版，第 11—12 页。

③ 黄节：《国粹学社发起词》，《政艺通报》1903 年第 1 号。

力呼吁复兴国学就不奇怪了。

国学保存会正是这种转变时期的产物。它集清末长江流域学术社团的时空特点于一身。其成立的 1905 年，是一个革命派社团通过论战最终取得对于维新派社团绝对优势的时机。它不仅会址设在长江出口的大上海，而且会员多为长江流域诸省人。其会员虽不可确考，但据郑师渠先生的研究，比较可靠的有 23 人。他们是：广东邓实、黄节、卢爵勋、蔡哲夫四人，江苏刘师培、陈去病、恽菽民、高天梅、朱少屏、王毓仁、沈屋庐、柳亚子、吴一青九人，浙江许宗元、马叙伦、陆绍明三人，江西文公达、张桂辛、胡薛宾三人，安徽黄宾虹、胡朴安二人，湖北黄季刚一人，广西马君武一人。其中除五名两广人士以外，均为长江流域学者，江浙尤重。浙籍国学大师章太炎没有参加国学保存会，却是国学保存会的精神领袖。出现这种现象不是偶然的。江浙既是中西学术交汇之焦点，又是历史上抗清斗争最为激烈而损失也最为惨烈的地区，顾炎武等人的反清思想影响尤其深远。生于斯长于斯，通过历史掌故，耳濡目染，传统华夷之别的种族观潜藏已久，排满之思十分自然。

国学保存会拥有两份刊物、一座藏书楼、一个印刷所，并设立有神州国光社，开办有定期开讲的国学讲习会，还曾计划开设三年制国粹学堂，是一个具有相当实力的文化实体。提到国学保存会，一般都只说它是"清末革命学术团体"，突出其反清革命的性质。即就学术面而言，也重在阐发其"发明国学保存国粹""爱国保种存学救世"的"保""存"一面。诚然，这样看国学保存会并无大错，国学保存会确实是作为服膺汉学的"有学问的革命家"团体出现的。唯若仅限于此，对国学保存会的认识仍不全面。国学保存会不同于其他革命团体，它从一开始就揭起古学复兴的旗帜；也不同于一般的复旧团体，他们的存学救世自始至终是以现代性为归依的。这个中国近代学术史绕不过的重要社团，肇起于此时此地，不无值得深入观察之处。

二、兴学救国的第二条路线：古学复兴

国学保存会是 1905 年初邓实、黄节等人在上海成立的，后来发表的《国学保存会简章》称，"研究国学，保存国粹"是该会宗旨。为此，该会发行了《国粹学报》，在"保种、爱国、存学、救世"的旗号下，迅速展开阵势，分社说、政篇、史篇、学篇、文篇、丛谈、撰录七门撰述，形成国粹思潮。如果说，维新派兴学救国所走的是引进西学、推进改革的道路，那么以国学保存会为代表的国粹派革命团体，则选择了复兴古学、振兴传统学术的第二条路线。

对国家危机的看法，国学保存会与维新派诸社团极其相似。刘师培的《攘书》《中国民族志》，邓实的《国学通论》，马叙伦的《政学通义》等，无不首先痛陈中国面临的种种"惨祸迫在眉睫"的内忧外患，强烈呼吁国人"保国保种"。国学保存会也同样认为救国必须兴学，不同的是，他们的注意力主要不在西学，而在挽救和发展国学，认为国学危机同时也是民族危机。"学亡则亡国，国亡则亡族"，[1] 国学保存会同人对于国家的理解，倾向于有机体的看法，认为土地、人种乃国之质干，"其学术则其神

---

① 《国粹学报叙》，《国粹学报》1905 年第 1 号，第 2 页。

经也",①学术为立国之本。"夫国学即国魂所在,保存国学,诚为最重要之事矣。"②他们观察到欧洲借复兴古学而开近代文明先河,以为中国文化要重振雄风,也必须经过复兴古学实现。他们质问:"安见欧洲古学复兴于15世纪,而亚洲国学不复兴于20世纪耶?"指出,"吾人今日对于祖国之责任,唯当研求古学,刷垢磨光,钩玄提要,也发现种种之新事理,而大增吾神州古代文学之声价","古学虽微,实吾国粹"。③

为什么接续古学可以实现文化重振?国学保存会的看法是,从逻辑上说,国学是文明之源,是民族文化的活力所在,是火种。正因为有了这个火种,才发展出绵长的民族文化。虽然后来不免发生变异,湮没了文明之光,但只要复兴古学,还是可以找回文化重振的希望。欧洲通过古学复兴,打掉了中世纪的黑暗,中国之所以陵夷至今,其咎无非没有接续古学的火种。对于接续火种的具体含义,他们没有集中说明,但从相关论述中,可以看出至少包括:以丰富而有活力的国学与西学比肩,显我国文化之独立价值;以悠久的国史,调动国民爱国的不竭源泉;以古典的华夷之辨,为现实革命提供动力;以百家争鸣的展示,树立学术开放、思想自由的本土典范;以中国学术自新的传统,推动传统学术再生。他们不同意中西之异在人种优劣的民族虚无论,认为不仅欧洲以复古学使科学勃兴,东方的日本亦然。刘师培感叹:"嗟乎,欧民振兴之基,肇于古学复兴之世,倭人革新之端,其于尊

---

① 邓实:《鸡鸣风雨楼独立书·学术独立》,《政艺通报》1903年第24号,第5页。

② 许之衡:《读〈国粹学报〉感言》,《国粹学报》1905年第6号,第4页。

③ 邓实:《古学复兴论》,《国粹学报》1905年第9号,第3、4页。

王攘夷之论。"① 何况中国是世界最古老的文明大国，以其能数千年一脉相承，而独存于天下（其他文明古国历史中绝），必有"适于天演之例"的精华在。所以中国应该"急起直追"，复兴古学，再创文明。

国学保存会所谓复兴古学，不是指近古之学。邓实直指中国文化的衰弊，根于近古学术无实无用，湮没不振。汉学满足于烦琐考据，宋学醉心于空谈心性，不仅无补于国事，而且还毒化了国学，不足称之为"学"。"近三百年之天下，谓之适于无学之世可矣。"②

他们所谓复兴古学，也不是维新时期康有为所倡导的前汉今文经学。在这一点上，国学保存会起初并没有明确的排斥立场，不少人虽主治古文经学，但间或也采用今文家言。《国粹学报》头两年中，今文经学家廖平时有文章发表，发挥"微言大义"，颇形活跃。直到 1906 年第 12 期，该刊发表章太炎致刘师培的一通书信强烈反对登录今文家言后，今文经学才被逐出国学保存会的"古学"范畴。可见，明确古文经才是古学的主体，主要是受到作为国学保存会精神领袖的章太炎的影响，当然刘师培等人内心对此也是持赞同态度的。

章太炎撰写过《古今文辨义》《春秋左传读叙录》《刘子政左氏说》等文，刘师培也连续发表了《汉代古文学辩诬》《六经残于秦火考》等文，立证古文经非刘歆伪作，并且较古文经为优。他们指出，秦汉之间，古文之学虽残缺失传，但并未绝迹，故河间献王、孔壁出古文经，不足为奇，康有为断言其为伪经，无事

---

① 刘师培：《论中国宜建藏书楼议》，《国粹学报》1906 年第 7 号，第 3 页。

② 邓实：《国学保存论》，《政艺通报》1904 年第 3 号。

实根据。不仅古文经是真经,而且由于今文经比古文经晚出,所以离孔子时代更远。由于今文经最早出自口授,所以准确性也值得怀疑。今文经治学追求怪异妄诞,夹杂谶纬术数,且门户分歧,各持己见排斥他说,短处非常明显,而古文经则因更贴近孔子及其时代,"通故训详故事",于史有征,更加可信。在治学方面,古文经也有长处,它唯求字句之通,不言章句义理,所以可以左右采获症结尽解,不易有门户之见。

复兴古学包括儒家六经自不必说,国学保存会同人认为要复兴的国学还包括诸子学,诸子学也是经学。

传统经学释"经"或为"常"(常道,《白虎通义》),或为"径"(直线,与纬相对,见《说文解字》)。二者都是为圣化儒家六经而做的牵强附会的引申,不足信。刘师培指出,"经"字源于对治丝的借喻,"盖经字之义取象治丝,纵丝为经,横丝为纬,引申之,则为组织之义"。[①]上古学术借口耳相传,为便于记诵,为文常常奇偶相生,声韵相协,藻绘成章,有参伍错综之观,所以古人假借治丝之纵横比喻其文为经。那时,凡用文言的古书皆称经,以与不讲文法之"鄙词"示异。六经本为先王旧典。为周末诸子共治,只是诸家无定本,旧本失传之后,惟孔子编订本独存,所以后来成为儒家专利。不仅六经这样的官书可以称经,那些不在邦典的诸子书,如《墨经》《道德经》同样可以称经。所以国学保存会同人所说的经不限于孔门之经。儒学是经,诸子之学也是经。不同于儒家道统派,他们所要复兴的古学不限于儒学,而是包括儒学在内的先秦诸子学。正如邓实所说,"孔子之学固

---

① 刘师培:《经学教科书》,《刘申叔先生遗书》第 66 册,宁武南氏 1936 年版,第 1 页。

国学，而诸子之学亦国学也"。①

所以在国学保存会同人看来，要复兴国学，必须回到中国文化的源头先秦时代那纯正而有活力的形态丰富的古学。

康有为用今文经旧瓶装西学新酒，本是历史一大进步，国学保存会却转而提倡复兴古学，而且还是据称贴近孔子时代的古文经学，表面看起来似乎是一个倒退，其实不然。由于康有为的今文经学"旧瓶"本身没有经过再造，西学"新酒"立足未稳，便因变法失败、革命军起、康有为转向顽固保皇而弃置，而国学保存会倡导古学复兴，实质意义却是转化传统，再造传统。

国学保存会成员多数是年轻富有朝气的新式知识分子。国学保存会成立时，邓实29岁，黄节32岁，刘师培21岁，而柳亚子只有18岁。他们固然因为旧学根底普遍深厚，而对古学情有独钟，但却从未敌视西学、排斥西学。相反，他们无不重视对西学的吸纳，年稍长的会员固然主要通过自修获得西学素养，年轻的会员更是直接通过新式学堂的学习，对西学有系统了解。在学会内部，邓实、黄节在主办《国粹学报》同时，还继续发行《政艺通报》，不仅突出介绍西学新知，讲求政、艺，并且追求西方政、艺"二通之学"。正如论者指出的，其时《国粹学报》与《政艺通报》并驾齐驱，在国学保存会主持者眼里，正是要实践他们的国粹与欧化并行不悖的理论构想。国学保存会明确肯定，西学与古学不仅不对立，相反，中国古学复兴的原动力正是西学东渐、古学复兴的过程，就是中西文化会通融合的过程。

---

① 邓实:《古学复兴论》,《国粹学报》1905 年第 9 号，第 3 页。

三、会通中西，再造传统学术

国学保存会同人大力呼吁复兴国学的同时，在实践上也在努力谋求会通中西，再造中国传统学术。他们指出，复兴古学的途径，是引西学以重新研究古学。对于西学在中国国学研究中的作用，他们不仅从现实需要上看，而且认为西学的输入历来都是"中国学术变迁之关键"：元代地接欧洲，远绍西学，"此历数、音韵、舆地之学，所由至元代而始精也"；[1]明清之际，西学随传教士东渐，诸子学与西学"相因缘而并兴"，治西学者，"无不兼治诸子之学"，[2]并从西学视角观察诸子学。所以说"凡国学微言奥义，均可借皙种之学，参互考验，以观其会通"。[3]

从拟议中的国粹学堂计划，可以约略知道国学保存会以西学研习国学的风格。国粹学堂章程规定，本学堂"略仿各国文科大学及优级师范之例，分科讲授，惟均以国学为主"，[4]这就是说，他们研习的范围是国学，方法却是西学的分科研习法。他们制定的《拟国粹学堂学科预算表》，将一百多门国学课程归入经学、文字学、伦理学、心理学、哲学、宗教学、政法学、实业学、社会学、史学、典制学、考古学、舆地学、历数学、博物学、文章学、音乐学、图画学、书法学、译学、武事学等二十余门学科中。可见，国学保存会的古学复兴，与中国学术近代化是不矛盾的，甚至可以说，这种意义的古学复兴，实在是意在推动传统学术的近代转化，本质不在复古，而在创新。正如马叙伦后来所说，《国

---

① 刘师培:《国学发微》,《国粹学报》1906 年第 11 号, 第 2 页。

② 邓实:《古学复兴论》,《国粹学报》1905 年第 9 号, 第 3 页。

③ 刘师培:《拟设国粹学堂启》,《国粹学报》1907 年第 1 号, 第 2 页。

④ 《拟设国粹学堂简章》,《国粹学报》1907 年第 1 号, 第 4 页。

粹学报》"有文艺复兴的意义"。①

如今所谓国学，一般以经、史、子、集为范围。而在国学保存会同人眼里，国学即先秦古学，先秦古学主要是诸子百家之学，而且诸子百家之学都可归于经，而诸经本质上又是史，所以，在他们看来，"国学，当首经史"。②

国学保存会同人以西学治经的成绩，可以刘师培的《经学教科书》《周末学术史序》等为例。《经学教科书》不仅努力以近代西式教科书体例编写中国经学，而且指导思想上只将经书视为古史资料，把治经当作一种单纯的学术活动，使经学研究与两千年来传统的神圣而神秘的经学划清界限。刘师培一方面将"经"训为"治丝"，另一方面细致地考察了经书的逐渐形成过程，认为"六经"之名始于三代，起源则更古。《乐》发端于葛天氏时代的乐舞，伏羲神农时代的乐名，黄帝时代发明的六律五音之用。《易》至少可以追溯到伏羲八卦。《礼》发端于唐虞"以天地人为三礼，以吉凶军宾嘉为五礼"。《诗》至少可追溯到虞夏的采诗之官。而上古之君，设左右二史，左史记言，右史记动，言为《尚书》，动为《春秋》，是为《书经》《春秋经》之始，经过历代的增益，到西周已经比较成型。西周时，周公制礼作乐，"故《易经》掌于太仆，《书经》《春秋》掌于太史、外史，《诗经》掌于太师，《礼经》掌于宗伯，《乐经》掌于大司乐"。③ 这就比较严密地验证了章学诚"六经皆史"其说不诬，而孔子只是将"淆乱无

① 马叙伦：《我在六十岁以前》，生活·读书·新知三联书店1983年版，第21页。
② 许之衡：《读〈国粹学报〉感言》，《国粹学报》1905年第6号，第4页。
③ 刘师培：《经学教科书》，《刘申叔先生遗书》第66册，宁武南氏1936年版，第3页。

序"的上古六经加以整理，推陈出新，使之成为儒门教科书（分别侧重哲理、国文、修身、近世史、歌咏、体操）而已。他还进一步指出，孔子的六经之学，大抵《周易》《春秋》得之鲁史，《诗》得之远祖正考父，《礼》《乐》得之老聃与苌弘。视六经为古史，视孔子为良史（伟大的历史家），这种治经路数表现了国学保存会可贵的近代理性精神。

刘师培1905年在《国粹学报》上连载的长文《周末学术史序》，特别注意发掘久被忽视的诸子学的价值，用的也是现代西学的观点和方法。例如，他对于墨家有两点赞许，一是"学求实用，于名、数、质、力之学，咸略引其端"，[①]二是兼爱论"以众生平等为归"，"以君权为有限"，较之儒家其说有进。对于老子之道，则肯定倡"平等"是其长，倡"无为"是其短，又认为管、申、商、韩诸法家以法治国深得"政治之本"。[②]事实上他是力图把先秦诸子分别归入哲学、逻辑学、伦理学、政法学、宗教学、经济学和自然科学等西方学科体系之中，进行衡量和讨论。"虽然刘师培的做法多少有些牵强，但是体现了他把中国传统学术向近代知识系统转化，并与新学科的建立努力结合的正确方向。"[③]

国学保存会既认六经皆史，经学不过史学之一种，自然特别重视史学，甚至认国学即史学。但以他们的理性精神，他们对中国传统史学并不满意。

---

① 刘师培：《周末学术史序·理学史序》，《国粹学报》1905年第3期，第3页。

② 刘师培：《周末学术史序·政法学史序》，《国粹学报》1905年第2期，第2、3、4页。

③ 罗福惠：《辛亥时期的精英文化研究》，华中师范大学出版社2001年版，第70页。

刘师培较早在《警钟日报》上就发表有《新史篇》等文，对中国旧时代著史精神与方法表示怀疑与反对。他论中国旧史有以下几大缺陷。其一是"所谓历史者，大约记一家一姓之事耳"，一部中国历史在历代史学家手里便成帝王史、英雄史，民众在历史中完全没有地位。其二，史家以其一己之好恶，对所记人事，文过饰非，隐恶扬善。其三，史家的修史目的在于"掩耳盗铃"，最终"可以助愚民之用"。认为传统中国史学有"君史"而无"民史"，单"记事"而缺"精神"，多"曲笔"而少"信史"，这是国学保存会和整个国粹派的共同看法。

这种批判与立意于引西史改革中国传统史学的梁启超看法相近。梁启超在《新史学》中曾指出，中国旧史学有"知有朝廷而不知有国家""知有个人而不知有群体""知有陈迹而不知有今务""知有事实而不知有理想"四弊，由此四弊复生二病，"其一能铺叙而不能别裁"，"其二能因袭而不能创作"。这也说明，国粹主义者与维新主义者在批评国学、改造国学的宗旨上是一致的，只是维新派更注重"破"的工夫，而国粹派则更强调国学之"立"。当然，延伸到政治层面的弦外之音，另当别论。

国学保存会对于创立新史学作了积极探索。马叙伦撰有《史学总论》《无史辨》《史学大同说》，邓实撰有《史学通论》，刘师培撰有《中国历史教科书》《编辑乡土志序例》，黄节撰有《黄史·总叙》等，阐发了他们建立新史学的构想，包括：主张引进进化史观，也就是邓实所谓"史的精神"，马叙伦所谓"理心"，使史学推动社会文明进步；主张贵民史，要恢复"我国自古以来血脉一统之庞壮国民显独立不羁活泼自由之真面目"，使中国睡狮重振雄风，充分发挥史学作为社会公器的社会功能；主张实事求是修信史，反映历史的本来面目。治史实践方面，他们重视吸收西学营养，不局限于中国固有典籍。刘师培著《中国历史教科书》，为了明人群进化之理，很注意"参考西籍兼及宗教、社会之书"。① 黄节著《黄史》，也参考了中国传统学术中"见所未见，闻所未闻"的新理新法，感到"若其心理学、政治学、社会学、宗教学诸编，有足裨吾史料者尤多"。②

纵观他们的史学实践，他们所采补的，也正是他们所主张的进化史观、民史观和信史观。他们非常注重阐发民族、政制、经济、学术的进化。刘师培《黄帝纪年说》中设计的"大事表"，特别注明"此表最注重者凡三事：一民族，二政体，三文化"，在《中国历史教科书》中，又将阐述的重点确定为五点，即"历代政体之异同"、"种族分合之始末"、"制度改革之大纲"（指社会经济变动）、"社会进化之阶级"、"学术进退之大势"。他们不仅努力发掘中国古代的光荣史，更突出近世中华民族衰微的屈辱痛史。刘师培的《中国民族志》就辟有专章详述"白人之入侵"，警示民族危机。

为贯通新史观，在体例上，他们也作了新的尝试，《中国历史教科书》就不同于中国传统的编年体、纪传体或三通体史书，完全采纳西方近代史书体例，将分时与分类结合起来，以时代为经，以事类为纬。已完成的三册（开辟至周）分为上古时代和古代两期，期下分课，每课所述为专题。可以说《中国历史教科书》是刘师培对新史学的一次系统实践，也是国学保存会同人史学著

---

① 刘师培：《中国历史教科书·凡例》，《刘申叔先生遗书》第 69 册，宁武南氏 1936 年版，第 1 页。

② 黄节：《黄史·总叙》，《国粹学报》1905 年第 1 号，第 3 页。

作中最重要的代表性著作，从形式到内容都令人耳目一新。

除了综合性著作，国学保存会还积极推动编辑各省《乡土历史教科书》，从已完成的部分看，同样体现了新史学的精神。

国学保存会再造中国传统学术的努力还包括文学方面，并直接影响到清末民初长江流域另一个学术社团南社的文学倾向和伦理学等方面，刘师培分别撰有《中国文学教科书》《伦理学教科书》等著作，限于篇幅此不述。

四、成败得失与是非功过

国学保存会于1911年武昌起义前夕停止活动，这与它服务于革命的直接目的基本实现有关。对照其初衷，在调动爱国激情、激发革命动力、宣传自由民主思想方面，确实起到了不可替代的作用（虽然在重弹"华夷之辨"、附会自由民主等问题上不无可议之处）。革命营垒中的两支主要纵队，一根柢于西学，重于阐扬民权；一根柢于国学，重于调动精神。二者相倚相扶，缺一不可。

而在学术近代化方面，国学保存会同人也有初步成效。其一，由于在"古学复兴"中他们着力降尊去圣，回归平实，为学术理性的出场奠定了基础；其二，他们努力以西学方法研究国学，会通中西，改造了学术传统理念，初步塑造了新学术；其三，他们也致力于学术表现形式上的创新，不仅按现代体例编撰了《中国文学教科书》《伦理学教科书》《经学教科书》《中国历史教科书》和部分《乡土历史教科书》等系列教科书，而且通过《国粹学报》还开创了现代学术论文的范型。作为比较纯粹的学术载体，《国粹学报》从发刊至停刊历时七年，坚持每月一期从未中断，撰稿者泛及会内外，带有公共学术媒体性质，也是现代学术期刊的荦荦大者。

然而，国学保存会总体上并没有完成中国学术转型，而是把这一工作留给了民初新文化人士。究其原因，根于他们学术工作客观上的应时性（排满革命）和主观上的浪漫性（欲借中国古学复兴避免西方政教弊端，保卫国家独立），同时也与他们个人知识背景有关，"会员多出'书香门第'，不仅旧学根柢甚深，且又学有专长。……此种情况，一方面决定了他们有着共同的热爱民族文化的情结，并拥有借助新思想推进传统学术变革的优越条件；但在另一方面，也影响了他们往往难以尽脱恋旧的心理，同时，又由于五方杂处，会员情况各殊，国粹派内部思想的驳杂和矛盾也成了不可避免"。①

尽管从学术转型上讲，国学保存会使命未竟，但意义仍然不可抹杀。这种意义主要在于，为中国学术近代化提供了经验教训，刺激了多元思路，开辟了尝试从纯正的传统内部更新传统，从内部革命入手力图将现代性与中国传统学术结合起来的新范式。这种范式的影响力直到民国时期，甚至直到今天。

维新运动初起以来的社团发展，国学保存会标志着学术革命由外部性西学输入为主，转变为由内部性国学革命为主，而民初新文化社团则进而实现否定之否定，重新转到西学引入上来。虽然民初新文化社团总体上是对国学保存会及类似社团学术倾向的反动，言论主调重新调整到接引西学，并以先清仓后入货的方式力主打倒传统，但深层言之，与其说是彻底否定复兴古学的国学

---

① 郑师渠：《晚清国粹派：文化思想研究》，北京师范大学出版社2000年版，第17页。

运动，不如说是以一种新的貌似对立的方式继续推进了国学保存会所代表的清理传统、批判传统、融会新学的思路。

从这种角度说，居于民初新文化主流的新青年社与非主流的学衡社之间的学术争斗，不过是国学保存会为代表的国学运动所发展出来的两个支派内部的争斗而已。因为学衡社正是继承了国学保存会的"保存国粹"取向（学衡社的学理基础，外接白璧德新人文主义，内接国粹派），而新青年社则是承袭了国学保存会内部革命的精神，并使之激进化。

这种范式所内含的"保存国粹"和"内部革命"两种因子，在 80 年代以来的中国学术界仍有复现。这种范式究竟有无合理空间，何以屡屡分化？回到国学保存会这个原点，不难观察到，这种范式优势与局限并存。合理性方面，它能够贴近国情，把握特殊性；能够充分考虑现实，照顾民族感情；能够着手内部，寻找结合点；着眼转型，从脚下做起。局限方面，由于固执民族性，容易忽视世界性；由于迁就现实工具性，容易忽略价值理想性；常常硬性附会，扭曲历史真实。所以虽然这种范式本质并非保守主义的，却多难免落入保守主义俗套。而当这种保守取向发展到较强的程度，其内部固有的反叛因素就会起而平衡；而反叛本身又具有激进的潜质，发展所及每每溢出这种范式。也许这就是这种范式难以化解的难题。

"主义"的引入 *

民族主义、自由主义和社会主义，是近代世界的三大系统性社会思潮。其源头都是经历文艺复兴和启蒙运动的欧洲，但随着商品经济的全球化推进和殖民主义的全球扩张，这些思想体系也在全球范围内扩散。即使中国这样历史悠久、有着成熟农耕文明体系的国度，在近代化过程中，也深受这三大思潮的冲击和鼓荡。它们进入中国的过程略有先后而大体同时。

一、民族主义的引入

世界上的各种古典文明都是以普世观念为蓝图的，民族出现是西方历史演进到近代的产物，民族主义成为政治思潮更是法国大革命以后的事。

西方社会在中世纪，罗马天主教会"把整个封建的西欧联合成为一个大的政治体系"，人们精神世界服从罗马教廷，表现为宗教普世主义，世俗世界忠诚于各地的领主，表现为封建割据的地方主义。王国形同虚设，没有产生共同民族国家的意识。随着资本主义在欧洲的萌芽，新兴市民阶级提出了统一市场、统一法律的要求，王国统治者开始结合新兴市民阶级，向封建割据开战，通过战争和建立法律秩序，重建了王权国家；同时，宗教改革兴起，普世性的罗马教廷的神圣权威被打破，王国俗世权威逐渐取

---

* 本文摘自 2007 年度教育部重点研究基地重大项目"近代中国民族主义与自由主义关系研究"最终成果第一章。

86

代了普世宗教权威。这样，16—17世纪的西欧民众开始生活在以王国为单位的一些政治共同体中，形成各种具有自身文化特色的民族。后来市民阶级力量壮大，开始不满王权专制，17—18世纪相继提出"专制之下无祖国""主权在民""天赋人权"的观念和学说，认为国家是社会成员契约的结果，祖国是民族所有成员为共同利益组成的集合体，要求在人民主权下建立宪政国家，于是出现市民阶级革命浪潮，王权民族国家相继被民主宪政的民族国家所取代。这一漫长而曲折过程，有人总结为：

上帝子民—王朝臣民—祖国公民

教皇利益—王朝利益—民族利益

宗教神权—王朝王权—人民主权[1]

因此，在第一次转变后所形成的民族，是第二次转变的基础，也是民族主义形成的条件，但它本身还不是民族主义；民族主义是在国家去王权化、去王朝利益化的转变中才产生并发展起来的。

当首个近代宪政国家英国成功转型的时候，民族主义已经开始萌生。霍布斯解释国家的生成原理，提出众民让渡个人权利、订立契约、形成主权，从而结成统一的政治社会，形成人民共同的意志。这跟民族主义已经比较接近。但民族主义作为显著的政治思潮出现，与法国大革命密切相关。作为法国大革命理论基础的卢梭思想，不仅进一步强化社会契约学说，而且将其明确引申到"人民主权"和不可分割的"公意"等观念上，到大革命期间，

---

[1]　参见李宏图：《西欧近代民族主义思潮研究——从启蒙运动到拿破仑时代》，上海社会科学院出版社1997年版，第10页。

人民主权和"公意"观念通过国民大会得以实现。1789年革命者推翻王权统治之后，国民大会宣布国家主权"属于民族全体"，在民族内部实行自由、平等、博爱。在创造和保卫法兰西共和国的过程中，革命者创造了一系列的象征符号和仪式，如国旗、国歌、民族假日、民族庙堂、国家祭典和庆典、"为法兰西而献身"的口号和标语等。虽然革命是以"自由"为旗帜的，在推进革命和保卫革命的斗争中，压倒性的价值却是"民族"（或称"人民"）和"祖国"，正如一个应征入伍的工人子弟家信中所说："当祖国命令我们去卫护它时，我们应当向赴盛宴那样地趋前应命。我们的生命、财产与才能不是我们的。一切的东西都是属于民族，属于祖国。"① "祖国"和"民族"不仅是至高无上的，也是神圣的，排他的。他排斥普世的基督教，也将自己的民族利益与其他民族区分开来。

当"革命的儿子和继承者"拿破仑横扫欧洲的时候，法兰西的民族主义一方面为其他民族所深刻感知，另一方面也激起其他民族各自的民族主义。拿破仑的征服加速了西欧封建社会秩序的解体，播种了法国革命的果实，使公民意识和人民主权意识扩散开来，这种意识在法国军事侵略的刺激下，迅速演变成建立本民族国家的强烈愿望。从1820年发生西班牙反法起义开始，相继出现了希腊、意大利、比利时、波兰、德意志等地的公民建国运动，经过近半个世纪的战争与革命，在"一个民族建立一个国家"的理论下，西欧建立起一大批领土明确、主权独立的民族国家。

---

① 若里克勒1793年12月13日写给母亲的信，哀天·若里克勒编《若里克勒，革命义勇军：他的1793年至1796年的书信》，1905年印本，第141页。转引自［美］海斯：《现代民族主义演进史》，帕米尔译，华东师范大学出版社2005年版，第43页。

在这一民族建国运动期间，民族主义始终是最重要的动力。不过由于各国和各时期实际情形的差异，民族主义内涵也出现不同的发展。从国别看，在德国等缺乏政治认同基础的国家，民族主义转向了对共同血缘、共同历史和文化传统的认同，通过种族和文化认同的方式建立起统一的民族国家，这就在政治认同的民族主义之外，开启了种族和文化认同的民族主义。种族和文化民族主义的发展，最终形成国家有机体政治学说。从时段看，各国在揭橥民族主义之初，目标都在于建立统一的民族国家，但一旦这一目标成功达成，他们就不约而同地转向对外扩张，将民族主义推进到民族帝国主义。19世纪后期，西欧国家几乎都走上了帝国主义道路，英、法、德、俄等国和新大陆的美国一起，迅速完成对世界的瓜分，并开始了彼此之间的争夺。种族和文化优越论也是构成殖民争夺理论的重要思想元素。

从西方民族主义的发展史看，民族主义的基本理论要素包含消极和积极两个方面：消极方面在于摆脱认同上的天下主义、地方主义、家族主义和政治上的王权主义，形成有清晰领土、有人民主权的民族国家；积极方面则表现在以民族认同（政治方式或文化方式）为最高认同，以民族价值为最高价值，以民族利益为最高利益。由于民族主义蕴含种族、文化想象、群体占有欲等非理性基因，其民族利益的边界是很难界定的，只要没有有效的制衡力量，很容易由争取统一与主权的阶段向扩张与侵略阶段推进。

民族主义之所以进入中国，正是因为西方列强加上学习西方而成为强大民族国家的日本，相继对中国展开了肆无忌惮、愈演愈烈的武装入侵。而一旦进入中国，便成为一百数十年来中国最大的一个动力。①

　　"民族主义"最早进入中国，据考证出自戊戌变法失败后流亡日本的梁启超手笔。但在中国，任何思想形态的出现，不能纯粹从名词术语加以考察。因为中国这样一个文明悠久、思想和语词极其丰富而对"正名"十分慎重的社会，在正名条件成熟之前，常常会以灵活的形式表达，何况新思想的接受也需要经历由局部到整体的过程。民族主义的若干因素在中国近代早期就曾通过"夷夏""富强""合群""保国"等观念有所表达。以夷夏观念为例，罗志田先生已经指出，在中国古典文化中，本来就有某种程度的民族主义观念。他说：

　　西人关于民族概念的界定早已汗牛充栋，而至今尚无一家为众人所普遍接受，但一般较为广泛接受的界定，都强调族内的同与外族的人我之异，对外基本上为一封闭的体系。中国的夷夏之辨虽然也有同样的强调，对外却有封闭与开放的两面，而且是以开放的一面为主流。……夷夏之辨的族类区别虽然主要是文化的，但在此观念的演变中，有时也因政治局势的影响，发展出非文化诠释夷夏之辨的认知。此时则倾向于以一条线划断夷夏，而不允许夷可变夏，夷夏之辨乃成一封闭体系。这一倾向虽是非主流的，却也长期存在，在特定的时段还曾成为占主导地位的思潮。②

　　晚清提倡民族主义的一代人，所认知的民族主义，与中国传

---

① 余英时：《中国近代思想史上的激进与保守》，台北《历史月刊》第29期，1990年6月，第144页。

② 罗志田：《民族主义与近代中国思想》，台北：东大图书公司1998年版，第35页。

统思想中夷夏之辨封闭的一面正好相通。不过，正如罗先生又说：

> 近代中国民族主义的发端，故来源于传统的族类思想，但其成为一种"主义"，却是收拾了日本和西方的学理之后。而彼时日本的民族主义学理，基本也是舶来品。所以中国士人真正收拾的，不过就是西方的民族主义学理。[①]

中国士人完整输入西方民族主义思想，维新派和革命派两派人士都做出了努力，而以梁启超为最早和最系统。梁启超1899年发表《东籍月旦》，开始使用"东方民族""泰西民族""民族变迁""民族竞争"等新名词，1901年发表《国家思想变迁异同论》进而正式引入"民族主义"概念，并介绍了欧洲国家思想从过去的家族主义、酋长主义、帝国主义到现在的民族主义、民族帝国主义的时代变迁。他指出："民族主义者，世界最光明、正大、公平之主义也，不使他族侵我之自由，我亦毋侵他族之自由。其在于本国也，人之独立；其在于世界也，国之独立。使能率由此主义，各明其界限以及于未来永劫，岂非天地间一大快事！"但由于"民族主义发达之既极，其所以求增进本族之幸福者，无有餍足，内力既充，而不得不思伸之于外"，一些强大的民族主义国家对弱国进行侵略扩张，遂进而演变成民族帝国主义。民族帝国主义不同于传统的帝国主义，"昔之政府，以一君主为主体，故其帝国者，独夫帝国也；今之政府，以全国民为主体，故其帝国者，民族帝国也"。梁启超还介绍了西方民族主义和民族帝国

---

① 罗志田：《民族主义与中国近代思想》，台北：东大图书公司1998年版，序论第5页。

主义的理论基础及其得失：

于现今学界，有割据称雄之二大学派，凡百理论皆由兹出焉，而国家思想其一端也。一曰平权派，卢梭之徒为民约论者代表之；二曰强权派，斯宾塞之徒为进化论者代表之。平权派之言曰：人权者出于天授者也，故人人皆有自主权，人人皆平等。国家者，由人民之合意结契约而成立者也，故人民当有无限之权，而政府不可不顺从民意。是即民族主义之原动力也。其为效也，能增个人强立之气，以助人群之进步；及其弊也，陷于无政府党，以坏国家之秩序。强权派之言曰：天下无天授之权利，唯有强者之权利而已，故众生有天然之不平等，自主之权当以血汗而获得之；国家者，由竞争淘汰不得已而合群以对外敌者也，故政府有无限之权，而人民不可不服从其义务。是即新帝国主义之原动力也。其为效也，能确立法治（以法治国谓之法治）之主格，以保团体之利益；及其弊也，陷于侵略主义，蹂躏世界之和平。

梁启超敏感地觉悟到现在欧洲处在民族主义发展到民族帝国主义的时期，而中国则处在帝国主义向民族主义发展的时期，呼吁国人"知他人以帝国主义来侵之可畏，而速养成我所固有之民族主义以抵制之，斯今日我国民所当汲汲者也！"[1]为此，梁启超随后极力提倡在国民中养成现代国家思想，"天下未有无国民而可以成国者也。国家思想者何？一曰对于一身而知有国家。二曰对于朝廷而知有国家。三曰对于外族而知有国家。四曰对于世界

---

[1]　梁启超：《国家思想变迁异同论》，《饮冰室合集》文集六，中华书局1989年影印版，第20—22页。

而知有国家"。① 革命派也引介西方民族主义理论，并与反满革命相结合，但在中国实行民族主义的内外划界上，与维新派不同。革命派主张建立单一汉民族国家，维新派主张合汉、满、蒙、回、藏、苗诸族，建立中华民族国家。梁启超将这种差异描述为"小民族主义"和"大民族主义"。后来的历史发展，基于族群融合的大中华民族主义，表现出适合中国国情的生命活力。

二、自由主义进入中国

与民族主义一样，自由主义也是西方近代历史的产物，其产生的时间略晚于王国民族的出现，而略早于民族主义理论的成型。当时新兴资产阶级已经壮大起来，为了自身发展，产生了反对封建王权，限制政府权力的要求。权力结构完全属于国内政治范畴，它跟各种社会势力的力量平衡有关，也与政治意识形态密不可分，要改变既有的王权政治秩序，需要有强有力的理据。所以，与民族主义主要诉诸情感不同，自由主义主要诉诸理性。在思想形态上，自由主义的思想体系是由一系列思想家的论著证成的。

第一个为自由主义作论证的，是英国思想家洛克（1632—1704）。他在1689年到1690年写成的两篇《政府论》中，重新解释《圣经》，有效地驳斥了君权神授的理论，提出国家是社会从自然状态向文明状态转化的产物，在自然状态下，人生而自由，而且平等地享有自由权，也平等享有保卫自己和他人生命和财产的自由权，此为自然法所赋予的自然权利。只是由于每个人觉悟的不同，对侵害者报复程度认识的不同，每个人自己行使自然法

① 梁启超：《新民说》"论国家思想"，《饮冰室合集》专集四，中华书局1989年影印版，第16页。

难免产生战争状态，这种战争状态无可遏制地蔓延终将威胁整个社会的生存，所以需要通过个人之间的契约，让渡一部分自由权来建立一个公共权力，制定明确的法律，由公权力来统一执行侵权行为，这就是国家。所以国家并不神秘，国家是个人为维护生活的自由，维护自己的生命和财产，而派生的权力；而且这种权力并不能完全取代个人自由，除须遵守经人们同意的法律之外，个人有权自行其是不受公权力约制。一方面，国家产生了，自然社会进入公民社会；另一方面，公民社会仍然是自然社会的延伸，而不是否定，建立国家的唯一目的，乃是为了保障社会的安全以及每个人的自然权利。这也就意味着，国王的权力应该以人民同意的范围为限，国家除保护公民利益之外，没有任何特殊利益。当政府的所作所为与这一原则相违背的时候，公民就有权利采取行动甚至以暴力的方式将权力收回。

为了限制政府的权力，洛克还提出了权力的分配理论。他把政治权力分为立法权、行政权和对外权三种，立法权属于议会，是最高权力，行政权和对外权属于国王，具体执行议会通过的法律和议案。议会由民选产生，仍要受到公民的监督，当公民发现立法行为与他们的委托相抵触时，享有罢免或更换议会的权利。这方面的理论由后来的法国思想家孟德斯鸠（1689—1755）继续发展。在孟德斯鸠 1748 年出版的《论法的精神》一书中，将政治权力划分为立法权（议会行使）、行政权（政府依法行使）、司法权（法院独立行使），三权分立，互相制衡，使政府的权力除受到立法权制约外，还受到司法权的制约。这一思想直接影响到秉承英国自由主义传统而从英国殖民地独立建国的美国政体设计。孟德斯鸠在该书中还从法律的角度，确认了公民自由的原则。

指出自由是做法律所许可的一切事情的权利，如果一个公民能够做法律所禁止的事情，他就不再有自由了，因为其他的人也同样会有这个权利。这就将洛克所致力于确保的个人自由，在内涵上进行了界定，从而为自由主义理论作出了新的贡献。

洛克提出的人的自然权利，除了自由权，还有生命和财产的权利，财产的权利被视作与生命权利同等重要。在洛克看来，每个人都是自身身体的拥有者，都有自由的劳动权，劳动是财富的创造源泉，财产是人身劳动的结果，也是个人权利的一部分，和进一步保障个人自由权利的物质根基，"无私产即无私权"。保护私有财产、保护自由经济于是成为政府的职责，这同时也意味着政府不应利用公权干预经济自由。这一思想在后来的经济思想家斯密（1723—1790）那里，也得到进一步发挥。斯密1776年出版《国富论》，指出人的一切行为都是为了最大限度满足自己的私利，市场通过供求这个"看不见的手"，完全可以自发调节经济运行，达到各方利益最大化，生产出正确的产品数量和种类，造福整个社会。而国家干涉个人追逐自己利益的自由，只会损害国民财富的增长和社会福利的提高。因此他力倡充分发挥市场经济的作用，主张政府只充当"守夜人"角色，只负保护个人权利之责，对国民经济自由放任，不干预私人经济活动。斯密的理论从经济层面强化了自由主义，因而也被视为自由主义重要思想家。

洛克对于公权力，还有多数决的民主主张，在法国思想家卢梭那里，有进一步的阐释。多数决的基本意义为"多数裁定规则"，在公权力上运用时延伸为"多数统治"，即由人民中的大多数来统治国家。卢梭在《社会契约论》中提出，在公权力中公意是一个整体的主权者的意志，多数决就是公意的表达。这一思想成为西方民主理论的基本信条，但在近代民主革命实践中，也暴露出"多数暴政"的缺陷，引起一些思想家的警惕和批评。其中伯克《对法国大革命的反思》和托克维尔《论美国的民主》，都揭示出多数决的合理性和有效性必须建立在保护少数人的权利基础上。少数人的权利之所以需要保护，一则因为真理往往掌握在少数人手中，而人类社会需要真理的指引，二因多数与少数具有流动性，保护少数人实为维护民主制度下每一个人的权利。

基于自然权利和社会契约的自由主义理论，受到最大的质疑，是理论前提的假设性。在人类历史上并没有出现过"自然状态"的社会和"社会契约"的过程。当以"历史唯物主义"为依据的社会主义运动兴起之后，这种自由主义理论便遭遇到巨大挑战。19世纪后期，密尔将边沁的"最大多数人的最大幸福"的功利主义伦理理论发展为自由主义新的基础。边沁认为快乐是可以计量的，小到一个行为，大到一个国家制度的选择，都应该采取"两利相权取其大，两害相权取其小"的原则进行计量。在政治上边沁不觉得自由和人民主权是主要的目标。密尔则仍然坚持自由和民主，认为公众的最大利益与个人权利是结合在一起的，社会利益不能背离个人权利，但个人权利必须以理性人负责任的生活为基础。密尔主张代议制政府，认为这种制度有利于最大多数幸福的实现，为代议制政府的完善，他大力推动比例代表制运动。

自由主义作为一种思想和运动，在20世纪继续发展。罗素、杜威代表了共产主义运动压力下自由主义的自我调整，这时的自由主义呈现出吸纳共产主义公平正义价值的特点；但到了冷战时期，以哈耶克为代表，又开始着力回归古典自由主义精神，认为任何形式的社会主义都是"到奴役之路"。

尽管自由主义思潮在西方无法用一目了然、一成不变的方式加以清楚表达，但它仍然万变不离其宗。正如霍布豪斯所总结的：

自由主义是这样一种信念，即社会能够安全地建立在个性的这种自我指引力之上，只有在这个基础上，才能建立起一个真正的社会，这样建立起来的大厦，其基础深厚广阔，其范围无法予以限制。这样，自由与其说是个人的权利，不如说是社会的需要。……自由的统治正在于运用理性的方法。它是向理智、相像、社会感情的要求敞开大门；除非顺应这种要求，社会就难以进步。①

按照西方自由主义出现的背景，这种政治理论应该是市场经济国家市民社会的声音，对他们来说，自由的维护就是自身利益的维护。在19世纪末20世纪初的中国，工商业虽有所发展，主体的经济形态仍然是农业，自由和人权远远未成为社会的第一需要。然而，由于应对民族危机的特殊需要，它很自然地被作为救国建国真理被引进到中国。

自由主义思想在近代早期通过在华传教士的介绍已经对中国士绅有所影响，康有为的君主立宪观念的发生，便与其有关。中国士人系统介绍自由主义到中国，严复首其功。而严复介绍自由主义与他对进化论的信仰密切相关。

中国传统社会崇尚循环历史观，进化论进入中国士人视野是遭遇西方列强侵略之后的事。进化论在西方原本主要阐述生物进化关系，以达尔文的学说最有为名。经过赫胥黎的捍卫和发展，

---

① ［英］霍布豪斯：《自由主义》，商务印书馆2002年版，第61—62页。

到斯宾塞那里发展成一种社会学说。社会达尔文主义认为，生物界生存竞争的原则在社会里也起着支配作用，社会的进化过程同生物进化过程一样，也是优胜劣败、适者生存，人类有优等种族和劣等种族、优秀个人和低能个人之分，劣等的、低能的种族与个体应当在竞争中被淘汰。这一理论被中国思想家发现有利于饱受列强欺凌的民族在沉睡中觉醒，于是介绍到中国。严复将赫胥黎和斯宾塞结合，译述的《天演论》影响最著。西方社会达尔文主义本来还主张进化是一种自然的过程，应遵循其自身的规律，而不应人为地干预，也就是要安于既有的秩序。但在严复的译述中，则改变为以"物竞天择，适者生存"的思想激励人们救亡图存，"与天争胜"。

"与天争胜"就要变革社会，弃旧图新。从进化论的角度看，中国之所以屡战屡败于列强，是因为中国传统的文物制度是"旧"的，西方近代的文物制度是"新"的。自由主义是西方最典型的制度文化，自然就在引进学习之列。严复作为进化论在中国最有影响的传播者，同时也是中国最早传播自由主义的人物，他在《论世变之亟》中对中西文化进行全面的比较，得出结论是中西文化差异的根源，在于"自由不自由耳"。所以他用极大心力，系统译介了西方自由主义的经典著作，包括斯密的《国富论》（严译"原富"）、密尔《论自由》（严译"群己权界论"）、孟德斯鸠《论法的精神》（严译"法意"）等，意图以此改造中国，实现国家强盛。

值得一提的是，严复虽然是最早系统介绍自由主义学理的启蒙家，并不一定是矢志不移的自由主义者。随着他对中国社会变革，尤其是辛亥革命的失望，他对自由主义在中国的适用性越来越表示怀疑。但由其发端，自由主义的介绍者在清末十年已经越来越多，梁启超所著《新民说》中，前半部便昂扬着自由主义的精神，维新派的其他人士和革命派的舆论领袖们都曾是自由主义的热心鼓吹者。自由主义的宪政精神、共和精神成为两派政治运动的主要动力和指针。两派思想人物也都是进化论的信仰者，在进化观念的框架下，自由、民主、法治等自由主义价值观得到共同的鼓吹。

辛亥革命推翻帝制，建立起一个民主政治的基本框架，但是民主共和的内容则体现无几。在步履维艰中一些政治和思想人物甚至尝试恢复帝制，引起新文化人的警惕和反对，新一轮的自由主义传播和启蒙在民初兴起，史称"新文化运动"。新文化运动所启蒙的一代青年，开展出"直接行动"的五四爱国运动，并在爱国运动中进一步张扬个性解放、人格自主的自由主义精神。以此，新文化运动又获得"广义五四"的称谓。陈独秀、胡适等新一代自由主义领袖在这场自由主义思想传导中脱颖而出，他们的自由主义重心，主要在文化心理的层面。如果说在严复、梁启超、孙中山倡导自由主义的时期，自由的目标是"求富强"，那么在陈独秀、胡适引领风骚的时期，自由和自由主义指向的则是"求解放"，从传统文化的礼教"绳索"中"解放"出独立人格的个人。从此自由主义与民族主义、社会主义一起，一直成为中国社会舞台上重要的思潮，虽然目标和重心随着时代的变迁也在不断调整中。

与民族主义自系统引进之日就公开以"主义"的名目出现不同，自由主义在近代中国的引入，在相当长一段时间内，并未以"主义"公开呈现。章清教授曾经对自由主义的"命名""正名"作过专门的研究，发现"自由主义"正式成为中国自由主者思想的指称，来自20世纪20年代末30年代初国共两党对胡适为代表的中间派的"命名"。此一"命名"逼出了胡适派学人对自由主义的"正名"，才开始将晚清以来以个性解放、宪政民权为宗旨的运动定性为"自由主义"的运动。[1]这一观察是相当细致和准确的。最早介绍自由主义思想的严复很少直接使用"自由主义"一词，在《政治讲话》中才提到几次"自由主义"。清末流亡海外的维新—立宪派和革命派除偶然场合随意性使用过几次"自由主义"之外，多数是用"政治革命"或"民权主义"来指称。民初新文化运动中，较多提到的是"个人主义""民主主义"和"思想革命"，也鲜有称"自由主义"的。这些本来属于自由主义的"主义"，之所以直到30年代才实现迟来的"正名"，主要原因除了章清所指出的在当时"西方分裂"的格局下，自由主义没有"好名声"之外，还可能与这一语汇在中国文化中很容易引起恣意妄为的联想有关。

自由主义"命名"和"正名"的迟缓，表明这一思潮在中国的命运比之民族主义艰难许多，但也正因如此，对于隐晦状态下的自由主义思想传播和政治努力，亦不能拘于它的"名"，而放弃对其实际存在的正视。中国自由主义的实际存在始于20世纪初年，而自由主义因子的存在，则在更早的学习西方制度文化的思想和运动过程中已经出现。

三、社会主义后来居上

社会主义思想资源源远流长。人类自古以来就有追求公平正

---

① 章清:《胡适与自由主义：一个概念史的分析》，潘光哲编《自由的探寻》，台北：稻乡出版社2012年版，第34—93页。

义的梦想，在世界各大文明古国或名为"天国"，或名为"大同"，或名为"理想国""乌托邦""太阳城"，都属于不平等社会的意识倒影，并不认为在现实世界上会真正出现。这种浪漫的理想，学界称之为"空想社会主义"。作为近代思潮的社会主义，来自欧洲18世纪以后的反思性社会思想。

现代社会主义是一种追求在现实世界上消除阶级差别实现社会公平正义的思想体系，诞生于西欧资本主义经济方式确立之后。"社会主义"这个词的出现，也在这个时期。[①] 思想家们批判资本主义制度的弊病，提出私有制是阶级和阶级剥削的根源，主张以合作方式重构社会，组织社会化大生产，创造高度的物质文明和精神文明。1824年罗伯特·欧文在美国印第安纳州买下1214公顷土地，开始新和谐移民区实验，实验虽以失败告终，却丝毫没有使社会主义思潮受阻。19世纪30年代至40年代，"社会主义"的概念和思想在西欧广为流传，发展出不同分支，其中具有全球影响力的有三支。

影响最大的一支是马克思、恩格斯创立的"科学社会主义"（即共产主义）。马克思和恩格斯通过《1844年经济学哲学手稿》《共产党宣言》《资本论》《社会主义从空想到科学的发展》等一系列理论著述，论证了资本主义的灭亡与社会主义的胜利是"同样不可避免的"。他们对以往各种社会主义目标进行了"科学的"修正，剔除了明显的空想成分，建构了生产资料公有、计划经济、按劳分配—按需分配的"自由人联合体"社会蓝图。他们不仅高

---

① 高放曾列举了关于"社会主义"一词起源的十二种说法，见氏著《社会主义的过去、现在和未来》（北京出版社1982年版）第一章第五节"社会主义、共产主义名词的由来及其含义的异同"。

举"批判的武器",而且发起"武器的批判",组建无产阶级解放的国际暴力革命联盟,组织欧洲的跨国工人运动,推动工人阶级革命和发展无产阶级专政理论,并亲自领导了1848年欧洲革命和1871年巴黎公社革命。这一支社会主义因为其理论完整性和组织自觉性,迅速跨出西欧范围影响到全球各地。马克思、恩格斯之后,列宁充当了"科学社会主义"的领导者,并在沙俄发动十月革命建立起社会主义制度,形成"社会主义的祖国"。

在"科学社会主义"左侧的,是更为激进的"无政府社会主义"。1840年出版《什么是财产》的普鲁东被认为是第一个无政府社会主义者。无政府社会主义是社会主义与无政府主义的结合物,它将社会主义的反剥削与无政府主义的反权威结合起来,主张废除资本家、统治者和教会神学,倡导个体平等互助自治组建和谐社会,认为"经济上的资本主义、政府或权力机构的政治和教会在神学上的观点"是奴役人身体、意志、理性的"三位一体的专制制度"。为此他们一方面追求财产彻底公有化,一方面反对建立工人阶级政党和实行无产阶级专政,普鲁东的同路人巴枯宁和继承者克鲁泡特金等人,将劳动人民的自发暴动和个人英雄式的暗杀破坏引入无政府社会主义,作为摧毁资本主义的方式。

另一种社会主义在"科学社会主义"的右侧——民主社会主义。这种社会主义的理想目标是政治民主、经济平等、文化自由,主张通过议会斗争对资本主义制度进行温和改良,缩小贫富差距,扩大劳工自由权利,反对暴力革命和无产阶级专政。民主社会主义早在19世纪初中期的国际工人运动中就存在,巴黎公社革命被镇压后,为适应资本主义继续发展的新形势,各国工人党探索利用普选权推广、工会力量扩大的有利条件开展议会斗争来最大限度实现工人阶级权利，民主社会主义成为第二国际伯恩斯坦等人的行动纲领。十月革命后民主社会主义与修正的自由主义结合，对抗苏俄和苏俄领导的第三国际。

在西学东渐的清末民初，这几种社会主义也与民族主义、自由主义一样，被作为"新学"引入中国。

有意思的是，马克思、恩格斯的社会主义虽然引入中国很早，却没有立即形成实际的思潮。民主社会主义思想也只隐然被吸纳于孙中山"民生主义"等思想中，未独立出现。最早在中国形成思潮的反而是普鲁东、巴枯宁、克鲁泡特金等人的无政府社会主义。1907年，刘师培等人在日本成立"社会主义讲习会"，以《天义》为机关刊物，主张"破除国界种界实行世界主义，抵抗世界一切之强权，颠覆一切现近之人治，实行共产制度，实行男女绝对之平等"。李石曾、吴稚晖、张静江等人则在法国成立"世界社"，以《新世纪》为机关刊物，倡"无君无父无法无天"，废除君主专制和礼教，实现绝对自由、绝对平等。他们都主张反清革命，而革命党中受到无政府社会主义影响的人不在少数，暗杀成为这些革命党人的重要革命手段。辛亥革命发生不久，江亢虎组织成立了第一个无政府社会主义政党——中国社会党，也是中国第一个以党自称的政治团体，主张以恋爱自由、教育平等、遗产归公为初步，以各尽所能、各取所需和非私产、非家族、非宗教、非军国、非祖国主义为究竟，以个人自治、世界大同为归依。无政府社会主义成为中国近代社会历史中最先发生作用的社会主义思潮。

民国初年，无政府社会主义继续鼓荡。1912年夏刘师复成立"晦鸣学社"，1914年夏更名"无政府共产主义同志社"，反对一切剥削、压迫和权威，主张个人经济、政治绝对自由；宣扬总同盟罢工，反对政党领导革命，反对无产阶级专政。在刘师复的积极活动下，常熟、南京、上海、广州等地手工业工人中出现了一批无政府社会主义组织，如"理发工会""茶居工会"等。五四运动发生后，社会改造的思潮兴起，各种无政府主义更加活跃起来，各地先后成立的无政府主义社团不计其数，出版刊物七十多种，形成了无政府共产主义、无政府个人主义、无政府工团主义等不同的派别。其中无政府共产主义派又称"正统派"，以黄凌霜、区声白为代表，在北京组织"实社""进化社"等社团，发行《进化》月刊。无政府社会主义者宣称他们的学说是有科学根据的、有社会的、建设的无政府主义，在社会上风行一时。

伴随着五四运动所兴起的社会改造思潮，"科学社会主义"（共产主义）终于形成思想和社会势力，并迅速超越无政府社会主义，成为后来中国社会主义的主流。最早宣传十月革命的李大钊，固然通过《庶民的胜利》《布尔什维克主义的胜利》宣告了科学社会主义的正当性，苏俄和共产国际在中国的革命推动，更极大地推进了科学社会主义的传播。同时日本共产主义思想也对中国发生影响，国民党激进人士宣传共产主义也颇费心力。这些因素的共同作用下，1920年中国共产主义组织成立，开始有计划开展中国共产主义运动。其在思想面的斗争目标，首先就对准了妨碍其运动的无政府社会主义，通过《新青年》《共产党》《民国日报·觉悟副刊》《先驱》《少年》等刊物，对无政府主义进行了系统的批判：抨击其个人绝对自由论的危害，批判其迷信自发斗争的态度，驳斥其反对无产阶级专政和主张绝对平均主义的荒谬，基本消除了无政府社会主义的社会影响力。

　　科学社会主义在中国强势崛起，使无政府社会主义边缘化，却刺激民主社会主义走上中国社会舞台。第一个有影响的民主社会主义派别，是脱胎于立宪派的基尔特社会主义。立宪派向来以温和自由主义立场著称，其思想领袖梁启超虽在世纪之交介绍西方各种社会思潮进入中国，却对社会主义在热情上有很大的保留，认为社会主义是一种遥远的理想，在中国实现要在千年之后。促成"梁启超们"在短短二十年后举起社会主义旗帜的，是共产主义在中国兴起的巨浪。梁启超、张东荪等人引入英国的基尔特民主社会主义，主张发展现代经济，通过和平改良缩小贫富差距，以适应中国社会追求社会主义的时代意识，而力图避免中国陷于共产主义的狂潮。除了老派改良主义者走向民主社会主义，从五四运动中形成的国家主义派（区别于国际主义派）实际上采取的社会主张，也是民主社会主义。后来两派分别结成国家社会党和青年党，抗战时期他们与其他有近似主张的政派结合，成立中国民主同盟，以政治民主、经济平等的民主社会主义为共同政纲。

第二章　政治与宗教"问题"

孙中山的亚洲意识及其政治遗产[*]

随着世界政治经济中心从欧洲向亚太地区的转移，以及中国"一带一路"倡议的提出和"亚投行"的发起，"亚洲复兴"成为政治学、经济学、社会学、历史学等多种学科探讨的新热点。近代中国知识人的亚洲意识，是中国近代史学界需要深入探索的课题，其中对孙中山的亚洲论述进行重新检视尤有必要。

一、近代洲际概念的出现

传统中国知识人对世界的理解，常以文野相分，不存在明确的民族国家观念，更谈不上洲际意识。这与其说是先贤的局限，不如说是古圣的睿智。华夷之辨的动态同心圆结构，将人类致思和致力的目标，从自然人性层次提升到德性道行的层次，它所内含的人文理想与世界上那些伟大的宗教异曲同工。然而，近代世界变迁的残酷事实，使这种高远而朴实的理想遭遇困境。知识人

---

　　* 本文曾载于《史学月刊》2016 年第 11 期。

在亡国灭种的危机下，开始"睁眼看世界"，逐步了解和接受近代西方人对于世界的认知，古朴的"家族—国家—天下"道义型世界图景"坎陷"而为国民—族国—（弱肉强食的）世界。在族国和世界之间，洲际意识特别是亚洲意识、东亚意识也出现在近代中国知识人的思想格局之中，折射着他们对民族自救和复兴的期待。

洲际意识发端于近代西方，为地理大发现的一个结果。所以洲的最原始的意义在地理层次上。明清之际的传教士所制万国地图和所译西文地政书籍已经将地球分洲的知识引介到中国，未引起中国士人注意，鸦片战争爆发后国人才开始有意识了解世界。林则徐取材英人慕瑞《地理大全》编译《四洲志》，"四洲"即亚洲、欧洲、非洲、美洲；魏源增补而成《海国图志》，其"国地总论"中，介绍了西方的五大洲说，同时根据释典的四洲说指出这种划分的不妥，认为亚欧非实际上是连为一体的一个大洲。到了徐继畬的《瀛寰志略》，明确介绍地球各国"泰西人分为四土，曰亚细亚、曰欧罗巴、曰阿非利加，此三土相连，在地球之东半，别一土曰亚墨利加，在地球之西半"，"近又有将南洋群岛名为阿塞亚尼亚洲，称为天下第五大洲"，[①] 虽同样认为五洲说"颇属牵强"，却坦然"就泰西人海图立说"，以大洲为顺序分章设节。

重要概念都有扩张性，由于地理上的每个大洲，空间都相对独立，在漫长的历史长河中，只要有人类生存，就受这个空间环境的形塑，形成具有特色的文化。这就使得洲的概念很快从地理延伸到文化，文化人类学进一步将经验性的洲际文化意识提升到学理层级，巩固了若隐若现、似有若无的文化洲际意识。近代中

---

① 徐继畬:《瀛寰志略》，上海书店 2001 年版，第 4 页。

国知识人的亚洲意识，很快超越单纯的地理理解，而走向文化主义。1907 年章太炎等人发起"亚洲和亲会"，在认同学习欧西文化的同时，主张中印文化联合以"保存亚粹"。20 世纪 10 年代，第一次世界大战的灾难引起了中国思想界对西方文明的反思，展开东西文化论战，论战中文化虽言"东西"，实为"亚欧"。印度文学家泰戈尔的来华讲演，使东方文化主义得到同属亚洲的另一个文明古国知识阶层的共鸣和背书。

洲际概念的另一种扩张指向政治，成为地缘政治学说的一部分和"族国"通向"世界"的过渡性区域。在近代国际秩序中，欧亚概念不断强化，代表洲际意识发展到一个新的高度。国际共产主义革命在第一次世界大战后的蔓延，亚非拉民族解放运动的兴起，从另一面赋予了洲际意识的政治内涵。在中国语境中，如果说李大钊对"新亚细亚主义"的诠释，代表的是国际共产主义革命论述的先导，那么孙中山将亚洲民族解放与亚洲民族复兴结合起来的论述，则更多代表了地缘政治框架下中国社会精英的一种思考。

二、孙中山的亚洲观

孙中山对于亚洲的认知，既有地理的、人种的层面，也有文化的层面，但根本的落脚处，则是政治亚洲。他的政治亚洲论述，有两大目标：一是亚洲革命，一是亚洲复兴。

作为近代中国革命的先行者，孙中山的亚洲革命论早于中国共产主义者的新亚洲主义，而具有鼓动亚洲国家（特别是被迫脱离中国保护圈而坠入西方列强宰制之下的东南亚国家）反压迫的志士联手进行独立和共和革命的性质。在孙中山的这种亚洲革命论中，各亚洲国家人民被视为"兄弟"，各亚洲国家革命者被看作"同志"。1898 年，美国以援助菲律宾为幌子企图夺取西班牙在菲律宾的殖民权，作为进一步侵夺亚洲的前哨基地，遭到谋求菲律宾独立的革命军的抵抗。孙中山将中国的反清革命与菲律宾的独立革命联系起来，次年向菲律宾革命骨干彭西表示"愿意尽一切力量帮助菲律宾人民的独立事业"，甚至提出"愿意率领中国的革命同志参加菲律宾独立军"，并切实派遣中国革命志士前往支援。[①]1905 年秋孙中山在日本流亡时，与越南革命先驱潘佩珠会见，一再向对方表达推翻君主制度建立民主共和的必要性和重要性，并承诺"中国革命党成功之时，则举全力援助亚洲诸被保护国同时独立，而首先着手于越南"。[②]基于亚洲国家联合革命的思想，众所周知，孙中山对朝鲜、马来西亚、印尼、缅甸、印度、土耳其等国的民族独立与民主建国运动也给予了热心支持，在亚洲各民族革命运动中发挥了重要影响，赢得了亚洲革命者的由衷尊敬。

如果说对于亚洲弱小民族孙中山主要诉诸联合革命，那么，对于亚洲已经崛起的国家日本，他的主要诉求则是唤起日本民众对亚洲各国革命的支持，和规劝日本朝野与革命后的中国友好合作，共同负起领导亚洲和平复兴的责任。呼吁日本民众支持亚洲革命，实际上是他亚洲联合革命论的延伸；而主张中日合作领导亚洲复兴，则涉及现代亚洲新秩序的重建。

梁启超曾将中国的历史演变划分为"中国之中国""亚洲之中国""世界之中国"三个阶段，近代以前的亚洲秩序，在很大

---

① 孙穗芳：《我的祖父孙中山》，人民出版社 1996 年版，第 136 页。

② 陈锡祺：《孙中山年谱长编》上册，中华书局 1991 年版，第 357 页。

程度上是在"亚洲之中国"范畴之内，即多数亚洲王国与华夏王朝建构起朝贡国家体系。这种体系在西方列强冲击下逐渐解体，朝贡国与"天朝上国"同时成为西方列强任意挥霍的鱼肉；位居亚洲东部、与华夏王朝未形成明确朝贡关系的日本，是最早逃出虎口的例外。日本以明治维新自救，进而逐步走上效法西洋列强的扩张之路，在知识界"攘夷论"一变而为"脱亚论"。1885年福泽谕吉在《脱亚论》里直言不讳宣称："我国不应犹豫等待邻国之开明而共同振兴亚细亚，不如脱离其行列与西方文明之国共进退。对待支那、朝鲜之法，亦不能因其为邻国而给予特别关照，唯有按西方人对待彼等方式处理之。"[①]这就揭开了日本鼓吹侵略中国和亚洲其他国家的序幕。与"脱亚论"并起的，还有一种"兴亚论"，这种论调最初以和平友善对待中国和亚洲其他国家为基调，但随着日本国力的增强，一些人朝向亚洲门罗主义的"日本责任论""亚洲盟主论"发展，杉田鹑山的《兴亚策》、樽井藤吉的《大东合邦论》、草间时福的《东洋连衡论》等论著从肯定日本的亚洲连接的一面，渐次走上主张日本充当亚洲盟主的霸权之路。孙中山对日本提出的亚洲复兴论，不仅对立于日本思想界的"脱亚论"，也不同于日本思想界日益右转的"兴亚论"。

孙中山复兴亚洲的思想，集中体现在1924年到日本神户所做的"大亚洲主义"专题演讲中。关于这次讲演的真实动机和意涵，学界讨论很多，见仁见智。以文本论，直接的意思包括：亚洲曾经是世界文明的发祥地，有着很高的精神和物质文化，晚近几百年才趋于衰弱，受制于欧洲国家；衰弱到了极端而发生转机，

---

① 竹内好编:《现代日本思想大系·アジア主義》，东京:筑摩书房1963年版，第40页。

日本第一个实现独立富强，其他民族和国家受到鼓舞也积极追求独立富强，使亚洲出现复兴的希望；要恢复亚洲从前的地位，亚洲国家要联合起来，中国和日本应成为东亚联合的原动力，但这种联合的基础应该是发挥亚洲固有的王道文化，而不是追随欧洲的霸道文化。[①] 孙中山的这些见解既吸收了日本早期兴亚论的合理成分，也结合新的时代环境作出了独到的创发，对日本当局"做西方霸权的鹰犬"的企图给予了明确警示。这与他1913年在胡汉民氏陪侍下会见日本首相桂太郎时所说的"就大亚细亚主义之精神言，实以真正平等友善为原则"，[②] 要义一脉相承，绝非应景之言。

孙中山希望先行独立的日本，发挥亚洲固有的王道文化，隐含的意思就是要以中国文化的精神去联合中国和其他亚洲国家，抵抗欧洲国家的霸道，从它们的宰制下解放出来，实现亚洲的独立自主和繁荣昌盛。当时的中国尚未实现自身的独立，但孙中山相信中国的文化精神之伟大，应该和足以在未来的亚洲复兴中发挥正面的支柱作用。他认为这种王道文化是跨国界、洲际的，即使在欧洲，也可适用于那些愿意平等对待弱小民族之国家，如欧战中诞生的苏俄；王道文化并非不讲武力，对于压迫弱小民族之国家，无论是列强还是独强，单纯以感化它们的方式，要它们"和平的退回我们的权利，那就像与虎谋皮，一定是做不到的"，

---

① 孙中山:《大亚洲主义——对神户商业会议所等五团体讲演词》，《孙中山先生由上海过日本之言论》，民智书局1925年3月版。收入《孙中山全集》时题目改为《对神户商业会议所等团体的演说》，见《孙中山全集》第十一卷，中华书局2011年版，第401—409页。

② 胡汉民:《大亚细亚主义与抗日》，《胡汉民先生文集》第二册，台北:"中央文物供应社"1978年版，第539页。

对于他们应采取武力的抵抗，因为"我们讲大亚洲主义，以王道为基础，是为打不平"。[1]

中日提携以王道领导亚洲，不是要称霸亚洲。孙中山特别提到，行王道文化的大亚洲主义，永远不会行霸道。日本不能称霸，中国也不会称霸。过去中国在世界上最强大的时候，各弱小国家都拜中国为上邦，以能来朝为荣耀，不能到朝为耻辱，都不是以武力行霸道强迫的结果，"中国完全是用王道感化他们，他们是怀中国的德，甘心情愿，自己来朝贡的"。以后的中国实行民主共和，更会善尽王道，善待其他民族和国家，即使将来强大了，也不会存在称霸一方的问题。"做东方王道的干城"，目的在于和平友善帮助弱小民族复兴，推而广之开创全世界的和平发展，以此，他自始就明确表述自己的革命事业是"为中国苍生，为亚洲黄种人，更为了世界人类"。[2]

三、孙中山亚洲观的价值

孙中山的亚洲意识将亚洲革命与亚洲复兴结合起来，在民族主义和世界主义之间增加了一个区域政治的维度，原因有多种。包括学者们所指出的：东方各民族的独立和民主革命在世纪之交广泛发生，联合互助成为一种需要；人种学的兴起和"黄祸论"在西方的滥觞，需要有相应的亚洲论述作回应；日本思想界的亚洲论述，出现畸变的危险；西方对日本态度出现分歧，为争取日本支持亚洲革命和复兴提供了某种可能；等等。这些原因或条件，

---

[1]　孙中山：《对神户商业会议所等团体的演说》，《孙中山全集》第十一卷，中华书局 2011 版，第 408—409 页。

[2]　宫崎滔天：《三十三年之梦》，佚名初译，林启彦改译、注释，花城出版社、生活·读书·新知三联书店香港分店 1981 年版，第 123—124 页。

随着世界形势的变化而变化,孙中山的亚洲意识和亚洲论述,有些目标实现了,如亚洲弱小民族之间的联合互助革命,有些愿望落空了,如日本走上对中国和亚洲国家进行帝国主义侵略的歧途,一度对亚洲表现出善意的苏联,也与王道文化背道而驰,搞起"少数压迫多数"的国际霸权。

尽管如此,孙中山关于亚洲的思考,本质上的合理性不可抹杀。首先,孙中山终身致力于民族民主革命,却非革命目的论者,而以革命为复兴之基础,复兴为革命之目的。他将亚洲革命与亚洲复兴结合在一起,凸显了亚洲摆脱殖民奴役而自由发展之梦。其次,孙中山看到,在国家视角与世界视角之间,洲际区域的视角具有政治意义。这种中观的区域政治视角,追求亚洲各民族间,及亚洲与他洲间平等、亲和的关系,以实现共同繁荣,既体现民族主义,也体现世界主义,而又能避免片面民族主义或空想世界主义之失。第三,孙中山关于中华民族复兴是亚洲复兴的关键的认识,弥足珍贵。他确曾寄希望于日本与中国合作,共同承担起领导亚洲复兴的重任,但内心对日本是警惕的,忧虑日本可能为亚洲带来浩劫。他坚持中国复兴对于亚洲的关键意义,除了中国是亚洲首屈一指的大国,最主要是因为他认为中国深厚的王道文化传统将惠及整个亚洲甚至世界。

可惜的是,孙中山去世之后,其国民党内的继承者,并没有把握好这一精神。以孙中山继承人自居的汪精卫在日本公然全面侵华的条件下竟歪曲解释孙中山大亚洲主义中的中日亲善本义,建立傀儡政权,沦为民族罪人。自负为孙中山继承人的其他政治人物,如胡汉民、蒋介石等,后来在处理亚洲问题上,各有关注,各有阐发。其中蒋介石长期主政国民党政府,亦曾对中日提携有所幻想，在抗战爆发之前和抗战胜利之后，蒋介石都曾明确表示对"中日亲善"的期待。但他在日军悍然全面侵华、中华民族生死存亡之秋，领导国民政府与各党派合作坚持抗战，并对同受日本侵略的亚洲国家展开支援，维护了孙中山亚洲论述中武力抵抗霸权者的精义，应该给予肯定。

孙中山亚洲论述的政治遗产被不同角度运用的事实提示人们，在民族主义和世界主义之间的区域政治图谱，本身具有多重的方向性，而只有体会到孙中山民族主义—亚洲主义—世界主义相连接的真实内涵，贯彻其本质精神，才可能导亚洲主义于正途。

从"光复"到"革命"

——辛亥时期革命党口号语用分析 *

晚清革命时期，"光复"是革命党常用的一个政治语汇，很多情况下，与"革命"交互使用。"革命"一词在晚清的出现，史学界已有很丰富的研究，"光复"一词的深入研究目前看来还没有引起特别重视。实际上，"光复"一词在晚期革命人士那里也有相当曲折的内涵变化。

一、"光复"从学术指向到政治指向

汉语的许多语词在不同场景下有其特定的含义，"光复"一词即如此。

古汉语的双音节词大多是"由单组双"。"光""复"作为不相连的单字，见于《尚书大传》："日月光华，旦复旦兮"，意在劝勉人在修德上要努力不止。在易学的重要典籍中，"光复"表达的也是修德之意。应该说，这种用法本是"光复"一词的基础用法。

不过常规用法也蕴含着引申用法。人生范畴的"光复"所具有的道德修为意义，作为中华文化的显著特色，与道德中心主义的华夷世界观很容易建立起关联。华夷世界观历来有两层内涵：一是文化的，"夷狄入中国，则中国之，中国入夷狄，则夷狄之"；一是种族上的，由于"夷狄之有君，不如诸夏之亡也"，所以"非

---

* 本文与孙会修合作，曾载于《社会科学评论》2012年第1期。

我族类，其心必异"。华夏族群居于中原，为文明中心，因此逐渐产生了以华夏礼义文化为标准进行族群分辨的观念，区分人群以文化，而不以种族，合于华夏礼俗者并与诸夏亲昵者为华夏、中国人，不合者为蛮夷、化外之民。这是一种比较理性的区分标准，有其理想性成分。在现实中，种族之间的界限仍然是存在的，当汉族王朝主宰的背景下，此界限也许无足轻重，而在少数民族建立王朝统治具有文化优越感的汉民族时，这种种族意识就会显现。东晋时期的桓温将"光复"引入政治领域，称："知欲躬率三军，荡涤氛秽，廓清中畿，光复旧京"，[①] 就是这种情况。这句话中的"旧京"即匈奴贵族刘渊所建政权控制的原西晋都城洛阳，东晋统治阶层视自己被"匈奴胡种"赶到南蛮之地为奇耻大辱，时刻不忘北伐，收复中原。桓温作为东晋权臣，曾带兵三次北伐，欲收复北方、建不世之功。

　　这一语境中的"光复"可理解为：旧京在当时处于匈奴的"黑暗"统治之下，桓温想通过北伐驱逐匈奴人，让旧京"光复"。所隐含的深意是，处于中原的文明之区应由汉族占领，匈奴和其他胡虏蛮夷的统治只会"氛秽"这片圣地，没有统治中原的正当性。在传统社会很长时间内"中国"即汉人，汉人即"中国"，"居天地之中者曰中国，居天地之偏者曰四夷。四夷外也，中国内也"。[②] 即使少数民族统治者，也接受这种文化认知。北方少数民族统治者有时非常注意掩饰自己的"低下"的民族身份，刘渊政权的初期国号即为"汉"，以东汉政权的继承者自居。以至

---

① 《晋书》卷九十八《桓温传》，中华书局 1974 年版，第 2574 页。

② ［宋］石介：《中国论》，陈植锷点校《徂徕石先生文集》，中华书局 1984 年版，第 116 页。

于后来,"夷变夏"成为入主中原的少数民族政权的主动性作为,只要在中原当权,就宣称自己是正统的汉族。

在东晋之后,"光复"一词学术性的修德之意与政治性的种族歧视之意都有显现,但散见于史书典籍,使用不广。直到明朝,"光复"使用频率才明显增多,如在万历年间就有两名叫"郭光复"的官员,另有一名官员叫"刘光复"。明朝是推翻元朝少数民族政权建立起来的,出于对自身政权正当性形塑的目的,也鼓吹大汉族主义,如朱元璋北伐时的口号即是"驱除胡虏,恢复中华,立纲陈纪,救济斯民。"[①]虽然用的是"恢复",但和"光复"的华夷之辨指意相同。

可见在清朝之前,"光复"是作为修德指向的学术话语和华夷之辨指向的政治话语交替存在的,在政治相对修明之时,学术话语的"光复"使用相对较多。在异族入主中原时,其华夷之辨的政治话语使用较为明显。无论是学术话语还是政治话语,"光复"强调的立足点就是"正统","正统"丧失才要"光复"。

按照这一规律,在满族统治者建立清朝后,政治指向的"光复"自然成为禁忌。但这并不妨碍学术指向的"光复"之使用。清代最早使用"光复"一词的可能是经学家陈确(1604—1677),他在40岁时与黄宗羲等一同拜刘宗周为师,后著书立说。他考证《大学》是秦朝以后的作品,不具有理学家所尊的"圣经"地位。在王阳明之前,程、朱理学居于正统地位。《大学》是程、朱理学的基本依据之一,朱子认为《大学》为曾子所作,记圣人之言。陈确的考证对理学来说,无疑是釜底抽薪,"姚江(按:

---

① 《明太祖实录》卷二十六,吴元年十月丙寅,台北:"中研院"史语所校印本1962年版,第402页。

即王阳明)之合知行,山阴(按:即刘宗周)之言一贯,皆有光复圣道之功,而于《大学》之功,终落落难解。仆痛此入于骨髓,幸而天启愚衷,毅然辨《大学》之绝非圣经,为孔、曾雪累世之冤,为后学开荡平之路。圣人复起,不易吾言"。[1]

这段话反映的是儒学内部的一场学术争论,"在儒家传统内部的思想辩论中,每一派都力图通过声称自己是圣人的传人而赢得胜利。论战的双方总是相互指责对方背离了道统"。[2]陈确肯定王阳明、刘宗周尊德性之心学超越了程朱道问学的理学,朝"光复"圣人之道迈进一大步,但还不尽彻底,没有舍弃利用《大学》。陈确要论证《大学》并非真经。这里使用的"光复",明显是学术性话语指向。

清前期统治者经常大兴文字狱,陈确并未因"光复"一词的使用而受到影响,说明在清政权的统治稳定建立起来后,"光复"政治性的华夷之辨语意已经逐渐湮没,不再敏感。但这种情况到了晚清,再次发生转变。

清道光年间开始,中国频繁遭遇西方列强入侵,由于应对不力,亡国灭种危机日重,19世纪末20世纪初社会出现一股追求彻底变革的力量,打出了"驱除鞑虏,恢复中华"的旗帜,誓言颠覆清廷统治。从文字上理解"驱除鞑虏,恢复中华"也就是"光复"汉族统治权。明确用"光复"指称这次革命,可能较早出自1903年章太炎为邹容《革命军》所作的序言。在序言中,章氏首先讲到了清季的革命,"夫中国吞噬于逆胡二百六十年矣。

---

① [明、清]陈确:《大学辨》,《陈确集》别集卷十四。

② [美]列文森:《儒教中国及其现代命运》,郑大华、任菁译,广西师范大学出版社2009年版,第38页。

宰割之酷，诈暴之工，人人所身受，当无不昌言革命"。章氏所说的"吞噬"，强烈指向"逆胡满人"占领汉人区域，中国被"宰割"这一史事。正基于此，而有汉人倡言革命。序言的最后，他对"革命"与"光复"两个词进行了辨析，指出"同族相代，谓之革命；异族攘窃，谓之灭亡；改制同族，谓之革命；驱逐异族，谓之光复。今中国既灭亡于逆胡，所当谋者，光复也，非革命云"，①主张用"光复"一词代替"革命"。章太炎是一位古文经学家，对"光复"一词的两个意指自能了然于胸，章氏挖掘了"光复"一词的华夷之辨的政治指向，并运用到革命理论的阐发中去。通过章太炎之笔，"光复"被引入革命活动。

章氏虽主张用"光复"一词代替"革命"，并据此与同志成立了"光复会"，但考虑到当时"革命"一词使用已经非常广泛，在主张使用"光复"的同时，为了宣传方便并没有拒绝使用"革命"。他的名作《驳康有为论革命书》，通篇中都在使用"革命"一词，没有提"光复"。不过"光复"一旦作为"革命"的近义词提出来，就会逐渐传播，陈天华1904年发表《狮子吼》，就说"今逆胡之数已终，光复之日期不远"。②孙中山1906年主持制定的《中国同盟会革命方略》，也讲"惟前代革命如有明及太平天国，只以驱除光复自任"。③"光复"的影响力迅速扩展。

当晚清"光复"被用于政治指向时，学术指向的"光复"其

---

① 章太炎：《革命军序》，邹容《革命军》，华夏出版社2002年版，第1、2页。

② 陈天华：《狮子吼》，刘晴波、陈国兴编校《陈天华集》，湖南人民出版社1958年版，第34页。

③ 孙中山：《中国同盟会革命方略》，《孙中山全集》第一卷，中华书局1981年版，第296页。

实仍在使用。1904 年初，黄节在《国粹学报叙》中指出，"夫国学者，明吾国界以定吾学界者也"，"举东西诸国之学，以为客观，而吾为主观，以研究之，期光复乎吾巴克之族，黄帝、尧、舜、禹、汤、文、武、周公、孔子之学"。[①]国粹派同样主张推翻清政权，但"光复"在这一语境中是表示要恢复正统的先秦时代诸子之学，代替官方"正统"学说。不过随着政治指向的"光复"被越来越多的革命党人使用，这种学术指向的用法，逐渐被遮蔽。

二、"光复"之下的满汉敌我关系构建

颠覆清王朝的当务之急是动员社会力量，社会动员就必须清晰辨明敌我，并以情感鼓动群体性的爱憎。为了从满人手中"光复"汉人江山，革命党人势必愤然痛斥清政府罪行和腐败无能，乃至不惜扩大到丑化整个满人族群；相应地，为团结凝聚汉人族群，强化华夏文化自豪感和"光复"神州的使命感，也会对汉人的历史和文化加以美化、神圣化，对汉人族群遭遇清廷的屠杀和压迫加以申诉。

满汉关系在二百多年的清朝统治中，发生过比较大的变化。清初入关不久，满汉矛盾曾非常尖锐，除了征战中发生"扬州十日""嘉定三屠"这类惨烈事件外，还施行文字狱、八旗驻防各地、满汉复职制等刚性的手段尊满抑汉、防汉。但康熙、雍正、乾隆三朝已经开始比较重视缓和满汉矛盾，用尊理学、广开科举、皇帝巡游江南等柔性的手段笼络汉族士子；同时，满人也加快了汉化进程。散居各地的满人群体以八旗制度为依托，汉化程度已很高，"19 世纪初，满人成了一个几乎被人遗忘的群体。人们普

---

① 黄节:《国粹学报叙》,《国粹学报》第 1 年第 1 号。

遍认为，他们被同化于大多数汉人的文化之中，因此不再被区别为一个单独的群体"。① 所以满汉对立的情况虽然在整个清朝都存在，但越往后来越"隐而不显"，并无特别普遍的族群矛盾。但为了革命，就难免从别族群、分内外入手，将隐而不显的满汉矛盾显性化，夸大化。

孙中山、章太炎、邹容、陈天华等人是革命党的"光复"宣传健将，痛斥清政府和丑化满人不遗余力。

第一，他们强调满族人是异族，是中国之外的民族。革命党人用带有歧视性的语言称呼满族人，除前述孙中山称之为"鞑虏"，章太炎称之为"逆胡"之外，邹容称"披毛戴角之满洲种"，②陈天华则称满人属于"腥膻"③的族群。邹容根据西方传入的社会达尔文主义的人种学说，认为汉族和满族人不是一个人种，"亚细亚黄色人种，约别为二种：曰中国人种，曰西伯利亚人种"，中国人种包括汉族、西藏族、交趾支那族，而满洲人则属于西伯利亚人种中的通古斯人种，不属于中国人种。④ 章太炎认为，"夫满洲种族，是曰东胡，西方谓之通古斯种，固与匈奴殊类。虽以匈奴言之，彼既大去华夏，永滞不毛，言语政教，饮食居处，一切自异于域内"。⑤ 既然不是"域内"之族，自不能称为中国人，而当时革命党人的主张就是"中国者，中国人之中国也，非贼满

---

① ［美］路康乐：《满与汉：清末民初的族群关系与政治权利（1861—1928）》，王琴等译，中国人民大学出版社 2010 年版，第 7 页。

② 邹容：《革命军》，华夏出版社 2002 年版，第 7 页。

③ 陈天华：《警世钟》，刘晴波、陈国兴编校《陈天华集》，湖南人民出版社 1958 年版，第 60 页。

④ 邹容：《革命军》，华夏出版社 2002 年版，第 40—41 页。

⑤ 章太炎：《驳康有为论革命书》，汤志钧编：《章太炎政论选集》（上），中华书局 1977 年版，第 194—195 页

人所得而固有也"。① 这种主张否定了满人在中国的存在合理性，更否定了清政府的合法性。

清政府合法性不存在了，"中国现在的皇帝不是本国人做，乃是满洲的人。这满洲是中国一个大大的仇敌，强要我们认他做皇帝"。② 那么用革命手段推翻就成为理所当然。陈天华在反驳清政府认定革命党人的活动是"造反"时说，"俺汉人，想兴复，倒说造反"，接着他举例说："好比那人家有一份产业，被强盗霸去了，到后来，这人家的子孙长大了，想要报这个仇，把从前的产业争转来，也可以说他是不应该的吗？"③

第二，他们痛斥满人曾血腥屠杀汉人并强制汉人更改习俗。明清易代之际，满洲政权为了消灭异己力量和巩固政权，打压汉族反抗气势，曾大肆血腥屠杀汉人，特别是在江浙地区制造了多起骇人听闻的屠城惨剧，留下了深刻的民族仇恨。这些成为革命党人所特别宣讲的故事。在当时革命党人的宣传品中，对"扬州十日"和"嘉定三屠"的渲染尤为居多，邹容说，"吾读《扬州十日记》《嘉定屠城记》，吾读未尽，吾几不知流涕之自出也"。"有一有名之扬州、嘉定，有千百无名之扬州、嘉定，吾忆之，吾恻动于心，吾不忍而又不能不为同胞告也"。④ 陈天华则以小说的形式，通过主人公的梦中亲历对扬州十日进行哭诉，"凡满兵

---

① 邹容：《革命军》，华夏出版社2002年版，第27页。

② 陈天华：《国民必读——奉劝一般国民要争权利义务》，刘晴波、陈国兴编校《陈天华集》，湖南人民出版社1958年版，第186页。

③ 陈天华：《猛回头》，刘晴波、陈国兴编校《陈天华集》，湖南人民出版社1958年版，第34页。

④ 邹容：《革命军》，华夏出版社2002年版，第24页。

所到的地方，过了数十年，田还没人耕种"。①革命党人又把这种屠杀与中国文化的"父仇子报"联系起来，"被贼满人屠杀者，是非吾高曾祖之高曾祖？是非吾高曾祖之高曾祖之伯叔兄舅乎？被贼满人奸淫者，是非吾高曾祖之高曾祖之妻之女之姊妹乎？"②通过种族仇杀宣传，以图达到"光复"的目的。

满洲入关之后，推行"薙发令"等满洲习俗，实行民族同化政策，曾遭到汉族的强力反抗。西力东渐以来，中国国势日渐衰弱，列强经常通过讽刺满式发辫来丑化中国人，③中国士人倍感屈辱，"哀牢夷种人，皆刻画其身，象龙文，衣箸尾。尾者，其今满洲之辫发乎？""支那总发之俗，四千年亡变更，满洲人，始鬄其四周，交发于项，下及髋髀。一二故老，以为大辱，或祝发箸桑门衣以终。""日本人至，始大笑悼之；欧罗巴诸国来互市者，复蚩鄙百端，拟以犳豚，旧耻复振。"④革命党人也借此表达对清廷的极大愤恨。

第三，他们抨击满人歧视汉人，丧权辱国。他们指出，满人直到清末也只有 500 万人口，却统治数以亿计的汉人，"世界只有少数人服从多数人之理，愚顽人服从聪明人之理，使贼满洲人而多数也，则仅五百万人，尚不及一州县之众。使贼满洲人而聪明也，则有目不识丁之亲王、大臣，唱京调二簧之将军、都统。

---

① 陈天华：《狮子吼》，刘晴波、陈国兴编校《陈天华集》，湖南人民出版社1958 年版，第 114—116 页。

② 邹容：《革命军》，华夏出版社 2002 年版，第 24 页。

③ 施爱东：《从 Pigtail 到"豚尾奴"：一个辱华词汇的递进式东渐》，《民族艺术》2010 年第 4 期，第 6—22 页。

④ 章太炎：《解发辫》，汤志钧编：《章太炎政论选集》（上），中华书局 1977年版，第 148 页

三百年中，虽有一二聪明特达之人，要皆为吾教化所陶熔"。[①] 他们抨击统治者口称满汉平等，但为了维护满洲贵族的统治，满人在为官、升迁上事实上都比汉官要容易、快，而驻扎在各地的满洲八旗更是享受制度性特权，不事劳作，完全由国朝供养。列强入侵中国以后，清政府仍固守特权，"宁赠友邦，不予家奴"，"量中华之物力，结与国之欢心"，丧权辱国。革命党人对此反复引用发挥，口诛笔伐，宣称朝廷已经是洋人的朝廷，"你道今日中国还是满洲政府的吗？早已是各国的了！"[②] "耻呀！耻呀！耻呀！你看堂堂中国，岂不是自古到今四夷小国所称为天朝大国吗？为什么到如今，由头等国降为第四等国呀？外国人不骂为东方病夫，就骂为野蛮贱种。中国人到了外洋，连牛马也比不上。"[③]

第四，他们公开丑化清朝统治者。为了打击清政府神圣不可侵犯的"威严"，他们对皇帝和垂帘听政的太上皇慈禧，进行公开的嘲笑和谩骂。章太炎说"载湉小丑，未辨菽麦"，"仁柔寡断之主，汉献、唐昭之俦耳！"[④] 陈天华根据民间隐秘传说渲染慈禧是一个无耻淫妇、窃国大盗、卖国贼，说咸丰死后"一日，那拉氏称说有病，正宫往西宫看他，不是得病，是新生了一个孩儿"，慈安太后心软放过了慈禧，后反被慈禧所害。[⑤] 慈禧后来还害死

---

① 邹容:《革命军》，华夏出版社 2002 年版，第 13 页。

② 陈天华:《警世钟》，刘晴波、陈国兴编校《陈天华集》，湖南人民出版社1958 年版，第 76 页。

③ 陈天华:《警世钟》，刘晴波、陈国兴编校《陈天华集》，湖南人民出版社1958 年版，第 69 页。

④ 章太炎:《驳康有为论革命书》，汤志钧编:《章太炎政论选集》(上)，中华书局 1977 年版，第 199、201 页。

⑤ 陈天华:《狮子吼》，刘晴波、陈国兴编校《陈天华集》，湖南人民出版社1958 年版，第 118—120 页。

同治帝，宠爱李莲英，挪用军费修建颐和园，只图享乐。

革命党人对清政府和满人的攻击和丑化不免存在一些虚构和夸大的成分，但是这种宣传使民众产生很强烈的现实情感，具备了极强的鼓动性。

在揭露"光复"对象清政府腐朽和丑化满人的另一面，就是神圣化作为"光复"主体的汉人。

首先，他们运用人种学说，宣扬汉族人种优越论。流亡日本的维新派领袖梁启超为鼓舞中国士人的爱国热忱和志气，已经置中国人种或黄色人种于很高的位置，认为"可以称为历史的人种者，不过黄、白两族而已"。[①]"中国人种之性质，与其地位，决非如土耳其印度阿非利加之比例"，"他日于二十世纪，我中国人必为世界上最有势力之人种"。[②]革命宣传家却将人种学说用于抑满反满尊汉，说满人为下等人种，汉人为上等人种，"地球之有黄白二种，乃天予之以聪明才武，两不相下之本质，使之发扬蹈厉，交战于天演界中，为亘古角力较智之大市场，即为终古物竞进化之大舞台。"汉人是黄种人之首，"汉族者，东洋史上最特色之人种，即吾同胞是也。据中国本部，栖息黄河沿岸，而次第蕃殖于四方。自古司东亚文化之木铎者，实惟我皇汉民族焉"。[③]只有汉族领导中国才是合理的。

其次，他们从文化上阐扬汉族优越性。他们特别强调中国的共同祖先是黄帝，"但是平常的姓，都是从一姓分出来的，汉族

[①] 梁启超：《历史与人种之关系》，《梁启超全集》（第2卷），北京出版社1999年版，第742页。

[②] 梁启超：《论中国人种之将来》，《梁启超全集》（第1卷），北京出版社1999年版，第259页。

[③] 邹容：《革命军》，华夏出版社2002年版，第40页。

是一个大姓,黄帝是一个大始祖,凡不同汉种,不是黄帝的子孙的,统统都是外姓"。①黄帝还是中国的人文始祖,创造了优秀的文明,建立了历史悠久幅员辽阔的统一国家,"天下五个大洲,第一个大洲就是亚细亚。亚细亚大小数十国,第一个大国,就是中华。本部一十八省,人口四万万,方里一千五百余万;连属地算之,有四千余万。居世界陆地十五分之一。气候温和,土地肥美,物产丰盈,人民俊秀。真是锦绣江山,天府上国,世界之中,有一无二"。②他们津津乐道于华夏文明的代表性符号,如"上国衣冠""汉官威仪""皇汉民族""汉人始祖、轩辕神胄"等,也称颂孔子的人文贡献,"中国之有孔子,无人不尊崇为大圣人也。曲阜孔子庙,又人人知为礼乐之邦,教化之地,拜仰不置,如耶稣之耶路撒冷也"。③他们反复贬低满洲是野蛮民族,宣称是满洲的统治让中国文明失色。

再次,他们反复渲染汉人的民族悲情,歌颂汉人的反满历史。"扬州十日""嘉定三屠""雉发令"是他们民族悲情宣传的重点,也是宣扬反满精神的重点。他们把朱元璋树为反异族统治的历史英雄,"朱元璋、洪秀全各起自布衣,提三尺剑,驱逐异胡,即位于南京";④将史可法、郑成功、曾静、吕留良、洪秀全树为反满历史英雄,"汉人者,失国二百余年,犹不忘恢复之心,

---

① 陈天华:《警世钟》,刘晴波、陈国兴编校《陈天华集》,湖南人民出版社1958年版,第82页。

② 陈天华:《狮子吼》,刘晴波、陈国兴编校《陈天华集》,湖南人民出版社1958年版,第111页。

③ 邹容:《革命军》,华夏出版社,2002年,第25页。

④ 孙中山:《太平天国史序》,《孙中山全集》第一卷,中华书局1981年版,第258页。

思脱异种之厄",[1] 章太炎就自述外祖朱左卿"夷夏之防,同于君臣之义"的教诲,"可见种族革命思想原在汉人心中,惟隐而不显耳",[2] 今人虽不尽以逐满为职志,"然其轻视鞑靼以为异种贱族者,此其种性根于二百年之遗传,是固至今未去者也",[3] "鄙人自十四五时,览蒋氏《东华录》,已有逐满之志"。[4]

革命党人对汉人的神圣化与对满人的丑化,形成黑白了然、正邪分明的两种不同族群形象,将革命的敌我关系清晰地构建出来,强化了"光复"话语的具体政治意涵。

三、"光复"走向"革命"

从革命宣传家对"光复"运动敌我关系的构建来看,"光复"的基本政治意涵,与历史上驱逐戎狄恢复中原的传统用法并无本质差异。不过,当革命党人以"光复"相号召的时候,已经到了西方新思想新文化广泛涌入的 20 世纪初年,这一背景很自然地影响到"光复"内含的变化,促成了"光复"意义的升华,使"光复"走向现代性的民族民主"革命"。

20 世纪初年,中国思想界处于新陈代谢的过渡期,追求文明变革已经成为社会主流共识,知识分子纷纷输入西方政治和文化思想。其中政治领域,民族主义、自由民主主义、社会主义都有广泛的宣传者,而民族主义和自由民主主义尤其获得共鸣。那个

---

① 孙中山:《支那保全分割合论》,《孙中山全集》第一卷,中华书局 1981 年版,第 222 页。

② 汤志钧编:《章太炎年谱长编》,中华书局 1979 年版,第 5 页。

③ 章太炎:《驳康有为论革命书》,汤志钧编:《章太炎政论选集》(上),中华书局 1977 年版,第 206 页。

④ 章太炎:《致陶亚魂、柳亚庐书》,汤志钧编:《章太炎政论选集》(上),中华书局 1977 年版,第 191 页。

时代执舆论界牛耳的温和改良派领袖梁启超，先有《十种德性相反相成义》《国家思想变迁异同论》等文章的发表，接着有《新民说》的连续鼓吹，影响深远。政治上不同调的激进革命党，也先后发表《说国民》《权利篇》《民族主义论》等，传播这些思想。民族主义和自由民主主义的思想潮流，在价值上为中国知识分子提供了新的观念，了解了"合同种，异异种，以建一民族的国家"，[①]"国家譬犹树也，权利思想譬犹根也"[②]等国家构造的新原理。

当然实际对民族和民主的理解，知识分子并不一致，而有大民族主义、小民族主义，君宪民主主义、共和民主主义之别。革命派的传统光复思想，在这样的思想环境下，顺势转型为小民族主义和共和民主主义。这就是杨笃生著《新湖南》所说的："顾吾所必欲伸之理论安在乎？则曰民族建国主义及个人权利主义而已。"[③]

共和民主主义或个人权利主义是中国传统中所没有的思想，毋庸赘言；小民族主义形式上认同的只是汉族，其实内容上与光复主义仍有区别。这个区别就是不再以种族复仇为目标，而致力于推翻"满清野蛮政府"，建立基于国民权利的政府。"中华国民军奉命驱除异族专制政府，建立民国"，[④]满人和满人政权已被区

①　余一:《民族主义论》，张枬、王忍之编:《辛亥革命前十年间时论选集》第一卷，生活·读书·新知三联书店 1960 年版，第 486 页。

②　梁启超:《新民说》"论权利思想"，张枬、王忍之编:《辛亥革命前十年间时论选集》第一卷，生活·读书·新知三联书店 1960 年版，第 135 页。

③　湖南之湖南人（杨笃生）:《新湖南》，张枬、王忍之编:《辛亥革命前十年间时论选集》第一卷，生活·读书·新知三联书店 1960 年版，第 631 页。

④　孙中山:《革命方略·对外宣言》，《孙中山全集》第一卷，中华书局 1981 年版，第 311 页。

分开来。1906 年孙中山在《民报》周年纪念会上演讲说:"'民族革命,是要尽灭满洲民族',这话大错。民族革命的原故是不甘心满洲人灭我们的国,主我们的政,定要扑灭他的政府,光复我们民族的国家。这样看来,我们并不是恨满洲人,是恨害汉人的满洲人。假如我们实行革命的时候,那满洲人不来阻害,我们决无寻仇之理";[①]1908 年章太炎发表《排满评议》也说:"排满洲者,排其皇室也,排其官吏也,排其士卒也。若夫列为编氓,相从耕牧,是满人者,则岂欲制刃其腹哉?""满人之于政府相系者,为汉族所当排;若汉族为彼政府用,身为汉奸,则排之亦与满人等。"[②] 这就意味着以往单纯的驱逐满人的种族"光复",已经开始走向以现代民族与民主相结合为内涵的革命。

"光复"意涵的这一转折,是革命党人接受新思想洗礼的结果,也与温和改良派对他们提出的批评有关。改良派认为"满人与我不能谓为纯粹的异民族也",因为满人在种族上同属黄种,在文化上已经汉化,在政治上已经与汉人结合难分,没有被诛灭、被逐出之理,历史上的"扬州十日""嘉定三屠",不过是改朝换代时常有的现象,汉族政权更替亦常发生,而如果满人果真被驱逐,中国土地和国民将更加削弱,加之内乱不止,对抵抗列强有害无益。这些观点一方面引起革命派的反驳,另一方面也引起革命派反思和进行思想调整。如果说在 1905—1910 年间,调整还在"排满"范围之内,那么辛亥革命发生后,则进一步转变为大民族主义。武昌首义之后,由于局部地区确实发生仇杀满人的事

---

① 孙中山:《在东京〈民报〉创刊周年庆祝大会的演说》,《孙中山全集》第一卷,中华书局 1981 年版,第 325 页。

② 章太炎:《排满平议》,《民报》第 21 期,1908 年 6 月。

件，而外蒙古和西藏贵族反向利用革命派"驱除鞑虏"的主张，展开脱离中国的政治运作，满洲和新疆等地具有政治企图心的上层或宗教界人士，也展开独立诉求的政治运动，[①]改良派的警告呈现不幸而言中的危险，使革命派决然放弃小民族主义。

最先否定小民族主义的正是首次明确揭"光复"之义的章太炎。首义之时，章正在东京，针对留日满族学生面对革命的躁动，他专门著文规劝，"所谓民族革命者，本欲复我主权，勿令他人攘夺耳，非欲屠夷满，使无孑遗，效昔日扬州十日之为也；亦非欲奴视满人，不与齐民齿序也。曩日大军未起，人心郁勃，虽发言任情，亦无尽诛满之意"。他承认满人是中国境内的"齐民"，承认革命党人过去的排满宣传为"发言任情"。宣示"君等满族，亦是中国之民，农商之业，任所欲为，选举之权，一切平等，优游共和政体之中，其乐何似？我汉人天性和平，主持人道，既无屠杀种族之心，又无横分阶级之制，域中尚有蒙古、回部，西藏诸人，既皆等视，何独薄遇满人哉"。[②]在这里，"光复"的主体已经置换为"国民"，"复我主权"已经变为复各族人民主权，狭隘的汉种国家转变为五族共和国家。

孙中山同样实现了从小民族主义到大民族主义的转变，强调各民族之间的平等，在《临时大总统宣言书》中，宣告："夫中国专制政治之毒，至二百余年来而滋甚，一旦以国民之力踣而去之，起事不过数旬，光复已十余行省。"这里已经不把满人统治视为

① 吴启讷：《民族的自治与中央集权——1950年代北京借由行政区划将民族区域自治导向国家整合的过程》，《近代史研究集刊》2008年9月，第88页。

② 章太炎：《致留日满洲学生书》，汤志钧编：《章太炎政论选集》（上），中华书局1977年版，第519页。章太炎此文末尾注明时间"阳历十月十日"，但据文中所述详情应不是极短时间内发生，大概是首义后不久所作。

异族征服。而这里的"光复",明确意指为光复人民主权。"国家之本,在于人民。合汉、满、蒙、回、藏诸地为一国,亦合汉、满、蒙、回、藏诸族为一人,是曰民族之统一。"[①]这份标志性文献,是革命党人从"光复"走向"革命"的象征。

"革命"一词中国古已有之,出于《易经》"汤武革命,顺乎天而应乎人"之语。古代以天子受天命称帝,以有道伐无道为革命,即"革"掉故朝之"命",不管出之于贵胄抑或草根。"革命"常常是同一种族内部权力的暴力更替,与表示异族之间暴力更替政权的"光复"不属于同一范畴。章太炎所谓"同族相代,谓之革命;异族攘窃,谓之灭亡;改制同族,谓之革命;驱逐异族,谓之光复",即为此意。因此,"革命"原本不能直接与"光复"互用。不过,以"驱除鞑虏"为职志的人士,却常常使用"革命"表示"光复"。据冯自由《革命逸史》,1895 年孙中山策动广州举义失败后,逃至日本神户,当地报纸的报道标题是《支那革命党首领孙逸仙抵日》,这个题目让孙中山很感兴趣,他感到称"革命"比他用的"起事""发难"等词更为响亮,"革命党"的称呼比"会党"更有意义,从此以革命事业、革命党自命。近年冯天瑜先生考订,这一细节的具体事实容或有误,但大致时间和受到日本"革命"用词影响,则可确定。[②]

日人使用的"革命"一词,不是对中国原有"革命"的袭用,而是对英语 revolution 的翻译,带有以激烈手段根本改造社会秩序和制度的意思。革命党"革命"与"光复"互用,起初并无如

---

① 孙中山:《临时大总统宣言书》,《孙中山全集》第二卷,中华书局 1981 年版,第 542 页。

② 冯天瑜:《"革命"、"共和":清民之际政治中坚概念的形成》,《武汉大学学报》人文科学版 2002 年第 1 期,第 9 页。

此深意，但随着 20 世纪初年西方社会思潮在中国思想界的传播，"革命"的意涵越来越超越古已有之的范畴，而朝向追求现代社会理想，即民族国家、自由民权、社会平等的目标。随着"革命"的近代化，"光复"也彻底告别种族复仇，脱胎换骨为人民对民权的光复，走向近代意义的"革命"。

"共和"与"革命"

——民初"双十节"诠释之演变 *

  1911 年 10 月 10 日的武昌一役，引起全国响应，一举推翻清廷专制统治，奠立民国。为纪念是役，民国政府将首义之日定为国庆日，又称"双十节"。

  "双十节"是武昌首义的纪念日，也是人们延续和重构辛亥革命历史记忆的重要方式。在民国初年，"双十节"的内在意涵并不是十分确定的，具有解释权力的北京政府和国民党，对此节日有着不同的理解和定位。通过这种理解与定位，也能为今人认识辛亥革命的历史意义，提供一个开放的视域。

一、"双十节"的确定过程

  "双十节"在整个民国时期，都是最重要的国家节日，却不是在南京临时政府时期确定的，而是由袁世凯统治下的北京政府确定的。

  东方第一共和国的成立和统一，经历了武装革命、南北和谈、清帝禅让，来之不易，且意义非凡。按照现代民主国家的通行做法，确定国庆日成为政府决议中一个重要议题。首先讨论这一议题的是行使教化职能的教育机关。1912 年 7 月 10 日至 8 月 10 日，教育部在北京举办全国临时教育会议，在确定中华民国新教育制度框架的同时，在第二案"各学校学年学期及休业规定"中，涉

  * 本文与周游合作，曾载于《社会科学研究》2011 年第 1 期。

及新国家的纪念日问题。会中，李步青置疑"纪念日各省不同，究宜以何日为纪念日"？邵章认为"当以清帝退位、民国统一之日为纪念日"，"因其为关系全国观念之一日"。刘宝慈提出应将"孔子诞日亦作为纪念日"。[①]黄炎培的意见则是："以阴历八月十九日为革命纪念日、阴历十二月二十五日为南北统一纪念日，以阳历元月一日为立国纪念日。"[②]黄炎培的建议得到会议支持通过。

在这次教育会议上，辛亥首义日——10月10日，与诸如南北统一纪念日、立国纪念日，乃至孔子诞生日，是处于同等地位的。

不过，武昌起义一周年的到来，为首义日与国庆日的连接提供了重要契机。

尽管掌握北京政府的袁世凯集团已经在政治上排斥了革命党，但作为民国创建起点的武昌起义，却是不能回避的。起义一周年如何纪念，并在纪念中获取各自的政治利益，中央和地方各种力量都在考虑。湖北地方当局为强化全国对武昌作为首义之区地位的认同，以增强其政治势能，首先提议于武昌起义之期，即"阳历十月十号，在鄂举办周年纪念会"，并希望各方派员赴鄂共同纪念。[③]此议9月9日由副总统兼鄂军都督黎元洪电请袁世凯及各机关，12日参议院加以讨论达成共识："纪念应天下共之，各省均应举行"，惟武昌系首义之地，应派人前往。[④]作为南京留

---

① 《临时教育会纪事》，《民立报》1912年7月23日，第7页。

② 转引周俊宇：《塑造党国之民——"中华民国"国定日的历史考察》，台湾政治大学文学院台湾史研究所硕士班学位论文，2008年7月，第225页。

③ 《举行国庆之预备》，《申报》1912年10月7日，第7版。

④ "中华民国"史事纪要编辑委员会编：《"中华民国"史事纪要》（初稿），1912年9月12日，台北："中华民国"史料研究中心，1971年5月版，第244页。

守的革命党领袖黄兴，16 日致各省都督的电文中，则明确提出武昌起义是"民国成立之基，当以是日为民国一大纪念日"，他希望各省到时亦能派员至鄂，"以襄盛典"。①

这些动议加速了对国庆日问题的讨论。9 月 20 日，国务院拟定国庆日及纪念日案，"以武昌起义之日即阳历十月十日为国庆日，南京政府成立之日即阳历正月初一日，北京宣布共和之日即阳历二月十二日为纪念日"，呈大总统谘请参议院审议。23 日，参议院将此案交予张伯烈等七议员组成的特别委员会审查，获得赞同。24 日张伯烈向参议院报告并付议员讨论，诸多议员提出广州起义的重要性，提议将其列入纪念日。如蒋举清说："审查报告本席甚表赞成，不过有一事似乎不甚公允，从前广州之役，黄花岗死义之人甚多，中国革命成功实赖此为之一振"，其以黄花岗起义实昌武汉先声，请加入纪念；刘彦云也认为"发起国民之精神亦由广州而振也"；谷钟秀认为"广州起义，震动全国"，如不加纪念，而革命成功的武昌举义却各处纪念，是"毫无标准"；李肇甫认为纪念日旨在"为国民以后教训有爱国思想，有坚韧之思想，有艰苦之思想"，这些方面广州起义表现最为雄壮，"应提出作国民之教育"。彭允彝、杨永泰也分别以"广州革命在先""最有影响"等理由表示支持。除此，其他议员还提出另外一些重要纪念节日议案，如吴樾纪念案、徐锡麟纪念案等。② 最终表决的

---

① 黄兴:《至各省都督等电》（1912 年 9 月 16 日），湖南省社会科学院编《黄兴集》，中华书局 1981 年版，第 164 页。

② 《北京专电》，《民立报》1912 年 9 月 25 日，第 3 页；"中华民国"史事纪要编辑委员会编:《"中华民国"史事纪要》（初稿），1912 年 9 月 24 日，台北:"中华民国"史料研究中心，1971 年 5 月版，第 285、286 页。

结果，新案得票皆为少数，原案获得通过。①武昌首义日遂确定为国庆日。

参议院议案通过的"国庆日"与教育会议通过的"革命纪念日"，虽然内容相同，使用的历法却不一样。教育会议之所以取阴历，是因为武昌起义发生时，尚属阴历计时，改正朔为阳历是民国成立以后的事。参议院改作阳历纪念，则主要考虑到"若每年以阴历日作纪念，殊与改历之义不合，且阴阳二历，对照衍期，月日变更，纪念斯失。查客岁八月十九日，即阳历十月初十日，武昌发难，世界周知，莫若永以阳历十月初十，为武昌起义纪念之日，最为适宜"。②这一考虑确实很有道理，得到时人认同。革命党人吴稚晖就曾明文主张国庆日采用阳历，并且认为"十月十之三字甚为凑巧，正与三月三、五月五、七月七、九月九等，一样好记，大较八月十九日为直捷。如其援重九等之例，命名为双十节，尤简便而有致"。③称民国国庆节为"双十节"，源头即此。

9月28日袁世凯正式颁布临时大总统令，公布阳历十月初十日为国庆，每年实施纪念，届时应举行之事："一、放假休息；二、悬旗结彩；三、大阅；四、追祭；五、尚功；六、停刑；七、恤贫；八、宴会。"④同时宣布南京政府成立之日，即阳历正月初

---

① 《参议院第七十七次会议速记录》，1912年10月18日《政府公报》第170号附录，第751页；《参议院第八十次会议速记录》，1912年10月19日《政府公报》第171号附录，第753—757页。

② 《民国之三大纪念日》，《申报》1912年9月29日，第2版。

③ 吴稚晖：《答客问革命纪念应有之盛况》，《民立报》1912年9月22日，第12页。

④ 《总统命令》，《民立报》1912年9月30日，第7页；《国节日效法法美》，《申报》1912年10月1日，第2版。原文将旧历二月十二日误为新历3月10日，应为新旧历日期之误。

一日，及北京宣布共和、南北统一之日，即阳历二月十二日为纪念日，均放假休息。①

二、"共和"意涵的发挥

按照参议院在"覆政府谘询案"中作出的解释，之所以选定武昌起义纪念日为国庆，是基于对法、美的效法。法国以1789年7月14日军民攻破巴士底狱为国庆日，美国以1776年7月4日宣告脱离英国独立为国庆节，既然"法、美各国均以革命独立之日为国节，我国国节亦应效法法、美"，而我国与法、美革命独立节日最相近者，莫过于武昌起义日。②可见，"双十节"本身内含了"革命"的意义。不过，如果以此义为国庆日主题，则当政的袁世凯及其北洋集团非但不能取得利益，反而在与国民党（1912年8月宋教仁将中国同盟会改组为国民党）的权争中会居于被动，因为革命中他们是处在反对和镇压的一边。这就需要寻找一个新的话语，来正面连接袁世凯集团与辛亥革命，而袁世凯集团与辛亥革命最有正面关系的莫过于南北和谈与统一共和，于是他们将"共和"作为"双十节"的解释重点。

中华民国建立以后，国人确实皆以"共和"名之。"共和"一词的中国源头系出西周周公和召公"共和行政"，有"相与和而共政事"之意。辛亥革命后，"共和"向现代民主政治的意义转换，"共和"的"共"为"国权为国民共有事业"，"和"为"以和平方式参与政事"①，此即法、美诸国之国体。"共和"概念的多元性，使其成为民间和政界各派系都能认可之观念，并成为民初的热词。

对民间知识界而言，共和取新义，他们之所以纪念武昌起义，因其为专制与民主之分界，现代国家之开端。《民立报》1912年9月25日有一篇文章称："吾人庆共和之成，尤当记专制之苦。"从前吾父老、昆弟之死皆因专制苛政所致，武昌义旗一举，四海影从，"专制政府终得恶报"。②该报双十那天一文写道："去年今日，非专制君主推倒之末日呼？"武昌义旗一举，革命告成，"今日者，五族一家，追从法美，开东亚之先导，庆共和以幸成，乐莫乐于此日"。③

"共和"亦为政界最热衷的用词。北京政府在国庆日纪念活动中，为各派势力平衡计，尤其为袁世凯集团的政治利益计，多回避"革命"一词，以"共和"诠释之。袁世凯在民国元年国庆发表的宣言书中，表示武昌起义为"共和肇基，政府之崭新政策由此发生"，而且自此以后，"一人专制之旧政已不存在于中国矣"，现在的国家为"国民之公产"，政府当"效法列强之先进精神"，以"国利民富为前提"，以"公仆自持"。④1913年10月10日，袁世凯就任正式大总统，就任宣言书中，大肆鼓吹"道德为体""法律为用"将使"吾民一跃而为共和国民"，而对武昌起义

---

①　参见冯天瑜：《'革命'、'共和'：清民之际政治中坚概念的形成》，《武汉大学学报（人文科学版）》2002年第2期，第6、13页。

②　力子：《旧年今日之武汉——专制末日》，《民立报》1912年9月25日，第5版。

③　萍：《去年今日》，《申报》1912年10月10日，第7版。

④　《大总统宣言书》，《国庆文字补录》，《民立报》1912年10月18日，第7版。

不置一词。① 这些说法表面与民间意思相同，以"共和"代表现代民主政治，但实际上，就北京政府初期而言，所谓共和，作为民主之国体（本义）仅有其表；作为清朝皇族、革命党、北洋集团、立宪派以及地方强人等各势力的恐怖平衡（新义），则更近于真实。北京政府实际的纪念活动，重点都放在各种政治力量的"平衡"和巩固袁世凯集团主导地位上。这从民国元年双十节纪念过程可以略见端倪。

双十纪念活动固多，却以阅兵、追祭先烈与授勋三项为主。阅兵往往有着强化统治者权威的功能，追祭先烈多体现各政治势力的平衡，授勋则两者效能兼有。

民元双十节，阅兵在总统府附近东西牌楼大街进行，袁世凯身着海陆空元帅制服，显示其不仅是国家元首，而且是三军统帅，掌握着一切大权。观礼座次，袁南向而坐，而国务总理和各部长则分坐左右，暗示君臣之仪。阅兵完毕时，士兵对大总统和中华民国并列高呼万岁，显示出"朕即国家"的崇高威严。

追祭先烈部分，于祭场（原定天坛，因准备不及改为琉璃厂）中庭"设立中华民国为国死事诸君灵位一座，并与灵位前陈设香花酒果各祭品"，② 祭奠的对象为抽象的"为国死事诸君"，可以包括各政治派别"所有阵亡将士，及其他战事效死之人"。③

而授勋，则一方面体现授勋者与被授勋者之间的予受关系，另一方面也显出平衡各派的用意。袁世凯颁布临时大总统令，表

---

① 《袁总统就职宣言书》，《申报》1913 年 10 月 12 日，第 2 版。

② 《国庆声中之北京》，《民立报》1912 年 10 月 14 日，第 7 版。

③ "中华民国"史事纪要编辑委员会编：《"中华民国"史事纪要》（初稿），1914 年 10 月 2 日，台北："中华民国"史料研究中心，1982 年 12 月版，第 512 页。

示在举行国庆纪念之时，深感民国创建之艰难，特"赠授勋位，旌显元功"，授予孙文、黎元洪大勋位，唐绍仪、伍廷芳、黄兴、程德全、段祺瑞、冯国璋勋一位，孙武勋二位，授予赵秉钧一等嘉禾章，梁如浩、周学熙、段祺瑞、刘冠雄、许世英、范源濂、陈振先、刘揆一、朱启钤、章宗祥二等嘉禾章，赵尔巽、陈绍常、宋小濂、程德全、谭延闿、周自齐、张振芳、赵维熙、杨增新、胡汉民二等嘉禾章并加陆军上将衔，李烈钧、孙道仁、阎锡山、张凤翙、尹长衡、陆荣廷、蔡锷、唐继尧、胡景伊、孙武授为陆军中将加陆军上将衔，蒋翊武、蔡济民、邓玉麟、高尚志、何锡蕃均授为陆军中将，蒲殿俊给予二等嘉禾章。[1] 从授勋名单中可知，国民党只占小部分，大多为地方军阀和实力派，程德全、段祺瑞、冯国璋则为袁氏心腹。勋位的授予，使袁世凯与其心腹建立了更为牢固的权力关系。地方军阀和国民党虽与袁氏有着利益和权力上的纷争，但接受袁氏的"册封"，就表示承认袁氏的统治地位。

"双十节"既然可由有如此丰富解释力的"共和"来描述，难怪其时连清室也不避谈双十。袁世凯就任大总统时，清室代表溥伦在所读祝词中就称武昌起义为"共和发轫之始"。[2] 其实在《皇室优待条件》中，已经明载"皇帝宣布赞成共和国体"，"皇族对于中华民国国家之公权及私权与国民同等"，"满蒙回藏各民族赞同共和"，各族"与汉人平等"。[3] 对于清室和满族而言，"共和"除了其"禅让"所得的优待条件外，还可更多赋予"各民族

---

[1]　《命令》，1912 年 10 月 10 日《政府公报》，第 163 号；《命令》，《申报》1912 年 10 月 11 日，第 2 版。

[2]　《特约路透电》，《申报》1913 年 10 月 12 日，第 2 版。

[3]　《宣统三年十二月二十五日旨三道并条件》，《临时公报》第 4—7 页。

平等共生"的意思。

三、革命意涵的凸显

当袁世凯政府以"共和"界定"双十节"之初,革命党大致也是同意的。

居于在野地位的革命党,是辛亥革命的主力与领导者,同盟会领袖孙中山因此被选为首任临时大总统。不过为形势所迫,当清帝将国祚"禅让"于袁世凯时,革命党也将民国总统一职"禅让"于袁。这也就意味着革命党与袁世凯势力谋求"共和"。因此,他们对"共和"并不表示异议,反而认为是他们一直倡导的基本价值(兴中会即提出创立"合众政府"主张)。武昌起义周年将届,张继、陈家鼎与孙中山本曾发起"革命纪念会",[①] 但到"双十节",为与政府保持一致,他们将"革命纪念会"改为"共和纪念会",[②] 而且革命党领袖们还接受了袁世凯的授勋。

然而,革命党与北洋势力之间,毕竟是"道不同不相为谋"的两种异质力量,他们之间的斗争终究难以调和。这除了在政场中较量,在对双十节意涵的发挥上,也表现出貌合神离。授勋刚刚结束,国民党人就表示了不满,撰写文章予以抨击,认为孙中山曾为前大总统,黎元洪为现时副总统,虽然同"授予大勋位",却"不见荣施";革命巨子黄兴死守汉阳二十余昼夜,并兼任临时大元帅之职,"所处之境,较孙、黎艰苦百倍,而独不与孙、黎同膺勋位,且位次又殿唐、伍之后,与焚烧汉口、惨无人道之

---

① 《革命纪念会消息》,《民立报》1912年9月29日,第7版。
② 《全国热烈庆祝第一个国庆节》,"中华民国"史事纪要编辑委员会编:《"中华民国"史事纪要》(初稿),1912年10月10日,台北:"中华民国"史料研究中心,1971年5月版,第326页。

冯国璋并列，不伦不类，得毋令英雄气短乎！"唐绍仪、伍廷芳于南北议和、国事和平解决有功，授予勋位未为不可，但"革命之原动力，更有大于唐、伍者"，而他们却未被授予勋位，令旁观者不能不为之叹屈，令先烈不能瞑目。①

　　这种委屈心理，是他们自信实为民国创立者和自命应为民国领导者而导致。此因素与政府方面以袁世凯权力为中心的"共和"格格不入，加之"宋案"很快发生，国民党发起"二次革命"，客观上需要强化革命的合理性，于是革命党在"双十节"的含义上，提出自己的解释，恢复和凸显"革命"的意涵。"二次革命"后，国民党与袁世凯决裂，国民党的"共和纪念会"就此结束，"共和"一词在国民党"双十节"中再也不被多提。

　　孙袁交恶，没有影响到"双十节"这个节日本身，乃因这个节日的确定，本系国民党人所主张。不仅黄兴、吴稚晖等明确主张设节纪念，参议院在"覆政府咨询案"中作出的解释，基本理据也来源于吴稚晖在《民立报》上发表的《答客问革命纪念应有之盛况》，该文明确提出依照美、法两国国庆节前例，"最有价值之国家大纪念日，莫如十月十日。十月十日之武昌起义，即七月四日之濮斯顿独立，亦即七月十四日之巴黎革命。现在，美国之唯一节日止有七月四日，法国之节日止有七月十四日"。在中国最后价值、最能象征革命和独立的，就是"双十节"。②

　　吴稚晖的理据显然是张扬革命的，他除了以武昌首义比附法国大革命和美国独立战争的起点，还主张应将革命党领导的南京

---

　　① 龙田：《读国庆日命令之感言》，《民国日报》（上海版）1912年10月14日，第2页。

　　② 吴稚晖：《答客问革命纪念应有之盛况》，《民立报》1912年9月22日，第12页。

临时政府成立日 1 月 1 日定为"建始节",将广州黄花岗起义之日 4 月 27 日定为"黄花节",反对将代表革命党妥协的 2 月 12 日作为统一纪念日,称"至今蒙古活佛尚未依从,当时有何统一之足云"。[①]

在国民党的话语里,"共和"是民国之始,"革命"却是造就民国之因。"共和"可以是模糊的、多元的,"革命"却是革命党的专利。虽然"武昌之功,乃成于意外",[②] 毕竟与革命党的努力一脉相承,所以,以"革命"定义双十节,毋宁是革命党的天然倾向。

民国初的"双十节"纪念,国民党虽附和"共和"之说,但仍然强调"革命",以"革命建国""革命救国"相标榜。《革命纪念会发起意趣书》提出发起该会之目的为"存神圣革党之精神于社会",希望合"四万万人为一革命史"。[③] 第一个"双十节"时,此"革命纪念会"虽名义已改称"共和纪念会",孙中山发表的《凡事须讲公理不必畏惧》国庆演讲中,重点强调的还是武昌起义及革命党的革命奋斗历程,说:"去年今日,为武昌举义之日,即中华民国开始之第一日。其时余在美国,同志居正君有电达香港黄克强先生,托余筹款助饷。余阅电文,知革命军已得武昌,不胜忻喜。从前在广州、潮州、河口等处革命事业,屡次失败,皆因同志过少,未达目的。自广州失败后,乃运动武昌军界,

---

① 吴稚晖:《答客问革命纪念应有之盛况》,《民立报》1912 年 9 月 22 日,第 12 页。

② 《孙中山选集》上卷,人民出版社 1956 年版,第 182 页。

③ 陈汉元:《革命纪念会发起意趣书》,《民立报》1912 年 9 月 12 日,第 12 页。

一举而成此大事。"①言外之意,无武昌首义便无中华民国,无革命党领导便无武昌首义。

黄兴、宋教仁民国元年也在演说中凸显革命的意义。黄兴在南京国民党支部举行的国庆日欢庆大会上讲,革命事业之所以成功必定有其原因,孙中山立志推翻专制,从舆论入手,不断发展同盟会员,并向其灌输革命思想,同时运动军界,终有武昌一役的一举成功。②宋教仁的演讲指出,是以孙中山、黄兴为首的革命党成立同盟会,鼓吹革命,才奠立民国之基。③这些论说,都有以"革命"明孙黄党人建国之功的味道。

宋教仁案发生后,革命党与袁世凯势力"共和"的基础丧失殆尽,在国民党看来,袁氏"篡"权,杀害国民党人,无异是革命的失败。孙中山旋发起"二次革命",以袁世凯势力为革命首要对象。从此,"革命"成为国民党人的最高价值,他们眼里的"双十节",完全成为对革命的纪念和对继续革命的鞭策。

四、"革命"压倒"共和","双十"归于"党国"

北京政府是现代中国革命建政后唯一一个不以"革命"仅以"共和"相标榜的政权,但"共和"的维持却很短促。民国第二年,革命党人的国民党与之决裂;第四年,立宪党人的进步党与之决裂;第五年,北洋军阀势力内部爆发混战,并持续十余年。

---

① 《国父孙中山先生对内发表〈凡事须讲公理不必畏惧〉之国庆演说》,"中华民国"史事纪要编辑委员会编:《"中华民国"史事纪要》(初稿),1912年9月22日,台北:"中华民国"史料研究中心,1971年5月版,第282页。

② 《黄克强过宁追记:演说革命史》,《民立报》1912年10月14日,第7版。

③ 《宋遯初演说词》,《民立报》1912年10月17日,第6页。

在此期间，除了 1913 年的双十节因为袁世凯就任正式总统而仪式隆重之外，北京政府的"双十节"越来越徒具形式和趋于萎靡。1913 年"双十节"仪式仍然隆重，民间纪念中却也开始出现"请看今日之天下竟是袁家之天下"[①] 的声音。1914 年 10 月 10 日，因"谣传"国民党将于是日起事，北京政府紧急命令军警戒严，[②] 政府停止宴会，气氛肃杀，使"双十节"格外冷清。1915 年"双十节"，袁惮于与日本签订《二十一条》并筹划复辟，会为国人唾骂，政府"训谕"停止阅兵典礼，再次取消宴请活动，致使民众颇有共和纪念将为"广陵散"之感。[③]

略显生气的是 1916 年"再造共和"之后的"双十节"。袁世凯死后，黎元洪上台，重新授勋以赏有功于粉碎帝制之人，并以此形式对自身权力予以确认，所以此年"双十节"较有声色，阅兵、追祭、授勋等活动都有较大规模。授勋人员中，国民党、进步党、中央与地方政要均受表彰："授孙文大勋位，黄兴、蔡锷、梁启超、岑春煊、陆荣廷皆授勋一位，胡汉民、柏文蔚、李烈钧、陈炯明、李根源、钮永建授勋二、三位。现任各省督军、省长皆各分授勋位、勋章，各护军镇守使，军师旅团长等全体皆给各等勋章"，"此次反对帝制有力之政客亦一律给予勋章"。[④] 但约法之争出现后，各派势力再度分裂。

袁世凯之后，北洋势力失去共主，分化成直、皖、奉三系，互不臣服，进入军阀混战时期。各军阀轮番掌控北京政权，为

---

① 《国庆日各界举行庆贺典礼详志》，《申报》1913 年 10 月 11 日，第 10 版。

② 《双十节之防范党人》，《申报》1914 年 10 月 12 日，第 10 版。

③ 《京中国庆日之冷淡》，《申报》1915 年 10 月 13 日，第 6 版。

④ 《专电》，《大公报》1916 年 10 月 10 日，第 1 张。

借势耀威，"双十节"也会有阅兵等活动，如：1918年徐世昌于"双十节"就任大总统，行阅兵；[①]1922年"双十节"，不仅总统黎元洪在北京西苑阅兵，[②]地方军阀也搞阅兵，上海护军使就举行了阅兵典礼。[③]这些活动已经很少与"共和"有关，而沦为单纯的军阀耀武扬威。为了防止民间异声，政府禁止民众提灯游行演说，1919年天津学生因"双十节"上街庆祝演说，与警察发生冲突。[④]

但在国民党方面，以"革命"名义纪念"双十节"的声调却越提越高。国民党二次革命后在广州召开国会非常会议（1917年9月），组织护法军政府与北京政府分庭抗礼，宣布革命的政府为正，北洋的政府为伪。军政府虽遭遇挫折，却也不断得到重建。国民党有了自己的政权，也开始筹办自己的"双十节"纪念活动，突出"辛亥叙事"的革命性，构建"革命党"的"革命谱系"。1919年孙中山在"双十节"讲话中说："今日何日，乃革命党员熊秉坤开枪发难，清朝协同黎元洪被迫效顺而起革命军于武昌之日也。"[⑤]他强调是革命党最先发难，进而革命才得有成；只有以革命的方式，才能建立"民有、民治、民享"的三民主义国家。

国民党报刊更大力阐释"双十"与"孙中山""国民党""革命""建国"诸概念的同一性。1922年"双十节"，上海《民国日

---

① 《北京政府之国庆日》，《申报》1918年10月10日，第2张第7版。

② 《北京国庆日之点缀》，《申报》1922年10月12日，第4版。

③ 《各界祝贺国庆纪念之盛况》，《申报》1922年10月11日，第4张第13版。

④ 《天津学生因庆祝国庆与警察发生冲突》，《国父孙中山先生对内发表〈凡事须讲公理不必畏惧〉之国庆演说》，"中华民国"史事纪要编辑委员会编：《"中华民国"史事纪要》（初稿），1919年10月10日，台北："中华民国"史料研究中心，1981年6月版，第296页。

⑤ 孙文：《八年今日》，《民国日报》（上海版）1919年10月10日，国庆增刊第3版。

报》在纪念祝词中，号召国人应"为正义奋斗"，与"创造民国的孙总统合作救国"。[①]1923 年"双十节"，《民国日报》发文指出：中华民国是由革命党造成的，"就是以前的同盟会，现在的中国国民党"，而孙中山就是中华民国的"建筑工程师"。[②]

到 1925 年国庆，国民党以中央执行委员会名义发布"双十节之重要通告"，正式宣告："中华民国为吾党先烈之赤血所染成，辛亥十月十日为武昌起义之日，亦即中华民国奠基之始，凡吾同志对于此日，自不能不特别纪念。"[③]1926 年国民党中央执行委员会进一步制定"国庆纪念日宣传大纲"，在"国庆日事实"中明确表述，"武昌起义原因"是"本党总理二十余年奋斗"的结果。[④]对"本党总理""吾党先烈""吾党同志"的强调，比以前一般性描述的"革命军""革命先烈"，显然有相当的阐释性"推进"，暗示中华民国完全出自"吾党"，应由"吾党"领导，走向"三民主义"。

"吾党"在此时称作中国国民党，这个党也就是革命时期的同盟会，共和初期的国民党，二次革命后的中华革命党。1924 年国庆阅兵典礼上，时任黄埔军校校长的蒋介石正是这样讲述国民党史的，他说："中国的革命党，以前没有什么组织，到了一九〇五年，我们的总理在日本的东京联合中国各部分的革命分子，组

---

① 本报同人：《祝词》，《民国日报》（上海版）1922 年 10 月 10 日，第 3 张第 1 版。

② 《十二年前后的中国国民党》，《民国日报》（上海版）1923 年 10 月 10 日，第 5 张。

③ 《中央党部双十节之重要通告》，《广州民国日报》1925 年 10 月 10 日，第 2 版。

④ 《民国十五年国庆纪念日宣传大纲》，《广州民国日报》1926 年 10 月 7 日，第 3 版。

织一个同盟会，这时才有具体的革命党。"到了民初，又改为国民党。之后由于人员复杂，总理在东京又重新组织了中华革命党，又因种种复杂情形，改名中国国民党。"中国国民党在最初的时代，就是同盟会，我们应该继续同盟会的精神与主义"①。

国民党革命系谱的阐释中，革命党组织虽然有变化，灵魂人物始终为孙中山。孙中山去世后，国民党内活跃分子皆以孙氏信徒自居，孙中山逐渐被添以"党父""国父"的名号。他们认为对孙中山除了政治的认识，"我们还须有一种伦理的认识，父是只有一个的。就党论党，孙先生是党父。就国论国，孙先生是国父"。②国民党是孙中山的重要遗产，是孙中山事业的积极推进者，故"国民党的意志，也就是孙先生的意志"。所以，当民众纪念"双十节"时，"一定会想起国民党，想到孙先生"。③

纪念不仅仅是对过去的肯定，更是对未来的指向。为鼓动民众认同与支持再次发起革命，国民党宣称，辛亥革命的功绩，在对满清政权的破坏上成功了，在民主政权的建设上并未成功。④所以，"我们"应该本着"辛亥革命的精神"，去完成孙中山的未

---

①　"中华民国"史事纪要编辑委员会编：《"中华民国"史事纪要》（初稿），1924 10 月 10 日，台北"中华民国"史料研究中心，1983 年 10 月版，第 562 页。孙科在 1927 年国庆纪念文章中也说："吾党自民国以后，由同盟会而革命党，而中华革命党，而中国国民党。"见孙科：《统一后之中国国民党》，《民国日报》（上海版）1927 年 10 月 10 日，第 1 张第 1 版。

②　《记者谨跋》，《民国日报》（上海版）1925 年 10 月 12 日，第 2 张第 2 版。

③　《全埠同祝国庆》，《民国日报》（上海版）1926 年 10 月 10 日，第 2 张第 1 版。

④　《民国十五年国庆纪念日宣传大纲》，《广州民国日报》1926 年 10 月 7 日，第 3 版。

竟之业。^① 国民革命就是"要完成辛亥革命，以达到中华民族的解放"。^② 只有"继续辛亥革命的精神，矫正辛亥革命的缺陷"，"服从党的命令"，方可完成辛亥革命的"未竟之功"。^③

1927年，国民党在北伐的凯歌声中终于在南京建立了国民政府，成为执政党。但是，它并不因此而放弃"革命"话语，相反在孙中山"革命尚未成功，同志仍需努力"的遗训下，宣称要进行党国一体的训政，"双十节"及其"革命"意涵，遂上升为国家意志，成为佐证党国体制合法性的强势符号。在这种被强势定义的符号下，就事论事叙述武昌首义的著作，反而不受欢迎，曹亚伯的《武昌革命真史》就因为偏离国父和国民党谱系的中心地位而遭到国民政府查禁。

总之，"双十节"的确定，可说是在取法欧西的时风下，仿西国成例之举。然而，节日内涵的赋予，却不像形式的确定那样容易取得共识。从民初北京政府和国民党对"双十节"的纪念和诠释的演变看，节日叙事的背后，隐伏的是强烈的政治暗示。北京政府以"共和"诠解"双十节"，表面是对人民民主、民族和解的高扬，实际上却意在彰显袁世凯势力在各种政治力量中的核心地位。当这种核心地位受到质疑，国民党等先后与之分道扬镳，乃至北洋势力内部兵戎相见之后，共和便日益徒有其名，北京政府的纪念也日益形式化和趋于萎靡。而国民党方面，则始终

---

① 仁兴:《继往开来》,《民国日报·国庆增刊》1926年10月10日,第1张第1版。

② 《各界应踊跃参加庆祝双十节》,《广州国民日报》1926年10月8日,第7版;《广东各界纪念双十节,永固自动的停止武装封锁,扩大反英运动宣传大纲》(续),《广州国民日报》1926年10月9日,第6版。

③ 《宣传大纲》,《民国日报》(上海版)1927年10月10日,第1张第4版。

将"双十节"界定为彰显本党功勋的"革命"节日,虽曾一度认
同北京政府的"共和"解释,却貌合神离。"宋案"发生,国民
党发起"二次革命","革命"更成为党的核心价值。后来国民党
在南方建立革命政权,"双十节"的意义更由一般性的"革命",
发展到与党的系谱相联系的强势符号。虽然在南北政权对峙的时
期,"双十节"声势上北弱南强,但其剥离历史、服务政治的倾
向,则有近似性。

民初陈独秀佛教观的激进化 *

民初新文化运动，积极方面以"科学""民主"为旗帜，消极方面则凸显对传统文化的批判和否定。这个传统文化，当时称作"旧文学""旧艺术""旧道德""旧思想""旧宗教"。由于儒教在中国传统文化中占据主导地位，加上它在一定意义上几乎涵盖到旧文化的方方面面，学者始终将研究的重点放在这一运动对儒家（打孔家店）的论述上，而对于同样属于传统文化的佛教，除了泛泛提出对它的反对态度外，细密的考察仍然不多。[①] 其实，从宗教层面对五四文化人物进行个案考察，揭示其思想推演过程，不仅为宗教史所不可少，对于了解新文化运动的真相，也是很重要的角度。有鉴于此，本文将以新文化运动领袖之一陈独秀为对象，着力考察他对佛教的态度如何演变为全盘否定的过程及背景。

一、"佛像是人做成的，并不是真佛"

汉晋佛教东传为中国文化添加新元素，而宋明理学的构建，更使得儒释道的融汇成为中国士人精神世界的基本面貌，直到清

---

* 本文与李涛合作，曾载于《安庆师范大学学报》2017 年第 6 期，原题为《五四前后陈独秀佛教观的激进化》。

① 笔者所目及，有关陈独秀佛教观研究的代表性论著主要有：谭桂林的《陈独秀与佛教文化》(《青海师范大学学报》1994 年第 2 期)、王明佳《从陈独秀对佛教的态度看其宗教观》(《安庆师范学院学报》2007 年第 2 期) 和哈迎飞《以科学代宗教——陈独秀、郭沫若、瞿秋白的佛教文化观透视》(《福建师范大学学报》2010 年第 1 期)。三文均直接以新文化运动时期陈独秀对佛教的激进看法立论，而未将这种激进看法的形成过程和背景作为讨论目标。这为本文的展开留下空间。

末遭遇西方文明的挑战。佛教有佛、法、僧三宝之说，对三宝的解释虽各有不同，大致都指向佛教的三种面相：成佛是佛教终极目标，佛法是佛教指导成佛的理论方法，僧尼住持的佛庙为佛教的外在设施。文人学士未必人皆以成佛为心，更少有出家为僧者，但对于妙理精深的佛法，则不乏乐于研修之人，对于佛的境界，亦普遍心存敬意。晚清士人即使感受到西方文明的挑战而亟思救亡之道，这种对佛法的敬意和尊重并不稍减，反而更生出借以接通西学、提振心志、改革社会的热情。谭嗣同、杨文会、苏曼殊、章太炎等人，都对佛学有极高的期待。

　　这种对佛法的敬重也包括晚清时期的陈独秀。关于陈独秀的佛教观，学者常提到他 1904 年在《安徽俗话报》上的《恶俗篇》，其中列举的几件"顶有关系国家强弱"[①]的坏风俗，就包括"敬菩萨"，他说道：

　　那佛教的道理，象这救苦救难的观世音，不生不灭的全刚佛，我是顶信服的，顶敬重的，但是叫我去拜那泥塑木雕的佛像，我却不肯。因为那佛像是人做成的，并不是真佛，真佛的经上，明明说无我相，我们反要造一个佛像来拜，岂不是和佛教大相反背了吗？至于白费些银钱，来烧香敬佛，更是不通的事。佛教最讲究讨饭觅食，搭救众生，那肯叫天下人都因为敬菩萨烧香烧穷了么。……把有用的钱财，只供给着那班和尚们，养得肥头胖脑的，钱多了还要吃鸦片烟嫖婊子哩。……自古道和尚是色中饿鬼，既然出了死人的惨事，还要破费些钱财，请这班恶鬼来在家中，吹吹唱唱，你道成何事体。……菩萨是断断敬不得的了，不如将那

---

① 　三爱：《恶俗篇》，《安徽俗话报》1904 年 7 月 13 日，第 7 期。

烧香打醮做会做斋的钱，多办些学堂，教育出人才来整顿国家，或是办些开垦、工艺、矿务诸样有益于国，有利于己的事，都比敬菩萨有效验多了。①

此时的陈独秀受改良主义风气的影响，倡导改良风俗，他将敬菩萨视为恶俗，主张将拜菩萨的香火费用来兴办教育，然对于佛教教义，陈独秀其实并不反对。他反对拜菩萨的理由，除了浪费资财，就包含此举在他看来与佛教教义是相悖的，他明确说"佛教的道理"自己是"顶信服的，顶敬重的"。

反拜菩萨而不反佛教这种二分法，在唯物论者眼里显然属于不彻底的进步思想，但这种"不彻底"与其说是对佛教被动的不舍，不如说是在反拜菩萨之外，增添了对"真佛"的敬意。据《实庵自传》，陈独秀老家怀宁县有"过阴"的风俗，他们家却不以为然，"母亲对我们总是表示不信任他的鬼话"。少年陈独秀对此也"气不过"，显示对于鬼神之说陈独秀自来即是排斥的。②他将"敬菩萨"视为坏风俗，大概是排斥"过阴"的效应。那么，他的"真佛"观念和对"佛教的道理"的敬意从何而来？他的自传没有提供直接的答案。根据他的生命轨迹，在很大程度上，与他青年时期的社会交往有关。首先，可能与结识苏曼殊有重要的关系。苏曼殊有着中日血统，亦僧亦俗，能诗擅画，多才多艺，通晓汉文、日文、英文、梵文等多种文字，是革新派文学团体南社的重要成员。1902年9月，陈独秀因为从事安庆藏书楼的反清活动被通缉，与潘赞化一同流亡日本，进成城学校陆军科学习，

---

① 三爱:《恶俗篇》,《安徽俗话报》1904年7月13日，第7期。

② 陈独秀:《实庵自传》,任建树编《陈独秀著作选编》第五卷，上海人民出版社2009年版，第204页。

同年苏曼殊亦入成城学校习陆军，二人相识。[①] 是年冬，陈、苏与张继、蒋百里、潘赞化等人组织"青年会"，可见关系非同寻常。1903 年 8 月 7 日，已回国的陈独秀与章士钊在上海创办《国民日日报》，章士钊、陈独秀、张继等人任主编，[②] 苏曼殊也参与其事，并任翻译。[③] 陈、苏二人还合译过法国文学家雨果的《悲惨世界》，[④] 不可谓交往不深。在此过程中，苏曼殊对佛理的见解，或许对陈独秀有所影响。

其次，可能也受到当时江浙知识界热衷佛学的感染。从戊戌变法时期开始，佛学就成为江浙地区知识精英的一个重要话题，辛亥革命时期尤甚，这在孙宝瑄《忘山庐日记》中有充分反映。[⑤] 按常理论之，交游于这一带的陈独秀，对这种热衷佛学的氛围不会无动于衷。陈独秀对佛教的二分态度，在当时即并非个案。1900 年 3 月，蔡元培受到日本哲学家井上圆了的启发，作《佛教护国论》一文，在哲学的框架之下探讨佛教，而他对佛教的认识，也正是采取二分的态度。他一方面鼓吹井上圆了所谓"佛教者，真理也，所以护国者也"，"佛教者，因理学、哲学以为宗

---

① 关于苏曼殊何时入成城学校学习军事，柳无忌《苏曼殊年谱》与唐宝林《陈独秀年谱》有出入，柳无忌说苏曼殊，"一九○二……民国纪元前十年壬寅……十九岁学陆军于成城学校，学名苏湜"。唐宝林则说苏曼殊，"1902 年转入东京早稻田大学高等预科，第二年又入成城学校习陆军"。此处采取柳无忌的说法。分别参见：柳无忌：《苏曼殊年谱》，柳亚子编：《苏曼殊全集》（四），中国书店 1985 年版，第 309—310 页。唐宝林、林茂生：《陈独秀年谱》，上海人民出版社 1988 年版，第 21 页。

② 唐宝林、林茂生：《陈独秀年谱》，上海人民出版社 1988 年版，第 26 页。

③ 柳无忌：《苏曼殊年谱》，柳亚子编：《苏曼殊全集》（四），中国书店 1985 年版，第 310 页。

④ 唐宝林、林茂生：《陈独秀年谱》，上海人民出版社 1988 年版，第 27 页。

⑤ 参阅蒋海怒：《佛学与戊戌前后知识人精神世界的重构——以〈忘山庐日记〉为个案的分析》，《华东师范大学学报》哲学社会科学版 2015 年第 1 期。

教者也",[1] 视佛教为纯正哲学之应用。此时他所谓"宗教"更多还是与传统的"教"意相通,而他所谓"佛教"即是佛教之哲理。另一方面,他又说"今之佛寺,则有不可不改革者焉"。[2] 大体上,蔡元培所谓"佛教",亦即陈独秀所谓"佛教的道理""真佛";而他所谓需要改良之"佛寺",与陈独秀痛诋之"佛像"类似。当时江浙知识界对佛教的认识已受到日本哲学、宗教等概念的影响,但在具体概念的认识上尚未定型。陈独秀此时佛教观多少也反映出这种现象。

《敬菩萨》一文发表之后的几年,陈独秀对"佛教的道理"的敬重仍未曾改变。1906 年夏,陈独秀再次游学日本,与苏曼殊同行;[3] 1907 年初,又"离皖赴日","与苏曼殊、邓仲纯同住","向苏学习英文、梵文"。在东京,陈独秀与章太炎、张继、刘师培过从甚密,切磋中西学问,还议建梵文书藏。[4] 1907 年 9 月 1 日,他在刘师培主办的《天义报》上以"熙州仲子"笔名发表《题曼上人〈梵文典〉》一诗,其中有"千年绝学从今起,愿罄全功利有情"之句。陈独秀也常去《民报》馆与章太炎论学,[5] 章太炎佛学造诣深厚,此时主持《民报》,发表了一系列与宗教、佛学相关的文章。这些文章热衷援引日本哲学家的文字和思想,将

---

① 蔡元培:《佛教护国论》,高叔平编:《蔡元培全集》第一卷,中华书局 1984 年版,第 106 页。

② 蔡元培:《佛教护国论》,高叔平编:《蔡元培全集》第一卷,中华书局 1984 年版,第 107 页。

③ 唐宝林、林茂生:《陈独秀年谱》,上海人民出版社 1988 年版,第 42 页。

④ 唐宝林、林茂生:《陈独秀年谱》,上海人民出版社 1988 年版,第 43 页。

⑤ 周作人:《周作人回忆录》,湖南人民出版社 1982 年版,第 455—456 页。

其与佛学相绪合，以发起国民信心和道德。[1] 当时其他革命党人对宗教也普遍具有热情，陶成章和宋教仁即关心过催眠术。[2]1909年秋陈独秀回国办理长兄的丧事，年底任教于杭州陆军小学，在杭州又与佛学大师马一浮、谢无量等常在一起，交往甚笃。[1] 陈独秀的同辈群体大都对佛学情有独钟。从社会化的角度看，陈独秀保持对"真佛"的敬意，当是情理之中的事情。

二、"未敢驰想未来以薄现在"

辛亥革命以后，陈独秀热心政治，但处处碰壁。1913年冬至翌年春，"闲居"上海，打算闭门读书，以编辑为生，[4]《〈双枰记〉叙》和《自觉心与爱国心》两篇文章大致可以反映其此时的悲观与失望的心态。有意思的是，《自觉心与爱国心》一文引起思想界广泛的反响，又使得陈独秀重获信心，重拾笔杆，放言"让我办十年杂志，全国思想都全改观"。[5]1915年7月10日，他为苏曼殊《绛纱记》作序，大谈佛法，这是目前可见陈独秀文字中第二次较为详尽地阐述其对佛教看法的文章。这一次，他评判的则是佛教哲理本身。文中说道：

死与爱皆有生必然之事，佛说十二因缘，约其义曰：老死缘

---

① 参阅彭春凌：《章太炎对姊崎正治宗教学思想的扬弃》，《历史研究》2012年第4期。

② 宋教仁日记载，"观《催眠术》，独稽古得，悉催眠术之方法甚容易，欲一试之矣。"参阅宋教仁：《宋教仁日记》，湖南人民出版社1980年版，第328页。陶成章热心于催眠术，参阅黄克武：《民国初年上海的灵学研究：以〈上海灵学会〉为例》，《中央研究院近代史研究所集刊》2007年第55期，第106—107页。

① 唐宝林、林茂生：《陈独秀年谱》，上海人民出版社1988年版，第49页。

④ 唐宝林、林茂生：《陈独秀年谱》，上海人民出版社1988年版，第60页。

⑤ 唐宝林、林茂生：《陈独秀年谱》，上海人民出版社1988年版，第65页。

生，生缘爱，爱缘无明。夫众生无尽，无明无始而讵有终耶？阿赖耶含藏万有，无明亦在其中，岂突起可灭之物耶？一心具真如生灭二用，果能助甲而绝乙耶？其理为常识所难通，则绝死弃爱为妄想。而生人之善恶悲欢，遂纷然杂呈，不可说其究竟。①

这段话至少可以反映两点：一是反映他对"佛教的道理"确有了解，不是泛泛的敷衍用语。他对佛教通用的概念和佛教的基本见解，有比较完整的认知，并能结合现实生活加以思考，这显示他曾经在"佛教的道理"上下过一番功夫。二是反映出他对"佛教的道理"的态度，已经不是"顶信服的，顶敬重的"了。有始与有终相对待，"无明无始而讵有终耶？"表现出了陈独秀对佛家因缘之说的怀疑，而他所依据的却是其所谓"常识"，由此"常识"而断定佛家"绝死弃爱为妄想"。在他看来，人世间的"善恶悲欢，遂纷然杂呈，不可说其究竟。"陈独秀紧接着又说：

耶氏言万物造于神复归于神，其说与印度婆罗门言梵天也相类。其相异之点，则在耶教不否定现世界，且主张神爱人类，人类亦应相爱以称神意。审此耶氏之解释死与爱二问题，视佛说为妥帖而易施矣。②

此处，陈独秀取基督哲理与佛教相比较，同样是说死与爱的问题，陈独秀显然更赞同"耶氏之解释"，其依据即是"耶教不否定现世界"。耶教对现世界的态度到底如何，不在本文讨论范

①　独秀（陈独秀）：《绛纱记·序二》，《甲寅》杂志1915年第1卷第7号。
②　独秀（陈独秀）：《绛纱记·序二》，《甲寅》杂志1915年第1卷第7号。

围之内，但是显然陈独秀认为耶教"不否定现世界"相较于佛说"绝死弃爱"更为"妥帖而易施"。而所谓"不否定现世界"也就是陈独秀所说的"常识"。可见陈独秀对佛家因缘说不满，即在于他认为佛家之说离弃世间，而"否定现世界"，与常识不通。而对于耶教，陈独秀也并非完全信服其哲理，所谓，"然可怜之人类，果绝无能动之力如耶氏之说耶？或万能之神体，为主张万物自然化生者所否定，则亦未见其为安身立命之教也"。① 可见他对耶教"万物造于神复归于神"的唯神论又不满意，而颇同意"万物自然化生"的唯物论。

陈独秀这一套表述的话语，很可能借鉴自章太炎，唯指向有所不同。章太炎在《无神论》一文指出："世之立宗教、谈哲学者，其始不出三端：曰惟神、惟物、惟我而已。……主惟神者，以为有高等梵天；主惟物者，以为地、水、火、风，皆有极微，而空、时、方、我、意，一切非有；主惟我者，以为智识意欲，互相依住，不立神我之名。"② 又说："惟物之说，犹近平等；惟神之说，崇奉一尊，则与平等绝远也。欲使众生平等，不得不先破神教。"③ 章太炎此文意在以佛家"惟识"评骘诸教，尤其是"惟神"论，在其排斥范围之内，其所谓"立宗教、谈哲学"有"惟神""惟物"和"惟我"之分，大致是当时较为普遍的看法。对比陈、章所论，章太炎主"惟我之说，与佛家惟识相近"，对"万物自然化生"似乎颇有微议，他说，"夫所谓自然者，谓其由自性而然也。而万有未生之初，本无自性；既无其自，何有其然？

① 独秀（陈独秀）：《绛纱记·序二》，《甲寅》杂志1915年第1卷第7号。
② 章太炎：《无神论》，《民报》1906年10月8日，第8号。
③ 章太炎：《无神论》，《民报》1906年10月8日，第8号。

然既无依，自亦假立。若云由补特伽罗而生，而此补特伽罗者，亦复无其自性。"① 可见章太炎除了摈弃"惟神"论的"神我"之分外，对所谓"自然化生"的"人我"之分亦视之为外道而不能立。但是对"惟神"论的排斥则是两人共同的取向。章太炎对基督教教理在学理上进行批驳时，提到"基督教之立耶和瓦也，以为无始无终，全知全能，绝对无二，无所不备，故为众生之父"。而他对所谓"无始无终"一条集中进行了分解，"无始无终者，超绝时间之谓也。既已超绝时间，则创造之七日，以何为第一日？若果有第一日，则不得云无始矣"。② 对比陈独秀所谓"夫众生无尽，无明无始而讵有终耶？"两人论述的逻辑极其相似。

　　陈独秀《〈绛纱记〉叙》在《甲寅》杂志发表之后，读者梁漱溟深感"不能安""不得已"而与陈独秀商榷，梁漱溟直言，《〈绛纱记〉叙》"于佛理颇致讥难"，③ 可见在当时崇佛之人看来，陈独秀此番言论已属太过，但是梁漱溟似乎并未与陈独秀大谈佛法，而是参考严复译著《穆勒名学》《天演论》加以阐述，陈独秀自然不会放在心上。但是梁漱溟在这封读者来信中提到了一个信息，他说："忆曩《庸言》载蓝君志先《宗教建设论》，于佛教亦颇致讥难，大意谓生灭由无明，然无明果何自来。世之致疑者不独二君，自昔有之矣，从未有为圆满解答者。"④ 可见，陈独秀这里对佛法的怀疑也并非什么真知灼见，在当时已然较为普遍。大体而言，《〈绛纱记〉序》已经表明陈独秀无论对佛教还是基督教都有所保留，认为他们都不足以"为安身立命之教"，其标准

① 章太炎：《无神论》，《民报》1906 年 10 月 8 日，第 8 号。
② 章太炎：《无神论》，《民报》1906 年 10 月 8 日，第 8 号。
③ 梁漱溟：《致〈甲寅〉杂志记者》，《甲寅》杂志 1915 年第 1 卷第 10 号。
④ 梁漱溟：《致〈甲寅〉杂志记者》，《甲寅》杂志 1915 年第 1 卷第 10 号。

即在"不否定现世界"的常识和"万物自然化生"的"惟物"论。

梁漱溟的商榷、诘问，直到创办《青年杂志》初期陈独秀才有所回应。这是由于读者李大魁的来信所引起的。李大魁来信说："见独秀君所著文章，均非难佛法，走甚惑焉。"[1] 这大概也是对陈独秀《〈绛纱记〉叙》一文的观感。李氏还提到，与陈独秀形成鲜明对比的则是自杨仁山提倡佛法，康、梁随之，章太炎也盛赞佛法精深。还指出："近日邪说横行，妖气充塞，青年学子，茫茫然如坠入大海。"[2] 李大魁所言志在以佛法救世弊，显然是崇佛之论。陈独秀回答说：

> 佛法为广大精深之哲学，愚所素信不疑者也。第以为人类进化，犹在中途，未敢驰想未来以薄现在，亦犹之不敢厚古以非今，故于世界一切宗教，悉怀尊敬之心。若夫迷信一端，谓为圆满，不容置议，窒思想之自由，阻人类之进化，则期期以为未可。[3]

就佛法而言，陈独秀所谓，"佛法为广大精深之哲学，愚所素信不疑者也"，实际上是在回应李大魁"佛法果为精深之哲学否耶"[4] 的质询，大致反映出在当时，"佛法为广大精深之哲学"是一种相当有影响力的说法，而陈独秀对此并无异议，愿意"悉怀尊敬之心"。但这种尊敬，究竟是敬而信之还是敬而远之？其实他已经更倾向于后者。他在《青年杂志》创刊词《敬告青年》

---

① 李大魁：《致记者》，《青年杂志》1915年第1卷第3号。
② 李大魁：《致记者》，《青年杂志》1915年第1卷第3号。
③ 记者（陈独秀）：《答李大魁》，《青年杂志》1915年第1卷第3号。
④ 李大魁：《致记者》，《青年杂志》1915年第1卷第3号。

中已指出:"宗教美文,皆想象时代之产物。"① 而在此时陈独秀的思想中,所谓想象即是与科学相对的概念,即"超脱客观之现象,复抛弃主观之理性,凭空构造,有假定而无实证,不可以人间已有之智灵,明其理由,道其法则也"。② 同期《法兰西与近世文明》一文又指出:"宗教之功,胜残劝善,未尝无益于人群;然其迷信神权,蔽塞人智,是所短也。"③ 这些观念影响到《答李大魁书》中,他所谓"若夫迷信一端,谓为圆满,不容置议,窒思想之自由,阻人类之进化,则期期以为未可"④ 的看法。

佛教是"想象时代之产物",想象时代之产物与他要鼓吹的"科学"不相凿枘,因此陈独秀选择"非难佛法"。这种"非难"的态度,他自己亦有陈述,"愚之非难佛法,有粗精二义。精者何? 见所为《〈绛纱记〉叙》。而某君颇不以鄙见为然。……粗者何? 略见《新青年》一卷二号论文。"⑤ 他所谓"《新青年》一卷二号论文",当指 1915 年 10 月 15 日《青年杂志》第一卷第二号《今日之教育方针》一文,在该文中,陈独秀根据"列强之大势"与"国势之要求",指出教育"第一当了解人生之真相,第二当了解国家之意义,第三当了解个人与社会经济之关系,第四当了解未来责任之艰巨"。⑥ 针对何为人生之真相,陈独秀指出,"证诸百家已成之说,神秘宗教,诉之理性,决其立言之部诚,定命之说,不得初因,难言后果"。并具体举例说:

① 陈独秀:《敬告青年》,《青年杂志》1915 年第 1 卷第 1 号。
② 陈独秀:《敬告青年》,《青年杂志》1915 年第 1 卷第 1 号。
③ 陈独秀:《法兰西人与近世文明》,《青年杂志》1915 年第 1 卷第 1 号。
④ 记者(陈独秀):《答李大魁》,《青年杂志》1915 年第 1 卷第 3 号。
⑤ 记者(陈独秀):《答李大魁》,《青年杂志》1915 年第 1 卷第 3 号。
⑥ 陈独秀:《今日之教育方针》,《青年杂志》1915 年第 1 卷第 2 号。

印度诸师，悉以现象世界为妄觉，以梵天真如为本体；惟一切有部之说微异斯旨。惟征之近世科学，官能妄觉，现象无常，其说不误。然觉官有妄，而物体自真；现象无常，而实质常住。森罗万象，瞬刻变迁，此无常之象也。原子种姓，相续不灭，此常之象也。原子种姓不灭，则世界无尽；世界无尽，则众生无尽；众生无尽，则历史无尽。尔我一身，不过人间生命一部分之过程，忽见此身无常，遂谓世间一切无常；尔之种姓及历史，乃与此现在实有之世界相永续也。以现象之变迁，疑真常之存在，于物质世界之外，假定梵天真如以为本体，薄现实而趣空观，厌倦偷安，人治退化，印度民族之衰微，古教宗风，不能无罪也。①

该文关键处，是指出"近世科学大兴，人治与教宗并立，群知古说迷信，不足解决人生问题"。直接断言印度佛教和基督教不足以解决人生问题。而对印度佛教最大的不满是其"指斥人世生存为虚幻"。但是相较之下，他认为："人生真相如何……征之科学，差谓其近是。"原因就在于"其尊现实也，则人治兴焉，迷信斩焉：此近世欧洲之时代精神也。"而以这种科学的精神"见之宗教者，曰无神论"，"一切思想行为，莫不植基于现实生活之上"。②可见其推崇科学之本意。1915年11月15日《青年杂志》上，陈独秀撰《抵抗力》一文，他在第四部分《国人抵抗力薄弱之原因及救济法》中指出"老尚雌退，儒崇礼让，佛说空无"是"学说之为害也"。并认为："世界一战场，人生一恶斗。一息尚

---

① 陈独秀：《今日之教育方针》，《青年杂志》1915年第1卷第2号。
② 陈独秀：《今日之教育方针》，《青年杂志》1915年第1卷第2号。

163

存，决无逃遁苟安之余地。"①质言之，站在现实主义和国民性的培养上，陈独秀对"佛说空无"甚为不满，大概陈独秀在"粗义"上非难佛法，其矛头所向即在"佛说空无"四字，其与现实、科学、常识极不相合。

在回复李大魁的质询中，陈独秀紧接着具体分析他对佛法不满之处。一是"魏、晋以还，佛法流入，生事日毁，民性益偷，由厌世而灰心，由灰心而消极，由消极而堕落腐败，一切向上有为，字曰妄想，出世无期，而世法大坏"，致使"佛徒取世界有为法一切否认之，其何以率民成教？"成佛徒无意于现实主义的世法，可见他对佛法中出世间的理想主义不能苟同。二是对当时的所谓高僧大德深表怀疑，"好言护法，不惜献媚贵人，以宏教大业，求诸天下万恶之魁……古今不乏其人"。"今之人心堕落，强半由灰心偷惰而来。人无爱群向上之心，故不恤倒行逆施，以取富贵。……一班寡廉鲜耻之士大夫，奉佛宏法若钱谦益者，……即号为大师而不腐败堕落者，去不薄世法之月霞师外，兹世曾有几人？"②对当时佛法的弘传群体也不满意。陈独秀"非难"佛法的"粗精"二义，都在在指向佛法消极人心的弊端，但他立论很少就佛法论佛法，而是羼入了很多他对宗教的理解，因为对宗教的怀疑，他对佛法能否救治人心持否定态度。揆诸陈独秀此时的言论，关于佛教的态度大致如此。陈独秀在 1915 年 12 月 15 日发表在《青年杂志》上的《东西民族根本思想之差异》一文中提到，"中土自西汉以来，黩武穷兵，国之大戒，佛徒去杀，益堕

---

① 陈独秀：《抵抗力》，《青年杂志》1915 年第 1 卷第 3 号。

② 记者（陈独秀）：《答李大魁》，《青年杂志》1915 年第 1 卷第 3 号。

健斗之风"。^① 这还是指斥佛教消极,佛教中的出世间法几乎在陈独秀看来成为民族劣根性的源头之一。他在 1916 年 2 月 15 日《青年杂志》上发表的《吾人最后之觉悟》一文中又讲到,"魏、晋以还,象教流入,朝野士夫,略开异见。然印土自已不振,且其说为出世之宗,故未能使华民根本丕变,资生事之所需也"。^②表达的依然是相同的意思,佛法自印土输入,非但没有造成中国生活状态的根本变化,反而滋生许多劣根性。

此时陈独秀不再对佛教进行"佛教的道理"与"拜菩萨"二分的对待,而是连同"佛教的道理"亦加怀疑。怀疑之所生,主要是在佛教理想与现实世界之冲突上,站在现实社会需要振作、救亡图存不容缓的角度,他虽然对"佛法为广大精深之哲学"并无异议,却越来越不愿意接纳和信守这种哲学。

三、"一切宗教,都是一种骗人的偶像"

1917 年《新青年》移入北京大学出版,借助北大一批新文化人物,逐渐使新文化发为"运动"。一种思想观念沿着不同的走向,往往有不同的表征:进入学术,则日形缜密,渐成学说;发为运动,则日成气势,渐成口号。《新青年》移师北大后,一度确有走前一条路线的努力,遂"相约不谈政治",朝"研究问题,输入学理,整理国故,再造文明"的方向走,但没有能够坚守下去。首先是现实政治的每况愈下,使得他们不忍不问,而逐渐游离学术路线;其次政治本身也通过"国教"运动企图绑架文化,

---

① 陈独秀:《东西民族根本思想之差异》,《青年杂志》1915 年第 1 卷第 4 号。

② 陈独秀:《吾人最后之觉悟》,《青年杂志》1 卷 6 号。

直接干扰到新文化建设的努力，他们更不能不做出反应，走向反抗性的"运动"模式。这种"运动"，很容易造成"新文化"的不容怀疑和"旧文化"的彻底颠覆。正是在这种背景下，陈独秀对佛教的怀疑进一步迈向断然否定。代表他这种态度的最典型表述，莫过于1919年1月15日《新青年》刊载《本志罪案之答辩书》中所谓："要拥护那德先生，便不得不反对孔教，礼法，贞节，旧伦理，旧政治；要拥护那赛先生，便不得不反对旧艺术，旧宗教。"①

一切传统宗教都在反对之列，自然佛教不会例外。1918年2月15日《新青年》刊载了陈独秀的《人生真义》一文，他指出，"像佛教家说：世界本来是个幻象，人生本来无生；'真如'本性为'无明'所迷，才现出一切生灭幻象；一旦'无明'灭，一切生灭幻象都没有了，还有甚么世界，还有甚么人生呢？……人生在世，究竟为的甚么，应该怎样呢？我想佛教家所说的话，未免太迂阔。"②1918年10月15日《新青年》刊载了《克林德碑》一文，列举了义和团兴起的五种原因，其中之一即是佛教，"佛教造成义和拳，有两方面：一方面是佛教哲理，承认有超物质的灵魂世界，且承认超物质的世界有绝对威权，可以左右这虚幻的物质世界。超物质的世界果有此种威权，义和拳便有存在的余地了。一方面是大日如来教（即秘密宗）种种神通的迷信，也是造成义和拳的重要分子。所以义和拳所请的神，也把达摩、济颠和《西游记》上的唐僧等一班人都拉进去了"。③陈独秀当时的语境中，

---

① 陈独秀：《本志罪案之答辩书》，《新青年》6卷1号。
② 陈独秀：《人生真义》，《新青年》4卷2号。
③ 陈独秀：《克林德碑》，《新青年》5卷5号。

义和团显然代表的是愚昧，他认为佛教堪为愚昧之源。

　　陈独秀不仅认为佛教是旧宗教，而且认为是比基督教更迷信的宗教。在 1919 年春致某基督教徒的一封信中，他提到，"鄙人根本上虽不信仰宗教，然比较现行各种宗教，妄以基督教为优：且以其对于中国社会，有'团结国民''破除迷信'二种优点"。"先生既是基督教徒，当能发挥基督博爱的宗旨，力辟那'不仕主义'的儒教，消极自了的佛教（佛教虽有觉他的教义，但是意在出世，对于世法，正是消极），妖魔鬼怪的道教，救济我们腐败堕落的社会。"①1922 年 6 月 20 日陈独秀在《先驱》第九号《对于非宗教同盟的怀疑及非基督教学生同盟的警告》中再次声明："在我个人的信仰，我对于孔教、佛教（大日如来宗及念佛宗）、道教及其他一切鬼神教、阴阳五行教（即九流之阴阳家，是中国最古的宗教，而且还是现在最有力最流行的宗教）、拜物教之疾视，比疾视基督教还要加甚。"②如果说，陈独秀对"佛教的道理"的怀疑是佛教理想与现实社会的冲突引起的，那么，走向彻底否定则可以说是他观念中一切科学、民主的文化皆为"新"，一切不科学、不民主的文化皆为"旧"，新旧不可两立的结果。在这样一个坐标系中，一切宗教，尤其是未经民主、科学洗礼的宗教（陈独秀之所以对于基督教略显宽容，即因其在欧洲近代革命中，自身有过改革，吸收了一些现代性因素），都必然是"旧"的，"落后"的，甚至是"反动"的。

　　他在《驳康有为致总统总理书》里指出："欧洲'无神论'之

---

　　①　周天度：《关于陈独秀的一封信》，《近代史研究》1986 年第 3 期。

　　②　陈独秀：《对于非宗教同盟的怀疑及非基督教学生同盟的警告》，《先驱》1922 年第 9 号。

哲学，由来已久，多数科学家，皆指斥宗教之虚诞，况教主耶？今德国硕学赫克尔，其代表也。'非宗教'之声，已耸动法兰西全国，即尊教信神之'唯一神教派'，亦于旧时教义教仪，多所唾弃。"① 在《再论孔教问题》中又说："人类将来真实之信解行证，必以科学为正轨，一切宗教，皆在废弃之列。"② 在 1917 年的一次讲演中，他又以社会文化进化论为这种废弃说的理由，称："孔特分人类进化为三时代：第一曰宗教迷信时代，第二曰玄学幻想时代，第三曰科学实证时代。……近代一元哲学，自然文学，日渐发达，一切宗教的迷信，虚幻的理想，更是抛在九霄云外。"③ 1918 年 8 月在《新青年》发表《偶像破坏论》，断言："天地间鬼神的存在，倘不能确实证明，一切宗教，都是一种骗人的偶像：阿弥陀佛是骗人的；耶和华上帝也是骗人的；玉皇大帝也是骗人的；一切宗教家所尊重的崇拜的神佛仙鬼，都是无用的骗人的偶像，都应该破坏。"④ 陈独秀毫不忧虑宗教被废弃后人类文明会有何种损失。事实上，1917 年 5 月 1 日《新青年》刊载《再答俞颂华》一文中已经提到，"至于宗教之有益部分，窃谓美术哲学可以代之。即无宗教，吾人亦未必精神上无所信仰，谓吾人不可无信仰心即可，谓吾人不可无宗教信仰，恐未必然。……今欲培养信仰心，以增进国民之人格，未必无较良之方法。同一用力提唱，使其自无而之有，又何必画蛇添足，期期以为非弊多益少之宗教不可耶？此愚所以非难一切宗教之理由也。"⑤ 既然人类进化至科学

---

① 陈独秀：《驳康有为致总统总理书》，《新青年》2 卷 2 号。
② 陈独秀：《再论孔教问题》，《新青年》2 卷 5 号。
③ 陈独秀：《近代西洋教育——在天津南开学校演讲》，《新青年》3 卷 5 号。
④ 陈独秀：《偶像破坏论》，《新青年》5 卷 2 号。
⑤ 陈独秀：《再答俞颂华》，《新青年》3 卷 3 号。

实证时代，无法实证的宗教信仰便毫无价值，需要淘汰。当新旧文化激战如火如荼的时候，这种极化思维便有了《〈新青年〉罪案之答辩书》上的表达。

四、结论

可见，新文化运动时期反传统主义不仅体现在反儒，也体现在反佛。作为新文化运动领袖之一的陈独秀并非自始即全面否定佛教，而是经历了从肯定真佛、反拜假佛到怀疑佛法到最后全面否定佛教的过程，他之所以在佛教观上日益激进，与社会背景和人际交往密切相关。检讨"五四全盘反传统主义"文化激进思路的因缘，既要注意到言论者个人因素，更要从时代环境中去寻找真相。

从"归命基督"到"畅敷佛化"

——张纯一改宗信仰考述[*]

在讨论近代中国佛教与基督教关系时，张纯一是一个不可忽视的人物。1923 年前后，他因鼓吹"佛化基督教"，一度引起耶佛两界高度关注。关于其人改变宗教信仰一事，时人更是聚讼纷纭，后人亦将其作为民国时期"由耶入佛"改宗的典型。考察张纯一"由耶入佛"的转折，不仅有助于推进基督宗教来华本色化、处境化的研究，还能揭示出当时佛教与基督教关系的实况。

张纯一作为民国时期改宗信仰的典型人物，早已引起学者的注意。[①] 但真正系统的研究，则是自香港学者苏远泰的博士论文《张纯一的佛化基督教神学》开始。苏氏致力于重建张氏的"佛化基督教神学"，对他的宗教思想，以及其在耶佛对话和基督宗教普世神学上的贡献和价值，都有较为深入的探究。[②] 然对于张氏"由耶入佛"的心路转折，虽有专章介绍，却述之未详，释之

---

[*] 本文与李涛合作，曾载于《世界宗教研究》2023 年第 6 期。

[①] 如何建明认为：张氏"所谓'真基督教无异于佛教'，实际上就是使基督教完全佛教化"。详见何建明著：《佛法观念的近代调适》，广东人民出版社1998 年版，第 379—384 页。

[②] 苏远泰关于张纯一"佛化基督教"思想的专题研究有：赖品超、苏远泰：《张纯一的佛化圣灵论》，邓绍光编：《圣灵：华人宗教及文化处境下的反思》，香港：信义宗神学院 2002 年版，第 182—185 页；苏远泰著：《张纯一的佛化基督教神学》，香港中文大学 2002 年博士论文；后来出版，苏远泰著：《张纯一的佛化基督教神学》，香港：道风书社 2007 年版；并改写发表，苏远泰：《佛化基督教，张纯一的大乘神学》，赖品超编：《佛耶对话：近代中国佛教与基督宗教的相遇》，宗教文化出版社 2008 年版。

未周。其原因有二：一是未注意到张氏给老友陈垣的九通信件，其中提示张氏改宗的信息甚多；二是未能充分重视太虚法师乃至佛教界对张氏改宗的重要推动作用。[①]

职是之故，本文拟进一步扩充史料，在梳理张纯一"由耶入佛"心路转折的基础上，一方面揭示 20 世纪 20 年代佛教与基督教之间的复杂关系，及其对张氏改宗的影响；另一方面展现在中西文化交织的近代中国，张氏作为一名宗教信仰者，当其信仰与时代潮流相会合时，如何进行自我调适和抉择。

一、"归命基督"与耶儒融合

关于张纯一接受基督信仰的历程，其在 1917 年发表的《述归命基督之由及对教会之观念》一文中有详细的介绍，这也是目前了解张氏早年经历及如何"归命基督"的关键材料。[②]

张纯一生于一个读书人家庭，父亲张润五，业儒，任县书吏，虽薪资微薄，却十分重视子女教育。张氏寒窗苦读，二十来岁考

---

① 正如著者自己所说：这些"都是对研究张纯一的生平和宗教思想颇为重要的，有助于我们更深入地了解当时中国的耶佛互动和张纯一的参与"，但"因搜集张纯一生平的材料仍属有限"，所以未能作深入探讨。详见苏远泰著：《张纯一的佛化基督教神学》，香港中文大学 2002 年博士论文，第 286 页。

② 张纯一：《述归命基督之由及对教会之观念》，中华续行委办会编：《中华基督教会年鉴》，广学会 1917 年版，第 123—128 页。后收入张纯一著：《融通各教归命基督谈道书（即仲如存稿）》，出版社不详，1918 年版，第 43—50 页。今可以看到的张氏《谈道书》，见张之江编：《仲如先生弘道书》，出版社不详，1921 年版。最新出版的《张纯一集》，根据《谈道书》版整理，见张纯一著，何卓恩、李涛编校：《张纯一集》，华中师范大学出版社 2021 年版，第五册第 2108—2114 页。前后对比，"谈道书"版较"年鉴"版，在内容上有所损益，现据较早的"年鉴版"。为行文方便，本节下文无特别处，不再另行注释。

中秀才，后因家贫，在乡设馆授徒，[①] 平日"治宋学、百家书，尤好周秦诸子"。可见，他自幼受儒家文化熏陶，早年经历与传统士人并无不同。然他虽对传统学问抱有巨大兴趣，却未能慊。甲午后，受维新思潮感召，张氏开始阅读西方译著。1903 年，他曾毅然前往上海震旦学院学习英文，只是在即将肄业之际，因年龄太大且家贫，为院长马相伯劝回，希望他专心教育。张氏却并未因此稍改趋新之志，在上海购回大量译著。由此观之，张氏虽幼承父志，曾致力于科举和传统学问，但已然对传统产生了怀疑，并且对于新知识具有强烈的欲望，这为其日后接受基督教，准备了条件。

另外，也正是从上海带回来的这些西方译著，改变了他对基督教的看法。后来，随着与基督徒接触渐多，虽然"访购《新约》读之，乃开卷叙耶稣世系，俚言不堪入目"，甚至"学界败类之声，已嚣嚣乎人口"，张氏依然坚持认为基督教"既为欧美两洲人所崇奉，岂竟无英俊贤者出其间，亦必有道焉"。因而主张不应拘囿"锢习"，存门户之见。然而也应注意的是，在这一阶段，张纯一依然醉心于"政治大改革"，还未能深入研究基督教理，只是因为"基督教字样，频频触目"，对基督教"树平等、自由之的"颇有好感，于是在其他基督徒影响下，被动"提倡基督教"。

---

① 郑桓武:《宣传反清的张纯一》，中国人民政治协商会议汉阳县委员会文史资料研究委员会编:《汉阳县文史资料》，1987 年版，第 2 辑第 35 页；张保元:《忆先父张纯一》，中国人民政治协商会议汉阳县委员会文史资料研究委员会编:《汉阳县文史资料》，1988 年版，第 3 辑第 176 页。

1904 年，张纯一至武昌文华书院任国文教习，[①] 与余日章、刘静庵等基督徒过从甚密，并加入刘静庵改造后的武昌日知会，参与筹划革命。[②] 因此，研究基督教之氛围骤浓，张氏开始主动研究基督教理，探究教义。他对基督教的认识不断加深，对其"甘服众役，不惜牺牲以利他"的精神以及"不辨妇孺，皆可实践"的特质尤为赞赏，并以之为"革新国家"和"医吾国自私之良药"，最终受洗礼于武汉圣公会。

张纯一受洗成为基督徒的宗教经验，同好友刘静庵颇为类似，[③] 即受所居环境影响甚大。无论是文华书院还是武昌日知会，都与武汉圣公会密切相关，成为教徒很大程度上为方便之举。以至于，后来张氏遭逢父亲病逝、家给不足，又冀望东渡日本留学之时，曾特别提到"尔时诚不足言信仰基督"。所不同者，张纯一具有很强烈的文化危机感，基督教"甘服众役，不惜牺牲以利他"的精神，正可以协助中国解决当前危机，谋求新的出路，而中国知识分子又习惯于"借思想文化以解决社会问题"。[④] 因而，

---

① "文华书院"是武汉最早的教会学校，系为纪念美国圣公会第一位来华主教文惠廉（William Jones Boone 1811—1864）而建。关于美国圣公会在华差传活动，参见林美玫著：《追寻差传足迹：美国圣公会在华差传探析（1835—1920）》，广西师范大学出版社 2011 年版。

② 关于张纯一参与重组武昌日知会及其革命活动，1941 年出版的《武昌日知会事实纪略》有详细记载。详见杨朝伟编：《武汉市档案馆馆藏辛亥革命档案资料汇编》，武汉出版社 2013 年版，第 3—8 页。

③ 据说，刘静庵本名刘大雄，1904 年"科学补习所"事败被封后，在胡兰亭的庇护下脱险，后受聘主管武昌日知会，受洗归主。详见雷渊澄：《吴德施夫妇和辛亥革命》，中国人民政治协商会议武汉市武昌区委员会编：《武昌文史》，1986 年版，第 2 辑第 43—44 页。后来熊十力也说：张纯一"与潜江刘静庵，假武昌圣公会为日知会，谋革命"。参见熊十力：《张纯一存稿序》，萧萐父编：《熊十力全集》，湖北教育出版社 2001 年版，第 1 卷第 7 页。

④ 林毓生：《中国意识的危机："五四"时期激烈的反传统主义》，穆善培译，贵州人民出版社 1988 年版，第 45 页。

此时他受洗入教，并将基督教纳入自己的知识体系之中，毋宁说是希望寻找一个切中时弊、拯世救民的新文化、新道德。就他的入教动机而言，其对基督教的兴趣，更多考虑的是其实用性。[①]

这种入教动机，在后来的武昌日知会"丙午之狱"得以强化。武昌日知会革命活动暴露后，刘静庵、殷子衡、张难先等人相继被捕，张纯一幸免于难，随后协助武汉圣公会诸中西牧师奔走营救。吴德施（L.H.Roots）主教、美国世界青年会总干事穆德（John R.Mott）博士积极联合美国公使柔克义（William Woodville Rockhill），向清廷外务部及湖广总督张之洞施压，最终取得很大成效。[②]张纯一亲与其事，"基督教之扶植善类"令其颇为震撼、赞叹不已，向友朋大肆宣传："非基督教盛明，无以救当世之糜烂。"其对基督教信心之骤增可见一斑。然亦可见其人此时对基督教的信仰，很难说是发自内在解脱之需要，更多是艳羡基督教会之势力，基督教对其拯世救民夙愿的满足，远大于心灵救赎的需要。[③]

此后数年，张氏虽以教徒自居，不断勉励自己为主工作，实则更热衷于教育救国，却"于基督教之蕴奥，未窥究也"。1909

---

① 用张纯一自己的话来说："仆以基督教可利用也。"张纯一：《述归命基督之由及对教会之观念》，中华续行委办会编：《中华基督教会年鉴》，广学会 1917 年版，第 124 页。值得玩味的是，后来"谈道书"版将该句隐去。

② 关于"丙午之狱"的具体细节及武汉圣公会营救过程，详见曹亚伯：《武昌日知会之破案》，曹亚伯：《武昌革命真史》，中华书局 1930 年版，前编第 129—163 页。另见王成勉：《吴德施主教与清末革命运动——以营救刘静庵为中心的探讨》，李志刚编：《辛亥革命与香港基督教》，香港：基督教文艺出版社有限公司 2014 年版，第 175—186 页。

③ 身陷囹圄的刘静庵、殷子衡等人则与张纯一绝然不同，刑讯严苛几乎让殷子衡失去生的希望，后来在刘静庵的引导下，开始信仰基督，"虔诚祈祷，要从极困苦的中间，寻求快乐"，并更名为殷勤道。详见殷子衡：《皈依基督自述》，何卓恩编：《殷子衡 张纯一合集》，华中师范大学出版社，2011 年，第 40 页。

年 9 月，武汉圣公会雷德礼（Rev.L.B.Ridgely）牧师推荐他到上海广学会工作，这是其人生中的一大转折。辛亥鼎革之际，张氏虽"有暇则孜孜研究法律，期至用也"，难以割舍其"革政"夙愿，但民初政局之混乱，"人心坏极，一齐暴露"，使他"对政治之希望亦穷"，越发坚信"凡无真道德者，俱不足与言维新"，"惟弘基督教，则制造无量数尧舜、华盛顿之大工厂"，则中国可救，于是"研穷基督教理之心，愈加切矣"。自此，张氏通过一部部阐发"上帝大慈之妙用"的弘道著作，奠定了其在本土教徒圈内的地位。

发愿"研穷基督教理"之后，张氏开始大量阅读"圣书"，首先遇到的困惑即是：如何阐释和发挥"上帝大慈之妙用"。参考传教士花之安（Emst Faber）所著《马可讲义》后，觉得太过肤浅。于是，他开始大量阅读佛经，[①]并与《新约》对照，发现"吻合者多"。因之找到了"研穷基督教理"之门径，即以大乘经藏与《新约》互证，以佛学作"基督真正注脚"。[②]

实际上，此种路径并非张氏孤明先发。他在广学会的前辈——李提摩太（Timothy Richard），就是十分注重研究佛教的外籍传教士，并一直主张大乘佛教与基督教同源。但他的动机是：

---

① 张纯一为何会想到"以佛解耶"这条路径呢？这跟他对《圣经》的认识有关。前揭张氏最初读《圣经》时，觉得"俚言不堪入目"，几度放弃。后来可能是受其他教徒影响，耳濡目染，开始意识到："新约书所以载道，不可以古文辞等观，而视同佛老性理诸书。"因而，《圣经》中"诸神迹，皆喻言表法耳"。这种比附的方法，后来对其理解基督教义影响至要。张纯一：《述归命基督之由及对教会之观念》，中华续行委办会编：《中华基督教会年鉴》，广学会 1917 年版，第 123 页。

② 1918 年 10 月张纯一在回应友人"以基督教为佛教净土宗"之说时，他甚至提到："基督之教，直合一切大乘佛法而圆融之。"参见张纯一：《基督教与佛教》，《东方杂志》1918 年第 15 卷第 10 期，第 89 页。

"想以这种方式说服佛教徒，佛教实际上借用了基督教的一部分，它们应当愉快地接受基督教这个整体。"[①] 因此，虽然李提摩太对佛教的兴趣和认知较同时期的其他传教士要深，但毕竟只是作为一种传教策略，并且带有强烈的政治指向。[②] 张纯一必然受到李提摩太极大的影响，[③] 但是作为本土教徒，二者致思取向绝然不同。张氏以求同心态研究包括佛教典籍在内的传统知识，反而加深了对传统文化的认知，"于我孔圣、佛祖，惟患苦海众生不得救之深心"有了更深的理解，并极敬重。由此，如何在中国弘道，"如何能使文人学士，心悦诚服"，成为其进一步思考的问题。他将希望寄托于本土基督徒，认为他们有责任洞悉"吾国数千年相传之文化"，"合各教之长，彰著生命之光"，这无疑也是他苦思的基督教与中国文化接榫之法。甚至在1914年给友人刘子通的信中提到，他要"节取佛景二宗之长，创立一种新教"。[④] 更雄心勃勃地宣称要以此种新教，"即以基督极洁净精微神妙莫测之真光，反哺欧美"。

---

① ［英］苏慧廉:《李提摩太在中国》，关志远等译，广西师范大学出版社2007年版，第296页。

② 对李提摩太翻译《大乘起信论》及《李提摩太致世界释家书》的深入解读，见龚隽:《译经中的政治——李提摩太与大乘起信论》，杭州佛学院编:《吴越佛教》，九州出版社2012年版，第7卷第794—809页。关于李提摩太在华传教经过及其思想的研究，参考何菊:《传教士与近代中国社会变革:李提摩太在华宗教与社会实践研究（1870—1916）》，中国社会科学出版社2014年版。

③ 1915年11月10日，张纯一在回应外籍传教士的质疑时曾说:"佛教无生，本即吾教之永生，李提摩太先生亦深以为然。故不得因吾教有永生之说，而故诬佛教之无生，妄作别解，以为轩轾。"可见，张氏对李提摩太的佛教研究非常熟悉。张纯一:《答某西牧》，张纯一:《融通各教归命基督谈道书（即仲如存稿）》，张之江编:《仲如先生弘道书》，出版社不详，1921年版，第24页。

④ 张纯一:《答刘通》，张纯一:《融通各教归命基督谈道书（即仲如存稿）》，张之江编:《仲如先生弘道书》，出版社不详，1921年版，第8页。

李提摩太在关于中国佛教的研究中曾指出："将来可能只有一种宗教，这种宗教将囊括过去所有宗教的真理和善。"这种宗教大同观，对于信仰基督的李提摩太而言，看似模棱两可，事实上并无扞格。因为他虽然论证大乘佛教与基督教同源，指出"宗教大同"的趋势，但其立足点实在于"对上帝和不朽的追寻"。[①] 而张纯一对于此种"宗教大同"，虽深以为然，但二者内涵上则相去甚远，张氏是站在中国本土教徒的立场，其旨趣在于：如何融贯中国传统文化与基督教理于一炉，创造出一种新文化、新道德，即其所谓"新教"。可见，他对基督教理的研究，抑或探究基督教与中国文化接榫之法，实带有强烈的实用取向，即如何弘道救世。而其所谓布道，也就不止于弘传基督教理，基督教亦只是其弘道救世之工具。[②]

在张氏看来，当时中国的基督教并不完美。其最大的问题，就是未能得到中国文化的阐释和发挥，而他的志向正是"合各教之长，彰著生命之光"，更为私密的表述是"阐扬真正之基督教，一变现行之洋教"。[③] 显然，张纯一当下最为强调者在于整理基督教，使基督教在中国文化的土壤中，得以浇灌，发展为不仅能够"救当世之糜烂"，使中国起死回生，而且能够"反哺欧美"的新

---

① ［英］苏慧廉：《李提摩太在中国》，关志远等译，广西师范大学出版社2007年版，第294页。

② 即使像王一亭这种热衷佛教的信仰者，也主张"冶儒、释、道、耶、回五教为一炉"，并实际参与其他宗教的活动，康豹认为这体现出"王一亭对其他宗教传统持开放的态度"。参见康豹：《一个著名上海商人与慈善家的宗教生活：王一亭》，巫仁恕、康豹、林美莉主编：《从城市看中国的现代性》，台北："中研院"近代史研究所2010年版，第292页。实际上，从张纯一的个案来看，所谓开放的宗教态度很可能只是一种言说策略。

③ 陈智超编：《陈垣来往书信集》，上海古籍出版社1990年版，第5页。之所以说"私密"，因为张纯一随即对陈垣强调"此不足为外人道也"。

说。为何作为教徒的张氏会有如此想法呢？除了研究教理之所得及自立化运动之语境外，①其本土教徒之身份至为关键。正如章开沅先生所指出的："基督教来到中国，期望'中华归主'，而中国人所期望的却是'主归中华'。"②这是近代中国本土教徒所面对的共同问题。

统观张氏"归命基督"之经历，选择基督教，既是中西方文化冲突与融合的产物，也是其自身的选择。"归命基督"对他而言并非偶然，是其不断探索拯世救民之道的一个必然结果。但他最终未能做到如传教士期望那般以基督信仰为绝对中心，基督教只是其知识体系中的重要组成部分，基督教并不完全是其私人信仰，而是和他的辅世泽民理想有密切关系，张氏的基督信仰具有强烈的实用性特征。作为既能洞悉中国社会处于危机状态的知识分子，又具备反省和更新传统的能力，传统文化在其心中的地位依然牢固。其所思所想，俨然一忧国忧民的中国传统儒者，这必然与其早年的传统教育息息相关。可以说，张氏作为一个日后在耶佛两界掀起波澜的宗教信仰者，也经历过耶儒融合的阶段，传统士大夫拯世救民的使命感，始终占据其精神信仰的核心，宗教只是实现这种信仰的工具，这也决定了他对基督教的认识始终是一个变量，很有可能会随着时局的变动而有所改变。

二、"阐扬真正之基督教"及其困境

刊出《述归命基督之由及对教会之观念》一文的 1917 年，

---

① 关于 20 世纪初期中国基督教的自立运动，参考段琦：《奋进的历程：中国基督教的本色化》，商务印书馆 2004 年版。

② 章开沅：《序一："中华归主"与"主归中华"》，刘家峰编：《离异与融会：中国基督教与本色教会的兴起》，上海人民出版社 2005 年版。

已是张纯一在上海广学会的末期。该文既表达了他欲借基督教辅世泽民的旨趣，又将其"合众教之长"陶铸基督教的阐教方法和盘托出，更暗示了对当时基督教会的不满。这种不满到底程度如何？对张氏有怎样的影响？因该文系公开发表，很难看出。而这些问题，实与张氏对基督教的态度以及后来的转折关系甚要。苏远泰在研究中曾提及："估计张纯一的改宗信仰发生于1919至1920年之间，即他离开广学会到燕京、南开任教期间。"[①]需要指出的是，因为苏氏未能注意到《陈垣来往书信集》中保存了1917至1919年张氏致陈垣的九封书信，所以关于他何时离开上海广学会，及其离开前后的心路转折等重要内容皆语焉不详。[②]

实际上，张纯一在广学会的最后几年里，虽找到了其弘道救世之"道"，但又面临着新的困扰。1918年3月30日，他曾向老友陈垣提及自己的尴尬处境："拙作《讲易举例》，大旨融合各教，会相归元，折衷基督。脱稿已数月，奈何西人意以未能力排他教，专崇基督，尚犹豫而未付梓。吾教徒识量狭隘，见道欠真，良可慨也。"[③]1919年3月17日，他又对陈垣提到："弟现述作惟求阐扬基督真光，颇为广学会外一牧师所不悦，以不合洋人旧法故。以此会中洋人欲弟停止自述，故为彼辈翻译。弟虚灵难昧，十月出会。曾作香港粤省之游，亦觉知己难逢。"[④]值得注意的是，张

<hr/>

① 苏远泰：《张纯一的佛化基督教神学》，香港：道风书社2007年版，第97页。

② 刘贤在考察1920年前后陈垣与基督教徒的交往时，曾大篇幅介绍过这批信件的内容，但所述侧重于陈垣，对张氏则待覆之处基多。参见刘贤：《论民国时期陈垣的交游世界——以基督宗教界为中心》，《史林》2008年第6期，第66—69页。

③ 陈智超编：《陈垣来往书信集》，上海古籍出版社1990年版，第4页。

④ 陈智超编：《陈垣来往书信集》，上海古籍出版社1990年版，第5页。

氏将其与广学会的矛盾归结为：他所阐扬的"基督真光"与"洋人旧法"之间的冲突。也就是说，张氏之路径与志向并不能得到外籍传教士的认可，他们将张氏作为宣教工具，对其苦心孤诣之所得并不重视，这一点令其甚为不满。而张氏虽因多种弘道书名声在外，但毕竟与其弘道救世夙愿相距甚远，他又不可能甘愿停止自述。最终，双方矛盾达到不可调和的地步，道不同不相为谋，因此离开了广学会。

张纯一离开广学会前后，面对外籍传教士的排斥，已觉"知己难逢"。他愿意将这些"不足为外人道"的内心独白向陈垣袒露，足见二人关系匪浅。① 也可以说，陈垣对张氏所述困境亦能共情，他或许对当时的基督教界种种乱象也不以为然。遗憾的是，对这九封书信，并未见到陈垣的直接回复。1919 年 4 月，陈垣为张氏《耶稣基督人子释义》作序，可看作二人往还中陈氏的态度与回应：

> 吾友张子仲如，好以佛说谈耶理，以是为一般拘泥之基督教

---

① 张纯一与陈垣相识大概在 1913 年 3 月之前。陈智超编《陈垣来往书信集》将二人第一封信函时间确定在"约 1917 年 6 月 18 日"，信中提及"前至一品香拜谒，拟稍尽地主之宜，适驾公出，怅甚"。若无误，此时张纯一应在上海。但陈垣去上海却是在 1917 年 10 月 21 日，随梁士诒出访日本，10 月 24 日到达上海，10 月 29 日乘船前往日本，可见时间上有出入。参见刘乃和等：《陈垣年谱配图长编》，辽海出版社 2000 年版，第 75 页。而《陈垣年谱配图长编》则是将这一来函，确定为"1918 年 6 月 18 日"，并注释称"一品香"在天津。而张纯一又要到该年 10 月才离开上海广学会，显然不确。参见孙玉蓉：《为〈陈垣年谱配图长编〉补遗指谬》，《天津大学学报》社会科学版 2008 年第 10 卷第 2 期，第 145 页。但孙文指出"一品香"或在上海，但此时陈垣亦未在上海，亦不确。参见刘乃和等：《陈垣年谱配图长编》，辽海出版社 2000 年版，第 79 页。笔者以为，张纯一与陈垣订交，大概是因为马相伯。张纯一曾记述，在 1903 年曾前往上海震旦学院学习英文，两人早已认识，后来张氏在上海广学会任职，必然过从甚密。（接下文）

牧所不悦，仲如不顾也。仲如盖确有所见，谓中国现有诸教，堪与基督教把臂入林者，惟佛庶几耳。恒人不入人室，而妄在门外评骘人室中铺陈之美意，未见其能有当也。……仲如知其然，始读耶氏之书，继钻释迦之训，积有年所，豁然贯通，以为辩生于末学，佛之高妙，实有合于耶，于是所著论恒援佛入耶，近出《耶稣基督人子释义》相示，亦以佛为注脚者也。属余为序，余所见未必与仲如悉合，余于佛所知亦极稀，……使二教有志之士，能尽如仲如之互易其经，虚心研诵，不为门外之空辩，固必有最后觉悟及最后决定之一日也。又何必深闭固拒，鳃鳃然惧歧路之多亡哉！[①]

对比张氏在信中所诉苦楚，陈垣为老友张目之心跃然纸上。他从学术的角度，为耶佛冲突调停，指出二教教众应该"互易其经，虚心研诵，不为门外之空辩"，从而顺理成章地肯定了张氏于沟通耶佛所做的努力。但也应该注意到，对张氏"援佛入耶"

（接上文）而陈垣与马相伯相识，据说在1913年3月陈垣定居北京之前，当时他经人介绍前往上海徐家汇教堂。但二人订交则在4月共同参加第一届国会会议，此时陈垣为众议院议员，马氏为江苏议员、总统府高等顾问，二人曾共同反对定孔教为国教。参见刘乃和等：《陈垣年谱配图长编》，辽海出版社2000年版，第62页。从张氏"约1917年6月18日"函件内容来看，相当客套，显然二人相识未久，并且提及陈垣赠《经解检目》给张氏，而非其著作，可见二人相识最有可能在1913年3月之前，即陈垣前往上海徐家汇教堂那次。因此，陈张二人"约1917年6月18日"这一通信时间不确，应在1909年11月至1913年3月之间的某年6月18日。

①　陈垣：《耶稣基督人子释义序》，黄夏年主编：《近现代著名学者佛学文集·陈垣集》，中国社会科学出版社1995年版，第16页。

之取法，陈氏表示“余所见未必与仲如悉合”，显然有所保留。[①]
虽是纯学术的探讨，但已暗示二者取法之不同。

二人书信往还密集的这两年，也是陈垣思想转变的关键时期。
与张纯一迥异，他与基督教界却来往加密，甚至受洗皈依基督
教。[②] 又深得天主教耆宿马相伯、英敛之赏识，教史研究成果卓
著，在教内颇有声名。[③] 在学术与信仰两端，陈垣的学术关怀远
在信仰之前，而张纯一此时虽然艳羡陈垣的学术成就，有意向他
靠拢，但发明拯世救民之道，毕竟是其“归命基督”之初衷，而
一贯以“教义”入手的取法，使其即使是关注陈垣等人的事业，
也意不在纯学术之研究，遂亦有说服陈垣之意，所谓“足下有意
为基督伸冤乎？”[④] 可以说，两人取法之不同，直接影响到了他们
在基督教界的境遇。

---

① 1918 年 3 月 30 日，张纯一在函件中提到：“现方选注《新约》，拟取儒
释道各教精粹以光大之。第自惭学识谫劣，未必能仰钻高坚，然决不敢妄为解释，
或可仰慰吾兄耳。”可见二人都深知彼此取法，陈垣或已表露出对张氏可能存在
格义附会之弊的担忧。《耶稣基督人子释义》很有可能就是此处张氏所谓“选注
《新约》”之部分成果。参见陈智超编：《陈垣来往书信集》，上海古籍出版社 1990
年版，第 4 页。

② 笔者以为，陈垣受洗与否未必关键，其与基督教人士之亲疏，实与其学
术进程关系甚深。前期与马相伯、英敛之过从甚密，实与其获得研究材料，乃至
借重教会出版资源不无关系。后期讳言其教徒身份，很有可能是避免招致因信仰
而学术未能客观之猜疑。关于陈垣受洗为基督徒经过，参见刘贤：《陈垣基督教信
仰考》，《史学月刊》2016 年第 10 期。

③ 陈垣教徒身份为一聚讼纷纭之公案，张纯一 1918 年 3 月 30 日致陈垣函：
“刻下教会堪任真确著述，博雅如足下者，从未之见。”1918 年 5 月 24 日函又有
“教弟张纯一拜上”一语，或为陈垣教徒身份一证。参见陈智超编：《陈垣来往书
信集》，上海古籍出版社 1990 年版，第 4—5 页。另有关陈垣与基督教关系的研
究，参见刘贤：《学术与信仰：宗教史家陈垣研究》，中国社会科学出版社 2013
年版。

④ 陈智超编：《陈垣来往书信集》，上海古籍出版社 1990 年版，第 8 页。

在两人的通信中，还提示出三点重要信息：

第一，通过陈垣，张氏更加深入地了解到明末天主教徒的事迹，这对他影响甚大。在这批信件中，他曾多次提到对明末前辈的敬仰之情，对他们阐扬教义之法心生向往。[①] 不难看出，李之藻等人的耶儒融合观，[②] 让不被基督新教接受的张氏产生了强烈的共鸣，甚至可以说找到了新的自我认同，以至于一再跟陈垣申述其为"基督伸冤"之旨趣，对其"合各教之长，彰著生命之光"的初衷与取法，更为坚定不移。甚者，后来宣扬"佛化基督教"，虽然攻击教会，却有意将天主教排除在外。

第二，离开广学会以后，张氏交往世界中的一大变化。他开始注意佛教界的动态，并与之有真正的接触，而且对佛教界印象

---

① 如："《铎书》如尚有存者，容走领。"（第5页）"惠示并《铎书》、保安院尊序均拜读，极钦佩。……今收到《言善录》五本，用导初机甚好。"（第6页）"赐书敬领谢，诵《李之藻传》，颇起钦仰之思，余刻皆有功于基督教，甚佩。……拙作《讲易举例》……甚欲仿《灵言蠡勺》板纸印一千本。……马相伯先生《书利先生行迹后》云：'但愿教中译经书者先读古译书，译圣书者先读古译圣书。'可想利先生所译之佳。不知古译圣书可购得一读否？足下见过否？甚愿一睹为快。"（第7页）"诵悉大著甚佩，如成书，敬祈赐读。日前在中华书局购王觉斯字帖，系赠道未先生，显见是西洋人传基督教者，因疑必仕汤先生，以望道而未之见故。"（第8页）以上参见：陈智超编：《陈垣来往书信集》，上海古籍出版社1990年版。

② 关于李之藻的耶儒融合观，参考梁元生：《求索东西天地间：李之藻由儒入耶的道路》，梁元生：《十字莲花：基督教与中国历史文化论集》，香港：基督教中国宗教文化研究社2004年版，第19—39页。

颇佳。尤其是著名居士刘仁航对他的推崇，让其倍感振奋。[1] 佛教界人士的重视与外籍传教士对他的冷遇，简直判若云泥，因此他难隐心中愤懑，对陈垣坦白道："幸今已脱离洋教范围，岂非基督之神助乎！"[2] 行文中，对外籍传教士已深恶痛绝，而对自己脱离广学会，独自布道，生出无限憧憬。

第三，张纯一离开广学会，前往南开、燕京等校讲学，此前困扰并未根本解决。1919 年 9 月 17 日，张氏又在信中提到："洋人不足道，中国人牧师亦何殊于洋人，真可鄙也。故弟亟欲改变洋教为真正基督教，惜教会首领（中国人）不惟不赞同，且肆排斥，可叹。然使其排斥本信仰而出，弟极钦佩，然而非也，不便多言。近接香港青年会寄来排斥基督教之文字，欲弟作文抵制，弟以无暇未果。"[3] 可见，张氏离开广学会，虽然不再受到外籍传教士的直接限制，但境遇并未改善，华人牧师依然不能理解其旨趣，对其阐扬所谓"真正基督教"亦持排斥态度。

不惟如此，教会学校学生对其所讲内容亦有怀疑。张氏在南开讲学时，曾有学生质疑，其《耶稣基督人子释义》中，"耶稣释义一段，不合希伯来原意，且非当时译者本意，疑为牵强"。

---

① 如提到太虚法师："兹有恳者，《维摩诘经讲义》请逐日代领一份，汇齐掷下，无任感荷。……维摩讲义甚佳，敬祈逐日著人代领一份，无任感祷。此僧诚今日杰出也，弟在申与晤谈半日，甚佩，亦知彼著有《道学论衡》，未购阅。《觉书》亦早知其名，以无暇阅，亦未购。……至太虚之《破神执论》，弟未见。……维摩讲义亦收到，不胜感谢。如继讲起信论，仍祈代领，汇齐掷下，无任企祷。"又提及著名居士刘仁航："向亦鄙视基督教，自与弟往还，颇改旧观。一日，弟至刘君处，值渠将讲《法华经》，渠乃停讲请弟讲基督教。弟即融贯佛法，讲二句钟，听者无不欢欣鼓舞，此事实也，刘君亦倾倒。"参见陈智超编：《陈垣来往书信集》，上海古籍出版社 1990 年版，第 7—8 页。

② 陈智超编：《陈垣来往书信集》，上海古籍出版社 1990 年版，第 8 页。

③ 陈智超编：《陈垣来往书信集》，上海古籍出版社 1990 年版，第 8 页。

他却回答说:"苟合真道,虽希伯来原意所无,无妨自我昌明之,方可免洋人传洋教之讥。"然后大谈当时"洋教"之偏蔽。[①] 不难看出,张氏在教会学校布道,其所布之道,实是其"自我昌明"之道,给人师心自用之感,又时常揭教会之短,很难不被学生怀疑。

另外,张纯一其说难售,与当时学术环境亦有关系。1920年11月11日,山东学生联合会即登文痛斥张纯一"自命哲学大家,在济南各校轮流演讲,而所讲者大半宗教家言,且脑筋腐旧不堪,乃宣言誓不再听张之演讲"。甚至目其为"一无聊政客,落伍流氓",认为"其所长者,不过能杂纂旧注,而后强系以耶经之教语"。[②] 趋新学生有过激之语,实渊源有自,五四运动以后,"知识分子从文化革命、社会革命返回政治革命",反宗教思潮甚嚣尘上,基督教被重新评估,属于讨论甚至是排斥之列。[③] 张氏此时取儒教、道教、佛教精粹与基督教比较言之,亦不能为时流所兼容。再者,他的研究始终未能做到价值中立与感情淡化,依然如晚清时期的康有为、梁启超、章太炎一样,将学术当作一种促进社会进步的思想资源,甚至是一种发起信心的宗教信仰,致力于发明一种新的意识形态,难免被趋新学生所讥。

不难看出,无论是广学会外籍传教士,还是教会学校牧师、学生,皆对张纯一的学说很难接受。在基督教界,张氏几无立锥之地。如果说,对陈垣诉说苦衷,向学生布"自我昌明"之道,

---

① 《张纯一先生课余讲演集》,《南开思潮》第5期,1920年2月8日,第73—74页。

② 《鲁学生驱逐伪哲学家》,《民国日报》1920年11月11日,第6版。

③ 梁家麟:《五四前后新文化运动思潮与基督教》,梁家麟:《徘徊于耶儒之间》,台北:财团法人基督教宇宙光传播中心出版社1997年版,第238页。

皆算作私下言说。那么,《对于徐季龙问题十条之管见》可视作张氏正面挑战教会的檄文。1918年南方军政府大员徐谦来往于广州、上海宣传其"基督教救国主义",因徐氏身份特殊,南北基督教各主要刊物大肆渲染,一时甚嚣尘上。1922年1月,徐谦在广东基督教救国会发表演讲,提出了对当下中国基督教的十条疑问,意在改进基督教。[①]张纯一迅速予以回应,写成《对于徐季龙问题十条之管见》,并扩充为《改造基督教之讨论》一书,于1922年4月出版。他对徐谦所提问题,一一回答解说,并痛斥"基督教全身是病","非从根本改造,何以仰慰基督",言辞激烈。[②]徐谦倡"基督教救国主义",实则有其个人打算,希望借此为政治资本,而他改进基督教之意见,已然动摇了基督教义之根本,亲与其事的陆丹林后来回忆说:"所谓稳健派的教会领袖与他不合作,反而多方面阻挠,中华基督教全国协进会领导人诚静怡,中华基督教青年会全国协进会总干事余日章等,不特放弃职责,且公开的反对他。"[③]1922年陈炯明叛乱之后,徐谦等人由广州到上海,[④]基督教救国会再无进展。

张氏《对于徐季龙问题十条之管见》虽属商榷,但已旗帜鲜明地攻击教会,其对基督教之改造意见已属激进。尤其是痛斥外

---

① 徐谦(佐治):《讨论会问题》,《生命(北京)》第2卷第6期,1922年1月,"讨论"第1—4页。

② 张纯一:《对于徐季龙问题十条之管见》,张纯一:《改造基督教之讨论》,上海定庐1927年版。

③ 陆丹林:《徐谦与基督救国会》,中国人民政治协商会议广东省委员会文史资料研究委员会编:《广东文史资料》,广东人民出版社1963年版,第9辑第117页。

④ 后来徐谦创办上海法政大学,据说张纯一曾任教于此,当与此次唱和相关。详见郑恒武:《宣传反清的张纯一》,中国人民政治协商会议汉阳县委员会文史资料研究委员会编:《汉阳县文史资料》,1987年,第2辑第38页。

籍教士为"帝国主义之先锋",对于身陷非基督教运动中的教会而言格外敏感,俨然为非基督教者张目,其与基督教界人士已非同路之人。

三、"畅敷佛化"及耶佛两界反响

1922 年前后,张纯一辞去燕京大学讲席,据其后来自述,缘由为:"至该校据真理讲述,订正教会之误",而遭同事西人反对。[①]很可能也与他附和徐谦有关,因处于非基督教运动的特殊时期,张氏为其过激言论付出了代价。[②]于是,他又重新回到上海。[③]此时,其交往世界发生了巨大变化,除了继续开展墨学研究外,已加入上海世界佛教居士林,成为林友。[④]

[①] 张纯一:《致太虚法师书》,《海潮音》第 5 卷第 5 期,1924 年 6 月 21 日,"通讯"栏第 4 页。

[②] 于此,亦可见非基督教运动期间的基督教,不仅面临着教外的攻击,其内部亦多分歧,日后教会之种种变动,当是此内外合力之结果。

[③] 1922 年 7 月,张氏在《心理》杂志发表《鸦之心理》一文,记者介绍说:"张纯一先生现任燕京大学教授,著有《伦理学》《墨家哲学》等书"。见张纯一:《鸦之心理》,《心理》第 1 卷第 3 期,1922 年 7 月,"动物心理"栏第 1 页。1922 年出版的《墨子间诂笺》,张纯一在自序中提到:"校刊中,又得我友人刘君再赓(采其)相商,补正四事,幸甚!十月五日又志。"所谓"校刊"可证张氏此时仍在南开、燕京讲席。见张纯一:《墨子间诂笺》,上海定庐 1922 年版,"自序"第 2 页。另《哲报》载 1923 年 2 月 28 日张之江致张纯一函,有"尚祈夫子坚持素守,劝导沪滨高僧皈依基督教"。可见张氏此时已在上海,当是 1923 年回沪度春节,后即留在上海。见张纯一:《真基督教无异于佛教,异于佛教即非真基督教》,《哲报》第 2 卷第 15 期,1923 年 5 月 31 日,"要著"栏第 15 页。

[④] 《林友题名录》,《世界佛教居士林林刊》第 1 期,1923 年 2 月,"林务"栏第 22 页。

与上海佛教界人士的交往，对张纯一的言说影响很大。[①]1923年2月出版的《世界佛教居士林林刊》第1期，即有张纯一与张之江往还书信一则。张之江为冯玉祥部下，隶属西北军，信仰基督教甚笃，对张纯一尤为推崇，执弟子礼，曾刊印《仲如先生弘道书》分发友朋，两人交情匪浅。对于张纯一言说之变化，似乎有所察觉，于是来函询问，对其"瞻之在前，忽然在后"之转变非常诧异，表示"未敢赞同"，劝其"仍融汇各教以归命基督"。[②]《世界佛教居士林林刊》编辑特意加上《真基督教无异于佛教，异于佛教即非真基督教》之标题，并以大字刊印，可见重视。张纯一在回信中毫不掩饰自己态度上的变化，并宣告：

> 拙著凡在广学会出版者，意在方便导引，尽属门外之言，无关性命之真，并且谬误甚多，昨特晤商该会总理季理斐君以后决勿再印，庶免害道，季已允诺。……广学会印行各拙著，诚不足当有识一顾者也。……多成于十年以前，今甚觉其陈腐，多是理障，附此敬告阅者。如已购，祈火之，实无可存价值也。[③]

张氏不惜"以今日之我，攻昨日之我"，其言说前后之变化，

---

① 张纯一与佛教界人士交往，早有线索，前揭其与陈垣书信，就提到与刘仁航的交往，也曾与太虚晤谈半日，但往还皆不密切。除此而外，据张氏自述，1921年底，还曾与南京欧阳竟无先生见过，并对其提到："学者不读佛书，断不能明辩老子、易经、墨子、耶稣教之长短得失。"欧阳竟无深以为然。详见张纯一：《阅梁任公老子哲学随笔》，《晨报副刊》1922年5月16日，第3版。

② 《张纯一居士致张之江中将书》，《世界佛教居士林林刊》第1期，1923年2月，"通信"栏第10—11页。

③ 此段，《世界佛教居士林林刊》并未录入，后在《哲报》重刊时增加，部分内容有后增订之嫌，如"附此敬告阅者"。参见张纯一：《真基督教无异于佛教，异于佛教即非真基督教》，《哲报》第2卷第14期，1923年5月20日，"要著"栏第1—2页。

不可谓不大。外人不解其故，认为他"信道不笃"，实在情理之中。但应该注意到，如前文所述，其所信之"道"，本非基督教可以涵盖，加上在基督教界难售其说，佛教界却对其推崇备至，其言说之变化，亦合乎逻辑。

据侯素爽所说，回上海后，张氏曾入上海道院，任耶教部长。[①]上海道院隶属于世界红卍字会，旨在"融合'儒、释、道、耶、回'五教，统一学说，贯通教化，以内修外慈，救己度人为宗旨，试图唤起人类互爱互助，进而联合世界，拯救世界，实现世界大同理想"。[②]虽与张氏此时主张未必悉合，[③]但鉴于"今日世界人欲横流，黑暗极矣，道院诸公救世心热"，与张氏"弘道救世"之旨亦有相通之处。

此后，张纯一常在隶属于世界红卍字会之《哲报》发文，其中较著者为《张纯一覆某女士书》。张氏日后发行《佛化基督教》，将此篇列为首篇，可见其重要性，于张氏思想提示处尤著。一位读者因洋教不堪入耳，希望读佛经，但苦于不能了解经义，读了张纯一的《答崔抱璞》，[④]于是请教其求道法门。张纯一引为同调，赞许道："仆接来书商榷基督教义者多矣，明知今之所传为洋教，而不为所误者，以女士为第一人。"随即列举了十四条"东

---

① 《侯素爽致张纯一书》，《哲报》第2卷第14期，1923年5月20日，"通讯"栏第1页。查《世界佛教居士林林刊》第1期《林友题名录》，登记并无职业。想必入上海道院为耶教部长，是后来之事。

② 李光伟：《世界红卍字会及其慈善事业研究》，合肥工业大学出版社2017年版，第1页。

③ 张纯一曾说："惟谓仆守大同主义，仆则有说，仆尝谓学宗释迦，行在基督，已觉有不同而同，同而不同处。"可见，此时他未必赞同"贯通教化"，而是"学宗释迦"。详见张纯一：《答崔抱璞》，《南开思潮》第5期，1920年2月8日，第88页。

④ 张纯一：《答崔抱璞》，《南开思潮》第5期，1920年2月8日，第88页。

方人欲研究基督教"之建议，其大意在申明"改造基督教"之必要，与《改造基督教之讨论》大意类同。但不同者在于，尤为强调"佛化"之重要性：

> 融通各教归命基督，仅对洋教徒方便导引之说。……耶稣大慈大悲，救苦救难的心，无异观世音菩萨。……真基督教即是一极小部分之佛教，故佛教即是真基督教的骨髓。所以不精研佛教，决不能了解真基督教之奥妙，并欠缺与错误。……吾甚望真能研精佛教之高僧居士，今后多办学堂，以弘佛化为妙。[①]

张纯一公开发此誓愿，引来佛教界诸多关注，佛教徒俨然将其视为弘扬"佛化"之猛将，一时在佛教界声名鹊起。《世界佛教居士林林刊》还登广告介绍张氏新著《墨学与景教》，[②] 其编辑显荫法师更为《墨学与景教》作序，[③] 并书信往还讨论《墨学分科》一书细节。[④] 佛化新青年会重要成员杨毓芬亦来信称张氏为"基督教中之日月灯，能破一切黑暗"。并寄赠《佛化新青年》一册，请求赐稿。[⑤] 更因此引起了佛教革新派领袖太虚法师的注意，他亦来函对张氏表示敬佩，尤对"真基督教即是一极小部分之佛教，

---

① 《张纯一居士覆某女士书》，《哲报》第 2 卷第 24 期，1923 年 8 月 23 日，"通讯"栏第 1—8 页；《哲报》第 2 卷第 25 期，1923 年 9 月 10 日，"通讯"栏第 9—11 页。

② 《墨学与景教》，《世界佛教居士林林刊》第 2 期，1923 年 6 月，"杂俎"栏第 11 页。

③ 显荫：《墨学与景教序》，张纯一：《墨学与景教》，上海定庐 1923 年版。

④ 《显荫法师致张仲如居士商榷墨学与佛法书》《张仲如居士覆显荫法师书》，《世界佛教居士林林刊》第 3 期，1923 年 9 月，"通信"栏第 1—3 页。

⑤ 《杨六即居士书》，张纯一编：《佛化基督教》，上海佛化精进社 1927 年版，第 11 页。

故佛教即是真基督教的骨髓"一语，深以为然，并勉励道：

> 故尝论我国宋明来之理学丹道可称为"佛教之儒道宗"，而今则更须有"佛教之基督宗"，以救胥溺洋教之祸。今先生既言真基督教为佛教之一部分，则持"佛教基督宗"之旨宏法西洋者，其责已得先生肩任之矣。……今欲西洋被于佛化，殆非由此门不可。[①]

得太虚法师赞赏，张氏自然"胆增壮矣"，对太虚建立"佛教基督宗"之期许，表示"于愿偿矣"。[②]随后，张氏由上海世界佛教居士林一林友，一跃成为佛教革新派核心刊物《海潮音》的撰稿人之一。[③]1924 年《海潮音》第 5 卷第 1 期，重刊《张纯一居士覆某女士书》与《劝孙思仿覃精佛学书》二文，并载有张氏与太虚的往还信件，从此张纯一经常以宣扬"佛化"之身份发表言论，坚持以建立"佛化基督教"为已任。[④]

应该注意到，太虚法师所谓"持'佛教基督宗'之旨宏法西洋"，非仅是赞词，而是确有招揽张氏，为其佛教世界化运动服务之意。1923 年 7 月，太虚于江西庐山东林寺发起世界佛教联合会，自述其旨趣为："想联合世界佛徒，作国际佛教的运动，使各

---

① 太虚:《致张纯一居士书》,《海潮音》第 5 卷第 1 期, 1924 年 2 月 24 日,"通讯"栏第 6—7 页。

② 张纯一:《答太虚法师书》,《海潮音》第 5 卷第 1 期, 1924 年 2 月 24 日,"通讯"栏第 7—8 页。

③《本刊撰述人员》,《海潮音》第 5 卷第 3 期, 1924 年 4 月 23 日,"海潮音月刊编辑新例"第 4 页。

④ 张纯一在佛教界声名鹊起，亦可见当时佛教期刊对于加强佛教界联系的重要作用，佛教刊物不仅是弘法之媒介，更是各地佛教徒彼此联系的主要工具。

国人士都能信受佛法，就创组世界佛教联合会。"①并与日本大谷大学教授稻叶圆成谈及联合布教于欧美之意，所谓"中日之佛教徒，当如何设法以融化两国国民之隔碍，以发展东亚之文明，而得与欧美人并雄于世界"。②1924 年 7 月，他又在庐山组织召开世界佛教联合会会议，会议的主旨仍然是弘法西洋，太虚自己在这次会议上发表了以"西洋文化与东洋文化"为主旨的演讲，展开其佛教世界化的论述。到 1924 年底，太虚对于佛教弘化已经发生了"两种新觉悟"，其中之一即是认为中国人崇洋媚外，一切思想信仰"系乎欧化"，于是他这时候又表示其兴教于西方乃是出于一种策略上的考虑，即先"将佛法传播于国际文化，先从变易西洋学者之思想入手"，而后再迁回到国内来复兴佛教。③于此可见，太虚在 1920 年代是如何急迫地在中国乃至东亚推动佛教世界化运动。太虚在 1920 年代末期的欧美之行，其意图亦在于"欲依佛教主义之宣传，令欧美人改造对世界之基础观念"，④仍然是其佛教世界化运动的重要组成部分。张纯一对基督教理有深入研究，在基督教界颇有声名，此时"畅敷佛化"，必然深得太虚欢心。可以说，对国内基督教界发起进攻，为佛教世界化运动造势，也成为张氏此时最为重要的任务。

---

① 太虚:《我的佛教改进运动略史》,《海潮音》第 21 卷第 11 期, 1940 年 11 月 1 日, 第 13 页。

② 释印顺编著:《太虚法师年谱》, 宗教文化出版社 1995 年版, 第 87 页。

③ 释印顺编著:《太虚法师年谱》, 宗教文化出版社 1995 年版, 第 103—104 页。

④ 仰止生:《东亚佛教大会后之日方议论: 民国佛教界之盟主太虚法师》,《海潮音》第 7 卷第 6 期, 1926 年 7 月 29 日, "著述" 栏第 17 页。最近有学者发现太虚曾与希特勒有通信, 对于此一事件, 除了可从佛教与政治的角度加以解读外, 亦可视作太虚法师推进佛教世界化运动的一例。参见李雪涛:《太虚法师致希特勒书信考》,《抗日战争研究》2020 年第 4 期。

张纯一在《海潮音》《世界佛教居士林林刊》《哲报》数篇"畅敷佛化"的文章，亦引起基督教界之关注。1924年1月27日，《真理周刊》第44期刊出吴雷川《论基督教与佛教将来的趋势》一文。此时，吴雷川虽然入教不久，但在基督教界十分活跃，1919年与李荣芳、梅贻琦、徐宝谦、司徒雷登等十几位基督徒学者，在北京创立"证道团"（1924年春更名为"生命社"），出版《生命月刊》，提倡基督教改良。1923年4月，受非基督教运动影响，又与吴耀宗、李荣芳、刘廷芳、宝广林、张钦士等人在北京成立"真理社"，出版《真理周刊》，宣传基督教，并开始探索中国传统文化与基督教神学接榫之道，寻求基督教的本色化。[①] 这篇文章认为："是真道必要在中国结成善果，真宗教必要在中国大放光明。"对于基督教与佛教关系及未来走向，吴氏主张"彼此也要互相融合，……各袪所蔽，各得其真"。对于基督教内部的改良者而言，此一言论稀松平常。但在这篇文章中，吴氏在提到张纯一时指出：

张先生本是一位热心的基督徒，他曾著过许多宣传基督教的书，差不多是全国基督教会中人所知道的。他近几年来，转而研究佛教，居然皈依了佛教，自称居士。他所说的十事十四例，其中也许有偏袒佛法，不免执著的地方。但他对于中国基督教会所下的批评，却可以作传道的当头棒喝。我想教会中人，看见同教的人改信了异教，并且反戈相向，难免不因此伤心。然如果想到张先生所以有此种论调，正是教会拘执守旧的反应。那么，张先

---

① 赵晓阳：《吴雷川先生学术年表》，吴雷川：《基督教与中国文化》，商务印书馆2017年版，第223—224页。

生的文字，也就可以有功于基督教了。①

　　吴文态度十分温和，其目的显然不在张纯一，而是以其为例，劝导基督教徒应该徐图革新，对于张氏对教会所作的批评，也表示部分同情。张氏因京友寄来此刊，得读吴文，反应却十分强烈，认为吴文涉及他本人的部分，"不无误会"，随即回应说："仆研究佛学二十余年，并非近几年改信异教。今仍极信真基督教，惟不得不改造谬妄陋劣之洋教。"并对所谓"反戈相向"提出辩解："仆现将为基督伸冤，著《福音秘义》，建立佛教基督宗，即借佛法宣其蕴，正其谬，补其缺。"并暗讽吴氏对基督教之理解，赓续"西洋学者之陋说"，且要求吴氏在《真理周刊》将其意见刊出。②

　　《真理周刊》第 49 期刊出张氏意见，并附吴氏回信一封。对于张氏耿耿于怀的"反戈相向"之说，吴氏解释道："只是代替教会中一般人设想，非关仆之正论。"对比吴氏前文措辞，显然"反戈相向"亦是其对张氏之态度。至少说明，张纯一所谓"为基督伸冤"，在基督教界一般信众看来，不过是"反戈相向"之托词。可见，他在基督教界声名已坏，甚者已引起众怒。吴氏随即转移话题，他赞同张氏对教会谬误之批评，但是对其"痛骂丑诋"，不敢苟同。并对张氏所谓"建立佛教基督宗"之论不以为然，认为"过求融洽，转欠分明"，并指出"既欲宣扬真基督教之长，

---

①　吴震春：《论基督教与佛教将来的趋势》，《真理周刊》第 44 期，1924 年 1 月 27 日，"社论"栏第 1 版。

②　张纯一：《致吴雷川先生书》，《海潮音》第 5 卷第 2 期，1924 年 3 月 24 日，"通讯"栏第 4—5 页。

即不必谓佛教之一宗"。[①] 此后，二人间有书信往还，张氏继续长篇大论，直陈基督教义之不完满，教会之谬误，并寄《八识规矩颂贯珠解》和《戒淫拔苦集》给吴氏，冀望其能读佛经，吴氏皆态度冷漠，寒暄敷衍了之。[②] 张氏则极为耐心，晓之以理，动之以情，逐条批驳。[③]

从吴雷川的回复来看，他显然也有调和之意，但其原则依然是在基督教内进行折衷。在非基督教运动的大环境下，吴氏一方面代表基督教立场，对非基督教者的攻击进行回应，另一方面则在教会内部渲染改革氛围。因此，张氏系列痛斥教会、改造基督教文章，正能为其张目，为其所用，但又不能反为张纯一作宣传，所以言辞皆点到为止，故而只就张氏文辞不堪入目、立意太过等处作评论。而张氏得此对话机会，加之"反戈相向"对其声誉有损，岂肯轻易放过，于是亦有去污之意，这是其一。

实际上，张氏细致对答，亦别有用心。太虚看过二人辩驳之后，来信称赞："大作诸篇光芒万丈，语皆圆转无碍，但同时令更知佛法之所由高。"[④] 张氏回复说：

前奉示佛法所由高，非诸善（菩？）萨能及一。最近与吴君通函，已令知矣。（稿容缓俟京友寄转抄呈）今录呈拙稿，共三纸，斧正付刊《海潮音》为感，使基督徒进化为佛教诚今日救世

① 《讨论》，《真理周刊》第 49 期，1924 年 3 月 2 日，第 3 版。

② 张纯一：《复吴雷川先生书》，《再复吴雷川先生书》，《海潮音》第 5 卷第 5 期，1924 年 6 月 21 日，"通讯"栏第 15—20 页。

③ 张纯一：《致某君书》，《海潮音》第 5 卷第 7 期，1924 年 8 月 20 日，"通讯"栏第 13—22 页。

④ 太虚：《答张纯一先生书》，《海潮音》第 5 卷第 4 期，1924 年 5 月 23 日，"通讯"栏第 1 页。

唯一大事。惜海内外有此目光者过少，幸得大师提倡，无任钦感！……大师致函各佛化机关，登刊拙稿，（上海居士林不能望）则为力不小，使在中国西人皆知醒悟，自然传述于英美西人，然后可有为矣。现在美国内大众不满意于教会喧闹之至。今夏庐山讲演……（著者:《佛化基督教》）分送西人可也。[1]

可以说，太虚不仅亲定"佛化基督宗"之名，对张纯一有知遇之恩，而且时刻关注，帮助宣传，甚者曾函授机宜。对此，张纯一不能不有所表示，其与吴雷川往还辩驳，言辞激烈，实与此相关。值得注意的是，太虚提携张氏的目的十分明显，正在于动西人视听，为其推进佛教世界化运动张目，而张氏对此十分清楚，亦乐意为之。

1924年3月，张氏将此一阶段讨论基督教之文字结集出版，定名为《佛化基督教》，到1927年3月，已出至第十二版。1926年又写成《福音秘义》一书，以大乘佛学讲解《圣经》四福音之意，系统建构"佛化基督宗"义理。一时"佛化基督教"聚讼纷纭，商榷之说蜂拥而至。同情者推崇备至，大为赞扬，例如杨棣棠便说:"我大士现长者居士身，应化人间，……以成太虚上人所主张建立之佛化基督宗，而使我东方文化之光，普耀寰区，蔚为庄严灿烂之刹土。"[2] 宁达蕴也赞许道:"先生所主张之佛化基督教，……在国内可算首屈一指。"[3] 支持者以佛教革新派为众，自

---

① 张纯一:《致太虚法师书》，《海潮音》第5卷第5期，1924年6月21日，"通讯"栏第4页。

② 《杨棣棠与张纯一居士讨论耶教书》，《佛化新青年》第2卷第5—6期，1924年8月30日，"通信"栏第5页。

③ 《张纯一、宁达蕴两居士往来函件》，《海潮音》第6卷第7期，1925年9月7日，"通讯"栏第10—11页。

然与太虚同调，大加赞赏。但除奉承而外，有意渲染张氏"佛化"立场，其意亦在借重张氏基督徒身份，以攻基督教，似乎并不关心张氏改造基督教之用心。

　　而被视作佛教界旧派"执牛耳"的印光法师则态度暧昧。[①]1929 年 2 月 21 日，原为穆斯林的马宗道致函印光法师问学，对杨棣棠不分门庭，"昌明儒释一以贯通之旨"推崇备至，称其为"卫道弘法之良模"。并提到杨棣棠认为张纯一是"以基督身而得度者，即现基督身，而为说法"，遂起模仿张氏之意。[②]3 月 12 日，印光法师予以回复，对马宗道有此想法，颇为不快，斥责说：马宗道"尚未知各教之真"，"若混然不分，则大小邪正，何由而辩？若究竟根本，则不归佛教则将何所归？"并认为："张纯一者，乃耶教之头首，因其学问渊博，后方知佛。五六年前，与其妻同皈依光，彼法名证理，其妻法名证慈。杨棣棠与纯一书，盖以纯一先信基督，后入佛教。汝混以现身为实义，不体现身为俯垂接引，同登觉路，足见汝于道理尚未认明。故其所说，混而无所拣别，若执以为是，则自误误人不浅矣。"[③]印光此处显然是针对杨棣棠所谓张纯一"以基督身而得度者，即现基督身，而为说法"一语，而其理由则是张纯一现已从其皈依佛教，为佛教徒，不可说是"以基督身而得度者"。言下之意，张氏以佛教徒身份畅敷佛化合情合理。其实，印光法师所坚持的张氏"先信基督，

---

　　① 印光、谛闲等被视作旧派，大概在当时佛教革新派已是共识。详见宝明：《中国佛教之现势》，《海潮音》第 7 卷第 3 期，1926 年 5 月 1 日，"言论"栏第 1 页。

　　② 《印光法师复马宗道居士书五则》，《海潮音》第 10 卷第 5 期，1929 年 6 月 26 日，"法界通讯"栏第 6 页。

　　③ 《印光法师复马宗道居士书五则》，《海潮音》第 10 卷第 5 期，1929 年 6 月 26 日，"法界通讯"栏第 3 页。

后入佛教",也就是"改信异教",上文提到,张氏曾对吴雷川申明,"今仍极信真基督教,惟不得不改造谬妄陋劣之洋教",所以他要"借佛法宣其蕴,正其谬,补其缺"。或许在张氏看来,基督徒也好,佛教徒也罢,此种门户之见,正是其所要打破的,所以印光所言亦未必与张氏悉合。

反对者多属基督徒,或为张氏曾经的追随者,或为基督教界革新一派。1924 年 3 月 10 日,张氏以前的一位学生来函商榷,认为"义有相征引则可,援此入彼,恐非所宜",若强以为同,则未可,并对张氏言辞多谩骂之语,意见颇深。3 月 17 日,张纯一很快予以答复,申述其"以佛法圆满基督教"之意,并痛斥:"吾人明知东亚甚深微妙之文化,足以补救基督教,竟不贡献之,以救世间苦难,一任其传者陋妄害人,问心果忍乎!"而对于其言辞多谩骂之语,张氏则说:"吾近作不免谩骂,亦似是而实非,当知所为洋教,乃简别真基督教言,出于不得已,以由西洋传来,摧残东亚文化最有强力。故尔,非谩骂也,望其多读中国书,勿终为有识所鄙弃,而道易大行也。"并一再申述,其志在"仰体基督真心,期以福利永世,……特欲破世愚暗,为大多数人造福耳!"[①]

7 月 23 日,陈金镛为王治心新作《基督徒之佛学研究》作序时,亦暗讽张纯一等改宗者。他说:"连那向在基督教门下有知识的信徒,也觉甘之如饴,弃其所学,依附居士林,诩诩自得,以为想不到所信仰的基督,乃在佛的里面,却不知学佛与学基督,

---

① 张纯一:《答某生:建立佛教基督宗之辩论》,《海潮音》第 5 卷第 4 期,1924 年 5 月 23 日,"通讯"栏第 8—10 页。

是迥乎不同。"① 王治心作为研究佛学较早的中国基督徒，此前就曾呼吁"不研究佛学，不足以传道"，此时更是在书中明确强调："今日基督教的劲敌，不是明枪交战的科学，乃是同是宗教的佛学，……我们若然没有彻底的研究，怎能对付它呢？"② 可见，处于非基督教运动中的基督教，早已将佛教作为重要的竞争对手，王治心等人的佛学研究意在排佛。

王治心所言并非危言耸听，夸大佛教带来的压力。10 月 20 日，吴衡公致函《真光杂志》，希望讨论"佛化基督教"之说。张亦镜于 10 月 29 日予以答复，所述立场与吴雷川类同，并以老子化胡之说譬喻张氏所谓耶稣曾往学印度之说法，暗讽其因"过重佛教，故造为是说，以抑基督耳！"最后，张亦镜提及武昌佛学院曾送过《佛化基督教》和聂云台的《宗教辨惑说》给他，并且《佛化基督教》内夹有一笺，谩骂道："君等坐井观天，闭门造什么《真光》上的《释迦传》，以妄不知的蠢心乱测佛境，曰怪曰□，殆犹阶下蚁门不知人之事也。兹寄尔耶教稍觉悟人的言论二种，速浏览以开迷妄——而基督老友示。"③ 当时耶佛二教之关系可见一斑。

细察基督教界之讨论，言辞极为一致，张氏似乎未能左右视听，占据上风，反而因谩骂之辞与诸多妄测引起基督教徒反感。其极力强调的基督教种种弊端，基督徒并未强为辩解，而是承认

---

① 王治心：《基督徒之佛学研究》，广学会 1924 年版，第 1 页。

② 王治心：《基督徒之佛学研究》，广学会 1924 年版，第 3 页。

③ 吴衡公、亦镜：《讨论张仲如先生之佛化基督教》，《真光》第 23 卷第 12 期，1924 年 12 月 15 日，"通讯"栏第 77—80 页。此时张亦镜正在《真光》杂志连载《释迦牟尼传》，详见亦镜：《释迦牟尼传》，《真光》第 23 卷第 7—10 期、第 12 期，1924 年；第 2—3 期、第 5 期，1925 年。

张氏所说符合实情，只是言之太过。笔者以为，这与张氏言说策略与立意极为相关，他谩骂基督教之辞，几与非基督教者类同，了无新意，并且千篇一律。再者，其所倡之改造法，也非孤明先发，教会内部亦早已徐图开展。因此，对于历经批驳之基督徒而言，实在不值一驳，姑且视之为鞭策改进基督教之一剂猛药。而真正使基督徒留意的实则是张氏背后的佛教界，对此他们不能不有所表示。在双方暗斗之下，张氏基督教叛教者的身份就此确立。

四、结语

1930 年代，随着南京国民政府对宗教加强管制，耶佛两教时常合作，共同争取生存空间，出现了由排斥到调和的趋向。[①]"佛化基督教"主张随之偃旗息鼓，张氏本人亦从舆论的旋涡中得以抽身。[②]

纵观张纯一由"归命基督"到"畅敷佛化"的整个转折过程，"归命基督"很大程度上是其耶儒融合的产物，儒家士大夫忧国忧民的拯世救民情怀，始终占据其信仰中最为核心的位置，宗教只是其实现"平天下"夙愿的工具，其基督信仰具有强烈的实用性，他无法做到如外籍传教士所期望的那般，以基督信仰主宰心灵世界。对张氏而言，其基督信仰始终处于边缘化位置。[③]因此，

---

① 何建明:《佛法观念的近代调适》，广东人民出版社 1998 年版，第 377 页。

② 1934 年 8 月，已官至南京市政府秘书的张纯一，曾给太虚一派的唐大圆回信，提到："承问对于佛法修持如何，惭愧极已，鄙见今者国将不国，由于人皆非人，世乱极矣，敢言自修，冀惟步兄后尘，阐扬东方文化，勉弘人乘佛法，聊报众生恩耳。数月来整理拙著《墨子集解》，大约尚须三五阅月，始能卒业。……弟溷身浊流，窃叹昔贤不为五斗米折腰，清高诚不可及也。"《南京市政府张秘书来函》，《震铎》第 8 期，1934 年 8 月 1 日，"通讯"栏第 7—8 页。

③ 中国知识分子基督信仰边缘化的问题，参见梁家麟:《徘徊于耶儒之间》，台北：财团法人基督教宇宙光传播中心出版社 1997 年版，第 26—30 页。

当他通过陈垣了解到明末前辈的事迹时，会表现出那般痴迷与敬仰，李之藻等人耶儒融合的路径，令其心向往之，以至于对自己弘道救世的初心更为坚定，也因此顺理成章地完成了身份转换，成为一个基督教（尤其是基督新教）的改革者，甚至不惜正面挑战教会。这当然与其长期受教会压制有关，但这种内在认同危机的消除，无疑更为关键。

值得注意的是，张氏后来转向"畅敷佛化"，鼓吹"佛化基督教"，与当时耶佛两教的竞争不无关系。太虚法师推动的佛教世界化运动，必然也是要佛化基督教，张氏恰逢其时，得其信任与提携，成为一员佛化猛将，以致与佛教徒暗斗中的基督徒痛斥其"反戈相向"，张氏"叛教者"的形象就此坐实。但其本人，从未承认改宗信仰，在强大的舆论压力之下，他还是坚称自己未曾离开过基督教，一直致力于改造基督教，"佛化基督教"亦是以改造为基调。[①] 不难看出，在他看来，其所进行的事业，是发明一种耶佛融合的"新教"，甚至是儒、佛、耶诸教融合，他撰写《福音秘义》，系统建构"佛化基督宗"义理即是明证，实非世人简单以为的"由耶入佛"。

另外，基督教界之所以无法接受，除了形势所迫和保持基督

---

① 一直到 1940 年代，张纯一依然认为："远西哲学家著述之秀者，等于秦汉诸子，而见性无出耶教上者。耶教间有胜义，堪与老、庄、孔、墨四圣并架，亦稍有上追及佛者。惜其义多半而未满，又混杂荒谬处多，……余尝据佛、道、墨、儒教义，著改造耶教书八种，惜无真知通人可告语者，深山藏之。"张纯一：《老子通释》，商务印书馆 1946 年版，"自序"第 3 页。

教独立性的底线外，^①一个很重要的原因，即是"佛化基督教"在学理上并不严谨。张亦镜以老子化胡说暗讽张氏所谓耶稣曾往学印度即是一证。除此而外，1924 年 10 月，江绍原在《晨报副刊》接连登文，^②公开质疑聂云台的"宗教辨惑说"和张氏的"佛化基督教"。江氏乃比较宗教学专业出身，他非常惊讶地发现，"基督教与中国已发生多少关系，而中国之读书人，无论老辈或新进，至今尚缺乏关于基督教史最粗浅之智识"，随即以宗教史的眼光断定二人所谓"耶稣"皆想象中的"耶稣"，均无历史佐证，"皆不攻自破之说"。江氏尤其指出张纯一所谓"唯保罗、约翰深知之"的"真基督教"，其实是已经被他们希腊罗马化的"洋教"，佛化基督教"实佛化本已希腊罗马化之耶稣教者也，非直接佛化耶稣者也"。实际上，江氏所刊两文皆是给聂、张二人的书信，很可能已得到事先认可，故皆无正面回应，想必被点到痛处。

张氏作为学界老辈，允许江绍原公开登文批评，主要还是因为后者实是其解人。江氏虽以历史事实证明张氏所说多属臆测，但并不否认他作为"融通家"所做的工作，因为在江氏看来，"一部人类宗教史处处有融会之事实"，聂、张二人作为"皆浸润于中国思想、东方思想中之文化人"，对于外国之基督教，不可能无所拣别，"必有所拒绝，有所选择，有所融合，始能心安理得"。

---

① 对于宗教独立性的问题，即使是佛教界，亦不无反对的声音。详见铁胆头陀：《令人齿冷的布教法》，《人间觉》第 2 卷第 10 期，1937 年 5 月 20 日，"半月论坛"栏第 2—3 页。前揭印光法师对杨棣棠所谓"现基督身，而为说法"一说颇为不满，执意强调张氏是"先信基督，后入佛教"，亦当与此相关。

② 本段及下一段未注明处皆引自江绍原：《与上海聂云台先生论基督教书》，《晨报副刊》，1924 年 10 月 19 日，第 3 版；江绍原：《与宣传"佛化基督教"之张纯一老先生论基督教书》，《晨报副刊》，1924 年 10 月 28 日，第 1 版；1924 年 10 月 29 日，第 2 版。

因此，"旷观过去时中国之文献，会通佛儒者有之，参杂佛道者有之，揉合佛墨者有之，今日佛教犹未衰，耶教复方盛，使先生不倡佛化基督教，将来亦必有为之者"。概而言之，张纯一耶佛融合的路径，已然超越了当时耶佛两界的认知，因种种缘由，无法得到任何一方的完全赞同，只能视作其个人的认识与经验。但应该注意到，张氏所面临的问题却是时代性的，因此其所提倡的"佛化基督教"，亦不失为基督教本色化运动中的一种重要形态。[1]并且在中西文化交织的近代中国，两种文化接触与交流，本身就是一个蕴涵创造性的过程，张氏苦心孤诣之路径，未必适合，却诠释了一个宗教信仰者，在其信仰与时代潮流相会合时，所做的自我调适和抉择。

---

[1]　后来张钦士编《国内近十年来之宗教思潮》，将张纯一的《佛化基督教》编入"基督教内部革新运动"一栏，与吴雷川、徐宝谦、赵紫宸等同列，可见张氏路径亦被接纳为一种革新基督教的参考意见。张钦士编：《国内近十年来之宗教思潮》，燕京华文学校1927年版，"目录"第5页。

第三章　学术和教育"问题"

南学会的会员之学 *

　　戊戌时期南学会倡导的新学，主要是指西方近代自然科学，但也包括西方近代的社会科学，以及人文学科的某些观念。对于自然科学，南学会的历次讲演和问答中对声光化电、日食地动、医学矿冶都有涉及，南学会还向时务学堂借到观测行星的大天镜和观察微生物的大显微镜，供会众实验。在社会科学方面，南学会对法律，尤其是公法，相当重视，同时也讨论到若干经济、社会安全问题。在人文学科领域，南学会诸公比较留意西方近代历史观、哲学观和文学观，特别是贯穿其间的进化观念。

　　南学会诸公既有强学救国之志，又不满于当下的中国学术现状，着意于引纳西学以"保教"，便必然隐含推进中国学术实现近代转型的强烈动机。当然，南学会讲论坚持时间仅仅四个月，学术转型的工作很难说得上取得了直接的成就。不过，观察南学

　　* 本文曾载于罗福惠等著《长江流域学术文化的近代演进》（武汉出版社2007年版）第三章。

会的学术发展，不能局限于学会开会期间的活动，还应透过开会闭会前后主要会员的学术努力来了解。因为事实上，与其说南学会有组织的学术倡议推动了众会友致力于学术革新，不如说是共同的志趣将众会友凝聚到了南学会。

南学会主要讲演者都是精通古学、敏于新学的造诣深厚之学者，他们无论在学会开讲之前，还是学会讲习停止之后，都积极谋求中国学术的改进，在传统学术近代化方面，作出了开拓性成就。这里仅以主讲人皮锡瑞、谭嗣同、黄遵宪为例，略作说明。

一、皮锡瑞与经学总结

传统经学是以儒家经典为研究对象的专门学问。经，本义为织布中的经线，段玉裁言："织之从丝谓之经。先必有经，而后有纬。"汉代"罢黜百家，独尊儒术"，原先作为中国百家思想之一的儒家，取得官学特殊地位，儒家典籍被称作"经书"，因为"经，径也，常典也，如路径无所不通，可常用也"。西汉时期即有五经博士，后来治经成为一种专门的学问。

经学在长期的发展中，先后发生了不同的经典认同，出现了不同的研究取向。由于研究宗旨、方法和手段的不同，形成不同学派：大而言之，有汉学与宋学之分；小而言之，汉学有古文、今文之分，宋学有程朱、陆王之分。至晚清，在非同寻常的内忧外患逼迫之下，终于酿成经学传统的转型——从经学的内部改造最终走向新学。而皮锡瑞就是晚清长江流域参与经学变革的著名今文经学家。

皮锡瑞，号师伏。举人出身，三应礼部试不售，遂潜心讲学著述。博通群经，人誉其"研精汉儒经训之学，宏通详密，多所发明"。^①长期在江西、湖南讲学,"其大旨在发明圣教之大,开通汉宋门户之见;次则变法开智,破除守旧拘挛之习"。^②受邀加入南学会,任会长,主讲学术,为演讲次数最多者。其讲学贯穿汉宋,融合中西,宣传变法维新,听者无不动容。戊戌政变后,被清政府以"离经叛道"罪名,下令革去举人身份,交原籍地方官"严加管束",遂杜门著述。皮锡瑞早年治《尚书》,著有《尚书大传疏证》《尚书古文疏正辨正》《史记引尚书考》《古文尚书冤词平议》《尚书古文考实》《今文尚书考证》《尚书中候疏证》等书;后兼治郑学,作《孝经郑注疏》《郑志疏证》《圣证论补评》《六艺论疏证》《鲁礼禘祫义疏证》等书,此外还著有《春秋讲义》《王制笺》《师伏堂笔记》《师伏堂诗草》和《师伏堂骈文》等。皮锡瑞晚年着力于经学史的研究,所撰《经学历史》和《经学通论》,是其最有影响、流传最广的著作。

皮锡瑞在经学走向新学中有重要意义的著作,正是《经学历史》和《经学通论》。两书撰成均在南学会之后数年,但却仍然能体现他在南学会论学的学术主张。皮锡瑞在南学会讲学时,始终主张融贯会通、消除门户,努力于调和朱陆、贯穿汉宋、会通中西,坚持学术不分古今中外,必有暗合之处,学者的使命就在于"深究其理,观其会通"。他特别从学术必须经世的角度,提出学术与政术相通,主张讲治体用兼赅之学,才能切实有用。这些精神在他的《经学历史》和《经学通论》中都有突出反映。

《经学历史》乃皮锡瑞 20 世纪初为授徒而作,当时正值变革

---

① 郑焱:《湖湘文化之都》,湖南文艺出版社 1997 年版,第 145 页。

② 清华大学历史系:《戊戌变法文献资料系日》,上海书店出版社 1998 年版,第 655 页。

科举和经学学术体制，经学面临终结，皮氏站在学术史的高度，首次尝试了对整个经学演变历程进行清理的系统经学史研究。这种学术视野本身就具有近代性质。

以经学在传统社会中的地位，对它进行历史描述的，古近都不鲜见。例如，《史记》之《儒林列传》，《汉书》之《艺文志》等都是早期的经学史志著作，唐宋时期又有陆德明的《经典释文·序录》，郑樵的《通志·二十略》中的《艺文略》，马端临的《文献通考·经籍考》等书，明清之际也出现了朱睦㮮的《授经图》、朱彝尊的《经义考》等著作。不过这些作品都没有总结经学发展的理论自觉，没有清晰的时代变迁意识，还不是真正的经学史。皮锡瑞的《经学历史》则不然，它不仅以明确的书名显示其总结经学发展的理论自觉，而且将完整的两千年经学发展纳入考察总结的范围，清理各个时代不同的特征和经学演变的内在逻辑。

作为中国第一部经学史，《经学历史》的第一个特点是它的贯通性。[①] 它以统一的问题意识和视角为线索，贯通经学始终，贯通经学各派。在《经学历史》中，皮氏按照今文经学的观点，从孔子删定六经、儒家经典流传讲起，讲到经学独尊，再讲到古文经学、宋学的出现，一直到清代今文经学的兴起为终结，这一自始至终的描述，清晰展现了经学发展的历史轨迹。这一轨迹如果单纯是时间向度上的，仍然容易松散，皮氏依今文为宗，视古文为离经不远（古文尽管不解经，但去古未远，基本没有脱离经学的原意），视宋学为背离经说（宋学变古，尽弃古人旧说，故

---

① 参见马少甫：《皮锡瑞〈经学历史〉的编纂特点》，《史学史研究》2003年第 2 期。

经学转衰），这就统一了论述逻辑，将整个经学的发展脉络用一条清晰的线索梳理出来，避免了松散和庞杂，把经学史贯穿为一个前后不可分割的整体。由于它特有的历史纵深，《经学历史》在展现完整性之外，还突出了经学历史演变成因的分析，有利于人们理解经学蜕变的来龙去脉，使得中国经学史发生、发展和演变主线的勾勒，有了内在的逻辑关联。

第二个特点是注重时代特征的分析和把握，体现了进化观念。《经学历史》为说明经学演变大势，划分经学历史为十个时期：一、经学开辟时代；二、经学流传时代；三、经学昌明时代；四、经学极盛时代；五、经学中衰时代；六、经学分立时代；七、经学统一时代；八、经学变古时代；九、经学积衰时代；十、经学复盛时代。这种划分阶段的方法，固然与公羊"三世""三统"说的朴素进化思想有内在联系，但显然主要得力于西方进化论。虽然这种划分明显站在今文经学立场，所概括的时代特征未必恰当，毕竟是中国学术史上第一次将经学"视为其中包含有进化嬗变之理的客观研究的对象"，并且也提出了"自成系统、自有见地"之看法的学术成果，具有显著的近代化学术特征。[1]周予同先生因此赞誉它"为经学史辟了一条新途径，是值得我们后学尊敬的"。[2]

第三个特点是采取类似章节体的形式，体例上有近代性。以往的经学史著作，多以传记体、书志体为主，传记体经学著述重在考察人物学术宗旨，书志体经学著述重在考察经籍流变，两者

---

① 陈其泰：《清代公羊学》，东方出版社1997年版，第345页。

② 皮锡瑞《经学历史》注释本序言。转引自陈其泰：《清代公羊学》，东方出版社，1997年版，第345页。

都缺乏通识别裁能力，往往不免史料有余、史识不足。《经学历史》一书为克服传统体例弱点，尝试借鉴了西方史书的章节体形式。章节体的主要特点是以问题为中心，将全书总问题划分若干部分论述，每部分设章，章下子题设节，章节根据问题的繁简程度灵活变化，使问题的研究能够伸缩自如，有较大的包容性。《经学历史》没有"章节"名称，形式上虽不能算是纯粹意义上的章节体，但书中所列标题确有突出主题、灵活结构、概括大要的特点，"实具有章节的意义"。①

这些特点表明，皮锡瑞在清理中国经学过程中，确实注意吸收近代学术精神，融西于中，对传统学术史的转型作出了一定贡献。当然，从经学史研究的近代化标准来说，《经学历史》也有不少缺陷，其中最突出的缺陷，莫过于其基于学派立场的偏见。由于作者服膺今文经学，且不讳言以今文为宗，这就不可避免会出现对各学派评价上的偏颇，以及对学派人物取舍上的主观性。皮氏站在今文经学家的立场，认为古文经学就是史学，非经学正宗；认为宋学经解不符合圣人之意，是对经学的偏离。这些论断显然与客观实际不符，失之于武断，与近代学术史的客观精神存在一定距离，经学史研究的近代化并没有完全实现。不过，皮氏有别于其他今文家，并不完全否定古文家和宋学的价值，认为"今古文皆有师承，不可偏废"，"宋儒体会语气胜于前人"。

如果说《经学历史》重在史，那么《经学通论》则重在论，哲学意味更浓。

《经学通论》是继《经学历史》之后进一步阐明"六经大旨"

---

① 马少甫:《皮锡瑞〈经学历史〉的编纂特点》,《史学史研究》2003 年第 2 期。

的概论性著作，全书以经分卷，集中阐述了儒家各经的撰著、内容和流传及后代研究的得失。在解说中，皮氏自觉赋予经学以近代精神，寓西方进化论于公羊三世说中是《经学通论》的重要特点。例如，卷四《春秋》之"论异内外之义与张三世相通，当竞争之时，尤当讲明《春秋》之旨"条，有言：

> 宣、成皆所闻世，治近升平，故殊夷狄。若所见世，著治太平——哀四年，"晋侯执戎曼子赤归于楚"；十三年，"公会晋侯及吴子于黄池"——夷狄进至于爵，与诸夏同，无外内之异矣。外内无异，则不必攘；远近大小若一，且不忍攘。圣人心同天地，以天下为一家，中国为一人，必无因其种族不同，而有歧视之意。而升平世不外夷狄者，当时世界程度，尚未进于太平，夷狄亦未进化，引而内之，恐其侵扰，故夫子称齐桓、管仲之功，有被发左衽之惧，以其能攘夷狄、救中国，而特笔褒予之。然则以《春秋》为攘夷，圣人非无此意，特是升平主义，而非太平主义，言岂一端而已，夫各有所当也。拨乱之世，内其国而外诸夏，诸夏非可攘者，而亦必异内外，故董子明言自近者始。王化自近及远，由其国而诸夏、而夷狄，以渐进于大同，正如由修身而齐家、而治国，以渐至平天下。进化有先后，书法有详略，其理本极平常。①

学者普遍认为其中对公羊三世说的解释，引进了西方进化论观点，得出了"文明程度越高，民族越平等"的结论。皮氏在本卷中还进一步将变法的时代精神赋予公羊春秋之中，特论"《春秋》改制犹今人言变法，损益四代，孔子以告颜渊，其作《春秋》

---

① 皮锡瑞：《经学通论》，商务印书馆 1937 年版，第四册第8—9页。

亦即此意",他说:

> 其言皆明白正大。云"据鲁、亲周、故殷",则如公羊存三统之义古矣;云"有贬损,有笔削",则知左氏家"经承旧史"之义非矣;云"垂空文,当一王之法",则知素王改制之义不必疑矣。《春秋》有素王之义,本为改法而设,后人疑孔子不应称王,不知素王本属春秋(《淮南子》以"春秋"当一代),而不属孔子。疑孔子不应改制,不知孔子无改制之权,而不妨为改制之言。所谓改制者,犹今人之言变法耳。法积久而必变,有志之士,世莫见用,莫不著书立说,思以其所欲变之法,传于后世,望其实行。自周秦诸子及近之船山、亭林、梨洲、桴亭诸公皆然。①

皮氏吸纳东渐新学于经学,精神上与康有为等人相通,却又有重大差别。康有为等治今文经学,"喜以经术作政论"②实已超越了经学的范围,"不只是从根本上抛弃了考据学,而且从今古文的对垒之中悄然抽身,把躯壳留给了经学,而灵魂却游走他乡"。③而皮氏虽同样服膺今文经学,但他严守比较纯粹的学术立场,"摈弃那种穿凿附会、主观臆断做法,具有朴实、谨严的作风,实事求是,言必有据,持必有故,每设一义,务求深入地阐明自孔子、孟子、《公羊传》以下,至董仲舒、司马迁、何休、徐彦的解释,发掘其中实在含有而被人忽略者,故其立论,往往

---

① 皮锡瑞:《经学通论》,商务印书馆 1937 年版,第四册第 12 页。
② 梁启超:《清代学术概论》,《饮冰室合集》专集三十四,中华书局 1989年影印版,第 56 页。
③ 景海峰:《清末经学的解体和儒学形态的现代转换》,《孔子研究》2000年第 3 期。

根据充足，能摘发幽隐，发前人之所未发"。①皮氏得康有为《新学伪经考》，一方面"以其说皆从今文以辟古文，所见相合"，另一方面又批评它"惟武断太过，谓《周礼》等书皆刘歆作，恐刘歆无此大本领。既信《史记》，又以《史记》为刘歆私篡，更不可据"。②学者汤志钧论曰：

皮锡瑞，经今文学家也。今文经学，"所贵在微言大义"，尤助康、梁改制之说。然而皮锡瑞与康有为亦有殊异，盖有为"通经致用"，援饰经说，倡言维新；而锡瑞则笃守今文家法，主《王制》，以《易》《礼》为孔子所作，"门户森然"，堪称晚清之经学大师。③

《经学历史》和《经学通论》，被今人称为"本世纪初年学术近代化进程中破除对经书的迷信，进行客观和有系统研究之创始性著作"，皮锡瑞也因此被视为"从《公羊》春秋出发而走上新学道路的著名学者"。④

二、谭嗣同与哲学创新

"哲学"是一个西学词语。在中国传统学术科目中，并无哲学一说，相当于哲学的学术内容，大体体现在"经学"和"子学"里。当然经学和子学是具有高度涵盖性的学科，除包含"哲学"，还包含其他人文和社会科学的内容。进入近代以后，西学东渐，

---

① 陈其泰：《清代公羊学》，东方出版社1997年版，第344页。
② 皮名振：《皮鹿门年谱》，商务印书馆1939年版，第27页。
③ 汤志钧：《戊戌变法人物传稿》上编，中华书局1982年版，第458—459页。
④ 陈其泰：《清代公羊学》，东方出版社1997年版，第342页。

中西文化碰撞，必然引起传统学科的分化，哲学的独立和创新势在必然。南学会首脑人物谭嗣同在这方面就作出了独特贡献。

谭嗣同"少倜傥有大志，淹通群籍，能文章，好任侠，善剑术"，[①] 从学于欧阳中鹄，好今文经学，对魏源、龚自珍甚为赞赏。曾入新疆巡抚刘锦棠幕，游历直隶、陕甘、晋、鲁、豫及大江南北等地，观察风土，结交名士。三十之年适在甲午，中国战败，民族危亡，引起他学术志趣大变，"三十前之精力，敝于所谓考据辞章，垂垂尽矣，勉于世无一当焉"，[②] 而"三十以后，新学洒然一变，前后判若两人"，[③] 实现了由务旧学向务新学的转变。南学会的创立，就是他追求新学救国、变法图强的结果。在转向新学到献身变法的四年间，他撰述了大量著作，其中最具代表性的学术成就，为1896—1897年完成的《仁学》。这部大著虽然没有直接使用"哲学"这一用语，却实在不愧为一部自成体系的独立哲学著作。

在有关谭嗣同的研究著作中，《仁学》通常是从思想的角度观察的，因为该书集中表达了谭氏维新变法的基本主张。其实，该书不仅具有不可替代的思想价值，同时在推进传统经学向近代中国哲学转型中，也具有相当重要的学术价值。

第一，《仁学》以"通"求新，体现了走向近代哲学的精神自觉。

---

① 梁启超:《谭嗣同传》,《饮冰室合集》专集一，中华书局1989年影印版，第106页。

② 谭嗣同:《莽苍苍斋诗补遗》,《谭嗣同全集》，中华书局1981年版，第81页。

③ 谭嗣同:《与唐绂丞书》,《谭嗣同全集》，中华书局1981年版，第259页。

对《仁学》之"仁",谭嗣同提出了多达二十七条的"界说",究其核心,不外一个"通"字,"仁以通为第一义"。这个"通"字,有体有用,其"体"为贯穿万物的普遍的共同特性,故"通之义,以'道通为一'为最浑括";其"用"则各有体现,如中外通、上下通、男女通、人我通,"中外通,多取其义于《春秋》,以太平世远近大小若一故也;上下通,男女内外通,多取其义于《易》,以阳下阴吉,阴下阳吝,《泰》《否》之类故也;人我通,多取其义于佛经,以'无人相,无我相'故也"。简言之,"通之象为平等"。[①]

这样一种哲学本体论性质的界说,表面似乎与学术形态演变无关。然而换个角度观察,则正好表达了哲学应该中外古今融会贯通、汇于一炉的意旨。《仁学·自序》开篇即言:

> 故言仁者不可不知元,而其功用可极于无。能为仁之元而神于无者有三:曰佛、曰孔、曰耶。佛能统孔、耶,而孔与耶仁同,而所以仁不同。能调爕联融于孔与耶之间,则曰墨。……墨有两派,一曰任侠,吾所谓仁也,……一曰格致,吾所谓学也,……仁而学,学而仁,今之士其勿为高谈哉!盖即墨之两派,以近合孔、耶,远探佛法,亦云汰矣。[②]

这就是说,中外哲学尽管形态有异,精神却应该是相通的。仁学的建立,就是要将中外古今的哲学精华结合起来,相为补充,避免偏执淤塞。"仁不仁之辨,于其通与塞;通塞之本,惟其仁不

---

① 本段引语均出自谭嗣同:《仁学·二十七界说》,《谭嗣同全集》,中华书局1981年版,第291—292页。

② 谭嗣同:《仁学·自序》,《谭嗣同全集》,中华书局1981年版,第289页。

仁。"① 职是之故，谭嗣同所建立的哲学体系，包罗万象，谭氏自云："凡为仁学者，于佛书当通《华严》及心宗、相宗之书，于西书当通《新约》及算学、格致、社会学之书，于中国书当通《易》、《春秋公羊传》、《论语》、《礼记》、《孟子》、《庄子》、《墨子》、《史记》及陶渊明、周茂叔、张横渠、陆子静、王阳明、王船山、黄梨洲之书。"② 这就难怪梁启超会评之曰"驳杂幼稚"③ 了。

《仁学》求通之论，当然不是泛泛而谈，在当时士习锢蔽、风气未开的背景下，"通"其实是"新"的代名词。当时新思想界普遍流行"西学中源"说，都能在以通求新的意义上得到理解。谭嗣同也有西学中源的论调，但他的以通求新不限于此，而更为广泛，更为高远，体现出其走向近代哲学的精神自觉。

第二，《仁学》激烈批评传统经学，打破了儒学独尊的哲学格局。

传统哲学，经学为尊，儒家思想被奉为儒教，活力日益衰微，而在西学、耶教冲击下，益显笨拙僵化，不能适应新局。士林中人锢蔽者死守老套，坚持"天不变道亦不变"，即使偶加变通，也只能"中学为体，西学为用"；开化者则力图变用变体，突破传统哲学格局，为新兴学术开辟道路。《仁学》代表着后一种取向。

《仁学》学术上的建设性，既有立新，又有破旧。就"破旧"言，实为"冲决网罗"之学——冲决俗学若考据、若词章之网罗，

① 谭嗣同:《仁学·四》,《谭嗣同全集》, 中华书局 1981 年版, 第 296 页。

② 谭嗣同:《仁学·二十七界说》,《谭嗣同全集》, 中华书局 1981 年版, 第 293 页。

③ 梁启超:《清代学术概论》,《饮冰室合集》专集三十四, 中华书局 1989 年影印版, 第 67 页。

冲决伦常之网罗，冲决儒学独尊之网罗。在清末维新人物中，康有为已经以特别的方式向世俗孔学挑战，但谭嗣同对儒学的发难，有过之而无不及。《仁学》没有像康有为那样声称"阅二千年，咸奉伪经为圣法"，将儒学之过全部归咎于古文经之伪篡，而是把矛头直接指向战国后期的儒家荀子。他说孔子之后，孔学衍为两大支：一为曾子传子思而至孟子，孟故畅宣民主之理，以竟孔之志；一由子夏传田子方而至庄子，庄故痛诋君主，自尧舜以上，莫或免焉。不幸此两支皆绝不传，荀子乘机"冒孔之名以败孔之道，曰法后王，尊君统，以倾孔学也；曰有治人，无治法，阴防后人之变其法也；又喜言礼乐政刑之属，惟恐钳制束缚之具之不繁。一传而为李斯，而其为祸亦暴著于世矣。然而其为学也，在下者术之，又疾遂其苟富贵取容悦之心，公然为卑谄侧媚奴颜婢膝而无伤于臣节，反以其助纣为虐者名之曰忠义；在上者术之，尤利取以尊君卑臣愚黔首，自放纵横暴而涂锢天下之人心"。[①] 由于这个原因，导致"二千年来之政，秦政也，皆大盗也；二千年来之学，荀学也，皆乡愿也。惟大盗利用乡愿，惟乡愿工媚大盗，二者交相资，而罔不托之于孔"。[②] 荀学授君主以权，而愚黔首于死，"虽万被戮，岂能赎其卖孔之罪哉！"

《仁学》没有停留在对世俗儒学一般性的指责上，而将批判矛头具体指向宋明理学和明清考据学，认为理学之伦常说教，考据学之经营故纸堆，都危害深远，应该冲决此类"网罗"。谭氏

---

① 谭嗣同:《仁学·二十九》,《谭嗣同全集》, 中华书局 1981 年版, 第 335—336 页。

② 谭嗣同:《仁学·二十九》,《谭嗣同全集》, 中华书局 1981 年版, 第 337 页。

论定"程、朱则荀学之云礽也",[1] 指出:"数千年来,三纲五伦之惨祸烈毒由是酷焉矣。君以名桎臣,官以名轭民,父以名压子,夫以名困妻,兄弟朋友各挟一名以相抗拒,而仁尚有少存焉者得乎?"[2] 谭氏甚至不惜引朝鲜人士之语,认为:"地球上不论何国,但读宋明腐儒之书,而自命为礼义之邦者,即是人间地狱。"[3] 依谭氏主张,五伦中只朋友一伦可继续沿用,而其余四伦即皆当废,这无异于将传统经学釜底抽薪。

经学既然没有独尊的价值,还学术以学术便顺理成章。故谭嗣同公开声称,自己毫无亡教之忧。"二三豪俊,亦时切亡教之忧,吾则窃不谓然。何者?教无可亡也。教而亡,必其教之本不足存,亡亦何恨。"[4] "孔教之亡,君主及言君统之伪学亡之也;复之者尚无其人也,吾甚祝孔教之有路德也。"[5]

谭嗣同创建仁学,不能不说是以成就"孔教之有路德"为动力,而刻意为之。所以他不惧"智悲未圆,语多有漏","每思一义,理奥例赜,垒涌奔腾,际笔来会,急不暇择,修词易刺,止期直达所见,文词亦自不欲求工"。[6] 不过,经过这番急匆匆的功夫,《仁学》所造者,已经不再是新的孔教,而是只取儒学一个"仁"字,资以表达贯穿中外的人文精神而已。这种仁学,亦儒,亦佛,亦墨,亦耶;非儒,非佛,非墨,非耶;严格地说,已经

---

[1] 谭嗣同:《仁学·三十一》,《谭嗣同全集》,中华书局1981年版,第339页。

[2] 谭嗣同:《仁学·八》,《谭嗣同全集》,中华书局1981年版,第299页。

[3] 谭嗣同:《仁学·三十四》,《谭嗣同全集》,中华书局1981年版,第343页。

[4] 谭嗣同:《仁学·自序》,《谭嗣同全集》,中华书局1981年版,第290页。

[5] 谭嗣同:《仁学·三十》,《谭嗣同全集》,中华书局1981年版,第338页。

[6] 谭嗣同:《仁学·自序》,《谭嗣同全集》,中华书局1981年版,第290页。

是一种卓然独立的哲学。

第三，《仁学》着力更新哲学内核，鲜明表达了近代哲学科学、民主的路向。

谭氏以通求新，用之学术，不仅仅要"通"孔于耶、佛，更主要的实为要通"中学"于西方近代学术，以实现中国传统哲学内涵的更新。

近代西方学术最突出的特征，一是科学理性精神，二是自由民主精神。谭氏《仁学》在吸收这两方面都很显明。

《仁学》对近代科学成就的吸收，以"以太"概念的引入最为典型。"以太"一词在西方源远流长，数千年前的古希腊就有毕达哥拉斯派提出来，但在19世纪中后期被重新定义。1864年，英国物理学家麦克斯韦在创立电磁理论时，为了说明物质运动的连续性和相互间的联系，将以太假定为一种可以传导光、热、磁、电的媒质。19世纪末和20世纪初，以太在欧洲物理学界被广泛使用。1890年和1895年，来华西士傅兰雅先后翻译出版了《光学图说》和《光学须知》两书，将以太的概念介绍到了中国。谭嗣同1896年"北游访学"时接触到了这种以太说，随之吸收为自己的思想资料，并在原有意义上作了进一步的发挥与扩展，把以太解释为一种无所不在、无所不能的东西，借以回答哲学上宇宙的构成问题。《仁学》一书，述及"以太"者，凡四十次。在谭嗣同看来，一方面以太是一种无形而有质，"至大至精微，无所不胶粘、不贯洽、不筦络"、无生又无灭的物质，其功能体现为波动、力、质点、脑气的活动，这种物质的演化，形成宇宙和万事万物。另一方面以太又是心力，是精神实体，儒家的仁爱、墨家的兼爱、佛家的慈悲、基督教的灵魂都是以太的体现。谭嗣同在关于以太"体""用"的解释中虽然有些把以太神秘化、夸大化了，就科学本身而言，也许不无可议之处，然而无论如何，可见他对于科学理性的尊重和敏感，能自觉用当时的自然科学理论去表达他的哲学观点。学术的粗糙并不能掩盖其学术进化的意义。谭嗣同借用西方近代自然科学的以太概念来代替中国传统哲学的"气"范畴，将本体论建构在近代自然科学基础之上，当然是中国哲学近代化的一种尝试。

《仁学》对于自由民主精神的吸收，内容更加丰富。例如，他借用西方的"社会契约论"论述君民关系，根本否认经学的君本臣末信条，认为"生民之初，本无所谓君臣，则皆民也。民不能相治，亦不暇治，于是共举一民为君。夫曰共举之，则非君择民，而民择君也。夫曰共举之，则其分际又非甚远于民，而不下侪于民也。夫曰共举之，则因有民而后有君。君，末也；民，本也。天下无有因末而累及本者，亦岂可因君而累及民哉？夫曰共举之，则且必可共废之。君也者，为民办事者也；臣也者，助办民事者也"，[①] "君亦一民也，且较之寻常之民而更为末也。民之于民，无相为死之理；本之与末，尤无相为死之理"。[②] 君王并没什么固有的特异处，他的权力并非神授，乃为民举，民既可举之，亦可废之。举废之间，全看其是否为民众办事。《仁学》还借用西方社会理论，论述了父子、男女的平等、自由，指出："子为天

---

① 谭嗣同：《仁学·三十一》，《谭嗣同全集》，中华书局 1981 年版，第 339 页。

② 谭嗣同：《仁学·三十一》，《谭嗣同全集》，中华书局 1981 年版，第 339 页。

之子，父亦为天之子，父非人所得而袭取也，平等也"，① "夫男女之异，非有他，在牝牡数寸间耳，犹夫人之类也"，"男女同为天地之菁英，同有无量之盛德大业，平等相均"。②

《仁学》认为，传统五伦中于人生最无弊而有益，无纤毫之苦，有淡水之乐者，只有朋友一伦。朋友一伦之所以可贵，原因在它体现了三种精神，"一曰平等，二曰自由，三曰节宣惟意。总括其义，曰不失自主之权而已"。③以自由、平等和自主之权规定人与人之间的关系正是西方核心的价值观念。人人能自由，则父无所用其慈，子无所用其孝，兄弟忘其友恭，夫妇忘其倡随，几近大同之象焉。"故民主者，天国之义也，君臣朋友也；父子异宫异财，父子朋友也；夫妇择偶判妻，皆由两情相愿，而成婚于教堂，夫妇朋友也；至于兄弟，更无论矣。"④

《仁学》就这样运用西方近代科学理性和自由民主价值，颠覆了传统中国经学之核心精神。其态度之坚决，连倡导新学极力的同道也说他"佞西学太甚"。当然，《仁学》毕竟是中国近代哲学的初创之作，书中不乏驳杂幼稚之论。谭嗣同自己也坦承，"所惧智悲未圆，语多有漏。……文词亦自不欲求工"，此非谦辞。不过，就《仁学》的博大气象和达到的学术境界而论，已属无愧于划时代之经典。梁启超在《清代学术概论》中论及《仁学》，称："《仁学》之作，欲将科学、哲学、宗教冶为一炉，而更使适

---

① 谭嗣同：《仁学·三十七》，《谭嗣同全集》，中华书局1981年版，第348页。

② 谭嗣同：《仁学·十》，《谭嗣同全集》，中华书局1981年版，第304页。

③ 谭嗣同：《仁学·三十八》，《谭嗣同全集》，中华书局1981年版，第350页。

④ 谭嗣同：《仁学·三十八》，《谭嗣同全集》，中华书局1981年版，第351页。

于人生之用，真可谓极大胆、极辽远之一种计划。……其尽脱旧思想之束缚，戛戛独造，则有清一代，未有其比者也。"[1] 同时感慨道："嗣同遇害，年仅三十三，使假以年，则其学将不能测其所至。仅留区区一卷，吐万丈光芒，一瞥而逝，而扫荡廓清之力，莫与京焉，吾故比诸彗星。"[2]

三、黄遵宪与史学、文学转型

史学、文学向为中国学术大宗，不过，经学独尊以来，历来有文史载道传统，实际上处于经学附庸地位。清末民族危机凸显，传统史学、文学越来越显得不能适应时代要求，需要变革。南学会学人在这方面作出了较大努力的，要算主讲人之一的黄遵宪。

黄遵宪，南学会时期的湖南按察使，诗人、史学家，南学会"政教"主讲。他的讲演，径以"追共和之郅治""臻大同之盛轨"为号召，惊世骇俗，"誉之者曰开民智，毁之者曰侵官权"。[3] 足以代表其社会历史观且学术意义突出的著作，是他的史学著作《日本国志》（1877 年任驻日本公使馆参赞后开始撰写，1887 年撰成，1895 年出版）。

《日本国志》是黄遵宪抱着为振兴国运尽职的使命感和责任感，花费近十年时间潜心创作而成的我国首部全面系统地研究日本历史，特别是明治维新史的专著，"意在借镜而观，导引国人，知其所取法"。著作出版时正值甲午战争中国战败，因此很快流

---

[1] 梁启超：《清代学术概论》，《饮冰室合集》专集三十四，中华书局 1989 年影印版，第 67 页。

[2] 梁启超：《清代学术概论》，《饮冰室合集》专集三十四，中华书局 1989 年影印版，第 69 页。

[3] 《黄公度廉访南学会第一、二次讲义》，《湘报》第 5 号。

行开来。当时有人读完此书后说，此书早布可省银二亿两。意即如果国人早一点看到这部书，就可以早些了解日本，早些谋富强之道，不至于在甲午战争中惨败，白白割地赔款。后来的维新人物如康有为、梁启超、光绪帝等，都曾详读此书，从而实现了作者"期于有用"[①]的初始动机。世纪之交中国兴起向日本学习的热潮，在很大程度上也得力于此书。

此书在中国历史学的转型中也特别值得重视。

首先从历史观来看，《日本国志》贯穿了"穷变通久"的进化历史观点，克服了传统的循环论历史观。

黄遵宪初到日本，眼见日本"举国西化"，并不十分认同。后来阅历日深，闻见日拓，终于认识到"西法"代表的是一个更先进的社会，明白了穷变通久之理，开始欣赏"改从西法，革故取新"。[②]在《日本国志》里，他十分重视表达"相竞而强"的进化观，认为历史进步的动力来自竞争、进取：

余闻之西人欧洲之兴也，正以诸国鼎峙，各不相让，艺术以相摩而善，武备以相竞而强，物产以有无相通得以尽地利而夺人巧。自法国十字军起，合纵连横，邻交日盛，而国势日强，比之罗马一统时其进步不可以道里计。……余因思中国瓜分豆剖，干戈云扰，莫甚于战国七雄。而其时德行若孟、荀，刑名若申、韩，纵横若苏、张，道德若庄、列，异端若杨、墨，农若李悝，工若

---

① 在与日本友人的笔谈中，他说："仆之此书（指《日本国志》）期于有用，故详近而略古，详大而略小，所据多布告之书，及各官省年报也。"郑子瑜、实藤惠秀编校：《黄遵宪与日本友人笔谈遗稿》，日本早稻田大学东洋文学研究会1968年版，第284页。

② 黄遵宪：《日本杂事诗·自序》，《黄遵宪集》，天津人民出版社2003年版，上卷第6页。

公输，医若扁鹊，商若计研、范蠡，治水若郑白、韩国，兵法若司马、孙、吴，辩说若衍龙，文词若屈、宋，人材之盛均为后来专家之祖。一统贵守成，列国务进取，守成贵自保，进取务自强，此列国之所由盛乎。①

黄遵宪指出当今之世，竞争、进取已经在全球范围内展开，"自轮船铁路纵横于世，五大洲之地若不过弹丸黑子之大"，"古所恃以为藩篱者，今则出入若庭径矣"。西人以其"机巧夺天工，人智欺鬼神"而称霸世界，亚细亚诸国因为"绝门自守"，"无见无闻"，大多莫之能御，"印度覆矣，土耳其仆矣，安南、缅甸又倾踏矣"，唯有日本最早觉悟，决心变法维新，"卒能自立"。②"故夫日本今日之兴，始仆幕府，终立国会，因天时人事相生相激，相摩相荡，而后成此局也。然而二三豪杰，遭时之变，因势利导，奋勉图功，卒能定国是而固巨本，其贤智有足多矣。"③在进化中，历史的趋势和人力的作为都十分重要。

黄遵宪认为，历史进化包括技术、风俗、制度等各个层面，而政治制度的变迁最有代表性。君主专制、君主立宪、民主共和，是社会历史由低级向高级发展的三种不同阶段的政治制度，君主专制国向君主立宪国、君主立宪国向民主共和国发展，乃势所必然。在《日本国志》中，他详细记载了日本"立宪政体，盖谓仿泰西制，设立国会，使官民上下，分权立限，同受治于法律之中"④的情况，又介绍了日本的自由民权运动，预测不久将更有

---

① 黄遵宪：《日本国志·邻交志一》，上海古籍出版社2001年版，第51页。
② 黄遵宪：《日本国志·地理志一》，上海古籍出版社2001年版，第105页。
③ 黄遵宪：《日本国志·国统志三》，上海古籍出版社2001年版，第47页。
④ 黄遵宪：《日本国志·国统志三》，上海古籍出版社2001年版，第46页。

民主共和的变革，"近日民心渐染西法，竟有倡民权自由之说者，中兴之初，曾有'万机决于公论'之诏。而百姓执此说以要君，遂联名上书，环网陈诉，请开国会而伸民权，而国家仅以迟迟有待约之，终不能深闭固绝而不许，前此已开府县会矣。窃计十年，必又开国会也"。①

其次，《日本国志》重视社会风俗的研究，超越了传统史学独重君史的格局。

民俗在中国传统史志中固有所记载，却不被史家所重。黄遵宪出使日本期间，日本正流行欧美以"人民史"为主体的"文明史学"，受其影响，黄遵宪撰写《日本国志》时，非常重视民俗文化，亲自进行长期民俗调查。书中为突出介绍日本的民俗文化，专设《礼俗志》四卷，分朝会、祭祀、婚娶、丧葬、服饰、饮食、居处、岁时、乐舞、游燕、神道、佛教、氏族、社会十四项，以大量第一手的材料，展现了日本民族日常生活的各个方面。黄遵宪认为民俗问题不但是人类历史文化的一部分，而且是极不可忽视的巨大的社会力量，是一个国家社会规范和道德规范的基础。"风俗之端，始于至微，博之而无物，察之而无形，听之而无声，然一二人倡之，千百人和之，人与人相接，人与人相续，又踵而行之，及其既成，虽其极陋甚弊者，举国之人习以为然，上智所不能察，大力所不能挽，严刑峻法所不能变"。② 因此"治国"必须"化民"，社会变革要从移风易俗开始。这些观点完全与旧的"君史"理念异调，无怪乎有学者将《日本国志》看作是中国现代民俗学发展的早期成果。

---

① 黄遵宪：《日本国志·国统志一》，上海古籍出版社 2001 年版，第 25 页。
② 黄遵宪：《日本国志·礼俗志一》，上海古籍出版社 2001 年版，第 351 页。

第三,《日本国志》在史学体裁上也有大胆创新。

《日本国志》全书四十卷,五十余万字。分为国统志、邻交志、天文志、地理志、职官志、食货志、兵志、刑法志、学术志、礼俗志、物产志、工艺志等十二种志,写作体例既有继承传统之处,又有大胆创新。

例如,与进化史观相联系,写作中体现了厚今薄古的原则,"详今略古,详近略远"。《日本国志·凡例》明言,"检昨日之历用之今日则妄,执古方以药今则谬",为了突出日本近代社会的变迁,全书只有四志(《国统志》《职官志》《邻交志》《学术志》)在"考古即所以通今"的思想指导下略述了古代史,另外八志基本内容都集中在记述明治维新时期。即使述及古代的专志,也用相当篇幅介绍近代的发展。如《国统志》三卷中,维新史独成一卷。因此黄遵宪有时干脆称自己的著作是"明治维新史"。明治维新史是一部向西方学习的历史,因此《日本国志》"凡涉西法,尤加详备"。

又如,受西方治史方法影响,《日本国志》非常注重历史事实的真实性和直观性。它引用了日本大量的政府公报、法令和统计数字,用清晰的表格和精确的数字说明问题,全书共附表123幅,如国家财政岁出岁入总计表、全国人口统计表、全国物产种类、金额总计表、海关输出输入总计表、陆海军编制表、学校统计表等等。黄遵宪认为治史离不开统计,中国古代史书已经注意统计,但旧史的表往往少缺,且范围狭窄,方法也不科学,他的著作"以表入志"是"体创自今,义因于古"。[1] 也正因此,梁启超说《日本国志》在旧体史中,实为创作。近人指出这些表具有

---

① 黄遵宪:《日本国志·凡例》,上海古籍出版社2001年版,第3页。

"握要钩元算不差"的科学性和"即知其多寡，即知其得失"的综合分析功能，将其引入史著，为近代统计学方法在历史研究中的应用开辟了道路。[1]

日本史属外国史，传统的外国史志常常囿于"华夷之辨"，强调中国的"天朝"地位，牺牲历史的真实性。黄遵宪反对这种"狭陋之见"，本着"史家纪述，务从实录"的原则，凡书中提到的官名、地名、事名、物名，皆以日本为主，不假别称，编年也一律用日本年号，配以"中东年表"对照。这些新的治史方式显然也有西方史学及其理论的影响。

史论结合也是《日本国志》体例上的一个创新点。各志除记述外，均以"外史氏曰"的方式，论述日本变革的经过及得失利弊，并推论及于中国。全书史论计二十余条，三万余字，每志（篇）前或后均加"外史氏曰"，中间穿插双行小注的形式，使史与论结合得更加紧密、灵活，非旧史可比。

黄遵宪是史家又是诗人。他的学术贡献除了史学，还有文学，而《日本杂事诗》则是将二者完美结合在一起的成功之作，被梁启超誉为"史诗"。

《日本杂事诗》，通过诗下附注的形式，用文学的手段写诗，用史学的手段写注，将史学与文学相结合，别具特色。每一首诗的注都是一篇内容完整、表述连贯、有根有据的纪事文字；而每一首诗，则往往是这篇纪事文字的纲目，是经过艺术加工的画龙点睛之笔。[2] 在诗中，黄遵宪通过形象思维的方式，典型的意境描写，表达了作者对明治维新所代表的历史进步的向往和想要把

---

① 王也扬：《论黄遵宪的史观与史学》，《史学理论研究》，1994 年第 1 期。

② 王也扬：《论黄遵宪的史观与史学》，《史学理论研究》，1994 年第 1 期。

中国从危机中挽救出来的爱国热情；在注中，则以实证的态度，对日本的历史与现状作了深入的考察，详确地记录了所述事物的客观过程和具体情形，正如他自己说："余虽不文，然考于书，征于士大夫，误则又改，故非向壁揣摩之谭也。"①这样，他就把用文学手段写的诗和用史学手段写的注巧妙地搭配起来，其文学手段又以不虚构为度，使文学为史学添彩增色，收到了极佳的效果。

黄遵宪二十一岁时就提出了"我手写我口"的诗论，这是中国"诗界革命"的最早呼声。虽然后来提倡"诗界革命"的还有谭嗣同、夏曾佑等人，但将这种主张贯彻得最好的，仍非黄遵宪莫属。以《人境庐诗草》为代表的诗作，追求"诗之外有事情，诗之中有人"的风格，体现"今之世界异于古，今之人亦何必与古人同"的精神，在形式上力图打破格律的束缚，在内容上着力表现新的思想和意境，显示出古典诗歌在自身领域内最大限度的改革、创新和突破，受到时人极高评价，梁启超就说："公度之诗，独辟境界，卓然自立于二十世纪诗中，群推为大家。"②

在文学上，黄遵宪还提出改革文字和文体的创见，主张"直用方言以笔之于书"，使"语言文字复合"而为一，这无异是提倡大众语，欲使"天下农工商贾妇女幼稚皆能文字之用"，可以说是超越时代的言论，是五四文学革命的先声。可见，诗人黄遵宪在近现代文学发展中占有举足轻重的位置。

---

① 黄遵宪：《日本杂事诗·卷二》，《黄遵宪集》，天津人民出版社 2003 年版，上卷第 75 页。

② 梁启超：《诗话》，《饮冰室合集》文集四十五，中华书局 1989 年影印版，第 20 页。

学衡派的学术关怀 *

五四时期长江流域的学术团体，尽管为数不少，多数却具有追随北方新文化运动的性质。明显具有地域特色而影响及于全国的，学衡派算得上一个佼佼者。但是学衡派与南学会、国学保存会有所不同，后两者是直接从社会中产生的学术团体，是正式的社团组织；前者是创设在大学内的非正式社团组织，其活动主要围绕《学衡》杂志展开。因而学衡派的形成和影响，既与当时的社会有关，更与所在的大学有直接联系。本节将只从学术团体的角度，简要讨论这个团体的基本性质和学术观，以与戊戌、辛亥两时期的学术团体略相对照。

一、学衡派的性质

国学保存会结束不久，中国社会因为政治革命挫折的刺激，爆发了声势浩大的新文化运动。大批留学国外的新型知识分子相继回国，投入新文化建设。

新文化运动的中心在北京大学，新文化派以《新青年》和《新潮》为主要阵地，全力鼓吹民主、科学，号召思想解放；同时，在学术领域，主张以激进形式颠覆传统学术范式，建立全新学术范型——包括学术观念理性化、学术方法科学化、学科分类专门

---

* 本文曾载于罗福惠等著《长江流域学术文化的近代演进》（武汉出版社2007 年版）第三章，原题为《五四时期的学衡派》。

化、学术形式通俗化。① 在这场疾风骤雨的学术变革中，胡适可谓一马当先，在科学化与通俗化方面作出了尤其突出的努力。1917年胡适发表《文学改革刍议》，参考西方的治学方法提出改良文学的八大主张："一曰须言之有物；二曰不摹仿古人；三曰须讲求文法；四曰不作无病呻吟；五曰务去滥调套语；六曰不用典；七曰不讲对仗；八曰不避俗字俗语。"这八大主张，实际表达了胡适对传统治学方法的背叛和创建新的学术方法的企图。此后，胡适向国人系统介绍杜威的实验主义，要求用"评判的态度"去对待旧学术，用"科学的方法"来"整理国故"。胡适并自用实验主义进行学术研究，他在1921年出版的《胡适文存》序例中宣称："我这几年做的讲学的文章，范围好像很杂乱——从墨子《小取》篇到《红楼梦》，目的却很简单。我的惟一的目的是注重学问思想的方法。故这些文章，无论是讲实验主义，是考证小说，是研究一个字的文法，都可以说是方法论的文章。"② 在"方法论的文章"中，对学术界冲击最大的，莫过于1919年出版的《中国哲学史大纲》上卷，该书截断众流，丢开唐、虞、夏、商，径从有可信史料的周宣王以后讲起，而且一反传统尊孔的学术道统，首以老子开篇。这种新式做法，在当时学术界引起强烈震撼。胡适还率先创作白话新诗，其《尝试集》虽很难说是成功之作，却的确是令人耳目一新的作品。除胡适外，陈独秀、李大钊、鲁迅、蔡元培等人也发表了一系列文章，主张以科学的方法来研究学术。中国学术从而走出以往一波三折的转型之路，驶向学术现代化的主航道。

---

① 参见朱汉国：《创建新范式：五四时期学术转型的特征及意义》，《北京师范大学学报》社会科学版1999年第2期。

② 《胡适文存》，第一集，上海亚东图书馆1921年版"序例"。

　　然而，凡事有得必有失。新文化派的学术方法和学风，犹如电闪雷鸣，在学术发展的层层迷雾中，拓开了一道亮光；但是也难免灼伤了不少有价值的学术资源——这既表现在引进西学中的盲目性上，又表现在"打倒孔家店"中的草率性上。所以，新文化运动开展伊始，新文化派就受到来自不同方面的批评和抗拒，论战迭起。其中，有些固然是顽固保守势力残渣余孽的情绪化反扑，有些则是来自新知识阵营的严肃讨论。在长江流域参与到对新文化派的批评的，就有南学重镇南京东南大学的学衡社为中心的一批新知识界学人，人称"学衡派"。

　　《学衡》杂志（*The Critical Review*）创办于 1922 年 1 月。当时北京的新文化运动已接近尾声，但新文化运动所张扬的反传统主义、科学主义、西化主义、文学革命主义，却方兴未艾。南京东南大学的吴宓、刘伯明、梅光迪、胡先骕、柳诒徵、汤用彤等人（与新文化团队一样，多数也是留美归国的新知识分子），一方面感觉到中国学术非蜕故变新，不足以应无穷之变，一方面受到西方新人文主义的影响，对新文化派偏激的学术路线深不以为然，遂约集同人，创办此刊，表达和宣传自己的反对意见。因此《学衡》一创刊，就把矛头直接对准了新文化运动。虽然那时新文化运动高潮已过，政治问题的紧迫性已经超越文化问题，但学衡诸公依然希望通过他们的努力来纠正他们认为的新文化运动的种种偏颇。

　　《学衡》杂志简章首明宗旨，同人志在"论究学术，阐求真理，昌明国粹，融化新知，以中正之眼光，行批评之职事，无偏无党，不激不随"，为此：

甲、本杂志于国学则主以切实工夫，为精确之研究，然后整理而条析之，明其源流，著其旨要，以见吾国文化有可与日月争光之价值，而后来学者得有研究之津梁，探索之正轨，不致望洋兴叹、劳而无功，或盲肆攻击、专图毁弃而自以为得也；

乙、本杂志于西学则主博极群书，深窥底奥，然后明白辨析，审慎取择，庶使吾国学子潜心研究，兼收并览，不致道听途说、呼号标榜，陷于一偏而昧于大体也；

丙、本杂志行文则力求明畅雅洁，既不敢堆积豆丁，古字连篇，甘为学究，尤不敢故尚奇诡，妄矜创造，总期以吾国文字，表西来之思想，既达且雅，以见文字之效用实系于作者之才力，苟能运用得宜，则吾国文字自可适时达意，固无须更张其一定之文法，摧残其优美之形质也。①

杂志简章所标榜的三条具体原则，相当清晰地表明学衡派的学术主张具有新文化运动反对派的特征。他们不同意新文化派对国学的攻击和毁弃，认为"吾国文化有可与日月争光之价值"；他们不同意新文化派对西学的"一偏"之见，认为引进之先必须"博极群书，深窥底奥，然后明白辨析，审慎取择"；他们不同意新文化派的文学革命和语体创造，认为典雅国文足"可适时达意"，"表西来之思想"。

《学衡》从1922年1月创办至1933年7月停刊，共刊79期。设有"通论""述学""书评""文苑""杂缀"等栏目，其中"通论"主要阐述他们的学术文化观，"述学"集中体现学衡派的学术倾向和成就，内容涉及哲学、文学、史学各方面之论述。

---

① 《学衡杂志章程》，《学衡》第1期，第2页。

对于《学衡》的主张，过去一般习惯于从文化观方面观察，而且大体上认为是守旧的文化观，近来，学者们已经摆脱简单化的思维定式，提出一些比较客观、理性的看法。① 比如欧阳军喜就指出："学衡派反对废除文言，但并不排斥白话；反对文学革命，但并不反对改良文学；反对新文化派所输入的西方文化，但并不反对吸收外来文化；反对废除礼教，但并不反对改良风俗。因此，说学衡派反对新文化运动则可，说学衡派反对新文化则不可；说学衡派维护儒家文化则可，说学衡派顽固守旧则不可。"② 相较于以往的新与旧、进步与反动等分析框架，确实不失为一种更近乎真实的公允的评论。

学术观当然离不开文化观，但二者不可等同。《学衡》的学术观有何特色？

二、学衡派学术观的主要特色

在"通论""述学"等栏目中，我们发现，学衡派除了大量阐述文化观的文章外，还有不少专门论述学术的文章。这些文章或直接或间接地呈现出以下重要特征：

① 近年有关学衡的研究成果比较丰富，举其要者如：孙尚扬《在启蒙与学术之间：重估〈学衡〉》，孙尚扬、郭兰芳编《国故新知论——学衡派文化论著辑要》，中国广播电视出版社1995年版；洪峻峰《估〈学衡〉与重估〈学衡〉——为鲁迅一辩》《鲁迅研究月刊》1996年第8期；李毅《中国现代文化保守主义的理想回应——〈学衡派〉文化观辑释》，《哲学动态》1997年第7期；何兆武《也谈对〈学衡〉派的认识与评价》《读书》1999年第5期；刘炎生《〈学衡〉派果真不反对新文化吗？——新文学家与〈学衡〉派文化争论评述》，《华南师范大学学报》社会科学版2000年第6期；彭秀良《论"五四"新文化运动的反对派》，《北京邮电大学学报》社会科学版2000年第1期；沈威卫《回眸学衡派》，人民文学出版社1999年版；郑师渠《在欧化与国粹之间：学衡派文化思想研究》，北京师范大学出版社2001年版。这些论著在学衡派文化观上都不乏新的阐述。

② 欧阳军喜：《论学衡派对新文化运动的批评》，《清华大学学报》哲学社会科学版1999年第3期，第57页。

1. 学主会通

《学衡》标榜"昌明国粹，融化新知"不是玄谈，它正是学衡派汲汲于斯的思想和学术现代化的道路。这里包含至少两个层次的意思：一、既要保存国粹，又要引进新知；二、引进新知而融化之，以使国粹昌明。梅光迪在创刊号上发表的《评提倡新文化者》，已经批评新文化派否定中国传统学术文化精华的做法，说："彼等以推翻古人与一切固有制度为职志，诬本国无文化，旧文学为死文学，放言高论，以骇众而眩俗。然夷考其实，乃为最下乘之模仿家。"同时赞同引进欧西学术文化，"夫建设新文化之必要，孰不知之。……欧西文化亦源远流长，自希腊以迄今日，各国各时，皆有足备吾人采择者"。但他不认为保存国粹、引进新知就已足够，而主张固有文化需要改造，他人文化需要吸收，且"改造固有文化与吸取他人文化，皆须先有彻底研究，加以至明确之评判，副以至精当之手续"。可见，学衡派的"昌明国粹，融化新知"，就是要采择并融贯中西学术精华，锻造新型中国学术。

《学衡》总计刊载纯粹学术文章约二百余篇，大部分为国学研究论文，但引介西学的文章为数也不少。其中连载论著即有马承堃《国学摭谭》、缪凤林《中国人之佛教耶教观》、刘永济《中国文学史纲要》、瞿方梅《史记三家注补正》、郑鹤声《汉隋间之史学》、柳诒徵《中国乡治之尚德主义》《华化渐被史》《中国文化史》，以及译介西学论著《柏拉图语录》《亚里士多德伦理学》《世界文学史》等，显示了学衡派中西兼学的特征。在中西兼学的过程中，学衡派也不乏自觉进行会通的工作，尝试综合研究哲学问题（8 期《中国心理学大纲》、28 期《哲学通论》、40 期《哲学问题之研究》、51 期《中国认识论史导言》、75 期《知识哲学》),文学问题(9期《中国文学通论》,65、68、71期《中国文学史纲要》),有的甚至撰写出高水准的现代学术著作,如柳诒徵的《中国文化史》,在现代学术史上有其重要地位。

《学衡》"述学"连载论著、论文一览

述国学	述西学
马承堃《国学摭谭》(1、2、3、6、10期)	缪凤林《评快乐论》(32、35期)
郭倬莹《四部通讲》(72、74期)	《柏拉图语录》(5、10、20、43、48、69、76、78、79期)
缪凤林《中国人之佛教耶教观》(14、15、16、21、23期)	汤用彤译《亚里士多德哲学大纲》(17、19期)
景昌极《唯识志疑》(18、25期)	《亚里士多德伦理学》(13、14、16、20、30、32、50、59期)
刘永济《中国文学史纲要》(65、68、71期)	吴宓等译《希腊之留传》(23、24、27期)
瞿方梅《史记三家注补正》(40、42、43、44、45、55、57、58期)	吴宓译《世界文学史》(28、29、30期)
郑鹤声《汉隋间之史学》(33、34、35、36期)	吴宓《希腊文学史》(13、14期)
柳诒徵《中国乡治之尚德主义》(17、21、36期)	吴宓《英诗浅释》(9、12、14期)
柳诒徵《五百年前南京之国立大学》(13、14期)	吴宓《西洋文学精要书目》(6、7、11期)
《诗古义》(43、45期)	
柳诒徵《中国文化史》(46、48、49、50、51、52、53、54、55、56、58、61、62、63、64、67、70、72、75期)	

2. 人文主导

新文化派在学术上除了扬西抑中，更强调科学，主张科学主义，认为学术的灵魂是科学方法，学术的现代化就是科学化。学衡派并不反对科学，他们本身就有专门研究自然科学的科学家，像胡先骕就是杰出的植物学家；他们也不简单地反对科学研究方法，"论究学术，阐求真理"不可能不讲科学方法。但是他们认为，仅有科学、科学方法（即使是真正的科学方法）还不够，必须有人文精神的内核。他们根据美国哈佛大学白璧德（I.Babbitt）的新人文主义理论，从新人文主义的"人质二元"论出发，径直提出了"道德为体，科学为用"的主张，这一主张既适用于一般文化，也适用于学术发展。

学衡派对人文精神的推重，超越了所谓中西之争，《学衡》刊首列孔子和苏格拉底像，极有象征中西人文精华的意义。"述学"中的系列论文、论著，既有中国先秦时代人文的阐扬，又突出了对西方古典时期人文学术的景仰，这从上表也可以得到反映。在科学时代，在实验主义、唯科学主义主导学术的时代，学衡派别开一股人文意识，的确弥补了新文化派学术文化昂进中的不足。

3. 注重学风

《学衡》中讲学风的文章很多，比如刘伯明的《学者之精神》（1期）、《再论学者之精神》（2期）、《论学风》（16期），吴宓的《论新文化运动》（4期），梅光迪的《评提倡新文化者》（1期）、《评今人提倡学术之方法》（2期）、《论今日吾国学术界之需要》（4期），柳诒徵的《学者之术》（33期）、《论近人讲诸子之学之失》（73期），胡先骕的《论批评家之责任》（3期），缪凤林的《文德篇》（3期），孙德谦的《评今之治国学者》（23期），汤用彤的《评近人之文化研究》（12 期），胡稢咸的《敬告我国学术界》（23 期）、《批评态度的精神改造运动》（75 期），郭斌和的《新文学家之痼疾》（55 期）等。这种现象很值得注意，惜学界关注不多。

应该说，在中国近代各种同人刊物中，倡导正确学风，《学衡》当属最力者之一。《学衡》之所以如此重视学风建设，主要与它以学术为中心的问题意识有关，当然也与新文化运动时期客观存在的某种浮躁学风不无关系。新文化运动虽总体上志不在"为学"而在"为道"，但却又是以学术的形式出现的。为了激起社会的思想震撼，新文化派在方式方法上难免有一些非常之处，甚至包括某些可议的瑕疵。① 后来以"五四之子"自认，在台湾力主"跟着五四的脚步前进"的思想家殷海光，就曾冷静反省五四学术上的不足，他说五四人的意识深处"所急的，是从传统解放，从旧制度解放，从旧思想解放，从旧的风俗习惯解放，从旧的文学解放。于是，大家一股子劲反权威，反传统，反偶像，反旧道德。在这样的气流之中，有多少人能做精深谨严的学术思想工作？"② 这样一种气候，从思想面观察，并非不可同情；可是对于矢志于学术的《学衡》同人来说，便完全不能谅解。他们坚持

---

① 例如，新文学肇始，最需要反响——特别是来自"反"的那一方面的"响儿"，苦于一时不见，新派人物就商量制造一场争论。于是钱玄同化名"王敬轩"，历数新文学的坏处；刘半农则一一予以驳斥。这种"引蛇出洞"式的"双簧信"轰动一时，却与学术正轨不甚相合。类似的为成全"思想"而牺牲"学术"的做法，学衡派不以为然。梅光迪批评新文化运动诸家"非思想家乃诡辩家"，"非创造家乃模仿家"，"非学问家乃功名之士"，"非教育家乃政客"（《评提倡新文化者》，《学衡》，第 1 期），表现了对于新派人物为学方式的极大不满。

② 林毓生：《中国传统的创造性转化》，生活·读书·新知三联书店 1988 年版，第 317 页。

认为思想必须以严谨的学术为前提，那种"志在成功，至所用成功方法之当否，则不计及"[①] 的做法，那种"务为诡激，专图破坏"[②] 的做法，有害无益，不能容忍。"吾国近今学术界其最显著之表征，曰渴慕新知。所求者多，所供者亦多，此就今日出版界可以见之。此种现象，以与西洋文艺复兴相较，颇有相似之处，实改造吾国文化之权舆也。然其趋向新奇，或于新知之来，不加别择，贸然信之，又或剽窃新知，未经同化，即以问世，冀获名利。其他弊端，时有所闻。凡此种种，衡以治学程准，其相悬不可以道里计。"[③] 其结果造成"吾国现在实无学术之可言"[④] 的局面。为了"真正新文化之建设"，他们觉得有必要确立"中国思想学术之标准"，[⑤] 即培养学风。

《学衡》对学风的提倡包含四个面相。

第一，唯真是求、坚贞守正、态度审慎的学术精神。《学衡》首期第一篇文章，便是刘伯明的《学者之精神》。他提出学者为百世之师，应具备五种精神：自信的精神、注重自得的精神、注重知识贞操的精神、求真的精神和审慎的精神。所谓自信精神，就是为学要有学术意志，学贵自持，"思想感情超然于一时之好尚"，不求同乎流俗，不为世人诋毁蔑视所动；注重自得，就是为学要服从学术规律，学术不为名利，"其求学也，注意潜修，深自韬晦，以待学问之成，而无暇计及无根之荣誉"，所以为学不可急迫，而应优游浸渍于其间；注重知识贞操，就是为学要有

① 梅光迪：《评今人提倡学术之方法》，《学衡》第 2 期，第 16 页。
② 吴宓：《论新文化运动》，《学衡》第 4 期，第 36 页。
③ 刘伯明：《学者之精神》，《学衡》第 1 期，第 11 页。
④ 梅光迪：《论今日吾国学界之需要》，《学衡》第 4 期，第 12 页。
⑤ 梅光迪：《评提倡新文化者》，《学衡》第 1 期，第 23 页。

学术德操，主持真理，谨饬不滥，不趋众好，不做应酬文字；求真的精神，即为学要有学术勇气，唯真是求，为了真理，赴汤蹈火，唯求真心切，心灵才最自由；审慎的精神，即为学要有学术良知，不遽下断语，自欺欺人，即使有所断定，亦仅视为待证之假说，俟确有把握，再公之于世。这五种精神，归结到一点，不外就是为真理而学术的精神。提倡为真理而学术，不是刘伯明个人的主张，而是《学衡》同人的基本共识。例如，梅光迪就说，"学术之目的在求真理"，[1]缪凤林在《文德篇》中也说，为学应该不志乎利，不趋时势，不尚术，不滥著述，不轻许可。[2]

第二，结合社会需要的学术动机。为学要有学术意志、学术德操、学术勇气、学术良知，要服从学术规律，这些都主要是就客观求知而言，不直接涉及用世。可是《学衡》并不主张学者安居象牙之塔，不问世事。浓墨阐述为真理而学术的刘伯明，在第二期《学衡》上，再论学者精神，就专门提出学术入世的问题。他指出，"世无离人生而孤立之学问，而学问又非供人赏玩之美术品也"，所以"吾人治学，宜有社会的动机也"。他认为学术有德国方式与英国方式之异。德人研究学问专攻一门，不厌精详，而学理与生活往往析为两事，结果究学理者仅凭冥想而不负责，而偏于应用者则唯机械效率是求，遂与理想背驰。英国学者比较关怀社会政治和人生问题，自培根、洛克以降的哲学家，皆躬亲政事，而政治家身兼学者资格者，也大有人在。在他看来，"德国式之学者"的研究方式不可取，应该发扬英国方式，"其心不囿于一曲，而能感觉人生之价值及意义，或具有社会之精神及意

---

① 梅光迪：《评今人提倡学术之方法》，《学衡》第2期，第19页。

② 缪凤林：《文德篇》，《学衡》第3期，第34—40页。

识，如是而后始为真正之学者也"。^①陈独秀说他发起新文化运动的原因是"盖伦理问题不解决，则政治学术皆枝叶问题"。^②《学衡》也关心伦理文化问题，只是相比而言，他们不觉得这与学术存有对立，相反坚持伦理文化问题的解决有赖于学术研究的深入。"夫建设新文化之必要，孰不知之？……改造固有文化与吸收他人文化，皆须先有彻底研究，加以至明确之评判，副以至精当之手续，合千百融贯中西之通儒大师，宣导国人，蔚为风气，则四五十年后，成效必有可观者。"^③他们将努力方向确定在"着重研究""阐明真理"上，不满于"新潮"的褊蔽浅隘，不甘于思想讨论停留在时评、政论的水平和现象描述、牵强附会的阶段，力图纳思想于学术堂奥，"渴望真正新文化运动得以发生"，^④以影响社会，改良群治。

第三，严守规范的学术戒律。《学衡》不满"提倡新文化者"，基本的原因有二：一是他们认为提倡新文化的人"学术多谬误"，一是他们觉得新文化论者的学术方法"有同等的缺憾"。前者主要在见解上，这或许可以商讨；后者却违背了学术戒律，必须予以匡正。他们在后一方面的批评，对于新文化论者实际上并不完全公平，但如果我们撇开双方论战的具体内涵，单纯就形式而论，则这一论说的确反映出学衡派十分明确的学术戒律意识。《学衡》健将梅光迪，痛切批评学术上的功利主义，说这种风气用之于他种事业犹有可恕，独不可用之于学术。学术应守学术的规范，不可有门户党派之见和学术专制之势；不可诉诸情绪冲动，动辄肆

① 刘伯明：《再论学者之精神》，《学衡》第 2 期，第 14 页。
② 陈独秀：《吾人最后之觉悟》，《新青年》1 卷 6 号。
③ 梅光迪：《评提倡新文化者》，《学衡》第 1 期，第 22 页。
④ 吴宓：《论新文化运动》，《学衡》第 4 期，第 49 页。

行谩骂；不可以自夸为特权，散发庸俗气息；不可神道设教，标新立异；不可肆行破坏，以投时俗、出风头……[①] 随后他又从积极方面提倡学术规范，呼吁学者应有"严密之训练，高洁之精神"，还指出"训练之道多端，而其要者有二：曰有师承，曰有专长；至其精神方面，亦有二者最足以概之，曰严格标准，曰惟真是求"。[②] 学衡派并不认为不能批评过往的和他人的学术见解，但主张批评家要有批评的责任，胡先骕强调批评者自身要有博学的素养，还要注意"批评之道德"，要"具历史之眼光"，"以中正之态度为平情之议论"，"取上达之宗旨"，"最忌诋毁谩骂"。[③]

第四，自得其乐的学术境界。在学衡派看来，唯真是求既是外在学术规范，又是内在学术精神，而要达成这一目标，学者则需要将作为"事功"的学术，内化升华为精神享受。学者应在学术探索中自得其乐，而不能以学术为手段，在社会名利场上赚吆喝。刘伯明以"自得者"之学为"为己"之学、"王道之学"、"君子之学"；"不自得者"之学为"为人"之学、"霸道之学"、"小人之学"。[④] 柳诒徵认为以学术为手段混迹社会名利场，不能称为"学"，只能称为"术"。以学术为乐的学者，沉浸实验室、图书馆；以学术为工具的所谓"学者"，整天奔波于官厅、会场、报馆、专电、火车、汽车，其志并不在学。"前者有学而无术，后者有术而无学。"[⑤] 不能以学术为乐的人，通过往来奔走成为"学界之托拉斯"，则"教育愈坏，学术愈晦，中国愈乱"，学术风气愈败坏。

---

① 梅光迪：《评今人提倡学术之方法》，《学衡》第 2 期，第 16—24 页。

② 梅光迪：《论今日吾国学术界之需要》，《学衡》第 4 期，第 12 页。

③ 胡先骕：《论批评家之责任》，《学衡》第 3 期，第 44—57 页。

④ 刘伯明：《学者之精神》，《学衡》第 1 期，第 12—13 页。

⑤ 柳诒徵：《学者之术》，《学衡》第 33 期，第 8—9 页。

学衡同人不仅坐而谈，而且起而行，在学风建设方面作出了奠基性的贡献。

《学衡》的学术努力贯穿着深层的社会关怀。其中最突出的是在新文化派的"科学"主张之外，又提出"人文精神"以为补充。《学衡》同人认为胡适等人发动的科学主义的新文化运动带给中国人的是一场虚幻的精神启蒙，他们坚信传统文化如果加以补充、修正，焕发真正的活力，在现代化进程中同样可以大有作为。发明和发扬传统的真精神，有利于为现代中国重塑平衡、稳定的心态，使真正的文艺复兴具备基础和可能。所以，《学衡》杂志批评新文化运动，并非为批评而批评，亦非为学术权势的竞争而批评，它的目的实际上是更稳妥地推进中国现代化。他们大规模引介白璧德等人的人文主义，直接用意在挽救日益腐败的社会风气，最终愿景则是中国文化的推陈出新。从这种意义上说，他们是中国西化运动中的理性之翼。

《学衡》的述学体现了充分的求真精神。《学衡》同人承受当时新文化运动思想至上、立场至上的主流风气之巨大压力，发挥隔离的智慧、独立的精神，坚守"智识贞操、学问良知"，维护"学问的尊严、学问家之人格"，在遭遇各种意外困难的情况下，仍然坚持以"了解的同情"，使用各种现代学术方法，力求建立严谨确证的文学、史学、哲学，其中在学术上作出重大贡献的王国维，也将其"取地下之实物与纸上之遗文互相释证"的研究成果，大量发表在《学衡》上。

《学衡》能够主动遵守学术戒律。《学衡》同人对新文化运动的几乎每一个议题都提出过反题，例如，《新青年》主张废除文言文，《学衡》提出文言不可尽废；《新青年》主张新文学，《学衡》提出文学无新旧之分;《新青年》主张学习西方先进文化,《学衡》提出新文化运动所输入的西方文化既粗且谬;《新青年》主张打倒孔家店,《学衡》提出儒家学说自有真精神;《新青年》主张平民主义,《学衡》坚持文化精英主义。这些敏感论题上的针锋相对,很容易陷入门户党派立场,诉诸情绪冲动,标新立异出风头。可是《学衡》同人因为严肃、虔诚地追求学术规范的建立,对论敌的检讨批评大多能慎思明辨持平而论,尽量避免以谩骂为战斗。在树立自己见解的过程中,他们能够实事求是,承认新文化论述的部分合理性,这才有了上引欧阳军喜的公允之论。

《学衡》同人多数也具有以学为乐的学术境界。正因为以"阐明真理"为毕生所共同遵循的圭臬和人生的乐处,《学衡》中人很少直接介入社会事务,成为社会新星;相反不少《学衡》人物,如王国维、汤用彤、柳诒徵、陈寅恪等,成了"会通中外,熔铸古今"的学术大师,以"独立之精神,自由之思想",在中国现代学术史上树起了一座座不朽的丰碑。

由于当时时代的发展,客观上需要激进的批判精神,《学衡》"不趋时势"的冷峻态度无以应急,最终使得"这样的一次运动没有引起广泛的注意,得到公平的待遇";但是从他们对于学术和学风的倡导和实践这一点看,《学衡》的努力实在难能可贵,至今仍富有意义。

学衡派成员群聚东南大学的时间不长,1923年8月,胡先骕赴美,11月刘伯明去世,1924年8月、10月吴宓、梅光迪分别离开南京。学衡派的五个核心人物就剩柳诒徵仍在东大。但他们围绕《学衡》而展现出的精神并不受影响,这种精神被柳诒徵概括为"东南学风"。总起来说,学衡派与新文化派,东南学风与北大学风，都是在现代学术层面上运作，只是各有侧重，各有得失。

三、结论

将学衡派与戊戌时期南学会、辛亥时期国学保存会相参照，或者可以得出如下结论：

其一，如果以中西之辨而论，那么，南学会、国学保存会、学衡派等学术团体有一个共同之点，即都是"不中不西"之学。它们既非顽固排外的保守派，又非全盘洋化的激进派，在学术努力中，始终保持着一方面欢迎西来新学，一方面不放弃传统国学的平衡心态。不过，它们之间仍然显示出重要差异：同样是中学西学之间，可是南学会以引进西学为重点，以中学为媒接引西学（以中引西）；国学保存会以保存中学为重点，以西学资源复兴中学（以西兴中）；学衡派则着力会通中西"无偏无党，不激不随"，而不再主要以中西别学术，更重视以人文与科学别学术，认为中西德性之学相通。

其二，南学会、国学保存会、学衡派可以说都是在急迫的救国心境下谈论学术的，因此，难免陷入"政治与学术之间"这样一个近代中国知识分子共同的困境之中。一方面，它们竭诚发展学术，努力遵循求"真"的铁律；一方面他们又热心挽救民族命运，往往"善"字优先，使学术服从政治。不过，它们之间仍然存在差别：同样在"政治与学术之间"，南学会政治色彩最强烈，学术几乎是为政治的学术；国学保存会前期政治色彩浓厚，后来逐渐减弱，向纯粹国学保存演变；学衡派则虽关心政治，却自始至终几乎不直接涉及政治。

其三，从学术转型努力的成就看，南学会、国学保存会、学衡派都很难说完全达成了它们的目标，这是时代背景和个人条件限制所致。但是，它们各自提出的转型路线，则确实体现了近代长江流域的学术土壤和气候特征，也很值得今天的学人珍视、比较、反思。中国学术转型的实现，最终还是得益于北京大学为中心的新文化派的激进西化路线（新文化派基本人脉仍然来自长江流域，何以到了北方成为激进的弄潮英雄，值得探索），它像秋风扫落叶一样，一扫传统学术暮气，将他们所理解的西方现代学术引进来，栽下去，终于形成了今天我们习以为常的新学术。然而，这种新学术将传统学术从根切断，是否有利于它自身？这一路线在基本成功的实施之后是否还需要某种补充和完善？甚至，这一路线是否是唯一正确的成功之道？可能并不是完全多余的问题。无论如何，南学会、国学保存会、学衡派为中国学术近代化提供了经验教训，刺激了多元思路。

世界主义的中国烙印

——中国世界语运动的特殊进程[*]

自从中国人"睁眼看世界",世界上的新创造、新主义每每都能在很短的时间内引入中国,获得知识界一些人士执着的追随和提倡,进而发展成为社会运动。但同时,由于中国社会历史环境的特殊性,这些运动常常不可避免出现一些"离异"现象。世界语入华即为一例。[①]

一、世界语和它中立的世界主义

世界语是一种人为新造的超民族语言,迥异于各民族漫长历史演化中自然形成的传统语言。它的出现与世界一体化进程中各国民众隔膜重重而交往日益频密有关。据说 1629 年法国哲学家笛卡尔最先提出创造世界语的设想,随后在欧洲出现若干理论尝试,到 19 世纪后期进展到国际语言的实际创造。德国的约翰·马

---

[*] 本文与焦徽合作,原发表于《深圳大学学报》人文社会科学版 2013 年第 6 期。

[①] 有关世界语入华及演变的研究,目前代表性成果有:侯志平的《世界语运动在中国》(中国世界语出版社 1985 年版),孟庆澍的《"'用石条压驼背'的医法"——无政府主义与钱玄同的激进主义语言观》(《中国现代文学研究丛刊》2005 年第 2 期),罗志田的《清季围绕万国新语的思想论争》(《近代史研究》2001 年第 4 期),张宝明的《中国现代性的两难——以新文化元典中的世界语吊诡为例》(《福建论坛》人文社会科学版 2007 年第 5 期);程巍的《"世界语"与犹太复国主义——兼论清末"世界语运动"》(《中国图书评论》2010 年第 12 期)等。这些成果对世界语入华的考察主要着眼于语言问题本身,较少从西学东渐角度考虑。

丁·雪里耶（Johann M. Schleyer）教长就曾创造过一种“伏拉普克语”（Volapük），且风行一时，唯因这种语言缺乏持续演进的能力，昙花乍现。① 随之而起的是1887年波兰眼科医生柴门霍夫博士在印欧语系的基础上，吸收这个语系各种语言共同性的合理因素加以简化和优化，创造出来的声音优美、便于学习、富于表现力的“爱斯不难读”（Esperanto）。这种语言以其恰当的定位，获得了生命力，迅速向世界各地传播，并形成学习和使用者的社团。Esperanto传到中国后，追随者将其译为“万国新语”或“世界语”。

柴门霍夫出生在波兰人、日耳曼人、俄罗斯人和犹太人杂居的社会，自小对于民族之间的斗殴仇杀痛心疾首，认为只要消除语言上的隔阂，这些悲剧就可以避免，如果能创造出一种人类共通语言，世界就可以实现和平。在1905年法国布洛涅召开的第一次国际世界语者大会上，柴门霍夫谈到其创造动机：“一个模子里出来的弟兄们，有着同样思想、心中有着同一个上帝的弟兄们，本应为了自己家族的幸福和荣誉互相帮助、共同努力的弟兄们，却彼此疏远、对立，并且开始无休止的战争。”这种局面必须改变，突破语言障碍是途径之一。学习别国语言固然是突破的一种方式，却难免有不平等感的尴尬，“一个国家的人屈从于另一个国家的人，侮辱了本国的语言，而却讲着别人的语言，结结巴巴、满脸通红，在自己的谈话者面前深感窘迫；而后者却觉得自己比人所强而高傲自负”。而创造和使用超民族的世界语，则可以避免这种窘迫。“我们站在中立的基础上，我们大家有着完全平等

---

① 柴门霍夫在第一届世界语者大会上的讲演，中华全国世界语协会编:《柴门霍夫演讲集》，祝明义译，中国世界语出版社1985年版，第15页。

的权利，我们觉得我们就像一个国家的人，就像一个家庭的成员一样"，"国籍不同的人们完全可以相互了解，为了这种了解，完全不需要一个民族去污辱或吞并另一个民族"。[①] 这就是说，中立为世界语最重要的特征。

在这次会议上的另一次讲话中，柴门霍夫博士还对他提出的"世界语主义"内涵作出了解释："世界语主义就是努力在全世界推广使用中立的人类语。这种语言'并不干涉民族内部生活，也毫不排斥现有各民族语的目的'。他将给予各国人民相互了解的可能，将在不同民族常因语言问题而引起纠纷的国家中，作为公共机关的一种缓冲语，而且人们还能用它出版一切民族都感兴趣的著作。任何一位世界语者，如果要把自己的某种想法或希望与世界语主义联系起来，那纯属是他个人的私事，世界语主义对此不负责任。"[②] 在这里，中立性又有了进一步的意义：世界语只是人们可采用的国际交流工具，不具有价值导向；世界语不排斥现有任何民族语言，而且自甘于辅助语的地位。

近期有学者指出，柴门霍夫创造世界语的动机，内心其实不无本民族的特殊关怀——基于他对犹太人问题的考虑：他本人的犹太人身份和犹太复国主义的信念，犹太人流落分隔于世界各地而难以复国的悲惨事实，使他产生强烈的超国家的民族整合愿望，语言成为途径之一，"在他看来，由于散居各国的犹太人说着不同的语言，彼此难以沟通，就需要一种共同语将他们联合起来。

---

① 柴门霍夫在第一届世界语者大会上的讲演，中华全国世界语协会编：《柴门霍夫演讲集》，祝明义译，中国世界语出版社 1985 年版，第 9、11 页。

② 柴门霍夫在第一届世界语者大会上的讲话，中华全国世界语协会编：《柴门霍夫演讲集》，祝明义译，中国世界语出版社 1985 年版，第 29 页。

当然，这只可能是一种不为各国所专有的'人造语'"。[①]但这种个人的民族"私心"，并没有影响到世界语中立的世界主义宗旨。世界语一旦问世，其所呈现给世人的是中立性：对各民族文明的中立和对各种政治意识形态的中立。这就决定了世界语是一种具有建设性却与现有语言秩序不发生冲突的和平语言，也是一种不与现有任何特定政治立场和意识形态发生联系的和平人道工具，其受到各地各民族人士欢迎，在情理之中。

世界语迅速向世界各地传播，吸引了各国理想家和青年志士，他们人数虽不多，却从 1905 年起轮流在各国召开国际世界语者大会，正常年份差不多每年一次，还先后建立起环球世界语协会、国际世界语联盟、国际世界语协会等全球性常态世界语组织。在常态世界语团体的每次大会和各种组织章程中，世界语之中立的世界主义反复得到重申。联合国建立后，教科文组织曾通过决议（1954 年），承认世界语在国际文化交流、促进各国人民接触方面所取得的成绩，认为这些成绩符合联合国教科文组织的目的和理想。

世界语传到中国的时间，晚于西方国家无几。根据学者的研究，世界语是通过三个渠道传入中国的：

一个渠道是俄国。大约在 1891 年，在沙俄占领下的海参崴（现名为"符拉迪沃斯托克"）已有世界语学社出现，该学社曾出版有一种用十二国文字注释的世界语课本。一些懂世界语的俄国商人便把世界语带到了哈尔滨，在那里首先传播开来。后来又有一位俄国人到上海开办了世界语夜校，参加学习的有陆式楷等人，

---

①　程巍:《"世界语"与犹太复国主义：兼论清末"世界语运动"》,《中国图书评论》2010 年第 12 期，第 60 页。

以后陆式楷就在上海开办了世界语夜校。这样，世界语就从上海传播到各地。

另一个渠道是日本。20世纪初，一批留日学生如刘师培、张继等人，向日本无政府主义者大杉荣先生学习世界语，并出版了《衡报》《天义报》，一面鼓吹无政府主义，一面提倡世界语。1908年，刘师培等人回国，在上海创办了世界语传习所。

第三个渠道是法国和英国。1909年，留法学生华南圭在巴黎出版了《中国世界语科学文学》杂志；吴稚晖等人在巴黎创办有《新世纪》汉文周刊。这两个刊物都竭力宣传世界语。另一位留法学生许论博回到广州以后，也在当地办起了世界语讲习班。与此同时，留英学生杨曾诰也开始学习世界语，并经常给国内的友人寄赠世界语书刊，以后他又写了《万国新语》一书，详细介绍了世界语。[①]

这一时期，中国正处在中华传统文明向世界现代文明转型的意识确定期，世界语受到热衷新思潮人士的热心宣传，而形成有声有色的语言运动。在1910年前后，大中城市第一批世界语学社、学校、传习会、研究班、传播站纷纷建立；上海还出现中国世界语会（民国后改名为中华民国世界语会）的组织，设立函授部和各地分所，出版世界语教材，发行《世界报》；中华民国临时政府教育部长蔡元培还下令全国师范学校把世界语列为选修课程（实施未果）。新文化运动兴起后，世界语运动在各地得到了更大的发展。

中国世界语者，对世界语的中立性也是有所强调的。如世界

---

① 侯志平：《世界语运动在中国》，中国世界语出版社1985年版，第1—2页。

语输入中国的早期，陆式楷著文宣称："今者匦氏（即柴氏——引者）完全之世界语，渐见重于世界，使能竭力提倡，广播于全球，则将来无论集何国人于一堂，均能用世界语互通言语，化世界为一家,岂能有国界之歧视哉！"[①] 新文化运动如火如荼的 1917 年，胡愈之在《东方杂志》发表《世界语发达之现势》，强调：传播柴氏创造的世界语是消弭"吾人类因语言不统一，而发生种种种族国界之恶感，以自相残杀，互相攻伐"悲剧的"人类未有之大事业"。[②] 即使 1931 年九一八事变发生之际，蔡元培在广州世界语会讲演，亦指出"人类进化，一切事业、学问、道德，无不与全世界有关系，因而感仍用自然语言之障碍"是"国际通用语之必要"的基本原因，国际通用语"必以不偏于一国或一民族者为断"。[③] 中国的世界语运动也确实始终有部分人坚守中立世界主义。

不过，这只是世界语运动在中国发展的一个面相。中国世界语运动还有另一个更引人注目的面相：从开展的第一天起，它就开始面对一个不同于西方国家世界语运动发展的社会历史环境，而出现谋求摆脱世界语主义中立性的"羁绊"，与中国转型时代的特定文化运动和特定政治运动发生紧密的联系的趋势。

二、为中国的"进化"而用世界语

世界语主义的中立性在中国接受的第一个挑战，就是要求以

---

① 陆式蕙（陆式楷）:《世界与之世界观》,《东方杂志》第 9 卷（1912 年）7 期，第 10 页。

② 胡学愚（胡愈之）:《世界语发达之现势》,《东方杂志》1917 年第 1 号，第 13 页。

③ 蔡元培:《世界语学会欢迎会上的演说词 》,《蔡元培文集》，线装书局 2009 年版，第 9—10 页。

世界语替代汉字，赋予中国字为"旧"为"劣"、世界语为"新"为"优"的文化品质规定。在辛亥革命和民初新文化运动时期，中国的世界语运动在思想层面曾先后出现与文化革命相结合，要求以世界语取代汉字的思潮。

第一次提出以世界语取代汉字的是《新世纪》周报。

世界语进入中国学人的视野，也就意味着思想层面关注世界语的开始。巴黎的中国无政府主义者刊物《新世纪》周刊是比较早的讨论者，其第6号就有介绍"万国新语"的文章，第10号有全球世界语第三次大会的专门报道，第20号刊物主办人之一李石曾在阐述进化与革命时，已经提出世界语取代汉字的主张。他指出，与生物进化有其由简单到高等的次序一样，文字也有由直观到抽象的进化：最早为象形，如埃及文字；其次为表意，如中国汉字；更高为合声，如西方诸国的拼音文字。"文字所尚者，惟在便利而已，故当以其便利与否，定其程度之高下。象形与表意之字，须逐字记之，无纲领可携，故较之合声之字画括于数十字母之中者为不便。由此可断曰：象形表意之字，不若合声之字为良。于进化淘汰之理言之，惟良者存。由此可断言曰：象形表意之字，必代之以合声之字，此之谓文字革命。"只有"直以西文或万国文代中文"，才是真的文字革命。[1]这里将"万国文"与"西文"同视为应该取代汉字的高等文字。

明确提出废灭汉字，以"万国新语"而不是"西文"取代汉字，在1908年。《新世纪》第40号刊有署名"前行"的作者的《编造中国新语凡例》一文，断言："中国现有之文字不适于用，

---

① 真（李石曾）：《革命与进化》，《新世纪》第20号（1907年11月2日），第1页。

迟早必废，稍有翻译阅历者，无不能言之矣。既废现有文字，则必用最佳最易之万国新语，亦有识者所具有同情矣。"认为万国新语具有西方各国语言所不具备的便利性，"中国若能通行万国新语，外国人到中国者亦必习万国新语，于交谈上之利益有未可限量者"，并提出立即编造"中国新语"以向"世界新语"过渡的办法。[①]编者吴稚晖特为这篇文章加了按语表示赞同，且进一步说明汉字低劣当废的理由："以汉文之奇状诡态，千变万殊，辨认之困难，无论改易何状，总不能免"；在印刷上，"汉文检字，至为劳苦。无论分门别类，记取甚难。加以字数太多，则陈盘数十，占地盈丈。每检一稿，便如驴旋蚁转，不出庭户，日行千里。以视西文之数百字类，总括于一盘，高坐而掇拾，其劳逸相差远甚"。[②]

　　吴稚晖在随后（第 44 号）的《新语问题之杂答》中，又转述"前行"续稿提出解决中国文字问题的三法"采用一种欧文""采用罗马字母反切中国语言"和"径用万国新语"中，最有利的是"径用万国新语"。万国新语欧人学之三月可成，"中国人数有四万万之多，入四万万之国，其文字三月可以学成"，则可得"左右世界之力"。同篇转述的还有"新语会会员某君"和"笃信子"的意见，都持此论，认为"万国新语文法不外十六条""字不外二千五百"，"其用直普全球"，"中国略有野蛮之符号，中国尚未有文字，万国新语便是中国之文字"。吴稚晖在评论中对他们的主张都表示赞同，"与其枝节补苴，取劝导者所耗

---

① 前行：《编造中国新语凡例》，《新世纪》第 40 号（1908 年 3 月 28 日），第 3 页。

② 燃（吴稚晖）：《本报附注》，《新世纪》第 40 号（1908 年 3 月 28 日，第 4 页。

之心力，及所设置方法，用之于无谓之预备，不若竟用于优良之代用物为善"，即编造中国新语、用罗马字切音、采用他国文字、运用切音简字等种种过渡办法，皆有格格不入难成运动之困难，徒生枝节，"莫若用全力于万国新语"。[①]

《新世纪》后来谈论文字问题的文章，基本均采这一立场。如署名"苏格兰"的作者写有《废除汉文议》，称"今日救中国之第一要策，在废除汉文。若支那在二十年内能废除汉文，则或为全球大同人民之先进亦易易耳（若今之大多数支那识字人，有如此伟大魄力，能废汉文，则何事不可以为哉）"，这就不仅认定世界语之兴与汉文之废难以分离，而且实际上将世界语与超越前进直达世界大同的无政府主义理想结合了起来，在他们看来，世界语兴起之后，厌弃其本国之语言文字各国皆然，中国与各国处在同一起跑线上了，只要有魄力完全可以超越各国。

世界语的提倡发展到要替代汉语文的程度，自然激起国粹论者的不满。章太炎作长文《驳中国改用万国新语说》，对废除汉字之议力加抨击，指出世界语的非"世界"性，论述汉字当存之理由。[②]曾经学过世界语且倡导世界语甚力的国学家刘师培也站出来，表示"保存汉字有益于世"。[③]新世纪派对国粹派的挑战虽有反驳，[④]毕竟汉字自身的生命力并不站在废汉字论者一边，且发行于法国留学人群的《新世纪》周刊毕竟影响国内有其限度，而

---

① 燃（吴稚晖）：《新语问题之杂答》，《新世纪》第 44 号（1908 年 4 月 25 日），第 2—3 页。

② 章绛（章太炎）：《驳中国用万国新语说》，《国粹学报》第 41、42 期（1908 年 5 月、6 月）。

③ 师培：《论中土文字有益于世》，《国粹学报》第 46 期（1908 年 10 月）。

④ 如燃料（吴稚晖）：《书驳中国用万国新语说后》，《新世纪》第 57 号（1908 年 7 月 25 日）。

国内各种汉字改良运动纷纷兴起对世界语也形成一种"有力的竞争",尤其是第一次世界大战爆发,欧洲各国的世界语运动普遍受到其国内民族主义气氛的抑制和政府的打击,进入"黑暗"时期,所以以世界语取代汉字的论调,并未成势。

第二次以世代汉思潮出现在大约十年之后。民国建立之初政治制度与社会文明水准的不协调,造成帝制复辟和军阀混战,新知识界发生"最后觉悟之最后觉悟",发起新文化运动。这一运动的根本精神,就是推进中国的思想文化进化,也就是整体上告别中国传统文化,走向"世界"文化。这时欧战临近结束,"欧洲之战,杀人盈野,流血漂杵。各国政府,昔以厉行国家主义为事者,今皆自食其报。大战以后,天或悔祸于斯民,使欧洲政府翻然变计,改图平和之事业。谋沟通国际感情之方法,世界语发达一线之望,其在斯乎,其在斯乎!"[1]国际和平新秩序的需要使世界语运动重新出发,世界语继续传播各地,于是引起了中国新知识界比过去更加普遍、更加强烈的关注。在新文化运动的主战场《新青年》杂志上,就曾开展了一场持续四年之久的通信讨论。

《新青年》起初对于世界语只是一般之提倡。1916年11月《新青年》第二卷三号有读者(T.M.Cheng)致书,针对"近来世界主义大昌,于是世界语之声浪广布五州,竟为今日世界注目之物,何其盛也"而舆论界臧否不一的状况,表示自己的意见是"凡系新发明一事一物,断无无用之处,虽无彰明卓著之成绩,而习之亦不致有损无益,究竟多得一种学问也",希望《新青年》编者提供看法。陈独秀给出的简单答复是:"世界语为今日人类必要之事业,惟以习惯未成,未能应用于华美无用之文学,而于朴

---

[1]　胡学愚:《世界语发达之现势》,《东方杂志》1917年第1号,第12页。

质之科学，未必不能达意也。"① 这明显是支持世界语的态度。不过，陈独秀并没有因此断言世界语将有取代中国文字之使命，在这位读者接着来信提出是否应该遵循友人建议"舍世界语而习法文"时，陈独秀答以"足下可暂置世界语而习法文"。②

陈独秀对世界语的意见引起钱玄同的注意。钱玄同当时也服膺无政府主义，极赞成世界语为"人类必要之事业"，唯不同意其"未能应用于文学"，因据蔡元培的介绍，用世界语所译撰之书，"以戏剧小说之类为最多，科学书次之"，在中国，随着文学革命的推动，未来也不会发生"世界语文法如此简单，一义无二字，排比变化有一定，这样呆板板的文字怎样可以作美文"的问题。钱玄同认为，"夫世界进化，已至二十世纪，其去大同开幕之日已不远"，世界语关乎世界主义之事业，应"竭力提倡"；但亦承认"世界为至大同，则各国皆未肯牺牲其国语，中国人自亦有同情。近日遽欲废弃汉文而用世界语，未免嫌早一点"。他的主张是"从高等小学起即加世界语一科"，以世界语为"第二国语"。③

对于陈独秀与钱玄同的世界语热情，陶孟和不太认同。他从语言学理论、民族心理和世界语的功能三个方面说明语言有其历史性和民族性，人造语言缺乏生命力，"世界之前途乃不同的统一（unity in diversity），而非一致的统一（unity in uniformity）"，即使到了世界统一之日，世界语亦非必要。何况"世界语所采用之单语，以英法德意之语为多，若瑞典、挪威半岛之单语采用极

① 《通信》，《新青年》2卷3号，第2页。
② 《通信》，《新青年》2卷5号，第7页。
③ 《通信》，《新青年》3卷4号，第1—4页。

稀，若夫东洋之文字，更全不在世界语之内。吾族民数之巨，吾国文学之丰富，奈何于所谓世界语，反无丝毫之位置耶？"[1] 陶孟和亦为《新青年》同人，同意以进化论看待中西文化问题，即以西为新、以中为旧，但他不同意视世界语为新陈代谢之"新"。

陈独秀和钱玄同遭遇反对，看法反而更进一步。陈独秀答复陶孟和说，世界语为人类之语言，各国语乃各民族之语言，"以民族之寿命，与人类较长短，知其不及矣"，世界语虽不尽完善，终将随世界历史的进步而不断发展，"足下轻世界语之最大理由，谓其为人造的而非历史的也，仆则认为重历史的遗物而轻人造的理想是进化之障也"。[2] 钱玄同补充道，有历史的语言艰深，人造的语言简易，"文字者不过一种记号，记号愈简单愈统一则使用之者愈便利"，"世界上苟无人造的公用文字，则各国文字断难统一"；世界语未采用东方语言单语，看似不合，实际并无不合，因"东方之语言实无采入 Esperanto 之资格"，中国字形字音皆很落后，"中国文字断非新时代所适用"。[3] 钱玄同提倡废除汉字，径用世界语取而代之，认为这不仅是语言的新陈代谢，也是文化新陈代谢的一部分，"欲使中国不亡，欲使中国民族为二十世纪文明之民族，必以废孔学、灭道教为根本之解决；而废记载孔门学说及道教妖言之汉文，尤为根本解决之根本解决。至废汉文之后，应代以何种文字，此固非一人所能论定，玄同之意，则以为当采文法简赅、发音整齐、语根精良之人为文字 ESPERANTO"。[4] 他主张作为过渡方法，可以尽量减少汉字的使

---

① 《通信》,《新青年》3 卷 6 号，第 1—4 页。
② 《通信》,《新青年》3 卷 6 号，第 5 页。
③ 《通信》,《新青年》4 卷 2 号，第 173—177 页。
④ 《通信》,《新青年》4 卷 4 号，第 354 页。

用。这算是第二波"废除汉字"思潮的最清晰表达。

这两波思潮的发动，都得力于一些无政府主义者。前有吴稚晖担纲，后有钱玄同扛鼎，他们和参与鼓动的其他无政府主义人士有意将世界语作为实现社会理想的途径，但处在中国文化新陈代谢的关口，在与论敌的辩论中，言论的重点都落到了汉字应否继续存在的合理性上。在世界语的鼓动者那里，世界语毫不隐讳显示出排斥中国民族语文的倾向。

从另一角度讲，汉字改革其实是中国文化近代转型自身出现的课题，在柴门霍夫的世界语问世之前，这个问题已经出现。晚清维新运动中，知识界已经从普及教育的角度指出汉字的缺点，提出改革汉字问题，卢戆章和王照还先后推出汉字改革方案《一目了然初阶》和《官话合声字母》，只是推行起来困难重重。世界语的东传使汉字改革运动者在困顿的改革方案之外有了一个看似理想的选择，于是出现了这种"中国与世界直接对接"的世界语浪漫主义。

两次废汉字之议，都引起思想界不小的反响，也给世界语运动增加不小动力，使这一运动在新文化运动时期出现前所未有的热络局面，中国最高学府北京大学成为运动的中心。但语言文字是民族长期积淀出的最稳定的文明元素，很难在短期内被人为废止。在中国这个教育远未普及的贫困国家，以"废除汉字"为目的的世界语思潮更缺乏社会基础。很多文字浪漫主义者，用以倡导世界语的方式，仍然还是汉字，他们终究不得不回归文字的现实主义，消解世界语的排他意识。1919年钱玄同曾经询问吴稚晖直接采用世界语做中国文字是否可行，吴稚晖这时答复是："倘使做得到，真是一件可以要得的东西。"① 可见已经没有十年前那样的底气。钱玄同自己在答复读者"非废除中国旧文字而采用万国新语不为功"之论时，也说："我自然主张改用 Esperanto，惟 Esperanto 尚未通用以前，也不能无暂用的记号。"这时他同意汉字、外语都可以暂时与 Esperanto 的传播并行不悖。② 这也就意味着借新文化运动来推动世界语运动，功效其实是有限度的。正如胡愈之所说："世界语比汉文容易学，但是主张世界语代替汉文是错误的。柴门霍夫从未想到世界语是要消灭某国的民族固有的言语，这是要在一定历史的政治经济等条件下决定的。现代中国言语应当有改革，而世界语本身即是伟大的语言学家的创造。它本身有许多地方可供我们研究来改造我们自己的言语，同时，它本身是一种'国际辅助语'。"③

当然以世代汉的思潮，对中国文字改革的方向仍然是有影响的，后来所谓"拉丁化新文字"的道路，明显受到世界语的启发，且得到世界语者的深度参与。拉丁化新文字运动奠基者瞿秋白说："新中国文的字母采取世界语字母做大致的标准，而加以相当的变更。这使得中国接受外国文的字眼来得格外方便，读音和写法都可以和世界语差不多完全相同。所以新中国文也可以叫做 Esperanto 化的中国文。"④

---

① 吴敬恒：《补救中国文字之方法若何》，《新青年》5 卷 5 号，第 493 页。
② 《通信》，《新青年》5 卷 5 号，第 542—543 页。
③ 胡愈之：《世界语历史及其运动》，《中学生》1940 年第 29 期，第 24 页。
④ 瞿秋白：《新中国字母表》，《瞿秋白文集》文学编第 3 卷，人民文学出版社 1985 年版，第 426 页。

三、为中国的"解放"而用世界语

新文化运动之后，近代中国的历史进入政治革命时期。世界语中立的世界主义受到的新挑战，随之变为是坚持超然而普遍的和平友谊理想，还是转而为特定党派价值服务。

中国虽有"天下"优先于"国家"之说，事实上自古以来却是政治大于社会，知识界"泛政治化"的传统源远流长。1927年国民党挥师北伐，建立党国政治，孙中山的三民主义成为国家意识形态，教育文化被要求"三民主义化"，有些世界语者就曾着意于将世界语与三民主义政治目标联系起来。崔观鑫在论述世界语与中国的关系时，在重申"世界语好比现代的天然足，中国文字好比现代的三寸金莲"，于文化、教育上对中国积极有益等理由之先，首先强调世界语对于革命的关系："孙中山先生的三民主义不是民族民权民生吗？要知道欲达到中山先生的民族主义，最先的工作，非从世界语入手不可。……为什么呢？中山先生的民族主义就是大同主义，换句话说，就是使世界上的人们看待同类如同兄弟一样。假若言语不通，那么你说的话我不懂，我说的话你不懂，大家瞠目相对非但是十分困难，怕因此就会发生种种的隔膜，种种的猜测，以及种种不和平的现象。所以世界语是一种极好实现民族主义的利器。"[①]

如果说崔观鑫三民主义论述的落脚点仍然是"大同主义"，没有实质偏离世界语主义的话，那么伍大光撰写的文章，则表现出以世界语直接服务国民党全民革命的用意。他说，三民主义化

---

① 崔观鑫：《世界语与中国的关系》，《复旦实中季刊》1927年第1期，第24—25，20—21页。

根本就是革命化和平民化，要在全体国民尤其是工农群众中贯彻孙中山"必须唤起民众，及联合世界上以平等待我之民族，共同奋斗"的遗嘱，落实"三民主义，吾党所宗，以建民国，以进大同"的教导，当先学与世界各国能够联合斗争的语言文字，这"除却积极推行世界语，简直无路可走"。①

在国民革命过程中，世界语者已经开始自觉不自觉地用行动超越世界语主义的中立性，特别是在"反对帝国主义"的斗争方面。如"五卅惨案"发生后，上海世界语学会将事件真相向各国世界语界作了报道。国民政府建立后，面对日本帝国主义日益严重的威胁和侵略，这种斗争性表现得更加鲜明和强烈。济南"五三惨案"发生时，身处南京政府宣传部门的王鲁彦用世界语编印了《山东问题》，向全世界发行。九一八后，汉口世界语学会联络全国二十多个世界语团体联合发表《我们的宣言》，揭露和声讨日军侵略暴行，②上海世界语协会则喊出了"为中国的解放而世界语"的口号。③在"宣传重于作战"的抗战时期，沟通国际正义力量，反制侵略者的歪曲侮蔑是很重要的工作，"世界语在这一点上说，靠我们两年来的经验，是一种非常有效的工具"。④救亡改变了世界语的原始用途，《申报》评论抗战爆发前一年的世界

---

① 伍大光：《三民主义化的教育与世界语》，陈彩凤、黄秀华、农莉民编《广东青年运动历史资料》第9册，广东省档案馆、广东青运史研究委员会1991年版，第395—397页。

② 符立：《运用世界语抗击日本军国主义者的暴行——记老世界语者符恼武的一段史实》，朝阳大学校友会编《朝阳校友通讯》，朝阳大学校友印，2005年8月，第67—69页。

③ 汤克：《世界语五十年》，《中华公论》1937年第1期，第112页。

④ 陈原：《作为国际宣传用的世界语》，《国民公论》1939年第1号，第37页。

语运动时说:"在过去,一般学习世界语的人,多以世界语作为自己求知或享乐的工具,但在这一年里国内世界语者很少表现在这种由个人主义出发的企图。在北平,在上海、广州,都有大群的世界语者用着世界语来参加救亡运动,他们在'为中国的自由解放而用世界语'之下努力。"[①]

将世界语用于特定政治目标,除了出之世界语者自身,也有出之特定政治组织,尤其是从事秘密革命的共产主义政党。这与国际性的共产主义运动有密切关系。世界语运动的发展,最初的中心在英法,"在战前,'世运'只是一种上层运动,因为柴氏的理想,正合绅士们的口味。'世运'靠着绅士们拿钱和地位来维持"。绅士们都是受过很好的教育的,精通多门外国语,世界语可以是他们的高雅爱好,但不是很迫切的现实需要。到了战后,苏维埃俄国产生了,一种迫切性在下层社会出现了,世界语运动在西方世界以外分化出另一个新的中心。"十月革命后,第三国际代替了第二国际,欧洲工人运动,已逐渐踏上国际运动的途径。在国际会议上,世界语正是沟通彼此间意见的最好的工具。"[②] 因为工人没有条件学习多门外国语,世界语的重要性便突出出来。

俄国苏维埃政权建立后,在各国策动"世界革命",世界语被广泛用于各国革命力量之间的秘密联系,包括在中国的活动。据说1920年年初负责共产国际远东局与北大激进知识分子牵线任务的俄国间谍鲍立维,从任教的天津北洋大学向北大发出的第

---

① 《一年来的中国世界语运动》,《申报》1937年1月10日,又见《文摘》1937年第2期,第15页。

② 胡愈之:《世界语历史及其运动》,《中学生》1940年第29期,第23—24页。

一封信就是以世界语写的。① 同年秋，中国激进知识分子在上海筹组共产党，为掩护革命成立了一所外国语学社，学校设立了世界语班，聘请任教的也是苏俄记者斯托帕尼（Stoppani）。斯托帕尼除教授世界语外，还经常宣传共产主义，介绍苏俄近况，并组织学员赴苏俄考察。②

苏俄向中国输出革命先从激进知识分子开始，因而其输出的革命世界语，早期影响也局限于知识阶层，没有改变中国早期世界语运动的上层知识分子运动色彩。国民革命兴起后，工人和下层知识分子参与进来，苏俄革命文化对中国世界语运动的影响才开始日益明显，接着发生反抗日本侵略的民族战争，世界语成为革命者实现目标的非常革命手段之一。

虽然国共两党都曾受到苏俄的扶持，受扶持最直接、深入、持久的是中共。1927年国民党清共，共产党告别国民革命而转向工农革命，工农革命的观念于是进入世界语运动的视野。1921年苏俄联合各国工人政党成立了专门服务于革命的世界语运动国际组织SAT（全世界无民族协会），1930年又组织更单纯的马列主义世界语组织IPE（无产阶级世界语者联盟）。③ 苏联"无产阶级文学"作品和一些弱小民族国家"进步文学"作品，许多被译为世界语，传到中国。中共及其领导下的左翼文化人士因而十分重视利用世界语，动员和组织世界语者。在其作用下，许多世界

① 程巍:《"世界语"与犹太复国主义——兼论清末"世界语运动"》,《中国图书评论》2010年第12期，第69页。

② 侯志平:《中国共产党与中国世界语运动》，北京市社会科学界联合会、北京师范大学编《小康社会创新与发展》，北京师范大学出版社2003年版，第340页。

③ 叶籁士:《回忆语联——三十年代的世界语与新文字运动》,《新文学史料》1982年第2期，第190—191页。

语者感到"应该拿起世界语这个武器,在中国共产党的领导下,去为创造新中国而斗争",[①] 中国的世界语运动内部出现和平主义"Per Esperanto Por Paco"("为和平而战")和马克思主义"Per Esperanto Por Socialismo"("为社会主义而战")两派,[②] 后者的影响越来越大,使整个世界语运动俨然成为左翼文化运动的重要组成部分。

1931年12月中共领导下的一些世界语者在上海成立了"中国普罗世界语联盟",这个联盟亦称"左翼世界语联盟",与"左翼作家联盟""左翼科学家联盟""左翼戏剧家联盟""左翼美术家联盟"等团体一样,同是"中国左翼文化同盟"(文总)属下的中共外围组织,也是第三国际外围组织"无产阶级世界语联盟"的一部分。他们积极介绍苏联世界语发展,翻译苏联语言学家关于世界语的文章和著作,将世界语与唯物辩证法、反抗资本和帝国主义、工农解放联系起来。[③] 在其出版的机关刊物《中国普罗世界语者》中,一方面向工人宣传世界语,一方面广泛介绍世界各国社会革命。而秘密出版的《中国普罗世界语通讯稿》则重点介绍中共苏区活动。一些左翼世界语者虽然存在具体路线分歧,如胡愈之一派与巴金一派之间,就曾在上海世界语学会内部发生"火并",互相以"安那其主义的后生"和"社会主义的骗徒"相

---

① 杨世秀:《不懈的革命战士著名世界语学者许寿真烈士》,成都市政协文史学习委员会编《成都文史资料选编》"解放战争卷(上卷)",四川人民出版社2007年版,第668页。

② 谷景生:《世界语的精神起源》,中共郑州市委党史研究室编《谷景生与一二九运动》,中共党史出版社2006年版,第242页。

③ 如庆生翻译的《苏联世界语运动小史》,载《文化月报》1932年第1期,乃夫翻译的安屠列夫著《世界语与辩证法》在《抗争》1933年从第10期开始专载。

责骂，[1] 但服务于社会革命之意识形态则是共同的。在中共根据地，世界语更受到公开的扶持，张闻天称世界语是"国际主义的武器"，这个国际主义显然不是柴门霍夫的中立性世界和平主义，而是"全世界无产者联合起来"的革命国际主义。对此，毛泽东说得更清楚，他为延安的世界语展览题词："如果以世界语为形式，而载之以真正国际主义之道、真正革命之道，那末，世界语是可以学的，是应该学的。"[2]

也正因为世界语主要与红色革命发生联系，世界语也连带受到过来自国民党当局的打击。以极大热情"自掏腰包，费尽唇舌，受尽社会上的折磨"，在长沙推行世界语二十年的郑旦和黄培心，虽并未以革命为理想，却也受到"世界语？！什么世界语？！这还不是共党的国际主义的实行？！"的斥责。[3] 抗日战争爆发，"语联"停止了活动。抗战胜利后中共与国民党争夺政权，国民党对世界语的态度遂更加严厉，世界语在不少地方遭到严格限制甚至取缔，有的世界语者遭到监禁和枪杀。

无论以民族解放为使命，还是以人民解放为目标，当世界语服务于血与火的解放事业时，就已经不再是世界语主义的超然和平中立的立场了。但是，与"为中国的进化而用世界语"的偏激不同，"为中国的解放而用世界语"更多体现出形势逼迫下的正义感。亲身经历过世界语和平中立主义向民族解放主义转变历程的梅日新回忆：

---

① 《世界语协会之内幕》，《社会新闻》1933 年第 8 期，第 119 页。

② 魏秀春主编：《中外文化交流史轶闻趣事》，山东画报出版社 2008 年版，第 84 页。

③ 易刚：《推行世界语的无名英雄郑旦、黄培心》，《人物杂志》1949 年第 1期，第 50 页。

当时有一种错误的观点，提出什么"实行世界语主义，才可以实现世界和平"。其时，正是日本帝国主义侵略我东北三省，铁蹄所到之处杀人放火，奸淫抢掠，使我国山河变色，广大同胞陷于水深火热之中。残酷的事实告诉人们，不打倒日本帝国主义，哪有和平可言？后来，进步的世界语者提出"为祖国解放而用世界语"，"拯救中国，就是拯救和平"，并指出"把世界语运动与中国人民救亡运动和世界人民争取自由解放斗争结合起来"，世界语才有生命力。[①]

同时也要看到，以民族解放为使命与以人民解放为目标之间，存在着具体的历史关联。九一八事变之后世界语者致力于民族解放的努力，与世界语者参与的中共领导下的无产阶级左翼文化运动的开展，在实践上和组织上都具有重叠的情形。实际上这与中共当时的斗争策略有极大关系。当时国民政府"攘外必先安内"的国策，对外不激化矛盾，对内着力打击地方割据势力，包括红色武装割据。中共的阶级革命在遇到极大压力的情况下，宣传策略上以"民族解放"补充甚至取代"人民解放"，通过激发社会各界的民族热情而获取对党的同情，正是找准了国民党当局的软肋。

当时正当"九一八事变"之后，日本侵略者占我东北，国民党当局对外投降，对内围剿屠杀人民；在中国共产党的号召下，广大群众日益觉醒，救亡运动的怒潮汹涌澎湃。但是由于帝国主

---

① 凯芳居：《穗绿点滴：回忆三十年代世界语运动在穗活动的几个片断》，梅日新、吴锦华著《凯芳居文集》，广州市政协 1999 年版，第 13—14 页。

义和国民党的新闻垄断和封锁，中国的真实情况、中国人民的呼声传播不出去。中国人民的斗争是同全世界人民的斗争分不开的，必须千方百计打破这种封锁，让全世界听到中国人民的呼声——这是个迫切的任务。在这个问题上，世界语提供了与各国人民直接沟通的一条渠道。①

叶籁士的这段回忆，正说明这种背景。可以说，在中国近代历史进入政治革命的阶段，中国的世界语运动的主流，当属"共产主义"性质。

四、结语

世界语的引入和世界语运动在中国的开展，是"千年未有之奇变"下西学东渐潮流的一部分。它属于"西学"，因为它出自西方，它的基本语言成分也由西方语言构成，最先形成风潮也在西方；但它又不同于一般的"西学"，不是一种成熟而被普遍认可的文化，而是呈现出草创性、试验性、业余性的特征。这种不成熟的西学，之所以很快引起中国知识界的高度关注，与晚清民初中国面临文化转向而文化观念却尚处于不清晰状态有极大关系。假若世界语发明更早或更迟几十年，它所引起的反应可能有较大不同。可以说，在"学术饥饿"的时代，对所有来自"先进"西方的文化不加选择的"拿来主义"是很难避免的。世界语作为一种特殊的"西学"，进入中国读书人视野之后，难免渗入一些特殊的情感和想象因素，加之中国近代历史演进中的复杂性，使

---

① 叶籁士:《回忆语联：三十年代的世界语与新文字运动》,《新文学史料》1982年第2期，第190页。

得其运动过程在中国呈现出自身特有的面貌。

世界语本来持超国家、超民族、超文化传统、超政治意识形态的中立的世界主义立场，而且中国的传播者自始至终也知道这种人造语言的中立性和作为民间国际交流工具的意义，但他们在传播过程中，却很清醒地将这种语言与中国文化改造的目标联系起来，包括一些文化名流在内的支持者很高调地主张用这种即使西方也不普遍的最"先进"的"未来语言"，来取代中国的固有文字，使中国在文字上能够超越西方而前进。这明显违背了世界语运动的本意，而且推行起来困难重重，但并没有使他们"迷途知返"。一些世界语推动者在事实面前不得不退却之后，退而求其次，将拉丁化新文字作为过渡性的新方案。这说明文化传播中的变异不仅仅是土壤异质使然，在某些情况下，也是文化精英心理焦虑的结果。

世界语运动在中国的推进，不仅与中国特有的文化运动有关联，也与中国特定的政治运动发生密切的关系。老世界语者胡绳说过："语言是工具，本身并没有政治倾向，任何倾向都可以利用它。但世界语是一种人造语言，创造它的人曾赋予它以特定的思想。以后推广世界语的人们也往往把它和某种社会政治思想、某种倾向联系起来。"①而一旦世界语与政治运动发生联系，情形就变得更为复杂。一方面，随着五四运动后文化向政治的转换，世界语运动曾先后主动介入到国民革命、土地革命、抗日战争中去，另一方面，也涉及特定政治组织对世界语运动的刻意运用。世界语特有的浪漫想象空间对追求理想社会的人士有天然的吸引力，

---

① 胡绳：《叶籁士和世界语》，《叶籁士文集》，中国世界语出版社1995年版，第2页。

清末无政府主义者曾声称万国新语是无政府世界的语言，后来的共产主义者也想象世界语可以替代各国语言。这或许也能从中国理想主义者具有的"超西方的西方"情结中得到解释。不过无政府主义者很少将世界语用于政治运动，而共产主义者在实际政治斗争中最注重的还是世界语的工具属性。世界语在各国分布面广而识别者寡的状况，使它无形中具备了"秘密语言"的功能，基于这一功能，在共产国际和中共的有意经营之下，世界语运动逐渐集中到中共的旗下，从而具备了特定的政治色彩。

由于得到革命党派的扶持，世界语在中国出现过有起色的发展，然而，当革命消退之后，"秘密语言"的功能不再显得重要，世界语的地位就难免处于可有可无、可红可黑的尴尬境地。1949年后世界语者曾被整合从事红色中国国际宣传，建立了全国统一组织"中华全国世界语协会"，发行了机关刊物《人民中国报道》（后改为《中国报道》）。在"政治高于一切"和政治运动一波未平一波又起的形势下，中国世界语运动的革命宗旨仍然高调持续。尽管如此，由于世界语天然的世界主义背景，在那个看重身份纯粹性的时代，它还是遭遇过冲击和压制。50 年代《人民中国报道》曾因为东德提出"世界语是世界主义的产物，应予反对"[1]而一度停刊（后又因苏联和东欧国家改变对世界语的态度而复刊），"文革"中许多世界语者被视作潜在的"通敌者"而受到打击。直到改革开放，中共开始从革命党向执政党转换，世界语才脱出其政治角色，回归到其中立色调和纯粹国际民间交流的工具意义。中华全国世界语协会正式加入国际世界语协会，还多次在中国举办国际世界语大会。中国世界语者积极谋求与各国世界语者合作，

---

① 陈日浓：《中国对外传播史略》，外文出版社 2010 年版，第 113 页。

推动世界语成为联合国未来公文语言。[①] 老一代世界语者寄语："世语通声气，天下成一家。齐心勤耕作，和平友谊花。"[②] 新一代的世界语爱好者深知，"学习世界语，了解世界事，建立世界友"才是世界语的本位精神，世界语"是中立语言、中间媒介，绝没有偏向和偏见"。[③] 政府方面也承认，"世界语诞生117年来，作为一种中立的语言，为人类和平、友谊和相互理解作出了独特贡献"。[④] 然而吊诡的是，当它回归本来面目而得到从容而生活化的发展之时，它的社会能见度却似乎也在降低。语言学家周有光指出，世界语并不能作为全球村时代的共同语，"这种人造语的规则简单，学习容易，但是应用范围不广，图书资料稀少，只相当于一种小语种，不能适应现代政治、贸易和科技等领域的复杂需要"。[⑤] 这似乎说明，一种本来不成熟的文化，要在移植中获得本质性的生命力，还需要经受寂寞的成长与时间的考验。

---

① 楚图南：《关于世界语运动的三个问题》，麻星甫、王淑芳选编：《楚图南集》第2卷，云南教育出版社1999年版，第648页。

② 楚图南：《赠世界语之友协会诸同志》，麻星甫、王淑芳选编《楚图南集》第1卷，云南教育出版社1999年版，第597页。

③ 龚成：《席乡情》，宁波出版社2010年版，第296—297页。

④ 时任全国人大常委会副委员长许嘉璐在2004年7月北京主办第89届国际世界语大会开幕式上的讲话，见童之侠编著《国际传播语言学》，中国传媒大学出版社2005年版，第335页。

⑤ 周有光：《周有光语言学论文集》，商务印书馆2004年版，第160页。

中国近代大学的产生和早期成长 *

中国的近代大学诞生于清朝末年。它的产生既是世界政治变动的体现，也是清廷帝国政治危机的结果。受制于政治环境的约束，新式大学的成长在晚清时期困难重重，始终没有突破"萌发"的范围。民国建立后，虽政治风云急剧变化，中国大学却既有质的提升，也有量的扩张。质上提升的突出表现是教育宗旨从造就臣民向造就公民的转变，以及以最高学府北京大学为代表，大学被改造成完全的现代学府；量上扩张则突出表现在壬戌学制确立后，全国出现大量新的大学。

一、晚清政治困境下的"新学"呼唤和第一个近代学制的颁行

清王朝经历"康乾盛世"，到道光朝发生大转折。中国王朝治乱兴衰的循环铁律再次展现它的威力。盛世增值的大量人口，与土地存量矛盾激化，加之吏治腐败、行政无能和土地兼并，使得越来越多的人遭遇生存危机。生存危机引发政治危机，民变四起，天地会、哥老会、天理教、太平军、捻军先后叱咤南北，朝廷疲于应对。屋漏偏逢连夜雨，正当清廷国运趋于衰败之际，欧西列国经过工业革命，迅速将贸易体系向全球扩张，他们在坚船利炮的加持下，撞开了中华帝国的大门。通过侵略战争，西方列

---

* 本文为教育部重点研究基地重大项目"近代大学与中国政治"研究成果之一。

强逼迫不甘心就范的清王朝签下一系列割地赔款丧权辱国之条约，中国国土沦丧，国力凋残，国权尽失，亡国气象尽显。

为了挽救这个政权，辛酉政变上台的新当权者一方面确定安内为优先、对外妥协而远近有别的方针，"就今日之势论之，发捻交乘，心腹之害也。俄国壤地相接，有蚕食上国之志，肘腋之忧也。英国志在通商，暴虐无人理，不为限制则无以自立，肢体之患也。故灭发捻为先，治俄次之，治英又次之"。[①] 另一方面逐渐放弃"天朝上国"的旧思想，形成了一套"以夷攻夷"，"以夷款夷"，"师夷长技以制夷"的应对策略。[②] 这套策略是有先见之明的思想家魏源在鸦片战争结束后提出的，"以夷攻夷"，"以夷款夷"，主要从外交手段上应对列强对中国的侵略，因为他看到了中国与列强之间力量的悬殊，也看到了列强之间利益的矛盾和冲突，认为运用外交智慧借力打力，可以减少对中国的损害。"师夷长技以制夷"则是改革自身而富国强兵，从根本上消除外患同时也消弭内乱之大计。

"以夷攻夷"，"以夷款夷"，"师夷长技以制夷"的策略，在第二次鸦片战争之后得到实施。清廷设立总理各国事务衙门，试图经营"以夷攻夷"，"以夷款夷"之事，虽收效甚微；清廷又通过部分朝臣与疆吏的联动，发起一场规模可观的"师夷长技以制夷"的自强运动，史称"洋务运动"。在这场运动中，不少在镇压太平军和捻军中起家的封疆大吏认识到"数千年未有之奇变"的现实，积极办洋器，创办诸如江南制造总局、天津电报局、福

---

① 奕䜣：《请设总理衙门等事酌拟章程》，《筹办夷务始末（咸丰朝）》卷七十一，中华书局 1979 年版，第 18 页。

② 魏源：《海国图志》，中州古籍出版社 1999 年版，第 67 页。

州船政局等一大批近代工业，学习西方强国制造坚船利炮，建立北洋水师等近代海军，成为清王朝的中兴名臣。他们的一些幕僚，如李鸿章的幕僚冯桂芬、王韬、郑观应等，以及一切出使过欧西国家的士人如郭嵩焘等，在与洋人的交涉往来中，更看到西方物质文明背后的文化力量。他们对洋务运动急功近利、目光短浅的局限深有感触，认为应该深入到文化教育层面去学习西方。冯桂芬提出，中国应当改革科举制度，废除八股文，采用西方的科学学术系统和教育系统；郭嵩焘赞扬日本派遣青年到英国学习法律和经济学，认为知识（而非军事）才是良好政府和繁荣国家的基石。他们提出的"新学"主张，与他们同时提出的"变政"主张一样，遭到当局的冷遇和敌视。

洋务派在举办军事工业的过程中需要新型技术人才，所以在他们的洋务"特区"创办了一批洋务学堂，包括一些外语专门学校，如1862年创办的京师同文馆、1863年创办的上海广方言馆、1864年创办的广东同文馆等；一些工业学堂，如1866年办的福建船政学堂、1867年办的江南制造局机器学堂、1879年办的天津电报学堂、1882年办的上海电报学堂等；一些军事学堂，如1880年的北洋水师学堂、1885年的天津武备学堂、1886年的广东陆师学堂、1887年的广东水师学堂、1890年创立的南京水师学堂、1893年的天津军医学堂、1895年的南京陆军学堂和湖北武备学堂等。这些学堂一边坚持传统经学讲习，一边也讲授一些工具性的语言和专门技术，但基本处在"习艺"的层次，与"新学"相去尚远。

而同期开始向西方学习的日本，则因为其学习比中国更深入更完整，迅速崛起，并加入到觊觎中国的行列中来。中日之间的甲午一战，宣告了清廷急功近利片面洋务路线的破产。瓜分豆剖的惨痛局面，使清廷政治陷入绝境。大批官绅认识到亡国灭种的危机，要求"变政""新学"，不仅要在官制和政体方面采用西法，在学术教育方面也要从"习艺"走向"立学"。维新思想领袖康有为说："泰西之所以富强，不在炮械军兵，而在穷理劝学。"[①] 梁启超亦言："变法之本，在育人才；人才之兴，在开学校；学校之立，在变科举。"[②] 他们批评洋务学堂，"至今数十年，未尝有非常之才出乎其间，以效用于天下"，"所学者，不过语句、拼字、文法之类，去西学尚远甚"，"虽靡巨万之资，竭数十年之力"，却"仅为洋人广蓄买办之才"而已。[③] "立学"就不能满足于在传统科举体制之下办几个洋务学堂，而要从根本上改变传统的科举教育体制，取法世界强国的学校制度，重建中国的学校体系。

面对政治失败和舆论压力，清政府不得不回应开明士绅的呼求，一面尝试政治改革，一面开启新式教育。1898 年 6 月 11 日，光绪帝发布《定国是诏》开始变法，变法期间就开办新学堂屡发上谕，要求各地所有书院、祠庙、义学、社学一律改为中西兼学的学堂：县城为小学堂，府治为中等学堂，省会为高等学堂；奖励私人兴办中西兼学的中、小学堂；各衙门地方筹设铁路、医学、编译、农务、矿务、茶务、蚕桑等专门学堂。而中央则筹办京师大学堂"以为各行省之倡"。光绪帝在诏书中还下令废八股、改

① 康有为：《上清帝第二书》，《康有为全集》第二卷，上海古籍出版社1990 年版，第 95 页。

② 梁启超：《变法通议》，《饮冰室合集》文集一，中华书局 1989 年影印版，第 10 页。

③ 梁启超：《变法通议》，《饮冰室合集》文集一，中华书局 1989 年影印版，第 61、62、64 页。

科举，以减少新学教育阻力。然而 9 月 21 日慈禧太后发动政变，除京师大学堂得以幸存，其他新法均被废止。

不过倒退难以长久，在保守逆流下发生义和团事件之后，清廷承受了八国联军的沉重打击和辛丑条约的巨大代价，不得不重启新政，兴办新式教育再次成为新政重点之一。1901 年 9 月 14日，清廷颁布《兴学诏书》，认可"兴学育才，实为当务之急"，为此"除京师已设大学堂，应切实整顿外，着各省所有书院，于省城处均改设大学堂，各府及直隶州均改设中学堂，各州县均改设小学堂，并多设蒙养堂"。①

1902 年 8 月 15 日，清政府以《钦定学堂章程》之名公布了管学大臣张百熙拟定的系列"学堂章程"（史称"壬寅学制"），包括京师大学堂章程、高等学堂章程、中等学堂章程、小学堂章程、蒙学堂章程等，规定各类学堂的培养目标、入学条件、修业年限和课程设置诸节，这无疑是使新式教育按章有序推进的尝试。张百熙认为："值智力并争之世，为富强致治之规，朝廷以更新之故而求之人才，以求才之故而本之学校，则不能不节取欧、美、日本诸邦之成法，以佐我中国二千余年旧制，固时势使然。"②

不过张百熙以个人之力拟定的章程虽得公布，却因政争而未得施行。得到施行的是这套章程的改进版。1903 年张之洞、荣庆等人奉旨参与学堂章程修订，确定了《蒙养院章程及家庭教育法章程》《初等小学堂章程》《高等小学堂章程》《中学堂章程》《高等学堂章程》《大学堂章程》《通儒院章程》，及《初级师范学堂

---

① 朱寿朋：《东华续录》"光绪一百六十九"，上海图书集成印书局 1909 年版，第 1 页。

② 张百熙：《进呈学堂章程折》，光绪二十八年七月十二日，舒新城编《近代中国教育史料》第二册，中华书局 1928 年版，第 2 页。

章程》《优级师范学堂章程》《实业教育讲习所章程》，和《各学堂管理通则》《任用教员章程》《各学堂奖励章程》等共二十二类章程（史称"癸卯学制"），1904年1月以《奏定学堂章程》总名颁布实施。

新政中基于"欲推广学校，必自先停科举始"的认知，1905年也将戊戌政变后一度复旧的科场断然废除，这一举动标志着中国传统教育体制的终结。也在这一年，清政府成立了学部作为统管全国学务的最高管理机关，指导各省、县学务机构开展新式教育事业，近代学校教育全面启动。

二、晚清大学堂的创办

清政府兴办新式教育，是小学、中学与大学同步启动的。根据癸卯学制，学校系统纵向分为三段七级，分别为初等段（设蒙养院、初等小学堂和高等小学堂三级），中等段（设中学堂一级），高等段（设高等学堂或大学预备科、分科大学、通儒院三级）。横向又分为多种。初等学堂段中，与初等小学堂并行的有艺徒学堂，与高等小学堂并行的除艺徒学堂外还有实业补习普通学堂和初等农工商业学堂；与中学堂的并行的有初级师范学堂、中等农工商实业学堂；与高等学堂并行的有优级师范学堂、实业教员讲习所、高等农工商业学堂以及译学馆、仕学馆等。当时各省的高等学堂系列虽然程度仅相当于大学预科，广义上也属于大学范畴。京师大学堂的设计就是将预备科、分科、通儒院三者合为一体的。

近代大学是高等学术机构，代表高深学问的创造，也是高等教育机构，代表高深学问的传承。

中国是一个尊学重道的国度，三王时代就有完整的学校系统，而教育的内容就有"小学"与"大学"之分。夏之东序，商之右学，周之上庠，皆为演习和传授"大学"的学校。在后来的历史演变中，着眼于治国安邦学问的"大学"学府，或称太学，或称国子监，或称翰林院，都有国立大学之实。而春秋之际，私学兴起，到唐宋时期各地硕学大儒纷纷建立聚徒讲学、研磨道理、砥砺性情的书院，则有着私立大学的风貌。不过，近代中国的大学，却并不是这一传统的直接延续，而是效法西方近代学术和教育体制的结果。

西方近代的大学产生于文艺复兴时期，其渊源有二：一是来自西亚的希伯来神学教育系统，一是来自南欧的希腊罗马学园系统。文艺复兴时期的欧洲，将基督教信仰传统与古希腊智慧传统相结合，自发建立起一批享有高度自治和学术自由的、集学术研讨与知识传承于一体的类似于行会的团体，取名为大学，如意大利的博洛尼亚大学、法国的巴黎大学、英国的牛津和剑桥大学、德国的柏林大学等。早期大学按领导体制可分为"学生"大学与"先生"大学两种：前者由学生主管教务，教授的选聘、学费的数额、学期的期限和授课时数等，均由学生决定；后者由教师掌管校务，学校诸事均由教师决定。大学的课程开始并不固定，后趋向统一，应社会需求分文、法、神、医四科进行学习。学生修毕大学课程，经考试合格，可得"硕士""博士"学位。

随着欧美国家的民主革命和工业革命的推进，西方大学宗教性越来越淡化，学科不断扩张和分化，学位体系、教研体系、社会关系体系越来越健全；而且在历史发展中，结合各国实际，逐步形成了多种不同的风格。比如德国大学以学术探索为最高宗旨，英国大学注重学生人格陶养，美国大学崇尚以智慧服务社会。但无论风格如何，都有着一些共同元素：探索学术、传承学术、运用学术；学术自由、学人自治、学校自主。这与中国传统科举制下的学府截然不同。

清廷所设计的大学制度，以西方大学为追随目标，却非直接取法欧美，而是以学习西学卓有成效的日本为摹本。日本受中国鸦片战争惨败的震撼和1853年美国"黑船"叩关的冲击，在幕府时期即开启了"洋学新政"，建立了医学所、矿山学校、军舰操练所等众多的洋学机构。明治维新后，日本确立"文明开化"国策，成立文部省（1871）指导全国学术教育发展。1872年8月，文部省正式推出《学制》，规定实行中央集权的大学区制，全国划分为8大学区，每区各设1所大学；每个大学区下设32个中学区，各设1所中学；每个中学区下又设210个小学区，每区设1所小学。按此规定，全国共设8所大学，256所中学，53760所小学。[①]1877年东京大学在文部省主持下率先建立。1886年文部大臣森有礼对学制加以改革，发布《帝国大学令》《师范学校令》《高等学校令》《中学校令》《小学校令》等一系列新的"学校令"，日本学校形成一个以帝国大学为顶端结构的体系。根据《帝国大学令》，大学须官府兴办，培养人才以国家需要为目的。东京大学于是改建为东京帝国大学，建立文、理、法、医、工、农等分科大学和大学院所组成的综合性大学，成为后来系列帝国大学的

---

① 伊文成、马家骏主编：《明治维新史》，辽宁教育出版社1987年版，第519页。

样板。① 日本学制同时认可单科专门学校作为与大学并行的高等
教育一部分。

晚清学制中的京师大学堂也是全国学校体系金字塔的顶端。
按照《奏定京师大学堂章程》，京师大学堂将分设八个学科：经
学科（《周易》、《尚书》、《毛诗》、《春秋左传》、《春秋》三传、
《周礼》、《仪礼》、《礼记》、《论语》、《孟子》、理学），政治科（政
治学、法律学），文学科（经学、史学、理学、朱子学、掌故
学、辞章学、外国语言文学），格致科（天文学、地理学、高等
算学、化学、物理学、动植物学）、农业科（农艺学、农业化学、
林学、兽医学），工业科（土木工学、机械工学、造船学、造兵
器学、电气工学、建筑学、应用化学、采矿冶金学），商务科（簿
记学、产业制造学、商业语言学、商法学、商业史学、商业地理
学），医术科（医学、药学），学制三至四年，是为大学本科。本
科之外，同时设立预备科和通儒院。预备科相当于各省自设的高
等学堂，学制三年，学生毕业后考试合格升入京师大学堂分科大
学。通儒院即日本大学的大学院，西方大学的研究院，分科大学
毕业生可入深造，学制五年，以"能发明新理，著有成书，能制
造新器，足资利用为毕业"。

实际操作上，京师大学堂的情况远未达到章程的目标。京师
大学堂是 1896 年 6 月由刑部左侍郎李端棻在给清政府的《请推
广学校折》中提出，1898 年光绪帝在"百日维新"中（于 7 月 3

---

① 此后又相继在本土成立六所帝国大学：1897 年京都帝国大学，1907 年
东北帝国大学，1911 年九州帝国大学，1918 年北海道帝国大学，1931 年大阪帝
国大学，1939 年名古屋帝国大学；在殖民地建立两所帝国大学：1924 年朝鲜的
京城帝国大学和 1928 年台湾的台北帝国大学。

日）正式批准设立的，① 梁启超为其起草《筹议京师大学堂章程》，提出"兼容并包""中西并用"的办学原则，"一曰中西并用，观其会通，无得偏废；二曰以西文为学堂之一门，不以西文为学堂之全体，以西文为西学发凡，不以西文为西学究竟"。"本学堂以实事求是为主，故不得如各省书院之虚应故事，亦非如前者学堂之仅袭皮毛，所定功课必当严密切实，乃能收效。"② 变法运动悲剧性结束后，新法尽废，唯京师大学堂筹设案以"萌芽早，得不废"，但京师大学堂处境却变得举步维艰。经管学大臣孙家鼐的筹备，大学堂 1898 年 12 月正式开学。许景澄任中学总教习，美国传教士丁韪良任西学总教习。受清廷政治复归保守的影响，梁启超等原拟的大学堂办学方针和教学内容被改变，大学部仅设仕学馆，开设课程仍以传统儒家经典为主，教席大都来自翰林院，西学课程很少。学生人数也很少，开学时不满 100 人，他们仍以入仕为目标，故须参加科举考试取得功名。此所谓"戊戌大学"。其实此期京师大学堂并不具备近代大学的基本属性，而更像是传统社会的"太学"或"国子监"。

大学堂办理不到两年即因义和团事件而停办。1901 年，与

---

① 李端棻于 1896 年 6 月 12 日上《时事多艰需才孔亟请推广学校以励人才而资御侮折》，认为国势决定于人才，主张自京师以及各省府州县皆设学堂，提议筹办京师大学堂。光绪帝当日谕示官书局大臣孙家鼐"察度情形筹办"。1896 年 1 月孙家鼐《议复开办京师大学堂折》，提出京师大学堂在办学宗旨、校舍建造、学科设置、教习聘请、学生招录、经费筹措等方面的具体设想，得光绪帝赞同，但恭亲王奕䜣和军机大臣刚毅以经费困难等由主张缓办。到 1898 年初，与康有为交厚的御史王鹏运上《需才孔亟请饬速设京师大学堂折》，光绪帝谕令军机大臣会同总理各国事务衙门王大臣妥筹具奏，5 月底恭亲王奕䜣亡，维新派加紧推动光绪帝变法，建立京师大学堂成为维新项目之一。

② 军机大臣、总理衙门：《遵筹开办京师大学堂折附章程清单》，舒新城编《近代中国教育史料》第 1 册，中华书局 1928 年版，第 138、139 页。

列强签约后返回京师的清廷，为维护它难以为继的统治，迫于内外压力，宣布实行新政。1902年下令恢复京师大学堂，任命吏部尚书张百熙为管学大臣，吴汝纶和辜鸿铭任正副总教习，负责筹办。张百熙有意从头做起，脚踏实地，将京师大学堂稳步推向正规大学。他决定在条件不成熟时暂不办分科大学，而从大学预备科和速成科办起。预备科按分科大学规制设置，分政、艺两科，前者包括经、史、政治、法律、通商、理财等，后者包含声、光、电、化、农、工、医、算等。速成科分为仕学、师范二馆，前者为清廷中下层官员提供培训，后者招收取得功名而未入仕者，毕业后可任学堂教习。后清廷将京师同文馆并入京师大学堂，改为译学馆，分设英、俄、法、德、日五国语言文字专科，京师大学堂于是有二科三馆。1902年清廷改管学大臣为学务大臣，仍由张百熙担任，统辖全国学务；另设总监督专管京师大学堂事宜，派张亨嘉为第一任总监督，京师大学堂不再兼有全国教育最高行政管理机关的职能，而成为单纯的大学。是年10月速成科举行招生考试，仕学馆和师范馆共录取学生192名。12月17日，京师大学堂举行入学典礼，正式开学。1904年，大学堂预备科招收了第一届学生，而师范馆改为优级师范科（1908年5月京师大学堂优级师范科改名为京师优级师范学堂独立设校）。1909年132名预备科学生毕业，开始筹备分科大学。1910年，京师大学堂开办分科大学，共开办经科（《诗经》《周礼》《春秋左传》），法政科（政治、法律），文科（中国文学、中国史学），格致科（地质、化学），农科（农学），工科（土木、矿冶），商科（银行保险）共七科十三学门，京师大学堂在形式上正式成为完整大学。在分科大学开学的第二年，辛亥革命爆发，清廷随之灭亡，京师大学堂被民国接管并更名为北京大学（校）。这样，京师大学堂在未脱旧学阴影的情况下，未等到分科大学学生毕业，就结束了它的开创时期。民国时期，经过严复等校长的经营，尤其是经过蔡元培校长的改革，北京大学才真正建成一所"兼容并包、思想自由"的、"研究高深学问"的近代综合性大学。

大学堂的常年经费，主要来源于户部将所存于华俄道胜银行的五百万银两的利息，每年21.2万两全数拨付，不足部分由各省筹措来补充，清廷将各省按财力水平分为大省、中省、小省，规定分别每年筹银二万两、一万两、五千两上交大学堂。不过由于各省财政吃紧，实际上往往少交或欠交，所以大学堂的发展也常受制于经费的拮据。

依癸卯学制大学堂章程，全国除京师大学堂之外，各省不得再设大学堂，而只能开办高等学堂和专门学堂，但出现两个例外。一为北洋大学堂，一为山西大学堂。

北洋大学堂在京师大学堂之前已经成立，为洋务官僚盛宣怀所创办。盛宣怀是洋务领袖李鸿章的得力干将，对洋务运动和洋务教育的弊端有切身的了解，1892年掌津海关道，就开始筹备办一所真正的西式大学，经三年准备，并奏朝廷允准，1895年10月学校成立，盛宣怀自任监督（校长）。学校初名北洋西学学堂，习称北洋大学堂（1903年正式更名为北洋大学堂），[①] 校址设在天津大营门外的梁家园（1902年校址迁西沽）。这所大学的成立，可视为洋务学堂的升级，它最早实现从"习艺"向"立学"转变，

---

① 瞿立鹤：《清末教育西潮：中国教育现代化之萌芽》，台北："国立编译馆" 2002年版，第673页。

象征着洋务派部分人士洋务认识的突破。

北洋大学堂虽已属"立学"性质，却仍注重实用，初办时设法律、土木工程、采矿冶金、机械工程四科，这与当时清廷处理内政外交和兴办实业急需国际法和科技人才有关。后来学科虽有增设，如增添铁路工程、师范等科，仍突出实用特色。其迥异于洋务学堂者，一是办学宗旨不受"中体西用"戒条制约，从创办之始，就以美国大学为蓝本，且以哈佛大学、耶鲁大学等名校为楷模，设头等学堂（即大学本科）和二等学堂（即大学预科）来正面学习近代西洋学术。二是设施完善，图书、标本、仪器、实验器材都尽量从美国购置，订阅的世界权威学术期刊从创校之初就超过百种，非任何洋务学堂可比。三是师资的配备，聘请美国教育家丁家立为总教习总理校务，按照国际标准办学，所聘师资严格遴选，50多位教员先后由美国和欧洲、日本聘来，也聘用一些华人教习，获聘者待遇极优厚。四是招生，学校招生时坚持高标准，宁缺毋滥。第一年招生时，逾千人报考，最后录取不到二十人。有一年对外招考本科新生时，合格被录取的只有法科一人（其他同届学生为预科毕业升入本科）。当时中国读书人仍然视科举为正途，为吸引优秀生源，大学堂给予学生优裕学习条件，书籍笔墨等学习费用、食宿等生活费用、交通费用都由学校提供。第五，教学方面，学校重视教学的规范化，曾主编了一套"北洋大学丛书"作为教材，其中一些著作后来流传很广，如丁家立的《英文法程》、任纳福的《世界通史》等。学业考试采取淘汰制，确保学风的纯正。由于是完全的新式办学，其办学（除因1900年义和团事件发生停办三年）成绩获得国内外普遍肯定，不少学生毕业后直接进入先进国家名校留学深造。1899年中国近代第一批大学毕业生走出北洋大学堂，第一张大学文凭钦字第一号的获得者王宠惠是法律科毕业生，后来成为著名法学家和中华民国第一任外交总长。到清朝覆灭时，北洋大学堂头等学堂共毕业法科学生 9 名，工科学生 35 名。[①]

山西大学堂成立于《兴学诏书》发布后，比京师大学堂晚，是 1902 年初山西巡抚岑春煊遵朝廷谕旨在太原最著名的书院令德堂基础上改设的。山西候补道姚文栋为首任督办，高燮曾（翰林出身，曾任山西提学使）为总教习，谷如墉（进士出身，曾任晋阳书院山长）为副总教习，以太原文瀛湖南乡试贡院作为临时校址，接收晋阳书院和令德堂学生，正式开学。当时各省均奉旨将当地旧式书院改办为大学堂，如浙江改求是书院为浙江大学堂，湖北改两湖书院为两湖大学堂，湖南改求实书院为湖南大学堂，广东改广雅书院为两广大学堂，山西改令德堂为山西大学堂，陕西将味经、崇实两书院合并为宏道大学堂，河南筹办河南大学堂。这些大学堂实际上都有名无实，《奏定学堂章程》发布后，被要求一律改为省立高等学堂，程度相当于高级中学或大学预科，毕业生可考入京师大学堂分科大学就读。山西大学堂是唯一仍作为大学堂得以侥幸保存下来的，原因与英国在华传教士李提摩太加入合办且签有合办大学堂合约有关。

在 1900 年的义和团事件中，山西仇杀外国传教士 130 余人，教案特别严重。八国联军占领北京后清廷委派李鸿章为全权特命大臣与列强议和，山西省府则邀英国耶稣教浸礼会在华传教士李提摩太赴晋协助解决教案问题，议决由山西当局向受害传教士

---

① 金以林:《近代中国大学研究》，中央文献出版社 2000 年版，第 9—18、32—33 页。

赔款五十万两白银。受理赔款的李提摩太认为山西教案之所以发生，在于山西风气闭塞文化落后，遂于1901年3月曾向李鸿章与奕劻提议，将这笔款项用来在太原创办一所中西大学堂，学近代文化，开晋地风气，并于5月29日递交了《上李傅相办理山西教案章程七条》，陈述具体办法，获得李鸿章、奕劻赞同。李鸿章电告山西巡抚岑春煊遵办。10月岑春煊曾派洋务局提调周之骧赴上海与李提摩太面谈此事并议定了创办中西大学堂合同八条。1902年初，李提摩太偕人来太原拟签订正式合同时，知晋省已办起了山西大学堂，于是建议岑春煊将山西大学堂与他拟创办的中西大学堂会并办理，内设两部：一部专教中学，由华人负责；一部专教西学，由李提摩太本人负责。此议涉及教育主权和传教问题，岑春煊初未敢应允，后经反复多方沟通，议定合办山西大学堂的合同二十三条，于1902年6月7日双方签字，呈报朝廷。按照合同，山西大学堂原有部分改为"中学专斋"，总理为谷如墉，总教习为高燮曾，新增部分（即拟办中西大学堂）为"西学专斋"，总理为李提摩太，总教习为李提摩太所聘请的西人敦崇礼。岑春煊专令拔贡院附近皇华馆学台衙门西院作为西学专斋办公、上课和教习宿舍之用。

山西大学堂"中斋是旧学制旧官制，西斋是新学制旧官制"。[①]西学专斋完全按西式大学办理，于1902年6月26日开学。教习多为外籍人，教学内容和方法基本上与英国学校相同。课程分预科（三年）和专科（即分科大学，四年）两阶段，预科课程为一般近代科学知识，预科生毕业后得升专科。专科拟设法律、物理、化学、采矿、土木工程等科。西学专斋开办之初只设预科，但开

---

① 行龙等：《山西大学堂》，山西人民出版社2002年版，第21页。

班与专科计划对应。为解决西斋教材不足的问题，李提摩太在上海开设了山西大学堂译书院，进行教材和学术名著的翻译出版。中学专斋开办之初，一切承令德堂旧制，课程分经、史、政、艺四科，大体在传统旧学范围内，上课不分班。因没有开设近代科学的基础课，中学专斋学生毕业后只能升入预科学习，不可直接升入大学专科。这样中学专斋事实上成为预科的预科。1904年新任提学使宝熙对中斋课程设置进行了较大的改革，旧课程只保留经学一门，其他一律取消，增设了英文、日文、法文、俄文、代数、几何、物理、化学、地理、历史、生物、图画、音乐和体操等课。随着预备科学生的毕业，西斋分科大学开始兴办，1906年开办了法律、矿学和格致三个专门科，1908年又开办了工程科。清王朝结束时，山西大学堂已有44名本科毕业生，其中法科16名、工科19名、理科9名。1910年李提摩太将西斋管理权交还中国山西地方当局（当时的山西巡抚丁宝铨），山西大学堂成为中国完全独立办理的大学。

北洋大学堂和山西大学堂这两所例外出现的大学堂，实际上都属于地方办学，而且都是以实用学科为特色，所以与京师大学堂在地位上仍有很大不同。

与大学堂的凤毛麟角相比，大学预科程度的学校，晚清时期则大量出现。依据1910年数字，当时公立高校在共计156所。其中大学堂3所，共计749人；高等学堂23所，4127人；高等专门学堂127所，23730人。[1] 各省高等学堂有：山东高等

---

① 《清末大学概况统计表》《清末高等学堂概况统计表》《专门学堂学生统计表》，《第一次中国教育年鉴·丙编（教育概况）》，开明书店1934年，第12、13、144—145页。

学堂、直隶高等学堂、河南高等学堂、安徽高等学堂、福建高等学堂、湖南高等学堂、江南高等学堂、甘肃文高等学堂、四川高等学堂、浙江高等学堂、江北高等学堂、云南高等学堂、广西高等学堂、江苏南菁文科高等学堂、江苏高等学堂、广东高等学堂、江西高等学堂、陕西高等学堂、顺天高等学堂、八旗高等学堂、满蒙文高等学堂、奉天高等学堂、青岛特别高等学堂等。①

高等专门学校最多者为法政学堂,"推因其故,一因当时预备立宪,需要法政人才;二因法政学堂有别科、讲习科,入学限制较宽;三因宣统元年学部奏准法政学堂亦可私立"。②南北各省乃至边疆省份几乎都有设立。其次为优级师范学堂,大多数省份也都设立了,这是因为当时中学堂师资特别缺乏,纷纷建立优级师范学堂以解燃眉之急。其他高等专门学堂有湖北高等农业学堂、直隶高等农业学堂、上海高等实业学堂、湖南高等实业学堂、京师高等实业学堂、江南高等实业学堂、奉天高等实业学堂、直隶高等工业学堂、江西高等农业学堂、山东高等农业学堂、山西高等农业学堂、两广高等工业学堂、江南高中两等商业学堂、殖边学堂、浙江高等农业学堂、湖南明德学堂高等商业专科、直隶高等商业学堂等。

---

① 朱宗顺:《清末公立高校数量考》,《高等教育研究》2002年第5期,第89页。

② 《第一次中国教育年鉴·丙编(教育概况)》,开明书店1934年,第144页。

1909 年专门学堂 / 学生数 [①]

单位：所 / 人

省区	文科	理科	法科	医科	艺术	高等农业	高等工业	高等商业	优级师范	总计
京师	1/323		1/594						1/76	3/993
直隶	1/34		5/1440	2/57	2/102	1/149	1/94		2/189	14/2065
奉天	1/126		1/499				1/118		2/217	5/960
吉林	1/70		2/175						1/139	4/384
黑龙江									1/154	1/154
山东			1/454	1/11		1/136			2/316	5/919
山西			3/427	1/71		1/105			1/218	6/820
陕西	1/80		1/155						1/62	3/297
河南		1/52	2/766		1/257				1/273	5/1348
江宁			5/802					1/24	1/551	7/1379
江苏	3/151	1/16	1/206				1/48		1/112	7/533
安徽		2/143	3/765	1/10						6/918
浙江	1/32		2/460				1/189		2/313	6/994
江西			1/240	1/128		1/34			2/156	5/558
湖北	3/485		1/529			1/104			2/228	7/1348
湖南	1/100		4/737	1/39			1/227		1/320	8/1423
四川			5/1179	1/20			1/239		2/554	9/1992
广东	2/624		2/857				1/221		2/321	7/2023
广西			1/562						2/541	3/1103
云南			1/262						1/214	2/476
贵州			2/345						2/126	4/471
福建			1/666						1/219	2/885
甘肃			1/118		1/60				1/125	3/303
新疆			1/43							1/43
总计	18/2206	4/211	47/12282	8/236	7/485	5/520	7/1136	1/24	31/5425	127/23735

[①] 《第一次中国教育年鉴·丙编（教育概况）》，开明书店 1934 年，第 143—144 页。

按照清廷办学体制，私立大学本无可能，不过也有例外。1905 年 11 月，为抗议日本文部省颁布的《取缔清国留日学生规则》，数千中国留日学生愤然退学回国，很多人流落上海。返国学生中的姚洪业、孙镜清等提议筹办中国公学，经多方努力，1906 年 2 月在上海北四川路横浜桥租得民房为校舍（后迁至吴淞），中国公学成立。公学共有学生 318 人，设大学班、中学班、师范速成班、理化专修班，聘请教师授课，4 月 10 日正式开学，成为晚清时期唯一可视为私立大学的学府——也是近代中国第一所私立大学。其校务由执行、评议两部负责，推选学生代表为两部骨干，实行自治。不过在形式上，中国公学仍然有"公立"色彩，两江总督端方每月拨银一千两，派四品京堂郑孝胥为监督。同一年出现的另一所私立大学是因学潮从教会学校震旦大学分离出来的复旦公学。

教会大学作为一种特殊的私立大学，在中国土地上存在，却并不在清廷管辖之下。晚清时期教会大学共出现 11 所，建立时间与中国高等教育兴起大致同步。

基督教会办学校由来已久，中世纪的大学大都是天主教会所办，宗教改革后的新教教会也很快投入到兴办大学事业中。鸦片战争以后，西方传教士取得在中国自由传教的权利，为配合传教，在中国先后设立起童蒙教育所、小学、中学、大学。大学之设，时间上与中国政府兴办近代大学大致相应，其原因，一是传教士感到基础教育已经引起中国政府和民间的重视，各地中小学逐渐办起来了，教会学校会渐失竞争优势，而大学在中国则刚刚发萌，可以有所作为；二是辛丑条约中国巨额赔款，其中教会因传教士的受害而得到大量赔额，使兴办大学具备经费上的有利条件。再者，就有心于中国教育的传教士来说，他们早已意识到教会教育向大学发展的必要性。1877 年 5 月在上海英租界工部局召开的第一次在华新教传教士代表大会上，来自山东登州的美国长老会传教士狄考文就在大会上批评通过办学来争取众多孩童皈依上帝和成为布道者的主张，认为这种"肤浅观点"的流行"造成中国的教会学校大部分是初等学校"，呼吁教会学校提升办学层次，"不仅要培养传教士，还要培养教员、工程师、测量员、机械师、手艺人"，① 引起与会者共鸣。到了 1890 年上海召开第二次在华新教传教士代表大会时，创办教会大学已经成为与会者的共识。来自福州的美国传教士李承恩在回顾教会学校历史的基础上，强调发展教会高等教育的紧迫性，认为高等教育"是向教会开放的一个广阔的天地"，可以将中国青年"训练"成为国民中的领袖，他说："中国政府已觉醒过来，意识到全面接受西方科学教育的重要性，难道我们就缺乏远见吗？ 在西方，各地学院和大学都是受不同教派的指导和资助的，教会的财富支持这些高校，其最有才华的人担任教授席位，难道中国不该这样做吗？"② 并提出各教派各差会联合办学的设想。上海本地的美国传教士林乐知和卜舫济，也都明确提出要办大学，也赞成各教派和差会之间进行充分合作。③ 事实上，会后传教士们就开始了行动，汇文大学（1890）、东吴大学（1901）、震旦大学（1903）、华北协和

① *Record soft the General Conference of the Protestant Missionaries of China 1877 Held at Shanghai, May 10-24,* Shanghai:Presbyterian Mission Press, 1878:172,177

② *Record soft the General Conference of the Protestant Missionaries of China Held at Shanghai,May 7-24,* Shanghai:American Presbyterian Mission Press, 1890:454

③ 肖朗、傅政：《晚清新教传教士代表大会的历史轨迹及其影响——探讨中国教会大学兴起的新视角》，《高等教育研究》2012 年第 12 期，第 85—87 页。

大学（1904）、华北协和女子大学（1904）、圣约翰大学（1905）、雅礼大学（1906）、文华大学（1909）、金陵大学（1910）、之江大学（1910）、华西协合大学（1910）、齐鲁大学（1911）纷纷成立，这些大学基本上都是在原有中等教育基础上升格而成。[①]

这些外来传教士虽然认真考虑过教会大学如何"获得政府的认可"的问题，[②] 但清政府借鉴日本的经验，并没有要求他们向中国学部注册。正如学者研究所指出的，晚清学部对于教会大学的基本立场是"无庸立案，不给奖励"，期望国家自强之后再解决教会大学立案问题。其所以如此，是清廷既担心引起外交纠纷，又对教会大学的毕业生能否站在中国的立场上服务社会没有把握，需要有些时间做观察。[③]

官办大学、教会大学及私立大学成立与晚清内外政治都有特别关系，进而言之，这些大学的成长也会受到晚清帝制政治的制约。这特别在立学宗旨上体现出来。

《奏定学堂章程》规定："无论何等学堂，均以忠孝为本，以中国经史之学为基，俾学生心术壹归于纯正，而后以西学瀹其智识，练其艺能，务期他日成材，各适实用，以仰副国家造就通才、慎防流弊之意。"将经学看作忠孝教育的基石，"外国学堂有宗教一门。中国之经书，即是中国之宗教。若学堂不读经书，则是尧舜禹汤文武周公孔子之道，所谓三纲五常者，尽行废绝，中国必

---

① ［美］杰西·格·卢茨：《中国教会大学史（1850—1950）》，曾钜生译，浙江教育出版社1987年版，第506—509页。

② *Records of China Centenary Missionary Conference, Shanghai Centenary Conference Committee*, Shanghai: American Presbyterian Mission Press,1907:72

③ 黄启兵：《院校设置中的教育主权：晚清教会大学立案考略》，《高等教育研究》2012年第2期，第91—95页。

不能立国矣"。清廷又特别颁布《学务纲要》，要求京外大小文武各学堂均应钦遵谕旨，以端正学生思想趋向、造就全面发展的通才为宗旨。针对当时自由民权思想在学生中的影响，教员讲授功课务须"晓之以尊亲之义，纳之于规矩之中。一切邪说诡词，严拒力斥。使学生他日成就，无论为士、为农、为工、为商，均上知爱国，下足立身，始不负朝廷兴学之意"。[1]1906 年学部尚书荣庆等奏请宣示"忠君、尊孔、尚公、尚武、尚实"五端为教育宗旨，得上谕颁行。而且，"学部作为清政府的行政部门，必须秉承朝廷旨意，维护统治秩序，编纂审定教科书强调执行政治标准，管理留学生和国内学生则注重控制与约束并举，对于学界风起云涌的爱国民主革命运动，更加进行直接的压制干涉"。[2]这些约束思想和学术自由的制度，无疑制约着包括大学在内的各级学校的成长。

另一方面，晚清学堂仍保留帝制政治科举制的痕迹，规定对从高等小学堂直至通儒院的毕业生，分等级奖给科举功名出身，并确定了相应的可授官职，"遂使学生以得官为求学之目的，以求学为得官之手段。其在学校之日，所希望者为毕业之分数与得官之等差，毕业以后，即抛弃学业而勉力作官"。这显然与近代教育的内涵与精神严重背离，"故中国兴学十余年，不仅学问不发达，而通国学生，不知学问为何物"。[3]

事实上，晚清十年无论官立大学、私立大学，都没有达到近

① 张百熙、荣庆、张之洞：《学务纲要》，舒新城编《近代中国教育史料》第二册，中华书局 1928 年版，第 8 页。

② 关晓红：《晚清学部研究》，广东教育出版社 2000 年版，第 413 页。

③ 梁启超：《莅北京大学校欢迎会演讲辞》，《饮冰室合集》文集第 29 册，中华书局 1989 年版，第 41 页。

代大学的正常要求。而教会大学既不在中国教育管理体制之内，本身也处在初建阶段，尚未实现从借办学传教到教育为本的转变。金以林在《近代中国大学研究》中将晚清大学的形态定义为"萌发"而不是"兴起"，^①这应该是很中肯的论断。

三、共和国体下的大学更新

1912年元旦，中华民国成立，2月12日，清帝爱新觉罗·溥仪宣布退位，3月11日民国《临时约法》公布，规定中华民国由中华人民组织，主权属于国民全体，人民一律平等，有言论、著作、刊行及集会结社等自由。教育机关自当贯彻这些立国原则。矢志于反清革命的民主知识分子蔡元培出任民国第一任教育总长，决定结束晚清时期对各类学堂提出的"尊孔""忠君"要求，施行自由教育。

蔡元培曾批评清末教育宗旨，认为"忠君"与共和政体不合，"尊孔"与信仰自由相违。在1912年1月25日为教育部拟定的"普通教育暂行办法通令"中，除在名称上将"学堂"改为"学校"，"监督"改为"校长"外，明令"凡各种教科书，务合乎共和民国宗旨，请学部颁行之教科书一律停用"。^②随后又指出教育有二大类型，一种隶属于政治，一种超轶乎政治。"专制时代（兼立宪而含专制性质者言之），教育家循政府之方针以标准教育，常为纯粹之隶属政治者。共和时代，教育家得立于人民之地位以定标准，乃得有超轶政治之教育。"前者固然重视军国

---

①　金以林：《近代中国大学研究》，中央文献出版社2000年版，第一章。

②　中华民国教育部：《普通教育暂行办法通令》，《蔡元培全集》第二卷，浙江教育出版社1997年版，第8页。

民教育、实利主义教育、德育主义教育，但从属于臣民教育，以忠君为本；后者属于公民教育，将军国民主义和实利主义与公民道德、世界观、美育主义结合，而以公民道德为宗。何为公民道德？"曰自由、平等、亲爱。道德之要旨，尽于是矣。"① 在 7 月全国临时教育会议上，蔡元培再次重申此新教育宗旨，认为："五者以公民道德为中坚，盖世界观及美育皆所以完成道德，而军国民教育及实利主义，则必以道德为根本。"② 经讨论，会议确定了"注重道德教育，以实利教育、军国民教育辅之，更以美感教育完成其道德"的教育宗旨，并于 9 月 2 日公布施行。这就否定了晚清教育以"忠君""尊孔"为宗的做法，而将公民道德和素质置于教育中心的地位。

确定此根本原则，蔡元培便开始主持制定共和国家的学校规程，大学规程被作为工作重点。9 月，新的学制系统颁布，10 月，教育部公布了《大学令》《专门学校令》，1913 年 1 月，又公布《大学规程令》。这些条例史称"壬子学制"或"壬子—癸丑学制"。

根据这些条例，取消大学"经科"，取消私人办大学的禁令和地方政府办大学的限制，改变了清王朝时期京师大学堂独大、经科独尊、官吏治校等制约大学发展的体制，规定大学既可国立，亦可私立，凡满足文（含哲学、文学、历史学、地理学四门）理（含数学、星学、理论物理学、实验物理学、化学、动物学、植物学、地质学、矿物学九门）两科并设，或文科兼法（含法律学、

---

① 蔡元培：《对于新教育的意见》，《蔡元培全集》第二卷，浙江教育出版社 1997 年版，第 9、10 页。

② 蔡元培：《全国临时教育会议之开会词》，《蔡元培全集》第二卷，浙江教育出版社 1997 年版，第 178 页。

政治学、经济学三门）商（含银行学、保险学、外国贸易学、领事学、税关仓库学、交通学六门）二科，或理科兼医（含医学、药学二门）农（含农学、农艺化学、林学、兽医学四门）工（含土木工程学、机械工程学、船用机关学、造船学、造兵器学、电气工程学、建筑学、应用化学、火药学、采矿学、冶金学十一门）任意一科之条件者，皆得称为大学。大学通儒院更名大学院，仍为大学本科毕业生研修而设，但不限修业时间。

大学条件不具备而有举办法政、医学、药学、农业、工业、商业、美术、音乐、商船、外国语单科教育之条件者，则可设专门学校。大学和专门学校都得设预科和本科，晚清所建各省高等学堂取消。大学预科修业三年，本科三至四年；专门学校预科一年，本科三年（医科为四年），本科毕业生得入研究科，修业一年以上。优级师范学堂改为高等师范学校，预科一年、本科三年、研究科一或二年，另设专修科二或三年、选科二年以上三年以下。

这样，高等学校就有分科大学、专门学校和高等师范学校三种类型。大学旨在"教授高深学术，养成硕学闳材，应国家需要"，专门学校以"教授高等学术，养成专门人才"为目的，高等师范学校的目标是"造就中学校、师范学校教员"。各类学校均设校长一人，校内各科设学长一人，通过组织全校评议会和各科教授会等形式施行教授治校。

不过制度是一事，实行是一事。

民国接管晚清三所公立大学后，先后均改为国立大学（国立北京大学，1912；国立北洋大学，1913；国立山西大学，1918）。为优化国立大学的地区分布，教育部本准备另在南方设立国立南京大学、国立武汉大学、国立广州大学，但因政局动荡和军阀混战，一时都难如愿。国立单科高校倒是组建比较多，据1917年全国高等教育统计：当时共有高等院校80所，其中分科大学仅8所，而高等师范和专门学校72所。[①] 专门学校主要是清末高等实业学堂和法政学堂的升格，高等师范学校则是晚清各地优级师范学堂的更名。国立专门学校有北京法政专门学校、北京工业专门学校、北京医学专门学校、北京农业专门学校、北京艺术专门学校和武昌商业专门学校，国立师范高等学校有北京师范高等学校、武昌师范高等学校、沈阳师范高等学校、南京师范高等学校，广州师范高等学校和成都师范高等学校。师范教育在此时受到特别重视，学者认为："主要是由于在近代中国教育改革中，高等教育起步最早，普通教育则相对落后。由于普通教育的滞后，直接影响高等教育的生源质量。而要提高普通教育的教学水平，则首先需要培养大批合格的中等师资队伍。因此，高等师范教育得以较快发展。"[②]

民国北京政府在扩大国立大学教育规模上力不从心，但在提高大学品质上却大有进展。

作为中国第一学府的北京大学，民国初期仍未入正轨。"北京大学的学生，是从京师大学堂'老爷'式学生嬗继下来（初办时所收学生，都是京官，所以学生都被称为老爷，而监督及教员都被称为中堂或大人）。他们的目的，不但在毕业，而尤注重在毕业以后的出路。所以专门研究学术的教员，他们不见得欢迎；要是点名时认真一点，考试时严格一点，他们就借个话头反对他，

---

① 《第五次教育统计》（1917年），转引自金以林：《近代中国大学研究》，中央文献出版社2000年版，第50页。

② 金以林：《近代中国大学研究》，中央文献出版社2000年版，第51页。

虽罢课也在所不惜。若是一位在政府有地位的人来兼课，虽时时请假，他们还是欢迎得很；因为毕业后可以有阔老师做靠山。这种科举时代遗留下来劣根性，是于求学上很有妨碍的。"[1] 除了学风未立之外，近代学校体制也没有建立起来。

1917 年 12 月 26 日蔡元培被北京政府任命为北京大学校长，决心加以彻底整顿。1917 年 1 月他到任后，即开始大刀阔斧进行改革。首先，他为北京大学确定"研究高深学问"的办学目标。在就职典礼的演讲中，他响亮提出："大学者，研究高深学问者也。"要求学生"抱定宗旨，为求学而来"。[2] "当以研究学术为天职，不当以大学为升官发财之阶梯。"[3] 其次，他为北京大学确定"兼容并包""思想自由"的办学方针。他认为高等学府应"囊括大典，网罗众学"，"此大学之所以大也"。[4] 他将学问的有无与好坏，作为遴选教师和招录学生的核心标准。鉴于文科顽固守旧者众，不利于学术风气的形成，他优先延聘了一批思想活跃的学人，包括陈独秀、李大钊、胡适等宣传新文化的干将，进入北大任教，让他们并存和自由发展，令学生有自由选择的余地。学界常常津津乐道当时北大的讲坛上的百花齐放和百家争鸣，"文学方面有文言派的黄侃、刘师培、陈介石等，有改良派的朱希祖，白话派的胡适、陈独秀、刘半农、鲁迅、周作人等；史学方面有

① 蔡元培：《我在北京大学的经历》，《蔡元培全集》第七卷，浙江教育出版社 1997 年版，第 501 页。

② 蔡元培：《就任北京大学校长之演说》，《蔡元培全集》第三卷，浙江教育出版社 1997 年版，第 8 页。

③ 蔡元培：《我在北京大学的经历》，《蔡元培全集》第七卷，浙江教育出版社 1997 年版，第 501 页。

④ 蔡元培：《北京大学月刊发刊词》，《蔡元培全集》第三卷，浙江教育出版社 1997 年版，第 451、452 页。

信古派的陈汉章，有疑古派的钱玄同、沈尹默等；在思想哲学方面，既有提倡新文化运动的主将陈独秀、李大钊、胡适等人，也容纳了一直拖着长辫子、坚持保皇复辟，但又精通英德等文的辜鸿铭和虽参与袁世凯复辟但旧学根底极扎实的刘师培等人同时开课；理科方面请来了知名教授李四光、翁文灏、丁文江、任鸿隽等人；法科教员有马寅初、王宠惠、陶孟和、张耀曾等人"。[①] 这样的胜景都是"兼容并包""思想自由"方针实施的硕果。再次，他为北京大学建立了"教授治校"的自治制度。他在北京大学设立和切实运行教授代表广泛参与的校评议会（任期一年）和各科教授会（任期二年），民主决定学校事务和各科教务。最后，他力主大学独立于政治和宗教，在北京大学营造善于独立思考、富有批判精神的校风。不仅《新青年》迁入北大鼓动社会风潮，而且在他鼓励和支持之下兴起《新潮》《国民》等一系列学生刊物，使北京大学不仅成为学问家的训练所，也成为思想家的摇篮。在蔡元培的大举革新之下，仅仅半年时间，北京大学就由一个死气沉沉的官僚养习所，变成一所充满生机和活力的近代大学，为民国时代的大学建设树立了榜样。

北洋大学和山西大学也有显著的发展和进步。北洋大学在赵天麟任校长期间（1914—1920），提出"实事求是"的校训，办学质量有进一步提高，在国内外享有崇高声誉，毕业生可免试进入美国哈佛、耶鲁等著名大学深造。1917 年教育部对北洋大学与北京大学进行科系调整，法科移并北京大学，北京大学工科移并北洋大学。从此，北洋大学进入专办工科时代。山西大学根据民国教育部大学设立预科和本科的规定取消了中学专斋与西学专斋

---

① 金以林:《近代中国大学研究》，中央文献出版社 2000 年版，第 45 页。

的建制，预科分为一、二两部，一部为文法科，二部为理工科，本科分文法工三科，向多学科综合性大学发展。

在私立大学方面，除原有中国公学和复旦公学（1917 年更名私立复旦大学）继续办理外，由于政府的鼓励，新建者多，但规模小、不够稳定。民国元年北京成立了民国大学（1916 年更名朝阳大学）、明德大学、中华大学（1917 年停办并入由北京中国公学大学部更名而成的中国大学），同年武昌成立了中华大学，上海成立了大同学院（1923 年更名私立大同大学）。私立大学数达到七所。1916 年明德大学停办，但北京又成立一所协和医学院，仍保持七所。而专门学校、专科学校方面，私立学校仍然数量可观。据《第一次中国教育年鉴》数据，虽每年均有消长，大致均维持二十多所水平，仍以法政专门学校为主，其次为医科专门学校和艺术专门学校。

壬子—癸丑学制事实上是壬寅—癸卯学制的改进版，未改变以日本为模板的方向。民国北京政府教育部舍弃了日本帝国大学体系的皇国主义理念，却试图取法其大学国立和定点设置的经验，虽然南京、武汉、广州的布点计划未能实现。而在私立大学合法化方面，则比日本早。在日本兴办近代学校的过程中，也有不少社会名流有志于创办私立大学，但在学制上不被承认，只能以义塾、专门学校等名称存在，如著名思想家福泽谕吉创办的大学名为庆应义塾，著名政治家大隈重信创办的大学名为东京专门学校。1918 年新的大学令才正式准许开设官立、公立、私立的综合性大学和单科大学，上述两校才正名为庆应大学和早稻田大学。同时更名成为大学的还有明治大学、法政大学、中央大学、日本大学等众多私立大学。在专门学校设置方面，民初与日本基本相似。

四、军人政治缝隙下学人对学制的再翻新

中国近代学校制度的建立经历了一个逐步的探索过程，体现了中国向世界学习的阶段性特点。民初的壬子—癸丑学制虽然比晚清的壬寅—癸卯学制更有近代性，但效法的底本却基本都是日本学制。取法东洋学西洋，是中国早期知识人所认为的近代化快车道。但日本近代学制是结合自己的国情糅合西方不同国家的制度形成的，很多方面不适合中国的实际。经过五四新文化运动对新教育的讨论和新教育观念的传播，特别是美国著名教育家杜威和孟禄先后来华讲学，推动新教育思潮形成，20世纪20年代初，直接从欧美留学归国的一批学人取得指引中国新教育的主导权，便着手直接取法欧美（尤其是美国）来修订中国学制，以适应民国共和政治及社会发展的要求。

1920年10月，留美学人为主的民间组织全国教育会联合会在江苏召开第六次代表大会，提出了改革学制系统案，经反复讨论，1922年10月成案。他们结合中国社会实际，根据"适应社会进化之需要""发挥平民教育精神""谋个性之发展""注意国民经济力""注意生活教育""使教育易于普及""多留各地方伸缩余地"等原则，采用美国式的六三三分段法，将基础教育划为三段，高等教育也采用美国本科、研究院两级制，取消预科，施行分科大学与单科大学并存的大学体制，大学4—6年，专门学校3年以上，大学院年限不定。[①]该学制1922年11月1日由黎元洪以大总统令《学校系统改革案》（史称"壬戌学制"）颁行，一直沿用到1951年。与前几个学制由官方主持拟定不同，因军

---

① 《学校系统改革案》教令第23号，《政府公报》第2393号（1922年）。

人政府忙于内战，这次政府机关没有站在前台，学制自下而上议定而成，民间学人群体扮演了主角，也标志中国教育由日本式军国民主义教育转向了美国式平民主义教育。

新学制的亮点有二：一是纵向上取消预科，二是横向上专门学校和高等师范学校可升等为大学。

民初学制虽然废止了晚清高等学堂，却未废止预备科，且大学、专门学校和高等师范学校普遍设置预科，规定"中学毕业生不能直接进专门学校或大学本科"，必须先入预科，"而预科的功课又往往与中学课程相重复"，[①] 时间和费用上都很浪费，还使高等学校难以专心于专业教育和科学研究。新学制取消预科，规定高中毕业生可直接报考大学和专门学校本科，中等职业学校毕业生可直接报考专门学校本科。新学制将基础教育设计为"六三三"制，中学由四年增为六年，有利于学业水平的提高，使取消大学预科成为可能。

民初学制中，虽然专门学校和高等师范学校在专业设置及课程安排方面，与大学有相通之处，但它们之间地位仍然是不平等的。专门学校本科毕业约相当于大学二年级肄业，研究科毕业也只相当于大学三年级到四年级水平。而高等师范学校本科毕业只相当于大学一年级肄业，研究科毕业也只相当于大学二年级或三年级水平，专修科和选科更只相当于大学预科毕业，且二者均没有升入大学院的途径。新学制力图消除三类高等学校之间的地位差别，规定大学"设数科或一科均可"，即专门学校提高程度可升等为单科大学，高等师范学校提高程度可改为师范大学，普通大

---

① 《新学制学校课程说明书》第一编"总论"，商务印书馆 1923 年版，第1—3 页。

学和单科大学或专门学校均可设置专修科，普通大学和师范大学均可设置师范专修科，各类学校年限同者待遇亦同。①

这两个方面的问题，早在五四运动之前，教育界就已看到并有改革呼吁，作为回应，1917年教育部发布了《修正大学令》，将预科由三年压缩到两年，本科由三年延伸到四年，并允许设置单科大学。但这只限于局部调整，壬戌《学校系统改革案》则从根本上解决了这些问题。而且新学制许可各大学根据本校师资状况和当地社会需要自由增减专业，培养上仿照美国大学采取选科制和学分制，也克服了清末及民初大学分科设置上的烦琐，和一入校即定终身对学生个性发展的限制。

壬戌学制确立了以大学为主干的高等学校体制。以此为契机，不少专门学校和高等师范学校升格为大学或师范大学，大学遂蓬勃兴起。

民国最初的十年里，虽有七所私立大学问世，公立大学却长期只有北京大学、北洋大学和山西大学三所，其中1917年由美国洛克菲勒基金会捐资创办的私立北京协和医学院是单一的医科大学，1917年与北京大学学科互换重组后的国立北洋大学堂变成单一的工科大学，综合性大学只有公立两所、私立六所，共八所。《修订大学令》颁布后，特别是壬戌学制酝酿期间（1921—1922），才增加私立南开大学（1919），私立中法大学（1920），国立交通大学（1920年合并交通部京沪唐四校成立，旋于1922年分办国立北京交通大学、交通部南洋大学、交通部唐山大学），河南省立中州大学（1921），私立厦门大学（1921），国立东南大学（1922），国立上海商科大学（国立东南大学与国立暨南学

---

① 《学校系统改革案》教令第23号，《政府公报》第2393号（1922年）。

校 1922 年合办，次年改为东南大学独办）、河北省立河北大学
（1922）等几所大学。壬戌学制正式颁行后中国大学数量更加快
速增长。

1923 年起国立专门学校中的北京法政专门学校、北京农业
专门学校、北京工业专门学校、北京医学专门学校、武昌商业
专门学校，先后升格为国立北京法政大学（1923）、国立北京
农业大学（1923）、国立北京工业大学（1924）、国立北京医科
大学（1924）、国立武昌商科大学（1924），隶属全国水利局的
河海工程专门学校在东南大学工学院并入后更名为河海工程大
学（1924）。一些省立专门学校也纷纷升格为大学，如江苏公立
法政专门学校改公立江苏法政大学（1923）、江苏公立医科专门
学校改公立江苏医科大学（1925）、湖北省立外国语专门学校改
省立文科大学（1924）、湖北省立医科专门学校改省立医科大学
（1924）、湖北省立法政专门学校改省立法政大学（1924）等。私
立高等学校也有注册升格为大学者，如私立同济医工专门学校从
1917 年起改由教育部支持经费，1923 年更名同济大学（1925 年
称国立同济大学）。

国立高等师范学校中，除南京高师 1922 年直接改组成立国
立东南大学外，1923 年 7 月北京高师正式更名为国立北京师范大
学，成为中国第一所国立师范大学，1923 年 9 月武昌高师更名为
武昌师范大学，1924 年北京女高师更名为国立北京女子师范大学
（1926 年改组为北京女子大学），1927 年成都高师更名为国立成
都师范大学。沈阳高师 1923 年与奉天公立文学专门学校合并组
建省立东北大学，广东高师 1924 年与成立不久的省立广东法科
大学、省立广东农业专门学校合并组建国立广东大学（1926 年更

名国立中山大学），武昌师范大学 1924 年进一步更名为国立武昌大学，成都师范大学 1926 年析出国立成都大学。

新建的大学也不少。如 1922 年北京建立的另一所私立民国大学；1923 年成立的北京私立平民大学，上海国立暨南商科大学，云南省立东陆大学；1924 年北京成立的私立华北大学，陕甘两省联合成立的西北大学，因厦门大学学潮而在上海成立的私立大夏大学；1925 年因教会圣约翰大学学潮而独立组建的私立光华大学，外交部立清华学校开办的大学部和国学研究院；1926 年成立的国立中俄大学，山东省合并省立工业、农业、矿业、商业、政法、医学六所专门学校成立的省立山东大学，湖南省合并省立工业、商业、法政三所专门学堂成立的省立湖南大学等；1927 年四川省归并省立国学院、外国语专门学校、法政专门学校、农业专门学校、工业专门学校成立的省立四川大学，安徽省开办的安徽大学，奉天省增设的锦县交通大学。这些都是在教育部注册的新建公私立大学。至于未注册者，除教会大学外还有北京中央大学、畿辅大学、孔教大学、东方大学、文化大学、南方大学、渭南群治大学、南通农科大学等十余所，以及难以统计的昙花一现的私立大学。

民国北京政府时期教会大学继续发展。天主教大学除了原有的震旦大学，民国时期新建两校，一为天津塘沽大学（1922），一为北京辅仁大学（1925）。基督新教教会新成立了华南女子大学（福州，1914），金陵女子大学（南京，1914），沪江大学（上海，1915），岭南大学（广州，1916），燕京大学（北京，1916），福建协和大学（福州，1916），华中大学（武昌，1924）等大学，其中有些是原有若干教会大学合并组建的，如燕京大学以汇文大学为基础合并了原华北协和大学、华北协和女子大学，华中大学以文化大学为基础合并了武昌博文书院大学部、汉口博学书院大学部和长沙雅礼大学、岳州湖滨大学。这七所大学连同原有的东吴大学、圣约翰大学、之江大学、华西协合大学、金陵大学、齐鲁大学，成为后来稳定发展的基督新教十三所教会大学。五四运动后中国民族主义兴起，非基督教运动和收回教育权运动也相继兴起，教会大学在办学方针上开始有所调整，逐渐减少对宗教教学和宗教活动的强制，程度不同地向"教育为本"和"中国化"转变。北京政府对待教会大学的政策，也由起初沿袭晚清不加干涉做法，转向要求按照中国教育法规以私立大学名义注册。1925年11月北京政府教育部颁布《外人捐资设立学校请求认可办法》，规定包括教会大学在内的外国人捐资设学，须获得中国教育机关认可，认可条件包括校长（或副校长）必须为中国人，中国人在董事会须占半数以上，学校不得以传播宗教为宗旨，不得将宗教课程列为必修课。唯因其时南北分裂，真正向北京政府教育部立案的只有燕京大学（1926年冬申请，1927年春获准），而岭南大学则向广州国民政府申请立案（1927年3月获准），[①]其他学校则均未提出认可申请。

公立大学普及到大部分省区，私立大学主要分布在京畿和东南沿海等经济文化发达地区，教会大学则力图点线结合（以华北、华东为重点，兼顾华中、华南、华西、东南区域）。这些大学的成长，使得中国高等教育切实呈现出大学为主、专门学校为辅的局面。据官方统计数据，1925年在册公私各种专门学校为58

---

① 蒋宝麟：《20世纪20年代金陵大学的立案与改组》，《近代史研究》2016年第4期。

所，[①] 公私立大学为 40 所，[②] 教会大学 16 所,还有一些未注册的私立大学。国立、私立大学成倍增加，其中北京一城的各类大学就达到 29 所，为全球城市之冠，各省亦有竞设大学的趋势。这是清末民初所不敢想象的。

当然，数量的增长并不一定代表质量的提升，事实上壬戌学制引起的大学成长也良莠不齐，"数量虽增而内容则愈趋愈下，甚至借办学以敛钱"，学生"流品之杂，程度之底，自不待言"，[③] 亟须完善制度加以整顿升华。1924 年全国教育联合会特函请北京政府教育部从办学基金、教学设备、教师资格、收生标准等方面严定大学设立标准，[④] 教育部也有所动作，制定规条训令各省："以后创办私立专门以上学校，应先设筹备处，俟呈经本部派员视察批准试办后，方得作为正式学校，悬牌招生。"[⑤] 但因当时政局纷扰，无力推行。略有表现的是北京政府解体前夕，以北京大学为中心，将北京师范大学、北京女子师范大学、北京女子大学、北京农业大学、北京工业大学、北京医科大学、北京法政大学、北京艺术专科学校，合并成立国立京师大学。但这种在情非得已之下所做的个别调整，并不能克服大学滥设的问题。

此外，经费问题也是亟须克服的严重制约大学成长的因素。

---

① 《第一次中国教育年鉴·丙编（教育概况）》，开明书店 1934 年，第 16 页。

② 《第一次中国教育年鉴·丙编（教育概况）》，开明书店 1934 年，第 146 页。

③ 《第一次中国教育年鉴·丙编（教育概况）》，开明书店 1934 年，第 17 页。

④ 《请教育部严定大学设立标准案》，《教育杂志》第 16 卷第 12 号（1924 年 12 月 20 日）。

⑤ 《教育部取缔私立大学》，《晨报》1925 年 10 月 31 日，第 6 版。

大学增设以前，经费压力相对较轻，大致勉强可以维持。大学急速扩张时，正好政府内部直皖奉三系之间混战和南北政权之间的战争接连发生，教育经费筹措就格外困难，使大学维持费经常陷于危机中。特别是公立大学，教育经费常被挪作军费，拖欠教师薪资情况十分普遍，索薪停课事件频发，甚至连教育部工作人员亦遭欠薪，曾与北京国立八校教职员联合向教育部长索薪。经费问题不解决，大学进入轨道也难。

胡适的现代大学之梦 *

胡适的一生，很大部分的时间是在大学度过的，参访和演说更是履及中外数百个学府。他对于中国现代大学的发展有强烈的使命感，也通过激励、劝勉、献策、掌校等方式作出了很实际的奉献，留下了悲喜兼具的历史纪录，值得学界深入探讨。目前学界关于胡适与大学的研究比较集中在他的具体办学主张和他与单个大学的关系两方面，[①]从思想史角度纵深观察他的现代大学意识之发生和演变者，尚不多见，兹就此试抛一砖。

一、兴大学 造文明——胡适现代大学梦的形成

胡适的现代大学意识是何时产生的？是在何种情境下产生的？迄今为止的研究似无专门的考订。现有的资料显示，在留学美国之前，胡适虽已就读和任教中国公学这样一所"自助式"的大学，但很少涉及对大学现代性的整体思考。在胡适留下的文字中，涉及大学的，看法与众人无异，主要还是当做单纯的教育单位。他在澄衷中学闹出一段纠纷后，曾去吴淞会晤就读复旦公学而有失望感的好友郑璋（仲诚），"郑君劝吾下半年权再居澄衷，

---

* 本文曾载于《安徽史学》2017 年第 2 期，原题为《现代大学之梦：胡适思想的另一个视角》。

① 比较直接考察胡适与大学的专题成果，主要有欧阳哲生的《胡适与北京大学》(《北京大学学报》哲学社会科学版 1997 年第 3 期)，刘筱红等的《追求卓越、坚守自由：北京大学校长胡适》(山东教育出版社 2012 年版) 和王瑞瑞的《胡适与中国公学》(《近代史学刊》第 11 辑)。这些成果均系就单体学校而论胡适，胡适整体性的大学观念和态度，尚未见系统性研究。

俟他日觅得好学校，当与吾同学，情甚恳挚也。君复导予游海滨，至复旦新校址观览移时。地址甚大，骤观之，南洋公学不是过也。复旦校规太宽，上课时间亦少，非'苦学生'也"。[1] 最后胡适决定投考中国公学。这所特殊的大学对他的人生有着不可轻忽的意义，一是锻炼了他作文、讲演、办刊的能力，二是养成了他用力于文学史学的兴趣和习惯。胡适后来将这所学校看作是一个"试行民主政治"的实验，[2] 而当时他仍是仅仅在人生阶梯的意义上去理解大学的。胡适关于大学的比较自觉的观念，在留学美国之后才逐步形成。

1910 年胡适进入美国康奈尔大学攻读农学，初衷显系职业动机。但当时的美国毕竟是一个蒸蒸日上的现代文明国家，随着对康奈尔大学和其他美国大学了解的加深，胡适逐渐体悟到大学在职业教育以外的意义。从胡适留学日记中，我们不难发现他逐步体悟的蛛丝马迹。例如，1911 年 1 月 30 日有"今日《五尺丛书》送来，极满意。《五尺丛书》（*Five Foot Shelf*）又名《哈佛丛书》（*Harvard Classics*），是哈佛大学校长伊里鹗（Eliot）主编之丛书，收集古今名著，印成五十巨册，长约五英尺，故有'五尺'之名"。[3] 表示他注意到美国大学对古今名著的重视，这种重视不受学科专业的限制；2 月 16 日中国学生会集体撰述康奈尔大学创办人的传记，"余分得本校发达史（Historical Development）"，使他

---

① 胡适:《澄衷日记》1906 年 5 月 30 日记事,《胡适全集》第 27 卷, 安徽教育出版社 2003 年版, 第 39 页。

② 胡适:《中国公学史》,《胡适全集》第 20 卷, 安徽教育出版社 2003 年版, 第 147 页。

③ 胡适:《留学日记》卷一,《胡适全集》第 27 卷, 安徽教育出版社 2003 年版, 第 107 页。本段注明各日所记均出自《留学日记》, 页码从略。

有机会直接了解和思考一个著名大学的成长（4月动笔，8月完成《康奈耳》，9月又动笔撰写包括白校长、亚丹校长、休曼校长三个时代的《本校发达史》）；2月26日记"写植物学与生物学报告。英文须作一辩论体之文，余命题曰《美国大学宜立中国文字一科》"，显示他意识到美国大学虽然发达，忽略中国文明却是一大遗憾。1912年9月胡适由农学院转到文学院学习，更加注意大学之于文明之功能和意义。10月4日记："是日，上午有 Prof. N. Schmidt 演说'石器时代之人类'，辅以投影画片，写人类草昧之初种种生活状态，观之令人惊叹。吾人之祖宗，万年以来，种种创造，种种进化，以成今日之世界，真是绝大伟绩，不可忘也。今年大学文艺院特请校中有名之教师四人每星期演讲一次，总目为'文明之史'，自草昧之初以迄近世，最足增人见闻，当每次往听之。"年底胡适作为康奈尔大学世界大同分会代表赴费城参加美国大学世界大同总会年会，结识各大学代表，进而对各大学都有所了解。在1914年1月出版的《留美学生年报》第三年号上，有胡适编制的《美国大学调查表》，这篇美国大学简介，一共列举了25所大学名校和6所女子大学的基本情况，目的虽为便于留学生择校攻读，却显示胡适对于美国大学概貌有通盘掌握。有意思的是，同样在这期年报上，胡适发表有一篇长文，即《非留学篇》，明确提出了他对于中国留学政策的检讨。

该文是一篇深思熟虑之作，写作期间得闻"湘省陆续选送留日学生四百九十六名，已到东者四百七十名……年共需日币二十一万四千二百七十二元。选送西洋留学生：美六十五名，英二十九名，德十名，法四名，比三名……共需洋十五万九千八百四十元"。感慨"此一省所送已达此数，真骇人闻听！吾《非留学篇》

之作,岂得已哉!"①所以开篇即断言中国留学政策失败,认为留学费时伤财事倍功半,只能作为救急之计、过渡之舟,"留学者以不留学为目的。是故派遣留学生至数十年之久,而不能达此目的之万一者,是为留学政策之失败"。②

不过,这种批评只是表象,胡适真正要表达的,是他关于大学对国家文明进步之意义的理解。他说大学"乃一国学术文明之中心",一个国家没有大学,单靠留学是"吾国之大耻","夫诚知留学为国家之大耻,则不可不思一雪之",因此"吾国诚以造新文明为目的,则不可不兴大学"。③他痛斥中国政府在办大学上眼光短浅,"不知振兴国内教育,而惟知派遣留学","不知留学乃一时缓急之计,而振兴国内高等教育乃万世久远之图",且在派遣留学生方面"崇实业工科,而贱文哲政法之学","以速成致用为志,而不为久远之计",④影响所及,"留学生志不在为祖国造新文明,而在一己之利禄衣食;志不在久远,而在于速成","故其所肄习多偏重工程机械之学,虽极其造诣,但可为中国增铁道若干条,开矿山若干处,设工厂若干所耳!于吾群治进退、文化盛衰,固丝毫无与也"。⑤他指出挽救之计在于改变教育方针,以"造文明"为大学之宗旨,以"兴大学"为派留学生之目标。

---

① 胡适:《留学日记》1914 年 1 月 24 日记事,《胡适全集》第 27 卷,安徽教育出版社 2003 年版,第 258—259 页。

② 胡适:《非留学篇》,《胡适全集》第 20 卷,安徽教育出版社 2003 年版,第 10—11 页。

③ 胡适:《非留学篇》,《胡适全集》第 20 卷,安徽教育出版社 2003 年版,第 6、10、23 页。

④ 胡适:《非留学篇》,《胡适全集》第 20 卷,安徽教育出版社 2003 年版,第 11—12 页。

⑤ 胡适:《非留学篇》,《胡适全集》第 20 卷,安徽教育出版社 2003 年版,第 13、17 页。

文章特别提出造文明的时代内涵，称文明有新旧，中国所亟需的是新文明之建构。"今日教育之唯一方针，在于为吾国造一新文明。吾国之旧文明，非不可宝贵也，不适时耳！不适于今日之世界耳！""吾国居今日而欲与欧美各国争存于世界也，非造一新文明不可。"[1] "以造新文明为目的，则不可不兴大学"，[2] 造新文明是知识界的共同责任，而大学所负之使命尤其重要，因为"造新文明非易事也。尽去其旧而新是谋，则有削趾适履之讥；取其形式而遗其精神，则有买椟还珠之诮。必也先周知我之精神与他人之精神果何在，又须知人与我相异之处果何在，然后可以取他人之长补我所不足。折衷新旧，贯通东西，以成一新中国之新文明"。而这些，只有大学能够从容而进行之，"以是为吾民国之教育方针，不亦宜乎"。[3]

胡适以康奈尔大学为例，说明大学有"合诸部而成大全"之意，学生可不受专业局限而有更多的文明创造；而专科的目的主要在于造就实用专业人才。这就将大学与专门学校在功能和性质上区别开来了，实现了大学认知质的飞跃。他对中国"兴大学"的具体办法做了详细论述，提出了系统的构想。

此文发表后，引起各方反响，胡适自己相当满意，在日记中留下一些记录。如，1914年9月3日胡适出游波士顿各大学，"广东前教育司钟君荣光亦在此。……钟君甚许我所著《非留学

---

[1]　胡适：《非留学篇》，《胡适全集》第20卷，安徽教育出版社2003年版，第18、19页。

[2]　胡适：《非留学篇》，《胡适全集》第20卷，安徽教育出版社2003年版，第23页。

[3]　胡适：《非留学篇》，《胡适全集》第20卷，安徽教育出版社2003年版，第19页。

篇》，谓'教育不可无方针，君之方针，在造人格。吾之方针，在造文明。然吾所谓文明，固非舍人格而别觅文明，文明即在人格之中，吾二人固无异点也'"。^① 又，1915年1月20日再游波士顿各大学，"是夜，澄衷同学竺君可桢宴余于红龙楼，同席者七人，……所谈最重要之问题如下：一、设国立大学以救今日国中学者无求高等学问之地之失。此意余于所著《非留学篇》中论之极详。二、立公共藏书楼博物院之类。三、设立学会。四、舆论家之重要"。23日归纽约，往访哥伦比亚大学友人严庄，严庄"告我，此间有多人反对余之《非留学篇》，赖同志如王鉴、易鼎新诸君为余辩护甚力。余因谓敬斋曰，'余作文字不畏人反对，惟畏作不关痛痒之文字，人阅之与未阅之前同一无影响，则真覆瓿之文字矣。今日作文字，须言之有物，至少亦须值得一驳，愈驳则真理愈出，吾惟恐人之不驳耳'"。^② 特别值得一提的是1915年2月20日记所记与康奈尔大学英文教师亚丹先生之共鸣：

> 先生问：中国有大学乎？余无以对也。又问："京师大学何如？"余以所闻对。先生曰："如中国欲保全固有之文明而创造新文明，非有国家的大学不可。一国之大学，乃一国文学思想之中心，无之则所谓新文学新知识皆无所附丽。国之先务，莫大于是。……"余告以近来所主张国立大学之方针（见《非留学篇》）。先生亟许之，以为报国之义务莫急于此矣。

---

① 胡适：《留学日记》卷六，《胡适全集》第27卷，安徽教育出版社2003年版，第477页。

② 胡适：《留学日记》卷八，《胡适全集》第28卷，安徽教育出版社2003年版，第12、16页。

亚丹先生对胡适言，办大学最先在筹款，得款后乃可择师。能罗致世界最大学者，则大学可以数年之间闻于国中，传诸海外；并称如中国真能有一完美之大学，则将自己所藏英国古今剧本数千册相赠。胡适"许以尽力提倡，并预为吾梦想中之大学谢其高谊"。这次谈话再次引发了胡适的感慨："吾他日能生见中国有一国家的大学可比此邦之哈佛，英国之康桥、牛津，德之柏林，法之巴黎，吾死瞑目矣！嗟夫！世安可容无大学之四百万方里四万万人口之大国乎！世安可容无大学之国乎！""国无海军，不足耻也；国无陆军，不足耻也！国无大学，无公共藏书楼，无博物院，无美术馆，乃可耻耳。我国人其洗此耻哉！"①

刊载《非留学篇》的《留美学生年报》发行量仅数百份，读者限于留学界。胡适决定联系章士钊创办的言论刊物《甲寅》杂志，争取重刊于该刊以将其现代大学梦进一步引向中国知识界。他致信《甲寅》编者说：

> 适去岁著有《非留学篇》，所持见解，自信颇有商榷之价值，以呈足下，请观览焉。适以今日无海军、无陆军，犹非一国之耻，独至神州之大，无一大学，乃真祖国莫大之辱，而今日最要之先务也。一国无地可为高等学问授受之所，则固有之文明日即于沦亡，而输入之文明亦扞格不适用，以其未经本国人之锻炼也。此意怀之有年，甚愿得明达君子之赞助。②

编者亦认"文中所论，实于吾国学术废兴为一大关键，书万诵万

---

① 胡适：《留学日记》卷九，《胡适全集》第28卷，安徽教育出版社2003年版，第56、57页。

② 胡适：《非留学篇》附言，《甲寅》1卷10号（1915年10月）。

不厌其多",乃转载于《甲寅》1卷10号。

胡适对他大学见解的情有独钟,并非自恋型的孤芳自赏。高等教育中国虽古已有之,但具有独特建制的大学毕竟不同于历代王朝之太学,亦非民间讲经之书院可比,而是脱胎于西方中世纪、成长于近代世界、对现代文明推波助澜的"洋物"。晚清以来有识之士为富国强兵救亡图存,提倡引进者有之,朝野之间起而筹办者亦有之(如京师大学堂、北洋大学堂、南洋公学等的兴办),但对于大学之理解,不甚了了。大学的性质,可有多种界定,因大学的功能可以表现出不同的层次。大致来说,从专业人才培养上说,是教学机构;从学术发展上说,是高深学问研究机构;从社会整体进步上说,属于文明创造基地。在近代中国,最早的大学观念只是在第一层次,如康梁诸公奏章每以"养人才"为开办大学堂之据,以大学为"合各专门高等学"的教育机构,"小学中学者教所以为国民,以为己国之用,皆人民之普通学也;高等、专门学者,教人民之应用,以为执业者也。大学者,犹高等学也"。[①] 到民初蔡元培任教育总长,才推进到第二层级,他在出席北京大学开学典礼的演说中就提出"大学为研究高尚学问之地"的观点,他主导颁布的《大学令》也规定"研究高深学问"是大学的职能所在。不过由于蔡元培很快离职,这一观念未得深入人心,直到几年后受命执掌北大才得以张扬。而胡适在海外提出的大学论,则迅速将大学论跃升到第三层次,当时可谓空谷足音,

---

① 康有为:《请开学校折》,北京大学校史研究室编《北京大学史料》第一卷,北京大学出版社1993年版,26页。

代表了近代中国大学理论的最高水平。[①]

二、回来了便不同——胡适实现现代大学梦的最初努力

《非留学篇》重刊于《甲寅》杂志时，胡适已经转学哥伦比亚大学哲学系攻读博士学位。一年半后的 1917 年 6 月 21 日，通过毕业考试却尚未取得学位的胡适登上"日本皇后号"回国，履北京大学校长蔡元培之聘。他抱持一种"我回来了，便不同了"的心情，加入这所创办接近二十年的中国最高学府，开始了建设中国现代大学、缔造中国现代文明的努力。"我回来了，便不同了"是人们借以表达胡适使命感和自信感的减缩语。语出胡适 1926 年给求真学社同学的临别赠言，原话是荷马的诗句"You shall see the difference，now that we are back again"，胡适译为："现在我们回来了，你们请看，便不同了！"英国牛津大学学生以此作为自我激励的格言，胡适转送给北京大学求真学社的同学。[②] 人们很自然想到这也是胡适的自期之言。这一浓缩着自信

---

① 第三层次的大学论，直到 20 年代在知识界才多了起来，比如李鸿明《民国与大学》："大学之在民国，较在帝国王国中所负的使命，更为重大。民国之建立与巩固，固在普通教育之普及，一般人民程度之提高，实则社会思想之转移，学说之倡导，科学之发明，其关键全在大学。"（《北京民国大学月刊》1928 年第 1 期，第 11 页。）三四十年代逐渐成为各大学的主要办学思想。如周鲠生执掌国立武汉大学时，便提出现代大学应该有三重使命，"第一，造就人才。大学生毕业后大多到社会上服务，充当个方面的领袖，甚至于做官吏等"。"第二，提高学术"，"大学是一个学术机关"，"我们应该有学术贡献表现出来"，"在校内造成研究的空气，在'出品'工作上有学术价值的贡献"。"第三个使命……就是社会的使命。我们的大学，除了造就人才和研究学术之外，还要影响社会，要做社会改造的动力。"〔谢红星主编：《武汉大学校史新编（1893—2013）》，武汉大学出版社 2013 年版，第 108—109 页。〕

② 胡适：《给"求真学社"同学的临别赠言》，《胡适全集》第 20 卷，安徽教育出版社 2003 年版，第 133 页。

和使命感的格言，正合他留学归国时的心态。

人们普遍注意到胡适回国前一再提出的"造新因"的说法，作为他准备回国开展新文化运动的心理基础。实际上，这也可视为他准备落实"兴大学、造文明"的心理基础，因为他不仅仅将造新因与国家政治前途相连接，也明确说："适以为今日造因之道，首在树人；树人之道，端赖教育。故适近来别无奢望，但求归国后能以一张苦口，一支秃笔，从事于社会教育，以为百年树人之计：如是而已。"① 所谓"一张苦口"无非是教学和讲演，所谓"一枝秃笔"显然是撰文和著书，这都是他意识中一个大学教师的基本职守，也符合他将留学视为兴大学之"过渡之舟"的理念。

胡适到达北大二十天后，新学年开学，在开学典礼上，他以"一张苦口"做了《大学与中国高等学问之关系》的演说。② 演说的主旨没有直接凸显大学与文明的关系，而强化的是对蔡元培大学观念的赞同，毕竟"高深学问说"是在当时的中国还是新观念，而研究高深学问也是造文明的最重要条件。这一演讲也蕴含着另一种含义，即意欲践行兴大学造文明之梦的胡适，会借助蔡元培校长开启的新风，全力辅助北京大学完成现代性元素的建构，促其起到引领中国现代文明的作用。事实上，在蔡元培治理北京大学的过程中，胡适给予了全面的支持，尤其在对大学制度改革方面。

---

① 1916年1月25日《再论造因，寄许怡荪书》（1916年1月25日胡适日记），《胡适日记全集》，台北：联经出版事业股份有限公司2004年版，第二册，第268页。

② 胡适：《致母亲》（1917年9月30日），《胡适全集》第23卷，安徽教育出版社2003年版，第131页。

蔡元培在北大的改革，有三大主轴。一是校务改革，推进民主治校。第一步设立评议会，建立学长制，由学长分任教务；第二步组织各种教授会，由各教授与所公举的教授会主任分任教务；第三步组织各种委员会，研讨教学以外的各种校务。二是学制改革，致力于学、术分流。第一项扩张文理两科并废门改系，第二项法科逐渐独立办学，第三项商科并入法科，第四项裁废工科，第五项预科压缩年限并逐步取消。三是学务改革，实行学生自治，学务管理由年级制转向选科制，并设立研究所，由教授指导本科毕业生继续从事较深的专门研究。这三类改革都得到胡适的助力，有些更是胡适提议的结果。

其中校务改革，第一步在胡适来校之前，后两步与胡适的主张有关，胡适是教授会制度的倡导者，[①] 在教授会和各种委员会制度建立过程中，都积极参与其间，还被推为英文系教授会主任和大学组织、预算、出版等多个委员会委员。[②]1918 年 10 月起胡适当选北大评议会评议员，参与学校最高决策，曾为学校谋划了"五年、十年的计划"。[③]1919 年和 1922 年还先后代理和当选大学

---

① 教授会治校的设想早在民初蔡元培主持制定的《大学令》中已提出，未付诸实施。蔡元培执掌北大初用学长制，教授会制度是胡适提出的。胡适日记 1922 年 7 月 3 日记事叙述北大人事纠葛时明确提及"后来我提倡教授会的制度"及其对人事的影响，见《胡适全集》第 29 卷，安徽教育出版社 2003 年版，第 670 页。

② 欧阳哲生：《胡适与北京大学》，《北京大学学报》哲学社会科学版，1997 年第 3 期，第 49 页。另据胡适 1919 年、1920 年间的日程表，他参加过哲学教授会、英文教授会和历史教授会。

③ 经胡适和各方面人士的沟通，蔡元培有了回校的意思，并通过蒋梦麟函告胡适"不要着急"，"他替我打算的五年、十年的计划"和帮学校聘请教授与外国学者的契约，不会"忽然一抛"。《蒋梦麟致胡适》，中国社会科学院近代史研究所中华民国史组编《胡适来往书信选》（上），中华书局 1979 年版，第 59—60 页。

教务长。

学务改革方面，改分级制为选科制和设立各科各门研究所都出于他的提议，他本人先后担任哲学研究所主任（1917 年 12 月）、英文学研究所主任（1918 年 9 月），还一度受命筹办历史研究所。由于他的建议，1917 年 11 月学校还创办了《北京大学日刊》，刊载大学各方面的学务活动信息。这几项提议当然都与胡适的美国求学经验有关。

蔡元培对胡适的改革建议几乎言听计从，只有学制改革与胡适早前对国家大学的设想有所出入。胡适在《非留学篇》中根据美国的体制，结合中国的情况，主张采取国家大学、省立大学、私立大学分别开展的方式。其中，国家大学"不必多也，而必完备精全。今不妨以全力经营北京、北洋、南洋三大学，务使百科咸备，与于世界有名大学之列，然后以余力增设大学于汉口、广州诸地"。国家大学重在学科的完备，这意味着不是要减少大学的工商法诸学科，而是要增设学科。但胡适也有专科学校以应用型人才为培养目标的认识，与蔡元培将大学与专门学校分开的想法有近似性，在了解到蔡元培"量力而行"集中办好文理两科的意图后，胡适也加以支持。五四运动发生后，蔡元培为保全北大辞职离京，政治当局和保守势力借故打击北大，安福部众议员克希克图准备向国会提交《恢复民国元年大学学制意见书》，想把蔡元培永远挤出北大，恢复北大旧制。胡适迎接杜威回到北大后，很快参与到保卫北大的活动中，一方面设法争取蔡元培回校复长校政，一方面撰文批驳"恢复民国元年大学学制"之论，指出"这个提议很不通"，是"公然破坏蔡校长两年余以来的内部改革，使蔡校长难堪，使他无北来的余地"的阴谋。① 他为蔡元培的三项学制改革所作的辩护,清楚无误地表达了维护蔡元培学制改革的立场。

除了大学制度改革,胡适在引进师资和扩大生源等方面也对蔡元培有极大支持,这亦是《非留学篇》中对建设国家大学设想的一部分。胡适介绍和经手引进的教授,因他这几年没有留下详细的日记,无从详考,但从他写给蔡元培的信,可略知一二。蔡元培因五四事件而辞职南下,6 月 23 日沈尹默等人以北大教员代表的身份到上海挽留,胡适托其转交这封信,并留下托付函:"尹默兄:附上信一封,请面交子民,此信务请交去,因这里面有许多事,不但关系我个人的行动自由,并且与大学的信用有关,故不得不郑重奉托。弟适,二十二夜二时。"② 所谓"大学的信用"主要即指若干引进教员的聘约问题。胡适写给蔡元培的信里提到的自己经手与校长签订的聘任契约,涉及美国学者克拉克、杜威,中国留学生赵元任、秉农山、颜任光、陈衡哲、林语堂等众多人士。③ 至于生源方面,北京大学开放女禁就是胡适倡导的结果,后来逐渐成为大学的通例。

为了大学的成长和兴盛,胡适自身在教学和学术研究上颇为用功,堪称表率。

胡适担任的课程很多,根据江勇振的考证,胡适在北大本科任哲学系和英文系两系课程,主要本科课程是:中国哲学史

---

① 胡适:《论大学学制》,《胡适全集》第 20 卷,安徽教育出版社 2003 年版,第 57、58 页。

② 胡适:《致蔡元培》,《胡适全集》第 23 卷,安徽教育出版社 2003 年版,第 237 页注①。

③ 胡适:《致蔡元培》,《胡适全集》第 23 卷,安徽教育出版社 2003 年版,第 237—238 页。

（1917—1924），西洋哲学史（1917—1920），英译欧洲文学名著（1917），英诗（1917、1919、1920），戏剧三（1918），论理学（1919、1920、1922），中国近世哲学（1921—1924），杜威著作选读（1921—1922），古印度宗教史（1921），英文演说（1921），英文作文（1922），短篇小说（1922），英汉对译（1924），清代思想史（1923—1924）等。还担任"写实主义与自然主义"等一些讲座课。[1] 在研究所也开设不少专题课程，包括哲学门的"欧美最近哲学之趋势"和"中国名学钩沉"；英文门的"高级修辞学"；国文门的"小说"（与刘半农、周作人合开）。[2] 如此繁重而科目分散的课程对于一个普通教员来说，也许难以胜任，但由于他特殊的学养积累，胡适应对自如。

江勇振通过细致观察发现，胡适繁重课程背后也蕴含着一个"值得玩味的"趋势：虽然每年课程数量未见减少，课程结构却逐渐趋于专精化，从文哲并举到哲学为主，哲学课程也从中西兼授到聚焦中国哲学；而中国哲学课程自身则越讲越精细，析出中国近世哲学、清代思想史等新课程。这一趋势与学校师资增加的趋势一致——课程驳杂乃因师资紧缺，师资充实则教学从精，反映出胡适在教务方面服从学校需要的风格。

胡适教学走向专精的过程，也是他"教著相长"、学术著作得以频频出炉的机会。年仅 26 岁的胡适得以受聘最高学府，当

---

[1] 江勇振：《舍我其谁：胡适》第二部《日正当中》，浙江人民出版社 2013 年版，下篇第 57 页。

[2] 江勇振：《舍我其谁：胡适》第二部《日正当中》，浙江人民出版社 2013 年版，下篇第 55 页。

然是因为他学术上有可信任的功力。① 但胡适到北大后的最初两年，受课程繁重和参与学校改革事务之累，他的学术文章并不多，② 发表的主要是一些鼓吹新文学的文章、杂诗、杂记、杂感等。到 1919 年情况才得以改变，他的开风气的学术名著《中国哲学史大纲》上卷也在 1919 年出版，蔡元培作序予以高度评价。此后，他又推出第一辑《胡适文存》(1921)，收录的文章包括近作《清代学者的治学方法》《红楼梦考证》《水浒传考证》等长篇学术论文，他的博士论文《先秦名学史》的英文版也在 1922 年出版。这些学术成果的密集问世，使他享誉学林的同时，也为大学"高深学问"探求做出了切实的积累。

当然，胡适并没有因为赞成蔡元培的"高深学问说"，就放弃大学的造文明使命。胡适在北京大学教授任上的工作，除了"高深学问"的教学与著述之外，比较直接的"造新因"、"造文明"、在思想文化上替中国政治和社会"建筑一个革新的基础"的活动是他努力的另一个重点。

---

① 在当时的学界仍以古典学问之高下为判分学人之标准，胡适要进入北大、站稳北大亦莫能外。由于自幼积累的古典素养，胡适从弃农转文时起就开始结合现代学术方法探究中国传统学术，留学期间先后撰有《诗三百篇言字解》《尔汝篇》《吾我篇》《诸子不出于王官论》等。蔡元培聘任他的学术依据，并非他的文学主张文字，而是他的《诸子不出于王官论》。余英时曾说："他的'暴得大名'虽然是由于文学革命，但是他能进北京大学任教则主要还是靠考据文字。其中《诸子不出于王官论》成于一九一七年四月，离他动身回国不过两个多月。这篇文笔是专为驳章炳麟而作的，也是他向国学界最高权威正面挑战的第一声。所以就胡适对上层文化界的冲击而言，《诸子不出于王官论》的重要性决不在使他'暴得大名'的《文学改良刍议》之下。"余英时：《中国近代思想史上的胡适》，台北：联经出版事业股份有限公司 1984 年版，第 38 页。

② 胡适从 1917 年 9 月进校到 1918 年底比较正式的学术论文，目前发现仅有 1917 年作《墨子小取篇新诂》(发表于 1919 年《北京大学月刊》三月号)、1918 年作《惠施公孙龙的哲学》(发表于 1918 年《东方杂志》五六月号合刊) 和《墨家哲学》(连载于 1918 年 9 月 23 日至 11 月 9 日《北京大学日刊》) 三篇。

这方面，他的直接同盟军是陈独秀、陶孟和、李大钊、高一涵等一批人。众所周知，胡适来北大任教，虽然有此前已获蔡元培赏识的基础，直接的原因却是陈独秀向蔡元培的力荐。胡适与陈独秀之间一年前就在《新青年》上开始了富有默契和信赖的合作，陈独秀受聘北大文科学长尚未到任，就致信胡适："蔡子民先生已接北京总长（即北京大学校长——引者）之任，力约弟为文科学长，弟荐足下以代，此时无人，弟暂充乏。子民先生盼足下早日回国，即不愿任学长，校中哲学、文学教授俱乏上选，足下来此亦可担任。"[1]表明对胡适的任教推荐在他应承"充乏"文科学长时，即已发生。蔡元培的正面回应，对于早有"兴大学"之梦、期待办好"国家大学"、以"造新文明"的胡适来说，可谓正合其意。所以他立即建议陈独秀不仅这个文科学长不要推辞，而且还要将《新青年》迁到北大，意想将来可作为鼓动新风潮之利器。

将《新青年》迁到北大也是蔡元培的意见，所以在胡适进北大之前几个月，《新青年》就移师北上了。这个刊物本来是一个青年励志的杂志，作者基本是与陈独秀有交往的一些皖籍人士和一些《甲寅》杂志旧识，到了北大后，作者群和读者群均发生重要变化，刊物主旨也随之而变，从1918年1月起陈独秀放弃个人主编制，由胡适等教授共同成立编委会，采取轮值主编的制度，《新青年》于是成为教授圈子内的"同人刊物"，也就是胡适后来所说的"我们的学报"。[2]这个"学报"与《北京大学月刊》的

---

[1] 《陈独秀致胡适》，《胡适来往书信选》上册，中华书局1979年版，第6页。

[2] 唐德刚记录：《胡适口述自传》，台北：传记文学出版社1981年版，第200页。

象牙塔学术风格不同，主要是基于教授们专业角度讨论社会公共话题。① 关于《新青年》在中国现代文明启蒙中的角色，以及胡适所起的作用，研究已很充分，兹不赘述。这里只强调胡适对这个刊物的定位。学界比较重视胡适对这个"新思潮"的定位，即"研究问题、输入学理、整理国故、再造文明"的意义，比较忽略他称《新青年》为"我们的学报"的说法，加上蔡元培为了避免保守人士的攻击而技巧性地将《新青年》说成是北大以外的刊物，使得《新青年》所鼓荡的新文化运动，常被视为大学的体外运动。实际上，在胡适的心目中，《新青年》的"再造文明"仍然是"兴大学、造文明"的一部分。

三、"不可救药的乐观主义"——胡适现代大学梦的挫折与坚守

胡适在上文提到的对"求真学社"学生的演说里，谈到他回国后努力的结果："到了回国以后，以少年气盛，对于国家的衰沉，社会的腐败，很不满意，故竭力想对于这种行将倾颓的社会国家，作一番大改造的功夫。可是在这种积重难返的社会国家里，想把这两千年来所聚累的污池一扫而空，把这已经麻木不仁了好久的社会打个吗啡针，使它起死回生，真不容易。也许是我个人的学问不够，经验不足，努力了这许多年，转眼去看看社会，还是一无所动。而且看看这两年来的情形，政治愈演愈糊涂，思想愈进愈颓败。此外如人民的生计，社会的风俗习惯，都没有一件

---

① 参见何卓恩、张家豪:《青年—学界—劳工:〈新青年〉社群诉求的转换》,《武汉大学学报》人文科学版 2015 年第 5 期, 第 26—28 页。

不是每况愈下，真是有江河日下之势。"① 但是他说他并不气馁，他引述丁文江的话，称自己"是一个不可救药的乐观主义者"，虽然社会的腐败机轮依然照旧地轮转着，他还要继续努力下去。这段夫子自道，用来观察他现代大学梦的追求，亦复如此。

　　1921年6月底，北大、北京高师、女高师、尚志学会、新学会联合召开欢送会与杜威惜别，主持人范源濂致辞中说："杜威博士来华讲学，转瞬已届两年。此两年中，既苦天灾，又多政潮，而又加以教育风潮，可谓多事极矣，然博士讲演却不因多事而稍有懈怠。"② 其中所说的"多事"，主要指五四运动开始所不断出现的政潮引发学潮、教潮，学潮、教潮又出现惯性循环的现象。这种现象对尚称幼稚的中国大学形成极大的摧折，是胡适现代大学梦所遭遇的第一种打击。③ 胡适作为大学中人在这些困扰中常亦不免纠结，却也一直竭尽心智以图挽救。

　　学潮在很长时期成为困扰胡适大学梦的一大问题。五四运动激发起学生参与社会、干预政治的热情，使既要高深学术又要造新文明的胡适面临坚守象牙塔与迈步街头的两难。

　　五四运动发生时，胡适正与蒋梦麟、陶行知两个教育家一起在上海迎接杜威来华讲学，意图通过杜威教育哲学的讲演，使实验的态度和科学的精神在中国教育界生根，来逐步实现根本的教育改革和社会变革。未料事势的变化大大出乎他们意料，以五

---

　　① 　胡适：《给"求真学社"同学的临别赠言》，《胡适全集》第20卷，安徽教育出版社2003年版，第132页。

　　② 　记者：《五团体公饯杜威席上之言论》，《晨报》1921年7月1日，第3版。

　　③ 　胡适的兴大学、造文明之梦所遭遇的第二个打击，是国民政府建立后，实行党国体制，政治强势干预教育，大学赖以成长的"兼容并包、思想自由"被剧烈侵蚀；第三个则是九一八事变揭开的战云，从日本侵略的威胁到国共内战的又起，造成大学自身的存亡危机。限于篇幅，容另考。

四运动为发端,"教育界的风潮几乎没有一个月平静的",内政外交的混乱,逼迫学生一次又一次罢课进行街头抗争。对于这些学生运动,胡适公开表示他的理解和同情,因为读书人关心社会也是大学对于社会文明的责任,"在变态的社会国家里面,政府太卑劣腐败了,国民又没有正式的纠正机关(如代表民意的国会之类),那时候干预政治的运动,一定是从青年的学生界发生的",从这一面看,学生运动不仅可以"引起学生的自动精神","引起学生对于社会国家的兴趣",而且能够"引出学生的作文演说的能力、组织的能力、办事的能力","使学生增加团体生活的经验","引起许多学生求知识的欲望",有"好的效果"。[1] 但胡适也不掩饰他内心的忧虑,认为这种变态社会里不得已的事又是"很不经济的不幸事",既荒废学业,也容易养成一些不健康的心理和习惯,不可长期持续下去。

他所说的不健康的心理习惯,包括"倚赖群众的恶心理""逃学的恶习惯""无意识的行为的恶习惯"等。可惜的是,后来的发展被胡适不幸而言中。学生对于社会果然"事事反应",动辄抗议罢课,大到全民愤慨的五卅事件,小到《晨报》发表对苏俄不友好的言论,甚或校内一些小纠纷,如拒缴讲义费、要求废除考试也成为罢课的理由,使大学陷于危机。对此,胡适忧心如焚。他每有机会面对学生,便呼吁他们调整学生运动的方向,朝注重"学问的生活""团体的生活""社会服务的生活"的方向发展,认为"只有这种学生活动是能持久又最有功效的学生运动。"[2] 他

---

① 胡适、蒋梦麟:《我们对于学生的希望》,《胡适全集》第 21 卷,安徽教育出版社 2003 年版,第 219、220 页。

② 胡适、蒋梦麟:《我们对于学生的希望》,《胡适全集》第 21 卷,安徽教育出版社 2003 年版,第 222 页。

劝告北大学生能"从学校建设方面着想，慎勿因细小事故不便于自己，便尔骚动，则学校基础愈见稳固"。[1] 要求他们"一方面要做蔡校长所说有为知识而求知识的精神，一方面又要成有实力的为中国造历史，为文化开新纪元的学阀"，不可滥用罢课。[2] 他屡屡对学生讲述费希特在敌国驻兵的柏林创办大学的故事，以证明"救国是一件顶大的事业：排队游街，高喊着'打倒英日强盗'，算不得救国事业；甚至于砍下手指写血书，甚至于蹈海投江，杀身殉国，都算不得救国的事业。救国的事业须要有各色各样的人才；真正的救国的准备在于把自己造成一个有用的人才"。[3]

这个时候国民革命已经兴起，青年对于"直接行动"的热情已经超越对"学术救国"的崇信，胡适的这些劝勉作用总是微乎其微，还不时遭受各种攻击，指其是对民众运动消极的"付之一叹"，[4] 或者"为外国帝国主义的宣传者"。[5] 胡适略微欣慰的是1925年4月北京学生包围章士钊家宅（因其宣布将合并京城八校、整顿学风）的那场学潮，北大学生以1100多人投票、800多人反对否决了参与罢课的提议，称："可喜的不在罢课案的被否决，而在（1）投票之多，（2）手续的有秩序，（3）学生态度的

① 胡适在蔡元培复职演讲上的谈话，《日记》1922年10月25日剪报，《胡适全集》第29卷，安徽教育出版社2003年版，第820页。

② 胡适：《在北大开学典礼上的讲话》（1921年10月11日），《胡适全集》第20卷，安徽教育出版社2003年版，第72页。

③ 胡适：《爱国运动与求学》，《胡适全集》第3卷，安徽教育出版社2003年版，第822页。

④ 刘熙：《关于〈爱国运动与求学〉的来信》，《现代评论》第2卷第42期（1925年9月26日）。

⑤ 汉口晨报记者：《李翊东质问胡适书》，《胡适全集》第30卷，安徽教育出版社2003年版，第202页。

镇静。"① 但这种欣慰也只维持了二十天，很快发生五卅运动，全国罢课，三个多月间由对外的抗议演变到对内的破坏。

学潮以外还有教潮。北京政府始终未能实现政治统一，军阀混战经常造成教育经费的挪用，以至于大学运行费用不时停发。1921 年夏，包括北京大学在内的北京八所高等学校的教授忍无可忍，联合发起罢教、辞职抗议，引发教潮。教潮发起时，胡适内心也很矛盾，一则体谅同仁"大概饭碗问题第一重要"的心境，② 赞成各大学组成联合委员会抗争，不时还提出一些建议，另一方面却又认为辞职和罢教伤害的是大学，损失的是学生和学术，屡屡提出组织学术讲演会、③ 事后补课办法 ④ 等补救方案。

这次教潮因为"六三"流血事件之逼迫而得财政、交通、教育三部协议解决，胡适关心的重点更加集中到大学教授的职责方面，称：

> 北方决不可无一个教育中心，我们无论如何终当竭力奋斗，保存北京的几个高等教育机关。我们这一年多以来，为了教育经费问题，不幸荒废了无数学子的无价光阴，这是我们很抱歉、很惭愧的。现在这个问题总算有个结束了，我的希望是，我们以后总要努力做点学问上的真实事业，总要在黑暗的北京城里保存这几个"力薄而希望大"的高级学校，总要使这一线的光明将来战

① 胡适：《爱国运动与求学》，《胡适全集》第 3 卷，第 819 页。

② 胡适：《日记》1921 年 5 月 27 日记事，《胡适全集》第 29 卷，安徽教育出版社 2003 年版，第 270 页。

③ 胡适：《日记》1921 年 5 月 27 日记事，《胡适全集》第 29 卷，安徽教育出版社 2003 年版，第 270 页。

④ 胡适：《日记》1921 年 6 月 28 日记事，《胡适全集》第 29 卷，安徽教育出版社 2003 年版，第 325 页。

胜那现在弥漫笼罩的黑暗。[①]

罢课时间共计三个半月，本来议定以延长一学期为补课办法，可是后来实际补课时间被缩短为一个月，胡适以为这"实在是敷衍欺骗的办法"。他要求蔡校长仍恢复延长学期的办法，使各学科依平常进度授完，并严格学务管理。[②]不过由于种种原因，此议似未被采纳。

大学在中国本来就百废待兴，教潮和学潮对大学建设更雪上加霜，胡适的挫折感不言而喻。1920年开学典礼上他对同仁和学生说："我们大学里四百多个教职员，三千来个学生，共同办一个月刊（指《北京大学月刊》——引者），两年之久，只出了五本。……《大学丛书》出了两年，到现在也只出了五大本。……《世界丛书》……至今却只有一种真值得出版。"他称这是学术界大破产的现象。[③]1922年北大校庆大会上，又痛切指出："学校组织上虽有进步，而学术上很少成绩；自由的风气虽有了，而自治的能力还是很薄弱的。"[④]友人不满北大风潮频仍，对他说："我们信仰一个学校的表示，是要看我们肯把自己的子弟送进去。现在我有子弟，决不向北大送。"胡适回答："老实说，我自己有子弟，

①　记者:《胡适之之谈话》,《时事新报》1921年7月23日。《胡适全集》第29卷,安徽教育出版社2003年版,第379页。

②　胡适:《日记》1921年9月25日记事,《胡适全集》第29卷,安徽教育出版社2003年版,第465—466页。

③　胡适:《提高与普及》(1920年9月17日在北京大学开学典礼上的讲演),《胡适全集》第20卷,安徽教育出版社2003年版,第67页。

④　胡适:《回顾与反省》(1922年12月17日在北京大学二十五周年校庆上的讲话),《胡适全集》第20卷,安徽教育出版社2003年版,第103页。

也不往北大送，都叫他们上南开去了。"①

不过对于一个"不可救药的乐观主义者"而言，失望并不会动摇他对理想的坚守。1921 年商务印书馆编辑主任高梦旦力劝他辞去北京大学教职，去印书馆"做我们的眼睛"，胡适虽也认为这是一件很重要的事业，仍坚决地谢绝了这个提议。他的理由为："我是三十岁的人，我还有我自己的事业要做；我自己至少应该再做十年、二十年的自己［的］事业，况且我自己相信不是一个没有可以贡献的能力的人"；② "大概我不能离开北大"。③ 1922 年母校哥伦比亚大学校长高薪邀请他去长期讲学，他"拟辞不去"；④ 王宠惠组织好人内阁前夕，派人劝他去做教育次长，他当即表示"我决不干"。⑤ 他将对于北大的责任视同于对于中国现代大学的责任。他发自内心地期待北大从浅薄的新名词"普及"运动，回到一种"提高"的研究功夫，认为"我们若想替中国造新文化，非从求高等学问入手不可"，"唯有真提高才能真普及"。⑥ 作为研究高等学问重要设施的北大图书馆遭遇火险，胡适首先站出来提

---

① 胡适：《日记》1922 年 10 月 19 日记事，《胡适全集》第 29 卷，安徽教育出版社 2003 年版，第 799 页。

② 胡适：《日记》1921 年 4 月 27 日记事，《胡适全集》第 29 卷，安徽教育出版社 2003 年版，第 218 页。

③ 胡适：《日记》1921 年 7 月 18 日记事，《胡适全集》第 29 卷，安徽教育出版社 2003 年版，第 366 页。

④ 胡适：《日记》1922 年 2 月 23 日记事，《胡适全集》第 29 卷，安徽教育出版社 2003 年版，第 523 页。

⑤ 胡适：《日记》1922 年 9 月 4 日记事，《胡适全集》第 29 卷，安徽教育出版社 2003 年版，第 739 页。

⑥ 胡适：《提高与普及》，《胡适全集》第 20 卷，安徽教育出版社 2003 年版，第 68、69 页。

议教职员同仁捐俸建筑图书馆。[①] 他中断几年后重新恢复的日记中留下了大量"谈大学事"的记录，其中也涉及"通盘计划"的制定。[②]

　　胡适是北大人，但他所关心的现代大学事业不限于北大。例如他的日记中有："我们对于山西，不该下消极的谩骂，应该给他一些建设的指点。现在山西第一要事在于人才。山西大学便是第一步应改良之事。我当为阎百川一说。"[③]"早八时，为最后之讲演，题为'对于安徽教育的一点意见'：一、几个具体的提议：安徽大学……现在安徽有所谓'高等系'、'南高系'、'北大系'、'两江系'、'湖北高师系'等等派别，皆是'学阀'（与上文学阀一词含义不同——引者），皆当打破，只认人才，不问党系。"[④]

　　1922年胡适参与教育部新学制的制定，这个史称"壬戌学制"的《学校系统改革案》规定"大学校合设数科，或单设一科，均可"，引起各地专门学校的升格运动，新的大学也纷纷成立。一些地方不等学制文件正式颁布即闻风而动，跃跃欲试。"增设大学"是胡适"兴大学、造文明"的一贯主张，但他并非以为多多益善，他的实验主义思维方式随时提醒他凡事应脚踏实地、量力而行。所以当陈炯明要他去办广东大学时，他告诫"此时先努力把广东的治安办好，不妨做一个阎锡山，但却不可做杨森。借文

---

　　① 胡适：《日记》1921年5月3日剪报，《北大教职员捐俸建筑图书馆》，《胡适全集》第29卷，安徽教育出版社2003年版，第234页。

　　② 胡适：《日记》1922年6月1日记事，《胡适全集》第29卷，安徽教育出版社2003年版，第638页。

　　③ 胡适：《日记》1921年5月11日记事，《胡适全集》第29卷，安徽教育出版社2003年版，第243页。

　　④ 胡适：《日记》1921年8月6日记事，《胡适全集》第29卷，安徽教育出版社2003年版，第403—404页。

化事业来做招牌,是靠不住的。"① 他得知张作霖要办东北大学,也"劝他不要办大学,大学不是容易办的。现在中国的人才有多少? 够办几个大学? 不如拿他们筹的五十万元作基金,于三年之内办三个好的高级中学"。②

1925 年胡适到武汉讲学,发现这斗大山城里有国立武昌大学、国立武昌商科大学、省立武昌文科大学、省立武昌医科大学、省立武昌法科大学、省立武昌农科大学,还有教会办的华中大学,私立中华大学等众多的大学,觉得不胜其怪。他认为公立大学应该合并,"第一步宜合并武大与商大,第二步宜合并省立各分科大学为一大学,第三步然后合并为一个武昌大学,名义上为国立,而省政府担负一部分的经费。或者划分武昌大学区,以两湖为主,担负大部分的经费,而邻近各省分担一部分的经费"。③ 一年后国立武昌中山大学(后更名国立武汉大学)大体采取的即是合并的思路。

在一个贫弱的国家,经费始终是困扰大学发展的一个瓶颈。胡适在武昌各大学合并方案中,考虑的一大因素即为经费。胡适很注意大学经费的筹措,在参与各校争取政府教育经费的同时,也设法多方寻找经费来源。他的留学受惠于美国退还的庚款,其他列强在美国之后也有退款之意,成为胡适努力的途径之一。他曾主导制定英国和日本退款使用办法,将这些款项除部分用于选派对口留学外,大旨以"捐助国立大学,使他们成为强固的学识

① 胡适:《日记》1922 年 9 月 4 日记事,《胡适全集》第 29 卷,安徽教育出版社 2003 年版,第 739 页。

② 胡适:《日记》1922 年 9 月 30 日记事,《胡适全集》第 29 卷,安徽教育出版社 2003 年版,第 767 页。

③ 胡适:《日记》1925 年 9 月 26 日记事,《胡适全集》第 30 卷,安徽教育出版社 2003 年版,第 198 页。

中心"为主。① 具体而言，包括在国立大学设英国、日本学术讲座，为一些大学设购置英国、日本图书基金等。②

胡适在五四运动以后特别强调大学的治学，主张学术上的"提高"重于"普及"，但这不是说要放弃过去《新青年》那种新文化传播，而只是说不赞成五四以后学界被各种炫目的"主义"所迷的风气。"研究问题、输入学理"式的社会文化传播事业，仍然没有在他的心目中淡去。他不满迁回上海后《新青年》"色彩过于鲜明"，提出或再迁北京，重新注重学术思想艺文的改造，或另创一个哲学文学的杂志的办法。③ 后来，在他主导下先后创办了《努力》《现代评论》等刊物，除了继续谈文学、文化的问题（如对梁漱溟、张君劢文化观的回应），也发展到讨论政治（如对好政府主义的提倡和对国民革命的评述）。不过，此时他不再将这些表达社会意见的刊物视作"我们的学报"了，而主张属于个人对于社会的参与，希望这些意见作者各负其责，"不要牵动学校"。④

这些都是胡适在遭遇挫折之际所作的努力，足以诠释他《努力歌》中的诗句"天下无不可为的事"。当然，要说胡适心态上完全不受挫折感的影响，那也不近人情、有违事实。1922 年 2

---

① 胡适：《日记》1921 年 6 月 25 日记事，《胡适全集》第 29 卷，安徽教育出版社 2003 年版，第 320—321 页。

② 胡适：《日记》1922 年 7 月 6 日记事，《胡适全集》第 29 卷，安徽教育出版社 2003 年版，第 673—674 页。

③ 胡适：《答陈独秀》，《胡适全集》第 23 卷，安徽教育出版社 2003 年版，第 281—282 页。

④ 胡适：《这回为本校脱离教育部事抗议的始末》，《胡适全集》第 20 卷，安徽教育出版社 2003 年版，第 119 页。

月他已经"决计明年不教书，以全年著书"；[①]4 月他向蔡元培提出辞去教务长，理由一是"为己"，要集中时间用于学术研究；二是"为大学"，担心自己的能力会致大学百务废弛。[②] 这也许是他"穷则独善其身"，心态的表示。1923 年开始，胡适的身体也连续发生状况，基本在长期告假养病中度过。他的病和他的告假，曾颇引起了一些人的疑虑，上海《民国日报》邵力子甚至提出了"胡适先生到底怎样？"的疑问，以为与国务会议"取缔新思想"的议案有关系，是"三十六计，跑为上计"。胡适拒绝承认他是惧于政治而"跑"；但他承认"去年在君们劝我告假时，我总不舍得走开；后来告假之后，颇有意永远脱离教育生活，永远作著书的事业"。[③] 也有人疑心他的告假是因为灰心，谈到"大学堂的学生不肯上心用功是使胡先生灰心的直接原因，大学堂的一部分办事人不肯容纳胡先生的主张也许是使胡先生灰心的间接原因"时，胡适否认他是灰心，但也承认"我有两个足年不曾有什么提议了"。[④]

　　1926 年 7 月胡适去欧洲之前在北京大学学术研究会上做了一次讲演。他说起他的心境："我差不多有九个月没到大学来了！现在想到欧洲去。去，实在不想回来了！能够在那面找一个地方吃饭、读书就好了。但是我的良心是不是就能准许我这样，尚无把

---

　　① 胡适：《日记》1922 年 2 月 23 日记事，《胡适全集》第 29 卷，安徽教育出版社 2003 年版，第 523 页。
　　② 胡适：《日记》1922 年 4 月 26 日记事，《胡适全集》第 29 卷，安徽教育出版社 2003 年版，第 602 页。
　　③ 胡适：《我的年谱》（1923），《胡适全集》第 30 卷，安徽教育出版社 2003 年版，第 163 页。
　　④ 胡适：《松林中的一点误解》，《晨报副镌》1924 年 6 月 20 日。

握。那要看是哪方面的良心战胜。"[1] 他没有再提自己那"兴大学、造文明"的"梦想"了。[2]

---

[1] 胡适:《学术救国》(1926年7月在北京大学学术研究会上的讲演词),《胡适全集》第20卷,安徽教育出版社2003年版,第138页。

[2] 暂时的生命低潮并不意味着放弃。胡适在从欧洲归国后,又重拾旧业,先后担任中国公学校长、北京大学文学院长,抗战胜利后担负北京大学校长,继续为中国现代大学事业做努力。不过,具体的心境和努力的方式,与留学归来的最初几年略有变化。

第四章 "主义"的初出

中华民族主义形成的传统
与世界文化背景[*]

中华民族是一个多民族共同构成的国族，它以政治认同为本质，同时包含着种族和文化不断交融的意蕴。中华民族作为现代民族实体出现在世界面前，具有历史的必然性。当今世界上的国家，有的是单一民族形成的，有的是多种民族共同建构的；在多民族的国家，有的采取联邦国家制度，有的采取单一国家制度。近代中国的民族国家建构经历了不同取向的构思，最后凝聚国内各民族结为统一的中华民族成为共识，建立的是多民族、单一制的民族国家。这一进程中，辛亥革命实居于枢纽的地位。

一百年前爆发的辛亥革命，是传统中国走向现代中国过程中一个标志性的历史转折，它不仅是中国第一次的"民主革命"，也是中国现代"国族意识"形成的起点。在辛亥革命建立民国的

---

[*] 本文为 2011 年国家民委委托课题"辛亥革命与中国民族共同体意识"成果的一节。

过程中,"中华民族"被中国国内各族人民确认为代表全体中国国民的总称,包括汉、满、蒙、回、藏、苗等源远流长的国内各民族总体上实现了"中华民族"国族认同,自此以后"中华民族"就成为全中国各族人民共同的旗帜。

费孝通早已从社会学角度论定:"中华民族作为一个自觉的民族实体,是在近百年来中国和西方列强的对抗中出现的,但作为一个自在的民族实体,则是在几千年的历史过程中形成的。"[①]要深刻认识中华民族认同形成的原因和本质,进一步推进中华民族认同向纵深发展,需要整体了解辛亥革命之前之后中华民族从"自在"到"自觉"的过程。

一、"天朝"语境中的"中华"三义

中华民族作为现代国族概念明确提出,是 20 世纪初年的事,但中国作为多民族统一国家存在已有数千年历史,不过传统时代的"统一国家"不同于现代地球村语境下的"民族国家",而是"天下一统"意识下的"天朝"。在"天朝"的语境下,"中华"这一词语已经产生,其所指与今义相比有所异同,呈现出渐次延展的不同层次。

1. 传统中国的天下一统观念

传统文明中"天下"意识的形成跟我们的先民所生活的地理区位很有关系。在欧亚大陆东部,存在一个相对独立的地理空间,它的西面是人迹罕至的帕米尔高原,西南有世界屋脊喜马拉雅山脉及青藏、云贵两个高原,北面是戈壁,东面和东南是海洋。在

---

① 费孝通:《中华民族多元一体格局》,中央民族大学出版社 2003 年版,第 3 页。

古代交通条件有限的背景下，很容易在初民的想象中，认为这就是世界的全部，也就是"天下"。

"天下"作为中国古代政治和文化中的一个重要概念，在远古已开始出现。史载："尧遭洪水，怀山襄陵，天下分绝，为十二州，使禹治之。水土既平，更制九州，列五服，任土作贡。"[①]所谓"九州"，《禹贡》中已有记述，即大禹治水时把天下分为冀州、兖州、青州、徐州、扬州、荆州、梁州、雍州和豫州九个区块，因此后人有"天下九州"之说，又因古人相信天圆地方，而有"九州方圆"之说。所谓"五服"，这里是指从中央向边远地区逐渐过渡的有政治象征意义的服饰，《国语·周语》有论："先王之制，邦内甸服，邦外侯服，侯卫宾服，夷蛮要服，戎狄荒服。"[②]具体而言，即以王畿为中心，按相等远近作正方形或圆形边界，依次划分区域为"甸服"、"侯服"、"宾服"（汉书作"绥服"）、"要服"、"荒服"。"九州""五服"反映了文明草创之初人们对"天下"的认识，并隐约有了天下一统的观念。古人实现天下一统的现实形式是建立以"王天下"为理想的大一统王朝，从传说时代的三皇五帝到三代，都有这种努力的印记。春秋战国时期"天下"概念开始广为使用，《论语》中有二十三处，如"泰伯其可谓至德也已矣，三以天下让，民无得而称焉"，[③]"天下有道，则礼乐征伐自天子出；天下无道，则礼乐征伐自诸侯出"，[④]"兴灭国，继绝世，举逸民，天下之民归心焉"[⑤]等；《道德经》中有

① 《汉书》，中华书局1962年版，第1523页。
② 尚学锋等译注：《国语》，中华书局2007年版，第5页。
③ 杨伯峻：《论语译注》，中华书局1980年版，第78页。
④ 杨伯峻：《论语译注》，中华书局1980年版，第174页。
⑤ 杨伯峻：《论语译注》，中华书局1980年版，第208页。

六十处,如"故贵以身为天下,若可寄天下;爱以身为天下,若可托天下",[①] "奈何万乘之主而以身轻天下,轻则失根,躁则失君",[②] "以道佐人主者,不以兵强天下"[③] 等。这时"天下"内涵日益丰富,蕴含了地域、人民、政俗等多种因素。

2. 中华:天下之"中","华"耀四方

从人类文明史上看,大江大河往往是文明的发祥地。在先民生活的这个相对独立的地理空间里,就有两条巨大的河流黄河和长江,它们所冲积而成的平原地带,成为最先发展定居农耕文明的地区,进而比其他地区优先孕育出仁政—礼教为特征的文化。因此在古人那里,"天下"实兼有自然空间和文明空间的意义。作为一个自然空间概念,它意味着天覆地载的全世界,这就有了中心与边缘、"中原"与"四方"的分野;而作为一个文明空间概念,"天下"又意味着一个超越了区域和种族的和谐的权力秩序和伦理秩序,基于此,文明与野蛮、"华夏"和"夷狄"观念逐渐出现。由于炎黄以来的华夏文明正好滥觞于古人所认为的中原区域内,而此范围之外的东西南北地域则分由文明水准较低的"夷狄"民族所据,故在传统典籍中,"四方"又称"四夷","华夏"又称"中土""中州""中国""中夏",而"中华"一词,也同样依此而出。

"中华"的观念是地理之"中"与文化之"华"相结合的结

---

① 〔魏〕王弼注,楼宇烈校释:《老子道德经注》,中华书局2011年版,第32页。

② 〔魏〕王弼注,楼宇烈校释:《老子道德经注》,中华书局2011年版,第71页。

③ 〔魏〕王弼注,楼宇烈校释:《老子道德经注》,中华书局2011年版,第80页。

果，据专家考证，系公元 300 年的魏晋时期钟信"天人合一"观念的哲人从"中土"和"华夏"两个名称中各取一字复合而成。晋代桓温《请还都洛阳疏》有"自强胡陵暴，中华荡覆，狼狈失据"[①]的说法。陈寿所编《三国志》之"诸葛亮传"，也有"若使游步中华，骋其龙光"[②]之语。"中土"的"中"有"天下之中"的意思，这当然与古人的地理知识局限和自我优越感有关；"华夏"的"华"通"花"，有"光辉灿烂"的意思，强调的是文物教化的发达，《说文》谓"华，荣也"。[③]将地理之"中"与文化之"华"结合起来的"中华"，就特别能够指代代表着先进文化的中国土地的中心地区及人民，尤其是道德文物制度最发达的黄河流域中部地区的民族，因此沿用不衰。如五代时的《敦煌曲子词·献忠心》中有"见中华好，与舜日同，垂衣理，菊花浓"，[④]《北齐书·高昂传》有"于时，鲜卑共轻中华朝士，唯惮服于昂"，[⑤]明代黄溥《闲中今古录摘抄》有"且如胡元只任胡族为正官，中华人官佐二"[⑥]等。

3."天下"观视域下的"中华"三面相

"中华"虽然意在表达天下之中、华耀四方之意涵，但中心与四方向来是两个相对性的概念，"中华"的所指，会随着这对范畴的内涵变化而有所不同，呈现出血统的、文化的、疆域的不同层次。

---

① 《晋书》，中华书局 1974 年版，第 2573 页。
② 《三国志》，中华书局 2011 年版，第 760 页。
③ ［汉］许慎：《说文解字》，中华书局 1978 年版，第 128 页。
④ 李君：《唐宋全词》，海天出版社 1994 年版，第 69 页。
⑤ 《北齐书》，中华书局 1972 年版，第 295 页。
⑥ 黄溥：《闲中今古录摘抄》，中华书局 1985 年版，第 18 页。

种族中华

"中华"对应于"四夷"。既然"中原"是一个文化最繁盛之区，则发展水平不如中华的"四方"，自然是夷狄戎蛮了，所以又有东夷、西戎、南蛮、北狄之说。这些"四方"之民，即今所谓少数民族。华夏与蛮夷，衣冠不同，语言不合。华夏之民，束发带冠，乃衣冠文物之邦；蛮夷之俗，被发左衽。春秋之义，辨别内外，区析华夷，以文化礼义为区别的尺度，于是有了"华夷之辨"。江统《徙戎论》云："非我族类，其心必异，戎狄志态，不与华同。"[①]农耕为主的先进中华文化与游牧渔猎为主的落后夷狄文化差别确实是较大的，其利益竞争也是客观存在的。这就自然在华夏族与其他民族之间出现若干矛盾和冲突，甚至敌我意识。华夏族为了保卫自身的利益和文化，往往视不愿归附的夷狄为不可屈服的敌人。这种意义的中华与夷狄，有种族区隔的意义。

文化中华

不过，文化是有超越性的，接受先进文化和丧失先进文化都可以不受种族、地域的限制，孔子作《春秋》曰："诸侯用夷礼则夷之，夷而进于中国则中国之。"[②]郑国、晋国都是诸夏，如行为不合礼义，亦视为夷狄。若夷狄向慕中国，能行礼义，则褒扬而进之，如楚自称蛮夷，其后快速走向文明进步，待到中原诸侯与之会盟时，便不再以蛮夷视之。在孔子、孟子和荀子的言论中，经常提到"来远人""柔远人""抚四夷""不忘远""保四海"的问题。总体上说，随着儒家为代表的中华文化的传播和拓展，受其影响、接受教化的范围越来越广，一些边远民族，包括他们建

---

① 《晋书》，中华书局 1974 年版，第 1531—1532 页。

② 马其昶：《韩昌黎文集校注》卷一，上海古籍出版社 1986 年版，第 17 页。

立的一些政权都主动学习中华文化，与中原的华夏居民逐渐同化、交融成为一个越来越大、不分彼此的整体。汉代以后，中华与周边民族文化和血统不断融合而扩大为"汉人"，使华夏族又有汉族之称。汉代以后各族继续交融，如南北朝时期鲜卑族拓跋部建立的魏政权，就大力推行汉化政策，大大促进了与汉族的融合，而成为"中华"的构成部分。

帝国中华

在传统中国，"中华"的意涵常常被提到的是上述两个层次：一方面单指居于"天下中心"的华夏族或汉族，一方面泛指儒家为代表的文物制度和教化流行之区。前者比较刚性，后者比较富有弹性。相应地，夷狄既可指周边民族，又指文化落后的区域。1897年梁启超为友人徐勤所著《中国夷狄辨》撰写序言，说："且《春秋》之号夷狄也，与后世特异。后世之号夷狄，谓其地与其种族；《春秋》之号夷狄，谓其政俗与其行事。"[1]之所以"后世"所指反而较《春秋》更刚性，是因为民族习俗具有很强的自传承性，向中华文化学习和接受熏染是一个漫长的过程，而且受到民族竞争客观形势的影响，不可能立竿见影，在经验层面，人们所注意的仍然是"夷夏之防"。

在上述两个层次上所使用的"中华"概念，都是指向"天下"的"中心"而不是"全部"。这种用法并不能直接推动"中华"概念向今天的"全中国"范围拓展，因为：其一，今天的"中华民族"中，汉族固然是人口的主体，却不构成法律地位的"中心"，各民族法律地位是平等的；其二，今天的"中华民族"中，

---

① 梁启超：《春秋中国夷狄辨序》，《饮冰室合集》文集二，中华书局1989年影印版，第48页。

儒家文化只是文明内容之一，文明的内容还包括佛教文化、伊斯兰教文化、基督教文化和现代思想文化，以及各族具有地域特色的个性文化。在传统"中华"的两层含义中，都不足以径直接通近代政治民族的新内涵。

要找到现代"中华民族"的历史接榫点，不能仅仅着眼于"天下"观念下的"中心"意识去观察，而应该超越"中心"，直接从"天下"加以寻索。传统的"天下"观，既然是一个统一的地理空间和人文空间，就不仅仅满足于一个观念形态的存在，它还有一种实体的存在形式，那便是"天朝"。天朝是统治"天下"的王朝政治，其统治的范围，包含中原，也包含四夷，这就超越了华夏或汉族的范围，也不仅仅局限于文物教化了。这种有形的政治体，往往是逐鹿中原征伐四方的结果。在中国幅员辽阔的土地上出现过的政权多种多样，大体上汉族为主，其他民族各有建树，统一为主，时而也有分庭抗礼或鼎足而立之势。但无论哪种类型的政权，在政治理念上都是追求"治国平天下"的，都以"大一统"为目标，而在政治形式上又都是家天下的王朝统治。"四海之内莫非王土,率土之滨莫非王臣"，[1] 通过家族统治的方式，将"普天下"各民族纳入国家政治秩序之内，而各民族也在家族王朝政治之下结成自在的生命共同体。随着时代的推进，"天下"的经验范围在扩展，发现"天朝"之外还有比"四夷"更远离中华教化的"番国"，而面对这些远方番国的时候，整个"天朝"也就取得了"中华"的身份。番国艳羡中华之磅礴气象进而有宾服朝贡之举，在历史上是屡见不鲜、持续不坠的。

当统治天朝的政权成了"中华"的象征的时候，"中华"也

---

① 周振甫:《诗经译注》,中华书局 2002 年版, 第 335 页。

就取得了指代天朝下的全部土地和人民的意义。《唐律疏义》对"中华"一词的解释为："中华者，中国也。亲被王教，自属中国；衣冠威仪，习俗孝悌，居身礼仪，故谓之中华。"[①] 中华即中国，一方面它意味着儒家教化，另一方面也意味着天朝王化，凡天子权柄所及，皆为中华。晚清西太后与八国联军妥协媾和之后所说的"量中华之物力，结与国之欢心"，也是此义。主张保皇立宪的梁启超，1902 年发表《论中国学术思想变迁之大势》，也是以"中华"一词指代包含各族的全中国，他说："立于五洲中之最大洲，而为其洲中之最大国者谁乎？我中华也。……四千余年之历史未尝一中断者谁乎？我中华也。我中华四百兆人公用之语言文字，世界莫能及。"[②] 这时"天下"已扩及"五洲"，"中华"变成"大清版图及其众民"的代称。

如果说种族中华、文化中华着眼的都是人民，那么帝国中华概念则除了关注人民，更有较明确的疆域版图意涵，而疆域版图正是近代政治民族国家型定的基本要素。以往我们在追溯中华民族历史起源的时候，比较重视种族中华、文化中华的层次，比较忽略帝国中华的层次，这种偏向需要纠正。

二、民族国家视域的出现与中华民族凝聚的需要

历史推进到近代，"王道天下"遭遇霸道列强，天朝观念也迅速濒临崩溃。经历凤凰涅槃，中华古国在艰难困苦中呼唤浴火重生。

① ［唐］长孙无忌等撰：《唐律疏议》，中华书局 1983 年版，第 626 页。
② 梁启超：《论中国学术思想变迁之大势》，《饮冰室合集》文集七，中华书局 1989 年影印版，第 1 页。

1. 天下观崩解和民族国家视域的出现

当"天朝"秩序演变到清廷主政的时代，世界历史的巨变终于强劲地冲击到这块"独立运作"的东方文明区域。已经在资本主义发展中崛起的西方国家，建立起一种与东方王道文明大相径庭的近代功利主义文明体系，在赤裸裸的利益驱动下，在经历玛戛尔尼的不成功的和平尝试之后，1840年悍然发动了侵略的战争，以血与火的野蛮形式轰开了"天朝"大门。"天朝"在被动挨打中睁眼四顾，以往周边朝贡天朝的"远番"，不是脱胎换骨成为强邻霸国便是相继被强邻霸国所占据——北面是吞并了一系列中亚西亚小国的俄罗斯，南面是法国占据的安南，东面成长起脱亚入欧且侵吞韩国的日本，西面是英国占据的印度和缅甸，可谓群狼环伺。列强屡胜屡战，大清王朝屡战屡败，后果是"天朝"尊严丧失、利权丧失、主权丧失、领土丧失、文化自信丧失，不仅天威难再，而且面临存亡危机。一个以"王天下"为理念的安宁的"天朝—番国"世界构想一去不复返，统御天下的"天子"降尊而成一个受欺侮的世界普通国家的"法人代表"。客观条件决定了中国不能继续沉湎于这种"天下"思维，而必须正视现实，回归主权国家身份发奋图强，也决定了中国各民族只有形成一个紧密的共同体才能抵御外侮，保家卫国。

中国传统的国家观没有主权概念，只承认华夷之分，不认为天下有与中原天朝平起平坐的国家，"蛮夷之邦"自居于夷，由"蛮夷"而入主中原的王朝则由蛮夷而中华，始终都没有国家平等的意识。这种观念最先受到质疑发生在清初，在遭遇沙俄这样从未接触过的具有另类文明的强大对手时，中国第一次以主权平等为前提与另一个国家签订了具有国际约束力的《中俄尼布楚条约》。传统中国文化的秩序高于一切，疆界意识较淡，在这个条约中，首次以主权平等国家的身份确定了两国的国土边界。不过，这一单一性的事件，并未真正使中国实现从天下观到国家观的转变，促使中国实现这种转变的，是鸦片战争开始中国遭遇的一系列挫折和打击，尤其当东海"番国"日本"脱亚入欧"成功改革而加入侵略行列且取得中日甲午战争胜利之后。甲午战败一方面彻底撕破了"天朝"的面纱，另一方面激发大批士大夫觉醒，呼吁向列强学习，从速改革，力挽狂澜，以"保国、保种、保教"。

遭遇到这种"数千年未有之变局"，各民族都认识到历史的巨变，而汉族士大夫最早发生警觉。鸦片战争中他们已发现面对西方列强，王道之"仁"几乎完全失去效用，于是提出两种应对思路：一诉诸"勇"，那就是激励官军和民间发起基于血肉之躯的抵抗。林则徐的虎门销烟，广州三元里人民的抗英斗争，中法战争中老将冯子材领导的镇南关大捷，甲午战争中邓世昌的壮烈殉国，体现的都是这种誓死御敌的坚强决心；一诉诸"智"，即"师夷长技以制夷"，要求朝廷学习敌人的坚船利炮来强健自身。洋务自强运动是这一思路的初步尝试。事实上，这两条思路一直交替使用，而均不见起色。甲午战争激起的强烈危机意识，将士大夫的智性应对思路推进到政治变革、重建国家，以便有效"合群"救亡上来，而"合群"就是要民众从麻木的臣民心态（传统中国虽已提出"天下兴亡匹夫有责"，但这个"责"属于对天下文明尽职的道义范畴，不属于对国家主权负责的政治范畴）转变为觉悟的公民心态，要国家从一家一姓的家天下转变成为举国一体的政治民族国家。

"世界之有完全国家也，自近世始也。"[①] 民族国家的观念，是率先放眼看世界的先进知识分子们从世界历史的观察中得出的。在近代之前，"天下主义"并非中国特有。早期的世界历史本来皆以各文明体自身的"天下主义"形态出现，包括中世纪的欧洲。按照阶段历史学家波拉德的分法，欧洲整体历史可以划分为三段：古代城邦（city-state）阶段、中世纪普世世界国家（universal world-state）阶段、近代民族国家（nation-state）阶段。[②] 罗马帝国灭亡后，欧洲广阔的空间中，形成了林林总总的封建邦国，这些邦国下有领主割据（社会基础结构），上有教廷主宰（教皇成为凌驾于一切封建邦国之上的一统权威），并不是独立的民族共同体。民众只向领主和罗马教廷效忠，毫无民族情感可言，地方主义和普世主义是当时主导性的观念形态。14 世纪后，市民阶级出现，开始表现出追求市场统一、法度统一的世俗秩序的愿望，这与处在诸侯割据和罗马教皇双重夹击下的国王的愿望正相吻合，于是市民阶级与王权结成联盟，与那两种势力展开斗争。结果，通过宗教改革，罗马教会的无上权威被摧毁；通过民族统一战争，封建割据被克服。以领主割据为社会基础结构的基督教普世国家被分成一些内部统一而独立于教皇的王权国家，如英国、法国、西班牙、葡萄牙等。这些以王权为中心的国家，实际上是"以民族为基础的君主国"。[③] 这一过程中（16—17 世纪），民族意

---

① 梁启超：《国家思想变迁异同论》，《饮冰室合集》文集六，中华书局 1989 年影印版，第 12 页。

② 转引自李宏图：《论近代西欧民族主义和民族国家》，《世界历史》1994 年第 6 期。

③ ［德］恩格斯：《自然辩证法》，中共中央马克思恩格斯列宁斯大林著作编译局编译：《马克思恩格斯选集》第 3 卷，人民出版社 1972 年版，第 444 页。

识、民族情感开始觉醒。17—19 世纪，市民阶级力量日益强大，自由和参政的要求日益强烈，对王权专制日益不满，开始重新思考民族问题。他们提出"专制之下无祖国"的观念，从自然法和社会契约论入手，认为国家是所有独立公民为着共同利益组成的结合体，在这个结合体中，主权在于公民，公民自由和追求幸福的权利，神圣不可侵犯。这样，王权主义的民族观转变成为公民主义的民族观，并推动了欧洲各国持续数世纪的以打倒王权为目标的民族革命（亦为民主革命），如法国大革命、美国独立战争等。人民主权的民族国家得以确立。国家不再是国王、国王的领土、国王的臣民的有机体，而是公民共同体。由于民族主义在终极价值上重视的是民族整体，民族利益又总是不断变化且无止境的，所以，当各国民族革命任务完成之后，尤其是工业革命大幅提高生产效率之后，它们很快以民族利益（开拓市场）的名义，将自己的意志强加给他们之外的民族，从而使民族主义演化到民族帝国主义。

在被动挨打中思考的中国人从这一历史中发现，中国之所以失败，正是因为自己没有这种民族主义，却不得不应对西方由民族主义发展成的民族帝国主义的入侵。因此，无论主张温和改革国家者还是主张激烈再造国家者，均认为民族主义为中国的当务之急，"今日欲抵挡列强之民族帝国主义，以挽浩劫而拯生灵，惟有我行我民族主义之一策"，[①]"今日者，民族主义发达之时代也，而中国当其冲，故今日而再不以民族主义提倡于吾中国，则

---

① 梁启超:《新民说》,《饮冰室合集》专集四，中华书局 1989 年影印版，第 4 页。

吾中国乃真亡矣", ① 他们都追求建立屹立于世界民族之林的主权国家。

"民族"这一词语，一般认为是从日本输入的，中国历史上有"民"有"族"，但这两个字没有结合成一个连体词。晚近有学者发现这一说法其实不正确。南朝萧子显的《齐书》列传三十五《高逸传·顾欢传》中即有"今诸华士女,民族弗革"② 的句子，唐代李筌所著兵书《太白阴经》的序言中亦有"愚人得之以倾宗社,灭民族"③ 之说法，不过在中国古代，关于"民族"概念并没有明确定义，在使用上也比较混乱，除了用"民族"外，还有诸如人、民、种、部、类、族，以及族类、族种、氏族、国族、邦族、宗族、部族、种族、民人、民种、种人、部人等等相关的称谓，因此传统的"民族"或诸"族"仍不同于近代的"民族"。

现代"民族"和"民族主义"等概念确实是中国新式知识分子通过日本传入我国的。"民族"是外来语，这一概念产生于近代西方，它的政治含义自始就很鲜明。在很多西方学者看来，民族单位与政治单位是可以画上等号的，"民族即是国民的总称，国家乃是由全体国民集合而成，是一主权独立的政治实体，因此，国家乃民族政治精神的展现"，④ 本尼迪克特·安德森定义"民族"时说："它是一种想象的政治共同体———并且，它是被想象为本质上有限的（limited），同时也享有主权的共同体。"⑤ 与政治建

---

① 余一:《民族主义论》,《浙江潮》1903 年第 1 期。

② 《南齐书》,中华书局 1972 年版, 第 934 页。

③ ［唐］李筌:《太白阴经》, 远方出版社 2005 年版, 第 1 页。

④ ［英］埃里克·霍布斯鲍姆:《民族与民族主义》, 李金梅译, 上海人民出版社 2000 年版, 第 21 页。

⑤ ［美］本尼迪克特·安德森:《想象的共同体: 民族主义的起源与散布》, 吴叡人译, 上海人民出版社 2005 年版, 第 8 页。

构联系在一起的"民族",有强烈的疆界意识,追求政治疆界与民族边界的重合。疆界意识是现代民族国家的重要构成要素,胡安·诺格认为,无论哪种国族主义,都是一种疆界意识形态,要求明确的疆界以相互区别,从而使民族疆域观念成为国族认同的基础,疆界观念强化民族认同,民族认同反过来巩固疆界观念。[①]同时,不同于传统社会以文化为最高原则,近代民族以民族共同利益为最坚强纽带,民族国家实际上就是国民国家,国民利益最大化为其极则。在这种意义上,民族主义实际上是国民主义。

正是在这种近代民族意识兴起之后,"中华民族"的观念才应运而生。在晚清十年间,关于本民族的自称语,曾有过"支那民族""中国民族""中华民族"等多种说法,但最后古已习称的"中华"与近代出现的"民族"两个词结合而成的"中华民族"成为最有生命力、被越来越广泛接受的概念。1902年,梁启超在《论中国学术思想变迁之大势》一文提到"上古时代,我中华民族之有海权思想者厥惟齐"。[②]他1905年初发表《历史上中国民族之观察》一文时,七次使用"中华民族"一词,并简称其为"华族"。1907年,杨度在其《金铁主义说》、章太炎在其《中华民国解》中也相继使用"中华民族"一词。

中国传统社会"知有朝廷而不知有国家","知有个人而不知有群体",[③]到了近代必须建构起新的国家思想,"国家思想者何?

①　[西]胡安·诺格:《民族主义与领土》,徐鹤林、朱伦译,中央民族大学出版社2009年版,第22页。
②　梁启超:《论中国学术思想变迁之大势》,《饮冰室合集》文集七,中华书局1989年影印版,第21页。
③　梁启超:《新史学》,《饮冰室合集》文集九,中华书局1989年影印版,第3页。

一曰对于一身而知有国家；二曰对于朝廷而知有国家；三曰对于外族而知有国家；四曰对于世界而知有国家"，[1] 这就要求通过确定民族的内涵而为国家划定界线。"中华民族"这个概念的提出，就为新的近代民族国家构成的确定开辟了方向。

2. 各民族的反侵略斗争与中华民族凝聚的需要

在"中华民族"这个概念明确提出来之前，中国国内各民族已经在反侵略的实践中产生了团结一致共同御敌的需要和民族生命共同体的实际感受。

在外国列强入侵中国之前，在中国大地上的各民族处于自在共同体阶段，民族整体意识不十分强烈。19 世纪外国列强相继入侵中国，中国各族群民众出于义愤奋起反抗，在共同的反侵略斗争中，整体中华民族意识加强，逐步进入了中华民族共同体自觉和思想建构的阶段。

特别能够反映中华整体民族意识觉醒的，莫过于边疆各族联合抵御外敌的情形，因为中国的边疆地区，大多属于传统所谓"夷狄"的聚居区，存在几十种少数民族，也有汉族与之杂居。当列强入侵发生后，他们立即自发联合起来展开斗争。

东北各族北邻领土扩张欲十分强烈的沙皇俄国，早在 17 世纪，他们已经开始了反抗沙俄侵略的斗争，包括达斡尔人、赫哲人反抗哈巴罗夫入侵的斗争。到两次鸦片战争后，沙俄趁清廷畏惧西方列强之机，加紧对中国黑龙江、乌苏里江流域展开侵略。面对外敌，当地满、汉、达斡尔、赫哲等族民众联合起来进行反

---

① 梁启超《新民说》，《饮冰室合集》专集四，中华书局 1989 年影印版，第 16 页。

抗，拒绝向俄军交售粮食和牲畜。[①]甲午战争爆发后，日本侵略辽东半岛，当地各族民众自发组织起来进行伏击。其间，猎户首领李越曾率长白山各族两千人的猎户队投入清营，被编入镇边军，赶赴辽阳杀敌。辽阳、海城、盖平（盖州）等地各族民众，响应清廷谕令，成立各族民团支援清军，阻击入侵辽东地区的日军。[②]

西北地区的新疆是维吾尔、哈萨克、回、柯尔克孜、满、汉等多族群的聚居区，同治年间，邻国匪徒阿古柏侵入新疆南部，建立侵略政权，勾结英国和沙俄来巩固自己的势力，招致英俄对新疆的侵略。面对阿古柏与俄、英的入侵，富于反抗精神的新疆各族民众奋起反抗。1871 年伊犁地区的维吾尔、回、蒙古、哈萨克、锡伯等族民众和汉族民众一起自发组织起来，共同阻击入侵伊犁的沙俄侵略军，坚持反抗五十多天。[③]清廷派左宗棠统帅清军发起收复新疆的战争后，得到新疆各族民众竭诚支持，他们密切配合作战，"相望于道，军行所至，或为向导，或随同打仗，颇为出力。"[④]左宗棠受感动，专门写奏折为他们请奖。

在西部边疆的西藏生活的居民主要是藏、门巴、珞巴等少数民族，因西藏特殊的战略地位，外国列强垂涎已久。鸦片战争结束未久，英国就利用条约特权，以"传教""游历"等名义，反复派遣间谍入藏侦察，引起西藏噶厦地方政府及藏族僧俗民众奋

① 施云：《近代反侵略战争中的民族意识觉醒与中华民族团结》，《辽宁科技大学学报》2010 年第 6 期，第 643—644 页。

② 施云：《近代反侵略战争中的民族意识觉醒与中华民族团结》，《辽宁科技大学学报》2010 年第 6 期，第 644 页。

③ 施云：《近代反侵略战争中的民族意识觉醒与中华民族团结》，《辽宁科技大学学报》2010 年第 6 期，第 644 页。

④ 许华：《中国近代反侵略斗争史话》，北京科学技术出版社 1995 年版，第 49 页。

起驱逐。后来英国军队悍然发动侵藏战争，血腥屠杀藏人武装，激起西藏各族民众的愤慨，他们组织起来拦截敌人的军火和粮食，封锁消息，破坏交通，用长刀、梭镖等武器帮助藏军阻击敌人，江孜保卫战中，藏族军民与英军在乃宁寺激战长达三天，共歼敌一百多人。[①]

类似的情况，也发生在北面的蒙古、西南的云贵、东南的台湾等少数民族聚居地区。而全国性的各民族民众以血肉之躯抗衡外敌的行动，则以大规模的自发反侵略运动——义和团运动为典型。从义和团在山东冠县树起"扶清灭洋"的旗帜开始，一年多时间迅速发展到京、津、冀、豫、晋、陕西、甘，及东北、蒙古等广大地区，参加者除了汉族外，有满、蒙、回等几十个民族的民众。这场斗争虽然存在各种缺陷，导致了很多恶果，却无疑表现了各族民众不分彼此、生死与共的生命共同体精神，也反映了各族人民联合斗争的客观需要。

三、双重背景下中华民族凝聚的三种可能

各族人民联合斗争的客观需要和共同体精神的感受，乃至"中华民族"概念的提出，与"中华民族"内涵的最终确定之间，尚有一段复杂盘整过程，并不能一蹴而就。

产生了"中华民族"意识，就会发生"认同"的问题。"认同"（identity）是个来自西方心理学界的概念，弗洛伊德视认同为个人与他人、群体或被模仿人物在感情上、心理上趋同的过程。后来埃里克森进一步认为同一性分成"自我同一性"和"集体同

---

① 施云：《近代反侵略战争中的民族意识觉醒与中华民族团结》，《辽宁科技大学学报》2010年第6期，第645页。

一性"两种。传统中国虽无"认同"这一术语，却久有"华夷之辨，人禽之分"的说法，这也就是民族认同之意。

近代的民族认同主要是政治认同，政治认同显然不止于种族情感上的认同或文化上的认同，但这些认同却会影响到政治认同，因为它们有着深远的历史渊源，属于不会淡忘的历史记忆。因此，在中华民族认同上，至少存在由小到大的三种可能：

其一，汉种单一构成的中华民族（血统论）。

其二，一切接受儒家文化为基本教化的民族组成的中华民族（文化论）。

其三，国土范围之内各族共组的中华民族（疆域论）。

在第一种可能下，统治中国的是一个不同于"中华"（汉族）的满洲政权，在汉族人的角度，属于"夷狄"的范畴，不被认同；在第二种可能下，在两百多年"朝小野大"的统治中，清王朝所奉行的正是正统的儒家统治思想和伦理秩序，属于"夷狄入中国，则中国之"的"中国"（中华）范畴，满人也确实越来越在文化上与汉人合一了，满汉一家，同属中华；在第三种可能下，清帝国虽遭列强打击而主权严重受损，毕竟尚未沦为完全的殖民地，国土上的众多民族仍在一个统一的国家共同生活且受到国际承认，这些民族一方面延续着传统社会融合的趋势，一方面在近代遭到外敌同样的欺凌，生存受到同样威胁，感受着同样的痛苦，他们已经结成不可分割的生命共同体，都属于需要团结奋起、合群救亡、实现自主的"大民族"。这个大民族在清帝国尚存的时期，仍主要通过王朝认同来体现，但包括非汉族诸民族知识分子在内的人士也有自己的理性思考。

在这种情境下，"中华民族"认同必然出现血统认同（"炎黄子孙"),文化认同("礼仪之邦"),王朝认同("大清子民")的相互缠绕,清季思想界所呈现的,正是这样。结束"中华民族"共同体意识建构三元纠结的复杂局面,形成"中华民族"意识的一致认同,一般来说需要漫长而充分的理性讨论,但历史的特殊发展也可能加速此进程。辛亥革命的发生、中华民国的建立,便造就了"中华民族"共同体意识的"三元归一",归向国族认同。

辛亥革命的历史意义不仅在于结束了两千年帝制,而且在于开启了国族认同的新篇章。

世变、国变与严复对西来"主义"的采择[*]

民族主义、自由主义、社会主义是西方近代主要政治思潮。清末民初，随着世界一体化的大变局对中国的剧烈冲击，和在此冲击下国内局势的激荡，这三大思潮相继东传，引起思想界不同反应。对新潮最敏感的人物，无论君宪派还是革命派，都曾显示出兼容并蓄的热情，梁启超和孙中山堪称典型。梁启超最先以"主义"的形态介绍了三大主义，对民族主义倾注了极大心力，对自由主义一度着迷，对社会主义也有一些思考。孙中山则干脆将三大思潮同时接收并直接改造成三民主义。两派中也有一些人士只选择接受部分思潮，而采取"二民主义"或"一民主义"的立场。严复作为中国系统接引西学第一人，较早了解、熟悉西方三大思潮，但终其一生多谈"问题"少谈"主义"，乃至晚年发展到批评、否定一切外来的主义，态度颇值玩味。

严复所谈的"问题"众多,比较集中的是"富强""自由""均平"。它们正是三大思潮的核心价值，所以从中亦可反映出对三大主义的整体态度。

一、严复与民族主义

民族主义作为政治思潮出现，在西方经历了英国萌生、美法成型、德意别出的发展路径，其内涵十分丰富，其基本主张为：

---

　　* 本文曾载于《暨南学报》2014 年第 11 期，原题为《世变、国变与"主义"采择：严复对西来三大政治思潮的态度》。

民族以国民主权或历史文化为基础构建国家，民族国家独立自主。

在严复的文字中出现"民族主义"概念的时间，大致与梁启超、孙中山相当，即在庚子国变之后。但这不等于说此前他没有表达民族主义问题，可以说自从严复在中国思想舞台出现，就呈以一个民族主义者的面貌，那时他使用的基本概念是"富强"。在他的意识里，富强是一个民族国家独立自主的基本条件。

富强观念在中国传统社会并非无有，如《韩非子·六反》就出现过"官治则国富，国富则兵强"的富强意识，但这顶多是分裂时代的诸侯征战之策，不能算作民族主义问题。一旦统一的王朝建立起来，富强的价值便为圣教和王道所覆盖甚至取代，因此也不具有持久合法性。近代的"富强"为民族主义的终极价值，民族主义追求民族国家永久的独立自主，屹立于世界民族之林。近代"富强"观念来自西方，或者说由于西方而被唤起和转化，代表着中华文明价值从传统向现代的转型。

鸦片战争时，朦胧的富强意识已经被唤起，魏源说："官无不材，则国桢富；境无废令，则国柄强。桢富柄强，则以之诘奸，奸不处；以之治财，财不蠹；以之蒐器，器不窳；以之练士，士无虚伍。如是，何患于四夷？何忧乎御侮？"[1] 批评前人"以富、强归管、商"。这里出现的"富""强"仍均在圣教王道范围之内，但当它与"夷""侮"联系起来时，已经隐约有了维护国家独立自主的意思，如果结合他"师夷长技以制夷"[2] 的说法，这种意思就更明显了。"师夷长技"的观念催生了洋务运动，奕䜣、文祥、

---

[1] 魏源：《圣武记》序，赵丽霞选注《默觚——魏源集》，辽宁人民出版社1994年版，第212页。

[2] 魏源：《海国图志》序，赵丽霞选注《默觚——魏源集》，辽宁人民出版社1994年版，第270页。

崇厚、曾国藩、李鸿章、左宗棠等朝野洋务派实权人物，纷纷致力于船坚炮利，以期"自强"，他们所说的"强"不再在圣教王道，因而引发清流派人士的攻讦。洋务派看到了制夷御侮不能建立在道义之论上，需要扎扎实实的军事之"强"做支撑，但他们迷信强兵可以强国，弱点很快被冯桂芬、王韬、郑观应等一些比较了解西方的士人发现，他们指出国强的真正后盾是民富，并呼吁朝廷建立一套激发经济活力的制度和政策，以商战为兵战的后盾，于是近代意义的"强"与近代意义的"富"结合起来，成为时代的新潮；加之近邻日本明治维新而致富强，甲午战争造成对中国士人的巨大震撼，关于"富强"的说法，日益定型，日益流行。

严复作为思想家出场的时候，"富强"的观念已经广为人知，甚至成为思想界压倒性的目标，所以在他的文字里，这一概念是作为理所当然的观念使用的。在他的第一篇政论《论世变之亟》中，称："夫士生今日，不睹西洋富强之效者，无目者也。谓不讲富强，而中国自可以安；谓不用西洋之术，而富强自可致；谓用西洋之术，无俟于通达时务之真人才，皆非狂易失心之人不为此。"[1]随后发表的《原强》篇，更集中论述"富强"对于中国的意义和实现途径，认为这一价值在今世与在古时决然不同：古时中国虽有内部纷争，不涉及种族竞存，而且多为"以质胜"的游牧射猎之民对付"以文胜"的中原之民，最终皆反而后者"有法"胜前者"无法"，富强与否并不特别重要；而今世则面临国与国争、种与种争，且遇上"无法与法并用而皆有以胜我者"的西洋

---

[1] 严复：《论世变之亟》，《严复合集》第1册，台北：辜公亮文教基金会1998年版，第32页。

列强,富强与否关乎国、种存亡。他提出的富强之术是鼓民力、开民智、新民德。此后他翻译《天演论》,进一步强化富强意义的论述,翻译《原富》(将斯密《国民财富的性质和原因的研究》译为与"原强"对应的"原富",本身就意味深长),进一步富与强的关系,使"富强"观念从此在中国牢固不破。

这一时期主张亦鼓吹变法图强的康有为、梁启超师徒,提出求富强的目的为保国、保种、保教。严复认为"教不可保,而亦不必保",[①] 因为保教势必与全面汲取西学相抵触,而拒绝全面汲取西学,则保国保种无以实现。[②] 他的这个态度可以理解为要政治民族主义不要文化民族主义。保国不仅仅是保一家一姓之朝廷,更是保国家的独立自主;保种表面上是保身体发肤异于白种、黑种之泛黄种之民,实际上是保华种的生存空间。这一切都系于引西学,变世法,"世法不变,将有灭种之祸,不仅亡国而已"。[③]

同样出于变法图强,保国、保种的需要,严复也反对宗法民

---

① 梁启超:《与严幼陵先生书》,载丁文江、赵丰田编:《梁启超年谱长编》,上海人民出版社 1983 年版,第 76 页。

② 严复认为"中国不治之疾尚是在学问上,民智既下,所以不足以立于物竞之际"(《与五弟书》,《严复合集》第 1 册,台北:辜公亮文教基金会 1998 年版,第 117 页)。提升民智要中西兼学,西学为中国所本无,更需从其根本学起,不能采取中体西用路线,因"中学有中学之体用,西学有西学之体用,分之则并立,合之则两亡"。(《与外交报主人书》,《严复合集》第 1 册,台北:辜公亮文教基金会 1998 年版,第 273 页)对于借中体西用肢解西学完整性的做法,他极不赞同,尤其不赞同在价值观领域排斥西学。张之洞掌学部,以中体西用原则规划京师大学堂,以孔门四科为骨干,严复闻之大为忧心。(《与熊季廉书》,《严复合集》第 5 册,台北:辜公亮文教基金会 1998 年版,第 32 页)在他看来,"果为国粹,固将长存。西学不兴其为存也隐,西学大兴其为存也章。盖中学之真之发现,与西学之新之输入,有比例为消长者焉"。(《英文汉诂》卮言,《严复合集》第 2 册,台北:辜公亮文教基金会 1998 年版,第 351 页)

③ 严复:《有如三保》(1898),《严复合集》第 1 册,台北:辜公亮文教基金会 1998 年版,第 151 页。

族主义(或称种族主义)。严复按照蛮夷社会、宗法社会、国家社会三阶段说,视民族主义为宗法社会的思想,[1] 他说:"中国社会,宗法而兼军国者也。故其言法也,亦以种不以国。观满人得国几三百年,而满、汉种界,厘然犹在;东西人之居吾土者,则听其有治外之法权;而寄籍外国之华人,则自为风气,而不与他种相入,可以见矣。故周、孔者,宗法社会之圣人也,其经法义言,所渐渍于民者最久,其入于人心者亦最深,是以今日党派,虽有新旧之殊,至于民族主义,则不谋而皆合。今日言合群,明日言排外,甚或言排满,至于言军国主义,期人人自立者,则几无人焉。盖民族主义,乃吾人种智之所固有者,而无待于外铄,特遇事而显耳。虽然,民族主义,将遂足以强吾种乎?愚有以决其必不能者矣。"[2] 这里针对的显然主要是革命党的排满民族主义,[3] 指这种"民族主义"极不利于全体华种向人人自立的"国家社会"(或"军国社会")演进。

严复还不赞成排外的民族主义。20 世纪初国内出现"文明排外"思潮,严复十分警惕,指出中国所最患者为贫弱愚,以愈愚为最急,"彼徒执民族主义,而昌言排外者,断断乎不足以救亡

---

[1] 针对严复将民族(种族)主义视为宗法社会的思想,革命派人士汪精卫、胡汉民、章太炎曾在《民报》刊文批驳,认为《社会通诠》中对历史阶段的划分和所总结的宗法社会的特征不合中国历史实际,并指出古今不同的民族的民族主义更有差别。详见罗福惠等《一百年前由译介西书产生的一场歧见——关于严复译〈社会通诠〉所引发的〈民报〉上的批评》,《学术月刊》2005 年第 10 期。

[2] 严复:《社会通诠》按语(1903),《严复合集》第 12 册,台北:辜公亮文教基金会 1998 年版,第 145—146 页。

[3] 严复在辛亥革命后发表的首篇文章《论国民责望政府不宜太深》里,仍重申"为革命可,为革命而主于种族主义不可"。见 1912 年 12 月 11 日北京《平报》。

也"。[1] 正确的态度是"凡可以愈愚者，将竭力尽气辍手茧足以求之；惟求之能得，不暇问其中若西也，不必计其新若故也"，坚持认为"期于文明可，期于排外不可。期于文明，则不排外而自排；期于排外，将外不可排，而反自塞文明之路"。[2] 1905 年 5 月自欧返沪，国内发生抵制美货运动，严复宁犯众怒，独力反对，认为"今夫处屡国而倡言排外，使人得先我而防之者，天下之至危也"，[3] 在与发起抵货的国内名流反复之论战中，申述其对中国众多方面的巨大伤害。

严复晚年对于政治民族主义的富强观进行一些反思，走向肯定文化民族主义。这与辛亥革命的爆发有关系。革命颠覆了清王朝，也造成严重的政治和社会脱序，接连发生二次革命、护国战争、府院之争、张勋复辟、约法之争、军阀混战、南北战争，各派争权夺利，喋血勾连，无休无止。国事日就葛藤，一蟹不如一蟹，北洋军人以不义之徒操杀人之器，南方民党"侈言自由"破坏法制，民穷为盗，兵变时闻，贪渎盛行，财政之难得未曾有，外交尤为棘手，辽沈、蒙古、准噶尔、新疆、卫藏频现分裂危机，对外不能强，对内不能治，险象环生，国将不国，甚于清季。这使严复对国家命运极度忧虑和悲观，感到国家沦入"阳九百六之运"，"人欲极肆之秋"，[4] 秩序的恢复是更急于图富求强的，而恢

---

[1] 严复：《读新译甄克斯社会通诠》(1904)，《严复合集》第 2 册，台北：辜公亮文教基金会 1998 年版，第 344 页。

[2] 严复：《与外交报主人书》，《严复合集》第 1 册，台北：辜公亮文教基金会 1998 年版，第 275、276 页。

[3] 严复：《与曹典球书》，《严复合集》第 2 册，台北：辜公亮文教基金会 1998 年版，第 390 页。

[4] 严复：《致熊纯如书》，《严复合集》第 4 册，台北：辜公亮文教基金会 1998 年版，第 870 页。

复秩序的根本源泉在于礼教的恢复。

还在革命处于酝酿阶段的时候，严复已经对秩序的破坏产生警惕，对中国传统伦理的社会功能开始重视。他说："今夫社会之所以为社会者，正恃有天理耳，正恃有人伦耳。天理亡，人伦堕，则社会将散，散则他族得以压力御之，虽有健者，不能自脱也。"在中国，新学固然要紧，若不得其要领，"则不如一切守其旧者，以为行己与人之大法。五伦之中，孔孟所言，无一可背"。因为新学属器者多于进道者，而"惟器之精，不独利为善者也，而为恶者尤利用之"，没有五伦节制则极为可虑。[1] 严复肯定人伦具有公理的意义，比富强更为根本，"公理自属世间长存不坏之物，而强权有效，亦必借重公理而后可行"，"强权不足以生公理，特为公理之健仆"。[2]

革命发生之后，严复对国家和社会的混乱痛心疾首。在此时严复心中，稳定压倒一切。政治上，当权者虽百般不如其意，他亦尽力将就；思想上，越来越偏向以礼义廉耻为内容的"民俗、国性、世道、人心"，认为这是国家富强的大根大本，"盖国之通患，存夫贫弱。顾有土有财，则贫者可徐转而为富；生聚教训。则弱者可振刷以为强。……独至国性丧亡，民习险诈，则虽有百千亿兆之众，亦长为相攻相感不相得之群，乃必鱼烂土崩而不可

---

[1] 严复：《论教育与国家之关系》(1906)，《严复合集》第 2 册，台北：辜公亮文教基金会 1998 年版，第 378—379 页。

[2] 严复：《有强权无公理此理信欤》，《严复合集》第 5 册，台北：辜公亮文教基金会 1998 年版，第 162、164 页。同时他清醒地指出："有强权无公理之说虽大谬，而其中有至信者存焉。盖于此可见有文德者，必有武备，无强权而独恃公理者，其物亦不足存也。"是以中国仍宜早瘳以图自强。

救耳!"① 他批评崇洋媚外之风,指出中国未来振兴"必非乞灵他种之文明余唾而后然也。其国性民质所受成于先圣先王数千年之淘熔渐渍者,有以为之基也"。② 以此,他参与发起孔教会,鼓动定孔教为国教,提倡读经,反对"荒经蔑古",③ 心念"中国目前危难,全由人心之非,而异日一线命根,仍是数千年来先王教化之泽",④ 这与早年"教不必保"的认识已判若两人。到1918年欧战结束,严复更发展到怀疑富强价值,否定西方文明,与友人书称,"西国文明,自今番欧战,扫地遂尽",⑤ 西方三百年之进化,只做到"利己杀人,寡廉鲜耻"八个字,回观孔孟之道,真"量同天地,泽被寰宇",⑥ 以致临终前手书遗嘱,赠言后世"须知中国不灭,旧法可损益,必不可叛"。⑦

二、严复与自由主义

自由主义的含义在西方也富于变化,但其基本的宗旨是保护个人思想自由和人身权利,以法律限制政府对权力的运用,支持

---

① 严复:《导扬中华民国立国精神议》,《严复合集》第3册,台北:辜公亮文教基金会1998年版,第765—766页。

② 严复:《思古谈》,《严复合集》第3册,台北:辜公亮文教基金会1998年版,第715页。

③ 严复:《读经当积极提倡》,《严复合集》第3册,台北:辜公亮文教基金会1998年版,第720页。

④ 严复:《与熊纯如书》(1917),《严复合集》第4册,台北:辜公亮文教基金会1998年版,第928页。

⑤ 严复:《与熊纯如书》(1918),《严复合集》第4册,台北:辜公亮文教基金会1998年版,第971页。

⑥ 严复:《与熊纯如书》(1918),《严复合集》第4册,台北:辜公亮文教基金会1998年版,第974页。

⑦ 严复:《遗嘱》,《严复合集》第4册,台北:辜公亮文教基金会1998年版,第1108页。

自由经营和自由贸易、公民选举形成公共权力。自由主义的逻辑起点是"个人",核心价值则是"自由"。

传统中国的自由观念概指精神性的超越,社会秩序意义上的自由基本不在古人视野之内。近代中国对"自由"观念的接引晚于"富强",是士人在寻找西方国家富强根源时逐渐发现的。当洋务运动兴起之际,冯、王、郑等一批士人在发现"富"与"强"内在联系的同时,也注意到了西方学术路径、社会结构、政治体制等与"富强"的关系,这在他们提出的中国"四不如夷"(人无弃才不如夷,地无遗利不如夷,君民不隔不如夷,名实必符不如夷)[①]等看法里都有显示,但尚未深化到对"自由"观念的特别关注。甲午战争前后,康、梁等维新派正面提出改革政治,实施宪政,将自由的观念逻辑地包含在"立宪"的框架之下,然亦淹没在"君民共主"的政权设计里。真正将这一观念明确提出并在"致富强"的意义上加以凸显的,是饱读西书,对西方文化有着深入了解和直观感受的严复。

在《论世变之亟》中,严复指出西方文明的总体特征和优越性是"于学术则黜伪而崇真,于刑政则屈私以为公",中国文明与西方"理道"本系相通,"顾彼行之而常通,吾行之而常病者,则自由不自由异耳",并解释说:"夫自由一言,真中国历古圣贤之所深畏,而从未尝立以为教者也。彼西人之言曰:唯天生民,各具赋畀,得自由者乃为全受。故人人各得自由,国国各得自由,第务令毋相侵损而已。侵人自由者,斯为逆天理,贼人道。其杀人伤人及盗蚀人财物,皆侵人自由之极致也。故侵人自由,虽国君不能,而其刑禁章条,要皆为此设耳。中国理道与西法自由最

---

① 冯桂芬:《校邠庐抗议》"制洋器议"。

相似者，曰恕，曰絜矩。然谓之相似则可，谓之真同则大不可也。何则？中国恕与絜矩，专以待人及物而言。而西人自由，则于及物之中，而实寓所以存我者也。自由既异，于是群异丛然以生。"①显然，严复是将"自由"作为西方文化的本质要素加以介绍和论述的，并认为这一要素导致了中西贫富强弱的结局。

当严复以"自由不自由"别中西的时候，实际上蕴含着"自由乃富强根本"的判断。这一判断除《论世变之亟》在文化形态层面上表达之外，《原强》《辟韩》《救亡决论》及其他文献里也都有呈现，且有多方面的展开。

首先是认为自由为富强的经济根源。《原强》篇里，严复明确指出民众自由自利是国家富强的起点，说："是故富强者，不外利民之政也，而必自民之能自利始；能自利自能自由始；能自由自能自治始，能自治者，必其能恕、能用絜矩之道者也。"他认定中国之所以难有富强之政，大致由于缺少自由自利的能力。"今夫中国人与人相与之际，至难言矣。知损彼之为己利，而不知彼此之两无所损而共利焉，然后为大利也。故其敝也，至于上下举不能自由，皆无以自利；而富强之政，亦无以行于其中。"②

其次严复认为自由为富强的学术根源。所谓学术，即科学研究，在他看来科学研究的生命力在于自由致知。学术"黜伪而崇真"需要"平实地说实话求真理，一不为古人所欺，二不为权势

---

① 严复：《论世变之亟》，《严复合集》第 1 册，台北：辜公亮文教基金会 1998 年版，第 30—31 页。

② 严复：《原强》，《严复合集》第 1 册，台北：辜公亮文教基金会 1998 年版，第 46 页。

所屈"的言论自由,具有"吾爱真理,胜于吾师"的精神。[1] 对于中国的贫弱,严复指出束缚读书人心智的科举制度罪莫大焉,《救亡决论》中,开篇列出科举制度压迫人才成长、妨碍学术发展的三大罪状"锢智慧""坏心术""滋游手",徒有学名,实无学术。

再次,严复认为自由与法治是富强的政治基础。《原强》称"捐忌讳,去烦苛,决壅蔽,人人得其意,申其言,上下之势不相悬隔,君不甚尊,民不甚贱,而联若一体"的自由风貌是西方的"无法之胜",这与"人知其职,不督而办,事至纤悉,莫不备举,进退作息,皆有常节,无间远迩,朝令夕改,而人不以为烦"的"有法胜"相结合,形成"以自由为体以民主为用"、既有活力又有章法的政治形态。[2] 他以《辟韩》篇批评中国专制制度斫丧国民的自治能力,说改弦更张之道,只要无相欺相夺相患害,就应该"悉听其自由",使"民至于能自治",这样"三十年而民不大和,治不大进,六十年而中国有不克与欧洲各国方富而比强者,正吾莠言乱政之罪可也"。[3]

在这些论述中,严复比较清晰地介绍了自由主义的主要内容和自由的基本功能。不过,严复自始就是一个坚定的渐进演化论者,从未认为在当时的中国可以实施自由主义。相反,随着他对中国社会变革艰巨性的认知的加深,他的重点越来越放在防止

---

① 严复:《群己权界论》译凡例,《严复合集》第 11 册,台北:辜公亮文教基金会 1998 年版,第 5 页。

② 严复:《原强》,《严复合集》第 1 册,台北:辜公亮文教基金会 1998 年版,第 42 页。

③ 严复:《辟韩》,《严复合集》第 1 册,台北:辜公亮文教基金会 1998 年版,第 73 页。

自由被滥讲、被滥用上。经历戊戌变法的失败和庚子国变的悲摧之后，严复翻译穆勒 *On liberty* 不翻成《论自由》而翻成《群己权界论》，即有给自由降温的意味，而其翻译的动因是："十稔之间，吾国考西政者日益众，于是自繇之说，常闻于士大夫。顾竺旧者既惊怖其言，目为洪水猛兽之邪说。喜新者又恣肆泛滥，荡然不得其义之所归。以二者之皆讹，则取旧译英人穆勒氏书，颜曰《群己权界论》。"这显示，是新旧两派对自由的误解，使他产生此译的冲动，而其中的重点，显然是对喜谈自由的新派而言的，他特别强调："学者必明乎己与群之权界，而后自繇之说可用耳。"[①]这种自由"而系个人对于社会之自由，非政界自由"，[②] 在译述中严复刻意以中国传统伦理己轻群重的精神修正穆勒的个人主义自由观。[③]

严复关于"政界自由"的论述也低调。1905 年严复应上海青年会之邀演讲政治学说，其中第五会讲政界自由，称"管理与自由，义本反对。……纯乎治理而无自由，其社会无从发达；纯自由而无治理，其社会且不得安居。而斟酌二者之间，使相济而不相妨者，此政治家之事业"，[④] 主张自由的范围以国民程度为限，

---

① 严复：《群己权界论》译者序，《严复合集》第 11 册，台北：辜公亮文教基金会 1998 年版，第 6 页。

② 严复：《政治讲义》，《严复合集》第 6 册，台北：辜公亮文教基金会 1998 年版，第 55 页。

③ 黄克武认为，史华茨所谓严复将个人自由视为达成国家富强之手段的看法是错误的，严复的误解不在于将个人自由视为手段，而在于受儒家思想与社会达尔文主义影响，从群己平衡的角度来理解弥尔，扭曲了弥尔论证个人自由之所以然。见氏著《自由的所以然——严复对约翰弥尔自由思想的认识与批判》，上海书店出版社 2000 年版。

④ 严复：《政治讲义》，《严复合集》第 6 册，台北：辜公亮文教基金会 1998 年版，第 51 页。

反对超前的自由,"使其用之过早,抑用之过当,甚为灾害,殆可决也"。[①] 严复在其他场合还说:"自由溥将而民权大重者,独英美及中间数小部则然耳。……乃至即英法诸先进之国言之,而其中持平等民权之政论者,亦仅居其大半。"[②] 严复在政治进化问题上坚守历史主义,反对理念主义,指卢梭生而自由之说无历史根据,也对自己以往曾高调介绍自由主义进行反省,明白表示"今吾"非"故吾",称世界固以平等自由之理为正鹄,"而中间所有涂术,种各不同。何则?以其中天演程度各有高低故也",天演程度未达,"则向之所谓平等自由者,适成其蔑礼无忌惮之风,而汰淘之祸乃益烈",这在蜕故变新之际,实大可惧。[③]

辛亥革命造成的"乱局",在严复看来是"共和万万不可行于今世中国"的明证,他对自由民主由淡化进而走向否定。他质问:"乃今不既为共和乎?惟吾共和,故贫者法宜立富,弱者法宜立强。此四万万者平等乎?不自由乎?不言社会、民生各主义乎?是宜人人皆邀幸福,各处立足之地,而无坎坷。然而公等试旅行南北,观国民今日生计果为何状?"[④] 这种局面何以造成?他断定康、梁和孙、黄两派在海内外利用报刊鼓吹自由平等学说莫能辞其咎,"极端平等自由之说殆如海啸飓风,其势固不可久,而所摧杀破坏,不可亿计。此等浩劫,内因外缘,两相成就。故

---

① 严复:《政治讲义》,《严复合集》第6册,台北:辜公亮文教基金会1998年版,第63页。

② 严复:《主客平议》(1902),《严复合集》第1册,台北:辜公亮文教基金会1998年版,第270页。

③ 严复:《与胡礼垣书》(1909),《严复合集》第2册,台北:辜公亮文教基金会1998年版,第578页。

④ 严复:《论国民责望政府不宜太深》,1912年12月11日北京《平报》。

其孽果无可解免"。① 严复屡引罗兰夫人"自由，自由，几多罪恶假汝而行"之语，批评时人误信洛克、弥尔登、卢梭诸公学说，不细勘以东西历史、人群结合开化之事实，以其说为人类唯一共遵之途径，"仿而行之，有百利而无一害"，② 坚称"今之所急者，非自由也，而在人人减损自由，而以利国善群为职志"。③ 他盛赞日本变法舍英法而就德为明智之举，"日本以岛国，然其变法不学同形之英，而纯以德为师资者，不仅察其国民程度为此，亦以一学英法，则难以图强故也"。④

以此之故，严复不再认为自由与富强有关。他以欧战发生，德国东西两面敌英法俄三最强国，持久对抗为例，说明"国之强弱无定形，得能者为之教训生聚组织绸缪，百年之中，由极弱可以为巨霸"，⑤ "德之政法，原较各国为长，其所厉行，乃尽吾国申、商之长，而去其短。日本窃其绪余，故能于卅年之中，超为一等之强国"。⑥ 他认为富强的前提是秩序，民国秩序大乱，只有复归帝制，尚可有安定可能。"天下仍须定于专制，不然，则秩序恢

---

① 严复:《与熊纯如书》(1912),《严复合集》第 3 册，台北：辜公亮文教基金会 1998 年版，第 671 页。

② 严复:《与熊纯如书》(1916),《严复合集》第 4 册，台北：辜公亮文教基金会 1998 年版，第 864 页。

③ 严复:《民约平议》(1914),《严复合集》第 3 册，台北：辜公亮文教基金会 1998 年版，第 757 页。

④ 严复:《与熊纯如书》(1916),《严复合集》第 4 册，台北：辜公亮文教基金会 1998 年版，第 881—882 页。

⑤ 严复:《与熊纯如书》(1915),《严复合集》第 3 册，台北：辜公亮文教基金会 1998 年版，第 813 页。

⑥ 严复:《与熊纯如书》(1917),《严复合集》第 4 册，台北：辜公亮文教基金会 1998 年版，第 902 页。

复之不能,尚何富强之可跂乎?"①所以他对于袁记约法加重总统权力之举极表支持,②对于帝制复辟活动也愿观其成,③张勋复辟时也积极建言朝廷"扎实立宪",降旨安民。④

三、严复与社会主义

社会主义在西方的思想图谱中是最古老的也最年轻的思想系统。说它古老,在古希腊之前就有黄金时代的传说,古希腊时期有《理想国》这样的论著,都属于"空想社会主义";说它年轻,直到工业革命以后才出现在现实世界追求实现的"科学社会主义"。社会主义的基本理想是天下为公,贫富均等。

天下为公和贫富均等的观念在中国古代都极为丰富,但其意义类似于西方古代的空想社会主义。近代西方的社会主义影响到中国并获得信仰者之前,晚清时期的士人已有延续中国古代大同理想思考近代问题者,如谭嗣同的《仁学》和康有为秘不示人的《大同书》初稿,都有这方面的论述。严复此时也在各种文字中描述过社会主义的图景,并略有评论。

1895年的《原强》篇,强调群学的重要性,认为:"群学治,

①　严复:《与熊纯如书》(1912),《严复合集》第3册,台北:辜公亮文教基金会1998年版,第662页。

②　严复作为六十名议员之一参与1914年3月召开的约法会议,会议确定民国约法以"隆大总统之权"为原则,符合严复"天下仍须定于专制"的意见。

③　据事后严复写给熊纯如的信,杨度邀其参与发起筹安会时,虽曾"颇不欲列名",原因并非不同意复辟帝制,而是在"谁为之主"上有不同看法。见《严复集》第三集,中华书局1986年版,第636页。

④　张勋复辟后,严复曾与陈宝琛书,建议朝廷"扎实立宪",降旨安民,使知名复旧制,实与共和国体等。见《严复合集》第4册,台北:辜公亮文教基金会1998年版,第908页。

而后能修齐治平，用以持世保民以日进于郅治之极盛也。"① 根据后来修订稿的解释，所谓"郅治之极盛"者，"曰家给人足，曰比户可封，曰刑措不用"，"必其民之无甚富亦无甚贫，无甚贵亦无甚贱"。② 他说"西洋诚为强且富，顾谓其至治极盛，则又大谬不然之说也"，因为存在"民贫富贵贱之相悬"。③ 他同时提到西方"均贫富之党兴"的情形，这个"均贫富之党"很可能指的就是欧洲的共产主义组织。这些描述虽非严复文章主要论旨，仍可见他对传统大同观念和近代社会主义都相当了解。但了解不等于主张，他在此前后反复指出，"古之井田与今之均富，以天演之理及计学公例论之，乃古无此事、今不可行之制"，④ "或千年之后能有之"。⑤

20 世纪初年，近代社会主义从东洋进于中国，严复也开始使用"社会主义"概念。他曾在评点中国古代文献中屡屡用"社会主义"相比附，如说庄子政治哲学为今之个人主义，"至于墨道，则所谓社会主义"，⑥ 说王安石"胸中社会主义甚富"。⑦ 在西方经

---

① 严复：《原强》，《严复合集》第 1 册，台北：辜公亮文教基金会 1998 年版，第 37 页。

② 严复：《原强修订稿》，《严复合集》第 1 册，台北：辜公亮文教基金会 1998 年版，第 58、59 页。

③ 严复：《原强修订稿》，《严复合集》第 1 册，台北：辜公亮文教基金会 1998 年版，第 58、59 页。

④ 严复：《天演论》按语，《严复合集》第 7 册，台北：辜公亮文教基金会 1998 年版，第 207 页。

⑤ 严复：《论中国教化之退》，《严复集》第二集，中华书局 1986 年版，第 482 页。

⑥ 严复：《庄子》评语，《严复集》第四集，中华书局 1986 年版，第 1126 页。

⑦ 严复：《王荆公诗》评语，《严复集》第四集，中华书局 1986 年版，第 1157 页。

典翻译中，也屡用"社会主义"代替过去的"郅治之极盛"，如在《法意》按语中说："文明之程度愈进，贫富之差数愈遥"正系"社会主义所以日盛也"，[①]"今之持社会主义，即古之求均国田者也"。[②]

严复对于社会主义的价值理想并不否定，曾说英国多党中主张"社会主义"者和主张"个人主义"者"皆持之有故，言之成理，故足以互相补偏"；[③]但也看到这种主义实行的危险，批评"卢梭民约，尝一变而为社会主义，于是有领土国有之政谈。此无论其繁重难行，行之或以致乱也，第即令一日吾国毅然行之"按照卢梭"公养之物，莫之敢私，土地物产，非人类所同认公许者，莫克有也"的原则，民众则只能"俯首帖耳"，[④]这简直就是哈耶克《到奴役之路》的先声。严复认为社会主义论者虽有其苦心，"而施之神州，云以救封建之弊，则为既往；将以弥资本之患，则犹未来，然则悬之勿论可耳"。[⑤]

1917年俄国十月革命成功，社会主义成为一个国家的社会制度，不久影响波及中国，李大钊在《新青年》发表《庶民的胜利》《布尔什维主义的胜利》《法俄革命之比较观》，对社会主义表达热情向往，后来与同样投入社会主义思想怀抱的陈独秀一起，在

①　严复：《法意》按语，《严复合集》第14册，台北：辜公亮文教基金会1998年版，第464页。

②　严复：《法意》按语，《严复合集》第14册，台北：辜公亮文教基金会1998年版，第788页。

③　严复：《说党》（1913），《严复合集》第3册，台北：辜公亮文教基金会1998年版，第686页。

④　严复：《民约平议》，《严复合集》第3册，台北：辜公亮文教基金会1998年版，第759页。

⑤　严复：《民约平议》，《严复合集》第3册，台北：辜公亮文教基金会1998年版，第760页。

苏俄扶持下共同组织起中国社会主义政党。严复对俄国和欧洲社会主义运动也予以关注，却始终不抱乐观看法，认为"俄之社会主义，能否自成风气，正未可知"。[①]严复1921年10月27日去世，其时中国共产党成立未久，他没有能够看到中国社会主义运动的开展，但其对社会主义的态度应可想见。

四、结论：世变、国变下的"主义"选择

严复作为晚清最了解西学的中国人，对于西方民族主义、自由主义、社会主义三大政治思潮均有其了解，但态度亦有其亲疏。对于社会主义，严复认为非中国所急，关注较少，偶加描述而不以为意。对于自由主义曾热心加以介绍，以之为中国变法图强的深层动力，但并不意想作为现实改革的近期目标，改革推进越艰难，他越对其持警戒之心，以至于在感觉共和制度不适合于中国之后，明确否定这一思路。民族主义可谓严复最持之以恒的思想，以寻求富强的面貌出现，注目于国家的独立自主和全华族的生存空间，为了更便于汲取外来智慧，反对文化上的"保教"意识、社群上的"种族"意识和情绪性的"排外"，堪称今之所谓"理性民族主义"；但当国家秩序遭遇严重冲击的时候，寻求富强的民族主义开始转向回归礼教的文化民族主义，而几乎事实上否定了一切外来的政治性主义。

严复在世变和国变条件下对外来的主义，没有以热情代替理智，凡新皆好，全盘接受，而是根据中国本土环境及其变化加以取舍和调整。更加值得注意的是，他谈"问题"多于谈"主义"，

---

① 严复：《与熊纯如书》（1918），《严复合集》第4册，台北：辜公亮文教基金会1998年版，第960页。

对于教育、实业等具体事业和各门现代学术的发展，用心极多，不止于呼吁宣传坐而论道，还亲自起而行之，系统翻译西方重要学术名著，担任多所大学和专门学校校长，显示其受到英国不尚空谈、不迷信主义、注重客观实际的经验论思想和文化传统熏陶之影响。至于其越来越向中国传统归化的思想趋向是否合理，涉及其对于本土实际的观察是否精确，对于理论与实际张力的把握是否精准，自然另当别论。

同一时期另两位活跃于海内外的政治人物梁启超与孙中山，大致也经历了从"激进"到"保守"的变化过程，唯程度有所轻重，时间有所先后。梁启超最"激进"的时候是20世纪最初的两三年，当时他新流亡东洋，适逢各种西来"主义"流行，在新即好的心态下，基本不加选择地介绍了包括民族主义、自由主义、社会主义在内的各种思潮，行动上与革命党若即若离，有摆脱乃师康有为思想约束之趋向。但美洲一行对美国制度和华侨社会的观察，勾起他对中国社会的清晰印象，使他很快将浪漫政治理想缩限到国家主义（大民族主义）的现实路线。辛亥革命爆发，帝国过渡到民国，梁启超虽然反对复辟帝制，却是从政治稳定着眼，其开明专制理念在政治境界上仍与君主立宪如出一辙，更遑论"百千年后"才有希望的社会主义。孙中山则自上书失败即走上"激进"之路，不仅方式手段上激进，在价值取向上尤其激进，民族主义、自由主义、社会主义同为其所追求，而有"三民主义"之设。这种毕其功于一役的浪漫理想一直到民国建立仍未动摇，但到了晚年发起国民大革命，出于对中国现实的了解越来越深入，开始降低自由主义和社会主义的声调，而以外争国权内惩国贼的"打倒帝国主义，打倒军阀"为优先目标。相对而言，严复的"激进"时间早而调整快，调整的幅度反较平缓。

何以都会出现从"激进"到"保守"的思想现象？理想目标与现实觉察的矛盾可能是关键的因素。激进的时候，常常是这些人物思想上发现新大陆，心志上准备大显身手的时期，这个时期一切还在纸上，往往甚少需要慎重考虑现实条件；一旦进入现实操作层面，社会基础缺乏所造成的各种困难便层出不穷，理性主义便日行相绌，扞格难入，只好退而求其次。国情论于是成为思想转向的缓冲剂。可以说，世变造就了严复们成为近代中国全面改革论的倡导者，而其亲历的国变却又使得他们成为近代中国国情论的始作俑者。

辛亥革命时期"主义"共生现象探析
——兼谈早期三民主义的社会动员属性[*]

思想史家一般称五四时期为近代中国思想百花齐放时期，其实早在辛亥革命时期（指庚子与辛亥之间），后来活跃于中国思想世界的各种"主义"，几乎都已出现。当时世界上主要的政治思潮是民族主义、自由民主主义、社会主义三大思想系统，文化思潮则包括理性主义和非理性主义，这些思想系统内部又各自包含层出不穷的众多流派，而大多数的流派，在辛亥革命时期的中国都可以找到信仰者、传播者，且还有结合中国思想传统的新形态。这里以政治性的三大"主义"为对象，谈谈它们此时在中国出现和大体和谐共生的情况及原因。这对于了解中国思想史演变过程或许是必要的，而对于理解"三民主义"的深刻背景和属性，也或有益处。

一、三大主义之同时涌入和持续宣介

民族主义、自由民主主义、社会主义三大思想系统在欧洲的先后形成，经历了几个世纪的漫长过程，但在中国形成思潮却是同时发端于辛亥革命时期的短短几年间。民族主义作为一套与世界主义相区别的，以民族情感认同、民族国家建构和对民族独立富强目标追求为中心的观念价值，最早出自梁启超的笔下，见之于1901年的《国家思想变迁异同论》等文，《国民报》的《原国》等文中也

---

* 本文曾载于《江海学刊》2011年第6期，副标题为收入本书中时所加。

宣传了此一价值。自由民主主义强调国民权利，包括国民自由权利和国民参政权，此一思想之介绍在中国原本略早于民族主义，戊戌变法时期已有较多论说，以严复译述《群己权界论》为最著，进入新世纪又得民族主义蕴涵的平权说学理之支持，思想界遂大张自由民主的理念，《说国民》《新民说》皆可印证。着眼于阶级平等、万国大同的社会主义最早介绍于梁启超、马君武，他们于1902年分别发表有《进化论革命者颉德之学说》和《社会主义与进化论比较》，相信人类社会必然进入这一进化之"最新"阶段。

这三大主义在整个辛亥革命时期都有持续不断的宣介和鼓吹，而且各自分出不少流派，形成前所未有的新型思潮涌动格局。民族主义宣介方面，除了一般性的爱国主义之外，分出国家主义（大民族主义或中华民族主义）和种族主义（小民族主义或汉民族主义）两大类型。自由民主主义方面，后来的宣介，实际上有自由主义、国民主义（含君宪民权主义、共和民权主义）之差异。社会主义则有民生主义、共产主义、无政府主义的同时传播。

何以三大主义在这一时期呈现同时涌入且持续宣介之气象？这应该与中国近代思想史演变态势① 有关。中国近代思想界在甲

---

① 中国近代思想史的趋势，过去曾有过一些解释框架，比如压迫—反压迫的阶级斗争框架，侵略—反侵略的反帝斗争框架，冲击—反应的客位全球化框架，传统—现代的本位现代化框架等。每一种框架都能说明部分的趋势性真相，却难免在其他方面暴露出重大遗漏，所以在一次次范式转换之后，历史学者发现任何框架都是"可爱而不可信"的，以至于进入新世纪以来，学界干脆罢黜框架，只问细节，发展出对于"趋势"问题存而不论的学术倾向。然而，思想史研究如果只见树木不见森林，其距离"通古今之变"的学术目标将比政治史、经济史、社会史等其他领域的"史学碎片化"距之更远。把握较长时段的思想史趋势是否完全不可能？实际上不然。以往的众多框架之所以纷纷"倒下"，主要原因不在于它们着力于探索"趋势"，而在于它们都是照搬外来理论，不是根据中国近代思想史客观呈现的面貌去提炼理论，而是拿理论来直接套用中国近代的思想世界。如果将这种被错置的关系颠倒过来，不难发现，近代中国思想史演变确实存在自身的趋势。

午战争之前，争论不断的是文明路向的"常""变"问题，发生过宋学汉学之争、古文今文之争、洋务与清流之争、变法与洋务之争；在五四运动之后，思想界则热心于"主义"之辩，如共产主义与基尔特社会主义之争、共产主义与无政府主义之争、共产主义与国家主义之争、训政与人权之争、本位文化与全盘西化之争、民主与独裁之争、马克思主义与战国策派之争、新民主主义与民主社会主义之争、自由主义与民族主义之争等。中国近代思想演变因而呈现出从"常""变"之争到"主义"之辨的基本态势。

如果这一观察大体不错，那么，从甲午战争到五四运动这一段思想发展，就特别值得探讨。强调"设想参与"（即设身处地进入历史现场）史学方法的张灏先生，将 1895—1925 年初前后大约三十年的时间称为"中国近代思想史上的转型时代"，认为"这是中国思想文化由传统过渡到现代、承先启后的关键时代。在这个时代，无论是思想知识的传播媒介或者是思想的内容，均有突破性的巨变。"① "转型时代"的理念，实际上晚清思想界已经提出。梁启超在《过渡时代论》一文中，明确说"今日之中国，过渡时代之中国也"，这里"过渡时代"也即"转型时代"。《国民报》一位作者则说当时的中国既是朝不保夕的"老大帝国"，又是"支那人的世界"的起点。② 杨度亦称外人对当时中国印象有"老大帝国"和"幼稚时代"的两极化，认为是"过渡时代之现象"。③ 不过，梁启超们所讲的"过渡时代"是应然的，希望这

---

① 张灏：《时代的探索》，台北：联经出版事业股份有限公司、"中研院" 2004 年版，第 37 页。
② 《二十世纪之中国》，《国民报》第 1 期，1901 年 5 月 10 日。
③ 杨度：《游学译编叙》，《游学译编》第 1 期，1902 年 11 月。

个时代成为千古英雄豪杰创造历史的大舞台，使"由死而生、由剥而复、由奴而主、由瘠而肥"；①张灏讲的"转型时代"则是实然的，是指在这个历史时期出现了新的思想媒体、新的思想论域。

而在"中国近代思想史上的转型时代"这一"突破性巨变"中，辛亥革命时期实又处于"转型时代"的"过渡时期"。甲午之后，历经庚子之变、日俄战争等事件，一方面变革风气日浓一日，求变渐成共识，另一方面民族危机日趋深重，中国思想界急于从外域找到救国良药，国家建构原则和方向的选择成为急迫的问题。过去主张变革的思想者，认同的只是模糊而笼统的"泰西"文明，一旦变革成为共识，这种模糊便不敷需要，于是顿感"学问饥饿"，②西方世界历经几个世纪形成的各种"主义"，遂一拥而进，成为思想新潮。

时人对"主义"之敏感，基于思想决定事实的认识。梁启超指出："思想者实事之母也，欲建造何等之事实，必先养成何等之思想。"③《南报》发刊词也说："主义者，实事之母也。然自主义而发生实事，其间非可一蹴而几，必灌溉以多数学子之心血，而主义始存立于社会，必累积以经久有恒之岁月，而主义始浸润于人心。存立矣，浸润矣，然后实事近焉。"④当时如饥似渴汲取西方思想营养的知识分子，对西方的"主义"如数家珍。杨度《游学译编叙》一口气数出十多种"主义"和相当于主义的"论""说"："欧洲自十八世纪以来，思想横溢，沛然如骤雨之下，或主唯神

①　梁启超：《过渡时代论》，《清议报》第83期，1901年6月26日。
②　梁启超：《清代学术概论》，《饮冰室合集》专集三十四，中华书局1989年影印版，第71页。
③　梁启超：《国家思想变迁异同论》，《清议报》第94期，1901年10月。
④　《南报出世辞》，《南报》第1期，1910年9月。

论，或主唯理论，或主唯心论，或主唯物论，或主天赋人权说，或主世界主义，或主个人主义，或主感觉主义，……日本由汉学一变而为欧化主义，再变而为国粹保存主义，……"①《新民丛报》雨尘子撰《近世欧人之三大主义》，称法国大革命、美国的独立、意大利的统一、德国联邦之实现、比利时的分离等等，"皆无一非有大愿力大主义存乎内"，而在"此无数大主义"中，最大最要者，为主张"多数人权利"的主义，主张"租税所得之权利"的主义，和主张"民族之国家"的主义。②《大同日报》则说："今列国由帝国主义（指王权主义——引者）而升为民族主义，渐由民族主义而变为社会主义。"③《民报》之前身《二十世纪之支那》创刊时所列举的"世界有名之主义，为今日列强所趋势者"，则是"政治家之帝国主义"（指民族帝国主义）、"宗教家之社会主义"和"无政府主义"，④而最希望"输入国民之脑"的"正确可行之论"是结合中国实际的"爱国主义"。到《民报》的时候，以孙文名义发表的发刊词中，称"余维欧美之进化，凡以三大主义：曰民族、曰民权、曰民生"，提出中国应将三大主义同时实现，"毕其功于一役"。⑤即使不以政治讨论为对象的文章，有时也大谈他们了解的欧美"主义"，如刘显治论述中国教育的指导思想，其对欧美日等强国"教育之主义"的概括，也是三大主义：个人主义、社会主义和国家主义。⑥

---

① 杨度：《游学译编叙》，《游学译编》第 1 期，1902 年 11 月。

② 雨尘子：《近世欧人之三大主义》，《新民丛报》第 28 期，1903 年 3 月。

③ 《大同日报缘起》，《新民丛报》第 38、39 合期，1903 年 10 月。

④ 卫种：《二十世纪之支那初言》，《二十世纪之支那》第 1 期，1905 年 6 月。

⑤ 孙文：《民报发刊词》，《民报》第 1 期，1905 年 10 月。

⑥ 刘显治：《论中国教育之主义》，《中国新报》第 6 期，1907 年 7 月。

二、三大主义的和谐共生

主义纷呈，起自辛亥革命时期，到五四时代气势则更为磅礴。不过，辛亥革命时期各种"主义"之间的关系，却没有出现五四以后那样三种意识形态（国民党三民主义旗号下实际的国家主义、共产党的共产主义、胡适派文人的自由主义）彼此分庭抗礼，否定对方的激烈斗争状况，而是呈现出各种"主义"大体和谐共生的态势。

孙中山冶三大主义于一炉，提出三民主义学说，就是一个很直观的说明。三大主义在西方本来相互排斥，因为民族主义以国家为最高价值，自由民主主义以个人为最高价值，社会主义则阶级价值至上，在涉及至上性的抉择环境中，国家、个人、阶级同时为最高价值是不可能的。三民主义却毫不含糊地承诺，三大主义要在中国毕于一役。20 世纪 30 年代初，张君劢曾尖锐批评三民主义的笼统性，质问："三民主义中，分为三项：曰民族、曰民权、曰民生。其为一主义乎？其为三主义乎？"认为"实则民权民族民生三者可以互相牵制……彼创此说之人，初未尝思索及之"。[①] 实际上孙中山当初创立此说，"未尝思索及之"并非真正问题所在，时势使然才是关键。

在新学为尚而学问饥渴的时代，对各种主义"本末不具，派别不明，惟以多为贵"的"'梁启超式'的输入"[②] 很普遍，难求甚解是很自然的事。那个时代人们更多关注的是主义之间的正向

---

① 张君劢：《国家社会主义纲领》，《再生》第 3 卷 1 期，1935 年 3 月 15 日，第 21—22 页。

② 梁启超：《清代学术概论》，《饮冰室合集》专集三十四，中华书局 1989 年影印版，第 71 页。

关联，而非冲突之处。他们发现自由民主主义对民族主义有好处。民族主义需要国民意识的觉醒，因而有以自由民权为归依的国民主义出现，国民主义启蒙因而与民族主义相得益彰，即所谓"而欲实行民族主义于中国，舍新民末由"，[①]要让国民了解"凡立于一国之下，而与国家关系休戚者，则曰国民；立于一国之下，而与国无关系休戚者，则曰奴隶。有国之民存，无国之民亡；有国民之国存，无国民之国亡"。[②]与国家关系休戚的基础，正在于国民的权利与国家的荣衰成正比例，"国家譬犹树也，权利思想譬犹根也"，[③]"民权之集，是为国权；民而无权，国权何有？"[④]民族建国主义如果没有个人权利主义辅翼之，"其分子之亲和犹未密，其质点之结集犹未坚，其形式之组织犹未完，其势力犹未达于全盛也"。[⑤]他们也发现社会主义支持自由民主主义。从西方社会主义学说中，知识分子了解到自由民权的政体实际上成就的只是少数人的自由权利。"近世以来，欧美各国之政体，或为立宪，或为共和，然阶级制度，仍隐寓其中"，这不符合平等原则，"夫方趾圆颅，同为人类，即无轩轾于其间。岂世界之权利，专为强者富者所独私乎？"[⑥]孙中山宣讲的民生主义、朱执信介绍的共产主义、天义派和新世纪派鼓吹的无政府主义，都力主避免这种自由

---

① 中国之新民（梁启超）：《新民说》"论新民为今日中国第一要务"，《新民丛报》第 1 期，1902 年 2 月 8 日。

② 余一：《民族主义论》，《浙江潮》第 1 期，1903 年 2 月。

③ 中国之新民（梁启超）：《新民说》"论权利思想"，《新民丛报》第 6 期，1902 年 4 月 22 日。

④ 《二十世纪之中国》，《国民报》第 1 期，1901 年 5 月 10 日。

⑤ 湖南之湖南人（杨笃生）：《新湖南》，张枬、王忍之编：《辛亥革命前十年间时论选集》第一卷下册，生活·读书·新知三联书店 1960 年版，第 632 页。

⑥ 申叔：《废兵废财论》，《天义报》第 2 期，1907 年 6 月 25 日。

民主的局限性，而致力于普遍的自由和幸福。

或许有人质疑，梁启超为代表的君主立宪主义者与孙中山为领袖的革命共和主义者论战多年，形同水火，直至互以对方为死敌，置之死地而后快，怎能说"主义"是和谐共生的呢？

这涉及"主义"的层面问题。无论民族主义、自由民主主义还是社会主义，都有价值层面和路线策略层面，价值层面是根本的，路线策略层面可与时俱进随机应变。价值层面主要是说它们分别肯定的国家强盛、个人自由、阶级平等目标，路线策略层面则包括民族认同的范围、个人自由的步骤、阶级平等的缓急，以及实现这些目标各自采取的方式。革命和君宪两派激烈论争的主要是在后一层面，在根本的价值层面，两派其实没有明显冲突。从梁启超在引进西方"主义"过程中的先锋作用看，其实他应该同样是三大主义的一个价值赞成者。只是梁启超版本的三大主义，与孙中山版本的三民主义，路线策略层面的内涵很不同。

就民族主义而论，革命派主张种族认同，[①] 视"满人为我同胞之公敌"，[②] 致力于建立汉族的国家；而君宪派主张国家认同，"满不必排"，亦"不可排"，要合汉、满、蒙、回、藏、苗各族建中

---

① 革命派主张种族认同只是一种大致趋势，并非没有例外。例如陈独秀之所以不满清朝政府，主要是由于它的腐败无能，不足以作为救国的倚赖，而非因为它是异族、侵略者。在陈独秀看来，中国是个多民族国家，"全国人种分为四族"，汉族属于中国，占据现在朝廷的通古斯族（满族），也属于中国（《本国大略》，《安徽俗话报》1904 年 9 月 24 日）；汉族王朝被改换，并不等于亡国，"历代里换了一姓做皇帝，就称作亡国，殊不知一国里，换了一姓做皇帝，这国还是国，并未亡了，这只可称做'换朝'，不可称做'亡国'。必定是这国让外国人做了皇帝，或土地主权被外国占去，这才算是'亡国'"。（《亡国篇》，《安徽俗话报》1904 年 7 月 27 日）

② 邹容：《革命军》，张枬、王忍之编：《辛亥革命前十年间时论选集》第一卷下册，生活·读书·新知三联书店 1960 年版，第 665 页。

华民族国家。但他们均认为民族主义为中国的当务之急,君宪派说"今日欲抵挡列强之民族帝国主义,以挽浩劫而拯生灵,惟有我行我民族主义之一策",[①] 革命派说民族主义是"最宜于吾国人性质之主义",最能"统一大群之主义",[②] 都追求建立屹立于世界民族之林的主权国家。

就自由民主主义而论,革命派主张暴力革命实现共和立宪;君宪派主张和平渐进的君主立宪。但他们均追求民权宪政,认为国民自由权利是宪政的基础,"所谓个人权利者,天赋个人之自由权是也",[③]"自由者,奴隶之对待也";[④] 认为国民参政权是连接国民与国家的纽带,"立宪云者,非空谈事也。立宪政体之要素,在人民之有参政权。参政权者,所以表国民为国家之分子"。[⑤]"公民"应当"人人有议政之权,人人有忧国之责";[⑥] 认为国家应该明定宪法,建立国会,分权制衡,"宪法者,国民公意之眉目,而政府与国民所同受之约束也","立法、司法、行政三者,不得不分别部居,使各在于独立之地",[⑦] 其中国会为国民参政权荟萃之中心,"国会之意思,即为国民意思;国会之行为,即为国民行为"。[⑧]

---

① 中国之新民(梁启超):《新民说》"论新民为今日中国第一要务",《新民丛报》第1期,1902年2月8日。

② 竞盦:《政体进化论》,《江苏》第3期,1903年6月。

③ 湖南之湖南人(杨笃生):《新湖南》,张枬、王忍之编:《辛亥革命前十年间时论选集》第一卷下册,生活·读书·新知三联书店1960年版,第632页。

④ 中国之新民(梁启超):《新民说》"论自由",《新民丛报》第7期,1902年5月。

⑤ 攻法子:《敬告我乡人》,《浙江潮》第2期,1903年3月。

⑥ 明夷(康有为):《公民自治篇》,《新民丛报》第5期,1902年4月。

⑦ 湖南之湖南人(杨笃生):《新湖南》,张枬、王忍之编:《辛亥革命前十年间时论选集》第一卷下册,生活·读书·新知三联书店1960年版,第635页。

⑧ 李庆芳:《中国国会议》,《中国新报》第9期,1908年1月。

就社会主义而论，君宪派主张国家资本主义发展在前，社会主义继之在后；革命派主张在资本主义发展起来之前先行实现社会主义，预防将来之革命。但他们都欣赏社会主义的正义价值，即使论战之中反对革命党即行社会革命时，君宪派也表示"社会主义学说，其属于改良主义者，吾故绝对表同情，其关于革命主义者，则吾亦未始不赞美之"，只是认为目前不可行、行之在"千数百年之后"而已。①

两派论战中固难免用词过激的情绪语言，均因路线策略层面的歧异而致，基本的价值认同始终并无动摇，可以说两派都呈现出三大主义和谐共生的一面。这一时期思想界在价值层面的歧争当然不能说完全没有，但这与其说发生在革命派与君宪派之间，不如说发生在民族主义与社会主义中的激进无政府主义之间。不仅君宪派的民族主义对无政府主义不以为然，"虚无党之手段，吾所钦佩；若其主义，则吾所不敢赞同也"，②而且在革命派内部，也从民族主义出发对其激进价值观提出批评，认为无政府主义毁灭政府是"藐运会而先之"的乌托邦，对改良政府无建设性，"无建设之革命，乌得云革命哉？"③"吾侪……以为欲救中国惟有兴民权改民主，而入手之方，则先之以开明专制，以为兴民权改民主之预备，最初之手段则革命也"，"彼无政府主义，宁吾侪今日

---

① 饮冰（梁启超）：《社会革命果为今日中国所必要乎》，《新民丛报》第86期，1906年11月。

② 中国之新民（梁启超）：《论俄罗斯虚无党》，《新民丛报》第40、41合期，1903年11月。

③ 梦蝶生（叶夏声）：《无政府党与革命党之说明》，《民报》第7期，1906年9月。

之所主持乎？"① 无政府主义者也分别作出回击或回应。

虽然无政府主义与民族主义之间存在价值层面的冲突，但因无政府主义无论中外均非社会主义的主流，不致影响到这一时期"主义"共生基本面貌的评估。这一时期"主义"之间价值上之所以能够大体和谐共生，除了唯新是尚、难求甚解的因素之外，还与那时存在一个共同的敌体有关，无论民族主义、自由民主主义还是社会主义，都将矛头指向清王朝，革命派如此，君宪派亦然。革命派与君宪派之争是革新力量内部的路线策略之争，现实焦点使"主义"之间的价值冲突显得无关宏旨。

三、早期三民主义的社会动员属性

三民主义为孙中山所创立，这个"创立"绝不等于一个思想者的闭门造车。学者早已指出，20世纪初年在中国流行的西方学说，包括进化论、民族主义、自由主义、民主主义、社会主义、无政府主义、虚无论、共产主义等几乎西方所有的各种思潮，"此等主张、学说，我们在中山先生的思想中，几乎都可以发现它们的影响的成分"。② 三民主义的提出显然离不开当时三大主义骤然流行中国知识界的客观场景，邓慕韩回忆，中国同盟会成立后决定出版机关报《民报》，"一日，请国父撰一发刊词以冠篇首。国父慨然允诺，爰命汉民纪录其意，曰：'吾国定名民国，党曰民党，权曰民权；现欲将吾平日所提倡之种族革命、政治革命、社会（亦名经济）革命，以一民字贯之。种族则拟为民族，政治

---

① 思黄（陈天华）：《论中国宜改创民主政体》，《民报》第1期，1905年10月。

② 王德昭：《国父革命思想研究》，台北：中国文化研究所1962年版，第130页。

则拟为民权，社会则尚未能定。'当时座中各有献议，均未能当。余无意中提出吾国常用国计民生，可否定名民生？众均曰善。遂以社会革命定名民生。由是，民族、民权、民生三大主义之名词，于《民报》发刊词确定之"。[①]可见三民主义实际上就是当时中国思想界热谈的三大主义，是革命者对于三大主义蜂起于中国的反映。

然而，"三民"名称虽确定，"三民主义"说法却未定型。孙中山在《民报》发刊词和《民报》周年纪念大会上的演说中，均使用"三大主义"而非"三民主义"。有研究者考证认为，孙中山使用"三民主义"这一说法，是民国元年才有的，此前虽有个别人物和刊物偶然以"三民主义"代替过"三大主义"，却属偶然，且不为党内理论权威如胡汉民等所认可。[②]

不仅"三民主义"说法未定型，三民主义内容也未成为确定不易的纲领。在《民报发刊词》首揭"三大主义"之后，1906年《民报》又发表《民报六大主义》，于颠覆现今恶劣政府、建设共和政体、土地国有之外，增加维护世界真正之平和、主张中国日本两国之国民的联合、要求世界列国赞成中国之革新事业。其中前三个主义，基本相当于民族、民权、民生三主义，但表述却并未直接沿用此三大主义的表述，而后三个主义则完全是针对国际方面新加的。而且从实质上说，三民主义在革命党内部也只是松散的目标方向，对革命党没有普遍适用性。革命党中奉"一民主义"（如光复会的光复民族主义）、"二民主义"（如共进会的反满

---

① 邓慕韩：《追随国父之回忆》，《三民主义半月刊》第10卷3期。陈锡祺主编《孙中山年谱长编》上册，中华书局1991年版，第363页。

② 何建国：《孙中山公开使用"三民主义"一词时间考》，《山西大同大学学报》社会科学版2011年第1期，第245页。

民族主义与共和民权主义）者，比比皆是。以三民主义为信仰的革命者，对主义内容的解释，亦相差甚远，如无政府主义者发表的《伸论民族、民权、社会三主义之异同》，就不仅不用民生主义的说法，而且斥民族、民权主义为"自私自利"，仅以社会主义为"至公无私"。①

这一时期的三民主义，既是革命领袖着意创造的革命"原理"，更是革命领袖为推进革命进行而尽力结合热心于各种"主义"的爱国志士之策略，具有形成思想界革命联盟的统一战线功能。根据这一纲领，无论信仰民族主义、自由主义、民主主义、社会主义、无政府主义、共产主义等哪一种主义，都可以成为革命者。殷海光曾经评论说，"三民主义系四十年前的政治统战工具，它是为了迎合当时复杂的政治思想而设计的，所以也就十分复杂"，②"三民主义中的民族、民权、民生可以看作政治问题的三大基本范畴。试问上述各种思想学说，有哪一种能逃出这三大基本范畴以外？这真是各路孙悟空跳不出佛爷的手掌心也！就四十年前孙先生所处的时代而论，这真是一个伟大的天才创建。因为三民主义确乎比当时一般政治思想高出一筹，而且富于广含性，所以把当时那些思想都吸收了，都兼消了。因为思想上的吸收和兼消作用，于是许许多多政治醒觉分子渐渐归依到三民主义的怀抱而滋长出一种一致的政治意识"。③所说便是此意。事实上，当

① 民：《伸论民族、民权、社会三主义之异同》，《新世纪》第6期，1907年7月27日。
② 殷海光：《给雷震先生的一封公开信》，《自由中国》22卷10期，1960年5月16日。
③ 殷海光：《我对于三民主义的看法和建议》，《自由中国》第22卷12期，1960年6月16日。

时的革命党阵营，的确容纳了来自各种主义的激进信仰者（温和信仰者则多跻身于立宪派）。

"统战"当然是借鉴后来的用词，但这种功能确为社会精英动员所必需，不仅如此，三民主义还有对普通公众进行社会动员的一面。革命党无论如何设想"文明革命"，革命总是需要公众参与才能成功。在民众动员中，对未来做许诺，呈现革命后的美好图景，是最自然、最简便易行的方式。观察革命派"主义"之表达，不难发现，很多都是在描述未来的场景。邹容描述"文明之革命，有破坏有建设，为建设而破坏，为国民购自由平等独立自主之一切权利，为国民增幸福。"① 孙中山誓言"革命的目的，是为众生谋幸福，因不愿少数满洲人专利，故要民族革命；不愿君主一人专利，故要政治革命；不愿少数富人专利，故要社会革命，……达了这三样目的之后，我们中国当成为至完美的国家"。② 这些愿景描绘当然易收民众憧憬从而影从之效，当时居于政治反对地位的君宪派批评其是为了"博一般下等社会之同情，冀赌徒光棍大盗小偷乞丐流氓狱囚之悉为我用"，③ 虽有夸张诋毁之嫌，却不无观察之敏锐。其实早在1903年，革命刊物描绘新政府之建设时，就将"政府必由全国国民所组织，而以全国国民为政府之实体"，"政府必为全国国民之机关，而以全国公共事务为政府之职掌"，"政府必以全国国民为范围，而专谋全社会幸福

---

① 邹容：《革命军》，张枬、王忍之编：《辛亥革命前十年间时论选集》第一卷下册，生活·读书·新知三联书店1960年版，第665页。

② 孙文：《〈民报〉周年纪念大会上的演说》，《民报》第10期，1906年12月。

③ 饮冰（梁启超）：《开明专制论》第八章，《新民丛报》第75期，1906年2月23日。

为目的"作为未来革命政权的"三义",这"三义"已近乎民族、民权、民生三大主义之要旨,而在革命党三民主义形成前两年即提出,并相信"实行此三义者,其国家必强,其民族必荣",[①] 足见三民主义确有很强的社会动员属性。

---

① 汉驹:《新政府之建设》,《江苏》第 6 期,1903 年 11 月。

"民本"与"民主"之间的晚清"民权"观念 *

"民权"在近代中国是一个有着特定内涵的政治概念，不同于中国固有"民本"，也有异于西方近代的"民主"，可说是中国传统政治意识现代转型的过渡形式。关于晚清民权思想，以往的研究较多注意考察革命派与立宪派何者进步、何者落后，本节则力图以此一观念观察晚清思想演变的过渡性特征。

一、"民权"对"民本"的超越与连接

中国传统社会没有民权观念。中国传统社会的政治权力历来属于帝王，帝王君临天下的合法性依据大体有三：一为替天行道之"天命"，二为缔造国祚之"勋业"，三为造福于民之"圣德"。天命之说，虽带有宗教的意味，却是对一个曾经代表民心的社会力量在王朝更始后的形上确认，也可以是对统治者施政顺从民意的警示；勋业之说，是胜者为王历史定律的一种强化，也是一种对潜在挑战力量的威慑；圣德之说，则兼有对臣民报恩、服从的明示和对君权进行自我约束的意思。有此三条，君权便天经地义，无人置疑。

三条理据当中，天命和圣德对君权都有着一定的约束力，而两者的结合，就构成中国传统政治思想上的民本观念。先秦王化天下时期中国就有民惟邦本、本固邦宁，民贵君轻、敬天保民的思想。秦后君主专制体制确立，这些思想成为儒者向专制统治者

　　＊　本文曾载于《贵州社会科学》2012 年第 1 期。

冒死诤谏的基本依据。到了传统社会后期，民本思想还进一步向立君为民、天下为公、学校议政等论说发展，达到了反省专制制度、批评君权的思想高度，黄宗羲即言：“盖天下之治乱，不在一姓之兴亡，而在万民之忧乐。”[①] 不过在整个传统时代，自始至终，这些思想所发挥的作用，都仍在缓和专制而不是结束专制的范围之内，君主专制权威本身未受到学理上的根本挑战。

但是到了中国近代社会，由于遭遇世界历史的大变迁，在西方列强欺凌造成的民族危机下，君权的合法性逐步受到质疑。这种质疑当然与西学东渐有关，但最初的起点却是合群救亡的民族主义动机，因为在一些敏锐的思想家看来，是专制压抑民气造成御侮无力。冯桂芬认为中国御外无力是因为四不如夷，《校邠庐抗议》“制洋器议”章谈到“君民不隔不如夷”为其一。同时代的陈炽、汤震、王韬都主张以设议院、通下情的方式，实行君民共主以纠专制之偏。虽然“君民共治，上下情通，民隐得以上达，君惠亦得以下逮”[②] 的目标还不算对君权的真正超越，但这一思路不断推进发展，至康梁鼓动变法时期，就提出了明确对应于“君权”的“民权”，认为中国积弱之根源，在于“三代以后，君权日益尊，民权日益衰”，[③] 为了救国保种，避免瓜分豆剖，“今日策中国者，必曰兴民权”。[④] 到世纪之交梁启超提出以民族主义对抗民族帝国主义的时候，则君王已仅为一个虚位，专制权力的合法

---

① 黄宗羲：《明夷待访录》“原臣”章。
② 王韬：《弢园文录外编》“重民下”章。
③ 梁启超：《西学书目表后序》，《饮冰室合集》文集一，中华书局 1989 年影印版，第 128 页。
④ 梁启超：《论湖南应办之事》，《饮冰室合集》文集三，中华书局 1989 年影印版，第 41 页。

性已被民治合法性所取代。梁启超说，君主之权假之万民，非自有其权，"国人皆曰政府可设，而后政府设；国人皆曰政府可废，而后政府废；国人皆曰宪法律令可行，而后宪法律令行；国人皆曰宪法律令可革，而后宪法律令革"，[①] "国也者，积民而成，国家之主人为谁，即一国之民是也。故西国恒言，谓君也，官也，国民之公奴仆也"。[②]

挑战君权合法性的理论依据，主要是来自西方的进化思想和自由主义观念。庚子之变造成西潮广泛引进中国之前，通过来华传教士和有幸亲历西方的极少数留学生，西方思想已经开始影响中国先知先觉的思想者。戊戌变法时期，康有为借阐释公羊三世说，已将君主立宪解释为是对君主专制的进化，相信"未及其世不能躐之，既及其世不能阏之"。[③] 谭嗣同将西人自由观与佛学结合，直斥君主为大盗、民贼，严复除了痛斥君主专制，更向国人申述了"自由为体，民主为用"的现代民权思想。庚子之变后，西方思想广泛引入，民权说大盛，皆以否定君主专制为目标。

晚清十年进步思想界分化为两派，温和派主虚君共和，激进派主去君共和。应该说，两派在民权概念的消极方面，即作为君主专制权的反面，理解并无明显分歧。梁启超一改以往"君主""民主""君民共主"的政体类型表述方式，变更为"君主专制政体""君主立宪政体""民主立宪政体"，实际上君主立宪与民主立宪无实质区别，而大别为君主政体与立宪政体而已，"抑

---

① 梁启超：《民权篇》，《清议报》光绪二十五年八月十一日。

② 梁启超：《中国积弱溯源论》，《饮冰室合集》文集五，中华书局1989年影印版，第16页。

③ 梁启超：《论君政民政相嬗之理》，《饮冰室合集》文集二，中华书局1989年影印版，第7页。

今日之世界，实专制与立宪两政体新陈嬗代之时也。按之公理，凡两种反比例之事物相嬗代，必有争，争则旧者必败，而新者必胜，故地球各国，必一切同归于立宪而后已，此理势所必至也"。今日中国立宪时机已到，朝廷顺应之，则虽无实权而皇位可保，永受尊敬，阻逆之则可能招致革命，性命难料，"一得一失，一荣一瘁，为君者宜何择焉"。[①] 类似的见解在晚清维新主义者那里屡见不鲜，李庆芳就讲，"中国国家欲存在于现世界，必变为民权国体乃能立国，决非君权国体所能济"，若就政体论之，考虑到对外问题、边疆问题，"宜为君主立宪也无疑"。[②]

对于温和派"民权弱者其国弱，民权昌者其国强。民权何在？曰议院，曰宪法"之说，激进派"亦无以难之也"。[③] 激进派的民权论述也明确相对于君主专制而言，认为"民权亡而天下无正统，清议亡而天下无正学"。[④] 孙中山称："洎自帝其国，威行专制，在下者不堪其苦，则民权主义生"，[⑤] "中国数千年来，都是君主专制政体，不是平等自由的国民所堪忍受的"，"所以我们定要由平民革命，建国民政府"。[⑥] 孙中山亦从文明进化的角度看待民权时代，认为民主共和取代君主专制是世界大势之所趋，用他后

① 梁启超：《立宪法议》，《饮冰室合集》文集五，中华书局1989年版，第4页。

② 李庆芳：《中国国会议》，《中国新报》第9期，1908年1月。

③ 飞生：《近时二大学说之评论》，《浙江潮》第8期（1903年10月），张枬、王忍之编《辛亥革命前十年间时论选集》第一卷，生活·读书·新知三联书店1978年版，第517页。

④ 《中国古代限抑君权之法》，张枬、王忍之编《辛亥革命前十年间时论选集》第一卷下册，生活·读书·新知三联书店1969年版，第735页。

⑤ 孙中山：《民报发刊词》，《民报》第1期，1905年10月。

⑥ 孙中山：《民报周年纪念大会上的演说》，《民报》第10期，1906年12月。

来的话说:"世界的潮流,由神权流到君权,由君权流到民权,现在到民权,便没有方法可以反抗。"[1] 这与梁启超所说的"黄帝以前为第一级野蛮自由时代,自黄帝至秦始皇为第二级贵族帝政时代,自秦始皇至乾隆为第三级君权独盛时代,而自今以往则将进入第四级文明自由时代者也",[2] 可谓异曲同工。

晚清温和和激进两派新思想人士的民权理念,明显皆已超越中国传统民本范畴,走向了反对君主专制的西方现代民主主义。不过另一方面,这并不等于说他们彻底"告别"了民本思想,在一些论述中,他们仍然将民权与民本相连接。温和派不惜美化中国传统的民本思想,认为西方近代民权思想和制度皆来自中国,他们将黄帝清问下民之"合宫",尧舜询于刍荛之"总章",盘庚的"命众至庭",《周礼》"询国危疑",《洪范》所称"谋及卿士""谋及庶人",孟子所称"大夫曰""国人皆曰",都视为国会之先声。激进派虽然在革新路线上较激烈,但思想上同样有"恋旧"的痕迹,直到大革命时期,孙中山仍表示:"依我看来,中国进化比较欧美还要在先,民权的议论,在几千年以前就老早有了,不过当时只是见之于言论,没有形于事实。"[3]

这种连接当然含有策略性运用而便于国人接受的成分,但也有意图以外来思想推进传统民本思想进一步发展的成分。梁启超声称,他的新民说之"新","一曰淬厉其本有而新之,二曰采补

---

[1] 孙中山:《三民主义》,《孙中山全集》第九卷,中华书局1986年版,第267页。

[2] 梁启超:《尧舜为中国中央君权滥觞考》,《饮冰室合集》文集六,中华书局1989年影印版,第26页。

[3] 孙中山:《三民主义》,《孙中山全集》第九卷,中华书局1986年版,第263页。

其所本无而新之。二者缺一，时乃无功"。[①]孙中山自称其主义"有因袭吾国固有之思想者，有规抚欧洲之学说事迹者，有吾所独见而创获者"，[②]这些说法都蕴含了民权与民本具有连接性的意义，但尽管有这些连接，其民权观念与传统社会的民本思想，本质上已不可同日而语。

二、"民权"对"民主"的接引与疏隔

晚清思想家既然是在相对于君权谈民权，那么民权从一开始就是在参政权的意义上讲的。无论温和派或激进派，都主张"国为民所有"。梁启超对国民下定义，"国民者，以国为人民公产之称也。国者积民而成，舍民之外则无有国，以一国之民，治一国之事，定一国之法，谋一国之利，捍一国之患，其民不可得而侮，其国不可得而亡，是之谓国民"，[③]"群族而居、自成风俗者，谓之部民；有国家思想、能自布政治者，谓之国民"。[④]国民要了解国家之相对于一身、朝廷、外族、世界的特征，以此为基础，去参与国家政治生活。激进派以建立共和国为鹄的，主张由平民革命以建国民政府，"一国之政治机关，一国之人共司之。苟不能司政治机关，参预行政权者，不得谓之国，不得谓之国民，此世界

---

① 梁启超:《新民说》,《饮冰室合集》专集四，中华书局1989年影印版，第5页。

② 孙中山:《中国革命史》,《孙中山全集》第七卷，中华书局1989年影印版，第60页。

③ 梁启超:《论近世国民竞争之大势及中国前途》,《饮冰室合集》文集四，中华书局1989年影印版，第56页。

④ 梁启超:《新民说》,《饮冰室合集》专集四，中华书局1989年影印版，第16页。

之公理，万国所同然"，①"凡为国民皆平等以有参政权。大总统由国民公举。议会以国民公举之议员构成之。制定中华民国宪法，人人共守。敢有帝制自为者，天下共击之"。②

"国为民所有"以宪政为参政机制。温和与激进两派都主张建立宪政的政府。温和派非常重视宪法在宪政中的作用，主张立法权属国民，国民开国会、定宪法，"宪法者何物也？立万世不易之宪典，而一国之人，无论为君主，为官吏，为人民，皆共守之也，为国家一切法度之根源。此后无论出何令，更何法，百变而不许离其宗者也"，"宪法与民权二者不可相离，此实不易之理，而万国所经验而得也"。③而国会或议院则为国民实现参政权利的主要机关，"国会者，与全体国民有直接关系者也。何谓国会？即国民参政权之汇萃之中心点也。国会之意思，即为国民意思；国会之行为，即为国民行为。今国民欲解决政治上之问题，则当从国会着手，庶不致蹈枝枝节节而为之弊矣"。④

激进论者在宪法、国会问题上，与温和派无本质差异。所不同的，是温和派认为完全的国民政治不可能立即达到，因为"权生于智"，而中国现阶段民智未开，需要一个开通民智的过程，所以不能猝然废君，而应在保皇中推进实现民权的政治革命。这里的保皇，是保虚君之皇，"立宪政治，必以君主无责任为原则，

---

① 邹容：《革命军》，张枬、王忍之编：《辛亥革命前十年间时论选集》第一卷下册，生活·读书·新知三联书店 1960 年版，第 654 页。

② 《中国同盟会革命方略》，《孙中山全集》第一卷，中华书局 1981 年版，第 297 页。

③ 梁启超：《立宪法议》，《饮冰室合集》文集之五，中华书局 1989 年影印版，第 1、3 页。

④ 李庆芳：《中国国会议》，《中国新报》第 9 期，1908 年 1 月。

君主纯超然于政府之外";① 这里的民权,主要为"绅权"。②

激进论者则坚持彻底实行推翻君主专制,建立共和国家,实现完全民权。他们认为"夫革命与保皇,理不相容,势不两立",③ "如今的民权主义,是说百姓应该有组织政府和破坏政府的权利,不能让暴君污吏,一味去乱闹的了","须晓得中国是中国人公共的中国,不是独夫民贼的中国,更不是蛮夷戎狄的中国"。④他们指斥温和保皇论者乃"忘本性、昧天良、去同族而事异种、舍忠义而为汉奸"之属,"大露其满奴之本来面目,演说保皇立宪之旨,大张满人之毒焰,而痛骂汉人之无资格,不当享有民权。夫满洲以东北一游牧之野番贱种,亦可享有皇帝之权,吾汉人以四千年文明之种族,则民权尚不能享,此又何说?"⑤

激进派要实现完全民权,自然不满足于士绅精英的代议制国会,"专制之时代,中央则君主独裁之政治也,地方则暴官污吏之政治也。将来立宪之时代,中央则君主暨贵族专制之政治也,地方则官吏与劣绅土豪之政治也"。⑥ "选举法行,则上品无寒门,而下品无膏粱","进之,则所选必在豪右,退之,则选权堕于一偏",结果"代议本以伸民权也,而民权顾因之日蹙"。⑦ 章太炎

① 《政闻社宣言书》,张枬、王忍之编:《辛亥革命前十年间时论选集》第二卷下册,生活·读书·新知三联书店1963年版,第1056页。

② 参见王先明:《论"即绅权民权"——中国政治近代化历程的一个侧影》,《社会科学研究》1995年第6期,第96—102页。

③ 孙中山:《敬告同乡书》,《孙中山全集》第一卷,中华书局1981年版,第231页。

④ 弃疾(柳亚子):《民权主义!民族主义!》,《复报》第9期,1907年5月。

⑤ 孙中山:《敬告同乡书》,《孙中山全集》第一卷,中华书局1981年版,第232页。

⑥ 侠少(吕志伊):《国会问题之真相》,《云南》第16期,1909年1月。

⑦ 太炎:《代议然否论》,《民报》第24期,1908年10月。

明确反对代议制度，主张直接民权，由国民普选大总统，实行行政、司法、教育三权分立，不设议会，"凡制法律，不自政府定之，不自豪右定之，令明习法律者与通达历史、周知民间利病之士，参伍定之"，[①] 以体现全体人民意志。

西方近代民主学说奠基于英国革命时期的洛克，经过孟德斯鸠、卢梭等人的推进，发展成为以"自由为体、民主为用"为大宗的一套思想系统。这套系统显然与西方近代社会自由市场经济的兴起和市民社会的成熟有关，市民社会珍视国民自由权利，为此而需要设计出确保国民自由权利最大化的公共权力民主制度。因此，在西方民主学说中，民主的后面有着强大的保障公民自由权利的要求，民主的目的不在于加强国家的权威，仅在于保障公民的人权。也因此，民主制度的设计成为民主思想的重要组成部分，先后发展出选票制约权力、权力制约权力、法律制约权力、舆论制约权力等多种制约机制，力图防范公共权力的滥用和异化。

晚清思想界两派人物重点都放在国民对国家公共权力的参与及其机制上，同时当然在一定程度上，基于西方天赋人权观，他们也都鼓吹过国民在社会领域的自由权利。

刚刚进入 20 世纪，温和派的麦梦华就指出天之生人，给以脑气即给以思想之权，给以口舌即给以言论之权，给以聪明才力即给以作为举动之权。"人权不全则饮食视息不能自主，举动行止听人指挥。虽具官体，不能复谓之人矣"，[②] 人的这些权利与生俱来，不容剥夺。梁启超说，"民受生于天，天赋之以能力，使之博硕丰大，以遂厥生，于是有民权焉。民权者，君不能夺之臣，

---

① 太炎：《代议然否论》，《民报》第 24 期，1908 年 10 月。

② 麦梦华：《说权》，《清议报》光绪二十六年四月十一日。

父不能夺之子，兄不能夺之弟，夫不能夺之妇"，[①] 作为人的天赋权利包括谋生、言论、尊严、信仰、集会结社、参与公共生活等众多内容，而贯穿其中的精髓是自由。"自由者，权利之表征也。凡人所以为人者，有二大要件，一曰生命，二曰权利。二者缺一，是乃非人。"[②] 梁启超著《新民说》，辟"权利""自由"专章，称国民应有政治的、民族的、宗教的、生计的自由，不做统治者的奴隶，也不做古人、世俗、境遇、情欲之心奴，"人人自由，而以不侵人之自由为界"；[③] 国民应有自求其强的权利，"权利思想者，非徒我对于我应尽之义务而已，实亦一私人对于一公群应尽之义务也"，"权利思想愈发达，则人人勿为强者，强与强相遇，权与权相衡，于是平和善美之新法律乃成"。[④]

激进派则在对清政府的痛斥中表达国民权利关怀。孙中山在1897年的《伦敦被难记》中说："至中国现行之政治，可以数语赅括之曰：无论为朝廷之事，为国民之事，甚至为地方之事，百姓均无发言或与闻之权；其身为民牧者，操有审判之全权，人民身受冤抑，无所呼诉。"[⑤] 在1904年的《中国问题的真解决》中，他更明确指斥满清专制王朝侵犯人民"不可让与的生存权、自由权和财产权"，压制人民"言论自由"、禁止人民"结社自由"，

①　梁启超:《民权篇》,《清议报》光绪二十五年八月十一日。
②　梁启超:《十种德行相反相成义》,《饮冰室合集》文集五，中华书局1989年影印版，第45页。
③　梁启超:《新民说》,《饮冰室合集》专集四，中华书局1989年影印版，第44页。
④　梁启超:《新民说》,《饮冰室合集》专集四，中华书局1989年影印版，第36、37页。
⑤　孙中山《伦敦被难记》,《孙中山全集》第一卷，中华书局1981年版，第50—51页。

"不经我们的同意而向我们征收沉重的苛捐杂税"。[1] 还有革命派人士发表《箴奴隶》，开篇即言"奴隶者，国民之对点也。民族之实验，只有两途，不为国民，即为奴隶"，吾同胞丧失自由权利而为奴隶，"盖感受三千年奴隶之历史，熏染数十载奴隶之风俗，只领无数辈奴隶之教育，揣摩若干种奴隶之学派，子复生子，孙复生孙，谬种流传，演成根性"，[2] 希望摆脱这种奴隶处境，转为"国民"。

显然，在国民私权的论述中，晚清思想界强调的是人格"解放"的意义，这在立宪、革命两派大致也是一致的。

不过在晚清思想界，对自由人权的这些鼓吹只作为参政权的连带价值而存在，并不与西方思想家一样，真正将自由权利视为构成民主机制的根源。当时的中国社会既没有这种民主基础的客观存在，当时的思想界也不太肯定自由人权的本位价值。除了严复而外（但他很快认为中国当下不具备扩张自由权利的条件），大多没有真正清晰地认识到自由与民主之间的关联，而特别显示含混性的，则是民权与国权、族权的混合理解。

温和派明显在国权至上的前提下论述民权，他们直言"今后中国之存亡，其现形系于主权之有无，其根本关于民权之强弱"。[3] 梁启超的很多自由权利论述，都与国权相提并论。他说国民心中有两大仇恨，一是历代民贼侵犯我民自由之权，一是近代列强侵犯我国自由之权，"苟我民不放弃其自由权，民贼孰得而侵之？

---

① 孙中山：《中国问题的真解决》，《孙中山全集》第一卷，中华书局1981年版，第252页。

② 《箴奴隶》，张枬、王忍之编：《辛亥革命前十年间时论选集》第一卷下册，生活·读书·新知三联书店1960年版，第702页。

③ 直觉：《国民主义》，《牖报》第4号。

苟我国不放弃其自由权，则虎狼国孰得而侵之？以人之能侵我，而知我国民自放自弃之罪不可逭矣！"① 这显然是将人民对于政府的权利与国家对于国家的独立这两个性质不同的范畴放在同一层面讨论。在他看来，民权之所以值得提倡，完全是因为它是维护国权的保证，"问泰西各国何以强，曰，议院哉，议院哉！问议院之立其意何在，曰，君权与民权合，则情易通，议法与行法分，则事易就"，②"全权之国强，缺权之国殃，无权之国亡"；③ 国家积民而成，国政实即民众事务的自我管理，"爱国者何，民自爱其身也。故民权兴则国权立，民权灭则国权亡。……故言爱国必自兴民权始"，西人建立的是全民国家，有一民即有一爱国之民，中国则属于一家之数人，其余皆奴隶，"以此数人之国与亿万人之国相遇，则安所往而不败也"。④ 李庆芳也说，"夫各国均携其立宪膨胀力而来，我国仅恃此专制抵抗力以往，未有不败者也"，"专制国之害，害在一人政治；立宪国之利，利在多数政治。余谓中国不讲御外则已，若讲御外，必从政治上为根本之解决，则多数政治为宜急矣"。⑤ 温和派在大多数场合谈到的兴民权、行宪政，都是从维护国权宗旨出发的，人权的终极性并非他们关注的中心。基于对中国现实的了解，他们后来甚至主张缓行国民自由

---

① 梁启超:《自由书》,《饮冰室合集》专集二，中华书局 1989 年影印版，第 24 页。

② 梁启超:《古议院考》,《饮冰室合集》文集一，中华书局 1989 年影印版，第 94 页。

③ 梁启超:《论中国积弱由于防弊》,《饮冰室合集》文集一，中华书局 1989 年影印版，第 99 页。

④ 梁启超:《爱国论》,《饮冰室合集》文集三，中华书局 1989 年影印版，第 73、70 页。

⑤ 李庆芳:《中国国会议》,《中国新报》第 9 期，1908 年 1 月。

和权利，强调国民义务更重于权利；对国民参政权和宪政政体也有所后退，提出阶段性的开明专制。

晚清激进派的自由权利论述可以说来自两个不同方向，一个方向是从种族革命的目标出发而发挥自由权利，将汉人自由权利的被剥夺与推翻满清政权结合在一起，认为革命可以"除奴隶而为主人"，[①] 另一个方向是从普遍的人类自由解放目标出发而赞同革命，将反政府的革命作为人类普遍解放的步骤，认为"政府一日不去，真平等、真自由、真博爱一日不能见"。[②] 前一方向为三民主义者所持，他们着力于种族革命与政治革命、社会革命毕其功于一役，三者都主要在公权力上求落实，对于私领域的国民自由权利意识的实际推动，并不是他们努力的重点。孙中山后来并认为中国人不是自由太少，而是自由太多，一盘散沙。后一个论述方向则主要是无政府主义者，他们讲的自由权利固然确属国民私权利的范围，却以否定一切权力为条件，与西方自由民主理论中宪政秩序下的权利观念，不可同日而语。

另外，西方民主理论在强调自由权利和宪政结构时，宽容的价值受到同等的重视。晚清思想界对于宽容的民主素养却所论极少，几近空白。

可见，从民权论述积极层面观察，晚清思想界无论温和派还是激进派，都对来自西方的民主思想有所吸收，确立了国民参与国家权力的合法性，也在一定程度上肯定了国民的自由人权。但同时，他们的吸收也有其限度，自由人权的本位价值未得到充分

---

① 邹容：《革命军》，张枬、王忍之编：《辛亥革命前十年间时论选集》第一卷下册，生活·读书·新知三联书店 1969 年版，第 651 页。

② 民（李石曾）：《无政府说》，《新世纪》1908 年 1 月。

的认可，对民主体制所需要的宽容精神，也重视不够。人权、民主、科学的正面论说，直到民初新文化运动时期才出现，民初新文化运动时期"科学"彻底解构"天命"，"人权""民主"则建构出现代中国政治理论的基本雏形。随后，宽容的价值也逐渐被主张自由民主的思想家加以论述。20世纪中期，胡适明确讲论："自由主义的第一个意义是自由，第二个意义是民主，第三个意义是容忍——容忍反对党，第四个意义是和平的渐进改革。"①

三、"民权"观念过渡性的思想史背景

晚清思想界的民权论述何以呈现出超越民本思想而又连接民本传统，接受民主政体而又弱化自由权利的面貌？这有多种因素的影响，其中包括社会史条件和思想史背景。中国当时不存在一个类似于西方的中产阶级的中坚社会阶层，自由权利尚未成为主流社会的内在需要，学者们已经提到。这里简要分析一下思想史背景。

张灏曾经提出一个重要的命题："中国近代思想史的转型时代"，并明确定义道："所谓转型时代，是指1895—1925年初前后大约30年的时间，这是中国思想文化由传统过渡到现代、承先启后的关键时代。在这个时代，无论是思想知识的传播媒介或者是思想的内容，均有突破性的巨变。"② 这里"突破性的巨变"，据张先生讲，一为报纸杂志、新式学校及学会等制度性传播媒介的大量涌现和新的知识社群的出现，一为文化取向危机的凸显与新

---

① 胡适:《自由主义》,《世界日报》1948年9月5日。
② 张灏:《时代的探索》,台北:联经出版事业股份有限公司、"中研院"2004年版,第37页。

的思想论域的开辟。后一方面涉及问题结构。在转型时代里，中国思想界的问题结构和运思方式有相当显著的变化。1895年之前，思想界的主要争论主要是宋学汉学之争、古文今文之争、洋务与清流之争、变法与洋务之争；1925年之后则变为共产主义与基尔特社会主义之争、共产主义与无政府主义之争、共产主义与国家主义之争、训政与人权之争、本位文化与全盘西化之争、民主与独裁之争、马克思主义与战国策派之争、新民主主义与民主社会主义之争、自由主义与民族主义之争……大致说来，1895年之前突出为"常""变"之争，1925年之后聚焦于"主义"之辨。而"转型时代"正是"常""变"之争走向高潮（消退）、"主义"之辩也已萌生的时期，贯穿尊孔与反孔之争、问题与主义之争、科学与玄学之争的新文化运动可谓主题转换的关键点。

晚清思想界的民权论述，发端于戊戌时期，集中表达则在庚子与辛亥之间，这一阶段又处于"转型时代"的"过渡时期"。

一方面，甲午之后，历经庚子之变、日俄战争等事件，变革风气日浓一日，在求变渐成共识的情形下，国家建构原则和方向的选择成为新的问题。过去主张变革的思想者，认同的是模糊而笼统的"泰西"文明，一旦变革成为共识，这种模糊便不敷需要，于是顿感"学问饥荒"，[①]留东留西学生遂竞相输入世界学理，引进各种"主义"，而出于文化自尊，这些新鲜的"主义"难免与中国固有的思想因素相比附或互释。另一方面，由于辞旧迎新，接引西学的紧迫感，应对民族危机的致用性自然优先于理解西方思想的学理性，这种"梁启超式的输入"（梁启超自嘲语）便难

---

① 梁启超：《清代学术概论》，《饮冰室合集》专集三十四，中华书局1989年影印版，第71页。

以避免新式主义内涵的模糊。也正因为这种模糊，在这一时期，未出现五四以后各种"主义"频繁论战的情况。晚清虽有革命与立宪、共和与帝制之争，新式"主义"在价值层面其实是相近的；革命与立宪、共和与帝制之争有时十分激烈，总体上却不过是实现民权价值的路线歧异而已。激进派提出"民权主义"之际，温和派有"开明专制"的主张，给人一种印象，似乎民权只是革命派的思想。事实上，温和派人物不仅民权论述要早于激进派，而且始终并未放弃，唯"对于国体主维持现状，对于政体则悬一理想以求必达"① 而已。

---

① 梁启超:《鄙人对于言论界之过去及将来》,《饮冰室合集》文集二十九,中华书局 1989 年影印版, 第 4 页。

清末满族知识分子的民族认同思想
——以《大同报》为中心 *

学界以往对晚清民族主义的研究，主要关注于汉族革命派与立宪派，对少数民族，尤其是满族人的民族主义思想重视不够，对满人知识分子群体的相关研究更付之阙如。创办于 1907 年 6 月的《大同报》是清末满人留学生群体的代表性言论刊物，现今学界对该报虽偶有介绍，却未见专门的研究。① 本节试图通过对该报比较全面的解读，探讨满人留学生群体的民族认同思想，并分析这些思想产生的原因及特点。

一、革命思潮兴起与《大同报》创办

自 1840 年始，中国屡受列强入侵，因应对不力，亡国灭种危机日重。19 世纪末 20 世纪初社会出现一股追求彻底变革的力量，打出"驱除鞑虏，恢复中华"旗帜，誓言用革命手段颠覆清

---

　　* 　本文为孙会修初稿，合署发表于《安徽史学》2012 年第 6 期。
　　① 　近年不同程度涉及《大同报》的研究论文，有李倩的《二十世纪初留日学生的立宪思想评析》(《社会科学战线》2002 年第 4 期)；马先彦的《清末民初民族融合思潮考略》(《贵州民族研究》2002 年第 4 期)；黄兴涛的《现代"中华民族"观念形成的历史考察——兼论辛亥革命与中华民族认同之关系》(《浙江社会科学》2002 年第 1 期)和《清代满人的"中国认同"》(《清史研究》2011 年第 1 期)；常书红的《清末满汉关系的变化与中华民族认同的诞生》(《陕西师范大学学报》哲学社会科学版 2010 年第 4 期)；罗福惠的《辛亥革命与中华民族共同体精神的演进》(《史学月刊》2011 年第 4 期)等。正面考察《大同报》的虽有邓丽兰的《种族政治压力下的政治现代性诉求——从〈大同报〉看满族留日学生的政治认同》(《华中科技大学学报》社会科学版 2011 年第 6 期)，却是从现代性政治认同角度出发的。

王朝统治。"革命"本指中国古代改朝换代的非常手段，日本借助这一中国古典语汇，转译西语中的"revolution"，使这一语汇有了新的社会革新内涵，但"暴力颠覆"始终是其中的基本语义。中国以汉族为主的反满革命力量声称："夫中国吞噬于逆胡，已二百六十年矣。宰割之酷，诈暴之工，人人所身受，当无不昌言革命。"[1]

革命就需要强力的社会动员，社会动员就必须清晰辨明敌我，并鼓动起群体性的爱憎情感。为了从满人手中"光复"汉人江山，早期的革命党人不仅愤然痛斥清政府罪行和腐败无能，甚或不惜扩大到丑化整个满人族群。

二百多年的清朝统治中，满汉关系发生较大变化。入关不久，满汉矛盾曾非常尖锐：为消灭反抗力量，八旗在扬州、嘉定等地制造血腥屠杀；为巩固统治，清廷大兴文字狱，令八旗驻防各地，采用满汉复职制等刚性手段尊满抑汉、防汉。顺治帝开始逐渐重视缓和满汉矛盾，用尊理学、广开科举、皇帝巡游江南等柔性的手段笼络汉族士子；同时，满人也加快了汉化进程。散居各地的满人群体以八旗制度为依托，汉化程度已很高，"19世纪初，满人成了一个几乎被人遗忘的群体。人民普遍认为，他们被同化于大多数汉人的文化之中，因此不再被区别为一个单独的群体"。[2]所以满汉对立的情况虽然在整个清朝都存在，但越往后越"隐而不显"，并无特别普遍的族群矛盾。但为了革命，革命宣传家就难免从别族群、分内外入手，将隐而不显的满汉矛盾显性化，夸

---

[1] 章太炎：《〈革命军〉序》，邹容《革命军》，华夏出版社2002年版，第2页。

[2] ［美］路康乐：《满与汉：清末民初的族群关系与政治权力（1861—1928）》，王琴等译，中国人民大学出版社2010年版，第7页。

大化。

革命派强调满人是异族，是中国之外的民族。革命党人用带有歧视性的语言称呼满人，孙中山称"鞑虏"，章太炎称"逆胡"，邹容称"披毛戴角之满洲种"，[①] 陈天华则称满人属于"腥膻"的族群。[②] 邹容根据西方传入的社会达尔文主义的人种学说，认为汉族和满人不是一个人种，"亚细亚黄色人种，约别有两种：曰中国人种，曰西伯利亚人种"，中国人种包括汉族、西藏族、交趾支那族，而满洲人则属于西伯利亚人种中的通古斯人种，不属于中国人种。[③] 既然不是"域内"之族，自不能称为中国人，而当时革命党人的主张就是"中国者，中国人之中国也，非贼满人所得而固有也"。[④] 这种主张否定清政府的合法性，也否定了满人在中国的存在合理性。

革命宣传家抨击满人歧视汉人，蹂躏中国。他们指出，满人直到清末也只有五百万人口，却统治数以亿计的汉人，世界只有少数人服从多数人、愚劣人服从聪明人之理，而"使贼满人而多数也，则仅五百万人，尚不及一州县之众。使贼满人而聪明也，则有目不识丁之亲王、大臣，唱京调二簧之将军、都统"。[⑤] 他们抨击统治者口称满汉平等，但为了维护满洲贵族的统治，满人在为官、升迁上都比汉官要容易、快，而驻扎在各地的满洲八旗更是享受制度性特权，不事劳作，全由国朝供养。

---

① 邹容:《革命军》，华夏出版社 2002 年版，第 7 页。
② 陈天华:《警世钟》，刘晴波、彭国兴编校《陈天华集》，湖南人民出版社 1958 年版，第 60 页。
③ 邹容:《革命军》，华夏出版社 2002 年版，第 40—41 页。
④ 邹容:《革命军》，华夏出版社 2002 年版，第 27 页。
⑤ 邹容:《革命军》，华夏出版社 2002 年版，第 13 页。

革命党人对清政府和满人的这些夸张性刻画有极强的现实鼓动性。革命党为了建立汉族主导的民族国家,不仅在宣传上着力分满、排满,而且力图落实到行动,主张双管齐下:"一曰暴动,一曰暗杀。"[1] 革命派在海外及南方各地联络会党,在华南发动起义,同时针对满洲亲贵制造一系列的暗杀,营造恐怖气氛,震慑清廷官员。革命宣传和革命运动把清政府和满人置于与汉人相对立的位置,不仅使清廷面临巨大危机,也使整个满人族群心理层面产生巨大压力,客观造成晚清满汉关系相对紧张,使平满汉畛域问题渐成舆论讨论重要方面。

面对被显性化和夸大化的满汉畛域问题,各种政治力量和知识群体都提出自己的意见和应对主张。与革命派同属汉族族群的立宪派人士,提出"合汉满蒙回藏为一族",实行君主立宪政治的"大民族主义"建国理想;清廷则继续强化"满汉一家""皇权至上"的政治宣示,一面勉强进行新政改革,一面死死护持皇族贵胄的权位,甚至为了反制"排满"而产生"排汉"的实际操作。在这种背景下,留学于国外的满人知识分子,也开始创办刊物,表达他们自己的看法。

这里所谓满人知识分子,是指 19 世纪末年至 20 世纪初年接受新式教育尤其是有出国留学经历的那部分满人。为挽救政权和国运,清廷被迫推行改革,开办新式学堂和派遣学生出国游学是其中重要措施,宗室与八旗等贵胄子弟是重要组成部分。

清朝各代对满人的教育都很重视,清末教育内容开始"与时俱进"。1902 年清廷调整八旗学校,认为八旗官学应讲求"中西

---

① 宋教仁:《既设警部复置巡警道果何为耶》,《民报》第 2 号,1906 年 1 月。

根柢之学",要求京旗及各驻防"将宗室、觉罗、八旗等官学改设小学堂、中学堂,均入大学堂办理",[1] 学堂教授内容中西兼具。改革使更多满人子弟入学,如京旗至 1910 年官立学堂就有四十一所,在校生约有两千人以上,[2] 另有两所皇族子弟学堂,包括女学堂在内的私立学堂亦较多出现。其他防营也有类似趋势出现。为进一步提高满人素质,1901 年清廷上谕,强调应派遣宗室八旗子弟赴各国留学。据评估,"在晚清覆亡前十多年间,共有大约百余名贵胄出洋留学",[3] 实际数字可能更多。一些重臣甚至希望这些出洋王公、贝子、贝勒,在略识西文、西例之外,还将所闻所见"编作日记以资考究",[4] 寄予厚望。

　　无论汉人留学生,还是满人和其他族群留学生,均以留学日本为主。在经费与政策层面,满人贵胄留学生比普通学生占优势,专业多集中于政法与军事两专业,培养官僚的意图明显。贵胄留日学生就读学校地域集中在东京等地,便于开展结社等活动,这使满人留日学生很快形成群体。他们身处日本社会,广泛接受新知识的影响,有感于国家日益严重的危机,在流亡维新知识分子梁启超、杨度等人的示范和影响下,也纷纷编辑书报传播新知、阐发政见。1907 年 6 月在东京创刊的《大同报》,是满人知识分子阐发政见的重要载体之一。

　　《大同报》的主要创办人是恒钧和乌泽声。恒钧镶黄旗人,

---

① 《大清德宗景皇帝实录》第 493 卷,台北:华文书局影印本,第 9 页。

② 刘小萌:《清代北京旗人社会》,中国社会科学出版社 2008 年版,第 766 页。

③ 王秀丽:《晚清贵胄留学述略》,《齐鲁学刊》2008 年第 1 期,第 62 页。

④ 端方:《变革政治折》(1901 年),《端敏忠公奏稿》卷一,新北:文海出版社影印本。

乌泽声正黄旗满洲人，[1] 两人均就读于早稻田大学。主要作者包括满人穆都哩、裕端、佩华、荣陞、文元、荣惠等，以及杨度等一些汉人。在第一号序言中他们阐明办报宗旨：

一、主张建立君主立宪政体；

二、主张开国会以建设责任政府；

三、主张满汉人民平等；

四、主张统合满汉蒙回藏为一大国民。[2]

在 1907—1914 年间《大同报》以周报的形式断续出版约一百期，在北京与全国各地分销，但集中体现上述宗旨的主要是由恒钧、乌泽声直接主编的前七期，以政论文为主，量多文长；之后主要参与者纷纷回国参与立宪运动，广学会接办该报，将宗旨改为"不涉诽谤、不取琐屑"，"分译各国最新最要书报之议论"为主，[3] 满人知识分子论证色彩逐渐淡去。

二、满人知识分子的民族认同思想

在东京，汉人留学生刊物琳琅满目，有的支持立宪，有的主张革命。两种声音对满人知识分子都有刺激和影响，而受到革命派言论的冲击更大。在前七期的《大同报》里，针对革命刊物的排满论调，作为被排击的对象，满人知识分子提出自己的分辩和主张。

---

① 丁进军：《有关宪政公会的几件史料》，《历史档案》1992 年第 3 期，第 65 页。

② 乌泽声：《大同报序》，《大同报》第 1 号，第 20 页。

③ 《大同报改良发刊序》，《大同报》第 7 卷第 1 期。

其一，他们不同意革命派的"满汉不同种"说，认为中国国内各族皆同种，有共同来源。

穆都哩援引西方学者观点，从历史、地理的角度把中国居民的发展分为部族迁徙时代、部族竞争时代、国民共同生活时代。[①]中国土地上本没有人类存在，至部族迁徙时代，亚细亚最古老的都兰民族从北路迁徙到中国并散居各地（含边地），现在中国的人种都不是"土著"，俱从都兰民族发展而来，是一个共同体。都兰民族东迁说背后是西方中心说，客观否定了汉族是中国土地上原有主人的观点，显示了中国各部族根源上的一致。而部族竞争时代是黄帝以后至19世纪末的时代，此期，中国境内的人种只有发展程度的不同，不存在国与国的问题，人种之间发生的战争只是"文野"或强弱之争，是同一民族的内斗。因有文野之分所以产生了"中华外夷之误想"，中国历史上的华夷之分其实只是对整个都兰民族"封建"，荆楚与强秦在历史上即曾被错视为夷种。穆都哩把20世纪及以后的时代称为国民共同生活时代，这一时代"人民生活于一政治之下，有利害相同之关系，且强邻环处兄弟之阋不克复行，自兹以往惟期权利义务之平"。[②]这一论述当然有很明显的消解革命、劝勉革命人士同心御外的意图。

满汉已为一族是《大同报》的主要观点，裕端在《大同义解》中表示"大同之本意有二，一曰欢迎其本不以为异者而同之，一曰利导其自以为异者同之"，[③]"利导其自以为异者同之"显然就是要把持"排满"观点的汉人革命派和持"排汉"观点的皇族保守

---

① 穆都哩:《蒙、回、藏与国会问题》,《大同报》第5号, 第54页。
② 穆都哩:《蒙、回、藏与国会问题》,《大同报》第5号, 第55页。
③ 裕端:《大同义解》,《大同报》第2号, 第71页。

派都改造过来。

乌泽声对持"排满""排汉"主义者都加以批评,认为他们皆"不知民族主义为何物,更不知无持民族主义之理由,不过借此新名词为煽惑之装饰语而已",因为他们不知道"所谓民族界限者,必甲民族与乙民族各具民族之要素,有单独之性质"[1] 才可谈民族主义。乌泽声引用日本学者高田早苗划分民族的标准,"一同一之语言,二同一土地、住所、生活、职业及共同政治之下,三宗教之同,四人种之混同",[2] 指出用前三个标准看,满汉同为一族可立判,只有在第四个标准上才有满汉之分。他因此刻意划分了"民族"和"种族",种族取决于先天的血胤(缘)因素,民族则取决于后天的文化和政治因素。乌泽声援例欧美证明"合异种产出一新民族"的历史规律,认为满汉是同一民族下的不同种族,况且虽然在法律上满汉通婚开禁未久,但"于事实上则已数百年,微论旗人中之满洲八旗汉军八旗之关系也,即旗人以外满汉通婚亦既多矣,人种之混同早遍中国",[3] 早已不分彼此了。乌泽声同时指出,汉族也是历史产物,"汉族自秦汉以来民族之变迁者数十次,外族之侵入者已数十次,而为文明上之结合相进化者亦数十次,是以民族之进化无单独而不可挽合之理",[4] 从汉族自身来说,满汉结合也是汉族历史上的一次进化,且"他日使蒙族、回族再挽合一次必又受一次变迁,而满族必又多一次

---

① 乌泽声:《满汉问题》,《大同报》第 1 号,第 55 页。
② 乌泽声:《满汉问题》,《大同报》第 1 号,第 56 页。
③ 乌泽声:《满汉问题》,《大同报》第 1 号,第 61 页。
④ 乌泽声:《满汉问题》,《大同报》第 1 号,第 62 页。

进化",① 实际上"中国之人民皆同民族而异种族"。②

佩华将民族主义分为两种，一种是血胤民族主义，一种为政治民族主义。他认为血胤民族主义是为建立单一血统的宗法社会，是"合同种，排异种"，不符合进化论，应当摒弃。而排满排汉者信持的血胤民族主义，"其局量隘而其国亦小故弱"，只有持政治民族主义，国家才能"其局量宏而其国亦大故强"。③

满人知识分子忧心国家危亡，认为"同一民族"下的蒙、回、藏之保全，比满汉问题更重要。清朝在中国历朝中解决边疆问题相对较好，边疆各少数民族能统一在中央集权国家下，偶有局部叛乱也能很快平复。19世纪末20世纪初，随着列强的侵略与挑拨的加深，加之国内"排满""排汉"思想的兴起，边疆少数族群离心倾向日渐严重。满人知识分子对满汉问题与蒙、回、藏问题有一个比较，"中国今日有存亡之问题，固为满汉问题与蒙、回、藏问题，而试审其先后次序，则宜先解决满汉问题，然后始能议及蒙、回、藏问题"；④但就轻重而言，则蒙、回、藏等分离的问题远远重于满汉问题。

其二，满人知识分子对客观存在的满汉问题进行了分析，认为满汉问题本质上不是种族问题，而是政治问题，"政治革命"才是根本的解决之道。

满人知识分子并不否认满汉之间存在一些隔阂，但认为这不是种族因素引发的，而是政治因素导致的。恒钧明确提出，"满汉问题发生之由来全由于内治败坏日甚一日，外纷压迫十倍于前，

---

① 乌泽声:《满汉问题》,《大同报》第1号, 第62—63页。
② 穆都哩:《蒙、回、藏与国会问题》,《大同报》第5号, 第61页。
③ 佩华:《中国之排外与排内》,《大同报》第2号, 第83页。
④ 《论立宪党之方针宜专注于政府》,《大同报》第2号, 第66页。

由政治问题牵入种族问题",① 内忧外患而朝廷应对不力，造成对国家失望，也造成满汉之间的嫌隙，所以满汉问题不是民族问题，是政治问题。

他们认为解决满汉问题的合理办法也应该从政治方面去努力。一些作者试图运用西方现代政治理论的"国民"概念来化解满汉之分。乌泽声说，国民和民族虽相近但又有区别，"民族为文明上之团结，国民则为政治上之团结；民族为人种学之意义，国民为法律上之意义"，② "同居国内之人民皆国民"，满汉既是同一民族，更是同属中国"国民"。

现代政治理论中的国民，是国家主权之所系。满人知识分子也从"政治革命"的角度对中国国民国家的政治形态加以讨论，认为专制政治的时代已经过去，民主共和虽为理想却也不符合中国国情，唯有君主立宪才是最合适选择，既符合世界大势和国民国家的要求，也合乎中国实际，所以"排满家以排满为手段以共和为目的，排汉家以排汉为手段以专制为目的"，都不可取，"本报既不主张专制复不主张共和，所主张者惟君主立宪，此本报第一之主义也"。③ 他们重点说明的是专制政治的不合理，认为专制制度下帝王一人的意思成为全国的意思，国民没有主人翁感，产生不了爱国心，官吏没有监督，贪污舞弊，造成中国成为"世界最古最弱之专制国"；而日本改行君主立宪政体的国民国家后，民富国强，"日本甲午一战我与日本之强弱判矣，辽东一战俄与日本之强弱亦判矣"。④ 他们断言"二十世纪之世界无专制国立

---

① 恒钧：《中国之前途》，《大同报》第 1 号，第 28 页。
② 乌泽声：《满汉问题》，《大同报》第 1 号，第 64 页。
③ 恒钧：《中国之前途》（续），《大同报》第 2 号，第 31 页。
④ 恒钧：《中国之前途》（续），《大同报》第 2 号，第 7 页。

足之地",① 中国必须实现从君主专制到立宪政治的转型,这才是真正的革命。中国历史上的改朝换代"只有君主革命而无政治革命",② 而实现了政治革命,国民普遍平等,成为国家主人,满汉问题就不复存在,因此"中国今日之不可行种族革命而但能行政治革命"。③

君主立宪的"政治革命"如何实现?《大同报》创刊之前,清廷已经宣布预备仿行宪政,该报自然会比较深入地讨论这一问题。他们认为,朝廷和全体国民应该利用当前国际形势的有利条件,立即着手推动宪政的实现。所谓有利国际条件,是指列强对华格局的变化。恒钧把列强分为保全派与侵略派,保全派以经济手段对付中国,英、美、日属于这一派别;侵略派以军事、战争为手段,俄、德、法归此一派。④ 两派都以灭亡中国为目的,但有缓急的差别,保全派势力强则中国尚可以延喘于一时,侵略派势力强则中国灭亡在须臾。辛丑之后,由美国发起的"门户开放、利益均沾"虽是瓜分中国的新策略,却也显示当前是保全派占据主导,中国不至于速亡。但"列强之对于中国政策或五年一变焉或三年一变",俄国在日俄战败后元气恢复必会卷土重来,中国要转危为安"惟有在此十年之间急求内治之改良以巩固国基"。⑤ 这个"国基"首先即为立宪,实现国家的再造和全国大民族的形成。《大同报》呼吁全体国人树立紧迫意识和团结意识,决不能误入满汉斗争而分裂国家,要统合满、汉、蒙、回、藏为一立宪

---

① 乌泽声:《大同报序》,《大同报》第1号,第16页。
② 恒钧:《中国之前途》(续),《大同报》第2号,第6页。
③ 《论立宪党之方针宜专注于政府》,《大同报》第2号,第68页。
④ 恒钧:《中国之前途》,《大同报》第1号,第31页。
⑤ 恒钧:《中国之前途》,《大同报》第1号,第47页。

国"大国民"。

立宪之本在开国会,满人知识分子把速开国会作为推动立宪的关键,"吾人救中国惟一之方法只有速谋开国会以监督政府使之不放弃,使之不腐败,则国内一切困难问题皆可以根本的解决。而吾人不辞厌烦搪撞号呼以召告于我国民者,惟有谋开国会而已"。[1] 在他们看来,"'开国会'三字是我国家宪政施行与否之真相也,亦我国家存亡之紧要关键也"。[2] 乌泽声指出,开国会是天下为公的正义之举,一可以扩张民权,二可以改造政府,到时全国一体,一切新旧问题包括满汉问题俱可解决。也有作者指出,开国会之后,必能行责任政府,[3] 因为在中国历史上已经出现过类似责任政府的形态,有历史依据。

其三,针对制约满汉问题的旗人制度,满人知识分子提出了撤旗的主张。

《大同报》同仁大多源于八旗,自然会代表旗人利益,设法为旗人解套。由努尔哈赤建立的八旗制度,初有满洲八旗,后又扩充蒙古八旗和汉军八旗,统称为旗人,在巩固清朝统治中发挥了重要作用;同时旗人作为一个贵族社会阶层,享有司法、政治、经济特权。进入19世纪,八旗逐渐丧失战斗力,沦为社会的寄生阶层,在国家财政紧张的晚清,旗人成为国家包袱。从19世纪后期开始,改革八旗制度的呼声渐起,戊戌变法中即有改革八旗的专门条款,但收效甚微,反而成为晚清革命派猛烈攻击的对象。旗人虽不等同于满人,却以满人为主体,为旗人解套也就意

---

[1] 乌泽声:《论开国会之利》,《大同报》第2号,第34页。

[2] 《论立宪党之方针宜专注于政府》,《大同报》第2号,第67页。

[3] 文元:《中国政体变迁论》,《大同报》第5号,第71页。

味着为满人解套。[①]

《大同报》的满人知识分子认为"八旗之制度不改则满汉之问题不消",[②] 应予彻底改革。他们提出的办法是撤旗,这跟当时的汉人革命派与立宪派都是一致的。不同的是,他们提出的解释,更注重强调旗人其实不仅是汉人民族主义革命的被动受害者,也是八旗制度的受害者。荣惠感慨"旗人三百年来辗转于军制之下,终身充兵,向不许经商。有私自营业者罪之,谓之带饷为商,干犯军律,旗人之无营业自由固不待言而自明矣,且八旗制度无论京旗驻防俱不得离营过四十里,犯者罪之,则居乡而业农固亦为有干禁律",[③] 八旗制度造成了旗人经济不能自立,生计艰困,为了旗人自身的利益,也应该撤旗,使满人成为自食其力、权利与其他民众同等的"新满人",也即新的"大国民"的一部分。

三、满人知识分子民族认同思想的意义和特点

满人知识分子民族认同思想是建立民族国家过程中中国知识分子探索过程的一部分。19 世纪末 20 世纪初是中国近代民族主义思潮兴起并迅速大盛的时期。梁启超 1901 年在《国家思想变迁异同论》中正式引入"民族主义",宣称"今日之欧美,则民族主义与民族帝国主义相嬗之时代;今日之亚洲,则帝国主义与民族主义相嬗之时代"。又在《论民族竞争之大势》中说"民族

---

① "满人"与"旗人"本不同义,但随历史的发展,实际界限逐渐模糊,"到 19 世纪末,旗人开始被称为满人。这些'满人'不同于皇太极时期的满洲,甚至也不是作为八旗体系之一的满洲八旗,而被看做所有八旗体系的成员,区别于汉人而被称为'满人'"。[美]路康乐:《满与汉:清末民初的族群关系与政治权力(1861—1928)》,王琴等译,中国人民大学出版社 2010 年版,第 63 页。

② 《论立宪党之方阵宜专注于政府》,《大同报》第 2 号,第 59 页。

③ 荣惠:《外国商政论》,《大同报》第 3 号,第 80 页。

主义者实制造近世国家之源动力也",在西洋社会"近四百年来民族主义日渐发达,遂至磅礴郁积为近世史之中心点,顺兹者生,逆兹者亡",欧美诸强国都是"乘此潮流因势而利导之,故能建造民族的国家"。[①] 从此,建造中国民族的国家,迅速成为几乎所有中国知识分子共同致力的方向,所不同的是,以立宪派为代表的知识分子主张建立民族融合的多民族统一国家,以革命派为代表的知识分子则主要诉诸建立单一汉族民族国家。满人知识分子的民族认同显然也是这一民族主义思潮涌动,探索民族国家合理方向的一个构成部分。

满人知识分子民族认同思想相较其他群体的民族认同主张有自己的特点,且包含许多积极因素,值得重视和发扬。

首先,他们的民族认同思想既有被动性也有主动性。

满人知识分子处在汉人知识分子为主体的留学环境中,受到汉人知识分子尤其是革命派知识分子"排满"宣传的强烈冲击,他们出于自卫和自辩而提出自身的民族认同主张,确实带有一定的被动性,所以论述中的不少观点,都明显显示属于回应革命党的性质。但是这并不表示他们这一少数群体,仅仅止于被动回应,自辩自清,消解和反对革命党的"排满"论调,相反他们也有主动性的一面:他们反对汉人"排满"也反对满人"排汉"。

晚清时期,作为汉人革命派"排满"的反动,满人中也出现"排汉"思想和运动,特别是公布"预备立宪"诏书后,很多满人担心丧失特权而更加主张排汉。这种思想在满人留学生中同样存在,某宗室留美学生就曾撰述《灭汉种策》一书,[②] 也传入日本

---

① 梁启超:《饮冰室合集》文集十,中华书局1989年影印版,第10、11页。

② 黄福庆:《清末留学生》,台北:"中研院"近代史所1975年版,第200页。

发生影响，激荡起满汉学生之间的连锁反应。《大同报》的满人知识分子对排汉思想不以为然，明确加以反对，始终强调在共同推进立宪政治的"政治革命"中实现融合一体的"大国民"意识，有学者认为"通过立宪运动得到加强的各民族平等融合的意识，由于历史的原因，在以少数民族代表之一的满族人士那里能够有突出表现，其意义自然不同寻常。它体现出部分少数民族在这一历史进程中所具有的主动性和积极性"。[1] 这种主动性当然来自他们的学养。《大同报》同仁在国内经历新式教育，在出国后更接受西方、日本新式思想，熟悉和信仰现代政治学说，所以能够独立思考，不人云亦云，不情绪对抗。

其次，他们的民族认同思想既汲取其他派别合理主张，也弥补了其他派别的某些不足，发展了健康的中华民族意识。

《大同报》内容显示，在思想上，满人知识分子受到汉人立宪派的影响比较大。他们的"统合汉满蒙回藏为一大国民"说法，明显汲取了梁启超"合汉、合满、合蒙、合回、合苗、合藏，组成一个大民族"的"大民族主义"思想。[2] 他们鼓吹开国会、行立宪，也很可能受到了康、梁的启示。他们还与立宪派另一思想人物杨度过从甚密，《大同报》创办时，杨度被列为名誉会员，特别为之题词，并转载于杨度自办的《中国新报》（第 1 卷 6 期）。1908 年初杨度发起的宪政公会，杨任首事人，恒钧是唯一的佐理

---

① 黄兴涛：《现代"中华民族"观念形成的历史考察——兼论辛亥革命与中华民族认同之关系》，《浙江社会科学》2002 年第 1 期，第 133 页。

② 梁启超：《政治学大家伯伦知理之学说》，《饮冰室合集》文集十三，中华书局 1989 年影印版，第 76 页。

人，乌泽声位列首位办事人。[①]杨度反对以种族划界的民族主义，主张以国民形成国家，进而形成中华民族或国族，这一见解对他们的"国民"思想应该也是有帮助的。《大同报》发表多篇杨度的文章，不仅涉及大国民、立宪等问题，还在《大同报》第三、四、五号"来稿"板块连续刊载杨度的《国会与旗人》长文，讨论到解决八旗制度的问题。

不过应该注意到，由于满人知识分子的族群身份，他们对于汉人立宪派的思想并不照单全收。例如，就五族一体的大民族主义来说，汉人立宪派强调的是汉文化的同化，采取的"进于中国则中国之"的论述思路，康、梁坚信汉族的文化具有巨大的同化能力，满人归化于汉俗已是事实，蒙、回、藏、苗之受汉族同化也在进行中并将持续进行下去，所以他们主张以汉族融合其他各种族，建立由中国境内的所有种族构成的统一国家。杨度也说，同化之后"不仅国中久已无满、汉对待之名，亦已无蒙、回、藏之名词。但见数千年混合万种之中华民族，致彼时而益加伟大"。正因此，这种论调被称为"文化民族主义"。而满人知识分子则强调中国各族同源，本为一家，共为一国，同为国民，未谈及华夷之辨，具有更明晰的"政治民族主义"的性质，隐含了政治民族国家所内含的"领土""人民""主权"的要素。晚清汉人知识界中，大民族主义具有文化民族主义性质，政治民族主义则具有小民族主义的特点，各有利弊，满人知识分子将大民族主义与政治民族主义结合起来，这是十分难能可贵的。

与汉人立宪派另一个不同的地方，是满人知识分子对旗人以

及蒙、回、藏人的关注更细密。汉人立宪派虽然谈到各少数族群，出于理念层面抽象讨论比较多，出于事实层面具体关注比较少。满人知识分子的身份处境使他们非常关注旗人的生计与在未来发展中的政治权益问题，也对蒙、回、藏的情况进行了具体分析，如穆都哩认为，在国家形势日渐严峻的情况下，对蒙、回、藏等地"诚不可忽"，"蒙、回、藏失而支那本部自成刀下鱼、俎中肉"。[1] 要加紧对边地的开发，通火车可以克服地理的遥远，开矿藏可以开发边地经济，立宪开国会、颁布全民宪法可以使边地人民享有同样的国民权利和履行相应义务。乌泽声则认为边地与内地应一样享受平等，"现在不平等者而徐徐设法以使之平等"。[2] 恒钧感到"最易生事者惟蒙古"，[3]《大同报》第一号专门翻译日本意图经略外蒙的文章《经济与蒙古》，以警醒国人。这些都正好弥补汉人知识分子论述之不足。

如果说满人身份使《大同报》同人的言论与汉人立宪派有所不同，那么知识分子身份则使他们与满清政府的立场和做法有较大差异。他们与清廷在革命党眼里，都属于被打击和排斥的对象，当然会有一些共同倾向，比如都否认满人属于外国人，都从政治层面希望保持国家的统一和种族的和谐，都赞同在一定限度内改革政治制度等。但是，清廷属于权力系统，巩固权力的需要始终压倒认知，为了权力可以强化"满汉一家"的宣导，也可以强调满人的统治地位，甚至倒向用"排汉"制衡汉人的"排满"；为了权力可以勉强作出政治改革的姿态，也可以瞻前顾后踌躇不前，

---

① 穆都哩:《蒙、回、藏与国会问题》,《大同报》第 5 号，第 52—53 页。

② 乌泽声:《大同报序》,《大同报》第 1 号，第 20—21 页。

③ 恒钧:《中国之前途》,《大同报》第 1 号，第 42 页。

甚至倒行逆施。满人知识分子则属于满人中的理性力量，他们的看法基于他们的认知，比较坚定、连贯和自觉。对于政治改革，他们并非站在维护权威的角度，而是根据建立统一民族国家和抵御外侮的需要，要求清廷真立宪、早立宪，为此常常不惜严厉批评当朝，斥责朝廷对内实行专制，对外妥协乃至投降，以致"今日损权，明日割地。政府为外国之傀儡，国民为外国人之奴隶"。其批评之严厉尖锐，与汉人革命派的文章几无二致。鉴于"政府之本心非乐于立宪，不过以预备二字，搪塞外人之耳目，塞责我国民之希望"，《大同报》知识分子积极投身立宪运动，如恒钧1907年9月领衔上书清廷要求速设民选议院，[①] 恒钧、乌泽声、穆都哩等回国后创办《中央大同日报》倡言立宪，该报1909年9月被清廷以泄露吉会铁路外交秘密为由加以查禁，被舆论认为是清廷"致使天下人心大失所望"之举，令人悲愤。[②]

当然，满人知识分子内部并非在任何问题上意见都完全一致。例如《大同报》同仁大多认可速开国会以根本解决满汉问题，敦促政府马上立宪。也有文章认为不必操之过急，"大抵国家于未建设宪政之前欲国民具有立宪之知识，必先使一国之郡县町村先为立宪之预备，郡县町村皆结团体以自治，而后立宪之制度成"。[③] 之所以出现不同，大概与满人知识分子对时政的认识不一有关。这些细节分歧并不妨碍大方向的统一性。

总之，建立民族国家是晚清政学两界的普遍追求，汉族革命派、立宪派、清廷、满人知识分子和其他族群知识分子，都加入

---

① 《湖南即用知县熊范舆等请速设民选议院折》，故宫博物院明清档案部编《清末筹备立宪档案史料》，中华书局1979年版，第609—617页。

② 《哀哉今日之报界》，《大公报》1917年9月17日。

③ 荣陞：《立宪政体之一斑》，《大同报》第五号，第101页。

其中。满人知识分子由于其身份角色的特殊性，不认同汉人革命派的"排满"主张（革命派的排满主张自身也在变化，辛亥革命前夕基本调整到排清廷不排满人的立场，多少也受到满人知识分子观点的影响），也不完全同于汉人立宪派和清王朝的民族认同论述，提出了具有自身特色的一些看法，其中有些是对其他派别的借鉴和吸收，有些是对其他派别观点的有益补充。这一方面反映了当时社会思潮的活跃和相互影响，另一方面也显示了中华民族各族成员均普遍具有建立现代民族国家的真诚关怀。清廷培养满人知识分子本寄传承政权之厚望，但新的知识结构使他们在大是大非面前并非完全和政府站在一边，有的甚至反对专制政府，为清廷始料未及。

第五章 "主义"的试炼

孙中山梁任公民元入京演说之识见、心态与互信 *

对于清季知识精英激进（革命派）与稳健（立宪派）两派政治革新力量的合离，学界曾有多种解读，有的认为两派立场根本对立，有的认为两派认同的基本价值并无根本差异。这些讨论大多是从两派海外运作时彼此的关系，或者民初国民、进步两党激烈斗争时的状况入手的，本节试图换一个角度：以民元孙中山、梁任公相继入京发表的系列演说为线索，将视点放在民国初建之后、两党斗争白热化之前这一短暂历史间隙，两党领袖对于新国家的心态和路线主张的表达上，借以观察两派政治家相关论述的历史含义。

一、孙中山、梁任公的民元北京演说活动

辛亥革命发生时，孙中山、梁任公均仍避居海外，得到国内

---

　　*　本文曾参加纪念辛亥革命 100 周年国际学术研讨会，载于《北京社会科学》2013 年第 4 期，原题为《异调同曲谱新邦：孙中山梁任公民元入京演说之识见、心态与互信》。

局势变化的消息，先后归国。孙中山归国前夕已经开始为革命建国进行外交努力，回国后直接参与了革命政权的建立和全国统一政权形成过程；梁任公则在回国前曾试图借革命的形势实现武力立宪，至计划流产转而决定参与民国的政治进程。民元8月和10月，他们先后受袁世凯"同扶宗邦"之邀，进京有所"咨询"，并在京中各界欢迎会上各发表十余天演说。

孙中山、梁任公演说的场次主要有：

孙中山		梁任公	
场次	时间	场次	时间
在北京同盟会欢迎会演说	8.25	到京各界欢迎会演说	10.20
在国民党成立大会上演说	8.25	在共和党欢迎会演说	10.20
在北京广东公会欢迎会演说	8.29	在报界欢迎会演说	10.22
在北京全国铁路协会欢迎会演说	8.29	在民主党欢迎会演说	10.22
在北京邮政协会欢迎会演说	8.29	在门生欢迎会演说	10.23
在北京湖广会馆学界欢迎会演说	8.30	在广东同乡会茶话会演说	10.28
在北京参议院欢迎会演说	8.31	在北京商界欢迎会演说	10.30
在北京军警界欢迎会演说	9.1	在北京公民会、八旗生计会联合欢迎会演说	10.30
在北京蒙藏统一政治改良会欢迎会演说	9.1	在佛教总会欢迎会演说	10.30
在北京报界欢迎会演说	9.2	在国民党欢迎会演说	10.30
在北京中华民国铁道协会欢迎会演说	9.2	在山西票商欢迎会演说	10.30
在北京五族共和合进会与西北协进会演说	9.3	在北京大学校欢迎会演说	10.31

续表

在北京共和党本部欢迎会演说	9.4	在答礼各界人士茶话会演说	10.31
在北京基督教等六教会欢迎会演说	9.5		
在北京迎宾馆答礼会演说	9.5		

　　从演说场次表①可见，孙中山和梁任公虽然入京时间先后不一，却同样演说频繁，有时一天之内演说数场，节奏之紧凑几近"跑场"，邀请者热烈欢迎，演说者也"每承宠召，辄思倾吐所怀"；②演说的对象以民间为主兼及官方，涉及政、商、学、社各界，内容自然也涉及政治、经济、文化、社会各种意见；尤其有趣的是，不少演说场合是重叠的，例如国民党、共和党、报界、八旗生计会等都先后举办欢迎两位领袖的集会，邀请两人讲演。这些演说透露出一些什么信息呢？

二、孙中山民元入京演说要旨

　　根据孙中山的说法，他入京的目的有三：一是"融合党

---

　　① 孙中山和梁启超的演说场次要多于上表所列，表中所列者为有明确记载的部分。据梁启超所述，"在京十二日，而赴会十九次之多"（《梁任公先生年谱长编》，中华书局2010年版，第343页），其中民主、共和党各两次，本表仅录各一次，在统一党、国学会、政治研究会、工商会等处的演说，无确切时间，暂无法录入。孙中山演说部分，答礼会后，他还曾先后出席一些活动并发表演说，如9月6日在北京八旗生计会等欢迎会演说，9月中旬从张家口返回北京，曾招待北京报界同人专门针对政府委任办理铁路事发表演说和谈话，也出席了国民党的欢迎会等，均有演说。本表以答礼会为下限，是因为在孙中山心目中，至此此次入京行程基本完成。

　　② 梁启超：《莅国民党欢迎会演说辞》，近代中国史料丛刊第五十辑《民国经世文编》（政治三），新北：文海出版社1970年版，第878页。

见",① "调和南北感情，巩固民国基础"，二是在"振兴实业"方面求得政府支持，三是当袁世凯有所咨询时尽其所知，奉告"外交、财政、内政各事"。② 事实上其在京演说的要旨，大体也未离这三大目的的范围。

1. 融合党见、调和南北

孙中山说"兄弟此次北来，与南北同胞有无穷之希望。盖共和虽说成立，而国本尚是动摇。国本动摇皆由人心不能巩固，故欲巩固国本必先巩固人心。"③ 他的"融合党见""调和南北""巩固民国基础"之论，首先从肯定民国告成乃是全国人民之功入手，在同盟会欢迎会上，他说："盖自武昌起义，全国响应，南北统一，共和告成，是吾国此次革命，非系一党之功，乃全国人之功。即我同盟会奔走十余年，流多少热血，提倡革命，苟不得全国人心之赞成，其成功必不致如此之速。"既然革命靠全体国人，建设和巩固民国亦然，"今专制业已推翻，破坏之局已终，建设之局伊始。然以两者相较，破坏易，建设难。易者既赖全国同胞相助，则难者更当欲全国同胞相助，庶可巩固此中华民国也。然或挟党见、闹意气，是不以国家为前提，民国前途异常危险"。④

第二层是从政党合作方面进行阐述。为了发挥政党在民国政治中的作用，他赞成五党合并组建国民党，"今五党合并，兄弟

---

① 孙中山:《与招待员施愚等的谈话》,《孙中山全集》第二卷，中华书局1982年版，第406页。

② 孙中山:《在塘沽与某记者的谈话》,《孙中山全集》第二卷，中华书局1982年版，第405页。

③ 孙中山:《在国民党成立大会上的演说》,《孙中山全集》第二卷，中华书局1982年版，第407—408页。

④ 孙中山:《在北京同盟会欢迎会的演说》,《孙中山全集》第二卷，中华书局1982年版，第406页。

切望诸君同心合志，破除党见，勿争意见，勿较前功，服从党纲，修明党德，合五党之力量气魄，以促民国之进行。是中华民国之无量幸福"。但同时认为一个强大的国民党对于其他政党也应该秉持合作的精神，"即有他党反对，我党亦宜以和平对待，决不宜为鹬蚌之争。中国当此危急存亡之秋，只宜万众一心，和衷共济"。在他看来，"政党均以国利民福为前提，政党彼此相待应如弟兄。要知文明各国不能仅有一个政党，若仅有一政党，仍是专制政体，政治不能有进步"。[①] 孙中山对本党有这样的要求，对于他党也提出同样的希望，他出席立宪派为主的共和党欢迎会时指出："现在中华民国共和政体，与专制政体不同。专制政体之主权，为君主一人所私有，共和政体三权分立，各有范围，三者之中尤以立法机关为要。立法机关乃人民之代表，欲求有完全国家，必先有完全议院，必先有完全政党"，"政党者，所以巩固国家，即所以代表人民心理，能使国家巩固，社会安宁，始能达政党之用意。国民因之而希望于政党者亦大。故为政党者，对于一般国民有许多义务，均应相（担）当而尽力为之"，[②] 因此共和党与国民党诸君，应"以英、美先进国之（为）模范。倘以公理为依归，将来必有发达之望，若不以公理为依归，虽人多势众，终必失败"。[③]

第三层则从现实情境论说南北。对于"南北感情"，孙中山

---

① 孙中山：《在国民党成立大会上的演说》，《孙中山全集》第二卷，中华书局 1982 年版，第 408 页。

② 孙中山：《在北京国民党欢迎会的演说》，《孙中山全集》第二卷，中华书局 1982 年版，第 469 页。

③ 孙中山：《在北京共和党本部欢迎会的演说》，《孙中山全集》第二卷，中华书局 1982 年版，第 440—441 页。

与其说有意以南制北，不如说更严求于南方配合北方，他在北京广东公会聚会中指出："现我广东有三大问题：一、政治问题，二、经济问题，三、军队问题。对于政治应求良美，对于经济应求活动，对于军队应求拣遣，保全地方治安，维持中央政府。"①而在答礼会上，对北方进步赞许有加，称"鄙人在南方时，不料北方有此奋发有为之气象，及至来京之后，与各界诸君接洽，始见北方程度之进步，实出意外。且深信从此南北绝无界限，国内问题，今日即为圆满解决"。②这样一种看起来亲疏倒置的态度，显然有着抚平客观上存在的南北裂痕的用意。其时已发生袁世凯枪杀革命党人张振武、方维的事件，孙中山在回应媒体提问时，一再责备南方的黎元洪，并认为张、方是有罪的，回护中央政府。③

2. 振兴实业

孙中山对于北方并非只有赞许，他也有希望，他的希望在其第二个目的"振兴实业"的诉求中表达得最明显。正如此前他在南方各地演说一样，入京演说中他也反复重申三民主义"已达"其二，今后努力重在民生的见解，要求北方同胞给予理解和支持。他说："今民族、民权已达目的，惟民生问题尚待解决。北方同胞误会吾党民生主义，以为劫富济贫，扰乱社会秩序。此荒谬绝伦，公理上决无此事，富人幸勿恐怕。"并解释说，迄今为止"吾

---

① 孙中山：《在北京广东公会欢迎会的演说》，《孙中山全集》第二卷，中华书局1982年版，第420页。

② 孙中山：《在北京迎宾馆答礼会的演说》，《孙中山全集》第二卷，中华书局1982年版，第447页。

③ 孙中山：《与〈亚细亚日报〉记者的谈话》，《在北京与各报记者的谈话》，《孙中山全集》第二卷，中华书局1982年版，第418、426页。

国资本家尚无","吾国受君主专制之苦,尚未受资本家之苦",[①]所以他的民生主义"并非均贫富之主义,乃以国家之力,发达天然实利,防资本家之专制",北方同胞无需恐惧而应赞助提倡之,理解"使大多数人享大幸福,非民生主义不可"。[②]

孙中山"振兴实业"的诉求,入手于"民生主义",却归结为"铁路建设"。民生主义既然重在发展国家资本、节制私人资本、预为防范资本家压制贫民,那么贯彻之策,就首在以国家资本发展实业。孙中山认为,实业重中之重者是铁路事业,以国防、政治、文化而言,铁路皆有"极大之关系",[③]在他看来,铁路事业不仅关乎民生主义,亦关乎国家富强,"兄弟欲办铁路,每主张铁路国有,是国家社会主义,为民国富强之基"。[④]在全国铁路协会和中华民国铁道协会两个欢迎会上,他一再申述:"现在中华民国成立,得达共和目的,人人皆志愿已足。余则以为未也,必使中华民国立于地球上为莫大之强国而后快。……富强之道,莫如扩张实行交通政策。……故今日欲谋富国之策,非扩充铁路不可",[⑤]"今日之铁路问题,实为中国生死存亡之问题",[⑥]宁可举借外债,也不能延误这项事业。

---

① 孙中山:《在国民党成立大会上的演说》,《孙中山全集》第二卷,中华书局 1982 年版,第 408、409 页。

② 孙中山:《在北京共和党本部欢迎会的演说》,《孙中山全集》第二卷,中华书局 1982 年版,第 442、441 页。

③ 孙中山:《在北京报界欢迎会的演说》,《孙中山全集》第二卷,中华书局 1982 年版,第 433 页。

④ 孙中山:《在北京共和党本部欢迎会的演说》,《孙中山全集》第二卷,中华书局 1982 年版,第 442 页。

⑤ 孙中山:《在北京全国铁路协会欢迎会的演说》,《孙中山全集》第二卷,中华书局 1982 年版,第 420 页。

⑥ 孙中山:《在北京中华民国铁道协会欢迎会的演说》,《孙中山全集》第二卷,中华书局 1982 年版,第 435 页。

为了更有效地宣传他的铁路建设主张，实现其十年之内，修筑全国铁路二十万里的心愿，孙中山很注意对传媒的运用，屡屡对报界呼吁，希望尽快晓谕国民，"得国民多数之同意"，以便"着手进行"。[①] 铁路建设需要筹措巨款，在民穷国竭资本拮据的情况下，举借外债为大规模铁路建设必行之法，但也是国民疑虑最多者。为消除各界顾虑，他反复述说其可行性，尤其是前清不可行而民国可行的原因。他说，"惟借外资修路一事，在前清之时，已成弊政，国民鉴于前者之覆辙，多不敢积极主张。殊不知满清借债修路，其弊病在条约之不善，并非外资即不可借。……若能使借债之条约不碍主权，借债亦复何伤！"[②] 如何保证借债条约不碍主权？他提出私人出面的办法，"以政府之名义借债，动辄牵起国际交涉。鄙人拟以私人资格，与该国资本家直接交涉，不与我政府相干，即外国政府亦不能过问"，[③] 私人出面借债，以铁路盈利偿还，甚或让外人直接办理铁路从中取利，都以不伤及主权为条件，最终并由国家收回，"鄙人主张用外人办理工商事业，乃订立一定之期限，届期由我收赎，并非利权永远落于他人之手"，[④] 且收回的方式，国家无须再支付本金。他对国人最终会支持其计划充满信心，"鄙人以为今日之借款问题，亦犹之二十年前之革命。当鄙人主张革命之时，皆谓无理取闹，万无成功之

---

① 孙中山：《在北京报界欢迎会的演说》，《孙中山全集》第二卷，中华书局1982年版，第431页。

② 孙中山：《在北京报界欢迎会的演说》，《孙中山全集》第二卷，中华书局1982年版，第431页。

③ 孙中山：《在北京招待报界同人时的演说和谈话》，《孙中山全集》第二卷，中华书局1982年版，第457页。

④ 孙中山：《在北京迎宾馆答礼会的演说》，《孙中山全集》第二卷，中华书局1982年版，第449页。

望，今已达到目的。此事总比革命较易，将来自有美满结果之一日"。①

孙中山演说中也不回避其争取政府同意的努力，坦承"鄙人此种计划，在上海时即已宣布，到京之后，亦与袁大总统商议"，②其争取政府支持的理由，是将铁路与袁世凯的练兵联系起来，"现共和粗建，须以兵力为保障。……今幸有袁总统善于练兵，以中国之力，练兵数百万，保全我五大族领土。……但练兵既多，需费甚巨。我辈注重人民，须极力振兴实业，讲求民生主义，使我五大族人民，共浚富源，家给人足，庶民生有赖，而租税有所自出，国家岁入，日见增加，则练兵之费，既有所取，教育之费，亦有所资"。③经过与袁世凯和参议院的沟通，9月9日，袁世凯授任孙中山筹划全国铁路全权。

3. 内政外交与社会文明

孙中山争取政府支持铁路实业建设的同时，也在国家内政外交大政方面对政府提供意见，包括"容当与袁力商"的迁都（"至首都地点，宁、鄂两处最好，无已，则宜在开封"）和结盟（"袁总统意欲中美联盟，予不谓然"）④问题，以及外交承认、蒙藏危机、军民分治、财政借款等事项，⑤在社会公开演说中，除属于外

---

① 孙中山:《在北京招待报界同人时的演说和谈话》,《孙中山全集》第二卷，中华书局 1982 年版，第 459 页。

② 孙中山:《在北京报界欢迎会的演说》,《孙中山全集》第二卷，中华书局 1982 年版，第 431 页。

③ 孙中山:《在北京袁世凯欢宴席上的答词》,《孙中山全集》第二卷，中华书局 1982 年版，第 419 页。

④ 孙中山:《与汤漪的谈话》,《孙中山全集》第二卷，中华书局 1982 年版，第 411 页。

⑤ 孙中山:《与袁世凯的谈话》《在北京与袁世凯的谈话》，第 412、427 页,《国父年谱》上册，国民党党史会 1965 年版，第 437—438 页。

交秘密者外，也有不少涉及这些主张。

如在参议院演说中讲到迁都问题，认为北京不适宜于作为民国首都，因为"庚子以后，国权丧失，形势一变，南北险要，荡若平夷。甚至以一国都城之内，外人居留，特画区域，炮台高耸，兵队环集，是无异陷于外人势力包围之中，被束缚其手足。……而况都城地点，北邻两大强国，俄在蒙古，日占南满，韩、满交通日便，一旦有变，五日间日兵可运到十万，北京内外受困。"作为国家中心之政府，"处此危城，万无腾展之余地"。①

在蒙藏统一政治改良会和五族共和合进会等主办的集会上，他表示反对蒙藏地区出现的脱离中国的行为，认为发生种种背逆之行为的原因，主要是未知共和之理，共和国以国民为国家之主体，其利益尽归于国民，不像前清"利益尽为皇帝一人所占有"，②推翻满清、建立民国的种族革命与政治革命，目的皆在求自由、平等、博爱，而非排斥诸少数民族，"今者五族一家，立于平等地位，种族不平等之问题解决，政治之不平等问题亦同时解决，永无更起纷争之事。所望者以后五大民族，同心协力，共策国家之进行，使中国进于世界第一文明大国"，并进一步推进世界文明，直到"使全世界合为一大国家"。③孙中山特别说明蒙藏各族作为中华民族一部分的好处，"民国人口繁殖，占地球全人口四分之一，为他国所莫及；版舆辽阔，除英、俄二国外，无与伦

① 孙中山：《在北京参议院欢迎会的演说》，《孙中山全集》第二卷，中华书局 1982 年版，第 425 页。

② 孙中山：《在北京蒙藏统一政治改良会欢迎会的演说》，《孙中山全集》第二卷，中华书局 1982 年版，第 429 页。

③ 孙中山：《在北京五族共和合进会与西北协进会的演说》，《孙中山全集》第二卷，中华书局 1982 年版，第 439 页。

比。……从前衰弱，实因压抑于专制淫威（所）致。此时国体改定共和，人民生息于良政治之下，其文化进步甚速，不出十年八年，必成一至强极盛之国无疑。是故以前之中国，为悲观失望之中国，以后之中国，为乐观有望之中国"。[①] 他恳切希望蒙藏政治团体"力为劝导"，使蒙藏同胞"与吾内地同胞一致进行，以享共和之幸福"。[②] 策略方面，他主张采取笼络办法，不主张武力解决。

蒙藏问题发生的另一个原因，孙中山认为系"日受外人挑弄"[③] 所致，这就有待于外交问题的解决。在迎宾馆答礼会上他讲到争取外交承认的办法，称："鄙人此次到京，所见各种现象，十分满意。……所可虑者，惟蒙、藏尚不尽知共和真理，颇有反对之趋势。……然此事虽为国内之问题，其实则皆关于外交之问题，今日欲解决此问题，非先解决外交问题不可。"[④] 他提出外交困难之解决，一是尽早取消"临时政府"字样，改成正式政府，二是欢迎外资，"一变向来闭关自守主义，而为门户开放主义"。[⑤]

除了对于时政的意见，孙中山也对社会各界表达了意见。在湖广会馆学界欢迎会上，他表达了对学界的希望，说："盖学问为立国根本，东西各国之文明，皆由学问购来。我国当革命之前，

---

① 孙中山:《在北京五族共和合进会与西北协进会的演说》,《孙中山全集》第二卷，中华书局1982年版，第439—440页。

② 孙中山:《在北京蒙藏统一政治改良会欢迎会的演说》,《孙中山全集》第二卷，中华书局1982年版，第430页。

③ 孙中山:《在北京蒙藏统一政治改良会欢迎会的演说》,《孙中山全集》第二卷，中华书局1982年版，第430页。

④ 孙中山:《在北京迎宾馆答礼会的演说》,《孙中山全集》第二卷，中华书局1982年版，第447页。

⑤ 孙中山:《在北京迎宾馆答礼会的演说》,《孙中山全集》第二卷，中华书局1982年版，第449页。

专制严酷,人无自由之权。然能提倡革命,一倡百和,以至成功,皆得力于学说之鼓吹。数十年来,奔走运动,都系一般学界同志之热心苦业,始得有今日之共和。今破坏已完,建设伊始,前日富于破坏之学问者,今当变求建设之学问。"①他反对为一己利权而学问,倡导"为全国人民负责任";反对"过渡时代"立足于生存竞争的"野蛮学问",主张"研究文明学问,铲除野蛮学问,使我国道德日高一日"。②在北京基督教欢迎会上,他"希望大众以宗教上之道德,补政治之所不及"。③在军警界欢迎会上,表达对于军人的希望,说:"军警为立国之基本,世界各强国皆由军警购来。我国去岁起义武昌,各省响应,亦皆由军警界同胞热心向义,始得将专制政府推翻。今共和告成,外侮环伺,所赖于军警界同胞较革命时为尤甚。"与学界应努力作用于国内人民不同,军人应"对于外尽捍御之劳,对于内尽维持之力",对于幼稚的共和制度,"我军警界同胞只宜扶持之,保卫之,决不宜鞭笞之,摧残之","决不可干预政治,扰乱腹地,以促中国之亡也"。④

三、梁任公民元入京演说要旨

梁任公入京演说的主题,他本人似乎没有集中的说法,从演说的内容看,主要也是围绕三个方面展开:一是提振知识精英关

---

① 孙中山:《在北京湖广会馆学界欢迎会的演说》,《孙中山全集》第二卷,中华书局 1982 年版,第 422—423 页。

② 孙中山:《在北京湖广会馆学界欢迎会的演说》,《孙中山全集》第二卷,中华书局 1982 年版,第 423 页。

③ 孙中山:《在北京基督教等六教会欢迎会的演说》,《孙中山全集》第二卷,中华书局 1982 年版,第 447 页。

④ 孙中山:《在北京军境界欢迎会的演说》,《孙中山全集》第二卷,中华书局 1982 年版,第 428—429 页。

怀国运的责任心和兴味心，二是政党政治健康发展的期望，三是对振兴实业、发展学术的见解。

1. 精英的责任与兴味

提振知识精英对国运的责任心和兴味心，是梁任公入京演说的主要话题，在入京面对各界欢迎者的第一次演说、面对报人的演说、面对门生的演说和最后答谢各界的演说中，都论及这一点，或为中心所在，或者落脚于此。这起因于梁任公对民初知识精英精神状态的观察，梁氏虽回国不久，却敏锐地感觉到国人之"惰力性"已侵入多数人之心，"中国社会最易消磨人物，而斫丧其英气，自昔有然，今则尤甚。鄙人归国旬余，此污浊之空气，已在在觉其可危"，[①]"其乐观者流，谓经此变革，国家当能自致太平，漠然不复知忧危，惟乘此以营其私计；其悲观者流，谓纲纪法度废坠至此，人心风俗败坏至此，陆沉在即，无复可救，吾亦惟颓然自放委心任运而已。此两种观察虽不同，要之其为惰力性则一也"。[②]

梁任公认为民国虽立，近代政治的转型却远远没有完成。他指出，近代国家不同于古代国家者，政治组织由稀疏而细密，由陈旧而进于健全，"西方各国近百年来专致力于政治改良，因政治改良国民生机随而发展"，[③]于是资本充足，人口增加，乃移其精神以对外。中国受侵略后，受其刺激，"近数十年，忧国之士，争言改革。然求其实际，……则不外迁就旧机关，辅以西洋物质

---

① 梁启超：《莅同学欢迎会演说辞》，《饮冰室合集》文集二十九，中华书局1989年影印版，第23页。

② 梁启超：《到京第一次欢迎会演说辞》，《饮冰室合集》文集二十九，中华书局1989年影印版，第7页。

③ 梁启超：《答礼茶话会演说辞》，《饮冰室合集》文集二十九，中华书局1989年影印版，第46页。

而已"。① 前清政府有改革之名无改革之实，导致革命以起，然而，革命以后政治改良情形如何？"今者国体由君主而共和矣，所贵乎共和者，贵实而不贵名"，考之实际，"方今庶政与前清末年相较，究有多少进步？不惟不进步，甚且生退步之现象"，② 乃至内政外交"皆有岌岌不可终日之势"。③

梁任公痛切指出，面对这种脆危局面，国人却仍麻木而无所作为，丧失过去为理想奋斗的精神，"吾国人具有一种特质，即好善而能虚受是矣。……凡国际之竞争与国内之变更，有人焉将利害得失为之剀切陈说，则不移时而靡然成风，举国一致。且必有爱国之士，奋励无前，为国民效奔走之劳"。武昌起义民国成立得之于此，然"吾国人性质之优点既若是，而弊亦随之。轻躁喜功，乏抉择之力，一也；暂动又止，不能为继续秩序之进行，二也"。④ 政治没有根本改造，弊皆在此。梁氏认为，振起知识精英的责任心和兴味心，是挽救国人惰性之道，"从来国家之兴衰，世运之隆替，皆由少数人以筦其枢耳。凡欲我就一事业者，必须责任心与兴味心两者具备"。⑤ 今日先知先觉应有之责任，在于"对于国民之政治智识、政治能力、政治兴味，加以根本的促进"。他相信，"天下之事，决非旦夕所能告成，而于提倡风气为尤甚。

---

① 梁启超:《答礼茶话会演说辞》,《饮冰室合集》文集二十九,中华书局1989年影印版,第46页。

② 梁启超:《答礼茶话会演说辞》,《饮冰室合集》文集二十九,中华书局1989年影印版,第47页。

③ 梁启超:《答礼茶话会演说辞》,《饮冰室合集》文集二十九,中华书局1989年影印版,第48页。

④ 梁启超:《答礼茶话会演说辞》,《饮冰室合集》文集二十九,中华书局1989年影印版,第50页。

⑤ 梁启超:《到京第一次欢迎会演说辞》,《饮冰室合集》文集二十九,中华书局1989年影印版,第7页。

吾辈诚悬一鹄,以为进行之准,日之不足继之以月,月之不足继之以年,其有非一人之力所能为者,则合一团体以图之,行之期年,安患无健全之国民,以为国家柱石哉"。[1]

2. 政党政治

知识精英关怀国运当然不仅仅是"倡道",推进国民政治水准,而且还要"行道",直接投身政治改良。梁任公在"行道"方面,谈得比较多的,是切实刷新政治。"近世以来,各国之政体,其特色虽多,而其大原则不出二者:一曰政治之公开,二曰政治之统一。"[2] 近世以来各国实行立宪之政,虽有君主立宪与共和立宪之不同,共通的原则是"凡一切行政立法财政大抵经人民公议,议决以后,又必以种种形式从而公布,然后施行";[3] 在中央与地方的关系上,"各国情形虽有不同,而其大势,皆纽分以为合,团小以为大"。[4] 而中国帝制推翻以后,仍行秘密政治,"秘密之习一日不革,则政治一日不能改良",革命成果便一日不能显现;中央与地方之关系也"无正当明确之解决",起义以后离心力较过去"尤甚","我国前此本仅有统一之名,而无统一之实。民国既建,乃至几并其名而去之。省自为政,县自为政,其势殆非尽破行政系统不止。……循此以往,则全国华离破碎,人不瓜

---

① 梁启超:《答礼茶话会演说辞》,《饮冰室合集》文集二十九,中华书局1989年影印版,第50页。

② 梁启超:《莅共和党欢迎会演说辞》,《饮冰室合集》文集二十九,中华书局1989年影印版,第9页。

③ 梁启超:《莅共和党欢迎会演说辞》,《饮冰室合集》文集二十九,中华书局1989年影印版,第10页。

④ 梁启超:《莅共和党欢迎会演说辞》,《饮冰室合集》文集二十九,中华书局1989年影印版,第11页。

分我，而我先自瓜分矣"。[①] 所以，优先解决内政的公开和统一，是"行道"的关键。

解决内政的公开和统一，政党政治具有特别的重要性。梁任公对政党政治的健康发展非常关心，多有阐发。他强调"今日中国已确定为最神圣最高尚之共和国体，而共和国政治之运用，全赖政党"，[②] 实现政治之公开和政治之统一，都是政党今后的责任。政党之作用，"自消极的方面言之，则免使缘政争以致流血也"，"自积极的方面言之，则缘各行其是以导国家之进步也"。[③] 共和国家，政党以建设为目的，政党政治不应纠缠于无关宏旨的琐细之事，而应致力于国家大本，为此要处理好党与国家、本党与他党以及党内的各种关系，"凡政党须以国为前提，不以国为前提，不足为政党"，"真求本党之发达者，间接即尊重他党者也"，党内则应求"意见之统一"和"行为之统一"；[④] 换言之，"今日筹划国家之大任，非一党私见之所能尽也。……以今日外界之逼迫，建设之艰难，虽合各党之心思才力，尚犹恐有所未周，谓以一党之力能转运其间乎？……望各党咸知各党所作者，系同一之事，并非反对之事也"。[⑤] 所以政党必须有"公共之目的""奋斗之决心""整肃之号令""公正之手段""牺牲之精神""优容之气

① 梁启超：《莅共和党欢迎会演说辞》，《饮冰室合集》文集二十九，中华书局 1989 年影印版，第 11 页。

② 梁启超：《莅民主党欢迎会演说辞》，《饮冰室合集》文集二十九，中华书局 1989 年影印版，第 14 页。

③ 梁启超：《莅国民党欢迎会演说辞》，近代中国史料丛刊第五十辑《民国经世文编》（政治三），新北：文海出版社 1970 年版，第 878、879 页。

④ 梁启超：《莅共和党欢迎会演说辞》，《饮冰室合集》文集二十九，中华书局 1989 年影印版，第 12 页。

⑤ 梁启超：《答礼茶话会演说辞》，《饮冰室合集》文集二十九，中华书局 1989 年影印版，第 51 页。

量",① "必行动于宪法及法律范围之下,其最悬为厉禁者,则参用武力也"。②

3. 社会发展

梁任公关怀国运、建设新中国的期待不仅仅赋予政界,"以外如教界,如商界,既同为一国国民,(亦)不可有依赖性,应明自立之义"。③ 他对于文化建设和经济建设都有专门的论述。

文化建设宗旨在新民,这是他固有的观点,结合共和国家的需要,他又有所延伸。在北京公民会欢迎会、北京大学堂欢迎会、佛教总会欢迎会、广东同乡茶话会上,他相继指出,"共和国以公民为基础,……故全国之主人翁实为公民","公民之于共和国,其责任之重,远非君主专制国之人民可比。……然保持此神圣之地位,第一应求关于国家及世界大势之智识,第二应有强毅独立之志气"。④ 公民应有公民的觉悟,而公民觉悟的取得,可以有多种资源。

首先是现代文化资源。梁任公深信"一社会之进化,必与他社会相接触,吸收其文明而与己之固有文明相调和",⑤ 以此,输入外来先进文化势所必然。然而止于输入还不够,更需要创造,这就有赖于发展学术教育。在他看来,北京大学校为中国最高学府,但与欧美日之大学校相较,则程度"相去尚远"。大学应表

---

① 梁启超:《莅民主党欢迎会演说辞》,《饮冰室合集》文集二十九,中华书局 1989 年影印版,第 14—21 页。

② 梁启超:《莅国民党欢迎会演说辞》,近代中国史料丛刊第五十辑《民国经世文编》(政治三),新北:文海出版社 1970 年版,第 881 页。

③ 梁启超:《答礼茶话会演说辞》,《饮冰室合集》文集二十九,中华书局 1989 年影印版,第 51 页。

④ 梁启超:《莅北京公民会八旗生计会联合欢迎会演说辞》,《饮冰室合集》文集二十九,中华书局 1989 年影印版,第 31 页。

⑤ 梁启超:《莅广东同乡茶话会演说辞》,《饮冰室合集》文集二十九,中华书局 1989 年影印版,第 24 页。

率我国学风，改善我国学风——大学校之目的除了养成健全之人格与其生存发展于社会之能力外，更在于"研究高深之学理，发挥本国之文明，以贡献于世界之文明"。① 大学校不能混同于高等专门学校，"专门学校之目的，在养成社会上技术之士，而大学之目的，则在养成学问之士。故专门学校之所授，虽多科学之原理，而所重者在术，不过因学以致用。大学校之所授，虽亦有技术之智识，而所重者在学，不过因术以明学"。学、术不可混同，"所谓学者，推究一切现象之原理原则，以说明一切之现象，于推究原理原则说明现象之外，别不另设方途以求致用；而所谓术者，则应用学理之方法、技能而已"，简言之，"专门学校之精神，在实际之应用；大学校之精神，则在研究与发明"。② 大学校不仅为一国高等教育之总机关，更应是"一国学问生命之所在"，"学问为文明之母、幸福之源，一国之大学即为一国文明幸福之根源"，③ 大学生应保持大学之尊严努力于学问事业，以学问为目的，不以学问为手段。梁任公感慨于时下学风之坏，寄望学生养成服从之德、朴素之风和静穆之风，"祈有以表率我全国之学风，而改善我全国之学风者也"。④

其次是传统文化资源。梁任公召唤新学，不弃旧学，不仅肯定儒学的正面价值，认为中国化的佛教，也有益于民国，有利于

---

① 梁启超：《莅北京大学校欢迎会演说辞》，《饮冰室合集》文集二十九，中华书局 1989 年影印版，第 39 页。

② 梁启超：《莅北京大学校欢迎会演说辞》，《饮冰室合集》文集二十九，中华书局 1989 年影印版，第 40 页。

③ 梁启超：《莅北京大学校欢迎会演说辞》，《饮冰室合集》文集二十九，中华书局 1989 年影印版，第 40—41 页。

④ 梁启超：《莅北京大学校欢迎会演说辞》，《饮冰室合集》文集二十九，中华书局 1989 年影印版，第 41 页。

共和国家人民确立对于国家的根本观念，有利于矫正今日中国人心道德。"泰西各国，汲汲于普及国民政治教育，而政治教育之最急务，则莫先于使人民皆有明确之国家观念。吾以为此种国家观念，法学家千言万语而未能发挥尽致者，以曾受佛教之人观之，则一言而了耳。何也？国家譬则法身也，舍法身之外，求所谓我者，亦了不可得。明乎此理，则爱国岂犹待劝哉？"同时，"今日中国人心道德之堕落，有识之士莫不引为深忧，而思所以矫正之。然非清其本源，则矫正之效，终不可得观也。吾以为万恶之本，皆在以自己为本位而已，……误认区区七尺之臭皮囊为我，而以我相与他相对待，种种勾心斗角、损人利己之卑劣手段，皆由此而生"，[①]佛教关于真我与佛法身一体、众生所共之说，正可帮助确立道德之大原。

经济建设方面，梁任公多是从国际竞存的角度来讲的。他说"世界战争不一，有军事之战争，有学问之战争，有宗教之战争，而在今日尤为一国存亡之所关者，则莫如经济之战争"，因为"兵战失败以后，十年生聚，十年教训，尚可恢复其元气；而经济战争失败以后，则永为他国经济势力所压倒，仅为其奴隶而无复兴之望矣"。[②]世界大政治家无不苦心焦虑地筹划本国经济势力优胜于世界。数十年来中国所受之侵略，正是列强经济扩张的反映，"数十年来所谓势力范围者，即各国经济之势力范围耳；所谓瓜分者，即各国经济之瓜分耳"。[③]外人经济势力侵入中国之后，中

---

① 梁启超：《莅佛教总会欢迎会演说辞》，《饮冰室合集》文集二十九，中华书局1989年影印版，第33页。

② 梁启超：《莅北京商会欢迎会演说辞》，《饮冰室合集》文集二十九，中华书局1989年影印版，第25页。

③ 梁启超：《莅北京商会欢迎会演说辞》，《饮冰室合集》文集二十九，中华书局1989年影印版，第27页。

国旧业为之破坏殆尽，在此局面下中国要自救，唯有采用外国之机械方法以制造器物，仿行外国之资本制度以改良组织，"今日当竭力提倡中国之资本家，发达其实力，以与外国之资本家相抵抗"。他不赞成"倡社会主义欲以此防资本家之出现"的办法，认为"若以外国有社会主义，我国亦不可不仿而行之，则舍全国国民为外国资本家之牛马奴隶以外，又安有他种结果可言乎？"①在前清处于寄生地位的八旗，民国建立后顿失生活凭借，成为社会问题。对于八旗生计问题，鉴于"中国人之生计与世界人之生计较，更以八旗生计与一般国民生计较，其情形正相类焉"，②梁任公认为根本之计仍在于振兴经济。经济振兴之策，梁任公提供的同样是旧经验与新方法不偏废的办法。他表彰了山西票号在中国金融业中之基础牢固、成功卓著，同时也指出"票号诸君能尽对于祖先之责任，而对于子孙之责任，则尚有所未尽也"，③希望传统金融业激发"进取之精神"，"凭借旧经验，运用新方法"发展为现代金融业，以发挥推进实业之功能。④

四、孙中山、梁任公民元入京演说比较

孙中山和梁任公民元入京演说的内容显示，他们之间有歧见亦有共识，共识大于歧见。这对于 20 世纪的中国来说，无疑是

---

① 梁启超：《莅北京商会欢迎会演说辞》，《饮冰室合集》文集二十九，中华书局 1989 年影印版，第 28 页。

② 梁启超：《莅北京公民会八旗生计会联合欢迎会演说辞》，《饮冰室合集》文集二十九，中华书局 1989 年影印版，第 32 页。

③ 梁启超：《莅山西票商欢迎会演说辞》，《饮冰室合集》文集二十九，中华书局 1989 年影印版，第 36 页。

④ 梁启超：《莅山西票商欢迎会演说辞》，《饮冰室合集》文集二十九，中华书局 1989 年影印版，第 37 页。

一个难得的历史机遇。

1. 显性的共识与历史的机遇

从孙中山、梁任公民元演说要旨看，革命、立宪两派的领袖在民国肇建后对待新国家的认识上，确实是有分歧的。比如，对于民国建立后的内外形势，孙中山比较乐观，"深信从此南北绝无界限，国内问题，今日即为圆满解决"；[①] 梁任公却趋于悲观，感觉"不惟不进步，甚且生退步之现象"，[②] 内政外交，"皆有岌岌不可终日之势"。[③] 对于新中国建设的努力方向，孙中山钟情于实业发展，屡辞国民党理事长，欲专心于办铁路；[④] 梁任公醉心于政治改良，甚至将政治改革与经济发展密切联系起来，认为机械方法和资本制度要行之顺畅，必须改良政治，实业界应该积极参与政治改良，"盖共和政治之基础，全在实业社会之人"。[⑤] 对于经济建设的目标，孙中山着眼于防范阶级分化的国利民福，"以国家之力，发达天然实利，防资本家之专制"；[⑥] 梁任公着眼于加强国际竞争的国强民富，"今日当竭力提倡中国之资本家，发达其实力，以与外国之资本家相抵抗"。[⑦] 对于政治，孙中山比较重视

① 孙中山:《在北京迎宾馆答礼会的演说》，《孙中山全集》第二卷，中华书局1982年版，第447页。

② 梁启超:《答礼茶话会演说辞》，《饮冰室合集》之集二十九，中华书局1989年影印版，第47页。

③ 梁启超:《答礼茶话会演说辞》，《饮冰室合集》文集二十九，中华书局1989年影印版，第48页。

④ 孙中山:《在北京共和党本部欢迎会的演说》《在北京国民党欢迎会的演说》，《孙中山全集》第二卷，中华书局1982年版，第441、469页。

⑤ 梁启超:《莅北京商会欢迎会演说辞》，《饮冰室合集》文集二十九，中华书局1989年影印版，第30页。

⑥ 孙中山:《在北京共和党本部欢迎会的演说》，《孙中山全集》第二卷，中华书局1982年版，第442页。

⑦ 梁启超:《莅北京商会欢迎会演说辞》，《饮冰室合集》文集二十九，中华书局1989年影印版，第28页。

外交承认和蒙藏问题；梁任公比较重视内政的公开和统一。对于文化，孙中山偏重世界性；梁任公兼顾民族性。如此等等。

另一方面，演说中也呈现出他们之间的许多共识，比如他们都认识到破坏易、建设难，成立共和之后的责任更重于成立共和本身；他们都注重新国家的全面建设，政治、经济、文化兼顾，民族、民权、民生同重。

从孙中山的演说词看，通常所谓辛亥革命后三民主义变为"一民主义"，恐怕只是一个被夸大的说法，不完全符合孙中山的原意。其实孙中山固然在民生主义宣传方面用力较多，民族主义、民权主义皆仍坚持。他明确说："我中华民国成立，粗有基础，建设事端，千头万绪，须我五大民族全体一心，共谋进步，方可成为完全民国。现有少数无意识者，谓中国空有共和之名，而无共和之实，大不满意于政府。殊不知民国肇建，百废待举，况以数千年专制一变而为共和，诚非旦夕所能为力。故欲收真正共和效果，以私见所及，非十年不为功。"[1] 屡屡所谓民族、民权"已达"也者，仅指国体框架已成而言，并非指民族主义、民权主义价值已经实现，这些价值是需要在漫长的政治建设实践中逐步达成的。他对蒙藏问题的关心，显然属于未"达"的民族主义价值；他要求政党互相勉励，各谋进行，致力于民国前途，"国中政党，只当有进步、保守二派。此次同盟会与各党合并，即欲使国中只存二党，以便政界竞争"，[2] 显然这属于民权主义所要进行的内

---

[1] 孙中山：《在北京袁世凯欢宴席上的答词》，《孙中山全集》第二卷，中华书局1982年版，第419页。

[2] 孙中山：《在烟台社会党、同盟会欢迎会的演说》，《孙中山全集》第二卷，中华书局1982年版，第403页。

容。① 同盟会改组为国民党，宗旨定为"巩固共和，实行平民政治"，党纲包括"保持政治统一，发展地方自治，励行种族同化，采用民生政策，保持国际平和"，对此孙中山是"深为赞成"的。②而民生主义虽然提倡得很强烈，实际的诉求却只是寻求富强的经济建设层次。在政治层面三民同重的同时，对经济和文化发展的需要，孙中山的认识也很清楚。他对于学界的鼓励和他将民生主义政治议题落实到铁路建设的经济议题，都能显示这一点。

梁任公政治、经济、文化的兼顾思考，其入京演说言之昭昭，兹不赘。政治思想方面，梁任公同样有着自己的民族思想、民权思想和民生思想，演说中他对大民族主义的坚持，对政体民主向国体民主的推进，亦毋庸复述，略需说明的是社会公正这方面的思想。在一次演说中，他对有人主张中国立即实行社会主义提出了批评，这是否说明梁任公不接受社会主义的价值呢？其实他的意思只是说，在目前的中国，增加国家经济竞争力是当务之急而已，并不隐含他对社会主义价值的拒绝。梁任公早在《清议报》时期即热心引介社会主义，20年代他是基尔特社会主义的鼓吹者，这一线索显示他对于社会主义全民均富的价值，在意识深处并没有排斥。事实上即使在与《民报》论战的时期，他对于社会革命，也多是从可行性上立论，"他并不反对社会主义共产的理想，他所反对的，只是那些只凭激烈而简单的蓝图就要立竿见影，付诸实

---

① "宋案"发生前两个月，孙中山在上海国民党茶话会上仍有政党政治的阐述，强调发展正当党争，认为使朝野政党"互相更迭，互相监督，而后政治始有进步"，当前"劈头第一事，须研究一部好宪法"。《民立报》1913年1月20、21日。

② 孙中山：《致同盟会各支部电》，《孙中山全集》第二卷，中华书局1982年版，第395页。

践的想法"。① 在这种意义上，梁任公实际上也有一个三民主义，一个策略和路线与孙中山有所区别的"梁版"三民主义。之所以会如此，当然要从中国近代思想史从"常""变"之争到"主义"之辩的演进线索② 上去了解，在这一演进中，存在一个各种新思潮涌入却未分庭抗礼的"主义"共生的过渡时期，孙、梁在"建设新中国"上表现出的多元价值认同，可说是这种特殊意见生态的延续。

不过，两人的入京演说不只是延续了既有的共认价值，更值得关注的是，即使在实际路线的层面，他们也有彼此的靠近。革命之前除一度短暂出现过的合作阶段外，两人和两派大多数时候都存在激烈的路线之争和阵地争夺。孙中山和革命党坚决主张暴力推翻清王朝，建立单一的汉民族共和国家；梁任公和立宪派则固守体制内改革路线，坚持多民族共同体的君主立宪制度。两派在海外和国内的竞争中，打击对方都不遗余力甚至不择手段。但是民元入京演说中，孙中山明显表达的反而是多民族共同体的观念，梁任公则转而肯定辛亥革命，赞成共和国体，彼此明确接受对方合理主张。两人也都反复强调政党合作，共扶社稷，都反对武力解决政争。虽然两人的入京演说，除答礼会为自主安排外，大多是被动进行，可能不具有主动全面表达思想的环境，且很难说完全没有应景的成分，但结合此际他们各自在其他场合以其他形式所表达的思想，如孙中山的受访谈话、公私电报、在外地的

---

① 朱浤源：《同盟会的革命理论》，台北："中研院"近代史研究所 1985 年版，第 199 页。

② 参见何卓恩：《"常""变"之争和"主义"之辩下的保守与激进——"保守主义、自由主义、激进主义"三分法商榷》，《学术月刊》2011 年第 4 期，第 131—138 页。

更多演说，梁任公的公私函件、谈话，和在随后创刊的《庸言》上的言论，仍然有理由相信这两位真诚的爱国者在演说中所呈现的是他们此际真实的意见。

在民国肇建之际，中国政治革新两大力量的领袖，不仅在思想深层延续了既有的隐性共认价值，而且在路线层面显性地实现了彼此吸纳，形成了空前的关于新中国建设的意见共识。他们之间仍有一些具体见解的差异，但这些分歧与基本方面的共识相比，显然要轻微得多，而且从民初两派内部意见的多元情形看，这些分歧也并不比各自内部的分歧更大。这对于新生的共和国来说，无疑是千载难逢的大机会。政纲是政党的灵魂，政纲层次上的根本共识是政治合作的良好基础，如果两人、两党和当时的衮衮诸公，把握了这个重要机会，不断累积互信和平竞争，培植容忍力，加强建设性，良性配合共赴时艰，20世纪中国历史的方向就有可能改写。

2. 微弱的互信与历史的浩叹

然而，这个历史大机会却没有被抓住。进入民国二年，2月梁任公加入共和党，致力于政党政治；3月国民党致力政党政治的宋教仁被刺；5月梁任公合并共和、民主、统一党，组建进步党，与袁世凯合作；7月孙中山放弃政党政治理念，揭竿而起"二次革命"，梁任公支持袁世凯武力统一政策。共识转瞬即逝，分歧渐成鸿沟。张朋园先生曾对此深切感慨：

辛亥革命建立了共和政体，接着有国民与进步两大政党的出现。自外观上看，似乎这是一个好的征兆，即使是美国革命之后也没有这种迹象。袁世凯装得很雍容，颇有以华盛顿自任的味道。

孙中山和梁任公，是当时最具世界知识的两党领袖，恐怕杰弗逊和汉密尔顿都无法望其项背。但是杰弗逊和汉密尔顿能奠定美国政党政治的基础，中山和任公却难于使其政党政治理想实现。国民党和进步党的建立，本是一个好的开始，何以仅是昙花一现？吾人今日来探讨此一问题，不禁掷笔三叹！①

张朋园先生认为，两党政治之不果，是由于康梁派与同盟会自清末以来，久远地居于对抗地位，因此任公与中山先生也就难免于恩怨关系。这一认识颇有启发性。

理性的共识要发挥历史的动能，需要情感的互信做支撑。孙、梁两党理性共识没有得到良性的发挥，确实与他们之间由来已久的情感疏离和敌视有密切关系。张玉法先生指出，清末康梁保皇、孙黄排皇，势同水火。辛亥革命发生后一些失去权位的清廷大吏如盛宣怀、李准、张彪、张鸣岐、李经方等，一度与尚滞留日本的梁启超有所联络，壮大了同盟会的反对势力；而另一方面革命党人也乘革命发展之势有仇杀保皇派之举，乃至"显干民国法纪，临时大总统孙中山曾于一月二十八日电各省禁止之"。②

仇杀虽禁，积怨难消。这一点，即使在两人表达新国家建设意见的入京演说中，也有蛛丝马迹的流露。孙中山演说中基本不提立宪人士，反而对袁世凯充满信任，认定"今袁总统富于政治经验，担任国事，可为中国得人庆"。③在谈到新中国建设的时候，或谈自己与袁氏的分工，"袁总统才大，予极盼其为总统十年，

①　张朋园：《梁启超与民国政治》，台北：食货出版社 1978 年版，第 42 页。
②　张玉法：《国民党与进步党的比较研究》，《近代史研究所集刊》第 10 期，第 138 页。
③　孙中山：《在北京袁世凯欢宴席上的答词》，《孙中山全集》第二卷，中华书局 1982 年版，第 419 页。

必可练兵数百万，其时予所办之铁路二十万里亦成，收入可决每年有八万万，庶可与各国相见"；[1] 或说自己与袁氏各有优势，"维持现状，我不如袁，规划将来，袁不如我。为中国目前计，此十年内，似仍宜以袁氏为总统，我专尽力于社会事业，十年以后，国民欲我出来服役，尚不为迟"，[2] 眼中并无立宪派的角色。

梁任公对革命党也流露出不满，在报界欢迎会的演说中，他严厉驳斥"世论"以立宪派"曾主张君主立宪，在今共和政体之下，不应有发言权，即欲有言，亦当先自引咎，以求恕于畴昔之革命党。甚或捏造谰言，谓其不慊于共和，希图破坏者"，直指这些说法是"訾词"。[3] 这里所谓"世论"，明显是革命派的言论。他以大量言辞力加反驳，指出"中国为中国人之中国，尽人有分，而绝非一部分人所得私"，[4] 何况"现在之国势政局，为十余年来激进温和两派人士之心力协同构成，以云有功，则两俱有功；以云有罪，则两俱有罪"，[5] 愤然之情竟溢于言表。他更抨击不少革命党人建国后居功自傲，不思进取，"欲取十百倍之安富尊容于民国以为偿"，认为这些人"不复有责备之价值"。[6]

---

① 孙中山：《与汤漪的谈话》，《孙中山全集》第二卷，中华书局1982年版，第411页。

② 孙中山：《与某人的谈话》，《孙中山全集》第二卷，中华书局1982年版，第440页。

③ 梁启超：《鄙人对于言论界之过去及将来》，《饮冰室合集》之二十九，中华书局1989年影印版，第4页。

④ 梁启超：《鄙人对于言论界之过去及将来》，《饮冰室合集》之二十九，中华书局1989年影印版，第6页。

⑤ 梁启超：《鄙人对于言论界之过去及将来》，《饮冰室合集》之二十九，中华书局1989影印版，第5页。

⑥ 梁启超：《鄙人对于言论界之过去及将来》《到京第一次欢迎会演说辞》《答礼茶话会演说辞》，《饮冰室合集》文集二十九，中华书局1989年影印版第5、7、48页。

孙中山忽视立宪派和梁任公不满革命派,隐约呈现出他们各自非自然的主位心态:孙中山外客内主,梁任公反客为主。

孙中山奔走革命数十年,辛亥革命的发动虽非其直接领导,却是奉他为旗帜的革命党所为。中华民国临时政府成立,举其为开国总统,乃其公认地位的体现。虽后来在国内外压力下逊位于袁世凯,这种革命领袖的光荣地位并未改变。4月1日解职后,他到各地的参访演说都以此为背景,可以说是虽卸总统之位而仍享总统之荣。孙中山本人在各地演说和谈话中,倒是相当谦逊,也不居功,相反多推美于人,不吝于赞扬各界、各地人士的贡献。不过他内心仍有民国领袖的坚强自信,这在他谦逊言说的背后不难体会。如入京途中,他就信心满满地说:"兄弟此次至京,关于建设政见,当一一商之于政府,见诸实行";[①]到京以后,与袁世凯互喊万岁,且诸事"商"之于袁,与袁会晤十三次,甚为"畅恰";离京以后,与袁常有电报往来,就重大内政外交问题即时提出主张。这些都能推知他外客内主、国家责任在身的心态。

如果借用围棋弈手的说法,孙中山的主位意识的取得属于"先手",梁任公的主位意识则是"后手"获致。革命前梁任公一直致力于"对于国体主维持现状,对于政体则悬一理想以求必达"[②]的君主立宪目标,辛亥革命发生后仍曾筹划"虚君共和"活动。在南北统一实现、共和国体确定的形势下,梁任公一方面努力调整自己的政治见解,一方面静候重新介入国内政治生活的机会。他回国面临的第一个问题,就是扭转立宪派在民初的尴尬。

---

① 孙中山:《在烟台各界欢迎会的演说》(《中华民报》电稿),《孙中山全集》第二卷,中华书局1982年版,第403页。

② 梁启超:《鄙人对于言论界之过去及将来》,《饮冰室合集》文集二十九,中华书1989年影印版,第4页。

民国不成于立宪派之手，本有居客位的阴影，但越是有这种阴影，为了实现政治参与，反而越需要表现出主位的心态。他呼吁知识精英振起责任心和兴味心，主要就针对"旧立宪党皆以自己主张失败，嗒然气尽"[①]的境况，他发表演说，力证中华民国乃"世界大势之逼迫实为之焉"，[②]乃国民"好善而能虚受之特质为之也"，[③]不是革命党一党功劳，立宪党主张政体民主，在国体变更的情况下仍是奋斗的目标。这些论说使立宪党人精神为之一振，"吾党之热心，达于沸度"。[④]

梁任公反客为主的主位心态，不仅是使命使然，他回国所受到的热烈欢迎也起到强化的作用。他在写给女儿的信中说，回国"三日来无一刻断宾客，门簿所登记已逾二百人矣。各省欢迎电报，亦络绎不绝，此次声光之壮，真始料不及也"，[⑤]到北京后受到之欢迎，更"几于举国若狂。每日所赴集会，平均三处，来访之客，平均每日百人"，包括国务总理在内的各界名流，还与袁世凯"密谈一次，赴宴一次"，[⑥]在京十二日间，"人气集于一身……如众星之拱北辰"，[⑦]他特别与革命派领袖比照，"此次欢迎，

---

① 梁启超：《与娴儿书》民元 11 月 1 日，丁文江、赵丰田编《梁任公年谱长编》，中华书局 2010 年版，第 342 页。

② 梁启超：《答礼茶话会演说辞》，《饮冰室合集》文集二十九，中华书局 1989 年影印版，第 44 页。

③ 梁启超：《答礼茶话会演说辞》，《饮冰室合集》文集二十九，中华书局 1989 年影印版，第 50 页。

④ 梁启超：《与娴儿书》民元 11 月 1 日，《梁任公年谱长编》，中华书局 2010 年版，第 343 页。

⑤ 梁启超：《与娴儿书》民元 10 月 11 日，《梁任公年谱长编》，中华书局 2010 年版，第 340 页。

⑥ 梁启超：《与娴儿书》民元 10 月 24 日，《梁任公年谱长编》，中华书局 2010 年版，第 341、342 页。

⑦ 梁启超：《与娴儿书》民元 11 月 1 日，《梁任公年谱长编》，中华书局 2010 年版，第 342 页。

视孙、黄来京时过之十倍。各界欢迎皆出于心悦诚服。……孙、黄来时，……极惹人厌……每演说皆被人嘲笑，吾则每演说令人感动。其欢迎会之多，亦远非孙、黄所及"。[1]

民初孙中山表示不干预政治，活跃于南方，以民间身份着力于经济，[2] 而梁任公却积极参与政治，驻扎于北方，以政党领袖身份着力于政事，这种现象，从这两种不自然的主位心态来观察，的确颇有趣味。

民主共和离不开政党政治，政党政治当然难免党争，但也需要政党合作，至少是需要容忍共生。民初两大党派集团领袖的主位心态本来无碍于合作，正常情况下这恰好是政党政治所需要的主体性认知。问题在于孙、梁二人的主位心态，都缺少一分互相直面对方、彼此正视历史的坦诚。在互相对待上，两人及其阵营实际加强互信的动作都有限。孙、梁都曾受到对方阵营的欢迎，但都略显形式化。孙中山在共和党欢迎会里虽一般性提到希望其与国民党以公理为依归展开合作，却没有涉及两派人士历史恩怨如何消除。国民党曾有过争取梁任公加入的举动，实际上防范梁成为反对党首之意图明显。[3] 梁也视之为别有用心，"日日使人来招邀，强魖不以，盖彼深忌吾两党之合并也（指共和、民主两党的合并，据梁所记，入京之际，两党合并已大略就绪——引者注）"，[4] 而梁在接到密电"言某党确派多

---

① 梁启超：《与娴儿书》民元 11 月 1 日，《梁任公年谱长编》，中华书局 2010 年版，第 343 页。

② 孙中山外客内主的心态以对袁世凯的信任为前提，当这种信任不复存在时，则难免以激烈的方式公开向主位回归。"宋案"发生后，孙中山发起"二次革命"，也正是这种心态转换的表现。

③ 参见《克强先生更误矣》，《申报》1912 年 10 月 12 日"时评"一。

④ 梁启超：《与娴儿书》民元 10 月 18 日，《梁任公年谱长编》，第 340—341 页。

人来图我"之后，更对国民党以"敌人"称之。[1]国民党为其举办欢迎会，梁任公的反应竟为："国民党见各界欢迎，彼虽恨极，亦不能不相敷衍。同人等恐其乱暴，皆阻勿往，然吾决行，不能示人以怯也。"[2]他在这次演说中除了泛泛讲述政党原理之外，对国民党本身几乎未曾评一词。在这种旧恨难消的格局下，两大政治革新集团合作的困难，和仰仗政治强人袁世凯而被其各个击破的结果，可想而知。

两派领袖没有能够把住合作共同监督和襄助袁世凯当局和平建国的历史机遇，袁世凯的权术固为主因，两派的积怨确实可能也是重要因素之一。积怨因素在演说中的若干显露，仍在可控制范围之内，遗憾的是，在此后本可合作的和平时期，主事者抚平积怨的动机始终不够强烈，努力始终不够充分，不仅在参议院展开无原则的斗争，而且立宪派的《庸言》等报刊与革命派的《民立报》等报刊，屡有放言互相诋毁和攻击，国会选举期间为争取各自政党选票更是火上浇油。这些负面因素的增长，加之种种复杂的外部因素和政局变化，使得这种积怨犹存的情况，不仅未得控制，反而愈演愈烈。两党领袖昙花一现的建国共识付诸东流，代之以政党之间你死我活的缠斗和20世纪历史的血雨腥风。

---

① 梁启超：《与娴儿书》民元10月29日，《梁任公年谱长编》，第342页。

② 梁启超：《与娴儿书》民元10月29日，《梁任公年谱长编》，第342页。革命党与立宪派论战发生之后，已经互以敌人相待，革命派报刊曾将康、梁列为"汉奸"之首，公开声言"驱满酋必先杀汉奸"，"杀汉奸必杀康有为、梁启超"。锄非：《驱满酋必杀汉奸论》，《汉帜》第1期（1907年1月），见张枬、王忍之编：《辛亥革命前十年间时论选集》第二卷下册，生活·读书·新知三联书店1963年版，第857页。

"恢复我完全无缺之金瓯"：
章太炎对中国疆域完整的追求（1900—1936）*

余英时认为，民族主义是"中国近百年来的变化"中"最大的动力"。[①] 而民族主义追求的目标之一，是确定民族国家的领土主权。因为"全世界到处存在着民族的边界和国家的疆界不相一致的事实"，[②] 所以民族主义者莫不追求将自己国族（nation）成员聚居地域尽可能纳入民族国家的领土范围内。美国学者杜赞奇也指出："从外部来看，民族国家在明确的、虽不无争议的领土界限内宣布自己拥有主权。"[③] 显然，民族主义与疆域思想是密不可分的。

章太炎是中国近代一位重要的思想家，他的民族主义思想

---

* 本文为陈博然初稿，通改后联署发表于《安徽史学》2025 年第 2 期。

① 余英时：《中国近代思想史上的激进与保守——香港中文大学 25 周年纪念讲座第四讲》，李世涛主编：《知识分子立场——激进与保守之间的动荡》，时代文艺出版社 2000 年版，第 13 页。

② ［英］安东尼·史密斯：《民族主义：理论，意识形态，历史》，叶江译，上海人民出版社 2006 年版，第 17 页。

③ ［美］杜赞奇：《从民族国家拯救历史：民族主义话语与中国现代史研究》，王宪明、高继美等译，江苏人民出版社 2009 年版，第 69 页。

458

学界已有丰富研究，[1]且有广泛共识；而其疆域思想则受重视程度不够，众说纷纭。以往多数人对章太炎疆域思想的印象，是其"内地十八行省"版图说；近年学界有所纠正，如丁守伟研究过章太炎民国时期经略中国北部边疆的战略规划，王鹏辉更为长程地梳理了章太炎的革命方略与边疆建设。[2]但学者对章太炎追求疆域完整的思想，及与其民族主义思想之关联，仍缺乏比较深入的研究。鉴于此，本文试图对章太炎疆域思想的内在性质加以讨论，力图揭示其民族思想在族群主义（ethnicism）与国族主义（nationalism）之间的沉浮。

一、"以明时直省为根本"

1900 年，章太炎决绝地走向"排满"反清。"排满"思想的本质，正如章开沅所指出，是"以排满为名"而行"建立最能满足现代资本主义这些要求的民族国家"之实。[3]这是一种追求建

---

[1] 参见李润苍：《试论章太炎的民族主义》，《近代史研究》1981 年第 3 期；唐文权、罗福惠：《章太炎思想研究》，华中师范大学出版社 1986 年版；Kauko Laitinen, Chinese Nationalism in the Late Qing Dynasty: Zhang Binglin as an Anti-Manchu Propagandist, London: Curzon Press Ltd., 1990; 姜义华：《章太炎思想研究》，中国人民大学出版社 2009 年版；张志强：《一种伦理民族主义是否可能——论章太炎的民族主义》，《哲学动态》2015 年第 3 期；王汎森：《章太炎的思想——兼论其对儒学传统的冲击》，上海人民出版社 2018 年版；王玉华：《多元视野与传统的合理化——章太炎思想的阐释》，上海人民出版社 2018 年版；林少阳：《鼎革以文——清季革命与章太炎"复古"的新文化运动》，上海人民出版社 2018 年版；王锐：《革命儒生：章太炎传》，广西师范大学出版社 2022 年版；彭春凌：《原道：章太炎与两洋三语的思想世界》，社会科学文献出版社 2024 年版。

[2] 丁守伟：《指挥擘画 抵御外侮——论章太炎的北部边疆经略》，《民国研究》2014 年第 1 期。王鹏辉：《章太炎的革命方略与边疆建设》，《近代史学刊》2015 年第 2 期，第 132—144 页。

[3] 章开沅：《"排满"与民族运动》，《章开沅文集》第 2 卷，华中师范大学出版社 2015 年版，第 236 页。

立汉民族的单一民族国家的理论，有着浓厚族群主义色彩。但汉民族国家的疆域范围究竟多大，直至民国建立之初，章太炎并无定说。

由于近代中国边疆危机异常深重，凡期望救国救民的仁人志士，莫不高度重视边疆问题。清季知识精英的疆域思想，基于国际竞争的客观现实，一般认为国家的版图越大越好。梁启超受斯宾塞"历史进化论"和日本道德相对主义思想影响，不但不认为扩张殖民地是可耻的侵略行径，反而认为这有利于拓展民族的生存空间，所谓"能扩张其帝国主义以对外"。[①]

章太炎并不认同这种主张。在他看来，一个国家的疆域并非越大越好，他曾设想"分镇"，并认为"封建之说未必非，而郡县之说未必韪也"。[②]因为一个中央集权的大国有可能因权力高度集中而形成专制，且集权不利于上情下达和政令通达；而封建制相对于中央集权制最大的优势在于国家的版图较小、国民人口较少，管理更方便、行政效率更高。章太炎在比较中国洋务运动和日本明治维新的成败得失时，说"古者伯王之主，必起小国"，"不小乃不足以自强也"。[③]既然如此，那么与多族裔的庞大帝国相比，在相对狭小的版图之内建设单一族群国家，就有其合理性了。

章太炎 1907 年曾于《中华民国解》中，建构了未来中华民

---

① 梁启超:《中国殖民八大伟人传》，汤志钧、汤仁泽编:《梁启超全集》第五集，中国人民大学出版社 2018 年版，第 55 页。

② 章太炎:《分镇》，上海人民出版社编，朱维铮点校:《章太炎全集:〈訄书〉初刻本〈訄书〉重订本 检论》，上海人民出版社 2017 年版，第 72—73 页。

③ 章太炎:《东鉴》，上海人民出版社编，朱维铮点校:《章太炎全集:〈訄书〉初刻本〈訄书〉重订本 检论》，第 64 页。

国疆域蓝图，实质是大致恢复汉人为统治者的王朝的版图。若以汉代版图为准，则朝鲜半岛和越南当在中华民国版图内；若以明代版图为准，则缅甸当在中华民国版图内。所以章太炎视汉化程度较低，又未受明朝直接统治的蒙古、新疆、西藏为"荒服"，主张任其来去自由；相反却力主将曾经被汉人统治过的朝鲜、越南、缅甸（尤其是朝鲜和越南）纳入未来中华民国版图之内。如果"虑未能复先汉之旧疆"，那也可以"以明时直省为根本"（缅甸除外）。① 此时章太炎并不赞同建立一个囊括众多族群的大国，他在给清朝肃亲王善耆的信中指出，不仅是清朝，亚历山大、成吉思汗都仅能在生前"并包数族而为一大帝国"，他们死后马其顿帝国和蒙古帝国便迅速土崩瓦解。② 在回复梁启超关于外蒙古"独立"之祸时，则说即使蒙古叛离中国，汉人凭借"中国本部"也足以自立。③

简言之，章太炎的疆域思想中有一个面相，认为一个国家的核心版图，应与该国主体民族生活的主要地域基本重叠；至于其外的边疆地区，得失则无关紧要。清室"当旋轸东归，自立帝国，而以中国归我汉人"。④ 汉人在完成"光复"大业后，可以与满人之国建立邦联。内蒙古、外蒙古、新疆、青藏高原等清朝的边疆地区，当地人愿意与内地共同组成"中国"自然最好，愿意独立

---

① 章太炎：《中华民国解》，上海人民出版社编，徐复点校：《章太炎全集：太炎文录初编》，上海人民出版社 2017 年版，第 261—263 页。

② 章太炎：《与肃亲王》，上海人民出版社编，马勇整理：《章太炎全集：书信集》上，上海人民出版社 2017 年版，第 262 页。

③ 章太炎：《复梁任公书》，上海人民出版社编，马勇整理：《章太炎全集：书信集》上，上海人民出版社 2017 年版，第 66—67 页。

④ 章太炎：《与肃亲王》，上海人民出版社编，马勇整理：《章太炎全集：书信集》上，上海人民出版社 2017 年版，第 262 页。

后与中华民国建立邦联也行，完全自主也未尝不可。章太炎疆域思想的这一面相，适应了他"排满光复"的族群主义理念，却违背了近代中国的实际国情。

然而这一时期章太炎疆域思想中亦有另一种成分，即认同中国人应努力保存祖国尽可能大的版图。在其"与尊清者游"时，他之所以不主张用暴力革命的方式"排满"却存有"客帝"的幻想，是因为担心"逐加于满人，而地割于白人"。[①] 从 1900 年到 1911 年武昌起义爆发前，章太炎一边反清，一边也在思考如何使推翻清朝后建立的新中国"恢复我完全无缺之金瓯"。[②] 革命之前章太炎批判清朝罪恶，其中矛头所指之一，就是清朝大肆割让原属中国的领土给列强，并就丧失东南亚藩属国和割让领土对清政府进行了嘲讽和鞭挞。[③] 章太炎对这种割地卖国行径深恶痛绝，甚至主张在立法时要做到"有割地卖国诸罪，无公布私行，皆殊死"。[④] 章太炎这一时期与孙中山讨论未来新中国的定都，盛赞孙中山定都伊犁以辐射西伯利亚和中东并"谋大洲"的主张，认为其极富战略远见。[⑤]

辛亥革命爆发时，章太炎希望使新建的中华民国完整继承清王朝版图的意愿更为强烈，明确视辽阔的版图为中国求复兴、求

---

① 章太炎:《客帝》，上海人民出版社编，朱维铮点校:《章太炎全集:〈訄书〉初刻本〈訄书〉重订本 检论》，上海人民出版社 2017 年版，第 67 页。

② 章太炎:《驳〈革命驳议〉》，上海人民出版社编，马勇整理:《章太炎全集:太炎文录补编》上，上海人民出版社 2017 年版，第 237 页。

③ 章太炎:《陈春生〈满清二百年来失地记〉序》，上海人民出版社编，马勇整理:《章太炎全集:太炎文录补编》上，上海人民出版社 2017 年版，第 260 页。

④ 章太炎:《代议然否论》，上海人民出版社编，徐复点校:《章太炎全集:太炎文录初编》，上海人民出版社 2017 年版，第 319 页。

⑤ 章太炎:《相宅》，章炳麟著，徐复注:《訄书详注》下，上海古籍出版社2017 年版，第 763 页。

强盛的根基。武昌起义后，一些在日本东京的满族留学生惊恐万状，曾企图向日本借兵镇压革命党人。[①] 章太炎立刻写了一封名为《与满洲留日学生》的信函加以劝阻。在信中，章太炎公开承诺，在革命胜利后，汉人将给予满人和蒙古、回部、西藏平等的公民权，明确肯定革命后的中国必然是包含汉、满、蒙、回、藏等众多族裔在内的共和国，[②] 显示"恢复我完全无缺之金瓯"为其疆域思想之核心。

随着南方各省脱离清廷而"独立"，新兴的中华民国指日可待。这个新国家的都城选址，当时革命党人多主张定都南京。章太炎却看到了定都北京的益处，指出"以全邦计，燕京则适居中点，东控辽、沈，北制蒙、回，其力足以相及"；并毫不留情地指出定都南京有诸多弊害，包括"蒙古诸王，亦或阴相拥戴（指拥戴退位的溥仪），是使南北分离，神州幅裂"。[③] 他渴望尽可能使中华民国不在领土方面遭受损失。1911 年 12 月 29 日，外蒙古一部分教俗贵族公然宣布独立，章太炎对此实际上痛心疾首。他在 1912 年 2 月 2 日驳斥主张建都南京的黄兴之电文中，指出："中国于蒙古，未有一镇一府处其上者，非首都密迩，指臂何以相使？声威何以相及？"[④]

何以章太炎有时坚持十八行省疆域论，有时希望完整继承清朝版图？理解这个"矛盾"，需要着眼于他的话语对象和言论情

---

① 汤志钧编：《章太炎年谱长编》上，中华书局 1979 年版，第 352 页。

② 章太炎：《与满洲留日学生》，上海人民出版社编，马勇整理：《章太炎全集：书信集》上，上海人民出版社 2017 年版，第 395 页。

③ 章太炎：《与南京参议会》，上海人民出版社编，马勇整理：《章太炎全集：书信集》上，上海人民出版社 2017 年版，第 559 页。

④ 章太炎：《驳黄兴主张南都电》，上海人民出版社编，马勇整理：《章太炎全集：书信集》上，上海人民出版社 2017 年版，第 556 页。

境。章太炎谈论十八行省疆域论,与其他革命家一样,基本上是在关乎"革命"的情境下,其言说对象也多以立宪派等论敌为主。章太炎的这种思想,并非甘心放弃边疆国土,而是在非革命无以救国的意识前提下,为动员革命力量所采取的策略性考量。此时强调十八省汉地,是为了凝聚受压迫且占人口绝大多数的汉人族群起而参加针对"异族"(满人贵族)的革命。这种空间概念,与时间概念上的"反清复明"动员策略异曲而同工。正如其反清并非真正"复明",其"十八行省"疆域论的实质也并非真正放弃满、蒙、回、藏所聚居的边疆。因此,当章太炎、孙中山等人面对外部世界及中外话题时,都会不经意流露出内心深处保全整体国土的愿望。

章太炎允许边疆民族"独立"的说法,常常附有一个"邦联"的愿景做纽带,表明在不得已的情况下,即使边疆民族不能加入革命后建立的汉民族新国家,也希望能尽量保持松散的一体关系,或曰同心圆政治结构,以联合应对列强的挑战。这是对其他族群意愿的尊重,也是减少革命阻力的一种策略。章太炎提出"以明时直省为根本"的真意,大抵如此。

最终,《中华民国临时约法》规定将所有清朝疆域完整继承,"中华民国领土为二十二行省(含新疆省)、内外蒙古、西藏、青海。"这是章太炎等革命者所乐观其成并由衷欣慰的。不过,章太炎仍不忽略汉地与边疆的差异。在1912年1月给张謇的信中,章太炎主张东三省、新疆等处"政体当与域内小殊",蒙古、西藏可以"存其王号,因其神权,设总督以监理之"。待其与内地逐渐同化后，再推行一体化的政策法令。[1]同年 2 月他代表"中华民国联合会"所拟致袁世凯的建议书中，也指出"满洲、新疆、蒙古、青海、西藏，应有特别治法，俟交通便利，人民同化，再行改归一律"。[2]这种相对温和的边政思想，印证了章太炎此前构想的以"内地十八行省"为核心的版图整合，是一种策略；其内心真实的追求，是维系中国包含内地与边疆的完整版图。一些学者认为反清的革命者放弃汉族共和国而选择"五族共和"，是为了解决革命时期鼓动族群主义的宣传策略与中国是多族裔国家这一现实之间的矛盾不得不为的"历史性大妥协"，[3]睽诸章太炎疆域论述的族群主义与国族主义两个并存面相，则未必是全部真相。

二、"存亡所系"

中华民国建立，有民族压迫性质的清政权灭亡，"排满"的民族主义革命目标已经实现，中国内部整合问题在法理上已经定型。基于这一现实，章太炎的族群主义退隐，而国族主义凸显，其疆域思想中，追求领土完整的成分迅速上升。

五族共和、共建新中国的美好愿景成为章太炎公开的政治认同，他构想的"中国本部"疆域说，便成为过去。1913 年 4 月，章太炎为中华民国拟写国歌歌词，其中提到版图时说："休矣五

---

[1]　章太炎：《与张謇》（第 2 通），上海人民出版社编，马勇整理：《章太炎全集·书信集》上，上海人民出版社 2017 年版，第 546 页。

[2]　章太炎：《与袁世凯》（第 1 通），上海人民出版社编，马勇整理：《章太炎全集·书信集》上，上海人民出版社 2017 年版，第 563 页。

[3]　许纪霖：《家国天下：现代中国的个人、国家与世界认同》，上海人民出版社 2016 年版，第 53 页。

族，无有此界尔疆。"① 这不仅表达了他对汉、满、蒙、回、藏"五族共和"的明确肯定，也是对中国内地与东北、内外蒙古、新疆、西藏等边疆地区消除此界彼疆、彻底融为一体的祈愿。边疆地区对于新生的中华民国，不再是可有可无之地。当年6月3日，章太炎接受《顺天时报》记者采访时，曾针对外蒙"独立"问题表示，这一问题是"中国存亡所系""最不可不注意研究"。②

此时的章太炎已在"东三省筹边使"任上。1913年元旦，筹边使公署在长春正式开办。他任职时间不长，工作进展也并不顺利，但这段经历极大加深了他对中国东北边疆问题的思考。

章太炎筹边时期，首先注意到了沙俄的侵略野心。他发现吉林等地一些人与北京政府貌合神离，"殆俄国之土司也"；东三省金融刚刚起步，当地主要流通纸币是帝俄政府发行的。③ 为了改变俄国操纵东北金融和前清政府滥发纸币导致当地金融业紊乱不堪的状况，章太炎主张筹边应该从统一财政入手，却受到俄国方面的干扰。俄国除了对东北进行经济侵略之外，还时刻不忘觊觎东北边境领土。鉴于此，章太炎派韩国钧、缪子才等人深入松花江下游进行地图测绘，"子才复为绘黑龙江图，校〔较〕旧东三省图为精矣"。④ 在他心中，消除东北领土的蚕食威胁迫在眉睫。

东北是日本觊觎之地，章太炎也对日本人充满戒备。在日本

① 《章炳麟拟国歌》，《教育部编纂处月刊》第1卷第3期，1913年4月，第1页。

② 章太炎：《谈时局》，上海人民出版社编，马勇整理：《章太炎全集：太炎文录补编》上，上海人民出版社2017年版，第478页。

③ 章太炎：《筹边政策要点》，上海人民出版社编，马勇整理：《章太炎全集：太炎文录补编》上，上海人民出版社2017年版，第461页。

④ 章太炎：《太炎先生自定年谱》，上海人民出版社编，马勇整理：《章太炎全集：太炎文录补编》下，上海人民出版社2017年版，第770—771页。

吞并韩国前后，许多韩侨北上移民中国东北边疆的延吉，并希望加入中国国籍，章太炎主张："间岛之争，中国幸而获直。然处其地者皆韩人，不予归化，名为吾有，其实与日本领土无异，宜速许之。"同时他认为袁世凯政权因惧怕日本而不敢接纳韩侨入籍申请，对其十分不满。[1]章太炎所力图保持的领土，除汉人聚居地外，也包括韩侨聚居的延吉等边疆区域。

章太炎也十分警惕宗社党人妄图复辟清室的阴谋活动。其诗作《癸丑长春筹边》末联云："殷顽殊未尽，何以慰三殇。"[2]虽然章太炎本人解释说诗中的"殷顽"指"贪污官吏"[3]，但是此处"殷顽"其实是一语双关，并且主要指前清宗社党人。因为"殷顽"一词原是周公对西周灭商后继续效忠于反周的殷商王子武庚的殷遗民的贬称，可指代前朝余孽。1913 年 3 月 19 日，章太炎发布《招抚宗社党之广告》，首先指出清朝绝不可能死灰复燃，"一班旗人尚且不愿清朝再兴"；接着章太炎数落宗社党种种窘迫不堪的丑态，最后要求"本来是革命党"的"假宗社党"人赶紧去东三省筹边使公署"悔过具结"。[4]

历经七个月的长春筹边，章太炎摈弃了以往视东北边疆为可有可无之地的想法，认识到了边疆开发对于中国整体发展的重要性。章太炎在《东省实业计划书》中表示，自己"以鹰鹯搏击之

---

① 章太炎：《太炎先生自定年谱》，上海人民出版社编，马勇整理：《章太炎全集：太炎文录补编》下，上海人民出版社 2017 年版，第 771 页。

② 章太炎：《癸丑长春筹边》，上海人民出版社编，马勇整理：《章太炎全集：太炎文录补编》上，上海人民出版社 2017 年版，第 467 页。

③ 章太炎：《解释"土司"之含义》，上海人民出版社编，马勇整理：《章太炎全集：太炎文录补编》上，上海人民出版社 2017 年版，第 468 页。

④ 章太炎：《招抚宗社党之广告》，上海人民出版社编，马勇整理：《章太炎全集：太炎文录补编》上，上海人民出版社 2017 年版，第 470—472 页。

心，副云霓救旱之望"，若"隐忍不言，虚糜廪禄，则无以对国人"。[①] 这番话，体现了章太炎对于开发东北实业高度的责任感。

1924年章太炎之所以能完成其"毕生唯一一部有计划的历史写作"——《清建国别记》，[②] 正是源于他这段担任东三省筹边使的经历。其自述《清建国别记》创作缘由时说："民国兴，余尝筹边关东，东抵三姓，北至黑龙江矣。"[③] 通过对东北边疆实地深入考察，章太炎认识到中国对这一边疆地区的主权行使极为薄弱，这里深受沙俄、日本殖民势力威胁。如果边疆不存，则内地的安全必然无法保障。基于此，章太炎试图重新认识起源于东北长白山的前清王朝。

在《清建国别记》自序中，章太炎为《清建国别记》定下基调，即后金天命汗努尔哈赤反叛明朝不是自外于中华，其所立后金国并非古代中国之外的另一个国家。[④] 这与他之前"反清复明"意识下将努尔哈赤与明朝的战争视作外敌入侵"中华"，[⑤] 形成了鲜明对比。在著作正文中，章太炎将将努尔哈赤建立后金汗国、以

---

① 章太炎：《东省实业计划书》，汤志钧编：《章太炎政论选集》下，中华书局1977年版，第681页。

② 马勇：《〈清建国别记〉整理说明》，上海人民出版社编，虞云国、马勇整理：《章太炎全集：菿汉微言、菿汉昌言、菿汉雅言札记、刘子政左氏说、太史公古文尚书说等》，上海人民出版社2017年版，第396页。

③ 章太炎：《清建国别记》，上海人民出版社编，虞云国、马勇整理：《章太炎全集：菿汉微言、菿汉昌言、菿汉雅言札记、刘子政左氏说、太史公古文尚书说等》，上海人民出版社2017年版，第353页。

④ 章太炎：《清建国别记》，上海人民出版社编，虞云国、马勇整理：《章太炎全集：菿汉微言、菿汉昌言、菿汉雅言札记、刘子政左氏说、太史公古文尚书说等》，上海人民出版社2017年版，第354页。

⑤ 按：在1907年4月发表的《讨满洲檄》一文中，章太炎怒斥"建房""荐食沈阳，侵及关内，盗窃神器"，努尔哈赤"盗我边部，旁及叶赫、尼堪外兰诸部，将率群丑，黄衣称帝"。参见章太炎：《讨满洲檄》，上海人民出版社编，徐复点校：《章太炎全集：太炎文录初编》，上海人民出版社2017年版，第195页。

"七大恨"为借口兴兵伐明的行为称为"叛",[①]表明他承认之前努尔哈赤是明朝东北边疆地区的羁縻卫所首长；其独立建国的行径是对明朝的反叛，而非对中国的反叛。

章太炎此时极力论证建州女真对明王朝的臣属关系，既是论证中国对东北领土主权的现实需要，也是对中国历史上民族交往和融合这一客观事实的承认，体现出其显性层面的民族思想，由族群主义走向国族主义。基于此，他认同将中华民族所生活的全部区域，都包含在中华民国领土之内；而不是将内地十八行省之外的边疆地区视为异域。有学者注意到"九一八"后章太炎与马相伯、沈恩孚的联合宣言，认为其中将辽、金、元、清纳入中国历史体系，作为中国拥有东北合法性的历史依据，"对汉族族裔民族主义有所超越"，是章太炎疆域思想的一大变化。[②]事实上，章太炎在1924年的《重订三字经》中，就已将辽、金、元、清（尤其是清朝）纳入中国"二十四史"体系。[③]汤志钧先生已指出，此时的章太炎"和辛亥革命前的力主反清，态度已有不同"。[④]这是章太炎民族思想与其疆域思想共振的结果。

然而，同样是边疆，对于已然事实"独立"的外蒙，章太炎这时的关注比东北问题低很多。自苏俄策动外蒙古独立后，国内

---

① 章太炎：《清建国别记》，上海人民出版社编，虞云国、马勇整理：《章太炎全集：菿汉微言、菿汉昌言、菿汉雅言札记、刘子政左氏说、太史公古文尚书说等》，上海人民出版社2017年版，第390页。

② 王鹏辉：《章太炎的革命方略与边疆建设》，《近代史学刊》2015年第2期，第142—143页。

③ 章太炎：《重订三字经》，上海人民出版社编，虞云国、马勇整理：《章太炎全集：菿汉微言、菿汉昌言、菿汉雅言札记、刘子政左氏说、太史公古文尚书说等》，上海人民出版社2017年版，第416页。

④ 汤志钧编：《章太炎年谱长编》下，中华书局1979年版，第899页。

知识界、舆论界群情激奋。《大公报》上刊载文章,指出外蒙古是中国北部屏藩,国防价值比青岛更高,收回外蒙刻不容缓。[①]《独立青年》也发表文章,斥责苏俄政权"外假共产之名,内行侵略之实",认为其鼓动外蒙古独立与日本强迫中国签订《二十一条》无异。[②]章太炎对此反应显得相当冷静。不过这只显示一位学者的成熟,并非其认可外蒙领土损失。他确实赞赏过蒙古民族的顽强。如1925年他在驳斥新文化运动以来主张全盘欧化的论调时,曾以蒙古为例,主张汉族应保存自身的文化。认为"蒙古人不喜全学汉人,除一部分语言文字外",这有利于其保存民族文化命脉,故而"元亡犹得退蒙古,自明清迄今,外蒙仍崛然屹立"。[③]但这只是谈民族性格,而非疆域问题。在疆域问题上,他痛斥与苏俄联合的冯玉祥"与蒙古人联名通署,是承认蒙古为独立国"。[④]章太炎在疆域思想上彰显国族主义,并不意味着他过去的族群主义民族观已荡然无存,但这种族群主义逐渐移向文化层面。

三、"收复失地"

1931年9月18日晚,日本关东军挑起了九一八事变。此后短短三个月内,东三省大部分地区沦陷。随后,日寇又拉拢、扶

---

① 昂霄:《收回外蒙之重要理由:青年学子注意,国民注意》,天津《大公报》第7750期,1924年4月10日,第1张第2页。

② 非赤:《呜呼蒙古!》,《独立青年》1926年第1卷第8期,第69页。

③ 章太炎:《在金陵教育改进社演讲劝治史学并论史学利弊》,上海人民出版社编,章念驰编订:《章太炎全集:演讲集》上,上海人民出版社2015年版,第395页。

④ 章太炎:《与上海、汉口、天津、北京各报馆》,上海人民出版社编,马勇整理:《章太炎全集:书信集》下,上海人民出版社2017年版,第1108页。

持清废帝溥仪，于 1932 年 9 月建立傀儡政权伪"满洲国"。日本对中国东北的悍然侵略，强烈刺激了章太炎，更深化了其对东北地区战略价值的认识。

章太炎晚年对东北在军事地理上重要战略价值的认识，体现在九一八事变后他给孙思昉的两封信中。1931 年 10 月 5 日的信中，章太炎痛心疾首地表示："辽东虽失，而辽西、热河不可不守。虽处势危岌，要不得弃此屏障也。"[1] 在 1931 年 12 月 28 日的信中，章太炎在痛骂了张学良不思抵抗日寇侵略、一味消极避战后，又对其命令东北军守卫辽西走廊咽喉要塞锦州的亡羊补牢之举表示赞赏，并再次强调"辽西、热河必不可弃"。[2] 章太炎深知东北的存亡决定着内地的安危。东北地区绝不仅仅是夹在俄罗斯远东地区、蒙古高原和朝鲜半岛之间的一块战略突出部，而是华北平原的重要屏障，也是中国领土不可或缺的一部分。

东北沦陷使章太炎民族危机感骤然上升。正如章念驰所说，其祖父"强烈的民族主义意识使他从沉寂中苏醒"。[3] 姜义华也指出，九一八事变后，"时局的发展，很快就又使得这位老人不忍心也不甘心以'中华民国遗民'和'宁静的学者'终其生"。[4] 在 1932 年 1 月 19 日致林森、汪精卫、蒋介石的电文中，章太炎痛斥国民政府"启强邻之野心，招同侪之诟病"，"东变即兴，瑕疵暴著，千夫所指，辱及先人"，要求国民政府"收复失地"，"庶

---

① 章太炎：《与孙至诚》（第 4 通），上海人民出版社编，马勇整理：《章太炎全集·书信集》下，上海人民出版社 2017 年版，第 1155 页。

② 章太炎：《与孙至诚》（第 5 通），上海人民出版社编，马勇整理：《章太炎全集·书信集》下，上海人民出版社 2017 年版，第 1156 页。

③ 章念驰：《我所知道的祖父章太炎》，上海人民出版社 2016 年版，第 73 页。

④ 姜义华：《章太炎思想研究》，中国人民大学出版社 2009 年版，第 476 页。

几千九原之蛊，雪一身之愆"。①章太炎公开表示，拒绝参加国民政府召开的"国难会议"，并谴责当局："苟令江左弃地如遗，当国者将何以谢天下乎？"②对"勇于私斗，怯于公战"③的国民政府高层，章太炎失望至极。1933年4月1日其与马相伯、沈恩孚发表《三老宣言》，谴责南京政府一味信赖国联，对日本"作消极之抵抗"，"自甘宰割，自甘灭亡"。④

此一时期，鉴于中日两国国力的巨大差距，胡适曾通过陈布雷致信蒋介石，建议在万不得已的情况下可以有条件地暂时搁置东北，以争取更多时间应对中日全面冲突。⑤相比胡适的"冷静"，章太炎更多表达的是"收复失地"的激情。

日本军国主义者在侵略中国时，拾起了福泽谕吉的"满蒙非中国论"，打着"民族自决"的幌子妄图将"满洲"和蒙古从中国割裂出去。对此，章太炎严加驳斥，并以"辽、金、元入主中国，及清康熙与俄订《尼布楚五体文约》(内有一种为拉丁文)，均认为中国土地"，东北少数民族"种姓早与中国同化"，"直至同治，该岛(指库页岛，今俄罗斯萨哈林岛)尚进贡貂皮等"三条理由，作为东北地区归属中国的证据。⑥其中，第一条是起源

---

① 章太炎：《与林森、汪精卫、蒋介石电》，上海人民出版社编，马勇整理：《章太炎全集：书信集》下，上海人民出版社2017年版，第1175页。

② 章太炎：《拒绝参加国难会议书》，上海人民出版社编，马勇整理：《章太炎全集：书信集》下，上海人民出版社2017年版，第1184页。

③ 章太炎：《与全国军民》，上海人民出版社编，马勇整理：《章太炎全集：书信集》下，上海人民出版社2017年版，第1204页。

④ 章太炎：《与马相伯、沈恩孚联合宣言》，汤志钧编：《章太炎政论选集》下，中华书局1977年版，第834页。

⑤ 参见杨天石：《胡适曾提议放弃东三省，承认"满洲国"——近世名人未刊函电过眼录》，《近代史研究》2004年第6期，第200—202页。

⑥ 章太炎：《告世界人士书》(其一)，上海人民出版社编，马勇整理：《章太炎全集：书信集》下，上海人民出版社2017年版，第1202页。

于东北的辽朝、金朝、元朝、清朝四个内亚广义游牧民族建立的王朝自我认同中国，这无异于承认了辽、金、元、清，只要认同中国就是中国正统王朝；第二条是东北少数族裔存在与中国主体民族汉族同化现象，实质上是拒斥了民族自决理论而承认中国作为多民族国家的历史合理性；第三条是库页岛土著阿伊努人曾向清朝进贡，既承认阿伊努人是清代中国疆域内的少数族裔，又认同清朝是当时中国的唯一合法政权。[①]

痛切于东北危机的同时，章太炎对西南边疆也更加重视，并不惜以肯定清政府正统地位的方式，论证西南边疆领土属于中国。

章太炎完成于这一时期的《西南属夷小记》，将云南等西南边疆地区少数民族称为"属夷"，明确认同他们是中国国民的组成部分。他详细考证了明清时期云南等西南边疆少数民族与中原王朝的臣属和纳贡关系，所谓"永昌、顺宁皆贡濮竹，而顺宁专贡矮犬"。[②]章太炎之所以强调云南边疆土司向清政府朝贡，无疑是为了论证中国对西南边疆无可置疑的主权，以及这种领土主权的历史渊源。章太炎对晚清时期与英国在东南亚的侵略势力勾结、意图分裂云南、建立伊斯兰教国家的杜文秀十分憎恶，在替他人撰写的墓志铭中多次站在清王朝立场上谴责杜文秀。如1931年《嵩明谢烈妇李氏表颂》中高度赞扬因维护清王朝而被杜文秀叛

---

① 类似的论述还见于章太炎1933年的演说辞《读史与文化复兴之关系》中。章太炎在批驳日本人借口帮助满人"民族自决"侵占中国东北的谰言时，一方面指出东三省绝大多数人口都是汉人，满人不过是少数民族，另一方面说明清朝入主中国后满人"二百年来，渐见同化，至今纯粹满人，不少概见"。参见章太炎：《读史与文化复兴之关系》，上海人民出版社编，章念驰编订：《章太炎全集：演讲集》下，上海人民出版社2015年版，第536—537页。

② 章太炎：《西南属夷小记》，上海人民出版社编，饶钦龙、贺庸点校：《章太炎全集：太炎文录续编》，上海人民出版社2017年版，第386页。

军残杀的谢兰妻子李氏；① 1934 年《宾川苏君墓表》中更为鲜明地褒扬清军而贬斥叛军："会杨玉科克宾川，官军与贼相鏖。"② 在这篇墓表中，章太炎不仅对清军收复宾川下一褒扬色彩极浓的"克"字，而且直呼清军为"官军"，意味着他至少在镇压叛乱、保卫边疆方面赞赏清政府的努力。在《清故千总杨君墓表》中，章太炎则以该土司向清朝纳贡作为依据，论证片马土司从属中国云南省，并非隶属于时为英属印度一部分的缅甸。③ 这些都体现出章太炎已将清朝视为中国正朔。

章太炎九一八事变后对于维护疆域完整的强烈愿望，意图在于激励国人抵御外辱、收复失地。当时另一位著名学者顾颉刚也主张收复失地，并使"中华民国的全部疆土笼罩在一个政权之下"。④ 但顾颉刚的民族思想，始终强调"中华民族是一个"，不承认中国的"多元民族"。⑤ 而章太炎的疆土完整追求依然与族群主义民族观难舍难分，即疆域理念上持国族主义，文化层面上持族群主义。

1932 年，章太炎代吴佩孚草拟申讨伪满洲国的通电，明确指出所谓"满洲国"，"实即为日本附庸，阳辞占领之名，阴行掠夺之实"，溥仪等"久在中华范围之中"的"满洲遗族"，"非但

---

① 章太炎：《嵩明谢烈妇李氏表颂》，上海人民出版社编，饶钦龙、贺庸点校：《章太炎全集：太炎文录续编》，上海人民出版社 2017 年版，第 245—246 页。

② 章太炎：《宾川苏君墓表》，上海人民出版社编，饶钦龙、贺庸点校：《章太炎全集：太炎文录续编》，上海人民出版社 2017 年版，第 270 页。

③ 章太炎：《清故千总杨君墓表》，上海人民出版社编，饶钦龙、贺庸点校：《章太炎全集：太炎文录续编》，上海人民出版社 2017 年版，第 266—267 页。

④ 顾颉刚：《昆明边疆周刊发刊词》，《顾颉刚全集 36：实树园文存（卷四）》，中华书局 2010 年版，第 321 页。

⑤ 顾颉刚：《中华民族是一个》，《顾颉刚全集 36：实树园文存（卷四）》，中华书局 2010 年版，第 94 页。

三省汉人所不与谅,满人之有知识者,亦未肯归心也"。他对载沣等拒绝投靠日本人的满族爱国人士不惜表达赞许,并希望包括"满人之有知识者"在内全体中国人都"同仇敌忾,大张挞伐","对日本则为御侮之师,对窃据独立者则申讨逆之义"。[①]

同时,章太炎也以文化层面的族群主义,对溥仪和一些满人贵族甘当国奸、投靠日寇进行抨击。章太炎对这些满人贵胄的恨恶,难免延伸到对整个"满洲"的敌视,形式上看似乎是向辛亥革命前的"排满"思想回归。如章太炎1933年作《〈日知录校记〉序》,文末署年份为"于时戎祸分拏,倭为溥仪蹂热河之岁也"。[②]情急之下,有时他会将伪满政权视为前清王朝的延续,是"亡而复起"的代表满族利益的割据政权。如"日本逞无厌之欲,满洲燃已死之灰",[③]"方今天方荐瘥,载胥及溺,满洲亡而复起,日人又出其雷霆万钧之力以济之,诸夏阽危"[④]等。1936年章太炎去世时,他决定将自己的墓地选在南明抗清志士张煌言旁,以张煌言自喻。[⑤]另据冯自由回忆,其临终前的遗嘱是:"设有异族入主中夏,世世子孙毋食其官禄。"[⑥]章太炎有时把清军入关和日本侵华视作了同一性质的战争,认为那都是外国对中国的侵略和征服,

---

① 章太炎:《代吴佩孚拟申讨伪满洲国电》,上海人民出版社编,马勇整理:《章太炎全集·书信集》下,上海人民出版社2017年版,第1181页。

② 章太炎:《〈日知录校记〉序》,上海人民出版社编,饶钦龙、贺庸点校:《章太炎全集·太炎文录续编》,上海人民出版社2017年版,第156页。

③ 章太炎:《与冯玉祥》(第4通),上海人民出版社编,马勇整理:《章太炎全集·书信集》下,上海人民出版社2017年版,第1082页。

④ 章太炎:《论读经有利而无弊》,上海人民出版社编,章念驰编订:《章太炎全集·演讲集》下,上海人民出版社2017年版,第567页。

⑤ 章念驰:《我所知道的祖父章太炎》,上海人民出版社2018年版,第148页。

⑥ 冯自由:《记章太炎与余订交始末》,陈平原、杜玲玲编:《追忆章太炎》(修订本),生活·读书·新知三联书店2009年版,第28页。

虽然混淆了南明抗清和中国抗日的性质，但也显示他文化层面的族群主义依然根深蒂固。这种思想的局限性，正如有学者早已指出的，不利于团结满族普通民众共同抗日。[①]

虽然暮年章太炎，表面上"排满""反满"言辞偶有重现，但多是在修辞意义上所做的描述，不能简单看作其晚清时期汉民族主义思想的回归。就主流方面而言，他仍强调日本侵略东北是对中国领土主权的践踏，并坚持中国有对东北完全合法正当的主权。

1935 年，随着日本侵略势力在内蒙古和华北的步步紧逼，章太炎借纪念孔子之由，勉励国人团结抗战。他认为，满人建立清朝并夺取汉土近三百年，汉人最终能取得"排满光复"的胜利，是因为孔子"内中国外夷狄"的"华夷之辨"思想深入人心。他还表示，要"将中华民族当孔子看"。[②]他这番言论的重点在于，勉励整个中华民族奋起反抗外来侵略和压迫，本质上是坚持中华民族完整疆域和主权，反对日本军国主义对中国的侵略和奴役。

结语

本尼迪克特·安德森认为，"民族被想象为拥有主权"，因此民族主义的目标是建立"主权国家"。[③]然而，民族主义所追求建立的民族国家，并不是领土无限延伸甚至囊括全球的帝国，而是

---

① 李润苍：《试论章太炎的民族主义》，《近代史研究》1981 年第 3 期，第283 页。

② 章太炎：《在吴县纪念孔子诞生大会上之演说》，上海人民出版社编，章念驰编订：《章太炎全集：演讲集》下，上海人民出版社 2017 年版，第 617—618 页。

③ ［美］本尼迪克特·安德森：《想象的共同体——民族主义的起源与散布》，吴叡人译，上海人民出版社 2011 年版，第 7 页。

与主体民族生活地域大致重合的国家。英国学者欧内斯特·盖尔纳指出，民族主义作为一条政治原则，首要含义是"认为政治单位和民族单位应该是一致的"。[①]因此，研究民族主义，不能不讨论其对民族国家疆域的建构。

以"溥天之下，莫非王土"为基本特征的中国传统"天下"观念，并无明晰的领土和边界意识。传统王朝边疆常被视作天子直辖郡县与"外夷"所处"化外之地"之间的过渡与缓冲地带。[②]在近代外来侵略冲击下，中国古老的"天下"观步履蹒跚地向以条约体系和国际法为基础的现代民族国家的领土主权意识转型。章太炎作为晚清民国时期的民族主义思想家，他的疆域思想表现出了鲜明的时代特征，也有自己的个性。

章太炎的疆域观始终与其民族主义相激荡。他的民族主义一方面表现为追求国民国家的国族主义，一方面表现为承认多元民族及其文化差异的族群主义。体现在疆域观上，革命时期既有显性上的汉地十八省疆域观，又有隐性层面的"完整无缺之金瓯"意识；民国建立后，完整疆域观成为政治层面显性国族主义的目标，而族群主义则在文化层面上继续存在。

章太炎曾认为可以任由边疆地区来去自由；但面对列强威胁时，却表现出对"五族共和"国族主义思想的拥抱。[③]而且随着中国边疆危机的不断加深，章太炎表现出诸多坚决维护中国领土主权完整的言行。他的汉地十八省疆域观异于李鸿章、谭嗣同

---

① ［英］欧内斯特·盖尔纳：《民族主义与民族》，韩红译，上海人民出版社2021年版，第1页。

② 参见赵现海：《中国古代的"天下秩序"与"差序疆域"》，《江海学刊》2019年第3期，第171页。

③ 王玉华：《挥戈集》，社会科学文献出版社2019年版，第259—263页。

等人纯粹从王朝短期物质利益出发，视边疆为可有可无之地的思想。[①] 其争取疆域完整的思想，也与胡适、顾颉刚等人有别。章太炎固然时常表现出国族主义与族群主义之间的纠结和矛盾，在"满洲国"问题上有用国族主义（忠奸论）化解族群主义（满汉论）的隐衷，透露了他民族主义思想的内在紧张；但在"恢复我完全无缺之金瓯"的追求上，堪称顽强。

　　章太炎民族思想在族群主义与国族主义之间的消长，是中国知识分子走出"天下主义"探索现代民族国家之路的一个典型案例，特别值得回味。

---

① 李鸿章曾视新疆为中国内地外围的"藩部"，从中原王朝羁縻边疆的传统思维出发，认为边疆之得失对于内地无关紧要。当中原王朝国力衰微时，不妨容许某些边疆地区自立一国，只要求其仍然向中原王朝称臣纳贡并"奉正朔"，这并不损伤中原王朝的元气。参见李鸿章：《筹议海防折》，顾廷龙、戴逸主编：《李鸿章全集 6：奏议六》，安徽教育出版社 2003 年版，第 164 页。谭嗣同主张若经费不足以支撑变法维新，则"当尽卖新疆于俄罗斯，尽卖西藏于英吉利，以偿清二万万之欠款……满洲、蒙古缘边之地亦皆可卖"。参见谭嗣同：《上欧阳中鹄书》，何执编：《谭嗣同集》，岳麓书社 2012 年版，第 180 页。

民族主义内在的困境
——陈独秀国家观从民族主义到自由主义的转变 [*]

　　中国近代一百多年的思想史，前期重点在于求"变"，后期开始由"主义"主导国人思想。大略言之，求"变"思想之拓展，主要在中国传统学术中推动，在"体""用"范式下思考，直到严复才突破"以复古为解放"框架。变革重心从器物到制度到文化，经历的是一个纵向深化的过程。"主义"话语的展开却不然。它们的来源已经很分歧——像民族主义、自由主义、社会主义等即使在西方社会也各有所本；核心价值和具体诉求也各不相同——或以国家为中心，或以个人为中心，或以阶级为中心；引入中国后更存在与中国国情的配合问题。而一个百病丛生、混乱不堪的社会，具体国情究竟如何把握，主要矛盾为何，答案更是因人而异的。因之，在"主义"论述的时代，人们看到的更多是横向的思想对列（排斥、竞争或合作），而非纵向的思想推演。

　　"主义"的选择，事关民族发展道路的走向，研究中国 20 世纪的曲折历史，"主义"之辨之重要实不待言。而探讨"主义"的选择，不能不对各种"主义"之间的合与离有深度的了解。这自然有必要借助于理论逻辑的分析；但更重要的，还是要在近代思想家活生生的思想进程中去了解。有意思的是，中国近代的思想人物，选定一种"主义"而终生信仰、奋斗的虽确有其人，更多的则是不断地结合时代再思考、再选择，他们的心路历程尤其

　　＊　本文曾载于《安徽史学》2007 年第 3 期。

有利于真切观察"主义"之间的联系与冲突。基于这样的考虑，笔者打算就陈独秀这个很有代表性的思想人物，作一番探讨。

陈独秀自从跳出传统思想樊篱、走入现代思想世界之后，一变再变，从民族主义到自由主义，从自由主义到社会主义，从第三国际的社会主义到第四国际的社会主义，再到民族的、民主的社会主义。他的思想变化本质上出于真诚，是经过深入反省、痛苦思索达成的，无论思想本身正确与否，与若干思想投机者不可同日而语。笔者认为，在这些转变中，民族主义、自由主义、社会主义三大思想系统之间的兴替机缘，尤其值得观察。本节作为专题研究的一部分，讨论目标将放在他第一次思想转向上，即陈独秀何以从民族主义转向自由主义？① 试图从中观察近代中国民族主义与自由主义的某种内在关联。

---

① 近二十多年来，陈独秀研究已日益打破禁忌，朝学术化方向发展，且有十数种专门著作问世，但研究重心仍然比较集中在党史领域。任建树、唐宝林所著开创性的《陈独秀传》(上海人民出版社 1989 年版)，上下册就分别以"从秀才到总书记""从总书记到反对派"为副题，以党史为视角清楚显示。其他著作如王学勤著《陈独秀与中国共产党》(东南大学出版社 1991 年版)，唐宝林、陈铁健著《陈独秀与瞿秋白》(中国青年出版社 1997 年版)，朱洪著《陈独秀与第三国际人物论》(中国档案出版社 2003 年版)，姚金果著《陈独秀与莫斯科的恩恩怨怨》(福建人民出版社 2006 年版)等亦然。即就思想领域而言，关注热点也在陈独秀新文化运动时期、国民革命时期的思想，以及他晚年思想上，如曾乐山著《五四时期陈独秀思想研究》(福建人民出版社 1983 年版)，阿明布和著《晚年陈独秀与苏联经验》(人民出版社 2002 年版)，贾立臣著《陈独秀思想发展轨迹》(中国档案出版社 2003 年版)，胡明著《正误交织陈独秀——思想的诠释与文化的评判》(人民文学出版社 2004 年版)等。对于陈独秀早期思想概貌，目前只见陈万雄著《新文化运动前的陈独秀：1879—1915》(香港：香港中文大学出版社 1982 年版)和少数单篇论文涉及，而他们也很少从内在理路讨论到陈独秀最早的"思想形态"和这一思想形态的"演变"脉络。这说明对陈独秀从民族主义转向自由主义内在理路进行探讨，在学术上并非多余之举。

一、陈独秀政治思想的基点：民族主义

学界一般根据政治史观点，将1920年之前的陈独秀思想，通称为"早期"思想，这种说法从陈独秀的政治人生观察固然能够自圆其说，从思想世界的变迁角度看却过于笼统。这种笼统不仅忽略了陈独秀思想中真正的第一阶段（第一形态），而且更放过了一个非常具有重要性的一个问题：陈独秀的新文化思想何以形成？以往研究者谈到陈独秀第一形态的思想面貌，概以"康党"称之，"康党"是政治立场上的指称，其思想内涵竟何指，研究者多语焉不详；以往研究者谈到陈独秀的新文化思想的形成，一般仅以辛亥革命失败，觉悟到思想启蒙的重要来说明，这仍然属于一种外部解释，殊不知思想启蒙的重要早在陈独秀《安徽俗话报》时期已经认识到了，何以那时不提"新文化"？显然这些问题还有继续探讨的必要。

陈独秀出身于安徽安庆城一个小户人家，跟传统中国大多数小康家庭子女一样，陈独秀幼年也在为一举及第、光耀门楣的理想而努力。他在《实庵自传》中说，他自幼丧父，"家中有一个严厉的祖父，一个能干而慈祥的母亲，一个阿弥陀佛的大哥"，最先祖父教他读四书五经和《左传》，祖父过世后，短暂请塾师教过八股文，后来由大哥教他，一边读经书，一边读《昭明文选》之类的诗文，并没有接触西学新知；康梁的《时务报》，也并没有引起他多少同情。直到考中秀才的次年（1897）初秋参加乡试，亲见科举制度的种种腐败、怪异现象，由此"又联想到国家一切制度，恐怕都有如此这般毛病"，才"最后感觉到梁启超那班人们在《时务报》上说的话是有些道理"。这一觉悟，虽发生在"一

两个钟头的冥想"中，却意味着他从此走出了"选学妖孽"的魔障，决定了他放弃了"举人、进士、状元郎"的老路，踏上一条"康党、乱党、共产党"的新途。

陈独秀走出传统士人的思想世界，首先进入的确实是康梁的思想视野。读了康梁文章，陈独秀"始恍然于域外之政教学术，粲然可观，茅塞顿开，觉昨非而今是"，[①] 是年冬，他借鉴《时务报》上刊载的文献资料，[②] 作了一篇《扬子江形势论略》，对长江防务献计献策，以"引领于我国政府"。在这篇文章里，他对国家面临的局面非常忧虑，指出："近时敌舰卧榻，谋堕神州；俄营蒙满，法伺黔滇，德人染指青齐，日本觊觎闽越，英据香澳，且急急欲垄断长江，以通川藏印度之道路，管辖东南七省之利权"，中国已面临被瓜分的危险，"时事日非，不堪设想"。[③] 这样的危机感当然也直接来自康梁。康梁改变政制、学风的见解，当时虽逐渐得到帝党垂青，仍然受到各地保守势力的敌视，像湖南叶德辉那样的尊古守旧者"觉不与其旧式思想、旧式生活状态相容，遂群起哗然非之，詈为离经畔道、名教罪人"，陈独秀每见乡里瞀儒攻击，"愤不能平，恒于广座为康先生辨护"，乃至被指"为

---

① 陈独秀：《驳康有为致总统总理书》，《新青年》2卷3号。

② 据间小波考订，陈独秀《扬子江形势论略》是他南京应试结束并绝意于举业之后，回到安庆收集资料完成的，资料来源主要是1897年上半年《时务报》分别连载的两篇文章，一是《扬子江筹防刍议》（第21—22、24—26册连载），二是《查阅沿江炮台续禀》（第28—30册连载）。两篇文章的作者分别为雷诺、来春石泰与骆博凯，均为德国人，他们奉两江总督之命，在1896年对吴淞口至南京沿江进行过实地考察。间小波：《论世纪之交陈独秀的思想来源与文化选择》，《社会科学研究》2002年第4期。

③ 陈独秀：《扬子江形势论略》，任建树等编《陈独秀著作选》第一卷，上海人民出版社1993年版，第12页。

康党、为孔教罪人,侧目而远之"。①

陈独秀不仅在政治立场上同情康梁,更重要的是,在追随康梁的过程中,陈独秀还接受了近代的国家观念。

关于"国家"观念何时进入陈独秀的精神世界,他有一段自述:"我十年以前,在家里读书的时候,天天只知道吃饭睡觉。就是发奋有为,也不过是念念文章,想骗几层功名,光耀门楣罢了,哪知道国家是个什么东西,和我有什么关系呢?到了甲午年,才听见人说有个什么日本国,把我们中国打败了。到了庚子年,又听什么英国、俄国、法国、德国、意国、美国、奥国、日本八国的联合军,把中国打败了。此时我才晓得,世界上的人,原来是分做一国一国的,此疆彼界,各不相下。我们中国,也是世界万国中之一国,我也是中国之一人。……我生长到二十多岁,才知道有个国家,才知道国家乃是全国人的大家,才知道人人有应当尽力于这大家的大义",开始思考"我们中国何以不如外国,要被外国欺负,此中必有缘故"。② 陈独秀所自述的这个变化,发生在 1895—1903 年间,若把这个过程中的了解"世界上的人,原来是分做一国一国的",与知道"国家乃是全国人的大家","人人有应当尽力于这大家的大义"划分为两个层次的问题,那么前者或许用不着康梁来启蒙,那只是对事实的一个观察罢了,后者则涉及对国家内涵的理解,属于意识形态范畴,正是康梁影响所致。

说起康梁的国家观念,似乎是一个统一而稳定的思想,其实不然。1898 年前,梁启超虔诚追随康有为,忠实履行着康氏宣传

---

① 陈独秀:《孔子之道与现代生活》,《新青年》2 卷 4 号。
② 陈独秀:《说国家》,《安徽俗话报》1904 年 6 月 14 日。

家的角色，二人见解差异不大，而且总体上他们也并没有从中国传统的"天下"意识中彻底走出来；戊戌维新失败后，师徒二人逃亡国外，康有为思想几无变化，而梁启超则越来越受到异域思想的影响，日益游离于乃师之外。在1899—1903年间，梁启超大力鼓吹流行于日本的西方民族主义国家理论，指出"今日之欧美，则民族主义与民族帝国主义相嬗之时代也"，认为"今日欲抵挡列强之民族帝国主义，以挽浩劫而拯生灵，惟有我行我民族主义一策"，[①] 将不同于传统"天下"观念的新式民族主义介绍到中国。在他看来，民族主义的基本内核有二：第一，民族国家意识，也就是，"同族则相吸集，异族则相反拨，苟为他族所钳制压抑者，虽粉身碎骨，以图恢复，亦所不辞"，直至创建自己的"民族国家"。这就与中国传统的华夷之辨区别开来。第二，国民意识，也就是国民必须认识到国家是大家的，而不是君主的或少数几个人的。国民应通过自新由臣民上升到公民，公民在具有独立人格的同时，也应具有对国家的独立、民族的兴旺负责任的义务感。他称此为"国家主义"，并将其与民族主义并举。这就与中国传统的王朝国家观区别开来。1902年，梁启超在《论新民为今日中国第一急务》中给民族主义所下的定义就说："民族主义者何？各地同种族、同言语、同宗教、同习俗之人，相视如同胞，务独立自治，组织完备之政府，以谋公益而御他族是也。"[②] 这个定义实际上包含了国家在"上下""内外"两个层次上的关系，而他所谓"相视如同胞"的，主要的标准在于文化传统。所

---

① 梁启超：《国家思想变迁异同论》，《清议报》1901年第94、95册。

② 梁启超：《论新民为今日中国第一急务》，《新民丛报》1902年第1期，后收入《新民说》单行，《饮冰室合集》专集四，中华书局1989年影印版，第4页。

谓"同种族"的种族，也是"夷狄而华夏，则华夏之"的种族。

陈独秀能够知道"国家乃是全国人的大家"，"人人有应当尽力于这大家的大义"，应该说受到的是梁启超的现代民族主义宣传的影响。1901—1903年陈独秀两度赴日本留学，正值梁启超在日本主办《清议报》和《新民丛报》，且发挥巨大影响的时候，当时几乎没有留日学生完全不受其影响，他通过这些报刊接受民族主义自然毫不奇怪。

当然，由于百日维新的失败、戊戌六君子的惨遭杀害、八国联军的侵华战争、《辛丑条约》的签订等惨酷事实的强烈刺激，在政治态度上，陈独秀不满清朝官僚"保国休谈，惜钱如命"，"干爹奉承，奴才本性"，[①] 已经逐渐抛弃了对清政府的信任，激进到革命营垒，由"康党"转为一个"乱党"分子了。1902年9月他与留日革命人士张继等发起成立"明白揭示以民族主义为宗旨，破坏主义为目的"的"中国青年会"，其"破坏主义"就是要用暴力手段推翻清廷。后来他参加暗杀团体上海"爱国协会"，创立意在精忠报国的芜湖"岳王会"，都是这种"破坏主义的"表现。

不过，尽管陈独秀政治态度上日趋激进，在国家观念上却并无明显变化。他参与的革命团体，都是以挽救国家、民族为指针的：中国青年会的"民族主义"宗旨，爱国协会的"爱国"，岳王会的"精忠报国"，在在说明这一点。当时"民族主义"和"爱国"的旗号，革命派和改良派都在用，可是含义有很大的不同。革命派的"民族主义"实际上是汉族主义，"爱国"实际上是要复被清廷所亡的汉族国家，1905年整合各种革命势力成立同盟

---

① 陈独秀:《醉江东，愤时俗也》,《安徽俗话报》1904年3月31日。

会，纲领就确定为"驱除鞑虏，恢复中华"。陈独秀认同"革命"，却并没有认同革命派的这种国家观念。他之所以不满清朝政府，乃是由于它的腐败无能，不足以作为救国的倚赖，而非因为它是异族、侵略者。在陈独秀看来，中国是个多民族国家，"全国人种分为四族"，汉族属于中国，占据现在朝廷的通古斯族（满族），也属于中国；[1] 汉族王朝被改换，并不等于亡国，"历代里换了一姓做皇帝，就称作亡国，殊不知一国里，换了一姓做皇帝，这国还是国，并未亡了，这只可称做'换朝'，不可称做'亡国'。必定是这国让外国人做了皇帝，或土地主权被外国占去，这才算是'亡国'"。[2] 这跟梁启超的国家观念是一致的。也许正是这种梁启超式的国家观，使得陈独秀始终没有加入同盟会。[3]

虽然政治上陈独秀已经相当激进，思想上他信守的却是梁启超式的那一套民族主义国家观念。

陈独秀对于这种国家观念比较系统的表达，是他 1904 年在《安徽俗话报》发表的《说国家》。文章指出，"当今世界各国，人人都知道保卫国家的，其国必强；人人都不知道保卫国家的，其国必亡"。[4] 怎样才算得是一个国家呢？第一，国家要有一定的土地；第二，国家要有一定的人民；第三，国家要有一定的主权。缺少一样，都不能算是一个国。他特别解释，所谓"人民"，一

---

① 陈独秀：《本国大略》，《安徽俗话报》1904 年 9 月 24 日。

② 陈独秀：《亡国篇》，《安徽俗话报》1904 年 7 月 27 日。

③ 参考任建树：《陈独秀传：从秀才到总书记》，上海人民出版社 1989 年版，第 72—73 页。任著还认为，陈独秀之所以没有加入同盟会，与他对同盟会中很多人观感不佳有关。笔者认为这不应是主要原因，因为一来陈独秀非常景仰孙中山、廖仲恺、朱执信等同盟会领袖，二来陈独秀个性坚执，他认定为真理的东西，决不会受外人的牵制而放弃。

④ 陈独秀：《说国家》，《安徽俗话报》1904 年 6 月 14 日。

定要是同种类、同历史、同风俗、同语言的民族。这样的国家，是民族的国家，不能离开民族单讲国家主义，也不能离开国家单讲民族主义。民族国家的主权，归全国国民所共有，上自君主，下至走卒，不得侵犯；外国更不能丝毫干预。这篇文章对民族国家内涵的解释，反映了西方近代民族主义的基本精神，由此亦可见，早年陈独秀的思想形态基本可归属于作为政治哲学的民族主义，他的国家观念即这种民族主义的国家观。民族主义是他走出家族主义的第一次觉悟。

二、民族主义国家观的困境

世纪之交的陈独秀，既然对于清政府挽救国运的期待幻灭，其实现爱国救国的路径便转到直接诉诸国民。这亦本是近代民族主义的题中应有之义。梁启超在鼓吹民族主义时，就大力提倡唤起民众，开启民智，用我们全体国民的力量对抗列强的全民族的"帝国民族主义"。陈独秀也希望通过教育和宣传，唤起民众的危机意识和共同觉悟，以为"我们中国地大人众，大家要肯齐心竭力办起事来，马上就能国富兵强"。他呼吁，"大家赶紧振作起来，有钱的出钱，无钱的出力，或是办团练，或是练兵，或是开学堂学些武备、枪炮、机器、开矿各样有用的学问"。[1]

1902 年春，陈独秀第一次从日本回国，就联合潘赞化等人在安庆藏书楼发起演说会，组织青年励志学社，还准备仿效梁启超，办《爱国新报》报"务求唤起同胞爱国之精神"，[2] 因当局压迫未果；1903 年 5 月，第二次从日本返国的陈独秀，又在安庆藏

---

[1] 陈独秀：《瓜分中国》，《安徽俗话报》1904 年 3 月 31 日。

[2] 《纪爱国新报》，《大公报》1902 年 4 月 19 日。

书楼举行爱国演说会,演讲中痛陈"各国将来瓜分我中国,其惨状亦何堪设想!我中国人如在梦中,尚不知有灭国为奴之惨,即知解而亦淡然视之,不思起而救之";称赞外国人"宁为国民而死,不为奴隶而生",批评中国人"只争生死,不争荣辱,但求偷生苟活于世上,灭国为奴皆甘心受之";呼吁"我等今日当力戒此弊,辟平日跑反之狂言,当尽死守土地之责任;除平日为己之私见,当守合群爱国之目的;改平日骂官之浅见,以振独立尚任之精神"。他提出国民要尽爱国救国的责任,必须具备三要件:"消息""思想""体魄"。[①] 会后并成立安徽爱国社。为了实际扩充国民的"消息"和"思想",继在上海短暂协助章士钊编辑《国民日日报》之后,次年3月,他在安庆创办了"最浅近"、"最好懂"、短小精悍"穷人买得起"的《安徽俗话报》[②]。

陈独秀演说、结社、办报的宗旨,是要启迪民智,"教大家通达学问,明白时事",[③] 做救国的力量。陈独秀一方面晓谕国民的责任,提振国民的信心;一方面强调健全国民的道德,痛改国民的恶俗。他主持制定的"安徽爱国社拟章",规定五条戒约:"戒不顾国体","戒浮不当幕器实事","戒洋烟、嫖、赌一切嗜好","戒主张各人自由,放弃国家公益","戒盲目仇洋",[④] 体现的就是这些宗旨。陈独秀相信,"凡是一国的兴亡,都是随

---

① 陈独秀:《安徽爱国会演说》,《苏报》1903年5月26日。

② 陈独秀说:"我开办这报,是有两个主义,……第一是要把各处的事体,说给我们安徽人听听,免得大家躲在鼓里,外面事体一件都不知道。……第二是要把各项浅近的学问,用通俗的俗话演出来,好教我们安徽人无钱多读书的,看了这俗话报,也可以长点见识。"陈独秀:《开办安徽俗话报的缘故》,《安徽俗话报》1904年3月31日。

③ 陈独秀:《安徽俗话报章程》,《安徽俗话报》1904年3月31日。

④ 《安徽爱国社拟章》,《苏报》1903年6月7日。

着国民性质的好歹转移",中国之所以呈现亡国之象,乃因"中国人天生的有几种不好的性质",大家"只知道有家,不知道有国";[①]"只知道听天命,不知道尽人力";[②]还有"我们中国希奇古怪的坏风俗,实在是多得很".[③]这些"不好的性质"不矫正,中国没有得救的希望。

陈独秀的国民启蒙不可谓不力,但是,收效却极其有限。人民对于国家不断遭受的内忧外患仍然是冷漠的看客心态。1905年鲁迅在日本仙台医学专门学校细菌课上看到的中国人围观日军枪杀中国同胞的那一幕,陈独秀未必看到,但类似的对国土的沦丧、同胞的苦难无动于衷、麻木不仁的情景,他则几乎每天都能切身感受。忧时愤世之余,陈独秀不得不思考国民对国事冷漠的根源。

1906—1914年,陈独秀三度(1906、1907—1909、1914)赴日留学,一边学习一边思考。这期间,辛亥革命爆发,他曾一度兴奋,并在安徽都督府任职。但很快民国政府陷入党争,袁世凯图谋复辟帝制,国政日益腐败混乱,他的热望也顿时消散,情绪异常激愤。1914年6月,他在给章士钊的信中,就发出绝望感慨,说:"自国会解散以来,百政俱废,失业者盈天下。又复烦刑苛税,惠及农商。此时全国人民,除官吏兵匪侦探之外,无不重足而立。生机断绝,不独党人为然也。国人唯一之希望,外人之分割耳。"[④]清王朝统治时陈独秀就有过"怕不怕他们洋人逞洋势,恨只恨我们家鬼害家神"[⑤]的感慨,改朝换代后民国政府的稗政更

---

① 陈独秀:《亡国篇·亡国的原因一》,《安徽俗话报》1904年12月7日。
② 陈独秀:《亡国篇·亡国的原因二》,《安徽俗话报》1905年6月3日。
③ 陈独秀:《恶俗篇》,《安徽俗话报》1904年5月15日。
④ 陈独秀:《致〈甲寅〉杂志记者》,《甲寅》1914年6月10日。
⑤ 陈独秀:《醉东江,愤时俗也》,《安徽俗话报》1904年3月31日。

使他感到"家鬼"之害甚于野鬼。本来民族主义者最忌讳的就是
"外人之分割",陈独秀对民元后政治的印象,竟严重于此,可见
失望之深。不过,或许也正是这种失望,刺激了他对国民冷漠根
源的思索:一个国民总是处于奴隶地位的国家,一个不能给国民
带来保护和福利的国家,国民何必去爱,如何爱起!

这样,陈独秀的国家观念,在民族主义觉悟之后,产生了更
深一层的觉悟。陈独秀最后一次到日本的第四个月,在《甲寅》
杂志发表《爱国心与自觉心》一文,这差不多是他《安徽俗话报》
停刊以来第一篇正式的政论文章,[①]刻意表达了"国家"要有"成
立国家之精神"的思想。文章认为,欲以爱国昭国人者,不可不
首明"爱国"之义。中国传统所谓忠君爱国,国家与社稷齐观;
近世欧美人所谓爱国心者,与华语名同而实不同。"近世欧美人
之视国家也,为国人共谋安宁幸福之团体,人民权利,载之宪章。
犬马民众以奉一人,虽有健者莫敢出此。"这种国家观在国家的
形式特征之外,更赋予了立国精神:"土地、人民、主权者,成立
国家之形式耳。人民何故必建设国家? 其目的在保障权利,共谋
幸福,斯为成立国家之精神。"所以,爱国有赖于自觉立国精神。
"爱国者何? 爱其惟保障吾人权利、谋益吾人幸福之团体也。自
觉者何? 觉其国家之目的与情势也。是故不知国家之目的而爱之
则罔,不知国家之情势而爱之则殆。"国家必须保障人民之权利,

---

① 在《甲寅》同期,陈独秀发表有一篇为章士钊《双秤记》所写的序文,
其中谈到章士钊"素恶专横政治与习惯,对国家主张人民之自由权利,对社会主
张个人之自由权利,此亦予所极表同情者也。团体之成立,乃以维持及发达个人
之权利已耳,个人之权利不存在,则团体遂无存在之必要"。(陈独秀:《双秤记
叙》,《甲寅》1914 年 11 月 10 日)由此推知,陈独秀此次觉悟,除了消极方面对
于国政腐败之激愤,积极方面可能受到章士钊宪政思想的影响。因佐证资料不足,
暂存疑。

谋益人民之幸福，"不此之务，其国也存之无所荣，亡之无所措"。文章认为目前的中国"外无以御侮，内无以保民，不独无以保民，且适以残民，朝野同科，人民绝望"，[1] 就属于这种存之无所荣、亡之无所措的情形。

在"恶国家"与"无国家"两难之间，民族主义者的通常选择，会是"恶国家胜于无国家"，陈独秀以往也是这样看的。但这篇代表新觉悟的文章，却一反从前，得出"恶国家甚于无国家"的结论。对于如是见解，无论当时还是后世，一直存在许多批评，或认为其流露的是厌世心，或认为是亡国奴情绪，或认为是"与汝偕亡"的愤激哀叹，总之代表一种消极荒诞的言论。其实，结合到他即将发动的新文化运动中的言论方向，不难看出其所表达的实际上是对国家观念的一种反省，从"内外"的观察视角转移到从"上下"视角来观察"国家"问题。

三、从民族主义到自由主义

陈独秀开始以"上下"的视角来思考"国家"问题，就使他的思想深入到爱国心之所由生的层面：只有以民权为归依的国家，才能够真正赢得国民的认同感，内在的爱国心才能产生，才能持续不衰。简言之，国家要求"强"，首先须求"好"。

当然，若说民主思想仅在陈独秀的这次新觉悟之后才出现在他的头脑中，未免过于主观。陈独秀屡次东渡日本求学，当时正是民主思想在日本盛行的时期，他不可能不受影响；辛亥革命中，他虽不能同意同盟会的民族观点，毕竟有参与革命的若干行动，不可能对孙中山的民权主义毫无了解。只是，陈独秀从了解民权

---

① 陈独秀：《爱国心与自觉心》，《甲寅》1914 年 11 月 10 日。

的观念，到真正理解民主主义在爱国救国上的意义，有一个过程，当他在《甲寅》上发表《爱国心与自觉心》时，民主思想才在他的头脑中扎下根，成为他思考的重心。

建立民主国家有赖于民主运动或民主革命的开展，在中国，辛亥革命本来具有民主革命的使命，可是失败了。这样轰轰烈烈的革命为什么会失败？作为辛亥革命的参与者，陈独秀思考的结果是民主运动开展不足，民主思想没有深入人心。"……此时我们中国多数国民口里虽然是不反对共和，脑子里实在装满了帝制时代的旧思想，欧美社会国家的文明制度连影儿也没有，所以口一张手一伸不知不觉都带君主专制臭味"，讲究的还是"天地君亲师"，"这腐旧思想布满国中，所以我们要诚心巩固共和国体，非将这班反对共和的伦理文学等等旧思想，完全洗刷得干干净净不可"。①

中国读书人历来有着很深的重智传统，用林毓生的话说，称为"以思想文化解决问题的方法"。陈独秀不乏旧学根基，自难游离于这个传统之外，他说过，"国家现象，往往随学说为转移，我们中国，已经被历代悖谬的学说败坏得不成样子了"。② 早年他在安庆开展的一系列启蒙活动，无非就是要启导民众的民族觉悟；现在解决民主运动的动力问题，在他看来，当然也要靠民众启蒙，只是启蒙的内涵需要从一般性的爱国意识调整到实质性的民主意识。有了新觉悟的陈独秀认为，国民懂得主权在民的道理，就能积极主动参加到民主运动中去，民主运动就能够持续深化，在此

---

① 陈独秀:《旧思想与国体问题:在北京神州学会讲演》,《新青年》3 卷 3 号。

② 陈独秀:《今日中国之政治问题》,《新青年》5 卷 1 号。

基础上或革命或改革，以民权为归依的国家就能够建立起来。

1915 年 6 月，陈独秀结束最后一次留日生活回国，此时袁世凯正朝摘除辛亥革命最后象征"中华民国"牌号、公开恢复帝制迈进。与之相联系，国内复古思潮也正甚嚣尘上。陈独秀对这些"倒行逆施"极其反感，更迫切地感觉到需要立即发动"思想革命"。

"要改变思想，须办杂志。"[1] 经陈独秀多方努力，9 月，在中国近代思想史上具有重要地位的《新青年》诞生。这个杂志之所以以"青年"为诉求对象，显然是认为这部分人群思想可塑性最强，最容易被改造。在创刊序辞中，陈独秀直言："彼陈腐朽败之分子，一听其天然之淘汰，雅不愿以如流之岁月，与之说短道长，希冀其脱胎换骨也。予所欲涕泣陈词者，惟属望于新鲜活泼之青年，有以自觉而奋斗耳！"[2] 陈独秀对陈腐的老朽绝望之余，把希望寄托在可造之青年。虽然当时的青年"青年其年龄而老年其身体者，十之五焉"，他仍然觉得此病可救。陈独秀对青年略陈六义，寄望他们接受自主、进步、进取、开放、重实、科学的观念，质言之，"科学与人权并重"。

1903 年陈独秀发起安徽爱国社时，章程明定"戒主张个人自由，放弃国家利益"，体现的是一个完全的民族主义主题；十余年之后，陈独秀的言论主调不仅不"戒"个人自由，相反越来越提倡个人自由和权利的觉醒。就在创刊号上，陈独秀还发表专文，特别介绍法兰西自由平等博爱的文明价值，指出法兰西人开启的

① 刘仁静：《回忆党的"一大"》（1979 年 3 月 14、17 日），《"一大"前后》（二），人民出版社 1980 年版。

② 陈独秀：《敬告青年》，《新青年》1 卷 1 号。

近世西洋文明代表了世界文明的新方向，而"若法兰西人，其执戈而为平等、博爱、自由战者，盖十人而八九焉"。^①个人自由的凸显，显示出民族主义的"退位"。强调人权，成为陈独秀新一轮启蒙努力的精神主调，也是后来声势浩大的新文化运动的本质。

严复早就说过，西方政治的机理在于"自由为体，民主为用"。个人自由要得到保障，需要相应的权力结构来配合，这种权力结构，便是民主政治。陈独秀对个人自由的正视，本来就是从国家观念的反思开始的，当然一定会在主张"自由"的同时坚持"民主"的价值。他将民主共和制度的信念，作为爱国救国的"政治觉悟"的核心。他认为戊戌维新运动所讨论的问题，皆不越行政制度良否之范围，而"于政治根本问题，去之尚远"，^②直到当国的顽固党连此肤浅之论亦所不容，才"激动一部分优秀国民，渐生政治根本问题之觉悟"，为"民主共和"之倡。论及此一"政治的觉悟"，他说，第一步必须了解"国家为人民公产，人类为政治动物"。第二步须了解"由专制政治趋于自由政治，由个人政治趋于国民政治，由官僚政治趋于自治政治，此所谓立宪制之潮流，此所谓世界系之轨道也。吾国既不克闭关自守，即万无越此轨道逆此潮流之理"。而最后一步，也就是"最后觉悟"，在了解"所谓立宪政体，所谓国民政治，果能实现与否，纯然以多数国民能否对于政治，自觉其居于主人的主动的地位为唯一根本之条件"。^③

陈独秀将"多数国民能否对于政治，自觉其居于主人的主动

---

① 陈独秀：《法兰西人与近世文明》，《新青年》1卷1号。

② 陈独秀：《吾人最后之觉悟》，《青年杂志》第1卷6号。

③ 陈独秀：《吾人最后之觉悟》，《青年杂志》第1卷6号。

的地位"作为政治觉悟的最后一步，意在导出他所谓的"最后觉悟之最后觉悟"，即"伦理的觉悟"。因为"伦理思想影响于政治，各国皆然，吾华尤甚"，在中国"今之所谓共和、所谓立宪者，乃少数政党之主张，多数国民不见有若何切身利害之感而有所取舍也"，由于专制日久，国民以儒者三纲之说为伦理、政治之大原，习惯于"惟官令是从"，既无心于参与政治，也不具备民主政治所需要的国民精神和国民道德。只有使多数国民确立起自由、平等、人格独立的新道德，在伦理上具备了实行民主政治的条件，真民主、真共和、真宪政才能够实现。"盖多数人之觉悟，少数人可为先导，而不可为代庖。"① 正是在这种意义上，陈独秀特别将"科学"提出来与"人权"并重。

科学在中国之倡导，不自陈独秀始；然将"科学"作为民主政治的文化基础来看待，陈独秀却实属先驱。在陈独秀那里，"科学"与"人权"是如何建立起连接的呢？

第一种连接，是将科学视为包括民主制度在内的一切文明形式的动力。陈独秀说："自约翰弥尔（J.S.Mill）实利主义唱道于英，孔特（Comte）之实验哲学唱道于法，欧洲社会之制度、人心之思想，为之一变。最近德意志科学大兴，物质文明造乎其极，制度人心为之再变。举凡政治之所营，教育之所期，文学技术之所风尚，万马奔驰，无不齐集于厚生利用之一途。"② 显然，他认为欧洲的民主制度是科学发展的结果，科学促进物质文明，物质文明带动制度和精神的文明的跃升，人权的意识才得到强化。

第二种连接，是将科学视为现代国民所必需的一种破除蒙昧

---

① 陈独秀：《吾人最后之觉悟》，《青年杂志》第1卷6号。
② 陈独秀：《敬告青年》，《青年杂志》第1卷1号。

的利器。陈独秀主张青年确立"科学的而非想象的"精神世界，就是要用科学剔除一切占据国民头脑、不利共和制度和人权意识的陈旧、蒙昧观念。这里，科学已经不单是一种创造物质文明的手段，而更是一种理性精神，一种解放的精神。"科学者何？吾人对于事物之概念。综合客观之现象，诉之主观之理性而不矛盾之谓也。"它跟"既超脱客观之现象，复抛弃主观之理性，凭空构造，有假定而无实证，不可以人间已有之智灵明其理由、道其法则"的"想象"决然不同。想象是无理由之信仰，迷信的温床，"欲根治之，厥为科学"。科学的精神有助于理性的培植，而理性是民主价值的重要文化基础，有助于伦理觉悟的实现。"一遵理性，而迷信斩焉，而无知妄作之风息焉。"①

第三种连接，是将科学视为西方文明中与民主并生而互联的本质要素，学习西方民主制度，连带地必然也要学习西方的科学精神。陈独秀认为，民主制度取代专制君主制度，虽为历史进步的趋势，毕竟这种制度发明于西方，"东西洋民族不同，而根本思想亦各成一系"，②"近世西洋之道德政治，乃以自由平等独立之说为大原，与阶级制度极端相反。此东西文明之一大分水岭也"。③古老的东方文明要进化，需要向西方学习民主。科学是民主的伴生物，学习他们的民主，也要学习他们的科学，因为"政治之有共和、学术之有科学，乃近代文明之二大鸿宝也"。④

当然，在这些连接中，陈独秀最重视的还是"科学"所蕴含的理性精神，能够促进"人权"伦理——即新人生观的形成。陈

---

① 陈独秀：《敬告青年》，《青年杂志》第1卷1号。
② 陈独秀：《东西民族根本思想之差异》，《青年杂志》第1卷4号。
③ 陈独秀：《吾人最后之觉悟》，《青年杂志》第1卷6号。
④ 陈独秀：《时局杂感》，《新青年》3卷4号。

独秀认为，左右传统人生观的，主要是儒家纲常礼教，以及一些无根据的鬼神迷信，它们与民主宪政不可并存，"吾人果欲于政治上采用共和立宪制，复欲于伦理上保守纲常阶级制，以收新旧调和之效，自家冲撞，此绝对不可能之事。盖共和立宪制，以独立平等自由为原则，与纲常阶级制为绝对不可相容之物，存其一必废其一。倘于政治否认专制，于家族社会仍保守旧有之特权，则法律上权利平等、经济上独立生产之原则，破坏无余，焉有并行之余地"。[①] 他感慨："中国目下一方面既采用立宪共和政体，一方面又采唱尊君的孔教，梦想大权政治，反对民权；一方面设立科学的教育，一方面又提唱非科学的祀天、信鬼、修仙、扶乩的邪说；一方面提唱西洋实验的医学，一方面又相信三焦、丹田、静坐、运气的卫生；我国民的神经颠倒错乱，怎样到了这等地步！"[②]

在陈独秀看来，中国正面临两条道路的抉择："一条是向共和的科学的无神的光明道路；一条是向专制的迷信的神权的黑暗道路"，[③] 正确的选择应该是，以科学为民主社会人生观的依据，抛弃纲常礼教，抛弃鬼神迷信，以科学代宗教。科学的人生观，建立在实证精神之上，"近世科学家之解释人生也，个人之于世界，犹细胞之于人身，新陈代谢，死生相续，理无可逃。惟物质遗之子孙（原子不灭），精神传之历史（种性不灭），个体之生命无连续，全体之生命无断灭。以了解生死故，既不厌生，复不畏死。知吾身现实之生存，为人类永久生命可贵之一隙，非常非暂，益

---

① 陈独秀：《吾人最后之觉悟》，《青年杂志》第 1 卷 6 号。

② 陈独秀：《今日中国之政治问题》，《新青年》5 卷 1 号。

③ 陈独秀：《克林德碑》，《新青年》5 卷 5 号。

非幻非空。现实世界之内有事功,现实世界之外无希望。"[①] 这种人生观能够正视个体价值,能够承认追求现实幸福的意义,亦能够斩断迷信,使"一切思想行为,莫不植基于现实生活之上"。

从民主政治的"最后觉悟",到民主科学文化的"最后觉悟之最后觉悟",陈独秀便迈进了新文化运动主将的位置。他和他创办的《新青年》以短短数年的奋斗,向他(们)认为陈腐的纲常学说、迷信文化发起了激烈的进攻,众所周知的《本志罪案之答辩书》所谓"要拥护那德先生,便不得不反对孔教、礼法、贞节、旧伦理、旧政治。要拥护那赛先生,便不得不反对旧艺术、旧宗教。要拥护德先生又要拥护赛先生,便不得不反对国粹和旧文学",[②] 要言不烦地概括了这一运动的基本面相,此不赘述。

四、自由主义者的民族国家关怀

陈独秀从民族主义过渡到自由(民主)主义,个人价值、个体权利在思想层面上升到政治论述的逻辑出发点。在西方自由主义者那里,"人权"对于"国权"往往是比较警惕的,那么,此际的陈独秀究竟如何看待"国权"问题呢?

陈独秀的目光从"国"下移到"民"后,提出一个"恶国家胜于无国家"的命题,意在建设一个"好国家"。"好国家"之念贯穿民主主义论述的始终。"好国家"不能寄托于官府、政客,所以此际陈独秀的爱国话语也相应发生转向,"国"的内涵倾向于侧重社会层面(而非政治层面)。《新青年》第2卷2号载有所撰《我之爱国主义》一文,提到中国的情势,用"外迫于强敌,

---

① 陈独秀:《今日之教育方针》,《青年杂志》第1卷2号。
② 陈独秀:《本志罪案之答辩书》,《新青年》6卷1号。

内逼于独夫"来描述，并在"独夫"之下夹注"兹之所谓独夫者，非但专制君主及总统，凡国中之逞权而不恤舆论之执政，皆然"，明显以社会的视角来观察。而他提出的解救办法更在社会层面。他说"中国之危，固以迫于独夫与强敌，而所以迫于独夫强敌者，乃民族之公德私德之堕落有以召之耳"，因之拔本塞源之计，应在提升民族之公德私德上，"故我之爱国主义，不在为国捐躯，而在笃行自好之士，为国家惜名誉，为国家弭乱源，为国家增实力"，[①] 他将其"持续的治本的爱国主义"放在养成国民个人勤、俭、廉、洁、诚、信等良好品质上。而在《本志罪案之答辩书》中，他又比较宏观地将救国之道托付于德、赛二先生："我们现在认定只有这两位先生，可以救治中国政治上、道德上、学术上、思想上一切的黑暗。若因为拥护这两位先生，一切政府的迫压，社会的攻击笑骂，就是断头流血，都不推辞。"[②]

社会层面的"国家"比较突出公民社会生活，政治层面的"国家"比较强调国民共同体。虽重点有所别，毕竟不是决然二分的两事。陈独秀在从社会层面谈论国家的同时，也在一些地方谈到政治层面的国家。例如，他在《一九一六年》里说过，"吾人首当一新其心血，以新人格，以新国家，以新社会，以新家庭，以新民族。必迨民族更新，吾人之愿始偿，吾人始有与晳族周旋之价值，吾人始有食息此大地一隅之资格"。[③] 这里"食息此大地一隅""与晳族周旋"的"吾人"，便无疑指的是作为共同体的民族国家。文中他还讲到个人独立自主与国家独立自主的关系，"个

---

① 陈独秀：《我之爱国主义》，《新青年》2卷2号。

② 陈独秀：《本志罪案之答辩书》，《新青年》第6卷1号。

③ 陈独秀：《一九一六年》，《青年杂志》1卷5号。

人之人格高，斯国家之人格亦高；个人之权巩固，斯国家之权亦巩固"，指的也是政治国家。

陈独秀关怀政治国家最为直言不讳的，是有关外交和内政的时评。以《新青年》而论，外交方面，1917 年初，他就加入协约国得失，撰写《对德外交》，宣称"此次对德外交问题，乃国家存亡问题，不可以寻常外交视之"，主张政府方针未决以前，"国人应群起从事于利害是非之讨论"，而他本人则表示赞成加入协约国集团是于国家"利多而害少"的策略。内政方面，1918 年夏他写过一篇《今日中国之政治问题》，同样声明其所谈的政治——排除武力政治、抛弃一党势力统一国家的思想、决定守旧或革新的国是——"不是普通政治问题，更不是行政问题，乃是关系国家民族根本存亡的政治根本问题"。而在《每周评论》创办后，有关内政外交的"国家"论述就更不胜枚举了。

陈独秀在新文化运动中的国家论述，呈现出思想者的两个视阈：一个是思想者的思想视阈，一个是思想者的情感视阈。在前者那里，我们看到了陈独秀一种超越于民族主义（思想面）的新觉悟，一种不容否认的自由（民主）主义的思想立场；在后者那里，我们也看到陈独秀一种不容漠视的国家情怀，一种情不自禁的民族关爱，一种强烈的"民族主义（情感面）动机"。正是这种强烈民族主义动机，注定了他"出了研究室就入监狱，出了监狱就入研究室"的人生历程，也为他日后放弃自由主义，走向社会主义埋下了伏笔。①

从陈独秀国家观念的转变，我们不难看到民族主义意识形态

---

① 有关陈独秀放弃自由主义，走向社会主义的内在理路，学界有所论述，而笔者认为仍有进一步讨论之处，将另文阐述。

的吊诡性和两歧性。一方面，民族主义强调国民的总体性、整体性，强调集全体之力对抗外敌、以整体优势富国强兵，强调牺牲小家成全大家、牺牲局部保全整体、牺牲个人奉献国家；另一方面，总体性和整体性却又不足以解决国民对国家的内在认同问题。民族主义对政府当局的权势与利益警惕不够。一般来说，官府并不反对民族主义旗号，但常常以民族主义为名，行独裁专制之实，要求国民相信政府，唯命是从，做顺民，做无条件牺牲。而国民权利的牺牲和遭受独裁统治的痛苦，往往意味着麻木和冷漠，这就使得民族主义无法直接解决国家认同问题。针对这一难题，陈独秀以理智与情感二分的办法谋解决，义理上放弃民族主义而选择自由主义，动机上继续保持民族主义的激情。这种解决是一种外部解决，并没有直接拆解民族主义意识形态的吊诡性和两歧性。民族主义难题的出路在哪里？这个"陈独秀问题"留给了后人，留给了今天的思想者。

国权、人权、阶级权视野下的"女权"
——陈独秀女性观的演变 *

　　Feminism 起源于 19 世纪末期的西方，最早出现在法国，指追求男女平等，首先是争取选举权为标志的政治权利平等的一种观念，后传到英美，逐渐流行起来，发展成一个主要以女性经验为来源与动机的社会理论与政治运动。该理论传到中国，被译为女权主义。女权主义运动在西方从最初要求女性与男性拥有平等的政治权利、平等的选举权发展到要求改变女性经济、文化、社会各方面的生存现状，重建女性生活方式，经历了多个不同形态的变迁，取得了较大的成就。正如一些西方学者所指出的，"女性主义是一个非常成功的社会运动，它极大地改变了妇女的期望和生活，也影响了男性对妇女生活的看法和对待妇女的方式。可以说，没有其他的社会运动像女性主义运动这样，如此迅速地革命化，并进而深入地影响人们的行为方式"。①

　　女权主义在中国的发展，同样富有成就。不过，历史条件的差异，使得中国的女权主义推动具有明显不同于原发地的特点。这在 20 世纪前半期尤其明显，表现之一，是男性思想人物在鼓吹女权思想和组织妇女运动上发挥了先导性、持续性、关键性的作用。中国女权运动固然相继出现了秋瑾、唐群英、何香凝、宋

---

* 本文曾载于《安庆师范学院学报》社会科学版 2008 年第 5 期。

① 刘霓：《西方女性学》，北京：社会科学文献出版社 2001 年版，第 185 页。

庆龄、邓颖超、林宗素、徐宗汉、张竹君、丁玲、向警予、蔡畅等一大批女性精英，但也出现康有为、梁启超、孙中山、马君武、陈独秀、胡适、鲁迅、李大钊、李达、毛泽东、周恩来、恽代英、李汉俊、陈望道等一大批男性领袖，而且在相当程度上，可以说女性精英是在同时代男性领袖的女权思想影响下成长起来的。从理论上讲，女权与男权是一相对峙而且常常此长彼消的概念，倡导女权难免意味着削弱男性权利，这对"既得利益"者的男性而言，无疑是自我"牺牲"，似不尽符合经济学中"理性人"的行为原则。那么，在中国女权运动何以呈现男权自我释放的特征？我们不妨以陈独秀为例，来做一点历史的有机理解。

陈独秀一生涉及女性和女权的言论贯彻始终，但也呈现出各个不同时期的重点。对于本节主题来说，以新文化运动为界标，"之前""之中""之后"三个时期特别值得分别观察。

一、新文化运动之前

根据现有文献，陈独秀最早的女性论述，出现在 1904 年办《安徽俗话报》的时期。其中比较有代表性的是《恶俗篇》系列，《恶俗篇》原拟每期一篇，但最终发表只有五篇，从《俗话报》第三期（5 月 15 日）连载到第十二期（9 月 24 日），其中除《婚姻》三篇外，还有《妇女的打扮》一篇专论女性问题，与女性不直接相关的只有《敬菩萨》一篇。该文突出表达了三重内涵：

首先，认为妇女问题"顶有关系国家强弱"。

《恶俗篇》开篇说到写作的宗旨，是要从众多的"中国希奇古怪的坏风俗"中，"拣那顶要紧的，顶有关系国家强弱的"几件，开陈给读者。紧接着把婚姻风俗当作要说的第一件"顶有关系国家强弱的"的事,"古人说得好,有夫妇然后有父子,有父子然后有朋友,有朋友然后有君臣。照这样说起来,夫妇乃人伦之首,为人间第一件要紧的勾当,若无夫妇,便没世界。偏偏我们中国人,于夫妇一事,不甚讲究,草草了事,往往不合情理。所以我这《恶俗篇》上,把《婚姻》一篇,放在头里"。① 这实际上是从中国"家国同构""家齐国治"的文化设计来看待女性在国家生活中的含义。在《婚姻》下篇里,作者还直接借西方理论说明婚嫁如何可以保全国家的安宁,"夫妻配合得不当,成了仇雠,时常闹气,那一家必不安宁。若家家都不安宁,那一国如何安宁呢? 若是夫妇不睦,都可以退婚,另择合式的嫁娶,那全国的才子佳人,都各得其所,家家没有了怨气,便于国家也自然要添一段太平景象了"。② 这里虽没有明说他讨论的是女性问题,但在男外女内的传统性别分工下,婚姻问题的本质确是女性问题,婚姻关乎国本国运,也就无异于女性问题关乎国本国运。

其次,认为妇女受压制的症结是恶俗。

作者对比中外婚俗,指出:"现在世界万国结婚的规矩,要算西洋各国顶文明。他们都是男女自己择配,相貌、才能、性情、德性,两边都是旗鼓相当的。所以西洋人夫妻的爱情,中国人做梦也想不到。中国男子待女子,不过是养着她替我生儿子罢了。女人待丈夫,不过是靠着他穿衣吃饭罢了。"③ 他用"不合情理"四个大字来概括中国人婚姻的弊害和妇女受压制之处:本来人类婚嫁的缘由,乃因男女相悦,不忍相离,但中国却是不由二人心

① 三爱:《恶俗篇》,《安徽俗话报》第三期(1904年5月15日)。
② 三爱:《恶俗篇》,《安徽俗话报》第六期(1904年6月24日)。
③ 三爱:《恶俗篇》,《安徽俗话报》第三期(1904年5月15日)。

服情愿，要由旁人替他作主，强迫成婚，屡屡造成"巧妇常伴拙夫眠""十八岁大姐周岁郎"这样不平的恨事，这是缔结婚约的规矩不合乎情理；较量聘礼嫁妆，聚众凌辱新娘，这是成婚的规矩不合乎情理；一配定终身，男尚可七出、纳妾、续弦，女不许退婚、改嫁，一旦配不得人或男人死去，只得冤沉苦海，这是不能退婚的规矩不合乎情理。在方方面面不合情理的婚姻中，女性承受着最大的不公平，在文明的世界里，"世界上人，男女平权，毫无差别"，怎么中国女人就这样下贱，"比妓女还不如"①呢？"哪有象中国强奸似的这样野蛮风俗呢"？②

再次，认为女性解放首先需要妇女自身的觉醒。

作者指出，中国妇女生活在地狱而常不自知。她们受着男人的压迫，仍然心甘情愿以种种自虐的行为取悦于男人，殊不知缠足犹如脚镣，戴镯形似手铐，披肩就是刑枷，涂脂抹粉无异于掌脸。"我想如今中国的妇女，一生一世，在黑暗地狱中，受极重的刑罚，如同犯重罪的囚犯一般，但是妇女们受这个刑罚，风俗习惯已久，大家不知不觉受惯了，所以拿受刑罚的苦境，象快乐的，越是大富大贵的女人，越是高兴受大刑法。"③这实在是中国女性深度的悲哀。"我中国妇女们，还是几千年前，被混帐的男人，拿女子来当做玩弄的器具，这般妇女们，受了这个愚，便永远在黑暗地狱，受尽了万般的苦楚，一线儿光亮都没有，到如今越弄越愚，连苦恼都不晓得。相习成风，积非成是，象这样坏风俗，真是大有害于世道人心呀！"④妇女要摆脱苦海，当今之计，

---

① 三爱：《恶俗篇》，《安徽俗话报》第四期（1904 年 5 月 29 日）。
② 三爱：《恶俗篇》，《安徽俗话报》第三期（1904 年 5 月 15 日）。
③ 三爱：《恶俗篇》，《安徽俗话报》第十二期（1904 年 9 月 24 日）。
④ 三爱：《恶俗篇》，《安徽俗话报》第十二期（1904 年 9 月 24 日）。

唯有觉悟，唯有接受教育，"要劝劝你们拿这些装扮首饰的费，改做读书的本钱，要有益多了"。①

二、新文化运动之中

新文化运动本质上是揭橥权利启蒙的思想运动，陈独秀作为运动旗手，仍然没有忽略妇女问题。这一时期，他的女性论述以《新青年》为主要载体，内容大体也可以概括为三层：

其一，解放妇女，重在人格独立。

如果说在新文化运动之前，陈独秀对妇女问题的关心，主要体现在文明生活方式的提倡；那么，到了新文化运动阶段，他的重点已经转到人格独立的追求。在《新青年》创刊号（时名《青年杂志》）上，陈独秀敬告广大青年顺应历史潮流，"破坏君权，求政治之解放也；否认教权，求宗教之解放也；均产说兴，求经济之解放也；女子参政运动，求男权之解放也"。并认为"解放云者，脱离夫奴隶之羁绊，以完其自主自由之人格之谓也"。② 不仅把妇女解放同政治、宗教、经济解放一起列为社会变革的四大内容之一，而且确立了妇女解放的首要标志就是恢复其独立的人格。女子也是人，有独立的人格，应有与男子平等的法律地位和社会贡献，这种诉求已经是真正意义上的"女权"。在随后发表的《欧洲七女杰》中，他批评一些人"每借口于女子智能之薄弱"而轻视之，认为这跟政府每借口于人民程度之不足而蹂躏民权同样荒谬。人民程度之不足正是政府压迫的结果，随着人民权利的伸张，其觉悟程度自会提高；妇女智能之薄弱正是男子压迫的结

---

① 三爱：《恶俗篇》，《安徽俗话报》第十二期（1904 年 9 月 24 日）。

② 陈独秀：《敬告青年》，《青年杂志》第 1 卷 1 号（1915 年 9 月 15 日）。

果,随着女权的伸张,其智能自可丰厚,这才是问题的"本质",而欧洲众女杰所成就的令男性汗颜的事业,正好印证了这个本质。[1] 在另一文中,他提出"尊重个人独立自主之人格,勿为他人之附属品"的主张,对前述"完其自主自由之人格"的论断作了进一步的申述,并站在自由主义立场,认定"集人成国,个人之人格高,斯国家之人格亦高;个人之权巩固,斯国家之权亦巩固"[2]为不易之真理。

其二,妇女的悲剧,咎在孔教的毒害。

数千年来,中国女权何以不张?陈独秀以为,在男子的直接征服的背后,有其深厚的文化根源,这就是"孔教"的毒害。"孔教"作为"吾国自古相传之道德政治",不仅没有"集人成国,个人之人格高,斯国家之人格亦高;个人之权巩固,斯国家之权亦巩固"的思想,反而以"三纲"之说,将臣、子、妻置于不容置疑的受支配被主宰地位,"儒者三纲之说,为一切道德政治之大原:君为臣纲,则民于君为附属品,而无独立自主之人格矣;父为子纲,则子于父为附属品,而无独立自主之人格矣;夫为妻纲,则妻于夫为附属品,而无独立自主之人格矣。率天下之男女,为臣、为子、为妻,而不见有一独立自主之人者,三纲之说为之也。缘此而生金科玉律之道德名词,曰忠,曰孝,曰节,皆非推己及人之主人道德,而为以己属人之奴隶道德也。"[3]其中,孔教对居于"妻"格的妇女,规定尤其严苛,明定"妇人者伏于人者也"。儒家教孝教从,"妇人从父与夫,并从其子";严守女戒,

① 陈独秀:《欧洲七女杰》,《青年杂志》第1卷3号(1915年11月15日)。
② 陈独秀:《一九一六年》,《青年杂志》第1卷5号(1916年1月15日)。
③ 陈独秀:《一九一六年》,《青年杂志》第1卷5号(1916年1月15日)。

"男女不杂座，嫂叔不通问"；而且"中国礼教，有'夫死不嫁'之义。……礼又于寡妇夜哭有戒，友寡妇之子有戒"，所以"不自由之名节，至凄惨之生涯，年年岁岁，使许多年富有为之妇女，身体精神俱呈异态者，乃孔子礼教之赐也！"①

陈独秀说"不自由之名节，至凄惨之生涯"乃"孔子礼教之赐"，今天看来，未免有些武断。因为妇女之弱势地位的形成，与人类生产力长期处于主要依赖体力的阶段相关，在这样的阶段，妇女操持家务、相夫教子，没有财产继承权和支配权，没有社会活动权，也是一个世界性现象。但从这种指责中，确实能反映他企图从文化革新入手根本解决女权问题的心态。当时北洋政府一再借大肆鼓吹尊孔读经而谋求复辟帝制，陈独秀和《新青年》同人为破除这种的帝制梦，反其道而行之，掀起一场激烈的反传统运动，希望由此入手，根本革新中国社会。

其三，走出家庭，谋自动之解放。

陈独秀呼吁男女青年"其各奋斗以脱离此附属品之地位，以恢复独立自主之人格"，并强调自动解放的重要性。他和《新青年》同人提出的恢复自主人格之道，便是走出传统家庭道德的封锁。其中，性观念的更新和女子对压迫的自动反抗，受到更多的重视。前一方面，1918年5月《新青年》刊登了周作人翻译的日本女权主义者与谢野晶子的《贞操论》，指出贞操应是人人遵守、人人实践的行为准则，不能只片面要求妇女遵守，更不应以贞操为压迫妇女的精神枷锁。不久又发表胡适的《贞操问题》和鲁迅的《我之节烈观》，呼应这种观念。后一方面，《新青年》出版"易卜生号"，刊登了挪威作家易卜生的名剧《娜拉》，意在鼓

---

① 陈独秀：《孔子之道与现代生活》，《新青年》2卷4号。

励不满旧式家庭束缚的女青年，勇敢走出家庭封锁。陈独秀对此都非常支持，实际上在《孔子之道与现代生活》中他就说过，"浅人所目为今日风俗人心之最坏者，莫过于臣不忠、子不孝、男不尊经、女不守节。然是等谓之不尊孔则可，谓之为风俗人心之大坏，盖未知道德之为物，与真理殊，其必以社会组织生活状态为变迁，非所谓一成而万世不易者也"。[①]

教育是妇女觉醒的根本手段，传统礼教坚持"女子无才便是德""妇女识字多诲淫"，剥夺了妇女受教育的机会。为了冲击礼教对妇女的压迫，陈独秀在力倡发展女子教育的同时，对于社会上男女同校的呼声亦极表赞成。直到即将告别新文化运动之际，陈独秀仍发表文章，对反对派的观点予以驳斥。

男女同校本来是一件很平常的事，在理论上简直用不着讨论。上海大同学院是首先实行的了。北京大学收容女生，就是腐败的教育部也居然许可了，现在南京高等师范也打算收女生，可见男女同校，在中国也已经成了事实了。但是广东、浙江、江苏什么省议会，都提出什么禁止男女同校的议案。哼！议员议员！尔等恶也做够了，人民厌恶尔等也到了极点，何必又闹笑话！[②]

陈独秀进一步指出，女子教育的真正实现，有赖于经济独立。妇女要想经济独立，就必须大胆走向社会，做职业人。随着民族工商业的初步发展，民国初期开始有一小部分职业对妇女开放，但其范围非常有限，陈独秀强烈呼吁给予妇女在任何行业就业的

---

① 陈独秀：《孔子之道与现代生活》，《新青年》2 卷 4 号。
② 独秀：《男女同校与议员》，《新青年》8 卷 1 号。

机会。1920 年春，上海厚生纱厂要在湖南招收五十名女工，规定每日工作十二小时，每月工资八元，其他待遇亦差。对此，长沙《大公报》《湖南日报》纷纷载文谴责。厚生纱厂总经理穆藕初对所受责难进行申辩，遭到朱执信等人的反驳，陈独秀则宁愿"把穆先生当做一位关心社会问题的人"，[①] 与之心平气和地"研究"劳动问题。

政治参与也是陈独秀热情支持的女权运动方向。他反对"男主外，女主内"的两性分工形式，认为"妇人参政运动，亦现代文明妇人生活之一端"，[②] 女子问政既是向社会表达妇女愿望和要求的渠道，也是承担其社会责任的需要。让女子参政不仅根据女权理论是必要的，而且因为"女子的和平、稳静、精细、有秩序、顾名誉、富于同情心等"大有益于团体的凝结，[③] 在事实上也可以弥补男性的不足，从而使社会政治生活更加优化。第一次世界大战以后，受西方妇女争取选举权斗争的鼓舞，中国少数知识妇女也要求改变只限于男子的选举法，争取与男子同等的政治权利。陈独秀高度肯定这个进步，在《新青年》宣言中，坚定表示："我们相信尊重女子的人格和权利，已经是现在社会进步的实际需要；并且希望她们个人自己对于社会责任有彻底的觉悟。"[④]

三、新文化运动之后

五四爱国运动扭转了中国社会运动的大方向，1920 年夏，以

---

① 陈独秀:《上海厚生纱厂湖南女工问题》之"我的意见"，《新青年》7 卷 6 号。

② 陈独秀:《孔子之道与现代生活》，《新青年》2 卷 4 号。

③ 陈独秀:《实行民治的基础》，《新青年》7 卷 1 号。

④ 《〈新青年〉宣言》，《新青年》7 卷 1 号。

《新青年》"劳动节专号"为标志,陈独秀也开始转变,走向"直接行动""根本改造"之路。此后他对于女性、女权问题的论述,也相应有所调整。

一方面,人格独立仍是女权运动的目标。1921年1月陈独秀在广东省立女子师范学校的演讲,站在广大妇女的立场上大声责问:"难道女子就不是人?应该受男子压迫吗?"[①]妇女节那天,他发表《我的妇女解放观》一文,指出:

> 我以为按照中国妇女地位,在决定"男女平等"这个问题之前,更要紧的问题,是决定女子也是个"人"。我们中国的诗礼人家,有客来访问时,若男主人不在家,女主人必定隔着门帘回答说:"我家里没有人。"这就是中国的妇女不自算是个"人"的铁证。所以中国妇女,第一必须取得法律家所谓"自然人"的资格,然后才能够说到别的问题,才能够说到和别的人同等权利。[②]

另一方面,与以前同时主张教育平等、经济独立、政治参与相比,这一时期的特点是,更加强调经济独立的意义,认为:"妇女问题虽多,总而言之,不过是经济不独立。因经济不独立,遂生出人格的不独立,因而生出无数痛苦的事情。"[③]而这也是他的社会主义女权观的逻辑切入口。接收社会主义思想之后,陈独秀开始以马克思的阶级斗争学说代替民主启蒙家的天赋人权学说,来分析妇女问题和寻找女性解放之策。他此时深深以为,妇女问

---

① 陈独秀:《如何才是正当的人生》,《广东群报》1921年1月24日。

② 陈独秀:《我的妇女解放观》,《三八国际妇女纪念》,长江书店1921年版。

③ 只眼:《妇女问题与社会主义》,《民国日报》"觉悟"副刊,1921年2月14日。

题的一切起因在于经济不能自立，而经济自立，在一个剥削制度的社会，并不能真正解决。

因为照现在的经济制度，妇人底地位，一面脱离了家庭的奴隶，一面便得去做定东家的奴隶；即于自由恋爱一层，在财产制度压迫和诱惑之下那里会有纯粹的自由！在国内外两重资本主义压迫之下，青年向何处去寻新生活和世外桃源？即于劳动问题，更可以说除阶级战争外都是枝枝节节的问题。[1]

根本之道，只有彻底推翻剥削制度，建立崭新的社会主义社会，"社会主义不止解决妇女的问题，且可以解决一切的问题"，[2] 所以"讨论女子问题，首要与社会主义有所联络，否则离了社会主义，女子问题断不会解决的"。[3] 陈独秀大声疾呼：

被轻视的中国妇女们！你们要参加革命，你们要在参加革命运动中，极力要求在身体上、在精神上解放你们自己，解放你们数千年来被人轻视、被人侮辱、被人束缚的一切锁链！[4]

新文化运动的阶段，陈独秀虽已开始同时重视妇女问题和劳工问题（还有青年问题），但基本上是作为两个独立问题来关心的；信仰社会主义后，他将妇女问题与劳动问题有机勾连起来，当作

---

① 独秀：《答费哲民》，《新青年》8 卷 1 号。

② 只眼：《妇女问题与社会主义》，《民国日报》"觉悟"副刊，1921 年 2 月 14 日。

③ 只眼：《妇女问题与社会主义》，《民国日报》"觉悟"副刊，1921 年 2 月 14 日。

④ 陈独秀：《我的妇女解放观》，《三八国际妇女纪念》，长江书店 1921 年版。

一个问题的两个方面来处理。他在广州时，支持当地的共产主义小组创办了一个刊物，就叫做《劳动与妇女》。这个观点当然符合马克思"妇女解放的程度是衡量人类普遍解放的天然尺度"的论断。

女权运动发展到以革命求解放的阶段，当然需要继续呼吁女性权利觉悟，"一向被轻视的妇女们，切不可一刻忘了自身的妇女运动"；"必须加紧自身的解放运动，才有力量参加政治革命；更进一步说，妇女解放运动，也就是充实政治革命的内容之一种"。[①] 但是，除此之外，与革命的需要相联系，还须"组织起来"。1924 年上海丝纱女工协会成立以后，陈独秀认为这是一桩可贺之事，希望其"为女工们实际的生活所需要而奋斗"；[②] 同年上海十四家丝厂女工为维护自身的经济利益相继组织罢工，陈独秀更为之振奋，呼吁社会"对于这些穷苦无告女工们，公开的出来加以援助"。[③]

四、分析和结论

陈独秀一生思想多变，但从新文化运动前后三个时期的文本观察，他对于女性、女权问题的论述脉络，仍有迹可寻。其连续性的方面，比如，虽身为男性，却始终如一关怀女性境遇和女权；对于女权问题的根源，始终着力思考；对于妇女问题解决，始终

---

① 陈独秀:《我的妇女解放观》,《三八国际妇女纪念》, 长江书店 1921 年版。

② 独秀:《祝上海丝纱女工协会成功》,《向导》周报第五十二期（1924 年 1 月 20 日）。

③ 独秀:《上海丝厂女工大罢工》,《向导》周报第七十一期（1924 年 6 月 18 日）。

寄希望于女性自我觉悟和奋斗。其变化性的方面，比如，关心的重心，从女性的生活，到女性的权利，到女权的保障；根源的思考，从风俗层次，到思想层次，到社会生产制度层次；女子觉悟的内容，从知识自觉，到观念自觉，到组织行动的自觉；等等。如何理解这个既有连续性又富变化性的言论脉络呢？

关于陈独秀女权思想变化性的一面，如果将其与陈氏此际整体思想的变化格局联系起来思考，不难找到根据。笔者曾在其他文章中指出，在近代中国思想史上，陈独秀堪称思想历程最为曲折的人物之一。陈独秀自从跳出传统思想樊篱、走入现代思想世界之后，一变再变：早年他服膺民族主义，后来转奉自由主义，又再转而信仰社会主义（含从第三国际的社会主义到第四国际的社会主义），晚年他的思想走向社会主义、自由主义和民族主义的大综合。假如此说大致不错的话，则其女权论述的三个阶段，正好是其民族主义、自由主义、社会主义思想更替的反映。民族主义诉求于"国民"的国权意识，应用于女性，便要改革风俗；自由主义诉求于"青年"的人权意识，应用于女性，便要更新思想；社会主义诉求于"劳工"的阶级平等权意识，应用于女性，便要再造制度。

这里需要讨论的倒不是陈独秀思想为何要变，而是女权分别与国权、人权、阶级权之间究竟为一种什么关系。因为根据来自西方的"学理"，它们之间存在显而易见的距离，甚至冲突。"国权"与"女权"之间，距离十分明显。

在经典女性主义的立场看来，民族主义，尤其是其典型形态国家民族主义，无疑是父权结构的集中体现，是社会压抑与暴力之源。……而在民族主义、国家民族主义的立场上，女性主义或者是一种可笑的无稽之谈，一种女人的无事生非或奢侈之想，或者是一种极端危险、极度可疑的鼓噪，或二者兼有。①

"人权"与"女权"之间，表面上倒是较能够相应，因为人权既包括男人做人的权利也包括女人做人的权利（内含了女权的诉求），超越于特定性别之外。但正因为它超越于性别，也就容易片面注重人的普遍性，忽略与性别密不可分的性别心理特性。在男权居于绝对优势的现实社会，"普遍性"常常被解释为男性的社会性，人权实际上显示为男权。西方自由主义风行数百年，女权运动才姗姗来迟，②就能说明问题。至于"阶级权"与"女权"的关系，由于"阶级权"是对"抽象人权"的一种否定，个人权利让位于阶级整体的权利，而阶级作为一个带有想象性的巨大团体，在争取集体权利的斗争中，需要整合共识，形成统一行动的力量，这就必须舍弃个人小我，服从阶级大我，女性自然不得不从本位目标转向整体目标，在女权主义者看来，这无疑也是一种失落。而社会主义者看女权主义，也难免将其视为"小资产阶级情调"。然而，从前述陈独秀的女权论述来看，这些话语之间理论上存在的距离和冲突，并没有影响到陈独秀对它们的兼顾。

在陈独秀那里，无论他处在思想的哪一个阶段，都能与女权言说勾连起来，彼此呼应，呈现出正向的关系。其基本的原因，

①　参见陈顺馨、戴锦华选编：《妇女、民族与女性主义》，中央编译出版社2004年版，第27页。

②　1791年法国著名女作家奥林普·德·古热发表《女权宣言》，在人类历史上第一次宣告妇女生来就是自由的，男女应有平等的权利；但女权运动的真正兴起，受到社会广泛关注，则在近百年之后。

在于 20 世纪早期中国面临的空前危机，需要急切调动全民（陈独秀最开始的言论对象即为"国民"，后来相继诉求于"青年""劳工"，很大程度上乃为国民运动寻求动力和主力）的力量来应对，而女性据有人口之半。而且，在家国同构的理解图示中，家对于国的意义，女性对于家的意义，都是特别不能漠视的。救国的需要，乃中国女权运动的基本语境，中国思想者多数既不是站在男性立场与女性对话，亦非站在女性立场发动与男性的性战争，而是以他者——拯救者角色，通过拯救女性来加强拯救国家的力量。陈独秀说：

　　我们若要尽量发展我们人类可贵的"同类意识"，对于我们同类的弱者劳动与妇女，便应该发挥真挚的同情心去扶助他们。这就是我们应该采取助弱抗强的伦理之唯一理由，也就是我们所以提倡劳动运动与妇女运动之唯一理由。①

这种观念不仅男性思想者有，向警予也说过：

　　女权运动是妇女的人权运动，也是妇女的民权运动。不独妇女应起来运动，即不是妇女而是一个酷爱民权的男子也应起来帮着运动。故女权运动的真意义，绝不是性的战争。②

这种角色意识淡化了女权与国权、男权、阶级权的冲突，强化了

---

　　① 陈独秀：《我们为什么要提倡劳动运动与妇女运动》，《劳动与妇女》第二期（1921 年 2 月 20 日）。
　　② 中华全国妇女联合会妇女运动历史研究室：《中国妇女运动历史资料（1921—1927）》，人民出版社 1986 年版，第 388 页。

与国权、人权、阶级权的可以共生的一面。

这一点，也决定了陈独秀等男性思想者在呼吁解放妇女时，并非为女权而女权，而是将女权问题置于更宏大的叙事之下。在国难频仍、民生凋敝的宏观背景下，思想家们所要解决的当务之急，是国家革新的大方向、大方案，民族主义、自由主义、社会主义分别是陈独秀先后采取的解决时代问题的宏大叙述，女权问题如同青年问题、劳工问题一样，都属于宏大叙述的局部和应用环节，处于次主题论述的地位，只限于一定程度之关注。他关心女性问题，在新文化运动之前、之中、之后，分别是改变旧民风提振民族元气、摧毁传统礼教建构自由精神、颠覆阶级压迫实现大同理想的一部分。女权主义在不少思想启蒙者或运动家那里，从来不是一个独立的思想或运动，而是附着于一个更为宏大的思想脉络，作为这个宏大叙事的一个环节而展开。即使像上面提到的向警予这样的女性妇女运动人物，也首先是一个爱国者、革命者，然后才是女权提倡者，认定"若妇女心营目注的只一个'女权'，而于'国权'漠不关心，任洋人共管也好，军阀专横也好，是先自己剥夺了自己的'人格'和'民格'，而反腆颜以求女权，岂非天下大愚，可耻之尤"。① 陈独秀的女权论既非单纯的女权言说，自然不会深入到凸现女权与国权、男权、阶级权冲突因素的程度。

陈独秀从来都是一个宏大叙事的叙述者。在"男主外，女主内"的中国文化背景上，宏大叙事历来都是"有志男儿""大丈夫"们的分内事，兹不足怪。但是，翻开任何一部关于中国妇女

---

① 中华全国妇女联合会妇女运动历史研究室：《中国妇女运动历史资料（1921—1927）》，人民出版社1986年版，第388页。

运动史的著作，却都不难发现，启蒙、推动、组织妇女解放与两性平等运动的思想人物，最主要的开风气者也是这批"有志男儿""大丈夫"们。宏大叙事的广泛论题域可能正是其中的关键。陈独秀女权思想连续性的一面也可以从中得到解释。关于陈独秀论述女权的热情，有人认为跟他自己的婚姻经历有关。陈独秀对女性境域、根源和出路的持续关注，心理动机上可能确实多少关联到亲身生活。奉"父母之命，媒妁之言"而结合的妻子高晓岚，"与独秀思想相隔不止一个世纪"（独秀友人语），隔阂和矛盾最终选择与相爱的妻妹高君曼私奔，这使他们承受巨大的舆论压力。故从一定意义上讲，陈述婚姻自主、男女自由结合、自由再选择等有关女性的议题，合乎陈独秀的心理需要。但是，仅此一点并不足以使他成为中国最有代表性的妇女运动发动者之一，因为他的婚姻故事并没有明显突出女性受到压迫和宰制的主题，而且他第一次婚变发生之前，他的《恶俗篇》等文字已经发表了。陈独秀之所以始终充满热情地倡导妇女解放，根本上还是来自中国知识分子由来已久的救世情怀和"事事关心"的抱负，他的宏大叙事所内含的广泛论题域，为他提供了论女权的契机。

也正因陈独秀等人的女权论述，不具有核心价值属性，他们注重的主要是"人"的同质性，诉求的目标，主要在解放妇女，实现女性独立，异质性的女性心理和女性特有生活方式，并没有受到特别的关注和尊重。中国妇女运动后来演变到漠视性别差异权的"不爱红装爱武装"，崇尚"铁姑娘"，这种发展，跟20世纪早期女权论者的论述情境和言述趋向，不能说毫无渊源。

不过无论如何，陈独秀和其他先知先觉者女性觉醒的呼吁，确实促成了晚清女权运动的肇始，更使因民初北洋政府一再掀起复辟逆流而陷于沉寂的女权运动起死回生。陈东原在论著《中国妇女生活史》中，对陈独秀的贡献作了很高的评价：

> 民国五年，陈独秀先生在《新青年》上发表了一篇《一九一六年》，……才使三纲五常的旧说，开始炸毁。在那篇文章以后，《新青年》陆续发表了许多为女子鸣不平的鸣声，也有些建议的议论。等到"五四"一起，这些理论正被青年所尝试，妇女的生活才真正改了局面。①

与《新青年》大致同时创刊的《妇女杂志》从受启蒙者到启蒙者的转变，足以印证这种历史作用。② 西方女权运动从一开始就有把男性排斥在外的倾向，甚至有少数极端女权主义者发展到倡导同性恋，号召女性不仅仅在经济上，而且在感情上、身体上，完全独立于男性世界。中国最初的男女平等、妇女解放思想实际上是男性提出的，从一开始就和民族存亡联系在了一起。在历次社

---

① 陈东原：《中国妇女生活史》，商务印书馆1937年版，自序。

② 五四运动之前，该志将女性定义为"家庭的人"，定义为"相夫教子"的贤妻良母，只是比传统的贤妻良母多一些文化，多一些独立生活能力。梁令娴在《敬述吾家旧德为妇女杂志祝》中说："窃尝思妇女最大之天职，岂非在相夫教子，而杂志发刊之本意，又岂非遵此职志，为国中造多数之贤妻良母耶？！……妇人在家庭中实有莫大事业，苟能尽相夫教子之天职，即能为世间造福。……然欲举此天职，尤在求学达礼，修养品格，练习才识。"五四之后，12月出版的五卷十二号，刊登《本杂志今后之方针》，转向追求女性的根本解放，此后该志逐渐将女性"家庭人"角色调整为"社会人"，更多的女性开始追求男女平等和女性自身人格的完善。例如，程宛扬在《男女人格平等论》中，认为两性的同一不是全同，而只是人格的同一。"男性是'人'，女性也是'人'。性虽异，'人'决不变。'人格'是对于兽格（Animality）和神格（Divinity）而说。所谓'人'的，不是兽，不是神，却在兽神两者之间唤作有灵性的动物。"相关研究见刘曙辉：《启蒙与被启蒙：〈妇女杂志〉中的女性》，《山西师大学报》（社会科学版）2007年2期。

会变革，如维新运动、辛亥革命、五四运动、国民革命、抗日战争、解放战争中，男性和女性的共同利益，使他们结成了同盟，女权对男权的性别排斥并不显著。

争国权的民族主义、争人权的自由主义、争阶级平等权的社会主义，是近代中国最有代表性的三大思潮，它们之间的合纵连横直到今天，仍令人有眼花缭乱之感。陈独秀以一人之身，先后皈依三种宏大叙述，并在三种叙述下坚持女权的言说，他的言说其实并非质疑"第二性"本身，所针对的并非生理和心理意义上的男性，而是针对国民普遍受到的民族压迫、礼教文化压迫、阶级压迫，与西方女权主义反对的"性歧视"不可同日而语，也就谈不上所谓"男权释放"的问题，这为我们观察近代中国女权思想的语境，提供了一个特有的观察线索。

青年—学界—劳工:《新青年》社群诉求的转换 *

在中国近代思想文化史上,《新青年》无疑占据重要的位置。有关《新青年》的研究成果汗牛充栋,很多问题和细节都有较深入的探讨,不过也有一些相习已久的说法未得到检视。比如在刊物性质上,一般都认定《新青年》是一个倡导民主与科学的新文化启蒙刊物,或者说前期开展民主与科学启蒙,后期致力于马克思主义传播。这样的说法固无大错,却有大而化之的成分,因为无论用"民主与科学"概括其"早期"还是其全部,都是一种后设性意识建构,就其本来历史过程说,实包含更多的变化和更丰富的努力。本文试图回归文本,观察刊物诉求对象的转换,来重新解读《新青年》的性质,以推进《新青年》的再研究、再认识和再反思。

一、青年"最后之觉悟"(1915—1916)

鼓荡风潮的传媒,几无例外皆应时而生。《新青年》的创刊应对的是民初政治和社会的困顿。民国的建立,为清季立宪与革命赛跑的结果。无论立宪或革命,都以寻求"富强"为其核心目标。然而,民国并没有因为主权归民就自然引中华民族于富强之境,反之,中国社会遭遇巨大"秩序危机和意义危机",[①] 时人痛

---

　* 本文与张家豪合作,曾载于《武汉大学学报》人文科学版 2015 年第 5 期。

　① 张灏:《时代的探索》,台北:联经出版事业股份有限公司、"中研院"2004 年版,第 100 页

心疾首，叹为"阳九百六之运""人欲极肆之秋"。[①] 在这种严重形势下，重建"文明"成为较实现"富强"更急迫的工作，而主要解决之道有二：部分知识人认为当下中国不适合实行共和体制，只有回到传统帝制和孔教的轨范中去才是活路；另一部分知识人，则认为国体重器不可轻变，既然民国已立，即当朝着现代秩序的方向积极进取，循名责实，建构真正的民主共和的文明。主张第一条路径的并非全是顽固守旧人士，领头的康有为、杨度、严复是老资格的立宪派领袖，孙毓筠、李燮和、胡瑛、刘师培都曾是有影响的革命党人，甚至连政府的外国顾问、美国政治学名家古德诺也持相同看法。主张第二条路径的，立宪派以梁启超、张君劢、张东荪为代表，革命派则有吴稚晖、蔡元培、章士钊、陈独秀等人。中国社会再次形成两种路径的赛跑。陈独秀在上海创办《新青年》杂志（初称《青年杂志》），便是这种竞赛中的一个重要环节。

陈独秀多次与友人谈起，创办《新青年》主要就是因为他感到民国虽立，"中国还是军阀当权，革不成什么命，在中国进行政治革命没有意义，要从思想革命开始，要革中国人思想的命"，[②] "欲使共和名副其实，必须改变人的思想，要改变思想，须办杂志。"[③] 陈独秀在辛亥革命前办过《安徽俗话报》，二次革命后流亡日本与章士钊、李大钊、高一涵等人合办过《甲寅》杂志，

---

① 严复：《与熊纯如书》，王庆成、叶文心、林载爵编《严复合集》，第4册，台北：辜公亮文教基金会1998年版，第870页。

② 刘仁静：《回忆党的"一大"》，《"一大"前后：中国共产党第一次代表大会前后资料选编》（二），人民出版社1980年版，第214页。

③ 任卓宣：《陈独秀先生的生平与我的评论》，台北《传记文学》第30卷第5号，第12页。

都曾产生较大社会效果，这些经验使他看到了"改变人的思想"与"使共和名副其实"之间的关联。在《青年杂志》创刊号里，陈独秀除撰有《敬告青年》发刊辞和《法兰西人与近代文明》专篇，还译有《现代文明史》《女人观》等文，以及以记者名义所作的答王庸工的通信，这些文字里反复宣示的，除了他"从思想革命开始"的见解外，都是他认为国民应具有的现代文明观。现代文明价值的宣导确实贯彻《新青年》始终，虽然对"现代文明"的理解前后会有较大不同。

陈独秀在《敬告青年》中所呈"六义"（"自由的而非奴隶的""进步的而非保守的""进取的而非退隐的""世界的而非锁国的""实利的而非虚文的""科学的而非想象的"）受到今人普遍重视，而略微重视不足的则是对于这些"普世价值"诉求对象——青年社群的关注。按理说，"要革中国人思想的命"，改造对象应是包括所有国民的，过去无论立宪派还是革命派，都立足于全体国民提出政治诉求，前者如《新民丛报》，后者如《民报》。陈独秀所办刊物名之"青年"而不名之"国民"，有他特殊的考虑。一方面他对民初主张复旧和观念、行为保守萎靡的成年人群体绝望，一方面对少年老成的青年群体感到可惜。绝望使他觉得一般性的国民启蒙对成年国民枉费心机，不如"彼陈腐朽败之分子，一听其天然之淘汰，雅不愿以如流之岁月，与之说短道长，希冀其脱胎换骨也"；可惜则使他增添救赎青年的使命感，"予所欲涕泣陈词者，惟属望于新鲜活泼之青年，有以自觉而奋斗耳！"在他看来，青春对于个人为最宝贵阶段，"青年如初春，如朝日，如百卉之萌动，如利刃之新发之硎"，青年之于社会为新陈代谢最活跃的细胞，"社会遵新陈代谢之道则隆盛，陈腐朽败之分子充塞社会则社会亡"。将国民精神改造的重点放在青年身上，便是为了使正被"陈腐朽败分子"同化之青年"自觉其新鲜活泼之价值与责任"，"奋其智能，力排陈腐朽败者以去"。①

在以尊老为传统的中国社会，青年向来是被压抑的社群，直到晚清维新思想激荡的时期，才出现热情讴歌"少年"（实指青年）的思潮，如杨度的《湖南少年歌》、丁志先的《少年歌》等，影响最大的当属梁启超的《少年中国说》。这篇发表于世纪之交的名作，期待中国由暮气衰朽的"老大帝国"蜕变成朝气蓬勃的"少年中国"，并指出"制出将来之少年中国者，则中国少年之责任也"。②《新青年》的"青年"论述更超越了梁启超的"少年"话语。其一，"少年"仍属中国传统表述，"青年"则完全是一个新概念。钱穆就说："青年"二字为民国初年的新词，"古人只称童年、少年、成年、中年、晚年，……乃独无青年之称"。③"青年"取代"少年"，更减少了"少不更事"的联想，而增添了青春的气息。其二，梁启超"少年中国"主要言说的是有生机的新兴国家，陈独秀说的"青年"则径指科举废弃以来以新式学堂学生为主的国民社群。其三，梁启超"中国少年"造"少年中国"的说法，虽有"少年智则国智，少年富则国富，

---

① 陈独秀：《敬告青年》，《青年杂志》第 1 卷第 1 期。

② 梁启超：《少年中国说》，《饮冰室合集》文集五，中华书局 1989 年影印本，第 11 页。

③ 钱穆：《中国文学论丛》，生活·读书·新知三联书店 2002 年版，第 26 页。"青年"这个新名词，有人认为有可能是受到日本用词的影响，在当时的日本，"青年"已经成了学生群体的代称，陈独秀正是从日本回国后创办《青年杂志》的。也有人认为可能与中国基督教青年会的成立（1895）和影响逐渐扩大有关，《青年杂志》更名为《新青年》，就与上海基督教青年会刊物《青年》同名有关。

少年强则国强，少年独立则国独立，少年自由则国自由，少年
进步则国进步，少年胜于欧洲则国胜于欧洲，少年雄于地球则
国雄于地球"的逻辑，却尚未特别突出"少年"接受世界新文
明洗礼之自觉；而陈独秀的"青年"话语更注重对青年精神气
质之文明改造。

陈独秀寄望于青年社群，故决定办《青年杂志》，其《社告》
明确宣称："国势陵夷，道衰学弊，后来责任，端在青年。本志之
作，盖欲与青年诸君商榷将来所以修身治国之道。"①后因与基督
教青年会的《青年》同名受到起诉警告而被迫更名，仍不改诉求
对象，只加一"新"字以为区隔（客观结果则在内涵上强化了青
年社群的更化）。在迁入北京之前，"青年"始终为刊物主题。刊
物结构大致为三部分：专论、诗文和译述、编读通信，每一部分
都凸显了这个主题。专论中，陈独秀除《敬告青年》之外，另撰
《一九一六年》《新青年》等文章论青年；高一涵有《共和国家与
青年之自觉》的连载；高语罕有《青年与国家之前途》《青年之
敌》；易白沙有《战云中之青年》；李大钊有《青春》；吴稚晖有
《青年与工具》《再论青年与工具》；刘叔雅有《欧洲战争与青年
之觉悟》。译述部分也有世界各国谈青年的文章或著作，如《青
年论》《青年与性欲》，以及介绍各国青年团体的《日本全国之青
年团》《德国青年团》《英国少年团规律》《英国少年团》《巡视美
国少年团记》《法国青年团》等。读者回应青年问题的文章有王
涅的《时局对于青年之教训》、陈圣任的《青年与欲望》、李平的
《新青年之家庭》等。

---

① 《社告》，《青年杂志》第1卷第1号。

从主要作者专论青年的文章看,所阐述的内容,大致包括青年对国家的责任,青年所需要的新知识,以及新青年应有的新道德等方面。

关于青年的责任,作者们普遍论及。高一涵揭橥专制国家与共和国家之差别,认为:"吾共和精神之能焕然发扬与否,全视民权之发扬程度为何如。……欲改造吾国民之德知,俾之脱胎换骨,涤荡其染于专制时代之余毒,他者吾无望矣,惟在染毒较少之青年。"① 陈独秀强调文明进化的紧迫感,疾呼:"任重道远之青年诸君乎!……必昂头自负为二十世纪之人,创造二十世纪之新文明,不可因袭十九世纪以上之文明为止境","吾人首当一新其心血,以新人格,以新国家,以新社会,以新家庭,以新民族。……青年必怀此希望,始克称其为青年而非老年"。② 高语罕从中国社会现状立论,称:"吾国之民众矣,老者血气既衰,殆如秋草斜阳,萎谢之期将至;幼者年力未壮,方似春芽初发,郁茂之日尚早。而国势危亡,迫不及待。求于此十年之内,能以卓自树立,奋发为雄,内以刷新政治巩固邦基,外以雪耻御侮振威邻国,则舍我青年谁属?盖民为国之根本,而青年又民之中坚也。"③ 易白沙结合世界大战形势,感觉"吾今日现在之青年,万难放弃之责任,不在追咎既往,与推测将来,惟在目前千金一刻之转瞬光阴,救父抗国保赤子践然诺而已"。④ 李大钊则从青春活力的讴歌中,感怀"吾之民族若国家,果为青春之民族、青春之国家欤,抑为白首之民族、白首之国家欤?苟已成白首之民

① 高一涵:《共和国家与青年之自觉》,《青年杂志》第1卷第1号。
② 陈独秀:《一九一六年》,《青年杂志》第1卷第5号。
③ 高语罕:《青年与国家之前途》,《青年杂志》第1卷第5号。
④ 易白沙:《战云中之青年》,《青年杂志》第1卷第6号。

族、白首之国家焉，吾辈青年之谋所以致之回春为之再造者，又应以何等信力与愿力从事，而克以著效？此则系乎青年之自觉何如耳"。①

为足以承担责任，青年所需要的知识十分广泛，《新青年》所传播的各种世界文明知识，在编者作者们看来，皆为希望青年需要优先了解的新知识，而有关个人与国家关系的知识最为重要。高一涵认为青年自觉对于共和国之责任，首当了解共和国家为何物。为此，他撰写《近世国家观念与古相异之概略》《民约与邦本》《读梁任公革命相续之原理论》《自治与自由》《戴雪英国言论自由之权利论》等文章，对共和制度的基本性质、社会与国家、国家与政府、政府与国民、自由与自治的关系进行系统论述。易白沙《我》篇论述了个人、国家、世界的关系，对狭隘的爱国主义与融汇于世界主义的爱国主义进行了辨析。高语罕在《青年与国家的前途》中也论述了家族、学校、社会对个人的制约，以及人生中生死、苦乐、自我与他人、个人与国家的关系。不过，对于个人与国家关系的本质，论者观点不完全一致，有的强调个人以奉献国家为旨归，有的则指出国家非人生之归宿，显示民族主义与世界主义并存之局。

承担历史责任更需要道德上的进化，陈独秀"伦理觉悟"为"吾人最后觉悟之最后觉悟"。②他希望青年要"自居征服 To Conquer 地位，勿自居被征服 Be Conquered 地位"；"尊重个人独立自主之人格，勿为他人之附属品"；"从事国民运动，勿囿于党

---

① 李大钊：《青春》，《新青年》2卷1号。
② 陈独秀：《吾人最后之觉悟》，《青年杂志》第1卷第6号。

派运动"。[1] 高语罕认为，强吾青年之道，在于导正其志趣，培养其道德，发扬其精神，这首先要从克服惰性这个"青年之敌"做起。[2] 高一涵则更注重青年的凛然难犯之概和庄严尊重之风，主张改造青年之道德从养成其自由精神入手，"发扬共和精神，根本赖此"[3]，并以此为基础，加以"练志""练胆""练识"。[4] 作者们为了使青年实现人格独立和人生的自主与健康，还发表不少热心提倡"乐利主义"和西方人生幸福观、对中国传统儒家伦理展开激烈批判的文章，如李亦民的《人生唯一之目的》，高一涵的《国家非人生之归宿论》《乐利主义与人生》，陈独秀的《我之爱国主义》《孔子之道与现代生活》等。

这一时期的《新青年》，基本上体现了一份"青年刊物"的特色，以青年为中心，晓之以大义，授之以知识，期之以涵养。读者以青年为主，亦能有所反响，有所对话，有所参与。但实际影响并未达到今人所想象的一鸣惊人、鼓动风潮之程度。周树人曾说，1918年以前《新青年》"仿佛不特没有人来赞同，而且也还没有人来反对"，[5] 这一情境描述，对最初两年也许尤其贴切。

二、"学报"的"新文化"（1917—1919）

1917年1月陈独秀受聘北大文科学长，随即将《新青年》迁

---

① 陈独秀：《一九一六年》，《青年杂志》第1卷第5号。
② 高语罕：《青年之敌》，《青年杂志》第1卷第6号。
③ 高一涵：《共和国家与青年之觉悟》，《青年杂志》第1卷第1号。
④ 高一涵：《共和国家与青年之觉悟》，《青年杂志》第1卷第3号。
⑤ 鲁迅：《〈呐喊〉自序》，《鲁迅全集·第1卷》，人民文学出版社2005年版，第441页。

到北大编辑出版。① 其带来的变化首先是，居于全国最高学府的地位，辐射能力大为提升；其次是作者队伍得到迅速而显著的扩张，北大新知识群体中的教师和学生纷纷加入，不仅彻底改变了过去文稿紧张、有时陈独秀不得不包办近半篇幅的局面，而且刊物作者的构成演变为学术群体为主。

陈独秀是安徽人，又曾参与创办《甲寅》杂志，所以早期《新青年》的作者以徽籍和《甲寅》人脉为主，这些人中有些后来也成为专业学者，但当时多不具有大学教授身份或不以学者心态做文章；北迁以后北大教授成为《新青年》骨干。陈独秀、刘半农、李大钊、高一涵等过去在《新青年》撰稿的徽籍或《甲寅》人脉作者，也已取得北大教授的职位。这就使得刊物的定位也开始发生潜变：虽然名义上仍以"新青年"相号召，实际的问题指向已经转变为新知识人该当何为——"学界"成为《新青年》的主要诉求群体。由于主要作者为北大颇有名望的文科教授，一年后编辑部发布启事，宣布："本志自第四卷第一号起，投稿章程

① 迁入北大的准确时间，尚无法确证。沈尹默回忆："一九一七年，蔡先生来北大后，有一天，我从琉璃厂经过，忽遇陈独秀，故友重逢，大喜。我问他：'你什么时候来的？'他说：'我在上海办《新青年》杂志，又和亚东图书馆汪原放合编一部辞典，到北京募款来的。'我问了他住的旅馆地址后，要他暂时不要返沪，过天去拜访。我回北大，即告诉蔡先生，陈独秀到北京来了，并向蔡推荐陈独秀任北大文科学长。蔡先生甚喜，要我去找陈独秀征其同意。不料，独秀拒绝，他说要回上海办《新青年》。我再告先生，蔡云：'你和他说，要他把《新青年》杂志搬到北京来办吧。'我把蔡先生的殷勤之意告诉独秀，他慨然应允，就把《新青年》搬到北京，他自己就到北大来担任文科学长了。"（沈尹默：《我与北大》，见陈平原等：《民国大学》，东方出版社2013年版，第92页。）以此，迁入时间应在1917年初。从《新青年》作者和内容变化看，到第2卷5号（刊标时间为1917年1月1日，实际时间可能有延迟）时，最显著的变化是以前可能担负编译和部分编辑工作的李一民和他固定的"世界说苑"栏目，从此不再出现。与此同时，以往与陈独秀从无关联的北大教授陶履恭开始有文章出现。若此非偶然，则意味着迁入北大的进程已经启动。

业已取消，所有撰译，悉由编辑部同人共同担任，不另购稿。"①
即从 1918 年 1 月起《新青年》便改变陈独秀个人主编制，成立
编委会，采取轮值主编的制度，成为教授圈子内的"同人刊物"，
也就是胡适后来所说的"我们的学报"。②"学报"自撰自编，主
要讨论的当然会是各自专业相关的话题，或者基于专业角度讨论
社会公共话题。

编委会成员后来渐有调整，由陈独秀、钱玄同、刘半农、陶
履恭、沈尹默、胡适六人，逐渐扩充到包括李大钊、高一涵、周
作人、周树人等。这些主要作者中，胡适以文学教授兼治哲学，
最关注的还是文学；钱玄同是语言学教授；沈尹默、刘半农、周
作人都是文学教授；周树人后来也受聘到北大兼文学课程；陶履
恭为社会学教授；李大钊为图书馆长兼经济学教授，因在日本早
稻田大学所学为法政，回国后又办《晨报》，对社会政治兴趣浓
厚；高一涵从日本明治大学政法系毕业回国，来北大任编译委员
会编译委员，同时兼中国大学、法政专门学校政治学教授；陈独
秀作为文科学长未任具体课程，个人治文字学，而其兴奋点始终
与时政问题有关，学术情结略逊。这样一个作者群，很自然将刊
物内容集中到文学问题、语言文字问题、社会问题、政治问题之
上。虽然《新青年》曾声明"与北京大学毫不相干"，③那也只能
说是体制上无关，从编委会的组成和作者的结构看，它已是北大
文科学报的规模了。

不过这个学报也不是对全部北大文科教授开放，他只是文科

①　《本志编辑部启事》，《新青年》4 卷 3 号。

②　唐德刚记录:《胡适口述自传》，台北：传记文学出版社 1981 年版，第
200 页。

③　《编辑部启事》，《新青年》6 卷 2 号。

"新"派教授的学报。《新青年》的作者群都崇新厌旧，钱玄同曾称："独秀、叔雅二人皆谓中国文化已成僵死之物，诚欲保种救国，非废灭汉文及中国历史不可。此说与豫才所主张相同。吾亦甚然之。"[1]这里一口气数出的陈独秀、刘文典、周树人、钱玄同四个激进反传统人物，都是《新青年》里的大将。钱玄同、沈尹默是"某籍某系"（浙江籍太炎门生系统，北大文科教授中的主要派系）中的"开新派"；[2]刘半农曾在《时事新报》《小说界》等新派刊物发表大量翻译和创作小说，是《新青年》早期介绍外国诗人和作家作品的作者；陈独秀、李大钊、高一涵都有着日本留学经历，是早期《新青年》推动"新青年，新国家"的骨干；周氏兄弟也是留学日本的新派思想者；胡适则是留学美国，在留美学生中比吴宓、梅光迪等更为"激进"的新派；陶履恭先留学日本，后留学于英国伦敦大学政治经济学院，并取得博士学位。晚清兴新学以来，以西为新渐成风气，在这种风气下，不少高等学校正式场合以说英语为时髦，"好像不用英语，就不足以压服学生"。[3]语言如此，学问崇新者亦不会少。崇新的教授们希望以西方的新观念，对中国传统学术加以改造，形成现代中国的新学术。

　　《新青年》作者以语言文学学科为大宗，学术的改造因而以

---

　　[1]　杨天石等整理：《钱玄同日记》（1918年1月2日记事），北京大学出版社2014年版，第326页。

　　[2]　沈尹默：《我和北大》："太炎先生门下可分三派。一派是守旧派，代表人是嫡传弟子黄侃，这一派的特点是：凡旧皆以为然。第二派是开新派，代表人物是钱玄同、沈兼士，玄同自称疑古玄同，其意可知。第三派姑名之曰中间派，以马裕藻为代表，对其他二派依违两可，都以为然。"沈尹默与其弟兼士立场同。（沈尹默：《我与北大》，陈平原等《民国大学》，东方出版社2013年版，第87页）

　　[3]　沈尹默《我与北大》，陈平原等《民国大学》，东方出版社2013年版，第88页。

文学为盛。文学革命论的提出，以及新文学的大量尝试，成为这一时期《新青年》最显著的特征。文学改造的动议出自胡适，在 1916 年 10 月间与陈独秀的通信提出"新文学之要点，约有八事"，[①] 他正式的文章《文学改良刍议》1917 年 1 月在《新青年》问世，陈独秀在次期以《文学革命论》相声援。此时陈独秀已经是北大文科学长，胡适也于 9 月到北大任教，新文学提倡更加便利。加之北大文学教授刘半农、钱玄同、周作人兄弟的志趣相投，北大学生傅斯年等的积极响应，新文学运动便轰轰烈烈展开。《新青年》相继发表刘半农的《我之文学改良观》《诗与小说精神上之革新》《应用文之教授》，胡适的《历史的文学观念论》《论小说及白话韵文》《建设的文学革命论》，傅斯年的《文学革新申义》《文言合一草议》，钱玄同的《新文学与今韵问题》，周作人的《人的文学》等文章，申述文学现代化的主张，并与反对者论辩。他们一边坐而论道，一边起而行之，在《新青年》上发表体现新文学精神的作品，推出以周树人的《狂人日记》《孔乙己》《药》为代表的一批新文学成果。文学革新连带引发文字学和艺术学的讨论，《新青年》上也展开了较大规模的汉字改良、戏剧改良的倡议。

文学话题一枝独秀，不等于《新青年》只谈文学，政治学学者们的政治理论阐发也不少。首屈一指的高一涵在《新青年》早期译述和撰写的启蒙青年共和思想的系列文章，学术色彩已经较浓，进入北大后他又接着发表《近世三大政治思想之变迁》《读弥尔的〈自由论〉》《斯宾塞尔的政治哲学》《选举权理论上的根据》《老子的政治哲学》《罗素的社会哲学》等专业性更强的论文，

---

① 胡适：《致陈独秀》，《新青年》2 卷 2 号"通信"。

并将杜威讲演录《社会哲学与政治哲学》在《新青年》上连载。其次是李大钊和吴虞。李大钊的著名论文《我的马克思主义观》分两次在《新青年》连载，最早将马克思主义政治学说介绍到《新青年》；曾留学日本法政大学的吴虞在《新青年》发表的很多文章主要目标在反孔教，其间也有政治学性质的论文，如《儒家大同之义本于老子说》等。其他作者间或也有讨论政治理论的文章，如顾兆熊的《马克思学说》、王星拱的《实行民治的基础》。

《新青年》同人从事专业社会学研究的，主要是陶履恭。陶履恭感慨："社会，社会，此近来最时髦之口头禅，以之解释万有现象，冠诸成语之首者也。曰社会教育，曰社会卫生，曰社会道德，曰社会习惯。政治之龌龊，则归咎于社会；教育之不进，则溯源于社会；文学之堕落，则社会负其责；风俗之浇漓，则社会蒙其诟。要之，无往而不社会。"他认为这种泛化的理解容易"诱人于迷途"。[①] 特别撰写一篇厘清"社会"概念的文章，指出社会的本质，实际上只是"成于个人之相往还"而产生的各种关系，体现为各种制度，"社会之进化，社会制度之进化而已"，所以社会问题不是人群败象之症结，而是制度不良之结果，改变不良制度正是社会中每个人的责任。这就将社会"刷新"与个人的"振拔"结合在一起。在此意识前提下，陶履恭讨论了诸多具体的社会问题，写了《女子问题》《新青年之新道德》《论自杀》《欧美劳动问题》《贫穷与人口问题》等专论，还为"社会调查"专栏写导言，从专业角度为社会调查提供理论指南。

《新青年》的社会学学科作者人少却不势单，由于社会话题能见度高，关涉面广，最容易引发多学科的聚焦和公众读者的

---

① 陶履恭:《社会》,《新青年》3 卷 2 号。

参与。李大钊写的《青年与老人》、吴葆光的《论中国卫生之近况及促进改良方法》、刘延陵的《婚制之过去现在未来》、华林的《社会与妇女解放问题》、沈兼士的《儿童公育》、胡适的《我对于丧礼的改革》、陈独秀的《自杀论》和《马尔塞斯人口论与中国人口问题》等都可以说属于社会学视野里的讨论。《新青年》还设置"女子问题"专栏、"社会调查"专栏、"人口问题"专号、"工读互助团问题"专号、"劳动问题"专号等一系列专栏或专号，对当时中国突出的社会问题进行大规模研讨。特别值得注意的，这些社会问题的讨论，对于《新青年》最终走向社会革命，也是一个十分重要的因素。

作为文科"学报"，《新青年》也吸纳其他作者，讨论其他学科的一些问题。比如哲学领域，除马君武、恽代英、刘叔雅、黄凌霜、胡适、高一涵、李大钊、张崧年等所译介之不同哲学流派，还包括陈大齐、陈独秀、钱玄同、刘半农、易白沙等人对"灵学"的质疑。经济学领域，可以看到章士钊的《经济学之总原则》、马寅初的《经济界之危险预防法》等论述。教育学领域的讨论甚至不输政治学和社会学，发表有教育家蔡元培的《以美育代宗教说》《读周春岳君〈大学改革之商榷〉》《新教育与旧教育之歧点》《德国分科中学之说明》等文章，以及以北京大学名义发表的《大学改制之事实及理由》；身处文科学长位置的陈独秀，也发表《近代西洋教育》，并就教育问题回答虞杏村、臧玉海等众多读者的提问；[①] 北京高师教务主任邓萃英的长篇专业演讲《动的新教授论》在《新青年》上连载；其他作者也有涉及改善教育的

---

① 早期《新青年》只有陈独秀撰写的《今日之教育方针》（1卷2号）一篇文章正面论述教育问题，这篇文章主要是从觉悟青年的立场反观教育。

意见，甚至时任北大图书管理员的毛泽东，也发表了相当学术化的《体育之研究》。一些作者总体上论述了现代学术的方法，其中傅斯年《中国学术思想界之基本误谬》从负面分析了中国学界的错失，王星拱的《什么是科学方法？》则正面说明科学方法的基本要领为"张本之确切""事实之分析""事实之选择""推论之合理"和"试验之证实"。①

学术取向的拓展，不意味着《新青年》既有社会启蒙话题的断裂。在支持共和政治、反对复辟的政论方面，陈独秀继早期《宪法与孔教》《袁世凯复活》《再论孔教问题》等文之后，这一时期又先后发表《俄罗斯革命与我国民之觉悟》《旧思想与国体问题》《复辟与尊孔》《驳康有为〈共和平议〉》《今日中国之政治问题》等重头文章，以及《对德外交》《时局杂感》《克林德碑》等时评。李大钊则撰有《庶民的胜利》《BOLSHEVISM的胜利》等。即连主张"二十年不谈政治"的胡适，也有一篇《武力解决与解决武力》的即兴演讲入载。而在"伦理觉悟"方面，这一时期不仅延续，而且扩展到青年以外。吴虞的《儒家主张阶级制度之害》《吃人与礼教》，陈独秀的《人生真义》，胡适的《易卜生主义》《贞操问题》《美国的妇人》，周树人的《我之节烈观》《我们现在怎样做父亲》，张崧年的《男女问题》，陈启修的《马克思的唯物史观与贞操问题》，王光祈的《工作与人生》，都是持续性的伦理革命的一部分。

学术不碍启蒙，反而推进启蒙。作者群的文学、政治学、社会学和其他学科话题，均有向公共空间延伸的趋势，因为文学话题广泛影响到公共阅读，政治、社会、教育等话题则关乎民间思

---

① 王星拱:《什么是科学方法？》,《新青年》7卷5号。

想和行为，这就决定了《新青年》的学术改造努力同时也是面向全社会的"新文化运动"。学术性与公共性结合，寓思想于学术，以学术促思想，这种学术社会化的进路使《新青年》社会影响力得以显著扩大，尤其经过与五四运动的相互激发，1919年下半期开始，《新青年》真正取得引领潮流的地位。

在"新文化"运动的阶段，《新青年》的意义演化为"研究问题，输入学理，整理国故，再造文明"，[①]这一目标不是一般青年所能达成，而是有学养、有视野的学人的责任，所以其诉求对象实际上已经转移到知识界。它对新知识人力量的调动（如钱玄同、刘半农合议邀约周树人加盟），对保守派知识人的打击（如钱玄同、刘半农为打击林纾所演出的"双簧戏"），都是以学人为诉求对象的印证。这一阶段，"青年"不再成为刊物的论述主题，[②]主要作者文章中直接谈"青年"的只有李大钊的《青年与老人》、陶履恭的《新青年之新道德》等少量文章，这些文章主旨大都在要求青年导正"新伦理"中的误区，而不是强调青年的责任。

三、"劳动者底觉悟"（1920—1926）

如果说早期《新青年》呼吁的是青年的伦理自觉，中期《新青年》鼓动的是学界的学术自觉和文化自觉，那么后期《新青年》则呼吁的是劳动者的阶级自觉，就是将"劳心者治人，劳力者治

---

① 胡适：《新思潮的意义》，《新青年》7卷1号。

② 读者成为这一时期延续"青年"论述的主力，先后在通讯和读者论坛发言的有：李张绍南的《哀青年》（2卷6号）、李次山的《青年之生死关头》（3卷1号）、朱如一的《青年之自己教育》（3卷5号）、郑佩昂的《说青年早婚之害》（3卷5号）、罗家伦的《青年学生》（4卷1号）、邓萃英的《文学革新与青年救济》（5卷1号）、郭仁林的《告青年》（5卷1号）等。但根据《新青年》编辑部启事，读者专栏乃为容纳社外异议而设，不一定代表刊物立场。

于人"颠倒成"劳力者治人,劳心者治于人"的自觉。①

在第二阶段,《新青年》已经出现对劳工的讴歌,如蔡元培庆祝欧战协约国胜利的著名讲演就刊于第5卷5号上,提出:

> 我们不要羡慕那凭借遗产的纨绔儿!不要羡慕那卖国营私的官吏!不要羡慕那克扣军饷的军官!不要羡慕那操纵票价的商人!不要羡慕那领干修的顾问咨议!不要羡慕那出售选票的议员!他们虽然奢侈点,但是良心上不及我们的平安多了!我们要认清我们的价值!劳工神圣!

并对劳工的未来充满信心,"此后的世界,全是劳工的世界呵!"不过,他说的劳工不限于体力劳动者。

> 不但是金工、木工等等,凡是用自己的劳力作成有益他人的事业,不管他用的是体力、是脑力,都是劳工。所以农是种植的工;商是转运的工;学校职员、著述家、发明家,是教育的工;我们都是劳工。②

但到了1920年5月,在蔡元培题词"劳工神圣"的《新青年》"劳动节专号"上,劳工的内涵已发生改变。陈独秀特撰《劳动者底觉悟》一文,明白无误地放弃了对于学界的信任和信心,认为"读书的"跟"做官的"一样,都不足以称"有用"和"贵重","只有做工的人最有用最贵重","社会上各项人只有做工的是台柱子,因为有他们的力量才把社会撑住","这世界上若是没

---

① 陈独秀:《劳动者底觉悟》,《新青年》7卷6号。
② 以上均见蔡元培:《劳工神圣》,《新青年》5卷5号。

有种田的、裁缝、木匠、瓦匠、小工、铁匠、漆匠、机器匠、驾船工人、掌车工人、水手、搬运工人等，我们便没有饭吃，没有衣穿，没有房屋住，没有车坐，没有船坐"。陈独秀这里的"劳动者"，已经没有商人、学人，而是纯粹物质财富直接生产者的工农群众了。他对社会上重官重学轻劳工的偏见深恶痛绝，提出："我们现在一方面盼望不做工的人快快觉悟自己无用的下贱；一方面盼望做工的人快快觉悟自己有用、贵重。"[①]劳动者自觉其价值，不是用以自我安慰，而是要承担起改造社会的责任。这显然是接受马克思主义革命理论的结果。

《新青年》传播马克思主义的经过，学界一般认为李大钊功莫大焉。其实虽然李大钊在第 5 卷和第 6 卷里发表了《庶民的胜利》《BOLSHEVISM 的胜利》《我的马克思主义观》等重要文章和办了"马克思主义专号"，但从整体上看《新青年》这两卷发表非马克思主义的内容更多。《新青年》基调上接受马克思主义，并以劳工解放为言论宗旨是从第 7 卷逐渐开始的，这与《新青年》主编体制的改变和主编人思想的变化有关。

陈独秀以激进的战斗精神投入到新学术、新文化运动之中，激起了不同学术见解人士的激烈反弹，也招致学术思想论敌情感上的憎恨。1919 年 3 月间，陈独秀"嫖妓"风波出，林纾等受过攻击的人坚决要求北大开除陈的教职，汤尔和、沈尹默、钱玄同等当初引荐陈进北大的人，也要求蔡元培严处。4 月 10 日，蔡元培宣布取消文科学长职位，陈独秀聘为教授一年，但未安排课程。在离开北大势所难免之际，恰逢五四运动爆发，陈独秀发传单而被捕，营救获释后成为政府眼中之危险人物，只得南下上海

---

① 陈独秀：《劳动者底觉悟》，《新青年》7 卷 6 号。

避祸。鉴于南下的陈独秀没有稳定收入,《新青年》编辑部决定停止轮值主编制度,恢复由陈独编,陈遂将《新青年》带离北京,在上海进行编辑,由北京同人继续供稿。陈独秀本来在《新青年》中属于爱谈政治、做政论的激进派,在北大期间受胡适等"二十年不谈政治"约定的制约,略有克制,到上海后脱离了北大同人的制约,便放手发挥。而在南方(上海而外,一度还留置广州),戴季陶、李汉俊、李季、沈雁冰、沈玄庐、沈泽民、袁振英、杨明斋、李达、陈望道、周佛海、陈公博、施存统等一批共产主义信仰者很快聚集到他的周围,成为《新青年》新的作者队伍,并逐渐成为刊物主力。陈独秀本人也迅速接受马克思主义信仰,并开始向职业革命家转变。

第7卷1号《新青年》发布新的《本志宣言》,宣布"我们相信世界上的军国主义和金力主义,已经造了无穷罪恶,现在是应该抛弃的了",[①] 标志着陈独秀开始急速的转变。到了第5号"劳动节专号"在《新青年》发刊史上,具有特别的重要性。这不仅因为它的前所未有的超大篇幅极大地凸显了劳工问题的重要性,而且更因为一个社会学视角下的"社会问题"在性质上从此转化为世界共产主义思想下的"社会革命"的逻辑起点。陈独秀对马克思主义的接受很可能就完成于这个专号。在次期的第8卷1号,陈独秀撰有两篇重要文章,一篇是《论政治》,一篇是《对于时局的我见》,很完整地表达了他新的认知、新的信仰和新的使命感,鲜明显示他已经完全是一个共产主义者了。也是从第8卷1号开始,《新青年》专设了"俄罗斯研究"专栏,由他的共产主义南方同道很系统地介绍苏维埃劳工社会及其制度。社会调查专

---

① 陈独秀:《本志宣言》,《新青年》7卷1号。

栏继续保持，但从过去的包罗万象，变为突出对劳工处境的揭露。

不过，《新青年》转向诉求于劳工阶级的革命觉悟，并非一种断崖式的转换，而呈现出北京作者与上海作者共生、文化运动与劳工运动并存的面貌。[1] 在相当一段时间内，既宣传马克思主义，也传播杜威、罗素的思想；既有《社会主义与中国》（李季）、《从科学的社会主义到行动的社会主义》（山川均）、《由平民政治到工人政治》（李大钊）等劳工阶级革命的论述，也有《新历史》（陶履恭）、《儿童的文学》（周作人）、《国语文法的研究法》（胡适）等继续鼓动新学术、新文化的文章。这一过程中，北京同人也处在是否继续维持共同体的纠结之中。随着《新青年》"颜色"越来越明显，北京同人最终与之分道扬镳，最终《新青年》改组成成立未久的中国共产党的理论宣传刊物。

对于《新青年》第三阶段的变化，胡适后来有一段意味深长的回忆：

自 1920 年 1 月以后，陈独秀是离开我们北京大学这个社团了。他离开了我们《新青年》团体里的一些老朋友，在上海他又交上了那批有志于搞政治而倾向于马列主义的新朋友。时日推移，陈独秀和我们北大里的老伙伴，愈离愈远。我们也就逐渐地失去我们的学报。因为《新青年》杂志，这个（传播）"中国文艺复兴"的期刊，（在陈氏一人主编之下）在上海也就逐渐变成一个（鼓吹）工人运动的刊物，后来就专门变成宣传共产主义的杂志了。最后终于被上海法租界当局所查封。[2]

---

① 欧阳哲生：《〈新青年〉编辑演变之历史考辨——以 1920—1921 年同人书信为中心的探讨》，《历史研究》2009 年第 3 期，第 82 页。

② 唐德刚记录：《胡适口述自传》，台北：传记文学出版社 1981 年版，200 页。

四、结语

受到陈独秀《本志罪案之答辩书》和胡适"中国的文艺复兴"等带有自身偏好的言说影响，关于《新青年》的性质，今人多泛称其倡导民主与科学的新文化启蒙刊物。回归文本细加观察，这种说法显然不够精确。实际上，《新青年》经历了三个显著不同的阶段，分别有着不同的作者群，诉求于不同的社会群体，有着不同的目标和内容：其第一阶段的两年，作者以陈独秀友人为主，体现出皖籍和《甲寅》系的特征，他们对青年寄予改造社会的责任，期待青年觉醒率先成为现代公民，支撑共和国家；第二阶段的三年多，作者以北京大学文科教授为主，他们基于学术改造而讨论现代学科的建设，并认为学界中人应该承担起更新文化、再造文明的使命；第三阶段近五年，上海共产主义作者群逐渐主导言论，将根本改造国家的希望置于劳工身上，聚焦于共产主义世界革命理论宣传，以唤起劳工阶级革命之觉悟。时间长度上"新劳工"的努力最持久，"新青年"的努力最短暂；办刊效果上"新学术、新文化"阶段的作者阵容最强大，社会影响最广泛；但三个阶段各有特质，不可替代。

在这样一个了解的基础上，对于《新青年》的评价，或许也可以有一些新的看法。其一，《新青年》其实是一个大部分时间名实相分的刊物，在它的第二、三阶段实为"新学界""新劳工"，虽然它的读者客观上很可能还是以知识青年为众。其二，"科学与民主"对于《新青年》，宽泛说贯穿其始终，具体说各阶段含义并不同。"新青年"阶段重点捍卫了民主共和制度，阐释了青年人格的独立和人生的自主与健康的意义。"新学界"阶段在继续捍卫民主共和制度和人格独立的同时，重点阐发的是"科学的"学术和文化精神。"新劳工"阶段将劳工解放视为最彻底的民主，将马列主义理论视为最可靠的科学。其三，即就新文化运动而言，由于它是以学术改造的形式展开的，学术运动与社会文化运动互相促进的过程中，学术与思想之间很难避免的内在紧张也呈现出来。文化新陈代谢的使命感和紧迫感，一定程度上造成了学术的扭曲，钱、刘之间唱双簧的"学术作假"当时不为胡适所赞同，周树人等却很赞成，重视目的、轻视手段的流风影响所致，学术规范确立步履维艰，现代学术的健康成长并不顺畅；而学术上一味求新的激进，对传统价值评估丧失客观性，掉入"片面深刻"陷阱，也造成社会文化观上的形式主义和极端主义，中国悠久的历史文化传统被简单否定。"破坏有功，建设无力"的讥辞，对于短短几年的《新青年》或许有失公允，但确实值得后人反思。

第六章 大竞争时代的"主义"

从自由主义到社会主义
——1919—1920 年陈独秀的思想矛盾及其解决 *

民族主义、自由主义、社会主义三大思想系统之间的兴替和互动，是 20 世纪上半期中国思想界最值得注意的现象之一；作为其中重要思想人物的陈独秀，可谓集三大思想系统之冲突和交汇于一身。日本学者横山宏章在他的《陈独秀传》中总结陈独秀一生的思想变化，就认为"陈独秀可称为清末的民族主义者、新文化运动时期的民主主义者、国民革命时期的马克思主义者"，并认为追随他那令人眼花缭乱的思想变化，探讨他那既能适应革命时代，又能随时代潮流而变化的思想过程，正是研究陈独秀的妙趣所在。[①] 有关从民族主义到民主主义的变化轨迹，笔者曾作了一点试探，[②] 本文将

---

* 本文曾载于《近代史学刊》第 5 辑（2009 年），原题为《从自由主义到社会主义——1919—1920 年陈独秀思想矛盾及其解决的文本再读》。

① 陈江：《港台及海外学者对陈独秀的研究》，《安徽师范大学学报》人文社会科学版 2005 年第 1 期，第 24—25 页。

② 何卓恩：《民族主义内在的困境：陈独秀国家观从民族主义到自由主义的转变》，《安徽史学》2007 年第 3 期，第 108—115 页。

探讨的是他从自由主义到社会主义转变的心路历程。

这次转变主要发生在欧战后的两年间。具体实现转变的时段，学界认知不一。目前比较有代表性的观点，有1919年末1920年春说、[①]1920年5月说、[②]1920年7—8月说、[③]1920年9月说、[④]1921年7月前说[⑤]等。关于这次转变的具体过程和原因，有的侧重从外缘——特别是共产国际所施加的影响做观察，有的侧重于依内源——特别是陈独秀的人生经历来解释，总体上学界远未形成一致的看法。[⑥]之所以在此问题上看法分歧，很大一部分原因是陈

① 郭成棠:《陈独秀与中国共产主义运动》，台北：联经出版事业股份有限公司1991年版，第128、133页。

② 朱文华:《终身的反对派——陈独秀评传》，青岛出版社1997年版，第151页。

③ 杨奎松:《陈独秀与共产国际——兼谈陈独秀的"右倾"问题》，《近代史研究》1999年第2期，第72—73页。

④ 尤小立:《从"宪政"到"直接行动"——陈独秀前期国家观演变述评》，《江苏社会科学》2001年第3期，第178页。

⑤ 王树棣等:《陈独秀评论选编》（上），河南人民出版社1982年版，第11—18、364页。

⑥ 关于中国知识分子接受社会主义尤其马克思主义的原因，学界曾提出巴黎和会和苏俄革命影响说、中国工人阶级走上历史舞台说、中国资产阶级软弱说、马克思主义真理说、反西方的西方化心理说等。但具体到陈独秀，这些因素如何发生影响，多语焉不详。国内外相关著作除上述提到者外，还有：陈东晓编《陈独秀评论》（东亚书局1933年版）、日本学者横山宏章著《陈独秀传》（日本：朝日新闻社1953年版）、美国学者李苕甘著《陈独秀：中国共产党的创建者》（普林斯顿：普林斯顿大学出版社1983年版）、魏知信著《陈独秀思想研究》（南京大学出版社1987年版）、郑学稼著《陈独秀传》（台北：时报文化出版公司1989年版）、王学勤著《陈独秀与中国共产党》（东南大学出版社1991年版）、唐宝林和陈铁健著《陈独秀与瞿秋白》（中国青年出版社1997年版）、冯建辉《从陈独秀到毛泽东》（中央文献出版社1998年版）、贾兴权著《陈独秀传》（山东人民出版社1998年版）、任建树著《陈独秀大传》（上海人民出版社1999年版）、张宝明和刘云飞著《陈独秀的最后十年》（河南人民出版社2000年版）、胡明著《正误交织陈独秀——思想的诠释与文化的评判》（人民文学出版社2004年版）、祝彦著《晚年陈独秀》（人民出版社2006年版）等，另有相关论文数以百计，兹不列举。

独秀此际留下的文字，在改良与革命、文化与政治、自由民主与劳工解放、爱国心与公共心、信仰与怀疑、理论与实践等诸多方面均存在不同程度的矛盾现象。

究竟如何理解这些文义上的矛盾现象？究竟如何研判陈独秀从自由主义走入社会主义的心理轨迹和看待他的社会主义信仰特性？本文试图通过陈独秀理性人格与感性人格互动过程的观察对此略作研讨，就教于方家。

一、冷思：胜利狂欢的现场缺席

1918 年 11 月 11 日第一次世界大战（时称欧战）交战双方签署停战协定，战争以协约国的胜利、同盟国的失败而告结束。中国虽只派出一些劳工到欧洲战场，但因名义上参与了协约国，也分享了战胜国的殊荣。这对于鸦片战争以来屡战屡败的中国来说，不啻是喜从天降。13 日，北京城兴奋的人们将象征耻辱的克林德碑捣毁，改名为"公理战胜"，由东单迁移至中央公园。北京政府"安福俱乐部"因初自日本借到外债六亿元，一时也得意莫名，教育部且于天安门一带，建筑临时讲台，由各界人士公开演讲。14 日、15 日、16 日北大停课三天以示庆祝，要求教育部把此临时讲台借给北大师生继续演讲三天。蔡元培、胡适等十一位知识界头面人物发表了演讲。当时朔风剧烈，演讲时间每人只能限以五分钟，"因此，各人的演词，非常简括，却又非常精采"。[①] 师生和市民们意犹未尽，就着月底总统府举办胜利庆典的机会，28 日、29 日、30 日北京大学又在和平公园组织了连续三天的演讲

---

① 胡适：《五四运动纪念》，1928 年 5 月 5 日上海《民国日报》"觉悟"副刊。

会，李大钊、陶孟和等名家和一些学生代表十余人发表了激昂的演说。[①] 大家都感觉到"'强权即公理'的现实，似乎开始有了些修正，中国将因此有转弱为强的机会"。[②] 奇怪的是，无论这些庆典还是连续下来的万民欢愉活动，却都未见盛名天下的陈独秀之身影。

原来，事非偶然。虽然这时候的陈独秀确实小瘥方愈，可他不愿出门参加欢庆却别有原因："一来是觉得此次协约国战胜德国，我中国毫未尽力，不便厚着脸来参与这庆祝盛典；二来是觉得此次协约国胜利，不尽归功于军事。"[③] 在他看来，协约国的战胜实际上是"德国政治进步"的结果——德国的民党起来革皇权和军国主义的命，协约国才趁势将德国打败。更令他"感慨"和"忧愁"而决意不参与庆祝拆毁克林德碑盛典的是，他坚定地认为，造成国耻碑的种种原因没有完全消灭之前，"这块碑实拆得多事。因为这块碑是义和拳闹出来的，不久义和拳又要闹事，闹出事来，又要请各国联军来我们中华大国朝贺一次；那时要设立的石碑，恐怕还不只一处"。[④] 一边是德国政治进步，推翻帝制建立魏玛共和；一边是中国依然故我，民众愚昧，政治黑暗。陈独秀遂"不愿出门"与众同乐。

---

① 1918年11月27日《北京大学日刊》头版头条刊载《本校特别启事》，谓"本月二十八日至三十日为庆祝协约国战胜日期，本校拟于每日下午开演说大会（地点在中央公园内外，俟择定后再行通告），各科教职员及学生有愿出席演说者，望即选定演题，通知文牍处，以便先行刊印，散布听众"。以后，《北京大学日刊》自12月3日至24日，共发表了七个人的演说词。

② 张国焘：《我的回忆》，东方出版社2004年版，第45页。

③ 陈独秀：《克林德碑》，《新青年》5卷5号（实际出版时间为1919年1月），第449页。

④ 陈独秀：《克林德碑》，《新青年》5卷5号，第453页。

陈独秀选择缺席战后大狂欢，要从他创办《新青年》以来的精神追求上理解。他对造成国耻碑之"种种原因没有完全消灭"的忧虑，实际上是对"新文化"没有建立起来的焦虑。他将"义和拳闹事"归结为传统社会蒙昧的宗教迷信、儒家伦理、旧戏剧和守旧党，认为这是"专制的迷信的神权的黑暗道路"，"我国民要想除去现在及将来国耻的纪念碑，必须要叫义和拳不再发生；要想义和拳不再发生，非将制造义和拳的种种原因完全消灭不可"，走向"共和的科学的无神的光明道路"。[①] 这条道路即《新青年》创刊以来所标举的"民主与科学"的道路。

显然，欧战结束这个世界历史上的重要事件并没有改变陈独秀一如既往的努力：通过新文化运动，健全国民的精神，趋向自由民主的新国家。因为"新旧思想之激战"愈演愈烈，此际出版的《新青年》五卷五号至六卷三号，核心的主题自然仍集中在自由主义的新文化问题上。陈独秀本人则除了在答读者问中继续讨论宗教迷信、孔教、奴性、文学艺术改革等议题外，还撰写了《〈新青年〉罪案之答辩书》《对于梁巨川先生自杀之感想》《再质问〈东方杂志〉记者》等专文，强调只有德、赛两"先生"可以救治中国一切的黑暗，为拥护这"两位先生"自己将不辞来自各方面的压迫和攻击，不作丝毫退缩。

陈独秀对新文化运动的坚守，乃辛亥革命后他对曲折的救国历程沉静反省的结果。使他在欧战后的举国欢腾中保持沉静，使他在政治的和社会的压力下保持坚韧定力的，正是这个大反省所形塑的理性人格。但是，陈独秀的理性人格形成于"后天"，他的身上同时还存在一种"先天"的人格，即那个"性情暴躁""疾

---

① 陈独秀：《克林德碑》，《新青年》5卷5号，第458页。

恶如仇"①的感性人格。换言之,在矢志于新文化的理性陈独秀之外,一个"不忍"不对现实政治发言的感性陈独秀同时存在。

新文化运动启动时,同人本来是相约"不批评时政"的,即"二十年不谈政治"。这里的"政治"当然指时政,而不指作为理想目标的政制。他们认定中国"政治"系"七年之病",需要医之以"三年之艾"。只有从思想文化入手,才能根本解决中国的政治问题;为此对于纷扰的政事纠葛须暂不置评。然而,袁世凯称帝、府院恶斗、张勋复辟、军阀混战相继发生,以陈独秀"性情暴躁""疾恶如仇"的个性,实在不忍沉默。在《新青年》第二卷力驳康有为欲立"国教"的过程中,已经开始评论时政;到了第三卷更直言不讳地讨论"俄国革命"(二月革命)。当顾克刚来函指责《新青年》因评论时政"三卷之内容不若二卷;而二卷《新青年》又不若第一卷",并以评论时政为"逐末之举"时,陈独秀反问道:"本志主旨,固不在批评时政,青年修养,亦不在讨论政治,然有关国命存亡之大政,安忍默不一言?政治思想学说,亦重要思想学说之一,有何故必如尊函限制之严,无一语拦入政治时事范围而后可也?"在他看来,若完全不关心时政,便是"凉血动物",便是"中国旧式书生,非二十世纪之新青年也"。②陈独秀不忍地谈起政治,虽然篇数并不算多,也同样引起胡适等同人的不满,在《新青年》五卷一号陈氏又放言"今日中国的政治问题"时,进一步对不以为然的同人和读者解释说:"我现在所谈的政治,不是普通政治问题,更不是行政问题,乃是关系国家

---

① 陈独秀自述"性情暴躁""疾恶如仇"是众人对他的印象,而他自己觉得在"疾恶如仇"方面,他并不彻底。陈独秀:《实庵自传》,任建树等编《陈独秀著作选》第三卷,上海人民出版社1993年版,第418页。

② 独秀:《答顾克刚》,《新青年》,3卷5号,第6页。

民族根本存亡的政治根本问题。此种根本问题，国人倘无彻底的觉悟，急谋改革，则其他政治问题，必至永远纷扰，国亡种灭而后已！"①

既然陈独秀有着这种"不忍"的热血性格，欧战结束这样重大的时政自很难真的让他不关心，何况它关系到中国的命运。事实上，正是鉴于方便他和李大钊、高一涵等几个与他有着类似激情的同人议论这些大政的需要，他们决定在《新青年》之外再创办一个时论刊物《每周评论》。②这个新刊物相对原来在《新青年》中论政而言，一来可以避开文化刊物谈政治的批评，二来"更迅速、刊期短，与现实更直接"，可以克服月刊对时效性的限制。刊物在欧战结束后四十天内出版，陈独秀主编，发刊词的主题就从欧战"公理战胜强权"说起——陈独秀缺席了庆祝协约国胜利的狂欢，却接过了庆祝协约国胜利的主流话语。随后他更接连发表《欧战后东洋民族之觉悟及要求》和不少相关随感，以及《除三害》等一些谈论国内时政的文字。

不过尽管陈独秀保有谈政治的热情，谈文化与谈政治的分际还是清楚的——言论的中心依旧在文化运动方面——直到巴黎和会中国外交失败。诚然他此际发表过《二十世纪俄罗斯的革命》《克伦斯基和列宁》等有关俄国革命的随感，以及对贫民哭声的同情文字，论者对此常有较高评价，然根据当时他的心态和他全部文字的总体考察，这些似乎很"进步"的文字，却并没有多少特别的意义。他对俄国十月革命所发表的评论正如此前对俄国二月革命的评论一样，不过是忍不住"谈谈政治"而已。

---

① 陈独秀:《今日中国之政治问题》,《新青年》5 卷 1 号, 第 1 页。
② 周作人:《知堂回想录》, 香港: 三育图书文具公司 1980 年版, 第 355 页。

二、热血：外交失败的"直接解决"

1919 年 1 月，协约国举行的国际和平会议在巴黎召开，美国学者型总统威尔逊 1918 年 1 月提出的《公正与和平》十四点方案被作为会议基础，而且威尔逊本人也参加了和会。抱着"公理战胜强权"的乐观精神，中国以参战国的资格向和会提出了废除外国在华的一切特权，取消"二十一条"，收回日本在大战时夺取的德国在山东的特权等七个要求。这些要求实际上被欢欣雀跃参与过"公理战胜"的中国民众认为是理所当然且"必可实行"[①]的。即使冷峻缺席欢庆活动的陈独秀，也对"世界第一个好人"威尔逊和他的"公理"寄予厚望。[②]

然而，国际政治的理想主义终归要屈从于国际政治的现实主义。和会所有参与国名义上都有发言权，实际却一开始就被英、法、美、意、日五强国把持，弱小国家的权利问题，根本"影儿没有"。[③]威尔逊虽确实作了些仗义执言的努力，然"学者遇着'老虎'，学者惟有失败而已！"[④]在大国现实利益交换下最终还是成了口惠而实不至的"威大炮"。[⑤]和会开了不到四个月，中国提出的废除外国在华特权的要求和会完全不加考虑，传来的却是要求中国签字承认将德国在山东权益转让给日本的噩耗，"公理战胜强权"的奢望不期然彻底破灭。5 月 2 日噩耗传回国内，经历

① 胡适：《五四运动纪念》，1928 年 5 月 5 日上海《民国日报》"觉悟"副刊。

② 只眼：《每周评论发刊词》，《每周评论》第 1 号，第 1 版"随感录"。

③ 只眼：《揭开假面》，《每周评论》第 7 号，第 3 版"随感录"。

④ 胡适：《五四运动纪念》，1928 年 5 月 5 日上海《民国日报》"觉悟"副刊。

⑤ 只眼：《威大炮》，《每周评论》第 8 号，第 3 版"随感录"。

了"六个月的乐观"①的青年学生和市民，群情激愤，走上街头。

陈独秀原本希望借国际和会的劲风来实现国内和平，清除"三害"（军阀、官僚、政客），所以对国内于上海召开的南北和谈也保持期待。巴黎和会的破产使他联想起上海和会的失败，五四运动爆发当天，他在《每周评论》上以颇为悲壮的口气宣布"两个和会都无用"，不能指望分赃会议的几个"政治家外交家"在那里关门弄鬼，非人民站出来"直接解决"不可。②这是他对学生发起的街头运动最有力的鼓励，因为"这些言论非常符合当时激进青年的心意"。③

陈独秀提出的"直接解决"之"直接"，本针对"政治家外交家"这些代理人而言，他后来多次提到这层意思。6月9日他起草《北京市民宣言》就说："倘政府不顾和平，不完全听从市民之希望，我等学生、商人、劳工、军人等，惟有直接行动，以图根本之改造。"④次年4月他在上海中国公学的讲演中，总结五四运动所特有的精神，也说是对于社会国家的黑暗，由人民直接行动加以制裁，"不诉诸法律，不利用特殊势力，不依赖代表"的"直接行动"和"牺牲精神"。⑤不过虽然这里"直接"系相对于"政治家外交家"，相对于"政府""法律""特殊实力""代表"而言，但由于"直接行动"更多的是需要调动"激情"而非开发"理性"，势必对《新青年》历来努力的方向——通过健全国人的理性来根本解决中国政治问题——形成冲击。所以客观上它的对

---

① 胡适：《纪念五四》，《独立评论》第 149 号。

② 只眼：《两个和会都无用》，《每周评论》第 20 号，第 3 版"随感录"。

③ 罗章龙：《椿园载记》，生活·读书·新知三联书店 1984 年版，第 26 页。

④ 陈独秀：《北京市民宣言》，《民国日报》1919 年 6 月 14 日。

⑤ 陈独秀：《五四运动的精神是什么》，《时报》1920 年 4 月 22 日。

应面也可适用于作为"间接解决"的新文化运动。

"直接解决"的观点固然与新文化运动的精神有所抵触,但与陈独秀的热血个性或感性人格毋宁是相当契合的。这种个性在理性支配且同人相约"二十年不谈政治"的时期尚且不时显露峥嵘,在有了《每周评论》等专门的发挥舞台,和出现了在他看来真正"关系国家民族根本存亡的政治根本问题"之后,自然得以顺势发挥。从1919年5月开始,陈独秀的感性人格呈快步成长之势。这个过程中,他的"直接解决"意识与自己的行动和遭遇不无交替推进。

陈独秀"直接解决"意识的产生,表面的诱因确系"两个和会都无用",尤其巴黎和会显示出"现在还是强盗世界!现在还是公理不敌强权时代!"①说来这也是时人普遍的心理反应。参与发起五四游行的北大国民社成员张国焘说,"我们充满了失望与愤慨的情绪,美梦方觉,一致认为:世界上哪里有什么公理?中国人除奋起救国以外,已别无他途可循。"②近人对五四前"六个月乐观"及其心理挫折的分析,③相当程度上也印证了这种心理反应。

不过,另一方面,就巴黎和会传来的不利消息本身来说,固然对日本侵占山东加以确认是极其不公正、不道义的,但联系到近代以来中国频遭的各种屈辱和劫夺,这次和会并没有实质上增加什么,跟真正亡国灭种也不完全能够等同。日本占据青岛、控制山东已经在世界大战初期(1914年11月7日)成为一个事实,在列强宰割中国的时代,"事实"本身往往就是"法律"。陈独秀

---

① 只眼:《为山东问题敬告各方面》,《每周评论》第22号,第1版。

② 张国焘:《我的回忆》,东方出版社2004年版,第46页。

③ 罗志田:《"六个月乐观"的幻灭:五四前夕士人心态与政治》,《历史研究》2006年第4期,第105—124页。

们对此一和会决议案的在意程度何以如此超乎寻常呢？

诚然，"六个月乐观"所遭受的巨大挫折感是分析此问题不可忽略的因素，挫折感与希望指数的相关关系早已得到心理学证实；但同时也不能不注意到此际国人对于日本日益暴露的对华野心所特有的警惕和焦虑。

就陈独秀而言，在得到和会不利消息之前，已经早有将日本视作中国最大威胁的看法。欧战期间，西方列强忙于战事，无暇东顾；战争刚刚结束，参战大国两败俱伤，也暂收敛起在东方的咄咄攻势。从这个间隙中发现独占中国机会并为此开始激烈竞争的，主要是两个后起的强国美国与日本，而日本以其地利条件更捷足先登，胃口大开。大战方起，日本就加入战争向德宣战，派遣军舰进攻东方的德国势力，占领青岛，续办胶济铁路，接收德国在山东的全部利益。为麻痹中国，当时日本政府曾表示，此次接收不过暂时之事，将来"终究归还中国"；但事实上它非独永远不准备把山东权利交还中国，抑且变本加厉，意图完全控制中国内政外交。1915 年 1 月日本竟然向中国提出二十一条"觉书"，限期答复。

这个"觉书"的内容，就连主张对日"亲善"的曹汝霖都看不过去，晚年他坦承：

日本此次所提之廿一条，包罗万象，集众大成，势力由东北、内蒙以至闽、浙，权利由建铁路、开矿产以至开商埠、内地杂居。甚至第五项要求政府机关设立日本顾问，两国用同一军械，警察由日本训练，小学用日本教师，日本僧人到内地传教。凡此苛刻条件，思以雷霆之压力，一鼓而使我屈服。若使随其所欲，直可亡国。①

日本逼迫如此，自然极大地激发了国人对日本的痛恨，“于是中日二国的感情，越弄越坏，坏到不可收拾了”。②

虽然经谈判最后双方签署的协定，中国只接受了其中的十五条，“日本并没有得到它所要求的全部”，③ 但时人并不因此减轻对日本的痛恨（19 日协定签字，21 日北大等两千学生举行游行请愿，为一年后的五四运动作了预演），何况它独霸东亚的企图心，日甚一日地以各种方式表现出来。包括干预中国内政，使扰攘不安的中国政局更加混乱，以便从中渔利；包括在巴黎和会上施展出卑劣的外交伎俩，造成不利于中国的形势，企图使北京当局屈从。

日本步步紧逼，陈独秀的激愤与国人同。五四之前《每周评论》的随感录中，陈独秀有不少篇幅专谈此事，对“口口声声说中日亲善”的日本企图合法盘踞山东十分不满，表示“亡国”“卖国”并无亡在哪一国、卖到哪一国的差异，亡、卖与西方列强固无论，亡、卖于近邻日本是同样的不幸，“同一亡国卖国，若说亡在卖在道路较近人种较同的国家手里，就算是亲善，不算是亡国卖国，这个道理无人能懂”。④

---

① 曹汝霖：《曹汝霖一生之回忆》，台北：传记文学出版社 1980 年版，第 98—99 页。

② 胡适：《五四运动纪念》，1928 年 5 月 5 日上海《民国日报》“觉悟”副刊。

③ 费正清编：《剑桥中华民国史》上册，中国社会科学出版社 1993 年版，第 276 页。

④ 只眼：《中日亲善》《亡国与卖国》，《每周评论》，第 11 号，第 4 版“随感录”。

当时西方国家所谓"黄祸论"仍有市场，而东方民族反对西方列强的侵略也往往打上了人种的烙印。中日等国知识分子出于各自不同的背景，分别形成了各自的人种话语。① 中国知识分子希望人种平等，日本在国际政治中也大打"人种平等"牌，试图掩盖其称霸亚洲的野心。这一点，在巴黎和会初期陈独秀还没有看出究竟，所以当日本代表提出此议时他"大为佩服"，撤回此议时他又"大为失望"；直到他们分赃图谋已显时再次大吹大擂地提出这个问题，他才觉悟到"我们中国人应当联合全体黄种人，正正堂堂的向巴黎和会要求平等的待遇，不能附属日本，做美日对抗的机械"，提出：

> 我们黄人既然对于白人要求平等待遇，我们黄人自己对于黄人，先要平等待遇。若是我们黄人对于黄人的什么在中国的特殊利益，和在朝鲜的主属关系，不能打破，还有什么面目向白人要求平等待遇呢？②

日本在"二十一条"问题上暴露的狡诈和贪欲，以及所采取的最后通牒的野蛮方式，不禁令人联想起二十年前《马关条约》的耻辱，十年前日俄战争造成的日本宰割中国东北。旧仇未泯又添新恨，"日本企图阻止中国的共和民族主义保卫自己的地位，而这种企图以推进民族主义并使其集中为反对日本而告终"。③ 在

---

① 罗福惠：《黄祸论与中日两国的回应》，台北：立绪出版公司2007年版，第8—11章。

② 只眼：《人种差别待遇问题》，《每周评论》，第12号，第2版"社论"。

③ 费正清编：《剑桥中华民国史》下册，中国社会科学出版社1993年版，第116页。

"公理战胜"的愿景越来越渺茫的情境下，国人开始退求"两害相权取其小"。当其时，陈独秀对待英美就反而比较缓和，认为它们的威胁并不太大，甚至他们多少可以制衡一下日本。他为3月9日《每周评论》写的随感录，称日本是中国军阀混战的祸根，英美舰队来华是"东洋一线光明的希望"，中国铁路宁可国际共管不可日本独管。五四游行当天，陈独秀一方面宣布"两个和会都无用"，一方面愤激痛陈：

> 我们中国若免不得亡国的命运，宁可亡在欧美列国手里，不愿亡在日本手里。联合亚洲的黄人，持抗欧美白人的鬼话，我们绝对不相信。因为黄人待黄人，比白人待黄人还要残狠十倍。[1]

有关人种问题的议论，很少引起研究者注意，但实际上，这在陈独秀"直接解决"意识发生的过程中具有相当的重要性。日本独占中国的企图和"黄人待黄人，比白人待黄人还要残狠十倍"的说法，证之于十多年后全面侵华掳掠中国的历史，不幸而言中；但在五四前夕陈独秀奋笔疾书之际，却不能不说是一种对日祸强烈焦灼的表达：在他的意识中"我们对日的外交失败，又何止一个'山东问题'！眼前已经是可悲可惨，日后亡国的可悲可惨，更加十倍百倍千倍万倍无数量倍呵！"[2] 巴黎和会不仅没有实现日本势力撤出中国的目标，反而要求中国签字承认日本的在华"权益"，陈独秀看到南北军阀和政客的倾轧和无能，诉求"直接解决"应属合乎情理。

---

① 只眼：《共同管理》，《每周评论》，第 20 号，第 3 版"随感录"。
② 只眼：《对日外交的根本罪恶》，《每周评论》，第 21 号，第 3 版。

学生走上街头，表达惩办亲日派、捍卫青岛、反对和会决议签字的决心，向"直接解决"迈出了一大步。为表达支持，陈独秀所编的《每周评论》从5月4日到6月8日，用全部版面来报道运动发展，并出了三期"山东问题"特号。他本人撰写的就有七篇文章和三十三篇随感录。这些报道和评论文章不仅肯定公众示威是国民"应有的权利"，"合乎正义"，而且指出行动对象不能仅仅指向作为政府"机械"的亲日分子曹、章、陆，而更应指向造成这些"根本罪恶"的政府当局。[①] 他径直主张用暴力实行民族自卫，提出了"强力拥护公理！平民征服政府！"[②] 的劲爆口号，并鼓励街头运动中被捕的学生，说：

> 世界文明发源地有二：一是科学研究室，一是监狱。我们青年立志出了研究室就入监狱，出了监狱就入研究室，这才是人生最高尚优美的生活。从这两处发生的文明，才是真文明，才是有生命有价值的文明。[③]

陈独秀自幼具有服弱不服强的性格特征，幼年背书曾因为"无论挨了如何毒打，总一声不哭"，使严厉而脾气古怪的祖父极尽愤怒，斥骂他长大要做"杀人不眨眼的凶恶强盗"；而见到慈祥的母亲流泪，他却立刻心软顺从下来。他自称一生都"不怕打，不怕杀，只怕人对我哭"。[④] 安徽知名人士胡子承因辛亥时期办

---

① 只眼：《对日外交的根本罪恶》，《每周评论》，第21号，第3—4版。

② 只眼：《山东问题与国民觉悟》，《每周评论》，第23号，第1版。

③ 只眼：《研究室与监狱》，《每周评论》，第25号，第4版"随感录"。

④ 陈独秀：《实庵自传》，任建树等编《陈独秀著作选》第三卷，上海人民出版社1993年版，第415页。

《安徽俗话报》而与陈独秀相熟，就曾以"血性过人"评论陈独秀。[①]学生运动越发展，被捕的学生越多，陈独秀的激愤也随之上升。沪上友人"烛知独秀在京必多危险，函电促其南下"，他在答复中称："我脑筋惨痛已极，极盼政府早日促我下监处死，不欲生存于此恶浊之社会也。"[②]6月9日，他真的亲临街头，到闹市区去散发自己起草的要求略近"革命"意味的《北京市民宣言》而被捕，使他的"研究室—监狱"的文明观从言传上升为身教。

陈独秀在其感性人格于巴黎和会破产后持续强化的时候，其理性人格开始相应受到抑制。目前可知的文献中未见有重申"民主""科学"新文化建设的启蒙文章或演讲在此际发表；作为新文化运动象征的《新青年》在5—6月间没有出版（《新青年》六卷五号标注1919年5月15日出版，实际出版时间则在1919年9月），不管具体原因如何，这本身也很有象征性。对感性人格增强中的陈独秀而言，"热血"要可贵于"冷思"，他直指那些自以为是地责骂爱国行动为"干涉政治"和"暴动"的人，称"这真不是吃人饭的人说的话，这真是下等无血动物"，不应当让他"住在中国国土上呼吸空气"。[③]

三、"热血"与"冷思"的并存与陈独秀的思想矛盾

热血的情感人格，在价值标准上相较冷思的理性人格更倾向于"道义"而非"科学"。陈独秀"国民"观的变化就是一个说明。

"直接解决"意识产生后，以何种力量做行动主体就成为必

---

① 唐宝林等：《陈独秀年谱》，上海人民出版社1988年版，第38页。
② 联合通讯社：《陈独秀案之大谜团》，《民国日报》，1919年6月23日。
③ 只眼：《为山东问题敬告各方面》，《每周评论》，第22号，第1版。

须回答的问题。陈独秀致力于新文化运动时，其启蒙对象是"国民"；现在要解决政治危机，希望自然也在"国民"身上。他感叹"人心已死的中国，国民向来没有团结一致的爱国心"①是中国顶可伤心的现象，大声疾呼日本侵略关乎"国民全体的存亡"，"应该发挥民族自卫的精神，无论是学界、政客、商人、劳工、农夫、警察、当兵的、做官的、议员、乞丐、新闻记者，都出来反对日本及亲日派才是"。②这里，国民内涵虽然包含官僚阶级、资产阶级、小资产阶级知识分子、工人阶级、农民阶级、流氓无产阶级等各个层次，但这些组成部分的"可靠"程度有着很大分别。他早已指出，"军阀""官僚""政客"是三害，是"国民的仇敌"。③虽然"当兵的"不等于军阀，"做官的"也不全是官僚，但寄望于他们做国民运动的中坚显然不可能。所以在另外一些较精确的表述中，陈独秀将"直接解决"的基本力量划定为"学界、商会、农民团体、劳工团体"这类"多数的平民"。④

但即使这些相对"可靠"的平民，也还有差异。由于商界力量的软弱，商人或"在商言商"对国事消极，或"不明白世界潮流大势"妄谈国事，⑤甚至还有"连爱国心都没有的奸商"，竟然干出"根据个人的私利主义，贩卖日货，贩卖中国米出口给杀中国人的人吃"⑥的下流勾当，陈独秀对商界并不看好，认定："不但

---

① 只眼:《对日外交的根本罪恶》,《每周评论》, 第 21 号, 第 4 版。
② 只眼:《为山东问题敬告各方面》,《每周评论》, 第 22 号, 第 1 版。
③ 只眼:《除三害》《军人与官僚》,《每周评论》第 5 号第 2 版 "社论"、第 4 号第 3 版 "随感录"。
④ 只眼:《山东问题与国民觉悟》,《每周评论》第 23 号, 第 1 版。
⑤ 只眼:《山东问题与上海商会》,《每周评论》, 第 22 号, 第 4 版。
⑥ 独秀:《学生界应该排斥的日货》,《新青年》7 卷 2 号, 第 156 页。

特殊势力和代议员不是好东西，就是工商界也不可依赖。"[1]

中国传统社会士为四民之首，五四运动从学界发动，陈独秀本身亦是学界中人，按说对学界应该寄予厚望。其实也未必。陈独秀在街头运动兴起后最初的一段时间内确实没有怀疑知识界的觉悟和决心，但到了后来，他越来越觉察到学界一些文人的无耻无行，对学人阶层渐生失望，以为"不但工商界不可依赖，就是学界的份子好朋友，都不可依赖"。[2]1919 年 12 月一位署名"明慧"的女读者来函讨论民国妇女的选举权问题。陈独秀答称："我们若还要国会政治，男女都应当有普通选举权。他们如若不肯，必有一班学者帮他们说出种学理来；我们若是再进一步，他们必然又强制我们要选举权；到那时必有一班无耻的学者，又来说出选举权底一篇大道理。"[3]这里明显透露出陈独秀对于知识阶层某些投机分子的不屑。他很强调道德情操的纯正价值，认为中国急需学者，但同时必须学者都有良心，"我们敬爱一个诚实的农夫或工人过于敬爱一个没良心的学者"。[4]没良心的学者脑子里充满了权门及富豪的肮脏东西，不可能为造成一个新社会尽力。

陈独秀唯一没有动摇过的民众力量，便是那些"诚实的农夫或工人"，即朴实的劳苦大众。陈独秀较早注意到劳苦大众是在欧战结束后、和会谈判结束前，《每周评论》对劳动问题的报道很多，陈独秀本人也肯定过俄国的社会革命在文明史上具有与法国政治革命同等的意义，且对"俄国温和派"克伦斯基致电"劳

---

① 陈独秀：《五四运动的精神是什么？》，《时报》1920 年 4 月 22 日。
② 陈独秀：《五四运动的精神是什么？》，《时报》1920 年 4 月 22 日。
③ 独秀：《通信：妇女选举权》，《新青年》7 卷 3 号，第 148 页。
④ 独秀：《社会的工业及有良心的学者》，《新青年》8 卷 3 号，随感录第 1 页。

农政府"发表过感慨，这本身也许并没有什么特殊意义，但由此诱发他产生对工农问题的关注则是可能的，从此他开始体察中国"贫民的哭声"。"直接解决"意识产生后，他把工农作为基本政治力量看待，不仅没有怀疑过，而且越来越强化到"只有做工的人最有用最贵重"[1]的程度。

这样一种"国民"范围缩限的过程，主要是以道德为标准的。以道德的眼光，寄生的、压迫人的上流社会往往处于劣势，而劳苦、软弱、受压迫的下层社会则往往具有优势。农夫或工人的诚实，自然超过那些"没良心"的商人、学者，更不用说那些经常无恶不作的"三害"。从排除军阀、官僚，压缩政客，到看衰"工商界""学界"，陈独秀心目中可靠的"国民"的范围越来越小。实际上，几乎整个上层社会都已不再被他视为希望中的"直接解决"的主体。于是，"国民"的真切所指只剩下劳工、农夫及上流社会中仅存的部分"有良心"者（尤其是青年学生），即"我们洁白的劳动工人和青年学生"[2]了。

陈独秀日益看重劳苦民众在"直接解决"中国问题上的潜力，势必诱发他对于民众自身解放的关心，而从这个出发点走下去，根据当时社会主义思潮方兴未艾的形势，接受社会主义便成为某种"必然"性的结果。五四运动中，有一次学生演讲团发表爱国演说，虽声嘶力竭，老百姓却还不能完全领悟。一位在场的老牧师受了感动，随后指点他们讲词要通俗，要"从人民切身问题说起"，"将人民受痛苦的根源和爱国运动联在一起"。[3]这位老牧师

---

① 陈独秀：《劳动者底觉悟》，《新青年》7卷6号，第1页。
② 陈独秀：《实行民治的基础》，《新青年》7卷1号，第21页。
③ 张国焘：《我的回忆》，东方出版社2004年版，第53页。

的话，实际上很真切地点出了五四以后爱国思潮转向社会主义思潮的关键。这个关键也许适合于理解陈独秀思想的转变。陈独秀作为新文化运动的殿军，服膺的虽说是自由主义的学理系统，但其背后的精神动力无疑仍然是民族情感。民族情感是"体"，理论学说是"用"。既然民族情感推动他将"国民"的"直接解决"作为救亡的出路，而且将劳动民众视为"国民"的中坚，那么，对劳动民众的动员势必提上日程。动员民众需要从关注民众疾苦开始，由此社会主义极其合乎情理地进入陈独秀的思想世界。

社会主义的精神要素在中国传统中并不缺乏，但现代意义的"社会主义"直接发源于西欧，相对于民族主义、自由主义等社会政治思潮而存在。这些重大社会思潮由于其复杂的演变，内涵和外延都发生不少变化，所以严格定义起来并不容易。尽管如此，他们的基本特征仍然是清楚的：民族主义看问题以国族为中心；自由主义以个人为视角；社会主义的最大特点则在于它的阶级眼光。社会主义以阶级斗争的眼光看待人类的历史，看待国家的本质，而其追求的目标则是被压迫阶级的解放和最终的社会各阶级平等，这在各派社会主义学说中是一种共识。其中马克思主义由于对社会主义的必然性进行了系统论证，并设计出一套包括无产阶级专政学说在内的实现道路，被视为科学的社会主义。

现代社会主义思潮20世纪初传入中国。1903年赵必振翻译出版日本福井准造的《近世社会主义》一书，对近代各种社会主义学说都有介绍；1906年的《民报》第二号、1908年《天义报》第十五至十九号都曾发表过《共产党宣言》的摘译；1912—1913年间徐企文、江亢虎还曾分别组织"中华民国工党""中国社会党"从事政治活动；随着新文化运动的发展，各种无政府主义在中国也有发展之势；欧战告终，俄国革命的影响进入中国，社会主义的思想风气更加强劲。除了国民党的《民国日报》等报刊，陈独秀们主编的《每周评论》《新青年》就登载不少介绍马克思学说和同情俄国革命的文章，李大钊还直言不讳地表示爱"谈"马克思主义。陈独秀接受马克思主义没有李大钊那样快，但其对社会主义共同价值的同情，则也不晚。他从关注劳工问题逐渐开始接受一般社会主义的阶级观念。

五四运动期间，陈独秀进一步提升对劳工问题、"吃饭问题"的注意力，认为它"成了二十世纪劈头第一个大问题"。[1]12月初他在《晨报》发表《告北京劳动界》，开始直接向劳动群众发言，将"劳动界"界定为由没有财产的木匠、泥水匠、漆匠、铁工、车夫、水夫、成衣、理发匠、邮差、印刷排字工、佣工、听差、店铺的伙计、铁路上的茶房、小工、搬运夫等合成的"一个无产的劳动阶级"，[2]指出欧战以后，各国劳动界的问题都"闹得天翻地覆"，中国的资本家虽然没有欧美日本那样发达，但同样有劳动问题存在。

不过这时陈独秀对劳动问题的解决，态度比较和缓。他盼望劳动界的"并不是妄想大家像欧美劳动界那样有力量的运动，只盼望大家有自身所处的是什么境遇，并且有努力改善这境遇的觉悟"。[3]具体讲，希望消极方面不赌钱、不酗酒、不吸毒、不早婚、不当兵，积极方面在"一不造反，二不罢工"的条件下创设同业联合组织、劳动休息所、职业介绍所、补习夜校、储蓄机关

---

[1]　只眼：《吃饭问题》，《每周评论》第25号，第4版"随感录"。

[2]　陈独秀：《告北京劳动界》，《晨报》1919年12月1日。

[3]　陈独秀：《告北京劳动界》，《晨报》1919年12月1日。

等。到了 1920 年 4 月，他在上海船坞栈房工界联合会发表演说时，才明确提出了劳动者争取经济权利和政治权利的两步骤，鼓动既要罢工争取生活处境的改善，又要在将来不惜造反实现"劳力者治人，劳心者治于人"的目标。① 不过现实的劳工运动还是以经济权利的改善为主，工人的"减时""增资"成为他强烈关心的所在。②

随着陈独秀逐渐将他原来界定的最广义的"国民"清晰地界分为二：一是"游堕的上流社会"，③ 一是纯洁的青年、劳动者，特别是"神圣的"劳工，他开始用社会主义的阶级观念来看待国家。

> 我以为世界上只有两个国家：一是资本家的国家，一是劳动者的国家，……各国内只有阶级，阶级内复有党派，我以为"国民"不过是一个空名，并没有实际的存在。……因为一国民间各阶级各党派的利害、希望各不相同，他们的总意不但没有方法表现，而且并没有实际的存在。④

当此之时，陈独秀感性人格的价值取向，已经从民族主题悄然过渡到社会主题，"直接解决"以救"国家"的初衷，已经渐次向"阶级解放"转移。1920 年 1 月《学生界应排斥底日货》一文提出留日学生从日本引进的"民族主义"不值得提倡，民族话语在

---

① 陈独秀：《劳动者底觉悟》，《新青年》7 卷 6 号，当篇第 2 页。

② 独秀：《答知耻》《答章积和》，《新青年》7 卷 6 号，通信第 2—4 页。

③ 陈独秀：《马尔塞斯人口论与中国人口问题》，《新青年》7 卷 4 号，当篇第 10 页。

④ 陈独秀：《对于时局的我见》，《新青年》8 卷 1 号，当篇第 1 页。

陈独秀显意识层面已经出现淡化的迹象。

从对劳工疾苦的关心到对社会主义价值的同情,可以看出陈独秀感性人格上升到一个新的高度。但如果就此以为陈独秀思想已经"完成"向社会主义尤其马克思主义的转变,也未免言之过早。1919年9月16日陈独秀在全国营救声中出狱。此前通过学生斗争,尤其借助上海三罢的威力,曹汝霖、章宗祥、陆宗舆三个亲日派被罢免,中国代表也拒绝了《巴黎和约》的签字,五四爱国运动已经结束。《新青年》也开始恢复出版,并由以往轮流编辑改为由陈独秀一人承担编务;在《新青年》启蒙使命的牵动下,在同人和社会的期待下,相应地,陈独秀延续新文化思维的理性人格也恢复了它的存在和表达。在这种视域里,自由主义、科学理性的启蒙主义自然亦有相当正面的鼓吹。例如他发表的《新青年宣言》《自杀论:思想变动与青年自救》《告新文化运动的同志》《新教育的精神》《新文化运动是什么》等都属于继续的启蒙性质,这些文章或讲演都是在政治性的鼓动同时展开的。这时"以思想文化解决问题的方式"与以政治运动解决问题的方式之间,显然存在不和谐处,陈独秀身上表现出较明显的人格冲突和思想矛盾。

由感性人格与理性人格的同时作用引发的思想冲突,除了在"政治解决"与"文化解决"的落脚上摇摆不定,还牵涉到价值的层面。新文化运动原来的基本政治价值是自由民主主义,而现实政治关怀和直接行动所引发的政治价值,却越来越倾向于社会主义。这两重价值在此一时期陈独秀的精神世界里也是充满矛盾的。时而他沿着新文化的路子继续鼓吹民主主义,如1919年6月的《我们究竟应当不应当爱国》、12月的《实行民治的基础》、

1920 年 1 月的《中国革命党应该补习的功课》；时而他又根据其
"直接解决"意识确立以来的新认知，指出自由民主主义的虚伪
和不足，主张建立劳工的社会，如：1919 年 6 月的《立宪政治与
政党》、12 月的《过激派与世界和平》、1920 年 2 月的《社会改
造的方法与信仰》（提出打破阶级的制度、打破继承的制度、打
破遗产的制度，建立平等的信仰、劳动的信仰[①]）、3 月的《马尔
塞斯人口论与中国人口问题》等。两种价值认同互相交替地呈现
出来。

　　这种思想矛盾使得人们在判定陈独秀何时"转变"信仰的问
题上，发生相当困难。有学者根据《立宪政治与政党》判定他
1919 年 6 月就"同资产阶级民主分手了"，有的根据他的《过激
派与世界和平》甚至更早的《二十世纪的俄罗斯革命》和《克伦
斯基与列宁》对于苏俄的正面评论，就认定他 1919 年 4 月开始
"同情共产主义"，有的更说他在 1920 年 3 月前后演讲《社会改
造的方法与信仰》和撰写《马尔塞斯人口论与中国人口问题》时，
已经能够"运用马克思主义理论"分析中国问题了，这些结论都
似乎没有正视陈独秀此一时期的思想矛盾。实际上，陈独秀真正
接受社会主义，有待于它通过两重人格的整合来克服思想的矛盾。
只有当他在显性思想层面只认为社会主义尤其马克思主义是真理
的时候，才可以说他思想实现了"转变"。

　　四、"热血"与"冷思"的整合：陈独秀思想冲突的解决

　　陈独秀的思想矛盾他本人不可能无所觉察，事实上他也在试
图解决这些矛盾。

---

　　① 陈独秀讲演报道，《国民新报》1920 年 2 月 7 日。

起初他试图以理性人格来统合感性人格，以新文化运动的精神来包容他的新"觉悟"。这可以从上文提到的《实行民治的基础》和《新青年宣言》中得到观察。这两篇同时发表的作品，基调都是继续开展新文化运动，但同时力图将劳工权利、社会正义的思想包容进去。《新青年宣言》在继续坚持民主科学和反对旧文化的基础上，将劳动的神圣、"金力主义"的罪恶、反对政党的阶级化吸纳为新文化运动的一部分。《实行民治的基础》则在倡扬杜威民主理论的过程中，将"社会的""生计的"民治主义作了最大限度的发挥，并相信它可以像"政治的""民权的"民主主义一样可以"在中国大大的发展"。

不过，这种尝试很难说是成功的，因为即使从理性上，陈独秀也很快发现民主本身并不能容易达到劳工阶级解放的目标。"十八世纪以来的'德谟克拉西'"只是新兴财产工商阶级要求权利的最佳工具，理论上虽说也可以作为新兴无产劳动阶级"对于征服阶级的财产工商界要求权利的旗帜"，[1] 实际上由于他们不具备民主政治所需要的知识、财产、时间等条件，因而很难做到。这种整合只有在"不情愿阶级争斗发生"[2] 的情况下才有可能，但其感性人格强烈质疑：不发生"阶级争斗"劳工阶级如何解放？所以后来（如 1920 年 4 月《新文化运动是什么》）他谈新文化运动的时候，不再刻意谋求那种以推进新文化运动的方式来解决劳工解放议题的整合。陈独秀仍然处于两条腿走路的状况。

北京是新文化运动的中心，虽此时已经发生"问题与主义"的论战，新文化阵营出现分裂，仍有一批同人坚持理性路线，无

---

① 陈独秀：《告北京劳动界》，《晨报》1919 年 12 月 1 日。
② 陈独秀：《实行民治的基础》，《新青年》7 卷 1 号，第 21 页。

形中对陈独秀构成一种制约。2月中旬陈独秀到了上海，[①]无形制约得到解除，而且他周围的新朋友戴季陶、张东荪、陈望道、李汉俊、施存统等都是社会主义的热心鼓吹者，又有共产国际代表维经斯基的直接接触，出现了有利于陈独秀向现实政治一边倒的形势，解决工人问题渐渐成为思考焦点。

为保障劳动者权利，1889年已经确立了劳动节，这个节日在中国从未被正视过。随着对劳动问题的日益关注，1920年3月，陈独秀开始"决做"一期《新青年》的"劳动节专号"。[②]经过精心准备，专号5月1日在上海准时出版（北京稍后数日出版），400页规模，相当于以往《新青年》的两倍多。专号内容主要集中在中国工人状况（北京、天津、山西、安徽、河南、湖北、浙江、南京、长沙、无锡、芜湖、江都、唐山、香港以及巴黎华工）、世界工人运动（美国、法国、英国、日本等地）和工人国家苏俄的介绍和评论，而将九名普通工人的题词与孙中山、蔡元培、吴稚晖等著名革命和文化人物题词并列载于专号则更为《新

---

① 关于李大钊护送陈独秀脱险的经过，高一涵、罗章龙、胡适、马叙伦均有回忆，但细节出入较大。根据董宝瑞的考证，经过应是：陈独秀约在1920年1月28日秘密离开北京南下，应汪精卫、章士钊之约共商西南大学筹办事宜。1月29日他先到上海，2月2日水路转行武汉，2月4日下午冒雪抵达汉口，演讲座谈数日，2月7日夜间乘火车离开武汉返京，2月8日回到北京两个小时，北洋政府通过《国民新报》发表的消息发现陈独秀去了武汉，派警察去陈独秀的寓所查问。陈独秀"知道大事不好"，赶紧离家出走。先跑到胡适家，后又去了李大钊与高一涵合居的住处，李大钊和高一涵把他"藏"到北京大学教授王星拱家"暂避"，随即李大钊亲自护送陈独秀乘骡车化装去天津，然后陈独秀转赴上海，2月12日到达上海。李大钊在护送陈独秀去天津途中"相约建党"，是事后他人的演绎，当事人的回忆并不能证实有此事实。见董宝瑞：《李大钊护送陈独秀出险》，载唐山市委党史研究室、唐山市李大钊研究会2007年内部编印的《李大钊史事疏证》一书，第181—190页。

② 陈独秀：《致周启明》（1920年3月31日），载《历史研究》1979年第5期，第91页。

青年》所首创。当时上海《星期评论》和北京《晨报》也编辑过劳动节专号，但对劳动者的热情唯《新青年》最炽。

这个专号对于中国知识界和劳工界的冲击，论者多有评述。这里需要指出的是，他对于陈独秀本人也有显著的人格整合作用，开启了解决思想矛盾的另一进路。在准备这个专号的过程（3—4月）中，他除了一如既往地向知识界朋友约稿（致周作人信可证）组织译介劳动问题的文章，还派人或托人在各地调查劳动状况，得到"许多劳动者的指导和帮助"，[①] 他本人也对上海的中华工业协会、中华总工会等团体进行过调查。对劳工关切的深入，越来越使他的生命热情得到释放，使命感得到安置。陈独秀的个性中感性人格具有天然优势，最终以感性人格整合了理性人格，开始了新的信仰。从此他的话语对象发生显著转变，"由知识青年转向了劳苦工人"。[②] 正是这样一个深入劳工生活世界的过程，让他公开宣示"只有做工的人最有用最贵重"，明确提出了要将"劳心者治人，劳力者治于人"的古训反转过来，为劳工争取"管理权"的社会目标。

这次"集中性思维"事实上使他大体放弃了理性人格既往的新文化运动努力，而将全部注意力放在了劳工解放的问题上。他不再正面宣传自由民主价值，也不认为文化教育是最紧要的当务之急。这一点蔡和森就看得很清楚，他曾说，《新青年》原本是"美国思想的宣传机关"，到了陈独秀产生社会主义倾向后开始宣传社会革命新思想，"俄国思想"与"美国思想"并存，一直到

---

① 李次山：《上海劳动状况》，《新青年》7卷6号，当篇第2页。

② 任建树：《陈独秀传：从秀才到总书记》，上海人民出版社1989年版，第178页。

劳动界专号，"才完全把美国思想赶跑了"。[①]

赶跑美国思想的过程，在陈独秀自身来说，也是感性人格统领理性人格，情感引导思维的过程。至此，陈独秀思想整合的中心由"新文化"转移到"新政治"。既然劳工问题成为"新政治"的中心，那么思想目标也应适应新的需要。放弃自由主义新文化的努力后，陈独秀思想的价值层面，无疑会快速向劳工解放的目标倾斜。就在劳动界专号上，陈独秀答读者问时，就坚持减少工时增加工资比工人教育更急，"工人教育和储蓄固然要紧"，但"不能做减时增资的必要条件"，[②]往后更越来越重视组建劳工团体来联合斗争，争取劳工权利；而且强调这种团体必须要工人自己组织，自己做主。[③]

新文化运动推倒了"孔家店"，催化了各种新思潮。社会主义作为新思潮也受到时人的欢迎，其中的原因，说法故多，"拿来主义"的风气不能不说是重要因素之一。各种社会主义流派中，影响最大的无政府主义和布尔什维克主义都关注着劳工阶级的解放，主张废除财产私有制度。陈独秀关注劳工问题自然需要解决劳工问题的理论，所以较长一段时间内，他对马克思和克鲁泡特金都有尊重。不过在专心于劳工解放之前，他的尊重都比较低调。他曾将马克思的资本论和克鲁泡特金的互助论视为推进新文化运动的"持论既不谬，又加上紧密的学理研究"的"持论的榜样"；[④]在评论马尔塞斯人口论时，他又说他相信进化无穷期，社会很复

---

① 蔡和森：《蔡和森的十二篇文章》，人民出版社1980年版，第7页。

② 独秀：《答知耻》，《新青年》7卷6号，第2页。

③ 独秀：《真的工人团体》，《劳动界》第2册（1920年8月22日）。

④ 陈独秀：《告新文化运动的诸同志》，载长沙1920年1月12日《大公报》。马克思原文作"克罗马"，克鲁泡特金原文作"克波客拉"。

杂，任何学说只能适合于特定的环境，"时间上没有'万世师表'
的圣人，……空间上没有包医百病的良方。我对于马尔塞斯底人
口论，就是这种见解；……马克斯唯物史观、克鲁泡特金互助论，
也都是这样"。①

编辑"劳动节专号"从而逐步实现他的人格冲突之整合后，
他对于理论的需要更加迫切，也更加自觉地注意分别和筛选，不
再将马克思主义和无政府主义同等看待。适逢此时，苏俄的远东
共和国特使维经斯基与之接触，商讨组建共产国际的中国支部，
马克思主义而不是无政府主义才成为他这个思想过程最后的归
宿。根据张国焘的回忆，大约快到7月底，张按照李大钊的嘱托，
到上海当面向陈独秀表示，希望从研究马克思主义入手，拟定一
个长期工作计划，陈独秀曾开门见山地说："研究马克思主义现在
已经不是最必要的工作，现在需要立即组织一个中国共产党。"②
假如此说属实，则陈独秀在7月底前已经确定选择了马克思主
义，③并认为马克思主义解决中国问题是理所当然的事情了。

根据参与创建共产党的一些当事人事后的回忆，1920年5月
间陈独秀已经在上海组织一个秘密的马克思主义研究会，计划组
党，原有意取名"社会党"，李大钊来信认为"就叫共产党"。④

---

①　陈独秀：《马尔塞斯人口论与中国人口问题》，《新青年》7卷4号，当篇
第1页。

②　张国焘：《我的回忆》，东方出版社2004年版，第89页。

③　毛泽东："我第二次（1920年5月）到上海去的时候，曾经和陈独秀讨
论我读过的马克思主义书籍。陈独秀谈他自己信仰的那些话，在我一生中可能是
关键性的这个时期，对我产生了深刻的印象。"斯诺：《西行漫记》，生活·读书·新
知三联书店1979年版，第132—133页。

④　张申府：《建党初期的一些情况》，《"一大"前后》（二），人民出版社
1980年版，第221页。

6 月间陈独秀、俞秀松、李汉俊、施存统、陈公培开会筹备组织共产党，推陈独秀为书记。8 月间中国共产党上海发起组成立，"函约各地社会主义分子组织支部"。[①] 工运先驱邓中夏明白指出："中国共产党成立了，中国工人阶级从此有了他们自己的政治领袖，开始引导他们走向革命斗争的大道。"[②]

找到了新的理论，也就意味着陈独秀为其理性人格找到了新的归宿，真正完成了人格冲突的整合。当陈独秀的理性人格被整合到感性人格诉求中的时候，他与《新青年》同人尤其是胡适为代表的固守自由价值的人士分手，从"我们"中分出"你们"，[③] 则势所难免。4 月 26 日陈独秀致信北京《新青年》同人，开始提出"是否继续出版"问题。[④] 后来陈独秀完全不再在意北京同人的意见，径直将《新青年》改组为"旗帜过于鲜明"的党的机关刊物，他即使邀请胡适们写稿，[⑤] 胡适们也不愿意参与进来了。直到 30 年代，胡适在对学生的谈话中，仍然对陈独秀的"偏见"耿耿于怀。[⑥]

共产党这个最重要的工人运动组织成立后，陈独秀才正式在文字上作出马克思主义的宣示。在 9 月 1 日出版的《新青年》八

---

① 李达：《李达自传》，《党史研究资料》1980 年 4 月第 8 期。

② 邓中夏：《邓中夏回忆中国共产党的成立及党领导的早期工人运动》，《"一大"前后》（二），人民出版社 1980 年版，第 79 页。

③ 张太原：《〈独立评论〉与 20 世纪 30 年代的政治思潮》，社会科学文献出版社 2006 年版，第 220—233 页。

④ 陈独秀：《致李大钊、胡适等》，水如编《陈独秀书信集》，新华出版社 1987 年版，第 252 页。

⑤ 陈独秀：《致胡适》，水如编《陈独秀书信集》，新华出版社 1987 年版，第 257 页。

⑥ 罗尔纲：《师门五年记·胡适琐记》，生活·读书·新知三联书店 1998 年版，第 56 页。

卷一号（改组党刊后的第一期）上，陈独秀撰写了两篇重要作品。一篇《谈政治》，从理论上指出国家是阶级的工具；现存的资产阶级（掠夺阶级）的国家不能扫除社会的罪恶，用革命的手段建设劳动阶级（生产阶级）的国家，为现代社会第一需要；民主只是有利于具备知识、财产、时间的资产阶级，劳动阶级的国家要实行无产阶级专政。这不仅是社会主义的观点，而且显然是马克思主义的观点。文中相当篇幅用来批评无政府主义否定国家的不当，指出作为工具的国家是可以改造的，不必废弃；只有通过无产阶级的国家，才能镇压资产阶级的颠覆，实现无产阶级的解放。这篇文章可以视为中国共产党的一份诞生宣言书，也可以视为陈独秀思想转轨的一个事后的比较正式的交代。

另一篇《对于时局的我见》则以马克思主义者的见地讨论实际的中国政局。他说：中华民国不能容纳不劳而获的可耻之流；没有抽象的国民，只有不同的阶级、党派；阶级党派的新陈代谢终究会有社会党的立法、劳动者的国家出现；吾党应该帮助资产阶级民主派反对君主主义，当他们胜利时"马上成为我们的敌人"。这就将它的新方向与过去长期努力的自由民主主义明确区分开来，并在最终的目标上将二者决然对立。这一点在随后发表的《国庆纪念底价值》中进一步作了发挥。后文中他说，实现多数人幸福只有社会主义政治；中国虽然资本主义政治革命尚未完成，但封建和社会主义之间不必经过长久的岁月；现阶段不反对民主的政治革命，但不要迷信它。这就再清晰不过地表明，陈独秀已经完全走出自由主义的思想世界，对自由民主价值的某种肯定，已经变成社会主义的一种策略了。

一些学者根据陈独秀的思想是否完全"符合"完整的马克思

主义体系，来判断他是否发生了转变，其实这种观察视角值得商榷。陈独秀的思想转变应该根据陈独秀本人的思想世界的移动来观察，而不能以外在于陈独秀的标准或者后人的标准来硬套。在组织共产党之前陈独秀显然已经自我认同为马克思主义者，这才是最重要的。

当然，应该说明的是，尽管陈独秀理性人格在思想层面得到了安置，并与感性人格取得了方向上的一致，感性人格主导的态势仍然暂时没有改变。这清楚地表现在他对"学"与"干"的关系处理上。

作为马克思主义者的陈独秀，对于马克思主义的"学"固然重视，但更强调"用"和"干"，认为"我们不必做中国的马克思和恩格斯，一开始就发表一个《共产党宣言》；我们只是要做边学边干的马克思主义的学生"。[1] 在他看来，学说的价值，符合需要最关键。"输入学说若不以需要为标准，以旧为标准的，是把学说弄成了废物，以新为标准的，是把学说弄成了装饰品"；"我们士大夫阶级断然是没有革新希望的，生产劳动者又受了世界上无比的压迫，所以有输入马格斯社会主义底需要。这些学说底输入都是跟着需要来的，不是跟着时新来的"。[2] 所以他即使做了党的发起人，也不主张高谈社会主义，而将切实发动"帮助劳动者的运动"[3] 作为当务之急。

西方学者研究李大钊与中国马克思主义的兴起时发现，在五四运动时，马克思和恩格斯的多数著作还没有译成中文，李大钊

---

[1] 张国焘：《我的回忆》，东方出版社 2004 年版，第 91—92 页。

[2] 独秀：《学说与装饰品》，《新青年》8 卷 2 号，随感录第 2 页。

[3] 独秀：《比较上更实际的效果》，《新青年》8 卷 1 号，随感录第 2 页；《此时中国劳动运动的意思》，《劳动界》第 4 册（1920 年 9 月 5 日）。

显然是在没有充分理解马克思主义完整理论之前，便决定献身于无产阶级的革命了。[1] 这种情况衡诸陈独秀，不仅类似，而且更甚。陈独秀选择了马克思，信仰了马克思，但并不等于彻底地了解了马克思。[2] 实际上，实践优先，根据实践的需要去寻求理论支援，而不重视理论自身的完整理解，既表明理性人格仍然不具优势，也预示了他后来革命斗争中的某种"机会主义"结局。

五、结论

简言之，在陈独秀游离自由主义而选择社会主义的过程中，他的人格面貌和思想世界确是充满矛盾和混乱的。但这些矛盾和混乱，表现出一定的层次性和阶段性。巴黎和会中国外交失败之前，虽偶谈政治，间或还有对苏俄的积极评价，但新文化的建设始终是其思想重心所在，理性人格和感性人格真正的矛盾尚未出现。

巴黎和会中国外交失败的发生，使得"政治"的比重上升，"直接解决"的激情开始左右他的思想，这时才真正导致"文化解决"与"政治解决"、理性人格与感性人格的冲突。这种冲突在陈独秀出狱后显著表现出来：一方面，"直接解决"的激情持续上升，而且在道德性标准之下将"直接解决"的中坚力量逐渐缩限到"最贵重"的劳工，引导他一步步朝社会主义思想靠拢；另一方面，五四爱国运动已经结束，《新青年》恢复编辑出版，新文化派同人以及社会各界期待的存在，使他自觉不自觉又重新

---

[1] Meisner, Maurice. *Li Ta-chao and the Origins of Chinese Marxism*, Cambridge, Mass.: Harvard University Press, 1967, PP. 52-70.

[2] 陈公博：《寒风集》，上海地方行政社 1944 年版，第 217 页。

回到新文化建设的主题，坚持自由主义的基本价值。同一时期政治与文化两种趋向、自由主义与社会主义两种价值并存，理性人格和感性人格在文章和讲演中交替出现，使其思想归属难以把握。伴随着上述两种趋向、两种价值、两种人格的并存，在"改良与革命""爱国心与公共心""信仰与怀疑"等问题上也出现若干混乱。

这些矛盾和混乱，陈独秀曾经力图在原有新文化运动基点上求解决，但未能实现；直到《新青年》"劳动节专号"的出版，使他转换思想整合的视线，才得到基本的解决。但即使陈独秀的显性思想矛盾得到了理顺，由于他的解决方式是纯粹以"需要"为导向的，对于社会主义的理论认知并不充分，"理论与实践"的矛盾又出现了。

纸上的运动：国民政府初期时论中的 "民族复兴运动"*

有关民族复兴思潮的研究，最近十余年来学界高度重视，已有相当丰硕的成果问世。[①] 但有关国民政府时期"民族复兴运动"的探讨，却仍不多见。这可能是因为这个运动带有国民党"私货"，不像单一的民族复兴思潮那样是社会各界关怀民族救亡的公共意识；也许是因为这个运动没有多少可见的社会效果，不像纯粹的民族复兴思潮那样直接激发了全民族的救亡激情。笔者觉得，尽管这一运动在历史上留下的痕迹较浅，但作为一种政治现象和政治过程，仍然有值得观察的价值。本文试图略加讨论的是国民政府初期（1932—1937）时论刊物中关于"中华民族复兴运动"（亦简称"民族复兴运动"或"复兴运动"）的若干论述，从社会意识的层面对这一运动略作观察，抛砖引玉。

一、从"思潮"到"运动"

复兴的概念中国古已有之，本义指衰败之后的重新振作，但其对象可以各不相同。可以是复兴家业、复兴学术、复兴文化，

＊ 本文曾载于《近代思想史研究》2017 年第 11 辑。

① 有关近代民族复兴思潮的研究，代表性成果如郑大华的《"九一八"后的民族复兴思潮》(《学术月刊》2006 年第 4 期)，黄兴涛、王峰的《民国时期"中华民族复兴"观念之历史考察》(《中国人民大学学报》2006 年第 3 期) 等，《近代史研究》又专门编发"中国近代民族复兴思潮"笔谈，郑大华、金冲及、罗志田、黄兴涛、郑师渠、郭双林、俞祖华、王先明、荣维木等各有大作 (《近代史研究》2014 年第 4 期)。

577

也可以是复兴国运。从国运层面说，最狭义的复兴即王朝复兴或中兴，实际上这种情况在每一个历史较长的王朝中都有过，比如清朝的"咸同中兴"；其次是汉民族王朝的复兴，隋、宋、明，乃至民国之出，都有这种含义；最广义的复兴则为多族群共同体的中华民族复兴。中华民族的观念晚清时期开始形成，民国建立时正式定型，是一种对应于世界各国族的存在，因此中华民族复兴的主要含义，在于通过文明的现代化，赶超世界强国，摆脱列强侵凌，实现国族独立和繁荣。

中华民族观念的形成过程，同时也是近代中国民族复兴思潮的形成过程。梁启超称甲午战争造成"吾国四千年大梦之唤醒"，[①]进而促成"吾心目中有一少年中国在"，[②]这个"少年中国"便是"老大帝国"青春活力的复兴。"少年中国"的说法到了民国初年影响越来越大，出现颇具规模的全国性组织"少年中国学会"，后来"醒狮"的概念意思也完全相同。"醒"有两层含义：一是认识到富强对于国家的意义，使国家主权有保障；二是认识到现代的社会文明秩序、新的国家观、公民观等。富强的觉醒很重要，但文明的觉醒才是真正的觉醒。从梁启超对"少年中国"的呼唤，到陈独秀们对"新青年"的期待，表达的都是"再造文明"的觉悟。五四后期多种党派开始各自创建新中国的努力，也各自按照自己理解的现代文明对国民进行宣传教育，"民族复兴"的概念明确被提出，也是在这个时候。少年中国学会因国民革命兴起而出现分裂，主要领导人王光祈感觉少中未来走向与其从国家和政

---

① 梁启超：《戊戌政变记》，《饮冰室合集》专集一，中华书局1989年影印版，第1页。

② 梁启超：《少年中国说》，《饮冰室合集》文集五，中华书局1989年影印版，第7页。

治层面入手，不如转而在民族和社会层面下功夫。1924 年 3 月王光祈在其论文集《少年中国运动》的长篇序言中，主张开展两种重要运动："一、民族文化复兴运动（非有此则不足以抵抗白族），二、民族生活改造运动，亦即少年中国学会之特殊使命云云。"[1]其中民族文化复兴运动主要旨在纠正新文化运动对传统文化的颠覆，民族生活改造运动则是进行自反自修的国民改造。这两种运动被他合称为"中华民族复兴运动"。

少年中国学会很快彻底分裂瓦解，其有意为之的"中华民族复兴运动"自然无法真正开展。但国民革命中的国民党似乎正将他们的政治革命解释成民族复兴的"运动"。孙中山在 1924 年的民族主义演讲中，批评列强"天天鼓吹"世界主义，实际上是要垄断世界各国家各民族的利益，不准"弱小民族复兴"，提出"我们受屈民族，必先要把我们民族自由平等的地位恢复起来之后，才配得来了讲世界主义。"而要恢复民族的地位，"便先要恢复民族的精神"，也就是充分认识民族危机的形势，举全民众联合成一个大国族，在恢复起固有忠孝仁爱信义和平的道德基础上，学欧美之所长，以达"和欧美并驾齐驱"。[2]孙中山发动国民大革命，以打倒帝国主义、打倒军阀为旗帜，目的就是要为实现"弱小民族复兴"奠定基础。随着国民革命的推进，将民族革命与民族复兴联系起来的声音已经出现，而且世界各国的革命与复兴也受到国人的关注。如 1927 年北伐尚在进行，《新广西旬报》已经出现

---

① 王光祈：《民族文化复兴与民族生活改造运动》，《醒狮》1924 年第 4 号，第 3 版。

② 孙中山：《三民主义》，《孙中山全集》第九卷，人民出版社 1986 年版，第 223—224、243、251 页。

《革命文学与中华民族复兴运动》的文章，①1929 年《北新》杂志载文介绍日耳曼民族复兴运动，②1931 年《新亚细亚》杂志连载对亚洲民族复兴运动前途的讨论。③

九一八事变发生，论述中外民族复兴运动的文字暴增，其原因，按照时人的说法："'九一八'的重鞭，很残酷地打在了中华民族的背上，虽然毁伤了我们的肢体，却因此使我们感觉惨痛，而警觉，而反抗。就从这时起，仇恨敌人的情绪，普遍了全国，民族解放斗争的火焰，就从每个国民的心中燃烧起来了。"④ 所以，"自'九一八'国难发生以来，全国上下无日不以复兴中华民族为口号"，⑤ 晚清民初以来民族复兴的思潮，于是如井喷般急速高涨。以"民族复兴"为主题的文章在报纸杂志迅速密集出现。九一八刚刚发生，《南开大学周刊》就接连发表《民族复兴》《也来谈谈中华民族复兴》等文章，《前进》《科学月刊》《黄埔月刊》等杂志以及国内主要报章也发表文章倡导民族复兴。到了 1932 年以后"民族复兴运动"已经成为高频流行词汇，经常出现在报纸杂志上。

这一起于民间的"运动"，内容上可以说无所不包，但也很难称得上有多少实际而具体的着手处，主要意在激发民族意识和

---

① 谢康:《革命文学与中华民族复兴运动》,《新广西旬刊》第 3 期，第 4—10 页。

② 龚彬:《日耳曼民族的复兴与德奥合并运动》,《北新》1929 年第 3 卷第 1 期第 37—46 页。

③ 范西田:《亚细亚民族复兴运动之前途》,《新亚细亚》1931 年第 2 卷第 4—6 期。

④ 王荣骥:《青年运动与民族复兴》,《新青年》1939 年第 8 期，第 23 页。

⑤ 王禧忠:《家事教育与中华民族复兴运动》,《师中集刊》1934 第 3 卷第 12 期，第 93 页。

民族感情，是"思潮"的一种强化说法。当时的民间力量没有形成专意推动此一运动的舆论领袖集团，尚不具备发动大规模社会运动的能力；更主要的，民族复兴这一需要漫长时期一点一滴持久努力的事业，根本不可能通过一个短时"运动"来实现。

但是，这种社会意识氛围，正好为国民党实权人物所需。国民党建立南京国民政府后，党内派系斗争加剧，党外有中国共产党武装暴动，国际上又必须面对日本的压力，以军事实力掌握政权的蒋介石感觉困难重重。为应对党内派系纷争、党外红色革命和外国侵略威胁，他认为形态松散的国民党组织不足以成为政府最有效的支撑力量，因为"普遍性的政党容易腐败"，很希望借鉴共产党的组织方式，在国民党内建立一个强有力的党中之党。据康泽回忆，九一八之后，约在 1931 年 10 月至 1 月间，蒋介石曾约黄埔系亲信贺衷寒、桂永清、萧赞育、郑介民、戴笠、康泽等十余人谈话，提到："现在日本压迫我们这样厉害，共产党又这样捣乱，我们中央党部和国民政府被请愿学生包围，有些地方党部也被学生捣毁，党已经根本没有作用了"，"我们现在需要有像俄国'格别乌'那种组织，如果我们有了'格别乌'那种组织，那党内外的反动派，我们都可以镇压了"。[1]1932 年 3 月 1 日，这个国民党内的"格别乌"中华民族复兴社（核心组织为三民主义力行社）成立，成为蒋介石最信任的政治力量。蒋介石给复兴社提出了"驱逐倭寇，复兴民族，平均地权，完成革命"的政治纲领，其中"复兴民族"即是"抗日"的隐语，蒋介石之所以不公开提出抗日，乃因他认为"这样会引起外交上的麻烦事"。[2]"复

---

① 潘嘉钊等：《康泽与蒋介石父子》，群众出版社 1994 年版，第 31 页。

② 王泰栋：《陈布雷外史》，中国文史出版社 1987 年版，第 99 页。

兴社"以"民族复兴"为旗号，公开鼓吹独裁救国和对领袖的绝
对服从，主张"一个主义、一个党、一个领袖"，全力支持"攘
外必先安内"的政策。

　　蒋介石之所以将他的"党中之党"以"民族复兴"名之，基
本的原因在于国民党取得执政地位后，开始致力于从革命党到执
政党的角色转换，有必要告别苏俄世界革命路线，消除中国共产
党的"阶级斗争"口号的影响，将意识形态的重心转向以"忠孝
为本"的中国传统儒家学说为根基的民族国家理论。孙中山去世
不久即已形成的戴季陶主义，将孙中山与孔夫子对接，成为蒋介
石控制下国民政府的主导思想。这种意识形态内有益于强化统治
正当性，外有利于实现政治集权，恰能包含在方兴未艾的"民族
复兴"思想框架下。于是国民党有意利用政权力量借题发挥，将
"中华民族复兴"话语主导权逐步掌握在自己手中。1931 年 5 月
5 日蒋介石在一个谈话中，不仅正式高调使用"中华民族复兴运
动"的说法，而且明确将国民革命也纳入"中华民族复兴运动"
的论述范畴，说："国民革命运动，中国民族复兴运动也。其负之
责任，断非仅做到消除军阀及帝国主义之障碍，而必须确立民族
自存自立之基础。"[①] 九一八事变之后，蒋介石更俨然以"中华民
族复兴运动"的唯一领袖自居，先后出版了《复兴民族之要道》
和《抵御外侮与复兴民族》等书。国民党的其他军政要人也在
"中华民族复兴运动"上大做文章，如胡汉民著有《民族主义的
民族复兴运动》，阎锡山著有《复兴民族须先复兴发展富强文明
的原动力》，陈诚著有《认识时代：一个民族复兴的大时代》，周
佛海有《精神建设与民族复兴》，李宗仁有《民族复兴与焦土抗

---

　　① 《蒋委员长名言》，《东路月刊》第三、四期合刊，第 83 页。

战》等。蒋介石还指定亲信黄郛创办《复兴月刊》。

这样，思潮性质的一般性"民族复兴运动"就演化成政府力量推动的有特别政治意图的"民族复兴运动"了。"中华民族复兴社"及其核心组织"三民主义力行社"组织规模庞大，渗透到政权和社会的各个领域，为了拥戴"领导中心"蒋介石和建立其"在全国人心目中的至高权威和信仰中心"，顺势主导了"民族复兴运动"。"民族复兴"由思潮而运动，由知识界自发的运动而演为官方背景的"自觉"的运动，逐渐成为政治、经济、文化各方面集权的一种社会动员。时人有论："现在我们民族复兴运动的动向，乃是遵照中山先生唯生哲学的指示而前进"，物质的创造和心理的建设需双管齐下，以三民主义的一党专政做两者最后的推动机。物质的创造包括"国民经济建设运动""实现实业计划""实施统制经济""科学化运动和造林运动"，心理的建设，包含"新生活运动""中国本位文化建设运动""推行义务教育"和"司法党化"。三民主义的一党专政则为政治改造的目标，"要造成强有力的中央政府，只有走领袖政治之路"。①

二、"高潮"与"高调"

当局主导的"民族复兴运动"虽旨在推动"一个主义、一个党、一个领袖"的信仰，在特定的国难局面下却也引起全国各界不同角度的回应，使本已有之的民族复兴思潮呈现出"运动"式的开展，30年代中期进入舆论论述高潮。

论述高潮的表现之一，是出现大量综合论述"民族复兴运动"

---

① 张大由：《民族复兴运动之内容及其前途之展望》，《反省月刊》1935年第9—10期，第36—39页。

的时论，对"民族复兴运动"的内涵、出现原因、意义、可能性等力图给予说明。

总体讨论民族复兴的，大抵都会从中华民族的辉煌讲起，转而痛陈近代以来中华民族的灾难，再论述民族复兴的必要和可能，以及运动开展的路径。如张大由在《民族复兴运动之内容及其前途之展望》中说，中华民族在远古就创立了高度的文明，上下数千年长盛不衰，虽然历史上受异民族的侵凌压迫时有发生，但以往是遭遇的游牧民族，其文化较低，结果反而为我们同化。现在则遭遇的是由农业阶段进化到工业阶段的帝国主义者，我们"不惟不能同化帝国主义而且深受其摧残，几乎不能自存，至'九一八'则形势愈益险恶"，在帝国主义侵略下，我国国民物质生活破产，精神生活动摇，民族自卑感日益严重，甚至出现"汉人学作胡儿语，争向城头骂汉人"的荒谬场景，"中华民族目前已遭遇着历史上空前未有的危机"。但中华民族终有其与世长存的条件："她有五千年文明的历史，有三千六百万方里的肥沃土地，有四万万优秀的人民都具有至大至刚至中至正的德性，与耐苦耐劳的精神"，帝国主义绝对不能使她屈服，"反而倒刺激她兴奋起来而认识了这时代的真相"。①

署名"平凡"的作者在一篇题为《中华民族之危机与复兴及民族复兴运动之史的证论》中说："在达尔文氏定论下，堕落消沉之中华民族，的确走进于生存最后的厄运！九一八的痛事，是血钟从迷梦中向中华民族最后之警告。在敌人烽火连天的袭击中，吾人深信五千年中华民族的血魂，是不甘心于征服毁灭，民族复

---

① 张大由：《民族复兴运动之内容及其前途之展望》，《反省月刊》1935年第9—10期，第34—36页。

兴之火焰，必然的要爆发，要成功。"至于如何去复兴中华民族，他认为首先要恢复民族意识、民族精神和民族自信力，"以民族的意识，发挥光大中华民族固有的文化道德；以民族的精神，努力于生存运动中物质上精神上应备的条件"，以此"中华民族复兴运动之伟大的成功，是在不久的将来！"①

王漱芳对民族复兴给予了慎重的定义，指出："所谓民族复兴，就是一个民族，由它的统一与强盛的黄金时代，渐次的退化到它的分化与衰老的时代，在这种分化与衰老的时代，必定含有许多内在的矛盾，与许多外在的压力，由此给与了民族分子的刺激而使之觉悟，则必能精诚团结的站在同一的民族立场上，力谋恢复过去的统一与强盛。"②至于民族复兴的动机，他认为有内在和外在两种，"所谓内在的动机，就是一个民族，位于世界各民族的中间，洞悉整个社会的进化，唤起自己民族的自觉，虽然未曾经过别民族的侵略和压迫，随着各民族的进化，迎头赶将上去，与其他民族并驾齐驱，以共同建设世界文化。所谓外在的动机，就是一个民族，因为他本身的分化或衰老，引起强邻侵略的野心，在此强邻逼处之下，深受刺激，奋发有为，努力于民族的复兴"。在他看来，中华民族复兴运动主要属于外在因素推动。③

赵澍对整个中国历史上的复兴故事进行了回顾，认为"中国民族在历史上曾被异族灭亡了若干次，又复兴了若干次"，"排满

---

① 平凡:《中华民族之危机与复兴及民族复兴运动之史的证论》,《西北公论》1933 年第 1 卷第 5 期，第 3 页。

② 王漱芳《民族复兴与青年运动》,《交大学生》1937 第 6 卷第 1 期，第 5 页。

③ 王漱芳《民族复兴与青年运动》,《交大学生》1937 第 6 卷第 1 期，第 6 页。

革命完成后，汉族头上直接的统治者虽已推翻，而自鸦片战争以来帝国主义所加于我们的枷锁则丝毫未除。不但未除，反因封建军阀之与互相勾结而更加多"。北洋军阀时代，民族复兴运动虽未完全歇止，却极其消沉，联省自治救国论、好人政府救国论、宪法救国论、实业救国论、职业教育救国论等"五花八门的各种救国论"于焉而出，但都陷于纸上谈兵。直到五四运动青年奋起，继而国民党改组，五卅运动工农加入，中国民族复兴运动才进入"最蓬勃的时代"，"不幸的是这时期的民族复兴运动，其于一时的热情者多，而其与理性者少；发之于外者多，而实之于内者少"。他提出若要实现中国民族复兴，必得自力更生，实际苦干，绝不能依赖任何国际机构或国际的均势，绝不能单靠标语口号。①

张振华对方兴未艾的中华民族复兴运动之现状给予积极评价，认为"近一年来民族复兴运动甚速"，政治方面已完全统一，并且开始实施公民训练；经济方面，极力提倡国民经济建设运动；社会方面有农村建设、新生活运动、劳动服务运动的开展；文化方面兴起中国本位文化建设；教育方面，初等、中等、高等教育都有发展，还注重实行国民训练。只要国人继续努力，复兴中华民族的目的一定会达到。②

论述高潮表现之二，各界人士结合各种国民运动谈论民族复兴非常普遍。

妇女运动自晚清以来一直有所开展，但以实现男女平权、女性解放为主要目标，这一目标在民族复兴运动中是否继续适用？

---

① 赵澍：《民族复兴运动的回顾与前瞻》，《晨光周刊》1937 第 6 卷 18 期，第 4—6 页。

② 张振华《中国民族复兴运动的现状》，《江汉思潮月刊》1935 第 3 卷第 3 期，第 9—12 页。

刘彩章指出，面对空前国难，四万万同胞“都有一种伟大的责任和使命”，四万万同胞中妇女居其半，“我们要想妇女自身能够得到解放，首先就要中国整个的民族得到自由”，“所以现在的妇女运动，不是摩登时髦的运动，也不是从前的解放运动，而是与男子共同负起复兴民族的运动了”，[①]“因此我们今后妇运的目标，是应该转移了，由要求参政平权的口号，而转移到打倒帝国主义，打倒军阀的目标上去。”[②]一位署名“友”的作者撰文《妇女运动与民族复兴运动》，称：“自从东北四省沉沦以后，我国各地都开始发出了复兴民族的呼声，我们妇女界凡是有组织的地方，也莫不喊起参加复兴民族运动的口号。但是复兴民族怎样才能收到切实的功效？妇女怎样才能担负起复兴民族的责任？这必须要看今后的妇女运动能不能和复兴民族运动发生密切的联系。”[③]中国妇女运动有两个应该纠正的错误，即“女子放弃任务的错误”和“男子轻视女子的错误”，这个“男子轻视女子的错误”主要是指女子的民族救亡能力没有得到应有的正视，而不是家庭和参政权的男女平等。作者呼吁“先知先觉的男子们，除了自己应尽的责任以外，尤当为妇女做参谋者，指导者”，为了民族复兴，“男女同胞联合起来！”[④]华北危机后，战争日益紧迫，一些作者就以妇女运动促民族复兴运动的具体措施提出意见，认为可以从妇女教

---

① 刘彩章《复兴民族中的妇女运动》,《正中半月刊》1935第1卷第10期，第1页。

② 刘彩章《复兴民族中的妇女运动》,《正中半月刊》1935第1卷第10期，第3页。

③ 友:《妇女运动与民族复兴运动》,《妇女共鸣月刊》1934第3卷第8期，第11页。

④ 友:《妇女运动与民族复兴运动》,《妇女共鸣月刊》1934第3卷第8期，第24页。

育、妇女对儿童的教育、投身生产劳作、俭约、改良家庭、托儿
所、接受军事训练维护战时秩序、组织救护队、防空防毒宣传、
制造防毒面具等方面分别着手,"用爱丈夫的心去爱我们的国家!
把化妆用的金钱去捐购飞机!牺牲自己的青春来换回国家的青
春!"① 妇运应承担起"唤起民族意识""组织民族复兴的妇女集
团""训练妇女担负民族复兴工作的各项技能"的任务。②

青年运动五四时期最为勃发,其方向既有民族主义的"外争
国权,内惩国贼",也有个人主义的"娜娜出走""个性解放",
在民族复兴运动中青年运动也面临转型。王漱芳说,青年运动有
个人的运动与社会的运动之分,为己的个人运动的路线,是真正
青年运动的蟊贼。真的青年运动是"舍弃小我,顾全大我"的社
会运动,包括阶级的社会运动和民族的社会运动,但"所谓阶级
的社会运动,只看着某一阶级的利益,而仇视其他阶级的群众,
这是一种片面的偏颇的社会运动,不是现时青年,尤其不是中国
的青年所需要的运动"。而"所谓民族的社会运动,即是以整个
民族利益为单位的运动",所以中国青年运动"最切要的是以民
族全体的利益为前提"。③ 鉴于青年学生对国民政府"攘外必先安
内"的不理解,在复兴运动中容易与当局的政策发生冲突,一些
作者特别强调确立中心思想与信仰,"我们的中心思想就是三民
主义,它是适合国情的一种救国主义"。同时,"建立党国最高的

---

① 俞松汶:《妇女怎样去参加民族的战争》,《妇女共鸣》1936 年第 5 卷第 3
期,第 41 页。

② 特辑:《首都妇运同志对本问题之意见》,《妇女共鸣》1936 年第 5 卷第 3
期,第 30 页。

③ 王漱芳《民族复兴与青年运动》,《交大学生》1937 第 6 卷第 1 期,第
8 页。

重心，使青年心理上得一伟大民族领袖之崇信，在此伟大领袖之下，群策群力去做民族复兴的事业"。①"当此国难严重、千钧一发之时会，政府现正致全力于救亡复兴之工作，全国青年亟应统一意志，集中力量，在中枢领导之下，以埋头苦干之精神，协助政府从事救亡复兴工作之进行"，而不要被"不肖分子"所利用。②为此，青年要克服空喊口号、罢课误学、德性不修的病态，加强智仁勇的修养和身心的锻炼。

工人运动兴起于国民革命时期，国民党"分共"后，工人运动也分化成红色工运和白色工运两种。为适应民族复兴运动的需要，将工运从劳资关系层面调整到民族关系层面成为趋势。正钦在《复兴民族与工人运动》中说：工人运动虽是"工人反抗资本家无理榨压的直觉"，但"工人运动的对象，除了资本家以外，还有帝国主义"。马克思主义的工人运动以阶级斗争和打破国界蒙蔽工人，忽略了民族意识，实际上社会阶级"不会只有一道对立的阵线"，只要有国家就一定有不同阶级的存立，需要和谐相处；而在"全世界文化语言未融化合一以前"，打破国界也是不可能的。所以"今日的中国工人运动，应集中斗争的力量，去打倒国际资本家、国际帝国主义。应为复兴民族而牺牲，建设新中国而出力"，"民族的出路就是工人的出路"。③

媒体中讨论的国民运动琳琅满目，除上述数种之外，还有禁烟拒毒运动、防痨运动、国民卫生运动、国民体育运动、文艺运

---

① 梁叔文《青年运动与民族复兴》，《新粤周刊》1937年第13期，第21、22页。

② 性康：《青年运动与民族复兴》，《时论旬刊》1936年第70号，第4页。

③ 正钦：《复兴民族与工人运动》，《勇进》第二卷1934年第11期，第493—496页。

动、教育改造运动、乡村教育运动、民众教育运动、劳动服务运
动、读书运动、读经运动、国语运动、文化建设运动、科学化运
动、造林运动、集邮运动、国民经济建设运动、合作运动、国货
运动、航空运动等。论者多为其中某一运动的参与者或关心者，
对该运动在民族复兴运动背景下的开展，都提出了一些有针对性
的意见。兹不一一例举。

论述高潮的第三个表现，是各行各业竞相与民族复兴运动作
关联。

三百六十行，行行关复兴，结合行业论述民族复兴的文字不
胜枚举。比如艺术教育家何明斋撰文《民族复兴运动与艺术教
育》，提出教育是复兴民族的根本，艺术教育是复兴民族的捷径
的看法，认为"中华民族衰落的原因，是由于道德的堕落，道德
之所以堕落，还是由于教育的不良"，"救济的方法，虽然不知一
端，而最根本最有效的，唯有注重艺术教育"。艺术教育用之于
胎教、家庭、学校、社会，"能使人们生活美化，使人们感情丰
富，超出利害之外，化除人我之见，洗涤自私自利的心情，纠正
各弊"。①法官覃振作《民族复兴运动中对于家族制之回顾》，认
为家族制度是中国民族性之所在，"中国现在到了危急存亡之秋，
若把这个奠基民族的家族制推翻，前途还有生路吗？"他站在司
法的角度，认为现行司法与家族制度有冲突之处，需要加以调
整。②一位警员发表《警察对于民族复兴运动应有的贡献》，表示
在"中华民族的危机已日益紧迫，民族复兴运动的高潮，亦已日

---

① 何明斋：《民族复兴运动与艺术教育》,《福建教育厅周刊》1933 年第 177
期，第 1—7 页。

② 覃振：《民族复兴运动中对于家族制之回顾》,《中央周报》1935 年第 368
期，第 6 页。

益汹涌,整个民族的命运究将作何归宿,自是每个中国人脑海中应有的严重疑问"的情况下,警察对于民族复兴运动应有的贡献在于,在积极方面"指导、监督每个社会分子各循正轨,协助政府建设一个纪律严整、精神蓬勃的国家和社会",在消极方面"肃清一切破坏公安、背叛党国的个人与集团","荡涤一切有害人群健康的污垢、病菌"。[1]

人必称民族,言必讲复兴,使得"日益汹涌"的"民族复兴运动的高潮"同时也成为"民族复兴运动的高调"。虽然结合事业、行业的论述,多少有"从我做起""从当下做起"的意味,时人仍感觉离真正落到"实处"尚有距离。1934年3月31日出刊的《华季周刊》卷首短评,就抱怨:"专听民族复兴运动的高调,到今已有两年多了。所谓高调,倒不是指唱得太好听,太过理想,有如钧天雅乐一般,而是指太不切事实,太没有抓着痒处。"短评倒是对教育部举行全国大学生体格检验这样的实事大加赞赏,认为这样做实事,若进而推求普遍性问题的原因,寻求根本性解决办法,"民族复兴运动才算真正脚踏实地"。[2]

三、"实处"与"窄处"

凡大规模运动,必有确定、易行的"抓手"。民族复兴运动究竟以何为抓手才既明确无误,又普遍易行,使"从我做起""从当下做起"真正落到"实处"?论者每每各说各话。对此,时人不乏归纳:"怎样才能使这伟大的民族复兴运动得到普遍的发展与

---

[1] 拙生:《警察对于民族复兴运动应有的贡献》,《警醒半月刊》1934年第1卷第10期,第68—71页。

[2] 短评:《民族复兴运动渐踏实地》,《华季周刊》1934年第3卷第30期,第1页。

早日的成熟，而来完成我们这新的历史的进程，国内人士于此一点，见仁见智各不相同。有谓应从打倒帝国主义入手者，……有谓应从政治统一入手者，……有谓谈民族复兴必从军国民教育入手者，……有谓培养专门人才力办高等教育"，还有"以为欲使我民族复兴应从乡村建设入手"者。① "国人对于民族复兴运动的言论，有的是以为民族衰落的原因由于政治的不良，所以挽救的方法，宜改良政治；有的是以为经济的枯窘实为民族衰落的原因，所以主张复兴民族宜先发展民族的经济；（有的）则以为民族衰落的原因，是由于教育的破产，所以复兴民族，宜从整顿教育推广教育做起。"② 社会难免有莫衷一是之感。

社会莫衷一是之际，官方强力推行起一个"建设新生活"的新生活运动，这种运动有确定内涵、能普遍践行，看起来也很中性，大有将民族复兴运动落到实处之气势。

新生活运动发起于 1934 年 2 月蒋介石在南昌的几次讲演。蒋介石说，国家民族之复兴不在武力之强大，而在国民智识道德之高超。中国民族复兴的基础，要从国民的教、养、卫三字入手。教之精义，在礼义廉耻；养之意义，在衣食住行的经济、清洁、简单、朴素；卫的工作，在共同一致，严守纪律，服从命令。教为本，养为教的实行，卫介乎教、养之间。教、养、卫的生活，就是复兴民族的新生活。新生活运动的目的在于使全国国民生活

---

① 朱芳春：《民族复兴运动应从乡村建设入手》，《存诚月刊》第 1 卷第 5 期，第 63—64 页。

② 何明斋：《民族复兴运动与艺术教育》，《福建教育厅周刊》1933 年第 177 期，第 1 页。

彻底军事化，知识分子务必以身作则，以求风动全国。[1] 此后，全国各省区纷纷成立新生活运动促进会。[2] 全国也成立促进总会，蒋介石亲任会长。蒋介石手订《新生活运动纲要》明确提出：

> 新生活运动者，我全体国民之生活革命也，以最简单而最急切之方法，涤除我国民不合时代不适环境之习性，使趋向适合时代与环境之生活。[3]

新生活运动从国民的基本生活习惯之改善开始，力图以提升国民素质来达致所谓"复兴民族"的目标，确实有"落到实处"的色彩，因此也得到军政要人、知识界和社会各界的呼应。以"新生活运动与民族复兴"为标题的演说和文章连篇累牍；以此为主题而采取不同标题者，更无从统计。

蒋介石南昌倡导新生活运动后，军政要人陈立夫、汪精卫、张学良等先后就"新生活运动与民族复兴"作同题演讲。他们的议论，内容虽不出蒋介石所论范围，但重点略有不同，强调的只是"目下就须干！立即干！实际的干！"[4] 汪精卫则强调团体生活要有纪律，"人人要为了顾全别人而拘束自己，决不要为了放纵

---

① 见蒋介石 1934 年 2 月 12 日在行营扩大纪念周的讲演"复兴民族需提倡礼义廉耻"，17 日在调查设计会的讲演"新生活运动发凡"，和 19 日在行营扩大纪念周的讲演"新生活运动之要义"。南昌、南京及全国各地大报均有刊载。

② 据《新运月刊》统计，1934 年各地成立新生活运动促进会 749 处，1935 年又增加 393 处。见《二年来各地新运组织统计》，《新运月刊》1936 年第 35 期，第 20 页。

③ 秦孝仪编：《革命文献》第三辑，台北："中央文物供应社"1981 年版，第 1 页。

④ 陈立夫：《新生活运动与民族复兴》，《国立浙江大学校刊》1934 年第 172 期，第 1787 页。

自己而妨碍别人。这是团体生活的要义"。① 张学良则除了辩解何以"在全国负有最大责任","对于一切事物及设施,尽可依据权力去处理"的蒋委员长"偏要在一般国民的私生活方面特别注意"的良苦用心,重点说明了这一运动的普遍使用性,不受经济条件的限制。张学良信誓旦旦:

> 如果国人都彻底觉悟而知所努力,实实在在的去推行新生活运动,我敢断言我们国家一定会复兴起来。这可以由我来签字,甚至以头颅来做保证。切望全国同胞都能本此坚确不移的信心,努力下去,而且要认清楚,新生活运动就是民族复兴运动。②

地方首脑也纷纷发表讲话。吴铁城在上海市新生活运动促进会暨南分会成立大会上提示,新生活运动是从最平常的事做起,但不应把新生活运动当作一个平常的事看待,"全国人民一齐将不规则生活都变为有规则,这实是中国起死回生的一剂良药"。③ 熊式辉集合江西县区长进行复兴运动训练,把新生活运动说成是"民族复兴运动实际工作的开始",提出国家不过是个抽象的名词,"国家之所在,在我们身上,我们一身强,即国家一分子强,一地方好,即国家一部分好,故我们复兴运动之目标,不在远,乃在当前。"江西要做中国的普鲁士,带动整个民族的复兴运动。④

---

① 汪精卫:《新生活运动与民族复兴》,《新生活周刊》1934年第1卷第29期,第2页。

② 张学良:《新生活运动与民族复兴》,《新生活月刊》1934年第26、27、28期第1—2、1、4页。

③ 《吴铁城校董训词记略》,《暨南校刊》1934年第98期,第3页。

④ 熊式辉:《民族复兴运动实际工作的开始》,《县训周刊》1935年第2卷第3、4期合刊,第3页。

知识界和社会各界的呼应，肯定了新生活运动对于民族复兴运动的意义。有的认同新生活运动是民族复兴运动的起点，"我们的国家，不正是处在生死存亡的关头吗？最重要的，当然是要努力于复兴民族的工作了。这复兴民族的工作，又从何处做起呢？唯一的条件，就是要首先实行新生活"。[1]"复兴中华民族必须实行新生活运动！新生活运动即是复兴中华民族运动！"[2] 有的认为新生活运动是民族复兴运动的根本，"夫欲木之长者，必先固其根本，欲流之远者，必先浚其泉源，所谓新生活运动者，即复兴民族之根本与泉源也！"[3] 这个根本是知识分子和社会改良家"最后的试金石"，也是民族复兴的"大关键"。[4] 也有的认为是在"集中力量，坚强组织；肃清赤匪，完成统一；提倡生产，普及教育；充实无力，收复失地"等复兴中华民族的方法之外的"新武器"。[5]

一些人士就新生活运动的含义作出自己的理解，如林涤非将新生活解释为"依赖心换自信心""虚荣心换责任心""嫉妒心换同情心""侥幸心换向上心""占有心换创造心""娱乐心换求知心""自尊心换自重心"，认为"新生活运动就是改造国民的不良生活和恶习的亡国心理，创造合理生活的好习惯的富强国民性的

---

① 沈慧莲：《新生活是复兴民族的惟一工作》，《首都妇女新运年刊》1937年，第2页。

② 袁海萍：《从实行新生活运动谈到复兴中华民族》，《江汉思潮》1935年第2卷第1期，第68页。

③ 熊梦：《复兴民族与新生活运动之开展》，《中华周刊》1934年第473期，第7页。

④ 冯之烈：《复兴民族与新生活运动》，《革命与战斗》1934年第3卷第11期，第3页。

⑤ 向子渔《复兴中华民族的新武器——提倡新生活运动》，《扫荡旬刊》1934年第36期，第55页。

工具"。① 俞庆赉说:"新生活运动,是一种最实际的民族复兴运动。它的纲领,如加以简单的列举,则是:节约生活,勤劳生活,健康生活和集团生活等等。"② 余鸣时说:"新生活运动以礼义廉耻为中心,使国民生活整齐清洁简单朴素,以快干、实干、硬干为精神,达到复兴民族之目的。这就是新生活运动的意义。"③ 解释最为系统的是熊协梦,他说:

> 何谓生活?英儒斯宾塞尔谓:"吾人生活之要素有五:一、保护生命;二、经营衣食;三、教养子女;四、保护国家;五、怡悦情性。"可见生活之内容不外物质与精神二者而已。
> ……
> 何谓新生活?凡内容丰富,生气蓬勃,日进不已者,则谓新生活。
> ……
> 新生活运动之意义又为何?中国之人,上自政府职员,下至平民乞丐,其过去所过之生活,既为旧生活,故由旧生活所得之自然结果,散漫无纪,民气消沉,政治紊乱,社会腐化,经济破产,国几不成其为国,民亦几不成其为民。有识之士,窥其症结之所在,觉挽救颓风,非从人民日常生活——衣食住行,使其整齐清洁,简单朴素,以合乎礼义廉耻之道,不能为功。惟此一盘散沙之民众,养成泄泄踏踏之颓风,若不有组织有系统之指导,

① 林涤非:《新生活运动与民族复兴》,《警察月刊》1935年第3卷第10期,第11页。
② 俞庆赉《新生活运动与中华民族复兴》,《警醒半月刊》1934年第1卷第7期,第79页。
③ 余鸣时:《新生活运动与复兴中华民族》,《青年与战争》1934年第4卷第1—2期合刊,第24页。

及大规模普遍之运动，则新生活之良谟嘉猷，终难望其实现。故新生活运动，乃救国救民之运动，适合时代需要之运动，针时砭俗，其力最大。[①]

社会人士还有一些关于新文化推进方式和方法的观点。鉴于"过去一般高唱国家社会改革论的人们，他们的态度慷慨激昂，他们的排场铺张扬厉，虽能耸动视听于一时，但其陈义太高，转近虚伪"的历史教训，以及"农村的疾苦与都市的奢淫生活成对照"的社会现实，俞庆赉提出"在此大家口里喊着'新生活'的时候，我们很希望政府能够注意两件事：第一，是为新生活运动作有效的宣传，并望当局能以身作则。第二，是为农村解脱疾苦，因为古人所说的'仓廪实而知礼义，衣食足而知荣辱'这两句话，是永远存有真理的"。[②]郭子杰也说，新生活运动必从文化和政治两者入手，提倡符合民族特性的文化，实行以身作则的政治，还要确保民众的生活的改善，"必先使之能生活，始能提倡清洁朴素、简单整齐，必先使其生活有余，始能使其尚礼义廉耻也"。[③]魏普泽提出新生活运动的推行，重点在于中上层社会人士和一般官吏，"因为颓废消沉，腐化堕落，还都是他们。所以欲此运动成功，必须自上层做起"。[④]文渊除了强调"领导运动的领袖要个

---

① 熊协梦：《新生活运动与民族复兴》，《大中谠论》1934年第1卷第1期，第13页。

② 俞庆赉《新生活运动与中华民族复兴》，《警醒半月刊》1934年第1卷第7期，第82页。

③ 郭子杰：《新生活运动与中华民族之复兴》，《自新月刊》1934第2卷第9、10期合刊，第48页。

④ 魏普泽：《新生活运动与民族复兴》，《现代社会》1934年第3卷第1期，第26页。

个都能'以身作则'才行",还提出新生活运动作为一种社会运动"只能劝导,只能感化",不能诉诸法律和强力,个人生活只要不害及他人就是自由的;运动要实事求是,能做多少做多少,不揠苗助长,不搞官样文章。[①] 当然也有人反过来主张要以政治的形式去推动。《青年与战争》杂志发表庐建人的《新生活运动与复兴民族的关系》,就批评胡适关于新生活运动"应该是一个教育的运动,而不是一个政治的运动"的说法,认为在今日实行统制政治的时期"新生活运动是绝对含有严重的政治性的,'寓教育于政治'","新生活运动的确是属于政治建设之一途的"。[②]

新生活运动固然立足于"革命先革心,变政先变俗"的理念,不过,新生活运动所提倡的礼义廉耻、服从命令、国民生活军事化,包含将当局版本民族复兴运动之"一个主义,一个党,一个领袖"的法西斯蒂精神贯彻其中的特定政治性意图。这在时论中也有清楚的反映。有的文章直接将法西斯运动作为民族复兴运动的真精神,认为"恢复民族固有的精神"(团体精神、努力向上的精神、勤苦俭朴的精神),"恢复民族固有的道德、智能"(四维八德,格致治平),"努力新生活运动"是复兴中华民族的"革命运动"的关键,而法西斯运动之"独裁政治的实行""统制经济的实施""统制文化的实现"皆为民族复兴运动的归趋,"民族革命运动与法西斯主义运动确为民族复兴的唯一要图"。[③] 有的将

---

① 文渊:《复兴中华民族与新生活运动》,《黑白半月刊》1934年第1卷第10期,第2、3页。

② 庐建人:《新生活运动与复兴民族的关系》,《青年与战争》1934年第4卷第1—2期合刊,第37页。

③ 朱国基:《中华民族复兴的民族革命运动与法西斯主义运动》,《华北月刊》1934年第1卷4期,第7页。

民族复兴运动的含义干脆概括为："要以三民主义为最高原则，以法西斯蒂之干的精神为实行的武器，重新树立我民族物质及心理之建设，以促进民族基础之巩固，企求民族自由平等之实践。"认为恢复固有文化，确立领袖独裁制为其实现之重要步骤，"夫领袖独裁政治，实为议会政治崩溃、世界经济恐慌局面下之必然产儿。……观夫现在世界各强盛国家，无一不是实行领袖政治或正努力于此种政治之实现。故以我国目前之境况，必须确立领袖独裁，树植革命中心势力，拥护艰苦卓绝之领袖，以权威行动，力行一切要政，……我们现在的领袖，其聪明才力，和他干的精神，比之墨（索里尼）、希（特勒）二氏，有过之而无不及"。[1]有的宣称，"我们今日最重大的任务，即在拥护一个中心领袖，建立强力政府，以控制各方，使在同一目标之下去进行"。[2]

在"一个主义、一个党、一个领袖"的旗号下，共产主义、自由主义、民主社会主义等各种社会主张都在抵制、禁绝之列，共产党、青年党、国社党和各种救亡民间团体皆被视为非法，国民党内亦独崇蒋介石一人，暴露出蒋记新生活运动和民族复兴运动的严重排他性和狭隘性。

"实处"沦为"窄处"，新生活运动之推广与反异端措施相抵消，效果自然难彰。彭明俊在《复兴民族运动之实施》中说：

> 先总理孙中山先生以三民主义昭示于前，指导吾人以救国之方针；我委员长蒋介石先生以新生活运动提倡于后，指示吾人以

---

① 希瑗:《民族复兴运动之认识》,《文化与社会》1936 年第 2 卷第 6 期, 第 15 页。

② 冰时:《纪念九一八要努力民族复兴运动》,《突围》1934 年第 1 卷第 6 期, 第 10 页。

复兴民族的途径。然而，言者谆谆听者藐藐，虽有不少同志闻风景从，发起运动，大多数人民，仍在醉生梦死之中。……今能知能行四维八德者有几人哉？[①]

四、建设、运动与政治

国民政府初期时论中的"中华民族复兴运动"是晚清以来民族复兴思潮（远因）、欧战后世界各地民族复兴运动（诱因）、九一八引发的严重民族危机（主因）和国民党集权需要（助因）共同作用的结果。其唤起民族意识、恢复民族自信的努力，在全民族抗击日本侵略的长期搏斗中，无疑发挥了积极作用，"确实造就了某种蓬勃向上的朝气和在日本人入侵面前有所作为的情感"。[②]但这一起于民间的"运动"，由于舆论领袖集团的缺位，实际主导权为国民党军事强人蒋介石系所据，蒋氏以新生活运动强势介入民族复兴运动，一方面在移风易俗方面仍然具有正面意义，另一方面其贯彻"法西斯蒂"精神的政治意图，也使得民族复兴运动走向私心自用。由于两种方向的相互制约和抵消，无论微观层面的新生活运动还是宏观层面的民族复兴运动，最终都不了了之，沦为一场"纸上的运动"。

在规范的宪政国家，社会运动一般由民间精英团体发动和组织，可以最大限度地贴近实际，并可随时根据民情调整运动方式和目标。国民政府实行党国体制，民间社会成长困难，而政府则试图全面控制和主宰社会，这在民族复兴运动中有完整的表现。

---

① 彭明俊:《复兴民族运动之实施》,《励志》1934年第2卷第45期,第2页。

② 徐中约:《中国近代史：中国的奋斗》,香港：香港中文大学出版社2001年版,第570页。

但一旦政府介入和主导社会运动，社会运动的自发性也就随之消失，而为官场文化所取代。时人已认识及此，有曰：

> 本来社会运动应该由社会上许多先觉的领袖，就时势之需，加以计划与提倡，然后大家自然闻风响应，而成为普遍的要求。不幸中国社会上现在没有这样的适材，于是我们的军事领袖遂当其任，这也是无可如何的。普通政治或军事首领所倡导的社会运动往往陷于强迫式的，流弊原多；而在今日的中国，官场尤多"逢迎"与"敷衍"的"公事行为"，居下位者无论自己对于某事有无真确认识并能否身体力行，只要它是长官所倡议或发动的，表面上无不奉行惟谨（或且矫枉过正，便是古所谓"上有好之，下必有甚焉者也"），结果便成了文章，成了官样文章。但是十万人的市民大会，和数百处的促进会，以至几千几万的执监委员，对于运动的本身究竟能有多少实在的好处，那却是极大的疑问。①

在民族复兴运动推展过程中，由于国民政府的介入，各种"官样文章"确实屡见不鲜，上焉者大话空话不知所云，民族复兴成虚应故事式的口号；下焉者生搬硬套强作关联，民族复兴成为似是而非的廉价标签。公权力介入和主导社会运动，很难不夹带特定政治意图而将其转变为政治运动，政治运动的排他性也会消减社会运动的效力。

就作为民族复兴运动"实处"的新生活运动而言，其对四维八德的片面提倡，在很大程度上抵消了民族复兴所需要的自由、公正、法治、民主等现代公民价值；其对服从领袖的强力推行，

---

① 文渊：《复兴中华民族与新生活运动》，《黑白半月刊》第1卷（1934年）第10期，第3页。

对于社会各界实行新生活的热心也是一个很大的掣肘。实际上，运动虽然在某些方面有一定的成绩，"见于行政者，如各省之严禁烟、赌、娼，颇著成效。其在人民，渐具整齐、简洁、朴素之观。都市中奇装异服，逐渐减少，妇女妆饰，日见朴素，其具远识者，且提倡蓄发。在习惯方面，各地公墓，逐渐增多，即以减少丧葬之奢侈；集团结婚，已见推行，即以减少婚嫁之糜费。凡此种种，皆新生活运动之效果也"。[1] 但国民党当局自身对运动总体效果并不满意，蒋介石本人就一再表示"就一般的成效和实际情形来说，实在不能满足我们的期望，达到原来的目的"，"我们现在到处都可看到新运的标语，而很少看到新运的实效；到处都可看到推行新运的团体或机关，却是很少看得见有多数国民确实受了新生活运动的效果"。运动"言语多而工作少，方案多而实行少，在推行对象方面只注意到社会的上层，而未及于下层，只注意到通衢马路，而未及于街头巷尾。……只做到表面一时的更新，而未达到永远彻底的改革"。他对此感到"很可痛心很可惭愧"[2] 当局最重视的新生活运动既如此，作为民族复兴运动构成部分的其他运动，效果可以想见。新生活运动视察团1936年发表的工作报告，指京沪铁路沿线"党政军各界缺乏合作精神，不独新运工作无进步，其他亦然"。[3]

政治力推动的社会运动，另一个效应，是使社会公共空间受到压缩，造成社会力不足—公权力替代—压缩公共空间—社会力成长受阻—公权力包办一切的恶性循环。胡适提出"新生活运动

---

① 《新生活运动一周年》，《武汉日报》1935年2月19日。

② 秦孝仪编：《革命文献》第三辑，台北："中央文物供应社"1981年版，第44—45、56页。

③ 《新运视察团三月来工作述略》，《新运月刊》1936年第35期，第17页。

应该是一个教育的运动，而不是一个政治运动"，未始不是对政治力干预社会空间的一个抗议。他说：

> 生活习惯改革，不是开会贴标语所能收效的。政府必须明白什么是它能做的，什么是它不能做的。把一些生活常识编到小学教科书里去，用一些生活常识做学校考绩的标准，用政府力量举办公众卫生，用警察的力量禁止一些妨害公安与公共卫生的行为，官吏公仆用一些生活标准来互相戒约——这些是政府所能做的。此外便都是家庭教育与人格感化的事，不在政府的势力范围之内了。近二三十年中，许多生活习惯的改革，如学校运动场上的道德，如电车中的让座给妇女与老人，如婚丧礼的变简单，都是教育进步的自然结果。若靠一班生活习惯早已固定的官僚政客来开会提倡新生活，那只可以引起种种揣摩风气，虚应故事的恶习惯，只可以增加虚伪而已。[①]

胡适提醒当局，他们所做的新生活运动里面"并没有什么救国灵方，也不会有什么复兴民族的奇迹"，"政府的第一责任是要叫人民能生活"，运用公权力保障社会安全，发展社会经济，提升人民的生活力，"人民的一般经济生活太低了，决不会有良好的生活习惯"。胡适也反对以民族复兴运动的名义尊孔复古，认为"我们今天还不配读经"。

著名民族学学者吴泽霖不仅不赞成运动政治化，甚至对社会性的运动来解决民族复兴这样的重大课题，也保持警惕，指出，"民族复兴在今日的中国，已成为上下一致努力的运动。既云'复

---

① 胡适：《为新生活运动进一解》，《大公报》"星期论文"，1934年3月25日；亦载于《独立评论》1934年4月8日第95号。

兴',就暗示着以前曾有过一个全盛时期,和一个中衰时期,否则就用不着'复'了。不过民族复兴,并不是一件轻而易举的事,决不是单靠传单、标语、口号等宣传所能济事的","民族复兴并不在乎复兴意志的强弱,而在复兴条件的是否存在而定",民族复兴的基本条件包括物质环境是否能满足民族根本需要,人口是否适度,文化是否有"较以前更能适应和对付当代的严重问题",政府应做的工作,是以现代科学通盘计划改造物质环境,并实施人口节制,"政府应抱有最大的决心,彻底的按部就班做下去,才是脚踏实地的工作",至于文化,"中国的文化确有种种的特长,惟与西方各国来周旋,那根本无法可以抵抗他们的强力。所以民族复兴的文化条件,并不在什么保存国粹,而在怎样吸收一种文化使我们能抵抗他们的武力和经济侵略"。①

　　民族的复兴靠的是一点一滴脚踏实地的建设,靠的是以开放的胸襟吸纳现代的文明,靠的是对社会公共空间的尊重和人民自发求进步的信心。国民政府初期时论中的民族复兴运动,在国难当头的危机局面下,确有提升警醒民族的价值,但运动的"开展"离真正的民族复兴目标,仍相当遥远。这可能是常态建设"运动"化、社会运动"政治化"很难避免的结局。

---

　　①　吴泽霖:《民族复兴的几个条件》,《东方杂志》1934 年第 31 卷第 18 期,第 92—94 页。

胡适政治思维若干矛盾论题试解 *

　　胡适的学术思想，学界已取得丰硕研究成果，而政治思想之解释仍异见纷呈。这大概与胡适政治言论的表述方式有关——基本都是就某些具体情境提出有针对性的意见和建议，而不像西方自由主义思想家那样，主要通过系统论证的鸿篇巨制来表达政治主张。历史的情境总是充满变化的，这种思想表达不仅显得支离，而且随着时移世易，前后若干观点之间不可避免会显得脱节，甚至相互矛盾和冲突。如他表示过要有健全的国民才会有健全的民主政治，又讲过民主制度是适合最幼稚国民的政治；呼吁过立即制宪，又说过制宪不如守法；提出过一个有计划的政府总是胜过无计划的政府，又称无为的政府是最好的政府。这些论点给我们理解胡适政治思维的真谛造成困难。那么如何解释这种矛盾论述呢？

一、立人与建制

　　在一个贫弱古旧的国家建立现代民主制度，是应该从启蒙民智入手，还是从建立制度入手？

　　辛亥革命建立了民国，但民主共和徒有虚名，新知识界认为根源在于国民素质跟不上。为了补足民主共和的文化基础，陈独秀等率先发起新文化运动，以塑造信仰民主科学的新青年。当时尚在美国留学的胡适显然持同一见解，将国民思想的改变视为民主共和制度落实的"必要先决的条件"，旧制度的维持有其旧因，

---

　　* 本文曾载于《浙江学刊》2013 年第 5 期。

新制度下需要"创造新因"。1916年1月25日，胡适在寄许怡荪的信中说道：

> 适以为今日造因之道，首在树人；树人之道，端赖教育。故适近来别无奢望，但求归国后能以一张苦口一支秃笔，从事于社会教育，以为百年树人之计：如是而已。①

实际上没有等到回国，1916年底他已经加入到了国内新文化运动阵营，将其文稿《文学改良刍议》寄给陈独秀在《新青年》上发表，掀起了有声有色的文学革命。1917年胡适回到国内，与陈独秀等人共同从事《新青年》编务，他与同仁相约"二十年不谈政治，不干政治"，其原因他后来解释道：

> 一九一七年七月我回国时，船到横滨，便听见张勋复辟的消息；到了上海，看了出版界的孤陋，教育界的沉寂，我方才知道张勋的复辟乃是极自然的现象，我方才打定二十年不谈政治的决心，要想在思想文艺上替中国政治建筑一个革新的基础。

他不仅克制自己谈政治，"我这四年多以来，写了八九十万字的文章，内中只有一篇曾琦《国体与青年》的短序是谈政治的，其余的文字都是关于思想与文艺的"。②在他看来，"在思想文艺上替中国政治建筑一个革新的基础"是政治之本，"谈政治"的时

---

① 胡适：《胡适留学日记》第3册，台北：商务印书馆1973年版，第832—833页。
② 胡适：《我的歧路》，《胡适全集》第2卷，安徽教育出版社2003年版，第467页。

政意见则是政治之末，民主制度的实现"谈"不出来，只能从健全的国民的培养入手，逐步成长起来。

但到了他自己创办《独立评论》的时期，他不但大谈特谈其"政治"，而且提出民主政治并不需要特别的民智基础，"宪政可以随时随地开始"，[①]因为"民主宪政只是一种幼稚的政治制度，最适宜于训练一个缺乏政治经验的民族"。"民主政治的好处在于不甚需要出类拔萃的人才；在于可以逐渐推广政权，有伸缩的余地；在于'集思广益'，使许多阿斗把他们的平凡常识凑起来也可以勉强对付；在于给多数平庸的人有个参加政治的机会，可以训练他们爱护自己的权利。"[②]这就是他著名的民主实现无条件论。

从"在思想文艺上替中国政治建筑一个革新的基础"到"民主宪政只是一种幼稚的政治制度，最适宜于训练一个缺乏政治经验的民族"，思想的跳跃不能说不大。这种跳跃当然有时代条件的因素。在新文化运动的时期，政治路线的分化尚不十分明显，北洋主导下的共和政治固然遭遇帝制复辟势力的破坏，民主合法性并未受到根本挑战；到了国民政府时期，国民党要走党国政治的路线，共产党要走无产阶级专政的路线，甚至一些信奉自由民主的新知识界人士在九一八后的民族危机下也提出"开明专制"的路线，民主政治的合法性受到根本质疑，胡适不得不表态加以护持和挽救。然而，如果把胡适仅仅看作跟着时势转动的人物，那他就不成其为自由主义思想家了。作为思想家，在他思想的跳跃之中，一定有他可以自圆其说的理据。这个理据应该跟他说服

---

① 胡适：《我们能行的宪政与宪法》，《胡适全集》第22卷，安徽教育出版社2003年版，第574页。

② 胡适：《再论建国与专制》，《胡适全集》第21卷，安徽教育出版社2003年版，第685、686页。

自己提前"谈政治"有关。

在《我的歧路》里胡适讲述了他"变节"的缘故，主要归结为：一、自己本来是"一个注意政治的人"，辛亥革命后就一直为中国民主辩护，只因看到民主政治受到国民愚昧的掣肘才克制了谈政治的热情；二、五四运动中被迫接编《每周评论》，失望于舆论界高谈主义不讨论实际政治问题，有了"不能不谈政治的感觉"；三、"我谈政治只是实行我的实验主义，正如我谈白话文也只是实行我的实验主义"。[①] 这三条理由中，第三条特别值得注意，揭示了他理一分殊的"理"和殊途同归的"归"。在他那里，实验主义只承认那一点一滴做到的进步，建设新文化努力于立人是一点一滴求进步，建设新政治努力于建制也是一点一滴求进步，所以他声明"我不曾'变节'；我的态度是如故的，只是我的材料与实例变了"。[②] 既然政治也是一点一滴求进步的，民主就不必是高悬的理想，而是可以在实验中推进的制度了。

不仅如此，从不久他为张慰慈著作《政治概论》所写的序言中，还可以看到他思想中的另一条线索："民治制度最先进的国家也不是生来就有良好公民的；英国今日的民治也是制度慢慢地训练出来的"，因此，制度本身有训练国民的功能，"民治的制度是一种最普遍的教育制度"，生在共和制度之下，长在民主的空气里，受了制度的训练，即使没有读过《政治学概论》或《公民须知》，所拥有的公民知识"比我们在大学里读纸上的政治学的人还

---

① 胡适:《我的歧路》,《胡适全集》第 2 卷, 安徽教育出版社 2003 年版, 第 469 页。

② 胡适:《我的歧路》,《胡适全集》第 2 卷, 安徽教育出版社 2003 年版, 第 470 页。

高明得多"。① 这一"识见"正是国民政府时期反对走新旧独裁路线的最主要理据。一个自由主义思想家，最为忧虑的当然是国家偏离自由民主的大方向，"中国今日若真走上独裁的政治，所得的决不会是新式的独裁，而一定是那残民以逞的旧式专制"。② 民主制度所以有被他国采用的可能，全靠制度有教育的功用，"他们若等到'人民的程度够得上'的时候方才采用民治制度，那么，他们就永远没有民治的希望了"。③

胡适倡导平常心看待民主宪政，"民主宪政不过是建立一种规则来做政府与人民的政治活动的范围；政府与人民都必须遵守这个规定的范围，故称为宪政；而在这个规定的范围之内，凡有能力的国民都可以参加政治，他们的意见都有正当表现的机会，并且有正当方式可以发生政治效力，故称为民主宪政"。民主"不是什么高不可攀的理想"，而是"可以学得到的一种政治生活的习惯"，"就如同下棋的人必须遵守'马走日字，象走田字，炮隔子打，卒走一步'的规矩一样；就如同打马将的人必须遵守马将规矩一样；就如同田径赛的人必须遵守田径赛的规矩一样"。④ 这种解释将民主制度与民众生活拉近，有利于消除文化的隔膜感。同时，胡适虽主张在实践中建立民主制度，却不赞同高标准的民主，既反对国民党口号里的"创制，复决，罢免"等直接民权，

---

① 胡适：《〈政治概论〉序》，《胡适全集》第 2 卷，安徽教育出版社 2003 年版，第 418—419 页。

② 胡适：《答丁在君先生论民主与独裁》，《胡适全集》第 22 卷，安徽教育出版社 2003 年版，第 235 页。

③ 胡适：《〈政治概论〉序》，《胡适全集》第 2 卷，安徽教育出版社 2003 年版，第 418 页。

④ 胡适：《我们能行的宪政与宪法》，《胡适全集》第 22 卷，安徽教育出版社 2003 年版，第 573—574 页。

也反对共产党口号里"普通平等"的选举方式，强调"宪政可以随时随地开始，但必须从幼稚园下手，逐渐升学上去"，此时应该从一种易知易行的代议制下手。[①]

二、制宪与守法

建立民主制度是以制定宪法为优先，还是以培养守法精神为优先？

1927 年国民党通过北伐建立国民政府，实行"以党治国"的"训政"，以党代法、以领袖代法胡作非为的情况十分严重：只须贴上"反动"的标签，可以任意剥夺人的生命、自由和财产，可以任意侮辱人的身体；任意将书报查封；可以任意封禁学校。胡适对此情景十分不满，对当局进行严厉指控的同时，提出："在今日如果真要保障人权，如果真要确立法治基础，第一件应该制定一个中华民国的宪法。至少，至少，也应该制定所谓训政时期的约法。""快快制定约法以确定法治基础！快快制定约法以保障人权！"[②] 他批评国民党将训政与宪政割裂是荒谬的理论，质问：宪法与训练有什么不能相容之点？为什么训政时期不可以有宪法？为什么宪法之下不能训政？"宪法之下正可以做训导人民的工作；而没有宪法或约法，则训政只是专制，决不能训练人民走上民主的路。""宪法的大功用不但在于规定人民的权利，更重要的是规定政府各机关的权限。立一个根本大法，使政府的各机关不得逾越他们的法定权限，使他们不得侵犯人民的权利，——这才是民

---

① 胡适：《我们能行的宪政与宪法》，《胡适全集》第 22 卷，安徽教育出版社 2003 年版，第 574 页。

② 胡适：《人权与约法》，《胡适全集》第 21 卷，安徽教育出版社 2003 年版，第 374、376 页。

主政治的训练。"①

这个呼吁是 1929 年提出来的，1931 年 6 月 1 日国民政府公布《中华民国训政时期约法》，1933 年 1 月，立法院组成宪法草案委员会着手起草宪法草案，3 月该委员会通过《缩短宪法草案起草工作程序》案，提出半年内完成宪法草案的具体步骤。按照胡适"第一件应该制定一个中华民国的宪法"的意见，此举应该是一件好事，但胡适并没有拍手称快，而是表示"制宪不如守法"。他说：

宪政的预备不在雇人起草，不在征求讨论，而在实行法律。与其请吴经熊先生们另起新花样的宪法草案，不如请他们先研究研究现在已有的各种法律，看看有多少种法令是应该立刻废止的（如《危害民国紧急治罪法》等）；看看有那些法律是从来没有执行的；看看有多少种法律是必须编制施行细则方才可以施行的；看看有什么法子可以教官吏军人党部多懂一点法律，多守一点法律。总而言之，制宪不如守法。守法是制宪事业的真正准备工作。②

这又是一个跳跃。这一跳跃给读者的印象似乎是胡适在发挥"永远的反对派"的角色职能。从政治信仰的角度看，胡适确实是当局的"反对派"，他自己的说法是"诤臣"；但睽诸其诤臣生涯，"为反对而反对"并非其性格。他有着王者师的自许，对于

---

① 胡适：《我们什么时候才可有宪法？》，《胡适全集》第 21 卷，安徽教育出版社 2003 年版，第 417、418 页。

② 胡适：《制宪不如守法》，《胡适全集》第 21 卷，安徽教育出版社 2003 年版，第 619 页。

政府的善举从来不吝惜表彰,"为反对而反对"的格局不符合他的自我定位。那么这一"矛盾"代表的意义是什么?

其实,"制宪不如守法"的真意并不是对"快快制定"宪法的否定,而是对宪政实施要件的补充,也即其所言:"此时未尝不可制宪,但制宪之先,政府应该要在事实上表示守法的榜样,养成守法的习惯,间接的养成人民信任法律的心理。这才是宪政的预备。"① 胡适之所以感觉有此补充的必要,理由是他看到"全国人对于这回的制宪事业还是很冷淡的",而冷淡的根本原因在于"人民对于宪法的效能的根本怀疑"。② 这种根本不信任,完全是政府自身不愿守法,而且法律不是为了实行而制定造成的。"此种状态若无法改进,虽有最完美的宪法条文,终不过与《天坛宪法》《训政约法》等同其命运!"③ 这一补充提醒人们,宪政和法治的根本,是政府遵宪守法。

胡适没有忽视制宪对于宪政的作用,一如既往将颁布宪法作为政治上轨道的前提。30 年代中期他提出国民党"抛弃党治,公开政权",应该将政权建立在一个新的又更巩固的基础之上。"国民党那个新基础就是用宪法做基础,在宪政之下,接受人民的命令,执掌政权。"因而认为"提早颁布宪法,实行宪政"是改革政制的大路。④ 40 年代后期他将"制定成文宪"与"代议制

① 胡适:《制宪不如守法》,《胡适全集》第 21 卷,安徽教育出版社 2003 年版,第 619 页。

② 胡适:《制宪不如守法》,《胡适全集》第 21 卷,安徽教育出版社 2003 年版,第 616 页。

③ 胡适:《制宪不如守法》,《胡适全集》第 21 卷,安徽教育出版社 2003 年版,第 619 页。

④ 胡适:《改革政制的大路》,《胡适全集》第 22 卷,安徽教育出版社 2003 年版,第 345—346 页。

度""无记名投票"一起，作为民主制度的重要标志。^①

三、计划与无为

在民主政治的图谱中，政府对社会建设事业是该有为还是无为？

胡适"下山"谈政治的第一篇文字《我们的政治主张》，就涉及这个问题。他说："我们以为现在不谈政治则已，若谈政治，应该有一个切实的、明了的，人人都能了解的目标。"这个目标即"好政府主义"。"好政府"通常被人仅仅理解为"好人政府"，其实好人加入政府只是好政府的一个非本质条件，更本质的条件是"宪政""公开""有计画"。"好政府"是针对"恶政府"（王权独裁政府）和"无政府"来说的，比"无政府"现实，比"恶政府"优越，实际就是民主政府。

我们所谓'好政府'，在消极的方面是要有正当的机关可以监督防止一切营私舞弊的不法官吏。在积极的方面是两点：第一，充分运用政治的机关为社会全体谋充分的福利。第二，充分容纳个人的自由，爱护个性的发展。

也就是要体现"宪政""公开""有计画"的原则。将"有计画的政治""充分运用政治的机关为社会全体谋充分的福利"作为民主政府的要件，胡适说是"因为我们深信中国的大病在于无计画的漂泊，因为我们深信计画是效率的源头，因为我们深信一个平

---

① 胡适:《自由主义》,《胡适全集》第 22 卷, 安徽教育出版社 2003 年版, 第 737 页。

庸的计画胜于无计画的瞎摸索",^① 可见其主张政府"有为"。国民政府成立之初，胡适为反对国内各党派空喊"主义"口号，提出打倒贫穷、疾病、愚昧、贪污、扰乱"五个大仇敌"，建立一个"治安的、普遍繁荣的、文明的、现代的统一国家"，其实现手段"集合全国的人才智力，充分采用世界的科学知识与方法，一步一步的作自觉的改革，在那自觉的指导之下一点一滴的收不断的改革之全功"，^② 大抵也包含政府的有为。

然而到 1933 年，胡适在谈到农村救济问题的时候，却提出"无为的政治"主张，说：

> 农村的救济有两条大路，一条是积极的救济，一条是消极的救济；前者是兴利，后者是除弊除害。在现时的状态之下，积极救济决不如消极救济的功效之大。兴一利则受惠者有限，而除一弊则受惠者无穷。这是我要贡献给政府的一个原则。^③

他又用政治哲学的原理来解释这一原则：

> 现时中国所需要的政治哲学决不是欧美十九世纪以来的积极有为的政治哲学。欧美国家有富厚的财力，有济济跄跄的专门人才，有精密强固的政治组织，所以能用政府的工具来做大规模的建设事业。我们只是贫儿，岂可以妄想模仿富家的大排场？我们

---

① 胡适：《我们的政治主张》，《胡适全集》第 2 卷，安徽教育出版社 2003 年版，第 422—423 页。

② 胡适：《我们走那条路》，《胡适全集》第 4 卷，安徽教育出版社 2003 年版，第 468 页。

③ 胡适：《从农村救济谈到无为的政治》，《胡适全集》第 21 卷，安徽教育出版社 2003 年版，第 607 页。

只是婴孩，岂可以妄想做精壮力士的事业？我们此时只能努力抚养婴孩使他长大，教练这贫儿使他撙节积蓄，养成一点可以有为的富力。

而最好的抚育培养的方法就是无为的政治，他认为斯宾塞"要把政府的权力缩小到警察权"的话是"十分值得我们的政治家注意考虑的"。[1]

胡适的新见解引起不少熟悉其平日主张的朋友们惊异，他们纷纷提出疑问。胡适为了释疑，接连写了《再论无为的政治》《建设与无为》《今日可做的建设事业》等多篇文章，指出他并没有改变，"我至今还是有为的歌颂者"，之所以此时又提出无为，"是研究事实的结果"。[2] 其一，今日的政府还没有做到警察权的境界，社会处在匪盗横行的动荡中，政府应该优先解决好最基本的治安，"治安维持住了，一切公用事业，一切商业工业，一切建设，自然有人来发展，自然有法子发展。决没有一个政府不能做到维持治安，而能发展建设事业的！"[3] 其二，大规模的"建设"需要客观条件，"第一是经济能力，第二是人才。没有经济能力，就须用全力培养经济能力；没有人才，就须用全力培养人才。在这种条件未完备之先，决不能做出什么有为的政治"。[4] 无钱又无人而高倡建设，妄想从穷苦百姓的骨髓里榨出油水来建设一个现代式

---

① 胡适：《从农村救济谈到无为的政治》，《胡适全集》第21卷，安徽教育出版社2003年版，第610页。

② 胡适：《建设与无为》，《胡适全集》第22卷，安徽教育出版社2003年版，第62页。

③ 胡适：《从农村救济谈到无为的政治》，《胡适全集》第21卷，安徽教育出版社2003年版，第610页。

④ 胡适：《从农村救济谈到无为的政治》，《胡适全集》第21卷，安徽教育出版社2003年版，第609—610页。

的大排场，只会走向国家破产的死路。他赞成常燕生的意见，"必须先经过两个预备时期。第一个是休养的时期，……第二个小规模培植的时期……然后才能进入于第三个大规模建设的时期"。[①]条件未备的建设盲目而害民，"我不反对有为，但我反对盲目的有为；我赞成建设，但我反对害民的建设。盲目害民的建设不如无为的休息"。[②] 其三，无为政治不等于不努力，而是又有正确的努力方向和方法。一方面裁官、裁兵等"消极"的政策需要积极地去做，培植建设条件的工作也需要尽全力去推动，另一方面对于力所能及的一些建设事业，也不是都不办，"有了专家计划，又有了实行的技术人才，这样的建设可以举办"。[③]

四、结语

近代中国面临国内外各种严峻挑战，先后出现洋务自强、维新立宪、革命共和、民族国家、自由民主、阶级解放等形态各异的政治思维。这些思维形态以辛亥革命建立民国为界，前一段主要立足于求变，在变革的范围和方式上呈现出不同的面貌；后一段主要立足于确定建国的方向，遂出现国族本位、个人本位、阶级本位的不同方略。胡适属于后一阶段的思想人物，秉持自由民主的信念，梦想将中国建成一个以个人权利为基础的现代公民国家。由于他的旗帜鲜明和始终不渝，加上他在新学界领袖群伦的地位，他被时人和后人公认为中国自由主义最重要的代言者。

---

① 胡适：《再论无为的政治》，《胡适全集》第 22 卷，安徽教育出版社 2003 年版，第 40 页。

② 胡适：《建设与无为》，《胡适全集》第 22 卷，安徽教育出版社 2003 年版，第 62—63 页。

③ 胡适：《今日可做的建设事业》，《胡适全集》第 22 卷，安徽教育出版社 2003 年版，第 69 页。

　　然而胡适不是政治学家，除了1948年的一次自由主义演讲比较完整地揭示了他对于自由、民主、宽容、渐进等大原则的主张，终生没有专门阐述自由主义理论的政治学论著，政治思维无从集中表达，其时论中的矛盾论题自难避免。其中有些矛盾和冲突是思想反省形成的，属于纠错，[①] 另外一些则并不存在前后替代关系，有些表面上的矛盾，在实质上不一定真正构成相互否定。他先讲立人后论建制，无非是说在民主路线不受挑战的情况下着力于立人，在民主路线受到挑战的情况下不妨建制与立人双管齐下；他一时说制宪重要，一时说守法重要，无非是说立法与守法要配合起来；他主张了有为又主张无为，无非是说政府的作为不能盲目，不能伤害民众。这些矛盾命题往往互相补充、相互配合，共同构成了胡适政治思维的完整面相。

---

　　①　胡适:《从到奴役之路说起》,《自由中国》第10卷第6期, 安徽教育出版社2003年版, 第4—5页。

代结语

"常""变"之争和"主义"之辨下的保守与激进
——兼论民族主义、自由主义、共产主义的对列关系 *

激进与保守是一对后设概念，系站在今人立场观察和反省历史的一种范式。在此一范式下，学界对近代中国各种思潮已有不少考察，既有明察秋毫的微观个案研究，也有高瞻远瞩的宏观总体探索，[②] 这些探究在激进与保守之间的复杂关系，尤其是彼此

---

* 本文曾载于《学术月刊》2011年第4期。

① 微观研究如马洪林《略谈戊戌变法的"保守"与"激进"》(《文史哲》1998年第5期)，蔡明伦《康有为：激进与保守的悖论》(《学习月刊》2003年第12期)，俞祖华《论严复的激进与保守》(《中州学刊》1992年第5期)，李永东《激进与保守之争：重评"五四"》(《山西师大学报》社会科学版2007年第6期)，柴文华《激进中的保守与保守中的激进——以胡适、梁漱溟为例》(《中国哲学史》2010年第2期)，李茂民《在激进与保守之间——梁启超五四时期的新文化思想》(社会科学文献出版社2006年版)，张宝明《"调和"与"独行"：李大钊从保守到激进的逻辑依据(1914—1921)》(《史学月刊》2004年第1期)，肖永明《超越与僭越——熊十力新儒学：保守主义与激进主义的双重变奏》(《中华文化论坛》2000年第4期)等。宏观研究如赵儒生《关于激进主义与保守主义》(《科学·经济·社会》1997年第2期)，方敏《也谈中国近代思想史上的保守与激进》(《首都师范大学学报》社会科学版2004年第S3期)，喻大华《论保守与激进在中国近代文化潮流中的共通共融》(《河北学刊》2005年第1期)，王兆胜《激进主义与保守主义的辩证与融通》(《郑州大学学报》哲学社会科学版2009年第6期)，以及刘桂生、陈其泰、李育民、马克锋、郑大华、李志毓等的《"中国近代思想史上的保守与激进"笔谈》(《中州学刊》2004年第3期)等。

依存和转化上，取得重要的共识，但在概念如何界定，如何评价它们，以及如何看待这种历史观察模式等方面，仍存在较大的分歧，[①] 因此尚有进一步探讨和思考的必要。本节所要检讨的是保守与激进在近代中国思想史上的多重内涵，在此基础上，试图对目前通行的以"保守主义—自由主义—激进主义"三分法描述近代中国思想史的方式提出商榷。

一、三分法的由来及其语境差异

保守与激进是一种两极化的说法，对其关系的理解，常常需要借助它们的中间形态来定位。目前学界很通行的描述方式是：保守主义、自由主义、激进主义。正如有学者总结的："激进主义与保守主义、自由主义一起被并称为近代三大思潮、三大思想文化流派。"[②] 许多有影响的著述都采取这种描述方式。[③]

这种描述当然有其根据，它来自西方学者对世界现代思潮的分法。最早将这一描述引为观察近代中国思想史的，是余英

---

① 参见郑大华、贾小叶：《"中国近代思想史上的保守与激进"学术讨论会综述》，《近代史研究》2004年第2期；郑大华、贾小叶：《20世纪90年代以来中国近代史上的激进与保守研究述评》，《近代史研究》2005年第4期；何爱国《"激进"还是"保守"：对中国近现代社会思潮主潮论争的回顾与反思》，《福建论坛》人文社会科学版2006年第7期。

② 俞祖华、赵慧峰主编：《中国近代社会文化思潮研究通览》，山东大学出版社2005年版，第267页。

③ 例如欧阳哲生将中国近代文化流派划分为"文化保守主义、文化自由主义和文化激进主义"（《中国近代文化流派之比较》，《中州学刊》1991年第6期，第65—71页）；许纪霖将自由主义、文化保守主义、激进主义视为"反映二十世纪以来中国知识分子的思想发展历程"的主要思想类型（《二十世纪中国思想史论》下册，东方出版中心2000年版，扉页）；何晓明称"一百多年中，种种思索、方案纷繁歧异，但若依他们处理中西古今关系的基本态度而论，大致存在着保守主义、自由主义、激进主义三大分野"（《知识分子与中国现代化》，东方出版中心2007年版，第59页），等。

时先生 1988 年所作的"中国近代思想史上的激进与保守"讲演，其中说道："'激进与保守'就是英文所谓的 radicalism versus conservatism"，在美国"激进与保守本来是相对于美国的自由主义传统的 system，所以如果要讲美国保守主义跟激进主义，我们一定不要忘记它中间是一个 liberal。这样，conservative-liberal-radical 便成为一个鼎的三足"。① 余英时先生试图借用激进与保守的分析工具，来把握中国近代思想史的基本倾向，结果引发与姜义华先生在《二十一世纪》的论战，并引起中国学界广泛的讨论。"保守主义—自由主义—激进主义"三分法也随之成为中国近代思想史研究者的常用架构。

其实，正如余英时先生已经指出的，在西方"保守主义"实际上是保守的自由主义，"激进主义"是激进的自由主义，而自由主义已经落实为西方现存的社会制度，所以在西方保守与激进是"相对于现状"来讲的。如果从西方思想史的角度说，保守主义、自由主义、激进主义大多数情况下实际上是自由主义右派（伯克为代表）、自由主义中派（密尔为代表）、自由主义左派（卢梭为代表）的别称，保守主义和激进主义都是对经典自由主义这个中间形态的左右游移，这种游移显然是与现实存在的自由主义制度中呈现的各种社会问题有关。

依此，三分法的架构在近代中国思想史上运用，就存在一个有效性问题了。中国并没有自由主义的社会制度存在，作为思潮的自由主义，也一直不发达，主要在与强大的民族主义与共产主义的双峰对待中夹缝生存。基于这种处境，中国自由主义虽然内

---

① 余英时：《中国近代思想史上的激进与保守》，李世涛编《知识分子立场：激进与保守之间的动荡》，时代文艺出版社 2000 年版，第 1、4 页。

部分歧确实存在，却尚未达到真正内分各派的条件，其基本趋势一直有着大致的趋同性，如 20 世纪上半期总体上政治向国权妥协，经济向平等倾斜，下半期政治经济的价值认同都出现回归经典自由主义的调整。因此，西式三分法如果"所指"不变，则肯定不足以概括中国社会思潮的主脉。

当然，虽与西方"所指"不同，在"能指"的意义上，中国近代确有保守与激进的问题。西方主要是有关政治秩序实现方式和目标的学说，中国则前后针对两个有区别的问题：前期主要与西学东渐的文明变迁相联系，后期则是对现代性的目标模式而论。这涉及近代中国思想史的基本脉络。

近代中国思想史的脉络，出现过多种分析架构：或以"阶级属性"划界，描述为旧民主主义思想向新民主主义思想的发展；或以政权归属划界，描述为晚清思想到民国思想的转进；或以关注的问题划界，描述为谋求夷务自强、改制图存、文化革新、社会动员的思想演进。这些描述各有长处，但似不足以揭示一个多世纪思想演变的内在特征。思想演变的内在特征，要看它的问题结构和运思方式。所谓问题结构，是指一个时代的思想者在纷繁复杂的思想背后共同关注的若干基本问题；所谓运思方式是指他们如何寻求这些基本问题的答案。这当然不是阶级属性所能概括，政权归属所能描述，亦非具体思想现象所能代表。

张灏先生曾经提出"中国近代思想史的转型时代"的说法，并给出一个明确的定义：

> 所谓转型时代，是指 1895—1925 年初前后大约 30 年的时间，这是中国思想文化由传统过渡到现代、承先启后的关键时代。在

这个时代，无论是思想知识的传播媒介或者是思想的内容，均有突破性的巨变。[①]

张先生所讲的"突破性的巨变"，一为报纸杂志、新式学校及学会等制度性传播媒介的大量涌现和新的知识社群的出现，一为文化取向危机的凸显与新的思想论域的开辟。后一方面就涉及问题结构。在转型时代里，中国思想界的问题结构和运思方式确实发生了相当显著的变化。

追寻近代中国思想界问题结构的变化，梳理各种论战不失为一种捷径。一个多世纪以来，中国社会思想大多在论战中表达，思想界战事频仍，其荦荦大者如：宋学汉学之争、古文今文之争、洋务与清流之争、变法与洋务之争、革命与立宪之争、共和与帝制之争、尊孔与反孔之争、问题与主义之争、科学与玄学之争、共产主义与基尔特社会主义之争、共产主义与无政府主义之争、共产主义与国家主义之争、训政与人权之争、本位文化与全盘西化之争、民主与独裁之争、马克思主义与战国策派之争、新民主主义与民主社会主义之争、自由主义与民族主义之争……直到今天还有新左派、自由主义、新儒家的混战。这一连串的论战，尽管某些论题前后有所反复，问题结构的变化趋势仍然有迹可循。大致说来，前期体现为"常""变"之争，后期聚焦于"主义"之辨。而"转型时代"正是"常""变"之争走向高潮、"主义"之辨也已萌生的时期，五四新文化运动可谓主题转换的关键点。

基于问题意识和运思方式的不同，激进与保守自然会呈现完

---

① 张灏:《时代的探索》，台北：联经出版事业股份有限公司、"中研院"2004年版，第37页。

全不同的面貌。[①]

二、近代中国作为文明选择方式的保守与激进

近代中国处在中国历史逻辑与世界历史进程的交汇口，盛极而衰的清王朝遭遇西力东渐之后，给读书人留下的课题是双重意义的救亡图存——衰世的拯救和民族的拯救，前者固为历朝兴替之常数，后者却堪称"千年未有之奇变"。应对此一"常""变"情境，思想上遂发生"常""变"之争，祖宗之法可否变，在何种范围、何种程度上可以变，以及以何种方式实现这种变革，成为长期缠绕国人的重大问题。保守主义、调适主义和激进主义正是国人对此给出的不同答案。

人类以文化的形式而存在，不同时代的文化之损益形成民族文化传统，任何有历史的民族都依赖于文化传统以维持其政治和社会秩序，历史越悠久的民族保守性越强。中国正是这种情况。孔子《论语·为政》描述历史趋势时说："殷因于夏礼，所损益可知也。周因于殷礼，所损益可知也。其或继周者，虽百世可知也。"确实，中国社会尽管朝代更迭频繁，以儒家学说为基础的常道和古制一直发挥着稳定社会的作用。而由于科举制度，士大夫成为维护传统最突出的力量。保守性强在民族分立的时代不一定是弱点，但在全球化的民族竞争时代，就可能阻碍本民族适应时代的

---

① 当然，近代中国保守与激进基本态势的讨论，不对思想者的个体差异构成否定。面对历史转型的时期的巨变，具体思想人物由于家庭出身、教育背景、性格气质、人生经历、社会地位等各种因素的影响，身上会呈现出具体的反应，激进与保守的样态也存在千差万别的变化。在"常""变"为主题的时期，有共时态的情况，如王先谦之于樊锥，辜鸿铭之于胡适。"主义"之辨为主题的时期，个人思想进程的历时性亦屡见不鲜，如陈独秀就经历过民族主义到自由主义到共产主义的大转变。

进程。近代前期的顽固派，基本上就是指那些无视"三千年未有之奇变"，空谈名教、诋毁变通的迂腐士绅。在甲午战争之前，应该说保守的力量非常强大，绝大部分的士绅"核心关切的仍然是那些有关儒家学说的传统问题"，[①] 而倭仁的言论最能代表他们的意见——"立国之道，尚礼义，不尚权谋；根本之图，在人心，不在技艺"。[②] 这种主张固守常道，处变不惊，以不变应万变的思想，便是最典型、最原生态的保守主义——排外的保守主义。

另一方面，既然"损益"的精神也是中国传统的一部分，在传统士人内部萌发因时应变的观念也是可能的，虽然初期主变的士绅人数少，声调低，而且态度温和。一些敏锐的思想者尽力发挥"穷则变，变则通"的变易原理，推陈而出接受异域文明的主张，如魏源的"师夷长技以制夷"，冯桂芬、王韬、郑观应等人"以纲常名教为原本，辅以诸国富强之术"的"富强之术"，到康有为、梁启超鼓吹变法的时代，变器发展为改制和新学。这些师夷变易的主张，一方面从末技到法度向道本逐层展开，[③] 另一方面主要采取借助中国传统学术内部推动，在"体""用"范式下思考的路径，表现出相当浓厚的折衷调适特征。这种调适论实际上是求变思维的早期形态，如果一定要纳入调适主义，则它是一种积极的调适主义。

甲午战争引起的民族危机和焦虑感，使求变的一方得以突

---

① ［美］张灏:《梁启超与中国思想的过渡》，崔志海、葛夫平译，江苏人民出版社1997年版，第3页。

② （中国近代史资料丛刊）《洋务运动》（二），上海人民出版社1961年版，第30页。

③ 梁启超:《五十年中国进化概论》，《饮冰室合集》文集三十九，中华书局1989年影印版，第43—45页。陈独秀:《吾人最后之觉悟》，任建树等编《陈独秀著作选》第一卷，上海人民出版社1993年版，第175—177页。

破"以复古为解放"[1]框架和旧瓶装新酒的方式,严复等人开始公开援引西学。同时,激进主义也开始萌芽。代表激进主义先声的,一是谭嗣同发之于内的"冲决网罗",[2]一是樊锥力主援引于外的"一革从前,搜索无剩,唯泰西者是效"。[3]这些言论当时都很孤立,却都发前人所未发,代表求变思维的由弱转强。由弱到强的趋势的反面,是保守声音的由强而弱。洋务派在跟清流派论战时,代表的是变革的声音;到与维新派论战时,已经居于保守的地位。冯桂芬的主辅之说旨在为变革打开一个缺口,张之洞的体用之论[4]却变成维护传统制度名教的伪饰(可称为消极的调适主义或具有不排外形式的保守主义)。这都是由于风气变了。

百日维新失败,保守思想一度回潮,但庚子之变重新使保守一方居于被动,至日俄战争形成朝野变革的共识。朝野对于变革预期的落差,酿成了辛亥鼎革风暴,[5]而鼎革再次形成理想与现实的落差。这种落差在科举制度和帝制相继废除后出现的道统和

---

① 梁启超:《清代学术概论》,《饮冰室合集》专集三十四,中华书局1989年影印版,第6页。

② 谭嗣同创立仁学,意在冲决各种既有传统之网罗,"初当冲决利禄之网罗,次冲决俗学之网罗,若词章之网罗,次冲决全球群学之网罗,次冲决君主之网罗,次冲击伦常之网罗,次冲决天之网罗,次冲决全球群教之网罗,终将冲决佛法之网罗"。谭嗣同:《仁学》"自叙"。

③ 樊锥:《开诚篇(三)》,《湘报》第24号,中华书局1965年影印本,第93—94页。

④ 张之洞称:"新旧兼学。四书五经、中国史事、政书、地图为旧学,西政、西艺、西史为新学。旧学为体,新学为用,不可偏废。"张之洞:《劝学篇》外篇"设学"。

⑤ 辛亥革命的发生,固然有着革命派矢志不渝的推动,但立宪派士绅对清廷改革不力的谴责和若干地方官僚的动摇亦为重要的促成因素。"立宪派人指责清廷,要求国会,他们有意要求立宪,却无意之间刺激了革命。"张朋园:《立宪派与辛亥革命》,吉林出版集团2007年版,第190页。

政统的危机①下，迅速激化成全面的文化激进，用陈独秀的话说："要拥护那德先生，便不得不反对孔教、礼法、贞节、旧伦理、旧政治；要拥护那赛先生，便不得不反对旧艺术、旧宗教；要拥护德先生又要拥护赛先生，便不得不反对国粹和旧文学。"②新文化派将中西文化之别明确转化为新旧文化之异，彰明去旧迎新的立场，掌握了言论制高点。保守主义者开始进退失据，渐趋失语状态。

在"常""变"之争为主题的阶段，最初保守思维居绝对优势，求变思维很长时间主要通过兼顾新旧的中庸状态来表达，在这种推进中求变与保守思维强弱易位。对于保守思想来说，师夷的富强之术可谓异端，但尚难言激进。一则这些求变思想本身比较温和，二则进化论传入之前，亦无普遍的"进步"意识，无"进步"历史观则无所谓"激进"。所以，直到变法时代进化思想广泛传播，激进主义思潮才有萌芽，五四时期激进主义取得话语优势，代表新学的"德、赛二先生"成新知识界的"信条"，③而这一信条的确立与"打倒孔家店"的时风密不可分。保守—调适—激进，历时态推演。

---

① 参见张灏：《世纪末的危机意识》，《二十一世纪》1999年12月号。
② 陈独秀：《本志罪案之答辩书》，《新青年》6卷1号。
③ 胡适在《科学与人生观》序中说："这三十年来，有一个名词在国内几乎做到了无上尊严的地位，无论懂与不懂的人，无论守旧和维新的人，都不敢公然对他表示轻视或戏侮的态度。那个名词就是'科学'，这样几乎全国一致的崇信，究竟有无价值，那是另一问题。我们至少可以说，自从中国讲变法维新以来，没有一个自命为新人物的人敢公然毁谤'科学'的。"见张君劢、丁文江等：《科学与人生观》，上海亚东图书馆1923年版，胡适序。"民主"一词实际上也有类似效应，反对民主的人从不直接批评民主，而是对民主进行重新解释，乃至于有"专政的民主""君主的民主"等新发明的出现。参见殷海光《教育部长张其昀的民主观：君主的民主》，《自由中国》第15卷第7期。

三、近代中国作为变革目标模式的保守与激进

甲午之后，历经庚子之变、日俄战争等事件，变革风气日浓一日，在求变渐成共识的情形下，国家建构原则和方向的选择成为新的问题。过去主张变革的思想者，认同的是模糊而笼统的"泰西"文明，一旦变革成为共识，这种模糊便不敷需要，于是顿感"学问饥荒"，[①]留东留西学生遂竞相输入世界学理，引进各种"主义"；同时，西方世界的分裂也在加剧，一度统一的"泰西"概念，分化成英国代表的自由主义的"西方"，德国代表的民族主义的"西方"，和后来苏俄代表的社会主义的"西方"。因而五四之后，改造中国走哪条路，选择何种"主义"，以什么方式实现其"主义"，成为主导国人思想的新课题，五四开启了"主义"之辨的新时期。[②]到了国民革命兴起后，各大主义之间的取舍与竞争由坐而谈发展到起而行，"主义"之辨更趋于激烈。

五四鼓荡的新思潮达数十种之多，这些思潮来源分歧，核心价值和具体诉求也各不相同，传入中国后更存在与中国国情的配合问题，而一个百病丛生、混乱不堪的社会，具体国情究竟如何把握，主要矛盾为何，答案更是因人而异的。因之，在"主义"论述的时代，人们看到的更多是横向的思想对列（排斥、竞争或合作），而非"常""变"之争为主导的时期那样纵向的思想推演。其中，民族主义、自由主义、共产主义作为主要的政治建国路线

---

① 梁启超：《清代学术概论》，《饮冰室合集》专集三十四，中华书局1989年影印版，第71页。

② 清末已经有不同"主义"引进，但在这个时期，论战主要在立宪派与革命派的两种民族主义之间展开，革命派内部的民族主义、三民主义、无政府主义，则"主义"之合更重于"主义"之分，故尚不属于典型的"主义"之辨的范畴。

渐呈鼎足之势。①

从价值目标的认同看，三大"主义"追求的都是中国不曾实现的制度和文明方向。不过相对地说，也可以根据目标高低的程度，来描述其"进步"之水准：离现实最近、最容易实现的，为"保守的"；最远、最难实现的，为"激进的"；相对中间位置的，为"温和的"。人们说民族主义"保守"，共产主义"激进"，自由主义"温和"，与这种意义很有关系。

民族主义之所以显得"保守"，一则因为在近代中国，它是半旧半新的主义，既有来自西方的近代民族国家的观念，也有传统华夷观的遗存；二则因为即使从新的民族国家意识来看，它诉诸民族总体利益，以中华民族共同体国家的形成和独立发展为目标，可以尽量兼顾但亦可暂时回避和忽略个人权利和社会公正，这就使它的既定使命有弹性。以国家整体利益为核心价值的思想，在一个稳定的政权建立之后，一个有所作为的领袖出现以后，是相对比较容易落到实处的。而当思想者聚焦于"民族国家利益"而忽略国民权利和公正价值时，保守性就显示出来。梁启超发现自由民主与国家利益有冲突时，断然舍弃卢梭而走向伯伦知理，鼓吹开明专制，学界常责之为"保守化"。抗战时期战国策派的思想也有这种倾向。民族主义坚持国家至上的原则，事实上很容易成为当权党派和政治人物的护符，更流于巩固权威的保守状态。民初的筹安会甚至将民族主义与复辟帝制结合起来。国民党当政以后也将三民主义中的民权、民生两大主义虚化，将民族主义凝

---

① 民族主义、自由主义、共产主义是 20 世纪世界的三大主潮，也是中国的主潮。"主义"之辨时期，最典型的就是这三大主义的鼎足而立。最早对这些主义作出处理的是孙中山和他领导的中国同盟会，三民主义实际上即此三大主义之综合。而最自觉对这些主义作出专一抉择的，则是梁启超、胡适、陈独秀等人。

聚到"一个党、一个主义、一个领袖"的三位一体权威。[①]

自由主义则不同。自由主义的基本理想是个人权利的维护，容忍精神的培植，民主架构的建立。这就需要更多的理性精神，更多的国民觉悟，需要中产阶级壮大、教育普及等客观的社会基础，这都比较困难。殷海光曾说："民主是社会安定、生活富裕和人民理性这缺一不可的三大要素合成的必要条件之产品。可是，自古代雅典以来，满足这三大条件的地区有几？所以，在一切政治制度之中，民主是最难行的一种。尤其在这动荡不宁的世界中，民主简直好像是群众 demagogues〔煽动家〕所煽起的激情怒海里的一只孤舟啊！"[②]中国的自由主义尽管国权意识明显强于西方，[③]有学者甚至觉得称作"自由的民族主义"更合适，但其实现条件仍要高于一般的民族主义。胡适曾宣誓"二十年不谈政治、不干政治"，他显然知道现实的政治对于自由主义目标来说，距离十分遥远。

---

① 三民主义虽然最早处理了西方三大主义的关系，却自始带有策略性——适应反满革命同盟的需要。在中国同盟会内部，真正取得共识的，只是带有种族主义色彩的"小民族主义"。"小民族主义"在民国建立之后已经演变为五族共和的"大民族主义"，国民革命进而演变为反帝反军阀的民族主义，国民党执政后转向政治权威主义的民族主义，这一取向一直持续到台湾地区政治转型以前。

② 殷海光：《致徐传礼》，《殷海光文集》修订版，第二卷，湖北人民出版社2009年版，第257页。

③ 关于此一基调，参见冯夏根《自由主义与民族主义的调和与冲突——罗家伦对五四运动的历史阐释》(《江苏社会科学》2004年第1期)、许纪霖《现代中国的自由民族主义思潮》(《社会科学》，2005年第1期)、欧阳军喜《胡适与太平洋国际学会——兼论现代中国自由主义的两难处境》(《安徽史学》2006年第1期)、徐晓旭《〈独立评论〉中的"新式独裁"论——自由主义与民族主义之间的两难选择》(《东方论坛》2006年第4期)、陈静熔《在自由主义与民族主义之间——对〈独立评论〉民主与独裁之争的解读》(《历史教学》高校版2007年11期)、禹江《民族危机下的中国自由主义——以20世纪30年代天津〈益世报〉为中心》(《中国文化研究》2008年第2期)等。

马克思本人指出共产主义的实现要以高度发达的生产力和现代文明为基础，中国作为前现代社会，其实现之难不啻如小学新生撰著博士论文。但中国共产主义者仍然真诚地努力于这一目标，陈独秀认为中国问题要得到"根本解决"，必须发动民众"直接行动"，而最可靠的力量只有"最有用最贵重"[1]的劳工。他指出自由主义对劳工阶级无效，劳工阶级建立自己专政的政权才能解放自己。[2]陈独秀似乎并没有奢望一步进入共产主义最后境界，[3]但他以阶级平等这样高远的诉求为立场是很清楚的。其他共产主义者亦如此。与除无政府主义以外的任何社会主张相比，这都算相当激进的思想。

三大"主义"之外，无政府主义是比共产主义更激进的思想，其他如国家社会主义、社会民主主义、新式独裁主义等，则大多属于温和型的中间性"主义"，有的中间偏左，有的中间偏右。

"主义"之辨所派生的保守的、激进的"主义"，一开始就是共时态存在的（三大思潮在欧洲的出现，曾经过历时态的发展，中国由于采取拿来主义，省略了这一过程），而且一直共时态存在。"常""变"之争的焦点是离异（"破"），"主义"之辨的实质为认同（"立"），在"主义"之辨的时代，思想者的运思方式之一，是价值内核上强势排他，策略上彼此吸收。例如民族主义者强调国家的价值至上，认为自由主义与共产主义不符合中国国

---

① 陈独秀：《劳动者底觉悟》，《新青年》7 卷 6 号。
② 陈独秀：《论政治》，《新青年》8 卷 1 号。
③ 陈独秀：《对于时局的我见》，《新青年》8 卷 1 号。

情;① 共产主义者坚持劳动阶级解放至上，指责民族主义和自由主义是剥削阶级的思想;② 自由主义者强调个人权利优先，声称民族主义落伍，共产主义过激。③ 但民族主义也讲自由民主和社会公正，④ 自由主义也讲民族国家和社会正义，⑤ 共产主义也讲自由民主和民族解放。⑥ 一面斗争，一面合作，正是"主义"之辨的基本面貌。经过仅仅二十多年的合纵连横与思想和实践的竞争，20 世纪中期给出的初步结果是共产主义信仰者赢得大陆，右翼民族主

---

① 蒋介石在《中国之命运》中的一段话有其代表性。他说:"五四以后，自由主义与共产主义的思想，流行国内。他们对于中国文化，都是只求其变而不知其常的。他们对于西洋文化，都是只仿其形迹，而不求其精义以裨益中国的国计民生的。致使一般文人学子，丧失了自尊与自信。""这真是文化侵略最大的危机，和民族精神最大的隐患。"蒋中正:《中国之命运》，正中书局 1943 年版，第 72—74 页。

② 关于自由民主是资产阶级工具的思想，陈独秀在他的晚年对此的看法发生了重要变化，认为"政治上的民主主义与经济上的社会主义，是相成而非相反的东西"(《我的根本意见》，《陈独秀著作选》第三卷，上海人民出版社 1993 年版，第 560 页)。但这一反省长期以来并不为他原来的共产主义同志所谅解。

③ 胡适在《介绍我自己的思想》中说他的努力就是要使人们有独立自主的判断，不被别人牵着鼻子走——既不让孔丘、朱熹牵着鼻子走，也不让马克思、列宁、斯大林"牵着鼻子走"。《胡适文选》，亚东图书馆 1930 年版，自序。

④ 蒋介石尽管排斥自由主义和共产主义，但又将三民主义解释为"伦理""民主""科学"，其中"民主"字面上仍然为自由主义的元素，"科学"则与"均富"相联系。见蒋介石:《三民主义的本质:伦理、民主、科学》。

⑤ 罗志田曾论证胡适等人的自由主义实际上是"近代中国民族主义的特殊形式"，见罗志田:《乱世潜流:民族主义与民国政治》，上海古籍出版社 2001 年版，第 18—59 页;也曾论述"胡适与社会主义的合离"，见许纪霖编《二十世纪中国思想史论》下卷，东方出版社中心 2000 年版，第 60—102 页。

⑥ 共产主义者对民族主义价值的吸收，参见张治江《抗战前夕中国共产党民族主义思想略探——从毛泽东的〈祭黄帝陵文〉说起》(《湘潭论坛》2008 年第 1 期)，王桧林《中国共产党在抗日战争时期的两种趋向:融入世界与转向民族传统》(《抗日战争研究》2001 年第 1 期)等文;对自由民主价值的运用，参见王军《1936—1945 年中国共产党的"民主共和国"主张论析》(《东北师大学报》哲学社会科学版 2007 年第 2 期)，陈先初《抗战时期中国共产党民主建政的历史考察》(《抗日战争研究》2002 年第 1 期)等文。

义者退踞台湾，居于温和地位的自由主义则被边缘化。

"主义"之辨的时代，关于文明价值的取舍问题，尤其是对待中国传统文明的态度问题仍然存在，这种问题下的保守主张也会存在。五四的"整体性的反传统思想"[①]由于存在矫枉过正之偏，在新知识界内部激起一股新传统主义的反向运动，即反"反传统"的思潮。[②]一些同属于新派的人士不认可"新旧不并立"的立场，力图在吸收新文化的同时，焕发中国传统思想的价值，激活和恢复被"打倒"了的儒家精神。他们对传统精神由同情而信仰，由信仰而崇拜，对于"反传统"的思想深恶痛绝。这种保守思潮从梁漱溟的新孔学，学衡派的新人文主义，到国民政府初期的本位文化论，抗战时期诸家的新理学、新心学、新道学，到熊十力开创、20世纪下半期在台港海外崛起、改革开放后逐渐复兴的新儒学思潮，一直延续。他们的保守属于文化"回归"的性质，已不同于文化"离异"时代守旧一方的保守，[③]既不属于原始的保守主义，也不属于消极的调适主义。学者常以"新保守主义""新传统主义"名之，所谓"新"当指新的问题意识（转向现代与传统的关系应当如何，而非在现代与传统之间作取舍）而言。新保守主义与上述各种主义一样，都属于求变的思想形态，只是它不认同去旧迎新的文明模式，主张推陈出新而已。新保守主义与激进

---

① 林毓生：《五四式反传统思想与中国意识的危机》，氏著《中国传统的创造性转化》，生活·读书·新知三联书店1988年版，第150页。

② 韦政通：《巨变与传统》，《中国思想传统的现代反思》，台北：桂冠图书公司1990年版，第65页。

③ "离异"与"回归"为章开沅先生提出的近代思想文化解释框架，章先生认为，"离异与回归是人类文化史上经常交替出现或相互伴生的两种趋向，也是文化史研究带有永恒魅力的重要课题"。章开沅：《从离异到回归：传统文化与近代化关系试析》，湖南人民出版社1988年版，第1页。

主义也是共时态存在的，而且与民族主义、自由主义、共产主义等秩序建构思潮，发生十分复杂的关系。

四、近代中国作为行为手段的保守与激进

保守主义与激进主义，保守的与激进的"主义"，是两类性质完全不同的保守与激进。保守主义以保守为主张，思想的内涵是保守既有的文明和秩序；激进主义以激进为主张，思想的内涵是彻底颠覆既有文明和秩序。而保守的、激进的各种"主义"，则是以它们各自的社会价值优先性为主张，或为国族，或为个体，或为社群，或为其他。保守、激进主义中，"保守""激进"为动名词；而保守的、激进的"主义"中，"保守""激进"则是形容词，是对各种可资比较的思想所做的倾向性描述。

当保守、激进作为形容词的时候，也可以用来描述社会运动的方式或者态度。我们常常说暴力改变现状是激进的，和平缓慢的修修补补是保守的。大到全人类生存，小到个人人生，都有保守与激进的问题，这属于手段方式的范畴，可以说没有时代性。一个目的可以采取不同手段，欧洲共产主义在手段上就是"保守的"，民族主义在清末立宪派那里手段是保守的，在革命党那里便是激进的。"新文化运动中，陈独秀的手段是温和的，但其主张却是激进的。蒋介石主张尊孔，讲《大学》《中庸》，提倡'新生活运动'，但其手段却不温和，……连胡适都容不下。"[1]就暴力实现其目标而言，共产主义革命的激进，与辛亥民族主义革命的激进，与陈胜吴广"王侯将相宁有种乎"的激进，没有实质差异。

---

① 姜义华：《激进与保守：一段尚未完结的对话》，《开放时代》1997年第2期，第38页。

常变之争为主导的时代	主义之辨为主导的时代
保守主义 → 调适主义 → 激进主义	激进主义 ⟷ 新保守主义
	保守的"主义"（民族主义）⟷ 温和的"主义"（自由主义）⟷ 激进的"主义"（共产主义）
保守方式 ⟷ 渐进方式 ⟷ 激进方式	

　　这里需要简单讨论一下辛亥革命领袖之一章太炎的个案。学界常以这一个案来说明文化上的保守主义和激进主义与政治上的保守主义和激进主义可以不一致，因为"如章太炎，是古文经学大师，'国粹派'的精神领袖，文化取向无疑是保守的，但同时他又是革命团体光复会和同盟会的主要领导人之一、著名的革命党人，政治取向较为激进"。[①] 这一诠释原则上当然是正确的。不过，基于上文对于文明选择和变革目标上两类保守与激进的分析，其实章太炎不仅在文化上是保守的，在政治价值取向上同样是保守的，他的基本价值认同是建立在华夷之辨基础上的，虽杂以无政府的、民粹的思想，主流仍是传统族类思想。他的政治激进只在政治手段方面有充分的展现。[②]

---

　　① 郑大华:《对保守与激进的辩证思考》,《中州学刊》2004 年第 3 期, 第73—74 页。

　　② 将保守与激进的问题作文化与政治的区分, 是对笼统讨论的一种深化。不过这种区分仍有三个局限: 一是不能将政治目的与政治手段区分开; 二是无法处理文化包含政治 (如文化变革中包含政治层次的变革)、政治关联文化 (如共产主义革命需要共产主义文化作配合) 的问题; 三是容易忽略政治和文化之外的领域, 如经济和社会领域也有保守与激进的现象。

五、三分法的修正

保守主义与激进主义，保守的与激进的"主义"，都不尽是非黑即白的对立。对立思潮的相互联系、相互转化的情形，学界已有丰富的研究和共识；除此之外，尤其不能忽略中间形态的存在。如上所述，保守主义与激进主义的中间，有各种积极或消极的调适主义；保守的"主义"与激进的"主义"的中间，也有中偏左或中偏右的各种"主义"。问题是对于这种中间形态，究竟应该如何描述。

通过对中国近代思潮的梳理，笔者认为目前通行的三分法不无商榷之处。这里的关键是语境问题。西方确有走出宗教传统的问题，却没有走出民族文化传统的问题，它的保守主义与激进主义跟中国近代社会的常变之争下的保守主义与激进主义很不同。西方学者的保守主义与激进主义基本上在自由主义的公约数上作区分，并不将专制的民族主义算在保守主义范围之内，而激进主义主要也不是指马克思、列宁、斯大林的"共产主义"。中国自由主义却只是三足鼎立中最弱一足，而这一足始终在强大的另两足挤压之下。因此，在中国如果使用这些概念，应该结合中国的思想演变的具体语境来描述。

美国学者史华慈就曾指出，保守主义与自由主义和激进主义是"在许多共同观念的同一架构里运作"的不可分离的整体，"而这些观念是出现于欧洲历史的某一时期"的，并不完全适用于中国。他认为近代中国几乎没有全盘肯定现行的社会秩序的英国柏克式的保守主义，有的只是受民族主义情感所影响肯认传统文化价值的思想，"可以用'传统主义者'而不用'保守主义者'来描述现代中国的所有这些人，如章炳麟、熊十力、梁漱溟和其他宣称过去的理念和价值对他们仍具有效的人"。①史华慈通过对严复的研究，也认为不能因为传播自由价值就轻易地冠以自由主义。依此推论，他也不会随意在中国使用激进主义的概念。实际上引入"激进与保守"概念的余英时先生，也明确指出："中国近代历史上的所谓保守与激进，跟西方的甚至跟中国过去的（指传统社会儒家秩序之下的激进与保守现象——笔者注）都不同。"②

当然，史华慈的概念使用标准或许苛刻了一些。概念和名词本身有广延性，可以在不违背基本意涵的条件下，根据语境伸缩其应用范围。近代中国固然没有欧洲式的保守主义、自由主义和激进主义，但也不妨从"能指"的意义上借用这样一些概念，根据中国自有特征来做参照性的观察。这种讨论仍然有其意义，可以揭示一些不曾被注意的历史面相。但是，中国的"保守主义""激进主义"不适合与"自由主义"并称，中国艰难成长的自由主义只适合与民族主义、共产主义等思潮并称。在中国，保守主义与激进主义是"常""变"之争的产物，其中间形式为调适主义（后来新保守主义的思考模式）；而在"主义"之辨的时代，何为保守的主义，何为激进的主义，何为温和的主义，则成为一种相对的说法，就三个最有影响的思潮来说，民族主义是保守的，共产主义是激进的，自由主义是温和的。如果在行为手段的意义上来讨论，则有保守方式、渐进方式、激进方式的区别，这可以是没有时代性的。

---

① ［美］史华慈：《论保守主义》，傅乐诗等著：《近代中国思想人物论——保守主义》，台北：时报文化出版事业有限公司1980年版，第20—21页、33—34页。

② 余英时：《中国近代思想史上的激进与保守》，李世涛编《知识分子立场：激进与保守之间的动荡》，时代文艺出版社2000年版，第3页。

附　录

台湾学者对辛亥革命性质和意义的解释 *

辛亥革命是海峡两岸共同的政治遗产，海峡两岸学者对于辛亥革命分别进行了各具特色的研究。台湾学者的辛亥革命研究的基本状况，香港浸会大学李金强先生、华中师范大学罗福惠先生、"中研院"张玉法先生曾先后作过概述，[①] 由于篇幅的限制，这些概述都鲜有讨论到台湾学者的具体观点，即有论及，也是一笔带过。台湾学者对辛亥革命的研究总体上包括历史重建和历史解释两大部分，历史重建包括革命背景的重建、革命过程的重建、革命结果的重建；历史解释则包括革命原因之解释、革命性质和

---

* 本文曾载于《湖北大学学报》哲学社会科学版 2011 年第 2 期。在撰写过程中，曾得到台北"中研院"近史所黄克武先生、潘光哲先生、简明海先生提供的查阅资料之便，以及张玉法先生、张朋园先生的直接教诲，在此特别致谢。

① 李金强：《辛亥革命的研究》，载《六十年来的中国近代史研究》（台北："中研院"近代史研究所 1989 年版）；罗福惠：《台湾、香港的辛亥革命研究》，《国内外辛亥革命史研究综览》（湖北教育出版社 1991 年版）；张玉法：《台湾地区学者对辛亥革命的研究（1950—2000）》，载中国史学会编《辛亥革命与二十世纪的中国》（中央文献出版社 2002 年版）。

意义的解释等。本文主要介绍台湾学者对辛亥革命性质和意义的解释。

这方面著作主要是张玉法的《清季的革命团体》、张朋园的《立宪派与辛亥革命》等。论文则较多，如：张玉法的《辛亥革命的性质与意义》，梁敬淳的《辛亥革命》，张朋园的《辛亥革命的意义》，李守孔:《革命党人对建立民国之共信与合作》，李云汉的《"从中国近代历史发展论革命、不彻底的革命、不革命与反革命"引言》，如侠的《论辛亥革命的性质问题》，蒋永敬的《辛亥革命的历史意义》，葛庆柱的《辛亥革命在历史上的意义与价值》，刘凤翰的《新军与辛亥革命》，朱浤源的《学来的革命：再论辛亥》等。

一、台湾学者对辛亥革命性质的解释

说到台湾学者对辛亥革命性质的认识，人们就会想起"全民革命说"。其实，台湾学者在这个问题上，有丰富的观点。

辛亥革命的性质涉及三个层面：是不是革命？是分散的革命还是统一的革命？是反满的革命还是反帝的革命？是资产阶级革命还是全民革命？对于这些问题，张玉法曾著《辛亥革命的性质与意义》专文做过分别的论述。

辛亥革命究竟能否称得上一场"革命"？日本学者市古宙三提出辛亥革命只是后朝推翻前朝的朝代革命，一则只有反满的民族主义受到革命分子欢迎，二则建立的民国没有发生重大的经济和社会变动。张玉法引述国际史学界各种批评观点，表达不同意，认为"辛亥革命当然是一个革命。它完成了光复会'光复中国之政权'的目标，也完成了共进会'驱除鞑虏，恢复中华，建立民国，平均人权'的目标。上述的革命目标也是同盟会的革命目标；在同盟会的革命目标中，只有'平均地权'没有实现"。[1]台湾学者讨论辛亥革命，基本上首先都肯定它是"革命"。

辛亥革命是指挥统一的革命还是分散的革命？有史家认为是统一领导的革命，包括一领袖说、双领袖说、多领袖说。有史家认为是各地区分散的革命，包括多领袖说、无领袖说。张玉法认为这些解释"无一可令我们完全信服"，因为一方面"革命运动并没有良好的整合"[2]是事实，另一方面"在革命运动中，虽然有许多别的领袖，包括黄兴、宋教仁和章炳麟，但在威望上无人可与孙中山相比。孙纠合了许多不同的革命团体组织了同盟会，并被选为中华民国的第一任临时大总统。固然有许多不属于同盟会的地方革命团体，但同盟会一直较任何团体都能有效的将各种革命志士网罗在一起，使革命有了象征性的统一结合"。[3]

辛亥革命是反满的革命还是反帝的革命？大陆史家大多强调辛亥革命是在人民反帝斗争中发生的革命，西方学者也有不少强调辛亥革命反帝性质，认为其反满立场来自"满清政府不能应付西方帝国主义攻击"的认识。张玉法认为"不宜过度强调反帝的因素"，因为满人是以侵略者的身份而受到反对，"西方帝国主义只是使反满情绪加深，并非革命的关键因素。在十九世纪末、二十世纪初，当起自欧洲的民族主义传到亚洲及世

---

① 张玉法：《辛亥革命的性质与意义》，氏著《辛亥革命史论》，台北：三民书局1993年版，第5页。

② 张玉法：《辛亥革命的性质与意义》，氏著《辛亥革命史论》，台北：三民书局1993年版，第18页。

③ 张玉法：《辛亥革命的性质与意义》，氏著《辛亥革命史论》，台北：三民书局1993年版，第20页。

界其他地区时，中国即使不受外来侵略也会发生革命，因为中国已被异族统治二百多年"。① 另一方面，张玉法也指出，辛亥革命不仅是反满的民族革命，也是追求民主的政治革命和追求平等的社会革命，"民族主义、民主主义和社会主义是辛亥革命的基本构成因素"。②

辛亥革命是资产阶级革命还是全民革命？大陆史学家认为辛亥革命是资产阶级革命，因为一则是资产阶级民主革命人士主导，一则三民主义纲领旨在发展资本主义。张玉法更不同意这种观点，认为"将辛亥革命说成'资产阶级民主革命'只是史观，不是史实"，③ 他在著作中反复论述，"清季革命运动，以民族、民权、民生三主义相号召，建基于全民之上，而不是见基于某一阶层之上"。④ 而"就社会各阶层而论，此一运动自始以新知识分子为主力，农、工、商人为从属。就各种特殊社会而论，秘密社会和华侨均大量参与此一运动，而妇女在此一运动中初露头角"。⑤ 所以"在分析有关辛亥革命的目的和参与者之后，我们可获致以下的结论：辛亥革命为全民革命，由社会各阶层参与，是为了全体中国人民的利益"。⑥

① 张玉法：《辛亥革命的性质与意义》，氏著《辛亥革命史论》，台北：三民书局 1993 年版，第 17 页。
② 张玉法：《辛亥革命的性质与意义》，氏著《辛亥革命史论》，台北：三民书局 1993 年版，第 23 页。
③ 张玉法：《大陆学者对辛亥革命的看法》，氏著《辛亥革命史论》，台北：三民书局 1993 年版，第 31 页。
④ 张玉法：《清季的革命团体》，台北："中研院"近代史研究所 1975 年版，第 33 页。
⑤ 张玉法：《清季的革命团体》，台北："中研院"近代史研究所 1975 年版，第 33 页。
⑥ 张玉法：《辛亥革命的性质与意义》，氏著《辛亥革命史论》，台北：三民书局 1993 年版，第 11 页。

除了张玉法，其他学者也有讨论到这些问题的。如蒋永敬提出辛亥革命是不是有计划的革命的命题，认为："中山先生之革命思想，就内容分，可概括民族、民权、民生三大主义；就性质言，含建设与破坏两大意义。而破坏则为革命之手段，建设则为革命之目的。此在中山先生言之，是为'意识'的革命，亦即有计划的革命也。"[①] 梁敬淳提出辛亥革命的内涵特性，认为："从世界革命的历史来看，一九一一年的中国革命至少有两种特性。第一，它是双重革命，既反对异族统治，也反对专制政体。第二，以民族革命的形式导致社会的演进。"[②] 不过大多数学者对辛亥革命性质的讨论，确实集中在"资产阶级革命"抑或"全民革命"这个论题上，而且基本的立场也是否定资产阶级革命说，只是具体的说法各有所重。

李达嘉考察清季最有代表性的上海商人的政治意识和政治参与，得出结论为，上海商人推动地方自治、组织商团，是受到强烈的民族危机感所驱策。在他们的意识里，国家利益、地方利益和商界利益是分不开的，是三位一体、由近及远的，因此上海商人在清末所从事的政治活动，也势必以商界利益和地方利益为重。"他们企求国家的变革，但却不赞成革命派用激进暴力的手段改变现状的做法，……只有在对清廷彻底绝望后，才转向革命。而即使在革命中，他们仍然以保全地方为念"，"商界领导人和商店职员、伙计组织商团，转向革命，所共有的是民族危机感、救亡图存意识、地方商业利益，和对清廷的不满，而不是任何的'阶

---

① 蒋永敬:《辛亥革命时期孙中山先生的民权思想》,《中国近代现代史论集》第17编, 第206页。

② 梁敬淳:《辛亥革命》,《传记文学》第19卷4期, 第4页。

级意识'",不是资产阶级运动。[①]

　　张朋园也不同意辛亥革命是资产阶级革命，在他看来，中国拥有资产的是绅士阶层，他们是不主张革命的。"辛亥革命与西方中产阶级革命有实质上的不同。西方社会有贵族与平民之分，在君主专制政治之下，贵族与君主认同。从平民中新兴起来的中产阶级，他们的利益得不到保障，地位受到压抑。只有革命，才能自君主与贵族手中争取到权利。而中国的绅士阶级，其功名为皇帝所赏赐，形同贵族，感恩图报唯恐不及，加上其利益根深蒂固，实没有掀起革命的理由。"[②]热心参与革命的，不是资产阶级，而是喜欢冒险、喜欢打抱不平的年轻人，他们许多人来自绅士家庭，但不是为保有父母财产而革命，而是为了实现理想，"只有年轻人才是革命家的忠实追随者"，[③]而革命家孙中山的家庭背景，则与毛泽东相差不远，"与其说他是资产阶级，不如说他是无产阶级"。[④]

　　张朋园原则上不反对全民革命说，但更强调知识分子的特别作用，认为辛亥革命实际上是知识分子（或士绅）主导的革命。张朋园指出："中国的传统社会实际上是士绅与百姓组成的两级社会"，科举制度废止后，绅士阶级不再有继起者，而接受新教育的新式知识分子成了新的社会领导阶层。"辛亥革命的阵

---

　　① 李达嘉：《上海商人的政治意识和政治参与（1905—1911）》，《近代史研究所集刊》第 22 期，第 210—211 页。

　　② 张朋园：《立宪派的"阶级"背景》，《近代史研究所集刊》第 22 期，第 228 页。

　　③ 张朋园：《立宪派的"阶级"背景》，《近代史研究所集刊》第 22 期，第 228 页。

　　④ 张朋园：《立宪派的"阶级"背景》，《近代史研究所集刊》第 22 期，第 229 页。

营中至少百分之七十是出身新式教育或留学归来的。所以与其说辛亥革命是资产阶级领导的，不如说是新式的知识分子更恰当。中国的知识分子，无论旧式新式，他们一直是社会的批判者、改革者、革命者。我们仔细分析辛亥革命的领导阶层，发现知识分子是绝大的成分。"[①] 梁敬淳和余英时也认为辛亥革命的思想是近百年许多思想家所鼓吹出来的，"超越党派、超越任何团体的"。[②]

有的学者强调辛亥革命是顺天应人的革命。陈三井研究上海起义后指出：

武昌起义后的上海，已是一个人心惶惶，群情惊疑的社会。从社会民心以及金融经济市场等的反应，更可以看出商民对'旧制度'的信心已告动摇，对下局前途已不抱乐观。……而上海光复初期，从革命所带来的新气象与新措施看来，大致尚能满足商民的热烈期待，故军政府尚能获得商民支持，并维持良好的形象。由此革命前后两种景象的对比，当可证明，辛亥革命确实是一次'顺乎天，应乎人'的革命。[③]

有的强调辛亥革命是各方面群众广泛参与的革命。陈南星以社会学的观点分析辛亥革命时期的群众运动，得出结论：

---

① 张朋园：《辛亥革命的意义》，《中国近代现代史论集》第17编，第18页。

② 余英时：《从思想史角度看辛亥革命》，《中国近代现代史论集》第17编，第7页。

③ 陈三井：《辛亥革命前后的上海》，《辛亥革命研讨会论文集》，台北："中研院"近代史研究所1983年版，第81页。

辛亥革命确是由各方面的群众所参与，并且它是以同盟会为核心而加以领导的，同盟会是辛亥革命的播种者。在革命运动中，参与革命的各团体中的分子都有互动的影响行为，例如革命派与立宪派原是两个敌对的团体，由于双方的笔战，使知识分子逐渐了解清廷的不足恃。故立宪派也间接促成了革命。此外，辛亥革命是各个团体分途接纳群众所致，这些团体即象征着群众的力量。[①]

有些学者虽同样认为辛亥革命是全民革命，强调的重点却是革命党，突出革命党及其领袖对全民利益的代表，和对全民的领导。孙子和说："自檀岛兴中会起，其领袖如主席、会长、总理皆出自选举，经费由会计经管，党员遍及社会各阶层。构成分子既不以某一阶级为限，就是一个全民政党，故能顾及全民利益。不以某一阶级自居，亦不强以某一阶级为敌。"[②]李云汉特别指出："革命派在思想上居于主流，实行上居于主力，乃是不可否认的事实。""孙中山先生是中国革命的倡导者，也是位具有现代知识和世界眼光的人。……他正大光明的鼓吹革命，但毫无权力观念，目的仅在建立一个庄严灿烂民主自由的新中国。"[③]他批评"有人有意贬抑国民党人在中国革命过程中的领导地位，特别是对 1911 年辛亥革命的评价，大有否定同盟会为领导角色的趋势"；批评"有些人于研究中国革命史时，一味强调革命阵营中的派系纠纷和分裂活动，而不理会革命党人轰

① 陈南星：《辛亥革命时期的群众运动》，政治作战学校政治所硕士学位论文，1976 年，第 133 页。

② 孙子和：《兴中会的政治主张》，《中华学报》第 3 卷 2 期，第 122 页。

③ 李云汉：《庚子至辛亥期间革命思想的分析》，《中国近代现代史论集》第 17 编，第 185 页。

轰烈烈的奋斗史迹和牺牲精神"。① 还有学者从"辛亥革命不仅
代表资产阶级利益，也符合工农利益"，"孙中山先生领导的辛
亥革命的全民性质包括全体民族"，"孙中山先生在民权主义的
理论中，提出'全民政治'的见解"，以及辛亥革命的全民性
质在于"民"而非"贵"和"官"等方面证明革命党如何代表
"全民"。②

各阶层广泛参与的全民革命，与革命党代表全民、领导全民
进行的革命，毕竟还是存在一定差异。对此，一些台湾学者已有
自觉。张朋园曾讲，一些学者站在国民党立场上，树立"三个崇
高"（国民党崇高、三民主义崇高、孙中山崇高）的神话，不允
许批判，"我们的研究跳出这个框框，换一个角度研究。70 年代
'现代化'观念引入台湾，要改革，要民主、平等、自由，我从
这个角度研究"。③ 张玉法先生也说："我们的研究突破了国民党对
辛亥革命的解释。国民党认为辛亥革命是孙中山先生领导的革命，
连曹埃布尔的《辛亥革命真史》都要查禁，不承认湖北人发动革
命。从我们开始，辛亥革命视野打开了，从各个不同方面去重建
辛亥革命的历史，展现了比较丰富的历史内容。"④

总体来说，张玉法在辛亥革命性质问题上思考最多，比一般
台湾学者论述也更系统。在 1982 年举办的辛亥革命探讨会上，

① 李云汉:《"从中国近代历史发展论革命、不彻底的革命、不革命与反革
命"引言》,《近代中国》第 11 期, 第 36 页。

② 如侠:《论辛亥革命的性质问题》,《近代中国》第 46 期, 第 132—
133 页。

③ 笔者访问张朋园先生, 时间: 2010 年 5 月 3 日; 地点:"中研院"近史
所张朋园先生工作室。

④ 笔者访问张玉法先生, 时间: 2010 年 4 月 28 日; 地点:"中研院"近史
所张玉法先生工作室。

张玉法提交的论述辛亥革命性质和意义的论文引起与会者热烈反响，被称作"一幕压轴好戏"。[①] 不过，张玉法自己对于其辛亥革命性质论述仍保持低调，称台湾学者的研究"主要在于重建那段历史，不存在预设的主题。性质问题的讨论是因为大陆学界引起，本身并不构成学术关怀"。[②]

二、台湾学者对辛亥革命意义的解释

辛亥革命最终遭遇重大挫折，那么这个革命究竟是成功了还是失败了？

大陆史学家一般认为辛亥革命失败了，但也有一些成就。西方学者不少接受这一看法。台湾学者在此问题上看法分歧较大，有高度评价、中度评价与低度评价三大类。

高度评价类

这类学者从缔造民国的角度，给辛亥革命极高的评价。例如蒋永敬认为："一九一一年的辛亥革命，不仅结束了满清王朝二百六十多年的统治，也推翻了传统的君主政体。辛亥革命是以民族主义为主要诉求，目的则在实现民权和民生主义，与中国历代成则为王败则为寇的'英雄革命'，在性质上有很大的不同。然而率由旧章易，突破传统难，革命后仍陷于长期的内乱与外患。辛亥革命无论是成功的革命还是'革命尚未成功'，其带来时代的

---

① 苏云峰：《辛亥革命研讨会记略》，《近代史研究所集刊》第 12 期，第 470 页。

② 张玉法先生接受本文作者访问。访问时间：2010 年 4 月 28 日；地点："中研院"近史所张玉法先生工作室。

转变是不容置疑的。"① 葛庆柱认为辛亥革命在中国历史上具有三大意义："推翻满清颠顸误国王朝","铲除四千年君主专制","开启我国民主共和的新纪元,使我国迈入现代国家";也为亚洲民族和世界人类贡献了"进于大同"的理想,鼓舞了亚洲和世界人民的斗志。②

　　针对海内外学界对辛亥革命不彻底的批评,国民党党史会曾召集学者举办研讨会加以辩驳,一些学者指出,"革命不仅止于政府的更换,它除了消极的一面——破坏的一面,应该还有积极的一面——建设的一面",孙中山最了解革命的真谛,具有"寓破坏于建设,寓革命于救国救民大业的睿智大勇",而成就了辛亥革命缔造民国的伟业。"如果有人说,辛亥革命是一次成功但并不彻底的革命,似乎也不无理由;但如果说辛亥革命是一种单纯的改朝换代,像中国历史上的元代宋、明代元,这是我们所不能同意的。"人类历史上根本没有完全而彻底的革命,想把民族革命、政治革命、社会革命毕其功于一役,事实上不可能,"辛亥革命跟中外古今的革命一样,当然不是,也不可能是一次完全彻底的革命,因为这一次的革命,只不过做到在政治上推翻了满清,改变了几千年的专制政体,并没有立即使中国摆脱帝国主义者的压迫,使中华民族和列强在于平等自由的地位,民主宪政的政制尚待建立,社会经济的革命仍须进行。但仅此一点,已属不易。"因为中国是欧洲以外第一个废除君主世袭的民族,共和观

---

① 蒋永敬:《辛亥革命的历史意义》,《历史月刊》1999 年 11 月号,第 96 页。

② 葛庆柱:《辛亥革命在历史上的意义与价值》,《革命思想月刊》第 65 卷 4 期,第 11—12 页。

念从此深入人心，帝制从此再难复辟。[①]“说辛亥革命是不彻底的革命，这是借题发挥，完全是唯物史观的论调，歪曲我们的革命哲学和革命历史。”“谁都知道，任何一个革命都无法在第一次的行动中解决所有一切的问题，这也就是国民革命必须分期进行的原因。”[②]

低度评价类

这类学者从革命所带来的实际社会进步的角度，对辛亥革命评价较低。张朋园是这种观点的代表，他曾说：“辛亥革命是不是一个成功的革命呢？单就推翻满清政权，结束了数千年的专制政体而论，似乎可以说是成功的。但是革命之后的大问题，是如何建立一个全民政治的政府，如何从事建设，如何改良社会。一言以蔽之，如何走向现代化的道路。这些虽然有人想到了，却未能立刻见诸实行。因此，又可说这是一个不彻底的革命。”[③]又说：“我们不要以为辛亥革命是成功的。辛亥革命所获得的成果不多。除了推翻满清，结束王朝政治之外，革命别无所得。孙中山的三民主义尚未成熟，亦无从实现。其‘平均地权’观念虽然早已提出，但辛亥革命以前已为‘平均人权’所代替。革命后民族的危机依然严重，议会政治昙花一现，社会没有改革，人民生活较前更为低落。”[④]最近接受凤凰卫视记者采访时，张朋园再次重申辛

① 陈三井发言。徐圆圆记录：《从中国近代历史发展论革命、不彻底的革命、不革命与反革命》，《近代中国》第 11 期，第 30—31 页。

② 李云汉发言。徐圆圆记录：《从中国近代历史发展论革命、不彻底的革命、不革命与反革命》，《近代中国》第 11 期，第 32 页。

③ 张朋园：《立宪派与辛亥革命》，《辛亥革命研讨会论文集》，台北：“中研院”近代史研究所 1983 年版，第 245 页。

④ 张朋园：《立宪派的“阶级”背景》，《近代史研究所集刊》第 22 期，第 228 页。

亥革命的意义不能评价太高，"如果历史可以做出选择，我认为康梁的改革方式会更好一些，毕竟这一过程中没有流血，更没有之后长达七八十年的社会动乱。……革命之后，社会经济元气大伤，难以恢复。……至于辛亥革命是否使得'民主共和的观念深入人心'，我们要先弄明白什么是民主共和。有皇帝照样可以有民主，英国就是这种君主立宪政体。同样的道理，辛亥革命虽然推翻了清朝的皇帝统治，但并不意味着建立了民主社会，……我们这个儒家社会，大家都觉得就是孔孟之道，追求忠孝仁爱，忠于国家，孝顺父母，对人要有仁爱之心，这也是中国社会区别于西方社会的一个重要特征。但是，辛亥革命的暴力打破了这一道德体系，社会混乱、崇尚暴力。……在我看来，夸大辛亥革命是不合适的，它没有什么了不起的东西，我不会给它很高的评价，它是此后几十年动乱的开始。"[1]

　　近年朱浤源也对辛亥革命作出冷静反思，提出"学来的革命是不是真的适合一九一一年的中国"[2]的问题。他认为政治、文化、经济、社会等元素之间存在循环影响的关系，"政治上将人才分配到知识、文化的普及上面，自会产生多元的灿烂内容，进而多所发明与创造，提供国民以增进其生产力，繁荣其经济，富裕其社会，也改变社会原来结构，产生许多有钱有闲的人。再用这些人进入政治，改造政治，使再超越，与文化再进步、经济再

---

　　①　张朋园：《夸大辛亥革命不合适》，《辛亥百年纪念专题》，凤凰网 http://news.ifeng.com/special/history/xinhaigeming99/content-0/detail_2010_10/09/2732740_0.shtml.

　　②　朱浤源：《学来的革命：再论辛亥》，《"国父纪念馆"馆刊》第 3 期，第 24 页。

发展、社会更富裕、政治更清明……"①中国"当时政治面的问题并非最大，最大的问题是国家不够开放，教育不够普及、交通不够发达，以及物品不够流通"，君宪派和革命派以为关键在政治，在出发点上发生错误，"政治的刀通常是开不得的，政治的病只能吃药（渐次改进），不能开刀（武装革命及大量汰换官僚体系）：用服药的方式，使太胖的瘦身，使太弱的渐强。动大手术，必起负面的作用，造成生灵涂炭"；"特别是不但开刀，而且不用自己原有的方法，问题更大。康有为开的刀很大，其中还带些古法，问题较小。孙中山开的刀非常大，基本上已经换了一个人，换成一个想象中的、在西方书本中的人，因此问题重重"。②革命党从西方硬搬理论，囫囵学习之后，用之于中国政治，与现状有极大的距离，"使得革命之后的中国，竟比革命之前更加混乱衰弱"。③

中度评价类

这类观点兼顾到辛亥革命的成就和局限两个方面。张玉法最为典型。他认为："辛亥革命并不是一个失败的革命，只是一个未完成的革命，革命党人提出了许多追求的目标，有些已经达成，有些没有达成。"④在《清季的革命团体》的结论里，张玉法指出：

---

① 朱浤源：《学来的革命：再论辛亥》，《"国父纪念馆"馆刊》第3期，第9页。

② 朱浤源：《学来的革命：再论辛亥》，《"国父纪念馆"馆刊》第3期，第10页。

③ 朱浤源：《学来的革命：再论辛亥》，《"国父纪念馆"馆刊》第3期，第24页。

④ 张玉法：《辛亥革命的性质与意义》，氏著《辛亥革命史论》，台北：三民书局1993年版，第22页。

"就某一方面言，辛亥革命是成功的"；①"辛亥革命如以光复会的
光复主义来衡量，是彻底的；如以共进会的'驱除鞑虏，恢复中
华，建立民国，平均人权'的原则来衡量，大体亦是彻底的；但
如以孙中山的三民主义为衡量的标准，则是不彻底的。在孙中山
的主义中，辛亥革命所达到的是民族主义中的'排满'和民权主
义中的'排皇'，民生主义则毫无成就"；②"辛亥革命有其不可磨
灭的成就，中国近代的民族思想、民主观念和社会主义理想，都
在辛亥革命中产生并获肯定。这些思想和观念，此后一直支配着
民国时代的历史"；③"辛亥革命从流血的一方面去观察，它是不彻
底的革命，因为流的血不够多，旧官僚和旧军阀没有打倒，社会
主义没有付诸实行，民主主义试行受阻。从不流血的一面去观察，
它是气势磅礴的革命，中国在许多方面都在此革命运动的推展中，
逐渐脱离传统，走向现代"。④

其他学者不少也赞同这种持平的衡论，并对其理由作出各自
的发挥。例如李守孔认为："但因推动辛亥革命分子复杂，除革命
党人外，尚包括立宪派、官僚、政客和实力军人，以其立场各异，
在共同目标下，只能结合于一时，却无法持之于久恒。所以辛亥
革命不能算是彻底的革命，不过毕竟使中国在走向近代民主道路

————

　　① 张玉法：《清季的革命团体》，台北："中研院"近代史研究所1975年版，
第709页。

　　② 张玉法：《清季的革命团体》，台北："中研院"近代史研究所1975年版，
第711页。

　　③ 张玉法：《清季的革命团体》，台北："中研院"近代史研究所1975年版，
第712页。

　　④ 张玉法：《清季的革命团体》，台北："中研院"近代史研究所1975年版，
第713—714页。

上向前迈进了一大段历程。"① 刘凤翰认为真正造成民国不幸的，不是"妥协性"，而是军人政治。"新军发动辛亥革命，对后来最大的影响是军人政治。当时优秀人才，大量进入军中，从军中产生国家领袖，本无可厚非。但地方军人，掌有政权，自己开发财源，征兵扩军，充实战力，形成大吃小，强凌弱，苏秦、张仪之辈，合纵连横，信使往还，代表游说，电话攻诘，造成民国初年军系混战的局面，诚属国家最大的不幸。"② 逯耀东认为北方军人尤其有害于民初政局，清帝公布的退位诏书中，袁增添的"南中各省既倡于前，北方将士亦主于后"的字眼，使"这些在不久以前，还在反对共和，抵抗革命的北方军人，只因为他们的一纸宣言，于是摇身一变，成为革命的功臣"，③ 造成民国初年政局的紊乱和军阀的割据。

三种见解见仁见智而时有交锋。在一次辛亥革命研讨会上，蒋永敬不同意张朋园辛亥革命只有一百多天的说法，认为："辛亥革命的构成最少算来应是十八年，因为它的运动、宣传、组织，到最后一九一一年不过是辛亥革命的结果而已。"④ 更不同意张朋园以民权主义、民生主义未能落实，而认定辛亥革命事实上不成功的说法，尤其指出："说民生主义未能实现，所以才有日后的马列主义者在中国滋生成长，这问题就稍微大了点。……大陆上对朋园兄的书是很注意的，他可能就解释为辛亥革命是资产革命，

---

① 李守孔:《革命党人对建立民国之共信与合作》，第 204 页。

② 刘凤翰:《新军与辛亥革命》，《中国近代现代史论集》第 17 编，第 651 页。

③ 逯耀东:《对清帝退位诏书的几点蠡测》，《中国历史学会史学集刊》第 6 期，第 273 页。

④ 《辛亥革命研讨会论文集》，台北:"中研院"近代史研究所 1983 年版，第 195 页。

是不彻底的革命，因此才产生马列主义。好像走到历史上的必然性，这是个大毛病。"①张玉法不同意张朋园只以立宪派的角度来看辛亥革命。"我们在研究历史时，如果研究立宪派的，只强调立宪派的功劳；研究新军的，只强调新军的功劳；研究福州的只强调福州的贡献，而把其他的都忽略了，这样的话，历史的争论就多了。希望将来各位在做研究，或发表意见时，要考虑其他被你忽略的地方，否则你永远是偏见。"②张朋园对这些批评所作的答复也偶现锋芒，称："蒋先生说我的一个大漏洞，就是我影射资产阶级革命的问题，这点我必须加以澄清。在此时此地，如我承认这句话，我就是罪大恶极，大逆不道。"他慎重说明资产阶级的词义，认为台湾与大陆所讲的资产阶级有很大不同。而之所以从立宪派观察辛亥革命，是因为"一个题目不集中火力于某一点上，就等于跑野马，那谈的就淡而无味了"。③

三、一点感想

历史解释与历史重建不同，历史重建基本上是一个对客观历史事实的发掘、考订和梳理的过程，其间虽亦会有不同的见解，但大体上仍属于客观解释的范畴，其认识结论直接来源于史事，所以趋同的认识比较普遍。历史解释则无法直接取材于史实，而要将该史实与众多相关的其他史实建立关联，而这些关联的建立，

① 《辛亥革命研讨会论文集》，台北："中研院"近代史研究所1983年版，第196页。

② 《辛亥革命研讨会论文集》，台北："中研院"近代史研究所1983年版，第197页。

③ 《辛亥革命研讨会论文集》，台北："中研院"近代史研究所1983年版，第199—200页。

都会有主观因素的参与，所以即使纯学术的见解，也会带有主观性。如果考察的对象关乎现实政治的利害，则多少还会受到意识形态的影响。

对辛亥革命原因、性质和意义的解释即存在此一情形。如果说台湾学者对辛亥革命史实的重建，趋同的认识比较普遍；那么他们对辛亥革命之性质和意义解释则分歧性明显大于一致性。历史研究纵然可以以史实重建为中心，终究离不开价值判断与解释。而一涉及价值判断与解释，就会与政治立场、情感、观念信仰乃至思维习惯发生联系。鉴于此，历史解释分歧性是永远不可避免的学术现象，即使采取同样的方法、同样的进路，仍然难免。唯其如斯，对于不同学术见解宜存宽容对话的态度，不应简单肯定或否定。

对于辛亥革命的一些阐释，台湾学者之间之分歧既如上述，则台湾学者与大陆学者之间，因存在研究方法和理论的差异，更容易出现结论的不同。同样，台湾学者不认同大陆学者的一些解释，大陆学者不认同台湾学者的有些解释，都是正常现象，无碍于两岸学术交流的推进。事实也正是如此。80 年代初两岸辛亥革命研究之"'马克思主义史学'与'西方中国史学'不同观点之论战"[①] 发生后，不仅没有加深两岸学术对立，反而促进了两岸学术的往来。90 年代起，陆续有台湾学者、台湾团体受邀到大陆访问。1990 年 9 月，中国社会科学院近代史研究所召开近代中国与世界国际学术讨论会，首次邀请了台湾"中研院"近代史研究所所长吕实强以及张朋园、林满红等研究人员出席。随后广州和武

---

① 李金强:《辛亥革命的研究》，载《六十年来的中国近代史研究》台北：("中研院"近代史研究所，1989）下册，第 781 页。

汉的纪念辛亥革命研讨会，台湾学者也受邀参加。同赴国外的研讨交流也日趋常态化，如 1991 年 8 月美国檀香山举办纪念辛亥革命 80 周年学术会议，两岸各有 10 人出席，会上两岸学者"相处甚欢"。①1992 年 5 月政治大学历史研究所召开"黄兴与近代中国"学术讨论会，以张海鹏为团长的大陆学者三人出席了会议，从此大陆学者也开始越来越频繁地受邀到台湾参与学术活动。而在当年论战中站在前沿的主帅章开沅先生与张玉法先生，很快成为学术至交，多次应邀前往对方讲学和共同参与学术活动，成为两岸学界的佳话。进入新世纪，两岸研究交流更加畅通，除了学术活动彼此互邀、共同参与成为常态之外，两岸学术期刊还主动刊载对岸学者的研究成果。两岸之间如此，两岸内部不同看法之间交流之无碍亦然。

而另一方面，不同见解之间的宽容和对话，也有利于缩小彼此的认识差距，丰富历史认识的维度。"横看成岭侧成峰，远近高低各不同"，事物本来就是多面相的，不同的学者站在不同的角度做出自己的把握，但这种把握总是有局限的，只有与其他维度的把握相结合，才能得到比较全面完整的认识。台湾学者在辛亥革命原因、性质、意义等问题上的不同解释，相互影响、相互启发，在他们的论著中不乏体现。不少学者在坚持自己独到看法的同时，亦肯定其他看法，形成多因说；性质意义方面虽难在同一层次上肯定几种看法，亦能站在对方角度给予相当程度的理解。延伸到两岸，当年似乎严重对立的观点，如今同样多了不少平实的了解与同情的理解。章开沅先生就表示过，说辛亥革命属于资

---

① 张海鹏：《两岸的中国近代史学术交流》，《中国社会科学报》，2009 年 12 月 24 日。

产阶级革命，是从宏观的社会结构运动角度说的，是对的，仍然要坚持；说辛亥革命为全民革命，是从革命参与力量、革命直接的目标来说的，也是对的；这两种说法并不矛盾。① 从这种意义而论，两岸学术观点的交流与对话，推动了学术思考，也将有益于推动彼此今后的进一步研究。

---

① 笔者向章开沅先生请教时章先生的谈话大意。时间 2010 年 10 月 25 日。